MAGASIN

THÉATRAL,

CHOIX DE PIÈCES NOUVELLES

JOUÉES SUR TOUS LES THÉATRES DE PARIS.

TOME DIX-NEUVIÈME.

PARIS,

MARCHANT, Éditeur, Boulevart Saint-Martin, 12.

A BRUXELLES,

A LA LIBRAIRIE BELGE-FRANÇAISE, RUE MONTAGNE DE LA COUR, 26.

1838.

MAGASIN THÉATRAL.

Paris. — Imprimerie de Vᵉ DONDEY-DUPRÉ, rue Saint-Louis, Nº 46, au Marais.

MAGASIN
THÉATRAL,

CHOIX DE PIÈCES NOUVELLES

JOUÉES SUR TOUS LES THÉATRES DE PARIS.

TOME DIX-NEUVIÈME.

PARIS.
MARCHANT, LIBRAIRE-ÉDITEUR,
BOULEVART SAINT-MARTIN, N° 12.

1838.

ACTE III, SCENE I.

LE TOURLOUROU,

VAUDEVILLE EN CINQ ACTES,

Par MM. Varin, Paul de Kock et Desvergers,

REPRÉSENTÉ POUR LA PREMIÈRE FOIS SUR LE THÉATRE DU VAUDEVILLE, LE 21 SEPTEMBRE 1837.

PERSONNAGES.	*ACTEURS.*	*PERSONNAGES.*	*ACTEURS.*
PIERRE, jeune paysan	M. HIPPOLYTE.	MARIE, fille d'auberge.	Mlle FARGUEIL.
GASPARD, paysan.	M. BARDOU.	Mme DE BLAINVILLE.	Mme GUILLEMIN.
GOBINARD, aubergiste	M. AMANT.	FÉLICITÉ, jeune bonne.	Mlle L. MAYER.
HECTOR D'AULNAY, fashionable.	M. PRADELLE.	JOSÉPHINE, jeune bonne.	Mlle JOSÉPHINE.
FLEUR-D'AMOUR, soldats	M. RAVEL.	ADÉLAIDE, grosse bonne.	Mme RAVEL.
CARABINE, du 32e.	M. BALLARD.		

La scène se passe à l'auberge du Tourne-Bride, dans le village de Véteuil.

ACTE PREMIER.

Une salle d'auberge. Portes latérales ; une au fond, qui donne sur la route. Chaises, tables, etc.

SCÈNE PREMIÈRE.
GOBINARD, GASPARD.

Au lever du rideau, ils sont assis à table à gauche et boivent.

GASPARD, *levant son verre.* A vot' santé, père Gobinard...

GOBINARD, *de même.* A la tienne, Gaspard...

GASPARD. Et à la prospérité de vot' auberge...

GOBINARD. Ma foi, je n'ai pas à me plaindre...le Tourne-bride va bien...Dieu merci!...ma maison a toujours la vogue, surtout pour le veau rôti...

GASPARD. Autrefois, on v'nait pour votre cuisine... c'est possible... mais à c't' heure, la jolie servante de c't' auberge y attire ben autant d'monde que vos ragoûts...

GOBINARD. Qui ça!... Marie... la p'tite

Marie?.. c'est vrai qu'elle est fort gentille...

GASPARD. Ce freluquet de Paris, qui vient ici avec Mme de Blainville, M. Hector d'Aulnay... il la lorgne joliment, quoique ça ne soit qu'une paysanne...

GOBINARD. Oh!... une paysanne!... c'est ce que nous ne savons pas... elle n'est peut-être pas née au village!... Marie est un enfant abandonné dont j'ai pris soin... c'est-à-dire, non... dont ma femme a pris soin pendant un grand voyage que je fis il y a dix-huit ans... pour recueillir une succession...

GASPARD. Oui!... c'est un' drôle d'histoire, tout de même...

GOBINARD. Il paraît que la mère de Marie... vint loger ici avec son enfant... puis elle partit... en laissant à ma femme un sac d'argent... et la petite fille... Ma femme, qui était très-sensible, adopta le sac d'argent... c'est-à-dire, non... la petite fille... et à mon retour, j'en fis autant que mon épouse...

GASPARD. Et vous avez bien fait!... A vot' santé...

GOBINARD. Si j'avais été ici à l'époque... nous en saurions davantage... parce que moi qui aime à causer.... j'aurais questionné cette femme... je l'aurais fait parler... mais feu Mme Gobinard était d'une discrétion... à part ça... je n'ai jamais eu un reproche à lui faire... c'était un modèle de sagesse... de vertu...

GASPARD, *lui versant.* Buvez donc... ça vous f'ra du bien...

GOBINARD. Elle m'adorait cette pauvre Mme Gobinard... et comme elle était très-jolie... car elle était magnifique!... mon bonheur faisait des jaloux. Il y avait, entre autres, Guillaume le vétérinaire, qui était terriblement amoureux d'elle... Te rappelles-tu, Guillaume... le vétérinaire, qui est mort il y a une douzaine d'années...

GASPARD. Oui... d'un coup de pied de cheval...

AIR *du petit Courrier.*

Je me souviens qu'avec excès
Il aimait aussi l'jus d'la treille;
C'est son penchant pour la bouteille
Qui le fit aller *ad patres.*

GOBINARD.

On s'expose à mainte ruade...
Oui, dans son état, c'est malsain,
Et quand l' méd'cin n' tu' pas l' malade,
C'est le malad' qui tu' l' méd'cin.

GASPARD. A propos... savez-vous la nouvelle.... la bonne nouvelle?...

GOBINARD. La bonne nouvelle?... Est-ce que tu m'as trouvé la vraie recette pour faire le poulet à la Marengo?...

GASPARD. Il s'agit bien de cuisine... Pierre... ce brave Pierre!... que tout le monde aime dans le pays... il a tiré ce matin à la conscription...

GOBINARD. Ah!... c'est juste!... Eh bien?...

GASPARD. Il a un bon numéro... il ne part pas!...

GOBINARD. Vraiment... j'en suis enchanté!...

GASPARD. Et moi donc!... Pierre continuera à cultiver la terre... il n'y a pas d'affront... S'il faut se battre pour sa patrie... il faut aussi la nourrir.

GOBINARD. Oui!... et la bien nourrir!... voilà pourquoi je me suis livré à la cuisine... Aussi mon auberge est le rendez-vous de la bonne société des environs... Croirais-tu qu'on y vient de Mantes... de la Roche-Guyon?... Je reçois de très-beau monde... j'ai même logé ici une duchesse... c'est-à-dire, non... c'est ma femme qui a logé une duchesse... pendant mon grand voyage...

GASPARD. Il paraît que pendant vot' absence, il s'est passé bien des choses ici... A votre santé...

GOBINARD. Hum!... goguenard... tu es goguenard, Gaspard!...

SCÈNE II.

LES MÊMES, PIERRE.

PIERRE, *paraissant à la porte d'entrée du fond, et regardant partout.* Elle n'est pas là!...

GASPARD. Eh bien! entre donc, Pierre!.. est-ce que tu vas rester à la porte comme une sentinelle?...

GOBINARD. Entrez, monsieur Pierre... venez boire un coup avec nous... Je vous fais mon compliment, jeune homme!... j'ai appris que vous aviez eu un bon numéro...

PIERRE. J'vous remercie, monsieur Gobinard... Bonjour, Gaspard... oui, le sort m'a été bon... je ne pars pas.

GASPARD. Alors il me semble que c'est le cas de se réjouir...

PIERRE. Se réjouir!... oui!... à ma place un autre serait bien content, bien joyeux!... moi, je devrais l'être aussi, car au fond, je ne suis pas fâché de rester... et pourtant il me semble que je n'ai jamais été si triste...

GASPARD. Et pourquoi?

PIERRE. Ah! pourquoi?... Parce que quand on a du bonheur d'un côté, on n'en a pas de l'autre, et que tous les numéros du monde n'y font rien... parce que, quand je pense à ça... je voudrais être tombé au sort.

GASPARD, *plus bas.* Allons, allons... Marie va venir, tu lui parleras... mets-toi là...

PIERRE, *à part.* Marie!... (*Il prend un verre. Haut.*) A vot' santé...

GASPARD. C'est ben heureux!... Moi, aujourd'hui, vois-tu... je suis si content de ce que tu n' pars pas... que... Buvons donc...

AIR: *Tourne, tourne.*

Vous me ferez raison, j'espère,
Moi qui ne fais rien à demi,
Je veux ici boire à plein verre;
Ce jour me conserve un ami!
Dans mon cœur la gaîté séjourne,
Oui, je suis heureux quand je bois... } (bis.)
Et quand tout tourne, tourne, tourne,
Et quand tout tourne autour de moi;

TOUS DEUX.
Alors, tout tourne, tourne,
Tourne, tourne, autour de } moi,
                            toi.

GOBINARD.

Moi... c'est au feu de ma cuisine
Que je me grise en travaillant...
D'une sauce admirant la mine,
Je bois d'abord en la goûtant;
A goûter souvent je retourne, } (bis.)
Cela m'altère... alors je bois,
Puis je la tourne, tourne, tourne,
Et puis tout tourne autour de moi.

TOUS DEUX.
Et puis il tourne, tourne,
Et } me } grise souvent, je crois.
    se

PIERRE, *à part.* Marie ne vient pas...

GOBINARD. Dites-moi donc, monsieur Pierre, en venant ici, vous n'avez pas aperçu quelque voiture, quelque calèche, sur la route?

PIERRE. Non!... mais pourquoi?... est-ce que vous attendez du monde?

GOBINARD. D'abord, par état, j'en attends toujours... de plus, j'ai entendu dire que Mme de Blainville était à sa campagne, ici tout près... et je m'étonne qu'elle ne soit pas encore venue nous voir... Vous savez qu'elle aime beaucoup Marie... elle a pris cette petite en affection, au point qu'elle lui apporte de petits présens...

GASPARD. Ah! oui!... des chiffons... des colifichets... et tout ça rend Marie encore plus coquette..... m'est avis pourtant qu'elle l'est déjà bien assez...

PIERRE. Et ces messieurs qui viennent avec Mme de Blainville, de beaux parleurs... elle les écoute, ceux-là... Ils lui font tant de complimens qu'après ça elle ne peut plus nous écouter.

GASPARD. Allons donc... parc' que t'es un niais.... t'es trop timide avec elle...

PIERRE. Gaspard!...

GASPARD. Ne vas-tu pas croire qu'on ignore que tu es amoureux de Marie?..... Demande à Gobinard s'il ne s'en est pas aperçu.

GOBINARD. Non!... c'est-à-dire, si... j'ai cru remarquer...

GASPARD. Mais dam, aussi... on parle, on se déclare... on dit comme ça... Mamselle..... je vous aime..... voulez-vous d' moi... touchez là... vous n' m'aimez pas... bonsoir... à une autre...

GOBINARD. Sans doute!... de deux choses deux... on vous aime, ou on ne vous aime pas...

PIERRE. Oui, oui... vous avez raison... je parlerai... car je veux savoir enfin..

GASPARD. Tiens... j'entends justement Marie... (*Bas.*) J'vas emmener Gobinard, afin que vous soyez seuls.... (*Haut.*) Dites donc, père Gobinard..... il me semble qu' ça sent le brûlé du côté d' vot' cuisine?...

GOBINARD. Ah! tu m'y fais penser... j'ai là-bas... un lapin... c'est-à-dire, un lapin... oui, c'est un lapin qui mitonne sur le feu...

Gobinard sort par la droite et Gaspard par le fond.

PIERRE, *seul.* Voici Marie!... Allons, du courage, tâchons de lui dire que j' l'aime, il me semble qu'elle aurait dû le deviner...

SCÈNE III.
PIERRE, MARIE.

MARIE, *entre en chantant.*

AIR: *Avis aux coquettes.*

Aux champs rester toujours tranquille,
Non, non, je préfère Paris,
Oui, j'en conviens, j'aime la ville,
On dit que c'est un paradis.
Chacun me répète sans cesse
Que des plaisirs et de l'amour
Paris, surtout pour la jeunesse,
Est le véritable séjour.

Aux champs, etc.

PIERRE.
Aux champs rester toujours tranquille,
Ah! non, ell' préfère Paris;
Ell' parle toujours de la ville,
Pour elle c'est un paradis.

Paris!... (*Haut.*) Toujours Paris!...

MARIE. Ah!..... bonjour, monsieur Pierre!...

PIERRE. Bonjour, mamselle Marie...
MARIE. Eh bien! n'avez-vous pas tiré à la conscription aujourd'hui?
PIERRE. Oui, mamselle...
MARIE. Êtes-vous tombé au sort?...
PIERRE. Non, mamselle...
MARIE. Ah! tant mieux!... j'en suis bien aise pour vous...
PIERRE, à part. Comme elle me dit ça froidement...

MARIE, *arrangeant les tables.*

Aux champs rester toujours tranquille, etc.

PIERRE. Mamselle Marie?
MARIE. Monsieur Pierre!
PIERRE. Mamselle Marie.... vous avez un bien joli tablier, mamselle Marie!
MARIE. C'est Mme de Blainville qui me l'a donné!...
PIERRE. C'est bien élégant pour une paysanne...
MARIE. Paysanne!... apparemment que Mme de Blainville ne trouve pas que j'ai l'air d'une paysanne... car elle dit que je serais très-bien... si j'étais mise en dame de la ville... et M. d'Aulnay, qui vient toujours avec elle, m'a dit que j'avais tout ce qu'il fallait pour faire une femme du monde!... ou bien encore une petite lingère... très... très... attendez donc... très-confortable!... voilà le mot... et ça doit vouloir dire jolie... j'en suis sûre...
PIERRE. Oui, oui... je le crois...
MARIE. Comme vous soupirez, monsieur Pierre...
PIERRE. Oh! c'est que j'ai là quelque chose qui m'étouffe...
MARIE. Est-ce que vous avez trop déjeuné?...
PIERRE. Non!... ce n'est pas ça... au contraire...

AIR : *Vous.* (Masini.)

Je souffre, je tremble,
Je n'ai plus d'appétit;
Parfois il me semble
Que je perds l'esprit :
Ce mal qui m'agite
M'rend bien malheureux,
Et jamais n'me quitte :
Je suis amoureux.
Jamais ça ne me quitte,
Je suis amoureux.

MARIE. Vous êtes amoureux!... et de qui donc?
PIERRE. De qui?... vous me demandez de qui... mamselle!... est-ce que je pourrais l'être d'une autre que vous?.. (*A part.*) Ah!...

MARIE. Comment... vous m'aimez pour tout d'bon?
PIERRE. Oh! oui, c'est bien réellement que je vous aime... c'est pour devenir votre mari... Dites-moi que vous m'aimez aussi, que vous voulez bien être ma femme!... Oh! Marie... répondez... n'est-ce pas que vous voulez bien être ma femme?...

Il s'est approché et lui a pris la main.

MARIE, *retirant sa main.* Non, monsieur Pierre... non, je ne veux pas être votre femme...
PIERRE. Vous ne voulez pas?... est-ce bien possible!... Comment, mamselle... vous n'm'aimez pas?...
MARIE. Dam!... monsieur Pierre... j'ai de l'amitié pour vous... mais je ne veux pas vous épouser...
PIERRE. Marie!... Marie!... ne me refusez pas!... Qu'est-ce qui vous rendra plus heureuse que moi?...
MARIE. Est-il entêté donc?... encore une fois non... Je ne suis pas tentée de me marier au village... pour m'établir au village et passer ma vie au village... On m'a dit que je pourrais briller à la ville...
PIERRE. Ceux qui vous ont dit ça se sont moqués de vous!...
MARIE. Pourquoi donc?... Il y a bien des filles de campagne qui font fortune à Paris...
PIERRE. Oui!... en cessant d'être honnêtes!...
MARIE. Oh! mon Dieu!... on veut nous faire un croquemitaine de ce Paris... Il semblerait, à vous entendre, que c'est une caverne... Mais c'est vous qui dites ça...
PIERRE. Marie!... vous me refusez?... Est-ce votre dernier mot?...
MARIE. Oh! mon Dieu, oui... combien donc faut-il vous le dire de fois?
PIERRE. Ça suffit!... Oh! n'ayez pas peur que je vous ennuie davantage... j'ai du cœur aussi... et puisque vous ne voulez pas de moi...

AIR *de la Traite des noirs.* (Adieu qui m'dit; j'ai mon affaire.)

Ne craignez rien... adieu, Marie,
Je vous laisserai désormais...
Là, seulement, reste à jamais
Votre image toujours chérie!
Si quelque jour le sort jaloux
Vous envoyait chagrin, souffrance,
Alors, oh! j'en ai l'espérance,
Vous m'appellerez près de vous...
Songez à votre ami d'enfance,
Et rappelez-moi près de vous!

Il sort vivement.

MARIE, *seule.* Ce pauvre Pierre!... je

suis presque fâchée!.... Aussi de quoi s'avise-t-il de m'aimer?.. ce n'est pas ma faute.

GOBINARD, *en dehors*. Holà, Marie!... Petit-Jean... Nicole... toute la maison...
Il entre en scène.

SCÈNE IV.
MARIE, GOBINARD.

MARIE. Qu'y a-t-il donc, monsieur Gobinard?

GOBINARD. Une voiture... c'est-à-dire... non... une calèche..... sur la route... qui vient ici..... c'est Mme de Blainville et M. d'Aulnay...

MARIE. Oh!... que je suis contente!....

GOBINARD. Et mon malheureux lapin qui est brûlé... C'est égal... j'en ferai un civet... Oh!... oh!... voilà le beau monde qui met pied à terre... Holà donc, mes gens...

Quelques valets d'auberge arrivent de différens côtés.

SCÈNE V.
LES MÊMES, VALETS; *puis*, Mme DE BLAINVILLE, *arrivant avec* D'AULNAY.

CHOEUR.
Air final des Pages de Bassompierre.
Recevoir ici du beau monde,
Ah! quel plaisir... ah! quel honneur!
Tout's les auberges à la ronde,
Vont envier notre bonheur.

Mme DE BLAINVILLE. Bonjour, mon cher Gobinard... bonjour, ma belle petite Marie...
Elle l'embrasse.

D'AULNAY. Ah! Dieu! quelle poussière en route... on devrait bien arroser... Ces maires de village ne pensent à rien..... (*Prenant le menton à Marie.*) Bonjour, petite... toujours ravissante, parole d'honneur.

MARIE. Monsieur est bien honnête.

GOBINARD, *saluant jusqu'à terre*. Madame, je n'ai pas besoin de vous dire..... c'est-à-dire, si! j'ai besoin de vous dire combien je suis flatté... aujourd'hui surtout... J'ai du poisson très-frais... et un civet de lapin.... c'est-à-dire de lièvre...

Mme DE BLAINVILLE. Merci, Gobinard... merci! mais ce n'est pas pour dîner que nous sommes venus... un autre motif très-important... Enfin, Gobinard... je voudrais avoir avec vous un entretien particulier...

GOBINARD. Avec moi, madame? Comment donc?... un, deux, trois entretiens particuliers... si vous le désirez...

Mme DE BLAINVILLE, *à d'Aulnay*. Hector.... permettez que je cause un instant avec Gobinard... tout-à-l'heure je vous dirai le sujet... car pour vous... pour mon futur époux... je n'ai rien de caché.
Elle lui tend la main.

D'AULNAY, *la lui baisant*. Oui, je le sais... femme adorable!.... (*A part.*) Oh! si tu n'étais pas si riche! (*Haut.*) Je vais faire un tour de jardin...

GOBINARD, *à Marie*. Et vous, Marie... allez hacher du persil...

Mme DE BLAINVILLE. Va, Marie!... mais ne t'éloigne pas... bientôt je te reverrai... bientôt... entends-tu?

MARIE. Oui, madame..... (*A part.*) Comme elle me regarde drôlement aujourd'hui...

GOBINARD, *aux valets*. Sortez, vous autres... Madame veut avoir avec moi plusieurs entretiens particuliers.

CHOEUR.
Recevoir ici du beau monde, etc. etc.

D'Aulnay sort par le fond, Marie et les valets par la gauche.

SCÈNE VI.
Mme DE BLAINVILLE, GOBINARD.

Mme DE BLAINVILLE. Mon cher Gobinard, je viens de recevoir une lettre d'une de mes anciennes amies, absente de France depuis fort long-temps... Vous allez voir en quoi cela vous intéresse...

GOBINARD. Je m'y intéresse déjà.

Mme DE BLAINVILLE, *lisant*. « Ma chère
» amie, il y a bien long-temps que vous
» n'avez eu de mes nouvelles.... mais je
» songe à revenir en France, qui est ma
» patrie... quoique je porte un nom polo-
» nais... »

GOBINARD. Un nom polonais!... cela fait son éloge.

Mme DE BLAINVILLE, *lisant*. « A mon
» retour, j'irai vous voir à votre maison
» de campagne... des environs de Mantes.
» Plus d'un motif m'attire de ce côté... il
» y a dix-sept ou dix-huit ans, j'ai voyagé
» par là... et je me suis arrêtée au petit
» village de Véteuil... »

GOBINARD. C'est le nôtre!...

Mme DE BLAINVILLE. « J'ai logé dans une
» auberge qui avait pour enseigne : *Au
» Tourne-Bride.* »

GOBINARD. C'est la mienne.

Mme DE BLAINVILLE. « C'est à cette au-
» berge que je dois me rendre d'abord.....
» car j'y ai laissé un objet bien cher et
» dont j'eus alors beaucoup de peine à me
» séparer!.... mais l'hôtesse méritait, je
» crois, ma confiance... tout ceci doit vous
» paraître inintelligible... Je vous l'expli-
» querai bientôt en allant vous embrasser.
» Votre amie, HERMINIE, duchesse DE
» WALOUSKY. »

GOBINARD. Une duchesse !... En effet...
elle a logé dans cette auberge... mais je
ne comprends pas...

Mme DE BLAINVILLE. Où étiez-vous à cette
époque ?

GOBINARD. A la Guadeloupe, pour recueillir un héritage...

Mme DE BLAINVILLE. Et à votre retour...
qu'avez-vous trouvé de plus dans votre
maison ?

GOBINARD. Rien !... C'est-à-dire... si !...
la petite Marie... qui pouvait avoir un an.

Mme DE BLAINVILLE. Et cette petite fille...
par qui avait-elle été confiée à votre
femme ?

GOBINARD. Par qui ?... Oh ! mon Dieu !...
Marie... cet enfant inconnu...

Mme DE BLAINVILLE. Ah !... vous comprenez à présent ?

GOBINARD. Je n'en reviens pas ! et ma
femme qui m'avait dit que.....

Mme DE BLAINVILLE. Votre femme a
gardé le secret... car il y a dans tout cela
un mystère...

GOBINARD. Marie !... la fille d'une duchesse !...

Air *de l'Écu de six francs.*

J'en deviendrai fou, j'imagine.
Faut-il que je sois malheureux !
Aux vils travaux de la cuisine
Ai-je pu l'occuper, grands dieux !
Je devrais m'arracher les yeux,
Quand j' lui faisais... ah ! quell' brioche !
Tourner un' dind' qui rôtissait,
J'étais donc assez indiscret
Pour mettre un' duchesse à la broche !..

Et je viens encore de lui faire hacher du
persil !

Mme DE BLAINVILLE. Pour lever tous nos
doutes, n'auriez-vous pas ici quelque garçon, quelque servante, qui étaient employés dans l'auberge à cette époque ?

GOBINARD. Attendez donc.... Gaspard
travaillait ici dans ce temps-là... il faisait
le jardin... lui seul pourrait éclaircir...

Mme DE BLAINVILLE. Eh bien ! voyons ce
Gaspard, il faut l'interroger.

GOBINARD. C'est facile, il est chez moi
toute la journée.

GASPARD, *en dehors.* Oh ! morgué ! je l'
répète, ça n'a pas le sens commun.

GOBINARD. Tenez, c'est lui que j'entends... il paraît même de très-bonne humeur.

SCENE VII.

GASPARD, GOBINARD, Mme DE
BLAINVILLE.

GASPARD, *entrant d'un air d'humeur et
sans voir personne.* Queue bêtise..... parc'
qu'une fille lui dit qu'ell' ne l'aime pas...
comme s'il en manquait d'autres dans le
monde.

Il jette avec colère son bonnet sur la table.

GOBINARD. Gaspard, fais attention, mon
ami, Mme de Blainville que voilà désire te
parler.

GASPARD. Ah !

GOBINARD. Il s'agit de Marie, qui se
trouve être une grande dame... nous avons
découvert le secret.

GASPARD. Que diable me chantes-tu là ?

Mme DE BLAINVILLE. Laissez-moi lui
parler... (*A Gaspard.*) Vous avez travaillé
dans cette maison à l'époque où la duchesse de Walousky vint y loger ?

GASPARD. Pardi... je m'en souviens bien
d' vot' duchesse... une faraude... une pim-
pante.

Mme DE BLAINVILLE. Et Marie, était-elle
ici avant l'arrivée de la duchesse ?... rappelez-vous bien.

GASPARD. Non, non..., on n'avait pas
encore ici la petite.

Mme DE BLAINVILLE. Et cette pauvre
femme, qui, soi-disant, l'a confiée à Mme
Gobinard, l'avez-vous vue ?

GASPARD. Cette pauvre femme ?... jamais !

Mme DE BLAINVILLE. Plus de doute !...
Marie est la fille de la duchesse...

GOBINARD. C'est une princesse polonaise...

GASPARD. Comment !.... qu'est-ce qui
vous fait penser...

Mme DE BLAINVILLE. Cette lettre de la duchesse... un objet bien cher dont elle a eu
tant de peine à se séparer...

GASPARD. Bah ! elle dit ça.... eh ! eh ! eh !
c'est drôle, tout d' même... et ces papiers
que j'ai entre les mains... Au fait, il faut

bien que Marie soit la fille de quelqu'un.

Mme DE BLAINVILLE. Pauvre chère petite... j'avais bien deviné cela... je lui trouvais un air distingué... ah ! j'en suis tout émue de joie... Gobinard, conduisez-moi dans ma chambre habituelle, vous m'enverrez Hector... et Marie aussi... surtout ne lui dites rien d'avance, c'est moi qui veux tout lui apprendre.

GOBINARD. Oui, madame, donnez-vous la peine d'entrer.... Une duchesse chez moi ! et elle épluchait des oignons... c'est à en pleurer.

Il entre à gauche avec Mme de Blainville.

SCENE VIII.

GASPARD, puis MARIE et D'AULNAY.

GASPARD. Marie !.. une duchesse, qu'ils disent... elle va être ben fière quand on lui apprendra ça... Eh bien ! tant mieux, Pierre l'oubliera plus facilement.

D'AULNAY, courant après Marie. Oh ! charmante Marie , vous ne m'échapperez pas.

MARIE, se défendant. Finissez donc, monsieur... est-ce qu'on embrasse comme ça ?

D'AULNAY. Certainement... et je veux..

GASPARD, allant se mettre entre eux. Eh ! ben, quoi que vous voulez ?

D'AULNAY. Je veux... je veux... il me semble que ça ne vous regarde pas... vous êtes plaisant, mon cher...

GASPARD. Ah ! vous me trouvez plaisant... c'est aussi l'effet qu' vous m' faites ; mais pendant qu' vous batifollez avec les jeunes filles... vot' dame est là qui vous attend... qui vous demande... vous savez bien, vot' dame, qui...

D'AULNAY. C'est bon !.. c'est bon, homme rustique, je sais de qui vous parlez... (A part.) Etre toujours à ses ordres... oh ! si je rencontrais une riche héritière !... (Haut.) Au revoir, belle enfant, parole d'honneur, vous êtes stupéfiante !

Il entre à gauche.

SCENE IX.

MARIE, GASPARD.

GASPARD. C'est donc pour vous fair' cajoler par des cadets comme ça que vous désolez ce pauv' Pierre... que vous repoussez son amour.... que vous refusez sa main ?...

MARIE. Vous allez encore me parler de ça... il me semble qu'une fille est bien maîtresse de suivre son penchant... d'ailleurs Pierre m'aura vite oubliée...

GASPARD. Pauv' garçon !..... vous le jugez d'après vous ; mais moi, je l' connais, voyez-vous, il est désespéré, et je sais... ce qu'il est capable de faire.

MARIE. Vraiment !... c'est à ce point-là ? il m'aime donc bien ?

GASPARD. Oh ! oui, qu'il vous aime, quoique vous ne soyez qu'une fille d'auberge, sans nom... sans parens.

MARIE. Il est inutile de revenir toujours là-dessus.

GASPARD. Non, Marie, c'est pas inutile, croyez-moi... réfléchissez.

AIR : De votre bonté généreuse.

Je l' sais ben... vous êt's vaniteuse...
C'est à la ville, avec de beaux habits,
Qu' vous espérez devenir riche, heureuse,
Et vous brill'rez p't-'être un jour à Paris :
Mais avant ça, si vous n'êt' pas sensible,
Un brav' garçon loin de vous succomb'ra,
Crois-moi, jeun' fill', n'y a pas d' bonheur possible
Quand on l'achète à ce prix-là...

MARIE. Mais, monsieur Gaspard !...

GASPARD. Dit's un mot, et j' cours trouver Pierre, il en est encore temps... mais si vous r'fusez, c'est fini... vous n' le verrez plus...

MARIE. Il serait possible... Pierre... expliquez-vous.

GOBINARD, en dehors. Par ici, madame, Marie doit être dans la salle.

GASPARD. Allons, v'là tous les autres à présent !

SCENE X.

LES MÊMES, GOBINARD, D'AULNAY, Mme DE BLAINVILLE.

Mme DE BLAINVILLE. Ma chère Marie !...

Elle l'embrasse.

MARIE, étonnée. Madame !...

D'AULNAY. Ah ! mademoiselle, si j'avais su... croyez que le respect et la plus parfaite considération...

MARIE. Qu'est-ce qu'ils ont donc ?

GOBINARD, ôtant son bonnet. Ma chère Marie... ou plutôt, mademoiselle, je suis désolé... c'est-à-dire, je suis enchanté... je ne sais plus ce que je dis.

MARIE. Mais qu'est-ce que tout cela signifie ?

Mme DE BLAINVILLE. Que tu vas à l'instant même quitter cette auberge, qui n'est pas faite pour toi... que je t'emmène avec moi...

car je connais ta mère, elle est mon amie... et ce n'est qu'à elle que je te remettrai...

MARIE. Ma mère!.. Vous sauriez quelle est ma mère?

GOBINARD, *bas à Marie*. C'est une grande polonaise... un' duchesse!

MARIE. Une duchesse!

Mme DE BLAINVILLE. Ah! Gobinard, je vous avais recommandé...

GOBINARD. Pardon, madame, l'excès de la joie...

Mme DE BLAINVILLE. Oui, chère Marie, tu seras riche un jour... tu seras grande dame!

MARIE. Oh! quel bonheur!

GOBINARD, *à part*. Quand je pense que c'est moi qui l'ai élevée...

Mme DE BLAINVILLE. En attendant que je te rende à ta mère... je veux te garder avec moi, te traiter comme ma fille, comme mon amie, veux-je dire.

MARIE. Aller avec vous... oh! que je suis contente!

GASPARD, *à part*. J'étais sûr qu'elle ne tiendrait pas à l'auberge.

D'AULNAY, *de même*. Une fille charmante, et de la fortune... je conçois des projets... d'une hardiesse...

Mme DE BLAINVILLE. Allons, Marie, il est temps de partir.

MARIE. Comment, madame, tout de suite? permettez-moi d'aller faire un petit paquet.

Mme DE BLAINVILLE. C'est inutile, ma chère, chez moi tu ne peux garder ce costume; il faut que ta toilette réponde à ta nouvelle position.

MARIE. Et j'aurai de belles robes aussi? oh! que je suis heureuse... Madame, je suis prête à vous suivre.

GOBINARD. Eh bien, mademoiselle Marie, vous ne me dites rien?...

MARIE. Oh! je suis si troublée... Adieu, Gobinard, adieu, je penserai à vous!

GASPARD, *à part*. Elle est reconnaissante comme un vrai chat!

D'AULNAY. Maintenant, partons.... mademoiselle, daignez accepter ma main.

GASPARD, *à part*. Ah! pauvre Pierre!...

REPRISE DU CHOEUR DES PAGES.

Recevoir ici du beau monde, etc.

Tous sortent par le fond, excepté Gaspard, qui les regarde s'éloigner.

FIN DU PREMIER ACTE.

ACTE DEUXIÈME.

On voit le boulevard du Temple. A droite, un marchand de vin, les tables devant la porte. Plus loin, du même côté, une maison bourgeoise, au premier de laquelle est une fenêtre garnie de persiennes. En face, des arbres. Au premier plan, à gauche, un banc de pierre.

SCENE PREMIERE.

JOSÉPHINE, ADÉLAIDE, *puis* FÉLICITÉ.

Au lever du rideau, Joséphine est assise sur le banc de pierre; Adélaïde est debout et regarde dans la coulisse.

ADÉLAIDE. Dodophe.... Dodophe!... ne vous éloignez pas du porichinelle surtout.

JOSÉPHINE. Il ne peut donc pas tenir en place, ton mioche?

ADÉLAIDE. Ne m'en parle pas... il a des fourmis dans les jambes; et les parens qui voudraient que je ne le quitte pas... le plus souvent!

JOSÉPHINE. Les bourgeois sont si injustes... Ah ben! quand est-ce donc qu'il n'y aura plus de maîtres!... et que je pourrai me faire servir à mon tour!...

ADÉLAIDE. Ah! v'là Félicité.

FÉLICITÉ, *sortant de la maison à droite.*

Rendez-moi ma patrie,
Ou laissez-moi m' périr.

JOSÉPHINE. Bonjour, Félicité.

FÉLICITÉ. Tiens!... c'est Joséphine et Adélaïde. Par quel hasard, mesdemoiselles, êtes-vous sur le boulevard du Temple?

JOSÉPHINE. C'est pas l'hasard... Adélaïde promène le petit de ses maîtres... moi, je l'ai accompagnée, vu que c'est mon jour de sortie... et nous avons tourné par ici à ton intention.

FÉLICITÉ. Comment donc ça?

JOSÉPHINE. Tu ne comprends pas...nous attendons les jeune hommes du 32e.

FÉLICITÉ. Des militaires... ceux que j'ai vus l'autre jour avec vous?

JOSÉPHINE. Oui... M. Fleur-d'Amour...

ADÉLAIDE. Et puis l'autre, dont j'ai oublié le nom... qui nous donne toujours du pain d'épice...
FÉLICITÉ. Et leur camarade...M.Pierre... viendra-t-il aussi ?
JOSÉPHINE. Ils tâcheront de l'amener... mais ça ne sera peut-être pas facile à cause d'une mélancolie qu'il a sur le cœur, et qui l'empêche de rire.
FÉLICITÉ. O Dieu!... c'est si intéressant les hommes tristes.
JOSÉPHINE. Oh! nous savons que tu en tiens pour M. Pierre.
FÉLICITÉ. Mais je ne dis pas... d'abord, moi, j'ai toujours eu un faible pour les uniformes.

Air : *Rataplan.*

Oui, c'est mon caractère,
Je dois en convenir,
L'aspect d'un militaire
M' fait toujours plaisir !
Quand le tambour passe
Et qu' j'entends son roul'ment,
Je n' tiens plus en place
Mon cœur fait au même instant,
Rapata plan, plan, plan, plan.
Etc., etc.

Du chasseur l'uniforme
D'abord m'enflamma,
Du casque aimant la forme,
Le dragon m' charma,
Pour l'houzard ensuite
Mon cœur eut un doux penchant
A c't' heure il palpite...
N'importe pour quel régiment,
Rapata plan, plan, plan, plan.
Etc., etc.

ADÉLAIDE. Moi, je préfère le pompier.
FÉLICITÉ. Ah! si M. Pierre était moins sauvage... je lui offrirais de bien bon bouillon...
JOSÉPHINE. Tu es bien heureuse de pouvoir offrir du bouillon!...Tu sers donc chez un grand turc?
FÉLICITÉ. Oh! mieux que ça!.. je t'assure que je n'ai pas envie de quitter d'où que je suis... c'est moi qui achète tout... qui ai les clefs de tout!... ma maîtresse est une jeune fille qui n' connaît rien de rien... Oh! c'est toute une histoire que je vous conterai... mais ils vont ce soir au spectacle, et il faut que j'aille bien vite leur chercher une loge...Attendez-moi...je vous retrouverai ici.

Elle sort.

JOSÉPHINE. Sois tranquille... on ne nous enlèvera pas.
ADÉLAIDE. A-t-elle de la chance!... une place comme celle-là... ça tombe toujours à celles qui ne savent rien faire.

JOSÉPHINE. Ça m'irait si bien à moi, qui suis dans une baraque... des personnes gênées... du petit monde.

On entend fredonner dans la coulisse.

ADÉLAIDE. Ah! dis donc... je crois que les voici.
JOSÉPHINE. Les 32e, faut pas avoir l'air... rasissons-nous.
ADÉLAIDE. Oui... rasissons-nous... et tout en travaillant, faisons semblant de chercher des coquillages à nos pieds.

Elles se rasseyent sur le banc, et font mine de chercher à terre.

SCENE II.

JOSÉPHINE, ADÉLAIDE, CARABINE, FLEUR-D'AMOUR, *puis* PIERRE.

FLEUR-D'AMOUR. Par ici donc, les autres... Carabine, Carabine... est-ce que tu vas t'arrêter à toutes les marchandes de pommes ?
CARABINE, *entrant.* Non, c'est que je marchandais un cœur en pain d'épice...
FLEUR-D'AMOUR, *bas.* Nos tourterelles sont par ici...
CARABINE. C'est elles tout d' même... crrrristi.
FLEUR-D'AMOUR. Chut!... modère ton élan... faut pas tout d' suite s' prodiguer... Eh ben! Pierre, il n' vient donc pas?... Pierre, viens donc avec nous.
PIERRE, *arrivant lentement, et d'un air triste.* Eh bien! que me voulez-vous ?
FLEUR-D'AMOUR. Ce que je veux... te dérider, d'abord... je te donne la bonne exemple... Il y a là sur le banc des jeunesses d' connaissances... elles ont une amie qui t'a remarqué... viens jaser avec elles...
PIERRE. Non, non... c'est inutile... je vas me promener là-bas... je vous reprendrai en repassant.

Il sort.

CARABINE. Est-il hibou, l' camarade?
FLEUR-D'AMOUR. A nous deux, alors... Carabine, une surprise... passons par derrière, et allons nous *assire* inopinément, et sans qu'elle nous *vissent.*
CARABINE. Je crois que c'est *faisible.*

Ils exécutent le mouvement.

JOSÉPHINE, *bas à Adélaïde.* Les v'là qu'approchent... les v'là qu'approchent.
FLEUR-D'AMOUR *et* CARABINE, *s'asseyant.* Houp!...
JOSÉPHINE. Ah! vous m'avez fait peur...
FLEUR-D'AMOUR. Histoire de rire, mamselle Joséphine ; est-ce que votre santé serait bonne?

JOSÉPHINE. Vous êtes ben honnête, monsieur Fleur-d'Amour.

FLEUR-D'AMOUR. Merci!... je me porte bien aussi... quoique depuis l'autr' jour, que j'ai eu celui de vous offrir du coco... j'éprouve le besoin de vous en offrir encore...

CARABINE. Oui, nous vous en offrons... crrrristi.

FLEUR-D'AMOUR. Ou tout autre rafraîchissement sans conséquence.

CARABINE. Des pommes, par exemple.

ADÉLAÏDE. Ben obligé, monsieur... monsieur... j' peux jamais vous r'tenir.

CARABINE. Carrrrabine...

ADÉLAÏDE. Carrrrabine... qué drôle de nom : il me semble pourtant que je l'ai déjà entendu.

CARABINE. Ah! c'est qu'il y a un' chanson où c' qu'on parle.

Il chante.

Il était un p'tit homme
Qui s'appelait Toto Carabo
Il allait à la chasse,
A la chasse aux perdrix ;
Carabine.

FLEUR-D'AMOUR. C'est pas Carabine... c'est Carabi dans la chanson...

CARABINE. Tu crois... possible... c'est pas moi qui l'ai faite.

JOSÉPHINE. Pourquoi donc M. Pierre n'est-il pas resté avec vous?... Est-ce que nous lui faisons peur?

FLEUR-D'AMOUR. Que non!... il en a vu d'aussi laides que vous!... je veux dire de plus laides... mais il aime l'isolement de la solitude au sujet d'une femme... dont il a peu d'agrément.

JOSÉPHINE. Pauvre jeune homme!... c'est bien joli d'être fidèle comme ça.

FLEUR-D'AMOUR. Oh! fidèle... c'est une bêtise, le militaire se doit à la société et aux bonnes d'enfans, et même aux bonnes sans enfans... j'aime mieux ça... attendu que le mioche est susceptible de nous mettre du raisiné sur nos buffleteries.

TOUS, *riant.* Ah! ah! ah! ah!

FLEUR-D'AMOUR. C'est égal!... quand Pierre aura fait autant de cœurs enflammés que moi, il sera plus déluré...

CARABINE. Hé! hé! hé! hé!

JOSÉPHINE. Oh! les mauvais sujets.

Air : *Grenadier, que tu m'affliges.*

Vous courez de belle en belle,
Vous êtes tro...op... entreprenant ;

FLEUR-D'AMOUR.

Mamsell', si... j' suis infidèle
C'est pour aimer plus souvent,
Mais des appas comme les vôtres
Me fixeront pour toujours,
Ben loin d'en aimer d'autres,
Finissant l'air.

(*Parlé.*) Je l' jure... j' l'affirme... je l'atteste, j'en lève la main.

Vous s'rez mes dernières amours ;

CARABINE *et* FLEUR-D'AMOUR.

Oui, des appas comme les vôtres,
Me fixeront pour toujours,
Etc., etc., etc.

ADÉLAÏDE. Oh! sont-ils insinuans!

CARABINE. Moi, j'admirre les cuisinières; v'là un' bonn' conquête pour l'estomac... De quel endroit que vous êtes, mamzelle?

ADÉLAÏDE. Je suis Bourguignonne.

CARABINE. Et moi, Normand... Tiens, j' crois que nous sommes pays...

FLEUR-D'AMOUR. Écoutez, sylphides... Carabine et moi, nous avions une idée pour ce soir... vu que nous jouissons d'une permission de dix heures... nous pourrions vous mener à *Franche-coni*.

ADÉLAÏDE. Au *Cercle* Olympique?

JOSÉPHINE. Oh! c'est une fameuse idée... J'aime tant la comédie.

FLEUR-D'AMOUR. Moi, je préfère le spectacle... Je n'y suis encore allé qu'une fois... mais j'ai vu une bien belle ouvrage : *la Tour des Nèfles*.

JOSÉPHINE. Oh! on dit que c'est superbe.

FLEUR-D'AMOUR. C'est-il convenu?

JOSÉPHINE. Dam!... je voudrais bien... mais que diront les maîtres?... C'est pas que je tienne aux miens... des parvenus... des liardeux... on m'coupe mon pain pour mon dîner.

FLEUR-D'AMOUR. Ah! on vous l'coupe!... quelle petitesse!

JOSÉPHINE. Bah!... ils diront c'qu'ils voudront... pas vrai, Adélaïde?... Il est cinq heures... tu peux aller coucher ton p'tit... s'il n'est pas content... le fouet...

FLEUR-D'AMOUR. C'est ça... le fouet... il n'y a rien de mieux pour éduquer les enfans.

ADÉLAÏDE. Nous allons le reconduire... Eh bien! où donc qu'il est c' garnement-là? Dodophe!.. Dodophe!...

JOSÉPHINE. Est-ce qu'il a quitté le porichinel?

ADÉLAÏDE. Mon Dieu! oui... je ne le vois plus... Dodophe!...

FLEUR-D'AMOUR. Vous avez égaré vot' moutard?

ADÉLAÏDE. C'est que les parens sont si ridicules; ils seraient capables de s'en prendre à moi.

JOSÉPHINE. Allons l'chercher tous les quatre.
CARABINE. Ça va!... tous les quat'rrrr.

TOUS.

Air : *C'est gentil d'aimer.*

Sur le boulevard,
Cherchons le moutard,
Il aura sa danse...
Je pense...
Mais j'ai de l'espoir,
Un enfant doit s'voir,
Ça n' se perd pas comme un mouchoir.

Ils s'éloignent. Fleur-d'Amour va sortir le dernier, lorsque Gaspard, qui entre, le retient.

SCENE III.

FLEUR-D'AMOUR, GASPARD.

GASPARD. Pardon, excuse, militaire... Vous êtes du 32e, pourriez-vous me dire?...
FLEUR-D'AMOUR. Un autre jour, paysan... quand vous repasserez.

Il sort en courant.

GASPARD, *seul.* Quand je repasserai... on dirait que le tourlourou veut me faire aller... faut pourtant que je sache où je trouverai Pierre,... mon pauvre Pierre... je ne l'ai pas vu depuis qu'il a quitté le pays... et il s'est passé tant d'choses depuis ce temps-là... Eh!.. je ne me trompe pas!.. le voilà!.. c'est lui!.. c'est Pierre !

SCENE IV.

PIERRE, GASPARD.

PIERRE, *entrant à gauche et reconnaissant Gaspard.* Gaspard !
GASPARD. Eh oui! sacredié. c'est moi... il y a assez long-temps que j'avons envie de t'embrasser... Ma fine... je m' sommes dit, je serais bien bête de ne pas contenter mon envie... et me v'là... Tu n'es pas fâché, n'est-ce pas ?
PIERRE. Ah! mon cher Gaspard.
GASPARD. Mais dis donc.... j'en peux plus... j' meurs de soif, moi... est-c' qu'on n' peut pas se rafraîchir par ici?
PIERRE. Si fait!... tiens, là!... Asseyons-nous (*ils se mettent à une table*), et c'est moi qui régale.
GASPARD. Oh!... j'veux ben..... Holà, garçon, une bouteille et deux verres. (*Un garçon vient les servir.*) Eh ben! sacrebleu, comment qu'ça va l'état militaire... es-tu officier... major... colonel? l'uniforme te va joliment...
PIERRE. Avant tout, mon cher Gaspard, donne-moi des nouvelles du pays... de tous ceux que j'aime...
GASPARD. C'est juste!... le père Gobinard s'porte bien... c'est-à-dire... non... il n'va pas mal... A ta santé.

Il boit.

PIERRE. Et Marie?... tu ne m'en parles pas ! Ah! Gaspard... tu sais pourtant que c'est d'elle surtout que j'aime à entendre parler.
GASPARD. Dam!.. je pensais que tu l'avais peut-être oubliée... à présent que tu sais que c'est une grand' dame... une duchesse!...
PIERRE. Oui!..... je sais que je ne dois conserver aucun espoir.
GASPARD. C'est toujours la même chanson... Oh! les femmes... qu'elles viennent donc me dire... que les hommes sont des ci, des ça?... je leur répondrai : Ils font bien; quand il y en a un de fidèle... on est ben sûr que c'est celui-là dont elles ne veulent pas.

Air : *Les maris ont tort.*

Les femmes sont des hirondelles,
Ça n' se prend pas comme un moineau;
En vain pour les rendre fidèles,
On cherche un procédé nouveau,
C'est l' grain d'sel sur l'ail d'un oiseau,
Qu'on soit digne de leur tendresse,
Ell's n'en vont pas moins leur chemin ;
Pour les r'tenir faudrait sans cesse
Avoir la salière à la main.

PIERRE. Et Marie... est-elle bien fière... depuis qu'elle demeure chez Mme de Blainville?
GASPARD. Ah! il est arrivé ben autre chose à présent.
PIERRE. Autre chose... à Marie?
GASPARD. Eh! oui... à Marie... Ah!.. c'est que... quand un' jeune fille est riche, elle est autrement courtisée qu'un' p'tit' servante d'auberge.
PIERRE. Eh bien!... que lui est-il arrivé!.. parle donc, Gaspard... achève.
GASPARD. Allons..... je vas parler... après tout... tu es un homme... tu auras d' la fermeté.
PIERRE. Elle est mariée?
GASPARD. Eh! non!... mais depuis un mois on ne sait pas ce qu'elle est devenue! elle a disparu de chez Mme de Blainville.
PIERRE. Disparue... Marie!.... O mon Dieu!.. et le nom de son ravisseur?
GASPARD. Ah! pardi.. si on l' connaissait... ça irait tout seul... mais on ne sait rien... on n'a encore rien pu découvrir.

PIERRE, *se levant*. Oh! je la retrouverai moi!.. je saurai qui est le misérable... et je la vengerai.

GASPARD, *le retenant*. Eh ben!... eh ben!.. où vas-tu?.. Oublies-tu que tu es soldat?.. Est-ce que tu veux déserter?

PIERRE, *retombant sur la chaise*. Ah! oui!..... je suis soldat... et c'est pour elle que j'ai donné ma liberté.

GASPARD. Allons, sacredié!... du courage... on la retrouvera, c'te fille... Écoute, Mme de Blainville est à Paris maintenant, et peut-être a-t-elle eu des nouvelles... Je sais quelqu'un qui pourra me donner son adresse... j'irai... je m'informerai...

PIERRE. Oh! oui... oui... mon cher Gaspard... mais tu viendras me dire cette adresse... je veux aller moi-même chez cette dame.

GASPARD. Soit!... Où est ta caserne?

PIERRE. Faubourg du Temple.... mais dans une heure je serai encore ici... Oh! va, va!... je t'en prie.... hâte-toi.... je t'attendrai.

GASPARD. Allons, allons... je pars... A ta santé, c'est le dernier coup... et en route.

Il sort.

PIERRE, *seul*. Marie enlevée!.... moi, qui l'aimais tant, qui aurais tout sacrifié pour elle!.. un autre a su lui plaire.. elle s'est laissé séduire!... Oh! non, c'est impossible!... Marie était coquette.... mais sage, mais honnête... Je la connais bien, moi, elle est trop fière pour avoir consenti... Oui, oui, c'est une surprise, une trahison, elle a besoin de moi... elle m'attend peut-être... il faut que je la retrouve.. j'irai chez cette dame... j'irai partout.

SCENE V.

FLEUR-D'AMOUR, FÉLICITÉ, JOSÉPHINE, PIERRE.

FLEUR-D'AMOUR. Non, mamselle Félicité... le moutard n'est pas perdu!.. nous l'avons retrouvé au corps-de-garde qui buvait la goutte... C'est un enfant qui promet de grandes perfections.

FÉLICITÉ. Tiens... voilà M. Pierre!

FLEUR-D'AMOUR. Fameux!.. Dis donc, Pierre... nous avons convenu de passer la soirée ensemble... Offre donc ton bras.... à mamselle... histoire de lui faire une politesse.

PIERRE. Excusez-moi, mademoiselle... mais il faut que je rentre à la caserne.

FLEUR-D'AMOUR. Puisque nous avons une permission de dix heures.

FÉLICITÉ. M. Pierre est bien libre... d'ailleurs il faut que je rentre aussi.... pour porter la loge de théâtre.... il est déjà plus de six heures... c'est à la demie que l'on doit venir prendre ma maîtresse, et on me recommande toujours de ne pas quitter Mlle Marie.

PIERRE. Marie?.... votre maîtresse se nomme Marie?

FÉLICITÉ. Oui, monsieur.

PIERRE. Et il y a long-temps que vous êtes à son service?

FÉLICITÉ. Non... depuis un mois seulement... Oh! c'est une drôle d'aventure.. une jeune fille qu'on a enlevée.

PIERRE, *à part*. Enlevée... depuis un mois!.. (*Haut*.) Mademoiselle, acceptez donc mon bras.

FÉLICITÉ. Avec plaisir, monsieur Pierre.

FLEUR-D'AMOUR, *à Joséphine*. Tiens... tiens... on dirait que ça veut prendre.

JOSÉPHINE. Tu avais promis de nous conter ça, Félicité.

FÉLICITÉ. Ah! voyez-vous, c'est un secret... je ne peux le dire à personne.... mais les militaires sont des gens d'honneur.... Figurez-vous que la jeune fille était chez une dame... à la campagne...

PIERRE. A la campagne?..

FÉLICITÉ. Oui... du côté de la Roche-Guyon...

PIERRE, *à part*. C'est elle!...

Il serre fortement le bras de Félicité.

FÉLICITÉ. Oh!.. (*à part*) comme il me serre le bras.

FLEUR-D'AMOUR. De quoi!.. est-ce que vous auriez marché sur un lézard?

PIERRE. Continuez, mademoiselle.

FÉLICITÉ. Pour lors il y avait chez cette dame une jeune homme qui est devenu amoureux de Mlle Marie, et un jour que Mme de Blainville était absente (c'est le nom de la dame), il a fait une histoire à la jeune fille, l'a conduite à Paris, dans un petit appartement qu'il a loué ici tout près, et mamselle Marie se croit chez sa protectrice... au point qu'elle attend son arrivée tous les jours.

PIERRE. C'est une trahison!.. j'en étais sûr.

FLEUR-D'AMOUR. Fameuse, la frime... oh! elle est bien bonne.

PIERRE. Et depuis ce temps ce jeune homme n'a pas quitté votre maîtresse.

FÉLICITÉ. Si fait!.. il est retourné près de Mme de Blainville, à la campagne..... pour qu'on ne se doute de rien... mais....

v'là quelques jours qu'il vient plus souvent... il mène promener mamselle en voiture... et ce soir, il la conduit au spectacle.
PIERRE. Au spectacle... aujourd'hui... (A part.) Mon Dieu!.. comment faire?
FÉLICITÉ. Oh! tenez... ça me donne une idée... et je vais vous faire une proposition...
FLEUR-D'AMOUR. Voyons la proposition, fille des anges..... Joséphine..... je vous range dans la même famille.
FÉLICITÉ. Pendant qu'ils vont au spectacle, je serai seule... depuis sept heures jusqu'à onze... Si vous voulez venir... nous ferons un petit souper délicat... de la charcuterie et du punch... et nous jouerons à des jeux innocents.
FLEUR-D'AMOUR. Adopté... adopté!... de jolies femmes et des liqueurs... me voilà dans mon esphère. !...
JOSÉPHINE. Justement, Adélaïde va revenir avec Carabine... nous irons tous... J'aime bien mieux ça qu'un spectacle.
FÉLICITÉ. Vous viendrez, monsieur Pierre...
PIERRE. Si j'irai... Oh! oui, mademoiselle oui; quand je devrais y perdre la vie...
FLEUR-D'AMOUR. Scélérat de Pierre!... s'enflamme-t-il!... va-t-il droit à la chose!
FÉLICITÉ. Ecoutez!... notre appartement est au premier... quand vous me verrez fermer les persiennes, c'est qu'ils seront partis... Ils sortiront par l'autre côté... et vous pourrez venir... je suis bien avec la portière.
JOSÉPHINE. C'est convenu, nous attendrons le signal.
FÉLICITÉ. Je rentre... Au revoir, monsieur Pierre.
PIERRE. Oh! vous pouvez compter sur moi, mademoiselle.
FÉLICITÉ, à part, en s'éloignant. Certainement il est très-amoureux de moi...

Elle rentre.

SCENE VI.

FLEUR-D'AMOUR, PIERRE, JOSÉPHINE; puis CARABINE et ADÉLAÏDE.

PIERRE, à part. Chez elle... ce soir...
FLEUR-D'AMOUR. Dis donc, Pierre... tu n'es pas fâché maintenant, que j't'ai fait faire la connaissance de mamselle Félicité.
PIERRE. Oui, merci... tu ne peux comprendre ce que j'éprouve.
FLEUR-D'AMOUR. Drôle de corps... va! Il fait l'amour comme on mange des z'haricots...
CARABINE, tenant Adélaïde sous le bras. Nous v'là!... nous v'là nous autres... Avons-nous couru!...
ADÉLAÏDE. Mon polisson est couché!... Il se permettait de pleurer en disant qu'il faisait encore jour; comme je vous l'ai corrigé.

Elle fait signe de fouetter.

CARABINE. Ça l'a endormi tout d'suite.
JOSÉPHINE. Vous n'savez pas... Félicité nous donne ce soir un ambigu.
CARABINE. Un ambigu... Je croyais que nous allions au Cirque.
FLEUR-D'AMOUR. Tu confonds les expressions de ta langue... Il s'agit d'une soirée bachique et voluptueuse...
CARABINE. Oh! crrrrristi !
PIERRE. Mais faisons bien attention si on ferme les persiennes.
ADÉLAÏDE. Est-ce que M. Pierre en est?
FLEUR-D'AMOUR. J'crois ben... il a pris feu comme un phosphorique... Allons, allons... faut pas rester sinamovibles sur le boulevart... on nous prendrait pour un attroupement...

Fleur-d'Amour donne le bras à Joséphine, Carabine à Adélaïde, et ils se promènent tous les quatre en chantant, tandis que Pierre regarde toujours la fenêtre.

TOUS LES QUATRE.

Air d'Esmeralda.

Promenons-nous...
Du rendez-vous
L'instant sera bien doux ;
Nous souperons,
Nous chanterons,
Nous nous amuserons.

FLEUR-D'AMOUR.

L'amour et la folie,
V'là c' qui compose ma vie,
Près d'une bonne amie
Je suis un vrai farceur.

PIERRE, à part.

Sauver celle que j'aime !
Ah ! quel plaisir extrême !
Mais en ce moment même
Je sens battre mon cœur.

ENSEMBLE.

Promenons-nous,
Etc.

La musique continue, et ils se promènent toujours pendant le dialogue suivant.

SCENE VII.
Les Mêmes, GASPARD.

GASPARD, à Pierre. Pierre, me v'là !... J'ai l'adresse de Mme de Blainville... Tiens !... la v'là sur ce papier.
PIERRE, regardant la fenêtre. Fort bien, donne... Elle pourra me servir.
GASPARD. Eh ! mais qu'est-ce que tu as donc à regarder toujours par là ?
PIERRE. Laisse-moi, Gaspard... laisse-moi... demain à la caserne... Moi, ce soir, j'espère sauver Marie.
GASPARD. Comment ?... que me dis-tu là ?... Ce soir...

On ferme les persiennes.

FLEUR-D'AMOUR. V'là le signal, v'là le signal... En avant la bombance et les amours...
PIERRE. A demain, Gaspard.
FLEUR-D'AMOUR. Bonsoir, paysan.

TOUS LES QUATRE.
Voici l'instant,
C'est le moment ;
Courons, on nous attend ;
Nous souperons,
Nous chanterons,
Nous nous en donnerons.

Ils courent vers la maison, Gaspard reste stupéfait.

FIN DU DEUXIÈME ACTE.

ACTE TROISIÈME.

Une salle à manger. Porte d'entrée au fond. A gauche, au fond, une porte. Du même côté, une cheminée, une pendule. A droite et à gauche, au premier plan, une porte.

SCENE PREMIERE.
PIERRE, FLEUR-D'AMOUR, CARABINE, FÉLICITÉ, JOSÉPHINE, ADÉLAIDE.

Au lever du rideau, ils sont à table. 1° Pierre à droite, 2° Félicité, 3° Fleur-d'Amour, 4° Joséphine, 5° Carabine, 6° Adélaïde. Pierre est tout pensif.

TOUS, excepté Pierre.
Air : *Pantalon du Postillon.*
Vivent les plaisirs de la table
Pour entret'nir la bonne humeur,
Dans une compagnie aimable
Voilà le vrai bonheur.

FLEUR-D'AMOUR.
Moi, v'là ma manière,
Je soutiens, ma chère,
Que l'homme est sur terre
Pour plaire et manger.

TOUS.
Vivent les plaisirs, etc., etc.

FÉLICITÉ, à Pierre.
Mon Dieu ! vous soupirez sans cesse,
Vous n' mangez pas... ce n'est pas bien.

PIERRE, à part.
Tâchons de cacher ma tristesse,
Qu'ils ne devinent rien.

FLEUR-D'AMOUR, tendant son verre à Pierre. Allons, fais-moi raison.
CARABINE, de même. Oui..... trrrinquons.
PIERRE, de même. Volontiers !

TOUS.
Vivent les plaisirs, etc.

FLEUR-D'AMOUR. Oh ! c'est égal ! Pierre ne va pas ! Il ne boit ni ne mange... On voit bien que l'amour le talonne... il se *sustente* de sentiment.
JOSÉPHINE. Monsieur Pierre a tort..... il faut nourrir sa tendresse.
CARABINE. Moi... plus que je suis amoureux et plus que j'ai faim !.... crrristi !
FLEUR-D'AMOUR. Ce souper est fièrement coquet... Voilà un petit jambon qui réveillerait un mort... A boire, Carabine.
CARABINE, versant. Toujourrrrs !
ADÉLAIDE. Dites donc, pendant que nous sommes à table, si on allait sonner ?
FÉLICITÉ. Tant pis ! j'en'ouvrirais pas... je serais censée sortie aussi... Dam, faut bien que chacun s'amuse !
FLEUR-D'AMOUR. Vous avez d'excellens principes... J'vas encore en prendre une tranche.
FÉLICITÉ. Mais nous n'risquons rien..... Il n'est que neuf heures et demie... On ne reviendra pas avant la fin du spectacle..... et puis ensuite...
PIERRE. Ensuite ?
FÉLICITÉ. Ah ! dam, j'ai mon idée.
PIERRE. Quelle idée ? Parlez donc !
FLEUR-D'AMOUR. Oui ! voyons l'idée ! j'vas prendre un peu de gras.

Il se sert du jambon.

FÉLICITÉ. Je ne sais si je me trompe... mais il me semble qu'aujourd'hui M. d'Aulnay... le jeune homme qui a enlevé..... a des projets...

PIERRE. Des projets?

FLEUR-D'AMOUR, tendant son verre à Pierre. A boire, s'il vous plaît.

FÉLICITÉ. Dam, écoutez donc, ce jeune homme n'est pas riche... il a enlevé la demoiselle parce qu'elle aura une grande fortune..., et pour être sûr qu'un autre ne pourra pas la lui souffler... il pourrait bien devenir entreprenant.

FLEUR-D'AMOUR. Prends donc garde, Pierre, tu verses sur la table?

PIERRE. Comment! vous penseriez...?

FÉLICITÉ. Ce qui me fait croire qu'il a des intentions... c'est qu'il m'a dit en parlant de ne pas les attendre.

Pierre fait un mouvement convulsif.

FLEUR-D'AMOUR. Oh! fameux! fameux! voilà Pierre qui mange son couteau à c't' heure... A boire!

FÉLICITÉ. Du reste, ce ne sont pas mes affaires... Tiens, s'il fallait s'inquiéter de ce que font les maîtres, on s'rait bien dupes.

FLEUR-D'AMOUR. C'est juste! chacun s'doit à lui-même... n'est-ce pas, ma Joséphine?... J'vas prendre un peu de maigre.

PIERRE, à part. Oh! comme le temps me semble long!

FÉLICITÉ. Quel soupir vous faites, monsieur Pierre?

FLEUR-D'AMOUR, à Joséphine. Il en tient terriblement... le camarade... Il est fou de sa Félicité.

FÉLICITÉ, à Pierre. Pour vous égayer, voulez-vous du vin de Malaga?

PIERRE. Oh! je vous remercie, mademoiselle.

FLEUR-D'AMOUR. Ah! ben, moi, j'lui dirai deux mots à vot' vin de Tralala.

CARABINE. Et moi quatre... curristi! Et vous aussi, n'est-ce pas, payse?

ADÉLAÏDE. Taisez-vous, g'os monstre!

FLEUR-D'AMOUR. Et à la seule fin de vous faire rire... je vas vous chanter un boléro militaire, que je me suis appris soi-même, pour les récréations du dessert.

JOSÉPHINE. Qu'est-ce que c'est qu'un boléro?

FLEUR-D'AMOUR. C'est une romance égyptienne qui se chante dans les sérails espagnols ; surtout que chacun répète le refrain qui imite le roulement du tambour.

TOUS, excepté Pierre. Oui, oui.

FLEUR-D'AMOUR.
Air des Rifla.

Qui dans le régiment
A le plus d'agrément,
Et sans avoir un sou,
S'amuse comme un fou.
C'est le Tourlourou, (ter.)
C'est le Tourlourou, (bis.)
C'est le Tourlourou.

TOUS.
C'est le Tourlourou, (ter.)
C'est le Tourlourou, (bis.)
C'est le Tourlourou.

FLEUR-D'AMOUR. Second couplet, même air... on s'accompagne avec la fourchette.

Qui sait d'un jeune objet
Triompher en secret
Sans lui donner d'bijou,
Ni d'meubl's en acajou?
C'est le Tourlourou, etc., etc. (ter.)

TOUS.
C'est le Tourlourou, etc., etc.

FLEUR-D'AMOUR. Troisième couplet, même air... on bat la mesure sur son assiette.

Qui, voyageant enfin
En guêtres, en escarpin,
S'en revient du Pérou
Sans le moindre bambou?
C'est le Tourlourou, etc., etc.

TOUS.
C'est le Tourlourou, etc., etc.

FÉLICITÉ. Eh bien! monsieur Pierre, pourquoi donc que vous n'faites pas Tourlourou avec nous? C'est pourtant très-gentil!

PIERRE. Pardon, mademoiselle; mais je...

FLEUR-D'AMOUR. Attention au quatrième couplet... On bat la mesure sur n'importe quoi.

CARABINE. Curristi! qu'ça va être aimable!

FLEUR-D'AMOUR. M'y voilà! (La pendule sonne dix heures.) Ah! dites donc, les autres, entendez-vous? Dix heures!

CARABINE. Ah! cré coquin!

FLEUR-D'AMOUR. Et not' permission qui n'est que jusque là?... Faut nous sauver au pas r'doublé... Heureusement la caserne n'est pas loin.

FÉLICITÉ. Comment, vous allez déjà partir?

FLEUR-D'AMOUR. Le devoir avant tout... fille céleste... Je l'aime cette Félicité!

FÉLICITÉ. Au moins, aidez-moi à ôter tout cela.

FLEUR-D'AMOUR. Soit! mais en deux temps... Allons, Carabine... c'est le Tourlourou...

Ils enlèvent la table, Félicité les précède.

FÉLICITÉ. Par ici... dans la cuisine.

Ils entrent par la première porte du fond, à gauche.

JOSÉPHINE, *mettant son châle.* Quel dommage de partir quand on s'amusait si bien!

ADÉLAÏDE. Vous ne les aidez pas un peu, monsieur Pierre?

PIERRE, *qui est resté assis.* Vous voyez bien que c'est inutile.

JOSÉPHINE, *à Adélaïde.* Comme il est aimable! Ah bien! il ne vaut pas un regard de Fleur-d'Amour.

ADÉLAÏDE. Ni un *souris* de Carabine.

FLEUR-D'AMOUR, *rentrant avec Carabine et Félicité.* En route, à présent..... votre bras, chère amie... et pas accéléré.

CARABINE. Demi tourrrrr! marrrrche!

FLEUR-D'AMOUR. Eh bien! Pierre, est-ce que tu dors? Allons, lève-toi donc!

PIERRE. Vous pouvez partir, moi, je reste ici.

FLEUR-D'AMOUR. Tu restes! oh! fameux! Il est peu gêné, le camarade.

JOSÉPHINE. Est-ce que cela nous regarde?.. Si M. Pierre a quelque chose à dire à Félicité.

FÉLICITÉ. Mon Dieu! moi, je ne mets personne à la porte... Et si M. Pierre veut encore causer...

FLEUR-D'AMOUR. Comme il voudra..... Mais je le préviens seulement que s'il ne rentre pas avec nous, il sera puni.

PIERRE. Oh! ça m'est égal, je reste!

JOSÉPHINE, *à Félicité.* Cet homme-là t'adore, ma chère.

FLEUR-D'AMOUR. A ton aise, alors... En avant nous autres!

CARABINE. Crrrrristi! me suis-je amusé!

TOUS.

Air d'un galop.

Au revoir, (*bis.*)
Faut céder au devoir!
Le plaisir, (*bis.*)
Me fera revenir.
Ce repas, (*bis.*)
Avait bien des appas!
Mais enfin (*bis.*)
Chaque chose a sa fin.

Ils sortent.

FÉLICITÉ, *au fond.* Attendez donc que je vous éclaire.

FLEUR-D'AMOUR, *en dehors.* C'est inutile... il y a de la lune.

SCÈNE II.

FÉLICITÉ, PIERRE.

PIERRE, *à part.* Non, non! je ne sors pas... Quand Marie est en danger... Oh! je veux la sauver à tout prix.

FÉLICITÉ, *revenant.* Les voilà partis! Mais il n'est guère que dix heures et quart..... Mon monde ne rentrera pas avant onze heures.

PIERRE. Ah! encore trois quarts d'heures.

FÉLICITÉ, *allant et venant autour de Pierre.* Voyons,... tout est-il bien rangé ici? Tra, la, la... tra, la, la... Oh! oui! on ne se douterait plus que nous avons soupé... (*A part.*) Ah çà! mais est-ce qu'il ne m'en dira pas davantage, M. Pierre?... Alors, pourquoi donc a-t-il voulu rester?... Ah! il est peut-être timide!... (*Haut.*) Monsieur Pierre!

PIERRE. Mademoiselle!

FÉLICITÉ. Vous accepteriez bien encore un petit verre... de doux...

PIERRE. Non, non... je n'ai besoin de rien.

FÉLICITÉ. Oh! vous êtes autrement sobre que vos camarades... vous n'avez presque pas mangé.

PIERRE. Ah! c'est que j'ai autre chose qui m'occupe... Vous verrez bientôt que ce n'est pas pour votre souper que je suis venu ici.

FÉLICITÉ, *à part.* A la bonne heure, c'est déjà plus aimable! (*Haut.*) Vous êtes bien honnête, monsieur Pierre, certainement... On voit bien que ce n'est pas la gourmandise qui vous fait agir..... et je n'ai jamais eu l'idée... (*A part.*) Allons, le voilà qui retombe dans ses réflexions... Ça commence à devenir très ridicule.

PIERRE, *se levant, et se promenant avec agitation.* Ah! ils tardent bien!

FÉLICITÉ, *à part.* Singulière manière de faire sa cour. Le voilà qui se promène, à présent... Mais c'est qu'il ne s'occupe pas plus de moi que s'il était tout seul... Voyons, voyons... faut l'encourager. (*Elle tousse.*) Hum! hum! monsieur Pierre.

PIERRE. Mademoiselle!

FÉLICITÉ. Vous êtes bien triste... J'aime assez les hommes mélancoliques; mais pourtant, quand on est avec une personne qui plaît, on peut bien s'égayer, s'amuser, chanter... Les militaires savent de si jolies chansons. Monsieur Pierre, vous seriez bien aimable de m'en apprendre une.

PIERRE. Oh! mademoiselle, en ce moment dispensez-moi.

FÉLICITÉ. Ah çà! mais, si vous ne voulez

ni parler ni chanter, c'était pas trop la peine de rester alors.

PIERRE, *regardant la pendule*. Enfin voici l'heure! Mademoiselle, par grâce... dites-moi où est votre chambre?

FÉLICITÉ. Ma chambre?.. Comment, monsieur, vous voulez que je vous dise?

PIERRE. Oui, car il faut que je sache où je pourrai me cacher.

FÉLICITÉ. Vous cacher? mais je n'entends pas cela.

PIERRE, *brusquement*. Votre chambre, vous dis-je? Répondez, je le veux!

FÉLICITÉ. Mon Dieu! quel ton! il me fait presque peur. (*Lui montrant la porte.*) C'est par là ma chambre... mais je vous défends bien d'y aller... et... je...

PIERRE, *écoutant au fond*. Chut! taisez-vous.

FÉLICITÉ. Allons, voilà qu'il veut que je me taise à présent... Monsieur, je ne comprends rien à vos gestes... si vous êtes venu pour jouer la pantomime, ça ne m'amuse pas du tout.... D'ailleurs ma maîtresse va rentrer...

PIERRE. Ah! je l'espère bien!

FÉLICITÉ. Comment, vous l'espérez? Ce n'est donc pas pour moi que vous êtes venu ici?

PIERRE. Silence! On a frappé en bas...

FÉLICITÉ. Ah! mon Dieu.... Que dois-je faire?

PIERRE. On monte l'escalier.

FÉLICITÉ. Je meurs de frayeur.

PIERRE. Je vais me cacher dans votre chambre... mais pas un mot, pas un signe...

FÉLICITÉ, *tremblante*. Je vous le jure, monsieur. (*Il entre dans la chambre à gauche.*) Il est dans ma chambre... et il met le verrou... Dieu du ciel! qu'est-ce que ça va devenir?... (*On sonne au fond.*) Voilà ma maîtresse... Allons, tâchons de prendre sur moi...

Elle va ouvrir.

SCÈNE III.

FÉLICITÉ, MARIE, D'AULNAY.

D'AULNAY. Parole d'honneur, le spectacle était délicieux... Vous êtes-vous amusée, belle Marie?

MARIE. Oh! oui, monsieur... ce plaisir était tout-à-fait nouveau pour moi. (*Elle ôte son chapeau et son châle.*) Tenez, Félicité... Ah! vous allez éclairer monsieur, qui a pris la peine de me reconduire.

D'AULNAY, *à part*. Diable! cela ne ferait pas mon compte. (*Haut.*) Mademoiselle, je vous demanderai la permission de me reposer un moment... je me sens un peu fatigué.

MARIE, *à part*. Il veut rester!... ses discours au spectacle étaient si singuliers!

D'AULNAY. Félicité, laissez-nous, ma chère, rentrez dans votre chambre.

FÉLICITÉ, *à part*. Dans ma chambre, ça me serait difficile.

MARIE, *à part*. Pourquoi veut-il la renvoyer? (*Haut.*) Mais il n'est pas encore tard, et... Mon Dieu! qu'avez-vous donc ce soir, Félicité... vous êtes pâle... vous semblez souffrante?

FÉLICITÉ. Ah! mamselle..... ce n'est rien... c'est comme ça.... quand je suis à jeun.

D'AULNAY. C'est le sommeil qui la gagne... allez vous reposer.

MARIE. Non, non, je pourrais encore avoir besoin d'elle. (*A Félicité.*) Vous viendrez si je vous appelle.

FÉLICITÉ. Oui, mamselle. (*D'Aulnay lui fait des signes.*) Rentrons dans ma cuisine... Mon Dieu, qu'est-ce que le soldat veut donc faire?

Elle rentre dans la cuisine.

SCÈNE IV.

MARIE, D'AULNAY.

D'AULNAY, *s'asseyant près de Marie*. Eh bien! cher ange, vous avez donc eu du plaisir ce soir?

MARIE. Sans doute, monsieur, et quand Mme de Blainville sera ici, oh! je la prierai de me mener souvent au spectacle.

D'AULNAY. Il n'y a pas besoin d'elle pour cela... Ne suis-je pas toujours trop heureux de faire ce qui peut vous plaire?

MARIE. Ce qui m'a le plus frappée dans la pièce que nous avons vue... c'est ce jeune homme qui fait semblant d'aimer une demoiselle, parce qu'elle a de la fortune.

D'AULNAY. Oh! c'est bien invraisemblable!.... je ne sais pas où maintenant les auteurs vont chercher leurs sujets... mais, au contraire, les jeunes gens de ce siècle sont extrêmement désintéressés, et si j'osais me citer pour exemple...

MARIE. Vous, monsieur?

D'AULNAY. Oui, moi, charmante Marie! Ne vous rappelez-vous pas que je vous adorais quand vous n'étiez qu'une simple paysanne... et si je vous aime encore plus maintenant, ce n'est que pour vous seule.

MARIE, *reculant sa chaise*. Monsieur, que me dites-vous?

D'AULNAY. Ce que mes yeux vous ont cent fois répété... et d'ailleurs pourquoi cacherais-je mon amour?

MARIE. Monsieur, si vous m'aimez en effet... ce n'est pas à moi.. c'est à Mᵐᵉ de Blainville qu'il faut le dire... Ah! bientôt, je l'espère, elle sera de retour, son absence ne saurait encore se prolonger.

D'AULNAY. Ah! ah! ah! Mᵐᵉ de Blainville, vous l'attendrez long-temps.

MARIE. Que voulez-vous dire?

D'AULNAY. Tenez, Marie, il n'est plus temps de feindre, Mᵐᵉ de Blainville n'avait aucun droit sur vous, elle vous a recueillie pour vous rendre à la duchesse votre mère... eh bien! moi, j'en ai fait autant... je vous ai enlevée, et maintenant vous êtes ici chez moi.

MARIE. Grand Dieu! serait-il vrai?

D'AULNAY. Pourquoi cette terreur? n'avez-vous donc pas quelque amitié pour moi?

MARIE, se levant. Monsieur, je veux sortir de cette maison, ce soir, à l'instant même.

D'AULNAY, la retenant. Oh! voilà qui ne se peut pas... songez que vous êtes ici en mon pouvoir!

MARIE. Quelle infâme trahison! Félicité! Félicité!

D'AULNAY. Vous l'appelez en vain, elle a reçu mes ordres, elle ne viendra pas.

MARIE. Oh! mais c'est affreux!

D'AULNAY, lui prenant la taille. Allons, Marie, voyez en moi l'amant le plus tendre... le plus épris!

MARIE. Laissez-moi, monsieur, laissez-moi!

D'AULNAY. Non, il me faut un baiser, et je l'aurai.

SCÈNE V.

Les Mêmes, PIERRE, FÉLICITÉ.

Pierre sort brusquement de la chambre de Félicité et va se jeter entre eux en repoussant d'Aulnay.

PIERRE. Misérable!

D'AULNAY, stupéfait. Un soldat!

MARIE, le reconnaissant. Pierre! c'est lui, ah! c'est lui qui vient me sauver!

D'AULNAY. Ah! monsieur est une connaissance de mademoiselle... Mais de quel droit êtes-vous ici? je vous trouve bien hardi.

PIERRE. Tu me trouves hardi? et moi je te trouve bien lâche!

D'AULNAY. Insolent!... Savez-vous que vous êtes ici chez moi?

PIERRE. Sois tranquille, nous n'y resterons pas long-temps... Venez, Marie, laissons monsieur chez lui.

D'AULNAY. L'emmener! et vous croyez que je le souffrirai?

PIERRE. Tu veux t'y opposer? eh bien! voyons, as-tu des armes?

MARIE. Pierre, je vous en prie, qu'allez-vous faire?

D'AULNAY. Demain matin, je vous rendrai raison, si vous voulez.

PIERRE. Non, aujourd'hui, à l'instant même.

D'AULNAY. A l'instant, soit... je suis à vous.

Il entre dans la pièce à droite.

PIERRE. Je vous attends!

MARIE. Oh! non, vous ne vous battrez pas.

Elle ferme la porte de la chambre.

PIERRE, faisant un mouvement pour l'arrêter. Marie!

MARIE. Venez, venez, Pierre... il faut me sauver d'abord.

PIERRE. Vous sauver!... oui, oui, vous avez raison.

D'AULNAY, en dedans. Félicité!... Félicité!...

MARIE. Partons!

PIERRE. A demain, monsieur, à demain.

Ils sortent.

D'AULNAY. Félicité! Félicité!

FÉLICITÉ, sortant de la cuisine. Eh bien! plus personne... où sont-ils donc?

D'AULNAY. Félicité, ouvre-moi.

FÉLICITÉ. Comment, monsieur, vous êtes dedans?

D'AULNAY. Mais ouvre-moi donc!

FÉLICITÉ. Il n'y a pas de clef... Je m'en vais aller chercher le serrurier, pourvu qu'il ne soit pas encore couché.

Elle sort.

FIN DU TROISIÈME ACTE.

ACTE QUATRIÈME.

Le théâtre représente un salon très-élégant ouvert au fond, et donnant sur des jardins. Portes latérales.

SCÈNE PREMIÈRE.
UN DOMESTIQUE, D'AULNAY.

D'AULNAY, *arrivant par le fond, au domestique qui range dans le salon.* Ah! c'est toi, Louis!... Mme de Blainville est-elle visible?

LE DOMESTIQUE. Il est encore bien matin, monsieur; mais je pense que pour vous... Je vais prévenir madame.

Il sort.

D'AULNAY. Oui, sans doute, il est de bonne heure; mais j'avais mes raisons pour sortir dès le matin. D'abord, cet homme qui doit venir me chercher pour tirer le briquet avec lui... me battre avec un simple soldat... C'est bon dans le premier mouvement... mais ce serait d'un ridicule... Il ne trouvera personne chez moi, pas même Félicité que j'ai mise à la porte; pour lui apprendre à recevoir des militaires... Mais Marie, qu'est-elle devenue? je tremble qu'elle ne soit déjà ici... qu'elle n'ait tout raconté à Mme de Blainville... car enfin, si la jeune fille m'échappe, il faut que je ménage la... Ah! la voici!

SCÈNE II.
D'AULNAY, Mme DE BLAINVILLE.

Mme DE BLAINVILLE, *arrivant par la droite.* Ah! c'est vous, monsieur?.. Mais c'est un miracle que de vous voir... depuis quelques jours, il paraît que vous m'aviez oubliée.

D'AULNAY. Moi, vous oublier, belle dame!... oh! jamais!.. mais des affaires, une indisposition... enfin ce matin, me trouvant libre, vous voyez que je me suis empressé d'accourir.

Mme DE BLAINVILLE. Je vous en sais gré, car j'ai du nouveau à vous apprendre.

D'AULNAY. Du nouveau!... (*A part.*) Ah! mon Dieu! je tremble!

Mme DE BLAINVILLE. Vous voyez une femme au désespoir!.. Ah! Hector, je suis bien malheureuse.

D'AULNAY, *à part.* Plus de doute, elle sait tout.

Mme DE BLAINVILLE. C'est cette petite Marie qui cause ma peine.

D'AULNAY. Mademoiselle Marie, vous l'avez revue?

Mme DE BLAINVILLE. Mais non, monsieur, je ne l'ai pas revue... je n'en ai aucune nouvelle... et voilà justement ce qui me désole.

D'AULNAY, *à part.* Ah! Dieu soit loué. (*Haut.*) Alors, je ne vous comprends pas bien.

Mme DE BLAINVILLE. Apprenez que j'ai reçu une lettre de la duchesse de Walousky; elle a dû arriver hier à Paris, et m'annonce sa visite pour ce matin.

D'AULNAY. La duchesse arrive... Et vous parle-t-elle de sa fille?

Mme DE BLAINVILLE. Non pas positivement; mais elle me marque qu'elle a écrit à Véteuil, à Gobinard... nous savons bien pourquoi... elle lui demande son enfant... Celui-ci va répondre que je me suis chargée de Marie... Mais moi, comment apprendre à la duchesse que sa fille n'est plus chez moi... qu'elle a disparu?

D'AULNAY. En effet, c'est fort embarrassant... après ça, puisqu'elle est restée dix-huit ans sans la voir...

Mme DE BLAINVILLE. Raison de plus.

Air: *Corneille nous fait ses adieux.*

Peut-être loin de son enfant
Elle a gémi long-temps en silence,
Et cependant, vous-même, en ce moment,
Vous l'accusez d'indifférence!
Elle aurait donc grand tort, sans contredit,
A son retour, de rester impassible...
Car plus elle fera de bruit...
Et plus on la croira sensible.

D'AULNAY. C'est très-juste!

Mme DE BLAINVILLE. Voyons, Hector, conseillez-moi; après m'avoir délaissée si long-temps, je serai encore assez bonne pour vous écouter, ingrat.

D'AULNAY. Ah! Dieu! moi, ingrat!

Mme DE BLAINVILLE. Lorsque je serai délivrée de tous ces ennuis, nous reparlerons de nos projets... de notre mariage, car vous m'aimez toujours, n'est-ce pas?

D'AULNAY. Ah! ce serait m'offenser que d'en douter.

MARIE, *en dehors.* Je veux la voir sur-le-champ... sur-le-champ, je vous en prie.

Mme DE BLAINVILLE. Ah! mon Dieu! cette voix...

D'AULNAY. En effet! j'ai cru reconnaître...

Mme DE BLAINVILLE, *regardant au fond.* Eh! oui, c'est elle... c'est Marie.

D'AULNAY, *à part.* Je suis perdu!

SCENE III.

Les Mêmes, MARIE.

Mme DE BLAINVILLE, *allant à elle.* Ma chère Marie!...

MARIE. Madame!... (*A part.*) M. d'Aulnay!

Mme DE BLAINVILLE. Je te revois enfin!... Ah! si tu savais quel plaisir me fait ta présence... que je t'embrasse encore...

D'AULNAY, *à part.* Comment me tirer de là!... (*Haut.*) Mademoiselle Marie!.. comment c'est vous!... j'éprouve un plaisir!...

Mme DE BLAINVILLE. Mais apprends-moi donc par quels événemens tu as disparu de chez moi depuis six semaines.

D'AULNAY. Pardon, je me retire, je craindrais que ma présence...

Mme DE BLAINVILLE. Non, Hector, non... vous n'êtes pas de trop... vous, notre ami... je m'en rapporte à Marie.

MARIE. Non, sans doute, madame, et je n'ai rien à dire que monsieur ne doive savoir.

D'AULNAY, *à part.* Elle va se venger!

MARIE, *à part.* L'accuser devant elle!...

Mme DE BLAINVILLE. Parle, chère enfant, nous t'écoutons.

MARIE, *cherchant ses mots.* Vous vous rappelez, madame, que pendant quelques jours vous m'aviez laissée seule au château... Un matin, je me promenais dans le jardin... lorsque tout-à-coup deux hommes parurent devant moi... ils me saisirent... me portèrent dans une voiture qui attendait sur la route et qui partit sur-le-champ pour Paris.

Mme DE BLAINVILLE. Deux hommes!... une voiture!... Ah! grand Dieu!

D'AULNAY, *à part.* Où veut-elle en venir?

MARIE. J'arrivai dans une belle maison... où je fus traitée avec beaucoup d'égards... mais où l'on me retint prisonnière... Un monsieur... jeune, et dont la mise annonçait l'opulence, se présenta devant moi.

Mme DE BLAINVILLE. Un jeune homme? L'avais-tu vu quelquefois?

MARIE. Non, non, madame, il m'était inconnu.

Air *de Teniers.*

Et cependant ma crainte fut extrême
Quand il revint me dire chaque jour...
Que je devais, c'était sa loi suprême,
Pour être libre... écouter son amour ;
Mais être libre avec ignominie...
Oh! non, jamais!... s'il m'eût fallu choisir,
Dans ma douleur... la mort ou l'infamie!...

Regardant d'Aulnay.

Il a compris que je saurais mourir.

Enfin aujourd'hui... touchée de mes larmes, une servante me procura les moyens de me sauver... Ayant découvert votre adresse, je suis accourue, et me voilà, madame!

D'AULNAY, *à part.* J'en suis quitte pour la peur.

Mme DE BLAINVILLE. Chère enfant! Sais-tu que voilà une aventure bien romanesque... N'êtes-vous pas de mon avis, d'Aulnay? ne trouvez-vous pas cet enlèvement fort extraordinaire?

D'AULNAY. Moi!.. mais non! madame... ce sont de ces choses qui arrivent tous les jours.

Mme DE BLAINVILLE. Sans doute, cet homme qui t'a fait enlever connaissait le secret de ta naissance... Pauvre petite... quels dangers elle a courus!.. Mais enfin, la voilà!... et toujours pure... toujours digne de la tendresse de sa mère.

D'AULNAY, *à part.* Je l'espère bien.

Mme DE BLAINVILLE. Juge, mon enfant, si je devais être désolée... la duchesse est arrivée... aujourd'hui même j'attends sa visite.

MARIE. La duchesse!... ma mère!... je vais la voir!... Oh! quel bonheur!

LE DOMESTIQUE, *entrant, et allant à* Mme *de Blainville.* Madame, il y a là un villageois qui demande à vous parler... il arrive de Véteuil...

MARIE. De Véteuil?

Mme DE BLAINVILLE. Oh! je devine.. la duchesse, ignorant que tu es près de moi, avait écrit à Gobinard... Il m'envoie quelqu'un pour me faire part de ce message... Je vais trouver ce villageois .. attends-moi ici, ma chère Marie.

Elle sort par le fond.

SCENE IV.

MARIE, D'AULNAY.

D'AULNAY. Ah! mademoiselle, comment vous témoigner ma reconnaissance?... Renoncer à la vengeance... quand d'un mot vous pouviez me perdre!... quelle grandeur d'ame!... quelle générosité!

MARIE. Je ne mérite pas tant d'éloges pour une action aussi simple.

D'AULNAY. Ah! je ne vous quitterai pas que vous ne m'ayez pardonné.

MARIE. Vous pardonner... je ne le devrais pas... mais, en ce moment, je suis si contente en songeant que je vais enfin connaître ma mère que je ne puis conserver aucun ressentiment.

D'AULNAY. Ah! mademoiselle!..

MARIE. Mais il y a une autre personne qui sera peut-être moins indulgente... le militaire qui vous a défié... qui veut se battre avec vous... Ah! monsieur, promettez-moi d'éviter sa rencontre.

D'AULNAY. Je vous promets, du moins, de ne pas la chercher... et cependant vous m'avez quitté pour le suivre... Étiez-vous donc plus en sûreté avec un soldat qu'avec moi?

MARIE. Oui, monsieur; car il m'a protégée... Pierre est le plus généreux des hommes!.... Hier, l'heure avancée ne lui permettait pas de me conduire chez Mme de Blainville; mais il m'a confiée aux soins d'une femme respectable, chez laquelle je suis restée jusqu'à ce moment.

D'AULNAY. Mademoiselle, je ne doute pas de l'honneur de M. Pierre ni de l'attachement qu'il peut avoir pour vous... Mais enfin vous qui allez être duchesse, qui allez vivre dans le grand monde, vous ne pouvez conserver de relations avec un soldat... tandis que moi...

AIR : *J'en guette un petit, etc.* (C'est pour cela que je voyage.)

Des talens et de la naissance,
Dans un mari c'est ce qui vous convient...
Vous reprenez, grâce à cette alliance,
La place qui vous appartient.
Oui, dans le monde, il faut qu'on vous admire,
Et que chacun vous aime désormais...
J'en serai fier... mais je voudrais...
Seul avoir droit de vous le dire.

En un mot, belle Marie, je vous offre ma main... vous avez pu vous méprendre sur mes intentions; mais elles sont honorables, tout mon désir est de devenir votre époux.

MARIE. Mon époux!... (*A part.*) Pauvre Pierre!...

D'AULNAY. Autorisez-moi à demander votre main à Mme votre mère... et bientôt, j'espère... Ciel! Mme de Blainville!

SCENE V.

LES MÊMES, Mme DE BLAINVILLE, GASPARD.

Mme DE BLAINVILLE, *entrant vivement en parlant à Gaspard qui la suit.* Non, non, je ne puis le croire.... cela ne saurait être. Ainsi... c'est une imposture!...

GASPARD. Une imposture!... quand j' vous apporte c'te lettre...

MARIE. Que vois-je?... Gaspard ici!

GASPARD. Oui, petite!... oui, c'est moi!.. qui étais reparti hier au soir pour le village et qui en suis revenu ce matin... parce que, quand il s'agit de rendre service, faut pas être faignant.

Mme DE BLAINVILLE, *regardant la lettre qu'elle tient à la main.* Cette lettre est bien de la duchesse... mais il me faut d'autres preuves.

D'AULNAY. Qu'avez-vous, madame, comme vous semblez agitée!

MARIE. Cette lettre... est de ma mère!

Mme DE BLAINVILLE, *d'un ton embarrassé.* Cette lettre... elle est de la duchesse... oui, mademoiselle; mais s'il me fallait en croire ce que je lis...

MARIE. Eh bien, madame?..

LE DOMESTIQUE, *annonçant.* Mme la duchesse de Walousky arrive... elle est au salon.

MARIE. Ma mère!...

Mme DE BLAINVILLE. Ah! je vais la voir... et de sa bouche je vais enfin savoir la vérité.

MARIE, *voulant la suivre.* Madame, me permettez-vous?...

Mme DE BLAINVILLE. Non, restez, mademoiselle, bientôt vous me reverrez!

MARIE, *à part.* Mon Dieu! de quel ton elle me parle à présent!

GASPARD, *à part.* Hum!... le vent commence à changer.

SCENE VI.

MARIE, GASPARD, D'AULNAY, *puis* FLEUR-D'AMOUR.

MARIE. C'est singulier; pourquoi ne veut-elle donc pas me permettre de la suivre? Gaspard, en savez-vous le motif?

GARPARD. Oui... on te le dira, petite... on te le dira assez tôt.

D'AULNAY, *à part.* Mme de Blainville est inquiète!... soupçonnerait-elle?...

FLEUR-D'AMOUR, *en dehors*. Veux-tu bien me laisser passer, pékin !

GASPARD. Eh! mais v'là une voix de connaissance.

D'AULNAY. Encore un soldat!

FLEUR-D'AMOUR, *s'avançant*. Salut à la société.

GASPARD. Je ne me trompe pas... c'est un ami de Pierre.

FLEUR-D'AMOUR. Tiens! c'est le paysan!.. Bonjour, paysan !

D'AULNAY. Que venez-vous faire ici ? que demandez-vous ?

MARIE. Serait-il arrivé quelque chose à Pierre ?

FLEUR-D'AMOUR. J'entame le sujet... Pour lors, j'arrive perpendiculairement du boulevart du Temple où j'avais affaire à un particulier qui n'y était pas... même que j'ai trouvé devant sa porte la petite Félicité... une bonne fièrement gentille ; elle m'a raconté qu'on l'avait renvoyée et qu'elle cherche une condition... moi, je lui offre de me servir sans condition... histoire de rire... là-dessus elle me dénonce que son bourgeois, le nommé d'Aulnay, doit être ici chez une dame dont le nom finit en ville... et je m'y transporte inopinément.

GASPARD. Eh ben! tenez, camarade, v'là justement l'monsieur qu'vous cherchez.

FLEUR-D'AMOUR. C'est ça !... merci ! nous allons l'aborder alors ! (*A d'Aulnay*.) Bourgeois, je suis envoyé potentiaire d'un camarade qu'on a mis ce matin à la salle de police, ce qui fait qu'il est retenu chez lui.

MARIE. Pierre serait en prison !

FLEUR-D'AMOUR. Oui, mademoiselle... Ah ! je devine que vous êtes la jeunesse au sujet de quoi il a eu des difficultés... vous en êtes bien capable.

D'AULNAY. Enfin où voulez-vous en venir ?

FLEUR-D'AMOUR. C'est bien simple... vous deviez vous battre avec Pierre... il ne peut pas venir, j' viens à sa place... vous offrir une satisfaction proportionnée... ça va tout seul.

GASPARD. Au fait, ça me semble assez juste.

D'AULNAY. Vous prétendriez vous battre avec moi ?

FLEUR-D'AMOUR. Histoire de réparer l'honneur du sexe... je vous laisse le choix des armes... pourvu que ce soit au sabre.

D'AULNAY. Allons, vous êtes fou !

FLEUR-D'AMOUR. Vous n'aimez pas le sabre... alors prenons autre chose... tout ce que vous voudrez.

AIR : *Tenez, moi, je suis un bonhomme.*

Voyons, voulez-vous prendre une latte...
Un briquet ou bien un bancal ?..
Le pistolet, si ça vous flatte,
Ou le fusil... ça m'est égal.
Pour le canon je l' répudie,
C'est un peu trop lourd pour la main,
A moins qu' ça n'soit de l'artillerie
Dont on s' sert chez le marchand d' vin.

GASPARD, *riant*. Ah ! ah ! ah !

D'AULNAY. Finissons, mon cher... j'ai eu des torts envers mademoiselle, j'en conviens ; mais je vais les réparer en devenant son époux.

GASPARD. Son époux? C'est-y vrai, ça, Marie ?

MARIE. Oui ; monsieur m'a offert sa main et...

GASPARD. Oh ! alors, c'est bien différent... Ah ! il veut l'épouser ?

SCENE VII.

LES MÊMES, Mme DE BLAINVILLE.

Mme DE BLAINVILLE, *au fond*. Qu'entends-je !...

D'AULNAY. Oui, vous direz à M. Pierre que mademoiselle sera ma femme.

Mme DE BLAINVILLE, *s'avançant*. Votre femme !...

D'AULNAY, *à part*. Dieu ! elle était là !

Mme DE BLAINVILLE. Ah ! vous êtes amoureux de Mlle Marie ?...

D'AULNAY. Eh bien ! oui, madame, je n'en fais plus mystère... j'adore mademoiselle.

Mme DE BLAINVILLE. Fort bien, monsieur ! épousez votre brillante conquête, je ne m'y oppose pas... j'en serai même enchantée.

D'AULNAY. C'est ce que je compte faire... aussi vais-je demander le consentement de sa mère !

Mme DE BLAINVILLE. De sa mère ? Si vous la connaissez, vous êtes plus avancé que moi.

D'AULNAY. Que voulez-vous dire ? la duchesse de Walousky...

Mme DE BLAINVILLE. N'a jamais eu d'enfant... elle-même vient de me le dire...

MARIE. O mon Dieu !

D'AULNAY. Se pourrait-il !... Et cet objet si cher dont elle avait eu tant de peine à se séparer ?

GASPARD, *tirant un paquet de papiers de dessous sa veste*. Le voilà l'objet !

D'AULNAY. Comment? des papiers?
GASPARD. Oui!... des mémoires, des rimoires! des histoires secrètes commencées sous l'autre.... et qu'elle n'avait pas sé publier dans le temps... et v'là tout le aquet.
MARIE, *à part.* Ah! malheureuse!
D'AULNAY. Mais c'est affreux!... c'est abominable! Ce paysan savait tout... et il ne parlait pas...
GASPARD. Dam! écoutez donc... vous disiez tous : C'est un enfant... après ça, tout le monde peut se tromper.
MARIE, *allant à Mme Blainville.* Ah! madame, de grâce... ne m'abandonnez pas... Que deviendrai-je maintenant si vous me refusez votre appui?
Mme DE BLAINVILLE. Que pouvez-vous craindre?... votre sort n'est-il pas assuré, puisque monsieur vous épouse?
D'AULNAY. Ah! un moment... j'ai été abusé... on m'a dit que mademoiselle était duchesse... elle ne l'est pas... c'est bien différent!
FLEUR-D'AMOUR. Hein?
MARIE. Suis-je assez humiliée!
FLEUR-D'AMOUR. Ah çà! épousez-vous... oui ou non?
D'AULNAY. Allons donc, c'est impossible!
FLEUR-D'AMOUR. Impossible! quand c'est vous qui l'a enlevée... et qui l'a mise à Paris dans de très-beaux meubles!...
Mme DE BLAINVILLE. Qu'entends-je! cet enlèvement... c'était monsieur... Ainsi vous étiez d'accord tous deux pour me tromper!...
MARIE. Ah! madame, pouvez-vous me soupçonner!... Qui! moi!... je me serais entendue avec monsieur!... j'aurais volontairement quitté votre demeure!... oh! non! non! vous ne le croyez pas... vous ne me supposez pas capable d'une telle conduite! Ah! je puis être bien malheureuse, je puis perdre à la fois et un nom et l'espoir de retrouver une mère... mais laissez-moi l'honneur, laissez-moi l'estime de ceux qui m'ont connue... c'est le seul bien qui me reste, et celui-là, du moins, rien ne pourra me l'ôter.
Mme DE BLAINVILLE. Mademoiselle, j'en suis désolée; mais après ce qui s'est passé, je ne saurais vous garder plus long-temps chez moi.
MARIE. Vous me chassez!...
Mme DE BLAINVILLE. Non! mais vous devez comprendre que votre présence dans ma maison... Adieu, mademoiselle! Et vous, monsieur, épousez celle que vous adorez.

D'AULNAY, *la suivant.* Belle dame, permettez!..
Mme DE BLAINVILLE. Laissez-moi! vous êtes un indigne!... je vous exècre!... je vous déteste!
Elle sort.
D'AULNAY, *la suivant.* Oh! je ne vous quitterai pas.
FLEUR-D'AMOUR, *tirant son sabre.* Et moi, je te suivrai partout... à la cave, au grenier... je casse plutôt tout dans la maison.
Il sort du même côté que d'Aulnay.

SCENE VIII.

MARIE, GASPARD.

Marie est allée s'asseoir contre une table et cache sa tête dans ses deux mains; elle pleure.

GASPARD. Eh bien! Marie, tu vois ce que c'est que les amoureux de Paris?... tu vois s'il faut s'y fier... mais c'est pas l'moment de te faire de la morale.
MARIE. Ah! Gaspard, vous avez fait tout cela pour me punir d'avoir repoussé Pierre... vous aviez raison!... C'est à présent que je sens combien j'ai été coupable envers lui... et si vous saviez tout ce qui se passe dans mon cœur...
GASPARD. C'est possible!... mais ne pleure pas... console-toi... je suis là, moi... je ne t'abandonnerai pas... je vais aller remettre à c'te duchesse ces papiers auxquels elle tient tant. Attends-moi là, je reviens tout de suite... et puis nous quitterons cette maison où tu ne dois pas rester plus long-temps. Attends-moi!...
Il sort par la droite.

SCENE IX.

MARIE, *seule, puis* GASPARD, *puis* FLEUR-D'AMOUR.

MARIE, *seule.* Oh! non, non! je ne dois pas rester ici!... quelle humiliation! Après de si belles espérances!... ne plus être rien!... ignorer encore à qui je dois le jour... et si je retourne au village, chacun me fuira... personne ne voudra me parler... me regarder... ah! je ne puis supporter cette pensée... non, je n'y retournerai pas... Ah! ma tête est brûlante!... allons, allons, n'attendons pas Gaspard!

CHANT.

Un seul parti me reste à prendre,
Oui, c'en est fait... je veux mourir !
Mon Dieu ! pardonnez-moi !.. déjà je crois l'entendre,
On approche... il faut fuir !...
Ma tête brûle ! oh ! oui, je veux mourir !
Elle s'éloigne précipitamment au moment où Gaspard revient, le chant continue.

GASPARD.

J'ai remis les papiers, et nous pouvons partir...
Eh bien !... où donc est-elle ?
Marie ! elle ne répond pas !...
Morgué ! j'éprouve une crainte cruelle...
Ah ! courons, courons sur ses pas !...

Il sort.

FLEUR-D'AMOUR, *accourant, son sabre à la main, et traversant le théâtre.* Il m'a échappé !... oh ! il aura beau se cacher... il faut que je lui crève la peau.

Il sort, le rideau baisse.

FIN DU QUATRIÈME ACTE.

ACTE CINQUIÈME.

Même décor qu'au premier acte.

SCENE PREMIERE.

GASPARD, GOBINARD.

Au lever du rideau, ils sont à table et boivent.

GASPARD, *levant son verre.* A vot' santé, papa Gobinard !
GOBINARD. Ah ! Gaspard !... ça ne va plus comme autrefois... c'est-à-dire... si, la santé est toujours bonne ; mais l'auberge est en souffrance... Depuis le départ de Marie, les pratiques désertent... c'était pour elle... qu'on venait boire chez moi... elle avait des yeux qui altéraient..... Ses yeux altéraient beaucoup.
GASPARD. Eh ben ! que ne prenez-vous une autre fille... aussi avenante ?..
GOBINARD. Si tu crois que c'est facile...
GASPARD. Peut-être !... Laissez-moi faire ; je vous en trouverai une autre qui la vaudra bien... J'ai même idée qu'elle vaudra mieux.
GOBINARD. Ah ! Gaspard ! tu me rendras un fameux service. Mais c'est égal ! je regrette Marie ! j'y étais attaché ! je la considérais comme ma fille !... Et maintenant qu'elle n'est plus duchesse, et que Mme de Blainville l'a mise à la porte, elle aurait dû revenir chez moi... je lui aurais ouvert mes bras et ma cuisine.
GASPARD. Ah ben ! oui !... revenir !... Elle est trop vaniteuse pour ça !...
GOBINARD. Et puis ses parens l'auraient peut-être réclamée plus tard ; car enfin elle doit avoir un père... ou ça m'étonnerait beaucoup.
GASPARD. Et moi aussi. A vot' santé !...
GOBINARD. Mais qu'est-elle devenue depuis six semaines qu'elle est sortie de chez Mme de Blainville ? Toi qui vas à Paris à chaque instant... car à présent tu ne fais que la navette... tu aurais pu découvrir...
GASPARD. Ma foi, non, je n'ai rien appris... elle se sera peut-être jetée à l'eau.
GOBINARD. Comme tu dis ça froidement ! jetée à l'eau ! Il faut que tu aies le cœur bien sec !...
GASPARD. Dam, je lui en veux, c'est vrai : elle a tant tourmenté ce pauvre Pierre... Ah ! c'est celui-là que j'aime..... et je le lui prouverai pas plus tard qu'aujourd'hui... car nous allons le voir... il va revenir...
GOBINARD. Pierre ! Comment ça ?
GASPARD. Son régiment va tenir garnison à Évreux... et il passe par ici ce matin.
GOBINARD. Vraiment ?...
GASPARD. Et tous ses camarades viendront se désaltérer chez vous... Est-ce que ça ne vous fait pas plaisir ?...
GOBINARD. Oh ! ça ne.... c'est-à-dire si ! j'en suis enchanté !
GASPARD. Vous verrez comme Pierre est changé... lui qui était si triste ! Il est gai maintenant... c'est presque un luron.
GOBINARD. Il n'est donc plus amoureux ?
GASPARD. Il commence à prendre son parti. (*On entend Pierre chanter dans la coulisse.*) Tenez, l'entendez-vous ? C'est lui qui arrive en chantant.

SCENE II.

Les Mêmes, PIERRE.

PIERRE, *arrivant.*
AIR : *Soldat, voilà Catin.*

Parcourir à pied le pays,
Ça n'a rien qui me coûte !
Quand on doit revoir des amis...
On fait gaîment la route,
Moi, je chante dès le matin.
Tin, tin, tin, tin, tin, tin, r'lin, tin, tin...
En disant un joyeux refrain
L'soldat fait son chemin.

GASPARD *et* GOBINARD, *lui tendant la main.*

Il faut chanter dès le matin.
Tin, tin, tin, tin, tin tin, r'lin, tin, tin...
En disant un joyeux refrain
L'soldat fait son chemin.

PIERRE.

Jadis j'étais mauvais buveur,
Et j' soupirais sans cesse,
Mais j'ai su bannir de mon cœur
Les soucis, la tristesse.
Prenant un verre que lui présente Gaspard.
A c't'heure j'accepte un verr' de vin.
Tin, tin, tin, tin, tin, tin, r'lin, tin, tin,
Toujours gaîment, toujours en train
L'soldat fait son chemin.

GASPARD *et* GOBINARD, *trinquant avec lui.*

Il accepte le verre d' vin,
Tin, tin, etc. etc.

GASPARD. Hein ! quand je disais que c'était un luron !

Pierre dépose son fusil et son sac.

GOBINARD. Monsieur Pierre...... c'est drôle comme l'uniforme... vous change un homme... je ne vous aurais jamais reconnu par derrière.

GASPARD. Ah çà ! est-ce que tu viens seul ? Et les camarades ?

PIERRE. Oh ! ils me suivent de près... Je suis de l'avant-garde... ils ne tarderont pas !...

GOBINARD. Il paraît que ça va mieux qu'autrefois, j'en suis bien aise... parce qu'un compatriote... ça mé... c'est-à-dire, si, ça rappelle des souvenirs... (*Voyant Pierre qui regarde de tous côtés.*) On dirait que vous cherchez quelque chose...

PIERRE. Moi !... par exemple !... Vous avez peut-être cru que je cherchais...

GOBINARD. Marie ! dam, ça serait possible... Je la cherche bien moi, quelquefois, et je gagerais que vous ne l'avez pas tout-à-fait oubliée.

PIERRE. Oubliée ! oh ! si fait !... je n'y pense plus... Après la manière dont-elle s'est conduite avec moi... Tant qu'elle s'est crue duchesse... je lui ai pardonné son abandon... une si grande distance semblait nous séparer... Mais depuis qu'elle n'est pas une dame... depuis que sa protectrice l'a chassée, elle n'a pas songé à Pierre... elle n'est pas revenue vers lui... Oh ! c'est affreux !... Pour l'aimer encore après ça, faudrait n'avoir pas de cœur... et j'en ai, voyez-vous... Aussi c'est fini, je ne l'aime plus ! Je ne veux plus aimer personne !

GASPARD. Allons, v'là une autre bêtise !

AIR : *Restez, restez, troupe jolie* (de Psyché).

Mon cher, on doit être philosophe...
Un' femme t'a fait enrager :
Ell's n' sont pas tout's d' même étoffe,
Une autr' peut t'en dédommager...
Pour trouver mieux il faut changer !
C'est absolument mon histoire,
Le vin du cru m' faisait mal là.
Il montre son estomac.
J'ai bien juré de n'en plus boire ;
Mais je n' meurs pas de soif pour ça.

Oui, Pierre, faut aimer ailleurs, faut te marier... et tiens, si tu veux, j' t'ai trouvé une femme, moi.

GOBINARD. Bah ! je parie que c'est la grosse Jeannette...

GASPARD. Celle-là ou une autre.

PIERRE. Une femme à moi !...

GASPARD. Oui, pour te guérir de l'amour !

PIERRE. Y penses-tu ?... D'abord je suis soldat.

GASPARD. Ça peut s'arranger... Tu quitterais le service, je t'achèterais un remplaçant.

GOBINARD. Un remplaçant ! avec quoi ?

GASPARD. Dam, sans doute avec mes économies...

GOBINARD. Ah çà ! tu parles d'acheter des remplaçans, et voilà un siècle que tu me dois trente-cinq sols.

GASPARD. Nous compterons plus tard... Voyons, Pierre, acceptes-tu ma proposition ?...

PIERRE. Allons donc, c'est une plaisanterie... En tout cas, je refuserais parce qu'à présent j'ai pris goût pour mon état... je veux finir mon temps... ça me fera du bien... Après, nous verrons.

GASPARD. Patience ! quand tu auras vu la jeune fille...

PIERRE. Oui... mais c'est que je ne la verrai pas..... nous partons dans une heure... Et tenez, j'entends les camarades qui arrivent.

SCENE III.

Les Mêmes, FLEUR-D'AMOUR, FÉLICITÉ, CARABINE, plusieurs autres Soldats.

CHOEUR.
Air : *Poule des Huguenots.*

Ah ! quel plaisir ! à chaque étape
Comme le soldat s'en retape,
Quand les goussets son bien garnis,
   Vivent les amis !

FLEUR-D'AMOUR.
C'est Carabine qui régale
Faudra que l' traiteur se signale.

FÉLICITÉ.
Moi, dans la troupe je veux ici,
Payer ma bien venue aussi.

CHOEUR.
Ah ! quel plaisir ! à chaque étape
Comme le soldat s'en retape,
Quand les goussets son bien garnis,
Vivent alors, vivent les amis.

CARABINE. Enfin nous v'là arrivés, crrrristi !

GASPARD. Et en bonne disposition, à ce qu'il paraît ?

FLEUR-D'AMOUR. Tiens, c'est l' paysan !.. Je l' rencontre partout l'paysan !

GASPARD. Bonjour, tourlourou !

FLEUR-DAMOUR. Paysan, je vous passe le mot, et je vous présente mon épouse... Saluez donc, Félicité ! (*Elle fait un salut militaire.*) Je dis mon épouse....

FÉLICITÉ. Allons, c'est bien... Taisez-vous !...

FLEUR-D'AMOUR. Après avoir servi chez le bourgeois elle a été reçu cantinière dans le régiment, vu les certificats de ses anciens maîtres qui l'ont renvoyée.

FÉLICITÉ. Ah ! ma foi, ça m'ennuyait d'être bonne... j'avais toujours eu du goût pour l'état militaire ; je me suis enrôlée, et je ne m'en repens pas.

Air : *Le sergent.* (Le Carpentier.)

Qu' c'est gentil, qu' c'est amusant,
D'êtr' vivandière,
   Cantinière !
Qu' c'est gentil, qu' c'est amusant,
De voir du pays souvent
Et de suivre un régiment.

(*Parlé.*) Pas ordinaire, pas accéléré... marche ?

D'être fidèle en amour
Un' vivandière se pique,
Je n' suis sensibl' qu'au tambour,
J' n'écout' plus que la musique,
Qu' c'est gentil, qu' c'est amusant, etc., etc.

(*Parlé.*) Qui veut du rhum, du rack, du schnick ?

Près des blessés, quand on s' bat,
On court quoique l' canon tonne
N' sauv'rait-on qu'un pauvre soldat,
Ça vaut bien le mal qu'on se donne,
Qu' c'est gentil, qu' c'est amusant, etc., etc.

FLEUR-D'AMOUR. J'en suis très-satisfait ! J' l'ai mise au pas tout de suite.

FÉLICITÉ. Dites donc, monsieur Pierre, est-ce bien ici que mamselle Marie a été autrefois ?

PIERRE. Oui, Félicité, c'est ici !

FLEUR-D'AMOUR. Comment, tes amours ont pris naissance dans ce bouchon ?

GOBINARD. Bouchon !... bouchon !... Savez-vous que mon auberge n'a jamais été appelée ainsi ?...

FLEUR-DAMOUR. Ah ! c'est vous qui êtes le fricoteur... Eh bien ! mon vieux, il nous faut à dîner. Qu'est-ce que vous avez de bon ?

GOBINARD. Rien !... c'est-à-dire si, j'ai du veau rôti.

CARABINE. Du veau !... Oh ! oh !...

FLEUR-D'AMOUR. Gargotier, le veau nous est contraire..... nous voulons des friandises... Carabine vient de faire un héritage... Vous nous servirez une omelette.

GOBINARD. Une omelette !... C'est que j'crois que je n'ai plus d'œufs.

FLEUR-D'AMOUR. Eh bien ! vous la ferez au lard.

GASPARD. Moi, papa Gobinard, j'vas vous aider à tirer du vin. (*Bas à Pierre.*) Laisse-les aller devant... j'ai encore à te parler.

FLEUR-D'AMOUR. Allons, les amis, à table !

CARABINE. A table, crrrristi !...

CHOEUR.

Ah ! quel plaisir ! à chaque étape, etc., etc.

Ils sortent par le fond, Gobinard par la gauche, et Gaspard entre à droite.

SCENE IV.

PIERRE, seul.

Gaspard m'a dit de l'attendre... sans doute pour me parler encore de ce mariage... Il est fou !... et je crois qu'il vaut mieux aller dîner... d'autant plus que dans cette maison, malgré moi... il me semble qu'à chaque instant...

Il se retourne et aperçoit Marie qui est entrée par la droite, vêtue comme au premier acte, et s'est arrêtée comme n'osant pas avancer.

SCENE V.

PIERRE, MARIE.

PIERRE. Que vois-je !... Marie !...

MARIE, *timidement.* Oui, monsieur Pierre, oui, c'est moi !

PIERRE, *plus froidement.* Quoi! c'est vous, mademoiselle... ici!... dans cette auberge?

MARIE. Oui, dans cette auberge... et servante comme autrefois!...

PIERRE. Servante! ah! je vous plains... après avoir vécu dans le grand monde, vous devez vous trouver bien malheureuse!...

MARIE. Non, monsieur Pierre... non, vous vous trompez!

Air: *On ne peut pas rêver,* etc.
Un moment, au fond de mon ame,
Je conçus d'insensés désirs...
Je me crus une grande dame,
Il m'en fallait tous les plaisirs!..
Dans mon illusion funeste,
J'oubliais mes premiers beaux jours,
Le rêve a fui... mon cœur me reste...
On ne peut pas rêver toujours.

PIERRE, *à part.* Un rêve, dit-elle?

MARIE. Je suis revenue au village... j'ai repris ma place... sans regret.

PIERRE. Et Gaspard... savait-il que vous étiez de retour?

MARIE. Oui, monsieur Pierre...

PIERRE. Il le savait... et il m'en a fait mystère...

MARIE. C'est moi qui l'avais prié de ne pas vous le dire.

PIERRE. Ah! je conçois!... vous craigniez de me rencontrer... vous ne vouliez pas me voir... Je crois bien que vous ne me cherchiez pas!... Eh bien! ma présence ne vous importunera pas long-temps... adieu, mademoiselle...

MARIE, *l'arrêtant.* Monsieur Pierre!...

PIERRE. Mademoiselle?...

MARIE. Vous me jugez bien mal... vous me soupçonnez d'ingratitude... j'ai eu des torts... mais jamais celui-là!... En ce moment, je vous cherchais, au contraire... Je désirais vous voir... vous parler!... non que j'espère me justifier...

PIERRE. Marie!... mademoiselle... je ne vous accuse pas... vous ne me devez aucun compte de vos actions.

MARIE. Pierre, de grâce, écoutez-moi : un moment je me suis crue riche... j'avais une mère... puis tout-à-coup je me suis vue orpheline, sans parens... sans espérance... Oh! alors il m'a semblé que je n'avais plus qu'à mourir... car comment oser reparaître devant ceux que l'on a dédaignés!... Oui, Pierre, je serais morte!... mais Gaspard s'est trouvé près de moi... il a ranimé mon courage... il m'a parlé d'un ami qui me restait... d'un ami véritable... et j'ai senti que j'avais un devoir à remplir envers lui... c'est pour le voir que je suis revenue ici; c'est pour lui dire : Je vous ai offensé!... je vous ai fait bien du mal!... mais vous êtes généreux, j'ai compté sur votre indulgence... sur votre amitié... Pierre!... Dites-moi que vous ne m'en voulez pas... dites que vous me pardonnez!...

PIERRE. Vous pardonner!... ah! Marie! est-ce que je pourrais vous haïr!...

MARIE. Ah! je connaissais bien votre cœur!... vous m'avez pardonné!... c'est tout ce que je voulais!... Maintenant, adieu, Pierre... je ne vous retiens plus!...

PIERRE. Marie!... vous ne songez donc plus à Paris?... vous n'avez plus d'ambition!...

MARIE. Non!... depuis que je vous ai revu, depuis que je vous ai parlé!...

PIERRE. Et vous n'êtes plus coquette?

MARIE. Ah! dam, je ne peux pas trop répondre.... il y a si peu de temps!... que je suis corrigée!...

PIERRE. Ah! Marie!.. moi aussi je désirais vous revoir... car j'ai eu beau chercher à m'étourdir, je n'y ai rien gagné... Ah! c'est que moi, je vous aimais tant!...

MARIE. Oui... autrefois... mais à présent... j'ai perdu votre confiance... vous me soupçonnez encore... Et quand même je vous dirais : Pierre, je vous aime!...

PIERRE. Qu'entends-je!...

MARIE, *portant sa main sur ses yeux.* Ah! vous ne me croiriez pas?

PIERRE. Ne pas vous croire!... quand ces mots me rendent si heureux!

SCENE VI.

LES MÊMES, GASPARD, CARABINE, FLEUR-D'AMOUR, FÉLICITÉ, GOBINARD *et* LES SOLDATS.

GASPARD, *au fond avec les autres.* Écoutons!

PIERRE. Ah! oui! Marie..... je vous crois... Je vous chéris toujours!... vous serez ma femme!

GASPARD. C'est ça! c'est elle que je voulais te donner...

TOUS.

Air: *d'Un de plus.*
Ah! quel plaisir! ah! quelle ivresse!
Désormais { nous serons / ils seront } heureux,
Plus de chagrin, plus de tristesse,
Ce moment comble tous { nos / leurs } vœux.

GASPARD. Eh bien, Pierre, veux-tu encore achever ton temps...... rester au service?

PIERRE. Oh! non! et si je pouvais...
GASPARD. Nous arrangerons ça.
FLEUR-D'AMOUR. Pierre, je te félicite!.. Carabine, tu vois l'objet de Pierre!...
CARABINE. Crrrristi? il n'est pas dégoûté! le camarrrrade...
FÉLICITÉ. Et moi, mamselle Marie... vous n'me reconnaissez pas?
MARIE. Comment, c'est vous, Félicité?... Vous êtes?...
FÉLICITÉ. Dans la troupe? Oui, mamselle, je me suis engagée.
GASPARD. Maintenant, à quand la noce?
GOBINARD, *arrivant*. La noce!... la noce de qui!
PIERRE. La nôtre, monsieur Gobinard.
GOBINARD. Que vois-je! Marie!... C'est-à-dire mademoiselle!
MARIE. Non, non... rien que Marie à présent.
GOBINARD. Eh ben! j'aime mieux ça. (*Il l'embrasse.*) Te v'là revenue... Et tu épouses Pierre... Mais je fais une réflexion... il faut pour cela le consentement des parens.
MARIE, *tristement*. Des parens!... vous savez bien que je n'en ai pas.
GASPARD. Sois tranquille, Marie... tu n'as plus besoin de leur consentement... vu que... ils sont là-haut.
GOBINARD. Comment, tu savais!... Et jamais tu ne m'as rien dit..... Sournois, va!...
GASPARD. Oui, oui... je les connaissais... L'père de Marie était un bon enfant... un peu bambocheur!... Je peux vous le nommer, lui, c'était Guillaume le vétérinaire!
GOBINARD. Guillaume! celui qui fut si amoureux de ma femme?...
GASPARD. Justement... En mourant, il m'a laissé une somme de six mille francs pour sa fille... et comme il y a de ça douze ans, la somme a fait des petits... c'est rond, c'est gentil, vous verrez...
MARIE. Et ma mère?...
GASPARD. Ta pauvre mère?.. Ah! c'est différent!... c'était une brave femme... Oh! oui, j'en réponds, moi!...
GOBINARD. Ah! j'y suis!... je devine...
GASPARD. Vous d'vinez?...
GOBINARD. Je parie que c'était la femme de Mathieu Giraud.
GASPARD. Chut! Est-il indiscret, ce Gobinard... Tiens, Marie!... voilà ce que ta mère écrivit pour toi... à ses derniers momens...

Il lui remet une lettre.

MARIE, *parcourant la lettre*. Ma mère! O ciel!
GOBINARD. Voyons, Marie, montre-moi un peu... puisque je sais déjà...
MARIE, *déchirant la lettre*. Oh! jamais! jamais!
PIERRE. Bien, Marie, très-bien!
FLEUR-D'AMOUR. Tu pleures, Carabine?
CARABINE. Je suis affecté, crrrristi!
FÉLICITÉ. Et moi donc!... j'ai le cœur tout chose.
GOBINARD. Et moi aussi!... C'est-à-dire...

Roulement de tambours.

FLEUR-D'AMOUR. V'là l'tapin!... Faut trimer sur la grand' route... Viens-tu, Pierre!
GASPARD. Non, Pierre reste avec nous... j'ai obtenu une permission de huit jours... et pendant ce temps je lui chercherai un remplaçant.
MARIE. Ah! quel bonheur! il ne me quittera plus.
PIERRE. Adieu donc, les amis.
FLEUR-D'AMOUR. Allons, en avant!..
FÉLICITÉ. Et volons à la gloire!

Les soldats reprennent leurs fusils, Pierre serre la main à ses camarades. Marche militaire; le régiment défile au fond.

CHOEUR.

AIR : *Contredanse*.

En route, et sans retard...
C'est l'instant du départ;
Pour revoir les amis
Nous r'viendrons au pays.

FIN.

SCÈNE V.

LE BON GARÇON,

OPÉRA-COMIQUE EN UN ACTE,

Par MM. Anicet Bourgeois et Lockroy,

MUSIQUE DE M. EUGÈNE PRÉVOST,

REPRÉSENTÉ POUR LA PREMIÈRE FOIS A PARIS, SUR LE THÉATRE DE L'OPÉRA-COMIQUE, LE 26 SEPTEMBRE 1837.

PERSONNAGES.	ACTEURS.	PERSONNAGES.	ACTEURS.
M. DE MONBAZON.	M. MOREAU SAINTI.	ANAÏS.	Mlle BERTHAULT.
M. ALBERT DIDIER.	M. COUDERC.	UN DOMESTIQUE.	
CLOTILDE DE MONBAZON.	Mlle OLIVIER.		

Un salon avec portes latérales et portes au fond. Piano à droite et cheminée à gauche du spectateur.

SCÈNE PREMIÈRE.

CLOTILDE, ANAÏS.

Clotilde tient une lettre à la main. Anaïs est occupée à faire de la tapisserie.

CLOTILDE. Mais cette lettre me prouve qu'on s'est engagé pour vous ; vous voilà presque remariée, ma jolie veuve ?

ANAÏS. Mariée... à une personne que je ne connais pas... que je n'ai jamais vue.. Quelle folie !

CLOTILDE. Cependant votre père vous écrit là positivement qu'il a promis votre main ?

ANAÏS. Ce que mon bon père craint le plus au monde, c'est de me laisser veuve et seule après lui... Le jeune homme dont il me fait l'éloge, sans le nommer cependant, lui a paru, sans doute, réunir toutes les qualités qu'il voudrait voir à son gendre ; mais je suppose qu'il me laissera maîtresse de mon choix.

CLOTILDE. Ce cher M. Dalville aurait grand tort d'agir autrement... Votre premier mariage n'était guère convenable, en vérité.

ANAIS. Pardonnez-moi, ma cousine, M. de Wolmar, mon mari, était le meilleur des hommes.

CLOTILDE. Sans doute; mais quelle disproportion d'âge! il avait...

ANAIS, *se levant*. Soixante ans, ma cousine... Qu'est donc devenu votre mari? nous ne l'avons pas vu depuis le déjeuner...

CLOTILDE. Il est sorti, sans doute...

ANAIS. Ah! ma chère Clotilde, que je vous trouve heureuse! jeune et jolie comme vous l'êtes, avoir pour mari un homme que toutes les femmes voudraient vous enlever, mais qui n'aime que vous... pouvoir aller dans le monde avec assez d'attraits et de fortune pour y briller et rester à Paris... Mais c'est le paradis anticipé que cela.

CLOTILDE. Allons, je vois que si mon oncle a compté sur le tableau de mon bonheur pour vous décider à vous remarier bien vite, le moyen lui a complètement réussi.

ANAIS. Oui, si j'avais l'espoir d'être aussi favorisée du hasard que vous l'avez été.

CLOTILDE. Oh! je ne vous promets pas que vous trouverez un mari comme le mien... Il est si parfait, mon Ernest!..

SCENE II.

CLOTILDE, ANAIS, MONBAZON.

MONBAZON, *embrassant sa femme*. Bonjour, ma chère Clotilde. (*A Anaïs*.) Comment se trouve ma petite cousine? Bien!

CLOTILDE. Nous nous impatientions de ne pas te voir, et je m'en dédommageais en disant de toi un mal affreux.

MONBAZON. Je le mérite pour n'être parvenu que ce matin à trouver cette romance que ma cousine désire depuis si long-temps.

ANAIS. Celle que nous avons en vain cherchée chez tous les marchands de musique?

MONBAZON. La voici!

ANAIS, *courant la poser sur le piano*. Oh! combien je vous remercie!

MONBAZON, *à sa femme, après avoir regardé Anaïs*. Vois-tu, j'ai pensé que cela lui ferait plaisir, et lui être agréable, ma chère amie, c'est l'être à toi.

CLOTILDE, *bas*. Que tu es bon!

MONBAZON, *regardant la pendule*. Trois heures. Allons... il n'arrivera pas encore aujourd'hui!

CLOTILDE. Est-ce que tu attends quelqu'un?

MONBAZON. Oui, ma chère amie, je ne sais comment j'avais oublié de te le dire. Didier revient, et j'espérais le trouver ici.

CLOTILDE. M. Didier!

MONBAZON. Il devrait être à Paris depuis huit jours, et je ne soupçonne pas ce qui a pu retarder son arrivée.

CLOTILDE. Quelque nouvelle intrigue, sans doute. Veux-tu que je te dise, mon ami? j'eusse bien désiré qu'il restât à la campagne jusqu'au retour d'Anaïs.

MONBAZON, *riant*. Prends garde, tu vas effrayer notre cousine.

ANAIS, *venant auprès d'eux*. De qui parlez-vous donc?

MONBAZON. D'un de mes excellens amis, d'un camarade de collége, du meilleur homme du monde, je vous jure.

CLOTILDE. Et du plus dangereux. Certes, je ne crains rien pour Anaïs, et je plaisantais tout-à-l'heure; mais enfin M. Didier a une réputation de séducteur si bien établie, qu'une femme n'ose vraiment plus se montrer en public avec lui.

MONBAZON, *riant*. Allons, ma chère amie, tu exagères.

CLOTILDE. Est-il vrai que tu n'as pu le présenter nulle part sans que sa conduite ait donné lieu à des propos presque toujours reconnus véritables dans la suite. Au mois d'octobre dernier, n'a-t-il pas été forcé de quitter Paris pour se soustraire à l'éclat d'une aventure dont l'héroïne était la femme d'un général que je ne nommerai pas. Ce mari-là moins commode que d'autres... M. Didier a failli payer cher sa témérité... Ce sont des faits pourtant.

MONBAZON, *riant*. Envenimés, cousine, comme toujours... J'ai arrangé cela.

CLOTILDE. Vois-tu.. j'ai peur qu'outre ses mauvais exemples, il ne te donne encore de mauvais conseils.

MONBAZON. A moi! oh! il serait bien reçu.

ANAIS. C'est donc un bien joli garçon que ce M. Didier?

CLOTILDE. Mais pas du tout; la figure la plus nulle du monde, à peu près laide.

ANAIS. Sa conversation?

CLOTILDE. Insignifiante comme sa figure.

ANAIS. Comment se fait-il alors?

CLOTILDE. Je n'y comprends rien, ni personne.

MONBAZON. Ceci vous prouve, mesdames, que le mal n'est pas si grand qu'on le dit.

UN DOMESTIQUE, *annonçant.* M. Albert Didier.

MONBAZON, *à part, avec joie.* Ah! enfin! (*A Anaïs.*) Eh bien! cousine, vous sauvez-vous?

ANAIS, *riant.* Je reste.

MONBAZON, *de même.* Prenez garde.

ANAIS, *de même.* Je me risque.

SCENE III.
MONBAZON, CLOTILDE, ANAIS, DIDIER.

DIDIER, *aux domestiques.* Que l'on dise à l'administration que je la rends responsable de ce qui m'arrive. (*Aux dames.*) Mesdames, pardon... permettez-moi de vous présenter mes hommages. (*Donnant la main à Monbazon.*) Bonjour, cher ami! (*A lui-même.*) Il est inconcevable qu'au temps où nous vivons, l'administration des voitures publiques soit aussi arriérée.

MONBAZON. Que t'est-il arrivé?

DIDIER. L'accident le plus désagréable. (*A Clotilde.*) Figurez-vous, madame, que j'avais le projet de vous offrir une assez belle bourriche renfermant en abrégé une exposition des produits industriels de la province que je quitte... Je n'avais rien négligé... un lièvre, deux lapins, quatre canards sauvages, six perdrix, et cela plumé, lardé, bardé, truffé... c'était charmant... J'avais moi-même placé lesdits objets sur l'impériale, afin qu'ils vous arrivassent en bon état; mais ne voilà-t-il pas qu'en route mon imbécille de conducteur, avec la plus grossière imprévoyance, pose en plein sur mon échantillon industriel la malle d'un commis de Chatellerault, qui voyage pour des objets de coutellerie... 300 kilo... de sorte qu'en arrivant dans la cour des messageries, au lieu d'une bourriche épaisse, dodue et rondelette, on me rend un mélange de paille, de chair et d'osier, sous la forme d'un gâteau feuilleté... un doigt d'épaisseur. (*Tout le monde rit.*) Ça n'arrive qu'à moi, ces choses-là!

ANAIS, *bas à Clotilde.* Comment! c'est là ce monsieur si redoutable?

CLOTILDE, *bas.* Oui... vous le trouvez...

ANAIS, *de même.* Drôle.

CLOTILDE, *haut à Didier.* Je vous remercie de votre intention, monsieur; je suis désolée de votre mésaventure; les accidens sont inséparables des voyages.

DIDIER. D'accord; mais vous conviendrez, madame, que celui-là est d'une nature piquante. D'abord il m'a fait jouer un rôle très-ridicule vis-à-vis des employés, commissionnaires et curieux, dont la cour des messageries est toujours remplie... Oui, madame, on m'a ri au nez pendant un quart d'heure, quand on a su que l'espèce de galette qu'on se passait de main en main était la bourriche que je réclamais... Je vous jure que j'aurais voulu pour beaucoup n'avoir pas quitté les environs de Poitiers.

CLOTILDE. Ou plutôt n'être pas sorti de Paris... (*malignement*) car avouez, monsieur, que vous avez eu là une singulière fantaisie... Aller passer, pour votre agrément, l'hiver à la campagne?

DIDIER, *un peu embarrassé, regardant Monbazon.* Oui, oui, c'est une drôle d'idée, n'est-ce pas? voilà comme je suis... et puis j'aime la campagne de passion... (*A Monbazon.*) N'est-ce pas?.. Ça me prend tout d'un coup... il faut que je parte, et si on ne m'avait pas écrit de revenir, j'y serais encore.

CLOTILDE, *bas à Anaïs.* Je le crois bien, à cause du général...

DIDIER. C'est si agréable, la campagne... quand il gèle...

RÉCITATIF.

Pourquoi ces ris moqueurs? l'hiver nous offre encore
En province un attrait qu'à Paris on ignore;
Et ces plaisirs nouveaux, dont ici vous doutez,
Ont un charme divin pour qui les a goûtés.

RONDO.

Plus encor que Paris
La province sait plaire:
C'est le bonheur sur terre,
C'est un vrai paradis.
Toujours nouveau plaisir;
Fête où l'on vous convie,
Bal, spectacle, harmonie,
C'est à n'en pas finir.
Le notaire en personne,
Dans le grand bal qu'il donne,
Souffle un air de trombonne,
Qu'il appelle un concert.
Puis un enfant timide,
Qu'au piano l'on guide,
Touche un galop rapide;
Et fait un bruit d'enfer;
Mais bientôt, par disgrâce,
Son talent s'embarrasse,
Et chacun avec grâce
Reste la jambe en l'air.
C'est amusant vraiment,
Oui, ma foi, c'est charmant!

Plus encor que Paris, etc. etc.

 Mais soudain,
 Bruit lointain
Nous réveille un matin;
On court vers le chemin,
Quel bonheur! quel destin!
 C'est le son
 Du clairon;

Le sixième dragon
Revient en garnison.
Ah ! les beaux escadrons !
Quels superbes dragons !
Quelle mâle tenue !
Tandis que dans la rue,
Tout mari s'évertue,
Les femmes aux balcons
Des maisons,
Sur ces rangs belliqueux
Promènent leurs beaux yeux.
Que de frais de toilette !
Pour toutes nos coquettes,
Quel beau jour
Qu'un jour de retour !
Au colonel, de loin,
La femme de l'adjoint,
Fait signe avec mystère.
Madame la notaire,
Folle du militaire
Et qui cherche à lui plaire,
Adresse au gros major
Regard plus doux encor.
Quoique observée
Par sa famille,
Et réservée,
La jeune fille
Au lieutenant
Jeune, élégant,
Sourit pourtant.
En rougissant,
La soubrette
Rit au trompette,
Et la maman
Au régiment.

Ah ! c'est amusant vraiment,
Oui, ma foi, c'est charmant.
Plus encor que Paris, etc.

MONBAZON. Oh! tu n'es cependant pas encore tout-à-fait dégoûté des plaisirs de Paris?

DIDIER. Non, pas du tout...

MONBAZON. On donne ce soir un bal à l'hôtel de ville, au profit des indigens... un bal magnifique ; je ferai en sorte d'avoir des billets, ce sera en même temps une distraction pour ces dames.

DIDIER, *saluant*. Madame est une de tes parentes?

MONBAZON. Une cousine de ma femme.

DIDIER. En la voyant si jolie, je l'aurais prise pour sa sœur.

CLOTILDE, *bas à Anaïs*. Le voilà déjà qui commence.

ANAIS, *bas à Clotilde*. Allons-nous-en.

CLOTILDE, *bas en riant*. Vous avez peur?

ANAIS, *de même*. Non... il me donne une envie de rire dont je ne suis pas maîtresse... il a une figure si singulière...

CLOTILDE, *haut*. Nous vous quittons, messieurs. Il est possible que nous allions à ce bal, et ce n'est pas trop à des femmes d'une demi-journée pour songer à leur toilette.

DIDIER. En effet, mesdames, c'est une affaire...

ANAIS, *bas à Clotilde*. Sortons, ma bonne amie, car j'étouffe...

SCENE IV.

MONBAZON, DIDIER.

MONBAZON. Enfin ! nous sommes seuls.

DIDIER. Oui !

MONBAZON. J'ai cru que tu n'arriverais jamais...

DIDIER. Je me suis pourtant assez dépêché.

MONBAZON. Il t'a fallu six lettres de moi pour te décider.

DIDIER. Parbleu ! tu oublies de me dire dans les cinq premières que mon affaire avec le général est arrangée ; tu aurais bien pu m'écrire comme ça pendant un an, je n'aurais pas fait un pas.

MONBAZON. Mais en recevant la dernière?

DIDIER. Eh bien ! je suis parti tout de suite, sans prendre le temps de dîner... Je n'ai mangé qu'à Tours. Trente lieues..... avec une faim... Je te conseille de te plaindre.

MONBAZON. C'est que mon impatience était grande, je ne pouvais me passer de toi plus long-temps.

DIDIER. Un moment, entendons-nous... S'il s'agit de continuer le rôle bénévole que tu m'as créé et que j'ai eu jusqu'à présent la bêt... la bonté d'accepter par complaisance, par amitié... parce que tu fais de moi ce que tu veux, je te déclare que j'y ai renoncé et que je suis positivement résolu à changer d'emploi.

MONBAZON. Comment ?

D'une amitié qui te fut chère
Trahir le devoir le plus saint !
Peux-tu former un tel dessein?
Didier, mon ange tutélaire?

DIDIER.
C'est décidé : mon ministère
Me pèse, et je prétends enfin,
Quel qu'en doive être ton chagrin,
Rentrer dans la vie ordinaire.
Lorsque enfans nous étions,
Quel rôle ai-je dû prendre?
Je retirais la cendre,
Tu croquais les marrons.

MONBAZON.
Il est bien loin déjà,
Ce temps de gaîté folle.

DIDIER.
Mon emploi bénévole
N'a pas fini pour ça.

MONBAZON.
Et qu'as-tu fait?

DIDIER.
Tu le demandes ?

MONBAZON.
Tu m'as sauvé...

DIDIER.
Vingt réprimandes.
MONBAZON.
En servant quelquefois....
DIDIER.
Toujours
De prête-nom à tes amours.
MONBAZON.
Je devais me cacher d'un père,
Tu sais comme il était sévère !
DIDIER.
Rigide comme un vieux Romain.
MONBAZON.
Aussi fallait-il du mystère ?
DIDIER.
Et, grâce à mon heureux destin,
Nous menions si bien notre affaire,
Que toi, tu passais pour un saint,
Et moi pour un franc libertin.
MONBAZON.
J'abusais de ta complaisance ;
Oui, j'avais des torts,
J'en conviens, et ta répugnance
Était juste alors ;
Mais depuis...
DIDIER.
C'est bien pis !..
MONBAZON.
Le mariage...
DIDIER.
T'a fait bien sage ?
MONBAZON.
Et que dit-on !
Parle : répond,
M'accuse-t-on ?
DIDIER.
Eh, mon Dieu, non ;
Mais c'est, ma foi,
Grâce à l'emploi
Exprès pour moi
Créé par toi.
MONBAZON.
Vois son importance !
Réfléchis, Didier !
DIDIER.
Que je recommence
Cet affreux métier !
MONBAZON.
Seul et sans ton aide,
Je me perds.
DIDIER.
Eh bien ?
Sois fidèle !
MONBAZON.
Ah ! cède !
DIDIER.
Non !
MONBAZON.
Écoute...
DIDIER.
Rien...
MONBAZON.
Tu mets bien haut ton assistance.
Tous ces plaisirs, dis, nous les partageons.
DIDIER.
Partage heureux vraiment ! où nous avons
Toi le bonheur, moi l'espérance !
MONBAZON.
Mais toi d'une femme chérie
Tu ne crains pas de troubler le repos !
DIDIER.
Non, par malheur, pour prix de mes travaux,
Je n'en trouverai de ma vie.

MONBAZON.
Que dis-tu ? c'est de la démence ?
DIDIER.
Je le sens bien ; mais
Je mourrais dans mon innocence
Si je t'écoutais.
MONBAZON.
Ne résiste pas,
Entends ma prière ;
Va, c'est la dernière,
Fais encore un pas.
DIDIER.
Non, non, je suis las.
De célibataire
La triste carrière
Ne me convient pas.
Je veux qu'une beauté m'inspire.
MONBAZON.
Qui ? toi....
DIDIER.
Oui, moi ;
Et tienne un nom qu'elle désire
De moi !
MONBAZON.
De toi ?
DIDIER.
Je veux avoir une famille
Pour moi,
MONBAZON.
Pour toi !
DIDIER.
Et des enfans, garçon ou fille,
A moi,
MONBAZON.
A toi !
DIDIER.
Bien à moi,
Rien qu'à moi !

ENSEMBLE.

C'est décidé : mon ministère, etc.
MONBAZON.
C'est une folie,
Et tu me trompais.
DIDIER.
Non, je me marie.
MONBAZON.
Toi, Didier, jamais !
DIDIER.
Jamais !
MONBAZON.
Jamais.
DIDIER.
De mon esclavage
Brisant le lien,
Grâce au mariage,
Je suis libre enfin.
MONBAZON, *avec dépit.*
C'est bien,
Très-bien.

DIDIER, *parlant.* Ce pauvre garçon, le voilà qui se désole... Après tout, il n'y a encore rien de fait à Poitiers, et, à la rigueur... je pourrais...
Allant à Montbazon.
De l'amitié victime résignée,
Pour toi je veux faire un dernier effort.
MONBAZON.
Ciel ! tu consens à me servir encor ?
DIDIER.
Il le faut bien, c'est dans ma destinée.

MONBAZON.
Comme autrefois, Didier,
Sois donc ma providence.
DIDIER.
Mais de ma complaisance
Cet acte est le dernier,
MONBAZON.
Oui, le dernier.
DIDIER.
Oui, le dernier.
MONBAZON.
En honneur,
DIDIER.
En honneur,
MONBAZON.
Mon bonheur,
DIDIER.
Ton bonheur,
MONBAZON.
Je le dois
DIDIER.
Tu le dois
MONBAZON.
Tout à toi.
DIDIER.
Tout à moi.
Encor trois jours
MONBAZON.
Encor trois jours
DIDIER.
A tes amours
MONBAZON.
A mes amours
DIDIER.
Je consacre ma vie.
MONBAZON.
Il consacre sa vie.
DIDIER.
Encor trois jours
MONBAZON.
Encor trois jours
DIDIER.
A tes amours
MONBAZON.
A mes amours
DIDIER.
Didier se sacrifie.
MONBAZON.
Didier se sacrifie.

ENSEMBLE.

DIDIER.
Mais pour ce dur métier
Trouve quelqu'un qui me remplace.
MONBAZON.
Didier, mon bon Didier!
Cher ami, viens que je t'embrasse.

DIDIER. Maintenant que nous sommes d'accord, tu vas m'expliquer ce dont il s'agit... Est-ce encore dans le militaire? je ne veux plus en entendre parler d'abord.
MONBAZON. Eh non!
DIDIER. Une femme civile... mariée?
MONBAZON. Du tout!
DIDIER. Tant mieux... Jeune personne alors?

MONBAZON. Fi donc!
DIDIER. Oui, il y a encore des parens... C'est une veuve?... j'aime mieux ça.
MONBAZON, se rapprochant. Didier!
DIDIER. Hein!
MONBAZON. Que dis-tu d'Anaïs?... t'a-t-elle frappé?... te la rappelles-tu bien?
DIDIER. Anaïs... la femme du banquier?
MONBAZON. Non.
DIDIER. Ah! la femme du receveur... la grosse Anaïs.
MONBAZON. Eh! mille fois non... Anaïs, la cousine de ma femme.
DIDIER. Ah! bon, bon!... C'est pour elle que... m'y voilà!
MONBAZON. Ces dames ont le plus vif désir d'aller au bal... j'ai promis des billets, je suis sûr de les avoir... mais il ne serait pas mal, peut-être, qu'ils eussent l'air de venir de toi... que tu les offrisses toi-même.
DIDIER. J'entends... afin que ta femme voie dans ma galanterie le dessein de plaire à sa cousine... qu'elle s'en effraie... et que pendant qu'elle me surveillera, elle ne s'aperçoive en rien de ce que tu feras de ton côté.
MONBAZON. C'est... c'est ça!
DIDIER. Oui... eh bien! mon ami, je te dirai que dans ta maison il n'est vraiment pas...
MONBAZON. Chut! voici quelqu'un.
DIDIER. Et pour ma part... je me fais un scrupule...
MONBAZON. Anaïs!... c'est convenu.
DIDIER. Mais...
MONBAZON. C'est bien!... silence!

SCENE V.

Les Mêmes, ANAIS.

ANAIS. Comment! encore ici, mon cousin, après la promesse que vous nous avez faite!... Et nos billets de bal? vous verrez qu'il sera trop tard pour s'en procurer.
MONBAZON. Soyez sans crainte, Didier a voulu à toute force se charger de ce soin, et je vous réponds qu'il en aura, fût-ce au moment même.
ANAIS. En vérité, c'est bien aimable de la part de monsieur.
DIDIER. Oh! mon Dieu, madame, cela me coûte si peu de chose... si vous saviez toutes les galanteries que j'ai faites dans ce genre-là. (Monbazon le pousse.) Hein!

MONBAZON. Ah çà! ma petite cousine, nous désirons donc bien aller à ce bal?

ANAÏS. Cela vous étonne?... mettez-vous à la place d'une pauvre provinciale de dix-neuf ans, qui, dans un mois peut-être, va dire un éternel adieu à votre beau Paris; et puis voyez si elle peut sans regret laisser passer un plaisir qu'elle ne retrouvera plus.

MONBAZON. Non, non... certainement.

ANAÏS. D'ailleurs, toutes ces fêtes, vous me les rendez plus délicieuses encore par vos soins, vos attentions... vous êtes si bon pour moi, mon cousin.

MONBAZON, *lui prenant la main*. Ma chère Anaïs!... Pardon, il faut que je vous quitte.

ANAÏS. Déjà!

MONBAZON. J'y suis forcé... pour quelques instans seulement... je vous reverrai bientôt.

ANAÏS. Adieu, mon cousin.

MONBAZON. Adieu... ne m'oubliez pas pour la première contredanse; vous savez qu'elle m'appartient.

ANAÏS. Et la seconde et la troisième aussi! et toutes celles que vous voudrez.

MONBAZON. Vous êtes charmante!... (*Bas à Didier en sortant.*) Mon ami, je crois que tu réussiras.

DIDIER. Oui... oui... oui.

SCENE VI.
DIDIER, ANAÏS.

ANAÏS, *à elle-même*. Que mon cousin est aimable! Il faut avouer cependant qu'il a grand tort de me laisser ainsi tête à tête avec ce monsieur si dangereux... Si j'allais me prendre d'une belle passion.... Qui sait?

DIDIER, *à part*. Si elle aime déjà Monbazon, cela doit aller tout seul... elle est vraiment très-bien.

ANAÏS, *riant*. Décidément, il m'est impossible de le regarder sans rire.

DIDIER, *qui la voit sourire*. Elle paraît être d'un caractère assez réjoui. (*Haut à Anaïs.*) J'aime à voir, madame, que vous n'avez pas de graves sujets de tristesse; au reste, vous auriez tort d'être sérieuse, car le rire vous sied à merveille.

ANAÏS. Monsieur... (*A part.*) Est-ce qu'il voudrait m'honorer de ses poursuites?

DIDIER. Il est peu de personnes qui l'exprimeraient avec cette grâce.

ANAÏS, *à part*. C'est cela.

DIDIER. Vous pouvez vous en rapporter à moi, j'ai vu tant de jolies femmes!

ANAÏS, *à part*. Est-il effronté!

DIDIER. Oh! vous devez me croire.... puisque nous sommes seuls, rien ne m'oblige à dire ce que je ne pense pas, et d'ailleurs mes éloges, vous le savez, sont bien désintéressés.

ANAÏS, *à part*. Ah! je me trompais... il ne pense pas du tout à moi.

DIDIER. S'il y avait du monde... oh! alors je ferais en sorte que l'on pût supposer le contraire.

ANAÏS. Comment?

DIDIER, *souriant*. C'est mon état.

ANAÏS. De faire votre cour à toutes les femmes?

DIDIER. Certainement, et je vous proteste que je ne l'exerce pas toujours dans des circonstances aussi agréables que celle-ci... par exemple quand il s'est agi de la générale... c'était bien différent, une Andalouse, petite, brune et sèche... Je n'ai jamais compris un pareil caprice; elle était presque laide, et je disais à Monbazon : Mon ami, je ne peux pas deviner à quoi cela tient, c'est une bizarrerie de goût, car, entre nous, j'aimerais cent fois mieux ta femme.

ANAÏS, *reculant effrayée*. Comment, monsieur, qu'est-ce que vous dites?

DIDIER. Hein! (*Se reprenant, à part.*) Ça paraît l'étonner... Ah çà! Monbazon ne l'a donc pas mise au fait?... il paraît qu'il n'est pas aussi avancé que je croyais... (*Haut.*) Certainement, madame, ce que je vous dis doit vous paraître bien étrange, mais je vous assure que c'est bien involontairement que je... D'abord, si on me connaissait, on saurait que c'est malgré moi... que...

ANAÏS, *souriant*. Je crois en effet que vous n'êtes pas aussi dangereux que vous voulez affecter de le paraître.

DIDIER, *confidentiellement et avec joie*. Pas dangereux du tout; voilà l'affaire, vous l'avez trouvée.

ANAÏS, *riant*. Ah! ah! vous me paraissez sincère cette fois.

DIDIER. N'est-ce pas? (*A part.*) Je crois qu'elle commence à comprendre.

ANAÏS, *riant*. Ah! ah! ah!

DIDIER, *riant aussi*. Ah! ah! ah! Elle est fort aimable! (*Un domestique entre avec des lumières. A part apercevant Clotilde.*) Madame de Monbazon!... hum! hum!... à mon rôle! (*Haut à Anaïs.*) Puis-je espérer, madame, que vous ne regretterez pas le peu d'instans que le hasard m'a fait passer auprès de vous?

ANAIS. Non, vraiment.

DIDIER. C'est un bonheur que bien des gens m'envieraient sans doute.

ANAIS. Oh ! mais vous reprenez votre ton de galanterie.

DIDIER, bas. Nous ne sommes plus seuls.

SCENE VII.
Les Mêmes, CLOTILDE.

CLOTILDE, à part en entrant. Avec elle, déjà? (Haut.) Je croyais qu'Ernest était ici?

ANAIS. Il y a peu de temps en effet qu'il nous a quittés.

DIDIER. Oh! un instant à peine, il me semble qu'il ne fait que de sortir.

CLOTILDE, à part. Allons... il a déjà commencé, j'en étais sûre... quel homme! (Haut.) Pardon, monsieur Didier, ne sauriez-vous me dire où est Ernest? je voudrais lui parler, et si ce n'était pas abuser de votre complaisance, je vous prierais....

DIDIER. A vos ordres, madame. (A part.) Ce Monbazon est-il heureux... voilà déjà sa femme qui me soupçonne...

CLOTILDE, à part. C'est le seul moyen de m'en débarrasser.

ANAIS, à part. Je crois vraiment que ma cousine a peur pour moi.

SCENE VIII.
CLOTILDE, ANAIS.

CLOTILDE. Comment, ma chère amie, mon mari vous a laissée seule avec M. Didier?

ANAIS, riant. Mon Dieu, oui ; votre mari est bien imprudent, n'est-ce pas ?

CLOTILDE. Et que vous disait-il ?

ANAIS. M. Didier? Oh! de fort jolies choses... Entre nous, je crois qu'il vaut mieux que sa renommée.

CLOTILDE. Vous le défendez ?

ANAIS. Oh! rassurez-vous, ce n'est pas que je sois déjà sous le charme de sa figure et de sa conversation, non... il me reste encore la force de résister.. et quand je la sentirai défaillir, je me sauverai.

CLOTILDE. Vous plaisantez, mais prenez garde, je vous aurai avertie.

ANAIS. Parlez-vous sérieusement ?

CLOTILDE. Oui, ne me demandez pas ce qu'il a pour plaire, je n'en sais rien ; mais les exemples sont là ; et tenez, vous vous exprimez déjà sur son compte autrement que ce matin... il faut bien qu'il exerce une certaine fascination... Ma chère amie, ne jouez pas avec le danger.

COUPLET.

Ici ma tendresse craintive
  Doit vous protéger
  Contre le danger ;
Aux pauvres femmes il arrive,
  Pour un court plaisir,
  Un long repentir.
Je sais qu'un amant
Est toujours charmant,
  Lorsqu'il dit : Je vous aime !
    Son amour,
    Sans détour,
    Dure un jour :
L'amant heureux n'est bientôt plus le même.

Soyez toujours prudente et sage,
  Fuyez les flatteurs,
  Car ils sont trompeurs ;
Rappelez bien votre courage,
  Quand à vos genoux
  Vous les verrez tous.
Hélas! par malheur,
Jusqu'à votre cœur
  On parviendrait peut-être ;
    Puis un jour,
    Sans retour,
    A son tour
L'amant heureux n'est bientôt plus qu'un maître.

SCENE IX.
Les Mêmes, MONBAZON.

MONBAZON. Mesdames, je vous apporte les billets que vous attendez.

ANAIS. Quel bonheur !

MONBAZON. Je ne sais comment Didier s'y est pris, il en a trouvé sur-le-champ, et m'a chargé de vous en offrir.

CLOTILDE. Comment, c'est M. Didier qui a eu ces billets ?

MONBAZON. Oui ; et vous lui en devez de grands remercîmens, car la chose n'était pas facile... mais il est d'une obligeance ! il a suffi à ma cousine d'exprimer un désir pour qu'il se soit empressé de le satisfaire.

CLOTILDE, à part. Là... voyez-vous !

ANAIS. Je lui en ai une véritable obligation, ou plutôt à vous, mon cousin ; car c'est à votre prière sûrement. (Elle lui donne la main.) Merci!... merci!... Clotilde, je vais m'habiller bien vite pour être toute à vous... Oh! que je suis contente!
Elle sort.

SCENE X.
CLOTILDE, MONBAZON.

MONBAZON, à lui-même. Ce bon Didier est ma providence.

CLOTILDE, *d'un ton très-sérieux après s'être assurée qu'ils sont seuls.* Ernest, il faut que je te parle.

MONBAZON. Ah! mon Dieu, qu'y a-t-il? Pourquoi ce ton grave et solennel?

CLOTILDE. Eh bien, mon ami, je ne m'étais pas trompée dans mes prévisions.

MONBAZON. Comment?

CLOTILDE. M. Didier fait déjà la cour à Anaïs.

MONBAZON. Pas possible!

CLOTILDE. J'en suis sûre... et ma plus grande crainte, c'est qu'il ne commence à lui plaire.

MONBAZON, *riant.* Ah!... c'est trop fort.

CLOTILDE. Elle me l'a presque fait entendre.

MONBAZON. Allons donc! c'est une plaisanterie!

CLOTILDE. Comme tu le voudras ; mais déjà on ne peut plus l'accuser devant elle... elle le défend... elle s'y intéresse, et cependant il n'est arrivé que d'aujourd'hui, il n'est resté que quelques instans avec elle; sais-tu que je vais finir par en avoir peur de ton M. Didier?

MONBAZON. En vérité! toi aussi! Ah! ah! ah!...

CLOTILDE. Comment!..... un pareil changement opéré en quelques instans et sur quelqu'un de prévenu encore? mais c'est un homme à ne pas voir... à renfermer.

MONBAZON. Certainement... Madame de Monbazon, je me fie assez en votre vertu, en votre fidélité, pour espérer que jamais....

CLOTILDE. Plaisante... Tu sais bien qu'il ne s'agit pas de moi; mais ce que je t'ai raconté d'Anaïs est positif, et décidément il faut que tu éloignes M. Didier, pour quelques instans du moins.

MONBAZON, *à part.* Diable!... cela ne ferait pas mon compte. (*Haut.*) Tu conviendras, ma bonne amie, que voilà une proposition qui doit me paraître au moins singulière... exiger que je cesse de voir un ami, sur des soupçons que rien ne justifie...

CLOTILDE. Tu aurais raison, si nous pouvions ne jamais quitter Anaïs. Mais ce soir, l'empêcheras-tu de danser avec M. Didier, une, deux, trois contredanses?

MONBAZON. En vérité, ma chère Clotilde, tu te fais des idées.

CLOTILDE, *avec beaucoup d'amitié, après un moment de silence.* Mon ami, cette inquiétude quelque exagérée, quelque ridicule qu'elle te paraisse, est excusable peut-être..... Réfléchis un moment avec moi. Anaïs, malgré son titre de veuve, n'est, à vrai dire, qu'un enfant... Elle nous a été confiée par sa famille ; elle est ici sous notre sauve-garde... et nous en devons compte à ceux qui l'ont remise entre nos mains ; tu comprends cela, n'est-ce pas?

MONBAZON. Oui, certainement, mais...

CLOTILDE. Quand Anaïs sera sous les yeux de ses parens, sous leur responsabilité... si tu obtiens la place de receveur général que tu sollicites, et que nous allions nous fixer à Poitiers, comme tout nous le fait croire, j'abdiquerai avec joie le rôle de surveillant, qui ne convient ni à mon caractère ni à mon âge ; je laisserai ma cousine se défendre elle-même contre M. Didier ou tout autre, et je ne l'aiderai que de mes conseils ; mais ici nos devoirs sont plus rigoureux... Ecoute, Ernest, je ne te presse plus d'éloigner un ami que je redoute, à tort ou à raison, et que tu aimes... cela te contrarie, j'y renonce. J'avoue que je me défie de l'espèce d'intimité dont le bal offre l'occasion ; mais je vais chercher un moyen de déjouer les espérances de M. Didier, s'il en a, et je le trouverai... Ensuite je ferai tout pour obtenir la certitude des projets pervers de ton ami ; et si j'acquiers enfin cette certitude, si je te la démontre bien, tu me permettras alors de le prendre à part, de lui faire sentir tout ce qu'il y a de coupable dans sa conduite, et combien il serait affreux d'abuser de la légèreté et de l'inexpérience d'une jeune personne confiée à notre amitié, à notre honneur... Je lui représenterai à quel point une pareille action serait indigne d'un galant homme.

MONTBAZON, *troublé.* Clotilde!!

CLOTILDE. Mais tu dois comprendre cela mieux que personne, toi, incapable d'une pareille pensée!

MONBAZON. En effet.

CLOTILDE. J'étais sûre qu'en te parlant ainsi tu m'approuverais, tu partagerais mes craintes... Ah! c'est que tu es si bon, toi!

Elle lui saute au cou.

MONBAZON, *à part.* Je suis au supplice.

CLOTILDE, *se dirigeant vers son appartement.* Voilà qui est convenu, tu me laisseras agir, ma cousine n'aura plus rien à craindre. Quant à M. Didier, j'ai mon projet, tu verras...

MONBAZON. Explique-moi.

CLOTILDE. C'est mon secret, tu verras, tu verras.

Elle rentre.

SCENE XI.

MONBAZON.

Oh! ma femme a raison...... Anaïs n'a plus rien à craindre...Pauvre Clotilde! en l'écoutant tout-à-l'heure, en la voyant si confiante et si tendre, j'avais honte de ma conduite.... oui je sentais des remords.... elle est si bonne ma femme!... Allons, allons, oublions tout pour ne penser qu'à celle qui m'a si doucement rappelé mon devoir... d'ailleurs n'est-ce pas comme cela que finissent toutes mes folies?

Air :

Oui, c'est toujours ma Clotilde que j'aime,
Elle a toujours sa place dans mon cœur;
N'ai-je pas promis au ciel même
De tout faire pour son bonheur?
Parfois d'une femme jolie
Si le tendre regard me séduit,
C'est un rêve qui passe et s'enfuit,
Et comme un rêve je l'oublie.

Car c'est toujours ma Clotilde que j'aime.

Non, je ne suis pas infidèle,
A ma femme je reviens toujours;
Loin de la quitter pour mes amours,
Je quitte mes amours pour elle.

Car c'est toujours ma Clotilde que j'aime.

SCENE XII.

MONBAZON, DIDIER, *en habit noir.*

DIDIER. En une demi-heure, j'ai secoué la province, et me voilà dandy des pieds à la tête.

MONBAZON, *à lui-même.* Allons, voyons, du courage... une forte résolution.

DIDIER. Ces dames s'habillent?

MONBAZON, *toujours à lui-même.* Abuser de l'hospitalité que je lui donne, de sa confiance!... elle qui est seule, qui n'a personne pour la défendre! Ma femme a raison, ce serait affreux, impardonnable.. Si elle avait un mari, oh! alors... parce qu'un mari c'est un soutien...certainement ce serait toujours mal envers ma femme; mais ça changerait singulièrement...

DIDIER, *à part.* Qu'est-ce qu'il a donc? (*Haut.*) Eh! Monbazon.

MONBAZON *de même.* Un mari!.. voilà ce qu'il... (*Frappé d'une idée.*) Ah! mon ami, je pensais à toi.

DIDIER. A moi?

MONBAZON. Vrai!

DIDIER. Bah!

MONBAZON. Didier!

DIDIER. Qu'est-ce qu'il y a?

MONBAZON. Si tu te mariais?

DIDIER. Hein?

MONBAZON. Tu me disais tantôt que c'était ton intention.... je conviens maintenant que tu ne peux rien faire de mieux ni de plus à propos... Tu as trente ans, de la fortune... de la figure... de l'esprit autant qu'il en faut pour.... Didier, marie-toi?

DIDIER. Quelle idée?

MONBAZON. C'est convenu..... je te marierai...

DIDIER. Un moment, cher ami, tu ne sais pas si je suis...

MONBAZON. J'ai ce qu'il te faut.

DIDIER. Déjà!

MONBAZON. Anaïs, ma cousine.

DIDIER. Qu'est-ce tu dis?... et toi.... tu n'y penses donc plus?

MONBAZON. Moi? oh! mon ami... une jeune personne de dix-neuf ans... confiée à mon honneur... songe donc? J'ai réfléchi... ce serait horrible!

DIDIER. Oui... oui.... je comprends.... tandis qu'une fois mariée...

MONBAZON, *à part.* Pardieu, certainement!

DIDIER. Hein!

MONBAZON, *vivement.* Tu connais Anaïs, elle est charmante, riche comme toi.... spirituelle comme... non, plus spirituelle que toi... enfin elle te convient en tout point... Tu étais las de la vie que je te faisais mener, disais-tu... je t'en crée une nouvelle.

DIDIER. Mais songe donc qu'en me mariant je ne te sers plus à rien.

MONBAZON. Au contraire.

DIDIER. Qu'est-ce que je disais?

MONBAZON. Certainement.... tu sauves Anaïs....tu me sauves moi-même... Voilà ma cousine, je vais tout de suite lui parler pour toi.

DIDIER. Du tout... du tout...

MONBAZON. C'est que je suis enchanté de mon idée!

DIDIER. Eh bien! parle, parle, mon ami. (*A part.*) Si je ne prends jamais de femme que celle que tu m'auras choisie... C'est encore un joli emploi qu'il m'a trouvé là!

SCENE XIII.

LES MÊMES, ANAIS.

ANAIS, *en toilette de bal, à Monbazon.* Comment, pas encore prêt?

MONBAZON. Ce n'est pas moi qu'il faut gronder, ma chère cousine, c'est Didier... il me tient là depuis une heure à me parler de vous... à me faire votre éloge avec une chaleur... je crois, en vérité, qu'il m'a reproché de l'avoir fait venir à Paris.

ANAIS. Et pourquoi cela?

MONBAZON. Parce qu'il vous y a vue.

ANAIS, *riant*. Ah! ah! je ne pensais pas que cela fût si sérieux.

MONBAZON. Savez-vous ce que je lui disais au moment où vous êtes entrée? Je lui rappelais qu'il est garçon et libre... que vous êtes veuve et maîtresse de vous-même... Vous riez?

ANAIS. Oui... oui... cela me paraît la meilleure réponse à de pareilles folies... vous oubliez d'ailleurs que la terrible réputation de M. Didier est venue jusqu'à moi.

DIDIER, *bas à Monbazon*. Quand je te disais que tu me faisais tort auprès de toutes les femmes!

ANAIS. Convenez qu'il faudrait être bien imprudente pour confier son bonheur à un homme aussi dangereux.

DIDIER, *bas*. Tu l'entends... je mourrai garçon.

MONBAZON. Sa réputation? mais on le calomnie, il ne la mérite pas.

DIDIER. Et vous pouvez l'en croire, madame, il le sait mieux que personne.

MONBAZON. Sa réputation?.... mais je suis garant qu'il sera le meilleur des maris, doux, complaisant... confiant... n'est-ce pas, Didier? D'abord, il restera à Paris... Vous aimez Paris? et lui... ne voudrait pas quitter ses amis... il ne vous séparera pas de Clotilde, vous pourrez la voir tous les jours... Eh! mon Dieu! qui vous empêcherait d'habiter le même hôtel, n'est-ce pas, Didier?

DIDIER, *d'un ton goguenard*. Certainement... ça pourrait s'arranger.

ANAIS. De grâce, monsieur de Monbazon..

MONBAZON. Et alors que de plaisirs! Vous ne retourneriez pas dans votre province... nous ne nous quitterions plus, n'est-ce pas, Didier? au bal... au spectacle, nous serions toujours ensemble... Ah! par exemple, quand Didier serait malade, on ne le laisserait pas seul.... nous ferions sa partie de 21... il aime beaucoup le 21... c'est la seule passion que je lui connaisse... Mais voyez donc quelle existence!... quelle félicité! Est-ce que cette idée ne vous transporte pas?.... À quoi pensez-vous?

ANAIS. Je pense qu'il est tard et que vous allez nous faire attendre.

MONBAZON. Non, non; quelques minutes seulement, et je suis à vous... (*Bas, à Didier.*) Ah! mon ami, tu vois, elle ne dit pas non. Dans trois semaines tu seras marié...

DIDIER. Oui... et dans un mois...

MONBAZON. C'est entendu.

Il sort transporté.

SCENE XIV.

DIDIER, ANAIS.

DIDIER, *à part*. Ah! parbleu! c'est trop fort; il me paiera celui-là... (*Haut.*) J'espère, madame, que vous voudrez bien excuser la manière étourdie dont mon ami...

ANAIS. Soyez tranquille, monsieur, je ne vois dans tout ceci qu'une plaisanterie dont je ne garderai nul souvenir en quittant Paris.

DIDIER. Vous songez à partir bientôt?

ANAIS. Dans huit jours, peut-être.

DIDIER. Vraiment? et vous ne regretterez rien en partant?

ANAIS. Si fait, vos bals, vos concerts, vos spectacles...

DIDIER. Voilà tout?

ANAIS. Voilà tout.

DIDIER, *à part*. Est-ce qu'elle n'aimerait pas Monbazon!... si j'en étais bien sûr... Elle est si jolie.

ANAIS. Pourquoi me regardez-vous ainsi, monsieur Didier?

DIDIER. C'est que malgré moi... je pensais, je l'avoue, au projet extravagant de mon ami... et...

ANAIS. Un homme tel que vous peut-il donc jamais songer à se marier?

DIDIER. Comment, madame, vous ajoutez foi encore aux contes absurdes qu'on débite sur moi? Mais Joseph n'était pas plus innocent que je ne le suis; mais je n'ai jamais été ni un Lovelace ni un don Juan... Loin de vouloir aimer toutes les femmes, je serais trop heureux d'en rencontrer une qui voulût bien s'engager à n'aimer que moi, comme je m'engagerais à n'aimer qu'elle. Je l'aimerais, madame, je l'aimerais franchement, sérieusement, éternellement.

ANAIS. Vous!

DUO.

ANAIS.
Quoi désormais
Plus de galantes destinées?
DIDIER.
Non, non, jamais!
Je suis trop las de mes succès.

ANAÏS.
A l'abandon
Condamner tant d'infortunées !...
DIDIER.
Ma trahison
Leur fait peu de tort ; j'en réponds.
ANAÏS.
Ainsi donc plus d'amours ?
DIDIER.
Peut-être un... pour toujours.

ENSEMBLE.

DIDIER.
Car, entre nous,
Espoir bien doux
Vient me sourire.
Je n'ose dire
Ce que j'éprouve auprès de vous.
(À part.)
Je respire à peine,
Et certes par là
Elle apercevra
Que sa crainte est vaine ;
Car ce séducteur
Si rempli d'audace,
Que rien n'embarrasse,
Près d'elle a grand' peur.

ANAÏS.
Craignez pour vous :
Femme, entre nous
On peut le dire,
A son empire
Ne renonce pas sans courroux.
(À part.)
Il s'explique à peine.
Qui lui mérita
Le renom qu'il a ?
Ma crainte était vaine ;
Ce fier séducteur
Si rempli d'audace,
Que rien n'embarrasse,
A, je crois, grand peur.

ANAÏS.
Pour faire un pareil sacrifice,
Votre cœur est donc bien séduit ?
DIDIER.
Cet amour n'est pas un caprice
Qu'un jour voit naître, un jour détruit.
ANAÏS.
En vérité, de la constance...
Vous en aurez... c'est merveilleux.
DIDIER.
Ah ! j'aurais droit à l'indulgence,
Si l'on pouvait me juger mieux.

CANTABILE.

Je n'eus jamais au cœur
Une coupable flamme,
Et jamais une femme
Ne m'a dû son malheur ;
Ce séducteur, je crois,
Que vous craignez vous-même,
Sent près de vous qu'il aime
Pour la première fois.
ANAÏS.
Vous croire est toujours un tort.
DIDIER.
De moi vous doutez encor ?
ANAÏS.
Quels seraient vos garans ?
DIDIER.
Mon amour, mes sermens.

ANAÏS.
Quoi désormais, etc.
Ainsi donc plus d'amours ?
DIDIER.
Un seul et pour toujours.

DIDIER. Me voilà tel que je suis.
ANAÏS. Mais pourquoi donc alors cherchez-vous à paraître tout autre ?
DIDIER. Ah ! voilà ce qui est difficile à expliquer, et ce que je ne pourrai dire qu'à ma femme, si le ciel veut bien permettre que j'en trouve jamais une... Et s'il est juste, le ciel... il m'en doit une qui vous ressemble.
ANAÏS. Prenez garde... voilà encore de la galanterie... Vous retombez dans votre péché d'habitude.
DIDIER. Non, madame, je dis ce que je pense, je serais le plus fortuné des hommes si... Mais vous ne songez peut-être pas à vous marier.
ANAÏS. Je me trouve fort heureuse de ma liberté ; et cependant je vais peut-être la perdre bientôt.... Profitant de mon absence, mon père a pris à Poitiers des arrangemens que...
DIDIER. A Poitiers ! c'est drôle ! c'est là que de mon côté... je suis presque lié... j'ai même donné ma parole.
ANAÏS. Vraiment !
DIDIER. Oh ! mais je la reprendrais bien vite si... Allons ! il n'y faut pas songer, il ne me reste plus qu'à envier le sort de celui.....
ANAÏS. Je suis enchantée de connaître vos projets de mariage, monsieur, car maintenant je pourrai vous défendre... vous justifier... auprès de ma cousine.
DIDIER, à part. Autre infortunée.
ANAÏS. Elle craignait tant pour moi !
DIDIER, vivement. Elle avait bien raison !
ANAÏS. Comment ?
DIDIER, à part. Je ne souffrirai pas que Monbazon...
ANAÏS. Eh bien achevez ?
DIDIER. Me promettez-vous le secret ?
ANAÏS. Oui.
DIDIER. Me jurez-vous de n'en rien dire à madame de Monbazon surtout ?
ANAÏS. Je vous le jure.
DIDIER. Alors...

Ici Clotilde et Monbazon paraissent.

SCÈNE XV.

LES MÊMES, CLOTILDE, MONBAZON.

MONBAZON, en costume de bal. Me voilà ! prêt !
CLOTILDE, en entrant, bas à son mari.

Encore ensemble.... tu vois... avais-je raison?

ANAIS, *à Monbazon.* Allons donc!.. il est déjà bien tard.

DIDIER. Minuit... nous arriverons au moment le plus brillant du bal... dans la grande foule... Quand on ne peut plus ni entrer, ni sortir, ni remuer... c'est charmant.

MONBAZON, *à sa femme.* Comment, Clotilde! encore en négligé?

CLOTILDE. Tout-à-l'heure, au moment de me mettre à ma toilette, je me suis trouvée presque mal... et je me sens encore souffrante.

MONBAZON, *avec inquiétude.* Vraiment!

CLOTILDE. Oh! cela ne sera rien... une migraine... un étourdissement..... (*Bas à Monbazon.*) Ne t'inquiète pas, mon ami, c'est une ruse.

MONBAZON, *bas.* Comment?

CLOTILDE. Tu vas voir.

DIDIER. Puisque madame est malade, nous n'irons pas au bal.

ANAIS. Oh! certainement.

Elle tend à Didier son éventail et son manteau qu'il lui avait présentés.

DIDIER, *à part, avec joie.* Bon, voilà qui va contrarier un peu mon ami Monbazon.

CLOTILDE. Non, ma chère amie, je n'accepte pas ce sacrifice.... vous vous promettiez tant de plaisir!... Ernest peut vous accompagner, et pour que cela soit plus convenable vous irez prendre Mme d'Orlanges, qui demeure à quelques pas d'ici et qui profitera de votre voiture.

DIDIER, *à part.* Pauvre chère femme! elle arrange tout cela elle-même.

ANAIS. Vous laisser seule! mais je n'y consens pas.

CLOTILDE. Je vous en prie... mon indisposition n'a rien de sérieux, et à la rigueur, pour vous tranquilliser, je vous priverai d'un danseur, je suis sûre qu'un de ces messieurs sera assez aimable...

DIDIER, *à part.* Qu'est-ce qu'elle va dire?

MONBAZON. Ma chère Clotilde, je suis tout prêt à...

CLOTILDE. Tu n'y penses pas, mon ami; ne faut-il pas que tu accompagnes ta cousine?

DIDIER. Bien... très-bien...

CLOTILDE. Mais M. Didier aura-t-il le courage de renoncer au bal pour moi?

MONBAZON. Lui... Didier? tu ne le connais pas, c'est l'homme le plus...

DIDIER. Certainement je... (*à part*) je ne m'attendais pas à celui-là!

CLOTILDE. Je ne vous donne que deux heures.

MONBAZON, *bas à Didier.* Mon ami, je ne lui parlerai que de toi.

DIDIER, *de même.* Bien obligé.

CLOTILDE. Pas plus... Songez que ce pauvre M. Didier va compter les minutes.

DIDIER. Ah! madame... (*A part.*) Elle me fait beaucoup de peine.

QUATUOR.

DIDIER.
Oui, de l'innocence
Je prends la défense :
Oui, c'est la vengeance
Qui plaît à mon cœur.
Victime jolie,
Ce soir, sur ma vie,
Tu seras ravie
A ton séducteur.

ANAÏS.
De la contre-danse
Qui sans nous commence
J'entends à l'avance
Le bruit enchanteur.
Charme de la vie,
Musique chérie,
Ta douce harmonie
Fait battre mon cœur.

MONBAZON.
De la contre-danse
Qui déjà commence
J'entends à l'avance
Le bruit enchanteur.
Musique chérie,
Déjà, je parie,
Ta douce harmonie
Fait battre son cœur.

CLOTILDE.
Pendant ton absence,
Va, j'ai l'espérance,
Par mon éloquence
De toucher son cœur.
Cousine chérie,
Tu seras ravie
A la perfidie
De ce séducteur.

DIDIER, *bas à Anaïs.*
Pour le péril qui vous menace
Gardez un salutaire effroi.

ANAÏS, *bas.*
Mais ce séducteur plein d'audace,
Quel est-il donc? dites-le-moi.

DIDIER.
Plus bas, plus bas.....

ANAÏS.
Que de mystère!
Son nom, parlez......

DIDIER.
Je dois me taire,
Cet éventail vous le dira.

ANAÏS.
Vraiment, vous m'effrayez déjà.

CLOTILDE.
Tu vois, j'avais raison, je pense.

MONBAZON, *à part.*
Oui, mon projet réussira.
(*Haut.*)
Partons, partons, l'heure s'avance.

ANAÏS.
Nous reviendrons dans peu d'instans.

DIDIER.
De la sauver j'ai l'espérance.

CLOTILDE, *à Monbazon.* Au bal retiens-la bien long-temps.

REPRISE.

SCÈNE XVI.
CLOTILDE, DIDIER.

DIDIER, *à part.* Allons! me voilà un nouvel emploi, celui de garde-malade!

Bruit de voiture.

CLOTILDE, *à part.* J'ai réussi.

DIDIER. Les voilà partis. (*A lui-même.*) Monbazon doit bien rire à mes dépens; mais patience!

CLOTILDE. Monsieur Didier?

DIDIER. Madame!

CLOTILDE. Si vous ranimiez ce feu?

DIDIER. Avec plaisir. (*A part.*) Est-ce qu'elle va me faire faire de la tisane? (*Haut.*) vous souffrez toujours?

CLOTILDE. Oh! je me sens beaucoup mieux.

DIDIER. En vérité! eh bien! si nous allions les surprendre au bal! qu'en dites-vous?

CLOTILDE. Non... non... nous resterons ici si vous le voulez bien, monsieur Didier?

DIDIER. Madame...

CLOTILDE, *lui faisant signe de s'asseoir.* Il y a long-temps que je désirais me trouver seule avec vous.

DIDIER. Vraiment!

CLOTILDE. Oui, je serais bien aise que nous eussions ensemble une longue conversation...

DIDIER. Eh bien! madame, nous avons deux heures devant nous, ainsi... (*A part.*) Où veut-elle en venir?

CLOTILDE, *souriant.* Regrettez-vous encore beaucoup le bal?

DIDIER. Ah! madame... (*A part.*) Est-ce que par hasard elle voudrait rendre à son mari...? ce serait piquant.

CLOTILDE. Je vous prie, monsieur, de ne pas prendre en mauvaise part ce que vous allez entendre...... et de n'y voir qu'une preuve de l'attachement que je vous porte!

DIDIER, *à lui-même.* L'attachement?

CLOTILDE. Monsieur, depuis deux ans que vous venez dans notre maison tous les jours... Votre présence a souvent troublé mon repos.

DIDIER, *à lui-même.* C'est singulier, je ne m'en étais pas aperçu....

CLOTILDE. Je vous demande pardon de vous parler avec cette sincérité.

DIDIER. Comment donc? je vous en sais un gré infini...

CLOTILDE, *vivement.* Ce n'est pas que je vous demande de ne plus venir...

DIDIER. Tiens! au contraire, parbleu! (*A part.*) C'est drôle.

CLOTILDE. Mais j'ai peur pour mon mari...

DIDIER. Moi aussi... mais bah!

CLOTILDE. Je crains pour lui vos conseils, vos exemples...

DIDIER. Plaît-il?

CLOTILDE. Les hommes se laissent entraîner seulement...

DIDIER, *se levant.* C'est-à-dire, madame, qu'il s'agit tout bonnement d'un cours de morale à mon usage?...

CLOTILDE. Je vous ai prié de m'excuser.

DIDIER, *à lui-même.* Et moi qui croyais..! imbécile!...

CLOTILDE. Ernest a toujours été sage, rangé... Si vous renonciez à vos habitudes, à vos principes... il ne me resterait plus aucune crainte. (*D'un ton suppliant.*) Monsieur Didier, corrigez-vous, changez de conduite!...

DIDIER. Pardieu, madame, je ne demande pas mieux... Je vous déclare que le métier que je fais commence à me lasser furieusement...

CLOTILDE. Ah! tant mieux!

DIDIER. Je n'y tiens plus... je suis à bout... il faut que j'éclate.... Comment! je... c'est vrai... je suis ici à me faire admonester... chapitrer... pendant que... Je vous demande pardon, madame, mais vous ne savez pas tout ce qu'il y a de ridicule dans ma position...

CLOTILDE. Calmez-vous, monsieur; je veux bien croire à votre repentir, à vos regrets... Mais cependant votre conduite avec Anaïs... voyons, monsieur, convenez-en, vous cherchez à lui plaire...

DIDIER. Et ne pas pouvoir lui dire...! Oh! non... pauvre femme!

CLOTILDE. Vous vous taisez... car vous voyez que je vous ai deviné; mais je vous déclare, monsieur, que ne je vous laisserai pas jeter le trouble dans ma famille. Songez donc qu'Anaïs est sur le point de se marier, qu'elle est l'orgueil et la joie de son vieux père... Et si vous saviez combien ce pauvre M. Dalville...!

DIDIER. Hein! pardon, madame, vous avez dit...

CLOTILDE. Quoi donc?

DIDIER. Le nom... le nom du père de Mme votre cousine?

CLOTILDE. Dalville.

DIDIER. Miséricorde! Et le nom de son mari défunt?

CLOTILDE. Volmar.
DIDIER. Ah! un moment, expliquons-nous : votre cousine est donc...
CLOTILDE. Fille de M. Dalville et veuve de M. Volmar.
DIDIER. Ah! je suis anéanti!
CLOTILDE. Qu'avez-vous?
DIDIER. Je vais chercher ma femme dans le fond d'un département, pour que personne ne la connaisse... ne la voie... et je la trouve ici... chez qui? chez Monbazon.
CLOTILDE. Eh bien!
DIDIER. Eh bien! parbleu!.. Ah !.. c'est votre cousine... En effet... je me souviens que M. Dalville m'a dit que sa fille était à Paris, chez une parente, et qu'à mon retour je la trouverais à Poitiers, bien prévenue en ma faveur.
CLOTILDE. Comment, monsieur! c'est vous qui devez épouser Anaïs? Oh! mais alors, monsieur, vous me promettrez de changer de conduite, de la rendre heureuse, cette chère enfant; elle danse à l'heure qu'il est, et ne se doute guère...
DIDIER. Ah! mon Dieu! je n'y pensais plus... c'est vrai... elle danse. (A part.) Elle danse avec Monbazon; mais c'est mon vampire que cet homme-là!... Aura-t-elle ouvert son éventail?... aura-t-elle lu?... et si elle a lu... elle devrait être ici... Oh! je n'y tiens plus.
CLOTILDE. Eh bien! où allez-vous?
DIDIER. Pardon, je me souviens d'une affaire pressée...
CLOTILDE. A une heure du matin?
DIDIER. Oui... je cours...
CLOTILDE. Où donc?

Bruit de voiture.

DIDIER. Chez mon tailleur. Oh! mon Dieu! j'entends une voiture.
CLOTILDE. Serait-ce mon mari?... Déjà?
DIDIER. Comment, déjà! mais il y a un siècle qu'ils sont au bal !...
CLOTILDE. Ah! monsieur Didier, ceci n'est pas galant.
DIDIER. Pardon, madame, pardon... je ne sais plus ce que je dis... Ah! ce sont eux!

La porte s'ouvre.

CLOTILDE. Les voilà!

∞∞∞∞∞∞∞∞∞∞∞∞∞∞∞∞∞∞∞∞∞∞∞∞

SCENE XVII.

LES MÊMES, MONBAZON, ANAIS *très émue.*

ANAIS. Eh bien! ma chère amie, comment vous trouvez-vous?
CLOTILDE. Mieux... De retour si tôt?...
ANAIS. Oui, Mme d'Orlanges est indisposée, et n'a pu nous accompagner.
DIDIER, *à part.* Je respire!
CLOTILDE. Ah! mon Dieu! combien je suis désolée!
ANAIS, *lançant un regard du côté de Monbazon.* N'ayez pas de regrets, je suis enchantée maintenant de ne pas être allée au bal.
CLOTILDE. Comment donc?
ANAIS, *vivement.* Sans vous il ne m'eût offert aucun plaisir.
CLOTILDE. Je suis sûre que si... et nous avons d'autres personnes de notre connaissance que vous auriez pu prendre... je m'étonne qu'Ernest n'y ait pas songé.
MONBAZON. Je l'ai proposé à notre cousine; mais elle a refusé obstinément, et a exigé que je la ramenasse auprès de toi... (*Bas à Didier.*) Ça va mal, mon ami, ça va très-mal.
DIDIER, *à part.* Au contraire, ça va bien, ça va très-bien... il paraît qu'il était encore temps.
ANAIS. Malgré tous les efforts que faisait votre mari pour me décider, je devinais qu'il était inquiet... tourmenté de vous avoir laissée souffrante. (*Avec intention.*) Je n'ai eu besoin que de lui parler de vous pour l'engager à revenir.
CLOTILDE. Ce pauvre Ernest!
ANAIS, *bas à Didier.* Ah! monsieur, combien je vous remercie!
DIDIER, *bas.* Allons! elle ne l'aimait pas encore.
CLOTILDE, *haut à Anaïs.* Eh bien! ma chère amie, puisque vous voilà revenue, je tâcherai de vous dédommager de la perte d'un bal par une nouvelle à laquelle vous ne vous attendez guère. Le nom de votre prétendu n'est plus un mystère pour moi, et va cesser d'en être un pour vous.
MONBAZON. Comment? notre cousine se marie?
ANAIS, *sèchement.* Oui... mon cousin.
DIDIER, *à part.* Hum! je la trouve encore plus jolie que tantôt.
MONBAZON. Et le mari auquel on veut vous sacrifier encore une fois, quel est-il?
CLOTILDE. C'est M. Didier.
ANAIS. Monsieur !...
MONBAZON. Didier !... pas possible.
DIDIER. En effet, madame, pendant mon séjour à Poitiers, le hasard m'a amené dans votre famille... j'étais loin de m'attendre certainement à trouver en vous la personne que... j'avais acceptée sans vous connaître... A présent que j'ai eu le bonheur de vous voir, je tiens plus que jamais... Cependant tout ceci est soumis à votre con-

sentement, et s'il ne vous convenait pas...

MONBAZON, *vivement*. Comment donc? mais tu nous conviens parfaitement. (*Bas à sa femme.*) N'est-ce pas qu'il nous convient parfaitement?

CLOTILDE, *souriant*. Je ne pense pas que ma cousine s'y oppose beaucoup.

MONBAZON, *bas à sa femme*. Ni moi. (*Haut.*) Mais voyez donc comme on se rencontre! Tu ne croirais pas, ma chère Clotilde, que j'avais projeté ce mariage? oui, je le voulais, et pourtant il ne m'en avait pas parlé!... Sournois!

DIDIER. Eh bien! madame, puis-je espérer?...

ANAÏS. Monsieur Didier, nous nous reverrons à Poitiers.

DIDIER, *avec intention*. Et nous y resterons, n'est-ce pas, madame?

ANAÏS. Oui, le séjour de Poitiers me convient mieux que celui-ci.

DIDIER. C'est aussi mon avis.

MONBAZON. Comment! tu quittes Paris!

DIDIER. C'est une fantaisie. (*A part.*) Comme ça, au moins, je serai plus sûr de...

CLOTILDE, *bas à son mari*. Tiens! nous qui devons précisément habiter Poitiers?

MONBAZON, *à part*. Chut! nous irons les surprendre.

FINAL.

DIDIER, ANAÏS.

Partons en silence ;
C'est de la prudence,
A Poitiers, je pense,
On est mieux qu'ici.
Alors plus de feinte,
Plus de vaine crainte ;
Là plus de contrainte.

ANAÏS.
J'aurai mon mari.

DIDIER.
Je serai mari.

MONBAZON, CLOTILDE.
Ils partent. Silence ;
Malgré la distance,
A Poitiers, je pense,
Nous irons aussi.
Alors plus de feinte ,
Là plus de contrainte,
D'où viendrait ma crainte ?
Elle a son mari.

FIN.

Imprimerie de Vᵉ DONDEY-DUPRÉ, rue Saint-Louis, n° 46, au Marais.

ACTE II, 2ᵉ TABLEAU, SCÈNE VII.

DGENGUIZ-KAN,
ou
LA CONQUÊTE DE LA CHINE,

PIÈCE EN TROIS ACTES ET SIX TABLEAUX,

Par M. Anicet Bourgeois,

REPRÉSENTÉE POUR LA PREMIÈRE FOIS, A PARIS, SUR LE THÉATRE DU CIRQUE-OLYMPIQUE, LE 30 SEPTEMBRE 1837;

MISE EN SCÈNE DE M. FERDINAND LALOUE,

DÉCORATIONS DE MM. FILASTRE ET CAMBON, BALLETS DE M. RAGAINE.

PERSONNAGES.	ACTEURS.	PERSONNAGES.	ACTEURS.
DGENGUIZ-KAN, empereur des Mongols.	M. GAUTHIER.	PAPOUF, mandarin.	M. PARENT.
MARCO-POLO, Vénitien.	M. HENRI.	HOLKAR, officier du Kan.	M. LAUTMAN.
TSCHONGAI, empereur de la Chine.	M. DARCOURT.	YANKI, paysan chinois.	M. SALLEREN.
ELMAI, impératrice	Mme CORRÈGE.	LA FEMME DE YANKI.	Mme LOUISA.
IDAMÉ, sa fille.	Mlle ROUGEMONT.	UN OFFICIER MONGOL.	M. FERDINAND.
YELU, ministre de Dgenguiz-Kan.	M. EDMOND.	UN PAYSAN CHINOIS.	M. KEIN.
LIPAO, grand-prêtre.	M. SALLERIN.	KAO.	M. DURONDEAU.
HAOSTONG, ministre de l'empereur des Chinois.	M. CHÉRI.	PEKI, sa fille.	Mlle FAIDY.
ONLO.	M. JOSEPH.	UN GRAND-PRÊTRE.	M. AHN.
LANDRY, au service de Marco.	M. LEBEL.	MANDARINS, OFFICIERS TARTARES, OFFICIERS CHINOIS, SOLDATS TARTARES ET CHINOIS, AMAZONES, PEUPLE, ESCLAVES, etc.	

NOTA. Messieurs les Directeurs de province pourront monter *Dgenguiz-Kan* avec les décors et les costumes du *Cheval de Bronze*.

ACTE PREMIER.
Premier Tableau.

Le théâtre représente l'entrée d'un village chinois, occupant trois places.

SCENE PREMIERE.
YANKI, PAYSANS CHINOIS,
UNE FEMME.

Au lever du rideau, toute la population du village est en émoi : les uns sont en prières, les autres cachent leur or ; d'autres sont sur les toits de leurs maisons pour mieux voir ce qui se passe dans la plaine.

UNE FEMME, *s'adressant à un Chinois monté sur le toit de sa maison.* Eh bien, Yanki, que vois-tu?

YANKI, *descendant du toit.* Les troupes du céleste empire sont décidément en déroute... elles se dispersent de tous côtés, et sont poursuivies par la cavalerie mongole. Avant une heure, le terrible Dgenguiz-Kan traversera ce village... si toutefois dans une heure ce village existe encore.

UN PAYSAN. Nous nous défendrons.

YANKI. Tu dis cela, parce que ta femme est jeune et belle et que tu crains que les cavaliers mongols te l'enlèvent... la jalousie te donne du courage; mais comme ma femme est vieille et laide, je pense tout autrement que toi; la résistance rendrait nos ennemis plus cruels et plus impitoyables encore!... Un seul espoir nous reste... ce village est petit et de chétive apparence... les vainqueurs ne daigneront peut-être pas le détruire... Pourtant, croyez-moi, cachez tout ce que vous avez de précieux... vieillards, enfouissez vos trésors, maris, enfermez vos femmes; mères, noircissez le visage de vos filles, et priez le ciel que vos ennemis passent vite et sans détourner la tête.

Ce qu'a dit Yanki s'exécute.

LA FEMME DE YANKI, *avec effroi*. Yanki!.. vois-tu là-bas ce nuage de poussière?

YANKI. Oui... il vient à nous comme si le vent de la tempête le poussait.

LA FEMME. Ce sont les Mongols!...

Mouvement d'effroi général.

YANKI. Non... j'ai vu briller au soleil la ceinture dorée d'un de nos mandarins... je reconnais l'uniforme de la garde particulière de notre empereur Tschongaï.... Rassurez-vous... ce sont nos frères.

SCENE II.

LES MÊMES, ONLO, ELMAI, SOLDATS CHINOIS.

Au milieu d'une troupe de Chinois qui courent en désordre et qui garnissent le théâtre, on distingue un riche palanquin porté par des gardes. Arrivés au milieu de la place du village, les fuyards s'arrêtent comme épuisés par une longue course.

ONLO, *accourant avec quelques officiers*. En marche, mes amis, en marche; nous sommes toujours en vue de l'ennemi.

UN SOLDAT. Impossible d'aller plus loin... la chaleur... la fatigue...

ONLO. Malheureux! oubliez-vous quel dépôt sacré vous avez à défendre?

UN SOLDAT. Dis-nous de combattre... de mourir... nous sommes prêts... mais...

ONLO. Combattre... à quoi bon, quand la défaite est assurée?... Accablés sous le nombre, pourrez-vous défendre longtemps le trésor dont nous devons compte à l'empire?... Allons! un dernier effort...

YANKI. Voilà un nouveau nuage de poussière qui grossit à l'horizon... cette fois, ce sont les Mongols!

ONLO. Soldats, au nom de l'empereur...

Les soldats essaient de soulever le palanquin; mais leurs forces les trahissent. Tout-à-coup les rideaux de gaze d'or et d'argent qui fermaient le palanquin s'ouvrent violemment, et une femme richement vêtue s'élance du palanquin et saute à terre.

TOUS. L'impératrice!..

ONLO. Quelle imprudence, madame!

ELMAI. C'est assez faire pour sauver une femme. Soldats, vous aviez juré de me ramener saine et sauve auprès de l'empereur votre maître; je vous délie de votre serment... le poids de ce palanquin, le besoin de l'entourer et de le défendre retarderaient votre marche... eh bien! jetez ce palanquin dans les eaux du fleuve, et fuyez.

ONLO. Vous abandonner, jamais!

ELMAI. Tu l'as dit, toi le plus brave soldat de l'armée... la résistance serait inutile et folle... avec moi la fuite de ces hommes est impossible... autour de moi leur mort est certaine, et j'ai vu couler trop de sang aujourd'hui... Fuyez, vous dis-je... les débris flottans de ce palanquin feront croire à ma mort, et arrêteront peut-être la poursuite de l'ennemi.

ONLO. Je ne vous quitterai pas.

ELMAI. Je t'ordonne de conserver un bras à l'empire, un soutien à l'empereur... après son horrible défaite, il aura besoin de tes conseils et de ton épée... Onlo, je t'ordonne de guider ces braves gens, et d'annoncer à Péking ou mon retour prochain, ou ma mort... car Elmaï ne sera pas l'esclave de Dgenguiz-Kan, elle n'ira pas orner son triomphe... Je ne te demande plus qu'un dernier service... Donne-moi ton poignard. (*Elle le prend.*) Maintenant l'impératrice n'a plus rien à craindre... Va.

YANKI. On distingue sur la route les cavaliers mongols.

ELMAI, *aux soldats*. Fuyez donc... N'obéirez-vous pas au dernier ordre que vous donne votre impératrice?

ONLO. Non... que ces hommes échappent à la mort... j'y consens... mais moi...

ELMAI. Soldats, entraînez votre chef... il faut qu'il vive pour qu'il me sauve ou qu'il me venge... Allez...

Les soldats, après avoir baisé le bas de la robe de l'impératrice, se précipitent sur Onlo et l'entraînent; d'autres ont jeté dans le fleuve le riche palanquin qu'ils portaient. Ils disparaissent bientôt avec Onlo.

SCENE III.
ELMAÏ, YANKI, Paysans.

ELMAÏ. Vous, sujets de l'empereur mon époux... jurez-vous de ne pas me trahir?

YANKI. Nous le jurons... Voici ma maison... vous y chercherez un asile.

ELMAÏ. On m'y découvrirait bientôt... Femme, donne-moi le plus grossier de tes vêtemens... hâte-toi.

YANKI. Que voulez-vous faire?

ELMAÏ. Enlever aux Mongols ces dépouilles impériales qu'ils iraient jeter aux pieds de Dgenguiz-Kan.

Elle arrache sa couronne et ses riches vêtemens, et les jette elle-même dans le fleuve.

YANKI. Vite... vite... femme...

La femme de Yanki revient portant des vêtemens grossiers. Les femmes du village s'empressent d'en couvrir l'impératrice.

CRIS, *au fond.* Les Mongols! les Mongols!...

Une troupe de paysans paraissent, fuyant devant la cavalerie mongole.

SCENE IV.
Les Mêmes, YELU, HOLKAR, Officiers et Cavaliers mongols.

HOLKAR. Soldats, au feu ce village...

YELU. Arrêtez! le soleil de cette journée n'a-t-il donc pas éclairé assez de coupables désordres, assez d'inutiles désastres? Songeons plutôt au but de notre poursuite! Habitans de ce village, il ne vous sera fait aucun mal si vous nous dites la vérité. Avez-vous vu passer tout-à-l'heure une troupe de gens fuyant et emportant avec eux un riche palanquin? (*Silence général.*) Répondez...

ELMAÏ, *sortant du groupe des femmes qui la cachent.* Des soldats de l'empereur Tschongaï ont en effet traversé ce village; ils entouraient un palanquin... Mais, poursuivis de trop près par ta cavalerie, ils ont voulu presser leur marche, et ils ont abandonné le dépôt qui avait été confié à leur courage et à leur fidélité.

YELU. Ce palanquin... où est-il? Qu'en ont-ils fait?

ELMAÏ. Dans la crainte qu'il tombât en ton pouvoir, sans doute, ils l'ont eux-mêmes précipité dans le fleuve...

YELU. Que dis-tu, femme?.. C'est impossible?

ELMAÏ. Regarde... Ne vois-tu pas flotter encore ces riches débris, ces brillantes parures?

YELU. Plus de doute! les lâches l'auront sacrifiée à leur terreur...

Bruit et acclamation.

YANKI. Qu'est-ce que c'est?

HOLKAR. A genoux, esclaves! à genoux! C'est votre vainqueur, votre seul maître à présent. A genoux! c'est Dgenguiz-Kan.

Grand mouvement. Tout le monde se prosterne. Dgenguiz-Kan, précédé de ses porte-étendards, et suivi de ses meilleurs guerriers, paraît. Aussitôt les paysans courent embrasser les pieds de son cheval, en criant : Grâce!

SCENE V.
Les Mêmes, DGENGUIZ-KAN.

DGENGUIZ-KAN. Soldats... cette armée formidable qui devait nous anéantir n'existe plus. L'empereur lui-même a donné aux siens l'exemple d'une honteuse fuite... votre victoire est complète. A vous, mes braves, ces villes grandes comme des royaumes... à vous ces richesses incalculables, amassées pendant vingt siècles de paix et de prospérité... C'est plus qu'un empire, c'est un monde que vous avez conquis. (*On répond par des acclamations; sur un signe de Dgenguiz, des esclaves viennent s'agenouiller, et lui servent de degrés pour descendre de cheval.*) Le reste du jour et toute cette nuit, repos à mes troupes... demain nous nous remettrons en marche pour ne plus nous arrêter que devant les murs de Péking; c'est seulement dans cette capitale du céleste empire que nous nous reposerons des fatigues de notre longue et glorieuse campagne.

YELU. Seigneur, on a vainement cherché dans ce village une habitation digne d'avoir Dgenguiz-Kan pour hôte.

DGENGUIZ-KAN. Je n'ai pas encore oublié qu'il y a dix ans Dgenguiz n'était qu'un chef de horde qui avait toutes les nuits la terre pour lit de repos et une grossière toison pour abri; que mes soldats me dressent une tente là sur cette place... (*On obéit aux ordres de Dgenguiz. Une tente est dressée; des peaux de bêtes amoncelées forment un lit de repos sur lequel Dgenguiz s'étend.*) La chaleur est étouffante. (*A Elmaï.*) Femme, n'as-tu pas du lait de chèvre à me donner?

ELMAÏ. Moi!

HOLKAR. Allons! obéis, esclave.

YANKI. Je cours chercher ce qu'il faut.

DGENGUIZ-KAN. Yelu, tu ne m'as pas rendu compte de ta mission... Es-tu parvenu à atteindre cette troupe ennemie qu'on nous a dit être l'escorte de l'impératrice Elmaï.

YELU. Tout en fuyant devant nous, cette troupe avait conservé ses rangs et fait assez bonne contenance; mais, arrivés dans ce village, les fuyards ont méconnu la voix de leur chef, abandonné le dépôt sacré qui leur avait été confié, et ils se sont dispersés.

DGENGUIZ-KAN. Qu'est devenue celle qu'ils escortaient?

YELU. Les habitans de ce village assurent que ces soldats ont précipité dans le fleuve le palanquin qu'ils désespéraient de pouvoir sauver... Les débris de ce palanquin et de riches vêtemens de femme que nous avons vu entraîner par le courant ne nous ont pas permis de douter...

DGENGUIZ-KAN. Ah! j'aurais donné le trésor de Tschongaï pour avoir Elmaï en mon pouvoir... Je ne puis croire que cette femme ait ainsi péri victime de la lâcheté de ses défenseurs; croyez-le, elle fuit avec eux à la faveur d'un déguisement, et demain peut-être elle armera contre nous des hordes nouvelles, elle suscitera contre nous de nouveaux obstacles... car cette femme est notre plus redoutable ennemie... Elle a le cœur d'un héros... et si elle avait régné seule sur cet empire, elle en aurait fait notre tombeau peut-être.

YANKI. Voilà le lait de chèvre.

DGENGUIZ-KAN, à Elmaï. Verse, femme... à la mort d'Elmaï.

Il boit.

UN OFFICIER. Seigneur, des cavaliers envoyés vers toi par ton noble et bien-aimé fils Octaï, viennent d'arriver, ils escortaient un étranger dont les vêtemens et le langage sont nouveaux pour nous. Cet étranger a pour toi un message d'Octaï.

DGENGUIS-KAN. Qu'il vienne... Verse encore, femme; ce lait de chèvre que tu me donnes est toute ma part du butin de cette journée.

ELMAI, à part. S'il savait...

DGENGUIZ-KAN, la regardant. Tu es belle... Es-tu née dans ce village?

ELMAI. Oui, seigneur.

DGENGUIZ-KAN. Tu as un mari?

ELMAI. Oui, seigneur.

DGENGUIZ-KAN. C'est un laboureur?

ELMAI. C'est un soldat.

DGENGUIZ-KAN. A-t-il combattu contre moi aujourd'hui?

ELMAI. Oui...

DGENGUIZ-KAN. L'as-tu revu depuis la bataille?

ELMAI. Non.

DGENGUIZ-KAN. Il est mort, peut-être?

ELMAI. Dieu le veuille.

DGENGUIZ-KAN. Comment?

ELMAI. N'a-t-il pas été vaincu? ne vaut-il pas mieux mourir libre que de vivre esclave?

YANKI, bas. Prenez garde.

DGENGUIZ-KAN, après un silence. As-tu des parens dans ce village?

ELMAI. Moi...

YANKI. Oui, seigneur... je suis son frère... et peut-être son seul soutien à présent.

DGENGUIZ-KAN. Et toi, son frère, supportes-tu aussi impatiemment le joug du vainqueur?

YANKI. Je suis un pauvre paysan, je nourris avec peine ma femme et mes enfans; que Tschongaï ou Dgenguiz-Kan règne à Péking, le soleil n'en sera pas plus ardent, ni la terre plus féconde. Yanki paiera, sans mot dire, le tribut à Tschongaï ou à Dgenguiz-Kan.

DGENGUIZ-KAN. A la bonne heure.

YELU. Voici l'étranger porteur du message d'Octaï.

SCENE VI.
LES MÊMES, MARCO-POLO, MONGOLS.

DGENGUIZ-KAN. Approche..... (Marco s'incline et remet à Dgenguiz-Kan un parchemin. Dgenguiz-Kan, après avoir lu:) Mon fils m'a fait de toi un complet éloge; tu as passé près de lui l'année qui vient de finir, et il me prie de te traiter comme si tu étais son frère.... Quel est ton nom?

MARCO. Marc-Paul.

DGENGUIZ-KAN. Ta religion?

MARCO. Chrétien.

DGENGUIZ-KAN. Ton pays?

MARCO. Venise.

DGENGUIZ-KAN. Venise...

MARCO. Ma patrie est inconnue à toi et à ton peuple, comme ton pays et ton peuple sont inconnus à mes frères.... Cependant le bruit de tes immenses conquêtes, qui ne s'arrêtent qu'à la mer Noire, a retenti jusqu'à nous; mais vague et confus; ton nom même s'est perdu en traversant la distance qui sépare nos deux patries. Plus hardi, plus entreprenant que mes compatriotes, j'ai voulu connaître et parcourir le premier les grandes et riches contrées dont les peuples d'Occident soupçonnaient à peine l'existence. Pour atteindre ce but, rien ne m'a coûté, j'ai quitté ma famille, mes amis; dangers, fatigues, j'ai tout bravé. Parti de Venise il y a cinq ans, je suis allé d'abord à Constantinople, puis un vaisseau m'a transporté sur les bords du Volga, au nord de la mer Caspienne... Là, tous mes compagnons, effrayés de la distance parcourue et de celle à parcourir encore, m'abandonnèrent. Un seul homme, mon domestique, Français d'origine, me suivit jusqu'à Bockara; dans cette ville, un officier mongol, envoyé par ton fils Octaï à son frère Houlongaï, me vit, m'interrogea, puis me proposa de l'accompagner à la cour du terrible Dgenguiz-Kan. J'y consentis, et me recommandant à Dieu, je m'avançai à la suite de mon guide au-delà des extrémités connues de l'Orient. Après avoir voyagé douze mois, j'arrivai à Samarkandh, la résidence impériale, tu l'avais quittée pour voler à la conquête de la Chine, pays plus vaste encore que celui que tu gouvernais. Ton noble fils Octaï me reçut avec bonté; un courrier vint bientôt lui annoncer que, renversant tout sur ton passage, tu avais pu pénétrer enfin dans cet empire mystérieux qui, pour se cacher à tous et se protéger contre tous, s'était entouré d'un rempart immense et jusqu'alors inaccessible. Je suppliai ton fils de me donner un guide qui pût me conduire jusqu'à toi... Il y consentit, et il me fallut sept mois de marche pour atteindre ton arrière-garde... Je perdis en route mon pauvre Landry. Surpris par un corps de cavaliers chinois, nous n'échappâmes que grâce à la vitesse de nos chevaux; Landry, moins heureux que nous, fut pris ou tué. Enfin, j'ai vu s'accomplir le plus ardent de mes vœux, j'ai vu le conquérant d'un monde nouveau pour moi, et, s'il daigne me le permettre, je le suivrai, quelque longue et quelque pénible que soit la route qu'il compte parcourir. Oui, seigneur, je te promets d'être aussi infatigable que toi; invincible monarque, ta mission sur cette terre est de marcher toujours pour conquérir. Pauvre voyageur, la mienne est de marcher sans cesse pour voir et pour apprendre; et monarque et voyageur, tous deux nous avons le même but, vivre dans la postérité.

DGENGUIZ-KAN. Tu veux me suivre... mais sais-tu bien que ma marche est un combat continuel?

MARCO. Je combattrai.

DGENGUIZ-KAN. Et quand nous nous arrêterons tous deux; moi, las de vaincre et toi las de voir, que feras-tu?

MARCO. Je te demanderai la faveur de retourner à Venise, et là, j'écrirai tout ce que j'aurai vu, j'écrirai surtout les grandes choses que tu as faites; j'apprendrai aux peuples d'Occident qu'au-delà des bornes du monde connu il y a des empires plus vastes, plus riches, que nos plus puissans empires; j'apprendrai à nos rois d'Europe que dans ce monde nouveau j'ai rencontré un conquérant plus illustre qu'eux tous; enfin j'apprendrai à mes frères, pour qu'ils le transmettent à leurs fils et qu'il vive d'âge en âge, j'apprendrai le nom de Dgenguiz-Kan.

DGENGUIZ-KAN. Eh bien, j'accomplirai tes vœux, tu me suivras; mais consulte bien tes forces et ta résolution, car celui qui marche avec moi ne sait ni dans quel lieu ni quand il s'arrêtera.

MARCO. Je suis prêt.

DGENGUIZ-KAN, *à un officier*. Qu'on donne à cet étranger le meilleur de mes coursiers, je l'attache à ma personne, il ne me quittera plus.

Marco s'incline en signe de reconnaissance.

YELU. Seigneur, des envoyés de l'empereur Tschongaï sollicitent l'honneur d'être admis en ta présence.

DGENGUIZ-KAN. Je consens à les recevoir.

SCÈNE VII.
Les Mêmes, HIAOTSONG, Mandarins *et* Soldats chinois.

HIAOTSONG. Puissant prince, notre maître nous envoie vers toi pour arrêter l'effusion du sang. Par ma voix, le souverain maître du céleste empire te propose la paix.

DGENGUIZ-KAN. Envoyé de Tschongaï, te souvient-il du motif de cette guerre à laquelle aujourd'hui tu veux mettre un terme? Tranquille possesseur d'un vaste territoire, je ne songeais point à tourner mes armes contre vous, lorsque Tschongaï, oubliant que la victoire m'avait fait au moins son égal, osa me donner l'ordre insolent de lui envoyer en tribut les plus belles de nos filles, les plus braves de nos guerriers et les plus infatigables de nos coursiers. Je t'ai répondu à toi qui t'étais chargé de cet imprudent message, que j'irais moi-même porter à Tschongaï le tribut qu'il m'avait demandé. Je suis venu.

HIAOTSONG. Seigneur, Tschongaï renonce au tribut qu'il avait cru pouvoir exiger de toi comme des autres chefs mongols.

DGENGUIZ-KAN. Et songe-t-il à m'en payer un à moi?

HIAOTSONG. A toi?

DGENGUIZ-KAN. Tu t'étonnes, n'est-ce pas, de me voir ainsi fouler aux pieds l'orgueil de ton puissant maître? Si Tschongaï veut la paix, je vais te dire à quel prix il la doit acheter : je veux, pour premier préliminaire, qu'il me donne pour femme une de ses filles; à cette condition seulement je consentirai à suspendre la marche de mes troupes et j'accorderai une trève.

HIAOTSONG. Je ne puis répondre à une proposition qui n'avait pas été prévue. Seigneur, accorde-moi un délai de trois jours, pendant lequel tu feras cesser toutes les hostilités; permets en outre qu'un de tes officiers m'accompagne à Péking où m'attend l'empereur; cet officier transmettra tes paroles à mon maître.

DGENGUIZ-KAN. Tschongaï est un prince sans foi et sans loyauté, et je ne veux pas lui livrer un de mes braves sans défense.

MARCO. Seigneur, je comprends que chacun de tes guerriers te soit cher et précieux; mais s'il ne faut que répéter à ton ennemi les paroles que tu viens de prononcer, je me chargerai volontiers de ce message, quelque dangereux qu'il puisse être.

DGENGUIZ-KAN. Mais dans quel but me demandes-tu cette périlleuse faveur?

MARCO. Si tu traites avec Tschongaï, tu retourneras à Samarkandh sans aller jusqu'à Péking, et Péking est la capitale et la merveille de la Chine.

DGENGUIZ-KAN. Eh bien, soit. Cet étranger vous accompagnera; mais songez que cet étranger doit être sacré pour vous, que je tirerai une vengeance éclatante de toute insulte qui lui serait faite; songez enfin que Marc-Paul est l'ami et l'hôte de Dgenguiz-Kan. (*Les envoyés chinois s'inclinent. Dgenguiz-Kan à Marco.*) Viens, tu choisiras parmi mes coursiers, et je veux moi-même te donner tes armes.
Ils sortent.

SCÈNE VIII.
HIAOTSONG, ELMAI, YANKI,
Envoyés chinois.

HIAOTSONG, *à part.* Insolent vainqueur, ton orgueil te perdra.

ELMAI, *qui s'est assurée qu'elle est seule avec les envoyés.* Hiaotsong!

HIAOTSONG. Qui m'appelle?

ELMAI. Moi.

HIAOTSONG. L'impératrice!..

ELMAI. Silence.... Dgenguiz-Kan ne me sait pas en son pouvoir.

HIAOTSONG. Oh! nous vous sauverons.

ELMAI. Je ne puis quitter ce village que sous votre protection, et je tremble qu'elle n'éveille les soupçons de Dgenguiz-Kan.

HIAOTSONG. Que faire?

ELMAI. Un espoir me reste. Cet étranger...

HIAOTSONG. Eh bien?

ELMAI. Il est brave... il doit être généreux.

HIAOTSONG. Vous oseriez...

ELMAI. Silence... le voici.

SCÈNE IX.
LES MÊMES, MARCO.

MARCO. Envoyés de Tschongaï, je suis prêt à vous suivre.

ELMAI. Seigneur, un mot. Je t'ai entendu tout-à-l'heure raconter à Dgenguiz-Kan qu'entraîné par le besoin de voir et d'apprendre, tu avais quitté ton pays, ta mère peut-être... Eh bien, crois-tu que ta mère donnerait volontiers les jours qui lui restent pour te revoir une fois encore avant de mourir.

MARCO. Ma pauvre mère!

ELMAI. Je suis mère aussi, moi... et ma fille est loin de moi, et je veux l'embrasser une dernière fois. Chrétien, il dépend de toi seul de me rendre à elle.

MARCO. Parle, femme.

ELMAI. Mon mari, soldat de Tschongaï, vaincu par Dgenguiz-Kan, s'est renfermé dans les murs de Péking, ma fille y est aussi; si tu consens à ce que je suive ces envoyés, tu m'auras rendue à mon époux, à ma fille... Dis, le veux-tu?

MARCO. Tu peux partir avec nous.

ELMAI. Sois béni, noble étranger, et fasse le ciel que ta mère te voie à son chevet quand sonnera sa dernière heure.

MARCO. Mais j'ai ordre de faire la plus grande diligence; ne crains-tu pas la fatigue?

ELMAI. Je ne crains rien, si ce n'est de mourir sans embrasser mon enfant.

On amène les chevaux des envoyés et le coursier de Marco.

MARCO. Partons.

ELMAI, *bas, à Yanki.* Tiens, c'est tout ce que peut aujourd'hui pour toi l'impératrice Elmaï. (*Elle lui donne de l'or.*) Adieu.

YANKI. Que le ciel vous protège!

Il lui baise la main; et, suivi de tous les habitans, il se dispose à l'accompagner jusqu'à l'extrémité du village.

FIN DU PREMIER TABLEAU.

Deuxième Tableau.

Le théâtre représente les jardins du palais impérial; ces jardins étant placés sur une hauteur, on découvre en panorama toute la ville de Péking, dont le palais est séparé, au fond, par un canal. A gauche du spectateur, les jardins ; à droite, l'entrée du palais ; tour en porcelaine, etc.

SCÈNE PREMIÈRE.

IDAMÉ, LES FILLES DE L'EMPEREUR, LE MANDARIN INTENDANT DU PALAIS, MANDARINS ET ESCLAVES.

Au lever du rideau, la jeune Idamé, debout sur les degrés du palais, entourée de ses sœurs en riches costumes, donne des ordres à une foule de mandarins et à des esclaves qui sont prosternés devant elle.

IDAMÉ. Le ciel a eu pitié de nous, il a entendu nos prières, il a vu nos larmes... il nous rend à tous une impératrice, il me rend à moi la plus tendre, la plus chérie des mères. L'empereur permet que nous ses filles, nous franchissions pour la première fois l'enceinte du palais impérial ; il permet qu'avec vous nous allions au-devant de notre mère. (*Au mandarin.*) Vous, intendant du palais, donnez des ordres pour que ma mère trouve partout un air de fête. (*Explosion au loin.*) Ce bruit nous annonce que l'impératrice est en vue de sa capitale. Partons, mes sœurs.

Idamé, suivie de ses sœurs, des mandarins et des esclaves, descend les degrés du palais, et sort par la gauche. Le mandarin intendant rentre au palais. A peine Idamé est-elle éloignée, qu'on voit paraître une espèce de chaise à porteurs, soulevée par deux esclaves. A la portière de droite, marche Landry en costume chinois, et agitant un vaste éventail; de l'autre côté, un esclave portant un grand parasol. Dans la chaise à porteurs on aperçoit un énorme individu. Arrivée devant le palais, la chaise à porteurs s'arrête ; un des esclaves va frapper avec son front une des marches du vestibule ; un officier des gardes paraît.

SCÈNE II.

PAPOUF, LANDRY, UN OFFICIER.

PAPOUF, *à l'officier*. Le noble mandarin Lipao, intendant du palais, peut-il recevoir le mandarin de troisième classe Papouf?

L'OFFICIER. Le prêtre Lipao est fort occupé des préparatifs à faire pour la réception de l'impératrice ; je vais cependant lui annoncer votre visite.

L'officier rentre au palais; sur un signe de Papouf, on ouvre la portière de la litière ; on étend un riche tapis à terre, et Papouf se traînant à peine va s'asseoir sur le tapis ; l'esclave porte-parasol se place derrière, et Landry devant.

LANDRY. Ah! enfin nous sommes arrivés.

PAPOUF. Je t'avais prévenu que le palais impérial était à l'extrémité de la ville.

LANDRY. Doux Jésus ! quelle ville ! Nous marchons depuis ce matin ; je n'aurais pas mis plus de temps à faire le tour de la nouvelle enceinte de mon cher Paris.

PAPOUF. Qu'est-ce que c'est que ça Paris?

LANDRY. Une ville d'Europe où je suis né en l'an de grâce 1180, et que je croyais la plus grande et la plus belle du monde, mais qui serait plus à l'aise dans un faubourg de votre Péking que votre seigneurie ne l'est dans sa chaise à porteur. Il y a ici dans chaque rue de quoi peupler toute une principauté d'Allemagne. Le Chinois multiplie beaucoup.

PAPOUF, *appelant*. Tsi-Tsing!

LANDRY, *se retournant*. Dieu vous bénisse!... C'est magnifique.

PAPOUF, *avec impatience*. Tsi-Tsing!

LANDRY. Il s'enrhume du cerveau, le patron.... Ça n'est pas étonnant avec une coiffure comme celle-là.

PAPOUF, *avec colère*. Est-ce que tu ne m'entends pas, drôle?

LANDRY. Hein... Comment?

PAPOUF. Je t'appelle depuis une heure.

LANDRY. Ah! pardon, mais vous m'avez donné un si drôle de nom... Tsi-Tsing... je ne puis pas m'y habituer...

PAPOUF. Viens ici... J'ai une mouche sur le nez, chasse-la.

LANDRY. Oui, seigneur... (*A part.*) Sont-ils paresseux dans ce pays! Ils se laisseraient dévorer plutôt que de..... Allons donc..... non, elle y tient... mais va-t'en donc. (*Il donne un grand coup sur le nez de Papouf, qui tombe presque à la renverse.*) Là! elle est partie.

PAPOUF, *se relevant*. Tu mets trop de zèle dans ton service... mais je te pardonne parce que tu es doux et jovial. Je suis fort content de t'avoir acheté... Te trouves-tu bien chez moi?

LANDRY. Je serais difficile, vraiment ; je bois du thé tant que je veux, je mange du riz tant que je peux, et j'engraisse à vue d'œil. De plus, rien à faire que le ménage de vos élèves, vingt mille vers à soie, c'est un peu vétilleux... mais pas fatigant du tout. A propos, seigneur Papouf, serait-ce une indiscrétion de vous demander ce que vous venez faire au palais impérial, et pourquoi vous avez quitté ces intéressans industriels à qui vous donnez des feuilles d'arbres et qui vous rendent de la soie?

PAPOUF. Je viens prier l'intendant du palais, dont je dépends, de m'accorder un congé; j'ai une affaire très-pressée qui nécessite ma présence à Hang-Pu, petit village à vingt lieues d'ici.

LANDRY. Ah! vous avez une affaire?

PAPOUF. Je me marie.

LANDRY. Vous!

PAPOUF. C'est-à-dire je me remarie pour la douzième fois.

LANDRY, à part. Quel gros Cupidon! et quelle tournure d'amoureux!

PAPOUF. Je ne suis pas amoureux du tout... D'ailleurs, selon l'usage du pays, je ne connaîtrai ma femme que le jour des noces... Je sais seulement qu'elle est jeune, j'espère qu'elle sera plus heureuse que feu mes onze épouses, qui à elles toutes n'ont pas pu greffer le plus petit rejeton sur la dernière souche des Papouf.

LANDRY, à part. C'est qu'elle est un peu vieille la souche.

PAPOUF. Je t'emmènerai, Tsi-Tsing.

LANDRY, à part. Une noce chinoise, ce doit être amusant. Et si madame Papouf est jolie que... (Haut.) Seigneur, j'ai dans l'idée que cette fois vous aurez des petits Papoufs.

PAPOUF. J'aurai des petits mandarins!..

LANDRY, à part. Oui, mandarins français greffés sur chinois... ça fera une jolie race croisée...

L'OFFICIER, rentrant. Le mandarin intendant du palais consent à donner un moment d'audience au mandarin Papouf.

PAPOUF. Tsi-Tsing... aide-moi à me lever... Attends ici... Je te permets de voir le cortège de l'impératrice.

Papouf entre au palais avec l'officier.

○○○○○○○○○○○○○○○○○○○○○○○○○○○○○○○○○○○

SCÈNE III.

LANDRY *seul d'abord*; *puis* L'IMPÉRATRICE, MARCO, HIAOTSONG, IDAMÉ, L'EMPEREUR, LIPAO, MANDARINS, GARDES, PEUPLE.

LANDRY. Non, je ne dors pas... C'est bien moi qui suis à Péking... moi, pauvre diable né dans une ruelle de la Cité, d'un barbier étuviste et d'une sage-femme. Je suis en Chine, j'ai été acheté par un mandarin chinois, je suis au service de vingt mille petits vers chinois... et je vais faire danser une mandarine chinoise... Tout cela me semble un conte de fées... Qu'est-ce que c'est que ce bruit-là? sans doute le cortège de l'impératrice? Oui... c'est cela, je serai supérieurement ici... Oh! mais c'est bien plus beau que le cortège du roi Philippe-Auguste quand il rentre dans sa bonne ville de Paris...

Le canal se couvre bientôt de jonques garnies de femmes, de mandarins, et pavoisées de banderolles; puis le cortège de l'impératrice paraît au milieu de la foule du peuple qui se presse et qui applaudit ou jette des fleurs. On voit s'avancer : 1° la garde de l'empereur; 2° les esclaves; 3° les musiciens de l'empereur; 4° les mandarins; 5° les porte-étendards; 6° l'impératrice sur un cheval richement caparaçonné et conduit par deux mandarins de première classe; 7° Idamé et ses sœurs à cheval aussi et conduites par des esclaves; 8° Hiaotsong et Marco-Polo à cheval; 9° la garde de l'empereur. Au moment où l'impératrice paraît, une grande jalousie qui couvrait la partie supérieure du palais, se lève, et laisse apercevoir, sur un riche balcon ou une élégante terrasse, l'empereur revêtu d'un magnifique costume et entouré de mandarins de première classe. Le cortège s'arrête quand l'impératrice est arrivée devant le palais. Moment de silence.

L'EMPEREUR, *se lève et s'adressant à Elmaï*. Bénie soit la Providence qui vous rend à notre amour, noble et chère Elmaï. Béni soit aussi ce généreux étranger dont la belle action nous est connue déjà. Venez, madame, venez reprendre à nos côtés cette place que nulle plus que vous n'est digne d'occuper.

A ce moment, l'impératrice descend de cheval en posant la main sur l'épaule d'un mandarin, et le pied sur l'épaule d'un esclave. L'impératrice, appuyée sur sa fille Idamé, et suivie des filles de l'empereur, monte sur la terrasse.

LANDRY, à part. Oh! si mon premier maître était là.

L'EMPEREUR. Envoyé de Dgenguiz-Kan, approche.

LANDRY, *apercevant Marco*. Que vois-je? c'est lui... c'est le seigneur Marco...

L'EMPEREUR. Un courrier qui t'a précédé m'a fait connaître les conditions au prix desquelles ton maître veut me faire acheter la paix... Mais avant que mon conseil s'assemble, je veux laisser un libre cours à la joie de mon peuple, et je te permets d'assister à la fête qu'il a préparée à son impératrice...

Aussitôt, et sur un signe de Hiaotsong, des esclaves ont apporté des coussins sur lesquels se placent Hiaotsong et Marco. Fêtes, danses, etc. Après la fête, Lipao, grand-prêtre, s'avance, et après avoir salué l'empereur :

LIPAO. Lumière du monde, fils du ciel! ton conseil est réuni et te supplie de te rendre dans son sein.

ELMAI, *à l'empereur*. Faites tout, seigneur, pour la gloire de l'empire.

L'EMPEREUR. Je ferai du moins tout pour son salut.

HIAOTSONG, *à Marco*. Seigneur envoyé, attendez ici la décision du sublime conseil.

Hiaotsong et les mandarins s'éloignent, les jonques chargées de monde s'éloignent aussi. Il ne reste plus en scène que Marco et Landry.

SCENE IV.
MARCO, LANDRY.

LANDRY. Oh! c'est bien lui.

MARCO, *regardant autour de lui*. Que de merveilles!... Me croira-t-on en Europe quand je dirai ce que j'ai vu?

LANDRY. Enfin je pourrai lui parler.

MARCO. Oh! rien ne manquerait à ma joie si j'avais là, près de moi, mon pauvre Landry...

LANDRY. Il pense à moi... (*Se jetant à ses pieds.*) O mon maître, mon bon maître!

MARCO. Qui es-tu? que me veux-tu?

LANDRY. Vous ne me reconnaissez pas?

MARCO. Ciel! Landry!

LANDRY. Oui, Landry, qui n'a plus de cheveux, et qui s'appelle à présent Tsi-Tsing.

MARCO. Mon bon Landry, le ciel me protège, puisqu'il accomplit tous mes vœux, et qu'il me rend le seul compagnon qui ait voulu suivre ma fortune. Mais comment te trouvé-je à Péking, sous ce costume?

LANDRY. Pris par les cavaliers chinois, dont les chevaux couraient plus vite que le mien, je n'opposai aucune résistance. Vous connaissez mon caractère pacifique. On m'emmena dans l'intérieur des terres, là je fus vendu à un marchand de Péking qui me conduisit chez lui et me revendit au mandarin Papouf, grosse noblesse du pays: figurez-vous une boule de beurre habillée de soie et coiffée d'une queue....Voilà le seigneur Papouf. Au reste excellent maître, qui passe sa vie à élever des vers à soie... industrie inconnue en France ainsi que bien d'autres. Je suis chargé de nourrir, de soigner ces ouvriers, qui sont fort doux, fort commodes et pas bruyans. Le reste de mon temps, je l'emploie comme mon maître à boire du thé, à manger du riz et à dormir.... ce qui est un excellent régime.

MARCO. Tu n'en es pas moins esclave... mais je te rachèterai, car le bonheur, c'est la liberté.

LANDRY. La liberté me fatiguait beaucoup. Quand j'étais votre domestique, j'étais libre, sans doute, mais je marchais à user les jambes d'un chameau; je mangeais peu et je ne dormais guère; enfin j'étais fort maigre: l'esclavage convient beaucoup mieux à ma santé. Depuis six mois que j'ai perdu cette chère indépendance, je suis rubicond comme un moine et rond comme un mandarin... Si la liberté est le bonheur, l'esclavage est le bien-être: avec l'une il faut toujours courir, avec l'autre on reste en place; j'ai bien assez voyagé, et je suis décidé à rester en Chine. C'est le paradis des paresseux, et vous savez que j'ai toujours été un peu de cette religion-là.

MARCO. Eh quoi! tu renoncerais au fruit de tant de peines, tu renoncerais au plaisir et à la gloire de dire à tes compatriotes les belles choses que tu as vues?

LANDRY. J'aurais le regret de ne plus les voir. Puisque j'ai tant fait pour venir ici, que j'y suis, et que j'y suis bien, j'y reste. Vous avez donc l'intention de retourner en Europe?

MARCO. Certes.

LANDRY. Alors je puis vous donner quelques renseignemens sur cette contrée miraculeuse et que j'ai été à même d'étudier. La Chine est un pays très-vieux et qui n'a jamais changé: il paraît qu'il est venu au monde comme il est... Chaque ville est une fourmilière... si l'empereur voulait s'amuser à tuer cent mille de ses sujets par jour, il aurait de quoi se distraire sa vie durant. On élève fort bien les enfans ici, on les envoie à l'école à cinq ans, ils y restent jusqu'à quarante pour apprendre à lire; vous me direz: Ils ne sont pas précoces; mais leur alphabet a des mille de lettres, ça n'est pas commode à retenir. Il y a des mandarins de toutes les couleurs: mon maître est un gros mandarin pistache, c'est une des dernières classes; pourtant il est fort lettré. Il m'a proposé de m'apprendre à lire; mais j'ai calculé qu'ayant trente-six ans je serai mort de vieillesse avant d'avoir fini mes études, et je l'ai remercié. Ici les hommes sont tous gras, les femmes toutes jolies, les hommes ont la tête pelée, et les femmes les pieds si petits qu'elles ne peuvent pas se tenir dessus. Enfin, les hommes ne font pas grand' chose et les femmes ne font rien du tout... que des enfans. Voilà ce que c'est que la Chine au physique et au moral.

MARCO. On vient.

LANDRY. C'est mon maître... Voyez comme on se porte dans ce pays-ci.

SCÈNE V.
LES MÊMES, PAPOUF.

PAPOUF. Tsi-Tsing.

LANDRY. Dieu vous bén...... Hein?..... plaît-il?

PAPOUF. Nous allons partir; fais avancer ma chaise... dépêchons-nous.

LANDRY. Le seigneur intendant a consenti...

PAPOUF. A tout... Nous allons quitter Péking à l'instant même. Ma fiancée m'attend, et je ne me suis jamais senti si bien disposé.

MARCO, *bas à Landry.* Encore une fois, Landry, veux-tu redevenir libre? pars, et quelque prix que cet homme mette à ta personne...

LANDRY. Merci... mais je vous l'ai dit : Le hasard m'a fait Chinois, je resterai Chinois.

MARCO. Adieu donc.

Pendant ce temps on a apporté la chaise de Papouf.

PAPOUF. Allons, Tsi-Tsing.

LANDRY. Me voilà.

MARCO. Que Dieu te soit toujours en aide, mon pauvre Landry.

LANDRY, *lui baisant les mains.* Puisse-t-il permettre que je vous revoie encore.

La chaise se met en marche, et Landry reprend la place qu'il avait en arrivant. Marco le suit des yeux.

SCÈNE VI.
MARCO, puis IDAMÉ.

MARCO. Il s'éloigne.... et je ne le verrai plus sans doute.... Puisse-t-il être heureux!

IDAMÉ, *voilée.* Le voilà.

MARCO, *se retournant.* Quelle est cette jeune fille?... elle vient à moi.

IDAMÉ. Noble étranger, l'empereur va tout-à-l'heure te faire connaître sa suprême volonté. Aujourd'hui tu quitteras notre ville; tu retourneras sans doute un jour dans ta lointaine patrie, et jamais le hasard ne nous placera maintenant sur la même route... Je n'ai pas voulu que celui qui m'a rendu ma mère s'éloignât sans entendre mes actions de grâce, sans recevoir toute l'expression de ma reconnaissance.

Elle ôte son voile.

MARCO. Que vois-je? la princesse Idamé!...

IDAMÉ. La plus heureuse des filles!.....et cette joie qui fait battre mon cœur, c'est toi qui l'as causée. Sans toi, ma mère aurait péri sous les coups d'un impitoyable ennemi; et que serait alors devenue la pauvre Idamé dans cette cour brillante, où elle n'a que le cœur de sa mère qui l'écoute et la comprenne?

MARCO. Votre père...

IDAMÉ. Tout à sa politique, il sait à peine qu'une de ses filles se nomme Idamé.

MARCO. Vos sœurs?

IDAMÉ. Ont perdu leur mère et sont jalouses des caresses que me prodigue la mienne... Je te l'ai dit, ma consolation, mon bonheur, ma vie, c'est ma mère....et tu m'as rendu tout cela. Écoute; fille du maître du plus grand empire du monde, je ne possède rien; et quand j'aurais voulu mettre le trésor impérial à tes pieds, quand j'aurais voulu te donner une fortune, je ne puis que t'offrir un gage d'éternelle amitié... Ce collier de perles me vient de ma mère, accepte-le ; de retour dans ta patrie, il te rappellera Idamé; il te rappellera que dans un autre monde tu as fait une femme bien heureuse. Ne me refuse pas; si ma reconnaissance est éternelle, je veux espérer aussi que mon souvenir ne s'effacera pas entièrement de ton cœur.

MARCO. Oh! il ne s'effacera jamais.

Il accepte en s'inclinant le collier de perles.

SCÈNE VII.
LES MÊMES, ELMAI.

ELMAI, *avec indignation.* Les lâches!

IDAMÉ, *allant à elle.* Ma mère!

ELMAI. Ils traitent quand il faut combattre... Au lieu de venger sa défaite, l'empereur achète une paix honteuse, incertaine; et à quel prix, grand Dieu!

MARCO. L'empereur consent...

ELMAI. A sacrifier une de ses filles. Oui, il la jette au vainqueur comme une proie à dévorer.... Oh! Dgenguiz n'aurait pas fait une semblable proposition à une mère.

IDAMÉ. Quelle est celle de nous?...

ELMAI. Je l'ignore... mais l'empereur m'a juré par nos dieux de ne pas désigner Idamé.

IDAMÉ, *l'embrassant.* Ah! je ne vous quitterai donc pas, ma mère!

Les portes du palais s'ouvrent en ce moment. Les gardes, les mandarins, le grand-prêtre, les filles de l'empereur, puis l'empereur lui-même, paraissent. Deux prêtres portent une urne d'or.

SCENE VIII.

Les Mêmes, L'EMPEREUR, LIPAO, HIAOTSONG, Les Filles de l'empereur, Mandarins, Gardes.

L'EMPEREUR. Envoyé de Dgenguiz, après avoir consulté le sublime conseil, désirant avant toutes choses tarir les torrens de sang qui coulent, et rendre à mon empire la paix et la sécurité, je consens à l'alliance que votre maître veut former ; je lui donne pour épouse une des filles que le ciel m'a données. Toutes me sont également chères, il me serait donc impossible de choisir entre elles ; le sort désignera celle de mes filles qui devra vous suivre au camp de Dgenguiz.

ELMAI. Qu'entends-je?.. Seigneur, vous m'aviez promis....

L'EMPEREUR. De ne pas désigner Idamé : je tiens ma parole. Les noms de mes douze filles sont dans cette urne. L'étranger va lui-même interroger le sort ; mais quel que soit le nom qui sortira de l'urne, je jure que la volonté du destin sera sacrée pour moi. Au nom de votre maître prenez-vous le même engagement?

MARCO. Oui, seigneur.

ELMAI, *pressant sa fille sur son cœur*. Oh! ayez pitié d'elle et de moi, mon Dieu!

LIPAO, *s'inclinant*. Tout est disposé, seigneur.

L'EMPEREUR. Envoyé de Dgenguiz, remplissez votre mission.

Marco, *après avoir hésité long-temps, s'avance vers l'urne, tire un parchemin roulé et le remet à Lipao, qui le déroule et lit à haute voix* : Idamé.

ELMAI *et* IDAMÉ. Ah!

L'EMPEREUR, *aux mandarins*. Faites préparer la litière impériale.... elle conduira ma fille jusqu'aux portes de la ville.... Allez.

ELMAI. Que dites-vous, seigneur? avez-vous donc pensé que je me soumettrais à la volonté du sort? l'ai-je juré, moi? Oh! non...... et ce serment horrible se fût-il échappé de mes lèvres, je serais parjure à présent. Eh quoi! mon enfant, si jeune et si belle, je l'abandonnerais à la vengeance d'un barbare qui vous la demande non pour en faire sa femme mais son esclave. Seigneur, il est un autre moyen de sauver votre empire; appelez-en au dévouement de vos soldats, au patriotisme de vos sujets... mais acheter la paix au prix du bonheur d'une jeune fille, au prix des larmes d'une mère! seigneur, vous ne ferez pas cela, car ce serait une lâcheté, car ce serait une action déshonorante, infâme. Seigneur, à la marche triomphante de votre ennemi, opposez le courage du désespoir ; alors demandez-moi de mourir à vos côtés, je suis prête ; mais livrer mon enfant, oh! jamais! jamais!

L'EMPEREUR. J'ai juré de me soumettre à la volonté du sort ; le sort a désigné votre fille, elle partira. Gardes, vous m'avez entendu? Envoyé de Dgenguiz, rien ne vous retient plus à ma cour; conduisez à votre maître la fille de Tschongaï.

MARCO, *à Elmaï*. Madame, si le serment de veiller sur votre fille peut adoucir vos cruelles angoisses, recevez-le. Tant que Marco vivra, la princesse Idamé n'a rien à craindre d'un ennemi, cet ennemi fût-il Dgenguiz lui-même.

L'EMPEREUR. Partez.

On arrache Idamé des bras de sa mère ; Marco l'entraîne, elle est suivie de ses sœurs et des mandarins.

SCENE IX.

L'EMPEREUR, LIPAO, HIAOTSONG, ELMAI, Mandarins.

L'EMPEREUR, *avec vigueur*. Et maintenant que Dgenguiz, confiant dans notre alliance, se repose sur ses armes, nous reprenons les nôtres. Quelques jours suffiront pour ramener vers le nord toutes les troupes qui garnissent les autres parties de l'empire ; dans quelques jours nous aurons six cent mille combattans..... (*A Elmaï.*) Vous voulez la guerre, madame? vous la verrez se réveiller bientôt ardente, terrible, impitoyable.

ELMAI. Qu'entends-je? Vous n'avez donc consenti à cet odieux hymen que pour mieux tromper Dgenguiz? Malheureux! il se vengera sur ma fille de votre trahison; c'est à la mort que vous envoyez mon enfant.

L'EMPEREUR. Que Dieu la prenne, et qu'il sauve l'empire!

ELMAI. Ah! elle ne partira pas.... (*Ici la jonque impériale sur laquelle on distingue Marco, Idamé et ses sœurs, passe au fond.*) Arrêtez! arrêtez!

L'EMPEREUR. Étouffe ces cris, femme. Si je t'ai enlevé ton enfant, je te jure de te la rendre et de la venger!

FIN DU PREMIER ACTE.

ACTE DEUXIEME.

Premier Tableau.

Le théâtre représente une salle basse de la maison de campagne du mandarin Papouf. Au fond, des jardins. Au lever du rideau, Papouf est à sa toilette.

SCENE PREMIERE.
PAPOUF, LANDRY, Esclaves.

Papouf est assis et Landry lui peint les sourcils.

LANDRY. Décidément, seigneur Papouf, c'est aujourd'hui qu'on vous amène votre femme?
PAPOUF. Aujourd'hui.
LANDRY. Et vous ne la connaissez pas?
PAPOUF. Je t'ai déjà dit que je ne devais la voir qu'au moment même.
LANDRY. A la bonne heure.... vienne à présent la future madame quand elle voudra.... De jaune et gris que vous étiez, vous voilà, grâce à mon pinceau, redevenu rose et noir... (*A part.*) Il est encore plus laid comme ça.
UNE ESCLAVE, *paraissant*. Seigneur Papouf, les parens de votre fiancée sont là.
PAPOUF. Qu'ils attendent.
L'ESCLAVE. Ils apportent les présens d'usage.
PAPOUF. Ah! qu'ils entrent. (*L'esclave sort.*) J'achèverai ma toilette quand ils seront partis. Je crois que mon douzième mariage sera plus heureux que les autres, je me sens tout gaillard.

SCENE II.
LES MÊMES, LES PARENS.

LE PÈRE. En attendant que ma fille vous soit amenée, veuillez accepter les faibles dons de sa famille.
PAPOUF. Très-bien, très-bien; j'accepte tout. Qu'est-ce qu'il y a là dedans?
LE PÈRE. Entre autres choses, un habillement complet qui a été coupé, cousu et brodé des mains de ma fille Péki.
PAPOUF. Pour moi?
LE PÈRE. Elle l'avait fait à l'avance pour le mari qu'on lui choisirait.
PAPOUF. Je veux m'en parer aujourd'hui même pour la recevoir.
LE PÈRE. Maintenant je vais la chercher; nous vous l'amènerons tout-à-l'heure avec les cérémonies d'usage.
PAPOUF. C'est entendu.
LE PÈRE, *s'inclinant*. Monseigneur...
PAPOUF. Au revoir.

Les parens sortent.

SCENE III.
PAPOUF, LANDRY.

PAPOUF. Eh! vite, Tsi-Tsing, passe-moi ce costume offert par la charmante Péki... Il m'ira bien, n'est-ce pas?
LANDRY. Hum! hum!
PAPOUF. Quoi donc?
LANDRY. Il paraît que la jeune personne, en faisant ce costume, n'a pas prévu qu'elle épouserait un aussi puissant seigneur que vous.
PAPOUF. Comment?
LANDRY. Votre seigneurie ne pourra jamais tenir tout entière dans cette robe-là.
PAPOUF. Avec un peu de bonne volonté j'y serai fort à mon aise. Prends cette ceinture et serre-moi.
LANDRY. Puisque vous le voulez absolument. (*A part.*) Il y aura du mal à se donner... enfin, en y employant tout le monde... (*Aux esclaves.*) Venez ici, vous autres, passez-moi ce bambou. (*Il fait une sorte de tourniquet.*) Il est assez fort; maintenant, tournez-moi cela jusqu'à ce que monseigneur ait repris une forme humaine, c'est-à-dire, jusqu'à ce qu'il nous crie: assez... Y êtes-vous? (*Il prend la mesure de la robe et la mesure de la taille de Papouf.*) Il ne s'en faut que de deux pieds, monseigneur, il faudra beaucoup de bonne volonté. Allez, vous autres.

Les esclaves tournent le bambou qui presse la ceinture.

PAPOUF. Bien, très-bien, je fonds, je fonds à vue d'œil... Allez toujours, toujours... encore...
LANDRY, *à part*. Le malheureux va éclater.
PAPOUF. Assez, assez... Tsi-Tsing; la mesure y est-elle?

LANDRY. Oh! monseigneur, vous n'avez encore gagné que trois pouces.
PAPOUF. Allez encore, serrez... serrez... (*On tourne le bambou.*) Là, je dois être arrivé.
LANDRY. A peu près.
PAPOUF. Vite, la robe.
Après bien des efforts, il entre enfin dans la robe comme dans un fourreau.
LANDRY. Voilà qui est fait.
On entend le bruit d'instrumens.
PAPOUF. Il était temps, ces sons harmonieux annoncent ma femme. Ça me gêne un peu, mais je m'y ferai.
On voit arriver la famille, les amis de Péki, précédés de musiciens; deux esclaves portent une chaise en forme de boîte, hermétiquement fermée.

SCENE IV.

LES MÊMES, PEKI, LES PARENS.

LANDRY. Où donc est la mariée?
PAPOUF. Silence.
LE PÈRE. Seigneur mandarin, en exécution de notre promesse, nous vous amenons notre petite Péki... vous savez maintenant ce qui vous reste à faire.
PAPOUF. Sans doute; la garder si elle me convient, la renvoyer si elle me déplaît... Dans une heure vous aurez ma réponse.
Les parens saluent et sortent.

SCENE V.

LANDRY, PAPOUF, PEKI, *dans la boîte.*

LANDRY, *cherchant toujours.* Eh bien! ils s'en vont?
PAPOUF. Sans doute.
LANDRY. Et votre femme?
PAPOUF. Je l'ai.
LANDRY. Bah!
PAPOUF, *montrant une clef que le père de Péki lui a donnée en partant.* La voilà.
LANDRY. C'est une clef?
PAPOUF. Cette clef ouvre cette chaise, et ma femme est là.
LANDRY. Comment, dans cette boîte?
PAPOUF. Je vais ouvrir la portière, regarder ma femme de la tête aux pieds : si elle ne me convient pas, je referme la portière, je rappelle la famille, on remporte la jeune personne, je garde les présens, et tout est fini ; à une autre.
LANDRY. Alors ouvrez donc vite.
PAPOUF. Certes, je suis d'une impatience... (*Il s'arrête tout-à-coup.*) Tsi-Tsing, je ne sais pas ce que j'ai.
LANDRY. Est-ce que vous vous trouvez mal?
PAPOUF. L'émotion, la joie, la robe, tout ça me remonte... tout ça m'étouffe... Je dois être bien pâle?
LANDRY. Il est écarlate.
PAPOUF, *laissant tomber la clef.* Tsi-Tsing... soutiens-moi... les jambes me manquent... je crois que je vais tomber.
LANDRY. Miséricorde!... (*Papouf tombe sur Landry.*) C'est un monde... il va m'écraser sous lui. Sauve qui peut! (*Laissant glisser Papouf.*) Tâchez de tomber tout doucement, monseigneur. (*Papouf tombe lourdement à terre.*) Le malheureux! c'est sa ceinture. Au secours! au secours! (*Les esclaves accourent.*) Relevez votre maître, transportez-le dans la salle voisine, coupez, déchirez cette robe... ou c'est un mandarin perdu, et adieu la race des Papouf. (*Les esclaves essayent de soulever Papouf, ils n'y peuvent réussir.*) Il n'y a qu'un moyen d'en finir; faites-le rouler... ça ira tout seul.
Les esclaves poussent Papouf, qu'ils font rouler devant eux. Ils disparaissent.

SCENE VI.

LANDRY, PEKI, *dans la boîte.*

LANDRY. Pauvre Papouf, voilà un jour de noce qui commence mal... Et la petite mariée qui attend toujours... ça n'est pas gai pour les femmes, les mariages en Chine; elle doit étouffer aussi là-dedans... Si je pouvais lui donner un peu d'air... en même temps j'apercevrais peut-être... (*En cherchant il trouve la clef.*) Une clef... je ne me trompe pas... c'est celle de la boîte... Heureux hasard!.... Un moment... je ne connais pas parfaitement les lois du pays, il y a peut-être peine de mort pour celui qui... Bah! je me risque... je veux la voir le premier.. Si j'allais découvrir là-dedans le pendant du seigneur Papouf.... une monstruosité.... Non... je suis sûr qu'il y a là au contraire une petite femme charmante.. Je suis tout seul.... d'ailleurs, je ne ferai qu'entr'ouvrir la portière... je la refermerai tout de suite.
Il s'approche doucement de la chaise, entr'ouvre la portière, qu'on pousse aussitôt avec force.
PEKI, *sortant vivement de la boîte.* C'est bien heureux!
LANDRY. Bonté divine! voilà l'oiseau envolé.
PEKI. Ah! je ne respirais plus.
LANDRY, *la regardant.* Sainte Vierge, qu'elle est gentille!
PEKI, *le regardant.* Voilà donc mon mari... j'en ai un enfin... il n'est pas mal...
LANDRY, *à part.* Quels yeux!... quelle taille!... quelle fraîcheur!... Et donner tout cela à Papouf!.. quel meurtre!

PÉKI, *à part*. Comme il me regarde.

LANDRY, *à part*. Je ne me lasse pas de la voir.

PÉKI, *à part*. Il ne me dit rien.. Est-ce qu'il me trouve laide?

LANDRY, *à part*. Il faut pourtant que je lui dise de...

PÉKI, *à part*. S'il allait me refuser!

LANDRY, *haut*. Ma belle demoiselle.....

PÉKI, *à part*. Comme il a la voix douce!

LANDRY. J'en suis désolé; mais il faut rentrer...

PÉKI. Dans cette vilaine boîte?... Ah! mon Dieu! vous me renvoyez donc?

LANDRY. Moi?

PÉKI. Vous me trouvez trop jeune peut-être? Enfin je ne vous plais pas?

LANDRY, *à part*. Hein, qu'est-ce qu'elle dit?

PÉKI. Ah! mon Dieu! que je suis malheureuse!... Je ne suis pas si difficile que vous, moi... je vous trouvais très-bien.

LANDRY, *à part*. Bon.... elle me prend pour le seigneur Papouf.

PÉKI. On avait voulu me surprendre... je le vois bien à présent; car on m'avait dit : Le seigneur Papouf n'est pas très-beau, ce qui veut dire très-laid; pas très-jeune, ce qui veut dire très-vieux ; pas très-aimable, ce qui veut dire détestable; et vous ne ressemblez guère à ce portrait-là.

LANDRY, *à part*. Je me flatte de ne pas ressembler du tout à Papouf.

PÉKI. Ah! gardez-moi, gardez-moi, seigneur ; vous verrez que je suis bien gaie, bien folle, je jouerai, je courrai avec vous toute la journée.

LANDRY. Pauvre enfant... si elle savait.. on vient... je suis perdu... Allons, vite, rentrez.

PÉKI. Pourquoi?

LANDRY. Parce qu'on va vous surprendre.

PÉKI. Avec mon mari.. Où est le mal? ne serons-nous pas toujours ensemble?

LANDRY, *à part*. Son mari.. elle y tient.

PÉKI. D'abord je ne veux plus vous quitter.

LANDRY. Elle est à croquer cette petite Chinoise-là!... Oh!... voilà le seigneur Papouf.

SCÈNE VII.
Les Mêmes, PAPOUF.

PAPOUF. Ah! je respire... j'ai fait mettre la robe de côté pour les petits Papoufs à venir. (*A part*.) Que vois-je?

LANDRY, *bas*. Pardon, seigneur... j'ai craint que madame se trouvât mal aussi... et j'ai cru devoir... qu'est-ce qu'on me fera pour ça?

PAPOUF. Tu as eu tort... mais je te pardonne, parce que tu ne connais pas nos usages. Un naturel du pays aurait été assommé s'il s'était permis... Enfin si je me remarie encore tu te tiendras pour averti... Voyons un peu la femme qu'on m'a envoyée.

PÉKI, *bas à Landry*. Dites donc, qu'est-ce que c'est que ce gros-là... hein?

LANDRY. Chut!..

PAPOUF. Elle est délicieuse.

PÉKI. Il est trop laid.

PAPOUF. Approche, petite.

PÉKI, *à part*. Je devine... c'est le père de mon mari.

PAPOUF. M'aimerez-vous, mon enfant?

PÉKI. Certainement.

LANDRY, *à part*. Ah çà! elle aime tout le monde, la petite Chinoise.

PAPOUF. Serez-vous bien contente d'être ma petite femme?

LANDRY. Oui... oui...

PÉKI. Hein?..

PAPOUF. Aurez-vous bien soin de votre petit mari?

PÉKI. Qu'est-ce qu'il dit donc, ce vieux?

PAPOUF. Ce vieux...

PÉKI, *bas à Landry*. C'est votre père, n'est-ce pas?

LANDRY. Chut, c'est votre mari.

PÉKI, *avec effroi*. Mon mari... lui?

PAPOUF. Sans doute...Votre mari, votre seul mari... c'est moi.

PÉKI, *à part*. Ah! quel dommage!

PAPOUF. Je vous prends, entendez-vous, je vous prends, et tout de suite. Voilà votre appartement, je vais vous y conduire.

PÉKI. Déjà?

LANDRY, *à part*. Pauvre petite!

Bruit au dehors.

PAPOUF. Qu'est-ce que c'est que ça?

UN ESCLAVE, *paraissant*. Seigneur, une troupe de seigneurs et de cavaliers, escortant la fille de notre sublime empereur et se rendant au camp des Mongols, vient de s'arrêter devant votre maison.

PAPOUF. Une fille de l'empereur?..

LANDRY. C'est un honneur pour vous, seigneur Papouf.

PAPOUF. Qui vient fort mal à propos... Enfin... patience, ma petite femme, patience, tu ne perdras rien pour... Allons, vous autres, suivez-moi, allons au-devant de la princesse impériale.

LANDRY. La voici... Je ne me trompe pas, c'est le seigneur Marco qui l'accompagne.

SCENE VIII.
Les Mêmes, MARCO, HIAOTSONG, IDAMÉ.

MARCO. C'est dans ce village que, suivant les ordres de Dgenguiz, la princesse doit attendre l'escorte qui la conduira au camp de son noble époux.

HIAOTSONG. Vous êtes ici, madame, chez le mandarin Papouf.

PAPOUF. Qui s'estime bien heureux de... (A part.) Je ne vais pas avoir le temps de me marier... c'est gentil !

HIAOTSONG. Veillez à ce que rien ne manque aux gens de la suite de la princesse.

PAPOUF. Oui, seigneur. (A part.) Tous ces soldats vont remplir ma maison, et je n'aurai pas un coin pour... (Bas à Péki.) Patience, ma petite femme, patience !

HIAOTSONG. Allez donc !

PAPOUF. Je voudrais avant présenter à la princesse...

HIAOTSONG. Votre femme ?

PAPOUF. Qui ne l'est pas encore... enfin ça ne tardera pas... au moins je l'espère... Avancez, petite, et saluez. (Bas à Landry.) Veille sur elle, Tsi-Tsing. (A part.) Qu'elle est jolie !.... je suis dans un état... les Papouf ne finiront pas.

Il sort.

SCENE IX.
Les Mêmes, excepté Papouf.

IDAMÉ. Comment vous nommez-vous ?
PÉKI. Péki.
IDAMÉ. Quel âge avez-vous ?
PÉKI. Dix-sept ans.
IDAMÉ. Vous êtes mariée ?
PÉKI. Oui, madame.
IDAMÉ. Aimez-vous votre mari ?
PÉKI. Non, madame.
IDAMÉ, à Marco. Elle aussi, on l'a sacrifiée.
MARCO. Ma belle enfant, ne pouvez-vous offrir quelques rafraîchissemens à la princesse ?
PÉKI. C'est que je ne connais pas encore la maison de mon mari.
LANDRY. Oh ! mais je suis là, moi.
MARCO. Landry !

LANDRY. Oui, seigneur, Landry... bien heureux de vous revoir encore une fois. (Il place des rafraîchissemens.) Voilà ce qu'il y a de meilleur ici.

IDAMÉ. C'est bien, laissez-nous, mes amis. Hiaotsong, quand l'escorte que nous attendons arrivera, vous viendrez me prévenir.

PÉKI, à Landry. Viens, tu me montreras la maison du seigneur Papouf.

LANDRY. Je vous montrerai tout ce que vous voudrez.

PÉKI, bas. On ne m'avait pas trompée, il est affreux, mon mari.

LANDRY. Vous trouvez ?

HIAOTSONG. Venez.

PÉKI, regardant Landry en soup Ah ! quel dommage !

Ils sortent tous les trois.

SCENE X.
IDAMÉ, MARCO.

IDAMÉ. Seigneur étranger, j'avais besoin de vous parler, à vous seul. Je vous connais à peine ; mais ce que vous avez fait pour ma mère, le tendre et respectueux intérêt que vous m'avez témoigné depuis qu'a commencé ce funeste voyage, tout vous a mérité ma confiance. Et cependant on m'assure que je suis victime d'une infâme trahison.

MARCO. Vous !

IDAMÉ. Ce matin un homme couvert de poussière s'est approché de moi ; il m'a remis une lettre de ma mère. Voyez vous-même ce que cette lettre contient.

MARCO, lisant. « On me retient captive, » je ne puis tromper la surveillance de » ceux qui me gardent. Puisse ce billet » parvenir jusqu'à toi avant que tu ne » sois au pouvoir de Dgenguiz !.. Mon en-» fant, ce n'est point à un époux, c'est à » un bourreau qu'on te conduit : l'hymen » de Dgenguiz, c'est la mort. Refuse de » suivre cet étranger. L'escorte qui t'ac-» compagne est composée presque entière-» ment de grands du palais.... dis-leur : » Sauvez-moi... ils te sauveront. »

IDAMÉ. Ma mère a raison ; ce mot suffirait, et ce mot, je ne l'ai pas prononcé... car je n'ai pu voir en vous un infâme imposteur ; je n'ai pu croire que vous ayez accompli froidement une aussi horrible mission... Oh ! n'est-ce pas, n'est-ce pas, on a trompé ma mère ?

MARCO. Ou l'on m'a trompé moi-même. Mais non ; Dgenguiz vainqueur, et maître de la moitié de cet empire, n'a aucun intérêt à souiller sa gloire.

IDAMÉ. Jurez-moi que vous ne croyez pas à une perfidie, et j'anéantis cette lettre et je vous suis.

MARCO. Arrêtez!... puis-je répondre, moi, du cœur et des projets de Dgenguiz? Pouvez-vous entendre ma voix, quand celle de votre mère vous crie: On te trompe!... Idamé! je ne veux pas que votre mère puisse m'accuser un jour, je ne veux pas que votre sang versé retombe sur ma tête..... Croyez-en votre mère, croyez-en ses craintes... Le moyen qu'elle vous donne est sûr; les Mongols qui m'ont suivi sont en petit nombre, vos gardes vous arracheront facilement de leurs mains...... Je n'opposerai à leurs efforts qu'une faible résistance.

IDAMÉ. Mais Dgenguiz vous punira peut-être.

MARCO. Ah! que je meure et que je vous sauve!... Appelez Hiaotsong? qu'il se hâte, nos soldats sont sans défiance.

IDAMÉ. Non; je ne veux pas vous perdre.
MARCO. Eh bien! je vais moi-même....
     Bruit au dehors.
IDAMÉ. Qu'est-ce que cela?
MARCO. Une troupe de cavaliers s'arrête devant cette maison.
IDAMÉ. C'est un secours peut-être que ma mère m'envoie.

SCENE XI.

Les Mêmes, HOLKAR, HIAOTSONG, Officiers mongols, PAPOUF, LANDRY, PÉKI.

HIAOTSONG. Princesse, une escorte nombreuse envoyée à votre rencontre par les ordres de Dgenguiz, et commandée par le noble Holkar, attend votre seigneurie.

MARCO. Plus d'espoir!
IDAMÉ, *bas*. Comme vous l'avez fait, peut-être la Providence me prendra en pitié.

HOLKAR. Madame, mon maître, impatient de connaître celle qui doit régner avec lui, nous a ordonné la plus grande diligence...

MARCO. Que faire?
IDAMÉ. Obéir à sa destinée. (*Haut.*) Je suis prête.

HIAOTSONG. C'est ici, madame, que nous devons prendre congé de vous.

IDAMÉ. Adieu, mes amis. Vous reverrez ma mère... dites-lui bien que ma dernière pensée, mon dernier soupir seront pour elle.

HOLKAR. Partons.
MARCO, *à part*. Quelque danger qui la menace, je la sauverai.

Tout le monde sort, il ne reste plus en scène que Papouf, Landry et Péki.

SCENE XII.
PAPOUF, LANDRY, PÉKI.

PAPOUF. Ah! voilà tout le monde parti.
PÉKI. Cette pauvre princesse avait l'air bien triste.

PAPOUF. C'est qu'elle pensait à la distance qui la sépare encore de son mari; c'est comme toi tout-à-l'heure, qui faisais une petite moue délicieuse en voyant ces gens venir nous déranger. Mais maintenant nous n'avons plus rien à faire, et nous pouvons penser à notre bonheur, n'est-ce pas, mignonne?

PÉKI. Je ne suis pas pressée.
PAPOUF. Pudeur de jeune fille... je connais ça; mes onze premières femmes n'étaient jamais pressées d'abord; à la fin elles me trouvaient toujours en retard. Allons, bon soir, Tsi-Tsing; va te coucher, mon garçon... tu nous apporteras le thé demain matin.

LANDRY. Ça me crève le cœur.
     Bruit au dehors.
PAPOUF. Encore quelqu'un!
PÉKI. Oh! quel bonheur!
LANDRY. On vient ici.
PAPOUF. Ah çà! on ne peut donc plus se marier... Au diable! je n'y suis pour personne... mets à la porte le malencontreux visiteur.

SCENE XIII.
Les Mêmes, ELMAI, ONLO.

PAPOUF. L'impératrice!... Je vais donc avoir toute la famille impériale sur les bras?

ELMAI. Trop tard!.. nous arrivons trop tard!
ONLO. La princesse Idamé...
PAPOUF. Vient de partir sous bonne escorte.

ELMAI. J'aurai donc inutilement encouru la disgrâce de l'empereur? je t'aurai donc inutilement perdu, toi qui, seul, as compris mes angoisses, toi qui, seul, as tout bravé pour me suivre?... Idamé!... Idamé est au pouvoir de Dgenguiz!... et demain la trève sera rompue, demain... Oh! non, cet espoir me reste encore. Cet étranger a un grand crédit auprès de Dgenguiz; cet étranger m'a juré par son Dieu de veiller sur mon enfant... (*Se jetant à une table et écrivant.*) Rappelons-lui cette promesse... S'il me conserve ma fille... le trésor de l'empire est à lui.... Mais qui pourra, sans éveiller les soupçons de Dgenguiz, remettre ce billet à l'étranger?

LANDRY. Moi, si vous le voulez.

ELMAI. Tu es brave?
LANDRY. Quand il le faut.
ELMAI. Quelle récompense demandes-tu?
LANDRY. Aucune. Je reverrai le seigneur Marco, (à part) et je ne verrai pas le bonheur de ce vieux Papouf.
ELMAI. Pars, et prends cet or; il t'abrégera la route.
PÉKI. Adieu, Tsi-Tsing.
PAPOUF Bon voyage, mon garçon.
LANDRY. Bonne nuit, seigneur Papouf.
   Il sort.
ONLO. Il faut retourner sur vos pas, madame.
PAPOUF, *à part*. Je la voudrais voir loin d'ici.. je sèche sur pied.
PÉKI, *au fond*. Ah! que de monde! que de seigneurs, de mandarins!
PAPOUF. Encore!
ONLO. C'est l'empereur.
PAPOUF. L'empereur!.... Allons, je ne me coucherai pas cette nuit.

SCENE XIV.
LES MÊMES, L'EMPEREUR, MANDARINS, GARDES.

L'EMPEREUR. Vous ici, madame?
ELMAI. Oui, seigneur.... et la fatalité, cruelle ainsi que vous, n'a pas permis que je sauvasse mon enfant.
L'EMPEREUR. Rassurez-vous : moi qui vous ai ravi votre Idamé; je la remettrai dans vos bras.
ELMAI. Serait-il vrai?
L'EMPEREUR. Déjà un des corps d'armée de Dgenguiz est tombé écrasé sous le nombre. Dgenguiz lui-même, entouré, surpris par mes troupes, ne peut échapper à une horrible défaite. Alors, quand il dépendra de moi de l'anéantir, je lui offrirai un passage pour sa retraite en échange de ma fille. Pensez-vous qu'il refuse?
ELMAI. Dgenguiz est brave, déterminé.
L'EMPEREUR. Il s'est cru invincible, les revers le trouveront sans force et sans énergie. Je marche contre lui non seulement avec une armée, mais avec tout un peuple, qui, à l'ordre de son empereur, a saisi ses armes pour repousser l'étranger. Hiaotsong, faites distribuer aux habitans du village les lances, les flèches qui restent encore. Vous, Elmaï, retournez à Péking; je vous charge de la défense de cette capitale.
ELMAI. Ah! que ne me laissez-vous combattre à vos côtés! mieux qu'aucun de vos officiers, je guiderais vos soldats jusqu'à la tente de Dgenguiz, car c'est là que doit être ma fille.
L'EMPEREUR. Tout commande votre présence à Péking; Onlo vous accompagnera.
PAPOUF. J'espère qu'ils vont s'en aller.
HIAOTSONG. Allons, seigneur Papouf, il faut donner l'exemple à vos paysans.... prenez cette lance et marchez à leur tête.
PAPOUF. Moi!...
HIAOTSONG. L'empereur le veut.
PAPOUF. Allons! il était écrit là-haut que ma femme resterait fille.
L'EMPEREUR. Partons. Avant les premiers rayons du jour nous aurons détruit la puissance de Dgenguiz; demain, si le ciel nous seconde, nous sauverons ma fille et l'empire.
   Tableau de départ.
   FIN DU PREMIER TABLEAU.

Deuxième Tableau.

Le théâtre représente la tente de Dgenguiz-Kan, que des soldats parent d'étendards et d'insignes guerriers. A droite du spectateur, une partie intérieure de la tente, à laquelle on arrive par une portière; à gauche, un trône riche et bizarre. Au fond, de larges rideaux fermés.

SCENE PREMIERE.
DGENGUIZ-KAN, YELU, OFFICIERS, SOLDATS MONGOLS.

A peine les soldats ont-ils rangé devant la tente que Dgenguiz-Kan sort de la partie intérieure suivi de Yelu et d'officiers.

DGENGUIZ-KAN. Je te l'ai dit, Yelu, je crois cette fois en la sincérité de Tschongaï, si sa fille est jeune et belle.
UN OFFICIER, *arrivant du dehors*. Seigneur, un cavalier envoyé par Holkar, et courant à toute bride, vient d'annoncer l'arrivée de la princesse Idamé.
DGENGUIZ-KAN. Elle vient, Yelu, la guerre est finie... car j'offrirai à Tschongaï une paix honorable. As-tu donné les ordres nécessaires pour que la réception de la princesse soit digne de la fille de l'empereur et de la fiancée de Dgenguiz-Kan?
YELU. Oui, seigneur; connaissant ton impatience, j'ai pensé que tu ne voudrais pas attendre le lever du soleil pour donner à ta fiancée une fête qui lui prouvera tout à la fois ton amour et ta puissance. Des feux allumés dans toute l'enceinte de ton

camp remplaceront les rayons du jour. Regarde.

On ouvre les rideaux de la tente, et on aperçoit alors un site pittoresque, au milieu duquel est assis le camp de Dgenguiz-Kan. La lune, qui brille dans le ciel, éclaire moins la plaine que les mille feux allumés, et qui, s'étendant à l'horizon, donnent une idée de la surface du terrain occupée par les troupes de Dgenguiz-Kan.

DGENGUIZ-KAN. C'est bien... Que l'élite de mes guerriers se mette sous les armes. (*Un officier sort.*) Les femmes mongoles qui, par amour pour leurs maris, ont voulu les suivre et combattre avec eux, formeront la garde particulière de la princesse.

YELU. Elles ont devancé ton désir, car toutes, en apprenant l'approche de leur future souveraine, se sont élancées sur leurs chevaux pour servir d'escorte à la princesse. (*Bruit, acclamations, grand mouvement.*) Ce bruit annonce que la fille de Tschongaï a franchi la dernière enceinte du camp.

DGENGUIZ-KAN, *à Yelu.* Qui de nous eût osé croire, il y a dix ans, que Dgenguiz-Kan, chef d'une horde de barbares, serait un jour le maître du plus puissant empire du monde, l'époux de la fille bien-aimée de l'orgueilleux Tschongaï?

YELU. Prends garde de lasser la fortune.

Les acclamations se rapprochent.

UN OFFICIER. Voici la princesse.

Dgenguiz-Kan monte sur son trône; les degrés qui y conduisent sont occupés par Yelu et les autres officiers. Arrive alors le cortége d'Idamé, qui diffère du cortége d'Elmaï, du premier acte, en ce qu'il est tout-à-fait militaire et d'un aspect presque barbare. Précédée et suivie des soldats de Dgenguiz-Kan portant chacun une torche enflammée, Idamé paraît entourée d'une troupe de cavalerie composée de femmes mongoles armées et vêtues en amazones. Marco, seul dans le cortége, n'a pas un costume complètement guerrier. Le cortége s'arrête lorsque Idamé est arrivée devant le trône de Dgenguiz-Kan, qui se lève alors.

SCÈNE II.

DGENGUIZ-KAN, IDAMÉ, MARCO, YELU, HOLKAR, OFFICIERS, AMAZONES, SOLDATS MONGOLS.

DGENGUIZ-KAN. Noble fille de Tschongaï, ta présence dans mon camp va faire succéder le bruit des fêtes à l'horreur des combats... Ta présence, c'est la paix pour l'empire de Tschongaï, c'est le bonheur pour Dgenguiz-Kan.

IDAMÉ. Seigneur, choisie entre mes sœurs pour mettre un terme à une déplorable guerre, j'ai obéi à la voix du sort qui m'avait désignée. J'ai suivi sans murmurer l'étranger qui en ton nom m'était venu chercher, certaine que Dgenguiz-Kan était digne de sa puissance et de sa gloire.

DGENGUIZ-KAN. Qu'elle est belle! (*Il descend de son trône.*) Idamé, ta place est désormais là, près de moi. (*Il montre son trône. A Marco.*) Et toi qui as si bien rempli la mission que je t'avais confiée... je te jure de ne mettre pas de bornes à ma reconnaissance... (*Marco s'incline.*) Yelu, donne à mes sujets le signal qu'ils attendent. Idamé, ces ennemis hier encore si redoutables pour toi, ne sont plus aujourd'hui que des esclaves impatiens de te prouver leur joie et leur amour. (*Dgenguiz-Kan remonte sur son trône et fait placer Idamé près de lui. Alors la fête commence, fête guerrière qui ne doit ressembler nullement à la fête du premier acte, qui a été toute gracieuse. Les soldats de Dgenguiz-Kan commencent par des jeux et des danses; puis les amazones terminent par une sorte de carrousel. Elles courent à cheval, et luttent de force, de grâce ou d'adresse. La fête se termine par un groupe général auquel les flambeaux allumés doivent donner un aspect sauvage et brillant tout à la fois. A ce moment, Yelu, qui avait quitté la tente, reparaît suivi de prêtres portant un trépied, et de deux guerriers portant une riche couronne; alors Dgenguiz-Kan se lève, descend prendre la couronne des mains des guerriers, et remonte la poser sur la tête d'Idamé.*) Idamé, la plus belle des couronnes devait appartenir à la plus belle des femmes.

MARCO, *à part.* D'où vient donc que mon cœur se serre... et que je souffre du bonheur de Dgenguiz-Kan?

A peine la couronne est-elle posée sur la tête d'Idamé qu'un tumulte effroyable se fait entendre, et Holkar entre en courant.

SCÈNE III.

LES MÊMES, HOLKAR.

HOLKAR. Trahison! trahison!

DGENGUIZ-KAN. Que dis-tu?

HOLKAR. Seigneur, on t'avait tendu un exécrable piége.... Cet hymen n'était qu'une ruse pour arrêter ta marche et donner à Tschongaï le temps d'appeler à lui les troupes qui gardaient le midi de son empire.

DGENGUIZ-KAN. C'est impossible.

HOLKAR. Ton avant-garde a été surprise, massacrée en violation de la trêve qui avait été jurée. Nous sommes cernés nous-mêmes; de toutes parts arrivent d'innombrables ennemis. Tschongaï est en vue de notre camp; et Hiaotsong, suivi de nobles mandarins, vient te dicter ce qu'il appelle les conditions de son maître.

MARCO, *à part.* Oh! Idamé est perdue!

Dgenguiz-Kan, après avoir regardé Idamé en pleurs, se replace froidement sur son trône.

DGENGUIZ-KAN. Fais venir les envoyés de Tschongaï.

MARCO, *à part.* Quel est son projet?

SCENE IV.

Les Mêmes, HIAOTSONG, Mandarins.

DGENGUIZ-KAN. Approche et parle.

HIAOTSONG. Par ma voix le puissant maître du céleste empire déclare rompue la trêve que la force lui avait imposée..... Usant à son tour de la fortune, qui se déclare enfin pour lui, Tschongaï pourrait ne t'accorder ni grâce ni merci; il pourrait t'écraser toi et ton armée sur ce sol que tu as eu l'orgueilleux espoir de conquérir. Mais, clément et généreux, l'empereur consent à t'accorder passage, à assurer ta retraite jusqu'au-delà de la grande muraille, si avant tout tu lui renvoies saine et sauve la princesse Idamé.

DGENGUIZ-KAN. Et si je refuse ce que m'offre ton généreux et clément empereur?

HIAOTSONG. Alors n'espère plus de quartier, la Chine sera le tombeau de Dgenguiz-Kan et de son armée. Il ne restera pas un seul de tes guerriers pour aller effrayer les Mongols du récit de ta défaite.

DGENGUIZ-KAN. C'est bien! Soldats, je crois lire sur vos visages la réponse que je dois faire à ces insolentes menaces; vous verrez tout-à-l'heure si je vous ai bien devinés. Hiaotsong, si, connaissant le message qu'on t'avait confié, je t'ai permis d'arriver vivant jusqu'à moi, c'est que j'ai voulu te prouver, à toi et aux tiens, que j'avais religieusement tenu ma parole. J'avais juré une trêve, tu as vu mes soldats désarmés; j'avais demandé à Tschongaï sa fille pour en faire ma compagne, tu l'as vue assise à mes côtés, tu l'as vue parée de ma couronne. J'ai voulu t'apprendre comment on respectait un traité, tu m'apprends, toi, comment on y manque. Humble et lâche après sa défaite, Tschongaï a tendu vers moi ses mains suppliantes; soit pitié, soit mépris, je n'ai point écrasé mon ennemi; et Tschongaï aujourd'hui m'offre insolemment de choisir entre la mort et la honte! L'insensé! il a donc oublié qu'il me restait une autre voie de salut, la victoire. (*Acclamations des Mongols.*) Ah! je vous avais donc bien compris, mes braves..... Reprenez vos armes, et ne désespérez pas de la fortune; la muraille d'hommes qui vous entoure ne sera pas plus insurmontable que la muraille de pierres que vous avez renversée. Mais il faut encore une autre réponse à Tschongaï; il me redemande sa fille; Hiaotsong, tu vas lui porter la tête d'Idamé.

Il arrache violemment la couronne de la tête d'Idamé. Mouvement.

MARCO. Arrête!

HIAOTSONG. Oseras-tu bien verser le sang impérial? As-tu pensé qu'aucun de nous se chargerait d'un aussi horrible message?

DGENGUIZ-KAN. En effet! esclave dévoué, tu ne dois pas survivre à la fille de ton maître. Tu l'avais précédée à mon camp, tu la précéderas sous la tente de son père; tu m'étais venu annoncer son arrivée, tu iras annoncer son retour..... Soldats, je vous livre ces envoyés d'un prince sans foi et sans loyauté; qu'ils meurent, et que leurs têtes lancées dans les rangs ennemis apprennent à Tschongaï qu'à la guerre du serpent nous savons répondre par la guerre du tigre.

Aussitôt les Mongols s'élancent avec des hurlemens féroces sur Hiaotsong et ses compagnons, déchirent leurs robes et les entraînent en les frappant de leurs armes. Idamé a détourné la tête avec horreur.

SCENE V.

Les Mêmes, hors HIAOTSONG.

MARCO. Seigneur, seigneur, tu violes le droit des gens.

DGENGUIZ-KAN, *sans l'écouter.* Et maintenant, fille de Tschongaï, instrument volontaire d'une odieuse perfidie, préparez-vous à mourir.

MARCO. Oh!

DGENGUIZ-KAN. Soldats, à vous cette femme.

Quelques guerriers mongols s'avancent et vont s'emparer d'Idamé, Marco veut se précipiter entre elle et les soldats, d'un geste elle arrête Marco et les Mongols.

IDAMÉ. Dgenguiz-Kan, l'arrêt que tu viens de prononcer, quelque cruel qu'il soit est juste... Mais avant qu'Idamé tombe sous les coups de tes soldats, sache bien qu'elle ignorait le piège qu'on tendait sous tes pas; sache bien qu'Idamé serait morte avant de se faire complice d'une trahison... Et maintenant, que tes soldats n'hésitent pas à me frapper, ce n'est pas sur leurs têtes que mon sang devra retomber un jour.

Elle avance vers les soldats, qui, surpris de tant de courage, reculent et laissent tomber leurs armes.

DGENGUIZ-KAN. Eh quoi! la fille de

Tschongaï trouve de la pitié dans vos cœurs?... Aura-t-il pitié de vos femmes et de vos enfans? N'avez-vous pas entendu Hiaotsong? c'est une guerre d'extermination qu'on nous a déclarée... Eh quoi! pas un bras ne se lève? Faudra-t-il donc que ce soit le mien qui frappe et qui punisse?

MARCO. Non, seigneur, il n'en sera pas besoin, tu ne souilleras pas ta glorieuse épée, tu ne la rougiras pas d'un sang impur et déloyal. Si tes guerriers hésitent à immoler une femme, moi, qui suis outragé comme toi, moi, qu'on a aussi indignement trompé, je me charge de notre commune vengeance. Tu veux la mort d'Idamé, abandonne-moi la victime, et avant une heure je la déposerai morte à tes pieds.

DGENGUIZ-KAN. Toi?

MARCO. Oui; dans mon pays la haine invente des supplices nouveaux, je te promets d'horribles représailles; mais il faut qu'on me laisse seul avec cette femme.

DGENGUIZ-KAN. Elle est condamnée, je te la livre. Yelu, Holkar, suivez-moi; nous allons ranimer le courage de nos soldats, examiner les positions de l'ennemi. Si nous ne pouvons plus vaincre, il faut au moins que notre défaite coûte cher à Tschongaï. (*A Marco.*) Tu me reverras avant une heure.

Il sort suivi de ses officiers, les rideaux se referment.

SCÈNE VI.
MARCO, IDAMÉ.

IDAMÉ. Est-ce bien vous qui venez de promettre mon sang? est-ce bien vous qui avez consenti à devenir mon bourreau? Ah! j'étais préparée à la mort; mais je ne croyais pas la recevoir de votre main; que la volonté du ciel s'accomplisse! Frappez, je suis prête.

MARCO. Ah! que Dgenguiz ait ajouté foi à ma barbare promesse, je l'espérais; mais vous! oh! n'avez-vous donc pas deviné que si je me faisais le ministre de la vengeance de Dgenguiz c'était pour vous arracher à sa fureur; n'avez-vous donc pas deviné que puisque j'existe encore c'est qu'il me reste l'espoir de vous sauver?...

IDAMÉ. Qu'entends-je?

MARCO. Idamé, n'ai-je pas promis à votre mère de veiller sur vous, de vous protéger contre Dgenguiz lui-même? Elle ignorait comme moi à quel danger vous livrait l'astucieuse et cruelle politique de votre père; mais alors même qu'un serment sacré ne me lierait pas, avez-vous pu penser que je vous laisserais immoler sans verser jusqu'à la dernière goutte de mon sang pour vous défendre?

IDAMÉ. J'avais fait le sacrifice de ma vie.... mais j'accusais le ciel d'injustice. Peut-on mourir sans regrets quand on a seize ans et l'amour de sa mère?... Ah! parlez, parlez... est-il donc un moyen de me conserver à la tendresse de l'impératrice?

MARCO. Oui, il en est un.

IDAMÉ. Oh! la vie me sera doublement chère si je vous la dois.

MARCO. Mais ce moyen, oserez-vous l'employer? croirez-vous assez à mon dévouement?

IDAMÉ. Ah! puis-je douter de vous?

MARCO. Vous me connaissez à peine, et je vais vous demander une confiance semblable à celle que vous auriez en votre mère.

IDAMÉ. Parlez.

MARCO. Avant de quitter ma patrie pour m'aventurer dans des contrées inconnues, et craignant de tomber au pouvoir de peuplades barbares, je voulus me réserver le pouvoir d'échapper, par une mort prompte, à d'horribles tortures. Je porte là, dans cette bague, un poison actif et sûr... En prenant tout ce que contient cette bague, la mort doit arriver comme la foudre; mais en ne portant à ses lèvres qu'une faible parcelle du poison, il n'amène plus que le sommeil, mais ce sommeil, lourd, profond, est la parfaite image du trépas. A peine aurez-vous senti sa terrible influence, que les roses de vos joues s'effaceront, votre regard s'éteindra, votre cœur ne battra plus, le froid du tombeau glacera votre front, et vous resterez sans mouvement et sans souffle. Ce sommeil doit durer tout un jour. Morte aux yeux de Dgenguiz, il consentira facilement à vous renvoyer ainsi à votre mère, à votre mère, à laquelle je dirai : La parole d'un Chrétien est sacrée; je vous avais promis de vous ramener votre fille saine et sauve... pauvre mère, ne pleurez plus, Marco a tenu son serment... votre fille existe... embrassez-la.

IDAMÉ. Ce poison?..

MARCO. Le voilà... Vous hésitez encore... et le temps marche et nous presse. Ah! mais que puis-je donc vous dire encore qui dissipe vos doutes ou vos craintes? Idamé, faut-il vous avouer qu'alors même que la religion du serment ne me ferait pas un devoir de vous sauver, j'aurais, sans hésiter, sacrifié ma vie pour conserver la vôtre? Faut-il vous avouer enfin que tout-à-l'heure, quand Dgenguiz heureux et sans défiance, posait sa couronne sur votre front, j'aurais donné tout mon sang pour vous enlever à lui?... Pour la première fois j'ai senti que j'étais envieux... jaloux... pour la première fois aussi j'ai senti que j'aimais.

IDAMÉ. Qu'entends-je?

MARCO. Oui, chère Idamé, je vous aime plus qu'une sœur... plus que ma mère peut-être... Eh bien ! hésiterez-vous encore à présent?

IDAMÉ. Non...

MARCO, *lui donnant la bague, dont il a jeté presque tout le contenu.* Vous serez confiante?

IDAMÉ. Oui.... car je suis heureuse!... (*Elle porte la bague à ses lèvres; aussitôt elle pâlit et chancelle.*) Oh! Marco... tu ne m'as pas trompée... n'est-ce pas? pourtant ce n'est pas le sommeil... non... c'est la mort qui me glace.

MARCO. Oh! non... non... c'est impossible... ne crains rien... tu reverras ta mère.

IDAMÉ, *s'affaiblissant.* Ma mère!.. ma mère!... il m'aime.

Elle tombe dans les bras de Marco, sans mouvement.

MARCO. Déjà froide et glacée... Je suis effrayé moi-même de ce que j'ai tenté.... Mon Dieu! vous qui m'avez inspiré cette pensée... protégez cette enfant.

Il la porte sur les marches du trône de Dgenguiz-Khan. A ce moment, les rideaux sont violemment ouverts, et Dgenguiz-Kan paraît suivi de Yelu.

SCENE VII.
IDAMÉ, MARCO, DGENGUIZ-KAN, YELU, Officiers mongols.

DGENGUIZ-KAN. Tout espoir n'est pas perdu, nos soldats sont braves, déterminés.... la fortune peut encore revenir à nous. Holkar, à la tête de ses cavaliers tartares, va commencer l'attaque. Cette journée sera décisive pour Dgenguis ou pour Tschongaï. (*Allant à Marco.*) L'heure est-elle écoulée?

MARCO. Je l'ignore... (*montrant Idamé*) mais l'œuvre est accomplie.

DGENGUIZ-KAN. Morte! elle est morte!

MARCO. Tu vois, Dgenguiz, si en toute occasion je te sers fidèlement... Je vais te demander le prix de mon dévouement.

DGENGUIZ-KAN. Parle.... et je te jure de t'accorder ce que tu demanderas.

MARCO. Confiant comme toi dans la foi de Tschongaï, trompé comme toi par ce prince déloyal... je veux lui rendre trahison pour trahison... Tu vas me donner quelques esclaves et un palanquin, et tu me permettras de quitter ton camp pour aller rendre à Tschongaï sa fille bien-aimée... sa fille qu'il pourra croire endormie sous son voile... sa fille qu'il accueillera avec des transports de joie.

DGENGUIZ-KAN. Oui, je comprends... Mais ne crains-tu pas...

MARCO. Qu'il découvre trop tôt que je ne lui rapporte qu'un cadavre... Eh bien! dans ce cas, je verrais sa douleur, j'entendrais ses cris de rage... et je serais vengé.

DGENGUIZ-KAN, *désignant quelques guerriers.* Ces hommes sont à toi, ils te suivront et t'obéiront.

Tumulte au dehors.

UN MONGOL. Seigneur, nos lignes sont attaquées, l'ennemi a pénétré dans notre camp.

DGENGUIZ-KAN. C'est bien! Holkar va commencer sa diversion... Yelu, soldats, à cheval ! n'ayons tous qu'une seule pensée, ne poussons tous qu'un même cri : Vaincre ou mourir.

Pendant qu'on amène les chevaux de Dgenguiz-Kan et de Yelu, on a amené le palanquin dans lequel on place Idamé. Dgenguiz-Kan, après avoir fait un signe d'adieu à Marco, s'éloigne suivi des siens, et Marco part du côté opposé avec le palanquin porté par les guerriers. Les rideaux se referment un moment pour disparaître ensuite ainsi que la tente. On voit alors le champ de bataille dans tout son désordre : les cavaliers qui se frappent de leurs épées et de leurs torches, les machines de guerre qui lancent des pierres et les canons grossiers des Chinois qui éclatent. Les combattans s'éloignent un moment et laissent le terrain libre. On voit paraître Papouf armé jusqu'aux dents, courant aussi vite que le lui permet son embonpoint.

PAPOUF. Grâce au ciel, j'ai pu me débarrasser de mes soldats ; sous prétexte que j'étais leur chef, ils me voulaient toujours mettre en avant... ils se sont enfoncés je ne sais où et se font assommer, sans doute, à l'heure qu'il est... Quelle nuit de noces... je ne comprends pas comment j'existe encore... Je dois être blessé dangereusement quelque part. (*Cris, coups de canon.*) La bataille est très chaude là-bas ; si je pouvais trouver à me cacher ici... il ne me faut qu'un tout petit coin... Il me semble que je tiendrais dans un nid d'oiseau. (*Bruit.*) Encore la cavalerie mongole... Comment lui échapper?... il ne me reste qu'un moyen de ne pas être tué... c'est de feindre d'être mort... O Dieu des Chinois! père céleste des mandarins, protége-moi contre le fer des hommes et les pieds des chevaux.

Il se sauve en courant. Bientôt la scène se couvre de nouveau de combattans Les Chinois en désordre entourent le palanquin impérial, où l'on aperçoit Tschongaï étendu et blessé. Malgré la résistance des gardes chinoises, Holkar pénètre jusqu'au palanquin et en arrache Tschongaï, qu'il jette aux pieds du cheval de Dgenguiz-Kan.

HOLKAO. A mort, le traître.
DGENGUIZ-KAN. Non... la mort est un supplice trop doux... Tschongaï... tu vivras encore... mais pour souffrir... mais pour voir le massacre des tiens, la destruction de ta capitale, l'anéantissement de ton empire... Soldats, enchaînez cet esclave... et maintenant, à Péking.
TOUS. A Péking.

FIN DU DEUXIÈME ACTE.

ACTE TROISIÈME.
Premier Tableau.

L'intérieur de la grande pagode de Péking. Le peuple, à genoux, prie. Le grand-prêtre brûle des parfums aux pieds de l'idole, et l'impératrice est prosternée au milieu du temple.

SCÈNE PREMIÈRE.
L'IMPÉRATRICE, LE GRAND-PRÊTRE, PEUPLE.

LE GRAND-PRÊTRE. Dieu du céleste empire, tes enfans combattent l'étranger... ne souffre pas que le pied du barbare souille les marches de ton temple... ne souffre pas qu'il égorge nos pères, déshonore nos femmes, et jette à nos enfans les chaînes de l'esclavage! Dieu du céleste empire, laisse tomber un de tes regards sur le champ de bataille où le sang coule, et donne la victoire à Tschongaï.
ELMAI. Mon Dieu! reprends-moi cette puissance que je n'ambitionnai jamais... cette couronne que ta bonté plaça sur mon front... reprends-moi tout cela, mon Dieu! mais rends-moi mon Idamé, rends-moi mon enfant!

SCÈNE II.
LES MÊMES, ONLO.

ONLO, *accourant*. L'impératrice! l'impératrice!
ELMAI. Qui m'appelle?
ONLO. Ah! madame, ne pleurez plus... ne doutez pas de nos dieux!... Votre fille...
ELMAI. Eh bien?
ONLO. Elle est sauvée!
ELMAI. Qu'entends-je?
ONLO. Ramenée par cet étranger qui l'était venu chercher au nom de Dgenguiz-Kan, la princesse Idamé est peut-être, au moment où je parle, au seuil de la pagode sainte.
ELMAI. Ma fille!... elle existe!... elle est là!... Tu l'as vue?... O mon Dieu! mon Dieu! ne me laissez pas mourir de joie!

Au bruit qui se fait entendre, le peuple court du côté droit de la pagode, et bientôt on voit paraître le palanquin d'Idamé porté par les esclaves et suivi de Marco.

SCÈNE III.
LES MÊMES, MARCO, IDAMÉ, ESCLAVES.

ELMAI. Ma fille! mon Idamé! D'où vient donc qu'elle n'est pas déjà dans mes bras? d'où vient donc qu'elle est sourde à la voix de sa mère? Quelle affreuse pensée!... Si Tschongaï est un traître, Dgenguiz-Kan est un barbare!... Il se sera vengé... peut-être!... vengé sur mon enfant!... Ah!... (*Elle court au palanquin; elle aperçoit Idamé, pâle et sans mouvement.*) Ah! elle est morte!...
TOUS. Morte!...
ELMAI. Morte!... oui!... Ah! je reconnais Dgenguiz!... Et toi, misérable, tu n'as pas frémi de te charger d'un pareil message?
MARCO. Je savais combien était périlleuse la mission qui m'était confiée, et pourtant je ne l'aurais abandonnée à aucun autre... Madame, je comprends et votre douleur et votre haine!... pourtant j'ose espérer qu'avant de me livrer au ressentiment de votre peuple, vous m'accorderez un moment d'entretien.
ELMAI. A toi!...
MARCO. Je vous le demande au nom de votre fille.
ELMAI. De ma fille!... Tu oses invoquer le souvenir de ta victime?
ONLO. Ne différez pas le châtiment de cet infâme!
LE PEUPLE. Oui... à mort!... à mort!
ELMAI. Non, pas ici.
MARCO. Madame, si vous refusez de m'entendre, vous vous le reprocherez cruellement un jour, et vous offrirez à Dieu vos larmes en expiation de mon sang répandu par vos ordres.
ELMAI. Je veux bien t'écouter; mais n'espère pas obtenir de moi ni grâce ni merci!... car le cadavre de ma fille restera là entre nous deux... et ce cadavre demande vengeance... (*Au peuple.*) Retirez-vous.

SCENE IV.

ELMAI, MARCO, IDAMÉ, *sur le palanquin.*

ELMAI. Hâte-toi! car ta présence me fait horreur!

MARCO. Madame, ce langage impitoyable... ces menaces... cette haine... tout cela va changer et s'éteindre.

ELMAI. Oh! jamais...

MARCO. Avec quelques mots, je vais changer votre douleur en joie, votre haine en reconnaissance... Ces mots, les voilà : votre fille existe!...

ELMAI. Elle... oh! tu me trompes... Tu veux par un mensonge racheter tes jours.

MARCO. Je vous ai dit la vérité... Dgenguiz, justement irrité contre Tschongaï, avait fait massacrer Hirotsong et ordonné le supplice d'Idamé.... Dès cet instant, ce n'était plus que morte que votre fille pouvait sortir des mains de Dgenguiz..... Je me suis offert alors pour être son bourreau ; et, grâce à un secret puissant, infaillible, j'ai pu, hier, dire à Dgenguiz : Idamé n'est plus.... laisse-la-moi... et je puis vous dire à vous, aujourd'hui : Votre fille est vivante, je vous la rends.

ELMAI. Oh! je voudrais... mais je n'ose te croire.

MARCO. Si, devant tous, je ne vous ai point avoué la vérité, c'est pour que Dgenguiz ne cherche pas à ressaisir sa victime si demain il entre en vainqueur dans cette ville : le sommeil où j'ai plongé votre fille va cesser dans une heure peut-être... Hâtez-vous de la faire transporter dans l'appartement le plus secret de votre palais impérial.. laissez croire à sa mort... Faites rendre, cette nuit même, à un cercueil vide les honneurs funèbres dus à la fille des empereurs... puis cachez précieusement votre joie et votre enfant ; car Dgenguiz triomphera de Tschongaï, et Dgenguiz avait condamné Idamé.

ELMAI. Non, le mensonge ne peut emprunter ce langage... Non, tu ne m'as pas trompée!... Ah! sois béni entre tous les hommes, toi qui n'as pas oublié un serment fait à une pauvre mère!... toi qui as risqué ta vie pour celle de mon enfant!... Mais comment t'arracher à la fureur du peuple sans lui avouer...

MARCO. Gardez-vous de trahir le secret que je vous ai confié... Je n'aurais fait alors qu'irriter la fureur de Dgenguiz ; et s'il faut ma vie pour sauver celle d'I-damé, je n'hésiterai pas à la donner.

Bruit au dehors. Onlo entre précipitamment.

SCENE V.

LES MÊMES, ONLO.

ONLO. Madame, il ne m'est pas possible de contenir l'impatience et la rage du peuple.... Des fuyards qui ont pénétré dans la ville ont annoncé la défaite de Tschongaï... L'armée impériale, disent-ils, a été détruite par Dgenguiz-Kan ; votre époux est tombé au pouvoir de son ennemi. Hélas! ces affreuses nouvelles ne sont que trop certaines... Déjà, du haut des tours, on aperçoit l'armée mongole menaçant la capitale du céleste empire... le peuple veut venger à la fois et votre fille et sa défaite... livrez-lui donc cet homme!

ELMAI. Le livrer!... lui!... Oh! jamais!... jamais!...

A ce moment, le peuple, repoussant les gardes de l'impératrice, entre dans la pagode.

SCENE VI.

LES MÊMES, PEUPLE.

LE PEUPLE. Mort à l'étranger! mort à l'étranger!

ONLO. Noble Elmaï, tu l'entends, le peuple veut du sang!... Il veut surtout effacer un revers par un triomphe!... il veut combattre, car il sait que, pour avoir vaincu deux fois, Dgenguiz-Kan n'est pas invincible... Au nom de mes soldats, je te jure qu'il n'entrera jamais dans la ville sainte... Au nom de mes soldats, je demande qu'on jette pour défi aux Mongols la tête de leur envoyé... Enfin, pour doubler encore la haine et la rage du peuple, laisse-nous lui montrer ce corps inanimé que la clémence de Dgenguiz t'a bien voulu rendre.

ELMAI. Que dis-tu?

ONLO. Il sera porté devant nous... A sa vue, crois-tu qu'il puisse être un homme, quelque vieux ou faible qu'il soit, qui ne saisisse ses armes et marche contre le barbare?

TOUS. Oui... oui... le corps d'Idamé!

ELMAI, *se plaçant devant le palanquin.* Oh! jamais!...

ONLO. Fille de Tschongaï, nous rougirons ton voile du sang des Mongols... et nous allons immoler à tes pieds l'homme qui fut ton bourreau peut-être!

On se jette sur Marco, on le renverse devant le palanquin d'Idamé, et l'on va le frapper.

ELMAI. Arrêtez, barbares, arrêtez!

TOUS. Non! point de pitié!

A ce moment Idamé fait un mouvement et prononce ces mots :

IDAMÉ. Ma mère!... ma mère!...
Mouvement général.
ONLO, *reculant et laissant tomber son glaive.* Prodige!

ELMAI. Oui, mes amis, c'est par un prodige que mon enfant m'a été rendue!... elle existe... grâce au dévouement de cet homme... Il a trompé la haine de Dgenguiz..... il lui a enlevé sa victime!..... Peuple, soldats, voilà ce qu'a fait pour vous cet étranger, dont, tout-à-l'heure, je demandais, comme vous, le supplice... et maintenant votre impératrice le bénit et l'adore à l'égal de Dieu! car il a fait pour elle ce qu'il semblait que Dieu seul eût la puissance de faire.

Idamé, qui s'était soulevée au moment où on allait frapper Marco, écarte son voile et porte la main à son front comme pour rappeler ses souvenirs.

IDAMÉ. Où suis-je? Marco! tu m'as promis de me rendre à ma mère!

ELMAI. Et il a tenu son serment... Ta mère, ton heureuse mère est là, près de toi.

IDAMÉ. Ma mère!... oui... oui... oh! ma mère!... (*Elle tombe dans ses bras.*) Mes amis!... mes amis!... mon sauveur... c'est lui!...

MARCO. Oh! vous ne me devez rien maintenant; vous avez détourné le glaive qui m'allait frapper.
Mouvement.

ONLO. Quel est ce bruit? Dgenguiz nous attaquerait-il?

SCENE VII.
Les Mêmes, UN OFFICIER.

L'OFFICIER. Madame, l'armée de Dgenguiz-Kan s'est emparée déjà de toutes les routes principales... aucun secours ne peut plus pénétrer dans la ville.. Un officier mongol s'est présenté tout-à-l'heure à la porte du Nord et a demandé, au nom de son maître, à être conduit devant vous... il est, dit-il, chargé de traiter avec vous de la paix.

ELMAI. Oh! qu'il vienne! qu'il vienne! cette guerre nous a déjà coûté trop de larmes et de sang!

SCENE VIII.
Les Mêmes, HOLKAR.

HOLKAR. Femme de Tschongaï, tu sais déjà la défaite et la captivité de ton époux; si Dgenguiz-Kan n'avait écouté que son juste ressentiment, Tschongaï aurait payé de sa tête son odieuse trahison!.. Dgenguiz-Kan n'a pas encore frappé.... il vous offre même, par ma voix, de rendre à Tschongaï ses armes et sa liberté.
Mouvement.

ELMAI. Je connais ton maître, et ne doute pas qu'il mette à sa clémence des conditions telles que nous ne puissions les accepter.

HOLKAR. Il veut que les portes de cette ville lui soient ouvertes; que le trésor impérial lui soit livré.... que Tschongaï renonce pour jamais à son trône, et...

ELMAI. Assez! Je te disais bien que la générosité de ton maître n'était qu'une amère raillerie.. Pour sauver l'empereur nous ne livrerons pas l'empire!.... on ne rachète pas la vie d'un homme avec la liberté d'un peuple!

ONLO. La sagesse a parlé par votre bouche, madame... Que Dieu veille sur l'empereur! mais plutôt qu'une paix infamante, la guerre!

TOUS. Oui, la guerre!

ELMAI. Tu l'entends? ta mission est remplie... tu peux te retirer.

HOLKAR. Il est encore une rançon que mon maître accepterait pour la personne de Tschongaï.

ELMAI. Cette rançon.... quelle est-elle?

HOLKAR. Cet étranger qui, pour vous, je le vois, a trahi la cause de Dgenguiz-Kan, qui l'avait appelé son hôte et son ami. Je dirai à mon maître: Idamé est vivante, je t'amène celui qui l'a sauvée, veux-tu sa tête en échange de celle de Tschongaï? Je suis certain qu'il n'hésitera pas.

IDAMÉ. Barbare! as-tu pensé que nous consentirions jamais...

HOLKAR. Prenez garde, madame, il s'agit de sauver votre père!

IDAMÉ. Mon père!

MARCO. Entre Tschongaï et Marco votre cœur ne peut balancer un seul instant!... Idamé! je vous ai fait le sacrifice de ma vie, et ce sacrifice, il me sera doux de l'accomplir. Holkar, je suis prêt à vous suivre.

IDAMÉ. Ma mère!

ELMAI. Arrêtez!...

ONLO, *bas à l'impératrice.* Madame, je comprends qu'il en coûte à votre cœur de livrer à la vengeance d'un ennemi impitoyable le généreux étranger qui a remis votre fille dans vos bras... mais le salut de l'empire doit parler plus haut que la reconnaissance dans le cœur de l'impératrice!... L'arrivée de Tschongaï ranimera le courage et l'espoir de nos guerriers; avec Tschongaï nous pouvons vaincre encore... Si vous hésitez à prononcer seule la sentence de l'infortuné Marco, faites assembler le conseil, et vous exécuterez seulement ce qu'il aura décidé.

ELMAI. Oui, que le conseil se réunisse

au palais impérial... Mais qui nous répondra que Dgenguiz nous renverra Tschongaï?

HOLKAR. Je resterai, si vous le voulez, en otage?

MARCO. Allez, madame, et que la pitié ne vous fasse pas oublier vos devoirs et d'épouse et d'impératrice!

ELMAI, *à part.* Et ne pouvoir rien pour le sauver!

ONLO. Jusqu'à ce que la décision du sublime conseil soit connue, Marco sera renfermé dans la tour.

IDAMÉ. O mon Dieu!

ONLO. Holkar, vous attendrez ici la réponse du conseil... Vous, madame...

IDAMÉ. Moi, je reste pour prier.

ELMAI, *regardant Marco.* Oui, prie Dieu, ma fille! car Dieu seul peut le sauver maintenant.

On emmène Marco vers la gauche; Elmaï, Onlo, le peuple sortent par la droite; Holkar reste au fond de la scène. Idamé est seule à l'avant-scène.

SCENE IX.
IDAMÉ, HOLKAR, *au fond.*

IDAMÉ. Ma mère a raison... l'impératrice elle-même n'osera pas défendre Marco devant le conseil; car ne pas livrer l'étranger, c'est perdre l'empereur! Pauvre Marco! j'ose à peine, à présent, faire des vœux pour toi!.. ces vœux seraient un crime.... Mon Dieu! n'est-il donc aucun moyen de sauver, en même temps, et mon père et celui que j'aime!... Car ce n'est pas seulement la reconnaissance qui remplit mon cœur, c'est l'amour!... et cet amour exclusif qui l'emporte sur tous les autres sentimens! Si Marco doit mourir, je ne puis plus vivre!.... Mon Dieu! je crois que tu as eu pitié de moi, car tu m'as envoyé une noble et grande pensée!

Oh! merci! merci, mon Dieu! Marco! mon père! je vous sauverai tous les deux! (*Elle appelle.*) Holkar!.. Holkar!...(*Holkar approche.*) La personne de Marco est-elle donc la proie que Dgenguiz-Kan désire le plus ardemment? Crois-tu qu'Idamé ne serait pas pour lui une rançon plus riche et plus précieuse encore?

HOLKAR. Idamé?

IDAMÉ. Le sang de la fille rachètera plus sûrement le sang du père! Oh! n'est-ce pas? n'est-ce pas que Dgenguis consentira à l'échange?

HOLKAR. Je le crois.

IDAMÉ. Eh bien! je te suivrai!.... Ma pauvre mère!... vous pleurerez votre fille!... mais vous ne la maudirez pas, car elle aura fait son devoir.

HOLKAR. Mais comment sortir de la ville?

IDAMÉ. J'en sais le moyen.... Un passage secret conduit de la pagode au pied du rempart... les soldats qui gardent la porte du Nord te laisseront sortir, car ils n'ont pas reçu d'ordres contraires... Cachée sous le manteau d'un de tes guerriers, je ne serai pas reconnue.... Pour assurer notre fuite, il faut fermer l'entrée de la pagode... le temps qu'on emploiera à briser cette porte nous suffira pour être hors de toutes poursuites... Adieu, ma mère!... vous aurez mon père et Marco pour essuyer vos larmes!... et toi, qui m'as prouvé ton amour en me sacrifiant ta vie, tu sauras qu'Idamé avait pour toi même amour, puisqu'elle t'a fait le même sacrifice! Partons! Holkar!.. partons!

HOLKAR. Guidez-nous, madame!... les portes de la pagode sont toutes fermées et barricadées.

IDAMÉ. C'est bien... venez!

Elle sort avec Holkar et les Mongols.

FIN DU PREMIER TABLEAU.

Deuxième Tableau.

Le théâtre représente une place et la rue principale de Péking; à droite et à gauche, des canaux sur lesquels sont jetés des ponts de formes bizarres; au deuxième et troisième plan, la façade de la grande pagode.

SCÈNE PREMIÈRE.
LANDRY, PEKI, MARCHANDS, SOLDATS, PEUPLE.

Au lever du rideau, la place, la rue, les canaux, les fenêtres des maisons sont garnies de monde; de tous côtés arrivent des jonques, des chars chargés d'armes ou de soldats; des canons grossiers sont traînés sur le pont qui est jeté sur le canal, en préparatifs de défense. Ce tableau doit être fort animé; des soldats traversent la foule comme pour courir aux murailles.

UN GUERRIER. Courage, mes amis, il faut faire de notre ville de Péking un enfer anticipé pour le Mongol; s'il y entre jamais, il y trouvera la mort à chaque pas... placez ces pièces d'artillerie sur les degrés de la pagode... Quand les murailles nous manqueront, nous pourrons soutenir un siège ici.

On voit arriver, par une des rues latérales, Landry et Péki.

PÉKI. Arrêtons, Tsi-Tsing, je suis morte de fatigue!

UN SOLDAT. L'ami, viens-tu de la campagne?

LANDRY. Qui, et c'est par faveur singulière que j'ai pu entrer dans la ville; car toutes les issues sont occupées maintenant par les Mongols, et il n'est plus permis de franchir la dernière enceinte. (*Montrant une maison.*) Péki, entrons là, mon enfant; cette bonne femme voudra bien vous donner les soins que votre état réclame. (*A part.*) Je ne sais pas trop si nous serons beaucoup plus en sûreté ici... Décidément je suis venu voir la Chine dans un mauvais moment. (*Haut.*) Allons, Péki, venez : ce qui doit vous consoler, c'est qu'au moins vous avez perdu le seigneur Papouf. (*A part.*) Pauvre petite! Elle a passé une singulière nuit de noces.

Péki et Landry entrent dans une maison avec une femme chinoise qui les accueille.

LE GUERRIER, *à ses camarades.* Le conseil est assemblé; sans aucun doute il consentira à l'échange proposé.. Tout-à-l'heure Tschongaï sera au milieu de nous, et demain, je l'espère, il nous conduira jusqu'au milieu du camp des Mongols; car nous avons une belle revanche à prendre.

Bruit au fond.

UN MARCHAND. On sort du conseil... L'impératrice descend les degrés du palais... Nous allons savoir...

Mouvement; Elmaï paraît suivie d'Onlo et des Mandarins.

SCÈNE II.
LES MÊMES, ELMAÏ, ONLO, LES MANDARINS.

ELMAÏ. Peuple, soldats!... Si Dgenguiz est un ennemi, loyal, avant une heure vous aurez reçu Tschongaï. Le conseil a décidé qu'on livrerait l'étranger à la fureur des Mongols, et qu'Holkar resterait en otage pour nous répondre au moins que le sang de Marco rachètera celui de l'empereur.

Mouvement de joie.

ONLO. Allez annoncer à Holkar la décision du conseil, et remettez l'étranger au pouvoir des Mongols qui accompagnaient l'envoyé de Dgenguiz.

UN OFFICIER, *qu'on a vu arriver du fond, et qui a entendu Onlo.* Je viens d'entendre notre impératrice annoncer qu'Holkar resterait en otage jusqu'à l'arrivée de Tschongaï; mais Holkar a déjà quitté la ville.

Mouvement.

ELMAÏ. Que dis-tu?

L'OFFICIER. La vérité : je me trouvais à la porte du nord quand les envoyés mongols s'y sont présentés; et comme l'officier qui commande cette partie de la ville n'avait point reçu d'ordre contraire, il ne s'est point opposé au départ d'Holkar et des siens.

ELMAÏ. Mais, au moins, Holkar est parti seul?

L'OFFICIER. Les Mongols emmenaient avec eux une personne renfermée dans un palanquin, et que nul n'a pu voir.

ELMAÏ Plus de doute : c'est Marco qu'ils entraînent!... Marco qu'ils pourront massacrer impunément; car ils n'ont pas laissé d'otage.

ONLO. Je ne puis croire qu'il ait à ce point violé la foi jurée et le droit des gens; je cours m'assurer moi-même. (*Il monte les degrés.*) Mais cette porte est fermée... et je crois entendre...

ELMAÏ. Quoi donc?

ONLO. Des cris... des gémissemens...

ELMAÏ. Ah! ma fille était restée dans la pagode: Onlo, brisez, brisez cette porte! (*Après quelques efforts d'Onlo et des siens; la porte cède et tombe. Elmaï veut s'élancer dans la pagode en s'écriant :*) Ma fille! ma fille!

A ce moment, Marco paraît sur le seuil de la pagode, qui est élevé de plusieurs degrés.

TOUS. Marco!

Chacun reste muet de surprise et recule à mesure que Marco descend.

SCÈNE III.
LES MÊMES, MARCO.

ELMAÏ, *courant à Marco.* Ma fille?

MARCO. De la fenêtre de la prison où l'on m'avait enfermé, j'ai vu votre fille guider elle-même Holkar et les siens... Devinant son généreux projet, j'ai voulu l'arrêter par mes cris... mais elle ne m'a répondu que par un geste d'adieu, et elle a pressé sa marche. Dans l'espoir de la pouvoir suivre ou retenir, j'ai brisé la porte de la tour; mais tous mes efforts se sont épuisés sur celle-ci.

ELMAÏ. Ah! je comprends tout maintenant! Idamé s'est dévouée pour sauver à la fois son père et son libérateur.

MARCO. Elle se perdra sans le racheter; car Dgenguiz-Kan n'épargnera pas son ennemi, et moi, je ne survivrai pas à tout ce que j'aimais... Par pitié!.. par grâce!... laissez-moi suivre Idamé, au moins, partager son supplice et mourir avec elle.

UN OFFICIER, *arrivant du fond.* Madame, une jonque portant le pavillon des Mongols a demandé passage.... elle ramène, dit-on, l'empereur Tschongaï.

TOUS. L'empereur!...

MARCO. On vous trompe!... Dgenguiz ne sait pas faire grâce.

ELMAÏ. Retenez-le!
Ici la jonque paraît au fond ; un seul homme la conduit, c'est le mandarin Papouf.

SCÈNE IV.
LES MÊMES, PAPOUF.

TOUS. Papouf!...

PAPOUF. Oui, mes amis, c'est moi, Papouf, mandarin de quatrième classe. Comment, vous m'avez reconnu? je dois être pourtant bien changé!... Si vous saviez tout ce qui m'est arrivé depuis... L'impératrice!... Je dois, avant tout, remplir ma mission auprès de vous, madame... Fait prisonnier hier, je m'attendais à être massacré aujourd'hui, quand tout-à-l'heure Dgenguiz-Kan m'a fait appeler : « Tu « es libre! tu vas retourner à Péking!... » Je croyais rêver!... il me semblait que je ressuscitais!... Dgenguiz-Kan ajouta : « Tu conduiras seul la jonque que tu ra-« mèneras à Péking, et tu remettras à l'im-« pératrice ce parchemin. » Je suis parti seul dans cette jonque, et voilà le parchemin!

ELMAÏ. Que signifie?... Donne!

PAPOUF. Je suis si étourdi de mon bonheur, que je ne peux plus me tenir sur mes jambes.

ELMAÏ, *lisant*. « J'accepte l'échange....
« je vous renvoie Tschongaï. »

PAPOUF. Hein!...

ELMAÏ, *continuant*. « Je vous traite, « cette fois, comme vous m'avez traité. »

ONLO. L'empereur!... où est l'empereur?

PAPOUF. Je n'ai pas eu, que je sache, l'honneur de voyager avec lui... je suis venu seul, tout-à-fait seul... il n'y avait dans la jonque qu'un grand coffre soigneusement fermé, et que, d'ailleurs, je n'ai pas songé à ouvrir.

ELMAÏ. Quel soupçon!...

ONLO. Ce coffre?

PAPOUF. Le voilà! sans doute quelque présent.

ONLO, *à ses guerriers*. Suivez-moi.
Il court à la jonque.

ELMAÏ, *à part*. Ah! ce serait horrible!
Elle court aussi à la jonque.

ONLO, *la retenant*. Ah! n'approchez pas, madame! ce n'est pas l'empereur... c'est son cadavre qu'on vous renvoie.
Mouvement d'horreur.

PAPOUF. Je suis perdu!

ELMAÏ. Un cadavre! voilà ce qu'il nous renvoie en échange d'Idamé! (*A Marco.*) Et tu veux courir te livrer à ce bourreau! oh! non, tu ne me quitteras pas... Garde toutes tes forces, tout ton sang pour la vengeance! (*Au peuple.*) Pourquoi baissez-vous ainsi vos fronts vers la terre? vos armes semblent près de s'échapper de vos mains! est-ce que le désespoir a remplacé la colère dans vos cœurs? Regardez-moi! il n'y a plus de larmes dans mes yeux! écoutez-moi!... il n'y a plus de sanglots dans ma voix... et pourtant je suis mère! et je n'ai plus de fille!... je suis femme! et on me renvoie le cadavre de mon époux!... Ce ne sont plus des larmes que je dois... c'est du sang! ce n'est plus la douleur qui remplit mon cœur, c'est la haine!... Oui, haine et mort à Dgenguiz-Kan!!... et ce cri va bientôt sortir de toutes les bouches! Mères, femmes! voilà ce que Dgenguiz fera de vos époux et de vos filles!... Armez-vous donc, car la nature vous donnera de la force pour défendre tout ce qui vous est cher!... Et vous, soldats!... ne croyez pas que Dgenguiz vous ait privés d'un chef!... A défaut d'un empereur, vous aurez une impératrice; et, si elle ne sait pas vaincre, elle saura du moins combattre et mourir avec vous!

TOUS. Aux armes!

MARCO. La patrie d'Idamé est devenue la mienne; donnez-moi donc des armes! je veux vivre à présent pour venger votre fille!
Explosion.

ONLO. Dgenguiz a compté sur cet affreux spectacle pour troubler nos cœurs et glacer notre courage... il attaque la ville!

ELMAÏ. Onlo, courez aux murailles, opposez à l'assaut de Dgenguiz une opiniâtre résistance!... Moi, je vais parcourir les rues de la grande cité... je ferai porter le corps de l'empereur, et pour auxiliaire je vous amènerai tout un peuple; car, femmes, vieillards, enfans, tout sera soldat... Ne désespérez pas de l'empire : une armée perd et gagne des batailles; mais le peuple, quand il se lève, sauve toujours la patrie!...

TOUS. Aux armes!

Les ordres d'Elmaï s'exécutent. Les soldats suivent Onlo en criant : Aux remparts! Les hommes du peuple vont prendre sur la jonque le corps de l'empereur et le portent devant Elmaï, qui a saisi une épée et qui appelle toute la ville aux armes; le peuple la suit en criant : Aux armes! La scène reste vide.

SCÈNE V.
PAPOUF, puis LANDRY.

PAPOUF. Grâce à l'attaque des Mongols, on n'a pas songé à moi... Je comprends maintenant la clémence de Dgenguiz, il voulait me faire déchirer par mes compatriotes... Décidément, j'ai du bonheur aujourd'hui; il ne me manquerait plus que de retrouver ma femme...

LANDRY, *sortant de la maison.* Voilà la bataille qui recommence ici... A tout hasard, j'ai caché Péki du mieux que j'ai pu... Ciel! je ne me trompe pas...

PAPOUF. Est-ce encore un rêve?...

LANDRY. Papouf!...

PAPOUF. Tsi... Tsing!...

LANDRY. Il n'est pas mort!...

PAPOUF. Il n'est pas tué!...

LANDRY. Il va me demander...

PAPOUF. Ma femme! qu'as-tu fait de ma femme?

LANDRY, *à part.* Ah! je ne me sens pas la vertu de la lui rendre...

PAPOUF. Mais parle donc?

LANDRY. Hélas!

PAPOUF. Hein?

LANDRY. Votre femme!

PAPOUF. Eh bien?

LANDRY. Supposez que vous êtes veuf, seigneur Papouf...

PAPOUF. Elle est morte?

LANDRY. On me l'a enlevée... et je...

PAPOUF. Dis-moi qu'elle est morte, j'aime mieux ça...

LANDRY. Les Mongols ne tuent pas les femmes, surtout quand elles sont jolies.

PAPOUF. Ma Péki!... ma fiancée!... ma femme! serait devenue la proie de l'armée mongole... Mort aux Mongols! Où sont-ils? où sont-ils? Oh! je voudrais les avoir là, en face de moi...

CRIS, *au dehors.* Les Mongols! les Mongols!...

PAPOUF. Hein!...

LANDRY. Vous êtes servi à souhait, seigneur Papouf... les Mongols ont pénétré dans la ville.

PAPOUF. Bah!

LANDRY. Voilà une occasion de venger l'honneur de votre femme... Les voilà! vengez-vous à votre aise.

Il rentre et ferme la porte. A ce moment, le peuple et les soldats chinois entrent en désordre. Elmaï paraît avec Marco.

UN SOLDAT. Dgenguiz est dans la ville!

ELMAI, *paraissant.* Eh bien! la ville sera le tombeau de Dgenguiz... Défendons-nous ici!

Combat; les Chinois sont dispersés; Dgenguiz paraît suivi de ses officiers.

SCENE VI.

Les Mêmes, DGENGUIZ-KAN, *puis*, ELMAI, MARCO, IDAMÉ, PAPOUF, LANDRY *et* PÉKI.

DGENGUIZ-KAN. Soldats! vous le voyez, la fortune n'a point encore abandonné votre chef.

YELU, *accourant.* Seigneur, la ville tout entière est soumise; l'impératrice Elmaï, qui a opposé la plus opiniâtre résistance, vient d'être désarmée ainsi que Marco, qui combattait à ses côtés.

DGENGUIZ-KAN. Qu'on les amène! (*Elmaï et Marco sont traînés aux pieds de Dgenguiz-Kan.*) Elmaï, j'estime et j'admire ton courage. Parle, que veux-tu de Dgenguiz?.. et je jure Dieu que la faveur que tu me demanderas, quelle qu'elle soit te sera accordée.

ELMAI. Meurtrier, ne me sépare pas plus long-temps de ma fille!

DGENGUIZ-KAN. Tu as raison, j'aurais dû me rappeler que tu es mère!... Tu demandes à rejoindre ta fille... je vais vous réunir... Soldats!... (*mouvement d'effroi*) soldats, ouvrez vos rangs! Fille d'Elmaï, embrassez votre mère!

Idamé se jette dans les bras de sa mère.

TOUS. Idamé!

ELMAI. Idamé!... mon enfant! vivante! sauvée encore une fois!... Oh! c'est une erreur! un songe! mon Dieu, ne me réveillez pas!

DGENGUIZ-KAN. En punissant la trahison, en respectant le dévouement filial, Dgenguiz a fait justice... Elmaï, Idamé, vous vivrez; mais vous quitterez l'empire... Quant à toi, Marco, tu mérites la mort, car tu m'as trompé!... pourtant je te laisse la vie... je te rends la liberté, parce que je veux que par toi l'Europe apprenne le nom de Dgenguiz-Khan.

ELMAI. Seigneur, je te demande une dernière grâce: permets-nous de suivre cet étranger; sa patrie doit être hospitalière, sa patrie sera la nôtre.

DGENGUIZ-KAN. Partez, Elmaï, partez à l'instant même, si vous ne voulez pas être témoin de la dévastation et de la ruine de cette ville; j'en ai promis le pillage à mes troupes, car le pillage est leur part de gloire... Partez donc, et que Dieu vous protège!... (*Une jonque s'avance, Elmaï, Idamé et Marco y montent.*) Soldats! pendant trois jours et trois nuits la ville de Péking est à vous.

Acclamations des Mongols qui se répandent avec le fer et le feu dans les rues et les maisons. Le désordre est général et l'incendie dévore bientôt toute la ville; à la lueur, on aperçoit au fond la jonque qui emporte Elmaï, Idamé et Marco.

FIN.

IMPRIMERIE DE VEUVE DONDEY-DUPRÉ,
rue Saint-Louis, n° 46, au Marais.

ACTE III, SCÈNE XVIII.

L'OFFICIER BLEU,

DRAME EN TROIS ACTES ET EN DEUX ÉPOQUES, 1785-1792.

Par MM. Paul Foucher et Alboize.

REPRÉSENTÉ POUR LA PREMIÈRE FOIS, SUR LE THÉATRE DE L'AMBIGU-COMIQUE, LE 4 OCTOBRE 1837.

PERSONNAGES.	ACTEURS.	PERSONNAGES.	ACTEURS.
L'AMIRAL.	M. Émile.	ou six ans.)	Mlle Maillet (petite).
LE MARQUIS D'ANDRE-VILLE, garde du pavillon.	M. Saint-Firmin.	GERVAISE, vieille domestique de Cerdic	Mme Saint-Firmin.
LE COMTE DE SOUVRAY, garde du pavillon.	M. Ménier.	MICHEL, jeune paysan à leur service	M. Francisque jeune.
LE VICOMTE DE BEAUGEN-CY, garde du pavillon.	M. Bardier.	JEAN, autre paysan	M. Salvador.
HENRI DE MARSAY, jeune gentilhomme	M. Albert.	MARCEL, aubergiste.	M. Gilbert.
CERDIC, armateur breton	M. Saint-Ernest.	UN ENSEIGNE DE VAIS-SEAU	M. Joseph Hutin.
MARIANNE, femme de Cerdic.	Mme Gautier.	UN REPRÉSENTANT DU PEUPLE.	M. Monnet.
ANGÉLIQUE, leur enfant (cinq		UN SOLDAT.	

La scène est à Brest; les deux premiers actes en 1785, le dernier en 1792.

NOTA. Le premier des personnages inscrits tient la droite de l'acteur et ainsi de suite.

ACTE PREMIER.

Le théâtre représente un village près de Brest. A droite du spectateur, une auberge avec cette enseigne : AU GARDE DU PAVILLON, avec des tables. A gauche, la maison de Cerdic. La mer au fond.

SCENE PREMIERE.

GERVAISE, JEAN, PAYSANS, PAYSANNES.

Au lever du rideau l'orage est dans toute sa force; tout le monde est à genoux devant une Vierge grossièrement sculptée, au milieu du théâtre, un peu à gauche du spectateur.

GERVAISE. O vierge Marie, protégez-nous!... sauvez mon pauvre Éloi qui est en mer, apaisez la fureur de la tempête, éteignez le tonnerre, si vous ne voulez pas que mes enfans soient orphelins.

JEAN. O mon Dieu, entendez-nous; mon vieux père est allé aujourd'hui à la mer pour la dernière fois... faites-lui grâce encore; ne le laissez pas mourir loin de nous, mon Dieu, et que ses enfans puissent lui fermer les yeux.

Ils prient; l'orage continue; Marianne sort de la maison tenant sa petite fille par la main.

GERVAISE. Ah! voici madame.

MARIANNE. Toujours l'orage!.... et le vaisseau de Cerdic ne reparaît pas!... Encore là, mes amis ! vous êtes inquiets de vos frères, de vos maris qui sont allés braver la tempête; priez pour eux, mais gardez un souvenir dans vos oraisons pour Charles Cerdic, qui fut si bon pour vous comme pour moi, pour Charles Cerdic, l'honneur du peuple breton, pour Charles Cerdic, mon époux.

GERVAISE. Oh! madame, ce serait un deuil général dans tout le pays s'il arrivait malheur à mon bon maître, M. Cerdic, si terrible pour nos ennemis, si charitable pour nous tous... Mais il est dans un bon vaisseau qui peut tenir la mer et résister aux orages, et nos pauvres pêcheurs n'ont que de misérables barques qu'un coup de vent peut faire sombrer...

MARIANNE. Oui, j'ai tort sans doute de m'inquiéter ; mais cet orage est si opiniâtre...

SCÈNE II.

* LES MÊMES, MICHEL, *arrivant une bouteille de sauvetage à la main. Un instant après,* HENRI DE MARSAY, *enveloppé d'un manteau, traverse la scène et s'arrête au fond, où il paraît écouter.*

MICHEL. Madame, madame, une bouteille de sauvetage qu'on vient de recueillir à la côte, et j'ai reconnu le cachet de M. Cerdic, quoique la mer l'ait bien endommagé.

MARIANNE. C'est de mon mari... ce sont de ses nouvelles, voyons... (*Elle brise la bouteille et en tire un papier. Lisant.*) « A bord du *Prométhée*, 12 septembre » 1785... six heures du soir... » (*Haut.*) C'était hier. (*Lisant.*) « Nous sommes en » vue des côtes ; mais le navire, avarié » par les combats que nous avons gagnés » sur l'Anglais, ne peut résister à l'orage » plus de vingt-quatre heures ; si le mau- » vais temps se prolonge au-delà, nous » n'avons plus d'espoir de salut. Priez » pour nous ; adieu à Marianne et à An- » gélique, si je ne les revois pas. »
CHARLES CERDIC. »

* Gervaise, Marianne, Michel, Jean, Henri à droite au fond.

GERVAISE. Grand Dieu!...

MARIANNE. Vingt-quatre heures!.. mais elles sont presque écoulées déjà... et le temps couvert partout... et le vent plus terrible que jamais..... Ah! mon mari est perdu!...

HENRI, *à part*. Bientôt veuve peut-être ! Oh! mon Dieu! pardonne-moi la joie que me donne cette pensée ; c'est encore la moins coupable!...

Il disparaît.

GERVAISE. Pauvre M. Cerdic!..

MICHEL. Et dire qu'on ne peut pas le secourir !...

MARIANNE. Oh! que devenir!.... Mes amis, invoquez avec moi le secours du ciel... Mais la prière d'un enfant doit attendrir Dieu ; joins tes petites mains, mon Angélique ; demande le salut de ton père ! (*Ils se jettent à genoux et prient ; au même instant on entend des chants joyeux sortir de la taverne.*) Qui ose chanter ainsi?... qui ose se livrer à la joie devant la mort qui menace nos frères?...

MICHEL. Qui?..... est-ce que ça se demande?.. Ce sont les gardes du pavillon... ils ont passé la nuit à boire dans ce cabaret, et ils se réveillent pour recommencer sans doute.

MARIANNE. Mais au milieu des dangers qui nous menacent... ah ! c'est infâme !... Non contens de nous persécuter dans nos fêtes, ils nous insultent dans nos malheurs !...

MICHEL. Ils ne respectent rien, ces mécréans! Dieu! que je voudrais en étrangler un, quand ce ne serait que pour l'empêcher de chanter!

MARIANNE. Mais je ne me trompe pas.... les nuages se dissipent... et du côté d'où vient le vent, le temps se lève... oui, voilà un rayon de soleil... ah! il y a encore de l'espoir !... Oui, la prière de mon Angélique a été entendue ; il n'y a pas de voix plus forte auprès du ciel que celle de l'enfant qui demande grâce pour son père !...

JEAN. Et tenez, Gervaise, voici Éloi qui revient... et cette autre barque.... C'est mon père ! oh! quel bonheur !

MICHEL. C'est pourtant cette Vierge-là qui a fait tout ça ; quand je vous disais que c'est la meilleure du pays.

Des barques paraissent au rivage, les pêcheurs en descendent, et se jettent dans les bras de leurs familles.

MARIANNE. Gervaise, cette fois, je l'espère, nous reverrons aussi ton maître ; je vais moi-même à l'amirauté savoir si l'on a quelques nouvelles par les signaux.

Toi, pendant ce temps, cours chez mon orfèvre, et tu reprendras cette boîte qu'Angélique avait cassée en jouant, et à laquelle j'attache tant de prix... Adieu, mon enfant, je vais revenir.

Marianne se dirige vers la ville; Gervaise reconduit Angélique; les chants continuent dans la taverne.

SCÈNE III.

* LES MÊMES, excepté MARIANNE et ANGÉLIQUE.

MICHEL. Ah çà! mais chantent-ils!.... chantent-ils!.. Ils vont se fatiguer la voix, c'est sûr.

GERVAISE. Quand donc le bon Dieu, qui nous a délivrés de l'orage, nous débarrassera-t-il de cet autre fléau?

MICHEL. Il est réel qu'il est impossible de plus molester une population qu'ils nous molestent. Je n'en rencontre jamais un, qu'il ne me jette mon chapeau par terre... il n'y a rien de sacré pour eux.

JEAN. Oui, parce qu'ils sont nobles et qu'ils servent dans la marine du roi, ils se croient tout permis... ils se font appeler les gardes du pavillon, et ils appellent les marins sans naissance des officiers bleus... C'est leur terme de mépris... mais les officiers bleus pourraient bien leur apprendre qu'ils ont le sang tout aussi chaud dans les veines.

GERVAISE. Ma foi, il aurait bien dû s'en trouver quelques-uns avant-hier au spectacle. Nous voulions y conduire Angélique avec madame, lorsque nous avons trouvé deux gardes du pavillon qui se promenaient devant le théâtre l'épée à la main, et nous ont déclaré, poliment du reste, qu'on n'entrait pas parce qu'ils ne voulaient pas qu'on entrât.

MICHEL. Et les enseignes de la ville, qu'ils s'amusent souvent à changer pendant la nuit; de sorte que, le matin, on entre chez un traiteur pour se faire faire la barbe, et on va demander une sage-femme dans un pensionnat de demoiselles.

GERVAISE. Encore, s'ils n'allaient pas plus loin dans leurs plaisanteries.... mais ils en usent comme avec une ville prise.. Oubliez-vous ce capitaine qui a emmené ses créanciers en mer et les a menacés de les expatrier s'ils ne lui donnaient quittance? et cette jeune fille de la rue des Sept-Saints, qu'ils ont enlevée à ses parens!

MICHEL. Oui, mais l'amiral la leur a fait rendre.

* Gervaise, Michel, Jean.

GERVAISE. Sans doute : mais elle était folle.

TOUS. Folle!

GERVAISE. Oui, mes enfans... folle!....

JEAN. Et dire que cela peut arriver à nos femmes, à nos sœurs, à nos filles!...

MICHEL. Dis donc à nous-mêmes, et c'est bien pis; car ce n'est pas seulement aux femmes qu'ils s'attaquent, mais ce sont encore les hommes dans toute la force de leurs années qu'ils insultent... Ils n'ont de respect ni pour le sexe ni pour l'âge.

JEAN. Comment! il n'y a pas de justice qui nous défende?

MICHEL. O Dieu! si j'étais roi de France, je les enverrais aux galères sur leurs vaisseaux... ça fait qu'ils seraient tout portés.

GERVAISE. Si le capitaine Cerdic était ici... lui qui va chercher des ennemis si loin de Brest!...

MICHEL. Oh! oui, s'il était ici... tout officier bleu qu'il est, il les tiendrait fièrement en respect les habits rouges... c'est que c'est un dur à cuire... celui-là... Il a fait amener pavillon, dans ses vingt ans de service, à des écumeurs de mer qui avaient le tempérament plus nerveux que nos amis du grand corps de la marine...

GERVAISE. Fort bien... mais ma maîtresse m'a dit de faire une commission très-pressée... d'aller chercher sa boîte... et je m'amuse ici à vous écouter *.

MICHEL. Mais dites donc, dites donc... vous avez le temps... Qu'est-ce que c'est que cette boîte à laquelle madame semble tenir par dessus tout?

GERVAISE. Chut! c'est un secret!...

MICHEL. Un secret!... Dites-nous-le, hein?

GERVAISE. Plus souvent!..

MICHEL. Ce doit être un fameux secret, car je l'ai vue, cette boîte dont il est question... mademoiselle Angélique jouait avec... c'est en écaille noire tout bonnement; et il y en a de plus jolies chez tous nos marchands forains.

GERVAISE. C'est possible... mais il n'y en a pas comme ça, toujours.

MICHEL. Allons, allons, bonne Gervaise... nous sommes tous les amis de M. Cerdic... Voyons, contez-nous ça...

TOUS. Oui, oui...

GERVAISE. Vous le voulez! j'y consens; mais promettez-moi de n'en parler à âme qui vive?

MICHEL. Nous vous le promettons tous...

GERVAISE. Eh bien! cette boîte vient à madame de son mari, qui l'a eue par héritage. Comme cet objet avait été bénit par

* Michel, Gervaise, Jean.

un saint personnage, il y a déjà plus d'un siècle, c'est à son influence que la mère de M. Cerdic avait attribué la manière miraculeuse dont son mari avait échappé à tous les périls de la vie de marin... Elle l'avait transmise à son fils après avoir vu enterrer son défunt; mais M. Cerdic ne l'a portée que par complaisance, et, dès qu'il a eu fermé les yeux de sa mère, il n'a plus voulu s'en servir... Ou cet objet n'a pas de vertu, a-t-il dit, et il est inutile que je le porte, ou bien il en a, et alors je ne veux pas qu'on dise que le capitaine Cerdic ne partage jamais les périls de son équipage. Madame, qui ne doute pas de la bénédiction du saint personnage, l'a supplié d'emporter cette boîte dans ses traversées; cela n'a servi qu'à amener entre eux la première querelle que j'aie vue, et il a même défendu à madame de laisser jamais reparaître ce bijou à ses yeux... A présent vous en savez autant que moi.

MICHEL. Eh bien! je vous réponds que, si j'avais cette boîte seulement une heure en mon pouvoir, j'irais sur-le-champ chercher dispute à ces maudits gardes du pavillon.

JEAN. Toi? laisse donc... tu ne l'oserais pas...

MICHEL. Je ne l'oserais pas... si la boîte était bonne... Eh bien! je te parie une chopine de vin à boire sur-le-champ devant tous...

JEAN. Ça va...

MICHEL, *appelant et frappant sur la table.* Garçon! garçon!

GERVAISE. Que fais-tu, Michel? c'est la taverne des gardes du pavillon.

MICHEL. Raison de plus... Garçon! garçon!

GERVAISE. Mais, malheureux! il y a un écriteau... lis.

MICHEL. Voyons: (*Il lit.*) « Il est défendu de boire et de manger ici tant que les gardes du pavillon y seront... » (*Haut.*) Voyez-vous cette insolence?

GERVAISE. Il y a encore quelque chose.

MICHEL, *lisant.* « Après leur départ, on sera libre de manger leurs restes, s'il y en a, au prix double de la carte ordinaire. »

JEAN. Hein! en voilà de l'hardiesse!...

MICHEL. Ah çà! mais c'est une farce amère! Comment! ils empêchent qu'on s'amuse, qu'on sorte librement... passe encore pour ça.... mais maintenant ils veulent empêcher qu'on boive et qu'on mange... Oh! cette fois-ci je me révolutionne... je veux boire et je boirai... je boirai du vin du père Marcel; c'est le meilleur et le moins cher... Garçon!...

Il frappe sur la table.

GERVAISE. Mais tu vas te faire assommer...

MICHEL. J'aime mieux ça que de mourir de soif... D'ailleurs, après tout, un homme en vaut un autre, et celui qui est à jeun doit être fièrement plus rageur que celui qui a bien soupé. (*Il appelle*). Garçon! garçon!

SCENE IV.

* LES MÊMES, D'ANDREVILLE, *une serviette sous le bras et une paire de pistolets à la main.*

D'ANDREVILLE. Voilà, monsieur... Que désirez-vous?

MICHEL. Pardon... je ne croyais pas...

D'ANDREVILLE. Monsieur veut-il choisir?

MICHEL. Pardon, ce n'est pas ça...

D'ANDREVILLE. Ah! monsieur préfère l'épée... à son choix.

Il porte la main à la sienne.

MICHEL. Pardon, ce n'est pas à vous... c'est au garçon...

JEAN. A-t-il peur! a-t-il peur!

D'ANDREVILLE. C'est moi qui suis garçon traiteur pour le moment, et je vous jure que je vous traiterai bien.

MICHEL. Je vous remercie, je n'ai plus soif.

D'ANDREVILLE. Ah! vous n'avez plus soif... pourtant, les choses ne peuvent se passer ainsi... il faut que vous preniez quelque chose... vous ou quelqu'un de ces messieurs... voyons, qui est-ce qui a soif?... parlez...

Il avance au milieu de la foule, qui recule devant lui.

JEAN. Le plus sûr c'est de s'en aller.

D'ANDREVILLE. Personne ne répond?... Comment! vous me dérangez ainsi inutilement!... Ça ne se passera pas comme ça... Et morbleu! le premier qui ne boira pas...

Il arme un pistolet.

MICHEL. Sauve qui peut!

Tout le monde sort en courant.

SCENE V.

D'ANDREVILLE, BEAUGENCY, GARDES DU PAVILLON; *puis* SOUVRAY.

BEAUGENCY. Qu'est-ce donc qu'il y a?

D'ANDREVILLE. Oh! cela ne valait pas

* Jean, Gervaise, Michel, d'Andreville.

la peine de vous déranger... c'est moins que rien... pas même un bourgeois...

BEAUGENCY. Mais encore...

* D'ANDREVILLE. Une nuée de paysans auxquels j'ai voulu faire des politesses, et qui ont eu la grossièreté de s'enfuir à mon approche, sous prétexte que je leur faisais peur... Mais voici Souvray qui a été mandé par l'amiral... Eh bien! Souvray, quelles nouvelles?

SOUVRAY. Demain nous partons... nous allons croiser sur les côtes d'Angleterre.

D'ANDREVILLE. Ah! tant mieux; je commençais à m'ennuyer... mystifier toujours les autres, c'est si monotone!

SOUVRAY. Ah! bah! le bourgeois est si amusant à vexer!

D'ANDREVILLE. Non, il n'y a pas de plaisir avec lui, il ne se fâche pas. On l'empêche de sortir, il se trouve bien chez lui; on l'empêche de rentrer, il se trouve bien dehors; on lui interdit le spectacle, les acteurs étaient mauvais... on lui prend sa femme... ça le débarrasse. Parlez-moi de l'Anglais au moins... Si nous lui envoyons une bordée, il prend très-bien la plaisanterie, il nous en rend une autre... Nous le coulons ou il nous coule... il y a de l'enjeu... ça va... Et puis, je ne suis pas fâché de revoir l'eau; c'est un bel élément! Depuis huit jours que nous n'avons mis le pied à bord et que nous buvons ici, sans la pluie, nous n'en aurions pas vu une goutte... La terre, qu'est-ce que c'est ça? la terre, la très-humble servante de l'Océan... c'est bon tout au plus pour faire sécher le poisson. Messieurs, je ne connais qu'un élément supérieur à l'eau, c'est le vin!

SOUVRAY et LES AUTRES. Bien dit.

Henri paraît au fond.

D'ANDREVILLE. Mais qu'est-ce que j'aperçois là-bas?... On dirait...

SOUVRAY. Qu'est-ce que c'est? Eh! parbleu! oui... je ne me trompe pas... c'est notre ancien camarade, Henri de Marsay...

SCENE VI.

* LES MÊMES, HENRI DE MARAY.

HENRI. D'Andreville!

D'ANDREVILLE. Mon cher Henri... (*Ils s'embrassent.*) Avec quel plaisir je te revois!.. par quel hasard?

HENRI. Ce n'est point un hasard... je viens exprès.

D'ANDREVILLE. En effet, tu faisais autrefois tes études pour entrer dans la marine. Est-ce que tu serais des nôtres?

HENRI. Peut-être.

* Beaugency, d'Andreville, Souvray.
* Beaugency, d'Andreville, de Marsay, Souvray.

D'ANDREVILLE. Tant mieux, morbleu! Messieurs, je vous présente le comte Henri de Marsay, mon ami et notre camarade.

HENRI. C'est un titre que j'ambitionne, messieurs, mais dont je ne suis pas encore certain.

D'ANDREVILLE. Pourquoi cela?

HENRI. Le ministre m'a envoyé ici avec le brevet de garde du pavillon que ma famille a sollicité; mais je suis encore libre d'accepter ou de refuser cette faveur, et aujourd'hui même l'issue d'une affaire qui m'a attiré à Brest doit me décider.

D'ANDREVILLE. Il faut accepter. Ah! tu ne connais pas la vie joyeuse que nous menons ici. Garde du pavillon! quel beau titre!... Avec cela, vois-tu, on pénètre partout, on arrive à tout, on a tout, on peut tout. Le garde du pavillon est l'enfant gâté des femmes, la terreur des maris, le roi des hommes et la gloire des marins. Le garde du pavillon est maître dans Brest, comme l'amiral l'est sur son bord; il soumet tout à ses volontés, à ses caprices, fait des dettes et ne les paie pas, des maîtresses et ne leur est pas fidèle, des sottises sans les réparer; trompe les femmes, se moque des hommes, insulte les officiers bleus, rosse les bourgeois, et ne déroge que pour les bourgeoises.

HENRI. Une pareille vie peut te convenir parfaitement à toi que j'ai toujours connu d'un si heureux caractère... Mais moi...

D'ANDREVILLE. En effet, tu es tout triste, tout étonné... Est-ce que tu serais amoureux?

HENRI. Amoureux... moi!

D'ANDREVILLE. Je le parie... Messieurs, est-ce que ce n'est pas bien là une figure d'amoureux?

HENRI. Mais je te jure...

D'ANDREVILLE. Oh! tu nies.... alors ce doit être une femme mariée... tant mieux! encore un vengeur pour moi.

HENRI. Un vengeur!

D'ANDREVILLE. Oui. Que je te conte cela... Depuis que nous nous sommes perdus de vue sur cet océan de Paris, il m'est arrivé une foule de choses; j'ai été tourmenté, menacé d'être abbé, marié et cœtera... puis enfin garde du pavillon pour changer de périls.

HENRI. Explique-toi.

D'ANDREVILLE. Tu sais que j'avais le tort, quand tu m'as connu, d'être le troisième enfant d'une famille médiocrement riche et excessivement noble. L'aîné comme toujours, prit le patrimoine entier, afin de faire figure pour nous tous; il se dévoua pour ça. Mon frère le second de la famille n'eut rien ; moi je fus traité en proportion descendante... Tu vois que ça ne fait pas grand'chose à recueillir. Il fut décidé dans le conseil de famille que je n'étais plus bon qu'à faire un abbé. Je commençai alors à croire ce qu'on me disait depuis si long-temps... que je ne valais rien... Quoi qu'il en soit, comme je ne m'étais senti jamais de vocation que pour entrer dans les couvens de femmes, j'opposai une résistance héroïque, je criai à l'injustice, je maudis les préjugés de la naissance... Enfin un de mes oncles, qui m'avait pris en amitié, m'annonça qu'il avait trouvé un moyen de me sauver de l'apostolat, dont je me sentais si indigne ; c'était d'épouser une héritière de sa connaissance, prodigieusement riche, à qui j'avais plu sans la voir moi-même. Il m'engagea à la prendre les yeux fermés. Hélas ! c'est ce que je pouvais faire de mieux, car, quand on m'apporta son portrait, je reculai d'horreur !... et il était flatté.

HENRI. Et enfin ?...

D'ANDREVILLE. Enfin ! que veux-tu ? je ne pouvais éviter autrement de me laisser prendre au petit collet. Je pensais, d'ailleurs, que, dans un mariage pareil, il y avait un apprentissage de bravoure qui me compterait pour mes campagnes. J'épousai : je fus pendant six mois le plus résigné des époux !... Pas une plainte à former contre ma femme, qui était, je l'avoue, la douceur même... pas moyen de lui chercher querelle !..... tu conçois quelle existence c'était !... Enfin le ciel ou plutôt le diable vint à mon aide !... Un soir, en rentrant chez moi, je surprends un amant !

HENRI. Un amant !

D'ANDREVILLE. Oui ; qui s'enfuit sans que je le pusse reconnaître ! Je comprends sa honte !... être surpris avec ma femme, et sans y être forcé encore !... Alors je tempêtai, je fis parler la morale indignée, je déclarai ne pouvoir survivre à un tel scandale, et je m'enfuis désespéré, en passant par la caisse de notre banquier. J'arrivai à Brest, je m'enrôlai parmi les gardes du pavillon, où j'ai mangé mon argent pour m'en défaire, et où je fais le siége de toutes les femmes pour me venger : c'est la loi du talion, c'est le droit des représailles, tout-puissant à la guerre ; j'ai fait entrer tous mes amis dans mon plan de vengeance !... Tu y entreras toi-même !... Cependant nous avons encore de la clémence : nous faisons grâce aux laides.

HENRI. Et tu ne donnes plus de tes nouvelles à ta femme ?

D'ANDREVILLE. Oh ! si fait ! très-régulièrement par mes créanciers... Je lui envoie tous les mois des lettres... des lettres de change !... Ah çà ! voyons, confidence pour confidence, parle-nous de tes amours.

HENRI. Mais je te jure que je n'ai rien à dire.

D'ANDREVILLE. Tu peux me dire ça à moi... je comprends les passions... Moi et toutes les femmes, excepté la mienne, nous étions nés l'un pour l'autre. (*De Marsay fait un signe de refus.*) Tu fais le discret !... Nous saurons bien te forcer à parler... Messieurs, grisons-le.

HENRI. Me griser !...

D'ANDREVILLE. Sans doute : à la nuit, nous avons ordre de nous embarquer. Jusque là, nous ne quittons pas cette taverne... Nous allons faire ensemble notre dernière orgie... une orgie grandiose... et tu ne peux pas te dispenser d'y assister...

HENRI. Je te remercie, mais...

D'ANDREVILLE. Ce serait manquer au premier devoir d'un garde du pavillon... Une orgie avant le départ... mais, mon ami, c'est aussi nécessaire au marin que le baptême à l'idolâtre.. C'est sacré !... Marcel ! Marcel !... *

MARCEL, *accourant*. Me voilà, monsieur.

D'ANDREVILLE. Mets tout ce que tu as dans les casseroles ou à la broche ; si tu n'as rien, va chez les bourgeois, et emprunte-leur au nom des gardes du pavillon ; monte ta cave tout entière dans la salle à manger. C'est la dernière fois que tu as l'honneur de nous faire crédit ; nous partons demain pour frotter les Anglais.

MARCEL. Ah çà ! n'allez pas vous faire tuer... je n'ai que vos personnes pour gage de vos créances.

D'ANDREVILLE. Imbécile ! Est-ce que nous achetons nos quittances si cher ? Allons, leste, et sers chaud. Nous, camarades, allons faire dresser le couvert et inspecter la cuisine et la cave. Viens, Henri.

HENRI. Je ne le puis, d'Andreville... C'est avec le plus grand regret, mais, incertain comme je le suis encore, ces messieurs voudront bien m'excuser... Insister davantage, ce serait me désobliger.

D'ANDREVILLE. Allons, à ton aise, monsieur l'amoureux... Chacun prend son plaisir où il le trouve... toi à soupirer, nous à boire... Comment ! tu as le départ si triste que ça !... Il a toute la mine d'un homme qui va faire son testament... moi ! le mien ne serait pas long ; je n'ai plus que des dettes, et je les lègue à ma femme.

Il sort avec les gardes du pavillon.

* Beaugency, Souvray, de Marsay, d'Andreville, Marcel.

SCENE VII.
HENRI, seul.

Oh! qu'il me tardait de le voir s'éloigner!... Marianne peut revenir d'un moment à l'autre, et j'ai tant besoin de lui parler!.. Que va-t-elle me dire, ô mon Dieu! en me voyant ici malgré sa défense?... Pourvu qu'elle veuille m'entendre!... Oh! oui! dussé-je affronter sa colère, son mépris, je veux la voir, lui parler une dernière fois... Marianne! Marianne! Mais j'aperçois quelqu'un qui s'approche de ce côté... c'est une femme... c'est elle!... O mon Dieu! mon Dieu!... du courage! car je tremble comme un enfant.

SCENE VIII.
HENRI, MARIANNE.

MARIANNE, *à part*. Je suis plus calme maintenant... Oui, c'était bien le vaisseau de Cerdic qu'on avait signalé et qu'on voit maintenant paraître à l'horizon... Allons, rentrons embrasser ma fille... (*Apercevant Henri.*) Ciel! que vois-je?... se peut-il?... Monsieur de Marsay!..

HENRI. Oui, madame, c'est moi.

MARIANNE. Malgré ma défense.

HENRI. Malgré votre arrêt. Je ne l'avais pas mérité... Être éloigné de vous, c'est l'exil! Et quel est mon crime pour le subir?

MARIANNE. Quel est votre but? que voulez-vous... je ne puis croire que vous soyez amené ici par des espérances dont je pensais vous avoir prouvé la folie.

HENRI. Vous me demandez quel est mon but, je l'ignore... mes espérances, je n'en ai point!... j'avais besoin de vivre et loin de vous, je me mourais! Ici l'on souffre encore, mais l'on vous voit du moins.

MARIANNE. Ah! je comprends! vous n'avez pas voulu souffrir seul. Il vous console de penser qu'en échange de vos douleurs vous rendez à une femme des tourmens, des inquiétudes qu'elle ne mérite pas, et au-devant desquels elle n'a jamais été.

HENRI. Oh! pardonnez-moi... si je vous fais souffrir!... pardonnez-moi!... Je ne veux point troubler votre repos... non... mais laissez-moi vous voir... respirer le même air que vous, habiter la même ville.

MARIANNE. Mais cela est impossible... et quand je devrais même ajouter foi à cette passion à laquelle je ne veux pas, je ne dois pas croire, quand même je serais assez faible pour tolérer votre présence, qui serait un danger pour mon repos, mais non pour ma conscience, je ne puis enfreindre un vœu de mon mari que je dois respecter à tout prix. On lui a dit que vous m'aviez recherchée avant mon mariage, que j'avais refusé cette union où ma naissance eût humilié votre famille!... On lui a dit qu'à mon dernier voyage à Paris vous vous étiez attaché à mes pas...

HENRI, *vivement*. Quel espion a osé...?

MARIANNE. Oh! pas un soupçon n'est entré dans le cœur de Cerdic sur la mère de son enfant... Mais la jalousie en a-t-elle besoin?... « Marianne, m'a-t-il dit, je crois à ton honneur comme à celui de ma mère, mais pardonne à ma faiblesse... je me sentirais peut-être humilié de la comparaison involontaire que tu ferais entre un homme noble, jeune, doué de tous les prestiges que peuvent donner l'usage, le monde et l'éducation, avec moi, moi, déjà vieux pour toi, moi, sorti du peuple, simple marin!... Si je t'ai plu, si tu m'as aimé, c'est que peut-être ta famille t'avait empêchée de fréquenter cette société pour laquelle tu es née, et dont les séductions t'auraient fait rejeter mon alliance. Mais daigne exaucer mon vœu... ne reçois pas ce jeune homme... Je ne doute pas de ta vertu, de ton amour, je ne doute que de moi.

HENRI. Et vous me condamnez à un désespoir éternel, à la mort peut-être.... pour satisfaire à cette injuste exigence.

MARIANNE. Oui, injuste... car il n'avait à redouter aucune comparaison... Oui, c'est un homme du peuple, un marin; mais c'est pour moi le défenseur le plus fier et le plus terrible, l'esclave le plus soumis et le plus respectueux! Cet homme, qui ne tremble devant aucun péril, frémit de me causer un chagrin et recule avec épouvante devant une de mes larmes... il me sacrifierait jusqu'au beau nom qu'il m'a donné, jusqu'à sa gloire... je ne parle pas de sa vie... il l'expose tous les jours pour son pays qu'il aime moins que moi... Et vous voulez que dans ce moment j'aille encourager l'aveu d'une passion qu'il est déjà criminel d'écouter? Oh! monsieur, s'il en était ainsi, comment oserais-je tout-à-l'heure l'embrasser quand il va revenir? comment oserais-je embrasser mon enfant? Oh! non, laissez-moi, de grâce!... laissez-moi!... J'ai déjà des inquiétudes de vous avoir écouté si long-temps; si cet entretien se prolongeait, je crois que j'aurais des remords...

HENRI. Oh! j'aurais dû rester éloigné de vous. C'est une fatalité bien cruelle en effet qui m'a poussé à venir ici écouter de votre bouche l'éloge de l'homme que je dois le plus détester au monde... Mais si vous saviez combien je souffre... quand je pense que vous auriez pu être à moi, et que, pour de misérables intérêts d'argent, pour ne pas vous sentir humiliée devant une famille, vous m'avez condamné à un désespoir éternel en vous jetant brusquement dans les bras d'un autre!... Ah! voyez-vous, vous ne savez, vous ne pouvez pas soupçonner tout ce qu'il y a d'infernales tortures au fond de cette espérance déçue, de ce bonheur manqué de si près... oh! si vous le saviez... vous ne me parleriez pas comme vous faites... vous auriez au moins un peu de pitié... vous m'accorderiez quelques larmes pour celles qui chargent ma paupière sans pouvoir sortir!... qui m'étouffent... qui m'oppressent... qui me dévorent... Oh! pitié... pitié... si vous saviez comme je suis malheureux!..

MARIANNE, *à part*. O mon Dieu! que cet homme me fait mal!... (*Haut*.) Monsieur de Marsay, de grâce, pardonnez-moi à votre tour ce que j'ai pu vous dire de trop cruel... mais, voyez-vous, il faut que nous séparions... c'est dans votre intérêt, croyez-moi...

HENRI. Oui, vous avez raison... après tout, un homme né pour braver la mort ne doit pas succomber devant la douleur... Puisqu'il ne me reste plus qu'à mourir, au moins je puis me choisir une fin et me la faire glorieuse. Ce brevet d'officier de marine que j'allais refuser, je l'accepte... On part demain pour aller combattre les escadres anglaises, je partirai... voilà du moins pour moi une chance d'être guéri.

MARIANNE. Oh! ne parlez pas ainsi, avec cette ironie amère!... elle déchire mon cœur, qui voudrait tant adoucir vos souffrances... Puisque vous voulez abandonner en désespéré l'existence brillante qui vous attendait à Versailles, votre projet est du moins noble et beau... ce n'est que votre but que je blâme... Monsieur de Marsay, ne faites que braver la mort, et ne songez qu'à la gloire qui vous attend...

HENRI. La gloire! la gloire! sans vous!... Et qu'en ferais-je? Eh! encore si j'emportais dans mes traversées quelque gage de votre amitié... et, si c'est trop dire, de votre compassion... je ne chercherais jamais à vous revoir!... vous en avez ma parole de gentilhomme. Mais, en échange de ce sacrifice auprès duquel celui de ma vie ne serait rien, ne m'accorderez-vous pas quelque souvenir? quelque chose avec quoi je puisse parler de vous? quelque chose sur laquelle mes lèvres puissent rendre le dernier soupir?

MARIANNE. Monsieur de Marsay!... Mais que voulez-vous? que puis-je vous donner?.. (*A part*.) Oh! qu'il s'éloigne!... qu'il s'éloigne!... car avant de voir couler ses larmes, oh! je ne savais pas tout ce que je ressentais pour lui... mais il serait bien cruel pourtant de ne pas exaucer son dernier vœu... On peut se montrer bienveillante avec un homme qu'on ne reverra jamais!... et cependant je ne sais...

HENRI. Pour la dernière fois, ne me refusez pas, madame... Est-ce donc un crime que de donner un souvenir à celui qui vous donne sa vie?

MARIANNE. Oh! silence!... monsieur... silence!... on vient!...

SCENE IX.
LES MÊMES, GERVAISE.

GERVAISE. Madame, voici votre boîte que je viens de chercher chez votre orfèvre.

MARIANNE. Oh! merci, ma bonne Gervaise... c'est bien, je suis contente... retourne auprès de ma fille.

Gervaise sort.

SCENE X.
MARIANNE, HENRI.

HENRI. Puisque vous ne répondez pas, madame, adieu!... dans une heure je serai à bord, demain en mer, et avant huit jours peut-être...

Il s'éloigne lentement.

MARIANNE, *à part*. Cette boîte, que Cerdic ne veut plus qu'on montre à ses yeux... et qui sauverait peut-être ce malheureux jeune homme... Mais cependant je n'ose m'en séparer... O mon Dieu! le voilà qui s'éloigne... (*Haut*.) Monsieur de Marsay!...

HENRI. Madame!...

MARIANNE. Tenez! tenez! vous allez courir bien des dangers... On dit que cette boîte, bénite par un saint prêtre, a une vertu pour préserver de toute mort violente!... c'était une vieille mère qui le disait à son fils... Vous le savez, les femmes se font comme cela des idées; moi, je n'ose pas y croire à ce pouvoir... mais gardez du moins cette boîte en souvenir de mon amitié.

HENRI. Cette boîte!... cette boîte que vos mains ont touchée... à moi!... pour moi!... Ah! c'est votre souffle qui l'a bénite... c'est vous qui en avez fait un talisman... Oh! que vous êtes bonne... oh! je vous rends grâce... oh! il y a donc encore pour moi quelque bonheur sur la terre! dans ce souvenir de vous... dans ce témoignage de votre amitié se résument toutes mes affections, toutes mes croyances, toutes mes illusions... Oh! merci!... mille fois merci!...

MARIANNE. O mon Dieu! maintenant, ce que j'ai fait... j'en tremble!... j'en ai peur!...

HENRI. Vous en avez du repentir?..

MARIANNE. Non... seulement des remords!... oh! du moins, cachez bien à tous les regards... à toutes les questions...

HENRI. Ah! pouvez-vous en douter?

MARIANNE. C'est parce que je ne dois jamais vous revoir que je me suis décidée à ce sacrifice... Henri!

HENRI. Henri! elle m'a appelé Henri!... C'est la première fois...

MARIANNE. C'est la dernière... monsieur de Marsay, adieu! L'épouse du capitaine Cerdic fait des vœux pour votre tranquillité et pour votre gloire... Adieu! ne me suivez pas... adieu! adieu pour toujours!...

Elle rentre dans la maison.

SCENE XI.
HENRI, seul.

O mon Dieu! est-il bien vrai que je ne la reverrai plus?...... Malheureux!... moi qui croyais pouvoir encore supporter la vie.... Oh! gage de la bienveillance de celle que j'aime, console-moi de sa perte, s'il se peut; parle-moi d'elle sans cesse.... ne me quitte plus dans tous mes périls.... sois inséparable de moi comme mon amour! viens reposer sur ce cœur qu'elle remplit tout entier; et reste là, reste toujours là, jusqu'à ce qu'enfin un boulet ennemi t'y fasse entrer... Oh! viendront-ils bientôt ces périls qui doivent m'étourdir sur mes chagrins ou y mettre le seul terme que j'y puisse espérer? (*On entend du bruit et des cris dans la taverne.*) Mais j'entends d'Andreville et ses amis qui reviennent... évitons-les... ma douleur est une de celles dont on ne veut pas se distraire et dont on ne peut pas se consoler.

Il sort.

SCENE XII.
D'ANDREVILLE, BEAUGENCY, SOUVRAY, GARDES DU PAVILLON.

Nuit graduelle pendant cette scène.

D'ANDREVILLE. Mais, messieurs, écoutez-moi donc.... Nous ne pouvons pas nous en aller ainsi... Et le punch du départ?

SOUVRAY. C'est juste... rentrons.

D'ANDREVILLE. Au contraire, restez... J'ai pensé à tout, moi... Nous prendrons ce punch au grand air.... ça rafraîchit et ça donne des idées... et ça fera passer le goût du vin... qui était détestable. Ce Marcel s'imagine, parce que je suis marié, que je m'habitue à être trompé. (*Marcel apporte du punch.*[*]) Voici notre gargarisme... buvons.

TOUS. Buvons.

Ils boivent.

D'ANDREVILLE. Eh bien! messieurs, est-ce que la place n'est pas merveilleusement choisie? Nous voyons coucher le soleil, et, s'il arrive quelque bâtiment, nous répondrons à ses salves par une rasade.

SOUVRAY. On n'attend qu'un vaisseau, et c'est celui de cet armateur bourgeois, Charles Cerdic.

D'ANDREVILLE. Ah! cet officier bleu... à qui on a retiré le commandement des frégates de l'état parce que les gentilshommes ne voulaient pas servir sous lui!... On ne sait pas d'où ça est sorti! Les braves négocians en retour se sont révoltés contre cette mesure de prudence... Ils ont fait construire et armer à leurs frais le Prométhée, dont ils lui ont donné le commandement, de sorte qu'il fait maintenant de la gloire de contrebande et du patriotisme extra-légal. Qu'il se batte bien... qu'il ait coulé des vaisseaux anglais, c'est possible!... il faut qu'il ait quelque chose pour lui; mais qu'il ne s'avise jamais d'embarrasser mon chemin, ou je lui prouverai à ses dépens que je ne suis pas un Anglais.

SOUVRAY. Oh! s'il a réussi jusqu'à présent, c'est qu'il n'a jamais eu affaire qu'à des écumeurs comme lui!

BEAUGENCY. Rien n'est étonnant comme l'idolâtrie qu'il inspire au peuple. Je crois que, s'il était là, nous serions menacés dans notre bonne ville de Brest d'une révolte dont il serait le chef.

SOUVRAY. C'est là le fruit de ces doctrines philosophiques qui se répandent dans la masse, et qui sembleraient vouloir changer la face de l'Etat, si c'était possible.

D'ANDREVILLE. Bah! bah! ces rêves-là ne m'empêcheront pas de dormir... Mais trève de politique; occupons-nous de choses plus sérieuses... Dites donc, est-ce que nous retournerons au vaisseau comme nous en sommes venus?

SOUVRAY. Et comment donc veux-tu que nous y retournions?

D'ANDREVILLE. Mais, mes amis, pour des enfans de bonne maison, nous sommes d'une négligence impardonnable..... Il manque à notre fête la plus belle chose.

[*] Souvray, d'Andreville, Beaugency.

BEAUGENCY. Quoi donc?
D'ANDREVILLE. Des femmes.
BEAUGENCY. Il a raison.
TOUS. Oui, oui, des femmes!
SOUVRAY. Mais où en trouver?... surtout à l'heure qu'il est?
D'ANDREVILLE. C'est moi qui suis le coupable... J'aurais dû songer à cela, moi qui organise toutes nos orgies... Mais je vais réparer ma faute.
BEAUGENCY. Comment cela?
D'ANDREVILLE. Buvons d'abord.
TOUS. Oui, buvons.
Ils boivent.
MARIANNE, *à la fenêtre.* Il me semble... Oui!... là-bas... sur la mer!... un bâtiment... de loin... Ce jour qui baisse m'empêche de bien distinguer. Oh! descendons, courons vite... Non, non, c'était une vapeur à l'horizon... Oh! j'ai tant besoin de revoir Cerdic!...
Elle rentre.
SOUVRAY. Eh bien! t'expliqueras-tu maintenant?
D'ANDREVILLE. Oui. La première femme qui passe sur cette place, je l'enlève.
TOUS. Bravo!
SOUVRAY. Tu ne l'oseras pas.
D'ANDREVILLE. Je ne l'oserai pas... veux-tu parier.... les diamans de la couronne?
SOUVRAY. Non, car si tu perdais, tu me paierais comme tes créanciers... Mais à l'un de nous deux revient le droit de commander le prochain abordage... que celui qui perdra cède ses prétentions à l'autre.
D'ANDREVILLE. Trinque... Souvray, tu as perdu!
BEAUGENCY. Ce d'Andreville est le diable!...
D'ANDREVILLE. Pas d'insulte, messieurs... Il ne m'est pas prouvé que le diable soit gentilhomme!...
MARIANNE, *à la fenêtre.* Grand Dieu! cette fois, je ne me trompe pas! oui, c'est bien son vaisseau... Oui, plus de doute! une embarcation s'en détache et vient de ce côté... Descendons... descendons, je l'embrasserai quelques instans plus tôt.
Elle disparaît.
D'ANDREVILLE. Oui, qu'il se présente une femme!... quelle qu'elle soit! je l'enlève!
SOUVRAY. Quand elle serait vieille!...
BEAUGENCY. Quand elle serait laide!
D'ANDREVILLE. Quand ce serait ma femme!

●●

SCÈNE XIII.
LES MÊMES, MARIANNE.

D'ANDREVILLE. Oh! enfin en voilà une... Restez, messieurs, restez, laissez-moi faire. (*Il s'approche de Marianne.*) Madame, voulez-vous me faire l'honneur d'accepter mon bras?
MARIANNE, *passant rapidement*[*]. Monsieur, je ne vous connais pas.
D'ANDREVILLE. Ni moi non plus; sans ça, où serait le plaisir? Si nous nous connaissions, ce serait la chose la plus simple; mais, ne nous étant jamais vus, convenez que c'est original.
MARIANNE. Mais monsieur...
D'ANDREVILLE. Allons, madame, vous voyez que j'y mets de la politesse, des formes, et je ne voudrais pas être obligé...
Il veut lui prendre le bras.
MARIANNE. Grand Dieu! en quelles mains suis-je tombée!... Qui êtes-vous? Ah! vous vous trompez, ce n'est pas à moi que vous en voulez... Laissez-moi... laissez-moi...
D'ANDREVILLE. Vous laisser!... Non pas!... vous n'avez pas le moindre titre à la clémence: ni laide ni vieille! Allons, madame, veuillez nous accompagner à bord.
TOUS. Oui, à bord!
MARIANNE. A bord!... Mais je ne me trompe pas!... des épaulettes, des uniformes!... ce sont des officiers de marine.... Ah! je suis sauvée!... Messieurs, vous ne savez pas qui vous insultez... Je suis la femme de Cerdic, un officier, un marin comme vous... celui qui a fait amener pavillon à trente navires anglais; qui compte dix-huit blessures reçues dans quarante combats... Oh! vous ne voudrez pas déshonorer un de vos frères d'armes, insulter à une gloire si parente de la vôtre... Officiers de marine, qui que vous soyez, respect, respect à la femme de Cerdic le Breton!
D'ANDREVILLE. Cerdic! Cerdic, dites-vous?... cet officier bleu, le plus insolent de tous!... Comment! il oserait, au nez et à la barbe des gardes du pavillon, avoir une aussi jolie femme!.. Oh! le ciel est juste en nous jetant sur votre passage.... il nous fait réparer un oubli... Les jolies femmes appartiennent aux nobles marins.
Il lui montre ses camarades prêts à la saisir.
MARIANNE. Quoi! vous oseriez!... Oh! lâcheté! lâcheté! dix hommes contre une femme!... Eh bien! si ce n'est point par honneur que vous me respectiez, que ce soit par prudence du moins! Cerdic revient; il est en mer... il approche de la côte... Tremblez! tremblez!... Si vous l'insultez dans tout ce qu'il a de plus cher, tremblez! Et ne vous croyez pas en sûreté

[*] D'Andreville, Marianne, Souvray, Beaugency.

sur vos vaisseaux; il extermine toujours ceux qu'il attaque, et ce n'est pas en combattant des lâches comme vous qu'il succomberait.

D'ANDREVILLE. Oh! oh! de la colère, des insultes! c'est fort maladroit dans votre situation; car enfin, si nous vous laissions aller, vous croiriez que nous avons peur. Vous continuerez vos déclamations à bord. Allons, allons, plus de délai; et, puisqu'il le faut, employons la force avec toute la douceur possible.

Ils la saisissent.

MARIANNE, *se débattant*. Au secours! au secours!... Et Cerdic n'est pas loin peut-être... Ah! fatalité! fatalité!

On l'emporte. Gervaise sort de la maison.

D'ANDREVILLE. J'ai gagné mon pari.

Il sort à la suite des gardes du pavillon.

SCENE XIV.

GERVAISE, MICHEL.

GERVAISE. Grand Dieu!... quels cris viens-je d'entendre?... Ma pauvre maîtresse n'est plus là... Une femme qu'on emporte au loin dans une barque.... Oh! plus de doute, c'est elle... Oh! malheur! malheur!

MICHEL. Qu'est-ce? qu'y a-t-il?

GERVAISE. C'est ta maîtresse qu'on enlève.

MICHEL. Qui donc?

GERVAISE. Faut-il le demander?... les damnés gardes du pavillon.

MICHEL. Se peut-il!... au moment où je venais lui annoncer l'arrivée de son mari.

GERVAISE. Son mari!

MICHEL. Oui, là... voyez de ce côté.... cette barque... c'est le capitaine Cerdic.

GERVAISE. Ah! c'est le ciel qui l'envoie. Mais pourra-t-il les rejoindre dans la nuit?... Capitaine, capitaine, par ici!

Elle fait des signes en agitant son mouchoir. Michel appelle. La barque sur laquelle sont Cerdic et les matelots apparaît, Cerdic débarque le premier.

SCENE XV.

GERVAISE, CERDIC, MICHEL, MATELOTS.

MICHEL. Capitaine, elle est enlevée.

CERDIC. Qui donc?

GERVAISE. Votre femme!

CERDIC. Marianne!... Par qui?

GERVAISE. Les gardes du pavillon.

CERDIC. Les gardes du pavillon!... Infâmes! et de quel côté?

GERVAISE. A bord du vaisseau-amiral.

CERDIC. Flambards! je croyais nos combats terminés; mais on enlève la femme de votre capitaine quand il n'est pas là pour la défendre... la laisserez-vous outrager sans vengeance?

TOUS. Non! non!

CERDIC. Ou nous, ou nos ennemis, nous périrons tous.

TOUS. Oui! oui!

CERDIC. C'est un corsaire de plus à combattre dans le port... Et vous vaincrez! car vous ne défendiez jusqu'à présent que l'honneur de nos armes... Ici, flambards, c'est l'honneur de votre nom, c'est le salut de vos familles... En mer! en mer!

TOUS. En mer!

FIN DU PREMIER ACTE.

ACTE DEUXIÈME.

Le théâtre représente la chambre commune des officiers dans le vaisseau amiral; des siéges, table à droite de l'acteur.

SCENE PREMIERE.

SOUVRAY, BEAUGENCY, D'ANDREVILLE, GARDES DU PAVILLON, HENRI.

Au lever du rideau, ils sont tous groupés autour de la scène, et endormis après l'orgie. On entend battre le tambour sur le vaisseau et crier: Changement de quart. Au même instant paraît Henri.

HENRI. Quart de huit heures, messieurs, réveillez-vous.

TOUS. Quart de huit heures.

SOUVRAY, *à deux officiers*. C'est votre tour, messieurs.

Les officiers sortent.

BEAUGENCY. Oh! vous avez perdu, mon cher comte, en n'assistant pas à notre dernière orgie... Tenez, voyez ce bienheureux d'Andreville, il dort toujours.

SOUVRAY. Il faut le réveiller... l'amiral peut venir d'un instant à l'autre. (*Il s'approche de d'Andreville.*) D'Andreville!... d'Andreville!

D'ANDREVILLE. A boire!... j'ai soif!... (*Tout le monde rit; d'Andreville se lève.*) Où suis-je? Tiens, sur le vaisseau amiral... ah! oui, je viens de faire mon quart.

SOUVRAY. Il appelle cela faire son quart-

D'ANDREVILLE. C'est drôle, je me sens tout froissé!... tout abimé... Ah! j'y suis maintenant, c'est l'orgie grandiose que nous avons commencée hier à terre et finie cette nuit à bord..... Ah!... oui, je me souviens... oh! mais nous avons été excusables de nous griser, nous buvions à la santé de tous nos parens qui sont prisonniers chez l'Anglais. Le dernier combat nous a faits tous orphelins de nos oncles, de nos cousins et de nos neveux... Mais tu n'y étais pas, Henri, à notre souper?..

HENRI. Il est vrai; retenu cette nuit dans la ville par le mauvais temps, je ne suis arrivé au vaisseau que ce matin.

D'ANDREVILLE. Figure-toi que nous avons parié avec Souvray!... Ah çà! mais où est-elle donc la belle que nous avons enlevée?

HENRI. Enlevée... vous avez enlevé une femme?

D'ANDREVILLE, se levant*. Oui, mon cher; mais avec tous les égards dus à son sexe, avec la politesse qui nous caractérise... C'était un pari avec Souvray... et je l'ai gagné!... la belle est ici.

HENRI. Vous avez osé faire cela après l'exemple de cette jeune fille qui est devenue folle?

D'ANDREVILLE. Oh! une fois n'est pas coutume... D'ailleurs, de quoi te mêles-tu, puisque tu n'es pour rien dans tout cela?

HENRI. Vous me révélez vous-mêmes des torts qui rejaillissent sur le corps tout entier dont je fais partie, et ces torts que j'assumerais sur ma tête devant le monde, j'ai bien le droit de vous les reprocher peut-être?

D'ANDREVILLE. Il paraît que c'est en qualité de prédicateur que tu es entré dans la marine?

HENRI. Si j'y suis entré, ce n'est point pour m'associer aux excès ni aux violences odieuses des officiers; c'est pour y partager les périls, pour recueillir la gloire de ce noble état que vous semblez prendre à tâche de discréditer; et si vos exploits ne changeaient pas de caractère en changeant de théâtre; si nous n'allions pas être bientôt en face d'un ennemi plus digne de nous, je dépouillerais pour jamais cet uniforme dont la seule vue fait éclater dans Brest et la haine et l'indignation. Qu'importe que vous éloigniez les périls de votre pays si vous vous payez vous-mêmes de vos services en odieux impôts levés à votre profit? Qu'importe que le tranchant de votre épée se fasse sentir aux

* Beaugency, Henri, d'Andreville, Souvray.

Anglais si du plat vous frappez sans cesse ceux que vous défendez? Ah! je connais les gens que vous méprisez, messieurs, et dont vous faites les jouets de vos caprices; n'abusez pas de leur patience, car ils aimeraient mieux être traités par vous comme des Anglais que comme des concitoyens; et prenez-y garde, ils ont pour eux le nombre et le bon droit.

SOUVRAY. Monsieur de Marsay, vous le prenez sur un ton...

D'ANDREVILLE. Laisse donc, laisse donc, Souvray; Henri est le plus novice de nous tous... indulgence pour l'innocence et la jeunesse.... dans huit jours il n'y paraîtra plus... Du reste, je vais en quelques mots calmer la noble colère d'Henri. La femme que nous avons enlevée est une vertu, mon cher... mais une vertu.... qui a su résister même aux gardes du pavillon.. Nous nous sommes inutilement efforcés de lui plaire... pas un seul n'a réussi.... et tu comprends que nous sommes trop bien élevés pour employer la violence, parce que la violence c'est très-indélicat et beaucoup moins amusant; nous avons dû respecter ses beaux sentimens... c'est assez rare pour ne pas tirer à conséquence... Ainsi tu vois que la belle qui t'intéresse tant peut être rendue à son mari sans qu'il en puisse prendre ombrage.

HENRI. Comment! elle est mariée?

D'ANDREVILLE. Parbleu! sans cela, où serait le plaisir? tu connais mes principes scrupuleux à cet égard; mais le plus amusant et ce qui a déterminé l'affaire, c'est que c'est la femme d'un officier bleu.

HENRI. D'un officier bleu!

D'ANDREVILLE. Oui, qui a presque assisté à l'enlèvement, et qui nous a poursuivis sans pouvoir nous atteindre, sans doute à cause du gros temps de cette nuit; de sorte que maintenant nous sommes obligés d'attendre ici qu'il vienne réclamer sa femme pour la lui rendre.

HENRI. Pourquoi attendre?

D'ANDREVILLE. Parce qu'il croirait que nous avons peur, que nous ne cédons qu'aux menaces de sa femme... Ça ne se doit pas... nous pouvons avoir tort, mais avoir peur, jamais. Amis, le vin est tiré, il faut le boire, c'est ma maxime.

BEAUGENCY. On le voit.

HENRI. Mais l'amiral, messieurs, l'amiral, si à son retour il apprend...

D'ANDREVILLE. Ah! c'est différent.... l'amiral aura peut-être le caractère assez mal fait pour faire fusiller deux ou trois d'entre nous, vu la récidive.... mais la crainte d'être fusillé ne doit pas plus nous faire céder que la crainte de ce Cerdic....

HENRI. Cerdic!... Cerdic... dis-tu?... C'est Marianne, la femme de Cerdic, que vous avez enlevée?

D'ANDREVILLE. Je ne sais pas si elle s'appelle Marianne ; mais à coup sûr c'est la femme de cet officier bleu, à ce qu'elle dit du moins.

HENRI. Malheureux! qu'avez-vous fait?

D'ANDREVILLE. Oh! c'est peut-être une mauvaise idée qui m'est venue là, je l'avoue; nous n'avons bu, pour nous inspirer, que du vin frelaté depuis hier... une espèce d'eau rougie qui était à peine de l'eau douce; mais n'importe, ce fameux Cerdic, cette idole du peuple de Brest viendra nous demander sa femme chapeau bas et en s'humiliant devant nous; c'est toujours quelque chose.

HENRI. Ne l'espérez pas... ce Cerdic, je le connais de réputation : il n'a jamais reculé devant le danger, et, loin de paraître ici en suppliant, il se présentera en maître.

D'ANDREVILLE. Bah! vraiment... il se fâcherait!.. on sait ces gens sans éducation... mais se présenter en maître... tu le crois?

HENRI. Je n'en doute pas.

D'ANDREVILLE. Alors, messieurs, nous sommes sauvés... Il faut attendre Cerdic ; l'insolence de cet officier bleu mettra tous les torts de son côté et nous obtiendra grâce de l'amiral... Oh! mes amis, c'est une vraie bonne fortune... venez, venez sur le pont... allons lui donner la main pour monter à bord.

HENRI. Mais écoutez du moins....

Ils sortent en riant tout haut sans l'écouter.

SCÈNE II.

HENRI, *seul.*

Ils s'en vont sans m'entendre... Oh! je ne puis me contenir plus long-temps, et je vais leur arracher la liberté de Marianne, dont l'honneur m'est plus cher que le mien! (*Il fait quelques pas.*) Insensé! que vais-je faire?... la compromettre aux yeux de ces hommes qui ne croient à aucun sentiment honorable... Non! avant tout, il faut je voie Marianne... il faut que j'apprenne de sa bouche... Mais où est-elle? où l'aura-t-on cachée?.

SCÈNE III.

HENRI, MARIANNE, *paraissant par le fond à gauche.*

HENRI. Oh! madame, je viens d'apprendre à l'instant que vous étiez ici, que vous aviez été brutalement enlevée!..... Vous! vous! Marianne...

MARIANNE. Oh!.. vous jouez bien l'étonnement, je l'avoue, monsieur de Marsay... Ce sont de bons amis que les gardes du pavillon qui se dévouent ainsi aux intérêts de votre amour ; mais vous devriez leur dire de respecter un peu plus celle qu'ils enlèvent si brutalement au bénéfice de leur nouveau camarade.

HENRI. Que dites-vous?... quoi!.. vous avez été enlevée, insultée... et vous me soupçonnez d'être l'auteur, le complice de cette horrible machination!.. moi, honoré de votre estime, d'un gage de votre bienveillance!.... moi!.... vous le pouvez croire!.... Ah! de tous les sujets d'étonnement que me donne ce jour, celui-là est encore le plus grand et le plus douloureux!

MARIANNE. Convenez du moins que mes soupçons étaient fondés.

HENRI. Vos soupçons! quoi! lorsque des misérables ont abusé de leur nombre et de leur force?

MARIANNE. Oh! rassurez-vous, si toutefois vous êtes encore jaloux! Ils ont reculé devant le sentiment de leur propre infamie!

HENRI. Ah! Ils m'avaient dit vrai!... Mais si vous voulez que je vive, que j'ose encore regarder le ciel.... dites-moi à l'instant, à l'instant même, que vous ne me croyez pas leur complice!... Oh! je ne pourrais vivre un seul moment chargé de votre mépris... Vous me répondez pas? Eh bien! vous me croirez quand je parlerai devant eux, peut-être... venez avec moi sur le pont..... je vais leur demander raison à tous de leur infamie!... L'épée qu'ils m'ont donnée va me servir contre eux, et tout mon sang coulera, s'il le faut, pour les punir de leur trahison, pour les punir surtout des soupçons que vous avez formés contre moi. Eh bien! venez! suivez-moi; venez! qui vous arrête?

MARIANNE. Henri!... non, non!... cela suffit, je vous crois... j'ai trop besoin de vous croire. C'est moins pour vous encore que pour moi que je veux conserver cette dernière illusion... (*Henri fait un mouvement*) cette dernière croyance !... Oh ! oui ! vouloir ainsi triompher par la violence d'une femme qui vous a tendu la main pour un adieu de sœur, la livrer à une troupe d'infâmes pour la ravaler jusqu'à soi... oh ! non, vous n'avez pu avoir ce projet, cette pensée...

HENRI. Ah ! que je vous remercie, Marianne ! que votre parole me fait de bien !.. Mais je ne renonce pas au droit de vous venger.

MARIANNE. Sauvez-moi plutôt !... n'allez point exposer inutilement votre vie..... Henri, un seul homme a le droit de me venger, et ce n'est pas vous... Un seul homme a le droit de me redemander et de me reprendre ; mais c'est sur votre secours que je compte pour lui faire retrouver ma trace qu'il ignore sans doute, puisque je ne l'ai pas encore revu.

HENRI. Qui ? moi, que je l'avertisse, pour qu'il vienne vous reprendre, vous séparer de moi ?

MARIANNE. Vous voyez bien, Henri, que je vous ai rendu mon estime, puisque je vous demande ce service !

HENRI*. Il suffit : vous n'aurez pas en vain compté sur ma loyauté ! Écrivez-lui que vous êtes encore digne de son amour. Écrivez vite !... (*Marianne écrit rapidement.*) Ce billet, je le lui ferai parvenir... Et une fois qu'il sera rassuré sur vous, il viendra vous réclamer... Et, comme vous le dites, lui seul a le droit de vous venger.

MARIANNE. Merci, merci, monsieur de Marsay, vous me sauvez l'honneur... Mais quel est ce bruit ?... Ce sont eux.... je les entends... Oh ! je ne veux pas paraître en leur présence.

HENRI. Venez, venez, madame, avec moi... vous serez en sûreté... Venez vite...

* Marianne, Henri.

SCÈNE IV.

SOUVRAY, D'ANDREVILLE, BEAUGENCY, GARDES DU PAVILLON ; puis CERDIC.

D'ANDREVILLE. Par ici, messieurs : il faut le recevoir dignement et montrer que notre séjour sur mer ne nous a pas fait perdre l'usage du grand monde. Asseyons-nous. (*Ils s'asseyent tous avec une gravité ironique.*) Vicomte de Beaugency, introduisez le requérant.

BEAUGENCY, *indiquant à Cerdic.* C'est ici, monsieur.

CERDIC. Ici ? Je n'aperçois pas la personne que je cherche... Messieurs, qui est-ce qui commande sur ce vaisseau ?

D'ANDREVILLE. Nous commandons tous dans cette salle où nous vous amenons exprès... L'amiral est absent pour le moment.

CERDIC. J'en suis bien aise pour son honneur.

D'ANDREVILLE. Monsieur !

CERDIC. Pas de menaces, messieurs ; je ne suis venu ici ni pour vous en faire ni pour en recevoir... Je suis venu avec le calme et la dignité d'un vieux marin dont le pavillon est attaqué, mais n'est pas outragé encore ; car s'il l'était jamais...

D'ANDREVILLE. Eh bien ! s'il l'était ?...

CERDIC. S'il l'était !...

SCÈNE V

LES MÊMES, HENRI *.

HENRI. Capitaine Cerdic, arrêtez... voici la preuve que votre femme n'a subi aucun outrage.

CERDIC. Une lettre... Une lettre de Marianne...

Il lit.

D'ANDREVILLE, *à Henri.* Tu t'es donc faufilé auprès d'elle ?

HENRI. Je l'ai cachée dans le vaisseau pour vous la soustraire, et je vais la chercher pour la rendre à son époux.

D'ANDREVILLE. Garde-t'en bien ; nous ne la laisserions pas sortir avant qu'il ne nous l'ait demandée de manière convenable.

HENRI. D'Andreville !

D'ANDREVILLE. C'est décidé !

CERDIC, *à part, après avoir lu.* J'avais besoin de cette assurance pour contenir mon indignation... Pauvre Marianne !.... Mais du sang-froid, du calme..... je me le suis promis à moi-même. (*Haut.*) Cette femme que vous avez enlevée hier, par distraction sans doute, vous ignoriez que ce fût la mienne ?

D'ANDREVILLE. Au contraire, nous le savions !... Mais il fallait bien toujours que ce fût celle de quelqu'un.

CERDIC. Ah ! vous le saviez... cela suffit... Mais votre intention est-elle de la garder plus long-temps ?

D'ANDREVILLE. Nous ne savons pas.

CERDIC. Il paraîtrait qu'alors c'est à moi à vous apprendre ce que vous devez faire. Pardonnez-moi la leçon, c'est vous qui me la demandez.

D'ANDREVILLE. Faites votre requête,..... mais n'oubliez pas que vous êtes sur un vaisseau du roi, que vous parlez à des gentilshommes de sa marine, et que vous leur devez respect...

* Souvray, d'Andreville assis, Henri un peu au fond, Cerdic, Beaugency.

CERDIC. Respect! respect! Dieu me préserve de l'oublier!.... Mais ce n'est pas parce que je suis sur un vaisseau du roi, ce n'est pas parce que je parle à des gentilshommes!... Oh! non, nous autres officiers bleus, nous faisons peu de cas de la naissance. Ce sont vos services qui me pénètrent de respect et d'admiration. Qu'ai-je fait, moi, dans ma carrière qui puisse me mériter considération?...J'ai passé dans le feu de vingt combats sur mer! mais vous, pour conquérir vos grades, vous vous êtes promenés fièrement et sans peur devant celui de toutes les cheminées de Versailles. J'ai fait amener pavillon à trente bâtimens anglais... mais vous, vous avez enlevé de force des femmes en l'absence de leurs pères ou de leurs époux. J'ai fait des descentes à main armée jusque sur la côte d'Angleterre, et j'y ai fait briller le pavillon national... vous, vous avez forcé la porte de vingt tavernes, vous vous en êtes emparés insolemment, et vous avez cru indigne de votre rôle de conquérans de payer le vin bu. Moi, j'ai le corps sillonné de vingt balles ou éclats d'obus; mais vos têtes ont été frappées vingt fois dans vos querelles par des débris de bouteilles et d'assiettes. Moi, j'ai parcouru en vainqueur toutes les océans du monde; mais vous, on vous a ramassés ivres morts dans tous les ruisseaux de Brest. Oh! vous avez raison... mes services ne sont rien auprès des vôtres, et pour tous les affronts dont vous voulez bien m'honorer, je vous dois respect, obéissance et remerciemens.

D'ANDRÉVILLE. Capitaine Cerdic, il est dans notre caractère de prendre très-bien la plaisanterie; mais nous tenons à la rendre... Demandez-vous seulement s'il est dans votre intérêt d'aborder avec cette ironie amère des hommes qui sont maîtres encore du trésor dont vous venez solliciter la restitution!

CERDIC. Oh! je ne crains plus rien pour Marianne; je sais qu'elle a échappé à tous les dangers de la nuit... je le sais, et pour l'avenir je suis là... car, si vos violences eussent été les plus fortes, ce n'est point seul et calme que vous m'eussiez revu; c'est avec une salve à mitraille que je vous eusse salués... c'est dans un abordage que j'eusse mis le pied sur ce vaisseau.

D'ANDRÉVILLE. Quoi! vous auriez osé attaquer un vaisseau du roi avec votre navire marchand? pavillon blanc contre pavillon blanc!

CERDIC. On ne l'aurait vu que d'un côté. Vous oubliez qu'il n'y a plus de pavillon blanc sous des taches!

SOUVRAY. Monsieur! monsieur! nous ne pouvons tolérer plus long-temps vos insultes.

TOUS. Non! non!

CERDIC. Pourquoi pas? je supporte bien votre présence... mais tout ceci me pèse. Voulez-vous, avant que nous comptions ensemble, remettre en mes mains celle que je viens chercher?

D'ANDRÉVILLE. Nous étions assez disposés à vous la rendre; mais vous avez eu tort, en nous la demandant, de nous inspirer la curiosité de voir ce que vous feriez si nous vous la refusions.

CERDIC. Vous n'attendrez pas longtemps... Mais j'ai à vous prévenir d'une chose... J'ai aussi à mon bord quelques personnes qui vous intéressent!

SOUVRAY. Quelques personnes qui nous intéressent?

CERDIC. Mais j'ai le droit de le supposer du moins. N'y a-t-il pas ici un monsieur d'Andréville qui a perdu son cousin pris par les Anglais? Un parent de l'amiral de Souvray également captif, et quelques autres officiers qui ont à déplorer des pertes semblables?

SOUVRAY. Oui, eh bien?

CERDIC. Tous ces gentilshommes des plus hautes familles de France s'étaient laissé faire prisonniers par des vaisseaux anglais: j'ai mille pardons à vous demander de mon audace très-grande, mais moi, pauvre officier bleu, j'ai osé prendre sur moi d'attaquer la frégate qui les conduisait en Angleterre, de lui faire amener pavillon, et de rendre à tous vos illustres parens une liberté roturière. J'espère, messieurs, que vous me pardonnerez ma grande hardiesse en faveur de l'intention.

D'ANDRÉVILLE. Quoi! mon cousin...

SOUVRAY. Mon oncle l'amiral...

CERDIC. Ils sont tous à mon bord, messieurs; ce sont des otages... et ils ne reviendront ici que par échange; et je vous jure, par le pavillon du capitaine Cerdic, que, si Marianne eût succombé à vos outrages, pas un de vos parens ne vivrait. Oui, vous avez été bien inspirés de vous arrêter devant le crime dangereux qu'il vous est venu à la pensée de commettre, et dont l'inexécution a sauvé votre noble famille; car, en retour de mon honneur tué par vous, je vous eusse rendu tous les corps de vos parens criblés de balles. Cadavres pour cadavres, mes gentilshommes!

SOUVRAY. Les menaces après l'insulte!... Messieurs, quoi qu'il doive arriver, dussent tous nos parens, dût mon oncle l'amiral périr pour être vengés cruellement, nous ne pouvons rendre au capitaine sa femme, nous ne pouvons faire droit à une requête si insolemment présentée.

CERDIC. Vous ne paraissez guère empressé de revoir votre oncle l'amiral, monsieur de Souvray. En hériteriez-vous par hasard? et cela vous gênerait-il de lâcher du bien dont vous vous croyez déjà le maître? Au dernier siècle, il y avait certains poisons complaisans pour les héritiers, qu'on appelait poudre de succession; peut-être aviez-vous compté que l'Anglais vous rendrait le service d'envoyer à votre respectable parent quelque boulet de succession. Eh bien! vous vous êtes trompé, votre oncle ne se porte que mieux du combat terrible qu'il a soutenu et où il a été fait prisonnier. Cela prouve adresse et prudence merveilleuse dans un amiral *.

D'ANDREVILLE. Monsieur Cerdic, assez de plaisanteries comme cela; si c'est pour vous attirer un châtiment, vous en avez dit assez; plus, ce serait du luxe... Mon avis diffère de celui de Souvray; je crois qu'il faut consentir à l'échange proposé par le capitaine; mais comme il ne faut pas payer tous les frais de la guerre avant d'avoir été bien décidément battus, monsieur Cerdic comprendra qu'il nous doit raison de toutes les plaisanteries fort spirituelles qu'il nous a adressées, et il nous prouvera qu'il n'est pas moins spirituel que ses plaisanteries par la manière dont il en subira les conséquences.

CERDIC. A votre aise, messieurs. Quel est celui qui me fera l'honneur de me châtier?

TOUS. Moi! moi!

D'ANDREVILLE. Écrivons tous nos noms, et tirons au sort.

CERDIC. Je vous engage, pour éviter la perte de temps, à élire tout de suite les trois premiers.

D'ANDREVILLE. Nous verrons s'il en est besoin. (*Ils écrivent et jettent tous leurs noms dans un chapeau. Henri, qu'on a perdu de vue pendant tout ce temps, reparaît et veut écrire son nom. D'Andreville l'arrête.*) Toi aussi! mais cela ne se peut, tu n'étais pas de la partie; tu nous as désavoués hautement.

HENRI. C'est l'honneur de votre uniforme et non celui de votre conduite que je défends; ce danger m'appartient comme les autres.

Il jette son nom dans le chapeau.

SOUVRAY. Et qui mettra la main dans ce chapeau pour en retirer le nom?

D'ANDREVILLE. Le capitaine Cerdic lui-même. En fait de châtiment, il faut au moins lui laisser la satisfaction de choisir.

* Souvray, Beaugency, d'Andreville, Cerdic.

CERDIC. Soit! (*Il met la main dans le chapeau et en retire un nom.*) Vicomte de Beaugency.

TOUS. Le vicomte!

D'ANDREVILLE. Notre prevôt de salle! Eh bien! vous avez la main heureuse, capitaine, votre affaire ne sera pas longue.

CERDIC. Le spadassin de la bande sans doute. Le ciel ne veut pas que j'aie un seul regret *.

Le combat commence, reste quelque temps indécis; les gardes du pavillon encouragent du geste et de la voix leur champion; mais enfin Beaugency blessé à mort tombe dans leurs bras; on l'emporte.

TOUS. Vengeance! vengeance!

D'ANDREVILLE. A un autre.

TOUS. Oui, à un autre.

CERDIC. Je l'espère bien aussi..... ce n'est qu'un de moins, ce n'est pas assez.

D'ANDREVILLE. Choisissez encore un combattant.

CERDIC. En vérité, je crois qu'il me vient maintenant un mouvement de pitié. Avoir pour soi la force et le bon droit... c'est trop de sécurité..... je joue à coup sûr. (*Il met la main dans le chapeau et en retire un nom.*) Henri de Marsay... Monsieur Henri de Marsay est ici?

HENRI. Il est devant vous!

CERDIC. Quoi! c'est vous, monsieur? (*A part.*) Je ne l'avais jamais vu et ne le croyais pas si bien! Lui qui m'a remis le billet de Marianne... lui ici!... Quel horrible soupçon! Ou croit Marianne enlevée... était-elle son complice?

D'ANDREVILLE. Toi, Henri, pour le premier jour exposé à un tel péril!... Tu ne sais pas te battre... tu te ferais assassiner... Un autre nom! un autre nom!

TOUS. Oui, oui, un autre.

HENRI. Non pas, messieurs, le sort m'a désigné...

Les gardes l'entourent.

CERDIC, *à part*. Oh! non, non!... mais sans doute, c'est lui qui a fait conspirer ses camarades au profit d'une passion brutale qu'elle aura repoussée. Oh! malheur à lui!... je ne voulais que désarmer mon second adversaire; mais le nom de celui-ci, c'est son arrêt de mort.

D'ANDREVILLE. Nous ne souffrirons pas que Henri combatte... il est trop jeune, il n'a pas encore l'expérience des armes.... Choisissez un autre d'entre nous.

TOUS. Oui, oui, un autre.

CERDIC. Je choisirai son successeur; mais lui, il me le faut, et je le veux!

* Souvray, Beaugency au fond, Cerdic se battant le dos tourné au public, d'Andreville, Henri.

HENRI. Et moi donc!... (*A part.*) Ah! sa haine me met à l'aise... Je n'avais que le droit de me défendre, j'ai celui d'attaquer maintenant.

CERDIC. Oh! cela fait mal, la jalousie! Oh! quand je l'aurai tué, je serai plus tranquille, j'espère.

HENRI. Monsieur, je vous attends *.

Tous font place : le duel recommence. Après quelques passes, Cerdic effleure la poitrine d'Henri, puis il baisse son épée et interrompt le combat.

CERDIC. Arrêtez! Je ne veux plus de cette lutte perfide; je consentais à me battre contre des débauchés, des ravisseurs; mais je ne me bats pas contre des traîtres et des assassins.

TOUS, *avec indignation.* Des assassins!... des traîtres!

CERDIC. Oui, oui, des traîtres!.... Car comment nommer autrement celui qui porte sur la poitrine une cuirasse en combattant un adversaire qui n'a sur la sienne que des cicatrices?

TOUS. Une cuirasse!

HENRI. Infâme fausseté!

CERDIC. Si c'était une fausseté, tu serais mort, jeune homme; tout-à-l'heure mon épée allait droit à ton cœur et l'eût traversé... mais elle a rencontré sous tes vêtemens un obstacle... c'était une cuirasse!

D'ANDREVILLE. Une cuirasse! ce serait une trahison... c'est impossible!

HENRI. Oui, une trahison.

D'ANDREVILLE. Et je ne crains pas d'en montrer la preuve.

Il ouvre violemment l'habit et la veste d'Henri, une boîte en écaille tombe. Cerdic la ramasse.

HENRI. Grand Dieu! qu'as-tu fait!

CERDIC. Cette boîte, je ne me trompe pas; oui, c'est bien elle.

D'ANDREVILLE. Vous voyez bien que ce n'était pas une cuirasse.... Et maintenant que le combat continue.

CERDIC. Cette boîte! cette boîte!... Je ne me trompe pas. (*Il l'ouvre.*) Oui, c'est bien elle.... (*Prenant de Marsay par la main.*) Jeune homme, vous portez un uniforme et une épée... Vous êtes devant la mort, qui plane sur un de nous deux. Au nom de votre honneur, si vous en avez, de votre mère, de Dieu lui-même, si vous y croyez, enfin si vous avez quelque chose de sacré au monde, au nom de cela, répondez-moi... Avez-vous volé cette boîte?

HENRI. Volé!... moi!...

CERDIC. Vous ne l'avez pas volé! Oh! non, non... si c'était cela, vous n'auriez pas osé la garder sur votre cœur... Non,

*. Cerdic, Henri sur le devant, Souvray, Beaugency au fond.

non... on vous l'a donnée... je le vois.... Oh! l'on vous a peut-être annoncé, jeune homme, quand on vous a fait ce présent, que ce talisman vous préserverait dans un duel de la mort... On ne vous a pas révélé cependant toutes ses vertus; on aurait dû vous prédire qu'il tuerait votre adversaire.

Il tombe sur un siège à droite.

HENRI, *à part.* Marianne!... Et ne pouvoir la justifier!...

D'ANDREVILLE. Eh bien! qu'attendez-vous pour continuer?... Si M. Cerdic ne veut plus t'accepter, je demande ta place.

TOUS. Nous la demandons tous.

HENRI. Je ne la cède pas.

CERDIC. Mais j'abandonne la mienne, moi! Il suffit; je me déclare vaincu, je renonce au combat; vous avez raison.... Vos parens vous seront rendus, et, quant à Marianne... ce qu'elle voudra...

D'ANDREVILLE. Ah! le sort vous a favorisé une fois, monsieur Cerdic, mais maintenant... vous sentez qu'un misérable officier de fortune ne s'attaque pas deux fois de suite heureusement à des gens de cœur et de naissance.

Ils l'entourent tous, excepté Henri.

SOUVRAY. Allons donc! allons donc! vous qui aviez tant d'insolence tout-à-l'heure, ayez en donc un peu maintenant... on ne vous demande que cela.

D'ANDREVILLE. Votre esprit satirique vous a abandonné; il paraît que vous maniez plus aisément une épigramme qu'une épée.

SOUVRAY. Comme vous voilà pâle! Faudra-t-il donc trouver un moyen de rappeler le sang sur vos joues?

D'ANDREVILLE. Messieurs, n'avons-nous pas à bord quelque cordial qui soit tout-puissant contre la peur?

CERDIC. La peur!...

SOUVRAY. Il en faudrait un contre la lâcheté.

CERDIC. Peur! lâcheté!... Misérables! peur, moi! moi, Cerdic!.... Et de qui?... de quoi?..... De vous?... soldats d'antichambres, officiers de boudoirs, qui escroquez vos titres par le privilége de l'intrigue... vous! tout gonflés de l'orgueil de l'honneur de porter une épaulette que vous déshonorez, une épée qui ne sert qu'à effrayer des femmes et des enfans... vous! misérables gentillâtres, qui, sans votre naissance, ne seriez que des valets! Oui, oui, des valets! car vous vous cacherez tous devant le premier péril. Vous déshonorerez notre pavillon, comme vous avez déshonoré votre uniforme. Ce pavillon, qui ne peut demeurer témoin de tant d'infamie, je l'arrache de ce vaisseau ! Vous n'êtes plus dignes de l'arborer, vous ne le reverrez plus ! Je le jette à la mer pour le purifier de tant de souillures.

Il arrache le pavillon au fond et le jette à la mer, à gauche; les gardes restent un instant stupéfaits et poussent un cri.

TOUS. A mort ! à mort, l'officier bleu !

CERDIC, *leur présentant deux pistolets.* Ma mort vous coûtera cher.

D'ANDREVILLE. N'importe ! Il ne peut tuer que deux d'entre nous !... et nous aurons sa vie après.

CERDIC. Deux d'entre vous ! Vous vous trompez. (*Il ouvre précipitamment une trappe.*) Au-dessous de nous est la Sainte-Barbe ! Ces deux derniers coups de feu suffiront pour anéantir ce vaisseau. Suivez-moi là, si vous l'osez. (*Tous reculent.*) Eh bien ! maintenant, mes gentilshommes, répondez... qu'est-ce qui a peur ?

Cerdic est descendu à demi dans la trappe; les officiers se consultent vivement entre eux; un enseigne de marine paraît.

L'ENSEIGNE. Messieurs, l'épée dans le fourreau... Chapeau bas !.. voici l'amiral !

ooooooooooooooooo ooooooooooooooo

SCÈNE VI.

LES MÊMES, L'AMIRAL*

L'AMIRAL. D'où vient ce tumulte, messieurs ? Des épées, des pistolets en main !.. Je sais l'origine de cette querelle, dans laquelle tous les torts appartiennent aux officiers du roi. Ils devraient se souvenir qu'il ne convient ni à leur rang ni à leur éducation de se commettre avec des officiers de bas étage et de se donner des torts vis-à-vis d'eux. Je sais que la femme du capitaine Cerdic lui a été enlevée... qu'elle lui soit rendue à l'instant même...

D'ANDREVILLE. Commandant, vous allez être obéi. Nous ne nierons point nos torts devant vous; mais votre arrivée, nous l'espérons, ne pourra mettre obstacle à la satisfaction éclatante et légitime que nous demandions au capitaine.

L'AMIRAL. Il me semble que c'était à lui plutôt à la réclamer. Ce n'est qu'un officier de fortune, il est vrai, mais enfin il est marin.

D'ANDREVILLE. Oui, commandant ! Mais, en venant redemander cette femme, il nous a prodigué des insultes dont la moindre serait trop peu payée de tout son sang... Il nous a menacés de faire fusiller nos parens qu'il a délivrés de la captivité des Anglais pour les retenir prisonniers sur

* Souvray, d'Andreville, l'Amiral, Henri au fond, Cerdic.

son bord... Il a arraché et jeté à la mer notre pavillon.

L'AMIRAL. Se peut-il?....En effet, il n'est plus là. Est-il bien vrai, capitaine Cerdic?

CERDIC. J'ai rendu insulte pour insulte; mais nous ne sommes pas quittes... Je leur dois un désespoir éternel... Dieu aidant, je m'acquitterai.

D'ANDREVILLE. J'espère, commandant, que vous comprendrez que l'honneur du corps rendait un duel à mort inévitable; aussi l'un de nous, le vicomte de Beaugency, a succombé dans la lutte.

L'AMIRAL. Quoi ! le brave vicomte !...

D'ANDREVILLE. Il est mort ! Henri de Marsay lui avait succédé, et nous aurait vengés, si M. Cerdic, lui-même, ne s'était refusé au combat ; et alors a eu lieu la scène violente que vous blâmez.

L'AMIRAL. Je cherchais un châtiment à infliger à votre première faute, messieurs, un châtiment qui fût sévère et qui ne me privât pas de vos services, dont je vais avoir besoin devant l'ennemi. Ce châtiment, je l'ai trouvé : je vous prive du droit de venger vous-mêmes l'injure irrémissible que vous avez reçue de cet officier.

D'ANDREVILLE. Quoi ! commandant... !

L'AMIRAL. L'arrêt est irrévocable. Mais l'affront que M. le capitaine Cerdic a fait à toute la marine royale, sur ce vaisseau, est trop grave pour que l'on puisse se contenter d'une réparation ordinaire... C'est moi qui me charge de le venger ! Moi, chef suprême de la marine de Brest, condamne le capitaine Charles Cerdic à dix années de détention dans les prisons de la ville, pour avoir violemment outragé l'honneur national dans son pavillon.

CERDIC. L'honneur national !... Oui, je l'ai outragé comme ces messieurs le défendent... Mais, au reste, je rends grâce à votre arrêt. M'y soumettre, c'est une démission comme une autre. Je ne veux plus servir une patrie où la famille n'est plus respectée ; je ne veux plus verser mon sang pour l'indépendance d'une nation qui la première renonce honteusement, jusqu'en ses foyers même, à sa propre liberté.

L'AMIRAL. Et maintenant, qu'on entoure le vaisseau du capitaine Cerdic, et que de force ou de gré les prisonniers soient repris.

CERDIC. Arrêtez ! Mes flambards n'obéiront qu'à moi, et, plutôt que de rendre les prisonniers sans mon ordre, ils se feraient tous hacher sur le bâtiment mitraillé... Je ne dois point les sacrifier pour une vengeance inutile et incomplète... Un porte-voix !.. (*Il s'approche de la fenêtre, et crie :*)

A bord, les prisonniers!... Les prisonniers seront ici dans cinq minutes, et maintenant qu'on me conduise à terre, dans ma prison.

SOUVRAY. Oh! nos pauvres parens, nous allons donc les revoir!

TOUS. Oui, oui, nous allons les revoir.

CERDIC. Bien! embrassez-les! savourez la joie de leur retour, de leur présence. Moi, je pars, je vais ensevelir dans un cachot le regret d'une vie perdue et de mes services payés par tant d'ingratitude! Mais quelque chose me dit là... qu'une crise terrible vous fera bientôt expier au-delà de tout le mal dont vous nous accablez depuis si long-temps... On est las de vous. Oui, jouissez bien de vos derniers momens... Epuisez jusqu'à la dernière goutte les coupes de vos orgies; car un mot terrible va luire sur la muraille du festin! car je vous annonce à tous, pour vous réveiller de votre ivresse insensée, la main vengeresse de la révolution!...

On l'entoure. La toile tombe.

FIN DU SECOND ACTE.

ACTE TROISIEME.

Une chambre dans la maison de Cerdic. Deux portes, l'une, à gauche, donnant sur le dehors; l'autre, à droite, donnant sur la chambre de Marianne; une troisième masquée, sur le premier plan à droite; une fenêtre au fond, ayant vue sur la mer.

SCENE PREMIERE.

MARIANNE, *en scène;* GERVAISE, *qui entre précipitamment.*

MARIANNE. Eh bien! Gervaise, quelles nouvelles?

GERVAISE. Toujours le massacre et la proscription... c'est le représentant arrivé d'hier... celui-là même que vous avez été forcée de loger dans cette maison, qui excite le peuple à la vengeance... si l'on m'avait dit, il y a sept ans, lorsque vous fûtes enlevée par ces gardes du pavillon, qu'un jour je les plaindrais, j'aurais bien accusé de mensonge celui qui m'eût dit cela... Ils étaient si insolens et si impitoyables alors!... mais aujourd'hui ils sont si malheureux!... ou plutôt il est à craindre qu'ils ne le soient déjà plus.

MARIANNE. Que dis-tu?... en effet, les gardes du pavillon échappés à la guerre civile étaient renfermés dans cette prison, où le peuple a pénétré pour se faire justice par lui-même...

GERVAISE. Oui, ils crient tous que les prisonniers conspiraient; qu'ils s'entendaient pour nous livrer aux Anglais, qui, en ce moment, bloquent notre port... qu'il faut égorger les aristocrates jusqu'au dernier; rien ne peut les sauver, car ils échapperaient; que nul ne pourrait donner asile à un proscrit... sans être frappé par la loi. Mais qu'avez-vous donc?... comme vous êtes pâle!

MARIANNE. Gervaise, ne fais point attention; c'est la suite de mes journées de larmes, de mes nuits sans sommeil... j'ai tant pleuré depuis que Cerdic, à peine délivré de sa prison par le peuple, qui lui a rendu son épée, est parti, sur l'ordre de la république, pour une croisière périlleuse sans vouloir me pardonner ni me revoir! il est parti en me maudissant, et il mourra peut-être en me croyant coupable, car je ne le reverrai plus sans doute...

GERVAISE. Pourquoi ces tristes pensées?

MARIANNE. Et comment veux-tu qu'il rentre dans le port au milieu de cette flotte anglaise qui foudroierait cent fois son bâtiment au passage? Non, Gervaise, non, te dis-je, je ne le reverrai plus!... je mourrai sans espérance et sans pardon!

SCENE II.

LES MÊMES, MICHEL, JEAN.

MICHEL. Victoire!... victoire!... nous sommes de retour... nous sommes vainqueurs!

JEAN. Qui? nous?...

MICHEL. Nous! M. Cerdic! il est dans Brest.

MARIANNE. Mon mari!...

MICHEL. Lui-même!... Il a filé cette nuit, comme un esturgeon, entre tous les vaisseaux anglais; ce matin, les derniers bâtimens de l'ennemi l'ont reconnu et ont voulu lui donner la chasse; ils se sont pris aux cheveux avec le capitaine... mais celui-ci les a si brusquement coudoyés qu'il est entré triomphant dans le port malgré eux... à présent nous sommes invincibles, et nous irons ce soir mettre le feu avec lui à la flotte ennemie !... quand je dis nous... c'est-à-dire lui !

MARIANNE. Cerdic! mon Dieu! il revient, et ce n'est pas pour moi !

MICHEL. Nous avons voulu le ramener en triomphe dans sa maison ; mais il s'y est refusé...

MARIANNE, à part. Je le prévoyais bien...

MICHEL. Mais, quand on lui a dit que le représentant y demeurait, il a consenti à y revenir pour demander au représentant la grâce définitive de deux gardes du pavillon que nous avons arrachés au peuple... quand je dis nous...

MARIANNE. Comment ! que dis-tu ? il a sauvé...

MICHEL. Oui, Jean va vous conter ça, c'était dans la prison... je n'y étais pas, parce que, moi, quand on se bat, c'est étonnant, ça me fait un effet... sans ça, j'aurais beaucoup aimé la guerre.

JEAN*. Oui, voilà ce qui en est... : vous savez, madame, que, depuis que je me suis établi à Brest, la maison que j'ai achetée de mes petites économies a été incendiée, même que mon enfant a manqué périr et qu'il a été sauvé par un garde du pavillon que je n'ai pas eu le temps de voir, et qui ne m'a laissé d'autre trace de son passage qu'une aiguillette tombée dans les décombres... j'étais donc aujourd'hui de garde à la porte de la prison, et j'entendais le tapage qui s'y faisait, les cris : A mort les gardes du pavillon !..., la voix de M. Cerdic, qui venait d'arriver, et qui demandait grâce pour eux... quand tout-à-coup je vois venir à moi M. Cerdic, qui me dit : Il ne reste plus que deux gardes du pavillon... l'un d'eux, j'en suis certain, est le sauveur de ton enfant... ne souffre pas qu'on les massacre ! Alors je ne me le fais pas dire deux fois ; nous rentrons dans la prison... il était temps... ils se défendaient comme de beaux diables ; mais ils allaient succomber... Je dis aux camarades que l'un des deux a sauvé un enfant du peuple... je presse, je supplie, et nous obtenons enfin un sursis.

MARIANNE, à part. Mon Dieu ! pardonne-moi la joie que ces mots font naître en mon cœur...

On entend crier : *Vive le citoyen Cerdic!*

MICHEL. Ah ! j'entends M. Cerdic... Il arrive porté en triomphe par le peuple... Nous arrivons...

MARIANNE. Mon mari !... ah ! rentrons, Gervaise. Je ne me sens pas encore la force de braver sa présence et sa colère...

* Gervaise, Marianne, Jean, Michel.

SCENE III.

MICHEL, CERDIC, PEUPLE *entourant* Cerdic.

CERDIC. Oui, mes amis, c'est une ère d'indépendance et de gloire qui commence pour la patrie !... mais, plus de proscription, plus de massacre... rappelez-vous que la révolution doit être clémente comme elle est grande et juste... Citoyens, la flotte anglaise bloque notre port... des puissances se coalisent contre nous... Insensés, qui croient pouvoir quelque chose devant la liberté qui se lève... Citoyens, avant sept heures je serai mort, ou le port de Brest sera débloqué, je vous le jure... on le verra de cette fenêtre.

CRIS DU PEUPLE. Vive le capitaine !

CERDIC. Merci, mille fois merci, mes amis, de votre amitié... de votre dévouement... reportez-le sur la patrie ; pour moi, je n'oublierai pas que vous m'avez rendu mon uniforme, qui m'avait été arraché par les nobles ; que c'est le peuple qui m'a mis à la main une épée à la place d'une chaîne... (*Nouveaux cris.*) Mais je m'attendais à voir ici le représentant... je n'y suis venu que pour cela.

JEAN. Citoyen Cerdic, le représentant vous prie de l'attendre... il ne peut tarder à revenir... ses fonctions le retiennent encore...

CERDIC. J'attendrai...

Tout le monde sort.

TOUS. Vive le commandant !

SCENE IV.

CERDIC, *seul*.

Ah ! ce courage et cette tranquillité que je feins devant eux sont bien loin de mon cœur... Je ne suis revenu que pour le représentant, ai-je dit... ce n'est pas pour lui que je reviens... je reviens pour la revoir et me venger !... pour elle et pour un autre... je ne veux plus vivre après avoir été trahi... mais je ne veux pas mourir sans l'avoir regardée une dernière fois, elle qui fut si coupable et que j'ai tant aimée !... c'est pour cela que j'ai épargné mon sang, qui coulera ce soir, j'espère... car elle est coupable... oh ! oui... et si Marianne ne l'était pas, ne serait-elle pas ici déjà à mes pieds, et me demandant grâce...

Marianne est entrée pendant ces derniers mots.

SCÈNE V.

CERDIC, MARIANNE.

MARIANNE, *à ses pieds.* Elle y est !...
CERDIC. Marianne !...
MARIANNE. Quand vos ordres me condamnaient, j'ai voulu être entendue...
CERDIC. Vous le voulez, madame; eh bien! soit, ce sera un droit de plus pour moi de vous fuir...
MARIANNE. O mon Dieu! moi, qui étais si ferme tout-à-l'heure, je me sens tremblante et troublée...
CERDIC. Vous aviez compté sans votre conscience, madame...
MARIANNE. Ah! je ne fus pas coupable!
CERDIC. Pas coupable!...
MARIANNE. Je ne fus qu'imprudente... mon excuse sera dans mes aveux... et ma franchise les fera tous sans restriction : Cet homme, dont vous fûtes si jaloux, je le rencontrai avant de vous connaître; jeune, noble, de cœur surtout, le premier il m'adressa des paroles de tendresse; je ne vous dirai pas qu'elles ne m'avaient point émue... et quelle autre à ma place eût été complètement insensible à tant de qualités, à tant de dévouement surtout? Je ne chercherai en rien ici, dussiez-vous m'en blâmer, à diminuer le mérite de l'homme auquel je vous ai préféré...
CERDIC. Auquel vous m'avez préféré... toujours?...
MARIANNE. Ah! celui que j'avais repoussé quand j'étais libre, pouvais-je l'accueillir quand j'étais engagée envers vous, quand j'étais épouse, quand j'étais mère?...
CERDIC, *lui montrant la boîte.* Ce don de votre main, c'est une preuve de vos rigueurs, n'est-ce pas?
MARIANNE. Ah! ce fut là ma faute, sans doute; mais lorsqu'il s'engagea dans la marine pour aller chercher la mort, je me trouvai trop cruelle de lui refuser cette marque d'estime en échange du sacrifice de sa vie; et je pensai qu'il m'était permis de lui donner cette boîte, dont la seule vue excitait votre colère.
CERDIC. Et à laquelle vos croyances attribuaient la vertu de lui sauver la vie.
MARIANNE. Pourquoi pas?... puisque sa vie n'était pas pour moi!... et maintenant voilà tout mon crime!... l'aveu en était contenu dans mes lettres que vous avez renvoyées sans les lire... je ne me croyais pas si coupable, je l'avoue, que votre colère n'a faite; mais l'eussé-je été cent fois plus, ah! je vous le jure, Cerdic, mon désespoir, mes larmes, mes souffrances de deux années, mes inquiétudes sur votre sort, mon repentir déchirant m'auraient acquis encore des droits à votre indulgence, à votre pitié; Cerdic, regardez-moi, c'est moi que vous avez tant aimée, c'est moi dont vous avez étudié autrefois les moindres désirs pour les satisfaire, dont vous avez épié les plus légères douleurs pour les guérir; c'est moi que vous laissez expirante à vos pieds, sans me tendre la main... moi, la mère de votre enfant, et encore digne de ce titre... moi, qui en appelle à votre amour, ou, si vous n'en avez plus, à votre humanité... moi, qui ai peut-être droit de réclamer justice, et qui ne vous demande que clémence...
CERDIC. Oh! relevez-vous, relevez-vous, Marianne, je ne vous en veux pas, voyez-vous !... Je vous ai tant aimée !... vous m'avez rendu si heureux... autrefois... je crois à votre sincérité, qui me touche !... Je suis plus calme! Mais il y a une pensée, une pensée fatale qui est entre nous !... entre nous, et qui ne nous laissera jamais réunir.
MARIANNE. Et quelle pensée, grand Dieu?...
CERDIC. Cette pensée... cette pensée !... C'est que la préférence est pour lui, et que je n'ai pour moi que la fidélité !... Cette pensée... c'est que c'est à un de ces nobles insolens, qui m'ont abreuvé d'affronts toute ma vie, que votre penchant involontaire me sacrifie !... Lorsque enfin, après d'incroyables efforts, ma gloire... oui, ma gloire, je puis le dire, eut arraché au roi un brevet de capitaine de vaisseau, qui me fit le supérieur de ces insolens officiers, pas un ne voulut m'obéir, ils brisèrent leurs épées, et aimèrent mieux sur mon bord la prison que le service !... Affront sanglant, irrémissible !... Oui, grâce à ces misérables gentilshommes, je ne pus prendre mon rang dans aucune bataille qui porte un nom !... Grâce à eux, Cerdic n'était plus qu'un corsaire breton, et ne pouvait devenir un amiral français... Grâce à eux, l'histoire m'était à jamais fermée !... Et quand, pour oublier tant de maux, je m'étais réfugié dans votre amour, dans notre bonheur, il a fallu encore que je retrouvasse un de ces hommes entre vous et moi, il a fallu qu'on me les préférât... partout!

et que cette horrible pensée empoisonnât à jamais l'avenir de gloire et de régénération qui s'ouvre à moi maintenant!... Oh! non, laissez-moi, laissez-moi, Marianne!... Je ne vous en veux point, je vous pardonne! c'est la fatalité qui a tout fait!... Mais, voyez-vous, c'est lui que vous me rappelez; c'est lui que je repousse en vous; c'est à lui que je conseille de fuir en vous disant de vous éloigner.

MARIANNE. Eh bien! non, tant d'injustice, tant de cruauté me révoltent à mon tour; je chercherais en vain à vous fléchir, je le vois, la haine a tant de charmes pour vous... que, pour nourrir la vôtre, vous me calomniez de vos suppositions, vous inventez dans mon cœur une passion coupable afin de pouvoir la flétrir. Eh bien! puisque dans ce jour où tout vous est rendu, seule, je ne puis retrouver votre estime, qui m'appartient encore, je ne prends plus conseil que de mon désespoir; vous me condamnez à mort, j'exécuterai l'arrêt de votre haine*.

Elle fait quelques pas.

CERDIC. La haine!... Ah! j'en suis bien las pourtant!... Oh! j'ai bien besoin, je le sens, de tendresse et de bonheur. Oh! je n'y puis résister!... peut-être est-ce faiblesse, peut-être aveuglement, mais malgré moi tu recouvres ton empire, malgré moi mon amour renaît dans ce cœur, je ne me souviens plus de mes sermens de colère et de haine. Tiens, me voilà à toi, reprends-moi, je suis ton bien, je suis ton esclave.

MARIANNE, *se jetant dans ses bras.* Ah! Cerdic!...

CERDIC. Oui, je t'aime, je le sens... nous sommes réunis pour la vie...

MARIANNE. Cerdic, mon époux! j'ai retrouvé le père de mon enfant, sa tendresse, sa confiance que je n'ai jamais trahie, et que je ne trahirai jamais!

CERDIC. Oh! oui, je te crois, j'ai tant besoin de te croire!... c'est que, vois-tu, si je rencontrais encore cet homme près de toi, si son regard pouvait me jeter un doute sur ton amour... oh! alors il n'y aurait plus de freins assez sacrés au monde pour contenir ma fureur... il n'y aurait plus de crimes assez grands pour l'assouvir... Tiens, ce matin seulement, quand je l'ai revu dans cette prison... mais on allait l'assassiner... je me suis levé pour le défendre! il ne me restait plus que cette vengeance... Oh! si c'était un méprisable libertin comme les autres, il ne me semblerait pas dangereux cet homme... dont le nom ne peut sortir de mes lèvres, car il me semble qu'il les brûlerait!

MARIANNE. On vient!...

CERDIC. C'est le représentant... Nous avons à causer ensemble.... sur l'expédition de ce soir.

MARIANNE. Encore des périls!...

CERDIC. Oh! ne crains rien, Marianne! Ce matin, j'étais décidé à y mourir, maintenant j'y défendrai des jours qui t'appartiennent.

MARIANNE. Au revoir, Cerdic... je compte sur ta confiance.

CERDIC. Comme moi sur ton serment, n'est-ce pas?...

Marianne sort.

SCENE VI.
CERDIC, LE REPRÉSENTANT.

LE REPRÉSENTANT. Eh bien! Cerdic, as-tu rêvé aux moyens de délivrer Brest?

CERDIC. Crois-tu que je t'aie attendu pour cela? crois-tu que je n'aie pas vu le danger qui augmente de jour en jour?

LE REPRÉSENTANT. Eh bien?...

CERDIC. Je connais la position de la flotte ennemie; je connais nos forces navales; j'ai tout calculé, tout prévu... mon plan est là; mais, pour l'exécuter, il me manque un marin.

LE REPRÉSENTANT. N'en as-tu pas mille sous tes ordres?...

CERDIC. Oui, et tous intrépides, téméraires même, tous briguant l'honneur de mourir les armes à la main; mais pas un habile au commandement, pas un adroit dans une expédition hasardeuse... en un mot, il faut un officier pour cela, et depuis la révolution nous n'avons que des matelots... Mais, n'importe, je réussirai, je réussirai à tout prix.

LE REPRÉSENTANT. Ah! dis-moi, on m'a raconté que tu as soustrait à un châtiment mérité les deux seuls gardes du pavillon qui restent de ce corps détesté... Tu as eu tort... la journée ne finira pas sans que leur sentence soit prononcée et exécutée.

CERDIC. Oh! non, non... les choses ne peuvent se passer ainsi, vois-tu?... Je veux bien livrer l'un d'eux au tribunal; mais l'autre m'appartient... L'autre n'est justiciable que de moi... Il me le faut... je veux sa grâce.

LE REPRÉSENTANT. Sa grâce!

CERDIC. Oui; tu peux me la donner, toi qui as des pouvoirs illimités de la Convention... Tu me demandes de sauver Brest des Anglais; je te demande de sauver cet **homme de l'échafaud.**

* Marianne, Cerdic.

LE REPRÉSENTANT. Mais, citoyen...

CERDIC. Oh! sois tranquille; si je demande sa vie, c'est que je réserve à moi seul le droit de la prendre... d'ailleurs, il mérite sa grâce, c'est lui qui, dans un incendie, a sauvé des flammes, au péril de ses jours, un enfant du peuple.

LE REPRÉSENTANT. Et la preuve?

CERDIC. Son aiguillette qu'il a laissée tomber dans le tumulte et qui m'a été rapportée... la voilà!... on saura reconnaître celui à qui elle appartient.

LE REPRÉSENTANT. C'est bien!... j'ai donné l'ordre d'amener ici ces deux gardes du pavillon; je veux les interroger moi-même, et celui-là sera sauvé, puisque tu l'exiges; mais ce soir, à sept heures....

CERDIC. A sept heures, le passage du port sera libre.

LE REPRÉSENTANT. Le temps de faire paraître devant moi ton protégé, et je le délivre.

Cerdic sort.

SCENE VII.
LE REPRÉSENTANT, *puis* MICHEL *et* JEAN.

LE REPRÉSENTANT. Il est à nous!.... Brest est sauvé! et ma mission sera glorieusement accomplie... Quant à ce garde du pavillon, dont il désire la grâce, il l'aura... Quelqu'un!... (*Michel paraît.*) Qu'on porte cet ordre au tribunal révolutionnaire... qu'il s'assemble à l'instant pour juger un garde du pavillon.

MICHEL. Un garde du pavillon!... j'y cours, mon représentant.... Vive la nation!

JEAN. Citoyen représentant, voici un prisonnier que tu as donné l'ordre d'amener devant toi pour être interrogé.

LE REPRÉSENTANT. Qu'il entre.

SCENE VIII.
D'ANDREVILLE, LE REPRÉSENTANT JEAN, GARDES*.

D'ANDREVILLE. Ah çà! où diable me conduisez-vous?

LE REPRÉSENTANT. Tu es devant le représentant du peuple.

D'ANDREVILLE, *à part*. C'est ça qui représente le peuple... il est bien laid.

LE REPRÉSENTANT. Comment t'appelles-tu?

* Jean au fond, le représentant, d'Andreville, Michel au fond.

D'ANDREVILLE. Léon, marquis d'Andreville.

LE REPRÉSENTANT. Andreville tout court! la noblesse et les titres sont abolis.

D'ANDREVILLE. C'est ça, on commence par les noms et on finit par les têtes.

LE REPRÉSENTANT. Tu reconnais avoir fait partie des gardes du pavillon?

D'ANDREVILLE. J'ai encore l'uniforme rouge; il n'y a qu'en bonnet que la couleur m'a toujours déplu.

LE REPRÉSENTANT. Trêve de réflexions, je suis pressé.

D'ANDREVILLE. Et moi je ne le suis pas.

LE REPRÉSENTANT. Reconnais-tu cette aiguillette?

D'ANDREVILLE. Oui.

LE REPRÉSENTANT. T'appartient-elle?

D'ANDREVILLE. Ah! ma foi, je n'en sais rien; comme elles se ressemblent toutes, et qu'elles n'ont point de marques...

LE REPRÉSENTANT. Cherche bien dans ta mémoire; cette aiguillette est à toi ou à ton camarade Henri de Marsay, prisonnier aussi; elle a été laissée par l'un de vous dans une circonstance telle que tu dois te rappeler, si cette aiguillette t'appartient.

D'ANDREVILLE. Ah! diable!... (*A part.*) Du ton dont il me dit cela, cette aiguillette ne présage rien de bon... mais n'importe, elle doit être à moi... Ce pauvre Henri, lui le Caton de la marine, oublier ces objets-là, qu'on n'oublie que dans quelque mauvais coup... sans compter que, si c'est une chance de condamnation, je ne dois pas la lui laisser.

LE REPRÉSENTANT. Eh bien!

D'ANDREVILLE. Eh bien, je réfléchis... je cherche... Si vous croyez que c'est facile... il y a tant d'excursions d'où je suis revenu sans chapeau, sans épée, et avec la moitié d'un habit... c'était bien pire... et quand on a une mémoire riche en ce genre... (*A part.*) Serait-ce le jour des banquettes cassées au théâtre?... le jour de la prise d'assaut du café?...

LE REPRÉSENTANT. Tu refuses de répondre?

D'ANDREVILLE. Non, j'ajourne.... (*A part.*) Ah parbleu! m'y voilà.... c'est le soir où nous avons fait invasion chez ce marchand du port, que nous avons mis sur le pavé par une nuit d'hiver, pendant que nous soupions avec sa femme... il me semble en effet, que c'est le mari qui m'interroge... Oh! alors, ma tête est en danger... c'est la peine du talion.

LE REPRÉSENTANT. Accusé Andreville, ma patience est à bout.

D'ANDREVILLE. C'est comme la mienne. (*A part.*) Ce n'est pas le mari, je me trompais... cependant il a bien la tournure d'un... mari... enfin, que ce soit là où ailleurs, je suis bien sûr... (*Haut.*) Oui, représentant, cette aiguillette m'appartient.

LE REPRÉSENTANT. Et tu vas nous dire dans quelle circonstance tu l'as laissée.

D'ANDREVILLE. Dans quelle circonstance? oh! pour cela, par exemple, ma modestie m'empêche de parler.

JEAN. C'est lui!... c'est ce brave jeune homme.

LE REPRÉSENTANT. Il suffit!... Citoyens, l'action du ci-devant Andreville, que vous connaissez tous, lui mérite sa grâce... Citoyen Andreville, tu es libre.

TOUS. Vive la nation!

D'ANDREVILLE, *à part.* Comment! ma grâce pour avoir soupé à crédit avec la femme d'un marchand du port! ma grâce!

JEAN*. Je crois bien... tu ne l'as pas volée.

D'ANDREVILLE. Mais je crains... Vous vous trompez peut-être.

LE REPRÉSENTANT. Apprends, ci-devant, qu'un représentant du peuple ne se trompe jamais... (*A Jean et à Michel.*) Suivez-moi.

JEAN. Citoyen, tu as eu là un beau trait de courage, et je ne tarderai pas à venir t'en témoigner ma reconnaissance.

Jean, Michel et le représentant sortent.

SCÈNE IX.

D'ANDREVILLE, *seul.*

Un trait de courage, je n'y comprends rien... Si la femme avait été laide encore... Ces gens-là sont fous, c'est sûr... Oh! il faut qu'ils aient perdu la tête, pour conserver la mienne sur mes épaules.

SCÈNE X.

D'ANDREVILLE, CERDIC.

D'ANDREVILLE. Le capitaine Cerdic!... Où suis-je donc ici?

CERDIC. Chez moi.

D'ANDREVILLE. J'ignorais avoir cet honneur... Merci de l'hospitalité! mais, puis-

* Le représentant, d'Andreville, Jean.

que le hasard nous fait rencontrer, je vous dirai que je suis à vos ordres pour certain rendez-vous qui dut être pris par nous il y a sept ans, et auquel votre captivité d'abord, et ensuite la mienne, nous auraient mutuellement empêchés de nous rendre.

CERDIC. Vous avez bonne mémoire; monsieur, et me rappelez un affront que j'ai voulu oublier depuis que vous êtes proscrit; mais, depuis la révolution, le capitaine Cerdic ne se bat plus avec les gardes du pavillon, il les sauve.

D'ANDREVILLE. Oui, oui, j'ai été témoin de votre générosité; mais moi et Henri, nous ne vous la demandions pas... d'ailleurs, je ne suis plus proscrit, je suis libre, et j'userai de cette liberté pour vous rappeler que je suis toujours garde du pavillon, et vous toujours officier bleu.

CERDIC, *à part.* Ah! libre aussi, lui, à présent... eh bien! tant mieux! (*Haut.*) D'Andreville, le peuple a pris soin de punir les officiers de votre uniforme... je n'ai plus l'affront d'un corps à venger; je n'ai plus que celui d'un homme, et je le vengerai, monsieur... mais non pas sur vous.... vous n'êtes pas celui que je cherche, vous; vous êtes un marin comme moi, nous sommes frères.

D'ANDREVILLE. Et amis, n'est-ce pas?.. Je sais que ce langage est une mode maintenant.... mais depuis la révolution je ne le suis plus.

CERDIC. Trêve aux plaisanteries, monsieur... et parlons sérieusement... Vous êtes brave!...

D'ANDREVILLE. Personne ne m'a fait l'honneur d'en douter.

CERDIC. Vous êtes le seul qui reste des gardes du pavillon... vous, et un autre.... mais il n'est pas question de lui dans ce moment... c'est à vous qu'il appartient de réhabiliter ce corps dont vous avez fait partie et qui n'a laissé dans Brest que des souvenirs de violence et d'injustice... cela vaudra mieux que de vous couper la gorge avec le capitaine Cerdic, qui ne peut disposer de son existence avant que Brest ne soit sauvé.

D'ANDREVILLE. Expliquez-vous...

CERDIC. Officiers bleus, gardes du pavillon, nous sommes tous solidaires de la gloire nationale, sous le pavillon blanc comme sous le drapeau tricolore. Le port de Brest est cerné par une flotte anglaise; toutes mes dispositions sont prises pour l'attaquer et la mettre en fuite; mais je ne puis m'exposer isolément, je ne puis mourir avant le combat, et, pour le commencer, il faut une expédition préliminaire dans laquelle on risque la vie.

D'ANDREVILLE. Eh bien?....

CERDIC. J'ai besoin d'un officier habitué au commandement, qui puisse comprendre mes instructions et s'y conformer.... Mes flambarts ne savent que mourir, il me faut quelqu'un qui sache mieux faire. Je vous ai choisi pour cela.

D'ANDREVILLE. Moi?...

CERDIC. Oui, j'ai réservé cette mission à un uniforme qui a besoin d'être purifié; et s'il est vrai que le feu purifie, c'est celui de l'ennemi surtout.

D'ANDREVILLE. Et en quoi consiste cette mission?

CERDIC. Il faut mettre le feu aux vaisseaux anglais.

D'ANDREVILLE. Diable!.... capitaine Cerdic, si j'acceptais, ce ne serait pas pour réhabiliter un corps qui n'en a pas besoin; ce serait pour jouer un bon tour aux Anglais que je n'aime pas! Il est vrai qu'en même temps je rendrais service à la république, une et indivisible, qui n'est guère davantage de mon goût.

CERDIC. Ainsi vous refusez ma proposition?

D'ANDREVILLE. Je ne refuse pas; et, si je ne donne pas encore ma parole, c'est que, malgré la légèreté de mon caractère, si elle était une fois engagée, vous pourriez regarder la flotte anglaise comme sautée.... dussé-je lui tenir compagnie en l'air.... Donnez-moi quelques momens pour réfléchir.

CERDIC. Je vous donne cinq minutes.

D'ANDREVILLE. C'est bien peu pour un homme qui n'en a pas l'habitude.

CERDIC. Pas une de plus; mon temps est précieux..... Si vous acceptez, je vous remets mes pouvoirs écrits; mes matelots vous obéiront comme à moi!... Je reviens dans un instant... à vous de bien méditer votre réponse.

Il sort par la porte intérieure.

SCENE XI.
D'ANDREVILLE, seul.

Ce que c'est que les révolutions! pour la première fois de ma vie, j'hésite à aller donner la chasse aux Anglais. Mais, j'y songe... je serais sous les ordres d'un officier bleu!.. Moi!... je n'avais pas pensé à cela... Oh! c'est impossible!.. tel ne doit pas être le dernier acte d'un garde du pavillon!...

SCENE XII.
JEAN, D'ANDREVILLE, MICHEL.

JEAN. Le voilà! le voilà!...

MICHEL. C'est lui?

JEAN. Oui, c'est lui-même.

D'ANDREVILLE. Eh bien! oui, c'est moi!... A qui en ont ces gens-là? Que voulez-vous?

JEAN. Ce que je veux?... tu me demandes ce que je veux!... Citoyen!... je n'ai pu, devant le représentant, te dire tout ce que j'avais sur le cœur, et puis, j'étais obligé de m'en aller... mais tu le vois, je suis revenu... Viens, viens, que je t'embrasse.

D'ANDREVILLE. Moi!...

MICHEL. Ma foi, quoique ex-garde du pavillon, tu as mon estime et je me risque... Citoyen, je t'embrasse aussi.

D'ANDREVILLE, *les repoussant*. Un instant, que diable!.. avant de recevoir le baiser de deux manans comme vous, je veux savoir pourquoi j'y suis condamné.

JEAN. Quoi! après avoir sauvé mon fils!

D'ANDREVILLE. Votre fils!... laissez-moi donc tranquille, je ne le connais pas... Moi, être le sauveur de votre fils, moi!.... passe pour en être le père, si votre femme est jolie..... Eh! vous vous trompez, vous dis-je!...

JEAN. Nous nous trompons..... mais puisque tu as reconnu ton aiguillette que tu as laissé tomber au milieu de l'incendie en emportant mon enfant.

D'ANDREVILLE. Quoi! cette aiguillette?..

JEAN. C'est moi qui l'ai rapportée au capitaine Cerdic... et c'est à elle que tu dois ta grâce.

D'ANDREVILLE. Malédiction!.... et moi qui croyais! Ah! de Marsay! de Marsay!

JEAN. De Marsay, dis-tu? Eh bien! son compte est bon à celui-là, il vient d'être condamné à mort par le tribunal révolutionnaire.

D'ANDREVILLE. Condamné!

MICHEL. Et il va être exécuté dans une heure.

D'ANDREVILLE. A mort! dans une heure, dites-vous?... Mais, malheureux, c'est lui, c'est de Marsay qui a sauvé votre fils! cette aiguillette, c'est la sienne.

JEAN. Mais vous l'avez reconnue pour vous appartenir.

D'ANDREVILLE. Je croyais alors que c'était un signe de proscription et non de délivrance; mais, puisqu'il en est ainsi, je vais trouver le représentant et lui déclarer...

MICHEL. Il est trop tard, la sentence est prononcée.

D'ANDREVILLE. Ah! c'est vrai!.. et, juste ou injuste, ils l'exécutent toujours... Un représentant du peuple ne se trompe jamais, a-t-il dit!... ils étoufferaient ma voix... et pourtant de Marsay ne peut mourir... N'est-ce pas que tu ne veux pas qu'on tue le sauveur de ton enfant?

JEAN. Non certainement, je ne le veux pas... et je suis prêt à tout faire...

MICHEL. Et moi aussi.

JEAN. Mais quel moyen?...

D'ANDREVILLE. Allez, réunissez vos amis, vos parens, demandez la grâce de Henri... Allez! (*Jean et Michel sortent.*) Mais il ne s'agit pas de la demander ici, il faut l'arracher à l'échafaud!... Qui pourra m'y aider?...

SCENE XIII.

CERDIC, *en uniforme*, D'ANDREVILLE.

CERDIC. Eh bien! d'Andreville, acceptez-vous? voici vos pouvoirs.

D'ANDREVILLE, *à part.* Grand Dieu! c'est le ciel qui me l'envoie! cette mission, cet ordre aux matelots de m'obéir en tout!... (*Haut.*) Oui, capitaine, j'accepte.

CERDIC. Vous sauverez Brest?

D'ANDREVILLE. Je le jure! (*A part.*) Après mon ami.

CERDIC. Prenez ces papiers, vos pouvoirs... ordre d'obéir à vous, à vous seul; un uniforme sera à votre disposition... Ah! vous pouvez avoir à me parler à l'improviste... comme vous serez constamment occupé sur le port, prenez cette clef, elle ouvre une petite porte qui y aboutit, et qui par un passage secret communique à cet appartement... c'est plus court que par l'autre entrée.

D'ANDREVILLE, *à part.* Tout cela peut servir. (*Haut.*) Allons, adieu, capitaine. (*A part.*) Ah! messieurs du peuple, vous m'avez pris mon nom, ma liberté, et je n'ai rien dit... mais, quand c'est pour y faire monter un ami... vous ne me prendrez pas mon échafaud!... Adieu, capitaine.

Il sort précipitamment.

CERDIC. Et nous, maintenant, allons trouver de Marsay.

Il sort.

SCENE XIV.

MARIANNE, *entrant précipitamment.*

Au secours!... au secours!...Oh! rien... rien!... ce n'était qu'un rêve, un rêve affreux!... je m'étais assoupie un instant... Mais rien ne me menace plus?... Cerdic m'a rendu son amour... Henri est libre, on me l'a dit... O mon Dieu! ô mon Dieu! pardonnez-moi mon inquiétude sur ses jours! J'ai refusé de le revoir... je ne le reverrai plus... Oh! qu'il vive loin de moi; mais qu'il vive! (*On entend crier dans la rue:* « Arrêt du tribunal révolu- » tionnaire qui condamne à être exécuté » sur l'heure, pour trahison envers la ré- » publique, Jérôme-Martial, chouan, » Pierre-François, conspirateur, Henri » de Marsay, ci-devant noble et aristo- » crate. » *La voix s'éloigne.*) Oh! mon Dieu! se peut-il? n'est-ce pas une horrible illusion? (*Nouveaux cris dans la rue.*) Non, les cris de ce peuple qui se presse sur le lieu du supplice sans doute.... Je l'ai bien entendu. Pauvre Henri! il va mourir... presque sous ma fenêtre; il aura refusé sa grâce! et c'est moi qui le tue!.. et nul moyen de le sauver!... il faut le voir mourir!... (*Le tocsin sonne.*) Grand Dieu! qu'entends-je! c'est le tocsin qui ne sonne que pour les exécutions... On le tue en ce moment, on le tue!

Elle tombe sans mouvement; Gervaise entre.

* GERVAISE. Madame! madame! Oh! mon Dieu! elle est évanouie!... Madame entendez-vous ces cris?

MARIANNE, *revenant à elle.* Eh bien! eh bien?...

GERVAISE. Il y a une émeute; on veut arracher les condamnés au supplice!

MARIANNE. Que dis-tu? Ah! cours, cours, Gervaise! dis-moi s'ils sont délivrés! c'est que, vois-tu, ces pauvres gens, je pense à leur famille, à leurs femmes, à leurs enfans! cours, cours, te dis-je!

GERVAISE. Mais vous-même, vous avez besoin de secours...

MARIANNE. Ne songe pas à moi; va, et rapporte-moi des nouvelles. (*Gervaise sort.*) Mais, que dis-je, insensée! peut-il y avoir une lueur d'espoir? L'exécution... oui.... je me rappelle, le tocsin a retenti... Oh! le peuple ne s'est soulevé que pour arracher des cadavres à l'échafaud! Malheureuse! j'entends du bruit, on monte l'escalier à pas précipités... Quelqu'un... on m'apporte des nouvelles peut-être!....

Elle ouvre la porte.

* Marianne, Gervaise.

SCÈNE XV.

HENRI, MARIANNE.

Il paraît; jette son manteau. Il est sans habit, la tête rasée; des bouts de cordes coupées encore aux poignets.

MARIANNE. Henri!
HENRI. Marianne!... oui, c'est moi!
MARIANNE. Henri!... Ah! sa vie est sauvée sans doute!
HENRI. Je ne sais; mais qu'importe? je te revois.
MARIANNE. Henri!...
HENRI. Ah! pardonne-moi de te parler ainsi. Vois-tu! c'est que devant la mort il n'y a plus ni lois ni société qui nous sépare!
MARIANNE. Mais comment se fait-il?
HENRI. J'étais condamné, on me traînait hors de la prison; et moi, qui avais cherché opiniâtrement la mort; moi, qui avais refusé toute chance de salut, eh bien! te l'avouerai-je, Marianne? j'avais peur!.. Oui, la mort des combats, c'est notre vie à nous! c'est à peine une émotion; mais être traîné... plus de puissance et d'avenir... sur cette horrible charrette, dont chaque cahot vous ôte une part de force, qui vous mène au supplice lentement, et qui ne vous arrête que devant votre tombeau! mais savoir que vous mourrez entre des mains infâmes, loin de ceux qui vous sont chers! eh bien! oui, je l'avoue, j'avais peur! et alors je pensais à toi! et il me sembla te voir, et tu me dis : « Moi seule te reste; moi, je ne t'abandonne pas!...» Oui, tu me disais cela pendant le chemin!.... Et alors un désir ardent de vivre me reprenait!... et tous mes muscles se raidissaient sous ces cordes dont j'étais garrotté; toute mon âme, entre le ciel et toi, ne demandait, ne voulait que ta présence!
MARIANNE. Henri!...
HENRI. Nous approchions; déjà nous reconnaissions l'instrument hideux! cette infâme guillotine! cet assassin fait avec du bois et du fer... Alors tout mon être se révolta; je t'appelai, tu as répondu! et soudain des cris se sont élevés, les flots du peuple se sont agités dans la nuit; une autre voix d'ami s'est fait entendre... à bas l'échafaud... sauvons les prisonniers!... des coups de feu ont étendu morts les soldats qui me conduisaient.... alors une force invisible m'est venue, j'ai rompu mes liens, je me suis élancé dans la foule... un homme, que Dieu le récompense, m'a jeté son manteau sur les épaules, et j'ai couru, j'ai renversé tous les obstacles, parce qu'il fallait bien que je te revisse avant de mourir; et je t'ai revue, et me voilà!

MARIANNE. Oh! pourvu qu'il puisse échapper encore!...
HENRI. Échapper ou non, qu'importe! pourvu que tu me parles, pourvu que tu me regardes! Pourvu que tu m'aimes, qu'importe le salut après?
MARIANNE. Henri, pas d'espérance coupable!... Laissez-moi, cette maison ne peut être pour vous qu'un asile.
HENRI. Un asile!... Ah! mon Dieu! quelle idée!... Je me rappelle!... Quiconque donnera asile à un proscrit, la mort! la mort sans pitié!... et je suis chez toi!... et j'apporte une part de ma proscription à toi!... aux tiens!... Oh! non, non!... Il faut que je sorte, il faut que je parte! Tout le sang qui ne coulerait pas de mes veines, on le prendrait dans les tiennes!... Laisse-moi!... je suis un proscrit... ma présence tue... mon regard brûle, mes pas écrasent!... Ne me touche pas! ne me touche pas!

Bruit de tambour au dehors.

MARIANNE. Henri!...
HENRI. Adieu!... adieu!... Oh! pourvu qu'on ne me voie pas sortir!
MARIANNE, *se plaçant devant la porte.* Tu ne sortiras pas, insensé! N'entends-tu pas qu'on est à ta poursuite sur la place!
HENRI. Mais les poursuites viendront jusqu'ici, et alors ta tête et la mienne tomberont.

Il veut ouvrir la porte.

MARIANNE, *se plaçant devant lui.* Henri, tu ne passeras pas!... Je ne te laisserai pas descendre à l'échafaud par cet escalier...
HENRI. Mais tu veux que nous y descendions ensemble!
MARIANNE. Eh bien! oui, je le préfère!
HENRI. Mais tu m'aimes donc?....
MARIANNE. Mais tu le sais bien!...
HENRI. Toi!... toi!... Oh! bénie soit ma mort si elle me révèle de ces secrets! Mais pourquoi, cruelle, avoir été si impitoyable jusqu'à présent?
MARIANNE. Oh! c'est qu'en te le disant plus tôt je ne pouvais partager que des crimes avec toi, et maintenant ce n'est plus que la mort!... Oh! la femme qui n'a pas vu celui qu'elle aime sous le couteau, elle ne sait pas si elle l'aime!
HENRI. Marianne! Marianne!... toi, tu m'aimes!... bonheur!... délire!... je reste. Mais, si je reste, je te perds!... Que faire? que devenir?... Oh! mon Dieu! du se-

cours!... ma tête brûle!... ma raison s'égare...

MARIANNE. On vient!... des pas multipliés!...

HENRI. Oui, l'on vient!... c'est moi qui t'ai perdue.

MARIANNE. Pas d'autre sortie!

HENRI. Cette fenêtre, du moins...

Il s'élance vers la fenêtre.

MARIANNE. Malheureux!

HENRI. Et si je te sauve!

MARIANNE. Tu ne me sauveras pas!... Là... plutôt dans ma chambre...

HENRI. Dans ta chambre!...

MARIANNE. Mais, vite donc!... vite, on vient!...

SCÈNE XVI.

MARIANNE, LE REPRÉSENTANT
Soldats, Peuple.

LE REPRÉSENTANT. Citoyenne Cerdic, une émeute d'aristocrates a arraché des coupables à l'échafaud; l'un d'eux s'est dirigé de ce côté, et a trouvé un asile... peut-être dans cette maison. Nous venons faire ici notre visite domiciliaire; permettez que mes gens cherchent partout.

Il fait signe à Jean et aux soldats, qui sortent.

MARIANNE. Monsieur, cette maison est aussi la vôtre, et je ne suppose pas que les coupables la choisissent pour se cacher.

LE REPRÉSENTANT. Peut-être : l'excès d'audace fait souvent la sûreté; mais je ne leur conseille pas de jouer à ce jeu-là avec moi... Il faut que la loi ait son cours; et si la ville entière de Brest se révolte pour sauver des coupables, je ferai raser la ville de Brest.

UN SOLDAT, *rentrant*. Citoyen représentant, nous n'avons trouvé personne.

LE REPRÉSENTANT. Personne?... et pourtant... d'après les rapports qui m'ont été faits... A-t-on visité cette chambre?

MARIANNE. Monsieur, c'est ma chambre à moi, et nul ne peut y être.

LE REPRÉSENTANT. Le condamné peut s'y être caché à votre insu.

MARIANNE. Non, monsieur, je vous jure...

LE REPRÉSENTANT, *à ses hommes*. Entrez là....

MARIANNE. Mais, monsieur, on ne pénètre pas ainsi dans la chambre d'une femme!

LE REPRÉSENTANT. Pourquoi?

SCÈNE XVII.

Les Mêmes[*], CERDIC.

CERDIC. Quel est ce bruit?... Qu'y a-t-il?

MARIANNE, *à part*. Ciel!... Cerdic!

LE REPRÉSENTANT. Citoyen, nous faisons une visite domiciliaire chez toi.

CERDIC. Chez moi!

LE REPRÉSENTANT. Oui, pendant l'émeute qui vient d'avoir lieu, un condamné s'est, dit-on, réfugié ici; et nous demandions à la citoyenne...

CERDIC. Et tu pourrais supposer que Marianne aurait recueilli un homme frappé par la loi, au risque de sa vie et de la mienne, qu'elle jouerait en même temps?..

LE REPRÉSENTANT. Non; mais mon devoir est de fouiller partout dans cette maison, qui est aussi la mienne; et ta femme refuse de laisser pénétrer dans cette pièce.

MARIANNE. C'est ma chambre, mon ami, et je ne crois pas qu'on ait le droit d'y pénétrer ainsi.

CERDIC. Citoyen représentant, pour concilier tes devoirs avec les égards dus à la femme du capitaine Cerdic est en droit d'exiger de ses concitoyens, je te propose un moyen... Je vais entrer dans cet appartement, et je te jure sur l'honneur que, si, par un hasard que je ne puis comprendre, un proscrit s'y est introduit à notre insu, fût-ce mon ami le plus cher, je te le livrerai.

MARIANNE. Que dit-il?...

LE REPRÉSENTANT. Capitaine Cerdic, j'accepte et je m'en fie à ta loyauté.

CERDIC. Tu as ma parole.

Il entre un flambeau à la main.

MARIANNE. Tant de tortures, de remords, d'angoisses, mon Dieu!... Comment se fait-il que ma vie ne se brise pas?

Cerdic ressort; son maintien est calme, mais sa figure est bouleversée.

LE REPRÉSENTANT. Eh bien?

MARIANNE. Grâce, mon Dieu!

Silence.

CERDIC. Il n'y a personne.

LE REPRÉSENTANT. Il suffit; mes devoirs ne vont pas jusqu'à douter de ta parole... Continuons nos recherches dans la maison qui suit.

Il sort avec ses hommes.

---

[*] Marianne, le représentant, Cerdic.

SCÈNE XVIII.

CERDIC, MARIANNE; puis HENRI.

MARIANNE. Monsieur!...

CERDIC. Oh! silence, madame.... Je n'ai plus affaire ici à une femme. (*Il ouvre la porte de la chambre.*) Sortez, monsieur!..

* HENRI. Me voici!

MARIANNE. Mon Dieu! qu'est-ce qu'il va y avoir d'horrible ici?

CERDIC, *après avoir fermé toutes les portes.* Henri de Marçay, nous sommes prisonniers....: Il n'y a plus pour nous deux ici que l'espace d'un tombeau.

HENRI. Mais écoutez-moi du moins...

CERDIC. Henri de Marçay, j'avais demandé ta grâce, elle m'avait été promise solennellement.... J'ignore par quelle fatalité tu as été condamné.

HENRI. Quoi! monsieur, vous aviez demandé ma grâce?...

CERDIC. Oh! trêve à la reconnaissance!... Tu sais bien que je voulais t'arracher au bourreau, parce que tu m'appartiens avant de lui appartenir.... parce que l'injure que tu m'avais faite était plus ancienne que celle faite à la nation, parce que le bourreau venge l'affront fait à la loi, et que Cerdic seul venge l'affront fait à Cerdic... Oh! tu ne m'échapperas pas cette fois.... Cette terrible querelle entre l'officier bleu et les gardes du pavillon n'était pas finie... il fallait une dernière rencontre; mais je la désirais partout ailleurs.... je ne l'attendais pas au sein de mes foyers.

MARIANNE. Monsieur, écoutez-moi du moins.

CERDIC. Oh! silence, Marianne! vous vous défendez la tête baissée... Regardez-moi donc un peu! Oh! vous avez peur du regard d'un honnête homme!... mais, encore une fois, il ne s'agit pas d'une femme ici... Henri de Marsay, c'est la maison de ta complice que tu as choisie pour asile, cette maison ne t'a pas trahi, je le vois!... Madame a eu soin de te cacher, de te soustraire à tous les yeux.... Elle te conservait pour moi.... Ah! merci, madame, merci! (*Il saisit deux épées.*) Et maintenant, choisis!...

MARIANNE. Horreur!...

HENRI. Nous battre ici!...

CERDIC. N'y a-t-il pas assez d'espace, et n'avons-nous pas un témoin?

MARIANNE. Moi, vous pourriez me condamner à cet épouvantable spectacle?

CERDIC. Vous craignez la vue du sang,

* Henri, Cerdic, Marianne.

madame?... cela ne vous a pas empêchée cependant d'exposer le mien.

MARIANNE, *se mettant entre eux*. Non, non! cela ne se peut! cet horrible combat ne souillera pas cette chambre, où bien c'est dans mon cœur, que vous percerez à la fois, que vos deux épées se rencontreront.

HENRI. N'ayez pas peur, Marianne, il ne peut y avoir de duel.

CERDIC. Et qui pourrait te soustraire à moi?

HENRI. Ma volonté... Je ne me battrai pas.

CERDIC. Tu ne te battras pas, misérable!... Ah! je t'y forcerai bien.

HENRI. Je ne me battrai pas, vous dis-je... Laissez-moi sortir pour mourir et vous sauver.

CERDIC. Sortir! toi?...

HENRI. Oui, oui, à l'instant.

CERDIC. Henri de Marsay, ta tombe est ici, et tu ne peux t'en éloigner.

HENRI. Eh bien! je briserai cette porte.

CERDIC. Tu n'y passeras que sur mon corps.

MARIANNE. Cerdic! Cerdic! au nom de ta mère, abjure cet horrible projet! laisse-le fuir, je t'en supplie!

CERDIC. Non, madame... Vous l'avez voulu recueillir dans ma maison, il y restera.

MARIANNE. Cerdic! au nom de notre enfant!...

CERDIC, *la repoussant et allant à de Marsay*. Au nom de notre enfant!.... De Marsay, défends-toi!

Il croise l'épée contre lui.

HENRI, *brisant la sienne*. Non! tu veux un adversaire, et moi je ne veux qu'un bourreau!... Égorge-moi! égorge-moi!... car je suis sans défense, et je veux mourir ici ou sur l'échafaud...Choisis à ton tour maintenant, ou me livrer ou me tuer, choisis...

CERDIC. Oh! rage!... Eh bien! oui! le bourreau! le bourreau pour nous deux! il y a un duel comme un autre sur l'échafaud, et je l'ai mérité pour t'y avoir soustrait; je vais me dénoncer moi-même, et nous y marcherons tous deux... Tu vois bien que le duel est encore possible entre nous.

MARIANNE. Que dis-tu, Cerdic? que dis-tu? Oh! c'est trop horrible!...

CERDIC. C'est ma volonté aussi, à moi... chacun à la sienne... ici...

MARIANNE. Excepté moi, qui jusqu'ici ai craint de la manifester; mais écoute-la, Cerdic: elle est aussi impitoyable que la tienne peut l'être.. Si tu fais un pas, si tu dis un mot, je dirai tout à mon tour... Je dirai que moi seule ai caché cet homme, que moi seule mérite la mort!

CERDIC. Tu ne le diras pas... De quel droit oseras-tu révéler que tu as perdu ton mari pour sauver ton amant?... Oh! silence, malheureuse, silence! baisse la tête et tais-toi... tu n'as plus le droit de te dévouer, tu es mère... Il te faut un châtiment... Je te condamne à vivre pour ton enfant. Viens, suis-moi!...

MARIANNE. Cerdic!...

HENRI. Et moi!... moi!...

CERDIC. Toi!... Attends ici... nous nous retrouverons sur l'échafaud; je ne manquerai pas au rendez-vous.

Il sort en entraînant Marianne et ferme la porte sur lui.

SCÈNE XIX.

HENRI, *seul.*

Cerdic!... Cerdic!... Marianne!... Il m'enferme... O mon Dieu!... que faire? Comment sortir d'ici... Ce Cerdic, il va tout révéler, tout dire, il va s'accuser lui-même. Oh! c'est horrible!... et rien! rien.... Ah! si, ce tronçon d'épée... à son retour qu'il ne trouve que le cadavre d'Henri.

Il s'appuie l'épée sur la poitrine au même instant la porte secrète s'ouvre et d'Andreville paraît.

SCÈNE XX.

D'ANDREVILLE, HENRI.

D'ANDREVILLE. Arrête, malheureux!

HENRI. D'Andreville!

D'ANDREVILLE. Oui, ton ami, ton compagnon d'armes et de prison, qui t'a déjà sauvé de la mort, et qui maintenant vient te sauver de l'échafaud.

HENRI. Que veux-tu dire?

D'ANDREVILLE. Viens, suis-moi, je te l'expliquerai.

HENRI. Mais encore?

D'ANDREVILLE. Les momens sont précieux... le temps presse...

HENRI. Mais on vient de ce côté... on accourt, je dois rester.

D'ANDREVILLE. Tu dois me suivre, te dis-je... Je sais tout... j'ai tout appris... Viens, viens...

Il l'entraîne.

SCÈNE XXI.

MARIANNE, CERDIC, LE REPRÉSENTANT, JEAN, PEUPLE, GARDES.

CERDIC. Ici! c'est ici que je veux m'expliquer devant tous...

LE REPRÉSENTANT. Que veux-tu?

CERDIC. N'est-il pas vrai que la loi condamne à la guillotine quiconque soustrait un condamné à la justice?

LE REPRÉSENTANT. Oui!...

CERDIC. N'est-il pas vrai que la loi est impitoyable?

LE REPRÉSENTANT. Oui, impitoyable.

CERDIC. Qu'elle ne fait grâce à personne?

LE REPRÉSENTANT. Non, à personne... Pourquoi ces questions, citoyen Cerdic?...

CERDIC. Citoyen représentant, il est un homme qui a soustrait un condamné à la justice, qui l'a caché chez lui, qui l'y cache encore.

LE REPRÉSENTANT. Cet homme, nommez-le! nommez-le!

CERDIC. C'est moi!...

LE REPRÉSENTANT. Toi?...

CERDIC. Oui, oui, le capitaine Cerdic, moi! qui m'avoue coupable, d'avoir caché Henri de Marsay, condamné à mort par le tribunal révolutionnaire, de l'avoir caché ici, ici, où il est encore!... Il n'en peut être sorti.

SCÈNE XXII.

LES MÊMES, D'ANDREVILLE, *reparaissant à la porte.*

D'ANDREVILLE. Vous vous trompez, capitaine Cerdic, Henri de Marsay n'est pas ici... c'est moi qui viens réclamer mon poste sous vos coups.

CERDIC. Vous, d'Andreville?

D'ANDREVILLE. Moi-même, et je suis à ma place; car de Marsay avait sauvé l'enfant de Jean; car à de Marsay appartenait l'aiguillette qui portait avec elle sa grâce, et de Marsay marchait à la mort... Je suis venu rétablir les choses comme elles devaient être... je suis venu mettre Henri de Marsay en liberté, et si l'échafaud m'attend, je suis prêt.

CERDIC. Quoi!... il m'échapperait encore!... Trahison!... trahison de tous côtés... D'Andreville, vous avez manqué à votre devoir... D'Andreville, il est sept heures, et à sept heures vous deviez être au milieu de la flotte anglaise, vous l'avez juré sur l'honneur.

D'ANDREVILLE. J'avais un rendez-vous tout aussi important, monsieur... et j'ai craint de faire attendre le bourreau.... Mais si j'ai pris la place de de Marsay ici, il a pris ma place là-bas !

MARIANNE. Grand Dieu !

CERDIC. De Marsay !

D'ANDREVILLE. Oh ! soyez tranquille, monsieur, toutes mes dispositions sont prises... Les pouvoirs que vous m'aviez donnés ne pouvaient servir qu'à un seul d'entre nous... Je l'ai revêtu de l'uniforme qui m'était destiné, et je l'ai vu partir au milieu des matelots ; et il est brave, monsieur, brave autant que moi, plus instruit et plus calme dans le combat ; vous n'avez pas perdu au change, il réussira... Et tenez, tenez... je crois entendre.... (*Bruit d'une explosion suivi de trois coups de canon.*) Trois ! c'est le signal du succès... la flotte est incendiée... Capitaine Cerdic, j'ai rempli mon devoir, à vous de remplir le vôtre.

Grand tumulte au dehors, cris : *Vive la nation !*

SCENE XXIII.

Les Mêmes, MICHEL, Peuple.

MICHEL. Capitaine ! capitaine ! voilà vos matelots qui rentrent dans le port en criant victoire... Le feu est sur les vaisseaux anglais.... Tenez, tenez, voici vos braves marins.

SCENE XXIV.

Les Mêmes, HENRI, *blessé à plusieurs endroits, porté par les marins.*

MARIANNE, *à part.* Ciel ! mourant !

D'ANDREVILLE. De Marsay ! se peut-il ?

HENRI. Capitaine Cerdic, ma mission est accomplie... J'ai jeté les brûlots sur les vaisseaux ennemis... Je meurs sans regret pour la France !

MARIANNE, *à part.* Et pour moi.

HENRI, *à voix basse, éloignant d'Andreville du geste, et dans les bras de Cerdic.* Capitaine Cerdic, je vais paraître devant Dieu... Elle est innocente ! ma vie pour son pardon.

Il meurt.

CERDIC., *bas.* Innocente ! c'est la dernière parole d'un mourant. (*Il tend la main à Marianne. A voix haute.*) Citoyens, que tous les vaisseaux du port arborent pavillon noir en signe de deuil... C'est un brave marin qui a succombé... Allons demander compte à l'Anglais de la mort de notre frère... Citoyens, l'heure de l'attaque a sonné ! Le vaisseau que je vais monter pour combattre l'Anglais, je le baptise *le Vengeur !*... Quelque chose me dit là que Dieu, comme à de Marsay, nous accordera à tous une belle fin.

FIN.

SCÈNE XIV.

PORTIER, JE VEUX DE TES CHEVEUX!

ANECDOTE HISTORIQUE EN UN ACTE,

Par MM. Cogniard, Deslandes et Didier,

REPRÉSENTÉE POUR LA PREMIÈRE FOIS A PARIS, SUR LE THÉÂTRE DES VARIÉTÉS, LE 7 OCTOBRE 1837.

PERSONNAGES.	ACTEURS.	PERSONNAGES.		ACTEURS.
PICARD, vieux portier.	M. Prosper.	PAULINE,		Mlle Ernestine.
BONIVET.	M. Hyacinthe.	JULIE,	ouvrières.	Mlle Esther.
ÉDOUARD, étudiant en médecine.	M. Danterny.	CÉSARINE,		Mlle Flore.
HENRI, ami d'Édouard.	M. Eugène.	FANNY, fille de Picard.		Mme Berger.
EUGÉNIE, ouvrière.	Mlle Georgina.	UN GARÇON TRAITEUR.		

Le théâtre représente un intérieur de cour. A gauche, l'entrée de la maison, l'escalier. A droite, la loge du portier. Au fond, la porte cochère. Un tabouret en dehors de la loge et une cage accrochée au mur.

SCÈNE PREMIÈRE.

BONIVET, *entrant avec précaution et allant vers la loge, qui est ouverte.*

Le vieux Picard balaie le devant de la maison... profitons de ce moment de propreté du père... pour m'insinuer jusqu'à sa fille. (*Il appelle à voix basse.*) Fanny!... Fanny!.. c'est moi, Bonivet... ton chéri!.. Personne... elle sera allée porter une lettre au second ou au troisième... Redescends vite, ma Fanny!... pour toi je m'expose au manche à balai de ton père... J'aime trop cette femme-là, ma parole!.... je l'aime comme un Allemand aime sa pipe... comme un Anglais aime son boule-dogue... comme un Cosaque aime sa gousse d'ail!.., et son diable de père me reçoit toujours comme un chien dans un jeu de dames.

Un Garçon sort de l'escalier de gauche; Édouard paraît à la fenêtre.

ÉDOUARD, *au garçon.* Garçon !... garçon !... apporte aussi un fromage glacé... et du Bordeaux... nous n'en avons plus... dépêche-toi !.,.

LE GARÇON. Oui, monsieur...

Il sort ; Édouard rentre.

BONIVET, *regardant la fenêtre d'Édouard.* Il y a des gens qui ne songent qu'à leur estomac... Les goulus!..C'est l'étudiant en médecine qui régale ses amis... Ces étudians... qui croit que ça étudie... et ça se bourre de blanc de volailles.... *Confiez donc votre peau à ces gens-là....* Où j'en étais donc resté?... Ah!... à maudire le vieillard qui sert de père à mon objet... Ce vieux vétéran en retraite me fera faire de vilaines choses!... Tiens, vois-tu, Fanny, s'il te refuse à ma tendresse... foi de Bonivet... je...

SCÈNE II.
BONIVET, PICARD.

PICARD, *lui prenant l'oreille, il parle avec bonhomie.* Ah ! je t'y prends encore !...

BONIVET, *criant.* Aïe !... aïe !... père Picard, lâchez, lâchez, je vous l'ordonne... et, au besoin, je vous en supplie !...

PICARD, *le lâchant.* Peux-tu me dire ce que tu viens faire ici ?

BONIVET. Père Picard.... je viens vous parler... et j'en ai le droit... il y a sur votre porte : « Parlez au portier. » Je me suis dit : Je vas parler au portier.... Un enfant de six semaines qui saurait lire comprendrait ça...

PICARD. Tu viens, mon drôle, pour en conter à ma fille...

BONIVET. Ah ! père Picard !... quelle erreur est la vôtre !... Eh bien, au fait... père Picard... je viens pour en conter à votre fille, mais dans des idées légitimistes; mon amour demande une publication de bans...voilà mon cœur à nu.. Maintenant, père Picard... levez votre arme sur moi... frappez.. j'aime autant mourir de votre main que d'un amour rentré.

PICARD, *posant son balai.* Et ma fille, t'aime-t-elle?...

BONIVET. Puis-je vous le dire sans danger?... sans redouter la colère d'un père?...

PICARD. Oui...

BONIVET. Vous ne vous oublierez ni envers elle, ni envers moi?...

PICARD. Non... voyons, parleras-tu ?

BONIVET. Eh bien... elle m'idolâtre.... (*Il tend le dos.*) Aïe !...

PICARD, *à part.* Au fait, c'est un bon garçon. (*Haut.*) Mais tu n'as rien...

BONIVET. Il y a un an, père Picard, j'étais encore sans position dans le monde; mes bottes avaient des fentes secrètes, et je boutonnais ma redingote avec des épingles... Mais je viens d'obtenir un emploi dans le gouvernement... on m'a nommé, il y a six mois, visiteur des champignons du marché... et l'on vient d'ajouter à mes fonctions celle d'inspecteur des bonnes et mauvaises herbes.... Voilà mes titres... voilà ma position dans le monde...

PICARD, *souriant.* Eh bien, je verrai... je parlerai à ma fille.

BONIVET. Ah! père Picard!... permettez que je dépose un baiser sur le dos de votre main... la main gauche... du côté du cœur... *je jure sur vos vieilles cicatrices* de faire la félicité de votre demoiselle, et d'embellir vos cheveux blancs... c'est-à-dire, non, vous n'en avez plus...

PICARD. C'est bon... va-t'en... je veux être seul pour parler à Fanny.

BONIVET. C'est ça... je vas faire ma ronde..... O bonheur !.... le ciel enfin comble mes vœux!... ah ! ah !... que je suis heureux !... Au revoir, père Picard.

AIR : *Je regardais Madelinette.*

Je m'en vais faire ma tournée,
J'vous en prie, arrangez tout ça ;
Et j' vous réponds qu'avant l'année,
Pèr' Picard, vous s'rez grand papa !
Et c'est gentil d'êtr' grand papa!
Comme ils naîtront parmi les herbes,
Tous les enfans que nous aurons
Ne peuv'nt manquer d'être superbes,
Et d'pousser comm' des champignons.

REPRISE ENSEMBLE.

BONIVET.
Je m'en vais faire ma tournée, etc.

PICARD.
Va vite faire ta tournée,
Je tâcherai d'arranger ça;
Avant la fin de cette année,
Ça m' f'ra plaisir d'êtr' grand papa.

Bonivet sort.

SCÈNE III.
PICARD, *puis* LE GARÇON.

PICARD. Oui, il conviendra à ma fille... et d'ailleurs, Fanny est en âge d'entrer en ménage... (*Le garçon traiteur rentre chargé de plats et de bouteilles. Au garçon.*) Chez qui allez-vous?

LE GARÇON. Chez M. Édouard.

Le garçon rentre.

PICARD. Ah! l'étudiant... il doit être

furieux contre moi... c'est pas ma faute... Hier, mon gaillard amenait à souper des amis et des petites dames... les amis, je les ai laissés passer... mais les petites dames... halte là!... c'était de la contrebande..... la propriétaire ne veut pas que les jeunes gens de sa maison en reçoivent. J'ai barré le passage...c'est ma consigne... M. Edouard s'est fâché... et ils sont allés souper autre part.... ce qui fait qu'il est rentré trop tard, et que je l'ai laissé frapper, cette nuit, un bon bout de temps... Car c'est encore ma consigne de fermer ma porte à minuit.... Au premier coup, je me lève de dessus ma chaise..... au dernier, crac!... la grosse clef fait son jeu; tant pis pour les traînards... C'est pas l'embarras, il doit enrager, j'en conviens... à sa place, j'en ferais autant.

Air : *Époux imprudent, fils rebelle.*

Non, je n'aime pas les obstacles,
Moi, vieux soldat... car dans nos régimens
Un mot d' l'ancien nous f'sait fair' des miracles !
Aux portes des gouvern'mens,
Je m'en souviens,nous n'frappions pas long-temps.
D'vant un' grand' ville, un' place forte,
Quand nous disions : Le petit nous conduit,
L'cordon!..c'est nous!..Fût-c'même après minuit,
On nous ouvrait tout d' mêm' la porte,
On nous ouvrait toujours la porte.

Après ce couplet, le garçon sort.

SCENE IV.

PICARD, FANNY.

FANNY, *entrant.* Bonjour, papa...

PICARD. Bonjour, ma petite Fanny.... tu viens de porter ton ouvrage, c'est très-bien... il faut aimer le travail, parce qu'un jour, vois-tu, il faudra t'établir, entrer en ménage... plus tard... dans longtemps... quand ton cœur aura parlé...

FANNY, *vivement.* Mais il a parlé, papa... il a parlé.

PICARD, *jouant l'étonnement.* Vraiment ! et pour qui donc?

FANNY. Dam !... vous vous en doutez bien...

PICARD. Pour Bonivet, peut-être ?.... (*Elle lui fait signe que oui.*) Ah çà, tu l'aimes donc ce qui s'appelle bien?

FANNY. Oh! oui, il est si bon... et puis il m'aime tant, lui... Mais vous le rudoyez toujours.

PICARD. Et si je te promettais de ne plus le rudoyer...

FANNY. Vrai!...Oh! papa, voilà qui serait gentil.

PICARD. Eh! mon Dieu, je jouais le Croquemitaine avec lui pour voir s'il t'aimait réellement... maintenant que j'en suis sûr ; eh bien! nous verrons, je tâcherai d'arranger tout ça.

FANNY. O mon bon petit papa, que vous êtes bon!

PICARD. Que tu sois heureuse, et je serai content... Ah ! si mon colonel avait vécu, t'aurais une dot... Pauvre colonel !... En parlant de ça.... faut que j'aille faire ma tournée quotidienne.

FANNY. Encore!...

PICARD. Mon enfant, c'est un devoir sacré. (*Tirant un papier cacheté.*) Je ne sais pas tout ce qu'il y a là-dedans, mais j'ai juré à mon colonel mourant de restituer ces papiers à celui qu'il m'a désigné... et je tiendrai ma promesse.

FANNY. Mais puisque vous ne pouvez pas découvrir celui à qui ça appartient... faudra bien y renoncer.

PICARD. La personne est à Paris, j'en suis sûr, et je finirai par la joindre... Donne-moi mon chapeau, mon enfant... garde bien la loge pendant mon absence ; si l'on vient voir le petit logement du quatrième à louer, sois bien engageante... la propriétaire me bougonne toujours de ce qu'il ne se loue pas... comme si c'était ma faute... Ah! tu prendras garde de laisser monter des dames chez M. Edouard... Si Bonivet vient, tu peux lui dire tout ce que tu sais bien.

FANNY. Oui, papa... Oh! je suis bien heureuse, allez.

PICARD. Tant mieux, mon enfant.... adieu !

FANNY. Adieu, mon papa.

PICARD. Adieu, mon enfant.

FANNY. Adieu, mon petit papa!

Il l'embrasse et sort.

SCENE V.

FANNY, *puis* BONIVET.

FANNY. Oh! quel bonheur! quel bonheur! il consent à mon mariage.

BONIVET, *entrant avec précaution.* Fanny!

FANNY. Bonivet!

BONIVET. Oui, c'est moi ; je guettais le départ de votre père... Fanny, répondez-moi de toute la vitesse de votre langue.... Fanny, c'est-y oui, bien décidément? Oh ! je tremble comme le ressort d'une montre qui avance... Fanny, parlez donc... votre père vous a dit...

FANNY. Oui, monsieur, mon père m'a dit que vous lui aviez demandé ma main, que vous m'aimiez... que vous vouliez faire mon bonheur.

BONIVET. En effet, je lui tins à peu près ce langage... Et qu'avez-vous répondu ?

FANNY. Que je vous aimais aussi, et...

BONIVET. N'achevez pas, Fanny... Je dois être pâle... la joie... avez-vous un peu de sucre ? et de fleur d'orange... ou une tranche de jambon ?... car, Fanny, depuis que je vous aime, je ne bois plus, je mange de même, et je dors encore moins.

FANNY. Voyons, remettez-vous, et causons... Est-ce que vous avez fait votre inspection ?...

BONIVET. De champignons ?... non, la cloche n'a pas encore sonné... Savez-vous, Fanny, que j'ai eu mille fois l'envie de mettre dans ma poche les champignons vénéneux que je rebutais, pour m'en faire un breuvage éternel... Savez-vous, Fanny, que depuis qu'on a ajouté à mes fonctions celle d'inspecteur des herbes pour les chèvres et les lapins, je me suis surpris à en brouter de rage?

FANNY. Vraiment, mon pauvre Bonivet ?

BONIVET. Savez-vous, Fanny, que je ne me mets au lit qu'en tremblant, tant je fais des rêves horribles?.. cette nuit encore, je croyais être cafetière, et je me voyais bouillir devant le feu... Jugez si ça échauffe le sang... ça n'était plus tenable.

FANNY. Mais puisque papa consent à notre mariage.

BONIVET. Aussi, c'est fini, je ne veux plus rêver que guirlandes de roses et petits pots à la crème... O Fanny, Fanny!.., je suis bigrement heureux... et pourtant il y a encore une chose que je désire... pour mettre le comble à mon extase.

FANNY. Qu'est-ce que c'est donc ?

BONIVET.
AIR : *Petit blanc.*
Ah ! ne sois point cruelle,
Je compt' sur ton bon cœur
Pour obtenir, ma belle,
Un' grand' décim' faveur
Qui complèt' mon bonheur.
Fanny, calme ma peine,
Je serais si joyeux
Si j'avais une chaîne
De tes jolis cheveux.
Ah ! ne sois point revêche,
Fais-moi ce cadeau-là !
Seulement une mèche,
Et Dieu te la rendra.

ENSEMBLE.
BONIVET.
Ah ! ne sois pas revêche, etc.
FANNY.
Je dois être revêche
Et refuser cela ;
Car c'est trop d'une mèche ;
Demandez à papa.

Du tout, monsieur... si papa le permet, à la bonne heure.

BONIVET. De quoi faire une natte à trois ; il ne pourra pas me refuser ça... n'est-ce pas ?

FANNY. Dam! puisqu'il m'a permis de recevoir vos visites....

BONIVET. Oh ! bravo ! bravi !... (*On entend frapper.*) Bon! v'là les importuns... (*Il va tirer le cordon.*) Laissez, Fanny, je vas ouvrir... Trop douce mission !

SCÈNE VI.
Les Mêmes, CÉSARINE.

CÉSARINE, *fredonnant et se dirigeant vers l'escalier.*
Le temps que je regrette,
Est le temps des combats.
Le temps, tra la, la, la.

FANNY, *l'arrêtant.* Pardon, où va madame ?

CÉSARINE. Merci, petite... je connais les êtres de la maison.

FANNY. C'est possible... mais j'ai besoin de savoir...

CÉSARINE, *voulant passer.* Chez M. Édouard... je sais où c'est.
Elle chante.
Je loge au quatrième étage...

FANNY. Je suis bien fâchée, madame, mais vous ne pouvez pas monter... mon père a les ordres les plus sévères...

BONIVET. Madame, son père a les ordres les plus sévères...

CÉSARINE. Ça ne m'importe nullement ; je suis la sœur de lait de M. Édouard... la même crème nous a nourris, je veux monter, et je monterai.

BONIVET, *l'arrêtant.* Mais, madame, puisqu'on vous dit...

CÉSARINE. Qu'est-ce qui vous parle à vous, grand orang-outang?... taisez donc vot' bec... C'est un peu fort de café de m'empêcher de passer... Je conçois que les femmes n'entrent pas à l'école de natation des hommes ; mais ici... c'est violent! je veux monter, et je monterai.

BONIVET, *lui barrant le passage.* Et moi, qui suis le gendre de la loge... Madame, je vous dis que vous ne monterez pas.

Pauline et Julie se montrent à la fenêtre d'Édouard; elles sont en hommes.

PAULINE et JULIE. Eh! mon Dieu! qu'est-ce qui fait ce tapage-là ?

PAULINE. Tiens! c'est Césarine... Bonjour, Césarine.

JULIE. Bonjour, Césarine.

BONIVET. Là !.. c'est ses amans, j'en étais sûr !

CÉSARINE. Ah! vous v'là.... vous autres!.... vous déjeunez sans moi là-haut... c'est régalant...
PAULINE. Viens prendre ta part.
CÉSARINE. Puisqu'ils ne veulent pas.... Il faudrait la *forte-armée* pour passer.....
FANNY. Je suis désolée de vous désobliger, madame ; mais vous nous feriez perdre notre place....
CÉSARINE. Et moi, vous me faites perdre un bon déjeuner..... elle est charmante, la petite !... J'ai faim, moi... aussi je veux monter.

Elle chante.
Guzman ne connaît pas d'obstacle...

BONIVET, *l'arrêtant*. Vous n'passerez pas.
PAULINE. Elle passera.
JULIE. Elle ne passera pas.
CÉSARINE. C'est inouï.... Grand imbécile, va !... si j'étais homme, je te roulerais dans la poussière.
BONIVET. Allons donc !... vous devriez rougir d'être sur votre bouche d'une manière aussi énorme... grosse gourmande !..
CÉSARINE. Goujat !

Elle chante.
Faut-il qu'un homm'. soit charcutier !

BONIVET. C'est possible !...
PAULINE, *à demi-voix*. Dis donc, Césarine.... fais comme nous... mets-toi en homme... ils n'y verront que du feu.
CÉSARINE, *de même*. Laisse-moi donc.... j'ai essayé... mais j'ai pas trouvé de vêtemens assez larges... Oh !... mais je me vengerai.... Dites-donc, gardez-m'en un peu.... ne dévorez pas tout..
ÉDOUARD, *dans la chambre*. Allons donc, mes amis, et le champagne, donc.
PAULINE *et* JULIE. Du champagne, nous v'là !... Adieu, Césarine.

Elles rentrent.

CÉSARINE. Du champagne !... et moi qu'en raffole.

Elle chante.
Au glouglou du jus divin !...

Je suis sûre qu'il est frappé !... oh ! c'est à se manger les poings.... Mes petits amis, vous ne le porterez pas en paradis.... Petite bégueule....
BONIVET. Assez, assez !...
CÉSARINE. Grand serin !..
BONIVET. Oh! trop.... beaucoup trop !..

ENSEMBLE.
CÉSARINE.
Oui, je vais revenir,
Et vous me livrerez passage,
Ou redoutez ma rage,
Car je saurai bien vous punir.

BONIVET *et* FANNY.
A quoi bon revenir ?
Vous ne mont'rez pas davantage;
Nous bravons votre rage,
Notre devoir est d'obéir.

Césarine sort furieuse.

SCÈNE VII.
BONIVET, FANNY.

BONIVET. Elle est vexée !... elle voulait manger un morceau avec eux !... On devrait donner congé à ces gens-là... d'autant que ce monsieur Édouard tournaille quéqu'fois autour de vous.
FANNY. Lui !... par exemple !
BONIVET. Hum !... il vous regarde plus souvent qu'à son tour..... mais qu'il y prenne garde.... qu'il ne cherche pas à m'enlever votre cœur.... ou, ma foi... je l'empoisonne...
FANNY. Quelle horreur !
BONIVET. Oui, je me déguise en homme de campagne.... je lui offre des champignons repoussés par la loi.... il les mange, et.... Ah ! que dis-tu, Bonivet ?.... est-ce ainsi que tu justifies la confiance du gouvernement?... Non... j'aime mieux que vous lui disiez qu'il vous ennuie.... que vous le trouvez cagneux, qu'il est bête et laid.... ça le dégoûtera de vous... (*On entend sonner une cloche.*) Oh! v'là ma cloche...... (*Regardant du côté de la maison.*) Et justement les autres qui descendent!... quel ennui de m'en aller...
FANNY. Rassurez-vous, je vais rentrer dans la loge....
BONIVET. Oh !... très-bien ! (*On entend la cloche.*) On y va..

AIR : *La paix est trop payée.*

C'est la cloch' qui m'appelle,
D'ici je dois partir;
Le laisser avec elle,
Ça n' me fait pas plaisir.
FANNY.
Vous n' craignez rien, je pense ?
BONIVET.
Au moment d' vous quitter,
En vous j'ai confiance ;
(*A part.*)
Mais j'aim'rais mieux rester.

ENSEMBLE.
BONIVET.
C'est la cloch' qui m'appelle, etc.
FANNY.
La cloche vous appelle,
Allons, il faut partir ;
Là bas montrer du zèle,
Tâchez de vit' revenir.

Bonivet sort. Fanny rentre.

SCENE VIII.

ÉDOUARD, HENRI, EUGÉNIE, PAULINE, JULIE. *Ils entrent tous en chantant un air différent.*

Elles sont dans leur costume d'homme, toutes ont un cigare à la bouche.

ÉDOUARD. Comment?... cette pauvre Césarine a encore échoué?

JULIE. Mon Dieu oui... repoussée avec perte...

EUGÉNIE. Elle doit être furieuse.

PAULINE. Je crois bien..... elle qui aime les bons morceaux.

ÉDOUARD. Aussi pourquoi n'a-t-elle pas fait comme vous?... ces habits d'hommes vous vont si bien!

PAULINE. Elle n'en a pas trouvé d'assez larges... et nous, vraiment, nous avons donc l'air d'hommes?..

ÉDOUARD. De trois vrais gamins... Julie s'est fait un superbe collier grec!..

JULIE. Je m'appelle Jules, monsieur.... je ne suis plus femme, je ne suis plus lingère.... je suis étudiant.

PAULINE. Et moi je me nomme Paul... il n'y a plus de Pauline... il n'y a plus de fleuriste!...

HENRI. Alors Eugénie s'appellera Eugène...

EUGÉNIE, *chantant.*
Connaissez mieux le grand Eugène....

(*Parlant.*) Et l'on se flatte que rien n'y manque... jusqu'au cigare de rigueur... Je ne sais pas si le grand Eugène fumait... mais je m'en acquitte pas mal.

JULIE. Et moi donc?... on sait un peu lancer sa bouffée de tabac.... dernier genre....

Elle lance une bouffée.

ÉDOUARD. Je défie bien le père Picard de ne pas y être pris....

PAULINE. Savez-vous que c'est pas amusant, une maison comme celle-ci, où l'on ne peut pas traiter ses amis des deux sexes.

ÉDOUARD. Aussi je déménagerai au terme prochain; mais j'ai payé celui-ci d'avance.

PAULINE. Est-ce que ce sont vos parens qui ont donné cet ordre-là à la propriétaire?...

ÉDOUARD. Mes parens!... je n'en ai pas!

EUGÉNIE. Comment! vous n'avez pas de papa ni de maman?...

ÉDOUARD. Je les ignore... Seconde édition d'Antony, un être invisible veille sur moi.... Tous les mois un notaire me dit : Voilà votre pension, prenez.... seulement il m'a prévenu que ça ne durerait plus qu'un an, jusqu'à ma majorité.... et ce qu'il y a de drôle, c'est qu'il n'en sait pas plus que moi..... Aussi, dans un an, mes amis, je ne vous traiterai plus....... avec autant de luxe!

JULIE. Oh! ce pauvre Édouard!

HENRI. Eh bien! dans un an tu seras reçu docteur.... et d'ailleurs ne suis-je pas là?.... ma bourse sera la tienne.

ÉDOUARD. Merci, Henri, merci... mais laissons-là mon histoire..... et pensons plutôt à terminer gaîment notre journée...

PAULINE. Moi, avant tout, je veux me venger du portier, qui nous a mises hier à la porte, et nous a forcées de nous déguiser.... je veux lui faire des farces...

EUGÉNIE et JULIE. Oui, oui, des farces au portier!

ÉDOUARD. Je suis de la partie, et de bon cœur.... car vous ne savez pas tout!.. Figurez-vous qu'hier au soir, après vous avoir refusé la porte avec tant de cruauté, M. Picard a eu l'infamie, quand je suis revenu, de me faire passer une partie de la nuit à la belle étoile.... sous prétexte qu'il était une heure du matin.... et voilà dix fois qu'il me joue ce tour-là.... aussi je me réunis à vous.... il faut nous venger!...

EUGÉNIE, PAULINE et JULIE. C'est ça, vengeons-nous!

PAULINE. S'il nous avait reçues en femmes, nous aurions respecté notre costume.. nous aurions été timides et modestes.... N'est-ce pas, Julie?

JULIE. Nous aurions fait notre possible pour ça....

EUGÉNIE. Mais puisqu'il nous a fait changer de sexe.... au diable la retenue! vivent les folies!

PAULINE. Refuser la porte à des femmes aimables.... c'est une horreur d'infamie!..

JULIE. Ça crie toutes sortes de vengeances!...

EUGÉNIE. C'est dégoûtant!... aussi... faut nous montrer! faut pas agir en blancs-becs!...

JULIE. Soyons hommes, mes chers camarades!

PAULINE. Adopté!... faut tout bouleverser, faire du tapage, faut faire des émeutes! Tout le monde en est-il?

TOUS. Oui, oui!

PAULINE. Vous promettez de m'imiter!

TOUS. Oui, oui!

PAULINE. En ce cas, à l'ouvrage!

TOUS. A l'ouvrage!

Air : *de la Saint-Barthélemy.* (Variétés.)

Que chacun soit de la partie,
Trouvons une bonne folie;
A l'instant, de ce vieux grigou
  Vengeons-nous!
TOUS.
  Vengeons-nous!
PAULINE.
Vous jurez d'agir à ma guise?
TOUS.
  Nous jurons! (*bis.*)
PAULINE.
Quand mêm' je f'rais quelque bêtise?
TOUS.
  Nous jurons! (*bis.*)
Pour punir son ton arrogant,
  En avant! (*bis.*)
Il faut qu'il tremble, (*bis.*)
  Point de quartier!
Jurons ensemble, (*bis.*)
Guerre au portier! (*ter.*)

Tous se dirigent en sautant vers la loge de Picard en criant :

Ohé le portier! ohé le père Picard!

SCÈNE IX.

LES MÊMES, FANNY, *et peu après* PICARD.

FANNY. Que désirez-vous, messieurs?
ÉDOUARD. Salut à l'aimable Fanny..... à la jolie fille de mon terrible concierge... il n'y a pas de lettres pour moi?...
FANNY. Non, monsieur.
JULIE. Et M. Picard est sorti?
FANNY. Oui, monsieur.
PAULINE, *à Julie.* Essayons l'influence du costume. (*Elle retient Fanny, qui veut rentrer.*) Savez-vous, charmante Fanny, que votre père est bien heureux de vous avoir pour fille!
FANNY. Pourquoi cela, monsieur?
PAULINE. Parce que, grâce à votre gentillesse, vous faites oublier les sottises qu'on reçoit de lui.
FANNY. Quelles sottises, monsieur?
EUGÉNIE. Nous empêcher de recevoir nos amoureuses...
JULIE. N'est-ce pas affreux, épouvantable?..... il ne sait pas à quoi il s'expose, M. Picard?

Picard entre et écoute au fond.

FANNY. A quoi s'expose-t-il donc?
JULIE, *la cajolant.* D'abord, à ce qu'on fasse la cour à son aimable fille!
EUGÉNIE, *de même.* Pour moi, je veux me venger de lui en vous adorant...

Elle cajole aussi Fanny, qui se défend.

PICARD, *approchant.* Mes petits messieurs, vous chercherez, s'il vous plaît, une autre vengeance, car celle-là, monsieur Picard ne vous la permettra pas.

Il prend sa fille par la main et la fait rentrer dans sa loge.

PAULINE. Oh! oh! quelle sévérité!
EUGÉNIE. Je vous conseille de vous fâcher après les tours que vous nous avez joués.
PICARD. J'ai fait mon devoir, monsieur, tâchez de comprendre le vôtre!
JULIE. Là, là, monsieur Picard, pas d'emportement! vos cheveux se dressent déjà sur votre tête...

On rit.

PICARD. Monsieur!
PAULINE. Édouard, pour ses étrennes, je te conseille de lui donner un pot de la pommade du lion... En cinq minutes, ça fait pousser une forêt de cheveux.
PICARD, *avec colère.* Assez, monsieur, assez. Je vous prie de laisser ma tête tranquille...Si les vôtres sont garnies à l'extérieur, ça ne prouve pas qu'il y ait grand chose dedans...
EUGÉNIE. Oh! oh! de la satire!
PICARD. Vous êtes vexés parce que vous avez déjeuné sans vos amoureuses...
ÉDOUARD. Oh! mon Dieu, oui, ça nous a désolés.
PAULINE. Et là, vraiment, vous ne voulez pas qu'il en entre une seule?
PICARD. Pas une seule...
JULIE. C'est impossible?
PICARD. Impossible.
PAULINE. Et si nous trompions votre vigilance!
PICARD. Essayez!
EUGÉNIE. Pauvre bonhomme, va! tu n'es pas fort!...
PICARD. Bonhomme, bonhomme... Demandez à monsieur Édouard s'il a passé une bonne nuit...
ÉDOUARD. Il se moque de moi, je crois: dans tous les cas, je vous avertis que si vous me faites encore une fois la même plaisanterie, je casse tout, j'ameute tout le quartier.
PICARD. Une émeute! ça regardera le préfet de police.
ÉDOUARD. C'est donc la guerre entre nous que vous voulez?
PICARD. Oh! la petite guerre, les fusils chargés avec vos billets doux.
EUGÉNIE. Et les vôtres, avec vos papillotes...

Tous rient.

PICARD. Mes papillotes! C'est bon... moquez-vous de moi; je ne vous remettrai pas moins à votre place, mes petits messieurs, quand vous en conterez à ma fille; et je ne vous en laisserai pas moins à la porte, monsieur Édouard, quand vous rentrerez après minuit.

ÉDOUARD. Prenez-y garde, monsieur, le grand cordon!

PICARD. Le cordon, je vous le tirerai, c'est mon devoir... Mais quand il pleuvra, je me réserve le plaisir de vous le faire demander deux et même trois fois.

ÉDOUARD. C'est ce que nous verrons!

PICARD. C'est ce que nous verrons!

PAULINE, *séparant comiquement Édouard et Picard.* Allons! allons! n'allez-vous pas vous prendre aux cheveux, monsieur Picard!

On rit.

PICARD, *courroucé.* Aux cheveux! mauvais plaisant! Tenez, je m'en vais, car je me mettrais en colère, et vous n'en valez pas la peine.

Il rentre dans sa loge.

SCÈNE X.

LES MÊMES, *excepté* PICARD.

PAULINE. Messieurs, messieurs, je tiens notre vengeance!

TOUS. Qu'est-ce que c'est!

PAULINE. Avez-vous remarqué la mauvaise humeur du père Picard quand on lui parle de ses cheveux?

TOUS. Oui, oui.

PAULINE. Puisque c'est le côté faible de la citadelle, profitons-en... Il faut nous amuser avec sa tête... Enfin, il faut le faire enrager.

ÉDOUARD. Non, non, c'est un tour de gamin!

PAULINE. Eh bien! tant mieux... soyons gamins! Je veux être gamin, moi!... Je vas me mettre en blouse... Oh! je vais m'en donner!

JULIE. Et moi aussi... Si vous voulez, je vais commencer?

EUGÉNIE. Elles ont raison... il faut rire..... Le père Picard fera une drôle de mine!

ÉDOUARD. Allons, puisque vous le voulez, soit, j'en suis!

PAULINE. Faudra aller prévenir Césarine, qui ne demandera pas mieux que d'être de la partie... Je sais le rôle que je lui donnerai.

JULIE. Moi, je tiens le mien...

PICARD, *paraissant à l'entrée de sa loge.* Ils ne sont pas encore partis.

Il s'assied sur un tabouret.

PAULINE, *à demi-voix.* Attention! voilà l'ennemi! Allons dresser nos batteries...

AIR : *Le cordon, s'il vous plaît.*

Venez, amis, (*bis*.) je vous le jure,
Avant peu chacun sera vengé.
Je ris déjà de sa figure,
Il faut qu'il soit bien corrigé,
Que le combat soit bien vite engagé.

Haut à Picard.

Au revoir, portier trop aimable,
Portier vraiment incomparable!
Je vous demande avec respect
Le cordon, s'il vous plaît!

TOUS, *saluant Picard avec affectation.*
Le cordon, (*bis*.) s'il vous plaît!

Ils sortent.

SCÈNE XI.

PICARD, FANNY, *puis* JULIE.

PICARD, *d'abord seul.* Allez, allez, blancs-becs, je me moque de vous. Ce M. Édouard, je l'avais pourtant pris en amitié... Au fait, il a bien le droit d'être un peu fâché... Ah! c'est toi, mon enfant; où vas-tu donc?

FANNY, *un panier au bras.* Je vais au marché, papa... chercher le dîner.

PICARD. Oui... et puis au marché... on peut rencontrer Bonivet... Il n'y a pas de mal, mon enfant, puisque je t'ai permis de l'aimer... Dis-moi, amène-le à dîner, si tu le rencontres par hasard...

Il appuie sur ce mot.

FANNY. Oh! je le rencontrerai, papa, je le rencontrerai, soyez tranquille.

PICARD. Oh! je ne suis pas inquiet; va, ma fille, va... (*Il la regarde sortir avec tendresse.*) Chère enfant.... est-elle heureuse! Oui, oui, faut les marier.(*On frappe. Il tire le cordon, Julie entre.*) Ah! c'est un de mes jeunes gens. Qu'est-ce qu'il me veut encore?

JULIE. Monsieur Picard... j'ai laissé partir ces messieurs, et je reviens auprès de vous, car j'ai à vous parler?

PICARD. A moi, monsieur?

JULIE. A vous-même. Tout-à-l'heure, monsieur Picard, j'ai plaisanté avec mes amis... un peu légèrement peut-être... Vous savez, on déjeune, on s'échauffe... et après ça va plus loin qu'on ne veut... Mais laissons les folies de côté, et parlons affaire...

PICARD. Je ne comprends pas, monsieur.

JULIE. Monsieur Picard, je suis spéculateur, à l'affût de toutes les choses rares, de toutes les curiosités. Je profite des manies et des caprices du jour... Je commerce sur les objets d'art, sur les bahuts, les autographes, sur les antiquités, sur tout ce qui vient des grands hommes... Par exemple, j'ai acheté une pipe culottée qui a appartenu à Jean-Bart, et une vieille paire de bottes qui vient en ligne droite de Poniatowski... Ce matin, j'ai échangé un gilet de flanelle d'Abdel-Kader contre une dent de Jean-Jacques Rousseau. Ca m'a donné l'idée de vous proposer une spéculation.

PICARD. Une spéculation, je ne vois pas trop... Je n'ai pas d'antiquités... j'ai bien quelques culottes assez vieilles... mais je ne crois pas...

JULIE. Écoutez-moi... vous n'êtes pas sans savoir que tout ce qui vient du grand Napoléon est à un prix fou...

PICARD. Je le conçois.

JULIE. J'ai vu vendre cent louis le verre d'une de ses lorgnettes, et dernièrement encore son petit chapeau a été payé dix-huit cents francs.

PICARD. Oui, et c'est un Français qui l'a acheté!...

JULIE. Et cela devait être.

Air *nouveau de M. Henry Potier.*

Oui, son petit chapeau,
Que chacun nous envie,
Est pour notre patrie
Un souvenir trop beau.
Vainqueur, il traversa les pays de la terre,
Pour en rester maîtresse, oh! oui, la France entière
Aurait souscrit pour son petit chapeau.

PICARD.

De son petit chapeau,
Oui, j'ai bonne mémoire ;
Ah! pour nous quelle gloire !
Combien il serait beau,
Si l'on pouvait trouver, ce qu'au ciel je demande,
Une tête assez belle, une tête assez grande
Pour mettre un jour sous son petit chapeau !

JULIE. Ca se présentera peut-être... Mais revenons à mon affaire. Il y a un mois, père Picard, j'ai vendu à un Anglais une bague contenant des cheveux de l'empereur ; cet Anglais a perdu cette bague, et m'écrit de Londres de lui en envoyer une semblable... Je vous avoue que je n'ai plus de cheveux du grand homme...

PICARD. Eh bien? que puis-je à cela?

JULIE. Voilà, père Picard... Vous avez absolument la chevelure du grand homme, et je viens vous proposer de m'en céder une boucle... enfin...

Elle chante.

Portier, je veux
Une mèche de tes cheveux. (*bis.*)

Elle rit aux éclats.

PICARD. Oh! c'est trop fort!... une pareille plaisanterie... Et moi qui l'écoutais bonnement !

SCÈNE XII.

Les Mêmes, EUGÉNIE.

EUGÉNIE. Qu'est-ce que c'est?... qu'y a-t-il donc? je suis sûre que tu viens de tourmenter encore le père Picard ; c'est mal!

JULIE. Non, c'est une plaisanterie.

PICARD. Oui, jolie plaisanterie ! en effet!

EUGÉNIE. Voyons, contez-moi ça, père Picard, je vous consolerai, moi.

PICARD. Allons donc, vous voulez aussi vous moquer de moi.

EUGÉNIE. Non, vraiment, et pour vous prouver le contraire, je veux vous dédommager des contrariétés que l'on vous fait endurer.

PICARD. Comment cela?

EUGÉNIE. Je sais que vous allez bientôt marier votre fille.

PICARD. Eh bien?

EUGÉNIE. Eh bien! je veux vous faire cadeau de son portrait. J'ai fait celui d'Édouard ; vous savez comme il est ressemblant !

PICARD, *joyeux.* Vrai!... vous me feriez ce cadeau-là... j'aurais l'image de ma Fanny!... (*A Julie.*) Il n'est pas comme vous lui !

EUGÉNIE. Je n'y mets qu'une légère condition...

PICARD. Oh! tout ce que vous voudrez...

EUGÉNIE. Je fais un grand tableau d'histoire pour l'exposition prochaine : j'ai besoin pour représenter mon principal personnage d'une tête comme la vôtre, et il faudrait avoir la complaisance de poser pour mon ouvrage.

PICARD. Comment donc, monsieur, mais avec un grand plaisir ; et quel est le sujet de votre tableau ?

EUGÉNIE. Absalon suspendu par la nuque... Je vous accrocherais les cheveux à une branche d'arbre... ça fera un effet superbe.

PICARD. Les cheveux ! les cheveux !.....

ENSEMBLE.

JULIE *et* EUGÉNIE.

Air : *Au Jardin courons vite.*

Oui, vraiment, c'est risible...
Dieu! quel emportement!
Oui, portier, c'est horrible,
Le tour est excellent.

PICARD.

Oui, vraiment, c'est risible...
Ah ! c'est trop outrageant!
Ah ! messieurs, c'est horrible,
C'est par trop insolent.

Julie et Eugénie sortent en riant par l'escalier de gauche.

SCENE XIII.
PICARD, puis CÉSARINE.

PICARD, *seul.* C'est affreux! c'est indigne! Être le jouet de ces messieurs... Oh! je ferai donner congé à M. Édouard pour recevoir chez lui de pareilles gens.
On frappe, Césarine entre.

CÉSARINE, *chantant.*
C'est la princesse de Navarre...
Que je vous annonce....

(*Parlant à Picard.*) Monsieur Picard, je vous prie... le concierge de céans?

PICARD. C'est moi, madame; que voulez-vous?

CÉSARINE. Monsieur Picard, il est bon d'avoir des amis partout... et je désire que vous deveniez le mien...
Elle chante.
Et voilà, oui, voilà tout ce que je veux!

PICARD. Comment donc, madame! mais avec plaisir... Madame désire peut-être un logement, et veut connaître le fort et le faible des localités...

CÉSARINE. Concierge, vous tournez le dos à la chose qui m'amène... Avant tout, et pour vous prouver que vous n'avez pas affaire à une intrigante, je vous dirai que je me nomme Eudoxie-Évélina de Saint-Preux... Je pris naissance sur les bords de la Suisse... je suis née de parens pauvres, mais pas honnêtes, car à l'âge heureux de quinze ans, ma mère me mit à la porte sans rime ni raison... et je n'apportai, hélas! en France...
Elle chante.
Que ma beauté, quinze ans,
Trente francs, et l'espérance...
Et l'espérance... et...

(*Parlant.*) Ça se répète quatre fois.

PICARD. Mais enfin, madame...

CÉSARINE. J'arrivai à Paris... D'abord l'avenir m'effraya, et je me disais, en poussant d'assez gros soupirs...
Elle chante.
Rendez-moi ma patrie, ou laissez-moi mourir!

PICARD. Mais cela ne me dit pas au juste...

CÉSARINE. Je ne mourus pas... au contraire, vous voyez.... L'énergie prit le dessus... Je fis feu des quatre pieds... Je ne vous dirai pas tous les états que j'ai faits... ce serait un ruban de queue trop long à dérouler... Sachez seulement, concierge, qu'aujourd'hui j'ai trouvé le moyen d'empêcher les humains de vieillir et de réparer l'injure du temps... Grâce à moi, il n'y a plus de vieillards; j'ôte trente ans de la tête d'un homme, avec la même facilité que vous buvez un verre d'anisette... Je rajeunis également la grande dame et la grisette, le pair de France et le portier... Enfin, monsieur Picard, je suis épileuse... à votre service...

PICARD. Épileuse!... Je ne comprends pas.

CÉSARINE. C'est-à-dire extirpant les cheveux blancs des personnes qui ont l'incommodité d'en avoir, et j'ose dire...

PICARD. Assez, madame, faites-moi le plaisir d'aller vous promener le plus tôt possible.

CÉSARINE. Qu'est-ce que cela signifie?

PICARD. Ça signifie que vous êtes une folle... Tenez, regardez...
Il se découvre.

CÉSARINE. Ah! mon Dieu! qui est-ce qui a fait cet ouvrage-là?
Elle rit aux éclats.

PICARD. Vous seriez-vous entendue avec tous ces vauriens?

CÉSARINE. Eh bien oui, vieux Cerbère; oui, vieux dogue! ça vous apprendra à me fermer la porte au nez... et à m'empêcher de déjeuner. (*Elle rit.*) Ah! ah! ah!

PICARD. Sortez, madame, ou je ne réponds pas...

CÉSARINE. Oui, je sors, mais ravie, mais enchantée de vous avoir fait enrager.
Elle chante.
Portier, je veux
Épiler tous tes blancs cheveux!
Elle sort. Picard est furieux.

PICARD. Et je souffrirais cela? Oh non! j'irai me plaindre au juge de paix, au commissaire de police... Ah! les drôles!

SCENE XIV.
PAULINE, PICARD.

PAULINE *entre en sautant à la corde et fait reculer Picard. Elle est en blouse et a un bonnet grec. Elle chante.*
Le postillon de mam' Ablou,
Tra la la la la la...
Des doubles tours en voulez-vous,
Et des croix de chevalier!...

PICARD. Qu'est-ce que ça veut dire?... Finissez donc avec votre corde... entends-tu, monsieur le sauteur?

PAULINE. Ouf! j'en peux plus... Bonjour, père Picard... Oh! la rate! oh! c'est-y amusant... et pas cher.

PICARD. Ah çà, tu t'es trompé de porte... mon garçon. Tu vas me faire le plaisir de t'en aller en doubles tours ou en croix de chevalier... Allons, allons... va voir chez l'épicier si j'y suis.

PAULINE. Concierge, ce n'est point par erreur que me voilà... Oh! que c'est drôle! oh! qué ressemblance! cré nom! c'est frappant.

PICARD. Quoi? on a frappé...

PAULINE. Non... je dis que c'est frappant, parce que vous ressemblez comme deux gouttes d'eau au polichinelle qui est sur mon cerf-volant.

PICARD. Comment, je ressemble au polichinelle!

PAULINE. Avant tout, père Picard, c'est-y vrai que vous avez un logement à louer?

PICARD. Un logement? oui, mon garçon, si c'est pour ça qu'on t'envoie, à la bonne heure... c'est différent! (*A part.*) Ça ferait joliment mon affaire, la propriétaire ne me bougonnerait plus.

PAULINE. C'est-y grand? c'est-y petit? c'est-y propre? c'est-y haut de plafond?.. Oh! plus je vous regarde, plus vous êtes mon polichinelle.

PICARD. Voyons, laisse-là ta ressemblance... et parlons...

PAULINE. Oh! sacristi, quelle heure qu'il est... hein? regardez donc à vos aiguilles.

PICARD. Pourquoi ça?

Il tire sa montre.

PAULINE. Oh! le joli bijou..... c'est comme pour tirer aux macarons... Quelle heure?

PICARD. Midi vingt-cinq.

PAULINE. Bon! j'suis fait au même, enfoncé!..moi qui voulais aller au chemin de fer, à Saint-Germain... trop tard! Y êtes-vous allé, père Picard, au chemin de fer?

PICARD. Non... mes occupations ne m'ont pas permis...

PAULINE. Vous restez donc collé à votre loge comme une coquille d'huître?... Faut voir ça, comme ça file.... Cré nom! deux mille voitures à la queue leu leu!.. Figurez-vous que vous allez au bureau... vous demandez un billet, vous donnez une pièce de cent sous... disparais... on vous rend votre monnaie à Saint-Germain.

PICARD. Oui, on dit qu' ça va très-vite... mais dis-moi : le logement, est-ce pour une personne seule?

PAULINE. Oui, un vieux garçon, sans enfants... Oh! la belle chose que la vapeur! Par exemple, on ne descend pas en route... ça se conçoit; dites donc, le temps de se moucher, et on a changé de département... l'année prochaine, on ira en Russie... c'est ça qui sera crâne!.. Vous dînez à Paris avec des pommes de terre frites, et vous prenez votre café à Saint-Pétersbourg. En v'là des jouissances..... à la vapeur!.. (*Elle tire des cliquettes et bat un roulement.*) Ran, ran, ran, pataplan!

Elle fait aller ses cliquettes et va s'asseoir sur le tabouret près de la loge, et écrase le chapeau de Picard qu'il y avait posé.

PICARD, *la faisant relever*. Allons, bon! oh! le maladroit... v'là mon chapeau dans un joli état... Petit imbécile, va!..

PAULINE. C'est rien, ça se retape. Père Picard, voyons ce logement, finissons-en... faut que je porte la réponse..... A quel étage? c'est-y commode? c'est-y logeable?

PICARD. Certainement... il y a trois jolies petites pièces demi-mansardes... au quatrième... par le petit escalier.

PAULINE. Oh! ça sera un peu gênant.

PICARD. Pourquoi ça? c'est donc un mylord, que ton vieux garçon?

PAULINE. Non; mais je vas vous dire... c'est un marchand de chevaux..... et ça sera difficile pour mettre ses bêtes..... avec ça, il veut un manège!

PICARD. Un manège!.. Mauvais drôle... veux-tu bien me laisser tranquille, alors! Méchant garnement... un marchand de chevaux au quatrième!..

PAULINE, *allant à l'entrée de la loge*. Ah! le drôle de papier que vous avez dans votre loge..... c'est gentil chez vous..... ça fera un beau pigeonnier.

Elle entre dans la loge.

PICARD. Eh bien... il entre dans ma loge, à présent.

Il court à sa loge.

PAULINE, *fermant la porte.*
Elle chante en faisant aller ses cliquettes.
Ran, ran, ran, ran!

PICARD, *cherchant à rentrer*. Veux-tu bien sortir, polisson, mauvais drôle!

PAULINE, *passant sa tête à travers un carreau de papier*. Monsieur demande quequ' chose... parlez au concierge.

PICARD, *courant prendre son balai*. Ah! tu veux que je te frotte... attends, attends! J'aurais dû me douter qu'il était envoyé par les autres.

Il passe le manche à balai par le carreau de papier; Pauline le tire en chantant :

En avant, marchons, etc.

Puis elle le lâche; Picard manque de tomber; ensuite Pauline saute par la fenêtre; Picard d'un coup de balai enfonce la porte de sa loge, dans laquelle il entre. Pendant ce temps Pauline ouvre la cage et prend le sansonnet de Picard; celui-ci ressort de sa loge et s'élance vers Pauline en levant son balai sur elle.

PICARD. Je vais t'apprendre à casser mes carreaux!

PAULINE, *lui présentant son oiseau.* Frappez, si tu l'oses.

PICARD. Mon sansonnet!.. ah! malheureux!... veux-tu bien me le rendre... Voyons, je te laisserai partir sans te faire de mal... mais rends-moi mon sansonnet!

PAULINE. J'y consens, mais à une condition.

PICARD. Laquelle?

PAULINE, *lui rendant son oiseau.* C'est... que... vous me ferez présent... d'une mèche de vos chèveux!

JULIE et EUGÉNIE se mettent à la fenêtre et rient aux éclats en chantant avec PAULINE :

Portier, je veux
Une mèche de tes cheveux.

Picard poursuit Pauline, qui s'échappe et referme sur elle la porte cochère.

PICARD, *exaspéré.* Ils ont donc juré de me faire mourir! (*On frappe, Picard tire le cordon; Pauline passe sa tête par la porte entr'ouverte et lui crie.*) Je vas vous envoyer le coiffeur.

Elle referme vivement la porte. On frappe de nouveau.

PICARD. Ah! cette fois, il faut que je me venge.

Il va ouvrir la porte par le pène, et se tient derrière la porte; Bonivet entre, Picard lui allonge un coup de pied dans le derrière.

SCÈNE XV.
PICARD, BONIVET.

BONIVET, *il crie.* Oh! oh! oh!.... aïe! aïe!

PICARD. Ah! mon Dieu! c'est toi, mon pauvre Bonivet? pardon, mon ami, c'est une erreur.

BONIVET. C'est une forte erreur, mais je l'oublie... une autre fois faudra mieux mettre l'adresse. (*A part.*) Je crois que je me fâcherais si je n'avais pas à lui demander ce que Fanny m'a promis.

PICARD. Je suis heureux de te voir, mon ami, car je n'en puis plus... lui au moins ne se moquera pas de moi... Bonjour, mon ami.

BONIVET. Bonjour, père Picard; bonjour, mon bon père Picard; bonjour, mon bon vieux père Picard.

Il lui donne des poignées de main.

PICARD, *souriant.* Ah! ah! tu as donc vu ma fille?

BONIVET. Si je l'ai vue! je n'ai jamais cessé de la voir... si je l'ai vue!... je crois bien... Je l'ai vue dans le moindre champignon, dans la plus petite crevette, dans le plus énorme potiron; mais je la vois dans votre personne, père Picard, dans vous qui ne ressemblez pas plus à une jolie fille qu'une botte de chiendent à un bas de coton noir.

PICARD. Ah çà! es-tu devenu fou?

BONIVET. Oui, fou d'ivresse, de bonheur!... Je suis le jeune homme blond le plus fou de tout le huitième arrondissement, huitième légion... et je viens pour vous prier de mettre le comble à ma félicité.

PICARD. Que puis-je donc faire pour toi?

BONIVET. D'abord, ô père Picard, ne voyez pas en moi un gendre, mais une masse de pâte que vous pétririez comme de la galette... Père Picard, je ferai toutes vos commissions... Si vous redevenez jeune, ce qui ne se peut pas... mais enfin si ça arrive, et qu'on vous mette de la garde nationale, je la monterai pour vous... si vous en voulez à quelqu'un, je casserai ses carreaux; si vous êtes enrhumé, je tousserai pour vous; enfin, père Picard, vous pouvez vous dire : Voilà un esclave dont je peux disposer jour et nuit... *ad vitam æternam*.

PICARD. Ah çà! où veux-tu en venir, avec toutes tes bêtises?.. Me diras-tu ce que tu veux de moi?

BONIVET. Voilà, j'ai une montre, père Picard.

PICARD. Eh bien?

BONIVET. Elle gît dans mon gousset, et peut à chaque instant giser dans le gousset d'un autre... il y a tant de filous!

PICARD. Je ne te comprends pas.

BONIVET. Ça serait de me permettre... oh! n'allez pas me refuser. (*A part.*) O ma natte à trois!

PICARD. Voyons, tu m'impatientes... de quoi s'agit-il?

BONIVET. Eh bien! il s'agit d'une mèche de cheveux, rien qu'une mèche de cheveux que je vous prie...

PICARD, *furieux.* Une mèche de cheveux! Ah! tu t'en mêles aussi... toi! oh! tu paieras pour les autres.

BONIVET. Qu'est-ce qui lui prend? Père Picard, rien qu'une mèche de cheveux.... j'en veux, j'en ai soif!

PICARD. Sors, malheureux, sors à l'instant, ou je te casse les reins... et, songes-y bien, jamais tu ne seras l'époux ma fille...

BONIVET. Ah! ciel de Dieu! qu'est-ce que vous me dites!

PICARD. Que je te chasse... mais va-t'en donc, misérable. (*Il le pousse par les épaules.*) Une mèche de cheveux! toi aussi!

BONIVET, *dignement.* Ne poussez pas, monsieur, ne poussez pas... je vais m'absenter... votre manière d'agir m'indique assez que vous avez été mordu par quelque chose d'enragé... mais tout a des bornes... Je sors, parce que ma fierté est blessée, et parce que vous me jetez à la porte... Adieu. (*Revenant.*) Ah! voilà une lettre que le facteur m'a donnée pour vous... c'est six sous... je les ai avancés.

PICARD. C'est bon, donne.

BONIVET. Donnant, donnant... je ne peux pas me mettre à découvert.

Il donne la lettre, Picard le paye.

PICARD. Maintenant, va-t'en.

BONIVET. Pour une malheureuse mèche!

PICARD. Va-t'en donc!

ENSEMBLE.

PICARD.
Plus d'ami, plus de gendre,
Disparais à l'instant,
Je refus' de t'entendre,
Crains mon emportement.

BONIVET.
Je n' suis plus votre gendre,
Oui, je pars à l'instant,
Il refus' de m'entendre,
Quel cerbère effrayant!

SCENE XVI.

PICARD, *puis* ÉDOUARD, JULIE, PAULINE, EUGENIE.

PICARD. L'insolent!... et moi qui le croyais un bon garçon, sans malice, sans méchanceté... Oh! non, il n'aura pas ma Fanny... Voyons cette lettre... je n'en reçois jamais... encore quelque mauvaise plaisanterie de ces messieurs... (*Il ouvre la lettre.*) Mais non... ah! mon Dieu! est-ce possible?... « Du village de Saint-Brice. » Monsieur, nous avons reçu des rensei-» gnemens certains sur celui que vous cher-» chez... il demeure rue du Gros-Chenet, » n° 12... » ici... « et se fait appeler.... »

C'est lui! c'est lui! c'est donc cela que malgré moi je l'aimais!

JULIE *et* EUGÉNIE *descendent l'escalier en chantant.*

Portier, je veux
Une mèche de tes cheveux!

Édouard et Pauline, qui a repris son premier habit, reviennent du dehors. Chacun va vers Picard, et lui chante le refrain précédent.

ÉDOUARD, *entrant à son tour et allant vers Picard.*

Chantant. Portier, je veux.....

PICARD, *l'arrêtant et lui prenant le bras.* Vous aussi, monsieur Edouard, vous aussi, vous voulez une mèche de mes cheveux, n'est-ce pas? eh bien! je vais vous en donner une.

TOUS, *riant.* Que dit-il?

PICARD. Oh! riez, messieurs, riez... maintenant je ne me fâcherai plus... Si vos plaisanteries m'ont affecté, c'est que, voyez-vous, elles m'ont rappelé un souvenir terrible... elles m'ont rappelé, messieurs, que je devins chauve en une nuit, alors que je n'avais pas trente ans.

TOUS. Ah!

PICARD, *après une pause.* C'était en Espagne... pendant cette guerre toute de cruautés... Cela va vous étonner; vous qui ne connaissez la guerre que de nom... J'étais soldat dans le premier de la vieille garde; j'aimais mon colonel, comme on aime son pays, comme on aime son drapeau!... Oh! c'est qu'il était bon, lui!... chaque soldat il le chérissait comme son enfant... chaque vieillard il le respectait comme son père!

ÉDOUARD. Continuez, père Picard, continuez.

PICARD. Un jour nous tombons dans une embuscade, la résistance était impossible; nous fûmes faits prisonniers, mon colonel, moi et soixante hommes... Le soir, mon colonel me prit à part, et me dit: « Picard, je vais tenter la fuite, avec quelques-uns des nôtres, pour venir vous délivrer... je puis être fusillé, car les Espagnols sont sans pitié pour ceux qui cherchent à s'évader... Avant de partir, je te dois un aveu, mon brave, écoute-moi. — J'écoute, colonel. — Picard, continua-t-il, j'ai commis une grande faute dans ma vie; j'ai séduit une femme que j'ai délaissée... elle est morte de chagrin en mettant au monde un enfant... — Que vous avez aussi abandonné? lui dis-je. — Oh! non, j'ai pourvu à son existence, à son bien-être, jusqu'à l'âge de vingt-un ans. »

ÉDOUARD. De vingt-un ans?

PICARD. « Je puis être tué, Picard, car

je vais fuir; toi, reste, je le veux : si tu en réchappes, voici un papier qui assure à mon fils toute ma fortune; tu connaîtras son nom, celui du village où on l'élève... Aime-le pour moi, et parle-lui quelquefois de son père... Adieu, mon vieux. » — Bientôt, au milieu de la nuit, profitant de l'obscurité... mon colonel...

ÉDOUARD. Il s'échappa...

PICARD. Oui, mais on l'atteignit, lui et ses compagnons, et à l'instant même l'ordre de les fusiller fut donné... et par un raffinement de barbarie... on nous mit des armes dans les mains, à nous autres Français, pour frapper nos compatriotes, nos frères d'armes... Oh! tenez..... tenez... d'ici, je vois encore le groupe... Ils sont là tous les cinq, je sens encore dans mes mains la carabine qu'on m'avait forcé de prendre... J'entends mon colonel me crier en souriant... Au cœur, mon brave Picard... songe à ta promesse... Une détonation se fit entendre, il y avait cinq braves de moins... Mon colonel!... mort... fusillé... je me traînai jusqu'à son cadavre... j'embrassai sa tête mutilée... et pensant à ce fils qu'il m'avait recommandé, je coupai une mèche des cheveux du père en me disant, ce sera pour son enfant... Puis, moi, soldat de la garde, je m'évanouis, je me sentais mourir... car je venais de perdre tout ce qui m'était cher. On me porta à l'hôpital... ce jour-là j'avais trente ans... le lendemain, quand je revins à moi... j'en avais soixante...

AIR : *Les yeux en pleurs.*

Mon existence, elle était saine et sauve ;
J'étais vivant... mais, ô malheur affreux!
Le lendemain cette tête était chauve,
Le lendemain oui, messieurs, j'étais vieux !
En un seul jour le chagrin qui dévore
M'avait flétri, m'avait creusé les yeux !
Et maintenant, me direz-vous encore :
Portier! je veux de tes cheveux ? (*bis.*)

TOUS. Oh! pardon, pardon, monsieur Picard.

PICARD. Depuis lors, je fis tout pour remplir ma promesse, et enfin... aujourd'hui, après dix-huit années de patience, je découvre celui que je cherche... je me réjouis de sauter à son cou, de serrer dans mes bras cet enfant que je voulais chérir comme le mien... Eh bien! le croiriez-vous, cet enfant, il m'a raillé, il s'est moqué de ma pauvre tête chauve... chauve pour avoir trop aimé son père... Pour toute vengeance, moi, je lui dirai : Enfant, reprenez cette fortune que j'avais juré de vous rendre... Enfant, baisez ces cheveux, ce sont ceux de votre père... Prenez donc, monsieur Édouard, ne voyez-vous pas que c'est à vous que je parle?

Il lui donne les papiers qu'il a tirés de sa poche.

ÉDOUARD. Est bien possible ? ce récit... ce colonel, c'était mon père! Ah! monsieur Picard, monsieur Picard! comment réparer mes torts envers vous?

Il se jette dans ses bras, l'embrasse avec effusion ; tous les jeunes gens viennent serrer les mains de Picard.

PICARD. En devenant bien heureux... Vous êtes riche, cette maison est à vendre, achetez-la et laissez-moi portier... et si vous rentrez après minuit..... Eh bien! je vous ouvrirai tout de même.

ÉDOUARD. Vous, mon portier..... Oh! non, soyez mon ami... vous ne me quitterez plus... nous parlerons de mon père...

PICARD. Oh! comme ça, à la bonne heure.

ÉDOUARD, *à Pauline qui pleure.* eh bien, Pauline.... en veux-tu encore au père Picard?

PICARD. Pauline?

ÉDOUARD, *montrant Julie.* Et Julie et Eugénie, qui avaient changé de costume pour tromper votre vigilance.

PICARD. Et se moquer de moi.

EUGÉNIE. Oui, mais qui en sont désolées...Moi, d'abord, pour vous le prouver, je veux vous broder une belle paire de bretelles en caoutchouc...

JULIE. Et moi... de bonnes pantoufles fourrées.

PAULINE. Et moi, un beau bonnet grec pour cette bonne tête chauve...

PICARD. Merci, mes enfans... Oui; mais si on venait à apprendre...

ÉDOUARD. Ne craignez rien, le nouveau propriétaire lève la consigne, désormais les dames auront leurs entrées.

PAULINE. J'aime mieux ça.

JULIE. Et moi aussi...

SCÈNE XVII.

LES MÊMES, CÉSARINE, *puis* BONIVET *et* FANNY.

CÉSARINE, *en blouse et en bonnet grec. Elle chante.*

V'là l' gamin d' Paris, (*bis.*)
Tra la la la.

(*Bas à Pauline.*) Ne dis rien... c'est moi... cachée sous les habits d'un enfant de Paris.

TOUS, *riant.* Ah! Césarine, est-elle drôle comme ça!

PICARD. Eh mais! c'est l'épileuse...
CÉSARINE. Ah ben! il n'y a plus d' plaisir, tout le monde me reconnait!
PAULINE. Tu n'as plus rien à craindre, tu peux rester.
CÉSARINE. Tant mieux, alors je vas aller déjeuner... Ah! j'ai besoin.

Bonivet et Fanny entrent.

BONIVET, *tenant un panier d'une main et un manche à balai de l'autre.* Père Picard, dans ce maniveau sont des champignons qui donnent la mort, champignons destinés à l'intérieur de mon individu ; dans cette main, un manche à balai destiné à l'extérieur de mon individu.... Choisissez..... consentez à me rendre ma Fanny, et si je suis fautif... frappez, je reçois. Rechassez-moi, et j'avale... un temps de colique, et je suis flambé... j'ai dit.

FANNY. Oh! mon petit papa.
PICARD. Allons, touche là... je te pardonne. Mais pourquoi te moquer aussi de moi et me demander...
BONIVET. Des cheveux de ma Fanny?... mais pour me faire une chaîne de montre, père Picard...
PICARD. Comment? ce n'était donc pas des miens?
BONIVET. Puisque vous n'en avez pas, père Picard! Pour vous demander de vos cheveux, mais faudrait que je soye bien bête, bête..... ou bien méchant... ou que j'aye beaucoup trop bu...
ÉDOUARD. Assez, assez, mon cher Bonivet.
PICARD. La leçon ne vient pas de moi, messieurs; tôt ou tard, chacun reçoit la sienne... Bonivet, tu épouseras Fanny.
BONIVET. Dès ce jour mon bonheur commence..... Ma Fanny! soyez à moi comme je suis à toi! Père Picard, nous ferons un gros repas de noces, et c'est moi qui choisira les champignons.
ÉDOUARD. Et moi, je me charge du trousseau.
BONIVET. Vous... de quel droit?.. c'est égal, j'accepte.

CHOEUR.

AIR :

Allons tous à table
Faire sans retard
Amende honorable
Au père Picard.

PICARD, *au public.*

AIR : *Oui, son petit chapeau.*

L'homme au petit chapeau
De là haut veille en père
Sur le vieux militaire
Fidèle à son drapeau.....
Contre votre rigueur il est ma sauve-garde.
Ah! permettez, messieurs, au vieux soldat de la garde
De s'abriter sous son petit chapeau.

FIN.

ACTE IV, SCÈNE XI.

RITA L'ESPAGNOLE,

DRAME EN QUATRE ACTES,

Par MM. Ch. Desnoyer, Boulé, et Chabot de Bouin,

REPRÉSENTÉ POUR LA PREMIÈRE FOIS SUR LE THÉATRE DE LA PORTE SAINT-MARTIN, LE 17 OCTOBRE 1837.

PERSONNAGES.	ACTEURS.	PERSONNAGES.	ACTEURS.
UN INCONNU.	M. MÉLINGUE.	LE VICOMTE DURANTAL.	M. ALFRED.
RITA, duchesse de San-Félice.	Mlle THÉODORINE.	LE CHEVALIER DE SERVIGNÉ.	M. ÉMILE-DUPUIS.
LA COMTESSE DE VAUDRAY.	Mme DUPONT.	FRANÇOISE, fermière.	Mlle CLARA STÉPHANY.
JULES DE VAUDRAY, son fils.	M. SURVILLE.	ANTOINE, valet de la duchesse.	M. A. ALBERT.
PEREZ, intendant de la duchesse.	M. RAUCOURT.	DAMES ET SEIGNEURS, PAYSANS ET VALETS.	
LE MARQUIS DE SANNOIS.	M. EUGÈNE.		

L'action a lieu dans le commencement de la Régence ; le premier et le quatrième acte se passent à Versailles ; le deuxième et le troisième en Bretagne.

ACTE PREMIER.

LES ROUÉS.

La scène se passe à Versailles, chez la duchesse. Un petit salon. Sur le devant de la scène, à la droite du public, une toilette. Au fond, trois portes conduisant à d'autres salons richement éclairés. Deux autres portes latérales, sur le premier plan, celle de droite conduit au boudoir de la duchesse ; par celle de gauche, on entre du dehors.

SCENE PREMIERE.

RITA, PEREZ, UNE FEMME DE CHAMBRE, VALETS.

Rita est assise devant une glace ; une femme de chambre est auprès d'elle, et achève sa toilette. Perez, sur le troisième plan, est entouré de valets à qui il donne des ordres.

PEREZ, aux valets. N'oubliez rien de ce que je vous ai dit... Le bal pour dix heures... qu'à neuf heures les salons soient éclairés... Vous ferez aussi disposer les tables de jeu... Antoine ; je te charge de l'illumination des jardins.

ANTOINE. Cela suffit, monsieur Perez, vous serez obéi.

Ils sortent de différens côtés.

RITA, à sa femme de chambre, en se regardant avec complaisance devant une glace : C'est bien, je suis contente... laissez-moi.

Sortie de la femme de chambre.

SCÈNE II.

RITA, PEREZ.

RITA. Approche, mon bon Perez, mon fidèle serviteur... Crois-tu que je plairai? Me trouves-tu assez belle pour faire mourir de dépit toutes les nobles dames que j'ai invitées à cette fête?

PEREZ. Vous m'aviez promis, ma bonne maîtresse, de ne plus...

RITA. De ne plus être coquette... c'est vrai; mais que veux-tu? je suis femme, et j'y reviens toujours malgré moi... la force du naturel... Oh! mais je me corrigerai, je te le jure... Tu m'as dit, toi à qui il est permis de tout me dire, et que je veux toujours croire, mon brave Castillan, tu m'as dit combien, à cette cour de Versailles où m'a jetée ma destinée, on est prêt à calomnier ma conduite... moi qui n'ai fait de mal à personne, j'ai des ennemis, beaucoup d'ennemis.

PEREZ. Tous ceux dont vous avez refusé d'être un peu plus que l'amie, et toutes celles qui sont délaissées par leurs adorateurs, depuis que vous avez paru à la cour... Ces dames ne vous pardonnent pas de leur avoir enlevé tant d'hommages.

RITA. Et ces messieurs ne me pardonnent pas d'avoir été pour eux plus inhumaine que toutes ces dames... Oui, Rita l'Espagnole a vu à ses genoux l'élite de la noblesse, rejetons dégénérés des plus anciennes familles de France, plus glorieux d'obtenir un succès de boudoir, que de contribuer par leur bravoure au gain d'une bataille, qui regardent comme le plus beau de leurs titres celui...

PEREZ. Celui de roué... c'est un mot de création nouvelle, mot qui fera époque en France; nous autres Espagnols, nous n'avons pas de ces idées-là... Pour nous, un roué, c'est tout bonnement un scélérat, un voleur de grand chemin qui expire sur la roue; mais pour les courtisans de monseigneur le régent, un roué, c'est le reste le plus pur de l'ancienne chevalerie; c'est l'homme gracieux et élégant par excellence, l'homme à bonnes fortunes auquel ne doit pas résister la plus vertueuse des femmes; enfin, c'est le comte de Nocé, ou le jeune duc de Richelieu... Ah! c'est une admirable langue que la langue française; il ne s'agit que de la bien comprendre.

RITA. Eh bien, je les ai vus tous solliciter, mendier un seul de mes regards.... J'ai entendu le brillant Richelieu lui-même jurer à mes pieds qu'il m'adorait, que d'un mot de ma bouche allait dépendre ou sa vie ou sa mort!... oui, sa mort, c'est ce qu'ils disent tous. J'ai constamment refusé de les croire, et tous ils vivent aujourd'hui.

PEREZ. Ils vivent parfaitement, et ils jouissent de la vie.... mais ils vous détestent.

RITA. Les misérables!... que leur vengeance a été lâche et petite!... comme ils ont cherché à me flétrir parce que j'avais repoussé le titre de leur maîtresse!... Restée veuve à vingt ans, je pleurais l'homme généreux à qui je devais un nom et des richesses... Ils ont calomnié jusqu'aux pleurs que je versais sur la tombe d'un vieillard. Puis, lorsque le sourire a reparu sur mes lèvres, lorsqu'au milieu de l'ivresse des fêtes, et proclamée par eux la plus belle, j'ai laissé voir, pauvre femme, un mouvement de joie, d'orgueil peut-être, ils m'ont fait un crime de cette joie, comme ils m'en avaient fait un de ma douleur. Je persistais à rejeter leurs hommages, et ils ont prétendu que des intrigues secrètes pouvaient seules armer mon cœur de cette sévérité. Ah! la pensée de toutes leurs calomnies me fait encore trembler de colère. Toujours froide et calme en apparence, toujours rieuse lorsqu'ils venaient me reparler de leur amour, je ne leur ai pas laissé voir quelle indignation ils avaient soulevée dans mon ame... Mais avec toi, Perez, avec toi seul, je ne veux pas me contraindre, et quand je voudrais te cacher ce que j'éprouve, ne le devinerais-tu pas?... Eh bien! sous cette riche toilette, le front couronné de fleurs, et à l'instant de présider une fête, lorsque je songe à cette vie brillante en apparence, et que leur perfidie m'a faite si misérable, je souffre... et je suis prête à répandre des larmes... Ah! les infâmes! les infâmes!...

PEREZ. Ma bonne maîtresse, contenez-vous... et songez bien que ces larmes, un de ces nobles seigneurs, un de ces roués pourrait les surprendre.

RITA. Je ne pleure plus, Perez.

PEREZ. Mais si vous avez quelque amitié pour votre vieux serviteur; si j'ai tenu, moi, le serment fait au lit de mort de ma pauvre femme, votre fidèle nourrice, de vous consacrer ma vie jusqu'à son dernier souffle; si vous croyez que mon cœur bondit de colère en pensant à vos ennemis.... madame la duchesse, éloignez-vous à tout jamais de cet odieux séjour... que cette fête soit la dernière.

RITA. Oui, bientôt nous partirons.

PEREZ. Pour l'Espagne?... Je reverrai ma patrie!

RITA. Pas encore ; mais je quitterai Versailles... j'irai passer la belle saison en Bretagne, dans mon château de Kervan.... Il le faut... des affaires à régler... la succession de mon mari... puis, nous retournerons à Madrid.

PEREZ. Enfin !

RITA. Mais aujourd'hui... aujourd'hui, la duchesse de San-Felice fera dignement ses adieux à la cour de Versailles... On ne supposera pas qu'elle se retire de dégoût et de lassitude, qu'elle fuit en tremblant devant les perfidies de ses ennemis... On la verra partir radieuse et triomphante, objet d'envie et non point de pitié... Oui, Perez, ce bal, je veux qu'il soit long-temps après mon départ le sujet de tous les entretiens ; qu'il efface le souvenir de ceux qui l'ont précédé... (*Musique.*) Ah ! déjà les salons se remplissent.

PEREZ. Oui... M. le vicomte Durantal, M. le chevalier de Servigné.

RITA. Je te laisse, ami... moi, pour les recevoir, j'ai besoin de plus de calme et de sang-froid.... Dans un instant je reviens.

Elle sort par la petite porte à la droite du public, sur le devant de la scène.

SCENE III.
PEREZ, DURANTAL, SERVIGNÉ, SEIGNEURS.

De jeunes seigneurs, parmi lesquels Durantal et Servigné, paraissent au fond dans les salons.

DURANTAL, *entrant en scène.* Sur mon ame, chevalier, c'est vraiment une fête royale que nous donne ce soir notre belle duchesse.

SERVIGNÉ. Et quel est le génie qui a présidé à toutes ces merveilles?

PEREZ. Le génie... c'est moi.

DURANTAL. Ah ! Perez !... le bon, l'honnête Perez, le compagnon inséparable de notre divine Espagnole, son intendant, son factotum, son ami... homme universel, qui renferme dans sa tête plus de savoir et de connaissance que nous n'avons à nous tous de quartiers de noblesse... Je vous le recommande, messeigneurs, comme un médecin très-habile, un chimiste dont le talent va jusqu'à la magie... Le hasard me l'a fait surprendre un jour au milieu de ses alambics et de ses fourneaux ; il était sublime !... C'est pour cela qu'il possède toute la confiance de la duchesse... Songez-y donc, il peut fabriquer à sa fantaisie des philtres pour rajeunir, pour rendre amoureux... que sais-je?... il en a de toutes les espèces... Aussi, Dieu me garde de me brouiller jamais avec lui.... un sorcier !

PEREZ. Avez-vous fini, monseigneur?

DURANTAL. Non, vrai ! tu peux compter, Perez, que tu as en moi un ami véritable, et vienne la mort de mon oncle le commandeur, je te prends à mon service, à moins cependant qu'il ne vienne la fantaisie au vieux pécheur de me déshériter... ou d'emporter avec lui sa fortune en enfer.

PEREZ. Il vous resterait l'espérance d'aller l'y joindre.

DURANTAL. Hein ! plaît-il? le joindre...

SERVIGNÉ. En enfer... Eh ! eh ! eh ! mon cher vicomte, tu me fais terriblement l'effet d'en prendre le chemin.

DURANTAL. Eh ! eh ! eh ! mon pauvre chevalier, tu me fais terriblement l'effet d'y marcher avec moi.

SERVIGNÉ. Aussi, est-ce parce que je me vois damné en perspective que je commence par goûter de mon vivant toutes les joies du paradis.

DURANTAL. Et, comme nous mettons au nombre de nos plus doux momens ceux où nous venons nous damner auprès de ta belle maîtresse, hâte-toi de nous annoncer.

PEREZ, *se plaçant devant la porte par où Rita vient de sortir.* Désespéré, c'est inutile.

DURANTAL. Inutile!

TOUS. Inutile !

DURANTAL. Et depuis quand cette chère duchesse ne serait-elle plus visible pour nous?

PEREZ. Pas plus pour vous que pour d'autres, mes nobles seigneurs.

SERVIGNÉ. Maître Perez se permet donc de railler?

PEREZ. Quelquefois, pas souvent, et aujourd'hui, je suis très-sérieux.

DURANTAL. Bien te prend de ne pas t'y jouer avec des gens de notre sorte.

PEREZ, *secouant la tête d'un air d'ironie.* Dieu m'en garde, messeigneurs !

SERVIGNÉ. Prouve-le donc en nous annonçant.

PEREZ. Non.

SERVIGNÉ. Encore la même réponse !

PEREZ. Oui.

DURANTAL. Je te conseille d'obéir.

PEREZ. Oh ! pour cela, non.

DURANTAL. Misérable !... ailleurs que chez la duchesse, tes épaules de rustre auraient déjà fait connaissance avec le plat de ma lame.

PEREZ, *froidement.* Calmez-vous, mon jeune seigneur... et faites en sorte de bien vous graver ceci dans la mémoire... Vous avez plaisanté tout-à-l'heure sur mes connaissances, mes travaux en chimie, et vous aviez raison... car si le vieux Perez a la manie... Eh! qui n'en a pas à soixante ans?... de passer une heure ou deux de temps en temps dans son laboratoire, s'il trouve là une occupation qui le distrait et l'amuse, il sait bien qu'à son âge on n'a plus assez de temps pour s'instruire, et il n'a pas la prétention de devenir ou un savant, ou un sorcier. Mais, avant de se livrer à cette étude paisible, avant d'être au service de Mme la duchesse, Perez a été soldat, et de cette profession il lui est resté plus que le souvenir... il lui est resté ce qui vaut mieux pour se défendre et se venger que tous les philtres du monde, un mousquet, une épée et un poignard. (*Mouvement des seigneurs.*) Il y a quelques années, j'avais accompagné ma maîtresse à Naples, lorsqu'un soir, un noble italien, qui ainsi que moi suivait à cheval une rue déserte, eut l'imprudence, je ne me souviens guère à quel propos, de me frapper de son fouet.

DURANTAL, *avec ironie*. Et qu'en advint-il, maître Perez?

PEREZ. Il en advint, monsieur le vicomte, que je le tuai sur la place!

DURANTAL, *à part*. C'est un sauvage que cet Espagnol!

SCENE IV.

LES MÊMES, SANNOIS.

SANNOIS, *qui a paru au fond, et a entendu les dernières paroles de Perez*. C'est bien... c'est très-bien, mon cher Perez, tu es le type du dévouement et de la fidélité.

PEREZ. Merci... (*A part.*) Avec tes complimens, toi, je te déteste encore plus que tous les autres.

SANNOIS, *légèrement*. Ah çà! nous sommes donc incorrigibles?...

DURANTAL. Incorrigibles?...

SANNOIS. C'est le mot... Voulez-vous que je vous dise, galans chevaliers, ce que vous venez faire ici avant l'heure du bal?... Vous venez brûler l'encens aux pieds de l'idole du jour... Eh! mes pauvres amis, vous voulez donc perdre le peu de raison qui vous reste?... Vous me direz que celui qui aujourd'hui vous prêche la sagesse, hier encore était aussi fou que vous... Soit! mais, Dieu soit loué, j'ai pris mon parti; et si je compte une bonne fortune de moins, en revanche, je compte une amie de plus... il y a bénéfice.

PEREZ. Je ne sais pas au juste si vous êtes de bonne foi, monsieur le marquis... je le désire, mais... mais je ne le crois pas... Au revoir, mes nobles seigneurs.

Il sort par la porte à la gauche du public.

SCENE V.

LES MÊMES, *excepté* PEREZ.

SANNOIS. Insolent!

DURANTAL. Attrape, marquis!

SANNOIS. C'est votre faute aussi... que diable allez-vous, novices que vous êtes, vous attaquer à ce rude vieillard, modèle de la fidélité... animale?

SERVIGNÉ. Ne vas-tu pas nous quereller, toi qui ne crains pas de déserter notre cause?

DURANTAL. Et de te déclarer le champion d'une coquette?...

SANNOIS. Moi, son champion! ah! ah! ah! bonnes gens que vous êtes, je vous pardonne de m'avoir soupçonné. Votre esprit n'est pas à la hauteur du mien, et vous étiez incapables de deviner mes grands projets.

DURANTAL. Tes grands projets! comment!

SANNOIS. Écoutez... écoutez-moi, et prosternez-vous devant votre maître. Cette coquette, cette Espagnole superbe et indomptable, je la hais plus à moi seul que vous tous ensemble; et pour moi, dont elle a insolemment repoussé les hommages... oui, je ne m'en cache pas, dès ma première déclaration, j'ai reçu d'elle mon congé, mais un congé formel, définitif, dans les termes les plus polis et les plus ironiques du monde, de manière à m'ôter jusqu'à la pensée de lui reparler jamais de mon amour. Aussi, pour la voir se prendre à quelque piège infernal, à quelque bonne rouerie, je donnerais ce que j'aime le mieux, mon beau cheval anglais et ma jolie danseuse. Ah! madame la duchesse! vous restez de marbre devant toutes les séductions; et nous, vos victimes, nous blessés dans notre orgueil d'hommes à bonnes fortunes, vous vous figurez follement que nous vous permettrons de vous conserver vertueuse, irréprochable, et cela, à la cour du régent... erreur! seulement, votre chute fera plus de bruit que les autres... Et cela sera, car je l'ai voulu, car ce projet qui doit vous perdre a été profondément médité, mûri dans cette tête, dans la tête de votre plus mortel ennemi.

DURANTAL. Tais-toi... quelqu'un s'approche.

SANNOIS. Oui, c'est Jules de Vaudray. Pour celui-là, je le déclare incurable. Il conserve à notre belle inhumaine une adoration, des sentimens qui feraient honneur au bourgeois de Paris le plus crédule... et le plus bête.

DURANTAL. Silence, donc! il vient à nous.

Jules paraît au fond, s'avançant lentement et tristement.

SCENE VI.
Les Mêmes, JULES.

SANNOIS, *d'un ton dégagé.* Salut au chevalier Jules de Vaudray!....

JULES, *lui tendant machinalement la main.* Bonjour, marquis de Sannois... messieurs!...

SANNOIS. Si j'ai bonne mémoire, vous êtes des nôtres cette nuit... je crois avoir entendu prononcer votre nom par notre aimable duchesse.

JULES. Voici son invitation.

SANNOIS. Et vous vous garderez bien d'y manquer?

JULES. Je ne sais...

SANNOIS, *avec étonnement.* Vous ne savez?...

JULES. Je vois peut-être cet hôtel pour la dernière fois.

SANNOIS. En voilà bien d'une autre!... la volonté de la duchesse serait-elle pour quelque chose dans cette résolution?

JULES. Non... Rita me voit sans répugnance, comme sans plaisir.

SANNOIS. Alors, pourquoi la fuyez-vous?

JULES, *avec douleur.* Pourquoi? c'est que... pour un amour comme le mien, l'indifférence est cent fois plus cruelle que la haine.

SANNOIS, *à part, à ses amis.* Que vous disais-je? Pauvre chevalier!... incurable! (*Haut.*) Allons, cher ami... c'est trop tôt se désespérer... Qui sait? peut-être abandonnez-vous la partie au moment de la gagner... Les femmes sont tellement capricieuses!... Votre inexorable est peut-être à la veille de s'humaniser pour vous... Enfin, peut-être...

JULES. Eh bien, achevez, monsieur le marquis... que voulez-vous dire?

SANNOIS. Par principe, autant que par prudence, je crois peu à la vertu des femmes. A mon sens, leur réputation dépend presque uniquement du plus ou du moins de discrétion de leurs adorateurs... c'est au point qu'en voyant un brillant mousquetaire de service à la porte du régent, ou un grand seigneur au petit lever, on pourrait dire, sans trop les offenser : voilà peut-être la réputation de Mme la marquise qui monte la garde ; ou bien la vertu de Mme la baronne qui fait la révérence à son altesse royale.

JULES. Assez, monsieur de Sannois, assez... Un tel langage...

SANNOIS. Tout le monde ici vous le tiendra comme moi, et si vous aviez encore pour vous conseiller à ma place votre frère aîné, le brillant Henri de Vaudray...

JULES. Henri! mon frère... quel souvenir m'avez-vous rappelé?... et dans quel moment?

SANNOIS. C'est un noble et brave gentilhomme, que chacun de nous doit se glorifier de choisir pour modèle... N'est-il pas vrai, messieurs?... Celui-là ne se serait jamais laissé prendre aux piéges dorés de notre belle Espagnole... Cavalier accompli, au langage séducteur, irrésistible... enfin, digne élève de Richelieu, déjà il commençait à égaler, à surpasser son maître ; chaque jour voyait augmenter la liste de ses conquêtes, lorsque je ne sais quelle fatale destinée l'a entraîné loin de nous, loin de la France.

JULES. Dites plutôt, monsieur, qu'un Dieu tutélaire, jaloux de l'honneur de notre famille, l'a fait rougir tout-à-coup de lui-même, de sa jeunesse inactive : il a préféré alors aux délices de la cour l'Océan et ses tempêtes; le pont d'une frégate à un boudoir; au misérable plaisir de tromper une femme, celui de conduire des hommes à la victoire... Ah! c'est alors, messieurs, qu'il fallait se glorifier de le choisir pour modèle! et moi qui l'aimais tant, moi qui avais juré avec lui que nos deux existences seraient à jamais inséparables... Lorsque j'ai voulu le suivre, j'ai été retenu par les larmes de ma mère... elle tremblait de voir partir à la fois ses deux enfans... je me suis arraché des bras de mon frère pour rester auprès d'elle... et depuis, j'ai paru à mon tour au milieu de cette cour de Versailles, pour y prendre, grâce aux rigueurs de la duchesse, ce désespoir, ce dégoût mortel de la vie, que rien ne peut vaincre, rien, pas même la tendresse d'une mère, pas même le souvenir d'un frère et l'espérance de le revoir!

SANNOIS. Mais, encore une fois, chevalier, c'est du délire, c'est de la folie. Que diable! nous ne sommes plus au temps des Amadis... je vous en conjure, soyez de votre siècle... Une coquette vous dédaigne, oubliez-la, et vengez-vous par quelque bonne perfidie.

JULES. Me venger! ah! monsieur, me venger d'une femme!... et d'une femme que je regarde, quoi que vous en disiez, comme la plus vertueuse en même temps qu'elle est la plus belle de toutes.... Ah! brisons là-dessus... car je ne pourrais davantage vous entendre parler avec cette légèreté de la duchesse de San-Felice, de celle à qui je serais honoré de faire accepter aujourd'hui et mon nom et ma main.

SANNOIS. Vraiment? c'est à ce point-là? (*A part.*) Au fait, il est bon à faire un mari, et voilà tout,.. c'est un homme perdu!... (*Haut.*) Je n'insiste pas, mon cher ami; et comme j'aperçois votre inhumaine qui se dirige de ce côté...

JULES. Rita!...

Mouvement de tous les seigneurs.

SANNOIS. Je veux du moins vous servir en ami, en vous ménageant un tête-à-tête.

JULES. Oui, de grâce, laissez-moi, il faut que je lui parle.

SANNOIS. A votre aise! Messieurs, qui m'aime me suive! nous avons encore une heure avant le premier coup d'archet... je vais la passer au cabaret le plus joyeusement possible.

TOUS. Au cabaret!

Ils sortent par le fond. Rita rentre par la porte à la droite du public.

SCÈNE VII.

RITA, JULES.

JULES. Ah! de ce dernier entretien va dépendre ma dernière espérance!

RITA, *saluant avec grâce*. C'est vous, monsieur le chevalier... vous m'attendiez peut-être?

JULES. J'ai voulu vous revoir, madame la duchesse, avant de me séparer de vous pour toujours.

RITA, *souriant*. Pour toujours!.... oh! laissez-moi croire qu'un tel projet...

JULES. Je le tiendrai.

RITA. Nous verrons...

JULES. Je le jure.

RITA. J'ai entendu prononcer tant de sermens, que je finis par ne plus croire à un seul.

JULES. Je vous dis, madame la duchesse, que si je sors de ce salon sans qu'un mot de votre bouche m'ait rendu l'espoir et le courage... vous ne me reverrez jamais.

RITA. Et moi, je vous dis, monsieur le chevalier, que je n'ajoute pas foi à cette parole... que tous vos nobles amis me l'ont souvent adressée, en affectant, comme vous le faites maintenant, le plus violent désespoir, et que tous je les ai revus... lorsqu'ils ont été bien convaincus que je ne voulais, que je ne pouvais être pour eux qu'une amie.... comme je vous offre d'être la vôtre.

JULES. Si vous me confondez en effet avec ceux dont jusqu'à ce jour vous avez repoussé les hommages, si vous ne voyez dans mes chagrins rien de plus vrai, de plus réel que leur douleur de commande, si vous me donnez le titre de votre ami comme ils l'ont reçu de vous.... eux que vous haïssez, et que vous méprisez au fond de l'ame... alors, madame, tout est fini dès à présent entre nous, et notre dernière entrevue ne se prolongera pas..... Adieu.

RITA. Restez... un instant, un instant encore.... Et si vous êtes sincère, monsieur... car je vis dans un monde où il me faut douter de tout ce que je vois, de tout ce que j'entends..... pardonnez-moi de vous avoir méconnu, affligé peut-être, sans le vouloir... pardonnez-moi : si vous êtes sincère, c'est avec franchise aussi que je vous parle. Un homme d'honneur, lorsqu'une femme lui a déclaré qu'elle ne partagera point son amour, doit renoncer à elle sans se plaindre.

JULES. Aussi, je ne me plains pas, et ma résolution est prise, madame.

RITA. Et vous partez?

JULES. Sur-le-champ... et je le répète, quoique tout-à-l'heure ce mot vous ait fait sourire, pour toujours.

RITA. Mais... votre mère...

JULES. Ma mère!... elle aussi ne reverra jamais son enfant....

RITA. Ah! monsieur... vous n'avez pas le droit de l'abandonner.... songez que vous lui restez seul; que votre frère est loin d'elle; que tous les jours il expose sa vie, et que la vôtre du moins, la vôtre appartient à votre mère.

JULES. Ah! par pitié, ne prononcez plus ce nom qui me rendrait faible, lorsque j'ai besoin de tant de courage. Ma mère! et toi, mon cher Henri, mon frère bien-aimé... tu ne me retrouveras plus à Versailles pour m'embrasser à ton retour, pour être heureux de ton bonheur et de ta gloire. Non, madame, non ce séjour, trop plein de votre présence, ne peut plus être le mien; si vous ne m'aimez pas... si vous me refusez le titre de votre époux.

RITA. Monsieur, dussiez-vous me haïr, dussiez-vous être aussi injuste que tous les autres, je ne vous donnerai pas un espoir que je n'aurai jamais la volonté de réaliser... Partez, puisqu'il le faut, puisque de votre éloignement dépend votre repos qui m'est cher; mais fixez un terme à votre exil... ou plutôt, maintenant, je ne reçois pas encore vos adieux; songez que je compte vous revoir ce soir à mon bal... et alors, plus calme sans doute, en pensant que ma résolution est irrévocable; vous renoncerez à la vôtre, vous consentirez à être un frère pour moi... oui, c'est l'amitié d'une sœur que je vous offre.

JULES. L'amitié d'une sœur!.. (*A part.*) Allons, comme la sienne, ma résolution est irrévocable. (*Haut.*) Adieu! adieu, madame!

RITA. Mais je vous reverrai?

JULES. Peut-être.

Elle lui tend la main; il la porte convulsivement à ses lèvres; elle la retire vivement, et il sort d'un air désespéré par la porte du fond.

SCÈNE VIII.
RITA, *seule, suivant des yeux le chevalier qui s'éloigne.*

Pauvre jeune homme! je ne m'attendais pas à cette morne tristesse... ce désespoir... Allons, après les réflexions sérieuses que j'avais faites avec Perez, il ne me manquait plus que le chagrin du chevalier de Vaudray pour détruire tout le plaisir que j'attendais à ce bal.

SCÈNE IX.
RITA, PEREZ.

PEREZ, *entrant par la porte de gauche.* Mme la comtesse de Vaudray est là, dans le salon d'attente...

RITA. Ah! sa mère!...

PEREZ. Qui demande avec instances à parler à madame la duchesse.

RITA, *agitée.* La comtesse de Vaudray! mais je la connais à peine... que peut-elle avoir de si pressé à me dire, qu'elle tienne à me voir en ce moment, quand je me dois à tant de monde?

PEREZ. C'est ce que je n'ai pas manqué de lui dire... mais elle m'a répondu en me conjurant de l'annoncer, et cela les larmes aux yeux!

RITA. Tu me fais trembler... Qu'elle entre... à l'instant, à l'instant même, Perez.

PEREZ, *remonte vers la porte à la gauche du public, fait un geste au dehors, et annonce.* Mme la comtesse de Vaudray...

Entre la comtesse pâle et agitée. Rita fait un signe à Perez qui sort après avoir préparé deux fauteuils auprès de la toilette de Rita.

SCÈNE X.
RITA, LA COMTESSE, *puis* PEREZ.

LA COMTESSE, *voulant se jeter aux pieds de Rita.* Ah! madame!... au nom du ciel, sauvez, sauvez mon enfant!

RITA. Comment! que voulez-vous dire? le sauver?... Quel danger le menace? et que puis-je faire pour l'en préserver?

LA COMTESSE. Pardonnez, madame la duchesse... à l'émotion que j'éprouve... à mes frayeurs... Me faire annoncer chez vous à cette heure, et lorsque dans vos salons tout est prêt pour une fête, venir troubler votre joie par l'aspect de ma douleur... Ah! c'est mal, n'est-ce pas? et je croirais ne pas trouver grâce devant vous, si je n'avais mon excuse dans un mot, un seul... je suis mère!

RITA. Oh! vous n'avez pas besoin de vous justifier, madame... je m'estimerai trop heureuse si je puis sécher vos larmes, dissiper vos craintes... Parlez, qu'attendez-vous de moi?

LA COMTESSE. Madame... je viens vous renouveler en tremblant une demande que mon fils vous a souvent adressée, et qui est demeurée sans réponse. Notre famille est une des plus nobles et des plus anciennes de France; notre fortune est, je crois, égale à la vôtre.... Madame la duchesse!... Rita, voulez-vous être ma fille? Voulez-vous être la femme du chevalier de Vaudray... Oh! je vous en supplie, il y va de ses jours, peut-être...

RITA. De ses jours!

LA COMTESSE. Oh! si, comme moi, il y a une heure, vous eussiez été témoin de son agitation, comme moi vous seriez épouvantée. Son regard fixe semblait craindre mon regard... et puis, ce baiser qu'il m'a donné... ah! j'ai cru que c'était le dernier.

RITA. Remettez-vous... bientôt il sera dans vos bras!.. Tout-à-l'heure il m'a parlé de départ, de la nécessité de quitter Versailles... mais ce n'est que ce soir qu'il doit prendre congé de moi... Il est ici.

LA COMTESSE, *avec joie.* Ah! il est ici!

RITA. Vous allez le voir. (*Elle court à la table, et sonne; Perez paraît; elle continue.*) Écoute, Perez... sans affectation, sans laisser rien paraître... parcours les salons, trouve M. de Vaudray, et invite-le de ma part à te suivre ici... va.

Il sort par le fond.

LA COMTESSE. Soyez bénie, madame, vous qui comprenez les terreurs d'une mère!... vous qui semblez les partager!... Ah! maintenant, j'espère pour mon enfant... mais, madame, ne soyez pas généreuse et compatissante à demi... il vous aime... il vous aime avec passion, avec délire!... ce secret, il l'a versé dans mon sein en pleurant... Mon fils!... mon pauvre Jules!... Vous le sauverez, n'est-ce pas? vous le sauverez?

RITA, *la faisant asseoir auprès d'elle.* Veuillez m'entendre, madame la comtesse : depuis deux ans, je suis veuve de M. le duc de San-Felice... On m'avait ordonné d'être sa femme... j'obéis en tremblant, et ne voyant pour moi que chagrins et misère dans l'avenir... et pourtant, dire que ce vieillard ne fut pas pour moi généreux et bon, serait calomnier sa mémoire... Tout le temps que dura notre union il n'est pas d'attentions délicates, de tendres soins dont il n'ait entouré mon existence... mes désirs, quels qu'ils fussent, étaient devinés aussitôt que conçus... Enfin, je n'étais plus orpheline, j'avais retrouvé le plus indulgent et le meilleur des pères!... *(tristement)* aussi je fus heureuse... heureuse comme pouvait l'être à vingt ans une Espagnole aux pensées ardentes et romanesques!... Je devins libre... Oh! alors, je jurai de réaliser le rêve de toutes mes heures; je jurai de me conserver à celui que j'étais appelée à aimer d'amour, fût-il pauvre et obscur... ou si cette joie devait m'être refusée, de mourir duchesse de San-Felice!

LA COMTESSE. Et mon pauvre Jules n'est pas aimé de vous, lui, si digne de l'être!

RITA, *avec fierté.* Ni lui, ni personne, madame la comtesse...

LA COMTESSE. Mais votre vieux serviteur tarde bien à revenir, et lui! lui! mon fils!... je ne le vois pas!...

RITA. En effet... Allons, calmez-vous, dans un instant sans doute...

LA COMTESSE. Du calme! et maintenant peut-être... Malheureux enfant! me faut-il le voir expirer lentement sous mes yeux? ou, ce qui serait plus affreux encore, le voir échapper, par un crime, aux tourmens qu'il endure?...

RITA. Dieu et le souvenir de sa mère écarteront de lui cette funeste pensée.

LA COMTESSE. Dieu m'a déjà deux fois épargné cette horrible douleur!

RITA, *la regardant avec effroi.* Que dites-vous?

LA COMTESSE. Ce que j'aurais voulu taire au monde entier... ce que je voudrais oublier moi-même...

RITA. Achevez!...

LA COMTESSE. Apprenez donc que moi, sa mère, j'ai vu deux fois déjà la mort menacer ce front chéri que j'avais si souvent couvert de mes baisers... que deux fois mes mains tremblantes ont arraché de ses mains l'arme fatale!...

RITA, *épouvantée.* Ah!...

LA COMTESSE. Depuis ce moment, pour moi plus un instant de bonheur ni de repos... mais une vie de terreurs et de souffrances... le jour, lorsqu'il s'éloigne, ou que son absence se prolonge, ce sont d'horribles pressentimens qui s'emparent de mon cœur... son sommeil me semble-t-il agité, de nouvelles craintes viennent m'assaillir, et la nuit, la nuit entière me voit à son chevet, épiant et redoutant son réveil... Ah! c'est mourir mille fois!

RITA, *pleurant.* Madame, je vous en conjure, revenez à vous, ce trouble, cette agitation...

LA COMTESSE. Ah! c'est que je l'aime tant, mon Jules! Rita, s'il en est temps encore, vous révoquerez deux sentences de mort; car si je le perdais, lui, je ne lui survivrais pas.

Ici, jusqu'à la fin de la scène, on entend exécuter en sourdine la musique du bal.

RITA. Vous voulez donc que j'anéantisse d'un mot toutes mes illusions, tous mes rêves de bonheur?...

LA COMTESSE. Je veux... je veux que vous sauviez mon enfant!... Tenez... tenez, je suis à vos genoux!... j'élève vers vous mes mains jointes et suppliantes!... grâce! grâce pour mon fils!

RITA. Vous, à mes pieds! ah! relevez-vous, madame la comtesse... relevez-vous... ma mère! relevez-vous!

LA COMTESSE. Ah! Rita!.. ma fille!.. ma fille bien-aimée!!

Elles se jettent dans les bras l'une de l'autre, la comtesse couvre Rita de baisers. Perez entre par le fond.

SCENE XI.

LES MÊMES, PEREZ, *et presque aussitôt* SANNOIS, DURANTAL, SERVIGNÉ, *et* TOUS LES CONVIVES.

RITA, *courant au-devant de Perez.* Eh bien! eh bien! Perez?..

PEREZ. M. le chevalier de Vaudray n'est pas à l'hôtel.

LA COMTESSE, *s'écriant.* Grand Dieu!..

RITA. Mais il est impossible qu'il ne soit pas ici... je vais moi-même...

Les portes du fond s'ouvrent; la société, Sannois, Durantal et Servigné en tête, débouche de tous côtés.

RITA, *allant vivement à Sannois.* Jules de Vaudray? dites, monsieur le marquis, avez-vous vu Jules de Vaudray?

SANNOIS. Avant le bal, oui, madame la duchesse... mais, si nous devons l'en croire, il est parti.

LA COMTESSE et RITA. Parti!

SANNOIS. En nous quittant, madame, le chevalier nous a annoncé qu'il montait en chaise de poste.

LA COMTESSE. Parti!

SCENE XII.
LES MÊMES, ANTOINE.

Antoine entre, salue, et remet une lettre à Rita.

RITA. Quelle est cette lettre?

ANTOINE. De la part de M. le chevalier de Vaudray.

LA COMTESSE. Ah! de mon fils!... lisez, madame, je vous en conjure, lisez.

Sortie d'Antoine.

RITA, *lisant.* « Vous m'avez offert, Rita, l'amitié d'une sœur. Merci de votre compassion... mais je le sens, moi, je n'aurais jamais le courage de vous aimer en frère. Je vous ai dit que je ne vous reverrais jamais, madame la duchesse... Je veux à présent vous revoir une fois encore, la dernière... oui, tout-à-l'heure, à minuit... daignez ouvrir la fenêtre de votre salon qui donne sur le parc, regardez... et mes yeux pourront se fixer sur les vôtres une dernière fois. »

Rita ouvre précipitamment la fenêtre; la comtesse marche vivement avec elle.

RITA. Ah! le voilà...

LA COMTESSE. Mon fils! il peut vivre!... il peut être heureux encore!...

On entend au dehors un coup de pistolet; cri général; la comtesse s'évanouit.

RITA, *la soutenant.* Malheureuse mère!

SANNOIS, *sur le devant de la scène aux jeunes gens.* Pauvre fou! voilà pourtant où l'a conduit son amour pour la coquette Espagnole!... Messeigneurs, à nous sa vengeance!

Pendant la fin de cette scène, une pendule placée au fond du salon sonne minuit, la toile tombe.

ACTE DEUXIÈME.

LE SOLITAIRE.

La scène se passe en Bretagne, au château de Kervan. Le théâtre représente une partie de parc attenant au château; une grille au fond; à droite du public, sur le premier plan, une aile du château, avec un perron descendant au parc; à gauche, le mur d'enceinte du parc, et une petite porte; dans le lointain, derrière la grille du fond, une vue de rocher.

SCENE PREMIÈRE.
SANNOIS, *seul*; *puis* UN VALET.

SANNOIS, *regardant de tous côtés pour s'assurer qu'il n'a pas été suivi.* Six heures!..... tout dort au château..... la duchesse et ses gens reposent encore... excepté peut-être le vieux Perez... D'un instant à l'autre, il peut venir m'observer, me surprendre comme à son ordinaire.... Dépêchons-nous... (*Il écrit quelques mots au crayon et parle tout en écrivant.*) C'est cela... c'est bien cela... (*Se relevant.*) L'homme que j'attends tarde bien à venir; je suis d'une impatience!... Depuis un an que la noble duchesse a quitté Versailles pour venir habiter ce château dans le fond de la Bretagne, que de persévérance il m'a fallu, que de ténacité dans mes projets!... D'abord, moi aussi j'ai renoncé au séjour de la cour, à ma joyeuse vie de courtisan; je me suis enseveli dans un vieux manoir qui fait face à celui de ma belle ennemie, et tous les jours, me faisant de plus en plus repentant de mes anciennes erreurs, de mon ancienne audace, devenu sage et presque dévot, continuant de ne demander, de n'ambitionner que le titre de son ami, j'en suis venu à être reçu par elle tous les jours comme un voisin, comme un homme sans conséquence; et me voilà dans le camp ennemi à peu près sûr de ma victoire... Aujourd'hui, aujourd'hui même, je l'espère...

(*En ce moment, on frappe trois coups en dehors à la petite porte de gauche.*) Ah! enfin!
Il y court et ouvre avec précaution; un valet paraît enveloppé d'un manteau.

LE VALET. Eh bien! monsieur le marquis?

SANNOIS, *lui remettant ce qu'il vient d'écrire.* Ce billet à ton maître... va vite....
(*Le valet s'incline et sort. Sannois referme la porte; mais Perez, qui vient de se montrer en haut du perron, a tout vu; Sannois en se retournant aperçoit Perez, et dit à part.*) Il l'a vu! maudit espion!

Troublé un instant, il se remet et reprend son air dégagé.

SCENE II.

SANNOIS, PEREZ.

PEREZ. Monsieur le marquis se lève de grand matin, à ce que je vois.

SANNOIS. Oui, mon cher Perez... c'est une si bonne chose de respirer l'air pur qui vient de ces montagnes... Le repos, la verdure, le chant des oiseaux... tout cela me rafraîchit l'âme, me calme le sang.... d'honneur, j'étais né pour la vie champêtre... Tu souris, Perez.

PEREZ. Monsieur le marquis se trompe, je ne souris pas du tout.

SANNOIS. Mais toi-même déjà levé?

PEREZ. Ah! moi, c'est différent... Si je quitte mon lit de bonne heure, ce n'est pas pour admirer la nature... c'est par devoir et aussi un peu par habitude... j'aime à connaître tout ce qui se passe autour de moi, à tout examiner... (*appuyant*) à tout voir.

SANNOIS. Oh! je le sais, rien ne t'échappe, même les choses les plus insignifiantes... Mais je ne te blâme pas... c'est pour ta maîtresse que tu veilles... et dussé-je être à mon tour l'objet de ta surveillance, je te pardonne.... je t'approuve.... tout pour la duchesse, rien pour les autres, rien pour moi... tu as raison.

PEREZ. Oui, monsieur le marquis, je crois que j'ai raison.

SANNOIS. Tout-à-l'heure, tu m'as vu parler à un de mes gens que j'envoie à la ville?

PEREZ. A la ville... (*montrant la petite porte*) par là? Mais il aura une demi-lieue de plus à faire... il me semble qu'il était plus naturel de le faire sortir par la grille.

SANNOIS. Sans doute, Perez... mais j'ai des motifs pour désirer que tout le monde ne sache pas... C'est un message important et secret... je confie cela à toi dont je connais la discrétion.

PEREZ. Ah! je ne vous demande pas cette confidence.

SANNOIS. Qu'importe! je veux te parler avec franchise.

PEREZ, *à part.* Il va mentir.

SANNOIS. Je rends grâce au hasard qui t'a amené ici plutôt qu'un autre... car il faut que tu me secondes, Perez... Ta belle et bonne maîtresse persiste à s'ensevelir dans une solitude morne et absolue... j'espérais, moi, son sincère ami, la faire changer de résolution, c'est pour cela que je suis venu... mais mon amitié n'y peut guère... toi, tu pourras peut-être davantage. Unissons-nous donc dans son intérêt... conseille-lui de se distraire... qu'elle reste ici dans ce château, bien, puisque c'est sa volonté... mais au moins qu'elle consente à laisser embellir, animer sa retraite. Tiens, le premier pas est fait... je l'ai amenée, ça n'a pas été sans peine, tu le sais, à faire ce matin une petite excursion dans les environs... Il faut que tu me viennes en aide, mon cher Perez, pour que cette distraction ne soit pas la dernière... Pardieu! n'est-il pas vrai que ce serait grand dommage qu'une si belle fleur se flétrît faute d'air et d'espace? Puis-je compter sur toi?

PEREZ. Absolument comme je compte sur vous, monsieur le marquis.

SANNOIS. Ah! c'est bien... je te remercie... Mais j'aperçois la duchesse dans cette allée, je cours lui présenter mon hommage... Au revoir, mon bon Perez.... tu seras discret, n'est-ce pas?.. Tu ne diras rien?

PEREZ. Rien.

Sortie de Sannois, au fond, à la droite du public.

SCENE III.

PEREZ.

Très-certainement, je ne dirai rien du secret qu'il m'a confié, car du diable si j'ai compris un seul mot de tout son bavardage. (*On sonne à la grille du fond.*) Qu'est-ce qui vient par là?

FRANÇOISE, *en dehors.* C'est moi, Françoise... Ouvrez-moi, monsieur Perez.

PEREZ. C'est notre petite fermière.

Il va ouvrir; au bruit de la cloche, Antoine est sorti du pavillon.

SCENE IV.

PEREZ, FRANÇOISE, *un panier au bras.*

FRANÇOISE. Oui, monsieur Perez, c'est

moi qui viens, comme tous les jours, apporter du laitage et des œufs frais.

PEREZ, *d'un ton grondeur*. Tu es bien en retard, aujourd'hui.

FRANÇOISE. N' vous fâchez pas, monsieur Perez, c'est pas ma faute. Tenez, emportez cela, monsieur Antoine.

Antoine rentre dans le pavillon avec le panier de Françoise.

PEREZ. Tu as risqué de faire attendre ma maîtresse, et si elle n'avait pas eu ce matin son déjeuner ordinaire, tu aurais eu affaire à moi.

FRANÇOISE. Quand j' vous dis que c'est pas ma faute, c'est que je suis venue par la grande route.

PEREZ. Là... et pourquoi prendre le chemin le plus long?

FRANÇOISE. Pour ne pas passer auprès de la vieille tour donc...

PEREZ, *avec impatience*. Mais pourquoi cela?

FRANÇOISE, *d'un air de mystère*. C'est que dans la vieille tour il y a un jeune solitaire.

PEREZ, *froidement*. Ah! oui, on le dit... Il te fait donc peur?

FRANÇOISE. A moi, non... mais à mon homme, et ça justement parce qu'il n'a rien d'effrayant... Tant et si bien que mon homme trouve que j'arrive plus vite quand j' prends le chemin le plus long... Voilà, monsieur Perez... Dites donc, je l'ai vu.

PEREZ. Qui?

FRANÇOISE. Si ça se demande?... Le solitaire... il est bien genti, allez... et puis, il a l'air si triste qu'on s'intéresse à lui tout de suite... Les maris prétendent qu'il est vieux et laid... C'est des menteries. Les femmes disent le contraire, et c'est les femmes qui s'y connaissent le mieux.... Ah! dam, il peut se vanter de faire parler de lui celui-là !.... Depuis quelque temps, depuis qu'il s'est enfermé dans cette vieille tour dont il ne sort presque pas, on ne s'occupe que de lui dans le pays... Le solitaire par ci, le solitaire par là... on va se promener à la tour... toutes les jeunes filles des environs vont le consulter pour savoir si leurs amoureux sont fidèles... les femmes pour savoir si leurs maris ne savent pas.... enfin tout le monde voudrait le voir, et personne ne peut deviner qui il est ni d'où il vient..... Dites donc, monsieur Perez, c'est bien singulier tout d'même...

PEREZ. Quoi?

FRANÇOISE. Qu'un jeune homme si bien fait, si aimable...

PEREZ. Vraiment?...

FRANÇOISE, *baissant les yeux*. Soit venu comme ça se cacher dans des ruines.... Quant à moi, certainement... ce jeune homme ne m'est de rien... ni de près ni de loin... Ah! oui, mon homme peut être bien tranquille... Mais ce qu'il y a de certain, c'est que je ne voudrais pas qu' ça soit un malheur qui l'ait conduit dans cette vilaine tour abandonnée.... Quoique ça, j'ai là-dessus mon idée, et j' parierais... Voulez-vous que je vous dise, monsieur Perez?

PEREZ. Je ne suis pas curieux.

FRANÇOISE, *continuant sans faire attention*. C'est qu'il y a de par le monde une belle dame qui n'a pas voulu de lui, et qu'il s'est fait ermite par sentiment... elle est joliment difficile par exemple... un si joli garçon, qui vous a un regard si doux et une voix qui va là, quoi! Pauvre jeune homme!... Si seulement on savait le moyen de le consoler un peu !... Il faudra que je cherche.

PEREZ. Et ton mari, Françoise?...

FRANÇOISE. Merci, monsieur Perez, je l'avais oublié, et vous m'y faites penser... je suis là à babiller, et il m'attend... Mais voyez le solitaire, je vous le conseille, et je gage que vous le trouverez comme moi bien genti et bien à plaindre.

PEREZ. Ça m'est bien égal... Mais va-t'en, voici ma maîtresse.

FRANÇOISE. Oui, je me sauve, parce que, si je tardais plus long-temps, mon homme croirait que j'ai pris le chemin le plus court, et alors il se permettrait peut-être des libertés qui ne seraient pas de mon goût. Adieu, monsieur Perez, c'est-à-dire à demain.

Au moment où Françoise sort par le fond, Rita et Sannois descendent le perron, suivis de deux valets qui demeurent au fond du théâtre.

SCENE V.

SANNOIS, RITA, PEREZ.

SANNOIS. Oui, duchesse, je vous le répète, c'est mal à vous de résister à mes prières... demeurer ainsi loin de la cour, loin du monde, dans ce pays reculé, presque inconnu... c'est une mort anticipée, et pour vous, à qui l'avenir offre tant d'années d'une vie heureuse et belle, ce n'est pas encore le temps de songer à mourir... D'honneur, vous avez tort.... Vos ennemis font courir de bruits fâcheux sur votre longue absence.

RITA. Je ne tiens qu'à l'opinion de mes amis.

SANNOIS. Eh bien! vos amis, et j'ose me placer en première ligne, vos amis se demandent si vous n'avez pas assez expié par un an de solitude une catastrophe que vous n'avez pu prévenir, et qu'il faut oublier enfin, comme on oublie toutes les misères humaines... la mort du chevalier de Vaudray.

RITA. Oh! monsieur, vous venez de rappeler les souvenirs les plus cruels à mon cœur, de me reporter à des jours que je voudrais pouvoir effacer de ma vie... Infortuné Jules de Vaudray!... et trois jours après, la pauvre comtesse, sa malheureuse mère... morte aussi sous mes yeux.... de douleur, la mère et le fils... morts tous deux... pour moi... à cause de moi!...

PEREZ. Ma chère et bonne maîtresse, qui pourrait, qui oserait vous accuser?... Tous savent le généreux sacrifice auquel vous aviez consenti : sans pouvoir partager l'amour de ce malheureux insensé, vous cédiez aux larmes de sa mère, et vous consentiez à être sa femme... Dans ce cruel événement, il n'y eut que du malheur, de la fatalité, et si quelqu'un pouvait affecter de dire, de penser le contraire, à celui-là on crierait à l'instant de toutes parts : Tu as menti! (*Il semble adresser ces mots à Sannois; mouvement de colère de celui-ci. Perez n'a pas l'air de le comprendre et continue en le regardant en face.*) N'est-il pas vrai, monsieur le marquis de Sannois?

SANNOIS, *qui a repris tout son sang-froid.* Certainement... certainement, si la calomnie osait se faire entendre, les défenseurs ne vous manqueraient pas, madame ; moi le premier, moi, votre ami, je réclamerais, pour récompense de mon dévouement inaltérable, la faveur de prendre en main la cause de votre honneur outragé... et vive Dieu! il faudrait bien que la calomnie fît silence.

RITA. Je vous remercie, et je vous crois.

PEREZ, *à part.* Moi, je ne le crois pas du tout.

RITA. Mais on se trompe étrangement, monsieur, si l'on pense que j'aie quitté Versailles pour échapper aux propos haineux d'un monde corrompu que je méprise.... Non, tel n'a pas été le motif de mon départ. Je suis partie uniquement afin de ne plus voir des lieux où le destin s'est servi de moi pour briser deux existences... voilà tout. Je n'ai pas fui les interprétations, le scandale dont bien d'autres à ma place se seraient fait gloire ; je me suis réfugiée dans le silence de la retraite, pour y retrouver de la force et du courage contre ma douleur. Et si aujourd'hui, si plus tard je reparaissais à la cour, soyez-en certain, je serais forte en face de la calomnie, parce que je n'admets pas que la calomnie puisse m'atteindre; en face du monde aussi, parce que je n'accepte pas le monde pour mon juge. Je n'aurais pas non plus besoin de mettre à l'épreuve le dévouement de mes amis... A quoi bon? mon défenseur, à moi, mon juge, c'est ma conscience... et tant qu'elle m'absoudra, je n'en veux pas d'autre.

PEREZ, *à part.* Attrape, courtisan.

RITA. Mais vous oubliez cette promenade pour laquelle vous sollicitiez hier avec tant d'ardeur mon consentement.

SANNOIS. Dans votre intérêt... pour vous distraire... c'est bien peu, mais faute de mieux... où irons-nous?

RITA. Décidez...

SANNOIS. Eh bien! là-bas, à l'extrémité du village, auprès de la vieille abbaye, ou, si vous l'aimez mieux, du côté de la tour de Koatven... c'est à un quart de lieue tout au plus... et peut-être nous sera-t-il accordé de rencontrer ce mystérieux personnage qui excite autour de nous tant de curiosité.

RITA. Ah! le solitaire.

SANNOIS. L'auriez-vous déjà vu, madame la duchesse?

RITA. Jamais, et vous, marquis?

SANNOIS. Une fois, de loin, dans une de mes excursions matinales... il m'a paru jeune encore, si j'en juge par sa démarche ; du reste, je n'en sais que ce qu'en sait tout le monde, qu'il est là, rien de plus... A mon avis, c'est un fourbe ou un insensé.

RITA. Et toi, Perez, qu'en penses-tu?

PEREZ, *s'avançant.* Moi, madame, je croirais plutôt que c'est tout simplement un homme malheureux.

SANNOIS, *avec ironie.* Ce serait plus intéressant.

RITA. Perez pourrait bien deviner juste : Jeune et choisissant pour demeure, pour tombeau peut-être, une tour en ruines.... se cachant des hommes, et fuyant tous les regards, il y a là un mystère étrange, un secret, une grande douleur, ou un grand remords... Ne riez pas, monsieur de Sannois.

SANNOIS. Ah! permettez-moi de vous dire que votre imagination est bien prompte...

RITA. Que voulez-vous? j'aime l'extraordinaire, et je gagerais pour une de mes deux suppositions.

SANNOIS. Eh bien, raison de plus pour essayer de le voir, afin de juger par vous-même. Espérons que le hasard l'amènera sur notre route.

RITA. Partons... là où ailleurs qu'importe?... (Aux deux valets.) Vous nous accompagnerez.

PEREZ. Et moi, madame?

RITA. Toi, mon bon Perez, tu resteras ici... il faut bien qu'un des maîtres demeure au château en l'absence de l'autre.

SANNOIS. Et puis, ce cher Perez n'est pas curieux... cette course le fatiguerait.

PEREZ. J'obéis à madame la duchesse... (A part.) Oh! je suis d'une colère.

RITA. Je suis prête... A la grâce de Dieu, monsieur le marquis, et je le remercierai s'il nous fait voir le solitaire de Koatven, car, je ne m'en cache pas, je suis curieuse... je suis femme... A bientôt, Perez.

Perez lui baise la main; Sannois lui tend la sienne à son tour, mais le vieillard affecte de ne pas le voir; Rita, Sannois et les deux valets sortent par la grille du fond.

SCENE VI.
PEREZ, seul.

Il les suit des yeux, et, redescendant la scène, il dit avec un soupir:

Sans lui pourtant, c'est moi qui accompagnerais ma maîtresse... ça me revient de droit... Je le déteste ce courtisan à la langue dorée... Mais elle, imprudente femme! elle ne s'inquiète pas de ce que dira le monde, quand il saura que, seule avec le marquis, n'ayant que moi pour sauvegarde... Ah! c'est que, sans le savoir, elle s'ennuie ici... la solitude lui pèse, il faut un aliment à son imagination si ardente et si vive!... Pourquoi ne pas m'écouter, ne pas retourner là-bas, d'où nous sommes venus?... Oh! l'Espagne! quand donc reverrons-nous l'Espagne?... Moi, peut-être jamais!... Dans cette France, où il m'a fallu la suivre, j'éprouve ce qu'ils appellent ici, je crois, le mal du pays; un ennui, un tourment que je ne puis définir est là, toujours là, qui me ronge, qui me dévore... Ah! ce n'est pas vivre... Et pourtant, ne faut-il pas que je trouve des forces et du courage pour continuer de veiller sur elle, pour la défendre?... oui, je la défendrai... Prenez garde, monsieur le marquis de Sannois, faites votre métier de roué et d'imposteur, moi, je ferai le mien de gardien fidèle et dévoué... (Reprenant avec tristesse.) Et puis, quand je ne croirai plus qu'aucun danger soit à craindre pour elle, quand je la verrai bien heureuse... alors, seulement, alors je fléchirai la tête sous le poids de mes propres chagrins, et comme elle n'aura plus besoin de mes services, moi, je pourrai mourir!

SCENE VII.
PEREZ, FRANÇOISE.

FRANÇOISE, rentrant tout effrayée, par la grille du fond. Ah! monsieur Perez, sauvez-moi!... sauvez-moi!

PEREZ. Qu'est-ce? qu'y a-t-il? qu'as-tu?...

FRANÇOISE. Ils n'mont pas suivie, pas vrai?

PEREZ. Mais qui? que t'est-il arrivé?... parle donc...

FRANÇOISE. C'est que j'en réchappe d'une belle, voyez-vous... mais ça va mieux.... j'étouffe encore.

PEREZ. Tu me fais mourir d'impatience.

FRANÇOISE. Voilà que je respire... Oh! là là... Imaginez-vous que je pensais à mon homme, je me disais: Faut que je prenne la grande route, ça lui fera plaisir, ça lui prouvera que je suis obéissante... mais je ne sais pas comment ça c'est fait... un sorcier m'aura jeté un sort, bien sûr... Tout en ne pensant qu'à lui, et en voulant suivre la grande route, je me suis trouvée tout-à-coup dans la petite, auprès des rochers qui environnent la tour où qu'est le solitaire.

PEREZ. Finiras-tu?

FRANÇOISE. Et là, j'ai aperçu des hommes à figures terribles, armés jusqu'aux dents! effrayans, quoi!... Alors j'ai eu peur... j'ai pris mes jambes à mon cou, j'ai couru... j'ai couru... et me v'là.

PEREZ. Du côté de la tour!... Et ma maîtresse, tu ne l'as pas vue?

FRANÇOISE. Ma foi, non... je tremblais si fort d'être aperçue par ces vilains hommes, que je fermais les yeux pour ne pas les voir... Tenez, j'en tremble encore.

PEREZ. Ah! mon Dieu! mon Dieu!... (Appelant.) Pierre! Joseph! Antoine!... Ils ne viennent pas!

FRANÇOISE. Qui ça?... les vilains hommes?

PEREZ. Eh! non, les gens du château.

SCENE VIII.
LES MÊMES, ANTOINE, paraissant sur le perron avec des VALETS.

ANTOINE. Qu'y a-t-il, maître Perez?

PEREZ. Notre bonne maîtresse court peut-être un grand danger... Vite, armez-vous... Mon fusil! (Les valets rentrent dans le château.) Je suis d'une inquiétude!

FRANÇOISE. Qu'avez-vous?

PEREZ. N'as-tu pas entendu?... Madame

la duchesse qui est là-bas... Ah! je n'aurais pas dû lui obéir... j'aurais dû la suivre malgré ses ordres... malgré elle.

FRANÇOISE. Mais elle n'est pas seule?

PEREZ. Non, sans doute, mais qu'importe?... Ces hommes à mauvaise mine, combien étaient-ils?

FRANÇOISE. Je ne sais pas au juste, monsieur Perez... Je n'en ai compté qu'une demi-douzaine... je n'ai pas eu le temps... la frayeur... mais ils devaient être au moins cinquante!

PEREZ, *désolé*. S'il arrive un malheur, je ne me le pardonnerai jamais.

FRANÇOISE. Ah! Jésus, mon Dieu!

PEREZ. Enfin, les voilà! (*Les valets reviennent avec des armes, Perez saisit un fusil.*) Suivez-moi, enfans, au secours de notre bonne maîtresse!

On entend des coups de feu dans le lointain. Françoise, qui avait suivi les valets, pousse un cri, et revient effrayée sur le devant de la scène.

PEREZ. Il n'est plus temps peut-être... Ah! n'importe, suivez-moi... courons....

TOUS. Oui, courons, courons!...

SCÈNE IX.
Les Mêmes, SANNOIS.

PEREZ, *courant à Sannois*. Ah! monsieur le marquis... madame la duchesse!..

SANNOIS. Rassure-toi, Perez... rassurez-vous, mes amis... madame la duchesse est sauvée.

PEREZ. Le ciel en soit béni!

SANNOIS. C'était une tentative d'enlèvement; mais il n'y a plus le moindre danger... Au moment où nous pénétrions dans les rochers, cinq ou six misérables se sont jetés sur nous, et pendant que trois d'entre eux nous tenaient en respect, moi et les deux serviteurs qui nous avaient suivis, les autres s'apprêtaient à entraîner la duchesse... impossible d'opposer la moindre résistance...

PEREZ. Je me serais fait tuer, moi, monsieur le marquis...

SANNOIS. Quand tout-à-coup un secours inespéré nous est venu... Un jeune homme, celui que vous appelez le solitaire de Koatven...

FRANÇOISE. Ah! le solitaire...

SANNOIS. Qui, s'élançant, le poignard à la main, sur les lâches ravisseurs, les a mis en fuite... et nous en aurions été quittes tout-à-fait pour la peur, si les drôles, en se retirant, n'avaient fait sur nous une décharge générale et blessé notre généreux libérateur...

FRANÇOISE. Il est blessé! ô mon Dieu!

PEREZ. Lui... ce brave jeune homme...

SANNOIS. On l'amène en ces lieux....

Eh! tenez, le voici... ainsi que la duchesse, qui n'a pas voulu le quitter.

SCÈNE X.
Les Mêmes, RITA, *puis* UN INCONNU.

PEREZ, *se précipitant vers Rita, dont il baise la main*. Ma chère maîtresse.... pourquoi ne m'avoir pas permis de vous accompagner?

RITA. Le ciel a veillé sur moi, Perez.

PEREZ. Mais cette attaque, cette tentative d'enlèvement si près du château!... d'où cela peut-il venir?

SANNOIS. Quelques brigands sans doute qui voulaient nous rançonner.

PEREZ. Hum! il y a là-dessous un mystère.

RITA. Sois tranquille, Perez, je ne m'exposerai plus ainsi... Mais ce n'est plus à moi qu'il faut songer... à notre libérateur plutôt!....

FRANÇOISE. Le voici! le voici!

Les valets rentrent portant un jeune homme évanoui, revêtu d'une robe de moine.

RITA. Toujours évanoui!.. posez-le sur ce banc... (*Les valets déposent l'inconnu sur un banc de jardin placé sur le devant du théâtre, à la gauche du public.*) O ciel! voyez donc, monsieur de Sannois..., le sang coule de sa blessure... Ah! ce mouchoir...

Elle donne un mouchoir à Sannois, qui, aidé de Françoise, panse le blessé.

SANNOIS. Espérons que ce ne sera rien... je vais m'en assurer par moi-même.

RITA. Oui, marquis, sur-le-champ, je vous prie...

PEREZ. Et nous, madame la duchesse, nous allons à la poursuite des ravisseurs.

RITA, *voulant l'arrêter*. Toi, Perez?

SANNOIS. Mais ils ont trop d'avance sur vous... et j'ai peur que vous ne puissiez pas les rejoindre...

PEREZ. C'est égal... Oh! j'y tiens... que j'en attrappe un seul... il faudra bien qu'il parle,... ou mordieu! avec une bonne balle dans la poitrine, je le guérirai pour toujours de la fantaisie d'enlever des duchesses. Allons, allons, vous autres.

Il sort avec les domestiques par la grille du fond.

RITA, *à Françoise*. Laissez-nous, mon enfant.

FRANÇOISE. Oui, madame la duchesse, je m'en vais.... (*A part.*) C'est égal, c'est les femmes qui ont raison : il est très-bien. Je vais conter ça à tout le village.
Elle sort par le fond.

SCENE XI.
RITA, SANNOIS, L'INCONNU, *toujours évanoui.*

SANNOIS, *à genoux auprès du blessé, et continuant de lui donner des soins.* La blessure est légère... la balle n'a fait que déchirer les chairs de la poitrine, et n'a point pénétré... Oh! la présence d'un chirurgien n'est même pas nécessaire...

RITA. Vous croyez?..

SANNOIS. J'en répondrais... tenez, le sang s'arrête de lui-même...

RITA. Il n'y a donc aucun danger?

SANNOIS. Aucun.... Mais que tient-il donc dans sa main droite si fortement serrée contre son cœur?.. (*Il lui ouvre la main.*) Ah! un médaillon!... (*Passant le médaillon à Rita.*) Voyez donc, madame la duchesse...
Il continue ses soins au blessé.

RITA, *surprise.* Un médaillon!... (*Réfléchissant.*) C'est peut-être là son secret... une image de femme, sans doute... d'une femme qu'il aime, et qui ne peut être à lui... et voilà pourquoi il est venu s'ensevelir dans cette sombre retraite... Pauvre jeune homme! Mais peut-être je la connais cette femme, et je dois, dans l'intérêt même de celui qui m'a sauvé la vie...(*Elle tourne machinalement le médaillon entre ses doigts.*) Oh! non, profiter ainsi de ce qu'il ne peut défendre son secret, ce serait mal, bien mal... (*Tout en tournant et retournant le médaillon, elle l'ouvre.*) Mon Dieu! il est ouvert... je ne le regarderai pas... je ne dois pas le regarder... et cependant.... (*Elle regarde.*) Mon portrait!
Elle tombe assise et rêveuse sur une chaise de jardin, à droite.

SANNOIS, *relevant la tête.* Quand je vous le disais... ce n'est qu'une égratignure... et, tenez, il revient à lui...

RITA, *à part.* C'est bien mon portrait!

SANNOIS. Madame la duchesse, si nous le faisions maintenant transporter au château?

RITA, *comme se réveillant.* Oui, mon cher marquis... C'est-à-dire, non... décidément il me semble que le grand air lui sera plus favorable.

SANNOIS. Comme vous voudrez, je suis de votre avis... Le voilà qui ouvre les yeux... il va parler...

RITA, *à part.* Oh! que ce ne soit pas devant le marquis!... (*Elle va doucement se placer entre l'inconnu et Sannois, puis se retournant vers celui-ci.*) Monsieur de Sannois, vous m'obligeriez en allant donner des ordres...

SANNOIS. Et pourquoi?

RITA. Pour qu'à l'instant on coure à Saint-Renan, chercher un chirurgien...

SANNOIS. Mais c'est parfaitement inutile... je vous assure que moi seul...

RITA, *souriant.* Permettez-moi de ne pas me reposer entièrement sur votre science de docteur... Je vous en prie, un de mes gens à cheval, vite!

SANNOIS, *froidement.* Je vous obéis, madame, et j'y cours...
Il salue, et entre au château ; Rita l'a conduit en parlant jusqu'au pied du perron. Il entre dans le pavillon.

SCENE XII.
RITA, LE SOLITAIRE.
Rita redescend doucement auprès du jeune homme

LE SOLITAIRE, *après avoir promené autour de lui des regards étonnés.* Que m'est-il donc arrivé?... oh! ma tête! ma pauvre tête!... (*Réfléchissant.*) J'ai beau interroger mes souvenirs, je n'y trouve plus rien... rien!.. Ah! seulement, une femme au milieu d'un grand danger... et cette femme... c'était elle, oui, j'en suis sûr, c'était bien elle, et maintenant...

RITA, *se montrant.* Maintenant, cette femme que vous avez sauvée est devant vous, monsieur, et vous remercie...

LE SOLITAIRE, *avec un cri d'étonnement et de joie.* La voilà!... oui, je me rappelle maintenant... toutes mes idées me reviennent à la fois... Des misérables qui en voulaient à vos jours ou à votre liberté ; et moi, que le hasard... un hasard bien heureux avait amené là... je vous ai arrachée de leurs mains.... c'est le plus beau jour de ma vie! oh! oui, certes! le plus beau...

RITA, *tremblante.* Monsieur, vous êtes blessé, et cet évanouissement, dont vous sortez à peine, me fait trembler.

LE SOLITAIRE. Ah! rassurez-vous, madame... cette faiblesse, c'est l'émotion qui l'a causée... ma blessure est légère.... rassurez-vous... laissez-moi vous dire combien je suis heureux! Il est donc vrai! vous êtes là... je vous vois, vous, madame!.. il me semble que je rêve encore... ou que je n'ai plus toute ma raison.... (*Avec désespoir.*) Ah! que ne suis-je mort en vous défendant!

RITA, *avec effroi et surprise.* Mort, vous !

LE SOLITAIRE. Oui, mourir en laissant pour dernier adieu à l'existence une action que vous appelez généreuse, et à vous, madame, un souvenir peut-être... que pouvais-je désirer de plus, moi, si malheureux ?

RITA, *avec compassion.* Malheureux !

LE SOLITAIRE. Abandonné, seul au monde...

RITA, *très-émue.* Seul !...

LE SOLITAIRE. Avec des pensées qui me tuent...... avec un amour dévorant au cœur.

RITA, *l'interrompant vivement.* Arrêtez, monsieur... je ne vous demande pas vos secrets... et, je le vois, parler sur ce sujet vous fait mal...

LE SOLITAIRE. Vous avez raison, je me tais... je dois me taire... car si je vous révélais le secret de mes chagrins, votre voix deviendrait sévère, vous me retireriez jusqu'à l'expression de votre pitié...

RITA. Je ne crois pas...

LE SOLITAIRE. Vous n'avez jamais été malheureuse, vous !

RITA. Jamais malheureuse ! qui vous l'a dit ?

LE SOLITAIRE, *avec exaltation.* Vous aussi !... la douleur n'épargne personne ! Et se peut-il que vous, douée de tout ce qui peut donner ou conquérir le bonheur ?...

RITA, *effrayée.* Oh ! ne parlez pas de moi, mais de vous plutôt, monsieur, de vous seul, et puisque vous voulez bien vous confier à une étrangère...

LE SOLITAIRE. Une étrangère !... oh ! non, madame... Vous m'avez pris en pitié, vous voudriez pouvoir me consoler, vous êtes faite pour me comprendre : vous n'êtes donc plus une étrangère pour moi !...

Il l'attire doucement par la main vers le banc sur lequel il est assis.

RITA, *à part.* Allons, il faut bien l'entendre... c'est le seul moyen de calmer son agitation; et puis, malgré moi, je suis bien curieuse de savoir...

Elle s'assied auprès de lui.

LE SOLITAIRE. Ma vie a été bien courte si je la mesure par les événemens : né pauvre et obscur, j'avais grandi dans cette idée, dans cet espoir que l'obscurité me serait une égide contre les orages du monde. Second fils d'un gentilhomme breton, je fus dès le berceau destiné à l'état ecclésiastique. Cette carrière, soit par l'habitude d'entendre dire qu'elle serait la mienne, soit par la vocation qui m'y appelait peut-être, répondait à mes espérances d'un bonheur tranquille, et pourtant, quand vint le moment qui devait me séparer du monde, malgré moi j'hésitai, et, cette hésitation ayant été mise sur le compte de la tiédeur, mes supérieurs décidèrent que je serais soumis à un autre noviciat. Il y avait des instans où sans joie et sans douleur, avec résignation, j'attendais.. Mais il y en avait aussi où je reculais épouvanté comme devant un abîme; c'était un pressentiment sans doute; et j'espérais qu'enfin une inspiration me viendrait de Dieu, qui me dirait : Fuis ! ou : Reste ! Obéissant et calme j'aurais reçu ces ordres; et, je m'en souviens bien, au fond du cœur, j'aurais mieux aimé que le ciel me dît de rester. Ainsi je vivais depuis plusieurs années dans le monastère de Kandem...

RITA, *à elle-même.* Le monastère de Kandem !...

LE SOLITAIRE. Quand, il y a quelques mois, une prise d'habit eut lieu dans le couvent !... Parmi les nobles spectateurs que la cérémonie avait attirés dans notre sainte retraite, se trouvait une femme, ange par la grâce et la beauté... Je ne saurais vous peindre la révolution qui, à sa vue, s'opéra dans tout mon être... Ce fut comme si mon cœur eût brisé la poitrine qui ne pouvait plus le contenir... ce fut dans le premier moment un chose douce et cruelle à la fois... Mon ame s'élançait au-devant de la sienne; puis une fièvre, un délire !... Lorsque je n'eus plus devant les yeux cette apparition qui me charmait et me brûlait, lorsque je pus voir clair en moi-même, un effroi indicible me saisit : J'avais invoqué le ciel, lui demandant un conseil et de la force pour le suivre, et je comprenais que le ciel, en réponse à ma prière, m'envoyait cette femme pour renverser toutes mes résolutions... J'étais bien à plaindre, n'est-ce pas ? (*Rita troublée ne répond pas.*) Vous ne m'écoutez plus, madame...

RITA. Oh ! si, je vous écoute !... Continuez, continuez...

LE SOLITAIRE. Je crus que Dieu lui-même avait parlé ! A dater de ce jour, tous ceux qui l'avaient précédé s'effacèrent de ma mémoire comme indignes de l'occuper; tous ceux qui le suivirent ne furent pleins que de son image... Je vivais de souvenirs... Je me livrais en insensé à ce sentiment étrange; et bientôt le séjour du cloître me devint insupportable; ces murs que naguère je voyais sans crainte, me firent horreur; une seule pensée m'animait, un seul espoir faisait battre mon cœur : me rapprocher de celle qui m'avait révélé l'existence; car déjà je ne pouvais plus prononcer des vœux où l'ame n'eût été pour rien, qu'elle désavouait avec amertume, avec violence; en jurant de me consacrer à Dieu, j'eusse commis un sacrilége... Une nuit donc, oubliant tout, et les ordres de ma famille, et les espérances de ma jeunesse, et peut-être la volonté du ciel, n'écoutant que cette voix qui m'appelait vers elle, je m'enfuis du couvent.

RITA. O ciel! et c'est à cause de cette femme?

LE SOLITAIRE. Oui, pour elle, pour elle seule... Après ma fuite du cloître, j'errai long-temps à l'aventure... et jugez de mon ivresse, je la revis enfin... elle habitait cette partie de la Bretagne...

RITA. Ah!...

LE SOLITAIRE. C'est alors que je vins me fixer dans les ruines abandonnées de Koatven... où je veux finir mes jours... heureux de l'avoir revue, de respirer l'air qu'elle respire... là se bornent mes vœux... car il est là, pour toujours, dans ce cœur flétri par le désespoir... et bientôt, je l'espère, et mon amour et le secret de son nom auront avec moi un refuge dans la tombe.

RITA, *émue*. Que dites-vous? quelle affreuse pensée!

LE SOLITAIRE. Aujourd'hui ou demain, qu'importe? D'ailleurs mon instant suprême ne sera pas sans joie, s'il m'est permis de mourir les yeux fixés sur ses traits adorés, sur ce portrait qui est là, sur mon cœur, qui ne le quitte pas... (*Il y porte la main, et, ne l'y trouvant plus, il s'écrie avec effroi:*) Ah! mon Dieu!...

RITA, *se levant*. Quel effroi! qu'avez-vous?...

LE SOLITAIRE. Je ne le trouve plus... Ce portrait... perdu!... mon seul trésor, perdu!... J'y songe maintenant, dans la lutte qu'il m'a fallu soutenir contre vos ravisseurs, il sera sans doute tombé de mon sein...

RITA. Il se peut... en effet... que vous ayez raison...

LE SOLITAIRE. Par pitié, ordonnez des recherches... envoyez un de vos gens sur le lieu de l'attaque... C'est la seule récompense que je demande pour vous avoir sauvée...

RITA. Oui, j'enverrai... on cherchera... moi-même s'il le faut... Oh! nous retrouverons l'objet de vos regrets... il vous sera rendu.

LE SOLITAIRE. Et jugez vous-même combien ce portrait doit m'être précieux!... c'est moi, moi-même qui, revenant aux premières études de mon enfance, rassemblant tous mes souvenirs, inspiré surtout par mon amour, suis parvenu à retracer cette image! et je l'ai perdue! Ah! vous me comprenez, vous avez pitié de moi, n'est-ce pas?

RITA. Ayez espoir et confiance en moi!

LE SOLITAIRE. Eh! si moi seul j'avais à souffrir de cette perte, ce serait peu encore... Mais elle, madame la duchesse... elle! Il se peut que, par la découverte de ce portrait, elle soit compromise aux yeux du monde... s'il tombait entre des mains indiscrètes... Ah! cette idée est trop affreuse... je ne puis la supporter, et malgré ma blessure, je cours moi-même... Oui, dussé-je tomber mort en le retrouvant, il le faut...

Il se lève et fait en chancelant quelques pas vers la grille.

RITA, *s'élançant après lui, et lui montrant le portrait en détournant les yeux*. Monsieur, pardonnez-moi de vous avoir tant fait souffrir...

LE SOLITAIRE. Et que m'importent mes souffrances?... j'ai retrouvé mon bien, mon trésor, ma vie... Ce portrait, vous l'avez vu peut-être?... Dites, dites... l'avez-vous vu?...

RITA. Oui.

LE SOLITAIRE. Et vous êtes là, près de moi, et il y a dans vos regards de la douceur et de la compassion...

RITA. Oui.

LE SOLITAIRE. Et pas un mot de mépris ou de colère ne sort de votre bouche!

RITA. Non.

LE SOLITAIRE. Quoi! madame la duchesse, vous savez... et vous ne me chassez pas!...

RITA. Non.

LE SOLITAIRE. Ah!... je suis trop heureux!

RITA. Silence! monsieur, pour vous, pour vous-même, je le veux; oui, je me suis chargée de veiller sur vos jours.... c'est mon droit, c'est mon devoir de vous ordonner le silence!

LE SOLITAIRE, *lui baisant les mains*. J'obéis!...

SCÈNE XIII.

LES MÊMES, PEREZ; puis SANNOIS, *des* VALETS, *et* FRANÇOISE, *avec d'autres paysannes*.

PEREZ, *rentrant de mauvaise humeur avec les gens de sa suite*. Rien! aucune trace de ces misérables!

SANNOIS, *arrivant par le perron.* Dans un instant, madame, on vous amènera le docteur... Mais je vois que je ne vous avais pas trompée en vous rassurant... les yeux de notre malade ont une vivacité... Oh! nous le sauverons sans aucune peine..... (*Tendant la main au jeune homme.*) Monsieur, je vous remercie, et du fond de l'ame, du service que vous nous avez rendu... A charge de revanche.

RITA, *au Solitaire.* Venez, venez, monsieur, appuyez-vous sur mon bras... C'est dans ce pavillon que nous devons attendre le docteur...

Ils marchent doucement ensemble vers le perron; deux domestiques les précèdent sur un geste que leur a fait la duchesse; Sannois et Perez tiennent le milieu de la scène, placés en face l'un de l'autre; Sannois sourit, et Perez le regarde du haut en bas; dans ce moment, Françoise rentre doucement, attirant à sa suite plusieurs autres paysannes, et leur montrant le jeune homme.

PEREZ, *l'aperçoit et lui dit avec colère.* Que fais-tu là, toi? Pourquoi n'es-tu pas avec ton mari?

FRANÇOISE. Mon mari? il m'attend depuis deux heures, et je suis bien sûre d'être battue; alors je peux continuer de le faire attendre...

Rita et le Solitaire montent les degrés du perron.

RITA. Doucement... plus doucement!

LE SOLITAIRE. Oh! n'ayez aucune crainte... je suis bien maintenant, tout-à-fait bien.

Ils sont en haut du perron; Perez repousse toujours les femmes qui veulent avancer et regarder le jeune homme; Sannois est au milieu du théâtre

SANNOIS. A nous deux maintenant, madame la duchesse!

ACTE TROISIÈME.

LA TOUR DE KOATVEN.

Une chambre gothique, quelques meubles anciens; au fond, une large porte fermée par une draperie; des portes latérales.

SCÈNE PREMIÈRE.
RITA, LE SOLITAIRE.

Au lever du rideau, le Solitaire est assis à la droite du public, auprès d'un petit guéridon, la tête appuyée dans une de ses mains, et semble rêver profondément; l'autre main est dans celles de Rita, qui est debout auprès de lui, et qui le regarde avec amour.

RITA. Eh bien, vous vous taisez! vos yeux semblent craindre de rencontrer les miens, lorsque moi je suis si heureuse... Est-ce ma présence qui amène sur votre front ce sombre nuage? Monsieur, ne m'aimez-vous donc pas comme je vous aime?.. Eh bien! vous vous taisez encore!

LE SOLITAIRE, *se levant.* Ah! pardon, pardon, Rita... ne pas t'aimer... tu ne peux le croire, mais il y avait là dans mon cœur un trouble involontaire, un chagrin vague et indicible. Qui sait? un remords peut-être.

RITA. Un remords!

LE SOLITAIRE. Oh! j'en triompherai, je le veux, et je le dois.

RITA. Et tu n'auras plus d'autre pensée que celle de notre amour?

LE SOLITAIRE. Oui, celle de notre amour. Tu as changé tout ma vie, et désormais elle appartient tout entière... quand tu es loin de moi, des regrets bien amers me viennent au cœur: je songe que j'ai trahi une promesse sacrée; que j'ai renoncé à une existence obscure, pieuse et douce, pour laquelle j'étais né peut-être.... Ces souvenirs sont cruels, madame la duchesse, quand ils se dressent devant moi, alors que je suis seul et que je ne vous vois pas... mais, quand tu es là, près de moi, comme à présent, Rita, que ta main presse la mienne... alors cette image du passé qui m'obsédait s'efface peu à peu, les regrets s'envolent, j'oublie tout, excepté toi... toi, mon bonheur, ma vie, toi, ma femme.

RITA. Votre femme!... oui bientôt. Ce nom, je le porterai bientôt à la face du monde.

LE SOLITAIRE. Comment? explique-toi.

RITA. Tout-à-l'heure.... J'attends ici Perez, et... quelqu'un avec lui.

LE SOLITAIRE. Quelqu'un!

RITA. Ne m'interroge pas... c'est une surprise que j'ai voulu te faire, et, je le crois, tu m'en remercieras... Mais revenons à ce que tu me disais tout-à-l'heure, à tes regrets, à ces souvenirs qui te poursuivent... songes-y bien, ami, le ciel lui-même t'a empêché de prononcer des vœux qui eussent fait à jamais ton malheur... il t'a envoyé à moi... il bénit notre tendresse, il t'ordonne par ma voix de bannir le remords, si tu n'es point coupable; plus de retour sur le passé, le présent est si beau! et l'avenir nous apparaît plus heureux, plus brillant encore... Tu voulais te vouer à Dieu, et c'est lui qui t'a fait te vouer à moi pour toujours.

LE SOLITAIRE. Oh! oui, pour toujours!

RITA. A moi seule, n'est-ce pas, monsieur? c'est que je suis jalouse, vois-tu... et si jamais une autre femme...

LE SOLITAIRE. Est-ce qu'une autre femme, Rita, pourrait jamais m'aimer comme tu m'aimes? (*En disant ces mots, il lui prend les mains, va se rasseoir en l'emmenant avec lui, puis il reprend en la regardant fixément.*) Et puis, est-ce qu'une autre femme te sera jamais comparable?... Ce que j'aime le plus en toi, ce n'est pas ta beauté, cet air imposant et gracieux à la fois, ces yeux qui me disent si bien : je t'aime... non, c'est ton ame grande et noble, ton ame plus belle encore que ta figure.

RITA. Oh! vous dites cela, monsieur; et c'est, à ce qu'on prétend, le langage ordinaire des amans; mais si nous avions le malheur d'être laides... eh! mon Dieu! vous ne songeriez guère à la beauté de notre ame.

LE SOLITAIRE. D'autres peut-être, mais moi...

RITA, *elle s'assied à côté de lui.* Vous aussi, monsieur... Tenez, vous savez que Perez s'occupe un peu de chimie?

LE SOLITAIRE. Tu me l'as dit. Eh bien?

RITA. Il a entre les mains un masque, enduit de je ne sais quelle préparation, et dont l'effet est de rendre en cinq minutes méconnaissable, hideux, le plus beau des visages.

LE SOLITAIRE. Vraiment? c'est un secret.

RITA. Si, par malheur, j'avais mis une fois ce masque, convenez-en franchement, monsieur, adieu tout votre amour.

LE SOLITAIRE. Oh! non.

RITA. Si fait.

LE SOLITAIRE. Non pas.

RITA. Mais je vous dis que si.

LE SOLITAIRE. Mais je vous jure le contraire.

RITA. Oh! je vous jure... que je n'ai pas envie d'essayer, aujourd'hui surtout; aujourd'hui, plus que jamais, je veux être belle... Si vous saviez.... si tu savais...

LE SOLITAIRE. Quoi donc?

RITA. On vient.... ah! c'est lui!... c'est Perez.

SCENE II.

LES MÊMES, PEREZ, *entrant à la gauche du public.*

RITA. Eh bien?

PEREZ. Madame la duchesse, il est là... il vous attend dans la chapelle.

LE SOLITAIRE. Dans la chapelle!

RITA. Ecoute, écoute, ami... Perez, nous te suivons tous les deux.

Perez sort.

SCENE III.

RITA, LE SOLITAIRE.

RITA. Ce mystère que je te cachais, le voici... Tu m'as dit souvent : L'obscurité de mon nom, et cette solitude de la tour de Koatven, m'est devenue odieuse, insupportable... eh bien! pour toi, plus de solitude, plus d'obscurité; à toi une fortune immense, un titre noble, éclatant...... Cet homme dont Perez vient de m'annoncer l'arrivée, c'est un prêtre!

LE SOLITAIRE. Un prêtre!

RITA. Et je viens de tout faire préparer dans la chapelle pour un mariage.

LE SOLITAIRE. Un mariage!

RITA. On n'attend plus que les fiancés... Mais tu ne devines donc pas?... C'est nous, toi et moi, qui sommes les fiancés; c'est ma main que je viens te proposer.

LE SOLITAIRE. Votre main, madame!

RITA. Ainsi laisse là cet habit lugubre, qui ne doit plus être le tien... laisse ici tout ton passé triste et malheureux, pour t'élancer avec moi vers un avenir plein d'éclat et de gloire... Eh bien! tu ne me réponds pas? D'où vient qu'une nouvelle de bonheur, que mes paroles d'amour te trouvent muet et glacé?... Monsieur, je ne puis vous comprendre ; au nom du ciel, répondez-moi.

LE SOLITAIRE, *froidement, en présentant la main à Rita, et en la conduisant vers un siége.* Que madame la duchesse veuille bien s'asseoir... et me prêter toute son attention.

RITA, *stupéfaite.* Mais, est-ce bien toi qui me parles?... ce langage, ce ton, auquel tu n'as pas accoutumé mon cœur...

On entend sonner minuit dans une partie reculée de la tour.

LE SOLITAIRE. Minuit. Cette heure ne dit-elle rien à vos souvenirs, Mme la duchesse? Ah! vous pâlissez! les sons lugubres d'une cloche suffiraient-ils pour évoquer en vous un remords?... Ah! s'il en était ainsi, le hasard aurait bien choisi l'heure de la réparation, n'est-ce pas?

RITA, *se levant avec peine.* Monsieur, qui donc êtes-vous?

LE SOLITAIRE, *avec sang-froid.* Vous allez le savoir... mais calmez-vous, et veuillez vous rasseoir.

RITA, *retombant sur son siége.* J'écoute, j'écoute...

LE SOLITAIRE. Je vous ai trompée, madame...

RITA, *d'une voix étouffée.* Dieu!

LE SOLITAIRE. Lorsque, pâle et sanglant, je vous apparus sous cet habit, et vous parlai de cloître... je vous trompais.

RITA, *suppliante.* Au nom du ciel, cessez cet affreux badinage... il me tue!

LE SOLITAIRE, *froidement.* Je vous trompais... (*Élevant la voix et l'examinant.*) Je suis marin, madame... je suis le comte Henri de Vaudray!

RITA, *reculant.* Vous!... ah!

HENRI, *continuant.* Il y avait deux ans que j'avais quitté la France, quand je la revis il y a six mois environs... En partant, madame, j'avais serré dans mes bras un frère que j'aimais... j'avais versé des larmes dans le sein d'une mère que je chérissais... Blessé dans le dernier combat, j'obtins mon rappel... je partis... des jours entiers me voyaient debout sur le pont du navire qui me ramenait, et les regards tournés vers la France... la France, où j'avais laissé ma mère, où j'allais retrouver mon frère!... Oh! comme le cœur me battait à la pensée de les revoir... et comme la traversée me parut longue!... Enfin je débarquai... six heures après, je revoyais le château de mes pères... Les valets accourus à ma voix étaient vêtus de noir... tremblant, je les accable de questions, auxquelles ils répondent par un douloureux silence... Alors vint à moi un vieux serviteur de ma famille, qui, me prenant par la main, me conduisit dans le caveau où reposent mes aïeux... puis, me montrant deux tombes nouvelles: « Ici est votre jeune frère, me dit-il... là est votre mère! » Et j'ai pu les entendre sans mourir ces horribles paroles!.. (*Après un temps.*) Le lendemain, ce fut agenouillé près de ces deux tombes que j'écoutai le récit du funeste événement qui m'avait privé d'un frère et fait orphelin... La coquetterie d'une femme les avait tués tous les deux.

RITA, *relevant la tête.* Et qui vous a dit cela, monsieur le comte?

HENRI. Des gens bien informés, madame... ceux dont elle aurait fait autant de victimes si, aussi crédules que mon pauvre frère, ils s'étaient laissé prendre à l'aimer.

RITA. Mais alors... attendez... ma tête s'égare... Alors, pourquoi ce déguisement? pourquoi depuis six semaines...?

HENRI. Pourquoi!... mais vous ne comprenez donc pas que ces deux morts, l'ouvrage d'une femme, que ces deux morts de mon frère et de ma mère criaient vengeance, et que je les ai vengés!... Vous ne comprenez donc pas que le nom de cette femme, mille voix se sont élevées pour me le révéler!... et que cette femme, c'est la duchesse Rita de San-Felice!

RITA, *avec égarement.* O mon Dieu!... mon Dieu!

HENRI. Et que vous avait-il donc fait mon pauvre frère?... de quelle offense s'était-il rendu coupable envers vous, pour lui avoir, à vingt ans, inspiré un tel dégoût de la vie?... quel crime avait commis ma mère?... que vous importait, à vous si recherchée, un esclave de plus enchaîné à votre char?...

RITA, *éperdue.* Ah! c'est pour en devenir folle!

HENRI. Et je ne pouvais arracher le cœur à qui m'avait fait tant de mal: c'était une femme!..... non, mais, en revanche, je pouvais lui rendre larmes pour larmes, désespoir pour désespoir!... Jusqu'alors insensible à l'amour, qu'avec tant d'art elle savait faire naître chez les autres, vertueuse par calcul, la haute réputation dont elle faisait parade était son bien le plus précieux... c'était donc sa réputation qu'il fallait lui enlever!

RITA, *avec égarement.* Oh! non, non, c'est impossible!... ce n'est pas toi qui me parles, Henri... je suis le jouet d'un songe affreux, épouvantable!... par pitié, Henri, réveille-moi! réveille-moi!

HENRI, *avec calme.* Ce qui se passe entre nous, madame la duchesse, est aussi réel que la perte que j'ai faite par vous est irréparable.

RITA. Mais il eût été plus humain de me poignarder, Henri, avant de me dire tout cela... il eût été plus généreux à toi de me laisser aux mains de ceux qui déjà m'entraînaient, dans l'intention de me tuer peut-être!...

HENRI, *froidement.* Détrompez-vous... ils avaient reçu de moi l'ordre de vous traiter avec tous les égards dus à votre rang.

RITA, *exaspérée.* Quoi! cet enlèvement...?

HENRI. N'était qu'un jeu... et vos ravisseurs des gens à mes gages.

RITA, *atterrée*. Ah !... cependant... mon portrait trouvé entre vos mains...

HENRI. Fut copié sur celui placé dans votre salon même.

RITA. Mais ce sang?... ce sang qui coulait de votre blessure?

HENRI. Mon poignard avait déchiré ma poitrine. Je vous savais romanesque, c'est en bâtissant un roman que je me suis introduit près de vous... mon frère vous aimait, et vous l'avez tué... c'est en arrivant à me faire aimer de vous que j'ai vengé mon frère.

RITA, *tremblante*. Savez-vous que c'est une infâme comédie que vous avez jouée là, monsieur le comte?... oui, infâme!... car une pauvre femme méritait au moins de la pitié!... oh! c'est me punir bien cruellement de vous avoir aimé!... Mais sachez donc que, s'il en fut ainsi, c'est parce que vous êtes venu à moi mourant et malheureux... riche et puissant, peut-être n'eussiez-vous pas touché mon cœur... c'est parce que vous m'êtes apparu abandonné, sans appui sur la terre, que je vous ai aimé de toute la pitié que m'inspirait votre malheur!... oh! oui, je vous ai bien aimé, Henri!... bien aimé!... Mais, pourquoi tes paroles ne m'ont-elles pas tuée?... serai-je donc condamnée à vivre après ce que je viens d'entendre?... Tiens, Henri, je suis à tes pieds... Henri, ne me réduis pas à douter de la justice du ciel... car, après ta trahison, vois-tu, je ne pourrais plus croire à rien... je n'aurais seulement pas la ressource d'une prière... car je ne croirais même plus en Dieu... Je voulais t'élever jusqu'à moi, je voulais être ta femme... eh bien! si tu l'exiges, je te sacrifierai cette réputation dont tu me crois si fière... je resterai ta maîtresse... ta maîtresse, entends-tu?... mais, aime-moi! aime-moi!

Elle est à ses pieds.

HENRI. *Il paraît violemment ému, puis il fait un effort sur lui-même, et lui tend la main pour la relever.* Que faites-vous, madame la duchesse?... relevez-vous... relevez-vous.

RITA. Vous voulez donc mon humiliation?... c'est mon déshonneur qu'il vous faut?... (*Se redressant.*) Il n'en sera rien, pourtant, monsieur le comte!... je saurai bien vous disputer cette joie!... il existe un seul confident de ma faiblesse... confident muet et dévoué... eh bien!...

HENRI, *froidement*. Vous nierez tout, en présence même de ceux qui n'ont pas perdu un seul mot de notre entretien?...

RITA, *reculant*. Que voulez-vous dire?...

HENRI. Que j'ai des témoins, madame la duchesse!

La tapisserie du fond s'ouvre, et laisse voir un second salon richement éclairé ; une table splendide y est servie. Sannois, Durantal, Servigné, les autres seigneurs, et des femmes assises à leurs côtés, se lèvent et se répandent en scène.

SCÈNE IV.

LES MÊMES, SANNOIS, DURANTAL, SERVIGNÉ, SEIGNEURS, COURTISANES.

SANNOIS. Bravo, comte de Vaudray! bravo! admirablement joué!

RITA, *poussant un cri de terreur, puis se retournant vers Henri*. Ah!... monsieur, monsieur!... vous avez commis une lâcheté indigne d'un gentilhomme... Ce que vous avez fait là est une basse trahison dont rougirait le dernier de vos valets.

HENRI, *évitant son regard*. J'ai accompli un serment prononcé sur deux tombes...

SANNOIS. Vous en serez quitte, madame la duchesse, pour occuper un mois, tout au plus, les salons de Paris et de Versailles; ajoutez à cela une douzaine de félicitations anonymes... autant de chansons, et tout sera dit...

RITA, *lentement*. Peut-être... (*S'adressant à tous.*) Bien que chacun de vous, pour me perdre, ait lutté de perfidie... bien que chacun de vous, à l'envi, se soit montré méprisable et infâme... il en est un, cependant, plus méprisable à lui seul, et plus infâme que tous les autres ensemble...

SANNOIS, *s'emportant*. Madame!...

RITA, *froidement*. Je vous sais gré, monsieur, d'avoir bien voulu vous reconnaître... Vous m'avez épargné le dégoût de prononcer votre nom... (*Après un temps.*) Mon crime envers vous était grand en effet, il était de ceux que les gens de votre sorte ne pardonnent pas... Vous m'aviez poursuivie de votre amour de débauché, et vous aviez vu mon cœur se soulever à la seule pensée de vous appartenir...

HENRI, *à part*. Que dit-elle!... Il vous aurait aimée?...

RITA. Ce n'est pas tout... blessé dans votre amour-propre, il vous fallait me perdre à tout prix... mais, pour l'obtenir plus sûrement, il vous fallait aussi vivre dans mon intimité... Alors, changeant de langage, vous êtes venu mendier le titre de mon ami... vous m'avez fait entendre des paroles d'amitié et de dévouement... et moi, j'ai cru à votre amitié et à votre dévouement... vous m'avez enlacée comme le serpent enlace sa proie, pour me déchirer plus à loisir... Savez-vous bien que, si j'étais un homme, ce ne serait pas trop pour moi de tout votre sang?... Mais je ne suis qu'une femme, et je ne puis que vous dire : Marquis de Sannois, vous êtes un lâche!... entendez-vous, un lâche!

Mouvement de colère de Sannois. Perez paraît sur le seuil de la porte à gauche.

SCENE V.
Les Mêmes, PEREZ.

PEREZ, *s'arrêtant étonné.* Que vois-je?... et que se passe-t-il donc?... (*Il fait quelques pas.*) Le marquis!...

Rita lui fait, de la main, signe de se taire; puis se tourne vers Henri.

RITA. Quant à vous, monsieur le comte...

PEREZ, *à part.* Monsieur le comte...

RITA, *continuant.* Je ne saurais définir encore quel sentiment m'inspirent tant d'outrages... je ne saurais dire encore ce que vous méritez le plus, de ma pitié ou de ma haine... Ma haine... oh! elle vous est bien due, je crois... et bien acquise! (*Avec mépris.*) Mais vous avez aussi quelques droits à ma pitié, pour l'ignoble rôle qu'on vous a fait jouer... à vous, le comte Henri de Vaudray!

PEREZ, *à part.* Henri de Vaudray!...

RITA, *montrant Sannois.* Cet homme vous a dit : Une femme a causé la mort de ton frère et de ta mère... et il vous a nommé la duchesse Rita de San-Felice; puis, il a ajouté : Venge-toi par l'humiliation et le déshonneur de cette femme!..... Eh bien! cet homme a menti!... car il sait bien, lui, que je suis innocente! Oui, quand se réveille en moi la pensée du malheur que j'ai involontairement causé... je porte la main sur mon cœur, et le calme y rentre aussitôt... car j'y trouve la preuve de mon innocence!... (*Tirant une lettre de son sein, et la lui présentant.*) Voilà pourquoi cet écrit et moi, nous sommes désormais inséparables.

HENRI. Une lettre... (*Y jetant les yeux.*) De ma mère?...

Henri a ouvert la lettre en tremblant.

HENRI, *lisant.* « C'est de mon lit de » mort que je vous écris... de mon lit de » mort, d'où je vous ai bénie, Rita... Oh! » oui, bénie soit celle que les terreurs » d'une mère avaient touchée, celle qui se » sacrifiait pour me conserver mon enfant! » bénie soit celle qui se donnait à celui » qu'elle regrettait tant de ne pouvoir » aimer d'amour; et cela, pour prévenir » la catastrophe qui me conduit au tom» beau! » Qu'ai-je lu?... (*Se laissant retomber sur son siège.*) Oh! malédiction! malédiction sur moi!.. (*Reprenant sa lecture.*) « Ma fille, un grand secret me » pèse, un secret que je vous confie, à vous » seule, Rita. Je vous ai dit que mon fils » Jules... »

PEREZ, *en entendant ces dernières lignes, fait un mouvement, puis s'élance et se saisit de la lettre en s'écriant* ; Monsieur, vous n'achèverez pas cette lecture.

HENRI. Que faites-vous?

PEREZ, *froidement.* Le reste est le secret de ma maîtresse, monsieur le comte.

RITA. Oui, je t'ai compris... Le reste, monsieur, c'est mon bien, c'est mon bien le plus cher, maintenant. Adieu, monsieur le comte de Vaudray.

Elle jette un regard de mépris sur ceux qui l'entourent, et sort par la gauche.

SANNOIS, *riant en montrant Perez qui sort lentement à la suite de sa maîtresse.* Ah! ah! ah! je te félicite, mon cher Henri! jusqu'au vieux chien de garde, qui par toi s'est laissé tromper, museler!...

PEREZ, *revenant sur ses pas.* Priez Dieu, monsieur de Sannois, que le chien de garde ne se trouve pas souvent sur votre passage; car, tout vieux qu'il est, sa morsure pourrait bien vous être mortelle.

Il s'éloigne aussi par la gauche.

SCENE VI.
Les Mêmes, *exceptés* RITA *et* PEREZ.

SANNOIS. Crois-moi, oublie toutes ces menaces et cette impuissante colère... et viens te mettre à table avec nous.

TOUS. Oui, à table!... à table!...

HENRI, *leur barrant le chemin.* Un moment!...

SANNOIS, *légèrement.* C'est bien.... au champagne tu me remercieras de t'avoir choisi pour notre vengeur.

HENRI. C'est maintenant qu'il faut m'entendre... Mais rassurez-vous, quand l'orgie vous réclame, je n'abuserai pas de vos instans... le temps seulement de régler nos comptes!...

SANNOIS, *à part.* On dirait qu'il se fâche...

HENRI, *continuant.* L'ignoble comédie est jouée!... à chacun son salaire! (*Il tire une bourse et la jette à terre, aux pieds des femmes.*) Voici le vôtre!... A présent, vous n'avez plus à faire ici... sortez... sortez!...

La draperie du fond se referme; on ne voit plus ni la table, ni les femmes.

SANNOIS. Il est fou!

SCENE VII.

Les Mêmes, *excepté* les Femmes.

HENRI, *avec force.* A votre tour, messeigneurs!.. à vous qui m'avez si bassement trompé.. à vous qui avez fait de moi votre complice! à chacun son salaire! A ces femmes de l'or... A vous, mes gentilshommes, à vous du fer!

Il tire son épée.

SANNOIS. Décidément ta seigneurie est en démence.

HENRI. Vous restez immobiles?... vos épées sont encore dans le fourreau? mais vous ne comprenez donc pas qu'il me faut la vie de l'un de vous, qu'il me faut la vie du plus lâche et du plus infâme. (*Marchant droit à Sannois, et lui arrachant l'ordre qu'il porte sur la poitrine.*) Tu ne comprends donc pas qu'il me faut ta vie, marquis de Sannois?...

SANNOIS, *mettant l'épée à la main.* Malheureux!...

HENRI. A la bonne heure!

DURANTAL *et* SERVIGNÉ. Arrêtez!...

HENRI, *les menaçant.* Arrière! arrière! vous autres!

SANNOIS, *qui a repris son sang-froid.* Laissez... messieurs... une légère saignée le calmera.

Ils croisent le fer.

HENRI. Ah! je sens enfin une épée contre la mienne...

Ils échangent plusieurs coups.

SANNOIS, *froidement.* Couvre-toi donc mieux..... Si je l'avais voulu, tu ne serais déjà plus de ce monde.

HENRI. Fais-moi grâce de ta pitié...

SANNOIS, *raillant.* La partie n'est vraiment pas égale.

HENRI. Je pense comme toi.

SANNOIS. Vrai, je t'aurais déjà tué dix fois pour une.

HENRI. Veuille-le donc!...

SANNOIS. Une piqûre me suffira... je suis trop fidèle sujet du roi Louis XV pour priver sa marine d'un officier de si haute espérance...

HENRI, *redoublant de vigueur et le forçant de rompre.* D'où vient donc que tu pâlis, marquis de Sannois!..

SANNOIS, *frappé d'un coup d'épée.* Ah!

Il tombe mort. Effroi des assistans.

HENRI. Allons, nobles seigneurs!... qui de vous ramasse cette épée? J'attends!

Ils restent immobiles et consternés; tableau; la toile tombe.

ACTE QUATRIÈME.

LE MASQUE.

Décor du premier acte. Les salons de la duchesse San-Felice, à Versailles.

SCÈNE PREMIÈRE.

PEREZ, ANTOINE.

ANTOINE. Cela est donc bien vrai, monsieur Perez?

PEREZ. Quand je te le dis!

ANTOINE. Il y a un mois que madame la duchesse est de retour à Versailles, et nous l'ignorions.

PEREZ. Il fallait te consulter peut-être...

ANTOINE. Et pendant tout ce temps, renfermée sans cesse dans son oratoire, elle ne voyait, ne recevait personne?

PEREZ. Personne que moi...

ANTOINE. Et ce soir, elle renonce enfin à la retraite pour donner encore une soirée, une fête aussi brillante que celles d'autrefois.

PEREZ. Sans doute, un bal masqué, puisque nous sommes en carnaval... n'est-ce pas une époque de joie et de folie? et ce jour n'est-il pas heureusement choisi par la duchesse pour revoir toutes ses anciennes connaissances de Paris et de Versailles?

ANTOINE. Toutes? nous aurons les mêmes invités?

PEREZ. A peu près... Il y aura de moins M. le marquis de Sannois, mort dans un duel; mais, à sa place, nous aurons le jeune et brillant duc de Richelieu ; quant au chevalier Jules de Vaudray, que tu as vu tomber sous cette fenêtre, il sera remplacé par son frère, le comte Henri de Vaudray, l'espoir de la marine française.

ANTOINE. Vous comprenez bien, monsieur Perez, que peu m'importe de savoir les noms de tous les gentilshommes que nous recevrons ce soir; mais je suis étonné, stupéfait que notre bonne maîtresse songe maintenant à donner un bal.

PEREZ. Étonné... pourquoi donc?

ANTOINE. Pourquoi?... il y a une heure, lorsque, pour la première fois depuis un mois, elle s'est décidée à sortir de son oratoire... je l'ai vue... elle se croyait seule encore en traversant la galerie qui conduit à ce salon... mais, moi, j'étais là... j'avais voulu être un des premiers à me trouver sur son passage; puis, quand je fus à quelques pas d'elle, je m'arrêtai effrayé malgré moi de sa pâleur et de son agitation... elle marchait à pas précipités... ses yeux lançaient des flammes... puis elle se laissa tomber comme épuisée de fatigue, et sa bouche murmura des mots sans suite, dont je ne pus entendre qu'un seul : vengeance!... Qu'est-ce que cela signifie, et de quelle vengeance veut-elle donc parler?

PEREZ. Tais-toi! tais-toi! j'entends tout, je vois tout, et je ne sais rien... fais comme moi.

ANTOINE. Vous avez raison, maître Perez... oh! ce n'est pas de la curiosité... mais j'étais ému, je pleurais de voir madame la duchesse dans cet état... et voilà pourquoi je suis venu vous demander si vous ne vous étiez pas trompé en ordonnant les apprêts d'une fête...

PEREZ. Ton devoir est de te taire et d'obéir... Ah! la voici! je l'attendais... va-t'en.

ANTOINE. Toujours aussi triste que tout-à-l'heure.

PEREZ. Pas de réflexion... chacun de nous à son poste... le mien est ici... le tien là-bas; va-t'en.

Il le pousse dehors par le fond. Entrée de la duchesse par une porte latérale; elle est en négligé de couleur très-sombre.

SCÈNE II.

PEREZ, RITA.

Perez marche vivement au-devant de la duchesse, et lui baise la main.

RITA. Mon ami... c'est toi!... Enfin l'instant est venu... Toutes les invitations ont été faites pour ce bal, n'est-il pas vrai?

PEREZ. Toutes.

RITA. L'envoyé de M. de Richelieu ne s'est pas encore présenté?

PEREZ. Non, madame...

RITA. Dès qu'il viendra, qu'on l'introduise... je veux, je veux le voir avant l'heure de la fête... Depuis un mois, son maître seul, seul avec toi, Perez, sait que je suis à Versailles... aujourd'hui je verrai jusqu'où va mon empire sur le duc de Richelieu... (*Moment de silence; elle se rapproche de Perez, et lui dit en lui serrant la main.*) Et... dis-moi, est-il venu, lui?

PEREZ. M. de Vaudray!... Oui, madame... aujourd'hui comme hier, comme tous les jours depuis que j'ai remis les pieds dans cet hôtel... car il ne pouvait croire, lui, qui me connaît un peu, que vous fussiez partie pour l'Espagne lorsque le vieux Perez était demeuré en France... mais vainement il a voulu m'arracher mon secret... j'ai été sourd à ses prières, j'ai refusé son or... et ce matin, ce matin encore, je l'ai vu reparaître, plus impatient, plus suppliant que jamais... il est tombé à mes genoux... oui, le gentilhomme aux genoux de votre serviteur, demandant comme une grâce de le laisser arriver jusqu'à vous. Je l'avouerai, malgré ma haine pour lui, un instant j'ai été faible... car j'ai cru voir qu'il était bien malheureux; je me suis dit qu'il vaudrait mieux pour cet homme un poignard dans le cœur que les mille tortures dont vous avez résolu de le frapper... Enfin j'allais lui céder peut-être... lorsque j'ai pensé à vous, à votre volonté que je dois avant tout accomplir, et je lui ai dit : Vous avez, monsieur le comte, une lettre d'invitation... ce soir vous verrez ma maîtresse... Et je l'ai laissé là; je suis venu vous rejoindre; car j'avais besoin d'être auprès de vous pour retrouver toute ma colère.

RITA. Il viendra! c'est bien! tout est prêt, n'est-ce pas, mon fidèle Perez? et d'abord... hier au soir, tu m'as fait un serment que tu n'as pas oublié... ce masque... où est-il?

PEREZ, *montrant une porte à la gauche du public sur le premier plan.* Il est là, dans cette chambre; mais, si vous m'en croyez...

RITA. Oh! toute exhortation est désormais inutile... Je le veux!...

Perez fait un pas vers la chambre à gauche. Antoine entre par le fond.

SCÈNE III.

LES MÊMES, ANTOINE, *puis un envoyé de Richelieu.*

ANTOINE, *annonçant.* Un messager de M. le duc de Richelieu.

RITA. Qu'il entre... Demeure, Perez, demeure... mais, quoi que tu entendes, ne mets pas un instant en doute un instant l'honneur et la fierté de ta maîtresse... mon ame a pu être brisée, mais jamais avilie; pour me bien juger, attends. (*Le messager entre, salue, et remet respectueusement une lettre cachetée à la duchesse, qui, d'un geste, l'invite à demeurer un instant au fond du salon. Parcourant des yeux la lettre après avoir jeté l'enveloppe.*) Ah! qu'ai-je lu! Tiens, ami.

Elle donne la lettre à Perez, s'assied, et lui fait signe de lire.

PEREZ, *lisant:* « Depuis un mois, madame
» la duchesse, je n'ai épargné, pour vous
» plaire, ni mes soins, ni mon crédit. Non
» seulement je suis parvenu à rentrer en
» grâce auprès de monseigneur le régent,
» mais, pour vous, j'ai sollicité ce que
» je n'eusse jamais fait pour moi-même.
» Vous m'avez demandé que M. Henri
» de Vaudray, simple officier de marine,
» fût promu au grade de capitaine de fré-
» gate, je l'ai obtenu; puis, qu'il fût
» nommé capitaine de vaisseau, je l'ai ob-
» tenu encore... » (*Perez interrompt sa lecture avec surprise:*) Comment!... c'est vous, madame...

RITA. Moi, qui sollicite pour mon ennemi... Déjà tu le peux modérer ta surprise... Songe à ta promesse. Attends.

PEREZ. C'est juste. (*Il reprend sa lecture.*) « Aujourd'hui vous voulez qu'il
» soit appelé au commandement d'une
» escadre, et nommé chevalier des ordres
» de sa majesté... (*Nouveau mouvement d'étonnement de Perez. Il continue.*) « Ma-
» dame, lorsque j'obéis en aveugle à
» toutes vos volontés, ne ferez-vous
» rien pour moi? Je vais faire de nou-
» velles démarches auprès du prince et
» du cardinal-ministre. Henri de Vau-
» dray sera chef d'escadre, je vous le pro-
» mets; il sera chevalier des ordres du
» roi, je le promets encore, si vous daignez
» remettre à mon envoyé, comme gage
» de l'espérance qu'il m'est enfin permis
» de concevoir, l'anneau que vous portez
» à votre doigt... (*Ici Perez s'interrompt encore, et dit en souriant:*) Ah! rien que
» cela... c'est juste... faveur pour faveur...
» à la cour de Versailles tout se vend...
» on ne donne rien pour rien. (*Achevant la lettre:*) A ce prix, vous aurez la place
» et le titre de votre protégé, et trois jours
» après sa nomination l'escadre qu'il va
» commander devra mettre à la voile. J'at-
» tends votre réponse, madame, avant de
» présenter son brevet à la signature de
» son éminence, puis à celle de son altesse
» royale. » (*Se retournant vivement vers la duchesse, après avoir lu:*) Votre réponse... Sans doute, ma bonne maîtresse, vous allez déchirer cette lettre et en renvoyer les morceaux à son excellence.

RITA. Non. (*Elle fait signe au messager de s'approcher.*) Vous remettrez cet anneau à M. le duc...

Elle tire une bague de son doigt et la donne à l'envoyé; celui-ci salue profondément et sort. Stupéfaction de Perez.

SCÈNE IV.
RITA, PEREZ.

PEREZ. Eh bien! madame, que dois-je croire?... Cette épître du maréchal, cet anneau...

RITA. Cet anneau, lorsque son excellence viendra me le présenter, lorsqu'il réclamera sa victime...

PEREZ. Eh bien?

RITA. Eh bien!... (*Montrant le masque noir sur sa toilette:*) L'effet de ce masque est certain, n'est-ce pas?

PEREZ, *se plaçant entre elle et la toilette.* Oui, madame, je vous l'ai dit; mais... ce sont d'indicibles souffrances, suivies d'une misère de toute la vie... et je serais coupable si je ne cherchais à vous en préserver, au risque même de vous déplaire.

RITA. Je te le demande encore, es-tu bien sûr de ta science, Perez?... Cette préparation dont tu m'as dit tenir le secret d'un Arabe... peux-tu me répondre qu'elle ne manque pas à l'exécution de mes projets?

que ses résultats soient prompts, infaillibles, et surtout irréparables?...

PEREZ. Oui, madame... ô mon Dieu! mon Dieu!... ma conviction n'est que trop profonde... L'homme qui m'a appris un tel secret, je l'ai vu infliger ce supplice à l'une de ses esclaves... La pauvre femme! ah! vous en eussiez-eu pitié!... ainsi que moi, vous eussiez demandé sa grâce... mais il était inflexible pour elle comme vous voulez l'être pour vous, madame... alors sa victime s'arma de tout son courage, de toute sa résignation... elle releva la tête et la présenta à ses bourreaux... quelques minutes après qu'un masque ainsi préparé eut été appliqué sur son visage, la souffrance aiguë qu'elle endura fit tressaillir son corps; mais elle ne jeta pas un cri de douleur... elle eut la force de tenir elle-même cet appareil... de supporter sans plainte et sans murmure cet horrible déchirement de son visage... Oh! comme elle était changée!... je ne l'aurais pas reconnue si un instant mes yeux l'eussent perdue de vue... tous ses traits étaient décomposés, flétris... ses yeux devenus ternes et livides... cette figure, si belle, si brillante encore naguère de fraîcheur et de santé, n'offrait plus que l'aspect de la mort, mais d'une mort hideuse, épouvantable... en ce moment avait cessé la douleur physique de la pauvre esclave, et son courage n'avait point failli un instant, lorsque son maître lui présenta un miroir..... et c'est à cette épreuve que devait succomber toute son énergie... je la vis reculer avec horreur, pleurer, puis rire tour à tour, mais d'un rire affreux, et qui faisait peine à entendre... et depuis ce moment elle était folle!...

RITA. O ciel!

PEREZ. Oui, la perte de sa raison a suivi celle de sa beauté... et voilà, madame, voilà le supplice que vous vous préparez... pour accomplir vos projets de vengeance... projets que je ne puis comprendre encore... Un homme vous a indignement outragé, et, lorsque vous avez dans vos mains tous les moyens de le perdre, vous refusez de vous en servir... cet homme, vous l'élevez au comble des honneurs et de la fortune... et c'est vous, vous seule que vous frappez, madame!

RITA. Moi seule? peut-être... mais je me frappe la première... il le faut, et je suis prête à toutes ces douleurs que tu viens de dépeindre... oh! je ne perdrai pas la raison, moi, puisque je l'ai conservée le jour même où j'ai été insultée publiquement dans la tour de Koatven... Est-ce qu'il peut y avoir une torture comparable à celles que j'ai souffertes? Mais cette beauté dont je fus long-temps orgueilleuse, elle a fait mon malheur... je lui dois ma faute et mon outrage, et je veux m'en punir en la détruisant à jamais... puis, je ne craindrai plus alors que le noble duc de Richelieu vienne me rappeler ma parole... car en moi ce n'est que la femme jeune et belle qu'il aime... et il ne trouvera qu'un spectre semblable à celui de l'esclave dont tu m'as raconté l'infortune..... Donne, donne ce masque.

PEREZ. Ah! vous me faites frémir, madame... par pitié pour votre vieux serviteur...

RITA. Perez, hier encore, tu m'as juré, par l'ame de mon père, que tu ferais ma volonté...

PEREZ. Oui, votre volonté, dussiez-vous me demander ma vie; mais la vôtre... oh! non, non, madame! Bientôt, ce soir peut-être, vous me maudiriez pour vous avoir obéie, pour n'avoir pas été parjure... Eh! qui sait? ce soir... lui, M. de Vaudray, vous le verrez à vos genoux... et, si dès à présent vous pouvez être assez grande, assez généreuse envers lui pour le combler de biens... que sera-ce quand il vous demandera pardon de ses outrages? quand il vous dira qu'il vous aime toujours?...

RITA. Ah! tu as raison, Perez. Je pourrais le croire encore, et malgré moi... je me surprendrais peut-être à l'aimer moi-même... Je ne le veux pas, non, je ne le veux pas, et pour m'en préserver...

PEREZ. Arrêtez!... ô ciel! qu'allez-vous faire?

Elle entre vivement dans la chambre à gauche. En ce moment les portes du fond s'ouvrent; on voit les salons éclairés, des seigneurs et des dames en masque et en domino; Henri de Vaudray est au milieu d'un groupe avec son uniforme d'officier de marine. Rita rentre immédiatement en scène, tenant à la main le masque qu'elle a été prendre dans la chambre voisine; elle le regarde avec effroi, hésite encore à s'en couvrir le visage, lorsqu'elle aperçoit Vaudray.

RITA, *à Perez, qui cherche à retenir son bras.* Ah! c'est lui! c'est lui!... Tiens, désormais, je suis à l'abri de son amour!...

Elle applique le masque sur son visage, et elle sort par la porte à droite, qui conduit à son boudoir, au moment même où Henri de Vaudray paraît sur le seuil de la porte du milieu.

SCENE V.
PEREZ, HENRI DE VAUDRAY.

HENRI, *s'approchant de Perez, qui suit des yeux sa maîtresse.* Perez.... c'était elle, n'est-ce pas?

PEREZ, *se retournant.* Ah! M. de Vaudray!... (*A part.*) Et c'est à cause de lui qu'elle est si malheureuse!

HENRI. Réponds, je t'en conjure, c'était la duchesse de San-Felice? Eloigné d'elle pendant si long-temps, n'ayant pu lui faire entendre encore un mot, un seul mot qui me rende moins infâme à ses yeux, ne me sera-t-il donc pas permis enfin de lui parler ce soir? de me trouver une dernière fois en face d'elle, loin du bruit de cette fête?

PEREZ. Monsieur... ce matin, en vous écoutant, j'ai eu la faiblesse d'oublier un instant le passé, de pardonner à votre chagrin l'horrible action que vous avez faite; mais depuis, mais tout-à-l'heure, j'ai revu ma maîtresse, je l'ai revue plus misérable que jamais, et je suis revenu tout entier à ma haine pour vous. La vie du pauvre Perez était enchaînée à celle de Rita, et toutes les deux vous les avez détruites ensemble... Ah! rendez grâce à ma maîtresse qui m'a ordonné de respecter vos jours... mais j'ai promis, je tiendrai ma parole.

Il sort par la droite.

SCENE VI.
HENRI, *seul.*

Mes jours?... eh! que ne les a-t-il pris à Koatven... dans cet instant où Rita, entourée de tous ses ennemis, relevait la tête pour les flétrir, pour les accabler à son tour!... Comme alors, après l'avoir outragée, je la trouvais noble et grande!...... et moi, que je me sentais misérable et faible sous le poids de son regard!... Qu'il m'eût rendu service celui qui m'aurait affranchi par la mort de cette haine que j'avais méritée, de ce mépris que j'éprouvais pour moi-même! (*Regardant les masques qui se promènent dans les salons.*) Une fête!... et c'est elle, c'est Rita qui doit en faire les honneurs!... Après avoir caché aux yeux de tous sa présence dans cet hôtel, elle a voulu reparaître aux yeux de tous telle qu'elle était autrefois, la reine d'un bal... Que dois-je croire? comment expliquer sa conduite?... Ah! je la connais, elle n'a pu rejeter loin d'elle le souvenir de ses douleurs et de son injure... Et lorsque tous ses invités vont joyeusement célébrer ce soir ce dernier jour d'ivresse et de folie, ici deux cœurs, isolés au milieu du bruit et de la foule, seront en proie à d'horribles pensées; l'un sera tout à la haine, l'autre tout au remords... Ah! je la verrai du moins, je la verrai... Il approche ce moment que j'ai tant attendu... et, je le sens, sa présence, je la désire et la crains en même temps... oui, pour la première fois de ma vie, j'ai peur!

Ici tous les invités se répandent dans le salon; parmi eux sont Durantal et Servigné, en domino et tenant un masque à la main; ils cherchent des yeux Henri de Vaudray et s'approchent de lui.

SCENE VII.
LES MÊMES, SERVIGNÉ, DURANTAL, DAMES ET SEIGNEURS.

SERVIGNÉ. Le voilà! le voilà!... j'étais bien sûr de l'avoir vu dans le bal.

DURANTAL. Oui, mesdames, oui, messeigneurs, c'est lui... c'est M. le comte de Vaudray.

HENRI. Eh bien! que me voulez-vous?

DURANTAL. Recevez nos complimens, monsieur le comte... les faveurs de la cour viennent vous poursuivre jusqu'au sein des plaisirs... Un messager du cardinal-ministre vient de se présenter dans les salons.... il vous cherche, il vous demande..... et tenez... le voilà... Place, place à l'envoyé de son éminence!

Tout le monde se range; on voit dans les salons du fond l'envoyé, qui descend lentement la scène et s'approche de Vaudray.

SCENE VIII.
LES MÊMES, RITA, PEREZ, L'ENVOYÉ DU MINISTRE.

HENRI, *à lui-même, en regardant l'envoyé avec surprise.* Depuis un mois, en effet, cette faveur singulière, incroyable, que je n'ai pas demandée, et qui semble s'acharner après moi, lorsque je suis mort à tout désir d'avancement et de fortune... (*Ici le messager est auprès de lui, le salue, et lui remet un paquet cacheté. Henri le parcourt rapidement. Pendant ce temps on voit rentrer, par la porte latérale à la gauche, Rita, masquée, en costume espagnol très-élégant et très-coquet, et la tête couronnée de fleurs. Elle semble souffrir et marcher péniblement; auprès d'elle est Perez, sur le bras duquel* elle s'appuie. *Tous deux s'avancent sans être vus jusqu'à Henri de Vaudray, qui a lu bas le papier et s'écrie :*) Encore! chef d'escadre! chevalier des ordres du roi! Et qu'ai-je donc fait pour devenir ainsi tout-à-coup le protégé du régent et de son ministre? A qui dois-je toutes ces grâces dont on m'accable?

SERVIGNÉ. A votre seul mérite, monsieur le comte.

RITA, *bas, en s'approchant de lui.* Non, aux sollicitations d'une femme.

HENRI. Ah! cette voix...

RITA, *bas en lui serrant la main.* Silence!

Durantal et Servigné font remarquer ce mouvement aux autres personnages.

DURANTAL. C'est elle! c'est la duchesse; nous tenons enfin le mot de l'énigme... c'est à lui qu'elle a donné cette fête.

SERVIGNÉ. Une réconciliation! heureux mortel!

Tous se forment en un seul groupe à quelque distance de Rita et d'Henri, et continent de regarder en riant.

RITA, *bas à Henri.* Ce message, je l'attendais, et votre protectrice s'était réservé l'honneur de placer les insignes de cet ordre sur votre poitrine.

Elle prend un grand cordon de l'ordre du Saint-Esprit des mains de Perez.

HENRI, *bas, en s'inclinant pour recevoir le grand cordon des mains de la duchesse.* Il est donc vrai, madame... non, Rita... vous me pardonnez!

RITA, *froidement.* Dans un instant, monsieur, vous aurez ma réponse.

Elle lui passe le grand cordon autour du cou.

DURANTAL, *bas à ceux qui l'entourent.* Enfin, malgré l'outrage qu'elle a reçu, elle proclame hautement sa faiblesse, son indulgence et son amour pour notre ancien ami.

SERVIGNÉ. Impossible de s'exécuter plus galamment et de meilleure grâce.

Rita fait signe à Perez de se retirer; il sort par la gauche.

DURANTAL. Messeigneurs, mesdames... et nous aussi nous sommes de trop...

SERVIGNÉ. Je le crois... et l'orchestre nous appelle. (*Chacun des seigneurs offre la main à une dame. Ce mouvement et le bruit de la musique ont fait retourner vivement Henri. Servigné et Durantal s'inclinent devant lui comme pour lui faire des excuses, puis se retirent doucement en disant à ceux qui les entourent.*) Silence! silence!

SCENE IX.
RITA, HENRI.

HENRI. Enfin nous sommes seuls, Rita, et je puis vous parler sans contrainte... je puis vous dire tout ce qu'il y a dans mon ame de bonheur inespéré.... non pour toutes ces faveurs qui viennent pleuvoir sur ma tête... eh! que me feraient à moi les titres et la grandeur.., si vous me gardiez votre haine?... mais ces faveurs, elles me viennent de vous; mais vous me tendez une main protectrice, à moi, qui fus envers vous impitoyable. Ah! cette clémence m'accable et me confond.... cette clémence est au-dessus de l'humanité, et je croyais, oui, je croyais, jusqu'à ce jour, que Dieu seul pouvait pardonner ainsi.

RITA, *froidement, en montrant du doigt un siège à Henri.* Que monsieur le comte veuille bien s'asseoir, et me prêter toute son attention. (*Henri la regarde, cherche à deviner sa pensée, et s'assied machinalement. Elle reprend.*) Cette clémence, en effet, serait plus qu'humaine, et vous disiez vrai, Dieu seul peut pardonner ainsi... mais moi, moi, je ne suis qu'une pauvre femme, il ne m'est pas donné d'atteindre sur la terre à cette perfection qui se trouve seulement dans le ciel, et j'éprouve au fond du cœur toutes les faiblesses, toutes les passions de l'humanité, comme il est vrai, grâce à vous, monsieur, que j'en éprouve toutes les misères. Moi, j'aurais pu pardonner à mon assassin; j'aurais pu, le poignard dans le cœur, demander sa grâce en expirant; mais jamais de pardon, mais jamais de pitié à celui qui m'a fait un supplice de toutes les heures, de tous les instans, à celui qui est venu, perfide et hypocrite, attaquer le cœur d'une femme par tout ce qu'il y a de plus persuasif, de plus sacré sur la terre, l'amour et la religion ; à celui qui, me haïssant au fond de l'ame, est venu me dire mille fois : Je t'aime, pour m'écraser après et devant tous de cette parole glaciale : Je vous trompais, madame, je ne voulais que vous flétrir et vous perdre, je ne vous aimais pas, je ne vous ai jamais aimée.

HENRI, *se levant.* Ah! dans ce moment, c'était moi-même que je trompais... oui, moi-même... dans ce moment, et toujours, lorsque j'ai cru jouer auprès de vous l'amour et la passion... cet amour, malgré moi, malgré tous mes efforts, prenait racine dans mon ame... cette passion, elle était réelle, invincible; et même en vous outrageant, je ne pouvais la bannir... Absente ou présente, vous étiez là, toujours là, toujours devant mes yeux... Je devais vous haïr, je le pensais du moins; je demandais ce courage à l'ombre de ma mère... mais je le sentais là... je vous aimais toujours, je vous aimais plus même que je n'avais aimé ma mère, et maintenant, maintenant que je vous revois, non plus bonne et indulgente comme je l'avais espéré, mais menaçante et terrible... eh! bien! je vous.... je t'aime encore, Rita.

RITA, *se levant à son tour.* Ah! vous m'aimez encore, monsieur!

HENRI. Et toute ma vie est dans cet amour.

RITA. Toute votre vie! Ma vengeance est donc enfin complète, et comparable à mes douleurs... affreuse pour moi-même, mais implacable pour vous. Tenez, monsieur.

Elle tire de son sein une lettre.

HENRI. Qu'est-ce donc?

RITA. Le temps est venu d'achever cette lecture, que Perez a interrompue il y a deux mois à Koatven.

HENRI. La lettre de ma mère!

RITA. Lisez, monsieur, lisez.

HENRI. « Un grand secret me pèse, un » secret que je confie à vous seule, Rita. » Je vous ai dit que mon fils Jules pen- » dant mes dernières années était le pré- » féré de mes deux enfans... en voici la » cause... Henri de Vaudray, son frère » aîné, est mort peu de jours après sa » naissance... » Henri de Vaudray mort!... que signifie...? Et pourtant, oui, c'est bien sa main, c'est la main de ma,m...

RITA. De la comtesse de Vaudray, monsieur. Continuez.

HENRI, *lisant.* « Un misérable conçut » alors le projet de me cacher cette mort, » et substitua son enfant à celui que j'avais » perdu, se créant par avance un bonheur » de la haute fortune qu'il lui préparait. » Cet homme s'appelait Pierre Didier, et, » je rougis de vous le dire, sa place était » parmi les derniers de nos serviteurs.... »

RITA. Continuez, monsieur... « Parmi » les derniers de nos serviteurs... »

HENRI, *reprenant sa lecture.* « Cepen- » dant, tant il est vrai que notre cœur nous » trompe, dans cet enfant je ne vis rien, » je ne devinai rien qui me dénonçât la » bassesse de son origine... Quant à Pierre » Didier, il s'était étrangement trompé » dans son attente: l'élévation de son en- » fant ne fut pour lui qu'une longue misère,

» une honte continuelle; celui dont il re- » cherchait l'amour l'avais pris en aver- » sion, et repoussait dédaigneusement » toutes ses familiarités... » Oui, cela est vrai... je me le rappelle... Pierre Didier! lui mon père!.... « Si bien que le mal- » heureux, froissé, désespéré des mépris » de son fils, mourut de désespoir après » m'avoir fait à genoux l'aveu de sa faute » et remis les preuves écrites de la naissance » de Jacques, c'était le nom de son enfant. » Comprenez-vous, Rita, quel combat eu » lieu dans mon ame? J'étais honteuse de » ma tendresse pour ce jeune homme, et » je ne pouvais la vaincre; je l'aimais en- » core, et pourtant sa présence m'était » devenue pénible... » (*Parlant.*) Oh! malheureux! malheureux que je suis!

RITA, *semble émue un instant; puis elle porte sa main à son cœur comme pour s'affermir dans sa résolution, et lui dit:* Continuez!

HENRI, *lisant.* « Il partit simple aspirant » de marine; depuis je ne l'ai pas revu... » et aujourd'hui, quand je sens ma mort » approcher, je ne sais encore, Rita, je » n'ose songer quel parti je dois prendre. » Laisser passer à cet homme tous les biens » et les titres de la maison de Vaudray, » faire de lui mon héritier, j'en ai le » droit, puisque avec mon pauvre Jules » nos deux familles sont éteintes... ou » bien révéler une vérité qui le tuerait, » lui, lui que j'ai appelé mon fils... Je vous » envoie donc les preuves de sa nais- » sance... »

RITA, *montrant un petit coffret sur sa toilette et en tirant un papier.* Elles sont là, monsieur.

HENRI, *achevant.* « Et dans mon incerti- » tude, je m'abandonne à vous; vous, que » j'ai éprouvée si bonne et si généreuse, » vous me remplacerez pour décider de sa » destinée... puisque je n'ai pas le cou- » rage de le faire. Ces preuves, je vous lè- » gue le droit de les publier ou de les » anéantir. Adieu, ma fille.

» AMÉLIE, COMTESSE DE VAUDRAY. »

RITA, *se rapprochant de lui, et se tenant debout auprès de son fauteuil.* Ce droit qu'elle m'a donné, je vais l'exercer aujourd'hui. Par moi, Jacques Didier, tu as été élevé au comble des honneurs; par moi la faveur du souverain est venue te chercher au milieu de cette fête, devant toute la noblesse de France.... et par moi tu vas être dépouillé de cet éclat, de cette grandeur qui ne doit pas t'appartenir; devant toute la noblesse de France, je dirai ton véritable nom, et tu redescendras à ta place.

HENRI, *se relevant avec résignation.* J'attends, madame la duchesse.... Quand vous m'avez fait subir cette lecture, j'ai été frappé violemment; en apprenant qui je suis, et, près de perdre par votre volonté le nom honorable que j'ai porté jusqu'à ce jour, je suis tombé faible et anéanti sous le coup de cette grande infortune; et maintenant je ne sais ce qui s'est passé en moi, mais je souris à tout ce qui m'arrive... Je trouve je ne sais quelle funeste joie à voir mon abaissement et votre colère..... Oui, j'avais beau me dire jusqu'à ce jour que mon crime envers vous était excusable; vainement je prenais à témoin les restes sacrés de celle que j'avais crue ma mère, de celui que j'avais aimé de tout le dévouement d'un frère; vainement je me rappelais que j'avais été, comme vous, et plus que vous, madame, victime de la plus atroce imposture; qu'une fois mon erreur reconnue, j'avais puni du moins le misérable auteur de cette lâche perfidie; que le marquis de Sannois était mort de ma main; enfin que tous mes torts avaient été expiés peut-être par mes chagrins et mes remords... ces pensées, et mille autres, n'étouffaient point le cri de ma conscience.... Tout-à-l'heure encore, je vous l'ai dit, j'étais accablé, confondu, honteux de votre clémence, et vous me mettez en paix avec moi-même... Je veux, je désire à mon tour que ma honte soit publique; ma conscience alors ne m'adressera plus de reproches, car le châtiment aura été plus grand, encore que la faute. Appelez-les, madame..... J'attends.

RITA, *à part.* D'où vient donc que j'hésite?...Ce calme, cette résignation... je ne croyais pas.... Allons, il le faut!

Elle fait un pas vers le fond. Pendant ce temps Henri a enlevé de dessus sa poitrine le grand cordon.

HENRI, Tenez, madame, cet ordre, ce brevet dont, pour un instant m'avait gratifié votre haine, reprenez-les, reprenez-les, ils ne sont pas à moi... (*Il pose le brevet et le ruban sur la toilette de Rita.*) Et cette épée même que je porte... ah! mon épée, je l'ai bien gagnée pourtant...Et lorsque je versais mon sang pour la gloire de la patrie..... lorsque j'entraînais mes braves marins à l'abordage, lorsque je retombais percé de coups sur le pont du navire en criant: Victoire! et vive la France! qu'importait alors au roi, à mes compatriotes, que je m'appelasse Henri de Vaudray ou Jacques Didier?... Le fils du laquais alors se battait noblement, et c'est avec gloire qu'il a obtenu ses premiers grades..... Eh bien! eh bien... ces grades, cette épée, j'y renonce, et je ne veux rien, non, rien qui ait appartenu à Henri de Vaudray..... (*Il jette son épée.*) Mais qu'on me donne seulement, qu'on me donne un mousquet, un sabre... un habit de matelot, et je puis encore reconquérir tous ces grades en combattant, comme autrefois, pour l'honneur de la France, jusqu'au jour où une balle ennemie viendra terminer ma misère: car les balles viennent frapper le roturier aussi bien que le gentilhomme...

RITA, *très-émue.* O ciel! qu'avez-vous dit?

HENRI. Oui, madame, tout désespéré que je suis, et vous l'avez voulu, je ne finirai pas comme a fait celui que je croyais mon frère, par un suicide... Non, je veux réparer, par un trépas glorieux et mes torts envers vous et la honte de ma naissance... le bruit en viendra jusqu'à vous peut-être, et vous vous direz, Rita: Il est mort, lui, mort digne de moi, m'aimant toujours, ne voyant que moi, pensant à moi seule sous le feu même des ennemis, et emportant mon souvenir dans la tombe.

RITA. O mon Dieu! mon Dieu! qu'ai-je fait? malheureuse!

HENRI. Mais appelez-les donc, madame, que tardez-vous davantage? ne voyez-vous pas que je souffre, à les attendre, un supplice plus cruel que la mort?.. Vous hésitez; eh bien! je cours moi-même...

Il marche vers la porte du fond.

RITA, *courant à lui et l'arrêtant.* Ah! restez, restez, Henri! je vous ai méconnu... et moi, moi, j'ai cru lire dans mon cœur... et je vois... oui, je vois enfin que j'étais aveuglée par la colère. Moi, te haïr... et j'ai pu le supposer un instant... ah! loin de moi, loin de moi tous ces affreux projets! plus de haine, plus de vengeance.... ce droit que m'a légué la comtesse de Vaudray, tiens, Henri, voilà comme j'en use...

Elle brûle les papiers à une bougie placée sur sa toilette.

HENRI, *tombant à ses genoux.* Ah! tu m'aimes encore Rita...

SCÈNE X.

LES MÊMES, ANTOINE.

ANTOINE, *annonçant.* M. le duc de Richelieu vient d'entrer dans les salons.

Il sort.

RITA. Richelieu! ah! je suis perdue, perdue!

HENRI. Comment! et que veux-tu dire?

RITA. Henri... plus de bonheur, plus d'amour... Ah! Perez, Perez, maudits soient ton dévouement et ta science!

HENRI. Perez... explique-toi...

RITA. Je t'ai parlé autrefois, à Koatven, d'un secret qu'il tient en son pouvoir, un masque dont l'effet effroyable!...

HENRI. Oui, je me le rappelle... Eh bien?

RITA. Eh bien! dans mon délire, j'ai voulu me condamner à ne pouvoir plus te faire grâce lorsque tu serais à mes genoux, ou du moins à ne pouvoir plus être aimée de toi, si j'avais, moi, la faiblesse de t'aimer encore... J'ai supplié Perez de me servir, je le lui ai ordonné même... et ce masque... le voilà...

HENRI. Eh bien, je suis à toi, à toi pour toujours... heureux d'essuyer tes larmes et d'accepter ma part de tes douleurs, toujours ton amant, ton époux.

RITA. Jamais! jamais! je n'accepterai pas un tel sacrifice; à moi seule le désespoir et la résignation, et pour te prouver que je ne puis être ta femme...

SCENE XI.

HENRI, RITA, puis PEREZ.

Pendant ces derniers mots, Perez a paru au fond du théâtre. Elle arrache son masque et Henri pousse un cri de joie en voyant la figure de Rita qui est toujours la même. Rita, surprise, se retourne, et trouve auprès d'elle Perez, qui la prend par la main, et la pousse vers la glace de sa toilette; Rita se regarde, semble douter de ce qu'elle voit, porte la main à ses yeux comme pour se réveiller d'un songe, et se regarde encore.

PEREZ. Toujours! toujours belle! Ma bonne maîtresse, je vous ai trompée... pardonnez-moi!

RITA. Ah!... mais tout-à-l'heure pourtant, cette horrible douleur que j'éprouvais, ce feu qui me dévorait le visage...

PEREZ. Il le fallait pour vous persuader que je vous avais obéi... mais ne craignez rien, Rita, aucune suite... aucune trace... Je vous l'ai dit, toujours belle.

HENRI. Oh! oui, toujours!

PEREZ. Eh bien, m'avez-vous pardonné?

RITA, l'embrassant avec une joie frénétique. Ah! mon ami... mon père!

La musique du bal va crescendo. Rentrée générale.

SCENE XII.

LES MÊMES, DURANTAL et SERVIGNÉ, DAMES et SEIGNEURS.

RITA. Messeigneurs, bientôt je retourne dans mon château de Kervan; mais, avant mon départ, je vous inviterai à une nouvelle fête, un mariage.

TOUS. Un mariage!

Henri baise la main de Rita.

DURANTAL, bas, à ceux qui l'entourent. Un mariage! eh bien! et le duc de Richelieu qui attend là-bas dans le petit salon!

PEREZ, bas à Rita, en l'amenant sur le devant de la scène. J'oubliais, madame, que le jeune duc m'a chargé de vous remettre cet anneau, en vous rappelant...

RITA. Donne, et tu lui remettras en échange le brevet et le grand cordon de M. de Vaudray.

PEREZ. Oui, oui, madame, j'y cours.... (A part.) Allons, le vieux Perez a fait une bonne journée...

Il va prendre le brevet et le grand cordon sur la toilette de Rita, puis il marche vers le fond du théâtre; les seigneurs regardent avec surprise emporter le cordon et le brevet. Rita retourne auprès d'Henri, lui serre la main et fait en même temps à Perez, qui va disparaître, un geste de reconnaissance. La toile tombe.

FIN.

Imprimerie de Mme Ve DONDEY-DUPRÉ, rue Saint-Louis, n° 46, au Marais.

ACTE III, SCÈNE VI.

PIQUILLO,

OPÉRA-COMIQUE EN TROIS ACTES,

Par M. Alexandre Dumas,

MUSIQUE DE M. H. MONPOU,

REPRÉSENTÉ POUR LA PREMIÈRE FOIS, A PARIS, SUR LE THÉATRE ROYAL DE L'OPÉRA-COMIQUE, LE 31 OCTOBRE 1837.

PERSONNAGES.	ACTEURS.	PERSONNAGES.	ACTEURS.
PIQUILLO	M. Chollet.	L'ALCADE ZAMBULOS.	M. Ricquier.
DON MENDOCE, sous le nom de don Diègue.	M. Jansenne.	SILVIA.	Mlle Jenny-Colon.
DON FABRICE D'OLIVARÈS.	M. Revial.	LEONOR, sœur de don Mendoce.	Mme Rossi.
DON PAEZ.	M. Henri.	UNE CAMÉRISTE.	Mlle Eudoxie.
DON HENRIQUE.	M. Palianti.	SEIGNEURS ET DAMES, ALGUAZILS, DOMESTIQUES.	

La scène est, au premier acte, aux portes de Séville ; aux second et troisième, à Séville. — Vers 1650.

ACTE PREMIER.

Le théâtre représente un site demi-solitaire d'un côté, une maison fermée et isolée. En face, dans un petit bois, une tente dressée pour un rendez-vous de chasse ; de jeunes seigneurs et de jeunes femmes y sont réunis.

SCÈNE PREMIÈRE.

LE CHOEUR.

A table, à table, amis! le temps est précieux ;
Au rendez-vous nos beautés sont fidèles ;
Elles sont belles,
Point cruelles ;
Les vins sont vieux,
Les mets délicieux.
En vain
Dans le lointain
Le cor résonne,
Nous n'attendons personne :
Malheur aux amans, aux buveurs attardés!
Pour eux les cœurs sont pris, et les flacons vidés.

PAEZ.
Mais où donc est la reine de la fête?
Où donc cette beauté parfaite
Qui ne s'attaque pas au gibier des forêts,
Mais qui choisit nos cœurs pour le but de ses traits?
Silvia soulève le rideau de la tente.

LE CHŒUR.
La voilà!

PAEZ.
Belle comme un rêve,
Elle vient charmer nos ennuis;
C'est Phœbé qui se lève
Et va présider à nos nuits.

SILVIA.
Je ne suis point Phœbé, la déesse voilée
Qui verse à pleines mains les pavots du sommeil,
Et dont le char parcourt une route étoilée,
Qui se fond en azur aux rayons du soleil.
Je suis, au contraire,
Le doux rossignol
Dont l'aile légère
Va rasant le sol,
Et dont la voix tendre
Le soir fait entendre
Son brillant accord.
Nocturne merveille
Dont le chant s'éveille
Quand le bruit s'endort.

LE CHŒUR.
Ah! c'est charmant!
C'est ravissant!
Qui peut se défendre
D'admirer sa voix?
Ah! c'est charmant!
C'est ravissant!
On croirait entendre
L'oiseau dans les bois.

SILVIA.
Je ne suis point non plus la sévère Diane,
Qui cache au fond des bois son orgueil inhumain,
Et qui, lorsqu'elle joue en une eau diaphane,
Punit de mort celui qui la surprend au bain.
Non, non, je suis celle
Dont l'ardent regard
Dans l'ombre étincelle
Ainsi qu'un poignard
Dont on sent la lame,
Dévorante flamme,
Jusqu'au cœur courir,
Mais dont les mains sûres
Ne font des blessures
Que pour les guérir.

LE CHŒUR.
Ah! c'est charmant!
C'est ravissant!
Qui peut se défendre
D'admirer sa voix?
Ah! c'est charmant!
C'est ravissant!
On croirait entendre
L'oiseau dans les bois.

PAEZ.
Amis, un verre encore, et regagnons la ville;
Il se fait tard, la nuit s'épaissit dans les cieux:
Partons; d'ici l'on aperçoit Séville,
Nous y retournerons au bruit des chants joyeux.

LE CHŒUR.
Encore un coup de ce vin vieux;
Il faut boire à la plus jolie,
A son esprit plein de folie,
A l'amour qui luit dans ses yeux.

SILVIA.
Ah! ma gaîté s'envole,
Les amours ont fui,
Je ne suis plus folle
Qu'aujourd'hui.

PAEZ.
Que peut le chagrin
Contre les chants, le plaisir et le vin?
Et que peut la mélancolie
Quand on est aussi jolie?

LE CHŒUR.
Que peut le chagrin
Contre les chants, le plaisir et le vin?
Oui, la folie
Peut tout guérir,
Et tout s'oublie
Dans le plaisir.

SCENE II.

LES MÊMES, *puis* FABRICE, *en dehors de la tente.*

PAEZ, *qui depuis un instant suit des yeux Fabrice.* Silence, messieurs, silence.

SILVIA. Qu'y a-t-il, et que voyez-vous?

PAEZ. Une ombre qui me fait l'effet d'être au service d'un assez drôle de corps; venez voir plutôt.

HENRIQUE. Ah! ah! qui diable cela peut il être?

SILVIA. Mais il me semble qu'il n'y a pas à chercher long-temps, et qu'à cette heure de nuit il n'y a guère dehors que les amans et les voleurs.

HENRIQUE, *prenant son épée.* Eh bien! amant ou voleur, je saurai qui il est.

Il sort par l'ouverture du fond et va se placer entre Fabrice et la maison.

PAEZ. Et moi aussi.

Il sort comme Henrique et se place derrière Fabrice.

FABRICE. Que me voulez-vous, messieurs, et qu'avons-nous à faire ensemble?

HENRIQUE. Vrai Dieu! si je ne me trompe pas..... Qu'en dites-vous, Silvia.... vous qui savez votre Madrid sur le bout du doigt?

SILVIA. Je dis que, s'il est aussi aimable, aussi beau et aussi noble que celui dont il a emprunté la tournure, je l'embrasse.

Elle s'approche de Fabrice et lui fait sauter son chapeau.

TOUS. Don Fabrice d'Olivarès!

SILVIA, *lui faisant la révérence.* Je vous dois un baiser, monseigneur.

FABRICE. Allons, je vois bien que ce que j'ai de mieux à faire, c'est de le prendre.

PAEZ. Tu n'es donc pas mort?

FABRICE. Mais vous voyez...

HENRIQUE. Et ton coup d'épée, qu'en as-tu fait?

FABRICE. J'en ai guéri.

PAEZ. Et tu viens en chercher un autre à Séville?

FABRICE. Point, messieurs, je voyage pour affaires de famille.

SILVIA. Laissez donc : lorsqu'on se promène à cette heure et dans un endroit comme celui-ci, ce n'est pas sans mauvaise intention contre la bourse des passans ou la fille de son voisin.

PAEZ, *levant un coin du manteau de Fabrice.* Une mandoline !

SILVIA. Messieurs... il n'y a plus de doute, et voilà la preuve du crime.

FABRICE. Eh bien ! j'en conviens, messieurs, je suis amoureux.

SILVIA. Amoureux ! vous ! par quelle aventure ?

FABRICE. La voici en deux mots : je logeais en face d'une jeune dame des environs de Burgos, qui habitait Madrid avec une vieille tante. Quelque chose que j'aie pu faire, impossible de parvenir jusqu'à elles ; des duègnes muettes, des valets sourds, c'était à croire à la magie.

SILVIA. Pauvre marquis !

FABRICE. Cependant, comme depuis deux mois je suivais mon inconnue, au spectacle, à la promenade, à l'église, je commençai à m'apercevoir qu'elle m'avait remarqué.

HENRIQUE. Fat !

FABRICE. Non, sur ma parole. Alors je me décide à faire un pas de plus, je risque la sérénade.

PAEZ. Comment ! au bout de deux mois, tu n'en étais encore que là !

SILVIA. Oh ! ne l'interrompez pas, messieurs ; à la manière dont la chose se prolonge, nous en avons pour quelque temps.

FABRICE. Au contraire, nous sommes arrivés. A peine étais-je installé sous les fenêtres de ma belle, qu'un homme, un esprit, un démon, arrive au grand galop de son cheval, saute à terre et tombe sur mes musiciens à grands coups de plat d'épée, ils se sauvent ; je jette mon manteau, je l'appelle à moi, nous croisons le fer, et, ma foi, à la troisième botte, il me donne ce charmant coup d'épée dont vous avez entendu parler.

HENRIQUE. Et comment appelles-tu ce cher gentilhomme ?

FABRICE. Est-ce que j'ai eu le temps de lui demander son nom ? Tu es adorable, toi ! il m'a passé son épée au travers du corps.....Je suis tombé à la renverse, et, retrouvé le lendemain matin à la même place, on m'a rapporté chez mon père, qui a été désespéré, non pas précisément à cause de moi, je crois, mais à cause de son nom dont je suis le seul soutien. Trois jours après, lorsque je repris connaissance, j'ai su qu'en sa qualité de premier ministre, mon père poursuivait mon inconnu ; j'eus beau soutenir qu'il s'était battu en brave chevalier, en brave gentilhomme, et non en assassin, on n'a pas voulu m'entendre. Heureusement mon homme n'était plus à Madrid.

SILVIA. Il s'était donc sauvé ?

FABRICE. La même nuit... Mais le plus malheureux de tout cela, c'est qu'il avait emmené avec lui Léonor.

PAEZ. Ta belle ?

FABRICE. Pardieu, oui, ma belle.... Aussi il ne faut pas demander si je me suis dépêché de guérir ; la chose aux trois quarts faite, je me suis mis en route. Je suis parvenu à découvrir leurs traces, et tandis que mon père le fait chercher inutilement du côté de la Galice et des Algarves, je l'ai rejoint à Séville.

SILVIA. Et quand cela ?

FABRICE. Hier soir... Et vous voyez que je ne perds pas de temps, cette nuit je commençais ma ronde.

PAEZ. Comment, la dame de tes pensées...?

FABRICE. Demeure là.

PAEZ. Dans cette maison ?

FABRICE. Dans cette maison.

PAEZ. Mais il n'y a dans cette maison que don Diégo !

SILVIA. Vous le connaissez ?

FABRICE. Oui, non, peut-être ; vous dites qu'il s'appelle don Diégo, une espèce de sage, de solitaire, d'anachorète, qui va toujours pensant, écrivant.

PAEZ. C'est cela même.

SILVIA. Et vous dites qu'il habite cette maison.

PAEZ. Sans doute avec Léonor sa femme.

SILVIA, *à part.* Il est marié !

FABRICE. Elle est mariée !...

PAEZ. Tout ce qu'il y a de plus mariée, cher ami.

FABRICE. Et comment sais-tu cela ?

PAEZ. La maison qu'ils habitent est à mon oncle.

SILVIA, *à part.* Plus de doute, c'est lui.

FABRICE. J'avais trois chances : ce pouvait être un amant... un tuteur ou un mari... Je tombe sur le mari.

PAEZ. Mais c'est de la bergerie toute pure... Un amant qui poursuit sa maîtresse deux mois, qui reçoit un coup d'épée pour elle, qui, à peine guéri, se remet en quête, et tout cela sans savoir si elle est fille ou femme....

SILVIA. Qu'y a-t-il là d'étonnant ? n'a-t-on pas vu de ces amours sympathiques, qu'un premier coup-d'œil allume dans deux cœurs? est-il besoin de se connaître pour se chercher? est-il nécessaire de se parler pour s'être dit : Je t'aime?

PAEZ. Courage, Fabrice, voilà du renfort qui t'arrive.

FABRICE. Mariée!...

PAEZ. Eh bien! il y a là dedans un bon côté, c'est que tu pourras l'enlever sans être soumis à la loi d'Alphonse le Chaste, qui veut que le ravisseur épouse.

FABRICE. Eh pardieu! je ne demanderais pas mieux si j'en étais le maître.

SILVIA, *qui a long-temps réfléchi.* Ecoutez : que diriez-vous, Fabrice, si le mari n'était plus là pour garder sa femme?

FABRICE. Je dirais que c'est partie à moitié gagnée : sauriez-vous un moyen de l'éloigner?

SILVIA. Peut-être.

FABRICE. Et lequel?

SILVIA. Laissez-moi faire. Voulez-vous m'obéir ponctuellement?

FABRICE. Oh! tout ce que vous voudrez.

SILVIA. Eh bien! d'abord, faites-moi le plaisir de tout éteindre et de tout faire enlever, de manière à rendre ce bois à sa solitude habituelle.

HENRIQUE. Esclaves, vous entendez les ordres de la reine.

On éteint les lustres et l'on enlève la tente.

SILVIA. Maintenant, messieurs, l'épée à la main, et attaquez-moi.

FABRICE. Vous attaquer, pourquoi faire?

SILVIA. Pour me voler.

PAEZ. Pour vous voler? mais quel résultat?

SILVIA. Cela me regarde, je n'ai pas besoin de vous mettre dans ma confidence. Allons l'épée à la main, messeigneurs.

PAEZ, *lui prenant la taille.* Vous êtes charmante...

SILVIA. Mais allons donc... vous ne me volez pas... mes mains ne sont pas des bijoux...mes bras ne sont pas des colliers... Au voleur!...

TRIO.

SILVIA.

Aux voleurs! aux voleurs! aux voleurs!
MENDOCE, *ouvrant sa fenêtre.*
Au secours quelqu'un appelle.....
SILVIA, *bas.*
Fuyez, fuyez, messeigneurs.
MENDOCE.
C'est la voix d'une femme! oh! Dieu! courons vers elle.
SILVIA, *le voyant venir.*
Je m'évanouis! je me meurs!
Aux voleurs! aux voleurs! aux voleurs!
MENDOCE.
Mais où donc êtes-vous dans l'ombre?

SILVIA.
Par ici.
MENDOCE.
La nuit est si sombre...
SILVIA.
Seigneur, ayez pitié de moi.
MENDOCE.
Je suis homme d'honneur, fiez-vous à ma foi.
Souffrez que je vous soutienne
Encore un pas.
SILVIA.
Oui, seigneur.

ENSEMBLE.
Sa main frémit dans la mienne.
SILVIA, *à part.*
Ciel! c'est lui-même! ô bonheur!
C'est bien lui, celui que j'aime,
Celui que j'aime sans espoir;
Mais déjà c'est un bien suprême
De lui parler et de le voir.
MENDOCE, *appelant dans la maison.*
Léonor! Léonor!
SILVIA.
Sa femme.
LÉONOR.
Me voici!

Deux valets portent des flambeaux.

MENDOCE.
C'est dona Léonor, madame,
Qui réclame
L'honneur de vous servir aussi.
SILVIA.
Ah! quelle espérance!
Rend la confiance
A mon cœur blessé!
Mais sa femme est belle,
Et s'il est fidèle,
Ah! voici par elle
Mon rêve effacé.
MENDOCE, *regardant Silvia.*
Quelle ressemblance!
Ah! d'une espérance
Mon cœur est bercé.
Je sens qu'auprès d'elle,
Si noble et si belle,
Mon esprit rappelle
Un rêve effacé.
LÉONOR.
Seule et sans défense,
Ah! quelle imprudence!
Mon cœur est glacé.
Ce qui renouvelle
Ma frayeur mortelle
Est déjà pour elle
Un rêve effacé.
SILVIA.
A vos soins je suis sensible;
Mais il est tard, je dois quitter ces lieux.
MENDOCE.
Hélas! quel charme invincible
Dans sa voix et dans ses yeux!
SILVIA.
La ville est là, bientôt je l'aurai regagnée.
LÉONOR.
Eh quoi! vous exposer à des dangers nouveaux?
MENDOCE.
Vous serez accompagnée
(*A Pérès.*)
Par Pérès et par moi. Prépare les flambeaux.
LÉONOR.
Arrêtez : les bandits rôdent encor dans l'ombre.
MENDOCE.
Mais nous la défendrons.

LÉONOR.
Mais ils seront en nombre.
MENDOCE.
Prenez mon bras, madame, il n'y faut pas songer ;
Près de vous c'est mon cœur qui risque, et non ma vie.
SILVIA.
Il vaudrait mieux prévenir tout danger.
Pour moins exciter leur envie,
Permettez, seigneur cavalier,
Permettez que je vous confie
Ces bracelets et ce collier.
MENDOCE.
Mais où faudra-t-il vous les rendre ?
SILVIA.
Seigneur, j'enverrai les reprendre.
ENSEMBLE.
MENDOCE et SILVIA.
De la revoir
Quel doux espoir !
Je sens que je l'aime,
Et ce stratagème
Me donne l'espoir
De la revoir.
De le revoir
Quel doux espoir !
Ah ! déjà je l'aime,
Et c'est pour moi-même
Un doux espoir
De le revoir.

Dona Léonor rentre, Silvia s'éloigne donnant le bras à don Mendoce, précédés par Perès qui porte un flambeau.

SCÈNE III.
PIQUILLO, seul.

Il descend doucement et avec précaution d'un arbre.

Ouais ! il se passe de singulières choses ici ; et il me semble qu'on chasse sur mes terres. Fi ! les maladroits, qui font crier les femmes en les volant !... Ah ! Piquillo, Piquillo, tant que l'université de Madrid ne t'aura pas confié une chaire d'enseignement public, le grand art du vol restera dans son enfance... Enfin tout le monde est parti... Ces diables de chasseurs qui étaient venus poser leur tente justement au pied de l'arbre où je m'étais niché pour échapper à ce damné d'alcade, qui, je ne sais pas pourquoi, a la rage de vouloir me prendre !... il paraît que je lui aurai été recommandé par la police de Madrid. Du reste, ma faction n'a pas été perdue, puisque j'ai été témoin d'un certain dépôt de bijoux qui si j'en crois la lumière, que j'ai vue tout-à-l'heure à travers cette fenêtre, doivent être dans cette chambre... Je voudrais bien savoir quelle est la dame à qui ils appartiennent, je me ferais présenter chez elle ; ce doit être une charmante connaissance à faire ; malheureusement elle n'a pas dit son adresse, et n'ai pas vu son visage ; enfin il faut bien se contenter de ce que la Providence nous envoie. (*Heurtant la mandoline de Fabrice qui a été oubliée au pied d'un arbre.*) Au reste, ces bijoux tomberont à merveille pour m'ouvrir la porte de certain boudoir..... Piquillo, mon ami, c'est une grande faute d'être amoureux quand on veut faire fortune.... enfin il faut bien que les mains fassent quelque chose pour le cœur... (*Il s'assied.*) Une mandoline... et fort belle, ma foi, mais une mandoline trouvée, fi... c'est humiliant. Examinons d'abord les localités... personne par ici, silence parfait par là... Voyons.... dans tous les pays du monde, il y a trois moyens de pénétrer dans les maisons : la porte, chemin du mari ; la fenêtre, chemin de l'amant ; la cheminée, chemin du ramoneur... la porte est close... la fenêtre grillée, reste la cheminée... Allons donc ! et mon pourpoint... un pourpoint du meilleur tailleur de Madrid, qui a fait l'admiration, par sa couleur et par sa coupe, de tout ce que le Prado a d'élégans et de coquettes !... Ceci est bon pour les moyens extrêmes et lorsqu'il n'en reste pas d'autres.... Voyons... (*Il frappe le mur avec le poing.*) Vrai Dieu ! on bâtit merveilleusement à Séville, et je suis tenté de croire que les voleurs font une remise aux maçons... Si celui qui a bâti cette maison-là pouvait être nommé architecte des prisons du royaume, ce serait un brevet bien placé, et qui me donnerait une grande tranquillité sur mon avenir... Allons, à l'œuvre.

Amis, de l'architecture
Venez prendre une leçon
Dans cette ouverture
De ma façon.
La fenêtre où je m'applique
N'est mauresque ni gothique,
Et cependant je me pique
Que c'est un travail fort beau ;
Et quand l'art où je suis maître
Plus tard fleurira peut-être,
On l'appellera fenêtre,
Fenêtre à la Piquillo.
Ah ! quel homme habile !
Quelle main subtile
Fit un coup si beau !
C'est un grand maître,
Ce ne peut-être
Que Piquillo !
Bravo,
Piquillo !

On entend la marche de la ronde de nuit.
LA RONDE CHANTE.
Amis, marchons ensemble ;
Il faut veiller sans bruit
Au soin qui nous rassemble
Dans l'ombre de la nuit.
PIQUILLO.
Alerte ! prenons garde !
Du bruit,
Chut ! on vient ; c'est la garde
De nuit.
Vite, changeons de face
Gaîment,
Et que le voleur fasse
L'amant.

Il prend la mandoline et prélude. L'alcade, qui s'est approché avec défiance, écoute.

PIQUILLO, *continue.*
Allons, mon Andalouse,
Puisque la nuit jalouse
Étend son ombre aux cieux,
Fais à travers son voile
Briller sur moi l'étoile,
L'étoile de tes yeux.

Allons, ma souveraine,
Puisque la nuit sereine
Nous prête son secours,
Permets que je déploie
Notre échelle de soie,
Échelle des amours.

Allons mon amoureuse,
Puisque la nuit heureuse,
Qui sert mes vœux hardis,
Du balcon m'a fait maître,
Ouvre-moi ta fenêtre
Porte du paradis.

L'alcade, prenant Piquillo pour un amant, se retire en lui faisant signe de ne pas se déranger.

PIQUILLO, *continue.*
Il s'éloigne en sourdine
D'ici ;
Ma bonne mandoline,
Merci !
L'aimable camarade !
Vrai Dieu !
Adieu ! seigneur alcade,
Adieu.

Allons, remettons-nous au travail maintenant,
Et que chacun dise en le voyant :
Ah ! quel homme habile !
Quelle main subtile
Fit un coup si beau?
C'est un grand maître ;
Ce ne peut-être
Que Piquillo !
Bravo,
Piquillo !

Il entre.

SCÈNE IV.

L'ALCADE *et* MENDOCE *au fond;*
PIQUILLO *dans la maison.*

L'ALCADE. Ceci m'est fort suspect, seigneur cavalier.

MENDOCE. C'est cependant la vérité, seigneur alcade.

L'ALCADE. Un homme à cette heure de nuit dans un bois !

MENDOCE. Rien de plus naturel, ce me semble, quand il faut traverser ce bois pour regagner sa maison.

L'ALCADE. Comment ! cette maison...

MENDOCE. Est la mienne.

L'ALCADE, *à part.* Plus de doute, c'est le mari.

MENDOCE, *voulant entrer.* Ainsi vous permettez.

L'ALCADE. Cependant, seigneur, vous ne paraissez pas être attendu céans ?

MENDOCE. Soit ! mais ma femme est dans la maison, et vous verrez bien vous-même si elle me connaît.

L'ALCADE. Un instant ! (*A ses gens.*) Diable ! diable ! c'est bien le mari, qu'on croyait sans doute à la ville; il revient, il a des soupçons.

MENDOCE. Seigneur....

L'ALCADE. Nous nous consultons ! (*A ses gens.*) Le devoir de la justice est moins encore de punir le scandale que de le prévenir ; sauvons l'honneur d'une femme, et peut-être la vie d'un homme... car il paraît que le chanteur est entré... Diable !

MENDOCE. La nuit est froide, seigneur !

L'ALCADE. Il y a dans votre fait quelque chose qui n'est pas clair..... (*A part.*) Comment donc l'avertir ?

MENDOCE. Alors pour qui me prenez-vous ?

L'ALCADE. Je vous prends pour un honnête homme ou pour un voleur. C'est évident. (*Très-haut.*) Si vous êtes l'honnête homme... (*A part.*) Il n'entend rien. (*Haut.*) Si vous êtes le maître de cette maison, où rien n'indique que vous soyez attendu... vous en avez alors la clef?

MENDOCE. La voilà.

L'ALCADE. Ceci est en effet une clef.

MENDOCE. Ainsi vous n'avez plus de doute?

L'ALCADE. Un instant; tout le monde peut avoir une clef...

MENDOCE. Ah ! pardieu ! j'ai de la patience; mais elle m'échappe !... (*Il tire son épée.*) Entrerai-je à présent ?

L'ALCADE. Rébellion ! Sainte-Hermandad ! rébellion !

FINAL.
A la police,
A la justice
Respect !
Ah ! cet esclandre
Doit nous le rendre
Suspect !
Faites silence !
Cette résistance
Vous nuit.
Bien loin, mon maître,
Ceci peut-être
Conduit.
On emprisonne
Ceux qu'on soupçonne
La nuit !

MENDOCE.
J'étouffe de colère,
Sur mon honneur !
Place, marauds ! ou je vais faire
Quelque malheur.

LE CHŒUR, *effrayé.*
Faisons silence,
Cette résistance
Nous nuit ;
Trop loin, mon maître,
Ceci peut-être
Conduit !

Cette aventure
A triste augure
Pour nous,
Nos cœurs s'émeuvent,
Quand sur nous pleuvent
Les coups!

Mendoce s'ouvre un passage, et rentre chez lui en fermant la porte avec colère. En ce moment Piquillo paraît sur le balcon.

PIQUILLO.
Stt! stt!
L'ALCADE.
Eh! mais c'est l'homme à la sérénade.
PIQUILLO.
Seigneur alcade,
A descendre aidez-moi.
L'ALCADE, *à ses gens.*
Voyons, le plus grand... toi!
Fais-lui la courte échelle.
Et de sa belle
Sauvons l'honneur.

Piquillo descend sur le dos de l'alguazil.

L'ALCADE, *sur le devant.*
Fermons les yeux, l'amant s'enfuit comme un voleur.
Pauvre garçon! sur mon âme,
Pour lui la dame
Doit avoir eu grand' peur!

Piquillo s'enfuit après avoir remercié par un signe.

MENDOCE, *sortant brusquement.*
Seigneur alcade, arrêtez!
Faites courir de tous côtés:
On a volé chez moi, la muraille est percée;
Une armoire est forcée;
Oui, sur ma foi!
L'on a volé chez moi.
L'ALCADE.
Grand Dieu! quel soupçon!
Un vol dans la maison!
D'honneur, le trait est rare!
Quoi! l'homme à la guitare
N'était qu'un fripon!
Ah! quelle trahison!

Ici l'on aperçoit l'ouverture, la maison étant éclairée à l'intérieur.

L'ALCADE, *continuant.*
Dans cette ouverture
D'étrange figure,
Et qui, je vous jure,
En architecture
Est un beau morceau,
Je crois reconnaître
La main d'un grand maître,
Et ce ne peut être
Que Piquillo!
TOUS.
Oui, c'est Piquillo.

ENSEMBLE.

MENDOCE et L'ALCADE.
Tant d'audace m'étonne,
J'en reste confondu.
LÉONOR.
Ah! la force abandonne
Mon esprit éperdu!

LE CHOEUR.

Ah! l'aventure est bonne!
Il reste confondu.

CHOEUR GÉNÉRAL.

Poursuivons le coupable
Qui devant nous s'enfuit
La nuit.
Notre bras redoutable
Sans relâche et sans bruit
Le suit.

Ils allument des flambeaux.

Allons, courage!
Baissons la voix;
Qu'on se partage
Et qu'on cerne à la fois
Le bois.

Poursuivons le coupable, etc.

ACTE DEUXIÈME.

L'appartement de Silvia.

SCÈNE PREMIÈRE.

SILVIA, *les* FEMMES.

CHOEUR.

Ici l'on passe
Des jours enchantés!
L'ennui s'efface
Aux cœurs attristés,
Comme la trace
Des flots agités.
Heure qui vole
Et qu'il faut saisir!
Passion folle
Qui n'est qu'un désir,
Et qui s'envole
Après le plaisir!

Ici l'on passe, etc.

SILVIA.
Non, non, je ne veux plus de ces pensers frivoles,
Enfans capricieux d'un sentiment moqueur,
Non, je ne dirai plus de ces tendres paroles
Dont la source n'est pas au cœur.
Elle renvoie ses femmes.

Ah! dans mon cœur quelle voix se réveille!
Quel doux accent vient frapper mon oreille!
Oui, je le sens, dans mon cœur il s'éveille
   Un souvenir puissant;
C'est une image trop chérie
Qui revient et que j'avais fui:
Hélas! de ma coquetterie
L'amour me punit aujourd'hui!
Mais pourquoi donc livrer à de nouveaux tourmens
   Mon repos, mon indépendance?
L'amour se rit de ma souffrance,
L'amour se rit de mes tourmens.
      Et c'est folie,
      Jeune et jolie
      Comme je suis,
      De laisser prendre
      Sans le défendre
      Mon cœur trop tendre
      A ces ennuis.

      Chaque heure nouvelle,
      En touchant de l'aile
      La fleur la plus belle,
      La flétrit soudain;
      Chaque jour qui passe
      De son pied efface
      Quelque douce trace
      Sur notre chemin.

C'est donc folie, etc.

SCENE II.

SILVIA, UNE CAMÉRIÈRE.

LA CAMÉRIÈRE. Senora! senora!
SILVIA. Eh bien!
LA CAMÉRIÈRE. Il y a là un cavalier qui demande la faveur de vous entretenir.
SILVIA. A-t-il dit son nom?
LA CAMÉRIÈRE. Don Diego.
SILVIA. Faites entrer vite, faites entrer à l'instant... Eh bien! voilà que mon cœur bat... folle que je suis!

SCENE III.

SILVIA, MENDOCE.

SILVIA. Seigneur cavalier, ce m'est d'un bon augure de vous voir chez moi, lorsque j'avais dit que j'irais chez vous. Ne vous asseyez-vous point?
MENDOCE. Mille grâces!.. Je voulais vous remettre ces bijoux que vous m'aviez confiés. (*Lui donnant un écrin.*) Je vous les rapportais... les voici.
SILVIA. Pardonnez-moi, seigneur Diego; mais l'écrin n'en était pas. (*Montrant les armes et la couronne imprimées sur l'écrin.*) Je ne suis pas marquise. (*Elle ouvre l'écrin.*) Ce ne sont point là mes bijoux, monsieur; ceci est un collier beaucoup plus magnifique et plus splendide... Votre maison possède une propriété merveilleuse, celle de changer les perles en diamans. Le moyen est nouveau, ingénieux et galant, et je vous remercie; mais je n'accepte pas.
MENDOCE. Vous vous trompez tout-à-fait, senora, ce n'est point un cadeau, c'est une restitution.
SILVIA. Que voulez-vous dire?
MENDOCE. Que les bandits dont je vous ai délivrée, profitant du moment où j'étais sorti pour vous reconduire, ont pénétré chez moi...
SILVIA. Et vous ont volé?
MENDOCE. Hélas! non pas moi, mais vous.
SILVIA. Je vous préviens que je ne crois pas un mot de cette aventure; mes voleurs ont été vus à l'autre bout de la ville.
MENDOCE. Cette aventure est pourtant parfaitement vraie, je vou l'affirme.
SILVIA. C'est possible... Mais est-ce une raison pour venir parler de bijoux perdus à celle qui allait perdre la vie, et à qui vous l'avez sauvée? au lieu de cela, parlons de vous, de vous, mon libérateur... Savez-vous qu'en réfléchissant à ce qui s'est passé hier soir je ne saurais trop remercier la Providence?
MENDOCE. La Providence, madame!
SILVIA. Sans doute... Ne fallait-il point que la Providence s'en mêlât pour que je rencontrasse à point nommé un seigneur jeune, brave, vivant en anachorète au milieu d'un bois, dans une maison isolée? Les ermites portant épée sont rares à Séville, et je suis sûre que, si vous vouliez vous auriez des chose beaucoup plus intéressantes à me raconter que cette histoire de diamans, qui n'avait pas le sens commun, convenez-en? Par exemple, ne pourriez-vous me dire quelle aventure vous a forcé d'oublier à Séville le nom que vous portiez à Burgos?
MENDOCE. Comment vous sauriez...?
SILVIA. Le seigneur Mendoce se souvient-il d'avoir fait, il y a six mois, la route de Burgos à Barcelone?
MENDOCE. Sans doute.
SILVIA. Et se rappelle-t-il encore que quelques lieues en-deçà de Sarragosse sa voiture se brisa?
MENDOCE. Oh! oui, oui... Et ma tête porta contre un rocher, et je m'évanouis...
SILVIA. Et lorsque vous revîntes à vous vous étiez sur un lit, étendu, blessé...
MENDOCE. Mes yeux s'ouvrirent, et, à travers le voile qui couvrait encore mes paupières, je vis une femme qui, penchée sur moi, semblait attendre avec anxiété mon retour à la vie; je crus alors que c'était

un ange qui venait me chercher pour me conduire à Dieu... Je tendis les bras je voulus me soulever, la force me manqua, je m'évanouis une seconde fois, et lorsque je repris mes sens... elle n'était plus près de moi... Je demandai ce qui m'était arrivé et comment je me trouvais là... et l'on ne put rien me dire, si ce n'est...

SILVIA. Que cette femme vous avait rencontré mourant sur la route, vous avait recueilli dans sa voiture, et conduit, évanoui toujours, jusqu'à Tudela; que là, pendant deux jours et deux nuits, elle avait attendu votre retour à la vie... puis, que vous sachant enfin hors de danger, elle était partie sans dire son nom...

MENDOCE. C'était donc vous... vous, madame?... Oh! oui, oui, mon cœur vous avait reconnue avant mes yeux : ce n'était pas hier la première fois que vous m'apparaissiez, et que cette voix si douce me fit frissonner jusqu'au fond du cœur!

SILVIA. Pardon, seigneur Mendoce; mais parmi tous les souvenirs qui vous reviennent, il y en a un que vous paraissez oublier, et qu'il est de mon devoir de vous rappeler, je pense?

MENDOCE. Et lequel?

SILVIA. Celui de votre femme.

MENDOCE. Léonor?

SILVIA. Oui; elle est cependant assez belle pour ne pas mériter cette injure.

MENDOCE. Oh! si vous saviez...

SILVIA. Quoi?

MENDOCE. Si je pouvais vous dire...

SILVIA. Parlez...

MENDOCE. Mais non, non... impossible.

SILVIA. Je n'insiste pas, seigneur Mendoce... vos secrets sont à vous.

MENDOCE. Non; mes secrets sont à l'exil. Mais vous, madame, vous n'êtes pas proscrite, forcée de vous cacher, de changer de nom... vous n'avez aucun motif de ne pas me dire qui vous êtes...

SILVIA. Aucun... car ma vie est beaucoup moins mystérieuse que la vôtre. Veuve à vingt-deux ans...

MENDOCE, à part. Veuve!

SILVIA. Maîtresse de ma fortune...

MENDOCE. Oh! que m'importe cela?

SILVIA. Douée, à ce que l'on dit, de quelques agrémens...

MENDOCE. Charmante!

SILVIA. Romanesque à l'excès, folle des modes nouvelles, coquette, vaine, insoucieuse... n'ayant jamais aimé, ne voulant aimer jamais... vous ayant retrouvé par hasard, et ne voulant pas vous revoir pour raison...

MENDOCE. O madame...

LA CAMÉRIÈRE. Senora...

SILVIA. Eh bien! qu'y a-t-il?

LA CAMÉRIÈRE. Un grand seigneur qui arrive en litière.

SILVIA. Je n'y suis pas.

MENDOCE. Oh! vous consentez pour moi...

SILVIA. Point du tout, monsieur, je n'y suis pas plus pour vous que pour les autres, je n'y suis pour personne; je déteste le monde et je m'enferme chez moi pour faire de la misanthropie à mon aise.

Elle sort et ferme la porte.

SCENE IV.

MENDOCE, *seul.*

Elle m'aime... et ce dépit n'est rien autre chose que la jalousie... Oh! si j'avais pu tout lui dire... mais non, cela était impossible... Un mot imprudent suffirait pour nous faire découvrir.... Oh! le temps n'est pas éloigné, je l'espère, où je pourrai..... Mais si je lui écrivais... Oui, c'est le seul moyen... Eh quoi! on entre malgré l'ordre donné.... Quelle insolence!

SCENE V.

MENDOCE, PIQUILLO, *en grand seigneur, dans une chaise à porteurs,* UNE CAMÉRIÈRE, VALETS, PORTEURS.

CHOEUR.

Honneur
Au noble seigneur
Qui de ses richesses
Fait si bien largesses!
Honneur
Au noble seigneur,
Honneur, honneur, honneur!

PIQUILLO.

Silence, marauds, silence!
C'est trop vous étonner de la magnificence
D'un homme de ma qualité!
Ma bourse est pleine en vérité,
Mais aussi ma canne est bonne,
Et je frappe comme je donne,
Avec libéralité!

CHOEUR.

Honneur, etc.

LA CAMÉRIÈRE. Mais, monseigneur, je vous ai dit que ma maîtresse ne voulait recevoir personne.

PIQUILLO. Eh bien! tu t'es trompée, ma charmante, puisqu'elle a reçu monsieur... Dites-lui que c'est le seigneur don Alphonse Oliferno y Fuentes y Badajos y Rioles... Allez... (*Tout le monde sort. Apercevant Mendoce.*) Oh! oh! seigneur cavalier, il paraît que nous admirons tous deux le même objet, et que nous pourrions bien avoir quelque démêlé sur la question de préséance.

MENDOCE. Vous vous trompez, monsieur, je connais à peine la signora Silvia, et vos droits sont probablement moins nouveaux et mieux assurés que les miens...

PIQUILLO. Ne parlons pas de mes droits; les vôtres en ce moment sont de toute évidence; vous êtes ici le premier.

MENDOCE. Mais je quitte la place... je me retire, monsieur!

PIQUILLO. Je ne demandais que mon tour, et vous me cédez le vôtre. C'est d'un admirateur bien froid, ou d'un visiteur bien timide; dois-je en remercier votre indifférence ou votre courtoisie?...

MENDOCE. Seigneur cavalier, je ne sais pas de quelle province vous êtes; mais il perce dans vos manières une certaine légèreté qui m'étonne beaucoup ici... Nous autres Castillans, nous avons l'habitude de ne pas laisser passer une parole hasardée sur une personne que nous estimons assez pour qu'on nous rencontre chez elle!

PIQUILLO, *s'ajustant devant une glace.* Ah! vous êtes de Madrid... j'en arrive... Il venait de s'y passer de très-grands événemens à l'époque de mon départ...

MENDOCE. De très-grands événemens. (*A part.*) Mon affaire, sans doute, avec don Fabrice.

PIQUILLO. D'abord on commençait à porter le haut-de-chausses lâche et flottant comme le mien, au lieu de le boutonner au genou, comme l'est encore le vôtre; ensuite la comtesse de Villaflor avait pris pour amant le tauréador Nunez, ce qui faisait grandement crier les actrices du Théâtre Royal... Enfin la belle des belles, le diamant de l'Espagne, l'étoile de Vénus, la déesse de céans, la belle Silvia s'était échappée de Madrid sans dire à personne où elle allait.... Si bien que le lendemain de ce départ, nous avons trouvé clos son salon, qui était ouvert à la plus élégante compagnie de Madrid, ce qui a manqué de faire grande émeute dans la ville...

MENDOCE. Il suffit, monsieur!... Seriez-vous assez bon pour me rendre un service?...

PIQUILLO. Avec plaisir, mon jeune seigneur...

MENDOCE. C'est de remettre de ma part à la signora Silvia ce collier que je comptais lui donner moi-même... et de lui dire qu'elle ne me verra de sa vie...

PIQUILLO. Comment!.... vous me confiez, à moi!... vraiment...

MENDOCE. N'êtes-vous pas gentilhomme? n'êtes-vous pas des amis de la senora?...

PIQUILLO. Sans doute... Mais c'est qu'il est magnifique... des diamans de la plus belle eau; il vaut dix mille piastres comme un maravédis... Où diable avez-vous volé cela?

MENDOCE. Monsieur!...

PIQUILLO. Pardon! pardon! c'est un mot sans conséquence, qui m'échappe quelquefois, une manière de parler qui m'est familière. Et vous me laissez ce collier?

MENDOCE. A moins que vous ne refusiez de vous charger de ma commission...

PIQUILLO. Point du tout; je l'accepte, au contraire, avec grand plaisir... Mais de quelle part le lui remettrai-je?

MENDOCE. De la part de don Diègue!

PIQUILLO, *bas.* Tiens! c'est notre homme! (*Haut.*) Et vous ne reverrez jamais la signora?

MENDOCE. Je quitte Séville aujourd'hui.

PIQUILLO, *bas.* Diable! voilà qui est bon à savoir. (*Haut.*) Vous quittez Séville aujourd'hui?

MENDOCE. Je l'ai juré...

PIQUILLO. Serment d'amant!

MENDOCE. Serment de gentilhomme!
Il sort.

SCENE VI.
PIQUILLO seul.

Diable, diable! il n'y a pas une minute à perdre alors..... et il faut écrire ce détail à don Fabrice... Une plume, de l'encre... bon, voilà... (*Écrivant.*) « Monseigneur, le seigneur don Diègue quitte Séville aujourd'hui... L'enlèvement qui devait avoir lieu cette nuit sera donc avancé, si tel est votre bon plaisir. Envoyez nos hommes sur la route de Burgos, dans une heure je les rejoins... (*Il sonne; un valet entre.*) Portez cette lettre à don Fabrice d'Olivarès, mon ami, arrivé depuis trois jours de Madrid, et logeant rue de l'Alcazar, hôtel du Soleil... Allez, voilà pour vous. (*Il met le collier dans sa poche.*) Allons, Piquillo, mon ami, si la chance continue, tu pourras te retirer des affaires avec une fortune de prince, et, en attendant, essayer de tous les plaisirs d'un grand seigneur, comme tu l'as fait, Dieu merci, jusqu'à présent...

Air :

Moi, pauvre enfant de rien, moi, pauvre Piquillo,
J'ai, grâce à mon adresse,
J'ai bien plus de richesse
Qu'un noble cavalier, qu'un vaillant hidalgo,
Fiancé d'une altesse.

Car, lorsque j'aperçois riche d'un beau bijou
    Quelque fils de famille,
Collier ou chaîne d'or, je suis sûr qu'à mon cou
    Le soir le bijou brille.
Moi, pauvre enfant, etc.

Et, lorsque je désire un plus riche trésor,
    Beauté demi-farouche,
J'ai, pour prix de ma chaîne ou de mon collier d'or,
    Un baiser de sa bouche.

Voilà, voilà comment, moi, pauvre Piquillo,
    J'ai, grâce à mon adresse,
J'ai bien plus de richesse
Qu'un noble cavalier, qu'un vaillant hidalgo,
    Fiancé d'une altesse.

Eh! oui, messieurs, enfant de rien, enfant perdu, enfant de grand seigneur peut-être... enfant de prince, enfant de roi, qui sait? mais, à coup sûr, enfant de gentilhomme... cela se voit tout de suite aux mains... mains qui savent prendre et qui savent donner... Sont-ce là des mains de roture, qui ne savent que mendier et retenir?... (*Se mirant à la toilette de Silvia.*) Messieurs, messieurs, ai-je volé mon titre et mes bijoux de famille, et mes habits de grandesse et ma bonne mine de seigneur? Ne suis-je pas le noble hidalgo y Fuentes y Badajos y Rioles?... Hein! je crois qu'il y a ici un certain Piquillo qui fait le plaisant et qui me raille: ce Piquillo, c'est un faquin, c'est mon valet, mon intendant, mon majordome, homme intègre d'ailleurs, qui prend soin de mon revenu et de mon patrimoine, que Dieu a dispersés dans les mains de la société. Il est utile, ce Piquillo; c'est lui qui remplit la bourse et moi qui la vide... cependant je le chasserai s'il fait l'insolent. Mais cette beauté se fait bien attendre, et me prend pour quelque autre. Holà, valets... venez à moi, et me procurez au plus vite un supplément de coussins pour établir ma jambe droite et n'en pas froisser les dentelles.

          On apporte un coussin.

SCÈNE VII.

PIQUILLO, *assis*, SILVIA *entrant, fait signe aux valets de sortir; Piquillo se lève.*

SILVIA. Ne vous dérangez pas, monseigneur; je suis contente que vous preniez chez moi les aises qui conviennent à un homme de votre rang.

PIQUILLO. Ah! fussé-je sur un trône, madame, ma place est à vos pieds, du moment où je vous vois paraître.

SILVIA. Je n'oserais y tenir long-temps une personne de si grande condition... Et cependant je ne sais encore de quel titre vous saluer; vos traits me sont inconnus et vous n'êtes assurément pas de Madrid.

PIQUILLO. Je suis don Alphonse Oliferno y Fuentes y Badajos y Rioles, troisième fils du vice-roi du Mexique, et je viens simplement prendre l'air de la cour d'Espagne et lui donner un peu du ton de la nôtre, si vos seigneurs sont gens de goût... Avez-vous vu mes équipages?

SILVIA. Ils faisaient si grand bruit, que j'ai bien été forcée de regarder par la fenêtre.

PIQUILLO. C'était par mon ordre et pour vous faire honneur...

SILVIA, *à part*. Allons, c'est un original... (*Haut.*) Sont-ce là, seigneur don Alphonse, les dernières modes que l'on portait à Mexico?

PIQUILLO. Et les premières, je l'espère, que l'on portera à Madrid..... Nous ne suivons pas vos modes, nous les devançons. Mais parlons de vous, mon bel astre d'Europe, ma belle étoile d'Orient! Savez-vous que vous me faites marcher au rebours de mes aïeux? ils sont allés chercher un trésor d'Espagne en Amérique; moi, j'en viens découvrir un d'Amérique en Espagne...

SILVIA. Oh! que voilà une déclaration d'un goût supérieur et bien appropriée au sujet! cela me donne une grande idée de l'esprit qu'on a dans le Nouveau-Monde.

PIQUILLO, *lui montrant le pommeau de son épée*. Que pensez-vous de ce brillant?...

SILVIA. Qu'il est de grand prix, s'il est de bon aloi.

PIQUILLO. Fi! mon père en met de pareils aux gourmettes de ses chevaux, et je ne le porte que pour ne pas humilier les gentilshommes de ce pays... Et maintenant, ma divinité, maintenant que vous connaissez votre adorateur, permettez-lui de se déclarer l'humble soupirant de vos charmes, et de changer tous ses nœuds de ruban pour les porter de la couleur des vôtres.

SILVIA, *à part*. J'étais dans l'erreur, c'est un fat. (*Haut.*) Mais il n'y a qu'un inconvénient à cela, c'est que j'en porte tous les jours de différente couleur.

PIQUILLO. Je prendrai tous les soirs votre fantaisie du lendemain...

SILVIA. Prenez garde, je change aussi de soupirans tous les matins.

PIQUILLO. Que ce soit donc mon tour, si j'ai eu le bonheur d'arriver le premier.

SILVIA. Hélas! non, seigneur Oliferno, il y avait quelqu'un inscrit avant vous.
PIQUILLO. Pour long-temps?
SILVIA. Pour toujours.
PIQUILLO. Un caprice?
SILVIA. Un amour.
PIQUILLO. Oh! du sentiment?
SILVIA. Mieux encore, de la passion.
PIQUILLO. Ainsi rien à espérer?...
SILVIA. Pas la moindre chose.
PIQUILLO. Oh! tout au moins je vous requiers, au nom des muses et des sirènes, de me faire entendre quelques sons de cette voix délicieuse dont l'Espagne dit des merveilles, et que mon pays envie à l'Espagne.
SILVIA. Veuillez m'excuser, je ne suis pas en voix.
PIQUILLO. N'est-ce que cela? nous avons remède à la chose.
SILVIA. Êtes-vous médecin?
PIQUILLO. Je suis enchanteur.
SILVIA. Et vous avez des recettes?
PIQUILLO. J'ai des talismans.
SILVIA. Je serais curieuse d'en faire l'essai
PIQUILLO. Rien de plus facile... détournez la tête et tendez le bras... Là... (*Il lui met un bracelet.*) Vous n'aurez pas plus tôt regardé ce bracelet que la voix vous reviendra...
SILVIA. Ce bracelet... (*Elle regarde.*) Que vois-je?
PIQUILLO. Eh bien! n'éprouvez-vous pas du mieux?
SILVIA. Oui, oui, déjà... (*A part.* Mais sans aucun doute... c'est le mien... Comment les bijoux que l'on m'a volés hier se trouvent-ils entre les mains de ce seigneur?
PIQUILLO. Essayons-nous de filer un son?
SILVIA, *à part.* Voyons jusqu'où cela ira... (*Elle chante.*) Ah! ah! ah! ah! (*Elle tousse.*) Il y a encore quelque chose
PIQUILLO. Diable!...
SILVIA. Pour que la cure soit complète, je crois qu'il faudrait...
PIQUILLO. Que faudrait-il, mon enchanteresse?
SILVIA. Il faudrait la paire... l'avez-vous
PIQUILLO. Sans doute...
SILVIA. Voilà de merveilleux bijoux!.. Viennent-ils du Mexique
PIQUILLO. Je les y ai fait fabriquer à votre intention.
SILVIA. Vous même?
PIQUILLO. Moi-même.
SILVIA, *à part.* Je m'étais trompée, ce n'était ni un original ni un fat.... c'est un fripon.
PIQUILLO. Eh bien! cette voix...

SILVIA, *tendant l'autre bras.* Je vous ai dit ce qu'il manquait pour qu'elle revînt...
PIQUILLO. Oh! ne soyons pas trop prodigue; quand vous aurez chanté.
SILVIA. Allons, soit pour la ballade... (*Appelant.*) Paquita!
PIQUILLO. Que voulez-vous, madame?
SILVIA. Ma guitare. (*A Paquita.*) Prévenez l'alcade, et qu'il vienne à l'instant même.
PAQUITA. Ici?...
SILVIA. Ici... allez...
PIQUILLO. Permettez-vous que je vous accompagne?
SILVIA. Volontiers. La ballade que je vais vous chanter est intitulée: *La femme du bandit.*
PIQUILLO. Ah! je la connais!...

SILVIA.
Au pays d'Espagne
Une voix gémit;
C'est dans la montagne
La triste compagne
D'un pauvre bandit:
« Ah! pour ce qu'on aime
» Toujours s'affliger,
» Et sur son cœur même
» Craindre le danger!
» Reviens, Peblo,
» Reviens, Peblo.»
Une voix répond... N'est-ce que l'écho?
Folle,
Que désole
Un danger lointain,
Ta crainte frivole
Passera demain.
Sois fidèle et forte;
Ce soir je t'apporte
Ta part du butin;
Tu pourras te faire
Avec ce trésor
Des colliers de verre,
Des aiguilles d'or.

Au pied des montagnes
Une femme en pleurs,
Le soir aux campagnes,
Loin de ses compagnes,
Redit ses douleurs.
Elle écoute, appelle;
Mais rien ne redit
A son cœur fidèle
Le chant du bandit:
Rien ne redit
Ce chant lointain,
Ce chant du matin.

ENSEMBLE.
Folle
Que désole
Un danger lointain,
Ta crainte frivole
Passera demain;
Sois fidèle et forte;
Ce soir je t'apporte
Ta part du butin.
Tu pourras te faire
Avec ce trésor
Des colliers de verre,
Des aiguilles d'or.

L'alcade entre avec ses alguazils et les gens de Silvia.

SCENE VIII.

SILVIA, PIQUILLO, L'ALCADE, ALGUAZILS, Gens de Silvia.

PIQUILLO. Bravo! bravo! délicieusement chanté... Eh bien! est-ce que vous ne finissez pas la ballade?

SILVIA. A quoi bon?... vous savez ce qui est arrivé au bandit?

PIQUILLO. Il est mort?

SILVIA. Non, il est pris!... (*A l'alcade.*) Soyez le bien venu, monsieur l'alcade.

PIQUILLO. Ah! pauvre moi!...

L'ALCADE. Vous m'avez fait demander, madame?

SILVIA. Oui, monsieur l'alcade; je désirerais vous présenter le seigneur don Alphonse Oliferno y Fuentes y Badajos y.....

PIQUILLO. Y Rioles.

L'ALCADE, *s'inclinant.* Monsieur!

SILVIA. Deuxième ou troisième fils...

PIQUILLO. Précisément.

SILVIA. Du vice-roi du Mexique.

L'ALCADE. Monseigneur!

SILVIA. A qui son auguste père a fait don, pour ses menus plaisirs, des mines de diamans de Guadalaxara.

L'ALCADE. Votre altesse!... Saluez, messieurs, saluez...

SILVIA. Et qui, pour ma bonne fortune, a découvert le coquin qui avait volé les bijoux que j'avais déposés hier soir chez don Diègue.

L'ALCADE. Voyez-vous!...

PIQUILLO. Hein! comme cela se rencontre!

SILVIA. De sorte que le seigneur Oliferno lui a repris les bijoux.

L'ALCADE. A-t-il fait résistance?

PIQUILLO. Hein! il en avait bonne envie.

SILVIA. Mais il a compris qu'il avait affaire à plus fort et plus habile que lui... N'est-ce pas?

PIQUILLO. Sans doute.

SILVIA. De sorte qu'il vous a remis....

PIQUILLO. Ce bracelet.

SILVIA. Il devait avoir aussi sur lui un collier?

PIQUILLO. Un collier... Non, je ne crois pas...

SILVIA. Oh! rappelez-vous bien...

PIQUILLO. Oui... oui, en effet... mais... oh! j'oubliais... Voilà, madame, voilà.

Il lui donne le collier de don Diègue.

SILVIA. Pardon, pardon... ce n'est pas celui-ci... celui-ci... Mais celui-ci, si je ne me trompe, appartient à don Diègue.

PIQUILLO. C'est possible.

L'ALCADE. Mais ce coquin-là avait donc la passion des bijoux?

PIQUILLO. Il a le faible de les aimer beaucoup, monsieur l'alcade.... il les adore...

SILVIA. Mais enfin, quand il se trouve entre sa sûreté et son amour pour eux....

PIQUILLO. Vous voyez qu'il s'en sépare.

SILVIA. Difficilement... car il paraît que mon collier... Vous avez eu grande peine à le tirer de ses mains?

PIQUILLO. Madame, il m'a avoué une chose qui m'a touché profondément: c'est qu'amoureux d'une belle dame, chez laquelle il ne pouvait se présenter avec le costume simple qu'il porte d'habitude, il avait, il faut le dire, troqué le malheureux collier contre un accoutrement de meilleur goût et de la dernière mode, dans le genre de celui-ci... Alors j'ai pensé... j'ai cru... j'ai espéré... que vous seriez assez bonne pour ne pas exiger...

SILVIA. Oh! certes!

L'ALCADE. Et quel est le nom de ce drôle?

PIQUILLO. Il a préféré ne pas me le dire.

SILVIA. Oh! mais vous l'avez deviné... Ne serait-ce pas un certain Piquillo?

PIQUILLO. Oui... oui, je crois... en effet c'était Piquillo.

L'ALCADE. Je ne m'étais donc pas trompé?

PIQUILLO. Vous le connaissez, monsieur l'alcade?

L'ALCADE. De réputation, le drôle... J'ai dans ma poche certains papiers qui le concernent.

PIQUILLO. Son signalement peut-être?

L'ALCADE. Hélas! non...

PIQUILLO, *à part.* Ouf... je respire...

L'ALCADE. Mais, puisque vous avez eu affaire à lui, soyez assez bon pour me donner vous-même son signalement.

PIQUILLO. C'est difficile... je ne l'ai vu que de nuit... de sorte que je ne me rappelle plus bien.

SILVIA. Je vous aiderai, seigneur don Oliferno.

PIQUILLO. Merci, c'est inutile... la mémoire me revient.

MORCEAU D'ENSEMBLE.

L'ALCADE, *écrivant.*
Puisque vous voulez bien éclairer la justice,
Je vous écoute. Commençons.
PIQUILLO, *à part.*
Comment détourner les soupçons?
(*Haut.*)
Permettez que je réfléchisse.
L'ALCADE.
D'abord
Quel est son port,
Son air....

PIQUILLO.
Son air?....
L'ALCADE.
Oui, son abord,
Son apparence.
PIQUILLO.
Fort bien, fort bien ; il a, d'honneur,
L'air distingué...
SILVIA.
L'air d'un seigneur;
On dit qu'il prend le ton d'un homme d'importance.
PIQUILLO, à part.
On veut m'embarrasser, je pense.
SILVIA.
On dit qu'il prend le ton d'un grand seigneur.
L'ALCADE.
Permettez que je m'informe
De sa taille.
SILVIA.
L'on m'a dit qu'il était
Mince et fluet.
PIQUILLO.
Quelle erreur!... c'est un homme énorme,
Et quand on le pendra
La corde cassera.
L'ALCADE.
Écrivons... Un homme énorme;
Je vous crois... un tel bandit
Ne pouvait être petit.
Sans doute même il est difforme.
PIQUILLO.
Oh! non pas, c'est un homme énorme,
Mais d'un port très-majestueux.
L'ALCADE.
Très-majestueux.
PIQUILLO, à part.
Ah! si fort que je dissimule,
Vraiment je me ferais scrupule
De trop enlaidir le tableau.
Ne jetons pas de ridicule
Sur le beau nom de Piquillo.
L'ALCADE.
Sa figure?
SILVIA.
On la dit ordinaire,
Très-ordinaire.
PIQUILLO.
Non, elle est fort bien, au contraire.
L'ALCADE.
Son front?
PIQUILLO.
Très-grand.
L'ALCADE.
Ses yeux?
PIQUILLO.
Très-bleus.
Nez retroussé, bouche agréable.
L'ALCADE.
Et ses cheveux?
PIQUILLO.
Ah! ses cheveux....
SILVIA.
On les dit noirs.
PIQUILLO.
Noirs? oh! non! (À part.) Diable!
Les miens le sont...
(Haut.)
Ses cheveux... roux!
SILVIA.
Que dites-vous?
Le portrait n'est pas aimable;
Ce Piquillo doit être affreux.

PIQUILLO.
Mettez plutôt... d'un blond douteux.
L'ALCADE.
Il suffit... d'un blond douteux.
PIQUILLO.
Attendez, il faut qu'on sache
La couleur de sa moustache.
Elle est noire comme l'enfer.
L'ALCADE.
Comme l'enfer!
SILVIA.
Le signalement n'est pas clair ;
Cheveux roux, moustache noire,
Des yeux bleus !
S'il faut vous croire,
Ce doit être un homme affreux.
PIQUILLO.
Non, madame,
Il est fort bien, sur mon âme,
Et j'en dois croire mes yeux ;
Un abord majestueux,
Œil brillant, figure aimable,
Cheveux d'un blond agréable,
Nez aquilin, front très-beau,
Avec de noires moustaches,
Comme en portent les bravaches
Qu'on voit le soir au Prado.
SILVIA.
Mais, d'après votre tableau,
Il est affreux ce Piquillo.
PIQUILLO.
Non, tout lui va bien, madame ;
Sur mon âme,
C'est un cavalier très-beau.
ENSEMBLE.
L'ALCADE.
Ah ! que de grâces à vous rendre !
Vous m'avez donné le moyen
De reconnaître et de surprendre
Le vaurien.
LES ALGUAZILS.
Monseigneur, que de grâces à vous rendre !
Nous avons enfin le moyen
De reconnaître ce vaurien.
Quel honnête homme et quel excellent citoyen !
PIQUILLO.
Ce n'est rien, non, ce n'est rien.
Guider la justice,
Éclairer la police,
C'est un devoir pour tout bon citoyen.
SILVIA.
En somme,
Il s'en retire fort bien,
Et ce vaurien
A plus d'esprit qu'un honnête homme.
Vraiment, il s'en tire fort bien.
*Ils accompagnent, en le remerciant beaucoup,
Piquillo jusqu'à sa chaise. Ils sortent.*

SCÈNE IX.

SILVIA, *puis* LA CAMÉRIÈRE.

SILVIA. Enfin ils sont partis.... J'espère que je trouverai, au milieu de toutes ces aventures, une heure pour ma toilette.
LA CAMÉRIÈRE, *entrant.* Signora, le seigneur Fabrice...
SILVIA. Fais entrer, et laisse-nous.
La camérière sort.

SCENE X.

SILVIA, FABRICE.

FABRICE. Bonjour, ma belle Circé; où en sommes-nous de nos enchantemens?

SILVIA. Vous le voyez, je les prépare.

FABRICE. Ne sommes-nous donc pas plus avancée que les apparences ne l'indiquent?

SILVIA. Si fait, il est venu.

FABRICE. Et il doit revenir?

SILVIA. Pour qui ai-je fait toilette?

FABRICE. Tenez, Silvia, j'ai une peur.

SILVIA. Laquelle?

FABRICE. C'est que vous n'oubliiez mes intérêts pour vous occuper des vôtres.

SILVIA. Ne sont-ils pas les mêmes?

FABRICE. Mais moi, je suis amoureux.

SILVIA. Eh bien! moi, j'aime.

FABRICE. Vous, Silvia!... Ah! pardieu, voilà un habile homme et notre maître à tous, puisqu'en vingt-quatre heures il est plus avancé que Henrique et Paez au bout de six mois.

SILVIA. C'est que je connais le seigneur Diego depuis long-temps, voilà tout.

FABRICE. Vous le connaissez, dites-vous?

SILVIA. Oui, Fabrice; et à vous, qui paraissez sous l'influence d'un amour réel, je puis ouvrir mon cœur, fermé aux regards de ces jeunes fous... Oui, depuis long-temps je l'ai vu et je l'aime; et c'est cet amour qui m'a fait quitter Madrid, renoncer à la vie de plaisirs que j'y menais... A Séville, je l'ai retrouvé; je ne le cherchais pas..... mais, en le revoyant, un espoir que j'avais toujours repoussé s'est emparé de moi... celui de me faire aimer de lui... Un projet, qui avait pour apparence de vous servir, à peine conçu, a été mis à exécution... Je l'ai revu hier... je l'ai revu aujourd'hui!

FABRICE. Eh bien?

SILVIA. Eh bien, Fabrice, je suis la plus heureuse ou la plus malheureuse des femmes; car je ne puis être à lui... Fabrice... il m'aime.

FABRICE. Il vous aime... il vous l'a dit?

SILVIA. Non, mais j'en suis sûre à sa voix, à ses yeux, à ses paroles mêmes...

FABRICE. Il vous a promis de revenir?

SILVIA. Vous voyez bien que je l'attends.

FABRICE. Pauvre Silvia!

SILVIA. Quoi?

FABRICE. Mais don Diègue qui quitte Séville à l'instant...

SILVIA. Don Diègue quitte Séville! Le croyez-vous?

FABRICE. J'en suis sûr.

SILVIA. Et vous me dites cela ainsi!

FABRICE. J'ai pris mes précautions.

SILVIA. Lesquelles?

FABRICE. Écoutez, Silvia, je suis un homme reconnaissant, moi... même de l'intention... Vous m'avez promis d'éloigner le mari, pour me laisser la femme... eh bien! moi, j'éloigne la femme pour vous laisser le mari.

SILVIA. Qu'est-ce que vous dites?

FABRICE. Que six hommes à mes ordres, commandés par le drôle le plus adroit de toutes les Espagnes, sont embusqués à cent pas d'ici...

SILVIA. Et vous croyez qu'ils oseront?

On entend un coup de pistolet.

FABRICE. Tenez, les voilà qui nous donnent de leurs nouvelles.

SILVIA. Mon Dieu! Seigneur, protégez-le!

FABRICE, *riant*. Soyez tranquille, Silvia, j'ai recommandé pour lui la plus grande considération... les plus grands égards...

SILVIA. Oh! vous avez fait là une chose affreuse, terrible!

FABRICE. Mais où allez-vous?

SILVIA. Je ne sais... je vais le défendre... me mettre entre lui et les assassins...

FABRICE. Mais vous êtes folle, Silvia, ce ne sont point des assassins.

SILVIA. Laissez-moi!

FABRICE. Quelqu'un vient... je ne me trompe pas, c'est don Diègue.

SILVIA. Don Diègue!

FABRICE. Allons, Silvia, à l'œuvre chacun de notre côté... Celui qui aura réussi le premier préviendra l'autre.

Il sort.

SCENE XI.

SILVIA, MENDOCE.

MENDOCE. Sommes-nous seuls, madame?

SILVIA. Oui, seigneur... Qu'y a-t-il?

MENDOCE. Il y a, qu'il m'arrive des choses si étranges, qu'il faut bien que, malgré la promesse que je m'étais faite de ne jamais vous revoir, qu'il faut bien, dis-je, que je demande l'explication de tout ceci à la seule personne qui peut me la donner!... Parmi ces bandits qui viennent d'arrêter ma voiture et de m'enlever dona Léonor... car il s'agit d'un enlèvement... d'un rapt à main armée, entendez-vous, madame?... eh bien! parmi ces bandits, j'ai reconnu un homme que j'ai vu ce matin chez vous.... Où retrouverai-je cet homme? son nom, son adresse?

SILVIA. Je ne le connais pas; je vous jure que c'était la première fois que je le voyais.

MENDOCE. Il vous connaît cependant bien... lui!

SILVIA. Il vous a dit...?

MENDOCE. Tout... Mais il ne s'agit plus ici de mon fol amour... il s'agit de Léonor... il s'agit de ma sœur!

SILVIA. De votre sœur!... Léonor était votre sœur?... Que ne me l'avez-vous dit, mon Dieu!... Que ne me l'avez-vous dit ce matin?

MENDOCE. Et pourquoi?

SILVIA. Parce que ce matin il était encore temps de la sauevr.

MENDOCE. Mais vous saviez donc tout?... Parlez alors... Au nom du ciel, parlez?...

DUO.

SILVIA.

Grâce, grâce, monseigneur, grâce!
Oh! ne m'accablez pas, je suis à vos genoux.

MENDOCE.

A mes genoux, ce n'est point votre place,
Levez-vous donc, madame, levez-vous.

SILVIA.

Seigneur, je vous conjure
De m'écouter, il faut que je vous dise tout,
Et que vous connaissiez mon crime jusqu'au bout.
J'avais hier fait la folle gageure
D'obtenir votre amour
Dans l'espace d'un jour.
Ah! maintenant de ma coquetterie,
Seigneur, seigneur, suis-je punie assez?
A vos genoux c'est moi qui prie,
Et c'est vous qui me repoussez.

ENSEMBLE.

MENDOCE.

Mais vous ne dites rien, madame,
De l'enlèvement de ma sœur;
Si j'en crois le cri de votre ame,
Vous connaissez pourtant le ravisseur.

SILVIA.

Oui, j'étais du complot, et dans ce moment même
Don Fabrice quitte ce lieu.

MENDOCE.

Don Fabrice... c'est bien, adieu,
Je cours punir son insolence extrême.
Merci, madame...

SILVIA.

Non, c'est moi...
Don Diègue, je vous en conjure....
Qui dois courir... oh! voyez mon effroi!

MENDOCE.

Non, c'est à moi de venger mon injure;
Laissez-moi donc, madame, laissez-moi.

SILVIA.

Que Dieu me frappe, et que je meure
Sans pénitence et sans appui,
Si votre sœur n'est pas près de vous dans une heure.

MENDOCE.

Faites mieux que cela, conduisez-moi vers lui.

SILVIA.

Non, c'est impossible,
Votre cœur terrible
Est trop courroucé,
Et jusqu'à cette heure
Ah! déjà je pleure
Trop de sang versé.

MENDOCE.

Un pareil outrage
Veut que mon courage
En réponde encor,
Ou bien que le lâche
Qu'à mes yeux l'on cache
Rende Léonor!...

SILVIA.

C'est à moi de vous la rendre!

MENDOCE.

Non, je ne puis pas attendre!

SILVIA.

Au nom du ciel, demeurez,
Et si je ne la ramène,
Seigneur, ah! par votre haine
C'est moi que vous punirez.

Silvia tombe à genoux devant la porte que Mendoce n'ose franchir.

ACTE TROISIÈME.

Chez Fabrice.

SCENE PREMIERE.

PIQUILLO, *tenant la porte entr'ouverte et parlant au cabinet.*

Oh! mais, parole d'honneur, votre douleur est exorbitante, et vous vous désolez à tort... je n'ai jamais vu un enlèvement mal tourner... Oh! alors... et si nous nous désespérons comme ça... j'y renonce...(*Il ferme la porte.*) C'est vrai... moi je ne peux pas voir pleurer les femmes. (*Regardant par le trou de la serrure.*) Tiens, la voilà qui se calme... ce que c'est que de croire qu'on ne vous regarde plus!... Allons, allons, don Fabrice se chargera du reste.... Que diable peut-il faire, qu'il tarde si longtemps?... il ne sait donc pas qu'un enlèvement c'est tout-à-fait contre mes habitudes? Me voilà compromis moi.... il faut que je parte... je sens que je respire ici un air de police excessivement malsain... un air qui me prend à la gorge... oui, oui, décidément, je crois qu'un petit voyage à l'étranger est nécessaire pour ma santé... mais pour revenir bientôt... car je veux consacrer à mon pays mes travaux et ma gloire! Oui, terre chérie, c'est dans ton sein que je veux vivre et mourir!

AIR:

Mon doux pays des Espagnes,
Qui voudrait fuir ton beau ciel,
Tes cités et tes montagnes,
Et ton printemps éternel,
Ton air pur qui vous enivre,
Tes jours moins beaux que tes nuits,
Tes champs où Dieu voudrait vivre
S'il quittait son paradis?
Mon doux pays, etc., etc.

Autrefois ta souveraine,
L'Arabie, en te fuyant,
Laissa sur ton front de reine
La couronne d'Orient,
Et l'écho redit encore
A ton rivage enchanté
L'antique refrain du More :
Gloire, amour et liberté.

SCENE II.

PIQUILLO, SILVIA, *frappant à la porte.*

PIQUILLO. Qui frappe?
SILVIA. Ouvrez!
PIQUILLO. Votre nom?
SILVIA. J'aime mieux vous dire le vôtre.
PIQUILLO. Dites!
SILVIA. Piquillo!
PIQUILLO, *ouvrant la porte.* Entrez... Comment! c'est vous, signora!
SILVIA. Don Fabrice n'est pas encore arrivé avec la voiture et les chevaux?
PIQUILLO. Non, pas encore.
SILVIA. Bien!
PIQUILLO. La signora est donc du complot?
SILVIA. Sans doute.
PIQUILLO. C'est autre chose.
SILVIA. Et Léonor... où est-elle?
PIQUILLO. Dans ce cabinet.
SILVIA, *ouvrant la porte du cabinet.* Venez, signora.
PIQUILLO. Que va-t-elle faire?

SCENE III.

Les Mêmes, LÉONOR.

LÉONOR. Oh! venez-vous à mon secours, madame?
SILVIA. Oui, mon enfant.
LÉONOR. Soyez bénie... Et mon frère, où est-il?
SILVIA. Chez moi, où il vous attend.
PIQUILLO. Mais que dites-vous donc?
SILVIA. Je dis que la signora Léonor n'a pas un instant à perdre, et que vous allez la conduire à la litière qui est à la porte avec deux de mes valets.
PIQUILLO. Mais, madame...
SILVIA. Dépêchez-vous... le troisième est allé chercher l'alcade.
PIQUILLO. C'est autre chose, madame, je suis à vos ordres.
SILVIA, *à Léonor.* Suivez cet homme jusqu'à ma litière, signora, mes valets savent ce qu'ils ont à faire.

LÉONOR. Que de grâces !
SILVIA. C'est bien, c'est bien ; ne perdez pas un instant...
PIQUILLO. Mais vous ?
SILVIA. Je reste à la place de la signora.
PIQUILLO. Ici !...
SILVIA. Dans ce cabinet... allez !...
PIQUILLO. Vous avez le secret de faire de moi tout ce que vous voulez, madame.

Il sort avec Léonor.

SCENE IV.

SILVIA, seule.

Sauvée ! sauvée !... j'aurai tenu ma parole... Mendoce n'aura aucun reproche à me faire... et si jamais... pendant cette absence éternelle qui va nous séparer, mon souvenir se représente à sa pensée... oh ! ce ne sera pas, je l'espère, pour me maudire... mais pour me plaindre... On monte... c'est la voix de don Fabrice et de Piquillo... allons, et que Dieu nous mène à bien.

Elle entre dans le cabinet.

SCENE V.

FABRICE, PIQUILLO, SILVIA ; puis DES ALGUAZILS.

FABRICE. Mais où diable courais-tu donc ainsi quand je t'ai rencontré ?
PIQUILLO. Je courais... vous croyez que je courais... j'allais au-devant de vous. Voyant que vous ne veniez pas... je...
FABRICE. Et Léonor ?...
PIQUILLO. Elle est là.
FABRICE. Et comment la chose s'est-elle passée ?
PIQUILLO. Avec grande peine.
FABRICE. Le mari... ?
PIQUILLO. S'est défendu comme un lion.
FABRICE. Il ne lui est rien arrivé, je l'espère ?...
PIQUILLO. Non, non, non... on l'a contenu avec les plus grands égards.
FABRICE. Bien.

Il va à la porte du cabinet.

PIQUILLO. Monseigneur.
FABRICE. Quoi ?
PIQUILLO. Avec votre permission...
FABRICE. Eh bien !
PIQUILLO. Nous avons un petit compte..
FABRICE. Reviens dans la soirée.
PIQUILLO. S'il était égal à votre excellence ; pendant que je suis là...
FABRICE. De la défiance ?

PIQUILLO. Non pas, seigneur Fabrice, Dieu m'en garde !... mais je ne serais pas fâché de m'éloigner de Séville ; je commence à y jouir d'une réputation qui m'inquiète...
FABRICE. C'est bien, l'argent est dans cette bourse.
PIQUILLO. Merci. La dame est dans ce cabinet.
FABRICE, *la main sur la clef.* Et si j'avais besoin de toi, où te retrouverais-je ?
PIQUILLO. Le renseignement est assez difficile à donner, monseigneur : je compte franchir la Sierra, visiter l'Estramadure ; traverser le royaume de Léon, et gagner incognito la Galice, où j'ai voué un pèlerinage à saint Jacques de Compostelle ; et puis, s'il faut vous le dire, je ne suis pas fâché de m'éloigner momentanément des capitales ; on trouve en province plus de simplicité dans les mœurs et dans la police...
FABRICE, *entr'ouvrant la porte du cabinet.* Bon voyage, seigneur Piquillo.
PIQUILLO, *ouvrant la porte du fond.* Joyeuse vie, seigneur Fabrice !... (*A deux hommes en noir qui gardent la porte.*) Pardon, messieurs.
LES ALGUAZILS, *croisant leurs hallebardes.* On ne passe pas !...
FABRICE, *se retournant.* On ne passe pas ? Qui parle ainsi en maître chez moi ?
LES ALGUAZILS. La loi.
PIQUILLO. Nous sommes pincés, seigneur Fabrice.
FABRICE. Tu auras fait quelque bêtise !
PIQUILLO. Pas de récriminations, ce n'est pas l'heure... Je suis votre valet, vous êtes mon maître... tirez-moi du trou, je vous donnerai la main... silence ; voici l'alcade !...

On entend la marche de l'alcade.

SCENE VI.

FABRICE, PIQUILLO, L'ALCADE, SILVIA, *dans le cabinet.*

L'ALCADE. Ah ! pardieu, seigneur Fabrice, j'avais peur de ne pas vous rencontrer chez vous....
FABRICE. Ah ! pardon, monsieur l'alcade, enchanté de vous voir... mais, vous le voyez, j'allais sortir... Pedrillo, mon manteau !...
L'ALCADE, *s'asseyant.* Je suis vraiment désolé d'arriver dans un moment comme celui-ci... Eh bien !...
FABRICE. Eh bien ?

L'ALCADE. Nous sommes donc amoureux?...
FABRICE. Après la guerre, l'amour n'est-il pas la plus noble occupation d'un Espagnol?
L'ALCADE. Bien répondu... mais il paraît que les parens nous refusaient la dame de nos pensées ; de sorte que nous avons fait un petit enlèvement avec effraction... un petit rapt à main armée.
PIQUILLO. Diable ! diable !...
FABRICE. Monsieur l'alcade !...
L'ALCADE. Il n'y a pas de mal à cela, monseigneur... il n'y a pas de mal, et le roi Alphonse le Chaste, dans son amour pour sa brave noblesse, avait prévu le cas où un grand seigneur, comme vous, serait réduit à en venir à cette extrémité.
FABRICE. Ah ! oui, la loi, je la connais....
L'ALCADE. Vous la connaissez ; alors il n'y aura pas de surprise. (*Se retournant vers Piquillo qui s'approche de la porte.*) Empêchez cet homme de sortir... « Article 31 de l'ordonnance de 1229... » Il paraît que vous aimez beaucoup la jeune dame... tant mieux... j'encourage toujours les mariages d'inclination... j'ai la main heureuse.
FABRICE. Mon Dieu, monsieur l'alcade, je profiterais avec reconnaissance de vos bons offices, d'autant plus que j'ai reçu ce matin du roi l'autorisation de me marier à ma guise...
Silvia entr'ouvre la porte du cabinet et écoute.
L'ALCADE. Dans cette circonstance, vous n'aviez pas besoin de l'agrément de sa majesté... (*Voyant que Piquillo s'approche de la porte.*) Empêchez cet homme de sortir !
FABRICE. Mais dans le cas présent, il n'y a qu'une difficulté à ce que la loi d'Alphonse le Chaste s'accomplisse...
L'ALCADE. Et laquelle, monseigneur?
FABRICE. C'est que la femme que j'ai enlevée est déjà mariée.
L'ALCADE. Diable !...
SILVIA, *s'avançant et levant son voile.* Vous vous trompez, seigneur Fabrice, elle est libre...
PIQUILLO. Pécaïre !...
Il fait un bond vers la porte.
L'ALCADE. Empêchez cet homme de sortir !...

QUATUOR.
L'ALCADE.
Puisque la chose se complique,
En attendant que tout s'explique,
Comme un enlèvement n'en existe pas moins,
A faire agir la loi je dois mettre mes soins.
ENSEMBLE.
L'ALCADE.
Plus de doute, la chose est claire ;
Seulement, pour finir l'affaire,
Il faut un prêtre et deux témoins.

PIQUILLO.
Gagnons la porte avec mystère,
Sans moi, pour terminer l'affaire,
Ils ont bien assez de témoins.
SILVIA.
Pour vous, seigneur, la chose est claire,
Et l'affront qu'on vient de me faire
N'a déjà que trop de témoins.
FABRICE.
Ce n'est pas elle, quel mystère !
Je suis trahi, la chose est claire ;
Mais lui me le paira du moins.
Arrêtant Piquillo, qui est prêt à sortir.
J'ignore encor, seigneur alcade,
Ce que vous pouvez contre moi ;
Mais surveillez ce camarade
Qui veut se soustraire à la loi.
Il est plus coupable que moi !
L'ALCADE.
Comment !... mais celui-ci, je crois le reconnaître.
Ailleurs déjà je vous ai vu, mon maître.
PIQUILLO.
Diable !
L'ALCADE.
Mais sous de plus beaux habits.
PIQUILLO.
Aïe !... je suis pris !...
L'ALCADE.
Oh ! de nouveau la chose se complique,
Il faudra bien que tout s'explique ;
Mais un enlèvement n'en existe pas moins :
A proclamer la loi je dois mettre mes soins.
Il ouvre un livre.
« Quiconque aura par force enlevé veuve ou fille ;
» Si grands que soient son rang et sa famille,
» Devra par l'hymen le plus prompt
» Réparer son affront,
» A moins qu'il ne préfère
» De tous ses biens lui faire
» L'abandon. »
FABRICE.
O ciel !
SILVIA.
C'est tout, seigneur Alcade?
FABRICE.
Madame, dites-moi quelle sera la fin
De cette étrange mascarade :
Voulez-vous ma personne, ou voulez-vous mon bien?
SILVIA.
A l'édit qui sur nous prononce
Il faut céder,
Pour le destin qu'il nous annonce
Vous décider.
Je sais que votre cœur appelle
De cet arrêt ;
Je sais que je ne suis point celle
Qu'il vous faudrait ;
Moi, je perds mon indépendance ;
Mais une si haute alliance,
C'est un honneur,
Seigneur !...
Mon droit ne peut faire aucun doute,
Et de l'invoquer il m'en coûte,
Mais j'ai la loi
Pour moi.
FABRICE.
Bien... je réfléchirai.
L'ALCADE.
Cet autre qui se glisse
Vers la porte... à son tour, réglons son compte aussi.
FABRICE.
Tu vas payer ta trahison... Voici,
Seigneur, s'il est un crime en tout ceci,
Voici mon agent, mon complice.

L'ALCADE.

Son nom?

PIQUILLO.
Oh! monseigneur...

FABRICE.
Piquillo.

L'ALCADE.
L'aventure
S'éclaircit à la fin.
Traître, ton affaire est sûre ;
Ce jour, je t'assure,
Verra ta fin !...

PIQUILLO.
Monseigneur l'alcade, de grâce,
Apaisez-vous !
Ah ! voyez, je pleure et j'embrasse
Vos deux genoux.
Contre moi je veux qu'on emploie
Tous les moyens.
Oui, je m'y résigne avec joie :
Prenez mes biens,
Châteaux, terres, qu'on les confisque ;
Bien plus, à l'hymen je me risque,
Oui, de grand cœur,
Seigneur;
Et qu'au refus de don Fabrice,
A la signora l'on m'unisse...
Appliquez-moi
La loi !...

L'ALCADE.
Non, point de grâce, ici demeure...
Je l'ai dit, l'arrêt est rendu.
Vous avez tous deux un quart d'heure :
Vous, pour être marié... toi, pour être pendu.

SILVIA.
Ah ! pour lui quelle surprise !
C'est une cruauté vraiment.
Dans cette étrange méprise,
Pour son amour quel dénoûment!
Du sort qui vous désespère
Bien des cœurs seraient jaloux,
Mais le temps saura, j'espère,
Adoucir votre courroux !

L'ALCADE. Ainsi vous entendez bien mon arrêt, vous avez tous deux un quart d'heure ; vous, pour vous marier ; toi, pour être pendu.

SCENE VII.
PIQUILLO, FABRICE.

Ils se regardent.

PIQUILLO. Eh bien ! seigneur, Fabrice?
FABRICE. Eh bien ! monsieur le drôle !
PIQUILLO. Vous avez un quart d'heure pour vous décider à vous marier.
FABRICE. Et toi, quinze minutes pour te préparer à être pendu.
PIQUILLO. Que dites-vous de la position?
FABRICE. Je dis que nous l'avons méritée tous les deux..... moi, par ma sottise... toi, par ta maladresse.
PIQUILLO. Ma foi, seigneur Fabrice, mon étonnement vaut bien le vôtre, et il y a là quelque tour de passe-passe du diable ; je fais entrer dona Léonor dans ce cabinet, et c'est dona Silvia qui en sort...

FABRICE. Misérable !...
PIQUILLO. Ah! voilà... On n'est pas plus tôt dans une situation équivoque, que non seulement on vous abandonne, mais encore qu'on vous injurie... Eh bien! monseigneur, je ne suis pas si ingrat que vous, et si je puis vous être bon à quelque chose dans l'embarras où vous vous trouvez, disposez de moi.
FABRICE. Trève de fanfaronnades, monsieur le faquin ; votre position n'est pas tellement brillante, ce me semble, qu'il vous reste du temps à perdre à vous apitoyer sur celle des autres... Je ne suis pas forcé de vivre avec ma femme, moi, tandis que vous êtes forcé de mourir avec votre corde, vous !...
PIQUILLO. Tout beau, monseigneur, tout beau ; nous ne sommes encore que fiancés, et j'espère bien que le mariage n'aura pas lieu, par défaut de consentement de l'une des parties.
FABRICE. Pardieu, je voudrais bien savoir comment tu y échapperas?
PIQUILLO. En mettant mon cou à une assez grande distance de la corde pour qu'ils ne puissent jamais se rejoindre.
FABRICE. Alors, si tu as un moyen de sortir d'ici, comment n'en profites-tu pas à l'instant même?...
PIQUILLO. Parce que j'ai pour principe de ne jamais faire les choses qu'au moment où elles doivent être faites. L'alcade nous a donné un quart d'heure, c'est juste le temps qu'il me faut pour procéder à l'inventaire de quelque chose que j'ai là.
FABRICE. Ce drôle m'amuserait, sur mon honneur, si je n'avais autre chose à faire que de l'écouter !...
PIQUILLO. D'abord fermons la porte en dedans, afin de ne pas être dérangés dans nos petites affaires... Ah! celle-ci... j'oubliais... et maintenant que nous sommes chez nous...
FABRICE. Que diable tires-tu de ta poche?
PIQUILLO. De ma poche?... Je tire la poche du commissaire que je lui ai coupée en embrassant ses genoux... Quand j'ai vu que je perdais mon temps à le prier, j'ai voulu tirer le meilleur parti possible de ma position, et alors je lui ai... je suis un peu curieux de savoir ce qu'il y a dans cette poche, et vous, hein?...
FABRICE. Que veux-tu que cela me fasse à moi?
PIQUILLO. Vous avez tort d'être si indifférent... qui peut dire ce que contient la poche d'un commissaire?
FABRICE. Vide-la alors, et n'en parlons plus !...

PIQUILLO. Peste! comme vous y allez... ce n'est pas ainsi que cela se pratique... Procédons selon les règles... nous avons affaire à un homme de justice... gare les nullités... (*Il tire une montre qu'il pose sur la table.*) A huit heures de relevée.

FABRICE. Mais c'est ma montre que tu as là?

PIQUILLO. Vous croyez?

FABRICE. J'en suis sûr...

PIQUILLO. C'est possible: vous me l'aurez prêtée sans y faire attention... j'emprunte comme cela beaucoup de choses, et quand on ne me les redemande pas, j'oublie de les rendre.

FABRICE. Coquin!

PIQUILLO. La scéance est ouverte...

« Dans une poche de commissaire qui a été reconnue avoir fait autrefois partie d'un vieux pourpoint râpé, et avoir été violemment séparée dudit pourpoint à l'aide d'un instrument tranchant... avons trouvé...

» *Premièrement.* Une bourse assez plate, objet qu'il nous a paru inutile de mentionner au procès-verbal.

» *Deuxièmement.* Des lettres de noblesse accordées à l'alcade Zambulos, en récompense de l'habileté qu'il a déployée dans ses fonctions... Voilà une récompense méritée, mais comme ceci peut nous servir dans l'occasion, confisquons!...

» *Troisièmement.* Oh! oh! notes sur les faits et gestes du nommé Piquillo... liste des vols qu'il a commis... des vols!... dans les villes de Madrid, de Tolède, de Sarragosse, d'Irun, de Barcelone, de Ségovie, etc. »

Ceci étant des mémoires particuliers qui ne doivent être imprimés qu'après ma mort, je m'oppose à leur publicité.

« *Quatrièmement.* Ah! ah! le sceau royal, une lettre de Sa Majesté!

« Le seigneur Zambulos fera chercher » dans Séville et ses environs un jeune sei- » gneur de Burgos, qui se cache sous le nom » de don Diègue. »

FABRICE. Qu'est-ce que tu dis? don Diègue!

PIQUILLO. C'est écrit.

FABRICE. Après, après!...

PIQUILLO. « Pour plus ample renseigne- » ment, il saura que le fugitif, dont le » véritable nom est don Mendoce, a près de » lui sa sœur doña Léonore, qu'il fait pas- » ser pour sa femme. »

FABRICE. Sa sœur! doña Léonor! Léonor est sa sœur... mais lis donc, bourreau!

PIQUILLO. Ma foi, lisez vous-même, monseigneur, si vous êtes pressé...

FABRICE. « Il lui annoncera... »

PIQUILLO. L'alcade Zambulos, toujours.

FABRICE. « Oui, il lui annoncera... » Sa sœur! et moi qui ai cru... « Il lui annon- » cera que, sur la lettre que nous avons » reçue de lui, et d'après les instances de » don Fabrice d'Olivarès, nous lui accor- » dons sa grâce pleine et entière, et qu'il » peut revenir à Madrid... » Sa grâce! oh! Piquillo, mon enfant, quelle idée tu as eue là... de couper la poche de ce vieil imbécile!...

PIQUILLO. J'en ai souvent de pareilles.. seulement elles ne réussissent pas toujours aussi bien.

DUO.

FABRICE.

O bonheur étrange!
Qui tout-à-coup change
Mon mauvais destin!
Eh quoi! Léonore
Est donc libre encore,
Et j'aurai sa main!

PIQUILLO.

Aventure étrange!
Qui tout-à-coup change
Son mauvais destin!
Oui, sa Léonore
Sera libre encore
De donner sa main!
Mais un instant, seigneur, j'y pense,
Vous êtes engagé d'autre part.

FABRICE.
Ce n'est rien,
Je suis libre en perdant ma fortune et mon bien,
Et de cet abandon m'attend la récompense!
O Dieu! si je pouvais leur écrire.....

PIQUILLO.
Et pourquoi
N'écririez-vous donc pas? que faut-il davantage?
Voici plume et papier....

FABRICE.
Mais par qui mon message
Leur sera-t-il porté?

PIQUILLO.
Par qui? parbleu! par moi!

FABRICE.
Par toi?...

PIQUILLO.
Mais sans doute!...

FABRICE.
Et moi qui l'écoute!

PIQUILLO.
Ah! monseigneur doute!

FABRICE.
Mais l'alcade ici
Nous garde.

PIQUILLO.
Qu'importe,
Pourvu que je sorte?

FABRICE.
Par où?

PIQUILLO.
Par la porte!

FABRICE.
Elle est close...

PIQUILLO.
Ah! oui!
Montrant la porte.
Celle-là, mon maître,
Est close peut-être;

Montrant la cheminée.
Mais pas celle-ci.
FABRICE.
Quoi ! tu vas t'en aller par cette cheminée ?
PIQUILLO.
A quel usage donc est-elle destinée ?
FABRICE.
Ah ! mon cher Piquillo, tu me sauves la vie !
PIQUILLO.
Seigneur, j'en ai l'âme ravie ;
Mais il ne s'agit point de perdre notre temps.
A peine s'il nous reste encor quelques instans !
Allons donc, mon maître ;
Vite à votre lettre !
Écrivez...

FABRICE.
J'écris :
« Chère Léonore, »
PIQUILLO.
Bien !

FABRICE, *écrivant*.
« Je vous adore. »
PIQUILLO.
Adorez encore ;
Si j'ai bien compris,
Plus à sa maîtresse
On peint sa tendresse
En mots insensés,
Plus on doit attendre ;
Car, pour un cœur tendre,
Qui songe à se rendre,
Trop n'est pas assez.
FABRICE.
Tiens, voilà la lettre.
PIQUILLO.
Je cours la remettre.
FABRICE.
Bientôt.
PIQUILLO.
Aussitôt !
FABRICE.
Prends garde, mon enfant, la route n'est pas sûre ;
Que feras-tu qui me rassure ?
PIQUILLO.
Je chanterai quand je serai là haut....

ENSEMBLE.
FABRICE.
Adieu donc, Piquillo ; le ciel te garde !
Qu'il te sauve de la garde,
Toi qui portes mon bonheur !
PIQUILLO.
Grand merci, monseigneur ! Dieu toujours garde
Des alcades, de la garde,
Tout amant, tout voleur ;
Adieu, monseigneur !

FABRICE. On frappe... il était temps... Piquillo ! es-tu parti ?.... Piquillo !... plus rien, il est en route, je puis ouvrir. (*Il ouvre, don Diègue paraît.*) Don Diègue !

SCENE VIII.
DON FABRICE, MENDOCE.

MENDOCE. Ne vous attendiez-vous pas à ma visite, seigneur don Fabrice ?
FABRICE. J'avoue que je l'espérais, mais pas sitôt....
MENDOCE. Et moi aussi, j'ai été trompé dans mon espérance. Je cherchais un homme que je croyais libre, et je trouve un prisonnier ; je venais demander raison, et l'on me fait justice... Dans tout ceci, je ne trouve pas le compte de mon honneur, don Fabrice.
FABRICE. Oh ! plus de paroles hautaines et ennemies entre nous, don Diègue... ou plutôt don Mendoce.
MENDOCE. Vous connaissez mon nom ?
FABRICE. Écoutez, j'aime votre sœur ?
MENDOCE. Vous savez que Léonor...?
FABRICE. N'essayez plus de me rien cacher, je sais tout...
MENDOCE. Et qui vous a livré mes secrets ?
FABRICE. Une lettre du roi qui contient votre grâce... la permission de revenir à Madrid...
MENDOCE. Cette lettre..., ?
FABRICE. La voici... et je suis heureux de vous la remettre... Maintenant j'aime votre sœur, vous le savez... je l'aime avec passion ; ces folies que vous croyez avoir à me reprocher sont un signe de mon amour.. ces poursuites qui vous fatiguaient sont un gage de ma constance... cet enlèvement dont vous veniez me demander raison est une preuve que je ne puis vivre sans elle... Allons, Mendoce, au lieu de me menacer de votre épée... tendez-moi la main ; au lieu de me croire votre ennemi, appelez-moi votre frère !...
MENDOCE. Mais comment le marquis d'Olivarès obtiendra-t-il de son père, duc et ministre, la permission de s'allier à un obscur hidalgo ?
FABRICE. J'ai celle du roi !...
MENDOCE. Et cette loi qui vous condamne à épouser Silvia ?
FABRICE. Me dégage de cette obligation en lui abandonnant mes biens et ma fortune.
MENDOCE. Et vous ferez ce sacrifice à votre amour pour ma sœur.
Entre Silvia avec Léonor voilée.
FABRICE. Un pauvre marquis, ruiné pour le moment, mais qui a quelques espérances dans l'avenir, vous convient-il pour beau-frère ?...
MENDOCE. Fabrice, dona Léonor a dix mille piastres de rentes, et dona Léonor est à vous.
FABRICE. Merci, frère, merci !... A Léonor mon amour... à Silvia ma fortune.

SCENE IX.
LES MÊMES, SILVIA, LÉONOR.

SILVIA, *s'avançant*. Et qui vous a dit, seigneur Fabrice, que Silvia était assez orgueilleuse pour ambitionner l'un, ou assez vile pour accepter l'autre?...

FABRICE et MENDOCE. Silvia!...

SILVIA. Oui, Silvia qui, selon sa promesse, vous ramène votre sœur.

LÉONOR. Mendoce!

MENDOCE. Léonor!

FABRICE. J'ai le pardon de votre frère, madame.

LÉONOR. Puisque Mendoce me donne l'exemple, je ne serai pas plus sévère que lui.

SCENE X.
LES MÊMES, L'ALCADE.

L'ALCADE, *entrant.* Eh bien! le quart d'heure est passé... Sommes-nous décidé à nous marier?

FABRICE. Oui, monsieur l'alcade.

L'ALCADE. Bien! (*Se retournant et cherchant Piquillo.*) Et nous..... sommes-nous prêt à être....? Eh bien! où est donc mon prisonnier?

Il cherche Piquillo.

FABRICE. Que cherchez-vous donc, monsieur l'alcade?

L'ALCADE. Rien... rien... Vous dites donc que vous êtes prêt au mariage.

SILVIA. Oui ; seulement il y a substitution de la fiancée, et je cède tous mes droits à dona Léonor, sœur de don Diègue.

L'ALCADE. Don Diègue?... attendez donc. Vous vous appelez don Diègue?

MENDOCE. C'est-à-dire maintenant que j'ai repris mon vrai nom, je m'appelle don Mendoce.

L'ALCADE. Oui, don Diègue, don Mendoce... C'est cela... (*Il fouille dans sa poche; sa main passe au travers; cherchant toujours Piquillo.*) Il faut pourtant qu'il soit quelque part...

MENDOCE. Aviez-vous quelque chose à me dire?...

Entre Piquillo en moine.

L'ALCADE. Certainement, que j'avais quelque chose à vous dire, une lettre du roi qui vous concerne. (*Regardant son bras qui est passé tout entier à travers sa poche.*) Eh bien! mais j'avais une poche cependant!...

SCENE XI.
LES MÊMES, PIQUILLO, *en moine.*

PIQUILLO, *frappant sur l'épaule de l'alcade, et lui montrant sa poche qu'il tient.* N'est-ce pas cela que vous cherchez, mon frère?

L'ALCADE. Tiens, tiens... justement... Et comment diable ma poche se trouve-t-elle à votre main?

PIQUILLO. Elle vient de m'être confiée par un grand pêcheur nommé Piquillo, qui a eu le bonheur de se tirer sain et sauf des mains de l'alcade le plus habile!..

L'ALCADE. Oh! le brigand!

PIQUILLO. Cette poche contenait vos lettres de noblesse, et comme un alcade aussi habile ne saurait avouer s'être laissé duper de la sorte, il m'a chargé de vous proposer un échange.

L'ALCADE. Et lequel?...

PIQUILLO. Ces lettres contre un sauf-conduit.

L'ALCADE. Un sauf-conduit... Et qu'en fera-t-il?

PIQUILLO. Il se repent... et veut devenir honnête homme...

L'ALCADE. Mais il y avait dans la poche une bourse?...

PIQUILLO. La voilà.

L'ALCADE. En effet, je vois la bourse; mais l'argent qui était dans la bourse...

PIQUILLO. Il me l'a remis afin que je dise des messes pour son heureuse conversion...

L'ALCADE. La liste des méfaits que le drôle a commis?...

PIQUILLO. N'avez-vous pas son signalement?

L'ALCADE. Mais enfin la lettre du roi pour le seigneur Mendoce?

MENDOCE. Merci, monsieur l'alcade, elle est arrivée à son adresse?

L'ALCADE. Le diable m'emporte si j'y comprends quelque chose... C'est bien... c'est bien.... voilà un sauf-conduit.

PIQUILLO. Merci, mon alcade.

L'ALCADE. Mais à la condition qu'il ne se représentera jamais devant mes yeux!...

PIQUILLO, *détachant un coin de sa barbe et se faisant reconnaître de l'alcade.* Peste, il n'aurait garde!...

CHOEUR.

Oh! quel homme habile!
Quelle main subtile
Fit un coup si beau?
C'est un grand maître!
Ce ne peut être
Que Piquillo!
Bravo!
Piquillo.

FIN.

SCÈNE VIII.

LE CAFÉ DES COMÉDIENS,

SILHOUETTE DRAMATIQUE MÊLÉE DE CHANT,

Par MM. Cogniard frères,

REPRÉSENTÉE POUR LA PREMIÈRE FOIS, A PARIS, SUR LE THÉATRE DU PALAIS-ROYAL, LE 4 NOVEMBRE 1837.

PERSONNAGES.	ACTEURS.	PERSONNAGES.	ACTEURS.
LOMBARDO, basse-taille	M. SAINVILLE.	MIMIE, chanteuse ambulante	Mlle DÉJAZET.
COLINET, jouant les utilités	M. ACHARD.	ANGÉLA, première danseuse	Mlle AUGUSTINE.
FLORIDOR, premier ténor	M. ALCIDE-TOUSEZ.	Mme BROCHET, duègne, mère	
SAINT-LÉON, jeune premier	M. FAUGÈRES.	d'Angéla	Mme TOBI.
PHOEBUS, tragédien	M. L'HERITIER.	EUDOXIE DUGAZON	Mme LEMÉNIL.
UN DIRECTEUR	M. GABRIEL.	UN GARÇON DE CAFÉ.	

Les comédiens sont devant les tables du café; les uns boivent, d'autres jouent aux dominos, aux dames, etc. Ils occupent une arrière-petite salle du café.

SCÈNE PREMIÈRE.

ANGÉLA, Mme BROCHET, UN GARÇON.

CHOEUR.

AIR :

Nous sommes à Paris:
Nous pouvons bien, ô mes amis,
Chanter et boire
Sans regrets,
Après la gloire
Et les succès.

Mme Brochet occupe avec Angéla la première table à gauche; elle tricote pendant que sa fille prend une bavaroise.

Mme BROCHET. Est-elle bonne ta bavardoise... Angéla?

ANGÉLA. Comment que vous appelez ça, maman?

Mme BROCHET. Une bavardoise... hé ben?

ANGÉLA. Dites donc bavaroise... c'est un mot anglais.

Mme BROCHET. Ah! dam, qu'est-ce que tu veux? je ne sais pas l'anglais, moi... si nous allons à London (*elle fait sonner l'n*), à la bonne heure, j'aurai le temps de l'apprendre. Ah! si ton engagement pouvait se signer aujourd'hui!... Dieu de Dieu!... si M. Laporte... l'apporte... quelle joie!... ça sera une fameuse avenir pour toi!... dix mille francs pour six mois, sans énumérer les cadeaux et les feux!...

ANGÉLA, *prenant sa bavaroise.* Tenez, maman, j'ai pas d'espoir... devant ce monsieur j'ai dansé hier comme un plomb! je n'avais pas de jambes, pas d'élévation, pas de moelleux, pas pour deux liards de nerfs, quoi?

Mme BROCHET. Hé ben, c'est ce qui te trompe, Angéla... tu es trop sévère pour toi-même... tu as eu beaucoup de moelleux... et du nerf aussi!

ANGÉLA. Et puis comment danser dans un salon, sans rouge, sans public... avec un seul violon? Est-ce que ça vous monte, ça!

Mme BROCHET. Veux-tu que je te confesse où tu as été un peu en-dessous de toi-même? c'est pendant ton premier écho... mais t'as rattrapé dans tes attitudes... t'as eu des attitudes parfaitement voluptueuses... le directeur en paraissait charmé.

ANGÉLA. Après ça, au petit bonheur!... si je ne signe pas avec l'Angleterre, je traiterai peut-être avec l'Espagne...

Mme BROCHET. Ou avec d'autres départemens... Ne t'inquiète pas... il ne manque jamais de pays... il manque plutôt des danseuses... de ton espèce, s'entend... et nous trouverons...

ANGÉLA. Faudra bien que ça vienne... En attendant, prenez donc quelque chose, maman...

Mme BROCHET. Non... je te sais gré, merci!... je n'ai pas envie de consumer à ce matin... j'ai l'estomac tout bête.

ANGÉLA. Un verre d'eau sucrée, ça ne vous fera pas de mal.

Mme BROCHET. Puisque tu y tiens... je demanderai un verre d'eau-de-vie... Garçon! garçon! un petit verre!

LE GARÇON, *servant.* Voilà, madame, voilà!...

Il sert.

Mme BROCHET. Hé, si je ne me trompe, c'est le petit Saint-Léon.

SCÈNE II.
LES MÊMES, SAINT-LÉON.

SAINT-LÉON. Salut à tout le monde!

LES JOUEURS. Bonjour, Saint-Léon!

SAINT-LÉON. Bonjour, maman Brochet. (*A Angéla.*) Bonjour, ma divine Taglioni. (*Il lui baise la main, et dit après.*) Vous permettez?

ANGÉLA, *d'un air tendre.* Bonjour, Saint-Léon.

Mme BROCHET. Est-il drôle, ce petit Saint-Léon!... est-il drôle!... il l'embrasse d'abord, et puis il lui dit après... Vous permettez?... Ces choses-là me fait rire...

SAINT-LÉON. Et ce fameux engagement, est-ce conclu?

Mme BROCHET. Pas n'encore.

Ils se lèvent *.

SAINT-LÉON. Oh! ça se fera?

ANGÉLA. Qu'est-ce qui peut vous faire présupposer?...

SAINT-LÉON. C'est ce que je viens de signer pour Londres.

Mme BROCHET. Vrai!... vous allez à London!... comme ça, si nous sommes engagées, nous ferons donc la route ensemble, nous risotterons sur le paquebot... Ah! ce cher petit Saint-Léon, tant mieux!

SAINT-LÉON. J'ai parlé d'Angéla au correspondant, qui paraît décidé à la prendre, après toutefois avoir vu la petite Daphné qui doit danser, ce matin même, à la salle Chantereine.

ANGÉLA. La petite Daphné, qui ne peut pas battre un six!...

Mme BROCHET. Et qui a des bras longs comme les boulevards.

ANGÉLA. Le fait est qu'elle met ses jarretières sans se baisser.

Mme BROCHET. De plus, il est historique qu'elle louche d'un œil!

ANGÉLA. Une femme qui ne sait que faire de l'embarras... qui se croit charmante quand elle se pose en théière!... et puis rien de vrai... tout faux, depuis les cheveux jusqu'aux mollets... j'en suis sûre; c'est l'habilleuse de Lyon qui me l'a dit... et c'est elle qu'on me préférerait... ce serait à déserter la danse.

Mme BROCHET. Nous déserterions la danse.

SAINT-LÉON, *prenant la main d'Angéla.* Soyez sans crainte, Angéla... vous l'emporterez!... Avec d'aussi beaux yeux, une aussi jolie main... cette taille de Sylphide... et notre danse si délicieuse... Ah! qui ne vous donnerait la préférence!...

ANGÉLA, *minaudant.* Et Eudoxie... est-ce qu'elle doit vous suivre à Londres?

SAINT-LÉON. Eudoxie...

ANGÉLA. Oui, votre Dugazon...

SAINT-LÉON. Je ne crois pas... et même je vous prie de ne rien dire de mon engagement... c'est encore un secret... Vous entendez, maman Brochet?

---

* Angéla, Saint-Léon, Mme Brochet.

Mme BROCHET. Oh! soilliez tranquille, cher ami, il sera bien gardé... telle que vous me voyez, je suis le tombeau des secrets...

SAINT-LÉON. Pourrais-je vous offrir quelque chose, mesdames?...

ANGÉLA. Merci!

Mme BROCHET. Elle vient de se mettre une bavardoise sur la conscience.

SAINT-LÉON. Hé bien, et vous, maman Brochet?

Mme BROCHET. Puisque vous y tenez, j'accepterai un petit verre. (*Appelant.*) Garçon!... un petit verre... Dites donc... hier, près des piliers du Temple, où j'allais pour des fleurs, j'ai rencontré le gros Lombardo, qui vient de Bordeaux.

SAINT-LÉON. Lombardo, la basse-taille?

Mme BROCHET. Oui, avec Floridor... vous savez, Floridor dit Bel-œil... il revient de Marseille, lui! ils doivent se rendre ici ce matin.

SAINT-LÉON. Tiens! Floridor était engagé pour les Elleviou, et Lombardo pour les basses... Pourquoi diable reviennent-ils?

ANGÉLA. Ils auront fait four!... probablement.

FLORIDOR, *de la coulisse.*
Il chante.

O Mathilde... idole de mon ame!
Il me faut donc vaincre ma flamme!...

SAINT-LÉON. Et, tenez, j'entends la voix de tête de notre premier ténor.

SCÈNE III.

Mme BROCHET, ANGÉLA, FLORIDOR, SAINT-LÉON.

Floridor est mis avec prétention.

FLORIDOR, *entrant.*
Il chante.

O ma patrie... ie, ie,
Mon cœur te sacrifice... ie, ie!
Et mon amour, et mes sermens.

(*Parlant.*) Bonjour, maman Brochet... Tiens, c'est toi, petit Léon!... Bonjour, petit Léon!... Ah! Angéla! mes amours! Bonjour, mes amours!

ANGÉLA. Bonjour, Floridor.

SAINT-LÉON. Te voilà déjà de retour, farceur!

FLORIDOR. Comme tu vois, cher ami.

SAINT-LÉON. Est-ce que tu as eu du désagrément à Marseille?

FLORIDOR. Moi, cher ami?... qu'est-ce qui t'a dit cette bêtise-là?... avec une voix timbrée comme la mienne...

ANGÉLA. On vous a donc bien traité?

FLORIDOR. Couronné, rien que ça!

Mme BROCHET. Vous avez reçu une couronne?... c'est comme Angéla à Caen.... dans la Sylphide... Tous les soirs une couronne... c'était sa ration.

FLORIDOR. J'ai eu un succès d'enfer dans Robert-le-Diable... et dans Guillaume Tell donc!... et dans les Huguenots... Ma parole, j'en suis honteux!... Pendant mes morceaux on m'abîmait la figure de bouquets... c'est à point qu'à mon troisième début, on m'en avait tant jeté!... tant jeté... qu'après la chute du rideau, il a fallu deux garçons de théâtre pour me tirer de dessous les fleurs... ils ne pouvaient pas me retrouver... j'étais enseveli!

Mme BROCHET. Vraiment?

ANGÉLA, *à Saint-Léon.* En v'là un craqueur!

FLORIDOR. Et à la sortie du spectacle donc... tous les soirs plus de dix domestiques à livrée me remettaient des billets doux des dames de la ville.

SAINT-LÉON. Ah! bah!

FLORIDOR. C'est mon diable de physique qui me vaut ça... mon physique me tuera!

Il s'arrange les cheveux.

SAINT-LÉON. Mais puisque tu avais tant de succès, pourquoi es-tu parti si vite?

FLORIDOR. Ce sont les femmes qui en sont cause, cher ami... et puis la ville est humide... je me faisais un tas de mauvaises affaires avec les maris.. Le Marseillais est vif... je le suis aussi... ça faisait du gâchis... J'ai dit bonjour au Midi, bonsoir à la bouille abaisse... d'autant que ma voix en souffrait, mon diamant chéri se serait terni... un peu plus... et adieu la roulade... adieu les moyens... J'ai presque perdu mon *la* de poitrine, cher ami... je n'ai presque plus de *la*... Quant à mon *ut*, impossible de le rattraper, le déserteur!... si j'en ai besoin d'un, il faudra que je l'emprunte, *do, ré, mi, fa, sol, la, si, do*... Mon do est enfoncé!...

Mme BROCHET, *bas à sa fille.* Le fait est qu'il tourne à la clarinette.

FLORIDOR. Comment va le petit Duprez à l'Opéra?

SAINT-LÉON. Mais... très-bien!

FLORIDOR. Il boulotte, il fait ce qu'il peut... Je verrai le directeur, il m'a déjà fait des propositions l'année dernière..... Bordeaux me demande à cors et à cris; si je n'y vais pas... je me déciderai peut-être à me fixer à Paris... Que Duprez se tienne bien... ah! qu'il se tienne bien!

Amis, la matinée est belle !...
Il chante.

ANGÉLA, *à part*. Ah! que les chanteurs sont bêtes !

FLORIDOR. Dites donc, comment trouvez-vous Strasbourg qui m'offre douze mille francs pour tenir l'emploi d'Elleviou ? Il est charmant Strasbourg !... Un Elleviou comme moi pour douze mille francs... ça ne serait pas cher... merci... Bonjour, Strasbourg !... vous repasserez plus tard.

SAINT-LÉON. Vous autres chanteurs, vous êtes bien heureux... vous parlez de douze mille francs comme de rien... ce n'est pas comme dans la comédie et le drame.

FLORIDOR. Que veux-tu, cher ami ?... les voix sont rares... Je suis né avec cent mille francs dans le gosier... (*Il se caresse le cou.*) Ceci est en diamant, ce n'est pas ma faute... Vous autres, vous avez des larynx en caout-chouc, ce n'est pas non plus votre faute.
Il chante.
Le roi des mers, ne t'échappera pas.
Dis donc, comment se porte ton Eudoxie ? Lui fais-tu toujours des scènes à cause de moi ?...

SAINT-LÉON. A cause de toi... Ah çà, tu plaisantes ?

FLORIDOR. Oui, oui, à Nantes, l'année dernière... Oh ! jaloux, va !
Il arrange ses cheveux.

SAINT-LÉON. Que le diable m'emporte si j'ai jamais été jaloux de toi, par exemple !

FLORIDOR. Oh! les voilà bien, ces jeunes premiers... ils ne veulent jamais avouer ça... Et vous, Angéla, m'aimez-vous toujours ?.. O ma belle Fénella, soupirez-vous encore pour votre Mazaniello ?

ANGÉLA, *riant*. Est-ce parce que je vous ai renvoyé tous vos billets sans les lire que vous me dites ça ?

FLORIDOR. Chère amie, quand on ne craint pas de succomber, on lit les billets... on n'a pas toujours sa mère à côté de soi. (*A Saint-Léon.*) Pour échapper à mes œillades, elle voulait aller à Londres, afin de mettre la mer entre nous... et la mère Brochet encore !... Heureusement, toutes les femmes ne vont pas à Londres... Comment trouvez-vous cette bague-là, maman Brochet?

Mme BROCHET, *lui regardant la main.* C'est une turquoise verte.

FLORIDOR. Et cette autre?

Mme BROCHET. C'est une tropaze... ah ! elle est très-belle... Ah ! la belle tropaze ! Combien prête-t-on là-dessus ?

FLORIDOR. Allons donc !... Et cette chaîne en cheveux?... les beaux cheveux, hein?... ce sont des souvenirs... de doux souvenirs !
Il chante.
O Mathilde, idole de mon âme !

SAINT-LÉON, *à Angéla.* Séducteur !... je suis sûr qu'il a acheté tout cela en route.
On entend Eudoxie rire aux éclats dans la coulisse.

SAINT-LÉON, *s'éloignant d'Angéla.* Eudoxie, diable! me voilà entre deux feux!

SCÈNE IV.

LES MÊMES, EUDOXIE, PHŒBUS, *puis* LE DIRECTEUR.

EUDOXIE, *riant.* Ah! ah ! c'est délicieux ! c'est charmant!

PHŒBUS. C'est incroyable... Tudieu! quelle petite mère !

TOUS. Tiens, bonjour, Eudoxie, bonjour, Phœbus !

FLORIDOR, *à Phœbus.* Bonjour, tragédien.

PHŒBUS. Bonjour, rossignol.

EUDOXIE. Bonjour, Angéla... Tu vas bien?... oh ! tu as une mine charmante... tu es fraîche comme une rose. (*Bas à Saint-Léon.*) Quel teint de citron !

ANGÉLA. Et toi, je te trouve engraissée, de la taille surtout...

EUDOXIE. Je ne porte pourtant pas plus que la demi-aune. (*A Floridor.*) Tiens, Floridor !... Bonjour Elleviou... bonjour, Bel-œil... Tu n'as pas fait de vieux os à Marseille, est-ce que la cuisine à l'huile ne t'allait pas, hein ?

FLORIDOR, *avec mystère.* Une malheureuse affaire d'amour; je te conterai ça.

EUDOXIE. Vraiment?

SAINT-LÉON. Eh bien ! qu'est-ce que vous avez donc à causer là tous les deux ?

FLORIDOR. Oh! le jaloux... il se figure tout de suite... Oh! le jaloux. (*A part.*) En voilà un que je rends un peu malheureux!

ANGÉLA. Qu'avais-tu donc en entrant?

EUDOXIE. Oh! rien.... c'est Évélina la choriste..... vous savez, la petite brune que nous appelons l'académicienne, à cause de l'orthographe qu'elle a inventée.

Mme BROCHET. Ah! oui, Évélina Boudin.

FLORIDOR. Boudin!... en v'là encore un nom soigné... j'aimerais mieux ne pas me nommer du tout, que de me nommer Boudin... mon nom me ferait monter le sang à la tête, je serais sur le gril, quand on m'appellerait.

EUDOXIE. Vous savez qu'elle est partie de Metz avec un jeune premier, qu'elle a quitté pour un Colin de Versailles... Eh bien! je viens de l'apercevoir avec le second comique de Besançon.

Mme BROCHET. C'est une femme qu'a des mœurs bien maladroites... Que ça te serve d'exemple, Angéla.

FLORIDOR. Et que faisons-nous?... où sommes-nous engagée?

EUDOXIE. Je suis engagée à prendre patience... je me promène... je me donne de l'air.

FLORIDOR. Toujours gaie, toujours farceuse!.. J'adore les femmes farceuses.

EUDOXIE. Tous les directeurs m'ennuient... Il y en a un qui me propose un engagement de première chanteuse, à condition que je chanterai dans les chœurs, que je danserai dans les divertissemens, et que je figurerai dans le mélodrame en berger ou en brigand... Merci, que j'ai dit: vous devriez me faire aussi battre la caisse devant votre porte, en criant : Entrez, entrez... messieurs, mesdames..... prenez, prrrrrenez vos billets!

Tout le monde rit.

PHOEBUS. Elle est délicieuse.

FLORIDOR. Adorable! (*Bas à Eudoxie.*) Tu es adorable!

EUXODIE. Qu'est-ce que vous buviez donc, hein?... Est-ce du cidre?... Qu'est-ce qui me paie du cidre?... j'en raffolle!

SAINT-LÉON. Tout ce que tu voudras.

FLORIDOR. Pas du tout, c'est moi qui régale... Garçon, du cidre!

EUDOXIE, *au garçon.* Et un verre à patte... j'adore les verres à pattes... ce qu'on boit dedans est meilleur. (*Bas à Saint-Léon.*) Dites donc, monsieur Saint-Léon, qu'est-ce que vous faisiez donc ici, hein?

SAINT-LÉON, *de même.* Moi, rien.

EUDOXIE, *de même.* Partout où est Angéla, on est sûr de vous trouver... vous avez un grand faible pour la danse... Prenez garde, Léon!

SAINT-LÉON, *de même.* Par exemple!... tu pourrais soupçonner?...

EUDOXIE. Prenez garde!... si jamais vous me trompiez!... (*A Floridor, qui verse du cidre.*) Ne faites pas mousser, Floridor, si ça vous est égal... (*A Saint-Léon.*) Sois-moi fidèle, et viens boire du cidre... En voulez-vous, Phœbus?

PHOEBUS, *prenant un verre.* Qui refuse est une buse.

Et je n'enfonce pas ce poignard dans ton sein....

A votre santé! *

Il boit.

LE DIRECTEUR, *entrant.* Il y a déjà beaucoup de monde... Garçon! un verre d'eau sucrée.

Il va se placer au fond, à une petite table qui est au milieu.

Mme BROCHET. Tiens! quel est donc ce monsieur qui entre là avec un jabot et une canne à pomme d'or?

ANGÉLA. Je ne connais pas ces traits-là.

SAINT-LÉON. Ah çà, Phœbus, est-ce que tu n'arrives pas de Châlons?

PHOEBUS. J'ai cet honneur.

FLORIDOR. De Châlons sur Saône?

PHOEBUS. Non, sur l'impériale... il n'y avait plus de place dans la rotonde.

On rit.

SAINT-LÉON. Est-ce qu'ils aiment le drame à Châlons?

PHOEBUS. C'est-à-dire qu'ils le dévorent, mon cher... ils ne vivraient que de ça.... j'étais adoré!... Tous les soirs, après le spectacle, ils venaient me chercher dans ma loge, et ils m'emportaient en triomphe jusque chez moi... Je pouvais m'en retourner en pantoufles, sans crainte de me crotter.

FLORIDOR. Ça ne vaut pas ma montagne de fleurs.

PHOEBUS. J'ai joué *Antoni, Trente ans, la Tour de Nesle, Tutti Quanti*... Ah! à propos, Bocage est venu à Châlons... il a voulu y mordre... Pauvre Bocage!... ça m'a fait de la peine, ma parole!.. il n'a pas étrenné... pas une claque... aussi il n'a pas dételé.

EUDOXIE. Ils sont tous comme cela ces artistes de Paris... Quelle tournure! quelle diction! ils appellent ça du mordant à Paris... Merci, je sors d'en prendre.

FLORIDOR. C'est comme à l'Opéra-Comique... ils sont ravissans... ma parole!... On dirait qu'ils ont tous de la pelure d'oignon dans la bouche!... Comme je t'enfoncerais tout ça, si je débutais!

LOMBARDO, *au dehors.*
Il chante.
Dans ma cabane, je suis roi!...

FLORIDOR. Ah! j'entends tousser Lombardo, ma basse-taille... je le reconnais à son râle... ça imite le buffle en colère!

SCÈNE V.
LES MÊMES, LOMBARDO, *puis* COLINET.

LOMBARDO. Bonjour, mes petits trouba-

---

* Mme Brochet et Angéla sont à la table de droite; les autres à celle de gauche; Saint-Léon et Phœbus sont debout.

dours... hum!... hum!... Comment ça va? Moi, voici le bulletin de ma santé, hum! hum! hum!... Ceci est un fichu rhume que j'ai attrapé à Bordeaux... ce qui pourtant ne me prive pas de mes moyens.

Chantant.
Sais-tu bien ce que c'est que d'aimer sa patrie!..

Entendez-vous... ie, ie, ie, ie?... comme c'est bas!... quel beau bas!... ie, ie, ie...

FLORIDOR. Ça racle un peu... ça racle un peu... Nous avons notre minet dans la gorge... Tu as ton petit chat.... Ah çà, pourquoi es-tu à Paris, moi qui espérais te rejoindre à Bordeaux?

LOMBARDO. J'étais engagé pour l'année, hum! hum!... mais je n'y suis resté que quinze jours... j'ai rompu mon engagement... Je m'y déplaisais à Bordeaux.... ces gens-là n'aiment que la danse, et pour vexer le directeur qui ne leur donnait pas assez de ballets, ils sifflaient mes points d'orgue... Alors, j'ai dit au directeur : Votre public m'adore ; mais ça m'ennuie que vous ayez des ennemis qui sifflent toujours pendant que je chante... je veux m'en aller... Vous me donneriez dix mille francs par représentation que je ne resterais pas... Le directeur avait les larmes aux yeux... il me suppliait de rester... hum! hum!... mais j'ai tenu bon, j'ai quitté Bordeaux, et je vais à Beaugency... Ces farceurs-là y gagnent... ils ne sont pas habitués à des creux comme ça à Beaugency... hum, hum, tra, tra.

Chantant.
Nous n'avons fait que changer d'oppresseur.

Hum! j'ai la gorge sèche comme du pain grillé... Ah çà, est-ce que Colinet n'est pas revenu de Versailles?

PHOEBUS et FLORIDOR. C'est vrai, où est donc Colinet?

SCENE VI.

LES MÊMES, COLINET.

COLINET, *entrant*. Me voilà! me voilà... avant tout, mes enfans regardez-moi, je vous en prie... Quel désordre hein?... quel laisser-aller!... mes vêtemens sont couverts de cicatrices; j'ai comme un trou de souffleur sous le bras, j'ai des dessous de pied en ficelle... mon chapeau joue la colonne torse... Et tout ça, parce que je descends de coucou.

TOUS. Comment ça en coucou?

COLINET. Eh oui, mes amis, je jouais à Versailles au bénéfice de.... enfin, n'importe, vous le saurez plus tard... O mes enfans, la jolie invention qu'un coucou.

Air *de M. Potier.*

Vive un coucou (*bis*)!
Quand j'suis là-d'dans, j'ris comme un fou,
Ça bris' les reins, ça cass' le cou;
Pour s'amuser vive un coucou!

Sur la plac', d'abord, ça m' fait rire,
Quand un cocher qui m'étourdit,
Pour m'accaparer, me déchire
Tous les boutons de mon habit.

Parlé. Bourgeois, vous me donnerez la préférence, me dit mon cocher en m'entraînant... Ma calèche est un vrai édredon, et mon Mazeppa est le roi des chevaux.... on l'a surnommé la fusée de Versailles.... vous vous croirez sur un chemin de fer... Montez, mon prince... Et là-dessus, hisse, il me pousse dedans, et je tombe sur la tartre aux cerises d'un gros monsieur qui m'appelle cornichon!

Vive un coucou! (*bis.*)
Quand j' suis là d'dans, j' ris comme un fou,
Ça bris' les reins, ça cass' le cou;
Pour s'amuser vive un coucou!

Après trois quarts d'heure d'attente,
Nous n'avons pas fait un seul pas,
On fait tapage, on se tourmente,
Cocher! partons!... ou bien j' m'en vas.

Parlé. Doucement, mes agneaux, doucement, dit le cocher, pas d'émeute... Paris ne s'est pas fait dans une matinée de printemps... je n'attends plus qu'un lapin... je le vois là-bas... il accourt comme un lièvre... Eh! là-bas, eh!... Le lapin met une heure à venir... mais enfin nous partons... Flic, flac!... ça ne va pas vite, mais ça va!

Comm' c'est gentil! comm' ça vous s'coue!
En galopant de ce train-là,
Le feu n' prendra pas à la roue,
C'est plus prudent, moi, j'aim' mieux ça.

Parlé. Bobonne, que dit le gros monsieur à son épouse non moins volumineuse, oblige-moi de me moucher, chère amie, je n'ai pas la jouissance de mes coudes... Dites donc, militaire, s'écrie une petite dame du fond, vous n'êtes pas ici pour faire l'exercice avec vos mains... Monsieur, dit un autre, je vous prie de ne pas me gratter le dos avec votre nez... quand on a un nez comme ça, on voyage à pied ou en charrette... A ce moment-là, crac!... la sous-ventrière de notre cheval se casse tout-à-coup, les brancards s'enlèvent vers le ciel, nous faisons une culbute en arrière... et nous v'là tous la chevelure en bas et les pieds en l'air, position académique.

Vive un coucou, etc.
On s' débat, on jure ! on tempête !
Monsieur, n' m'écrasez donc pas !
Madame, rendez-moi ma tête !
Et vous, rendez-moi donc mon bras !

Parlé. Après une heure de pêle-mêle, nous sortons de cette situation à la Dufavel.... nous repartons avec la rapidité d'une tortue convalescente, et enfin, à six heures sonnant, nous faisons notre entrée à Versailles ; je joue *Latude* et *le Joueur*... Onze actes, avec rien dans l'estomac... mais c'est égal, le soir, je soupe avec des applaudissemens, et le lendemain, en me remettant en route, je me récrie avec transport !

Vive un coucou, etc.

Comment va toute la boutique dramatique ? vous vous repassez du cidre par ici...

FLORIDOR. Oui, c'est moi qui régale.

COLINET, *à Floridor.* Toi !... mâtin ! quel genre italien !... plus que ça d'habit ! Tu es bien heureux !

FLORIDOR. Ce pauvre Colinet !

COLINET. Pauvre Colinet !... oui, tu as raison, Bel-œil... je suis dans une débinette un peu grassouillette...

LE DIRECTEUR, *se levant et allant vers Colinet.* C'est vous qui vous appelez Colinet ?...

COLINET. Casimir Colinet, oui, monsieur.

LE DIRECTEUR. Quoique dans la gêne, vous avez joué hier au bénéfice de plusieurs camarades.

COLINET. Qui n'étaient pas plus heureux que moi... c'est bien naturel.

LE DIRECTEUR. J'étais hier à Versailles... j'assistais à la représentation...

COLINET. Oui, monsieur ; mais il est inutile...

Il lui fait signe de se taire.

LE DIRECTEUR. Je vous complimente de grand cœur,... vous avez joué avec un véritable talent.

COLINET. Nous avons boulotté...

LE DIRECTEUR. Et ce que vous avez fait vous portera bonheur, j'en suis sûr.

Il va se rasseoir.

COLINET. Il n'y a pas de quoi... (*Aux autres.*) Quel est donc ce monsieur avec sa canne à pomme d'or ?

FLORIDOR. C'est un inconnu que personne ne reconnaît.

COLINET. En attendant, il me faut un habit. On m'a parlé tout-à-l'heure d'un directeur qui a besoin de quelqu'un pour jouer les seconds amoureux, les seconds comiques et les seconds premiers rôles.

LOMBARDO. Ah ! çà, tu jouerais donc tout ?

COLINET. Qu'est-ce que ça me fait ? s'il voulait me prendre, je jouerais les duègnes par-dessus le marché... J'en ai vu bien d'autres dans les départemens. Est-ce qu'un comédien de province est jamais embarrassé ? une fois j'ai joué dans la même soirée *Othello*, *le Gamin de Paris* et les deux *Enfans d'Edouard* à moi tout seul. Et à Béziers, donc, nous donnions *la Forêt Périlleuse*... un dimanche, salle comble... pour tout décor, nous n'avions qu'une place publique... ça ne ressemble guère à une forêt... c'était gênant !... il nous fallait au moins un gros arbre au milieu du théâtre... d'autres auraient été embarrassés... moi, oh ! bien oui... j'ai dépouillé le feuillage d'un grand mûrier qui était dans la cour de l'auberge... je me suis fait attacher toutes les branches autour de moi, sur ma tête, au bout de mes bras... j'ai pris une position champêtre... et j'ai joué le gros arbre, avec l'agrément d'être au frais et de manger des mûres à discrétion... voilà.

FLORIDOR. Tu devais avoir l'air d'un ver à soie là dedans.

On rit.

COLINET. Et à Joigny, nous avons exécuté l'ouverture de la *Dame Blanche* avec une contre-basse et un cornet à piston... et personne n'a chanté pendant tout l'opéra...

LOMBARDO. Comment ! personne n'a chanté ?

COLINET. C'étaient des acteurs de drame.... aussi nous avions mis sur l'affiche : *La Dame Blanche*, opéra comique en trois actes, paroles de M. Scribe, de l'Académie-Française, musique de Boïeldieu, le célèbre compositeur, etc., etc., etc... et au-dessous : *Nota.* Cette délicieuse musique, nuisant à l'action, a été remplacée par un dialogue vif et animé.

TOUS. Oh ! c'est trop fort !

On rit.

COLINET. Et dans *la Pie Voleuse* donc !... je jouais le bailli... au moment d'entrer en scène, je m'aperçois que je n'ai pas de bas de soie noire ; je cherchais un moyen de parer le coup de bas, quand le décrotteur m'apporte mes souliers... une idée me frappe... idée d'artiste !... je me fais cirer les jambes à la cire anglaise ; à deux pas, ça imitait le bas de soie à ravir... depuis je n'en ai jamais porté d'autres.

TOUS, *riant*. Bravo ! c'est délicieux !
COLINET. Je prendrais bien quelque chose... un verre d'absinthe... une brioche... Qu'est-ce qui paye à ces dames un bol de punch à l'eau-de-vie ?...
EUDOXIE. Du punch à l'eau-de-vie... pour des femmes ?...
M*me* BROCHET. Au rhum, à la bonne heure... Fi donc !...
LE DIRECTEUR. Si vous voulez bien me le permettre, c'est moi qui offrirai le punch... je suis amateur dramatique, et à ce titre je vous prie d'accepter.
LOMBARDO. Comment donc, monsieur ?... vous paraissez trop bien comprendre l'artiste...
SAINT-LÉON, *à part à ses amis*. Voulez-vous que je vous fasse part de mes soupçons... je suis sûr que c'est un directeur qui est venu ici en observateur.
COLINET. C'est donc le directeur de la Jamaïque... qu'il paye du punch au rhum.
LOMBARDO. Ah ! diable ! tu crois.... (*Haut, et s'approchant du directeur.*) Hum ! hum !

Il chante en grossissant sa voix le plus qu'il peut :

Que je suis heureux d'être père !

FLORIDOR, *à part. Même jeu.*

Il chante.

O Mathilde, idole de mon ame, tra, tra.

LOMBARDO, *prenant une grosse voix.* Pourrais-je vous offrir une prise ?... c'est du Robillard, première qualité.
PHOEBUS, *déclamant, même jeu.* « C'était » une noble tête de vieillard, que l'as- » sassin a revu bien des fois dans ses rê- » ves... car il l'assassina l'infâme ! »

Chantant tous ensemble.
FLORIDOR.
Amour sacré de la patrie.....
LOMBARDO.
Fa, fa, fa, fa, fa, fa.
EUDOXIE, *chantant.*
Sylphe des nuits, par ma fenêtre
Toi qui devais venir, hélas !
Ah ! garde-toi bien d'apparaître,
O mon doux sylphe ne viens pas.
Tra la la...

TOUS. Au punch ! au punch !...
COLINET, *à part*. O les banquistes !... parce qu'ils croient que c'est un directeur...

On apporte le punch, tout le monde se place pour en boire.

SCENE VII.

LES PRÉCÉDENS, MIMIE, *une guitare sur le dos.*

MIMIE.

Air *de la Valse de Strauss.*

Je suis la petite chanteuse,
Courant par monts et par chemins,
Quoique sans l' sou je m' trouve heureuse ;
Car je vis libre et toujours sans chagrins.

L'orchestre reprend la ritournelle.

COLINET, *envisageant Mimie.* Tiens, c'est ma petite chanteuse de Lyon.
MIMIE. Monsieur Colinet !... ah ! vous m'avez reconnue !
COLINET. Si je t'ai reconnue... certainement, car je ne t'ai jamais oubliée... Mes amis, je vous présente une Pasta ambulante, une Malibran en plein vent... qui a la plus jolie voix...
FLORIDOR, *qui boit un verre de punch.* Mais elle n'a pas que cela de joli... Tu n'as pas que cela de joli...
EUDOXIE. Comment, petite, tu voyages en chantant ?
MIMIE. Par toute la France... ma guitare sur le dos...
FLORIDOR, *à Mimie, lui prenant la taille.* Dis donc, chérie, il paraît que tu en pinces... de la guitare...
MIMIE, *lui pinçant le bras.* Mais oui, j'en pince quelquefois... de la guitare...
FLORIDOR. Oh ! aïe !
COLINET. Qu'est-ce qui te prend donc ?
FLORIDOR. Rien, rien... (*A part.*) Encore une qui est folle de moi.
COLINET, *à Mimie*. Et depuis quand es-tu à Paris !
MIMIE. Voilà trois jours... et comme je n'ai ici ni parens, ni amis...
COLINET. Tu n'as pas de famille ?
MIMIE. Pas gros comme ça... je suis venue au monde toute seule, avec ma guitare tout accordée... alors je me suis dit, en entrant dans ce beau Paris qu'est pas mal crotté tout de même, et qui ne sent pas trop bon, avec tous vos trottoirs qu'on fait cuire dans des chaudrons... Mimie, ma fille, va-t'en au café des Comédiens... là tu trouveras des connaissances, des bons enfans ! et me v'là, moi et ma guitare tout accordée, et tout ça, franc de port !... j'ai

donc bien fait, puisque je vous retrouve, vous, monsieur Colinet, qui m'avez rendu un si grand service à Lyon, quand ces jeunes gens me poursuivaient...

COLINET. Ne parlons pas de ça, Mimie... les services rendus, c'est des choses mortes...

FLORIDOR, *agaçant Mimie.* Tu as bien fait de venir, amour!

MIMIE. Ah çà! mais finissez donc, grande filasse!... vous me chiffonnez.

FLORIDOR, *souriant.* Tu as dit Lovelace...

MIMIE, *l'examinant.* Tiens, c'est drôle... vous avez un nez que j'ai vu quelque part...

FLORIDOR. Mon aquilin t'aurait frappée?

MIMIE. Oh! bien sûr, j'ai vu cet objet-là dans quelque coin...

SAINT-LÉON. Ah çà! prima donna des rues... est-ce que c'est là tout ce que tu nous chantes?

COLINET. J'espère bien que non!

MIMIE. Ah! dam!... devant des artistes, je n'oserai jamais...

EUDOXIE. Bah! allez toujours, ma petite, nous serons indulgentes.

FLORIDOR. Et puis on ne te demande pas de chanter comme moi, fais ce que tu peux, chère amie, fais ce que tu peux...

MIMIE. Oui, monsieur Filasse...

FLORIDOR. Tu prononces mal; c'est Lovelace qu'il faut dire...

LOMBARDO. Nous attendons, petite...

LE DIRECTEUR. Nous écoutons...

COLINET. Allons, Mimie, du courage!

MIMIE, *chante en s'accompagnant sur sa guitare.*

Air *du duc de Guise.*

Quand résonn' ma guitare,
On dit: Voilà Mimi!
Vive son tintamare!
Ell' n' chant' pas à demi.
De vos grand's cantatrices
Si je n'ai pas l' talent,
J'n'ai jamais d'enrouement,
Je n'ai jamais d' caprices.
Ah! ah! ah!
Des r'frains en voulez-vous?
Ah! ah! ah!
J'en ai pour tous les goûts
J'ai pour les fillettes
Des chansons simplettes,
Pour les amoureux
Des airs langoureux.
Ah!
Toujours folle et rieuse,
Ah!
Voilà la p'tit' chanteuse,
Ah!
La voilà!

DEUXIÈME COUPLET.

Quand l' plaisir nous enchante,
On chante, on est heureux!
Est-on triste, l'on chante
Pour devenir joyeux.
En v'nant au monde, on chante,
On commence par là,
Et lorsque l'on s'en va
Hélas, c'est qu'on déchante.
Ah! ah! ah!
Des r'frains en voulez-vous?
Ah, ah, ah!
J'en ai pour tous les goûts
Vive la folie!
Ici-bas la vie
N'est qu'un grand couplet,
Plus ou moins bien fait.
Ah!
Toujours folle et rieuse,
Ah!
Voilà la p'tit' chanteuse,
Ah!
La voilà.

LOMBARDO. Pas trop mal... une petite voix de carrefour.

PHOEBUS. Oui, elle doit avoir du succès dans les cabarets.

FLORIDOR, *à Mimie.* Tu as une petite serinette fort potable.

MIMIE. Moi! chanteuse de carrefour!... de cabaret!...

LE DIRECTEUR. Ne les écoutez pas, ma petite; c'est très-bien... Comment vous appelle-t-on?

MIMIE. Mimie, monsieur.

FLORIDOR. Mimie... Tiens! c'est mon nom de tendresse... Toutes les femmes que j'aime, je les appelle Mimie, ou bien Minet ou Loulou.

LE DIRECTEUR, *se levant.* Dites-moi un peu... est-ce que vous vous sentiriez capable de chanter ainsi sur un grand théâtre, de jouer la comédie?

MIMIE. Oh! j'en aurais bien envie, monsieur!...

LE DIRECTEUR. Travaillez, mon enfant, et vous arriverez...

Il fait un signe au garçon, paie, et disparaît sans rien dire.

FLORIDOR, *aux autres.* L'inconnu à pomme d'or lui fait des complimens... (*Haut.*) Elle est charmante!

TOUS. Très-bien!...

MIMIE. Ah! vous trouvez que je chante bien à présent... Mais je ne suis pas votre dupe... Écoutez donc, il n'est pas donné à tout le monde de chanter comme vous, car je me rappelle à c't' heure où j'ai connu votre nez... Voilà que votre nez me revient... C'est à Marseille...

FLORIDOR. Tiens, tu as été aussi à Marseille?

MIMIE. Est-ce que je n'ai pas voyagé partout?... C'est au grand théâtre que je vous ai vu... dans Fra-Diavolo.

FLORIDOR. En effet, c'est moi qui faisais ce brigand adoré des femmes... Alors, Mimie, tu as été témoin de mon triomphe, tu dois avoir eu de l'agrément!

MIMIE. Oh! certainement... la pièce m'amusait beaucoup..... Mais pourquoi donc qu'on sifflait vos airs au parterre...

SAINT-LÉON. On sifflait?...

Tout le monde se lève.

FLORIDOR, *décontenancé*. Ah! oui, oui... c'était une gageure... Un amateur qui prétendait savoir par cœur la musique de Fra-Diavolo, et qui avait parié d'accompagner tous mes airs en sifflant.

MIMIE. Il y en avait joliment qui connaissaient cette musique-là alors; car toute la salle vous accompagnait de la même manière...

TOUT LE MONDE, *riant*. Oh! fameux!... fameux!...

SAINT-LÉON. Il me semblait que tu avais été écrasé de couronnes à Marseille...

FLORIDOR. C'est bon... c'est bon... Dites donc... y a-t-il encore du punch?... j'en boirais bien.... je boirais bien quelque chose...

LOMBARDO. C'est charmant!... je trouve ça charmant... Il paraît, Elleviou, que tu avais monté des couleurs... Voilà... voilà ce que c'est que l'amour-propre exagéré!...

MIMIE, *à Lombardo*. Tiens! c'est vous qu'étiez à Bordeaux il y a un mois...

LOMBARDO. Certainement, ma petite... (*A part.*) Ah çà! elle a donc été partout, celle-là!

MIMIE. C'est drôle; dites donc, quand ils n'ont plus voulu de vous...

LOMBARDO. Comment ça? comment ça? (*A part.*) La malheureuse va parler.

MIMIE. Oui, les abonnés ont signifié au directeur qu'ils ne voulaient plus de vot' basse-taille, et qu'à chaque scène de monsieur, ils aimaient mieux qu'on tape dans la coulisse sur un chaudron... que ça serait plus mélodieux.

TOUS, *riant*. Oh! délicieux!...

LOMBARDO. Il y a erreur... il y a erreur! et cette chanteuse des rues a une langue...

PHOEBUS. Allons... avoue donc que tu as voulu nous faire poser... Aussi bien j'avais déjà appris à Châlons...

MIMIE. Tiens! monsieur Phœbus!... je ne vous avais pas remarqué... Ah! que j'étais donc inquiète de vous... et votre front, comment va-t-il?...

PHOEBUS. Mon front?...

LOMBARDO. Son front?...

FLORIDOR. Son front?...

MIMIE. Est-ce indigne de jeter comme ça des pommes sur le théâtre quand on joue la comédie... Ils pouvaient vous faire joliment mal au moins... c'était le jour où vous donniez *la Tour-de-Nesle*... vous savez...

FLORIDOR. Ah! bon!... charmant!... délicieux!...

LOMBARDO. Lui qui avait l'air de se moquer de nous!

PHOEBUS. Mais c'est une vipère que cette petite femme-là...

MIMIE. Moi! une vipère...

PHOEBUS. Allons... taisez-vous, bavarde..

LOMBARDO. Mauvaise langue...

FLORIDOR. Au fait, nous sommes bien bons de l'avoir laissée entrer dans le café... dis donc, fais-nous un plaisir, petite... va fermer la porte en dehors, va... Tu sais ce que ça veut dire...

MIMIE. Vous me mettez à la porte?..

TOUS. Oui... oui... Allons... va-t'en... va-t'en...

COLINET, *arrêtant Mimie et la faisant passer auprès de lui*. Un instant!... garçon!.. de la bière et deux verres... Mimie, asseyez-vous là... quand on consomme, un café appartient à tout le monde.

PHOEBUS. Tiens!... tu prends sa défense... tu es gentil encore...

COLINET. Oui, je prends sa défense... parce qu'elle n'a pas eu l'intention de vous offenser... Eh! mon Dieu!... que vous importe!... parce que vous avez éprouvé quelques petits désagrémens, cela prouve-t-il que vous manquiez de talent?... ne savons-nous pas combien souvent est injuste ce public de province qui, prenant le théâtre pour un comptoir, fait supporter à un pauvre débutant la mauvaise humeur où le met la baisse des cotons, ou le retard d'un navire chargé d'indigo et de canelle?... Allons, allons, soyez francs... vos prétendus succès ne sont malheureusement que des rêves! car, sans cela, le pauvre Colinet n'aurait pas joué hier à Versailles, au bénéfice de plusieurs d'entre vous...

LOMBARDO. Comment.... ce bénéfice...

COLINET. Voyons... Phœbus... et toi, Lombardo... est-ce que vous n'avez pas été un peu surpris ce matin... en recevant vos malles, qui étaient en fourrière depuis quinze jours... hein?...

PHOEBUS, *avec étonnement*. Quoi! le produit de cette représentation?...

LOMBARDO. Ah! Colinet... touche là... tu nous confusionnes...

COLINET. Eh bien?... est-ce que vous allez me remercier?.. n'en auriez-vous pas fait autant pour moi?... Oui, messieurs, j'ai joué à votre bénéfice; mais ce qu'il y a de plus drôle, c'est que je viens de recevoir, ce matin, le congé de mon hôte et celui de mon traiteur. Ce dernier refuse de me nourrir sous le stupide prétexte que je ne le paye pas... En voilà un qui est peu artiste, hein?...

MIMIE, *à part.* Ce pauvre jeune homme!

COLINET. Mais c'est égal, je n'en suis pas plus triste pour ça... de la tristesse parce que mes poches me sont devenues un objet de luxe... allons donc!

Il chante.

Oui, l'or est une chimère...

Viens t'asseoir là, ma petite Mimie... Garçon!... et cette bière!.... je vais la chercher moi-même... ce sera plus tôt fait.

Il sort par la gauche.

SCENE VII.

LES MÊMES, *excepté* COLINET.

EUDOXIE. Quel brave garçon.!

LOMBARDO. Jouer à notre bénéfice... et ça... sans avoir le sou dans sa poche...

EUDOXIE. Le fait est qu'il est dans une atroce débine.

PHOEBUS. Et nous souffririons qu'on le chasse de son hôtel... après ce qu'il a fait pour nous...

Ce petit Colinet se serait-il flatté
D'égaler Orosmane en générosité?

Nous allons faire une quête... une souscription...

LOMBARDO. Oui, oui... il faut nous cotiser pour le tirer à son tour d'embarras.

EUDOXIE. Surtout qu'il ne se doute de rien...

LOMBARDO. C'est ça... éloignons-nous... il va revenir ici... passons dans l'autre salle, et faisons part de notre projet aux camarades.

CHOEUR.

Air de *Léona.*

Partons, et que chacun s'empresse;
Pour le secourir nous voilà, } *(Bis.)*
Pour un ami dans la détresse
Les comédiens sont toujours là.

Ils sortent.

SCENE VIII.

MIMIE, *puis* COLINET, *avec une bouteille.*

MIMIE. Ah!... c'est bien... ce qu'ils font là!... et ce pauvre jeune homme qui m'offre des rafraîchissemens et qui n'a pas le sou...

COLINET, *rentrant.* Voilà!... voilà!... Eh bien! où sont donc les amis!...

MIMIE. Ils sont là, dans la salle à côté...

COLINET. Allons... Mimie, viens t'asseoir... voilà de la bière... et un peu fraîche, elle sort de la cave...

Il va poser la bouteille à gauche, sur la table, et verse.

MIMIE. Vous avez donc du crédit... ici?

COLINET. Moi... pourquoi ça?... Veux-tu des échaudés?... Garçon!... un buisson d'échaudés...

MIMIE, *vivement.* Non... non... pas d'échaudés... pas de buisson!... je ne les aime pas... (*A part.*) Ça lui ferait encore de la dépense.

COLINET. Mimie, faut pas en vouloir aux camarades, ils t'ont un peu rembarrée, parce que tu les avais vexés; mais s'ils ont quelque petits ridicules, ce sont de bons diables, de bons enfans.

MIMIE. Oh! oui. (*A part.*) Je viens de les juger.

COLINET. Cette chère petite Mimie... ça m'a fait un plaisir de la retrouver... bois donc... et maintenant que vas-tu faire?

MIMIE. Dam, chanter... comme toujours.

COLINET. Chanter dans les rues... Tiens, Mimie, tout-à-l'heure, en t'écoutant... il m'a poussé une idée.

MIMIE. Quelle idée?

COLINET. Dans le peu que tu as chanté tu as mis tant de verve et de chaleur, tant d'ame.... que je me disais... Il y a là l'étoffe d'une artiste.

MIMIE. Vous croyez?...

COLINET. Oh! j'en suis sûr... et, si tu veux, je te lance au théâtre.

MIMIE. Il se pourrait!... moi comédienne... moi jouer sur un vrai théâtre, comme m'a dit ce monsieur... être écoutée, applaudie peut-être..... ah! j'en mourrais de plaisir...*

COLINET, *se levant.* Mimie! je te le répète, tu seras artiste... et voilà l'accolade fraternelle!... (*Il l'embrasse.*) Maintenant tu es artiste... Je veux ne m'occuper

---

* Colinet, Mimie.

que de toi... oui, j'aurai du bonheur à te protéger!...

MIMIE, à part. Pauvre garçon!... (Haut.) Monsieur Colinet, j'accepte vos offres... mais à une condition.

COLINET. Laquelle?

MIMIE. Vous n'êtes pas riche...

COLINET. Je suis riche de joie et d'embonpoint...

MIMIE. Oui ; mais vous n'avez pas le sou... vous êtes dans la panne !

COLINET. Mimie...

MIMIE. Avouez que vous êtes dans la panne!...

COLINET. Eh bien! oui, très-panné!... panné première qualité.

MIMIE. Eh bien, si vous vouliez...

COLINET. Te rembrasser? tout de suite..

MIMIE. Rembrassez-moi si vous voulez ; mais c'est pas ça...

COLINET, l'embrassant. Qu'est-ce que c'est donc?...

MIMIE. Oh ! ne me refusez pas... monsieur Colinet... puisque vous êtes dans la... eh bien, moi, j'ai des petites économies...

COLINET, fièrement. Mimie...

MIMIE. Vous avez dit que je pourrais devenir un jour une artiste, eh bien ! c'est à ce titre que je vous prie en grâce de partager avec la petite chanteuse des rues... En acceptant, vous me prouverez que vous me regardez comme une amie, comme une camarade, et, entre camarades, tout se partage.

AIR du petit Chapeau (d' Henri Potier).

C'est un droit d'amitié,
Prenez, je vous supplie,
D' ma p'tite économie
Acceptez la moitié,
Je suis dign', dites-vous, d'être vot' camarade,
D'un acteur, d'un ami j'ai reçu l'accolade,
Et j' réclam' les droits de l'amitié (bis).

COLINET.

Merci de l'amitié
Que m'offre ta tendresse,
Il est un mot qui blesse
Ce mot... c'est la pitié !
De toute autre que toi j'accepterais peut-être,
Mais il est un secret que je viens de connaître.

MIMIE, parlant. Et... ce secret?...

COLINET.

De toi je veux plus que de l'amitié... (bis.)

MIMIE. Comment?... Vrai...

COLINET. Parole d'honneur...

MIMIE. C'est de l'amour pur?...

COLINET. C'en est...

MIMIE. Et ça durera?...

COLINET. Toujours... ça va-t-il?

MIMIE. Ça va...

COLINET, lui présentant la main. Tope là...

MIMIE. Je tope !

COLINET. Mimie, dès ce moment nous sommes unis... Thalie a reçu ton serment de fiancée, je te jure amour, fidélité et protection, à la ville comme à la scène... je veux te pousser au théâtre et te procurer un engagement superbe.. aussitôt que j'en aurai un pour moi.

MIMIE. C'est ça... si la France nous regarde de travers, nous irons à l'étranger... aidée de vos conseils, je sens que je puis arriver à tout !

COLINET. Sois tranquille, mes leçons ne te manqueront jamais... et nous allons commencer dès à présent... ça va-t-il ?

MIMIE. Ça va, je suis prête...

AIR : Place au factotum de la ville (du Barbier).

COLINET.

A l'œuvre donc, commençons, chère amie,
Presto !
Je suis prêt, je suis prêt, je suis là,
Là !

MIMIE.

De profiter, ah ! je brûle d'envie....
Allons!
Commençons, me voilà, me voilà,
Là !

COLINET.

Prête l'oreille au professeur,
Prête l'oreille au professeur...

MIMIE.

Oui, le théâtre embellira ma vie.
Déjà
Cet espoir, je l' sens là, je l' sens là, là !
Notre bonheur jamais ne finira, là, là.

ENSEMBLE.

Notre bonheur jamais ne finira.
La, la, la, etc., etc.

COLINET.

Pour le grand drame, il faut, ma chère,
Crier très-fort, c'est le grand art.

MIMIE.

Oui, je saurai m' rouler par terre,
Bien r'cevoir un grand coup d' poignard.

ENSEMBLE.

La, la, la, etc., etc.

COLINET.

Pour les emplois de grand' coquette
Il faut avoir l'air insolent.

MIMIE.

Et, si je fais une soubrette,
Prendre un sourir' bien agaçant...
Pour imiter... une innocente...
Les yeux baissés... la voix tremblante...
J'ai l'air candide... comme cela...
Puis mon sein palpite... est-ce bien ça?...

COLINET et MIMIE.

Ah ! ah ! la belle vie !... en vérité.

J'en ai l'espoir, oui, nous d'vons sans peine
Briller bientôt tous les deux sur la scène (*bis*).
Quels jours heureux et pleins d'attraits !
A nous la gloire... et les succès !
COLINET.
De toutes parts déjà l'on nous demande.
MIMIE.
En mille lieux il faut que l'on se rende...

ENSEMBLE.

A tout propos,
On nous accable de bravos !
Et de cadeaux ! de bravos ! de cadeaux (*ter*) !
De grâce !
Tant de succès nous embarrasse...
Ah ! laissez-nous respirer (*quater*).
COLINET.
Pour Bordeaux...
MIMIE.
Nous voici !
COLINET.
Et pour Lyon...
MIMIE.
Nous voilà !

ENSEMBLE.

Bordeaux par ci, Lyon par là,
Strasbourg par ci, Marseill' par là...
Tantôt ici,
Et tantôt là,
Tantôt ici,
Et tantôt là...
MIMIE.
Oui, tous les ans, on nous retient d'avance.
COLINET.
Et puis bientôt... oui, nous quittons la France,
Pour voyager } (*Bis*.)
A l'étranger. }
MIMIE.
Je sens battre mon cœur } (*Bis*.)
D'espoir et de bonheur. }
Car à la gloire, à la fortune,
Oui, nous devons tous deux voler !

ENSEMBLE.

Je sens battre mon cœur, etc.

COLINET. Très-bien !... très-bien, Mimie !
MIMIE. Silence !... j'entends tous vos amis !

SCENE VIII.

MIMIE, COLINET, LOMBARDO, EUDOXIE, FLORIDOR, PHOEBUS, QUELQUES COMÉDIENS, *et plus tard*, LE GARÇON DU CAFÉ.

Ils entrent tous majestueusement marchant comme des grands-prêtres d'Opéra ; quand Lombardo chante on imite par gestes un accompagnement de contre-basses et de trombones.
LOMBARDO, *prend Colinet par la main et le conduit au milieu.*
Il chante en récitatif.
Écoute-nous... ô jeune troubadour...

TOUS.
Prum... prum...
LOMBARDO, *chantant.*
Je vais m'expliquer sans détour !
TOUS.
Prum ! prum !...
LOMBARDO.
Lorsque ta débine est complète,
Nous nous faisons tous une fête
De t'apporter ici le produit d'une quête.
TOUS.
Prum ! prum ! prum ! prum !
LOMBARDO.
Voilà trente cachets pour le restaurateur,
Et la note acquittée à ton vilain logeur.
TOUS.
Prum ! prum !
LOMBARDO.
Tu pourras désormais, selon ta fantaisie,
Dormir, boire et manger sans craindre d'avanie.
TOUS.
Prum ! prum ! prum !

COLINET. Merci... mes bons amis..... merci !
TOUS. Allons... pas de remercîmens...
PHOEBUS. Est-ce que ça en vaut la peine?.. Et maintenant, si tu veux te rendre chez ton directeur... je vas te prêter mon habit... je jouerai au billard en t'attendant...
COLINET. Ma foi... ce n'est pas de refus...
LE GARÇON. Une lettre pour M. Colinet...
COLINET. Une lettre !...
LE GARÇON. Une autre pour Mlle Mimie.
MIMIE. Pour moi !... ah ben ! voilà qu'est drôle...
LE GARÇON. Et une troisième pour Mlle Eudoxie... le port z'est franc.
COLINET, *lisant.* « Vous êtes prié de » passer au Théâtre du Palais-Royal... »
MIMIE, *lisant.* « Vous êtes priée de vous » rendre au Théâtre du Palais-Royal... » Tiens, la même chose !...
COLINET, *lisant avec joie.* « Pour vous » entendre sur les termes de votre engage» ment... » Il se pourrait !...
MIMIE, *de même.* « On espère que les » dispositions que vous annoncez pour le » théâtre... ne sont pas trompeuses, et on » a l'intention de vous faire débuter... » (*Avec joie.*) Débuter !... je jouerais la comédie...
COLINET. Un engagement !... il y a bien ça... et plus bas... « Je vous le disais bien, » que votre bonne action devait vous por» ter bonheur... » Ah ! c'est le monsieur à la canne à pomme d'or !...

FLORIDOR. Le monsieur à pomme d'or, c'était M. Dormeuil!...

EUDOXIE. Ah! c'est mon tour!... (*Elle ouvre sa lettre.*) Un engagement aussi.... voyons... voyons... Ah! horreur!... Saint-Léon! le trompeur!.. il part pour Londres avec Angéla...

FLORIDOR. Ca serait possible!...

EUDOXIE. Je vais me trouver mal... je sens mes jambes qui fléchissent...

FLORIDOR. Eudoxie, Eudoxie... appuyez-vous sur moi... signez pour Bordeaux... Eudoxie, je vais à Bordeaux...

Il chante.

O Mathilde! idole de mon ame...

EUDOXIE. Oui, au fait... j'aime mieux ça... les hommes ne valent pas la peine qu'on se désole pour eux!... je signe pour Bordeaux..

FLORIDOR, *à part*. J'en étais sûr qu'elle était folle de moi!

COLINET. Eh bien, Mimie... es-tu contente?...

MIMIE. Contente!... ah! je crois bien... mais rien que de penser à mon début...

Air *du Barbier* (fragment).

Ah! je me sens trembler d'avance,
Et, malgré moi, déjà j'ai peur.

COLINET.

Allons, Mimie, de l'assurance,
Pas de bêtise, il faut du cœur.

MIMIE.

C'est qu'on m'a dit que le parterre
Est exigeant, qu'il est sévère...
Quand il se fâch', qu'on doit souffrir!

COLINET.

Oui; mais s'il applaudit...

MIMIE.

Ah! quel plaisir!

ENSEMBLE.

Ah! ah!
La belle vie,
Quand on lui plaît!
La belle vie (*bis*),

MIMIE, *au public*.

Quand on vous plaît.

COLINET, *de son côté*.

Quand on vous plaît.

MIMIE.

Je sens battre mon cœur } *Bis.*
D'espoir et de bonheur.
Ah! vers la gloire et la fortune,
Oui, laissez-nous tous deux voler.

REPRISE ENSEMBLE.

Je sens battre mon cœur, etc.

FIN.

Imprimerie de V° DONDEY-DUPRÉ, rue Saint-Louis, n° 46, au Marais.

ACTE V, SCÈNE V.

THOMAS MAUREVERT,

DRAME EN CINQ ACTES,

PRÉCÉDÉ D'UN PROLOGUE,

Par MM. Maillan et Legoyt,

REPRÉSENTÉ POUR LA PREMIÈRE FOIS, A PARIS, SUR LE THÉATRE DE L'AMBIGU-COMIQUE, LE 4 OCTOBRE 1837.

PERSONNAGES.	ACTEURS.	PERSONNAGES.	ACTEURS.
THOMAS, homme du peuple.	M. GUYON.	CATHERINE DE MÉDICIS.	Mme FIERVILLE.
LE COMTE DE MAUREVERT.	M. ST-ERNEST.	STELLA.	Mme BLÈS.
TÉLIGNY.	M. ANATOLE GRAS.	UN PAGE.	Mlle HÉLOÏSE.
LE DUC DE GUISE.	M. GARCIN.	UN ENFANT.	Mlle ZOÉ.
LE CARDINAL DE LORRAINE.	M. DUVILLARD.	DEUX COMPAGNONS de René.	{ M. GILBERT. { M. SALVADOR.
RENÉ, herboriste.	M. SAINT-FIRMIN.		
LE GRAND-PRÉVOT.	M. EUGÈNE.	DEUX VALETS du comte.	{ M. PROSPER. { M. BOUCHER.
UN HUISSIER.	M. VIGEL.		
UN JUGE.	M. MONNET.	GROUPE DE MASQUES, UN OFFICIER DE PATROUILLE.	

L'action se passe à Paris, en 1556, sous le règne de Henri II.

PROLOGUE.

Une place du vieux Paris. Une croix gothique au milieu de la place. A droite, un riche hôtel. Au fond, la rivière. La neige tombe, le vent siffle. Les fenêtres de l'hôtel sont éclairées. Une musique de bal s'y fait entendre : tout y annonce une fête. Au lever du rideau, plusieurs groupes de masques se pressent aux portes de l'hôtel, qui bientôt se referment sur eux. Un inconnu, appuyé contre le mur d'une des maisons de la place, les contemple.

SCENE PREMIERE.
L'INCONNU.

Bonne fête et joyeuse nuit, mes gentilshommes... à chacun son affaire... vous au bal, moi sur cette place, attendant la fortune.

SCENE II.
L'INCONNU, DEUX AFFIDÉS, enveloppés.

LE PREMIER, s'approchant de l'inconnu. Maître !

L'INCONNU. Ah! vous voilà.

LE SECOND. Serions-nous en retard ?
L'INCONNU. Non.
LE PREMIER. A la besogne, et dépêchons, s'il vous plaît, car la bise est glacée : c'est le souffle du diable. Vrai Dieu ! si je restais sans agir, je tomberais pour ne plus me relever.
L'INCONNU. Vous agirez.
LE PREMIER. Tout de suite, alors.
LE SECOND. Parlez, que faut-il faire ?
LE PREMIER. Donner un coup d'estocade ?
LE SECOND. Jeter un homme à l'eau ?
LE PREMIER. Piller quelque juif de la cité ?
TOUS DEUX ENSEMBLE. Nous voilà !
L'INCONNU. Rien de tout ça.... Dans quelques instans, et j'ai de bons renseignemens, un homme va venir sur cette place ; il tiendra un enfant... eh bien ! c'est cet enfant qu'il me faut.
LES DEUX AFFIDÉS. Un enfant !
LE PREMIER. Vous vous moquez, maître Réné.
LE SECOND. Allez chercher une nourrice.
L'INCONNU. Ecoutez-moi, écoutez-moi ; c'est plus important que vous ne pensez.
TOUS DEUX. Allons donc !
Ils font un mouvement pour s'éloigner.
L'INCONNU. Eh bien ! je vais tout vous dire... Vous connaissez ma boutique ?
LE PREMIER. Et qui ne connaît pas la boutique de M. Réné ?
LE SECOND. Droguiste.
LE PREMIER. Herboriste.
LE SECOND. Parfumeur.
LE PREMIER. Empoisonneur.
RÉNÉ. Chut ! ce n'est pas là votre affaire... Vous connaissez ma boutique ?... eh bien ! il y a, tout en face, un pauvre ménage, composé de l'homme, de la femme et d'un enfant au berceau ; le père et la mère sont de simples ouvriers qui se sont épousés par amour ; puis un jour la besogne leur a manqué, et ils ont été droit à la misère. Finalement, la femme est morte ce matin de faim et de douleur ; ça fait pitié ; mais c'est pas de ça qu'il s'agit : l'autre jour, Lucrézia la bohémienne... (*A ce nom, les deux affidés font un signe de croix.*) Ce nom-là vous fait peur !
UN AFFIDÉ. Il y a de quoi, monsieur Réné ! Si cette sorcière-là ne vient pas d'enfer en ligne droite....
RÉNÉ. Pour ça, c'est possible... Mais enfin je veux vous dire que Lucrézia la bohémienne a vu l'enfant, une toute petite fille, belle comme les anges du Paradis ; elle regarda les lignes de son front et de sa main, et me dit : Maître Réné, cette enfant fera la fortune de celui qui l'aura ; il y a en elle des signes merveilleux. Vraiment ? que je dis... Alors, moi qui pense à tout, j'imaginai tout de suite d'avoir l'enfant.
LE PREMIER AFFIDÉ. C'est juste.
LE SECOND. Chacun prend son bien où il le trouve.
RÉNÉ. Et voilà pourquoi vous êtes ici. Le père, comme je vous l'ai dit, va venir ; il a ses raisons, cela ne vous regarde pas, ni moi non plus.
LE PREMIER AFFIDÉ. Suffit... suffit...
LE SECOND. Et quand nous aurons l'enfant ?
RÉNÉ. Vous le porterez chez moi et le remettrez à Lucrézia, tout est convenu.
LE PREMIER. On vient... c'est le guet.
RÉNÉ. Cachons-nous... Mais que vois-je ? c'est lui... c'est notre homme. Courage ! bonne chance ! moi, je vous attends derrière cette maison.....
Ils se glissent tous trois et disparaissent derrière les maisons ; le guet traverse le théâtre et s'éloigne.

SCÈNE III.

THOMAS, *les habits déchirés, couvert des haillons de la misère, les pieds nus ; il tient un enfant dans ses bras, et cherche à le défendre contre la rigueur du froid.*

C'est bien ici... à droite, m'a-t-on dit, l'hôtel du comte Maurevert... Comme mon cœur bat !... O mon enfant !... mon enfant !... touchons-nous enfin au terme de nos misères ?
Il embrasse et dépose au pied de la croix son enfant, qu'il couvre des débris arrachés de ses vêtemens ; puis il s'approche de l'hôtel et frappe.

SCÈNE IV.

THOMAS, DEUX VALETS *en riche livrée.*

UN DES VALETS. Que veux-tu, manant ? oublies-tu que tu frappes à la porte d'un gentilhomme ?
THOMAS. N'est-ce point ici le logis du noble comte de Maurevert ?
LE VALET. Sans doute, c'est ici. Que peux-tu lui vouloir ?
THOMAS. Je voudrais le voir et lui parler.
LE VALET, *riant et le regardant avec hauteur.* Toi, lui parler !... Allons... allons... continue ton chemin, mendiant, si tu ne veux que je te chasse à coups de houssine.
THOMAS. Votre maître, vous dis-je, misérables valets... Vous êtes aussi lâches et insolens que vous êtes vils !

LE SECOND VALET. La Seine coule à quelques pas d'ici. Prends garde!

THOMAS. Mais, au nom du ciel, votre maître! je n'ai qu'un mot à lui dire.

LE PREMIER VALET. Les gens de ton espèce n'entrent pas ici. Au large!

Ils vont pour rentrer.

THOMAS. J'entrerai cependant, car il faut que je voie le comte de Maurevert.

LE VALET, *s'armant d'un bâton.* Arrière! ou gare à toi.

THOMAS, *s'élançant sur eux.* Misérables! j'entrerai.

Il les repousse violemment, les terrasse et cherche à ouvrir la porte.

SCENE V.
LES MÊMES, LE COMTE MAUREVERT, *en costume de riche gentilhomme, le grand cordon de Saint-Michel sur la poitrine.*

LE COMTE. Holà! qui fait ce bruit? Qui êtes-vous? que voulez-vous? vous osez forcer cette porte! Où sont donc les archers de la prevôté?

THOMAS. Monsieur le comte, j'étais venu pour vous parler, car j'ai quelque chose de grave à vous dire. Vos gens m'ont repoussé; l'un a osé lever un bâton sur moi, je me suis défendu, c'est tout.

LE COMTE. Que me voulez-vous? je ne vous connais pas.

THOMAS. Ordonnez d'abord à vos valets de nous laisser seuls, ce que j'ai à vous dire ne saurait être entendu de pareilles gens.

LE COMTE. Tu caches des sentimens bien fiers sous tes haillons.

Il fait signe aux valets de sortir; ceux-ci obéissent.

SCENE VI.
THOMAS, LE COMTE.

THOMAS. Une pauvre fille vivait sous l'aile de ses parens, pure, belle et sans tache. Cette jeune fille habitait près de cet hôtel un pauvre logis que votre seigneurie a fait abattre pour agrandir son hôtel; elle voyait passer souvent un jeune gentilhomme aux manières séduisantes, aux brillantes armes. Le gentilhomme la regardait avec attention, arrêtait souvent son beau coursier blanc et daignait parler à la jeune fille, qui tremblait et rougissait de tant d'honneur. Une année s'écoula; le jeune homme avait mis aux pieds de la jeune fille son blason et sa couronne de comte; puis, abusant d'une faiblesse, il avait assouvi une passion de quelques instans. Le lendemain il était allé guerroyer en Italie. (*Le comte fait un mouvement.*) Qu'avez-vous, monsieur le comte?

LE COMTE. Rien... Continuez!...

THOMAS. Il était parti, dis-je, pour guerroyer en Italie, laissant seule, sans appui, celle qu'il avait séduite et que de cruels parens chassèrent honteusement. (*Le comte fait un nouveau mouvement.*) Vous frémissez, monsieur le comte... je comprends votre indignation... Quelques mois après, elle était mère; mais elle payait bien cher le court bonheur d'embrasser une fois seulement le fruit de son sein... elle expira dans un baiser de tendresse ineffable, et s'envola au ciel... Avant de mourir, elle confia son enfant à une femme qui le recueillit par pitié, et lui remit un coffre scellé dans lequel se trouvaient les preuves de la haute naissance de son fils. Toutefois ce coffre ne devait lui être donné que lorsqu'il aurait atteint l'âge d'homme, et qu'il pourrait lui-même réclamer ses droits sacrés.

LE COMTE. Eh bien!... que voulez-vous dire?

THOMAS. Le séducteur qui laissa mourir la fille du peuple après l'avoir flétrie, c'était vous, monsieur le comte! l'enfant qui vient réclamer ses droits, c'est moi!

LE COMTE, *le regardant avec hauteur.* Vous! Et qui me dit que vous n'êtes pas un aventurier voulant s'introduire par une ruse criminelle dans une noble famille? En vérité, votre audace serait grande! et le prevôt me ferait bientôt justice de cette coupable tentative.

THOMAS, *lui remettant un coffret.* Voici les preuves de ma naissance.

LE COMTE. Ces preuves ne sont point émanées de mes mains.

THOMAS. Daignez voir, monsieur le comte!... les temps de votre jeunesse sont bien loin déjà de votre souvenir.

LE COMTE, *avec dureté.* Encore une fois, je n'ai rien écrit, rien reconnu... laissez-moi.

THOMAS. Au nom du ciel, monsieur le comte, daignez ouvrir ce coffre.

LE COMTE. Vous m'avez entendu... retirez-vous...

THOMAS. Par pitié, monsieur le comte! au nom de ma mère qui vous entend, au nom de la justice, de tout ce qu'il y a de saint et de sacré! pour votre honneur, monsieur le comte!

LE COMTE. Pour mon honneur! Qu'oses-tu dire, manant?... Et qui es-tu pour me parler de mon honneur! Allons! j'ai été fou de descendre jusqu'à écouter tes misérables inventions!

THOMAS, *à genoux*. Ne rejetez pas une prière, la plus sainte de toutes, monsieur le comte, ouvrez votre ame à la pitié... je ne suis pas indigne de vous, monsieur le comte, ma vie fut toujours noble et pure. Hélas! je suis père aussi, moi, misérable, moi couvert de haillons, une épouse adorée que j'avais aimée de toutes les forces de mon ame, vient de mourir me laissant dans la douleur et le désespoir.... Eh bien, monsieur le comte, mon enfant est ma seule consolation...(*Se levant et prenant l'enfant qu'il dépose aux pieds du comte.*) Au nom de cette pauvre mais innocente créature qui souffre de la faim et du froid comme moi, pitié, monsieur le comte, pitié pour votre fils... (*le comte le repousse*) oui, pour votre fils, car je le suis, j'en jure par Dieu qui m'écoute; je ne suis pas un aventurier, je suis votre enfant, je le sens au fond de mon ame; à votre vue, monsieur, il m'a pris comme un frissonnement de respect et de piété filiale... mes entrailles ont tressailli, et une voix puissante, la voix de la nature m'a crié : A genoux, voici ton père !

LE COMTE. Cette voix a menti, car je ne l'ai pas entendue, moi. (*Faisant un mouvement pour rentrer.*) Arrière, que je passe !

THOMAS, *se relevant avec indignation*. Ah !

LE COMTE. Oserais-tu...

THOMAS. Oh! pardon, pardon, monsieur le comte ; si vous ne me reconnaissez pas pour votre fils, moi je vous reconnais pour mon père, et je vous respecte.

Il s'incline devant le comte, qui sort à droite.

SCENE VII.
THOMAS, *seul*.

Parti !... il est parti !... plus d'espoir... Repoussé,... chassé de la maison de mon père?... que devenir?.... Le vent souffle et la neige tombe à flots..... ma pauvre enfant !!.... Si je pouvais la réchauffer de mes baisers. (*Il l'embrasse.*) Le froid et la faim la torturent... la faim !... depuis ce matin plus rien dans mon logis, plus rien que le corps de ma pauvre femme, morte, morte de misère... et moi j'ai erré toute la journée implorant la pitié, la miséricorde, et pas un, pas un ne m'a compris.... Ville maudite! qui n'a ni une obole ni une larme pour le malheur !.. Il faudra donc mourir !... Oh ! mes forces me trahissent... mes pieds et mes mains s'engourdissent... dans ma tête s'allument d'étranges vertiges... un nuage passe sur ma vue... (*Il tombe épuisé sur le piédestal de la croix.*) Sauvez donc mon enfant, mon Dieu qui êtes mort sur la croix et qui avez aussi tant souffert! Je me sens faible à défaillir... Oh! oh! que se passe-t-il donc en moi?

Il tombe sans mouvement.

SCENE VIII.
THOMAS, RÉNÉ.

Réné rentre avec les deux hommes qui l'accompagnent, s'approche de Thomas, et lui retire doucement, l'enfant qu'il remet à ses compagnons.

RÉNÉ. Partons... (*Ses yeux s'arrêtent sur Thomas étendu à terre.*) Ah! mais ce pauvre diable... je ne puis pourtant pas le laisser mourir là... c'est bien assez de lui avoir pris son enfant, non pas que je me le reproche, car enfin, dans sa misère, qu'est-ce qu'il en aurait fait? (*Tirant de son sein un flacon qu'il approche des lèvres de Thomas.*) Quelques gouttes de cet élixir-là, ça ranimerait un mort. (*Thomas fait un mouvement.*) Bon ! le voilà qui revient.

THOMAS, *reprenant peu à peu ses sens, et promenant ses regards autour de lui*. Mon enfant! où est mon enfant? (*Courant à Réné qui fuit.*) Vous m'avez pris mon enfant, rendez-le-moi.

RÉNÉ. Votre enfant ! je ne sais...

THOMAS. Tu as pris mon enfant, misérable, rends-le-moi, ou malheur à toi !

RÉNÉ. Par la sainte Vierge, je n'ai pas pris votre enfant, je vous le jure ; mais laissez-moi, vos mains sont de fer.

THOMAS. Mais tu étais ici, tu as vu les ravisseurs, réponds !

RÉNÉ. Je n'ai rien vu ni entendu, ce sont vos cris qui m'ont fait sortir de mon logis.

THOMAS. O malheureux, malheureux que je suis!

RÉNÉ. Eh! votre enfant est peut-être mort de froid, et quelques religieux l'auront emporté en passant.

THOMAS. Emporté mon enfant !... mort ou vivant, je l'aurai, ils me le rendront. mais où les retrouver?... où ont-ils passé? (*S'élançant dans toutes les directions.*) La nuit est noire... mon Dieu, je n'aperçois rien !

Il s'approche de la rivière et cherche dans le lointain.

RÉNÉ, *à part*. Va, va, ils sont loin... C'est égal, je ne sais pas pourquoi sa douleur me fait mal.

THOMAS, *poussant un cri*. Ce sont eux! je les vois traverser la rivière dans une barque ! Arrêtez, misérables ! arrêtez ! pas de doute, ils m'ont entendu, car ils redoublent de vitesse.

Il monte sur le parapet du pont.

RÉNÉ. Eh! bon Dieu, l'ami, qu'allez-vous faire? la rivière est froide et commence à charrier.

THOMAS. Qu'importe! mon enfant! mon enfant !

Il s'élance dans la rivière.

ACTE PREMIER.

A l'hôtel Soissons. — Le théâtre représente l'intérieur de l'Oratoire de la reine Catherine de Médicis. Porte au fond donnant sur une galerie. Deux portes latérales : celle de gauche est pratiquée dans la boiserie, et s'ouvre à l'aide d'un ressort.

L'action se passe à Paris, en 1572, sous le règne de Charles IX.

SCENE PREMIERE.

STELLA, *seule.*

La reine va bientôt venir, ne négligeons rien pour lui plaire. (*Disposant des fleurs sur un meuble.*) Voici les fleurs qu'elle aime....puis son rosaire bénit par le Saint-Père... et qui fut fait, dit-on, du bois des oliviers à l'ombre desquels Notre-Seigneur se reposa..... Puisse cette sainte relique la préserver de tout danger et la rendre heureuse ! (*Avec un soupir.*) Heureuse !... les reines le sont toujours.

SCENE II.

STELLA, RÉNÉ, *entrant par la porte secrète.*

RÉNÉ. Eh ! ne l'es-tu donc pas, toi ?
STELLA. Ah ! c'est vous, mon bon Réné !... Mais... par où êtes-vous donc entré dans cet oratoire ?
RÉNÉ. Ne me demande jamais par où j'entre, par où je sors... Devant moi s'ouvrent toutes les portes; derrière moi toutes se ferment... Ce palais m'est connu, comme ma pauvre échoppe d'autrefois... tu sais bien, Stella, cette pauvre échoppe où tu as été élevée et nourrie par Lucrézia, toi maintenant la première fille d'honneur de la reine Catherine de Médicis.
STELLA. Et c'est grâce à vous, mon bon Réné, car, vous me l'avez dit souvent, j'étais mourante de froid et de faim, quand vous m'avez recueillie dans mon berceau sur le parvis Notre-Dame..... Et mon père et ma mère, que le malheur sans doute obligea de dire à leur enfant un si cruel adieu... que ne les ai-je connus !... Hélas ! il ne me reste d'eux qu'un souvenir, cette petite croix d'or que je conserve sur mon sein avec amour et piété..
Elle l'embrasse.
RÉNÉ. Oh ! oh ! cette petite croix d'or te sera peut-être plus utile que tu ne penses... Qui sait si tes parens ou l'un d'eux au moins n'existent pas ? Un père abandonne-t-il ainsi son enfant sans espérance de le retrouver un jour ? Le hasard amène souvent d'étranges rencontres, Stella.
STELLA. Oh ! je n'oublierai jamais tout ce que je vous dois.
RÉNÉ. Ce que tu me dois !... au contraire, c'est moi qui te suis redevable... je me le rappellerai long-temps ce beau jour où je te conduisis à Notre-Dame pour voir la reine, qui devait y venir avec M. le duc d'Anjou ; je te tenais par la main, regardant et écoutant ce qui se disait de toi : « Voyez ses yeux, s'écriait l'un. — Et son front, répondait l'autre ; les anges du ciel ne sont pas plus beaux. » Au même instant, retentissent ces mots : « La reine ! la reine ! — Quelle est cette jeune fille ? dit-elle en passant près de nous. — C'est la mienne, madame la reine... et à votre service. — Eh bien ! qu'elle me suive. » Et une heure après, au sortir de l'église, elle te fit monter dans un beau carrosse tout tendu d'or et de soie, et me dit, en me jetant une bourse : « A l'hôtel Soissons. » J'eus garde de manquer au rendez-vous... Sa majesté me demanda à quoi j'étais bon ; herboriste de mon état, je possédais quelques petits talens que la reine sembla apprécier beaucoup; elle me prit à son service en qualité de parfumeur, et depuis, son cœur n'a pas tari de bontés pour moi... Je suis devenu maître Réné, en apparence simple parfumeur de la cour, mais au fond l'homme essentiel, l'homme puissant ; on me flatte, on me caresse, et je vois chaque jour les ducats élever dans mon coffre-fort leurs belles colonnes do-

rées... Ah! c'est un bon métier que le mien!
STELLA. Et que contient de nouveau cette corbeille?
RÉNÉ, *déposant la corbeille, et l'ouvrant.* Regarde, curieuse!
STELLA. Des drageoirs... des collets à la mode de Milan!... des ganteries de Flandre... des orfévreries et des miroirs de Venise!... Oh! le bel anneau!
Elle s'apprête à l'essayer.
RÉNÉ, *vivement.* Non, non...
STELLA. Et pourquoi?
RÉNÉ, *fermant la boîte qui contient l'anneau.* C'est un secret entre la reine et moi.
STELLA. Un secret!
RÉNÉ, *reprenant sa gaîté.* N'as-tu pas aussi les tiens?
STELLA. Moi!
RÉNÉ. Dis-moi, Stella... tu n'es pas fâchée de voir finir les hostilités entre les catholiques et les protestans?
STELLA. C'est une si belle chose que la paix.
RÉNÉ, *avec ironie.* Oui, le bonheur de la France t'intéresse beaucoup.
STELLA. Est-il bien vrai qu'à l'occasion du mariage de la princesse Marguerite tous les chefs huguenots doivent venir à Paris?
RÉNÉ. Et j'en connais un qui ne sera pas le dernier à s'y rendre...
STELLA. Vous?
RÉNÉ. Et toi aussi... c'est le jeune et beau comte Téligny... le neveu de l'amiral de Coligny... Eh bien! tu baisses les yeux, tu ne réponds pas?...
STELLA. Et que vous dirai-je que vous n'ayez deviné?
RÉNÉ. A la bonne heure.
STELLA. Pardon, mon bon Réné, de vous l'avoir si long-temps caché... je craignais votre colère... un protestant!...
RÉNÉ. Est-ce que j'ai de ces scrupules-là, moi!... Au temps où nous vivons, il faut avoir des amis partout.
STELLA. Oh! que vous me rendez heureuse!
RÉNÉ. Tu le seras bien davantage, lorsque je t'apprendrai que le nouvel ambassadeur huguenot, chargé par le prince de Condé de stipuler les dernières conditions de la paix, n'est autre que le comte Téligny.
STELLA. Est-il possible?... Et quand arrive-t-il?
RÉNÉ. Il est ici.
STELLA, *ivre de joie.* Ici! à l'hôtel Soissons?
RÉNÉ. A l'hôtel Soissons.

STELLA. Et je le verrai?
RÉNÉ. Avant qu'il ait vu la reine.
STELLA. J'entends marcher.
RÉNÉ. Je sais ce que c'est... (*Poussant le bouton de la porte secrète.*) Entrez, entrez, monsieur le comte.

SCENE III.
LES MÊMES, TÉLIGNY.

STELLA, *courant à lui.* O mon ami, quelle joie! quel bonheur!
TÉLIGNY, *à Réné.* Veille à ce qu'on ne puisse nous surprendre.
RÉNÉ, *à part, en se retirant par la porte de la galerie.* Allons, allons... si ce mariage peut se faire, cela me mettra un pied dans le camp protestant... et, quoi qu'il arrive... je retomberai désormais sur mes jambes.
Il sort.

SCENE IV.
TÉLIGNY, STELLA.

TÉLIGNY, *regardant autour de lui.* L'oratoire de Catherine de Médicis! c'est ici qu'elle prie ou tient conseil... c'est ici qu'elle me recevra sans doute!
STELLA. O mon Dieu! mon ami, séparé de moi depuis si long-temps, vous ne m'avez encore rien dit... vos regards ont à peine rencontré les miens... Ne m'aimeriez-vous plus?
TÉLIGNY. Ne plus t'aimer, Stella!...
STELLA. Oh! oui, je suis injuste. Quelle meilleure preuve d'amour pouviez-vous me donner! votre première pensée, votre premier vœu a été pour moi... c'est moi que vous avez voulu voir avant même de voir la reine...
TÉLIGNY. Oui, j'ai voulu te voir... Dis-moi, Stella, la reine t'aime et te traite comme sa fille... elle doit avoir peu de secrets pour toi... Comment t'a-t-elle parlé de l'événement qui se prépare... de la prochaine réunion de tous les chefs protestans à Paris?... tu ne réponds pas?
STELLA. C'est que l'ambassadeur protestant m'interroge quand je voudrais parler au comte Téligny, à vous que j'aime de toutes les forces de mon ame... Ah! j'ai été bien malheureuse, allez... j'ai bien souffert de votre absence. Mais à votre tour, monsieur, répondez-moi donc. Hélas! vous ne m'aimez plus... je le vois...
TÉLIGNY. Stella, tu t'alarmes à tort... mon amour est toujours le même dans

mon cœur; mais, chargé aujourd'hui d'une mission importante, mille craintes m'assiégent malgré moi.... Je songe que bientôt je paraîtrai devant Catherine de Médicis, devant cette femme qui, pour arriver à son but, passe par tous les chemins; cette femme, dont l'ambition a fait si longtemps saigner le cœur de la France; cette femme, qui vendrait son âme pour un fleuron de plus à sa couronne, pour une fleur de lis de plus à son manteau; cette femme Judas, qui embrasse et tue...

STELLA. O Téligny! qu'osez-vous dire de madame la reine?

TÉLIGNY. Ce que j'ose dire, Stella?... Oh! tu ne la connais pas, en vérité, car tu saurais alors...

STELLA. Mais madame Catherine a l'âme noble et généreuse; c'est elle qui m'a élevée, qui m'a entourée de soins, de bontés.

TÉLIGNY. Allons! il est temps de te désabuser! Crois-tu donc, Stella, que c'est par amour pour toi qu'elle t'a fait élever avec tant de soins, qu'elle t'a traitée comme la plus chérie de ses filles d'honneur?

STELLA. Mon Dieu! vous m'effrayez! que voulez-vous dire?

TÉLIGNY. Tu ignores donc ce qui se passe ici? Écoute : sais-tu pourquoi la reine entretient près d'elle avec tant d'intérêt et de tendresse apparente un si grand nombre de filles d'honneur, toutes belles, toutes séduisantes?

STELLA. C'est par bonté d'âme, Téligny!

TÉLIGNY. Pauvre enfant! Non, ce n'est pas par bonté d'âme... elle a un autre but, vois-tu, un but infâme...

STELLA. Mais lequel, mon Dieu?

TÉLIGNY. Eh bien! celui de séduire par ces jeunes filles tous ses ennemis, afin d'avoir leurs secrets.

STELLA. Que dites-vous? Quoi! la reine...

TÉLIGNY. Oui, oui... elle les élève dans ce but, avec cette pensée... si je pouvais ainsi dire, elle les dresse à plaire, à séduire... (*Stella pousse un cri d'horreur.*) Oh! oui, je comprends ton indignation. Tu es restée pure au milieu de cette cour souillée par le vice et la dépravation; et c'est pour cela que je t'ai aimée.

STELLA. Répète-le-moi, Téligny, dis-moi qu'il est bien vrai que tu m'as aimée, que tu m'aimes encore... car pour toi, Téligny, je me suis perdue..... pour toi j'ai tout sacrifié; pour toi j'ai bravé jusqu'au remords.... Ah! c'est que je t'aime, moi, vois-tu!... c'est que je t'aime de mon premier et dernier amour... c'est qu'il me faudrait mourir si tu pouvais m'oublier un jour...

TÉLIGNY. T'oublier! ah! rassure-toi, Stella; mais enfin tu comprends... dans le poste que j'occupe, mille inquiétudes, mille ennuis secrets...

SCÈNE V.

LES MÊMES, RÉNÉ, *rentrant précipitamment.*

RÉNÉ. La reine!... vite, vite, monsieur le comte...

TÉLIGNY. Adieu, Stella...

STELLA. On approche... Hâtez-vous...

Téligny sort guidé par Réné.

SCÈNE VI.

STELLA, *seule.*

Ah! mon Dieu!... mon trouble... mon agitation.... Je ne puis paraître ainsi devant la reine. Comment sortir? (*Cherchant autour d'elle.*) Ah! par cette porte, qui conduit à l'appartement des filles d'honneur...

Elle sort.

SCÈNE VII.

LA REINE, LE CARDINAL DE LORRAINE *et* LE DUC DE GUISE, UN OFFICIER.

LA REINE. Par ici, messieurs... Cette porte, qui mène aux appartemens du roi, est gardée. (*Désignant celle par où Stella est sortie.*) Celle-ci donne chez mes femmes; mais la double issue a été soigneusement fermée par mes ordres... Nous sommes donc seuls, messieurs... Asseyez-vous et écoutez-moi...

DE GUISE. Parlez, madame...

LA REINE. Je vous annonce que le roi consent enfin à l'exécution du grand projet que je vous ai soumis, et que vous approuvez tous deux... Duc de Guise et cardinal de Lorraine, puis-je toujours compter sur votre appui?

TOUS DEUX ENSEMBLE. Toujours, madame.

LA REINE. Point de doute, la postérité nous absoudra quand elle saura qu'il n'y avait plus de gouvernement possible avec la huguenoterie, et que ce beau royaume s'en allait à sa perte. (*Bruit dans la galerie du fond.*) Qu'est-ce? Qui vient là?...

UN OFFICIER. Monsieur l'ambassadeur des protestans, admis à saluer sa majesté, sollicite l'honneur de lui être présenté sur-le-champ.

LA REINE, *aux Guise.* Nous pouvons maintenant écouter toutes leurs propositions. (*A l'officier.*) Que l'envoyé de notre cousin de Condé soit introduit sur-le-champ. (*Bas au duc de Guise et au cardinal de Lorraine.*) La partie est engagée, il faut la gagner.

UN OFFICIER, *annonçant.* Messire le comte de Téligny.

SCENE VIII.

LES MÊMES, TÉLIGNY, SEIGNEURS PROTESTANS.

Téligny s'incline devant la reine.

LA REINE. Nous savons gré à notre cher cousin de Condé d'avoir choisi pour ambassadeur le comte de Téligny, long-temps l'ornement de notre cour, et que nous y retrouvons aujourd'hui avec plaisir. Je m'attendais à voir avec vous votre oncle, le vénérable Coligny, que Dieu garde.

TÉLIGNY. Votre majesté ne tardera pas à recevoir ses hommages... Je l'ai laissé en disposition de se rendre auprès d'elle.

LA REINE. Qu'il soit le bien venu... Je bénis sa présence parmi nous, puisqu'elle est un gage de paix.

TÉLIGNY. La paix, madame, est le but de ma mission, et c'est afin de vous l'apporter bonne, solide et franche, que monseigneur et maître Louis Bourbon de Condé, premier prince du sang, m'a envoyé vers vous.

LA REINE. Autant que notre cousin de Condé, nous déplorons ces guerres qui déciment les plus zélés serviteurs de la royale maison de France; autant que votre seigneur et maître, messire, nous désirons qu'un traité loyal vienne réunir les deux partis.

TÉLIGNY. Puisse Dieu vous entendre!... Un mot de vous, madame, et monseigneur de Condé rentrera dans Paris en sujet fidèle et soumis.

LA REINE, *à part.* C'est ce qu'il me faut. (*Haut.*) Voyons, asseyez-vous, monsieur l'ambassadeur, et causons amicalement... Que demande mon cher cousin?

TÉLIGNY. En toute ville de France, le libre exercice de la religion protestante, sans querelles, sans vexations, sans actes arbitraires.

LA REINE. C'est aussi notre désir.

TÉLIGNY. Nulle autre pensée ne peut entrer dans le cœur de votre majesté, je le sais... Mais en ces temps de trouble et de faction, les volontés les plus fortes viennent souvent se briser contre les exigences des partis... Au nom de la cause qu'il défend, monseigneur et maître demande à maintenir garnison dans les trois places de sûreté que j'aurai l'honneur de désigner à votre majesté.

LA REINE. Et quelles sont ces trois places?

TÉLIGNY. Orléans, Blois, Tours.

Mouvement du duc de Guise et du cardinal de Lorraine.

LA REINE, *se contenant.* N'est-ce que cela, monsieur l'ambassadeur?... Bien que j'aie droit d'être offensée d'une telle défiance, je ne veux pas cependant reculer la première dans la voie que nous avons prise... Le repos du pays est nécessaire, et pour l'obtenir il n'est point de sacrifices que je ne fasse... Vous aurez ce que vous demandez.

On entend au dehors un coup d'arquebuse, et un officier du palais entre en désordre.

UN OFFICIER. Madame la reine! madame la reine! l'amiral de Coligny vient d'être blessé d'un coup d'arquebuse, aux portes de l'hôtel.

Vive rumeur.

TÉLIGNY. Justice et vengeance, madame! Pendant que nous délibérions froidement ici, un assassinat se commettait aux portes de votre palais... Madame, il faut que prompte justice soit faite, ou je quitte Paris, emmenant tous nos frères avec moi.

LA REINE. Calmez-vous, monsieur le comte; vous me voyez aussi indignée que vous du crime qui vient d'être commis... Vous demandez justice? justice vous sera faite. Revenez ce soir accompagné de tous les chefs protestans, et je vous remettrai l'acte qui doit désormais pacifier la France... Quant au coupable, dont le châtiment nous importe autant qu'à vous, soyez sûr qu'il se retrouvera... et, je le jure, sa tête fût-elle surmontée d'une couronne de duc ou de comte, sa tête tombera.

TÉLIGNY, *prenant congé de la reine.* J'y compte, madame... A ce soir.

LA REINE. A ce soir...

Téligny sort.

SCENE IX.

LA REINE, LE DUC, LE CARDINAL.

LE DUC. Mais, madame, si vous laissez le prince de Condé mettre garnison dans les trois places de sûreté qu'il demande, à quoi sert le projet en question? Les huguenots seront toujours maîtres de la France.

LA REINE. Ne craignez rien; ce qu'il nous faut, c'est que les huguenots rassurés restent à Paris; je remettrai ce soir, en leur présence, l'acte de concession qu'ils me demandent; mais je saurai bien empêcher que Téligny arrive jusqu'à Orléans. (*Ils se lèvent.*) Allez, messieurs, et comptez sur moi comme je compte sur vous!

Ils sortent.

SCENE X.

LA REINE, seule.

Fatalité maudite! cet accident inattendu multiplie les difficultés autour de moi; le coupable est sans doute un des nôtres... Si je le livre, je perds la confiance des catholiques; si je laisse le crime impuni, les huguenots quittent Paris... J'y réfléchirai; mais, avant tout, il ne faut pas que Téligny arrive jusqu'à Orléans. Mais où trouver un homme assez dévoué pour être un seul instant l'instrument aveugle de ma politique.

Elle laisse tomber sa tête dans ses mains.

SCENE XI.

LA REINE, UN PAGE.

UN PAGE, *annonçant.* Le confesseur de sa majesté la reine.

LA REINE. Je ne puis le recevoir.

LE PAGE. Maître Ruggeri, l'astrologue de la reine.

LA REINE. Plus tard.

Les deux personnages traversent la galerie du fond, et s'éloignent.

LE PAGE. Maître Réné, parfumeur de la reine.

LA REINE, *vivement.* Qu'il entre.

SCENE XII.

LA REINE, RÉNÉ.

LA REINE. Réné, il me faut un serviteur dévoué, prêt à tout faire, tout, sans réfléchir, sans murmurer, une ame damnée enfin... tu m'as souvent parlé d'un homme dont l'épée et la main sont de fer, un homme que le danger fait sourire..... va me chercher cet homme.

RÉNÉ. Votre majesté est la plus puissante des reines; mais lui amener cet homme est impossible.

LA REINE. Impossible!...

RÉNÉ. Il a juré aux nobles et aux grands une haine telle que, pour rien au monde, vous ne lui feriez franchir le seuil de votre palais.

LA REINE. Eh bien! enveloppée d'une cape, la figure couverte d'un masque, j'irai le trouver, moi... Ce n'est pas la première fois que j'aurai ainsi heurté de nuit à ta porte.

RÉNÉ. C'est bien; mais ce n'est peut-être pas assez... C'est difficile, fort difficile...

LA REINE. Deux mille ducats, Réné, si tu me fais réussir.

RÉNÉ, *à part.* Nous y voilà... (*Haut*) Eh bien! madame la reine, venez, et nous verrons.

LA REINE. Va m'attendre en ton logis...

Elle sort.

SCENE XIII.

RÉNÉ, seul.

Diable!... voilà une bonne occasion de faire la fortune de Thomas et d'augmenter la mienne... Allons tout préparer pour cette entrevue. (*Il ouvre la petite porte du fond et s'arrête.*) J'ai entendu de ce côté comme un soupir étouffé... Qui peut donc être là?...

Il va à la porte par où est sortie Stella; cette porte s'ouvre brusquement, et Stella, pâle et hors d'elle, se précipite dans les bras de Réné.

SCENE XIV.

STELLA, RÉNÉ.

STELLA. Ah! Réné! Réné! si vous saviez!

RÉNÉ. Comment se fait-il....

STELLA. Tremblante à l'approche de la reine, je m'étais réfugiée dans ce passage; mais point d'issue... et il m'a fallu rester; là, derrière cette draperie, immobile et muette!... J'ai tout entendu!... Téligny!.. Téligny!... il faut que je le sauve à tout prix.

RÉNÉ. Ah! mon Dieu, mon Dieu! où va-t-elle?... Quelle imprudence. (*Appelant.*) Stella? Stella?

Il sort par la même porte.

ACTE DEUXIEME.

L'habitation de Réné; tous les ustensiles d'un chimiste.

SCENE PREMIERE.

RÉNÉ, *se laissant tomber sur une chaise.*

Je tombe de fatigue... ah! mes pauvres jambes, vous en avez vu de belles... jamais de ma vie je n'avais tant couru... et à mon âge... oh! c'est sûr, j'en ferai une maladie... Petite folle... et je n'ai pu la rejoindre... Point de doute, elle est allée à l'hôtel du comte Téligny... et là, elle va parler, me perdre, me faire chasser de la cour, car la reine croira que c'est moi qui l'avais cachée pour épier ses secrets! Ah! ça va faire de jolies choses tout ça... si demain Paris n'est pas à feu et à sang, ce sera du bonheur... et c'est une petite fille amoureuse qui en sera cause... Et voilà! on est toujours dupe de sa bonté... Si je n'avais pas ménagé cette entrevue, ça ne serait pas arrivé... il est vrai que je ne l'ai pas fait pour rien... c'est égal, si j'avais su... (*On frappe.*) Déjà la reine...ah! mon Dieu! si elle savait...

Il va ouvrir.

SCENE II.

RÉNÉ, LE COMTE MAUREVERT,
mis en homme du peuple.

RÉNÉ, *à part.* Une figure étrangère?

LE COMTE. Vous êtes M. Réné, parfumeur de la reine?

RÉNÉ. A votre service.

LE COMTE. Un siége!..

RÉNÉ. Plaît-il?

LE COMTE. Un siége!..

RÉNÉ, *à part.* Eh bien! il ne se gêne pas.

LE COMTE. Eh bien?

RÉNÉ, *lui offrant un siége.* Voilà, voilà. (*A part.*) Drôle de chrétien! qui diable ça peut-il être?

LE COMTE. Approchez, répondez-moi... (*Réné s'approche avec un mouvement d'effroi instinctif.*) Il y a douze ans environ, par une nuit de carnaval, sur une place de Paris, à la porte d'un somptueux hôtel, un homme tomba sans connaissance, engourdi par le froid; cet homme tenait dans ses bras un enfant qui lui fut enlevé, je ne sais par qui...

RÉNÉ. Ni moi non plus.

LE COMTE. Cet homme en courant après les ravisseurs, se jeta à la nage. On le retira de l'eau, demi-mort et presque sans mouvement. De prompts secours étaient nécessaires, il fut transporté dans l'échoppe la plus voisine, c'était la vôtre.

RÉNÉ. C'est vrai.

LE COMTE. Il y resta trois jours, puis, maudissant la ville où il avait tant souffert, il résolut de mourir, mais en brave, et partit pour l'armée d'Italie. Pour des motifs qu'il est inutile de vous dire, je le fis suivre partout et long-temps. Mais l'affidé chargé de cette mission mourut, et dès ce moment je perdis les traces de cet homme.

RÉNÉ. Pardon, je ne...

LE COMTE. Ah! c'est ici que j'ai besoin de vous. Hier seulement l'avis m'est venu que vous aviez conservé quelques relations avec la personne dont je vous parle. Que savez-vous?

RÉNÉ, *hésitant.* Eh! eh!

LE COMTE. Vous balancez...

RÉNÉ. Non, mais quand on demande un service, (*jouant avec son escarcelle*) il y a une certaine manière de s'y prendre.

LE COMTE. Oui.

Il découvre son pourpoint.

RÉNÉ, *tendant la main et à part.* Il y vient.

LE COMTE, *découvrant un poignard.* Vous parlerez...

RÉNÉ. Tout de suite... tout de suite... Cet homme dont vous parlez se nomme Thomas.

LE COMTE. Après?

RÉNÉ. Il a été en effet à l'armée d'Italie.

LE COMTE. Après?

RÉNÉ. Il y a fait des merveilles.

LE COMTE, *vivement.* Oh!.. je le sais... après?..

RÉNÉ. A la suite d'une blessure, désespérant, à cause de sa naissance, d'arriver jamais à quelque chose, il quitta l'armée et revint à Paris.

LE COMTE. Il y est en ce moment?

RÉNÉ. Oui.

LE COMTE. Je le trouverai?

RÉNÉ. Ici.

LE COMTE. Ici!... (*A part et marchant à grands pas.*) Mon fils ici... Après tant d'années de souffrances et de remords, je vais le revoir... mon sang se réchauffe dans mes veines, mon cœur bat plus vite... Eh! que je l'embrasse... Réné, René, conduis-moi vers lui...

RÉNÉ, *désignant une porte à droite*. Dans cette chambre.

LE COMTE *s'y précipite, et s'arrête tout-à-coup*. Non, non..... ce n'est point ainsi que je dois le revoir... Il faut que la réparation soit égale à... Réné, je te quitte, veille sur lui, ne sortez pas d'ici ; qu'il ne puisse s'éloigner de cette maison, et surtout le plus grand mystère, pas un mot sur tout ce qui s'est passé entre nous.

Il sort.

SCENE III.

RÉNÉ, *seul*.

Ne pas sortir!... ne pas sortir!... mais Stella!... il faut que je sache ce qu'elle est devenue, et d'un autre côté la reine ne peut pas tarder à venir. (*Se prenant la tête dans les deux mains.*) O mon Dieu!... que faire... que faire?.. (*Se frappant le front.*) Ah! une idée... si je chargeais Lucrézia... oui!... oui... c'est cela.

SCENE IV.

RÉNÉ, THOMAS MAUREVERT.

THOMAS, *sortant de la porte à droite.* Bonsoir, Réné.

RÉNÉ, *très-vite*. Bonsoir, bonsoir, Thomas.

THOMAS. Comme tu es agité, Réné..... ah! je comprends ; tu reviens de la cour, n'est-ce pas?.... quelque intrigue nouvelle... Seras-tu donc toujours leur esclave à ces nobles, à ces grands qui se croient le droit de te commander, et qui ne sont que les valets du maître.

RÉNÉ, *impatienté*. Bonsoir, bonsoir.

Il sort à gauche.

SCENE V.

THOMAS MAUREVERT *s'assied à une table sur laquelle est un gobelet et un hanaps. Sa main, armée d'un couteau, tourmente le bois de la table dont il fait voler des éclats.*

Ces nobles, ces prétendus gentilshommes, qui n'ont de noble que leur blason, qui portent dans leurs veines un sang infâme... misérables, qui exilent du fond de leur cœur les sentimens sacrés que Dieu y avait écrits de sa main... misérables!.... qui font chasser leur enfant par d'insolens valets, parce que cet enfant est le fruit d'un amour oublié entre eux et la fille d'un manant.

SCENE VI.

RÉNÉ, THOMAS MAUREVERT.

RÉNÉ. Ah! bien! je suis plus tranquille... maintenant occupons-nous de la grande affaire. Eh bien! Thomas! toujours triste, toujours sombre?...

THOMAS. Faut-il donc sourire quand la plaie saigne toujours? Et voilà donc ma vie à moi, toujours misérable, toujours souffrant..... me voilà seul, sans nom, moi déjà vieux soldat qui ai dix blessures sur la poitrine, qui ai brisé vingt épées, pris trois drapeaux... me voilà sans renommée, étouffant au fond de mon cœur la voix d'un sang généreux qui crie contre mon obscurité... me voilà, entre un hanaps et un gobelet, buvant, buvant sans cesse, entassant ivresse sur ivresse pour tuer mon ame, s'il est possible, et faire mourir avec elle tant de cuisans souvenirs... (*Il laisse tomber sa tête dans ses mains.*) Oh! ma fille, ma pauvre enfant! que j'ai tant pleurée, que je pleure tous les jours...

RÉNÉ, *qui pendant ces derniers mots s'est approché de la fenêtre*. Ah! sainte Vierge! la voilà.

THOMAS. Qui donc?

SCENE VII.

LES MÊMES, STELLA.

STELLA, *les vêtemens en désordre*. Malheureuse que je suis... ils n'ont point voulu me laisser entrer... ils m'ont prise pour une insensée, et je n'ai pu pénétrer jusqu'à lui... Réné, je viens vous chercher, il faut que vous veniez avec moi.

Pendant qu'elle parle, Réné s'est efforcé par tous les moyens de la faire taire ou d'étouffer sa voix. Thomas, à la vue de la jeune fille, a paru s'étonner, puis ses regards se sont de plus en plus attachés sur elle. Un sentiment d'une nature mystérieuse mais puissante le domine.

RÉNÉ. Taisez-vous, folle, taisez-vous... plus un mot... vous ne savez ce que vous faites...

STELLA. Vous me refusez, Réné!.... Faut-il donc que j'y retourne seule?

THOMAS. Mais, Réné!... cette jeune fille vous appelle à son secours.

RÉNÉ. Ce n'est rien... un acte de folie... d'extravagance. Stella... ma chère enfant!

STELLA. Eh bien! dussé-je mourir à la porte, j'y retourne, je prierai, je supplierai.

THOMAS. Mais si vous avez besoin d'un dévouement, d'une épée, parlez, me voici.

RÉNÉ, *vivement*. Non, elle n'en a pas besoin. Rentre, Stella, dans quelques instans je te suivrai... je te le jure, mais pas encore, c'est impossible... Lucrézia, ta nourrice, est là qui t'attend... (*Il ouvre une porte à droite.*) Va...

STELLA. Mais, Réné...

RÉNÉ. Je te le jure, nous irons ensemble... nous le verrons... bientôt... mais va, va...

Il la fait rentrer et referme la porte.

SCENE VIII.
RÉNÉ, THOMAS MAUREVERT.

THOMAS. Réné! quelle est cette jeune fille?

RÉNÉ. Une petite folle qui me fait damner..... Oh! les filles de quinze ans!... quand elles ont un amour en tête, elles feraient battre le ciel et la terre.

THOMAS. Mais enfin, quelle est cette jeune fille? je ne l'avais jamais vue chez toi...

RÉNÉ. Une fille d'honneur de la reine, qui a pour moi une tendre amitié.

THOMAS. C'est étrange, et tu vas te moquer peut-être... mais je trouve en cette jeune fille une ressemblance frappante avec ma pauvre femme que j'ai tant aimée et pleurée... En l'écoutant, je ne sais quoi d'étrange, d'inconnu me palpitait au cœur, sa voix m'allait à l'ame, et ses cris de douleur me déchiraient... Oh! ma fille!.. ma fille! ne te reverrai-je donc plus?

RÉNÉ. Ta fille! ta fille! tu crois la voir partout...

THOMAS. Oh! oui, tu l'as dit, partout, sous les brillans atours ou sous les haillons du peuple, partout, quand je rencontre une jeune fille portant sur ses traits flétris l'empreinte de la souffrance et de la misère, je m'arrête, je la regarde, je sens les larmes me venir... je me dis : C'est peut-être mon enfant, ma fille!.. et alors mon cœur saigne, je souffre avec elle, et, pauvre soldat, je lui donne ma dernière obole. Est-elle belle, riche, parée, je la regarde encore..... mon cœur bondit de joie et d'orgueil, je suis le carrosse qui l'emporte; puis, les yeux levés au ciel, je prie Dieu de la conserver long-temps heureuse, car je me dis encore : C'est peut-être ma fille.

RÉNÉ. Cette douleur t'absorbe et fait de toi un homme de rien. Et dire que ces larmes durent depuis douze ans! je n'ai jamais vu ça, moi... Douze ans! il y a de quoi enterrer toutes les peines... en douze ans, on oublie père, mère, parens et le reste. Vraiment, Thomas, je ne te comprends pas.

THOMAS. C'est vrai, Réné, douze ans, c'est bien long! et pas un cœur peut-être n'eût souffert si long-temps; mais si les hommes oublient, Réné, c'est qu'ils sont quelquefois heureux... moi, je ne l'ai jamais été... alors rien n'a pu cicatriser cette plaie de l'ame qui me ronge et me tue... Oh! si je connaissais les misérables qui m'ont pris mon enfant...

RÉNÉ. Et tu leur pardonnerais s'ils te le rendaient?

THOMAS. Leur pardonner! leur pardonner..... mais ce ne serait pas assez de la mort pour eux... je voudrais verser goutte à goutte le sang de leurs veines, et...

RÉNÉ, *effrayé*. Causons d'autre chose... Je reviens à te dire que si tu avais voulu, tu serais arrivé... il y avait en toi une fière étoffe, un gaillard qui vous manie l'estoc comme pas un soudart de la chrétienté, qui avec l'arquebuse vous décroche un homme à trois cents pas; tu avais une fortune dans ta manche! mais le chagrin t'a fait quitter l'armée.

THOMAS. J'ai tout fait pour éloigner cette douleur, mon bon Réné; à la guerre j'ai cherché la mort, j'ai marché tête nue, poitrine nue à l'ennemi, la mort n'a pas voulu de moi.

RÉNÉ. Tu as quitté trop tôt, tu allais peut-être faire ton chemin, on avait l'œil sur toi, tu avais fait de ces coups qui ne se voient guère et qui font qu'on dit d'un homme : Malepeste, il ira loin, celui-là; plus loin que la charge de son arquebuse. Mais tu as mieux aimé revenir.

THOMAS. Je te comprends, Réné, oui,

en effet, je ne fais rien ici, je vis à ta charge comme je l'ai toujours fait depuis le jour où tu me dis en me conduisant dans ta maison : Tiens, il y a là du pain, mange, il y a encore du vin dans ce broc, bois... Eh bien! je m'en irai, Réné.

Il se lève.

RÉNÉ, *s'efforçant à le retenir.* Allons donc... est-ce que je t'ai dit ça pour te fâcher? tu ne me connais donc plus? est-ce que tu n'es pas le seul homme que j'aime, toi?.. est-ce que je ne souffrais pas quand tu allais à la guerre et que je ne te voyais pas? Mais je pensais à ton avancement. Je sais bien que j'ai des défauts, et de grands défauts, ma foi; je suis avare comme le diable, hors pour toi; j'aime l'or comme tu aimerais la gloire, je ferais tout pour de l'or... que veux-tu? A mon âge, il n'y a pas d'autre amour que celui-là. Je n'ai ni femme, ni fille à pleurer, moi; j'ai toujours vécu seul, seul comme un ermite... mais maintenant c'est changé; la cour est presque à mes pieds.

THOMAS. Mais quel est donc ton emploi à cette cour qui te craint et te flatte? que fais-tu pour gagner ces richesses que je te vois amonceler?

RÉNÉ. Ça, vois-tu, c'est mon affaire! j'en rendrai compte à Dieu, et ce sera un fier compte, va... Il n'y a qu'un malheur, c'est que je ne pourrai pas mettre mes ducats de l'autre côté de la balance pour la faire pencher en ma faveur... enfin suffit.. la route est ouverte, et j'y marche tête baissée.

THOMAS. Je ne sais en vérité ce que je dois croire, mais je ne voudrais pas entrer à cette cour pour tout au monde.

RÉNÉ. Excepté pourtant si madame la reine, qui est une brave et digne dame, sans que tu t'en doutes...

THOMAS. Oh! je n'ai jamais voulu la voir.

RÉNÉ, *continuant.* Si madame la reine, dis-je... (*On frappe.*) Tiens, vois-tu, on frappe, c'est peut-être la fortune... quelquefois, elle s'égare à la porte des vieux et pauvres logis, et elle frappe comme une mendiante... le tout est de ne pas la recevoir mal.

◆◆◆◆◆◆◆◆◆◆◆◆◆◆◆◆◆◆◆◆◆◆◆◆◆◆◆◆

SCÈNE IX.

LES MÊMES, LA REINE.

LA REINE, *masquée à Réné.* C'est lui!
RÉNÉ. C'est lui.
LA REINE. Il ne me connaît pas?

RÉNÉ. Non, vous pouvez lui parler à visage découvert.

Réné s'arrête dans le fond, croise les bras, et s'adosse contre le mur.

THOMAS, *se retournant.* Une noble dame! par ma foi, c'est la soirée aux aventures!
LA REINE. Je te salue, Thomas.
THOMAS. Mon nom! (*Se découvrant.*) Je vous rends votre salut, noble dame; mais pardon, je croyais être ignoré du monde entier.
LA REINE. Cette modestie est la compagne ordinaire de grandes qualités et de hauts mérites; car votre renommée de gloire et de vaillance est venue jusqu'à la cour.
THOMAS, *avec une espèce de répulsion.* Ah! vous êtes de la cour, madame?
LA REINE. Mais pourquoi vous émouvoir à cette idée?
THOMAS, *tordant sa toque.* C'est de l'instinct, voilà tout.
LA REINE. Votre ami Réné n'appartient-il pas maintenant à la cour, et à cette cour tout ne lui sourit-il pas?... Croyez-moi, Thomas, défiez-vous des bruits mensongers qui courent sur l'hôtel de Soissons, et le Louvre... c'est là seulement qu'on rend justice au mérite, à la valeur... c'est là que les qualités trouvent une digne récompense; demandez à votre ami Réné.
THOMAS. Madame, ce qu'il me faut par-dessus tout, c'est l'indépendance, c'est la libre disposition de moi-même... Tout homme du peuple que je suis, et peut-être parce que je suis homme du peuple, j'ai besoin que mon cœur batte librement dans ma poitrine.
LA REINE. Que faudrait-il donc pour dompter cette âme si farouche, ce cœur si amoureux de liberté?... Si par exemple, la reine, intarissable dans ses bontés, daignait jeter sur votre obscurité et votre humble naissance une brillante auréole; si tirant de la foule une bravoure héroïque, elle couvrait vos épaules du manteau armorié de gentilhomme?
THOMAS. Noble! moi noble, moi gentilhomme! moi, marchant leur égal à ces grands qui m'ont persécuté et méconnu! Quelle idée!...

On entend frapper, puis un grand bruit à la porte.

LA REINE. Ce bruit! ces cris! ces flambeaux!... Qui vient ici?... une trahison peut-être...
RÉNÉ, *regardant par la fenêtre.* Ah! mon Dieu! c'est mon homme de tantôt.
THOMAS, *allant à la porte.* Pourquoi ces craintes ouvrons....

SCÈNE X.

Les Mêmes, LE COMTE, Gentilshommes, Pages et Valets *portant des torches.*

LA REINE, *se couvrant de son masque.* Oh ! je ne puis rester.

RÉNÉ, *ouvrant la porte à droite.* Par ici, madame, par ici.

La reine entre à droite.

THOMAS, *stupéfait.* Le comte Maurevert !

LE COMTE. Ton père, ton père repentant... ton père qui vient te demander grâce pour le cruel affront qu'il t'a fait subir, ton père qu'égara un instant de fol orgueil, et qui vient relever son fils à tous les yeux, en lui décernant, en présence de ces gentilshommes, les dignités qui depuis cinq cents ans ont fait de son nom l'un des plus illustres noms de la France.

THOMAS, *hors de lui.* C'est un rêve, un rêve de bonheur et d'extase infinie... Mon père, c'est bien vous ; c'est votre voix, c'est votre sainte parole que je viens d'entendre... Mais vous ici, vous venant me chercher dans ce pauvre logis !

LE COMTE. Tu ne pouvais rentrer dans l'hôtel d'où tu fus repoussé qu'en maître, le front haut et pur de tout affront ; voici pourquoi je suis venu te chercher ici, mon fils... Pardonne, mon enfant, si j'ai retardé jusqu'à ce jour le moment glorieux et solennel de ta reconnaissance ; mais j'avais quelques doutes, j'hésitais encore.... Depuis le jour où je t'avais méconnu, je te suivais des yeux partout... et quand je te vis si grand, si fier, et surtout si brave, mes entrailles s'émurent... des larmes mouillèrent mes yeux... je me sentis père ! et une voix, la voix de Dieu me dit : C'est lui !... et je suis venu, mon enfant, et me voilà dans ce logis, moi qui dans un instant ne serai plus rien, car je viens me dépouiller de tout en ta faveur... Approche donc, mon enfant, que je te serre dans mes bras !

Thomas s'y précipite.

THOMAS. Mon père ! mon père, quel moment d'ivresse !... Il faut mourir après un tel bonheur.

LE COMTE, *le relevant.* Non, il faut vivre pour l'honneur de ta race, vivre pour la gloire de ton pays ; vivre encore pour recueillir le dernier soupir d'un père, qui n'a plus que quelques jours à passer sur cette terre auprès de toi.... Maintenant à genoux, mon fils, et reçois de ma main les insignes de la noblesse. (*Thomas s'agenouille ; le comte lui passe au cou le collier de la Toison-d'Or, et l'ordre de Saint-Michel ;* un autre gentilhomme lui met son épée ; un troisième son manteau fleurdelysé ; et un autre enfin lui ceint l'éperon d'or.) Debout maintenant, comte de Maurevert, et jurez sur cet écusson, qui est l'emblème vivant de votre famille, jurez de le garder pur de tache et de souillure, et de mourir plutôt que de consentir au déshonneur.

THOMAS, *touchant l'écusson de son épée.* Je le jure.

LE COMTE. Bien, mon fils, grand merci ; mon nom ne périra pas, et une main bienfaisante fermera mes yeux... Viens, mon fils, viens avec moi dans cette maison qui autrefois se ferma si cruellement pour toi.

THOMAS. Je vous suis, mon père, je vous suis...

LE COMTE. Place devant le noble comte de Maurevert !...

Ils sortent.

SCÈNE XI.
RÉNÉ, LA REINE.

RÉNÉ, *appelant la reine.* Madame la reine !

LA REINE. Eh bien ! cet homme m'échappe, Réné... et cependant il me faut à tout prix un bras, une épée... Le temps presse... le moindre retard peut tout perdre... Réné, je t'ai accablé de mes bontés, comblé de faveurs... je t'ai fait riche, puissant... je te ferai plus riche, plus puissant encore... mais il faut que mon projet s'exécute... Cet homme était-il le seul qui pût me servir ?

RÉNÉ. Oui, le seul qui pût vous servir et se taire.

LA REINE. Et le moyen d'en faire maintenant un instrument docile ?... Le fils du comte de Maurevert...

RÉNÉ, *se frappant le front.* Attendez.... Oh ! mais non...

LA REINE. Parle... oh ! parle, Réné.

RÉNÉ. Eh bien ! oui, madame, j'ai un moyen, mais un moyen terrible.

LA REINE. Qui peut me sauver ?

RÉNÉ. Et me perdre.

LA REINE. Te perdre, quand la reine te couvre de sa puissance... Et quel danger pourrais-tu redouter ?... Ta vie, j'en réponds ; ta fortune, elle ira au-delà de tes vœux ; mon trésor te sera ouvert, tu y puiseras à pleines mains, je t'en donne ma parole royale.

RÉNÉ. Écoutez-moi donc... Si Thomas a retrouvé son père, Thomas pleure encore sa fille, et la pleure depuis douze ans ; pour elle, j'en suis sûr, il sacrifierait tout.

LA REINE. Tu crois... Mais cette enfant, où est-elle?... Qui peut la lui rendre?

RÉNÉ. Moi, moi qui l'enlevai dès son bas âge, moi qui en fis un instrument de fortune... Mais moi qui ai tout à craindre de la colère du père si jamais il venait à savoir....

LA REINE. Je t'ai dit que je répondais de ta vie... Quelle est cette jeune fille?

RÉNÉ. Stella!

LA REINE. Stella!... Cours au palais, qu'elle vienne à l'instant.

RÉNÉ. C'est inutile! elle est ici, auprès de Lucrezia sa nourrice.

LA REINE. Je vais la voir, la préparer; toi prends ce parchemin et qu'il le signe; à cette condition seule, sa fille lui sera rendue.

Réné se dispose à sortir, voyant entrer Thomas.

RÉNÉ. C'est lui!

SCÈNE XII.
LES MÊMES, THOMAS.

THOMAS. Réné! Réné! ah! te voilà! pardon de t'avoir quitté sitôt pour suivre mon père... mais je me suis bientôt arraché à ses embrassemens, me souvenant que j'avais ici un ami, qui m'avait aidé dans la mauvaise fortune, et que je ne pouvais oublier dans la bonne.... Réné, mon bon Réné!

RÉNÉ. Thomas, monsieur le comte, veux-je dire.

THOMAS. Allons, Réné, toujours Thomas pour toi.

RÉNÉ. Eh bien! tu es heureux, n'est-ce pas?... Il ne manque rien à ton bonheur?

THOMAS. Oui, mon ami, je suis heureux... Qui ne le serait à ma place?... Je retrouve mon père, mon rang, et désormais ma sainte ambition peut tout espérer.

RÉNÉ. Et ta fille, Thomas?

THOMAS. O ma fille!... Mais que tu es cruel, Réné!

RÉNÉ. N'aimerais-tu pas mieux avoir ta fille, Thomas, au prix même de ta noblesse, de ton rang?

THOMAS. Oh! oui, à l'instant même je dépouillerais ces dignités dont je suis pourtant si glorieux, et je les foulerais aux pieds, prêt à reprendre ma vie obscure et misérable; mais sais-tu, Réné, ce que c'est que l'amour d'un père pour sa fille?...

sais-tu que cet amour, quand l'homme une fois l'a goûté, c'est pour lui un bien infini, inimaginable?... L'amour d'un père, c'est son orgueil, sa douce joie, c'est son rêve des nuits, son espérance de chaque jour, son appui pour l'avenir.... et tout cela perdu, perdu à jamais!

Il s'attendrit.

RÉNÉ, *s'approchant de plus près.* Et si ta fille n'était pas morte, Thomas...

THOMAS, *se levant vivement.* Si elle n'était pas morte, dis-tu?... O mon Dieu!

RÉNÉ. Enfin, si l'on pouvait te la rendre?...

THOMAS. Que dis-tu, que dis-tu?.. oh! prends garde, ce serait infâme à toi de railler ce cœur ulcéré, et notre amitié s'y briserait...

RÉNÉ. Eh bien, Thomas, ton enfant existe!

THOMAS, *hors de lui.* Ma fille existe!... Dis-tu vrai?... au nom du ciel, dis-tu vrai?

RÉNÉ, *déroulant un parchemin.* Ton nom sur ce blanc-seing!

THOMAS. Sur ce blanc-seing! Pourquoi? je ne comprends pas.

RÉNÉ. Signe... et tu reverras ta fille.

THOMAS. Je reverrai ma fille... Qui m'en répond?

RÉNÉ. Moi, Réné, ton vieil ami, qui ne t'ai jamais trompé... As-tu confiance en moi?

THOMAS. Oui, oui... (*Il signe.*) Et maintenant, qui me rendra ma fille?

SCÈNE XIII.
LES MÊMES, LA REINE.

LA REINE, *se débarrassant de sa cape et saisissant le parchemin.* La reine Catherine de Médicis.

THOMAS, *s'inclinant.* La reine!

LA REINE. Reconnais-tu cette croix d'or?

THOMAS. C'est elle! c'est la croix de mon enfant! la croix qu'elle portait au cou.... Ma fille! où est ma fille?

SCÈNE XIV.
LES MÊMES, STELLA.

STELLA, *se jetant dans les bras de Thomas.* Mon père!

ACTE TROISIÈME.

La scène se passe à l'hôtel de Soissons. A gauche, l'oratoire de la reine. A droite, l'appartement de Stella. Au fond, une porte double.

SCENE PREMIERE.

RÉNÉ, LA REINE, *assise près d'une table; Réné porte des sacs de ducats.*

LA REINE. Ainsi, tu es sûr de l'effet de cet anneau?

RÉNÉ. Vous n'aurez jamais fait d'aussi joli cadeau à vos ennemis, je le jure, comme il n'y a qu'un Dieu au ciel et une seule grande reine sur la terre.

LA REINE. C'est bien... dans une heure, tiens-toi prêt, avec deux hommes de ton choix, à faire ce que j'ordonnerai.

RÉNÉ. Je serai prêt, madame la reine.

La reine sort.

SCENE II.

RÉNÉ, *seul.*

Deux mille ducats pour l'anneau, trois mille ducats pour Maurevert, en tout, cinq mille ducats... Quelle grande et magnifique reine que madame Catherine! (*Il entend du bruit.*) Eh! eh! on vient..... Ce n'est pas ma place ici..... Allons voir si mes ducats ont juste le poids et le titre voulus.

SCENE III.

LE COMTE DE MAUREVERT, THOMAS MAUREVERT, STELLA, GROUPE DE GENTILSHOMMES.

Le vieux comte est appuyé d'une part sur le bras de son fils, de l'autre sur celui de sa petite-fille.

STELLA, *à part, avec un sentiment de tristesse.* Téligny!... je n'ai pu le voir encore... et cependant il faut que je lui parle à tout prix.

LE COMTE, *s'adressant aux gentilshommes qui l'entourent.* Oui, c'est mon noble fils, messieurs les gentilshommes; je suis venu une dernière fois à cette cour pour vous le présenter, à vous dont j'ai connu les pères; à vous, l'élite de notre jeune noblesse; à vous, que j'ai vus naître et grandir et que je revois avec orgueil. Mon fils est digne de votre amitié; il est fier et brave comme vous; long-temps avant qu'il portât le glorieux nom de Maurevert, il s'était illustré par sa vaillance, et nos derniers champs de bataille l'avaient vu dans leurs plus sanglantes mêlées. Jeune comme vous, il porte sur la poitrine d'honorables cicatrices, et, sous cette poitrine se cache un cœur noble et généreux... Vous l'aimerez, mes gentilshommes, vous l'aimerez comme votre ami, comme votre frère; et, je le connais, il vous rendra dévouement pour dévouement.

Tous les gentilshomme s'inclinent et se retirent au fond.

SCÈNE IV.

LE COMTE DE MAUREVERT, THOMAS MAUREVERT, STELLA.

STELLA. Daignez vous reposer, monsieur le comte... tant d'émotions à la fois...

LE COMTE, *s'asseyant.* Oui, mes enfans, tant d'émotions heureuses enlèvent à un vieillard ses dernières forces, placez-vous à côté de moi, mes enfans; vous êtes ma gloire, mon bonheur; vous êtes plus pour moi que ma couronne de comte... (*Les regardant alternativement.*) Mais vous êtes tristes, mes bons amis, très-tristes, il me semble!... Toi, Maurevert, tu as le front soucieux et l'air morne!... toi, Stella, tu es pâle et parais souffrante. Qu'as-tu donc, Maurevert? manque-t-il quelque chose à ton bonheur?

THOMAS, *avec un effort douloureux.* Non, mon père... en vérité...

LE COMTE. Mais j'y songe; quand tu es entré dans l'oratoire de la reine, tu étais gai, fier, triomphant; et quand tu en es sorti une heure après, il y avait en toi je ne sais quoi d'abattu et de sombre; et cependant tu es sorti de cette longue et mystérieuse conférence avec les insignes de ta nouvelle dignité, entouré du respect et de la considération de tous... Maurevert, serait-ce ta nouvelle et brillante fortune qui exciterait ainsi en toi quelque grave préoccupation? Te sentirais-tu subitement quelques-unes de ces passions de cour qui rongent le cœur? L'ambition, par exemple...

THOMAS. L'ambition, mon père!... Oh! non, non, je n'en ai point... mais, je vous le dirai, cette cour me pèse déjà, et me pèse horriblement..... Les faveurs de la reine, ces insignes, cette dignité, ces sourires perfides de courtisans, toujours pressés de saluer le soleil levant!... je ne sais quoi de faux et de dissimulé qui éclate ici sur tous les visages!... c'est cela, mon père, c'est cela qui fait sur moi une douloureuse impression... Je me sens mal ici... On y respire un air qui glace ou qui flétrit... oh! je voudrais déjà quitter cette cour.

LE COMTE. Je te comprends, mon fils: tu as été nourri dans les camps, au milieu de cette rude liberté du soldat qui joue chaque jour sa vie..... Mais, mon ami, rien ne te force à vivre esclave à la cour... Ne crains rien, sois toujours ce que tu es, et laisse à Dieu le soin du reste... Et d'ailleurs n'as-tu pas ta fille, mon ami, un ange de pureté et d'innocence?..

THOMAS. Voyez: elle est triste aussi, mon père...

LE COMTE. Oh! la tristesse de Stella m'effraie moins... Le cœur d'une jeune fille grandit vite sous ce brûlant atmosphère de la cour... Allons, allons, mes enfans, je m'explique à merveille ce trouble de vos ames... C'est aujourd'hui le lendemain du plus beau jour de votre vie. L'ame humaine a de mystérieux retours, dont Dieu seul sait le secret...

SCÈNE V.

Les Mêmes, UN HUISSIER, LA REINE.

UN HUISSIER, *annonçant.* Madame la reine!

Mouvement de Thomas et de Stella; la reine entre.

LA REINE. Je suis heureuse de vous rencontrer ici réunis. Eh bien! monsieur le comte, vous voyez si nous avons tardé à reconnaître le glorieux mérite de votre fils. Vous lui rendiez à peine son nom qu'il recevait de nos mains la récompense de ses services... J'étais heureuse en même temps, monsieur le comte, de vous donner une preuve de la haute estime que j'ai toujours professée pour votre illustre maison.

LE COMTE, *s'inclinant.* Tant de bontés, madame la reine...

LA REINE. Et Stella, cette chère Stella, que nous aimons tant, ne l'ai-je pas élevée comme mon enfant? Loin de la confondre parmi les filles d'honneur, j'ai voulu qu'elle demeurât près de moi, en face de mon oratoire, dans un appartement voisin du mien, dont voici la porte. (*A Maurevert.*) N'ai-je pas quelques droits à votre reconnaissance, monsieur le capitaine?

THOMAS, *avec effort.* Madame...

LE COMTE. Quant à moi, je voudrais pouvoir m'agenouiller devant Votre Majesté pour la remercier de tant de bienfaits. (*Il baise la main de la reine.*) Je quitte cette cour, heureux et le cœur plein de vous, madame...

LA REINE. Quoi! vous nous quittez déjà... mais vous n'ignorez pas que, dans quelques instants, monsieur l'ambassadeur protestant va recevoir de ma main, au milieu de la cour assemblée, l'acte solennel qui doit mettre fin à la guerre civile?... N'assisterez-vous pas à cette cérémonie, monsieur le comte?

LE COMTE. Que mon grand âge me serve d'excuse, madame la reine.

LA REINE. Allez donc, et n'oubliez pas que nous serons heureuse de vous revoir quelquefois près de nous.

Le vieux comte est conduit par Stella; Thomas reste au milieu de la scène, l'air sombre, les bras croisés; la foule des gentilshommes entoure la reine.

SCÈNE VI.

Les Précédens, UN HÉRAUT D'ARMES, LES COMTE DE TÉLIGNY, LES Chefs protestans.

UN HÉRAUT, *annonçant.* Monsieur le comte de Téligny...

Elle sort à gauche.

SCÈNE VII.

Les Précédens, *moins Stella*, Chefs protestans, Chefs catholiques.

STELLA. C'est lui! Oh! comment faire pour le prévenir?

TÉLIGNY, *s'inclinant.* Madame la reine, voici venue l'heure que vous avez daigné m'indiquer; selon vos désirs, j'ai conduit avec moi tous les chefs de la religion réformée, pour donner à cette entrevue la solennité qu'elle mérite.

LA REINE, *lui remettant un parchemin roulé et scellé du sceau royal.* Voici cet acte, monsieur l'ambassadeur, cet acte qui doit assurer le repos, la gloire et la prospérité du pays!

TÉLIGNY, *prenant le parchemin et s'adressant aux chefs protestans*. Amis, demain cet acte sera exécuté dans toutes ses dispositions, et la huguenoterie de France prendra sur le sol d'inébranlables racines. Dans quelques instans je pars pour Orléans, où Condé, notre illustre chef, m'attend à la tête de notre armée...

A ces mots la reine se penche à l'oreille de Thomas, et lui parle à voix basse ; Thomas sort, et laisse voir un moment de colère et de douleur.

SCENE VIII.

STELLA, *s'approchant furtivement de Téligny prêt à sortir, et lui remettant un billet.*
Lisez! lisez!

Elle se confond dans la foule qui s'écoule par degrés.

SCENE IX.
LA REINE, STELLA.

LA REINE, *attirant à elle Stella encore pâle et tremblante*. Tu es pâle, Stella... et tu souffres, sans doute... Rentre dans ton appartement, mon enfant ; va chercher le repos qui te parait si nécessaire...

STELLA. Si je vous étais utile, madame la reine?

LA REINE. Non, va, mon enfant..

Stella sort ; la reine, après s'être assurée qu'elle est bien seule, s'approche de la porte de l'oratoire et y frappe deux légers coups.

SCENE X.

LA REINE, THOMAS *masqué, couvert d'une cape noire, portant à la ceinture épée et poignard.*

LA REINE. Allez, il ne faut pas que Téligny arrive à Orléans... vous comprenez?

THOMAS. O madame!... s'il y a crime, que ce crime retombe sur votre tête!...

LA REINE. C'est bien! allez...

SCENE XI.
LA REINE, *seule*.

Le voilà parti... dans quelques instans un coup d'épée aura rompu la trame dans laquelle les huguenots ont cru m'enfermer... et j'aurai réussi à retenir leurs chefs dans Paris... Mais il faut que j'obtienne du roi mon fils que le moment de l'exécution soit rapproché... Du bruit!... on vient... ce sont comme des pas tremblans et incertains,.. Qui donc s'introduit ici à pareille heure? si je pouvais voir sans être vue... Où me cacher? là, derrière cette portière.

Elle se cache derrière la tapisserie de la porte à droite, près de laquelle est une table et une lampe.

SCENE XII.

TÉLIGNY, *arrivant par le fond*.

Je ne puis revenir de mon étonnement... j'ai beau lire et relire ce billet, le sens m'échappe... (*Il s'approche pour mieux lire, la reine, placée derrière Téligny, avance la tête et lit en même temps que lui.*) « Ne « quittez pas le palais sans m'avoir parlé! » Que peut-elle vouloir me dire? me parler peut-être de notre amour... me reprocher mon indifférence!... Stella oublie que mes momens sont bien précieux... Voyons, c'est bien ici son appartement? personne ne m'a vu et ne soupçonne ma présence dans ce palais, je puis entrer sans danger pour Stella...

Il entre à droite.

SCENE XIII.
LA REINE, *seule*.

Téligny dans la chambre de Stella, et appelé par elle... oh ! c'est le ciel qui l'envoie et me le livre désarmé... nulle puissance au monde ne pourrait maintenant le sauver... mais il faut qu'il reste seul dans cette chambre, et que Stella en sorte.

Elle frappe à la porte.

SCENE XIV.

STELLA, *pâle, effrayée* ; LA REINE.

STELLA, *effrayée*. La reine !

LA REINE. Je venais vous chercher, mon enfant : tourmentée par une insomnie cruelle, j'ai quitté mon oratoire pour venir près de vous comme une sœur vient à sa sœur... j'ai besoin de vous, Stella... j'ai besoin que vous me chantiez, avec votre voix d'ange, quelques-uns de ces cantiques, qui, vous le savez, calment mes douleurs, rappellent mes esprits, me convient au sommeil... Allez, ma fille, allez dans mon oratoire, je vous rejoindrai bientôt...

STELLA, *à part, avec angoisse, et après avoir quelque temps hésité.* O mon Dieu! veillez sur lui!...

Elle sort.

SCENE XV.
LA REINE, *seule.*

Viens donc à présent, Maurevert! oh! pourquoi n'est-il pas de retour?... On vient, je crois... oui, j'entends des pas dans cette galerie... c'est lui!

SCENE XVI.
THOMAS MAUREVERT, LA REINE.

THOMAS, *se dépouillant de sa cape.* Je ne l'ai pas rencontré, madame...

LA REINE, *impatientée.* Il est ici, Thomas... il n'a pas quitté le palais...

THOMAS, *avec joie.* C'est le ciel qui l'a sauvé, madame!

LA REINE. Oui; mais ici tu peux frapper à coup sûr; nul ne viendra à son secours... dis-donc plutôt que c'est le ciel qui nous le livre...

THOMAS. Je ne le frapperai pas, madame, dans le sein de ce palais... sous la garde de votre hospitalité, ce serait une lâcheté et un crime... oui, un crime... ne souriez pas, madame la reine! quand j'ai consenti à sortir pour attendre Téligny, ce n'était pas un meurtre infâme que j'allais commettre... ce n'était pas une victime que j'allais frapper par derrière! non, non, je sortais pour croiser loyalement le fer contre le comte de Téligny, que l'on dit une des meilleures épées du royaume; je sortais pour tenter les chances d'un duel et mourir de sa main, peut-être... mais que je frappe ici, dans ce palais, un homme surpris d'une attaque imprévue, sans armes peut-être... non, jamais! jamais!

LA REINE. Songe que tu me dois tout, Maurevert! songe à ta promesse sacrée de m'obéir aveuglément... Je serai votre esclave, humble, soumis, tremblant, m'as-tu dit? je réclame ta parole de gentilhomme!

THOMAS. Ma parole de gentilhomme pour commettre un crime, madame! vous invoquez mon honneur pour un assassinat... misérable dérision!

LA REINE. Monsieur le capitaine!

THOMAS. Oui, monsieur le capitaine! c'est vrai... c'est de vos mains que j'ai reçu ces insignes... c'était donc le prix du sang que vous vouliez me solder d'avance? Ces insignes me sont odieux, madame, je les brise, je les foule aux pieds... (*Il les brise en effet.*) C'est une livrée infâme que vous aviez jetée sur mes épaules, la livrée de l'assassin... je vous quitte, madame, je quitte votre service, je quitte cette cour; merci de vos faveurs, merci de vos distinctions; je redeviens simple gentilhomme, je serai le comte Thomas de Maurevert; n'est-ce donc pas assez, madame, pour être grand et honoré?...

LA REINE. Tu oublies, Maurevert, que tu es à moi, corps et ame!

THOMAS. Folie! madame, si vous l'avez cru... folie! je n'appartiens qu'à mon pays et à Dieu.

LA REINE. Mais tu es en mon pouvoir! je puis te perdre, si je le veux... t'enlever l'honneur avec la vie!... Faut-il te répéter ce que je te disais tantôt dans mon oratoire... je puis tout écrire au-dessus de ton nom sur le blanc seing fatal, tout jusqu'à l'aveu d'un crime...

THOMAS. Osez-le donc, madame, je dirai à mes juges le piége infâme dans lequel vous m'avez fait tomber pour me faire votre esclave, l'instrument aveugle de vos sinistres projets, et ils me croiront...

LA REINE. On ne te croirait pas... car c'est moi, la reine de France, qui t'accuserais, qui livrerais le blanc-seing à des juges assemblés par moi....

THOMAS. Ah! c'est horrible!

LA REINE. Mais laissons ces menaces, Maurevert; je n'ai jamais songé à recourir à de semblables extrémités... je désire même oublier pour quelques instans l'intérêt pressant qui me faisait te demander la mort de Téligny, pour m'occuper de toi, Thomas, de ta famille, de ton honneur, que tu m'accusais de vouloir souiller... je veux te parler de ta fille, Thomas!

THOMAS. De ma fille, madame! en un pareil moment... Qu'est-ce que cela veut dire?

LA REINE. Tu sais si j'aime Stella? tu sais ce que j'ai fait pour elle? je lui ai rendu son rang, sa naissance, le bonheur enfin... Eh bien! ta fille! cet ange de pureté et d'innocence... il faudra demain que moi, la reine, sa seconde mère, je la chasse honteusement de cette cour...

THOMAS. Chasser ma fille!...

LA REINE. Oui... car un homme, un infâme, a séduit Stella, l'a déshonorée!...

THOMAS, *au comble de la colère.* Un

homme ? au nom du ciel nommez-le-moi, madame !...

LA REINE. Tu le tueras, Maurevert?

THOMAS. Ma fille déshonorée !... ma fille honteusement chassée !... Oh ! nommez-le-moi, madame, par pitié !...

LA REINE. Mais dis donc que tu le tueras?

THOMAS. Son nom, seulement, et vous verrez...

LA REINE. Cet homme est dans la chambre de ta fille... c'est le comte de Téligny !

THOMAS. Téligny !... Et moi qui bravais tout pour le sauver... merci, merci, madame... justice sera faite !
Il court à la porte à droite.

LA REINE, *sortant*. Enfin !

SCÈNE XVII.
THOMAS.

THOMAS, *ouvrant la porte*. Sortez, sortez, monsieur le comte ! quelqu'un vous attend ici.

SCÈNE XVIII.
THOMAS, TÉLIGNY.

TÉLIGNY. Qui êtes-vous, et que me voulez-vous ?

THOMAS. Je suis le comte Maurevert, le père de Stella, que tu as séduite et déshonorée !... Il me faut justice de la tache faite à mon blason !...

TÉLIGNY. Vous, monsieur le comte, le père de Stella... un duel ! en un pareil moment ; monsieur, c'est impossible.., nous nous reverrons...

THOMAS, *tirant son épée*. Vous n'avez donc pas compris ce que je veux vous dire? c'est que vous ne sortirez pas d'ici vivant.

SCÈNE XIX.
LES MÊMES, STELLA.

STELLA. Arrêtez, mon père, grâce ! arrêtez ! je l'aime, mon père, plus que la vie ! je l'aime à mourir du coup qui le frapperait !... faites-lui grâce, ou je ne me relève plus, mon père, car nous sommes unis d'un lien que vous ne sauriez briser...

THOMAS. Malheureuse, il t'a déshonorée ! la honte, l'infamie, voilà ce qu'il t'a apporté cet homme... et demain, en présence de toute la cour, la reine te chasse comme indigne et méprisable.

STELLA. O mon Dieu ! mon Dieu !

TÉLIGNY. La reine oserait-elle demain chasser du Louvre la noble comtesse de Téligny ?

STELLA, *ivre de joie*. Vous le voyez, mon père, il m'aimait et n'abusait pas de la jeunesse d'une pauvre jeune fille...

THOMAS. C'est bien, monsieur le comte, vous êtes un digne et loyal gentilhomme ! vous rendez l'honneur à une noble fille, et vous faites le bonheur d'un père... Ainsi, monsieur le comte, vous jurez d'épouser Stella ?

TÉLIGNY. Je le jure !

THOMAS. Si je venais à mourir, monsieur le comte, vous ne trahiriez pas votre serment ?

TÉLIGNY. Quelle cruelle prévision !

THOMAS. Mais enfin vous tiendriez, foi de gentilhomme ?

TÉLIGNY. Je le jure.

THOMAS, *se rapprochant avec lui de la scène*. Et de quelque genre de mort que je périsse, monsieur le comte, entendez bien, vous le jurez encore ?

TÉLIGNY. Sur mon honneur, je le jure.

THOMAS. Bien ! et maintenant dans mes bras, dans mes bras, que j'embrasse mon fils ! Viens, Stella, que je presse mes enfans contre mon cœur !
Téligny et Stella se jettent dans ses bras.

STELLA. Le moment est venu, Téligny, de vous dire pourquoi je vous ai fait venir ainsi la nuit....

THOMAS. On vient ici, c'est la reine... sans doute... séparons-nous. Allez, Téligny, quittez ce palais au plus vite.

STELLA. Mais, mon père, il faut que je lui parle...

THOMAS. C'est impossible, il ne faut pas que la reine le retrouve ici. Allez, allez, au nom du ciel... et toi, Stella, rentre dans ton appartement.

STELLA. Mais, mon père, un grand danger menace Téligny.

THOMAS. Ne crains rien, je veillerai sur lui.
Téligny et Stella sortent l'un par la galerie, l'autre par la porte à droite.

SCÈNE XX.
THOMAS, LA REINE.

LA REINE. Eh bien ?...

THOMAS. J'ai fait mon devoir, madame.

LA REINE. C'est bien ! après un pareil événement, j'ai besoin, pour ta sécurité et la mienne, que tu quittes le palais pour quelques jours. Prends cet anneau, Thomas, il te servira de sauf conduit.
Il passe l'anneau à son doigt.

THOMAS. Il m'aidera à protéger le départ de Téligny.

LA REINE, à part. Téligny est mort, tout est sauvé.

THOMAS, poussant un faible cri. Qu'est cela?... il y a quelque chose dans cet anneau, il pénètre dans mes chairs... madame la Reine... il y a quelque chose dans cet anneau ; ce que j'éprouve est étrange... Que vois-je? mes veines se gonflent... une douleur aiguë se répand dans ma main et dans mon bras.

LA REINE. Je ne sais, en vérité, ce que vous éprouvez, Maurevert; mais cet anneau n'en est pas la cause.

Elle va pour sortir.

THOMAS, se posant devant la porte. Vous ne sortirez pas, madame.

La reine effrayée recule de quelques pas.

LA REINE. Vous êtes fou, Maurevert! il faut que je sorte !

THOMAS, se plaçant devant la porte et se croisant les bras. On parle ici chaque jour de poisons subtils, ardens, prompts comme l'éclair... si vous aviez renfermé l'un de ces poisons dans cet anneau, madame !

LA REINE, effrayée. Quel odieux et injuste soupçon !... Laisse-moi passer, Thomas, il faut que je sorte.

THOMAS, enlevant la clef de la serrure. Vous ne sortirez pas, madame ; et vous allez essayer cet anneau.

LA REINE, à part. Mon Dieu !... quelle pensée !... je suis perdue... Qui viendra à mon secours? (Haut.) Maurevert, vous faites violence à la reine de France... c'est un crime de lèse-majesté !...

THOMAS, essayant de retirer l'anneau de son doigt. Il faut que vous essayiez cet anneau... mais je ne puis l'arracher... il est entré dans ma chair qu'il brûle et qu'il dévore... c'est une souffrance horrible...

LA REINE. Maurevert, calmez-vous, je ne vous ai point empoisonné... Et pourquoi aurais-je commis un crime inutile? N'ai-je pas besoin de toi, Maurevert? N'es-tu pas le plus brave gentilhomme de ma cour?

THOMAS. Quand un crime est commis, Catherine, on veut briser l'instrument; mais il me reste assez de force pour t'entraîner avec moi dans la tombe !

LA REINE. Au secours ! au secours !

THOMAS. Pas un cri ou tu meurs !

LA REINE, à part. Malheureuse ! tous mes gardes sont éloignés. (Haut.) Maurevert, je suis innocente, je te le jure...

THOMAS. La douleur s'est calmée ; mais peut-être le poison va-t-il se porter ailleurs ; peut-être se glisse-t-il à travers les veines pour pénétrer jusqu'aux entrailles...

(S'asseyant devant une glace.) Là, devant ce miroir, je verrai si mon front pâlit, si mes yeux s'allument... je suivrai la marche du poison, s'il existe... (Il met la main sur son poignard.) En face de moi, madame, asseyez-vous là.

Catherine s'assied en tremblant.

LA REINE. Tu le vois, Maurevert, si j'avais versé dans tes veines un de ces poisons subtils dont tu parlais, tu serais mort maintenant, ou tu te débattrais dans une horrible agonie. Je suis innocente, tu le vois... laisse-moi donc sortir. (A part.) Mon Dieu ! comme il pâlit !... si je pouvais cacher cette glace et lui dérober les ravages du poison.

Elle se lève par degrés, s'efforçant de cacher le miroir qui est derrière elle, mais Maurevert se lève aussi cherchant à voir son image, tout-à-coup il pousse un cri.

THOMAS, la main sur sa tête. Là !... là !... je le sens... c'est lui... c'est le poison !... c'est la mort !... Catherine, tu vas mourir aussi !...

Il se lève, la reine recule ; Maurevert la suit quelques pas le poignard à la main, chancelle et tombe en criant.

LA REINE, s'approchant et mettant son pied sur Thomas qui lutte contre la mort. Oui ! tu l'avais bien dit, Maurevert, quand le crime est commis, il faut briser l'instrument...

THOMAS, se redressant. Je suis déjà vengé, Catherine...

LA REINE. Vengé !...

THOMAS. Téligny n'est pas mort !

LA REINE. Est-il possible ?...

THOMAS. Il a quitté le palais, je l'ai sauvé.

LA REINE. C'est l'enfer qui s'en mêle... Téligny !... Téligny !... il ne faut cependant pas que tu quittes Paris, cette nuit, ni demain, ou tout est perdu... Que faire? Comment le retenir ?... (Regardant Thomas qui s'agite toujours.) Quelle idée !... oui !... c'est cela !... c'est bien ! Téligny restera.

Elle sort.

SCENE XXI.

RÉNÉ, DEUX AFFIDÉS dans le fond.

RÉNÉ, aux hommes. Venez m'aider à relever ce corps, c'est l'ordre de la reine ; (S'approchant.) Qu'ai-je vu ! Thomas ! l'anneau fatal est à son doigt ! Qu'ai-je fait ! malheureux ! j'ai tué mon meilleur ami ! (Mettant la main sur sa poitrine.) Mais son cœur bat encore... tout n'est pas fini.. oh ! je le sauverai !... (Aux affidés.) Aidez-moi !...

Ils enlèvent le corps.

ACTE QUATRIÈME.

Une salle spacieuse. Au fond, une porte double. A droite et à gauche, une portière en tapisserie.

SCÈNE PREMIÈRE.
LA REINE, UN HUISSIER.

Au lever du rideau, la reine est debout près de la porte de droite ; des conseillers en robes rouges entrent par le fond, et traversent le théâtre en s'inclinant devant elle.

LA REINE, *désignant la porte à droite.* Entrez, entrez, messieurs, et que bonne et prompte justice soit faite du crime commis sur la personne de l'amiral Coligny.

Les juges saluent de nouveau et sortent.

UN HUISSIER, *annonçant.* Le comte Téligny...

LA REINE, *à elle-même avec joie.* Ah! j'ai donc réussi à retarder son départ.... Allons, allons, la ruse fera ce que n'a pu faire l'épée de Thomas Maurevert.

SCÈNE II.
LA REINE, TÉLIGNY.

TÉLIGNY. Au moment de quitter Paris, madame, un message de votre majesté me rappelle en ces lieux.... Oserai-je vous demander?...

LA REINE. Monsieur le comte, l'horrible tentative faite sur l'amiral demandait une réparation éclatante ; je vous l'avais promise, et je suis heureuse de pouvoir vous l'offrir avant votre départ... Le tribunal vient de s'assembler... je regrette seulement que notre justice incomplète ne puisse atteindre que la mémoire du coupable... Arrêté cette nuit, il s'est empoisonné dans son cachot.

SCÈNE III.
LES MÊMES, MAUREVERT, *entrant lentement, le visage pâle et défait.*

MAUREVERT. Non, madame, le coupable ne s'est pas empoisonné dans son cachot ; le voici qui vient de lui-même se présenter à ses juges pour confondre une misérable accusation.

Il continue sa marche et disparaît par la porte qui conduit à la salle du tribunal ; la reine et Téligny sont muets de stupeur.

SCÈNE IV.
LA REINE, TÉLIGNY.

TÉLIGNY. Maurevert, l'assassin de Coligny!... Impossible!

LA REINE, *se remettant de son trouble.* Impossible, dites-vous... C'est aussi ce que je me suis dit d'abord... et pourtant rien de plus réel...

TÉLIGNY. Qui l'accuse?

LA REINE. Lui-même.

TÉLIGNY. Et comment?

LA REINE. Un écrit signé de sa main.... un pacte horrible, par lequel il vendait le sang de Coligny à ses ennemis... Cet écrit est entre les mains des juges, et ils feront leur devoir... car nous l'avons juré, la tête du meurtrier sera abattue, fût-elle surmontée d'une couronne de comte, de duc. Allez, monsieur l'ambassadeur, et ne quittez pas le palais que justice n'ait été faite.

TÉLIGNY, *à part en s'éloignant.* Malheureuse Stella!

SCÈNE V.
LA REINE, *seule.*

Quelle horrible frayeur cet homme m'a faite!... Ah! Réné! vous me paierez cher votre trahison... car nul doute, c'est lui qui l'a sauvé... Sauvé! il ne l'est pas, il ne le sera pas... La route est difficile ; mais j'arriverai au but... il le faut... Cruelle inquiétude... chaque minute, chaque seconde est un siècle pour moi... Ce tribunal!... Eh! qu'ai-je à craindre?... ne me sont-ils pas tous dévoués?... (*S'approchant de la porte et écoutant.*) Des cris!... des murmures!... il veut parler et s'épuise en vains efforts!... sa voix se perd au milieu du tumulte.... On se lève en désordre.... on ordonne qu'il soit entraîné hors de la présence des juges.... Ah! bien! bien! je puis m'éloigner maintenant.

Elle sort.

SCENE VI.

THOMAS, *conduit par ses gardes.*

Il tombe assis et accablé, les gardes s'éloignent.

THOMAS. Ils n'ont pas voulu m'entendre... je n'ai pu que pousser des cris confus, des cris de rage... et personne n'a élevé la voix en ma faveur.... et maintenant ils prononcent sur mon sort.... sur moi qui sort à moi déjà demi-mort par le poison, et qui sens les sources de la vie tarie dans ma poitrine en feu. (*Après une pause.*) O mon père!... Et ma fille, auront-ils eu pitié d'elle?... Le bruit de cette terrible accusation ne sera-t-il pas allé briser son ame?...

SCENE VII.
LE COMTE, THOMAS.

LE COMTE, *sur le seuil de la porte.* Maurevert!

THOMAS, *frémissant.* Mon père!... O terrible moment.

LE COMTE, *se jetant dans les bras de Thomas.* Mon fils! mon fils!... (*Ils se tiennent un instant étroitement serrés.*) Je sais tout, mon enfant; je sais que tu es innocent.... Réné m'a tout dit.

THOMAS. Les juges assemblés pour ma condamnation sont là qui délibèrent sur mon sort.

LE COMTE. Et tu ne leur as pas dit?...

THOMAS. Ils ont refusé de m'entendre, mon père.

LE COMTE. Oh! ils m'entendront, moi: la voix d'un père et d'un vieillard est sacrée, quand il vient défendre son fils... le ciel est avec lui et pour lui... Laisse-moi, j'irai seul, seul soutenu par mes cinquante ans de gloire. (*Il marche quelques pas, et tombe épuisé de fatigue; Thomas et Réné le relèvent.*) L'âge m'a trahi... cet effort m'a coûté ma dernière énergie... mon sang est tari dans mes veines... je le sens.... mon heure approche...

THOMAS, *écoutant.* Tout est fini, ce sont eux qui viennent.

SCENE VIII.

LES MÊMES, JUGES, HUISSIERS, VALETS, *portant l'un l'épée, l'autre les ordres, l'autre le blason de Maurevert,* **LE GRAND-PRÉVOT** *les suit.*

L'UN DES JUGES. Comte Maurevert, vos juges et vos pairs, après avoir eu sous leurs yeux la preuve de votre crime, preuve signée de votre main... vous ont à l'unanimité condamné à la dégradation et à la peine de mort... Par égard pour votre rang, et pour les glorieux services de votre père, le premier supplice vous sera infligé dans cette salle.... L'arrêt est prononcé, qu'il soit à l'instant-même exécuté.

LE COMTE, *se relevant.* Arrêtez! arrêtez! votre arrêt est injuste! votre arrêt est infâme!... Juges et pairs, on vous a trompés, je vais tout vous dire... écoutez-moi. Au nom de mon grand âge, au nom de mon sang versé pour le pays... arrêtez, écoutez-moi. Mon fils n'est pas coupable... (*avec force*) C'est Catherine de Médicis qui a tout fait.

LE JUGE. Insulter la reine!... qu'on l'éloigne!

LE COMTE, *se débarrassant de l'étreinte de son fils.* Non, non, il faut qu'ils m'entendent... Tuez-moi, ou écoutez-moi

LE JUGE. Entraînez cet homme!

Les gardes s'avancent vers le vieux comte et veulent l'entraîner.

LE JUGE. Insulter la reine!... qu'on l'éloigne!

LE COMTE. Eh bien! je me tairai, mais laissez-moi près de mon fils... je veux l'assister, moi, je suis son père! je l'aiderai à mourir.

LE JUGE. Que justice se fasse! (*Le prévôt brise l'épée et le poignard de Maurevert.*) Maintenant l'écusson!

Le prévôt va briser l'écusson; en cet instant, Maurevert passe de l'abattement au transport.

MAUREVERT. Non, vous ne briserez pas les armes de ma famille!... Vous n'avilirez pas une race qui a produit tant de vaillans gentilshommes maintenant endormis dans leurs sépulcres; vous n'éveillerez pas ces grandes ombres au bruit du marteau de fer tombant sur ce blason! Le blason! c'est l'ame des aïeux, c'est leur mémoire vivante, c'est leur dernier souffle et leur dernière gloire... Vous m'avez condamné, eh bien! me voilà! frappez-moi, mais ne brisez pas ces armes.

A un signe du grand-prévôt, un morne silence s'établit, et le prévôt lève lentement le fatal marteau; le vieux comte qui s'est jusque là fait violence se dresse de toute sa hauteur et s'écrie.

LE COMTE. Arrêtez!

Le bras du prévôt s'abaisse, le marteau frappe, l'écusson vole en éclats, et le vieux comte tombe la face contre terre.

MAUREVERT, *le relevant.* Mort! mort sous le coup de ma honte et de mon ignominie, oh!.. pourquoi m'avez-vous reconnu, mon père!... pourquoi ne m'avez-vous pas toujours repoussé? vous seriez mort glorieux, en regardant le ciel, et votre ame se serait exhalée sans peine..... o mon père!... adieu... adieu... je vais vous suivre ; me recevrez-vous dans vos bras, mon père, dans l'éternel séjour, et daignerez-vous effacer de vos baisers la tache que les hommes impriment à mon front?

LE JUGE. A L'échafaud !

Maurevert couvre de baisers et de larmes les cheveux blancs de son père, et se lève avec effort. On emporte le corps du vieux comte, et le cortége se dispose à se mettre en marche. Cris dans la coulisse.

SCENE IX.

Les Mêmes, STELLA.

STELLA. Mon père!... oh! sauvez mon père!...Ayez pitié de mes larmes et de ma désolation ; ayez pitié d'une pauvre fille qui vous demande à genoux la vie de son père!

THOMAS, *relevant sa fille.* Tout est fini, mon enfant.

STELLA. Non, tout n'est pas fini, mon père... je puis bien mourir pour vous ; je puis vous rendre la vie que vous m'avez donnée... Que leur importe ?... c'est toujours votre sang qui coulera.

THOMAS. Retire-toi, Stella, c'est un terrible moment qui te tuerait... Retire-toi, ma fille, à ta vue, mon cœur se brise, et le sang de mes veines tarit ; laisse mourir ton père avec courage, c'est le seul honneur qu'on ne puisse lui enlever. (*Essuyant ses larmes.*) Laisse-moi, Stella, tu vois bien que mes larmes coulent... J'ai déjà tant souffert, mon enfant ; ils m'ont si cruellement torturé!... ils ont flétri jusqu'à la dernière goutte de mon sang. (*Le prevôt fait signe de se mettre en marche.*) Oh! que je puisse dire mes douleurs à ma fille! tes sanglots me tuent, ma Stella, ne pleure pas ainsi, mon ange, tu ne seras pas seule dans le monde ; tu as un époux qui pleurera de tes larmes, qui souffrira de ta douleur... car il t'aime.

STELLA. Lui, mon père ; mais il vient de me repousser... mais il m'a lâchement abandonnée.

THOMAS. Abandonnée, toi ma fille, toi qui l'aimas follement, toi qui lui as tout sacrifié... abandonnée par lui, au mépris de sa foi solennellement jurée... et j'allais mourir pour cet homme, mourir d'une mort infâme! (*Appelant.*) La reine ! madame la reine, suspendez mon supplice!... Je veux voir la reine Catherine... il faut que je la voie à tout prix!

SCENE X.

Les Mêmes, LA REINE.

THOMAS. Oh! venez, venez, madame!

LA REINE. Je suis prête à vous entendre, la dernière prière du condamné est sacrée.

THOMAS, *à la reine, à part et à voix basse.* Un sursis d'un jour, de moins d'un jour, d'une heure seulement, une heure de liberté ; dans une heure je reviendrai porter ma tête sur l'échafaud, je le jure.

LA REINE. Où vas-tu ?

THOMAS. Chez Téligny.

STELLA, *effrayée.* Ah! malheureuse... qu'ai-je fait !

LA REINE. Messieurs, l'exécution est suspendue, passage et liberté au condamné. (*A Thomas.*) Dans une heure?

THOMAS. Dans une heure !.... Viens, Stella !

Il l'entraîne.

ACTE CINQUIÈME.

Une porte double au fond; à côté, une fenêtre donnant sur la rue; une porte simple à droite.

SCENE PREMIERE.
LE COMTE TÉLIGNY, UN VALET,
lui ceignant ses éperons.

TÉLIGNY. Tout est prêt pour mon départ?

LE VALET. Tout, monseigneur; les chevaux sont sellés et les gens d'armes de votre suite sont à la porte de l'hôtel.

TÉLIGNY. C'est bien; mes armes maintenant?

Le valet sort.

SCENE II.
TÉLIGNY, *seul.*

Oui, j'ai besoin d'être seul quelques instants, car tout ce qui se passe autour de moi m'attère et me confond; et tout cela est bien vrai, et je ne suis pas dans les folles illusions d'un rêve...... Le comte Maurevert, l'assassin de Coligny, lui si noble, si brave, qui émerveillait la cour par ses austères vertus.... (*Après un moment de silence et de lutte intérieure.*) Que devais-je faire, moi?... Pouvais-je donc épouser la fille d'un homme flétri, flétri dans sa personne, flétri dans ses aïeux, dégradé par la main du bourreau! d'un homme qui voulait porter le deuil et le désespoir dans ma famille? Allons, je n'ai fait que mon devoir; mais il est temps de partir.

Il va pour sortir.

SCENE III.
TÉLIGNY, STELLA, *en deuil.*

TÉLIGNY. Vous ici, Stella?

STELLA. Oui, monsieur le comte, Stella chez vous.

TÉLIGNY. Cette démarche...

STELLA. Vous étonne, n'est-ce pas, monsieur le comte? Cependant ces habits de deuil doivent vous dire de lamentables choses.

TÉLIGNY. Est-ce que votre père?...

STELLA. Pas encore, monsieur le comte; mais dans quelques instants l'heure de son supplice va sonner, et je puis bien maintenant porter ces tristes couleurs...

TÉLIGNY. C'est un grand malheur, Stella, et qui m'afflige profondément...

STELLA. Je le crois, monsieur le comte; aussi suis-je venue avec confiance pour vous porter les derniers vœux, la dernière et sainte espérance de mon père, qui va mourir.

TÉLIGNY. Hélas! Stella, il m'est cruel de vous dire ce que vous auriez pu comprendre, c'est que ce mariage est maintenant chose impossible...

STELLA. Il est donc vrai?.. je ne m'étais pas trompée, mon Dieu!.. Il est donc vrai que lorsque vous m'avez quittée, ce matin, vous me disiez au fond du cœur votre dernier adieu... et vous ne songiez pas que son ame, à Stella, allait se briser de la cruelle mort d'un père adoré... vous la laissiez seule dans l'abîme de sa douleur, seule, prête à mourir, sans un regard qui la console, sans une parole qui la relève!

TÉLIGNY, *la relevant.* Stella.... votre douleur m'afflige, me désole... je voudrais pouvoir l'adoucir, et j'accuse amèrement ce monde cruel, qui fait retomber sur les enfans l'ignominie du père... mais hélas! je n'y puis rien...

STELLA. Quoi! vous partagez cette cruelle injustice du monde! quoi! pour vous Stella est marquée au front d'un sceau maudit! quoi! vous flétrissez aussi la fille quand les hommes ont flétri le père!.. Ô mon Dieu! devais-je donc vous trouver impitoyable, vous, Téligny!... Mais votre serment, monsieur le comte, votre parole de gentilhomme?

TÉLIGNY. Je ne puis vous le dissimuler, Stella, la mort de votre père rend nul mon serment et me dégage de ma parole.

STELLA. La mort de mon père!... Eh bien! sachez tout: mon père est mort pour vous sauver la vie.

TÉLIGNY. Que dites-vous, Stella?

STELLA. Savez-vous à quel prix la reine a rendu au comte Maurevert sa fille, qu'il croyait morte? à la condition qu'il signerait un blanc-seing; au-dessus de son nom, elle écrivit perfidement l'aveu d'un crime, du meurtre de Coligny.

TÉLIGNY. Quoi ! il n'était pas coupable ?

STELLA. La reine dit ensuite au comte Maurevert que s'il ne vous assassinait pas lâchement, il serait livré à des juges... il refusa ; vous fûtes sauvé, mais mon père va mourir.

TÉLIGNY. Stella, ce que vous venez de m'apprendre est pour moi un véritable désespoir. Je ne sais en vérité comment vous dire... mais...

STELLA. Vous hésitez, monsieur le comte, vous hésitez ?... Oh ! c'est une horrible ingratitude... Oh ! mais tu ne m'aimes donc plus, Téligny?... Rappelle-toi tout notre beau temps d'amour... Hélas! je suis la même, moi ; mon cœur n'a pas changé... je t'aime, vois-tu, comme je t'aimai toujours ; et maintenant encore... oh ! ce que je vais te dire est bien coupable... et maintenant j'oublie mon père, notre cruelle infortune, et je ne vois que toi, Téligny, et je ne trouve que toi au fond de mon âme ; et sur mes lèvres, malgré mes efforts, se presse toujours le même mot : je t'aime ! je t'aime ! Oh ! ne m'abandonne pas... au nom du ciel, ne m'abandonne pas !...

TÉLIGNY. Encore une fois, Stella, cet entretien est douloureux pour l'un et pour l'autre... Et d'ailleurs ; en ce moment, je suis forcé de partir pour Orléans, où ma mission m'appelle.

Il fait un mouvement pour sortir.

STELLA, *l'arrêtant*. Téligny, garde-toi de sortir ainsi.

TÉLIGNY, *s'arrêtant*. Il faut que je sorte, Stella ; et quand il s'agit de mon devoir, il n'y a pas de puissance humaine ou divine qui puisse m'arrêter.

Il se dispose de nouveau à sortir.

STELLA. Téligny !... arrête !...

TÉLIGNY. Il faut que je sorte... (*Il traîne avec lui Stella jusqu'à la porte, et cherche, mais vainement, à l'ouvrir.*) Fermée ! fermée ! (*Repoussant violemment Stella.*) Malheur à celui qui a fermé cette porte !

SCENE IV.

LES MÊMES, THOMAS MAUREVERT, *l'épée à la main.*

THOMAS. Malheur à toi, comte Téligny !

TÉLIGNY. Maurevert ici, chez moi... l'épée à la main !

THOMAS. Oui, Maurevert ! Maurevert le condamné, Maurevert l'assassin... qui vient faire justice de tant de bassesse et d'infamie...

STELLA. O mon père ! faites-lui grâce... pardon pour lui, mon père !...

THOMAS. Va, Stella, laisse-nous...

STELLA. Je ne vous quitte pas, mon père... laissez-moi le défendre contre votre colère... car je l'aime, je l'aime toujours !...

THOMAS, *il prend sa fille dans ses bras et l'entraîne hors de la scène, en la faisant sortir par la porte à gauche, qu'il referme sur elle malgré sa résistance et ses cris de désespoir. Il n'y a plus de pitié pour lui...* viens, Stella !...

SCENE V.

THOMAS MAUREVERT, TÉLIGNY.

Pendant la courte scène qui suit, Stella cherche à ébranler la porte qui la renferme, et demande avec des cris de douleur la grâce de Téligny.

THOMAS. Nous voilà seuls maintenant !

TÉLIGNY. Eh bien ! que me voulez-vous ? et pourquoi cette épée nue quand je suis sans armes ?

THOMAS. Et tu ne devines pas !... qu'as-tu fait de ton serment, Téligny ?

TÉLIGNY. Qu'avez-vous fait de votre honneur, comte Maurevert ?

THOMAS. De quelque genre de mort que dût mourir Maurevert... fût-il infâme... entends-tu, Téligny ? fût-il infâme ! tu as juré d'épouser sa fille ? (*Téligny ne répond pas.*) Ma fille est venue réclamer ta parole, et tu l'as brutalement repoussée... le père vient prendre la place de son enfant et te demander encore, mais une dernière fois, si tu veux garder ton serment ?

TÉLIGNY. Ce mariage est impossible...

THOMAS. Eh bien ! alors, tu vas mourir, Téligny, car c'est ton arrêt que tu as prononcé !...

TÉLIGNY. Mourir !... vous voulez donc m'assassiner ?

STELLA, *de l'intérieur*. Grâce ! grâce, mon père !...

TÉLIGNY. Une épée, monsieur le comte, une épée !... (*Ébranlant la porte.*) Vous êtes gentilhomme et vous ne m'assassinerez pas !...

Maurevert s'arrête ému et hésite.

THOMAS. Non, je suis Maurevert, Maurevert... condamné comme assassin ; n'espère donc pas de pitié...

STELLA. Grâce, mon père!... oh! je meurs...

THOMAS, à part et s'arrêtant. Oh! ce cri, cette voix déchirante... l'infortunée mourra... Téligny, sauve ma fille, sauve-là ; ne la laisse pas expirer de douleur. Tiens... écoute cette cloche, elle t'annonce le massacre des protestans...

On entend le bruit des cloches.

TÉLIGNY. Coligny!... mon père!

THOMAS. Il va mourir ; mais sauve ma fille et je te fais grâce. Tiens, je jette mon épée, mon poignard, et me voilà à tes pieds, désarmé, n'ayant plus de voix que pour te supplier; sauve ma fille; dis-lui que tu consens à l'épouser, et je te laisse libre...

STELLA, *de l'intérieur.* Grâce!

TÉLIGNY. Mais mon père va mourir, Maurevert, laisse-moi le secourir...

THOMAS. Mais ma fille meurt aussi... viens! viens! (*A l'extérieur la voix de Stella se fait entendre de nouveau plaintive et déchirante; au même instant on entend un dernier cri poussé par elle, et le bruit de son corps qui tombe. Thomas ouvre la porte; appelant:*) Stella! (*Silence.*) Mon Dieu!... (*Quittant la scène un instant, et avec un cri terrible :*) Elle est morte, Téligny !

TÉLIGNY. Morte ! (*A part.*) Je suis perdu; (*haut*) mais je puis encore sauver mon père... Laisse-moi sortir !

THOMAS, *demi fou de douleur.* C'est toi qui as tué ma fille, et tu veux que je te laisse sortir !... à moi ton sang jusqu'à la dernière goutte !

En ce moment on entend à l'extérieur un coup d'arquebuse.

TÉLIGNY, *se précipitant vers la porte.* Mon père! mon père!

THOMAS, *le frappant à plusieurs reprises.* Va rejoindre ton père, comte Téligny...

SCENE VI.

LA REINE, ASSASSINS *armés et portant sur la poitrine la croix blanche,* FOULE AU DEHORS; *les clameurs sourdes d'une foule assemblée sous les fenêtres.*

TOUS. Mort à Maurevert!

THOMAS. Mort à Maurevert!... oh! Catherine!... Catherine!... Assassins envoyés par la reine... mon œuvre est faite... voici la vôtre : Au cœur!...

Tous se précipitent sur lui le poignard levé.

FIN.

ACTE IV, SCÈNE VIII.

PAUVRE MÈRE!

DRAME EN CINQ ACTES,

Par MM. Francis Cornu et H. Auger,

REPRÉSENTÉ POUR LA PREMIÈRE FOIS, A PARIS, SUR LE THÉATRE DE LA GAÎTÉ, LE 11 NOVEMBRE 1837.

PERSONNAGES.	ACTEURS.	PERSONNAGES.	ACTEURS.
DUVERNEY (45 ans)	M. Montigny.	MARIE, jeune orpheline	Mlle E. Rabut.
GEORGES, son fils (21 ans)	M. Lafferière.	JACQUELINE, marchande de cerises de Montmorency	Mlle Mélanie.
ARTHUR, son second fils (18 ans)	M. Armand.	LE PROCUREUR DU ROI	M. Édouard.
CARPENTIER (50 ans)	M. Chéri.	UN VALET	M. Laisné.
PHILÉAS, jeune garde-champêtre	M. Raymond.	UN PETIT PAYSAN	M. Prosper.
Mme VILLETTE, femme de charge de Duverney (40 ans)	Mme Gauthier.		

La scène se passe à Ormesson, près de Saint-Denis.

NOTA. Les acteurs sont placés en tête de chaque scène comme ils doivent l'être sur le théâtre; le premier inscrit tient toujours la gauche du spectateur, ainsi de suite.

ACTE PREMIER.

Le théâtre représente une chambre, au rez-de-chaussée, ouvrant dans le fond sur un vestibule; à gauche de l'acteur, la porte d'une seconde chambre; à droite un escalier à rampe d'acajou, conduisant aux appartemens du premier étage.

SCÈNE PREMIÈRE.
PHILÉAS; puis MARIE et Mme VILLETTE, PAYSANS.

PHILÉAS, arrivant de la chambre de gauche. J'espère qu'en v'là une fameuse de mairie!..

Mme Villette et Marie entrent.

Mme VILLETTE, à Marie, en souriant. Ce Philéas se donne-t-il du mal!..

MARIE, de même. Ah! dam, il travaille là pour lui; n'est-il pas le fiancé de Jacqueline?

Mme VILLETTE. Au fait, je ne pensais pas à ça, il y a si long-temps que leurs bans sont publiés... Pauvres enfans, ils seront donc mariés enfin!...

PHILÉAS, *arrangeant lui-même la table, puis montrant les registres de l'état civil, qui sont sur la table.* Et ces livres-là? ce sont les registres de l'état civil... Je les laisse là, M. l'maire les casera à sa guise..... quant à ces deux cadres... (*prenant deux cadres grillagés, également sur la table*) où c'que not' bonheur à tous est affiché à tour de rôle... faut les placarder quelque part... Ah! des deux côtés de cette porte.
Il montre la porte du fond, deux paysans prennent les cadres, et les mettent en place.

*Mme VILLETTE. Un bon clou... que ça soit solide; les promesses de mariage, n'est-ce pas, Philéas? il faut qu'elles tiennent!...

PHILÉAS. Bien dit, madame Villette; bien dit! y est l'calembourg.

Mme VILLETTE. Hé! hé! que veux-tu?... il faut bien avoir quelquefois le petit mot pour rire!... Et d'ailleurs aujourd'hui... je ne sais pas; mais je me sens toute guillerette... oui, j'ai le cœur content... je suis heureuse.

PHILÉAS. Ah! je sais ben, madame Villette, d'où vous vient c'bonheur-là... c'est qu'il est ici, hein?

Mme VILLETTE. Et qu'il doit y rester deux à trois mois!...

PHILÉAS. Vrai! eh bien! tant mieux... C'est un si bon enfant, monsieur Georges!

Mme VILLETTE. Oh! oui, il est bon!...

PHILÉAS. Eh ben! c'est dans le lait, ça, voyez-vous, madame Villette... Oui... nos qualités... nos défauts... tout dépend du lait d'une nourrice... c'est mon idée du moins... Et comme vous êtes une excellente femme, madame Villette, il est tout simple, tout naturel, que l'fils de M. Duverney... que M. Georges soit un excellent garçon; et puis après ça, il a toujours eu sous les yeux de bons exemples; car on dit que son père, M. Duverney, est lui-même un brave et digne homme!..... Ah çà! à propos, savez-vous qu'il fait bien les choses, M. Duverney! Quoi! il ne se contente pas de donner sans rétribution cette partie de son château pour loger la mairie, qui était jusqu'alors dans une mauvaise barraque ouverte à tous les vents, il veut encore la meubler de tous les ustensiles nécessaires, rien n'y manque... encre et papier, plumes et canif, en v'là d'la générosité!... A la vérité, qu'est-ce que c'est qu' ça pour lui?... Il est si riche! un grand banquier de Paris! un député bentôt! oui, on l'élit aujourd'hui ou demain à Saint-Denis....

* Marie, Mme Villette assise, Philéas.

Oh! il n'peut pas manquer d' l'être, les électeurs l'veulent, par ainsi j'n'aurons qu'à d'mander des canaux, et des chemins de fer, pour aller chercher des cerises à Montmorency. Mais dites donc, madame Villette, si c'était lui qui s'rait not' maire?...

Mme VILLETTE. M. Duverney!

PHILÉAS. Mais non, il n'aime pas assez Ormesson pour ça... A preuve qu'il n'y vient jamais... y a plus de vingt ans qu'il n'y a pas mis le pied. Au fait, c'est pas étonnant, c'château n'lui rappellerait que d'tristes souvenirs; c'est ici qu' sa femme est morte, sa première, une brave dame... Madame Villette l'a ben connue; n'est-ce pas, madame Villette, que c'était une bonne dame, que la première femme de M. Duverney?... Eh ben! qué qu'vous avez donc, madame Villette?... vous étiez gaie tout-à-l'heure, et vous v'là triste comme tout... Comment ça?... pourquoi ça?...

* MARIE, *qui est passée auprès de Philéas.* Maladroit... tu viens de parler d'une époque qui est toujours pour elle un sujet de tristesse et de larmes...

PHILÉAS, *à mi-voix à Marie.* Oh! c'est vrai... j'y suis... c'est à c' moment-là qu'elle a perdu son enfant!... Pardon, j'y pensais plus! (*Haut à Mme Villette.*) Allons, allons, madame Villette, chassez-moi toutes ces idées là.

Mme VILLETTE. Hélas!... il y a des impressions qu'on ne peut surmonter!...

MARIE, *à Mme Villette.* Et votre santé s'altère de ces émotions-là!...

PHILÉAS. Que diable! faut s' faire une raison. On n'doit pas pleurer toute la vie... un enfant qui venait d'naître... Allons, voyons, plus de tristesse, plus de chagrin; et puis pensez donc, madame Villette, qu'au jour d'aujourd'hui, je ne dois voir autour de moi que des figures gaies et heureuses, parce qu'enfin tout m'dit que j'sommes à la veille d'avoir un maire, et que j'suis alors à deux doigts de mon mariage avec Jacqueline... Dieu... de Dieu!... en v'là un mariage qu'a été long à finir. Aussi en ai-je fait... en ai-je fait de ce mauvais sang... et Jacqueline donc, pauvre fille... elle qu'avait des joues vermeilles et fraîches comme ses cerises, elle n'est plus reconnaissable: vrai, elle fait peur à voir... tiens... tiens... mais je n'me trompe pas... c'est sa voix... c'est Jacqueline..... Pauvre fille! elle chante! c'est pour pas pleurer...

* Mme Villette, Marie, Philéas.

SCENE II.

MARIE, Mme VILLETTE, JACQUELINE, PHILÉAS, Paysans.

JACQUELINE. Ah! mes amis... Ah! Philéas... mon Philéas... si tu savais... mais ris donc!... mais chante donc!... j'avons un maire!...

PHILÉAS. Vrai!...

JACQUELINE. Il est à Saint-Denis... d'où c'qu'il va venir pour être installé!...

PHILÉAS. Enfin nous allons être heureux, nous allons être mari et femme...

JACQUELINE. Dieu merci! y a assez long-temps qu' j'attendons...

Mme VILLETTE. Et qui avons-nous pour maire? te l'a-t-on dit, Jacqueline?

JACQUELINE. Ma foi, non!...... et puis j' lai pas demandé... Qu'ça soit qui ça voudra... Qu'eu qu'ça m' fait, pourvu qu'on me marie?...

PHILÉAS. C'est ça même!...

JACQUELINE. Sans lanterner... dès aujourd'hui, j' suis pressée!...

PHILÉAS. Et moi donc!...

JACQUELINE. J' l'étrennerons, not' maire... ça va faire une fête... on rira..... on dansera... Moi, d'abord, je ne manquerai pas une danse... Vous serez des nôtres, madame Villette, et vous aussi, mademoiselle Marie?..... et puis M. Georges. Eh ben! il n'est donc pas ici?... où donc est-il, ce bon M. Georges?...

PHILÉAS. J' gage qu'il lit dans queuque coin...

JACQUELINE. C'te manie d'avoir toujours l'nez dans un livre! est-ce qui n'est pas assez éduqué comme ça?

PHILÉAS. Oui, ça l' rend tout pâle et tout triste... ces diables de livres... il ferait ben mieux de v'nir avec moi chasser, prendre du plaisir... Madame Villette, vous devriez le lui dire; il vous écoute, vous qu'êtes sa nourrice... J' l'aimons tous, M. Georges, et ça nous fait d'la peine de l'voir comme ça... Tenez, le v'là qui vient... r'gardez-le, est-ce qu'à son âge on doit être si triste, à vingt ans... quand on est riche...

Georges s'avance lentement.

SCENE III.

Mme VILLETTE, GEORGES, MARIE, PHILÉAS, JACQUELINE.

Mme VILLETTE, *courant au-devant de Georges*. Georges, mon enfant, qu'avez-vous?... mais qu'avez-vous donc?... pourquoi cette pâleur?...

MARIE. Si vous avez quelque sujet de tristesse, ne croyez-vous pas que nous soyons dignes de le connaître, afin de vous consoler, Georges?..

Mme VILLETTE. Allons, parlez, vous n'avez jamais eu rien de caché pour moi...

GEORGES. Vous me demandez le sujet de mes larmes?... N'est-ce pas aujourd'hui le 20 juillet?... Ce jour n'est-il pas un triste anniversaire?... Ma mère!... ma pauvre mère!.... morte en me mettant au monde!... tu le sais, bonne Villette?...

Tous sont affligés.

Mme VILLETTE. Georges! Georges! ne suis-je pas là, moi... moi... votre nourrice, votre seconde mère!...

GEORGES, *tristement*. Oui! oui!... vous m'avez nourri; mais ma mère!...

Mme VILLETTE, *le caressant*. Mon enfant... mon cher enfant...

GEORGES. Ne l'avoir pas vue, celle à qui je dois la vie!... ne l'avoir pas pressée dans mes bras!... on grandit, les années s'accumulent sur notre tête, et rien ne compense ni ne remplace les douces caresses d'une mère...

Mme VILLETTE. Et mes baisers, vous les repoussez... ah! vous êtes bien ingrat!...

GEORGES, *se dégageant d'entre ses bras*. Ingrat!... non; mais aujourd'hui... Villette... ce jour est tout à ma douleur!...

MARIE. Georges, vous oubliez que vous n'êtes pas le seul à déplorer la perte d'une mère... vous! vous avez des richesses, une famille!...

GEORGES. Des richesses... une famille... pas de bonheur!...

Mme VILLETTE. Pourquoi?... pourquoi cela?...

GEORGES. Rien!... rien...

Il sort précipitamment, en cachant ses pleurs, et il disparaît par l'escalier.

SCENE IV.

PHILÉAS, Mme VILLETTE, MARIE, JACQUELINE, Paysans.

Mme Villette et Marie le regardent partir.

PHILÉAS. Pauvre jeune homme!...

Mme VILLETTE, *à part*. Il m'a déchiré le cœur!...

JACQUELINE. C'est ça, un fils... il vous a des sentimens celui-là!...

PHILÉAS. Son père doit-il être fier et heureux, d'avoir un enfant comme ça!...

Mme VILLETTE, *involontairement dans la préoccupation*. Oui, cela devrait être!...

PHILÉAS. Hein! qu'est-ce que vous dites donc, madame Villette?...

Mme VILLETTE, *sortant de sa rêverie.* Rien!... rien!...

PHILÉAS. C'est que vous donneriez à entendre que M. Duverney n'est pas content d'avoir un fils comme M. Georges!...

Mme VILLETTE, *d'un ton brusque.* Je n'ai pas dit cela... je ne donne rien à entendre du tout... M. Duverney est un bon père!..

JACQUELINE. C'est ce que j' pensons...

Mme VILLETTE. Mais tout est terminé ici..: il ne vous reste plus rien à faire... au revoir, mes amis... Marie et moi nous avons à vaquer aux soins du ménage...

PHILÉAS. Aussi bien, en ma qualité de commandant d' la force armée, j' m'en vas vous organiser une réception de maire qui f'ra honneur à la commune; c'est b'en dommage qu'il n'y ait pas de garde nationale.

JACQUELINE, *montrant les paysans.* Eh! ben, et ces gaillards-là n'ont-ils pas la force de porter un fusil?... enrégimente-les!...

PHILÉAS. Tiens, au fait, c'est une bonne idée, ils feront de superbes bizets; allons, vous autres, suivez-moi, et venez que je vous montre un peu le maniement des armes!...

JACQUELINE. Moi, j' vais aller dire à tout l' village qu' j'avons un maire et que j' serai enfin madame Philéas, la garde-champêtre d'Ormesson.

Ils sortent par le fond.

SCENE V.

Mme VILLETTE, MARIE.

MARIE. Qu'aviez-vous donc tout-à-l'heure, ma bonne amie?... ce ton brusque, cette humeur soudaine... Ah! je crois en avoir deviné la cause... oui, vous avez voulu déguiser un mot indiscret qui vous est échappé malgré vous!...

Mme VILLETTE. Comment?... qu'ai-je dit?...

MARIE. Pourquoi voulez-vous me cacher quelque chose?... ne suis-je pas aussi votre fille?... et quoique vous ne m'ayez pas nourrie de votre sein, vous m'avez adoptée... Allons! un peu de confiance... il n'y a pas entre M. Duverney et M. Georges cet accord qui annonce une tendresse réciproque, n'est-il pas vrai, ma bonne mère?...

Mme VILLETTE. Georges ne m'a jamais rien dit à ce sujet... il est trop bon fils pour se plaindre, il est trop délicat pour me donner un tel chagrin... mais moi j'ai tout deviné, tout vu... oui... Marie... M. Duverney n'aime pas notre bon Georges, et c'est là le sujet de tous mes maux, de toutes les larmes que tu me vois souvent répandre... C'est que je l'aime tant, moi, cet enfant! et mon amour pour lui est bien naturel, n'est-ce pas, Marie?... je l'ai nourri... il m'a tenu lieu du fils que la mort m'a enlevé... Ah! Marie... Marie! je suis bien malheureuse!...

MARIE. Hélas!... chaque fois que je vous accompagnais à Paris, je me suis bien aperçue que M. Georges n'était pas heureux dans la maison paternelle... Mais pourquoi cette injustice de M. Duverney pour son fils?... cette particularité bizarre n'est justifiée par rien.

Mme VILLETTE. Ah! tu ne sais pas tout, comme moi, toi!... mais, ainsi que je le disais tout-à-l'heure... tu es ma fille, tu m'aimes... nos deux cœurs s'entendent... je puis maintenant te dire bien des choses que ton âge ne me permettait pas de te confier autrefois. Ecoute, M. Duverney n'a pas toujours été riche... il était même sans fortune, sans position dans le monde quand il épousa la mère de Georges, il y a de cela vingt-deux ans environ... mais élevé dans les affaires, ayant de vastes connaissances commerciales, et surtout doué de l'audace qui fait réussir, M. Duverney ne pouvait manquer de faire un beau mariage... il trouva trois cent mille francs de dot. Jeune encore, d'une santé délicate, Mme Duverney mourut en donnant le jour... à Georges... ici, dans ce château... On me confia l'enfant... son père en prit grand soin d'abord; je le lui portais souvent à Paris... et chaque fois il le couvrait de cadeaux et de caresses.... Mais au bout de deux ans, M. Duverney se remaria.... et de cette nouvelle union il eut un second fils!

MARIE. M. Arthur?...

Mme VILLETTE. Alors, on me fit venir moins souvent à Paris... les cadeaux, les caresses, tout fut pour Arthur... je souffrais beaucoup de cette injuste préférence... mais je me consolais en voyant qu'on ne me séparait pas de mon enfant... on me le laissa jusqu'à l'âge de sept ans!...

MARIE. Oui; c'est à cette époque que mon père et moi nous sommes venus nous fixer dans ce village!...

Mme VILLETTE. Rendu à son père, qui venait de perdre sa seconde femme, Georges fut mis dans une pension... tandis que quelque temps après Arthur eut un précepteur chez lui... à celui-là des distractions, des plaisirs; à Georges, toujours de durs travaux!...

MARIE. Pauvre Georges!...

Mme VILLETTE. Mais j'allais le voir souvent!... toutes les semaines, je lui portais des fruits, les plus beaux, et puis je l'encourageais à bien travailler, à contenter ses maîtres, son père, que je lui recommandais toujours de respecter et de chérir... Enfin il grandissait... il devenait savant... mais on interrompit brusquement ses études; on le rappela dans la maison paternelle... on ne voulut pas, vois-tu, qu'il fût plus instruit que son frère, qui ne pouvait rien apprendre.

MARIE. C'est le ciel qui punissait M. Duverney...

Mme VILLETTE. Depuis ce temps je n'ai jamais perdu Georges de vue... il ne s'est pas écoulé d'années qu'il ne vînt plusieurs fois à Ormesson. De mon côté, j'allais à Paris, on m'y gardait plusieurs jours, je pouvais étudier le caractère de mon garçon, je lui tenais lieu des maîtres qu'on lui avait ôtés trop tôt. Car, je te l'ai dit, tu le sais... dans ma jeunesse j'ai eu occasion de recevoir un commencement d'éducation... et puis moi-même ensuite j'ai lu beaucoup, afin de rapprocher un peu la distance qui me séparait de Georges... ainsi je pouvais lui donner quelques leçons... oui, moi, pauvre paysanne, je l'instruisais, je le formais sur tous les usages de la ville, sur les mœurs des riches... j'en voyais les mauvais côtés, et je le préservais d'une fâcheuse influence. Eh bien! Marie, à mesure que j'étais fière des heureux développemens du cœur et de la raison de Georges, son père semblait prendre à tâche de lui faire sentir qu'il n'avait que de l'aversion pour lui!... Oui, Marie, oui! M. Duverney n'aime pas... Georges... il le hait!...

MARIE. Mais c'est affreux! c'est indigne!...

Mme VILLETTE. Ah! si tu savais tout ce que j'ai souffert quand j'eus acquis cette terrible conviction. La douleur que je ressentis fut poignante et de longue durée... Elle altéra ma santé, j'allais mourir... mais je vous devais une mère, à Georges et à toi... Je fis un effort pour vivre... et maintenant, je me soigne autant que vous me soignez... je m'aime parce que vous m'aimez... et, Dieu aidant, j'espère que je serai long-temps encore là pour essuyer les larmes de Georges, et pour veiller au bonheur de ma chère Marie...

Elle l'embrasse.

MARIE. Ma bonne mère!... D'ailleurs tout espoir n'est pas encore perdu... Qui sait si M. Duverney ne reviendra pas de son erreur; s'il ne rendra pas tôt ou tard justice à M. Georges?... Mais il faut être aveugle pour ne pas voir la différence qu'il y a entre les deux frères!... D'un côté, la noblesse des sentimens; de l'autre tous les caprices d'un enfant gâté... Aussi, quand M. Georges vient ici, tout le monde est heureux!... Quand M. Arthur arrive pour satisfaire sa vanité, avec ses nombreux amis, c'est un bruit à ne plus s'entendre... sans égards pour personne, sans considération pour vous, pour votre enfant d'adoption... Une fois, je vous l'ai dit, ma mère!... une fois... il m'a fait entendre des paroles outrageantes...

Mme VILLETTE. Mais Georges a pris ta défense, Georges s'est déclaré ton protecteur... Marie!... ma fille... unissons-nous pour être agréables à Georges... pour l'entourer de soins, de prévenances... il faut que notre tendresse lui tienne lieu de celle que les siens lui refusent... il faut qu'il oublie les injustices et les rigueurs dont son père ne cesse de l'accabler... Oh! oui, loin de son père... ici, avec nous, qu'il soit heureux, le pauvre enfant!...

SCENE VI.

Mme VILLETTE, JACQUELINE, MARIE.

JACQUELINE, *accourant.* V'là M. Duverney!... v'là M. Duverney!...

Mme VILLETTE. M. Duverney!...

JACQUELINE. Oui, il vient d'arriver!...

Mme VILLETTE. Lui à Ormesson!...

JACQUELINE. Vous ne savez pas... c'est lui, c'est M. Duverney..... qu'est not' maire!...

Mme VILLETTE, *à Marie.* Et nous, qui nous flattions, tout-à-l'heure du bonheur de Georges!...

JACQUELINE. Tenez, entendez-vous..... ils crient tous: Vive monsieur le maire, ils l'amènent... il vient... le voilà!...

M. Duverney entre du fond, escorté de paysans, à la tête desquels se trouve Philéas, et suivi de villageois de tout sexe et de tout âge.

TOUS. Vive monsieur le maire!...

SCENE VII.

JACQUELINE, PHILÉAS, DUVERNEY, Mme VILLETTE, MARIE, PAYSANS, VALETS.

DUVERNEY. Merci, mes amis, merci!...

PHILÉAS, *s'avançant et faisant avec son sabre le salut militaire.* Monsieur le maire... comme chef de la force armée d'Ormesson, j'ons ben l'honneur de vous complimenter sur les fonctions dont vous êtes revêtu; en attendant mieux...

JACQUELINE, *bas à Philéas.* Dis-lui qu'il nous marie ben vite!...

PHILÉAS, *continuant.* Oui, monsieur le maire... j'ons lieu d'espérer que vous ne vous arrêterez pas en si beau chemin; et que...

JACQUELINE, *bas à Philéas.* Parle-lui donc de not' mariage...

PHILÉAS, *continuant.* Et que..... parce que... dans le royaume de France et de Navarre... y.. a... pas un second qui.....

JACQUELINE, *l'interrompant et se plaçant entre lui et Duverney.* Soit aussi bête que toi.

PHILÉAS, *étonné.* Hein!...

JACQUELINE, *à Duverney*.* Monsieur l' maire, j'suis Jacqueline, Jacqueline..... d'Ormesson... marchande de cerises de mon état; sa fiancée, à lui, Philéas que v'là... ce baudrier jaune qu'a l'sabre en main; en tête de ces magnifiques bizets enrégimentés en vot' honneur... Nos bans sont publiés et republiés, nous n'avons pas été mariés parce qu'il n'y avait personne pour ça... mais comme vous êtes maire, vous serez ben aimable de mettre votre écharpe et de nous marier ici tout de suite, pour qu'il n'y ait plus à y revenir, et vous ferez là une belle entrée en fonctions, et ça nous ferait plaisir à tous les deux, Philéas et moi.

DUVERNEY. Soit, je commencerai mes fonctions de maire par le mariage de mademoiselle Jacqueline, la marchande de cerises, avec M. Philéas, le garde-champêtre...

JACQUELINE. Merci, monsieur le maire... Vive monsieur le maire!...

PHILÉAS *et* LES PAYSANS. Vive monsieur l' maire!...

DUVERNEY. Assez, assez..... et maintenant, que chacun de vous retourne à ses travaux, à ses occupations ordinaires.

JACQUELINE. Oh! c'est fête aujourd'hui!... grande fête!... ils sont tous d'la noce! allons, les amis, des fleurs, des rubans à vos boutonnières... Vive monsieur l' maire!...

TOUS. Vive monsieur l' maire!...

Ils sortent par le fond.

* Philéas, Jacqueline, Duverney, Mme Villette, Marie.

SCENE VIII.

DUVERNEY, Mme VILLETTE, MARIE, UN VALET AU FOND.

DUVERNEY. Bonjour, madame Villette, bonjour, Marie... je suis aise de vous revoir... Je viens demeurer auprès de vous... Oui, autant que les affaires me le permettront; mes fonctions l'exigent, et puisque j'ai accepté... Marie, vous voilà grande... je vous trouve embellie; et vous, bonne Villette, votre santé est tout-à-fait rétablie... C'est bien, je suis charmé... mais, puisque j'en ai le temps, occupons-nous d'organiser tout pour mon séjour ici...

Mme VILLETTE. Vous trouverez votre maison dans l'état le plus convenable, j'ose l'espérer...

DUVERNEY. Je n'ai jamais douté de votre exactitude... Comme autrefois, j'habiterai l'aile droite du château... L'aile gauche, réservée aux visites, doit être disposée aujourd'hui pour recevoir M. le sous-préfet de Saint-Denis... Il vient m'installer; j'essayerai de le garder quelques jours; mon fils Arthur occupera cette partie du premier étage...

Mme VILLETTE. Georges l'habite...

DUVERNEY. Georges!...

Mme VILLETTE. Oui, monsieur, en ce moment...

DUVERNEY. Georges est à Ormesson?...

Mme VILLETTE. Depuis trois jours..... N'était-il pas naturel de lui donner cet appartement; c'était celui de sa mère...

DUVERNEY. N'importe, vous y logerez Arthur...

Mme VILLETTE. Mais... monsieur...

DUVERNEY. Je le veux... (*A un valet.*) Vous disposerez tout là-haut pour recevoir Arthur...

Mme VILLETTE. Et Georges, monsieur?...

DUVERNEY. Vous le placerez ailleurs... où vous voudrez... où vous pourrez...

Mme VILLETTE. Jamais je n'aurai le courage de lui dire qu'il ait à quitter, par vos ordres, l'appartement de sa mère...

DUVERNEY, *froidement.* Qu'à cela ne tienne... (*Au domestique.*) Montez, et dites à Georges que j'ai destiné cet appartement pour Arthur...

Mme VILLETTE. Oh! par pitié!... par pitié, monsieur! rétractez cet ordre cruel?

DUVERNEY, *au domestique.* Allez... (*Le domestique monte l'escalier. A Mme Villette.*) Veillez, madame, à ce que rien ne manque pour la réception de mes hôtes...

Mme VILLETTE, *à Marie.* Viens, Marie,

viens... je m'oublierais peut-être, et je ne ferais qu'augmenter les malheurs de Georges...

SCÈNE IX.
DUVERNEY, seul.

Cette femme!... cette madame Villette! elle est bien hardie; elle ne voit que Georges... elle ne pense qu'à lui!... Mais je saurai mettre ordre à tout..... mes volontés seront faites... il le faut... la tranquillité de l'avenir, mon repos peut-être en dépendent; c'est une nécessité, je suivrai sa loi... Mais que signifie...?

On entend du bruit au haut de l'escalier.

SCÈNE X.
DUVERNEY, UN VALET.

UN VALET, *descendant vivement l'escalier.* Monsieur!...
DUVERNEY. Qu'y a-t-il?
LE VALET. M. Georges... ne veut pas céder son appartement... à M. Arthur...
DUVERNEY. Ah! il ose me désobéir... il brave mon autorité... mais le voilà...

Georges descend l'escalier.

SCÈNE XI.
GEORGES, DUVERNEY, UN VALET.

DUVERNEY, *allant à Georges, et d'un ton sévère.* Eh bien! monsieur, que viens-je d'apprendre? vous avez l'audace....
GEORGES, *avec calme.* Mon père oublie qu'un valet est là qui nous écoute...
DUVERNEY, *au valet.* Sortez...
LE VALET, *à part.* J'aime autant ça...

Il sort.

SCÈNE XII.
DUVERNEY, GEORGES.

DUVERNEY. Eh bien, monsieur, voyons, parlez...
GEORGES. Eh quoi! mon père, ce valet ne m'en aurait-il pas imposé?... Venait-il par votre ordre?... Avait-il reçu de vous la mission de me chasser de cet appartement pour y installer mon frère?... mais non... c'est impossible. Vous n'avez pas donné un ordre qui blesse à la fois les sentimens et les convenances!... Cet appartement ne peut être occupé que par moi; c'était celui de ma mère; je le garderai...... non parce qu'il me plaît, mais parce que c'était celui de ma mère... Que mon frère Arthur se serve tout à son aise de votre nom, je ne dis pas de l'influence qu'il exerce sur vous... pour m'enlever le bonheur de vivre où ma mère a vécu..... libre à lui, c'est un caprice de plus, et voilà tout... mais, chez moi, c'est une volonté ferme... je ne céderai pas...
DUVERNEY. Arthur est étranger à tout ceci, monsieur; l'ordre qui vous a été signifié, c'est moi, moi seul qui l'ai donné...
GEORGES, *atterré.* Il ne m'est donc plus permis de douter?!...
DUVERNEY. Et quand je parle, je veux être obéi, vous le savez bien... J'ai dit que cet appartement serait celui d'Arthur, il faut qu'il soit celui d'Arthur...
GEORGES, *avec emportement.* Arthur!... toujours Arthur!... (*Puis se modérant tout-à-coup.*) Et par quelles actions ai-je mérité toutes les rigueurs dont vous usez continuellement envers moi?... tous mes soins tendent à vous plaire; toutes mes pensées vont à ce but... et vous ne laissez jamais échapper l'occasion de me faire sentir que vous me préférez mon frère!... A lui vos caresses, à lui cet amour dont je n'éprouve jamais le doux encouragement!... Ma voix ne s'était pas encore élevée vers vous pour me plaindre!... Je souffrais tout en silence, parce que j'espérais toujours reconquérir votre affection... Mais aujourd'hui que je n'ai plus cet espoir, soutenu par mon bon droit, fort de ma conscience qui ne me reproche rien, je vous conjure de me dire franchement et sans détour la cause de cette préférence que mon frère Arthur ne cesse d'avoir sur moi, préférence qui m'humilie autant qu'elle me torture le cœur?...
DUVERNEY. Vraiment!... tu ne crains pas de m'interroger?... mais un mot, un seul mot, et... Ah! mais tenez, laissons cela...
GEORGES*. Non, monsieur, non! je veux tout connaître...
DUVERNEY. Georges!...
GEORGES. Ce mot!... ce mot qui doit me faire comprendre votre haine!... car vous me haïssez, mon père?..... vous me haïssez...
DUVERNEY. Cessez!...
GEORGES. Que je n'ignore plus rien... que j'apprenne enfin la cause de votre aversion pour moi... si je l'ai méritée, cette aversion... Si j'ai eu quelques torts envers vous... si je vous ai offensé... à mon insu...

* Georges, M. Duverney.

sans le vouloir... mon Dieu! eh bien, je me justifierai, je le tâcherai, du moins... et si mes paroles ne peuvent vous convaincre, mes larmes, mon repentir, vous fléchiront; et vous me pardonnerez, et vous me rendrez votre amour et votre tendresse; car je suis trop malheureux, monsieur... je suis trop malheureux...

DUVERNEY. Georges... oubliez une parole échappée dans un moment d'humeur, de mécontentement... Vous donnez beaucoup trop d'importance aux choses... vous avez une imagination ardente, exaltée, qui cause seule tous vos chagrins... J'en conviens, j'ai pour Arthur plus de soins, plus d'attentions que je n'en ai pour vous peut-être... mais vous, Georges, vous êtes un homme, et lui, Arthur, est encore jeune..... et si vous étiez juste, si vous ne cédiez pas à un coupable sentiment de jalousie, loin de me faire un reproche de ma sollicitude paternelle, vous seconderiez mes efforts... oui, vous auriez pour votre frère toute l'affection, toute la tendresse dont il est digne.

GEORGES. Ah! mon père! j'aime bien Arthur, mais je l'aime comme on doit aimer son frère, son ami... Oui, je l'avoue, il m'est arrivé parfois de ressentir quelques mouvemens secrets de jalousie quand je vous voyais lui prodiguer des caresses qui, partagées, m'eussent comblé de bonheur... mais maintenant que vos paroles m'ont éclairé, maintenant que je crois avoir trouvé le chemin qui peut me conduire à votre cœur, je ne me plaindrai plus, mon père, je ne me plaindrai plus... j'aimerai Arthur comme vous l'aimez; je lui témoignerai toute la tendresse, toute l'affection dont son âge a besoin... je serai son guide, son appui; je ne le quitterai jamais... et pour commencer une tâche si douce, permettez que j'occupe avec lui l'appartement de ma mère... Cet appartement est vaste, on peut facilement y loger deux... Je vous le demande comme une grâce?... ordonnez que vos fils vivent ensemble, là-haut, égaux au moins aux yeux de tous, s'ils ne peuvent l'être dans votre amour!..... Vous le voulez bien, n'est-ce pas, mon père? vous le voulez bien?...

DUVERNEY. J'y consens...

GEORGES. Merci, mon père, merci!...

Et il se précipite sur la main de Duverney, qu'il couvre de larmes et de baisers.

Mme VILLETTE, *entrant dans ce moment, avec joie, à part.* Que vois-je!... ah! mon Dieu!... il y avait long-temps que je n'avais éprouvé tant de bonheur!

Moment de silence.

SCENE XIII.

GEORGES, DUVERNEY, Mme VILLETTE, *puis* ARTHUR.

Mme VILLETTE. M. Arthur vient d'arriver.

DUVERNEY. C'est bien... je dois aller recevoir M. le sous-préfet.

Mme VILLETTE. Voilà M. Arthur...

Arthur entre.

DUVERNEY, *à Arthur* Seul!..... Et le sous-préfet?...

ARTHUR*. Le sous-préfet est resté occupé des élections; il n'a pu quitter Saint-Denis; il a délégué pour votre installation comme maire un membre du conseil d'arrondissement; c'est lui que je viens d'amener. Oui, il s'est rendu chez l'adjoint pour faire convoquer les notables du pays.

GEORGES, *à Duverney.* Mon père, vous êtes inquiet, tourmenté de ce que vous venez d'apprendre; mais vos droits sont incontestables...

DUVERNEY. N'importe, je ne dois pas m'endormir dans une sécurité trompeuse; il faut aller à Saint-Denis... je verrai les électeurs, je leur parlerai... Mais cette démarche peut aussi tourner contre moi; il me suffira d'écrire aux hommes les plus influens; à Carpentier surtout: je puis compter sur son dévouement. (*A part.*) Il me doit assez pour cela... Allez... retirez-vous... Qu'on me laisse, je veux être seul.

Tous s'éloignent, Mme Villette par le fond, Georges et Arthur par l'escalier de droite.

SCENE XIV.

DUVERNEY, *seul, agité.*

Oh! oui, il faut que j'arrive à la chambre!... être député, c'est mon vœu le plus ardent!... c'est aussi une nécessité impérieuse... ma vie se base maintenant sur cet espoir... c'est l'avenir qu'il m'ouvre; l'avenir comme il doit être pour moi... Je ne saurais plus supporter l'existence si les honneurs ne venaient la colorer, en raviver les illusions... mais... mais... je serai élu... je l'emporterai sur mes concurrens... ma réputation intacte, ma probité bien connue... bien éprouvée par des relations commerciales...... Cependant il faut écrire, la prudence l'exige; je ne dois pas compromettre mon sort faute de précautions... Une lettre bien faite, qu'on pourra montrer... avec le timbre de la mairie d'Ormesson... Voilà justement sur ce bureau tout ce qu'il faut... Quels sont ces re-

* Georges, Mme Villette, Duverney, Arthur.

gistres?... sans doute ceux de l'état civil, qu'on aura déposés ici. (*Il ouvre machinalement un registre.*) Oui!... naissances..... Ciel! qu'ai-je lu?... Georges Duverney...

Carpentier entre du fond.

SCENE XV.

CARPENTIER, DUVERNEY.

DUVERNEY. Georges!..... lui!... mon fils!.... et cela est écrit...

CARPENTIER, *qui est venu se placer mystérieusement derrière lui.* Oui... cela est écrit... pour tous et pour toujours!...

DUVERNEY, *se retournant et le reconnaissant.* Carpentier!...

CARPENTIER. Carpentier... qui a signé là... avec vous... en bas de ce registre...

DUVERNEY, *froissant la feuille du registre.* Oh! que ne donnerais-je pas pour arracher cette feuille fatale!...

CARPENTIER. Silence!...

SCENE XVI.

LES MÊMES, GEORGES, ARTHUR, Mme VILLETTE, MARIE, PHILÉAS, JACQUELINE *en mariés.* TÉMOINS, NOTABLES, PAYSANS.

* JACQUELINE, *donnant le bras à Philéas, et s'adressant à Mme Villette.* J' vous dis que j' pouvons entrer, qu'il va nous marier.

CARPENTIER, *à Duverney.* Prenez garde, vous êtes d'une pâleur...

DUVERNEY. Carpentier!... je ne sais, mais cet acte... ce faux...

CARPENTIER. Insensé!...

DUVERNEY. Je ne vois plus... je respire à peine... Ah!... (*Il se lève en chancelant.*) De l'air!... de l'air...

GEORGES, *accourant.* Qu'est-ce donc?

ARTHUR. O mon Dieu!...

DUVERNEY. Mon fils!...

GEORGES. Mon père!...

DUVERNEY, *l'œil terne et la pâleur sur le visage.* Georges!...

Il tombe sans connaissance, au milieu de ceux qui l'entourent.

* Philéas, Jacqueline, Marie, Mme Villette, Carpentier, Georges, Duverney, Arthur, paysans et autres dans le fond.

ACTE DEUXIÈME.

Le théâtre représente un salon donnant sur un jardin. Porte vitrée au fond. Une porte à droite; une troisième à gauche.

SCENE PREMIERE.

PHILÉAS, ARTHUR, JACQUELINE, TÉMOINS INVITÉS *à la noce*, PAYSANS.

Au lever du rideau, Arthur est entre Philéas et Jacqueline, qu'il cherche à consoler tour à tour; les autres sont groupés derrière.

PHILÉAS. Oh! mais ç'en est ça du guignon...

JACQUELINE. J' n'avions plus qu'à dire oui, eh ben! crac... v'là M. l' maire qui tombe en pâmoison... et v'là not' mariage flambé...

ARTHUR. Mais non, il n'est pas flambé ton mariage, il se fera!...

JACQUELINE. I' s' f'ra, i s' f'ra, s'croire comme ça tout près de..... et puis qu' ça vous manque.

PHILÉAS. Oh! je ne sais pas ce qui me retient... j'ai envie de me souffleter...

JACQUELINE, *changeant brusquement de ton.* Ah bah! quand nous resterions là à geindre, à nous désoler comme deux imbéciles... ça n' ferait pas aller les choses plus vite... allons, allons, Philéas, renfonce tes larmes...

PHILÉAS. Comment!... t'en prends ton parti comme ça, toi!...

JACQUELINE. Allons! ris donc... grosse bête... ris donc!...

PHILÉAS, *s'efforçant de sourire.* Hé! hé! hé!...

JACQUELINE. Là, à la bonne heure!... et puis d'ailleurs..... not' mariage s' f'ra peut-être plus tôt qu' nous n' croyons..... M. Duverney s'ra bentôt sur pied... ça n' s'ra rien c' qu'il a eu..... n'est-ce pas, monsieur Arthur, que ça n' s'ra rien?....

ARTHUR. Certainement... et la preuve que cet événement n'a pas de gravité, c'est que vous me voyez ici... Mon père a repris connaissance presque aussitôt qu'il a été transporté chez lui ; ce ne sera rien, absolument rien..., et si Georges, Mme Villette, Marie et M. Carpentier, en sa qualité d'ancien médecin, ont voulu demeurer à ses côtés, c'est par excès de zèle, par pur excès de zèle... je vous aurais dit cela tout de suite ; mais vous ne vouliez rien entendre. Enfin vous voilà raisonnables, et je vous en fais compliment ; car Philéas dans son désespoir était laid à faire pouffer de rire.

PHILÉAS. Il est gentil son compliment !

ARTHUR. Et toi-même, Jacqueline, tu perdais cent pour cent de tes avantages... mais tes joues se sont recolorées, tes yeux brillent d'un vif éclat, un doux sourire effleure tes lèvres fraîches comme la rose... tu es charmante, parole d'honneur !... tu es charmante à croquer !...

JACQUELINE. Ça vous plaît à dire, monsieur Arthur...

PHILÉAS *. Eh ben ! si ça lui plaît à dire, ça n' me plaît pas à entendre, moi.

ARTHUR. Ah ! ah !

PHILÉAS. Il n'y a pas de ah !.. ah !..

ARTHUR. Voyez-vous ça !...

JACQUELINE. Oh ! l' vilain jaloux !...

PHILÉAS. Bon ! bon ! j' sais c' que j' dis, oui, oui, monsieur Arthur, j' sais c' que j' dis.

JACQUELINE. Tu es un sot, et viens-toi z'en ; aussi ben nous devrions être partis depuis long-temps !.. not' mariage ne s' fra sans doute pas encore aujourd'hui..... et demain matin, comme à mon habitude, j' veux crier à Paris, à la douce..... à la douce... la Montmorency... la vrai courte queue..... à la douce !.. par ainsi, tournons les talons, et allongeons l' pas !...

PHILÉAS. Non !.. non !.. j'ai deux mots à dire à M. Arthur..... deux mots entre quatre-z-yeux !...

JACQUELINE. Eh ben ! reste donc. (Bas à Arthur en s'en allant.)** Donnez-moi-lui une leçon dont il s' souvienne, ce p'tit tapageur-là !...

Elle sort avec les autres.

* Jacqueline, Philéas, Arthur.
** Philéas, Jacqueline, Arthur.

SCÈNE II.

ARTHUR, PHILÉAS.

PHILÉAS, qui s'est assuré qu'ils sont bien partis. Ils sont tous loin... (Revenant auprès d'Arthur.) Nous v'là seuls.

ARTHUR, d'un grand sang-froid. Eh bien ! qu'avez-vous à me dire ?

PHILÉAS. N' prenez donc pas un ton sérieux comme ça....

ARTHUR. Mais il me semble que lorsqu'il s'agit d'une explication... (A part.) J'ai peine à ne pas lui éclater au nez...

PHILÉAS. Mais il ne s'agit pas du tout de ce que vous croyez, monsieur Arthur.

ARTHUR. Comment !...

PHILÉAS. Eh non ! moi, vous chercher querelle !... d'abord j' les aime pas les querelles... et puis c'est pas à vous que j' voudrais dire son fait... vous, monsieur Arthur !... vous, le fils de not' maire !... Ah ! j' s'rais un vrai paltoquet.

ARTHUR. Mais là... tout-à-l'heure, en présence de Jacqueline.

PHILÉAS. C'était une frime... une pure frime... parce que, voyez-vous... Jacqueline... elle m'aime ben, mais elle est coquette, elle n'haït pas les cajoleries, et si elle croyait que j' suis un trop bon enfant, que je prends ces choses-là sans y trouver à redire, elle pourrait ben peut-être faire comme tant d'autres, au lieu que si elle sait que je suis pas endurant sur l'article, et que la moutarde me monte tout de suite au nez, elle y regardera à deux fois !... elle aura peur d'une dispute, d'une batterie où c' qu'on pourrait endommager sa propriété : alors je courrais moins de chances pour être... enfin, suffit !... v'là pourquoi j'ai eu l'air de monter à l'échelle en sa présence..... v'là pourquoi j'ai fait le martamore qui moussait, qui voulait tout avaler...

ARTHUR. Bravo !.. bravo !.. mais tu as de l'esprit, Philéas.

PHILÉAS. Oh ! de l'esprit !... un peu de truc et v'là tout !.. Ah ! d'ailleurs, c'est pas vous, monsieur Arthur, qui en conteriez à Jacqueline !..... vous n' pouvez pas en même temps chasser chez vous et chez l' voisin !...

ARTHUR. Que veux-tu dire ?...

PHILÉAS. Vous m' comprenez pas ?... mademoiselle Marie...

ARTHUR. Ah !...

PHILÉAS. Elle est gentille, ben accorte... mais elle n'est pas coquette, celle-là , et vous aurez du mal à la faire tomber dans vos filets!... c'est pas l'embarras, les idées des filles, ça change si vite... Marie s' mettra peut-être un jour en tête de quitter l' village!.. d'aller à Paris où c' qu'elle pourra avoir d' belles toilettes, où c' qu'elle pourra briller!.... éclabousser les autres, d'autant plus qu'elle doit avoir dans le sang d' ces idées-là, si c' qu'on dit est vrai!...

ARTHUR. Comment! et que dit-on?...

PHILÉAS. On prétend qu'elle tient à une famille qu'est dans le huppé et avec qui qu'elle est brouillée.

ARTHUR. Vraiment!..

PHILÉAS. Quelle est c'te famille-là? v'là c' qu'on n' sait pas!... v'là c' que Marie ne sait peut-être pas elle-même!... car j' serais pas étonné qu' son père eût emporté avec lui ce secret-là en mourant... c'en était un drôle d'homme, son père!... Vous le rappelez-vous, monsieur Arthur? ce vieux grand sec, qu'était si laid, qu'on ne connaissait ni d'Ève ni d'Adam... mais faut pas en dire du mal, il s'est trop ben conduit lors de cet incendie qu'a pris, il y a dix ans dans le logement de Mme Villette, parce qu'enfin c'est lui qu'est cause que Mme Villette est encore de ce monde..... Pauvre femme!... mais aussi elle n'a pas été ingrate, car lorsque, quelque temps après, son libérateur est venu à mourir, elle a pris Marie avec elle, et depuis elle n'a jamais cessé de la traiter comme sa fille. Mais... pardon... excuse... j'vas rejoindre Jacqueline... sans adieu, monsieur Arthur. (À part, en s'en allant.) Pauvre Jacqueline, j' suis sûr qu'elle est maintenant comme dans un fagot d'épines... qu'elle tremble de me voir revenir échigné ou éclopé de quéque part..... courons la rassurer.

Il sort.

SCÈNE III.

ARTHUR, en réfléchissant.

Oui! oui! c'est cela, de l'or... j'en ai à discrétion... je ferai briller aux yeux de Marie, et elle ne me résistera plus!... Une chose m'inquiète pourtant! c'est Georges.. elle paraît avoir pour lui une grande affection... et lui-même.. oh! mais c'est une relation purement bucolique... Estelle et Némorin, Daphnis et Chloé... la pastorale enfantine de rigueur; moi je veux être positif, mais je ne me trompe pas, c'est elle... c'est Marie... elle vient ici.

Il se met à l'écart.

SCÈNE IV.

MARIE, ARTHUR.

MARIE, entrant des fleurs à la main et sans voir Arthur. Georges devinera quelle main a déposé ces fleurs!... (Apercevant Arthur, elle recule.) Ah!...

ARTHUR. Je te fais peur, Marie?...

MARIE. Non, monsieur.

ARTHUR. Tu viens de cueillir des fleurs.... qu'elles sont belles!... je serais charmé de respirer leur parfum, de les avoir dans mon appartement!...

MARIE. Il y en a d'autres dans le jardin, je vais en cueillir pour vous!..

Elle veut sortir, Arthur la retient.

ARTHUR. Tu me quittes..... garde ces fleurs, je n'en veux plus... à ce prix, c'est les payer trop cher!...

MARIE. Je comprends peu ce que vous voulez dire...

ARTHUR. Mais tu ne comprends donc pas que j'ai du plaisir, du bonheur, à me trouver avec toi? car, vois-tu, près de toi... je me rappelle notre enfance... la naïveté de nos jeux..... j'ai souvent regretté ce temps...

MARIE. Vous êtes trop bon!

ARTHUR. Non, je t'aime, voilà tout... non pas comme autrefois, mais d'amour... je te l'ai dit, tu n'en veux rien croire!.., et je tiens à te le prouver; le bonheur, c'est d'aimer!.. réponds à ma tendresse, et ta vie sera embellie par les plaisirs; et Paris, que tu connais si peu, t'offrira ses ressources, ses distractions sans nombre; je veux que tous tes désirs soient comblés: toilette, bijoux, chevaux, spectacles, les douceurs du luxe, il n'est rien que mon amour ne puisse te procurer!...

MARIE, avec dignité. Je croyais, monsieur, vous avoir fait entendre que ce langage m'avait déjà blessé une fois...

ARTHUR. Fais donc cesser mon amour; sois donc moins jolie...

MARIE, avec dignité. Monsieur... dans la maison de votre père, je croyais être sous la sauve-garde de l'honneur!...

ARTHUR. L'honneur ne me défend pas de te rendre justice, et de t'aimer!...

MARIE. Nous ne comprenons pas les mots de la même manière... ou du moins nous n'y attachons pas la même importance!... Souffrez, monsieur, que je m'éloigne!...

ARTHUR. Marie, c'est mal à toi d'être si sévère, et de payer ainsi une affection qui date de si loin. Autrefois tout était réciproque entre nous... autrefois nos brouilles étaient promptement terminées. Allons, pardonne, faisons la paix ; je veux la sceller par un baiser...

MARIE, *effrayée*. N'approchez pas !

ARTHUR. Enfant ! ah !... je suis donc redoutable !...

Il s'avance.

MARIE, *l'évitant*. Monsieur... monsieur...

ARTHUR, *la prend dans ses bras*. Je n'ai pas de rancune, moi...

Georges paraît ; il va l'embrasser, mais Marie lui échappe, et apercevant Georges qui entre dans le moment, elle va se réfugier près de lui.

SCENE V.

ARTHUR, MARIE, GEORGES.

GEORGES. Arthur, que dois-je penser de l'effroi de cette jeune fille ?...

ARTHUR. Eh ! que t'importe !...

GEORGES. Il m'importe de le savoir.

ARTHUR. Impossible pour le moment ; on m'attend ailleurs.....

GEORGES, *saisissant le bras d'Arthur*. Oh ! tu m'écouteras, je le veux ! de gré ou de force !...

MARIE. Monsieur Georges !... monsieur Georges !... je vous en supplie ! calmez votre colère...

GEORGES. Marie, laissez-nous, laissez-nous !

MARIE. Par pitié, oubliez tout comme j'oublie tout moi-même... et puis c'est votre frère.

GEORGES. Allez, allez, Marie.

Marie sort en tremblant.

SCENE VI.

ARTHUR, GEORGES.

GEORGES. Maintenant, Arthur, à nous deux ! il faut m'expliquer ta conduite envers cette jeune fille... tu gardes le silence... eh bien ! je parlerai pour toi... tu la pressais de répondre à tes coupables désirs ; et sans respect pour son âge, pour sa candeur, tu lui faisais entendre des paroles... au moins inconvenantes... mais Marie a été élevée dans la maison de notre père... et trahir la sainte loi de l'hospitalité, abuser de la triste position de cette enfant, Arthur, ce n'est pas là l'action d'un honnête homme.

ARTHUR. Mon cher ! mes affaires ne regardent personne... et je trouve fort étrange qu'on s'arroge le droit de me censurer.

GEORGES. Comme frère, j'aurai toujours le droit de t'empêcher d'être coupable.

ARTHUR. Oh ! brisons là, s'il vous plaît !

GEORGES, *ironiquement*. Au fait, j'ai tort : un jeune homme comme toi, lancé dans le grand monde, tout lui doit être permis ! oui, quand on suit la mode... quand on l'invente même... quand on assiste à toutes les courses de chevaux, qu'on est du club des jokeys, qu'on est membre du casino, on ne doit pas trouver une femme qui vous résiste : on peut impunément, fatigué des conquêtes de la ville, venir au village séduire une pauvre jeune fille et rire après de ses larmes, de son désespoir et du déshonneur de sa famille... n'est-ce pas, Arthur, que c'est là un noble passe-temps ? (*S'approchant d'Arthur et lui prenant la main avec bonté.*) Arthur, je ne trouverai donc jamais en toi un frère... un ami... et pourtant près de toi, avec toi, j'aurais été si heureux de pouvoir oublier la dureté de mon père... car tu sais comme il en agit à mon égard... il semble que je ne suis pour lui qu'un étranger... abandonné, délaissé, réduit au strict nécessaire, je suis encore à connaître, moi, ce qui fait à mon âge le charme de la vie.

ARTHUR. Parce que tu l'as voulu... parce que tu le veux ainsi.

GEORGES. Eh ! le puis-je ! la générosité de mon père viendrait-elle au-devant de mes désirs comme elle est soumise à tes moindres caprices ?... non que j'en éprouve une injuste jalousie ! que mon père n'aime que toi... ce n'est pas ce dont je me plains ici... je me plains de n'avoir pas trouvé dans la bonté de ton cœur un dédommagement à mes douleurs de fils ; car enfin es-tu jamais venu à moi ?... m'as-tu dit une seule fois : Ami, notre père me prodigue tout et te prive de tout ; je veux réparer une injustice que je condamne, entre nous tout doit être commun, tiens, partageons. Voilà ce que tu n'as pas fait... Mais, Arthur, ces torts que je te reproche, tu peux les effacer aujourd'hui... oui, tu peux me donner la preuve qu'il reste encore au fond de ton cœur quelque générosité... Arthur, renonce à tes projets sur Marie... respecte-la... car je l'aime.

ARTHUR. Tu l'aimes ! nous sommes donc rivaux ?

GEORGES. Rivaux ! oh ! non, car toi tu n'aimes pas Marie... tu veux la perdre... tu veux son désespoir... et moi... moi !.. c'est son bonheur que j'ambitionne. Arthur, j'ai sur toi de tristes avantages, ceux que donne le malheur... je n'ai pas été comme toi soutenu dans la vie par les caresses de celle à qui je dois le jour... par les encouragemens de mon père... j'ai vécu seul, continuellement seul ! j'ai pris au sérieux l'existence, mais la résignation n'a pas amené l'abnégation, et dans ma solitude j'entretenais le culte des grandes choses par de grandes pensées... dans ma solitude les sentimens ont eu de profondes racines, et les impressions des effets ineffaçables... mon ame avait besoin d'un être qui pût la comprendre et en adoucir l'amertume... Marie s'offrit à mes regards, non plus comme la compagne de mes premiers jeux, mais comme l'ange qui devait me consoler de mes peines, car dès ce moment elle les partagea. Je ne fus plus seul dans la vie... l'avenir s'offrit à moi tout riant d'espérances... un amour véritable anima cette solitude dans laquelle j'avais langui jusqu'alors... Oui, j'aime Marie. je l'aime d'un amour saint et sacré, et sans qu'elle le sache, sans qu'elle s'en doute peut-être... car je veux ne lui faire connaître mes sentimens pour elle que quand je pourrai lui dire : Vous êtes sans fortune, mais vous avez des vertus... et cette dot vaut à mes yeux tous les trésors du monde... Marie, je vous donne mon cœur et ma main... Marie, voulez-vous être ma femme ?

ARTHUR. Ta femme ! en effet, il serait parbleu plaisant de voir le fils... le fils aîné de M. Duverney épouser une fille de village.

GEORGES. Mieux vaudrait la déshonorer, n'est-ce pas ?

ARTHUR. Une fille qui ne possède rien.

GEORGES. Elle t'a prouvé au moins qu'elle avait des vertus.

ARTHUR. Eh ! mon Dieu... est-ce que ce n'est pas la dot naturelle de tout enfant élevé par charité.

GEORGES. Arthur, tais-toi.

ARTHUR. Les vertus de Marie ?...

GEORGES. Tais-toi, te dis-je.

ARTHUR. Si elle m'a résisté, c'était pour m'exciter davantage.

GEORGES. Tu mens.

ARTHUR. Si tu n'étais pas venu me déranger mal-à-propos, j'aurais eu comme toi, comme le premier venu, l'honneur d'un aveu et le profit d'un tête-à-tête.

GEORGES, ne se possédant plus. Tu mens, infâme ! tu mens. (Lui saisissant violemment la main.) Sens-tu bien l'importance de tes paroles?... Marie... la femme que j'aime... tu l'as offensée devant moi... rétracte ce que tu viens de dire.

ARTHUR. Allons donc !

GEORGES, qui dans sa violence l'a forcé à plier le genou en terre. Rétracte-toi, te dis-je !

ARTHUR. Jamais !

GEORGES. Jamais ! Ah ! si tu n'étais pas mon frère...ma main t'aurait déjà châtié...

SCENE VII.
ARTHUR, DUVERNEY, GEORGES.

DUVERNEY, se précipitant entre eux et repoussant Georges. Misérable !

Arthur s'est aussitôt relevé.

GEORGES, à part. Je te rends grâce, ô mon Dieu ! je l'aurais peut-être frappé !

DUVERNEY, les regardant tous deux, puis s'adressant à Georges. Quelle est la cause de ce scandale, monsieur ? je veux la connaître, parlez. (Silence.) Parlerez-vous enfin... l'un ou l'autre ?

GEORGES. Je dois garder le silence.

ARTHUR. Je dois imiter Georges, mon père...

DUVERNEY. Mais je vous l'ordonne à tous deux... je veux être obéi.

GEORGES. Vous ne sauriez nous commander une action blâmable... un de nous a eu des torts... nous devons tous deux nous taire.

DUVERNEY*. Soit, je ne veux pas avoir un coupable à punir ; mais de semblables scènes m'affligent... j'espère qu'elles ne se renouvelleront pas.

GEORGES. Il a suffi de votre présence, mon père, pour faire rentrer dans nos cœurs la paix et l'amitié. Arthur, voici ma main.

ARTHUR. Voici la mienne.

DUVERNEY. C'est bien, je suis content.

Il leur fait signe de se retirer ; Georges et Arthur sortent.

ARTHUR, en s'en allant, et à part. Georges, je n'ai pas dit : Sans rancune.

SCENE VIII.
DUVERNEY, seul.

Mais achevons de lire cette lettre, que je venais de recevoir de Saint-Denis. (Lisant.) « J'étais loin de m'attendre à » tant d'obstacles... vos ennemis... vos » envieux. (Cessant de lire.) J'ai lu cela. (Lisant la lettre des yeux, et parlant.) Ah! (Il lit.) « On prétend que vous ne tenez » à la députation que pour rétablir votre

* Arthur, Georges, Duverney.

» fortune compromise par des pertes con-
» sidérables que vous avez éprouvées de-
» puis un an... On va même jusqu'à dire
» que vous n'êtes pas éligible... que la
» plus grande partie de ce que vous pos-
» sédez encore est l'avoir de votre fils aîné,
» de Georges, qui a atteint sa majorité,
» et qui peut, au premier moment, ré-
» clamer l'héritage de sa mère... enfin
» plusieurs de vos partisans mêmes sont
» passés du côté de votre compétiteur. Ils
» prétendent que votre nomination sera
» sans effet du moment que les reprises
» de votre fils vous auront privé du cens
» de l'éligibilité, et qu'ainsi ils ne veulent
» pas s'exposer aux embarras et aux dés-
» agrémens que leur susciterait une nou-
» velle élection. Enfin j'ai la nuit devant
» moi... je tâcherai de la mettre à profit
» pour vous... mais si je réussis, il ne faut
» pas que le succès se change bientôt en
» une défaite humiliante pour tous deux...
» Pensez à ce Georges, pensez-y... main-
» tenant c'est sérieux, très-sérieux !... »
Georges n'osera jamais me demander des
comptes; mais il est ombrageux, facile à
s'irriter... il peut se porter à une extrémité... il faut l'éloigner... d'ailleurs depuis long-temps sa présence me fait mal...
oui... oui... je l'éloignerai sans retard...
aujourd'hui.

SCÈNE IX.
DUVERNEY, CARPENTIER.

CARPENTIER. Ah ! m'a-t-on dit vrai?... les électeurs les plus influens de Saint-Denis vous ont écrit?

DUVERNEY. Oui ! mais les nouvelles ne sont pas rassurantes... On s'acharne à me barrer le chemin de la tribune ; mes envieux... lisez !...

Il remet la lettre à Carpentier, qui la lit des yeux et qui, tout en la lisant, répond à ce que dit Duverney.

CARPENTIER. On n'envie que le mérite... ça ne peut pas vous nuire !...

DUVERNEY. Mes ennemis sont nombreux.

CARPENTIER.
A vaincre sans périls, on triomphe sans gloire.

DUVERNEY. C'est une lutte terrible.... en sortirai-je vainqueur ?

CARPENTIER. Il ne faut pas en douter.

DUVERNEY. Ils ont contre moi des armes...

CARPENTIER. Vous avez pour vous des bastions, la grande propriété; voilà les grosses pièces d'artillerie de la guerre électorale.

DUVERNEY. Ils savent le fond de mes affaires.

CARPENTIER. Rien ne ressemble plus au mensonge que la vérité.

DUVERNEY. Et puis vous voyez ce qu'on dit à propos de Georges.

CARPENTIER, *lui rendant la lettre*. Oui, et je trouve qu'ils ont raison.... cela est sérieux, très-sérieux !

DUVERNEY. Aussi suis-je décidé à éloigner Georges.

CARPENTIER. Et vous faites bien.

DUVERNEY. Aujourd'hui même il partira...

CARPENTIER. Il y consent?...

DUVERNEY. Je vais le faire prévenir.

CARPENTIER. Eh vite ! à quoi songez-vous ?... Il y a des projets qu'il faudrait faire exécuter avant qu'ils fussent conçus, s'il était possible.

Il sonne, un domestique paraît.

DUVERNEY, *au domestique*. Dites à Georges que je veux lui parler, qu'il vienne à l'instant même.

Le domestique sort.

CARPENTIER*. Employez la douceur.... Où allez-vous l'envoyer?

DUVERNEY. En Italie.

CARPENTIER. Vous n'y songez pas.... Que voulez-vous éviter en éloignant Georges?... qu'on puisse s'insinuer dans son esprit... le circonvenir, n'est-ce pas ? Eh bien ! en Italie on rencontre toujours quelqu'un de connaissance.... c'est trop près.

DUVERNEY. En Afrique?

CARPENTIER. Mauvais !... Alger est un faubourg de Paris... Il nous faut un pays où peu de visiteurs se rendent, si ce n'est la peste, le typhus, le choléra, ou la fièvre jaune.

DUVERNEY. Mais tout cela c'est la mort !

CARPENTIER. Ah dam ! nous sommes tous exposés à mourir... Dites-moi un peu : n'étiez-vous pas en relations d'affaires avec cette maison du Sénégal qui vient de faillir?

DUVERNEY. Oui.

CARPENTIER. Eh bien ! il faut envoyer Georges au Sénégal... vous aurez un prétexte plausible... Un correspondant qui a suspendu ses paiemens...

DUVERNEY. Mais cette maison ne me doit rien... je ne suis pour rien dans cette faillite.

CARPENTIER. Vous direz le contraire à Georges... vous ajouterez même que vos

---
* Carpentier, Duverney.

intérêts sont gravement compromis par ce fatal événement... qu'il y va de votre fortune ou de votre ruine.... Je connais Georges, il n'hésitera pas à partir.

DUVERNEY. Oui, mais une chose m'inquiète et me préoccupe, c'est Mme Villette.

CARPENTIER. Mme Villette?

DUVERNEY. Ne vous souvient-il plus d'un certain écrit?

CARPENTIER. Quel écrit?... Ah! oui.... Ne vous tourmentez donc pas de cela.

DUVERNEY. Toujours le même.... vous avez une manière de traiter les choses avec une légèreté...

CARPENTIER. Oui, c'est une manière.

DUVERNEY. Vous jouez avec tout, même avec le déshonneur.... car, vous ne sauriez le dissimuler... cet écrit, s'il était connu, nous déshonorerait l'un et l'autre.

CARPENTIER. Mais il y a une troisième personne impliquée dans cette affaire, et cette troisième personne a un puissant intérêt à ne pas faire usage de cet écrit..... donc, je suis parfaitement tranquille.

DUVERNEY. Jusqu'à ce jour... j'ai pensé comme vous... car sans cela je n'aurais pas négligé, depuis vingt ans, de songer aux conséquences de cet écrit... mais dans la position où je me trouve aujourd'hui, il faut de la prudence... beaucoup de prudence... Oui, je veux avoir ce fatal papier... je le veux!

CARPENTIER. Vous l'aurez!

DUVERNEY. Vous la déciderez à le rendre?

CARPENTIER. Je ne vois pas la nécessité de la consulter!

DUVERNEY. Expliquez-vous.

CARPENTIER. Avec ce que vous appelez ma manière, j'arrive à faire tout ce qu'il faut... vous devriez le savoir... Écoutez-moi... On n'a jamais besoin de dire à personne ce qu'on pense; il suffit que les autres croient à ce que vous voulez bien dire... par un hasard que vous qualifierez comme vous le voudrez, j'entretenais, il n'y a qu'un instant, Mme Villette sur l'écrit en question... et comme si j'avais pressenti toutes vos inquiétudes à ce sujet, j'ai feint de faire cause commune avec elle... c'est encore une manière qui me réussit quelquefois!

DUVERNEY. Eh bien?

CARPENTIER. J'ai pénétré tous ses secrets, j'ai su tout ce que je voulais savoir.

DUVERNEY. A merveille!

CARPENTIER. L'écrit est enfermé dans un petit coffret, et ce coffret, dans la crainte d'un enlèvement ou d'un nouvel incendie, est caché en terre dans le jardin.

DUVERNEY. En quel lieu?

CARPENTIER. Je l'ignore. (*A part.*) Je le sais bien, mais trop parler nuit souvent.

DUVERNEY. Mais comment ferez-vous pour vous rendre maître de ce coffret?

CARPENTIER. Eh! mon Dieu! rassurez-vous, les choses impossibles se feront,... les choses possibles sont faites... Je vous quitte... Ne vous faut-il pas ce chiffon de papier?... sans cela il deviendrait le spectre de vos nuits... et un bon député doit dormir tranquille!

Il sort.

SCÈNE X.
DUVERNEY, puis PHILÉAS.

DUVERNEY. Son sang-froid calme mes craintes; il a raison, la tranquillité, même quand elle n'est qu'apparente, est un bon auxiliaire... Mais Georges tarde bien.... (*Philéas entre.*) Qui peut le retenir?

PHILÉAS *. Pardon, monsieur l'maire, si j'vous dérange.

DUVERNEY. Qui vous amène? que voulez-vous?

PHILÉAS. C'est que, monsieur l'maire, vous nous aviez promis...

DUVERNEY. Quoi?

PHILÉAS. D'nous marier, nous deux Jacqueline... Jacqueline, ma fiancée!

DUVERNEY. Plus tard... demain.

PHILÉAS. Est-ce qu'il n'y aurait pas moyen d'arranger ça pour ce soir, monsieur le maire?.. ça f'rait ben plaisir à Jacqueline, et à moi pas de peine, à vous parler franchement.

DUVERNEY, *à part, avec anxiété*. Il ne vient pas!

PHILÉAS. Parce que, voyez-vous, quand on s'aime, comme j'nous aimons, c'est dur de se l'dire, de s'voir, et d'être réduits à en rester là!

DUVERNEY. Philéas, allez, allez dire à Georges qu'il vienne, que je l'attends.

PHILÉAS. M. Georges... il n'est pas ici.

DUVERNEY. Il n'est pas ici?

PHILÉAS. Non, monsieur, il est à Saint-Denis.

DUVERNEY. Il est à Saint-Denis?

PHILÉAS. Ou, du moins, il a dit qu'il y allait.

DUVERNEY. Et pourquoi.... pourquoi ce voyage?

PHILÉAS. Ah! dam, je n'en sais rien, monsieur.

DUVERNEY**. Partir brusquement, à mon insu... que dois-je penser?... Mes enne-

* Philéas, Duverney.
** Duverney, Philéas.

mis l'auraient-ils fait appeler?... Oh! mais Georges ne céderait pas à leurs perfides conseils!... N'importe, Philéas, courez à Saint-Denis, cherchez Georges, et qu'il revienne aussitôt avec vous.

PHILÉAS. Que je coure à Saint-Denis? Oui, monsieur; mais...

DUVERNEY. Pas de retard!

PHILÉAS. J'pourrai jamais courir jusque là, il y a deux lieues.

DUVERNEY. Prenez un cheval.... Mais partez... partez donc!

PHILÉAS. Je pars, monsieur, je pars.... je vas aller dire qu'on me donne un cheval... (*Il va pour sortir, puis il revient sur ses pas.*) Monsieur, monsieur, il est de retour.

DUVERNEY. Qui?... Georges?

PHILÉAS. Le v'là! (*A part.*) Ça fait que me v'là tout r'arrivé... Moi, j'aime autant ça... Mais laissons-les, c'est pas l'moment de revenir sur le chapitre du *conjungo*.

Il sort.

SCENE XI.

DUVERNEY, GEORGES.

GEORGES. Vous m'avez fait demander, mon père?

DUVERNEY. D'où venez-vous, monsieur? de Saint-Denis?... Quel motif si puissant vous conduisait donc à Saint-Denis?

GEORGES. Pardon, mon père! je vois que je vous ai déplu... Mais voici mon excuse : je vous avais entendu dire que des envieux, des jaloux, avaient tenté de mettre obstacle à votre élection; et comme je me suis souvenu que j'étais lié avec les fils des deux électeurs les plus influens, j'ai été les trouver pour les prier de parler à leur père en faveur du mien.

DUVERNEY, *avec inquiétude*. Et n'avez-vous vu que ces deux personnes?...

GEORGES. Oui, mon père, parce que je n'avais nul patronage, nul appui auprès des autres... sans cela j'aurais couru chez tous... et je ne les eusse quittés qu'après les avoir convaincus que votre nomination était une juste récompense de vos talens et de votre dévouement sincère au bien du pays...

DUVERNEY, *lui tendant la main.* Voilà des sentimens qui vous font honneur.

GEORGES. Ces sentimens, je vous les dois. Pouvais-je mieux employer ma constance et mon courage qu'à vous seconder dans une ambition si digne en tout du nom que vous portez et de votre rang dans le monde? Tous mes soins, tous mes vœux ne tendent qu'à vous prouver combien votre fils vous respecte et vous aime.

DUVERNEY, *en s'asseyant*. Asseyez-vous, Georges, et écoutez-moi. (*Il s'assied à droite.*) Jusqu'à présent, je ne vous ai jamais parlé de mes affaires, qui sont aussi les vôtres... mais la maturité de votre esprit me permet de vous faire une entière confidence...

GEORGES. Je saurai me montrer digne de la confiance que vous placez en moi, mon père.

DUVERNEY. J'y compte... je n'ai pas voulu donner à votre jeunesse les soucis qui assiègent continuellement dans les transactions commerciales; les intérêts pécuniaires sont aujourd'hui la base solide de l'existence; il faut, pour les diriger, de la fermeté, du caractère.... A votre âge, le cœur a besoin d'illusions... et les affaires exigent un esprit positif... Ne regardez pas ces paroles comme un préambule à quelque fâcheuse nouvelle, c'est l'explication naturelle de ma conduite. Je voudrais pouvoir prolonger encore une heureuse insouciance; mais j'ai besoin de votre secours!...

GEORGES. Ah! mon père.... c'est me traiter selon mes désirs et selon mon cœur!...

DUVERNEY. Ces derniers temps ont été funestes pour moi : mon activité a pu seule conserver à ma maison le crédit dont elle jouit; mais un nouveau coup me frappe, et mes intérêts seraient gravement compromis... si je ne me hâtais d'y porter remède!.. Un de mes correspondans vient de suspendre ses paiemens, et il avait à moi des sommes... énormes... Dans la situation politique où je me trouve, je ne puis abandonner un poste où le pays m'appelle... Cependant il faut, dans cette circonstance, quelqu'un qui puisse me remplacer... je ne saurais attendre d'un étranger l'ardeur, le zèle nécessaire...

GEORGES. Sans doute... Et quand vos fils sont là...

DUVERNEY. Je ne me suis pas trompé!.. vous le comprenez, vous m'êtes devenu indispensable... (*Il se lève et passe à gauche.*) Les instructions que vous trouverez à Paris vous faciliteront le succès de cette ambassade... Il faut partir... sans retard...

GEORGES. Je vais demander des chevaux!...

DUVERNEY. Un bâtiment n'attend que vous pour mettre à la voile au Havre.

* Georges, Duverney.

GEORGES, *étonné*. C'est donc un voyage ?...

DUVERNEY, *vivement*. Il s'agit de ma fortune, de la vôtre. La dot de votre mère est compromise ; vous partirez aujourd'hui... pour le Sénégal.

GEORGES. Au Sénégal! (*A part.*) O Marie !

DUVERNEY. Hésitez-vous ?

GEORGES. Non, mon père, non..., mais aller si loin, me séparer de vous, m'expatrier, ne plus vous revoir peut-être...

DUVERNEY, *froidement*. Préférez-vous ma ruine et la vôtre ?

GEORGES. Oh! non, mon père.

DUVERNEY. D'ailleurs, vous n'avez rien à craindre, le Sénégal est une possession française.... le gouverneur est de mes amis... Allez tout disposer pour votre départ, et revenez ici me faire vos adieux. Il faut que dans deux heures vous soyez à Paris.

GEORGES, *dans la plus grande émotion*. Sitôt ?... ah! mon Dieu! mon Dieu!

DUVERNEY, *avec intention marquée*. Allons, Georges, mon ami, plus de fermeté... ne pleure pas ainsi... Crois-tu donc que je ne souffre pas en me séparant de toi ?...

GEORGES. Serait-il vrai ?

DUVERNEY. Pourquoi ce doute ? n'es-tu pas mon fils.... mon fils que j'aime ?

GEORGES, *se laissant tomber aux pieds de son père*. Ah! je les entends donc enfin sortir de votre bouche, ces douces paroles! je les attendais, j'en avais besoin pour soutenir mon courage... Partir! je le puis maintenant, j'en aurai la force; car mon père m'aime !... Tu avais raison de compter sur mon obéissance, et puisqu'il s'agit de tes plus chers intérêts, tu ne pouvais mieux les confier qu'au dévouement d'un fils.... Mon bon père !... je suis heureux en ce moment...

Fausse sortie.

DUVERNEY, *à part*. Il partira maintenant. (*A Georges, qui va pour sortir, et en lui tendant la main.*) Georges !..

GEORGES, *baisant avec effusion la main de Duverney*. Tous mes chagrins sont effacés... tu m'aimes !

Sortie très-vive ; Duverney reste ému involontairement.

SCENE XII.

DUVERNEY, *seul*.

Je ne doutais pas de sa soumission ; mais il faut écrire à mon chargé d'affaires à Paris ; il faut que je lui donne des ordres en conséquence... Pas plus que Georges, il ne doit soupçonner la vérité... c'est bien assez déjà d'avoir ce Carpentier pour confident... Ecrivons... (*Il écrit.*) « Des avis » particuliers me décident à envoyer » Georges au Sénégal ; je le dis à vous » seul. Il s'agit d'une opération commer- » ciale qui doit m'être très-lucrative.... » Georges ignore tout... un mot indiscret » aurait pu lui échapper et me donner » des concurrens dangereux ; il croit qu'il » fait ce voyage pour la faillite de cette » maison avec laquelle nous sommes en » rapport, et qui ne me doit rien ; laissez- » le dans cette croyance. Mais je vous » connais, je suis sûr de vous. » (*Il plie la lettre.*) Maintenant, j'attends Georges.

SCENE XIII.

Mme VILLETTE, DUVERNEY.

Mme VILLETTE. Ah! monsieur, monsieur... que vient-il de m'apprendre ?... il part... lui! Georges !

DUVERNEY. Il le faut, madame, il le faut.

Mme VILLETTE. Non, non... il ne partira pas ; je ne veux pas qu'il parte, moi.

DUVERNEY. Madame !... à moi seul le droit de dire : Je ne veux pas.

Mme VILLETTE. Pardon, j'ai eu tort !... Oh! mais si je n'ai pas le pouvoir d'ordonner, je puis au moins prier... prier avec instances, à mains jointes, à genoux, (*Elle se jette aux genoux de Duverney.*) Par grâce, par pitié... ne renvoyez pas Georges... qu'il reste, qu'il demeure toujours, car je l'aime, cet enfant... cet enfant que j'ai nourri.... je l'aime ; c'est mon bien, c'est ma vie... Oh! mais dites-moi donc que vous ne le renverrez pas.

DUVERNEY, *la relevant*. Madame Villette, je comprends votre chagrin, votre peine, mais ce voyage est indispensable...

Mme VILLETTE. Ah! que vous êtes cruel... Oui, si Georges part, je ne le reverrai plus. Cette faillite .. ces intérêts à soigner, tout cela n'est qu'un prétexte pour l'éloigner.

DUVERNEY. Que dites-vous ?

Mme VILLETTE. Car vous ne l'aimez pas, vous, et voilà pourquoi vous le chassez, vous le chassez à tout jamais...

DUVERNEY. Allons.... calmez-vous... remettez-vous; cette absence ne sera que de courte durée... oui... avant un an Georges sera de retour... je vous le promets, je vous le jure.

Mme VILLETTE. Oh! ne promettez rien, ne jurez rien, car je n'ai plus foi dans vos promesses; je ne crois plus à vos sermens.

DUVERNEY. Madame...

Mme VILLETTE. Monsieur, il y a vingt-un ans...

DUVERNEY, *avec impatience*. Oh!...

Il veut s'éloigner.

Mme VILLETTE, *le retenant*. Vous m'écouterez, monsieur, vous m'écouterez... Il y a vingt-un ans... au milieu de la nuit... près d'un lit où venait de mourir une jeune femme en mettant au monde un enfant mort aussi, un homme était plongé dans la douleur... il voyait s'évanouir toutes ses espérances de richesse et d'ambition, car il avait reçu trois cent mille francs de dot....

DUVERNEY, *à part*. Quelle patience! mais résignons-nous...

Il va s'asseoir sur un fauteuil à gauche.

Mme VILLETTE, *allant à lui et continuant*. Ces trois cent mille francs étaient toute sa fortune, et sa femme morte, son enfant mort, il lui fallait rendre ces trois cent mille francs... seul objet de ses regrets et de ses pleurs! Pendant que cet homme se désespérait, le médecin, qui n'avait pu sauver la femme riche, s'était souvenu que deux jours auparavant il avait été appelé par une pauvre veuve de ce village, prise des douleurs de l'enfantement, et qu'il l'avait heureusement délivrée. Il court chercher la veuve indigente, et il l'amène auprès du malheureux qui s'affligeait de sa ruine; alors celui-ci dit à la veuve, avec l'accent de la vérité : « Mère, tu es pauvre... ton enfant sera comme toi pauvre et malheureux... donne-le-moi et il sera riche, et toi tu ne manqueras de rien, tu l'élèveras, tu seras toujours sa mère, il sera l'enfant de ton sein... Accepte... accepte... car je te tiendrai tout ce que je te promets, et pour que tu en sois bien certaine, je vais te donner un écrit... un écrit que nous signerons tous, toi, moi et le médecin que voici... et cet écrit sera pour nous un pacte solennel qui garantira toujours à ton enfant le sort brillant et heureux que je lui destine. »

DUVERNEY, *à part*. Fatal écrit!

Mme VILLETTE. L'infortunée mère avait tremblé pour l'avenir de son fils, elle céda; elle consentit, par amour de ce fils, à ne jamais se dire sa mère; puis elle couvrit de pleurs et de baisers son enfant, et le déposa dans le berceau où gisait l'enfant mort, qu'elle emporta chez elle... et le lendemain... à la maison commune... sur les registres de l'état civil... on inscrivait deux actes authentiques : l'acte mortuaire de l'enfant de la pauvre femme, l'acte de naissance de l'enfant de cet homme, qui à tout prix voulait retenir une fortune près de lui échapper... Mais, hélas! pauvre mère! tu avais été trop confiante, trop crédule... Bientôt ton fils, repoussé, dédaigné, haï par son père adoptif, était aussi à plaindre qu'il devait être heureux... et tu ne pouvais que gémir, tu ne pouvais que pleurer, car il t'avait abusée, indignement trompée, cet homme qui t'avait juré de faire le bonheur de ton enfant... Et vous voulez que je croie à des promesses, à des sermens? oh! non, non... car cet homme c'était vous... cette femme c'était moi!

DUVERNEY, *se levant*. Madame, vous m'accusez à tort... j'ai pour Georges autant d'amitié que s'il était mon propre fils... et l'importance de ce voyage est une preuve de la confiance qu'il m'inspire par son intégrité, par la droiture de son esprit : il s'agit d'une affaire grave et difficile à traiter : je ne puis, moi, quitter Paris où ma présence est indispensable; Arthur est trop jeune... trop léger de caractère pour que je le charge d'une semblable mission.... Un commis ne m'offrirait pas assez de garanties... Georges est le seul qui soit digne de ma confiance et de mes pleins pouvoirs... Madame Villette, faites un instant violence à votre douleur, à votre tendresse de mère... et ne vous opposez pas davantage à ce voyage, qui formera Georges, et qui doit lui faire prendre rang parmi les négocians les plus distingués.

Mme VILLETTE. Mais ce voyage offre mille dangers... les tempêtes, les naufrages, et puis au Sénégal le climat est mortel...

DUVERNEY. On vit au Sénégal comme partout... et d'ailleurs, je vous l'ai déjà dit, je vous le répète encore, dans quelques mois il sera de retour.

Mme VILLETTE. Puis-je vous croire, monsieur, puis-je vous croire?

DUVERNEY. Et s'il faut tout vous dire... c'est sa fortune que Georges va sauver.... Dans l'espoir de doubler ses capitaux, j'avais placé la dot de Mme Duverney dans cette maudite maison du Sénégal... mais le mal est réparable : Georges a de l'esprit, de l'intelligence... il défendra mes intérêts avec habileté, il prouvera que je ne dois pas être compris dans cette faillite.... que j'ai des droits incontestables au remboursement immédiat de tout ce qui m'est dû; et alors il reviendra près de nous avec de nouveaux titres à ma tendresse, et une fortune qui lui fera d'autant plus d'honneur qu'il l'aura acquise lui-même en la sauvant du naufrage qui menaçait de l'engloutir.

Mme VILLETTE. Ah! monsieur, que la richesse coûte cher!

SCENE XIV.
Mme VILLETTE, GEORGES, DUVERNEY, *puis* CARPENTIER.

GEORGES. Mon père, tout est prêt pour mon départ.

Mme VILLETTE, *s'élançant dans les bras de Georges.* Ah! Georges, mon enfant.

GEORGES. Adieu, bonne Villette, adieu.

Mme VILLETTE. Mon enfant, ne plus te voir!

GEORGES. Mais je reviendrai... je reviendrai... Allons, ne pleure pas ainsi.

Mme VILLETTE. Toi, ma seule espérance sur cette terre... toi dont la tendresse répondait à la mienne...

GEORGES. Oui, mais je t'aimerai toujours... je ne t'oublierai pas, va... Voyons, voyons.... sèche tes larmes... sois raisonnable...

Mme VILLETTE. Séparés! séparés par les dangers, par la mort peut-être... Non, non je n'y consentirai jamais!

DUVERNEY, *à part, avec une rage concentrée.* Oh!

Mme VILLETTE, *courant à Duverney*.* Monsieur, là, tout-à-l'heure, j'ai pu vous donner à croire que j'aurais le courage de supporter cette séparation... je le croyais peut-être moi-même, mais elle est au-dessus de mes forces... et je vous en conjure, n'exigez pas que Georges parte.... Oh! ne l'exigez pas... ne l'exigez pas.

DUVERNEY, *à part, d'un ton morne et réfléchi.* S'il part, cette femme peut me perdre.

Mme VILLETTE. Eh quoi! vous ne me répondez pas?...

DUVERNEY, *de même.* Mais s'il reste?

Mme VILLETTE. Oh! je le vois, vous êtes sans pitié pour moi... Eh bien! je serai sans pitié pour vous... oui, je parlerai.... oui, je dirai...

DUVERNEY, *à mi-voix.* Arrêtez!

Mme VILLETTE. Je dirai ce que les écrits prouvent!... Georges ne partira pas.

CARPENTIER, *qui est entré silencieusement, montrant un papier à Duverney.* Ne craignez rien, il partira!

* Georges, Mme Villette, Duverney.

ACTE TROISIEME.

Le théâtre représente un jardin. A droite de l'acteur, un pavillon servant d'habitation à Mme Villette et à Marie. Mme Villette occupe le rez-de-chaussée, et Marie a sa chambre au premier. L'escalier qui y conduit est en dehors. Au deuxième plan, un vieux cèdre qu'entoure un banc rustique; à côté, une table ronde en pierre.

SCENE PREMIERE.
JACQUELINE.

Elle entre par la droite, en portant deux paniers à cerises qui sont vides.

Mon Dieu! que d' choses il s' passe dans une journée... D'abord un mariage qui ne s' fait pas... M. Duverney qu'est maire, et M. Georges qu'est parti pour je n' sais quel pays... au bout du monde... une commune habitée par des crocodrilles, des boas, la fièvre jaune et un tas d'autres animals.... à ce que dit Philéas, que ça fait trembler rien que d'y penser... D'après ça, j' conçois l' tapage qu'a fait Mme Villette... J' crois ben qu'ell' n' voulait pas que M. Georges parte... Pauvre femme! elle criait, dit Philéas, que ça fendait le cœur.... C'est qu'elle aime M. Georges comme si c'était son enfant, ni plus ni moins.

SCENE II.
JACQUELINE, CARPENTIER.

CARPENTIER. Ah! c'est vous, Jacqueline?

JACQUELINE. Oui, monsieur.

CARPENTIER. Avez-vous vu M. Duverney?

JACQUELINE. Non, monsieur.

CARPENTIER. On m'avait dit qu'il était au jardin.

JACQUELINE. C'est possible qu'il y soit, mais je ne l'ons pas aperçu... Ah! tenez, le v'là, regardez là-bas,.... c'est ben lui,.... il vient de ce côté... non... ah! si fait, oui, oui, il vient, il va être là tout-à-l'heure *; moi, j' vous quitte... j' vas cueillir mes cerises, parc' que, voyez-vous, tous les ans c'est moi qu'achète la récolte de M. Du-

* Carpentier, Jacqueline.

verney; beaux fruits, allez!... gros comme des noix, et doux comme miel. Aussi, dès que j'arrive à Paris, ils m'entourent tous : Jacqueline par ci, Jacqueline par là... c'est à ne plus s'entendre, chacun veut de mes cerises... Ah! les Parisiens ; ils sont malins et connaisseurs, les Parisiens... Il y a des gens qui disent le contraire... mais c'est des imbéciles ceux-là... moi, j'apprécie les Parisiens, j'aime les Parisiens, vivent les Parisiens!

Elle sort.

SCÈNE III.

CARPENTIER, DUVERNEY.

DUVERNEY. Eh bien, Carpentier, cette femme est-elle enfin apaisée?... Georges est-il parti?

CARPENTIER. Il est parti!

DUVERNEY. Que Dieu le conduise!

Il va s'asseoir près de la table.

CARPENTIER. Vous avez sagement fait de suivre mon conseil... d'éviter cette scène de séparation... Quand Georges est monté en voiture, Mme Villette ne se possédait plus... ses cris étaient affreux... ils ameutaient les paysans... comme la lionne, elle disputait son lionceau : C'est mon fils, disait-elle; demandez à M. Carpentier, il sait tout... J'étais là, on se tourne de mon côté, on semble me demander un témoignage...

DUVERNEY. Eh bien?

CARPENTIER. J'ai regardé la pauvre femme d'un air d'inquiétude et de bonté ; j'ai suivi ses mouvemens, et du ton le plus ému, j'ai déclaré que la douleur venait de troubler sa raison... que Mme Villette était folle.

DUVERNEY. On vous a cru?

CARPENTIER. Ne suis-je pas médecin?... on doit toujours croire à la parole d'un médecin... (*S'asseyant vis-à-vis de Duverney, sur le banc qui entoure le cèdre.*) En ce moment, Georges, faisant un effort, s'est élancé dans la voiture ; la nourrice s'est évanouie, et tandis qu'on la rappelait à la vie, je vous cherchais pour vous mettre au courant de tout ce qui s'était passé, et nous féliciter ensemble du départ de ce Georges, de ce Georges dont la présence ne devait que vous être pénible, et qui pouvait être un obstacle à votre noble ambition.

DUVERNEY. Ah! il pouvait plus encore, il pouvait me ruiner.

CARPENTIER, *avec un air d'incrédulité.* Oh!

DUVERNEY. Ce n'est que trop vrai... j'ai fait de grandes pertes... mon crédit seul me soutient encore... et c'est avec peine peut-être que je pourrais réaliser aujourd'hui les trois cent mille francs que j'ai reçus en dot de ma première femme.... Cette somme appartient à Georges... l'état civil est là ; la loi le rend héritier de celle qui est sa mère aux yeux de la loi... mais Georges est parti, mais Georges ne reviendra pas de long-temps... s'il revient!... (*Il lève.*)* Et d'ici là, nommé député... mettant à profit mes vastes connaissances... en finances surtout.... je puis refaire cette grande position de fortune!

CARPENTIER, *à part.* Ah! il en était réduit là!

DUVERNEY. Mais il y a cette femme... cette Mme Villette qui me trouble l'esprit*. Elle n'a plus en son pouvoir ce fatal papier... mais il y a toujours des gens qui croient le mal... Un jour, les journaux, la tribune même, peuvent devenir les échos des révélations de Mme Villette.

CARPENTIER. J'ai pensé à tout cela.... je pense à tout, moi... nous verrons... ne vous inquiétez pas de si peu.

DUVERNEY. Oui, oui, vous avez raison... on est fort en l'absence de preuves ; et Mme Villette n'a plus de preuves contre nous... Mais vous ne m'avez pas encore remis cet écrit que vous lui avez si heureusement enlevé... donnez-le-moi.

CARPENTIER, *froidement.* Oh! non!

DUVERNEY. Pourquoi donc?

CARPENTIER. D'abord je n'avais agi que pour vous, par pur dévouement dans vos seuls intérêts... je voulais vous remettre ce papier important... mais j'ai réfléchi... oui, j'ai pensé qu'il était mieux entre mes mains qu'entre les vôtres... Vous devez concevoir, mon cher... que je suis aussi compromis dans cette affaire... ma conscience peut un jour s'alarmer aussi... on ne sait pas tout ce qui peut arriver.

DUVERNEY. Ah! je te comprends...

CARPENTIER. Eh bien! tant mieux...

DUVERNEY. Tu prétends m'effrayer, te rendre maître de moi à l'aide de cet écrit.. mais il te compromet aussi, tu l'as dit.

CARPENTIER. Oui ; mais cela m'importe peu... je n'ai rien à perdre, moi.

DUVERNEY. Misérable!...

CARPENTIER. Ah! les grands mots!... j'en prends encore moins souci que du reste... (*Se levant seulement là.*) Comme à vous, Duverney, l'ambition m'est venue; mais mon ambition est moins vaste que la vôtre. Vous aspirez aux honneurs, à la

---
* Duverney, Carpentier.

fortune, et moi la richesse me suffit... Écoutez, voilà mes conditions : vous me donnerez cinquante mille francs comptant.

DUVERNEY. Cinquante mille francs !

CARPENTIER. Pour le moment, c'est tout ce que j'exige de vous ; plus tard, vous m'intéresserez dans vos grandes spéculations commerciales... et quand j'aurai vingt-cinq mille francs de rente, je me contente de cela, je vous remettrai l'écrit qui peut vous ôter l'honneur et vous faire finir vos jours à Brest ou à Toulon...

DUVERNEY. Est-ce bien vous qui parlez, Carpentier?...

CARPENTIER. Il n'y a pas à balancer : je suis dès ce moment contre vous avec Mme Villette, ou contre Mme Villette avec vous... vous avez entendu ?

DUVERNEY, *avec une rage concentrée*. Oh !

CARPENTIER. Acceptez-vous ?...

DUVERNEY. Eh bien ! soit !

Mme VILLETTE, *entrant du fond et les apercevant. A part*. Ils sont ensemble !

CARPENTIER. Vous vous engagez...

DUVERNEY. A tout ce que vous m'imposez.

CARPENTIER. De mon côté, j'agirai comme vous... avec la même bonne foi... c'est un nouveau pacte... solennel !...

DUVERNEY, *tendant la main*. C'est convenu.

CARPENTIER, *donnant sa main*. C'est convenu !

SCENE IV.

DUVERNEY, Mme VILLETTE, CARPENTIER.

Ils aperçoivent Mme Villette et restent interdits.

Mme VILLETTE. Est-ce ma mort qui est convenue entre vous ? ma mort seule peut vous soustraire l'un et l'autre à ma juste vengeance. Vous avez donc compris que je vous accuserais partout, que je ne vous laisserais pas une heure de repos, que je dirais au monde qui vous êtes et ce que vous avez fait, car vous avez fait un faux sur les registres de l'état civil ; et c'est un crime cela. Vous riez, vous comptez sur l'impunité, n'est-ce pas... vous pensez qu'on n'ajoutera pas foi à mes accusations. je n'ai plus de preuve !... vous me l'avez dérobée... vous me l'avez volée... Oh ! mais, mon Dieu ! mon Dieu ! que vous avais-je donc fait à l'un et à l'autre pour me rendre aussi malheureuse !... n'était-ce pas assez de m'être privée des caresses d'un fils ? N'était-ce pas assez de l'avoir vu sans cesse maltraité, souffrant humiliations sur humiliations ? N'était-ce pas assez de l'exiler loin de moi, de l'exposer à une mort presque certaine ? Fallait-il encore qu'on l'arrachât de mes bras sans que je pusse lui dire : Georges, mon fils! adieu ! adieu ! je suis ta mère ? (*Changeant brusquement de ton et avec colère.*) Duverney, Carpentier, vous êtes deux infâmes !...

DUVERNEY. Vous oubliez, madame, que vous êtes chez moi.

Mme VILLETTE. J'en sortirai, monsieur ; et si je ne l'ai pas fait encore, c'est que j'ai pris pitié de vous... c'est que j'ai présumé que mes justes menaces vous éclaireraient sur votre véritable position... c'est que j'ai pensé que vous me rendriez mon fils.... mais je le vois... vous ne redoutez rien... vous voulez tout braver... Eh bien ! tremblez... mes accusations ne seront pas appuyées de preuves... mais elles n'en porteront pas moins sur vous, sur votre conduite une fatale lumière... Oui, malheur à vous !... Oh ! mais non... la douleur m'égare, je suis folle !... (*A Duverney.*) Monsieur, au nom du ciel, au nom de ce que vous avez de plus cher... au nom de votre fils Arthur... Écoutez ! écoutez ma prière ! Georges est mon enfant... il est parti... je ne puis vivre sans lui... je veux le suivre... il ne quittera Paris que demain matin, j'ai le temps de le rejoindre, mais que je puisse lui dire que je suis sa mère ; qu'il puisse en avoir la preuve... cet écrit... cet écrit... qu'il le lise une fois! une seule fois !

DUVERNEY. Ce que vous demandez là est impossible, madame.

Mme VILLETTE. Impossible ! Ah ! c'est que vous doutez de moi... vous avez la crainte que je n'abuse de cet acte... mais je n'exige pas qu'on me le confie... montrez-le-lui, vous ! ou si vous ne l'osez pas... que notre complice à tous deux, que Carpentier le porte à Georges, que Georges le lise, voilà tout.

CARPENTIER. Si vous n'aviez pas interrompu M. Duverney, quand il vous a dit que la chose est impossible, vous sauriez déjà que l'écrit n'existe plus... nous l'avons détruit... brûlé...

Mme VILLETTE. Malheureuse !

Elle tombe sur banc qui entoure le cèdre.

CARPENTIER, *à Duverney*. Vous, venez... le moment est propice... épargnons-nous ses cris... ses doléances sans fin.

Ils sortent.

SCENE V.

Mme VILLETTE, puis MARIE.

Mme VILLETTE. O les misérables! les misérables!... et je ne puis rien contre eux!... Eh! que m'importe la vengeance! c'est mon fils que je veux... je partirai... mes caresses, mes soins, mon dévouement, lui diront bien que je suis sa mère, il croira toutes les actions de ma vie plus encore que ce papier... il faut que je parte sans perdre un moment!... une voiture! vite... courons chez Pajet... car je ne veux rien de ce Duverney... M. Pajet voudra-t-il nous conduire à présent?.. Oh! mais il le faut.. à tout prix, il faut que je parte.. qu'on me mène à Paris, je n'aurais jamais la force d'y aller à pied. (*Marie sort de chez Mme Villette.*) Marie! Marie! prépare-toi, nous allons partir.

MARIE. Partir!...

Mme VILLETTE. Oui, oui, il le faut.. nous allons rejoindre Georges...

MARIE. Comment!

Mme VILLETTE. Nous le suivrons! mais hâte-toi.. sois prête à mon retour.

Elle sort précipitamment.

SCENE VI.

MARIE, puis UN PETIT PAYSAN.

MARIE. Nous partons! nous suivons Georges!... nous ne serons pas séparés!

LE PETIT PAYSAN, *entrant avec une sorte de crainte, apercevant Marie.* Ah! quelqu'un.

MARIE, *apercevant le petit paysan.* Cet enfant... que veut-il?

LE PETIT PAYSAN. Tiens, c'est drôle tout d'même.

MARIE. Je ne le connais pas, il n'est pas de ce village.

LE PETIT PAYSAN. C'est que c'est comme ça qu'on m'a dit qu' c'était celle que je cherche.

MARIE, *s'avançant.* Qui es-tu? que demandes-tu?

LE PETIT PAYSAN. Chut! c'est-y pas vous qui êtes mam'selle Marie?

MARIE. Oui...

LE PETIT PAYSAN. Ben sûr?... Faudrait pas que je me trompisse, voyez-vous?

MARIE. C'est moi qui suis Marie.

LE PETIT PAYSAN. La fille adoptive de Mme Villette?

MARIE. Oui, oui, parle vite. Que me veux-tu?

LE PETIT PAYSAN. Chut! plus bas, parce qu'il n' faut pas qu'on nous entende ni qu'on nous voie... il m' l'a bien recommandé; lui.

MARIE. Lui! qui?

LE PETIT PAYSAN. Eh ben, lui... Est-ce que je le connais, moi?.. Je n' l'ai jamais vu qu'aujourd'hui... mais j' gage que vous devinez ben quel est c'ti-là dont je parle.

MARIE. Comment! qu'entends-je?.. (*A part.*) Il penserait... (*Haut.*) Je ne connais pas, je ne veux pas connaître celui qui t'envoie, et je te défends de rester ici davantage... Allons, va-t'en.

LE PETIT PAYSAN. Là, là, n' vous fâchez pas, n' vous fâchez pas.

MARIE. Va-t'en, te dis-je, va-t'en.

LE PETIT PAYSAN. Ah! c'est comme ça.. Eh ben, tiens, au fait, qu'est-c' que ça m' fait, j' m'en vas... j' m'en r'tourn'rai chez nous... à Saint-Denis... j'y r'trouv'rai p't'être encore ce M. Georges.

MARIE. M. Georges.

LE PETIT PAYSAN. Oui, il m'a dit qu'il s'appelait comme ça... mais puisque vous m' renvoyez...

MARIE. Non, non, reste.

LE PETIT PAYSAN. Ah!...

MARIE. Tu dis donc qu'à Saint-Denis... un jeune homme... M. Georges...

LE PETIT PAYSAN. M'a appelé dans la grand'rue oùsque j' passais... Eh, petit! qui m'a dit : Cours à Ormesson... cherche adroitement Mlle Marie, la fille adoptive de Mme Villette... et quand tu l'auras trouvée, que tu s'ras ben sûr que personne ne peut te voir ni t'entendre... tu lui diras que tu viens de la part de Georges, et tu lui remettras c' billet.

MARIE, *prenant vivement le billet.* Donne, donne.

LE PETIT PAYSAN, *à part.* Tiens, tiens, cet empressement.

MARIE. Oui, oui... c'est bien là l'écriture de Georges.

LE PETIT PAYSAN, *à part.* Et elle qui tout-à-l'heure avait l'air si pimbèche! fiez-vous-y donc, aux filles, fiez-vous-y donc.

Il sort.

SCENE VII.

MARIE, seule.

Cette lettre... c'est la première qu'il m'ait écrite, mais lisons... lisons vite... (*Apercevant Arthur qui accourt de gauche.*) Ah!

Et froissant la lettre dans sa main, elle se sauve vivement chez Mme Villette.

SCENE VIII.

ARTHUR, *puis* CARPENTIER, Amis d'Arthur.

ARTHUR, *courant après Marie.* Marie ! (*La porte de la maison se referme sur Arthur.*) Merci ! (*Apercevant Carpentier et ses amis.*) Oh ! ces messieurs ! je ne risque rien s'ils m'ont vu me casser le nez sur cette porte ; mais ils ne rient pas, ils n'ont rien vu.

CARPENTIER. Ah çà ! nous expliquerez-vous, Arthur, pourquoi diable vous nous avez quittés si brusquement en nous criant : Par ici ! par ici !

ARTHUR. Eh bien ! c'est que... c'est que d'un côté j'avais cru apercevoir Marie... mais je m'étais trompé... ce n'était point elle... et j'en suis fâché... j'aurais été charmé d'avoir l'avis de ces messieurs sur cette petite. Ils m'auraient dit si j'ai bon goût.

CARPENTIER. Comment ?

ARTHUR. Eh ! oui... ne comprenez-vous pas ?... elle me plaît.

CARPENTIER. Au fait, Marie est jeune et gentille.

ARTHUR. Une bouche, des yeux... (*A ses amis.*) Vous la verrez... je vous la montrerai... et vous me direz s'il y a beaucoup de femmes de la ville qui pourraient supporter la comparaison avec cette paysanne-là.

LE PREMIER AMI. Eh quoi ! c'est une paysanne ?

ARTHUR. Oh ! cet autre... ne dirait-on pas qu'il n'a jamais courtisé que des duchesses... mais, par exemple, ce qui m'étonne... ce qui me confond... c'est que Marie est sage... c'est qu'elle résiste à toutes mes séductions... Oh ! mais je redoublerai d'instances et d'adresse, et il faudra bien qu'elle cesse d'être cruelle pour moi.

CARPENTIER. N'y comptez pas.

ARTHUR. Vous croyez ça ?

CARPENTIER. N'y comptez pas, vous dis-je ; demain Marie ne sera plus à Ormesson.

ARTHUR. Eh bien ! mais je la suivrai.

CARPENTIER. Vous la suivrez ?

ARTHUR. Partout. Je suis capable de ça, moi, d'abord, si je me le mets en tête.

CARPENTIER. En ce cas, écrivez vite au Hâvre et demandez passage sur le vaisseau qui doit la conduire au Sénégal.

ARTHUR. Au Sénégal ?...

CARPENTIER. Sans doute ! Marie va partir avec Mme Villette pour aller rejoindre Georges à Paris, et de là ils se dirigeront tous trois vers le Sénégal.

ARTHUR. Est-ce possible ? est-ce bien possible ?...

CARPENTIER. Oh ! ce que je vous dis là est positif.

ARTHUR. Au Sénégal, avec Georges ! et moi qui m'étais flatté... Mais c'est que ses rigueurs m'avaient piqué au vif... c'est que j'avais juré qu'elle serait à moi... Ah çà ! mais... si je l'enlevais ?...

CARPENTIER. L'enlever !..... pourquoi pas ?

PREMIER AMI. Nous sommes là, nous t'aiderons...

CARPENTIER, *à part.* Flatter les passions des gens, c'est toujours le moyen de les avoir pour soi... et Arthur, au besoin, me soutiendrait dans l'esprit de son père, dont il fait tout ce qu'il veut.

ARTHUR, *à ses amis.* Oui, cette idée me sourit. (*A Carpentier.*) Mais quand Marie part-elle ?

CARPENTIER. Oh ! vous avez tout le temps... il n'est pas probable que madame Villette parte à pied... sa santé s'y oppose... Si elle demande des chevaux à votre père, vous achèterez le cocher pour un écu... Quant à la voiture du père Pajet, la seule dont elle puisse disposer à Ormesson, elle est à Saint-Denis pour le moment... elle y a mené Philéas, qui, par mes ordres, est allé chercher chez moi quelque chose dont j'ai besoin. Philéas ne sera pas de retour avant minuit ; les chevaux de Pajet seront fatigués, il leur faudra au moins quatre ou cinq heures de repos... Madame Villette ne pourra guère partir qu'au petit jour. Vous voyez bien que vous avez devant vous plus de temps qu'il ne vous en faut pour enlever Marie. Mais qu'avez-vous donc ? vous voilà tout rêveur...

ARTHUR. Oui, je réfléchis... je pense que cet enlèvement est un rapt, et que si j'étais reconnu...

CARPENTIER. Enfant que vous êtes ! un déguisement, un masque sur le visage... et après l'événement, on est le premier à faire tomber les soupçons sur un autre...

ARTHUR. Oui, oui, vous avez raison, je ne songeais pas à cela ; mais, Carpentier, vous êtes un homme précieux... vous êtes d'une fertilité d'idées...

CARPENTIER. C'est vrai, les idées ne me manquent pas... aussi suis-je toujours là pour en prêter aux autres... qu'il y ait ou qu'il n'y ait pas un avantage, un intérêt pour moi... je n'y regarde pas... c'est comme ça que je suis, moi !

ARTHUR. Allons, allons, c'est convenu, nous enlèverons Marie... Ah ! Georges, c'est un bon tour que je te joue là... aussi, maintenant j'oublie tout... je te pardonne, je ne t'en veux plus...

SCÈNE IX.

Les Mêmes, PHILÉAS.

PHILÉAS, *entrant.* Aïe! aïe, j'suis brisé, moulu...

CARPENTIER. Philéas!

PHILÉAS. Oui, c'est moi... aïe!

CARPENTIER. Déjà de retour?...

PHILÉAS. Diable de voyage, va!

CARPENTIER, *à Arthur.* Mon cher Arthur, l'enlèvement de Marie me paraît difficile à présent.

ARTHUR. Pourquoi?

CARPENTIER. La voiture de Pajet est revenue avec cet imbécile, et Marie peut partir dans un instant.

ARTHUR. Fâcheux contre-temps!

PHILÉAS. Oh! les reins! les reins!

CARPENTIER. Mais qu'a-t-il donc à crier de la sorte?

PHILÉAS. C' que j'ai?... pardienne, j'ai qu'j'ai manqué d'être tué.

CARPENTIER. O mon Dieu!

PHILÉAS. Oui, j'étais si pressé de revenir, que le père Pajet faisait aller sa jument ventre à terre; et v'là qu'en arrivant au coteau d'Ormesson, crac!... l'essieu de la voiture s'est brisé.

ARTHUR, *à part.* Qu'entends-je!...

PHILÉAS. Et patatras, nous v'là sens dessus dessous, l'père Pajet et moi; aïe... j'suis sûr que j'ai les côtes toutes disloquées.

CARPENTIER. Oh! ce pauvre Philéas... (*A Arthur.*) Hein, dites donc, l'essieu de la voiture est brisé.

ARTHUR. Tout espoir n'est pas perdu.

CARPENTIER. Il y a un Dieu pour les amans.

PHILÉAS. Oh! oh!..... ah! v'là qu'ça s' passe un peu.

CARPENTIER. Mais pourquoi diable aussi cet empressement, cette précipitation à revenir?

PHILÉAS. Ah! dam... j'suis comme ça quand il s'agit d'obliger; et puis j'étais pas fâché d'être ici avant la nuit... parce que dans le temps des cerises il n'manque pas de maraudeurs... et Jacqueline, voyez-vous, a acheté la récolte... et au point où nous en sommes... ce qui est à elle est à moi... Mais j'oublie d'vous dire, monsieur Carpentier, qu' j'ai fait vot' commission, et que vot' boîte est au château.

CARPENTIER. Très-bien... je te remercie, mon garçon, je te remercie... le jour baisse... la nuit va venir : ne rentrons-nous pas, messieurs? (*Bas à Arthur.*) Il faut songer à votre affaire.

ARTHUR, *bas à ses amis.* Oh! nous serons bientôt prêts; encore quelques heures, et Marie est à moi.

Ils sortent tous, à l'exception de PHILÉAS.

SCÈNE X.

PHILÉAS, *seul.*

Eh ben! il s'en va, c'monsieur Carpentier... et il ne m'a rien donné... rien de rien; pas un rouge liard. C'est pas que je soye intéressé, que je tienne à un écu de plus ou de moins... mais si j'avais su ne rien recevoir, je lui aurais joliment tiré ma révérence quand il m'a dit d'aller lui chercher c'te maudite boîte qu'a manqué m'faire casser le cou, et qu'est cause que l'père Pajet s'ra à pied pendant deux ou trois jours... Pauvre père Pajot! et cette bonne madame Villette donc... se désolait-elle de ne pouvoir partir tout de suite pour Paris... Au fait... à ce compte là, elle courrait risque d'arriver quand M. Georges ne s'rait plus là... C'est drôle tout d'même qu'une nourrice soit attachée comme ça à son nourrisson... s'expatrier, aller vivre avec des rhinocéros, des serpens à clochettes. Faut en avoir une fameuse dose d'amitié pour quelqu'un..... Enfin, qu'ils s'arrangent, ça ne me regarde pas; mais je crois que je l'entends, cette pauvre Mme Villette.

SCÈNE XI.

MARIE, Mme VILLETTE, PHILÉAS.

Mme VILLETTE, *entrant et appelant Marie.* Marie!... Marie!...

MARIE, *sortant de la maison avec une lanterne allumée à la main.* Me voilà, ma mère.

Mme VILLETTE. As-tu tout disposé pour notre départ?

MARIE. Tout est en ordre chez vous, ma mère; il ne me reste plus qu'à monter dans ma chambre pour chercher ce que je veux emporter. J'aurai bientôt fait; mais est-ce que nous partons tout de suite, ma mère?

Mme VILLETTE. Non, nous ne pouvons pas partir avant deux heures du matin.

MARIE, *à part.* Je respire!

PHILÉAS. Et comment vous en allez-vous, madame Villette?

Mme VILLETTE. Par la voiture du père Pajet.

PHILÉAS, *étonné*. Par la voiture du père Pajet! Elle est cassée...

Mme VILLETTE. Je l'ai tant prié qu'il a trouvé moyen de la mettre en état... Mais voyons, ma fille... il est déjà tard, va vite disposer tes petites affaires, que tu puisses ensuite sommeiller quelques heures... Va, va; moi, je tâcherai de reposer aussi.

PHILÉAS. Oui, c'est ça... dormez à vot' aise; ne vous inquiétez de rien... je me charge de venir vous réveiller.

Mme VILLETTE. Allons, Marie, à bientôt...

MARIE. A bientôt, ma mère!

PHILÉAS. Moi, j'vas aller chercher mon fusil et faire ma ronde.

Philéas s'en va; Mme Villette rentre chez elle après avoir un instant suivi du regard Marie qui monte l'escalier conduisant à sa chambre. Philéas a disparu, et Mme Villette est entrée chez elle; mais Marie s'est arrêtée sur le seuil de la porte.

SCENE XII.

MARIE, *seule*.

Moment de silence.

Philéas est parti... ma mère est rentrée. (*Elle redescend l'escalier.*) J'aurai bien le temps plus tard de faire mes préparatifs de voyage. Mais si ma mère... oh! elle me croit dans ma chambre, elle ne viendra pas!... c'est qu'elle me demanderait les motifs de ma présence en ces lieux... à cette heure... et mon embarras à répondre... ses instances... ses soupçons peut-être... tout m'obligerait à trahir le secret que Georges exige de moi... (*Elle court à la porte de Mme Villette, et après avoir écouté.*) Je n'entends rien, tout est calme et silencieux... sans doute elle repose déjà; je n'ai rien à craindre; je puis demeurer, car c'est ici... ici même le lieu qu'il a désigné dans sa lettre... sa lettre!... (*Elle la tire de son sein.*) La voilà! lettre chérie!... (*Elle porte la lettre à ses lèvres.*) Oh! que je la relise encore (*Elle lit à la lueur de sa lanterne.*) «Ma» rie, vous avez vu comme ils m'ont fait quitter Ormesson; à peine si j'ai eu le temps de vous dire un dernier adieu; mais je ne veux pas quitter la France sans vous revoir, sans vous parler... car il faut que je vous parle... il le faut absolument... Descendez, je vous en prie, descendez à minuit dans le jardin, au pied du vieux cèdre j'y serai. Mais prudence et discrétion, même avec Mme Villette! qu'elle ignore comme tous mon retour à Ormesson! il y va du bonheur de ma vie! Adieu! à minuit!...» (*Marie presse encore plusieurs fois la lettre sur ses lèvres; puis s'arrêtant comme frappée d'une réflexion soudaine.*) Mais si je m'étais abusée... si je m'étais flattée d'un vain espoir... si ce n'est pas l'amour qui le ramène près de moi... L'amour!... Et qui a pu me faire croire?... je ne suis à ses yeux, comme à ceux de tous, qu'une pauvre paysanne sans famille... sans naissance... Lui, il a un nom, il est riche... Oh! j'ai été folle! j'ai été folle!...

Et elle tombe sur le banc qui entoure le pied du vieux cèdre.

SCENE XIII.

GEORGES, *qui entre du fond*, MARIE.

GEORGES. Personne ne m'a vu, pas même Philéas qui est passé près de moi.... l'obscurité m'a protégé; mais depuis un instant déjà l'horloge du village a sonné minuit... Marie ne peut tarder... car elle connaît la droiture de mon cœur; elle ne peut hésiter à venir à ce rendez-vous..... Mais il me semble... oui, là, sur ce banc... c'est une femme... elle, sans doute!... (*S'approchant du vieux cèdre.*) Marie!...

MARIE. Qui m'appelle?

GEORGES, *s'asseyant à côté de Marie.* C'est moi, c'est Georges! mais, juste ciel! ces soupirs, ces sanglots que vous cherchez à étouffer... Ah! qu'avez-vous, Marie? qu'avez-vous?...

MARIE. Rien, monsieur Georges, rien...

GEORGES. Vous me trompez; vous avez pleuré, vous pleurez encore.

MARIE. Ah! monsieur Georges, pourquoi m'avez-vous écrit?

GEORGES. Ah! je devine... je devine tout maintenant... oui, l'heure du rendez-vous était passée, vous m'attendiez; et, ne me voyant pas venir, vous avez tremblé pour moi, vous avez craint que la nuit... seul... il ne me fût arrivé quelque malheur, n'est-ce pas, Marie? c'était là le sujet de votre tristesse, de votre douleur... chère Marie? Mais allons, remettez-vous, je suis là... là... à vos côtés, plein de joie et de bonheur, car je ne voulais pas entreprendre ce voyage lointain sans vous avoir revue, sans vous avoir fait connaître mon cœur, sans avoir cherché à connaître le vôtre.

MARIE. Que voulez-vous dire, monsieur Georges?

GEORGES. Je veux dire... je veux dire que je t'aime.

MARIE. Qu'entends-je?...

GEORGES. Oh! ne tremble pas, ne crains rien, car je t'aime, Marie, comme on aime la vertu; tu as été jusqu'ici le but de mes pensées; tu étais mon avenir, ma force, mon courage; par toi j'ai tout supporté; sans toi, je ne suis plus rien, je ne puis plus rien; oui, je ne vis que par toi, que pour toi!...

MARIE, *à part et avec effusion.* Il m'aime!

GEORGES. Mais cet amour que tu m'as inspiré, cet amour qui fait le charme de ma vie... cet amour ne trouvera-t-il pas un écho dans ton cœur?

MARIE. Monsieur Georges, ce que je viens d'entendre me touche et m'honore, mais pensez-y donc... vous êtes riche, et moi je n'ai rien...

GEORGES. Il s'agit de bonheur, ne parlons pas de richesse.

MARIE. Et d'ailleurs jamais votre père ne consentirait...

GEORGES. Marie, tu es et tu seras toujours la seule passion de mon cœur. Mais réponds-moi, réponds-moi, mon amour est-il partagé? m'aimes-tu?...

MARIE. Georges...

GEORGES. Tu m'aimes... ô bonheur!..

Ils se lèvent et descendent en scène.

MARIE. Mais plus d'une fois j'ai tenté de chasser cet amour de mon cœur.

GEORGES. Et pourquoi?...

MARIE. Pourquoi?.. parce que je songeais à la distance qu'il y avait entre vous et moi.

GEORGES. Enfant!...

MARIE. Et pourtant je savais bien, moi, qu'en penser de cette distance que la volonté seule d'un père avait mise entre nous.

GEORGES, *étonné.* Marie, qu'as-tu dit là?...

MARIE. Ah! jusqu'ici c'était un secret, un secret qui devait mourir avec moi..... mais tu m'aimes... je te dirai tout... et puis qui sait? tu m'aimeras peut-être davantage quand je me serai rehaussée, ennoblie à tes yeux... Ecoute.

GEORGES, *de plus en plus étonné.* J'écoute.

MARIE. J'atteignais à peine ma sixième année, que le malheur vint accabler notre famille : ma mère mourut, mon père perdit tout ce qu'il possédait de richesses, seule je lui restais..... Nous quittâmes l'Auvergne pour venir à Paris où j'avais un oncle. Depuis longues années les deux frères étaient brouillés; mais pour sa fille, pour sa chère Marie, mon père craignait la misère qui flétrit, il n'hésita pas à tout tenter pour une réconciliation... A notre arrivée, mon oncle n'était plus; nous nous trouvâmes sans appui, sans protecteur.

GEORGES. Pauvre Marie!

MARIE. On apprit alors à mon père ce que nous avions des droits, à savoir..... Mon oncle, c'était un magistrat, avait consenti à vivre du seul revenu de sa charge, après avoir marié sa fille unique à un négociant habile; il s'était dessaisi en leur faveur de tous ses biens : cette fille était morte elle-même en donnant le jour à son premier enfant, et les trois cent mille francs qu'elle avait reçus en dot restaient à cet enfant qui lui avait survécu...

GEORGES. O mon Dieu!.. quel étrange rapport!.. Marie.... le nom de ce magistrat... son nom?..

MARIE. Ah! tu devines tout, n'est-ce pas?...

GEORGES. Tu serais?..

MARIE. La nièce de ta mère.

GEORGES. Toi!..... que viens-je d'apprendre?.. Mais pourquoi ton père te condamna-t-il à vivre seule, ignorée, quand une famille était là qui t'aurait adoptée?

MARIE. On disait M. Duverney un homme orgueilleux, intéressé... mon père crut de sa dignité de ne pas venir s'exposer à des refus, il préféra devoir notre existence au travail de ses mains... mais, par un secret besoin de notre nature, il désira vivre dans ce village sous un nom supposé... L'aspect d'une aisance qui aurait pu être la nôtre devait, peut-être le crut-il du moins, m'habituer à réfléchir sur l'inconstance de la fortune et produire en moi le courage et la résignation... Oh! je n'ai jamais envié ta richesse..... j'étais pauvre, mais j'étais heureuse de ton bonheur!

GEORGES. Marie... ma cousine... car tu es ma cousine... que je t'aime!.. Oh! mais le ciel a voulu que tu eusses au moins ta part dans l'héritage... si je n'étais pas né... si la mort de ma mère eût causé la mienne et cela pouvait être... tout t'appartiendrait, tu serais riche..... riche! ne l'es-tu pas?.. tu seras ma femme, oui Marie, devant Dieu, devant les hommes, tu seras ma femme... mais que nul ne sache ce que tu viens de m'apprendre. Je connais mon père... je lui dirai tout moi-même..... à mon retour... et tu m'aimeras, tu m'aimeras toujours, quoique je sois loin de toi!

MARIE. Mais nous ne nous quittons pas, nous ne devons pas nous séparer...

GEORGES. Comment?..

MARIE. Mme Villette et moi nous devions dans quelques instans te rejoindre à Paris et partir avec toi pour le Sénégal.

GEORGES. Serait-il vrai?..

MARIE. Oui, oui,... mais te voilà... nous partirons ensemble...

GEORGES. Sans doute.

MARIE, *courant à la porte de M.ᵐᵉ Villette et appelant.* Ma mère! ma mère!... (*Parlant.*) Combien elle sera surprise!... elle est si loin de s'attendre... (*Appelant.*) Ma mère! ma mère!...

SCÈNE XIV.

MARIE, Mᵐᵉ VILLETTE, GEORGES. *

Mᵐᵉ VILLETTE, *sortant de chez elle.* Quoi donc? qu'y a-t-il?

MARIE. C'est Georges.

Mᵐᵉ VILLETTE. Georges!

GEORGES. Oui, bonne Villette...

Mᵐᵉ VILLETTE. Ah! (*Elle se jette dans ses bras.*) Georges, mon enfant, je te revois! mais que s'est-il passé?.... me serais-tu rendu?.. Parle, parle... qui te ramène?

GEORGES. Je te le dirai, bonne Villette,... mais je ne pars donc plus seul,... vous et Marie me suivez... je sais tout.

Mᵐᵉ VILLETTE. Oui, oui, nous ne serons pas séparés...

GEORGES. Tous trois là-bas nous serons heureux! la voiture qui m'a amené de Paris est dans le chemin creux du village, Êtes-vous prêtes, toutes les deux? Pouvons-nous partir?

Mᵐᵉ VILLETTE. Tout de suite, le temps seulement de prendre ce que j'ai fait disposer pour le voyage, et je suis à vous.

GEORGES. Attends, bonne Villette, attends, je vais t'aider.

Il entre avec Mᵐᵉ Villette dans la maison de celle-ci.

MARIE, *qui les suit mais qui s'arrête sur le seuil de la porte, et qui leur parle de là.* Allez, allez, moi, pendant ce temps je cours à ma chambre prendre aussi ce qu'il me faut.

Elle redescend la scène.

SCÈNE XV.

ARTHUR, AMIS D'ARTHUR, MARIE.

Arthur et ses amis sont tous en blouse et des masques cachent leur figure.

ARTHUR, *qui est entré à tâtons avec ses amis et qui de la main a touché l'escalier.* C'est ici...

* Mᵐᵉ Villette, Georges, Marie.

MARIE. Partir! partir tous les trois!

ARTHUR, *à ses amis qui montaient déjà l'escalier.* On a parlé...

MARIE. Ne pas le quitter! vivre près de lui et savoir qu'il m'aime!...

ARTHUR. C'est la voix de Marie...

MARIE. Car il m'aime, il me l'a dit.

ARTHUR. Elle ici!

MARIE. O mon Dieu! mon Dieu! que je suis heureuse!

ARTHUR, *au premier ami.* Un mouchoir sur sa bouche, et tout ira bien.

MARIE. Mais montons vite chez moi et qu'en un instant je sois prête à les suivre. (*Elle se retourne, aperçoit Arthur et ses amis et jette un cri d'effroi.*) Ah! au secours!

Mais elle est aussitôt entourée par les amis d'Arthur qui la mettent dans l'impossibilité de jeter un second cri d'alarme.

PREMIER AMI, *qui a noué le mouchoir.* Voilà.

ARTHUR, *entraînant Marie.* Elle est à moi!

Il va disparaître avec elle; mais Marie a fait un effort, elle se dégage des bras d'Arthur, et elle arrache le mouchoir qu'on avait mis sur sa bouche.

MARIE. Au secours! au secours!

Cependant Arthur a repris Marie, et il va l'entraîner quand Georges sorti précipitamment un pistolet à la main fait feu sur lui; Arthur tombe; ses amis prennent la fuite; Marie éperdue aperçoit Mᵐᵉ Villette accourue au bruit, et elle se réfugie dans ses bras.

SCÈNE XVI.

Mᵐᵉ VILLETTE, MARIE, GEORGES, PHILÉAS, ARTHUR, *étendu à terre.*

Mᵐᵉ VILLETTE, *serrant Marie sur son sein.* Ma fille!

GEORGES, *à Mᵐᵉ Villette.* Elle nous est rendue.

PHILÉAS, *accourant.* Ces cris... ce coup de feu...

GEORGES. Des ravisseurs! d'infâmes ravisseurs. (*A Mᵐᵉ Villette.*) Mais rentrez avec elle.

Mᵐᵉ VILLETTE. Oh! quel événement!

GEORGES. Allez... allez, je vous suis.

Mˡˡᵉ Villette rentre chez elle avec Marie.

PHILÉAS. Mais c'est M. Georges ça... lui qu'était parti!... En v'là une de drôle!

GEORGES, *à Philéas.* Philéas, cours sur les traces de ces misérables... donne l'alarme, sonne le tocsin... il me les faut morts ou vifs.

PHILÉAS. Soyez tranquille... moi d'abord si j'en vois un au bout d' mon fusil...

Il sort en courant.

SCENE XVII.

GEORGES, ARTHUR, *étendu à terre.*

GEORGES. Un enlèvement! oui, sans moi, Marie nous était ravie... Oh! mais l'un de ces lâches a reçu son juste châtiment. (*Arthur pousse un gémissement.*) Qu'entends-je!

Nouveau gémissement d'Arthur.

ARTHUR. Ah! mon père!
GEORGES. Ciel! quelle voix!
ARTHUR. Oh! que je souffre!
GEORGES. O mon Dieu! affreux soupçon... Oh! masque maudit. (*Il arrache le masque d'Arthur.*) Ah! Arthur! mon frère!
ARTHUR. Je me sens mourir!
GEORGES. Mourir! non, non, tu ne mourras pas... Du secours! du secours!.. Tu n'es que blessé... Et personne ne m'entend... et personne ne vient... je ne puis le laisser seul... O mon Dieu! mon Dieu! Mais moi, je veux le rappeler à la vie.... je veux le sauver... étanchons ce sang qui coule de sa poitrine.

Il déchire son mouchoir, et il en met les lambeaux dans la plaie d'Arthur. On entend au loin le tocsin.

ARTHUR, *se débattant.* Laissez... laissez.
GEORGES. Arthur... mon frère, je veux te rendre à la vie.
ARTHUR. Vain espoir!... Ah! je meurs!

Et il tombe sans mouvement, il est mort.

GEORGES. Arthur! mais non, il existe encore... Arthur, réponds, réponds-moi donc... Malheur! sa main est froide, son cœur est sans mouvement... Plus rien.... rien... Oh! malheur! malheur! j'ai tué mon frère!

Et il tombe anéanti sur le cadavre d'Arthur. Le tocsin cesse.

SCENE XVIII.

LES MÊMES, DUVERNEY, PHILÉAS, VILLAGEOIS *et* VALETS *avec des torches; puis* Mme VILLETTE, MARIE *.

DUVERNEY, *accourant suivi de plusieurs paysans et valets portant des torches.* Grand Dieu! m'ont-ils dit vrai?... Mon fils! mon Arthur!

GEORGES, *se relevant à la voix de son père, et à part.* Mon père!

Et il recule épouvanté.

DUVERNEY, *qui a aperçu le cadavre d'Arthur.* Ciel! Arthur! mon fils!... mort!... mort!

GEORGES. Grâce, grâce pour son meurtrier!

DUVERNEY, *avec fureur.* Assassin!

Et, arrachant le fusil des mains de Philéas, il met Georges en joue.

Mme VILLETTE, *s'élançant vers Duverney, et lui retenant le bras.* Ah!

* Georges, Marie, Mme Villette, Duverney, Arthur; Philéas dans le fond entouré des paysans et valets.

ACTE QUATRIÈME.

Le théâtre représente un petit salon élégamment décoré. Une porte au fond. Une porte dans chaque angle de droite et de gauche. A gauche, une fenêtre. A droite, une porte secrète, perdue dans la tapisserie.

SCÉNE PREMIÈRE.

PHILÉAS.

Au lever du rideau, il époussète un meuble. La porte du fond est ouverte.

Dieu! y en a t'y d' c'te poussière... C'est que sans moi M. Carpentier aurait trouvé son appartement dans un drôle d'état!... mais enfin, ces pauvres domestiques n'peuvent pas être à tout.... on les appelle à droite, on les appelle à gauche, c'est un boulevari dans le château à ne pas s'y reconnaître du tout... Quoique ça, j'aurais pas été fâché que Jacqueline eût été là, pour me donner un coup de main... J'ai pas l'habitude du métier de valet de chambre, moi... tandis que Jacqueline, elle vous aurait troussé ça en deux temps.... Qu'est-ce qu'elle fait?... N' pas être encore revenue d' Paris... à cinq heures du soir... En v'là une flâneuse... Oh! c'est ben heureux... la v'là!

SCENE II.
JACQUELINE, PHILÉAS.

JACQUELINE. Ah çà! Philéas, où c' que tu te fourres donc?... je te cherchons partout.

PHILÉAS. Et toi, à quoi penses-tu pour arriver à l'heure qu'il est?... au lieu de te dépêcher, grosse musarde, pour venir m'aider un peu.

JACQUELINE. Ah! dam... je me suis attardée... c'est vrai; mais vois-tu, tout c' qui s'est passé cette nuit au château est déjà su à Saint-Denis... si ben qu'on cause, qu'on jase... chacun dit son mot... j'ai voulu vous dire aussi le mien... Oh! ça fait un remue-ménage d'enfer... Après ça, les petites villes c'est si cancanier... L' procureur du roi est venu, n'est-ce pas?

PHILÉAS. Tiens! il est encore au château qui verbalise.... dam, il y a eu un meurtre!

JACQUELINE. Oui, mais on n' lui peut rien faire à M. Georges... on me l'a ben assuré à Saint-Denis, et c' procureur du roi, et c'te verbalisation; tout ça c'est rien... pure formalité, voilà tout.

PHILÉAS. Certainement la loi est pour M. Georges... on ne lui peut pas ça.... (*Il fait claquer son ongle sur ses dents.*) J'en sais quelque chose, moi qui suis un fonctionnaire public.

SCENE III.
PHILÉAS, MARIE, JACQUELINE.

MARIE. Eh bien! Philéas, tout est-il prêt?

PHILÉAS. Oui, mam'selle, voyez!

MARIE. C'est bien, je te remercie de ta complaisance.

PHILÉAS. Oh! n'y a pas de quoi... ben à vot' service... Mais dites donc, mam'selle Marie, comment s' trouve-t-il à c'tt' heure, M. Georges?

MARIE. Il semble moins souffrir maintenant... M. Carpentier et Mme Villette sont auprès de lui.

JACQUELINE*. Mais c'est-y vrai c' qu'on m'a conté en arrivant chez nous?... Est-ce que sa tête n'y est plus du tout à ce bon jeune homme?

MARIE. Hélas! ma pauvre Jacqueline, on ne t'a pas trompée... depuis le fatal

---
* Marie, Jacqueline, Philéas.

événement de cette nuit... Georges est en proie au plus affreux délire.

JACQUELINE. En v'là un malheur!

PHILÉAS. Il vous lui a pris tout-à-coup une fièvre... oh! mais une fièvre qui fait frémir rien que d'y penser... Mais M. Carpentier est là... et n'y a pas d' crainte à avoir*... Oui, oui, allez, mam'selle Marie, M. Georges sera bentôt guéri. (*Bas à Jacqueline.*) J' lui dis ça, mais y a pas d'espoir.

JACQUELINE. Ah! mon Dieu!

PHILÉAS. Chut! faut pas dire ça devant elle. (*Haut.*) Allons, allons, mam'selle Marie, bon courage et bonne confiance dans le savoir de M. Carpentier.

MARIE. Ce M. Carpentier est un habile médecin, n'est-ce pas, mes amis?

JACQUELINE. J' crois ben... tout l' monde le vante dans la vallée... on regrette fièrement qu'il ait quitté l'état.... Il a fait dans son temps, à c' qu'il paraît, des guérisons qui tenaient du miracle.

PHILÉAS**. Tenez, tenez, voyez-vous ben c'te boîte-là.... eh bien! c'est sa boîte à la malice... c'est sa pharmacie.

MARIE. Sa pharmacie!

PHILÉAS. Oui, il me l'avait envoyé chercher hier à Saint-Denis, quand Mme Villette s'est trouvée mal... vous savez ben, au moment du départ de M. Georges...! C'est qu'il est prévoyant, c' M. Carpentier... il voulait être en mesure au cas que cette bonne Mme Villette aurait eu besoin des secours de la faculté... mais grâce au ciel, elle ne s'est ressentie de rien... sauf toutefois le petit fêlement qui lui est resté au cerveau.

JACQUELINE. Comment! est-ce qu'elle aurait aussi?...

PHILÉAS. Oh! par exemple... il ne manquerait plus qu' ça... mais tu sais bien.... elle dit toujours que M. Georges est son fils... qu'elle est sa mère... que M. Duverney n'est pas son père... enfin un tas de choses qui riment à rien.

JACQUELINE. C'est une manie.... une idée fisque chez elle.

PHILÉAS. O mon Dieu! rien qu' ça, parce qu'autrement elle a son bon sens, ni plus ni moins que nous tous... N'est-ce pas, mam'selle Marie?

MARIE. C'est vrai... et c'est ce qui me fait trouver quelquefois bien étrange ce qu'elle dit à propos de M. Georges.... Mais elle peut avoir besoin de moi.... je ne veux pas tarder davantage à retourner auprès d'elle.

---
* Marie, Philéas, Jacqueline.
** Philéas, Marie, Jacqueline.

JACQUELINE. C'est ça, allez... Philéas et moi, nous allons vous suivre jusqu'à la porte de M. Georges, et vous viendrez nous dire comment est-ce que s'trouve ce bon jeune homme.

PHILÉAS. V'là M. Carpentier !

SCÈNE IV.
Les Mêmes, CARPENTIER.

CARPENTIER. Marie, Mme Villette vous demande.

MARIE. J'y vais, monsieur ! (*Fausse sortie, elle revient et avec crainte**.) Monsieur Carpentier, comment l'avez-vous laissé ?

CARPENTIER. Toujours dans le délire !

MARIE. Mais vous le guérirez, n'est-ce pas ?

CARPENTIER. Ah !

MARIE. Douteriez-vous de le sauver ?

CARPENTIER. Je ne puis encore me prononcer... je vais essayer d'une potion calmante, tout-à-l'heure je la lui porterai.... Mais allez, allez... on vous attend.

MARIE. O mon Dieu ! mon Dieu... n'y aurait-il plus d'espoir ?

Marie, Jacqueline et Philéas sortent par le fond.

SCÈNE V.
CARPENTIER.

Ah ! maintenant attendons Duverney... je lui ai fait dire de venir me trouver ici... ici, dans cette partie éloignée du château, je crains moins d'être dérangé... je pourrai parler... Sa situation se complique... il faut la brusquer vivement.. il y va de ses intérêts, et des miens... J'aurais pu agir à son insu... mais je veux qu'il sache tout ce que je puis faire pour lui dans cette circonstance... Le moyen est terrible, mais les événemens nous l'offrent... ils sont nos maîtres. (*Montrant sa boîte de pharmacie.*) Tout est déjà préparé !

En ce moment entre Duverney.

SCÈNE VI.
CARPENTIER, DUVERNEY.

DUVERNEY, *pâle et défait*. Que me voulez-vous ?... qu'avez-vous à me dire, Carpentier ?... Pourquoi n'être pas venu chez moi ?... pourquoi me mander ici ?

Il se laisse tomber sur un siège.

CARPENTIER. Cet appartement est isolé,

* Carpentier, Marie, Philéas, Jacqueline.

nous serons plus seuls... nous échapperons mieux à cette espèce de curiosité niaise qu'inspire une grande douleur.... Mais vous êtes bien pâle, bien abattu.

DUVERNEY. Arthur ! mon fils... en un jour perdre l'objet de mes plus vives affections, et voir s'anéantir mes plus chères espérances !

CARPENTIER. De la force, du courage.... ne vous laissez pas maîtriser par la douleur... c'est une ennemie qui nous tue si nous n'en triomphons ; et puis on doit toujours voir sa situation par ce qui lui reste d'avenir, c'est le vrai moyen de ne pas trop souffrir du passé.

DUVERNEY. Vous êtes sans pitié.

CARPENTIER. Qu'importe, si je parviens à vous rendre l'énergie qui vous est nécessaire. Je n'ai pas oublié, moi, la confidence que vous m'avez faite hier, et je veux empêcher votre ruine... oui, votre ruine est certaine.

DUVERNEY. Que dites-vous ?

CARPENTIER. Le meurtre d'Arthur, commis par un frère, a forcé le gouvernement à vous combattre... Ce qui est pour vous un juste sujet de larmes n'est, aux yeux du ministère, qu'un scandale ; et l'opposition, toujours prompte à tirer parti des moindres circonstances, a profité de l'événement. Son candidat l'emporte... il est élu...

DUVERNEY. Plus d'espoir !

CARPENTIER. Quand on est riche, il y a toujours de l'espoir... mais votre fortune se borne aujourd'hui à l'héritage de Mlle Verneuil, vous me l'avez dit... et Georges peut d'un moment à l'autre réclamer la dot de sa mère... Si ce n'est pas là le plus grand de vos malheurs, c'est du moins le seul qu'il soit possible d'empêcher... Songez-y.

DUVERNEY. Vous m'effrayez... et ce ton de gravité inaccoutumé.

CARPENTIER. C'est le mien dans l'occasion... Avez-vous réfléchi, Duverney, à votre position actuelle, à celle de chacun autour de vous ? Savez-vous ce qu'on peut tenter pour changer la face des choses ?...

DUVERNEY. Non.

CARPENTIER. Le chagrin vous absorbe. Examinons ensemble... il faut tirer parti de tout, c'est l'esprit du siècle. L'idée du meurtre qu'il a commis a troublé la raison de Georges, un accès de fièvre cérébrale a mis ses jours en danger ; mais il n'est rien résulté de sérieux de cette démence, qui n'est que momentanée... Oui, un peu de calme, quelques jours de repos et de soins, et Georges est sauvé. Voilà ce qu'on peut craindre.

DUVERNEY, *à part.* Où veut-il en venir?

CARPENTIER. D'un autre côté, il y a bien Mme Villette qui nous menace de ses révélations ; mais personne ne croit ce qu'elle dit... elle est peu redoutable. Vous comprenez bien ce qu'une semblable situation offre d'avantageux?

DUVERNEY, *à part.* Quelle pensée!

CARPENTIER. Ne croyez pas que mes intérêts me guident... Ils sont liés aux vôtres, j'en conviens... le passé nous unit plus fortement que l'avenir, c'est une conséquence... mais... Vous m'écoutez, n'est-ce pas?... La mort de Georges réparerait tout.... un père est l'héritier naturel de son fils...

DUVERNEY, *à part.* C'est vrai.

CARPENTIER. Ce que la maladie n'a pas amené, l'art pourrait le produire... Vous m'entendez?

DUVERNEY. Oui.

CARPENTIER. La mort est un cas fort ordinaire dans la maladie de Georges. Les soins que je lui ai prodigués durant son accès me donnent la facilité d'atteindre notre but... et cela sans nous compromettre en rien ni l'un ni l'autre. Je songe à tout, soyez sans crainte. J'ai là ma pharmacie de campagne... comme la boîte de Pandore, tous les maux en sortent... mais l'espérance reste au fond... et pour vous l'espérance c'est la conservation d'un bien-être auquel vous êtes accoutumé... L'idée que votre vieillesse peut être en proie aux besoins de la vie justifie tout à mes yeux... (*Il sort une petite fiole de sa boîte.*) Voilà une préparation dont les effets seront certains.

DUVERNEY. Et vous êtes sûr?...

GEORGES, *au dehors, du côté de la fenêtre.* Laissez-moi, laissez-moi, je veux voir mon père!

DUVERNEY. C'est la voix de Georges!

CARPENTIER. Georges! lui!

DUVERNEY, *qui a regardé par la fenêtre.* Il accourt de ce côté.

CARPENTIER. Évitons-le ; venez, nous n'avons pas encore tout dit à son sujet.

Ils sortent par le fond; Carpentier tient toujours à la main le poison.

SCÈNE VII.
GEORGES, *seul.*
Il entre par la porte de gauche pâle, l'œil hagard, les vêtemens en désordre.

Mon père! mon père! il n'est pas ici! Pourquoi ne puis-je plus le voir?... partout je le cherche... nulle part je ne le trouve... Non! il n'est pas ici... non! lui seul peut m'ôter cette douleur que j'ai là... là...

SCÈNE VIII.
GEORGES, Mme VILLETTE.*
Elle accourt précipitamment, et s'arrête un moment au fond, puis s'approche doucement de Georges.

Mme VILLETTE. Le voilà... Georges!...

GEORGES. On m'appelle?

Mme VILLETTE. Ne me reconnais-tu pas?

GEORGES. Qui êtes-vous? que me voulez-vous? Où est mon père? vous le savez ; dites-le-moi, dites-le-moi. Non, non...

Il va à la fenêtre et regarde dans le jardin.

Mme VILLETTE. Mon fils!...

GEORGES. Son fils!... Pourquoi m'appelez-vous votre fils? Non, non, je ne suis pas votre enfant... laissez-moi... laissez-moi... je porte sur mon front le signe brûlant du fratricide ; cette nuit, cette nuit, j'ai commis un meurtre, mon frère Arthur, je l'ai tué... fuyez, fuyez-moi.

Il se laisse tomber sur un fauteuil.

Mme VILLETTE, *à genoux près de Georges.* Georges, tu n'es pas coupable ; non, tu n'as pas voulu commettre un crime...

GEORGES. Je suis maudit.

Mme VILLETTE. Fatale idée! seule elle prolonge cet état... Mon enfant! as-tu perdu le souvenir de ce temps où l'instinct du cœur te faisait suivre mes avis et croire à mes paroles... Autrefois, quand tu étais tout jeune, tu m'écoutais... aujourd'hui que le malheur m'a rendue nécessaire encore, tu m'écouteras.

GEORGES. Oui, oui, parlez... parlez-moi toujours.

Mme VILLETTE. Tu sais bien que je ne puis vouloir te tromper, moi... (*A part.*) O mon Dieu! m'entendra-t-il?... me comprendra-t-il, cette fois-ci? (*Haut.*) Georges, apprends donc un secret... un important secret.

GEORGES. Un secret?...

Mme VILLETTE. Arthur n'était pas ton frère... la même femme ne vous a pas donné le jour... ta mère à toi elle existe encore... pour t'aimer... pour te combler de ses soins et de ses caresses!...

GEORGES. Que dit-elle donc, cette femme?

---
* Mme Villette, Georges.

Mme VILLETTE, *avec désespoir.* Mon Dieu! mon Dieu, ma voix n'arrive pas jusqu'à son cœur... (*Elle l'enlace de ses bras.*) Georges! Georges! c'est moi qui t'ai porté dans mon sein; je suis ta mère... entends-tu, ta mère?

GEORGES. Ma mère! vous? non, non, elle est morte, ma mère; si elle eût vécu je serais plus heureux... mon père m'aimerait peut-être... et il m'évite, il ne veut pas m'entendre... quand un mot de lui me ferait tant de bien! Si vous saviez comme je souffre là; c'est là. *Indiquant son front.*

Mme VILLETTE. Écoute!.. écoute-moi... il faut que tu saches... que je t'apprenne ce secret...

GEORGES. J'ai un secret aussi à vous confier, moi... ne me trahissez pas... (*Il se lève.*) Cette nuit... Villette, Marie et moi nous partons. On ignore mon retour au château; mon père me croit à Paris, l'obscurité m'a protégé, personne ne m'a vu, personne... Ah! c'est toi, Villette? tout est-il préparé?... Bien; bien... Marie où est-elle? chère Marie! va la chercher.... Des armes? ne crains rien, j'en ai sur moi.. Écoute!.. on crie au secours... cette voix... c'est celle de Marie?... Les misérables, ils l'enlèvent! (*Il fait le geste de tirer un coup de pistolet.*) Elle est sauvée! elle est sauvée!.. Cet homme masqué, je l'ai blessé; il est là... là... Voyons... ah!...

Mme VILLETTE, *se laissant tomber à genoux auprès de Georges.* Pitié, mon Dieu! pitié pour lui!

Elle s'est emparée de la main de Georges qu'elle mouille de ses larmes; moment de silence.

GEORGES. Vous priez?... pour Arthur, n'est-ce pas?... je l'ai tué... tué... Frère... grâce!.. grâce!.. c'est moi... moi... ah!..

Et étouffé par les sanglots il tombe sur un fauteuil qui se trouve près de lui; Mme Villette alors se relève précipitamment, court à Georges comme pour lui donner quelque consolation.

SCENE IX.

MARIE, Mme VILLETTE, GEORGES.

MARIE, *accourant.* Eh quoi! vous êtes ici!...

Mme VILLETTE. Marie, je souhaitais ta présence... là... là... tout-à-l'heure... un affreux délire... Ah! Marie!... Marie... il est perdu!

MARIE. Non... non... ne croyez pas cela... nous le sauverons... Vous savez que M. Carpentier ne lui épargne ni ses soins ni les secours de son art... et c'est un habile médecin...

Mme VILLETTE. Hélas!

MARIE, *tirant un flacon de la poche de son tablier.* Voilà ce qui doit rendre à Georges le calme, le repos, puis la raison et la santé.

Mme VILLETTE. Dieu le veuille! Mais donne... (*Elle prend la fiole, et s'adressant à Georges.*) Georges!... il ne m'entend pas... Georges!

MARIE*. Vos amies sont près de vous, Georges.

Elles se groupent autour de lui.

GEORGES, *les regardant alternativement.* Vous... vous... toutes deux sur mon cœur... je ne suis donc pas seul sur la terre?.. vous n'avez pas abandonné le pauvre Georges... Villette... Marie... je vous aime toutes les deux... oui... je vous aime bien.

MARIE. Mais vous serez docile à tout ce que nous exigerons de vous... dans l'intérêt de votre santé.

GEORGES. De ma santé?.. oui... je veux ce que vous voulez, moi, toujours.

Mme VILLETTE. Eh bien! mon enfant, il faut boire cela... le docteur l'a ordonné.

GEORGES. Le docteur...

MARIE. Oui, M. Carpentier.

GEORGES, *se levant**.* M. Carpentier!..

MARIE, *une tasse à la main.* Vous allez boire, n'est-ce pas?

GEORGES. Oui, oui... donnez, donnez.

Grande pause.

Mme VILLETTE. Eh bien, Georges?

GEORGES, *s'emparant de la fiole.* Les entendez-vous?... ils me poursuivent de leurs menaces... Écoutez, écoutez leurs cris de vengeance... ils approchent... les voilà!... où fuir?... comment les éviter?.. dites-le moi donc... par grâce... par pitié... cachez-moi... cachez-moi.... Ah! cette porte... (*Montrant celle de droite.*) Oui, oui.

Mme VILLETTE. Georges!

MARIE. Georges!...

GEORGES, *sur le seuil de la porte.* Ne dites pas que vous m'avez vu, surtout.

Mme VILLETTE, *le suivant.* Georges! mon enfant!

GEORGES. Silence! silence!

Et il disparaît; Mme Villette le suit.

MARIE. O mon Dieu! ne prendrez-vous pas pitié de nous!

Elle va sortir quand Carpentier, qui est entré du fond, l'arrête.

* Mme Villette, Georges, Marie.
** Georges, Mme Villette, Marie.

SCENE X.
CARPENTIER, MARIE.

CARPENTIER. Marie!... demeurez un instant... Georges était encore ici quand vous y êtes venue, n'est-ce pas?
MARIE. Oui, monsieur.
CARPENTIER. Je vous avais recommandé de lui faire prendre sans retard ce que j'ai préparé pour lui... l'avez-vous fait?
MARIE, *hésitant.* Monsieur...
CARPENTIER. Ne m'auriez-vous pas obéi?
MARIE, *tremblante.* Quel regard!... je n'ose lui dire.
CARPENTIER. Vous ne répondez pas?..
MARIE. Si, si, monsieur, j'ai fait tout ce que vous m'avez prescrit.
CARPENTIER, *à part, avec joie.* Ah!
MARIE, *à part.* Ce mensonge me met à l'abri de ses reproches... D'ailleurs le retard n'est pas grand... je vais rejoindre Georges.
CARPENTIER, *à Marie.* Dites-moi, Marie... qu'a-t-il éprouvé?
MARIE, *à part.* Mon Dieu!.. que dire?.. (*Haut.*) Mais... du calme...
CARPENTIER. Du calme!... je vous l'avais bien prédit. Il restera dans cet état quelques instans encore... puis vous verrez ses yeux briller d'un éclat plus vif... sa respiration deviendra peut-être... difficile... et, saisi d'une sueur froide... Ne vous effrayez pas... ni Mme Villette non plus... car cette crise doit peu durer... Georges tombera bientôt dans un sommeil profond, et alors... il ne souffrira plus.
MARIE, *à part.* Je suis toute tremblante...
CARPENTIER. Maintenant, Marie, retournez auprès de notre malade, et souvenez-vous qu'il faut ne vous effrayer de rien.
MARIE, *à part.* O mon Dieu... je ne sais; mais j'ai peur maintenant que Georges n'ait cédé aux instances de Mme Villette.

Elle sort par la porte de droite.

SCENE XI.
CARPENTIER, seul.

Quand elle arrivera près de Georges, les premiers symptômes de la crise qui doit amener sa fin se seront déjà manifestés... (*Un domestique entre, pose des lumières et sort.*) Allons, du calme, et confions-nous à l'avenir... L'avenir! plus celui que je rêvais hier, quand Duverney pouvait prétendre à la députation; mais n'importe!.. il lui reste trois cent mille francs, et j'en aurai la moitié... c'est une convention qui vient d'être signée.

SCENE XII.
CARPENTIER, DUVERNEY.

DUVERNEY, *entrant du fond et l'apercevant.* Le voilà!
CARPENTIER, *apercevant Duverney.* Duverney! vous ici! à cette heure?... Mais qu'y a-t-il donc?...
DUVERNEY. Rien.
CARPENTIER. Vous me rassurez.
DUVERNEY. Depuis que vous m'avez quitté, je ne suis pas sorti de chez moi.... je n'ai vu personne... et je voulais savoir de vous où en sont les choses.
CARPENTIER. Au moment où nous parlons, tout est fini peut-être.
DUVERNEY. Je vous crois.

Il va mettre le verrou à la porte du fond et à celles de droite et de gauche.

CARPENTIER *. Que faites-vous? A quoi bon toutes ces précautions? Nous n'avons plus rien à nous dire qui nécessite cette prudence, ce mystère.
DUVERNEY, *se croisant les bras.* Vous m'avez donc bien mal jugé! Vous avez donc cru que j'étais un homme sans volonté, sans énergie?... Mais si je vous ai cédé... si je vous ai obéi dans tout ce qu'il vous a plu d'ordonner... c'est que la nécessité m'en faisait une loi... Mais maintenant nos rôles sont changés... à moi de commander, à vous d'obéir.
CARPENTIER. Eh! mais voilà un étrange langage.
DUVERNEY. Vous avez en main deux écrits, l'un que vous avez dérobé à Mme Villette, l'autre que vous venez d'exiger de moi pour établir vos droits à un partage égal dans la succession de Georges... Eh bien! ces deux écrits, il me les faut, je les veux.
CARPENTIER. Allons donc! par exemple! oubliez-vous que ces titres sont ma garantie? je les ai, je les garde.

* Duverney, Carpentier.

DUVERNEY. Vous me les rendrez !
CARPENTIER. N'y comptez pas.
DUVERNEY. Je ne puis consentir à laisser en votre pouvoir des titres d'une telle importance... mon honneur et ma fortune resteraient à votre discrétion... je dépendrais toujours de vos caprices... Oh! non, non, cela ne peut pas être, cela ne sera pas. Carpentier, je vous ai demandé ces papiers; donnez-les-moi, ou malheur à vous!

CARPENTIER. Des menaces... eh! mon Dieu! les menaces ne m'ont jamais fait peur.

DUVERNEY, *lui présentant le canon de deux pistolets.* Ces papiers, ou vous êtes mort!

CARPENTIER, *prenant un ton plus sérieux.* Avez-vous bien réfléchi?

DUVERNEY. Oui, il fait nuit.... nous sommes seuls... cet appartement est isolé... je suis armé... ma résolution est ferme.... il s'agit de ma fortune!

CARPENTIER. Il s'agit de la mienne aussi... D'ailleurs vous ne le feriez pas, la peine de mort est là...

DUVERNEY. Oh! je ne crains pas qu'on m'accuse, j'ai tout prévu, tout calculé.... Eh! dussé-je être soupçonné, dussé-je y périr, je veux ces papiers... je les veux!

CARPENTIER. Mais...

DUVERNEY. Ces papiers.... ou je vous tue!

CARPENTIER, *à part.* Il le ferait comme il le dit.

DUVERNEY. Décidez-vous, décidez-vous!

CARPENTIER. Vous avez profité à mon école... Les voilà!

Il lui remet les papiers.

DUVERNEY. Voyons-les... (*Il examine les papiers.*) Oui, voici l'acte de la succession de Georges... (*il le déchire*) celui-ci... notre pacte avec Mme Villette... qu'il ait le sort de l'autre!

Il va le déchirer, mais Mme Villette, qui est entrée par la porte secrète, s'élance auprès de Duverney et lui retient le bras.

SCENE XIII.

Mme VILLETTE, DUVERNEY, CARPENTIER.

Mme VILLETTE. Arrêtez! (*Moment de silence.*) Vous êtes étonnés de me voir.... Vous aviez bien fermé les portes... mais une entrée secrète était là... Remerciez Dieu; un moment plus tard, cet acte était détruit, et cet acte pour vous deux maintenant, c'est la vie ou la mort.

DUVERNEY. Que voulez-vous dire?

Mme VILLETTE. Ce que je veux dire?

CARPENTIER. Oui... expliquez-vous.

Mme VILLETTE, *les observant bien tous deux.* Vous ne devinez pas le motif qui m'amène?... je viens vous parler d'un breuvage préparé pour mon fils!

CARPENTIER, *à part.* Quel soupçon!

DUVERNEY, *à part.* Juste ciel!

Mme VILLETTE, *à part.* Plus de doute, ils ont tremblé. (*Haut.*) Vous ne répondez pas?... Eh bien! c'était du poison!

DUVERNEY *et* CARPENTIER. Madame!

Mme VILLETTE, *avec force.* C'était du poison!

DUVERNEY. Madame, si votre titre de mère ne vous servait d'excuse...

Il gagne la droite du théâtre.

CARPENTIER.* Oui, tout est permis à une mère éplorée... Mais, madame Villette, vous ne devez pas l'avoir oublié... je vous avais prévenue... je vous avais dit que Georges succomberait à son mal.

Mme VILLETTE. Oui, vous m'avez dit cela... pour mieux déguiser votre atroce perfidie... et la preuve.... la preuve, c'est que Georges n'est pas mort.

DUVERNEY, *à part.* Qu'entends-je!

Mme VILLETTE. Il n'est pas mort!... Confiante, crédule, absorbée dans ma douleur; ne pensant qu'aux souffrances de mon enfant.... j'allais moi-même le lui donner ce poison. Par instinct, par inspiration du ciel, Marie a sauvé mon enfant... elle n'avait fait naître que des soupçons... mais là, tout-à-l'heure, derrière cette porte, j'ai tout entendu... et votre trouble, votre silence, votre terreur... me disent assez que vous êtes d'infâmes empoisonneurs !.... Comprenez-vous bien maintenant l'ascendant que j'ai sur vous? .. Ce matin, vous étiez sourds à mes prières, ce soir, vous écouterez mes ordres.

DUVERNEY. Vos ordres!

Mme VILLETTE. Oui... en arrachant des mains de votre complice l'écrit qui vous mettait à sa discrétion... vous le dominiez, vous parliez en maître... Mais me voilà, moi!... seule j'ordonne.... seule je suis maîtresse ici!

DUVERNEY. Mais vous oubliez donc le danger que vous courez à nous parler ainsi?

Mme VILLETTE. Vous pouvez me tuer, ma mort ne vous sauverait pas... toutes mes précautions sont prises.... la preuve de votre crime est dans des mains sûres..,

* Duverney, Mme Villette, Carpentier.

(*Allant à la fenêtre.*) Et là, au bas de cette fenêtre, Marie m'attend... que je pousse un cri, un seul!... et vous êtes perdus.

DUVERNEY, *avec rage.* Oh!

Mme VILLETTE. Mais écoutez : Marie seule partage mes craintes et mes soupçons; ne redoutez rien de nous, nous nous tairons, si vous acceptez les conditions que je vais vous proposer.

DUVERNEY. Qu'exigez-vous?

CARPENTIER. Voyons vos conditions?

Mme VILLETTE. Vous allez me suivre chez Georges... vous lui direz toute la vérité... vous épierez ses momens lucides.... vous lui direz qu'il est mon fils, vous lui prouverez que je suis sa mère... pour qu'il n'en doute pas; vous lui remettrez cet acte... cet acte, qui désormais doit rester entre ses mains...

CARPENTIER Et vous?

Mme VILLETTE. Moi, en échange de cet écrit, je vous remettrai le breuvage qui vous accuse et qui vous perd l'un et l'autre, si vous refusez de m'obéir.

CARPENTIER. Nous acceptons.

Mme VILLETTE. Et vous, Duverney, vous n'avez pas répondu?

DUVERNEY. Je ferai ce que vous avez dit.

Mme VILLETTE. Ah! maintenant, mon Dieu, rends la raison à Georges... qu'il sache que je suis sa mère!

ACTE CINQUIÈME.

Le théâtre représente le cabinet de travail de Duverney ; une porte au fond, une autre dans chaque angle de droite et de gauche, une quatrième à droite de l'acteur ; à gauche, une fenêtre donnant sur des jardins.

SCENE PREMIERE.
DUVERNEY, CARPENTIER.

Au lever du rideau, ils sont assis tous les deux. Duverney à la droite de l'acteur ; Carpentier à la gauche; l'un et l'autre semblent réfléchir.

DUVERNEY *à lui-même en indiquant Carpentier.* Ne pouvoir éviter cet homme!... être pour toujours rivé à lui par une chaîne morale... la complicité! c'est mon avenir! je le comprends à cette heure... on ne peut rien changer au passé : voilà pourquoi il est plus fort que nous. Ses conséquences sont les avant-coureurs de la justice éternelle... on n'y songe pas assez avant d'agir!

CARPENTIER, *regardant Duverney.* Que se dit-il?... que pense-t-il?... dans la position où je me trouve avec lui, il m'est utile de chercher ce qui se passe dans son âme. (*Il se lève, et allant à Duverney.*) Eh bien! voyez-vous encore les choses en noir?

DUVERNEY. Je veux les voir ce qu'elles sont pour ne pas les craindre.

CARPENTIER. C'est bien parler ; vous m'avez volé ce mot-là.

DUVERNEY, *se levant brusquement.* Oh!.. trêve de plaisanteries... vous oubliez donc le danger qui nous menace, vous oubliez que Mme Villette a contre nous des preuves accablantes et qu'il y va de notre vie?

CARPENTIER. Non, parbleu! je ne saurais l'oublier... la démence de Georges ne sera pas continuelle... tôt ou tard un instant de lucidité nous mettra dans l'obligation d'obéir aux ordres de Mme Villette.

DUVERNEY. Aux ordres de cette femme! ne sentez-vous pas tout ce qu'une pareille idée a d'humiliant pour moi?

CARPENTIER. L'impérieuse nécessité nous courbe sous sa loi.

DUVERNEY. Non, c'est impossible... il n'y a qu'un instant, quand j'ai paru devant lui, j'aurais parlé peut-être... depuis j'ai réfléchi..... je ne veux pas, je ne dois pas me couvrir de honte... Non, non... n'y comptez pas... je ne consentirai jamais à faire la révélation qu'on ose attendre de moi.

SCENE II.
Mme VILLETTE, DUVERNEY, CARPENTIER.

Mme VILLETTE, *accourant de la porte placée dans l'angle de droite.* Monsieur, monsieur! ce moment que j'appelais de tous mes vœux.. il est enfin arrivé..... le ciel n'est pas resté sourd à mes prières ; vous allez tenir vos promesses...

DUVERNEY, *à part.* Que dit-elle?
Mme VILLETTE. Georges a recouvré la raison.
DUVERNEY. Juste ciel!..
CARPENTIER. Tout est sauvé.
Mme VILLETTE. Après quelques heures de repos, il s'est éveillé calme, il a demandé à vous voir, et moi j'accours, je devance ses pas... le voilà, le voilà...

SCENE III.

GEORGES, DUVERNEY, Mme VILLETTE, CARPENTIER.

GEORGES, *entrant du même côté que Mme Villette et tombant à genoux devant Duverney.* Mon père! mon père!
DUVERNEY, *à part.* Que résoudre? que faire?...
Mme VILLETTE. Monsieur, il peut maintenant vous comprendre.
DUVERNEY, *à Georges.* Relevez-vous, monsieur, relevez-vous.
GEORGES. Oh! non, non... laissez-moi, laissez-moi... que mon repentir vous touche, que j'obtienne votre pardon...
DUVERNEY. Relevez-vous... (*A part.*) Et cette femme est toujours là...
GEORGES, *à Duverney.* Un regard de bonté... un mot d'encouragement... je reste seul à vous aimer, mon père.
DUVERNEY. Votre père!... ne me donnez plus ce nom.
CARPENTIER, *à part.* Il se décide!...
GEORGES. Ne plus vous appeler mon père... pourquoi? pourquoi cette défense? vous ne me répondez pas... vous détournez les yeux...
Mme VILLETTE *à Duverney.* Dites-lui tout, monsieur, dites-lui tout, il le faut!..
DUVERNEY, *à part.* O supplice!..
GEORGES, *continuant.* Quelque cruels que soient vos reproches, je dois les supporter... quelque punition que vous m'imposiez, je dois la subir... mais parlez...
DUVERNEY. Eh bien!.. (*A part.*) Oh!.. jamais je ne pourrai lui avouer *...
CARPENTIER, *qui est passé près de Duverney et bas.* Pourquoi cet embarras?.... l'écrit lui dira tout.
DUVERNEY, *à part.* C'est vrai... (*Présentant l'écrit à Georges.*) Georges... cet écrit vous apprendra ce qu'il vous importe de savoir.
GEORGES, *avec crainte.* Cet écrit... que signifie?...

* Georges, Mme Villette, Duverney, Carpentier.

DUVERNEY. Prenez... lisez... quand vous serez seul...
GEORGES, *prenant l'écrit.* Que se passe-t-il en moi?...
DUVERNEY *à part.* Châtiment terrible, mais juste!.. Oh! sortons... sortons...
Il sort précipitamment par la porte de droite.
CARPENTIER, *bas à Mme Villette.* Nous avons tenu notre promesse.
Mme VILLETTE. Je tiendrai la mienne... quand il m'aura nommé sa mère.
CARPENTIER. Très-bien, j'y compte.
Il sort par le fond. Mme Villette sort un instant après par la porte placée dans l'angle de gauche.

SCENE IV.

GEORGES, seul.

Ce papier... que vais-je apprendre?... il veut que je sois seul pour le lire... seul!.. pourquoi?... Ni Villette, ni Marie... personne!... Je n'ose... Que contient cet écrit?.. Si c'était encore un exil!... si j'allais être séparé de Marie... Je suis sans force, sans courage... n'importe, il faut obéir... Lisons... « Le 20 juillet 1816. » C'est le jour de ma naissance... c'est le jour où ma mère mourut. « Duverney, Carpentier... » Mais je ne comprends pas... « déclarent que » l'enfant qui vient de naître, et auquel » on a donné le nom de Georges... » Ciel! juste ciel! Mme Villette!... ma mère... mon Dieu! mon Dieu! soutiens-moi... ma mère, je l'avais bien deviné, ce secret!... oui, dans mon cœur, je l'avais deviné!... Ma mère, cent fois je l'avais appelée de ce nom... c'était vers elle que j'étendais les bras dans mes chagrins. Ma mère! ma mère!... où est-elle, où est-elle?...

SCENE V.

GEORGES, Mme VILLETTE.

Mme Villette s'est avancée; il l'aperçoit, et tombe dans ses bras.

Mme VILLETTE. Mon fils!...
GEORGES. Ah!...
Mme VILLETTE. Mon fils!...
GEORGES. Vous!... non, toi! toi!...
Mme VILLETTE. J'étais pauvre...
GEORGES. Bonne mère!...
Mme VILLETTE. Je craignais pour mon enfant...
GEORGES. Bonne mère!...
Mme VILLETTE. Et pour qu'il fût heu-

reux, je l'ai donné... J'ai donné mon fils!...

GEORGES. Ah! Pauvre mère!...

Mme VILLETTE. Mais j'étais là, près de toi... je veillais sur toi!

GEORGES. Oui, oui... ton fils... je n'ai jamais cessé de l'être!... Mais alors... Duverney... Arthur... Ah! je respire, mon Dieu! il n'était pas mon frère! je me sens soulagé d'un horrible fardeau!..... Ma mère! ma mère!... c'est la vie que tu me donnes encore une fois! (*Il l'embrasse.*) Mais dis-moi, dis-moi donc....

Mme VILLETTE. Georges... ce secret... toi seul peux l'apprendre... Duverney n'est pas ton père... Pour conserver une fortune qui allait lui échapper... il a fait un faux sur les registres de l'état civil... et cette fortune est à toi...

GEORGES. Je ne veux pas de sa richesse... elle ne m'appartient pas... qu'il la garde! qu'il la garde!... mais qu'il ne m'ôte pas ma mère... voilà tout ce que je lui demande... Oui, avec toi... pour toi, je braverai l'indigence; s'il le faut, je travaillerai, je travaillerai... l'avenir est à moi... Dieu soutiendra l'enfant qui vit pour sa mère.

Mme VILLETTE. Ainsi tu ne m'accuses pas, Georges?

GEORGES. Ah! si je ne savais pas comprendre un tel dévouement, je ne serais pas digne d'être ton fils... Grand Dieu! par combien d'humiliations n'a-t-on pas payé ton généreux sacrifice!... Elle était ma mère, et je l'ai vue rangée au nombre des valets! Ah! pardonne! pardonne!... j'oublie toutes mes souffrances, moi..... mais les tiennes, elles élèvent dans mon ame une indignation que je ne puis plus maîtriser...

Il s'avance vers la porte.

Mme VILLETTE. Que vas-tu faire?

GEORGES. Je vais élever la voix à mon tour, je vais lui demander compte, à cet homme, de tous les maux qu'il t'a fait souffrir...

Mme VILLETTE. Arrête!... j'ai mon enfant; que me faut-il encore? Sois généreux, Georges: non, non, tu n'entreras pas.

GEORGES. Laissez-moi, laissez-moi, je veux me venger de toutes les larmes qu'a versées ma mère.

SCENE VI.

DUVERNEY, GEORGES, Mme VILLETTE.

DUVERNEY. Ne le retenez pas, madame...

GEORGES. Monsieur...

DUVERNEY. Je viens au-devant de vos reproches, je les ai mérités.

GEORGES, *à part.* O mon Dieu! je n'ai plus le courage... sa présence m'impose... (*Avec émotion et embarras.*) Pendant vingt ans vous avez commandé à mon ame par un titre sacré; pendant vingt ans j'ai tremblé sous vos regards; et ma mère, en butte à vos mépris, dévorait ses larmes plutôt que de trahir votre secret.

DUVERNEY. Eh! ne vous croyez-vous pas assez vengé, Georges? l'avenir m'est fermé, et je ne puis chercher un refuge dans le passé sans y trouver une tombe. Pour essuyer ses larmes, votre mère a son fils, moi, quand j'appelle, il n'y a plus de voix qui réponde à la mienne... Plaignez-moi, Georges, plaignez-moi...

MARIE, *dans la coulisse.* Monsieur Duverney! monsieur Duverney!

Mme VILLETTE. Qu'entends-je?

GEORGES. C'est la voix de Marie.

SCENE VII.

DUVERNEY, MARIE, Mme VILLETTE, GEORGES, *puis* CARPENTIER.

MARIE, *entrant du fond.* Monsieur Duverney... Ah!...

DUVERNEY. Qu'est-ce donc?

MARIE. Fuyez... fuyez!...

GEORGES. Fuir!

MARIE. Il le faut! Georges... Sauvez, sauvez-le!...

CARPENTIER*. Quels cris!... Qu'y a-t-il?

MARIE. Il y a, que vous devez fuir tous les deux; ou vous êtes perdus!

CARPENTIER. Perdus!

MARIE. La justice va venir.

DUVERNEY. La justice!

GEORGES**. Pourquoi? pourquoi la justice? qui l'amène ici? Parlez, parlez, Marie! mais parlez donc...

MARIE. Songeons d'abord à les sauver,

---

* Duverney, Marie, Carpentier, Mme Villette, Georges.
** Duverney, Marie, Georges, Carpentier, Mme Villette.

il en est peut-être temps encore. Georges... c'est Marie qui vous dit qu'il faut les sauver... croyez-la... croyez-la sans l'obliger à s'expliquer davantage... Oh! par grâce, par pitié, Georges courez..... courez tout disposer pour leur départ.

GEORGES. Marie, je t'obéirai... (*Puis, s'adressant à Duverney et à Carpentier.*) Vous êtes en danger... Comptez sur moi...comptez sur moi. Il sort vivement.

SCÈNE VIII.
Les Mêmes, hors GEORGES.

CARPENTIER. Mais Marie... Marie..... qu'avons-nous donc à craindre?

DUVERNEY. Oui, expliquez-nous...

MARIE. Eh bien!.. le breuvage qui avait été préparé pour Georges... il est entre les mains de la justice.

Mme VILLETTE, *à part*. Grand Dieu!...

CARPENTIER. Ah! madame Villette, madame Villette!

Mme VILLETTE. Oh! ne m'accusez pas... ne m'accusez pas... sur tout ce que j'ai de plus cher... sur la vie de mon fils... je vous jure que je suis innocente.

DUVERNEY. Et qui donc nous a trahis? qui donc a parlé?

MARIE. Moi.

DUVERNEY. Vous?

MARIE. Oui moi!...

Mme VILLETTE*. O Marie...

MARIE. Que voulez-vous? j'aimais aussi Georges, moi... je tremblais pour sa vie... je voulais le sauver... j'ai envoyé à Saint-Denis prévenir un médecin... un homme sûr qui pût me dire si ce fatal breuvage devait lui rendre la santé... il est venu cet homme, et jugez de mon effroi... le nom du procureur du roi... les mots de crime et d'arrestation ont été prononcés. J'ai compris alors l'étendue du danger qui vous menaçait, et je suis accourue pour vous avertir et vous sauver si nous le pouvons.

Mme VILLETTE. Ah! malheureuse!..... qu'as-tu fait?...

DUVERNEY, *à lui-même*. La justice!... la justice!...

CARPENTIER. Partons..... hâtons-nous.

Mme VILLETTE *et* MARIE, *à Georges qui rentre*. Eh bien!

GEORGES. Tout est prêt.

SCÈNE IX.
MARIE, Mme VILLETTE, DUVERNEY, GEORGES, CARPENTIER.

GEORGES, *à Duverney*. Une voiture vous attend.

* Duverney, Marie, Mme Villette, Carpentier.

DUVERNEY. Il est trop tard, rien ne saurait me sauver..... l'abîme est inévitable...

MARIE, *et* Mme VILLETTE. Monsieur...

CARPENTIER, *à Duverney*. On vous l'a dit, la justice va venir...

DUVERNEY. Je l'attendrai.

CARPENTIER, *à part*. Une voiture est prête... Sauve qui peut!...

Il sort par la porte dans l'angle de gauche.

SCÈNE X.
Les Mêmes, hors CARPENTIER.

GEORGES. Ah! monsieur, cédez à ma prière..... je veux vous sauver malgré vous... ma vie pour la vôtre... il faut partir!... il faut partir!...

DUVERNEY. Georges!... et c'est vous!... vous!

GEORGES. Ah! monsieur, j'ai tout appris: vous avez élevé mon enfance, je vous dois les bienfaits de l'éducation; mon devoir est de m'acquitter envers vous... Je suis votre fils aux yeux du monde, je veux l'être encore à vos yeux; oui, votre fils qui vous supplie à genoux... N'hésitez plus, partez!... partez!...

DUVERNEY, *relevant Georges*. Georges, un pareil dévouement pénètre mon cœur et l'éclaire... pardonne... je fus cruel pour toi... pour elle aussi... et sans haine... sans vengeance, tous deux...

Mme VILLETTE. Ah! monsieur, tout est oublié...

GEORGES. Mais le temps presse!...

MARIE. On vient.

DUVERNEY. Vous le voulez; je cède à vos vœux.

SCÈNE XI.
Mme VILLETTE, MARIE, PHILÉAS, DUVERNEY, GEORGES.

PHILÉAS. Le procureur du roi!

Mme VILLETTE *et* MARIE. Ciel!

GEORGES. Plus d'espoir!...

PHILÉAS. Si... si... il y en a.

GEORGES. Comment?

MARIE. Parle.

PHILÉAS. J'ons dit au procureur du roi que M. Duverney était parti avec M. Carpentier dans la voiture...

GEORGES. Bien... bien...

Mme VILLETTE. Mais que faire?

GEORGES. Vite... vite... là, dans cette chambre.

DUVERNEY, *à part*. Quel parti prendre ! Dieu me l'inspirera.

Il entre dans la chambre.

JACQUELINE, *accourant*. Les v'là !
PHILÉAS. Il était temps.

Le procureur du roi entre, suivi de gendarmes et de paysans.

SCENE XII.

GEORGES, LE PROCUREUR DU ROI, Mme VILLETTE, MARIE, PHILÉAS, JACQUELINE, Gendarmes, Paysans.

MARIE. O mon Dieu, veille sur lui !
LE PROCUREUR DU ROI, *s'adressant à Georges et à Mme Villette*. M. Duverney !
GEORGES. Mon père ! il n'est pas ici, monsieur.
LE PROCUREUR DU ROI. M. Duverney n'est pas sorti. Carpentier seul était dans cette voiture qu'on est parvenu à rejoindre et qui le conduit en ce moment à Paris...
GEORGES, *à part*. Oh ! tout est perdu !
LE PROCUREUR DU ROI. Déjà nous avons visité partout... il ne reste plus que cette partie du logis... (*Aux gendarmes.*) Entrez dans cette chambre.

Il indique la porte de droite.

GEORGES, *se jetant au-devant de la porte*. Vous n'entrerez pas... on m'arrachera plutôt la vie.
LE PROCUREUR DU ROI. Faites votre devoir.

On entend un coup de feu dans la chambre où est Duverney.

TOUS. Ciel !...
GEORGES, *entrant dans la chambre, pousse un cri et sort aussitôt avec effroi*. Mort ! mort !
Mme VILLETTE. Georges, il te reste ta mère !...

FIN.

PARIS. — Imprimerie de Ve DONDEY-DUPRÉ, rue Saint-Louis, n° 46, au Marais.

ACTE II, SCÈNE XII.

SPECTACLE A LA COUR,

COMÉDIE-VAUDEVILLE EN DEUX ACTES,

Par MM. Théaulon, Lubize et G. Albitte.

REPRÉSENTÉE POUR LA PREMIÈRE FOIS SUR LE THÉÂTRE DU GYMNASE-DRAMATIQUE, LE 25 NOVEMBRE 1837.

PERSONNAGES.	ACTEURS.	PERSONNAGES.	ACTEURS.
M. LAMPARD, serpent de la paroisse de Vélizi.	M. BERNARD-LÉON.	LE RÉGISSEUR du théâtre de l'Opéra-Comique.	M. KLEIN.
JEAN-PIERRE, jeune paysan.	M. JOSEPH.	COLOMBE, nièce de M. Lampard.	Mlle AUGUSTA.
GRÉTRY, sous le nom de Fabien.	M. CACHARDY.	SEIGNEURS ET DAMES DE LA COUR; VILLAGEOIS ET VILLAGEOISES; DEUX GARDES FRANÇAISES; VALETS.	
L'ÉPERVIER, sergent des gardes françaises.	M. SYLVESTRE.		

NOTA. S'adresser pour la musique à M. HEISSEN, bibliothécaire et copiste au théâtre.

La scène se passe, au premier acte, dans la maison de M. Lampard, au village de Vélizi-les-Bois; au deuxième acte, au château de Versailles.

ACTE PREMIER.

Le théâtre représente une salle basse chez M. Lampard.

SCÈNE PREMIÈRE.

LAMPARD, VILLAGEOIS, VILLAGEOISES, *placés devant un pupitre.*

CHOEUR, *sans paroles (musique de M. Hormille).*

LAMPARD. Je suis content, mes enfans... je suis on ne peut pas plus content. Ce motet est le plus beau morceau qui soit encore sorti de mon imagination... Mais vous l'avez chanté comme de petits anges... Si nous recommencions...

PREMIER PAYSAN. Pardon... excuse, monsieur Lampard... mais je n' pouvons pas rester, j'ons du foin à rentrer...

DEUXIÈME PAYSAN. Et moi qui ai laissé mes dindons tout seuls dans l' pré !

LAMPARD. Du foin !... des dindons !

PREMIER PAYSAN. Écoutez-donc, chacun pour soi !

LAMPARD. Voilà de belles raisons, à donner, quand il s'agit d'un chef-d'œuvre qui doit être exécuté demain dimanche dans notre paroisse de Vélizi-les-Bois, devant les cent cinquante habitans de tout âge, de tout sexe et de tout rang dont se compose notre hameau. Recommençons.

On reprend le chœur précédent.

SCENE II.

LES MÊMES, JEAN-PIERRE.

JEAN-PIERRE, *entrant en colère*. Morgué !... fatigué !... ventregué !

LAMPARD. Ah !... puisque voilà Jean-Pierre, nous allons recommencer ; car, lorsque sa belle voix s'en mêle, ma musique sacrée...

JEAN-PIERRE. Est une satanée musique....

LAMPARD. Allons, attention !... écoutez-moi bien...

JEAN-PIERRE. Ne comptez plus sur moi ; je n' voulons plus chanter... ni pour vous... ni pour M. l' curé... ni pour aucun saint du paradis... même pour saint Jean et saint Pierre, mes deux patrons.

TOUS. Qu'est-ce qu'il a donc ?

LAMPARD. Mes enfans, vous pouvez vous retirer ; demain dimanche, répétition avant l'office.

UN PAYSAN. C'est dit... j' viendrons tretous !

On reprend le chœur précédent en sortant, sans orchestre.

SCENE III.

LAMPARD, JEAN-PIERRE.

LAMPARD. Monsieur Jean-Pierre, me direz-vous ce que signifie la gamme insolente que vous venez de nous chanter ?

JEAN-PIERRE. Oui, que j' vais vous le dire, et sans plain-chant encore... Mamsell' Colombe, vot' nièce... où est-elle ?

LAMPARD. Elle est allée au château de Malabris porter son laitage... N'y va-t-elle pas tous les matins ?

JEAN-PIERRE. Oui, qu'elle y va, et v'là d' quoi je m' plains... parce qu'à la porte de c' château il y a toujours un tas de carrosses, d'où je vois descendre des seigneurs et des richards si brodés sur toutes les coutures que ça m' fait mal aux yeux seulement de les regarder, ce qui fait que je suis jaloux ni plus ni moins qu'un loup cervier !...

LAMPARD. Jaloux ? et de qui, niais ?

JEAN-PIERRE. De qui ? mais de tout le monde !... à commencer par ce jeune monsieur qui s'en vient prendre des leçons de plain-chant.

LAMPARD. Qui ça ? le petit Fabien ?

JEAN-PIERRE. Oui, oui... le petit Fabien !... m'est avis que ce n'est pas pour vous qu'il vient ici.

LAMPARD. Pour moi, non... mais pour ma musique, puisque je lui donne des leçons. Ce jeune homme aime mon serpent... Il dit qu'il veut devenir un serpent comme moi... Je t'en souhaite !

JEAN-PIERRE. Morgué !... je l' crois déjà plus serpent que vous !

LAMPARD. Tes soupçons n'ont pas le sens commun. M. Fabien, mon élève, est, à ce qu'il m'a dit, le fils d'un bon bourgeois de Paris, et secrétaire de M. d'Haucourt, le fermier général, qui est venu passer la belle saison dans sa terre de Malabris.... En chassant dans nos bois, Fabien a entendu ronfler de loin mon serpent.... C'était le jour de Pâques fleuries... le jeûne du carême ne m'avait rien ôté de mes moyens. Fabien suivit le son à la piste, et il arriva dans ce hameau perdu au milieu des bois... il m'écouta, il m'admira... Ma méthode de serpent, large et franche, lui inspira le désir de prendre de mes leçons, et depuis trois mois il me les paie trois livres par cachet... Je reçois le cachet... c'est mon état... mais je lui vole son argent... Je le lui ai dit... car le petit Fabien n'a pas la moindre vocation pour la musique en général... et le serpent en particulier.

JEAN-PIERRE. Alors, pourquoi n' pas le renvoyer ?

LAMPARD. Mais... à cause des trois livres susdites. Ce garçon prend quelquefois dix leçons par semaine....... et trente livres par semaine font cent vingt livres par mois, qui équivalent presque au revenu de la petite ferme que je t'ai chargé de faire valoir, et qui sera la dot de ma nièce. D'ailleurs Colombe a trop de vertu pour se rendre amoureuse d'un ignare en musique comme ce petit Fabien.

JEAN-PIERRE. Mais pourquoi les laisser ensemble ici tout seuls, à toute heure du jour ?

LAMPARD. De quoi diable t'inquiètes-tu ?

Si Colombe reste seule avec lui, c'est que Colombe, dont les progrès m'étonnent chaque jour davantage... Colombe, dont la voix imite tour à tour le rossignol et le serpent, au point que moi et le rossignol pourrions être jaloux, c'est que Colombe, dis-je, donne à ce jeune homme les premières leçons de vocalisation, leçons toujours fastidieuses pour un homme de génie... Fabien veut bien se contenter de ma nièce en attendant.. C'est bien!... cela me va... Mais, je te le répète; je lui vole son argent; car il n'a pas les moindres dispositions.

JEAN-PIERRE. Morgué!... si vous lui volez son argent, il pourrait bien voler autre chose ici, lui!...

LAMPARD. Assez, monsieur Jean-Pierre, assez!... je monte dans mon cabinet... de travail...

JEAN-PIERRE. Oui... près du grenier!...

LAMPARD. Pour écrire une subite inspiration...

JEAN-PIERRE. Tant que vous voudrez... mais, jarni!...

LAMPARD. Silence, profane!... silence!

Air *du Serpent* (de Stradella).

Que le son du serpent,
A la voûte frappant,
Sur les dalles rampant,
Et dans l'air s'échappant,
Touche le cœur qui s'repent,
Car ma gloire en dépend!

Il sort.

SCENE IV.

JEAN-PIERRE, *seul.*

Vieil entêté, va!... Pour ses trois livres par cachet, il vendrait sa nièce et M. le curé avec elle... M. le curé, ça m'est égal... mais, morgué, j'veillerons si bien sur ma Colombe, que ce petit Fabien... Pourvu que je n' m'avise pas de ça trop tard... J'frémissons d' la tête aux pieds, quand j' songe que d'puis trois mois j'ons laissé bêtement ce p'tit monsieur en tête-à-tête avec elle... l' matin... l' soir... je m'en souffletterais de dépit.

Air : *de l'Angelus* (opéra).

Tiens, tiens... ça t'apprendra,
Ça t'apprendra, grosse bête,
A les laisser comme ça
Tous les deux en tête-à-tête!
Tiens! tiens! tiens! tiens... ça t'apprendra,
La! la! la!...

Il se soufflette.

Cependant, quand j'y pense!
Colombe m'aime tant!
C'est être bien méchant
Que douter d' sa constance.
Oui, j'ons reçu sa foi;
Je savons m'y connaître.
J' suis aimable, mais peut-être
Fabien l'est plus que moi!
Tiens! tiens!... ça t'apprendra, etc.

Il se soufflette.

Morgué! dès aujourd'hui j' vas commencer à l'épier.... j'ons pensé c'te nuit que ce cellier a un' porte qui donn' dans la bass' cour, et quand M. Fabien et Colombe seront ensemble, par cette petite fenêtre j' pourrai entendr' tout ce qu'ils se diront. C'est qu' je n' voudrais pas épouser un' trompeuse, et surtout un' trompée! (*Il va vers la lucarne.*) Oui! oui!..... de là j' pourrai tout entendre sans être vû..... Tiens! un général!... c'est rare dans le pays.

SCENE V.

JEAN-PIERRE, L'ÉPERVIER.

L'ÉPERVIER. Pardon, excuse, homme des champs!.. Pourriez-vous me restituer la route de Versailles, que j'ai perdue dedans le bois de Vélizi?

JEAN-PIERRE. Ça veut dire, général, que vous voulez aller à Versailles?

L'ÉPERVIER. Mais oui, homme des champs... je suis pressé d'y arriver.... (*Il s'assied.*) De plus, je ne vous dissimulerai point qu'un général de ma trempe n'a jamais refusé un verre de vin... toutefois et quand le paisible laboureur le lui a offert avec la cordialité qui vous distingue éminemment.

JEAN-PIERRE. Oh! pour ce qui est de ça... c'est avec plaisir, général... En voilà un fier honneur qu'il fait à notre vin du crû!

Il va chercher à boire.

L'ÉPERVIER, *à part.* Voilà bien l'individu qu'on m'a désigné : il me paraît facile à raccoler.... ou je ne serais pas digne de mon nom de *l'Epervier*.... il est bel homme, et le bel homme devient plus rare de jour en jour.... ma mère n'en fait plus.

JEAN-PIERRE. Tenez, goûtez-moi ça, général.

L'ÉPERVIER. Qui vous a dit que j'étais général?

JEAN-PIERRE. Tiens, est-ce que je n' voyons pas ça à votre belle mine... et surtout à vos galons.

L'ÉPERVIER, *à part.* Ne détruisons pas l'erreur de son âme champêtre .. ça peut servir les intérêts du roi.

JEAN-PIERRE. A la vôtre, général.

L'ÉPERVIER, *à part.* Il y tient ! (*Haut*) Je vous le réciproque... (*Buvant.*) Ah ! diable !

JEAN-PIERRE. Comment le trouvez-vous ?

L'ÉPERVIER. Est-ce que vous êtes du diocèse de Surênes, ici ?

JEAN-PIERRE. Oh ! non, diocèse de Versailles... nous payons la dîme à l'évêque de cette ville : quinze futailles de ce vin là, ni plus ni moins.

L'ÉPERVIER. Quinze futailles !... va-t-il gagner le ciel, celui-là !

JEAN-PIERRE, *lui offrant à boire.* Encore ?

L'ÉPERVIER, *refusant.* Assez, il faut ménager ses plaisirs... Le héros qui veut vaincre doit s'abstenir de toute boisson... surtout quand elle ressemble à celle-ci... Villageois... réponds-moi avec la franchise de la nature... te plais-tu dans ton état de vilain ?... Il me semble que dans ce hameau, où je n'ai aperçu sur la place publique que des oies et des canards, tu dois jouir d'une société bien monotone pour un bel homme comme toi ; et sais-tu bien, tout bel homme que tu es, que tu n'es au fond de la chose qu'un manant ?

JEAN-PIERRE. Vous croyez ?

L'ÉPERVIER. Oui, un obscur manant.... quand tu pourrais être ce que la nature t'a fait... un homme, un demi-dieu !... un garde française !

JEAN-PIERRE. Ah ! bah !

L'ÉPERVIER. Paysan, n'entends-tu pas au fond de ton ame une voix qui te crie : Tu as cinq pieds six pouces, tu te dois à ton roi et à ta patrie !

JEAN-PIERRE. Oui, morgué, j'ons queuqu'fois entendu c'te voix-là... mais j' sommes amoureux, et alors vous comprenez ? sans ça...

L'ÉPERVIER. J'en suis fâché pour toi, car tu m'intéresses par tes qualités non équivoques... et j'ai justement là un enrôlement qui te donnerait la gloire... l'immortalité, et cent quarante quatre livres tournois avec....

JEAN-PIERRE. Oh ! comme vous y allez !... Et ma Colombe donc... que je dois épouser à la Saint-Martin ?

L'ÉPERVIER. Je ne connais pas votre Colombe ; mais toutes les colombes de France sont les tourterelles légitimes et naturelles du garde française, il n'a qu'à se baisser pour en prendre... Tenez, moi qui vous parle, je traîne à mon char toutes les filles du diocèse.

JEAN-PIERRE. Excepté ma Colombe, pourtant.

L'ÉPERVIER. C'est possible ! ajoutez à cela, mon beau grenadier, que nous pourrons faire de votre Colombe une jolie petite cantinière ; Vénus se fit bien vivandière au siége de Troyes en Champagne.

JEAN-PIERRE. C'est possible ; mais j' sommes trop heureux pour donner dans l' militaire. (*A part.*) Morgué, j' crois qu'il voulait m'enjôler. (*Haut.*) Pardon, excuse, général, j' vas à mon ouvrage.

L'ÉPERVIER, *à part.* Manant, vilain, imbécile !... (*Haut.*) Tu ne m'as pas enseigné la route de Versailles.

JEAN-PIERRE. C'est juste... au bout du village, vous allez trouver un petit sentier qui vous y conduira.

L'ÉPERVIER. Merci, villageois. (*A part.*) Je ne le perds pas de vue. (*Haut.*) Au revoir, futur maréchal de France.

Air *nouveau de* M. Hormille.
ENSEMBLE.

Prêtez l'oreille à la voix de la gloire,
Elle vous dit qu'un homme généreux
Doit cultiver le champ de la victoire,
Et non les champs qu'il tient de ses aïeux.

A part.

Il a beau faire, il a beau s'en défendre,
De l'accoler j'ai besoin, je le sens,
Pour bien prouver que l'Épervier sait prendre
Dans ses filets tous les goujons des champs.

ENSEMBLE.
JEAN-PIERRE.

Je n'ons vraiment pas d'amour pour la gloire, etc.

L'Épervier sort.

SCÈNE VI.

JEAN-PIERRE, *seul.*

Maréchal de France !... satané farceur, va !... Mais c'est bien heureux, v'là Mlle Colombe !

SCÈNE VII.

JEAN-PIERRE, *à l'écart,* COLOMBE, *portant des pots de laitière et des petits paniers.*

COLOMBE.

Air *de Ch. Tolbecque.*

Mais cette histoir'-là
Ne me séduit guère,
Car je ne veux plaire
Qu'à mon pauvre Pierre ;
Rira qui voudra,
Mon goût, le voilà.
Tra la, etc.

JEAN-PIERRE. Jarnigoi, que j'aimons à t' voir gaie comm' ça, ma Colombe... pour un' femme, la gaîté, c'est signe de fidélité, n'est-ce pas?

COLOMBE. Ah! oui, car celle qui cherche à tromper n'a pas le temps de rire.

JEAN-PIERRE. Aussi tu ne cherches pas à m'tromper, toi... pas vrai?... tu aimes ton Jean-Pierre, et tu ne veux être qu'à lui, ma Colombe.

COLOMBE, *lui tapant sur la joue*. Oui, mon gios pigeon patu... rien qu'à toi... au village on n'a qu'une parole, vois-tu?... ce n'est pas comme à la ville, à Versailles surtout.

JEAN-PIERRE. C'est encore, je gage, M. Fabien qui t'a dit ça?

COLOMBE. Lui, et tout le monde... d'ailleurs quand j'étais en Picardie, au château de Mme de Moranville, ma marraine, est-ce que je n'entendais pas... toute petite que j'étais, les discours de ces beaux messieurs et de ces belles dames... Mais pourquoi me parles-tu de M. Fabien... Jean-Pierre?

JEAN-PIERRE. C'est que ce petit monsieur me déplaît... et que j'voudrions ben qu' votre oncle lui donnât ses leçons lui-même.

COLOMBE. Ce pauvre garçon n'est pas encore assez fort... et pourtant, le croirais-tu, Jean-Pierre, quand je lui donne une leçon, c'est plutôt lui qui a l'air d'être le maître... il m'apprend des airs de Paris, qui sont bien plus amusans que les motets de mon oncle, va... M. Fabien appelle ça des *duos*, des *trios*... et il les chante avec moi... Mais quand je veux lui donner la leçon de plain-chant... il n'y a plus personne, Fabien devient bête comme tout.

JEAN-PIERRE. Morgué! m'est avis que c'est un sournois qui cache son jeu.

COLOMBE. Lui! quelle idée! mais rassure-toi, Jean-Pierre, c'est aujourd'hui sa dernière leçon... M. Fabien retourne demain à Paris avec son patron, le maître du château de Malabris, tu sais?

JEAN-PIERRE. Le petit Fabien s'en va?.. jarni, j'en suis ben aise... C'est que, vois-tu, Colombe, j'crois à ta vertu... à ton amour... mais M. Fabien est presque un seigneur... et les seigneurs, c'est si dangereux pour les filles de village...

COLOMBE, *distraite*. Tu crois?... (*A part.*) Ah! mon Dieu! j'y pense, voilà bientôt l'heure où M. Fabien va venir. (*Haut.*) Au revoir, Jean-Pierre.

JEAN-PIERRE. Comment, au revoir, mais j'n'ons point fait mine de m'en aller.

COLOMBE. Ah! je croyais.

JEAN-PIERRE. Vous avez l'air de vouloir m'renvoyer.

COLOMBE. Moi..... je n'y songe pas; mais je croyais que tu avais affaire à notre petite ferme?

JEAN-PIERRE. J'y ai affaire si j'veux. (*A part.*) Est-c' qu'elle attendrait encore M. Fabien?

COLOMBE. As-tu labouré le grand carré?

JEAN-PIERRE. C'est fait d'à c'matin.

COLOMBE. Et le fourrage est-il rentré?

JEAN-PIERRE. Le fourrage est dedans!... (*A part.*) Et j'crois qu'elle veut m'y mettre aussi... mais nous verrons.

COLOMBE, *à part*. Je saurai bien le faire partir. (*Haut.*) Puisque tu n'as rien à faire, nous allons étudier la musique de mon oncle.

JEAN-PIERRE, *vivement*. Oh! merci, merci, avec ça que j'l'aime, la musique d' votre oncle..... c'est toujours la même chose.

COLOMBE. Tiens, ce petit cantique à deux voix. (*Elle cherche.*) Viens ici.

JEAN-PIERRE. Non, non, je m'souvenons que j'n'ons pas sorti l'avoine pour nos pauvres chevaux... ils doivent avoir besoin de manger, car ils ont bien travaillé ce matin, et ce n'serait pas juste de les laisser sans avoine... Il ne faut pas faire à autrui...

COLOMBE. L'excellent cœur!... Tu reviendras bientôt?

JEAN-PIERRE. Dans une bonne heure. (*A part.*) Je reviendrai plutôt que tu ne voudras peut-être... Allons nous poster dans le cellier... (*Haut.*) Au revoir, ma Colombe, au revoir...

Il sort en courant.

SCENE VIII.
COLOMBE, *seule*.

Pauvre garçon! il est jaloux... il a bien tort... non, non, je n'aime pas M. Fabien; mais il m'apprend de si jolis airs... il m'a même fait étudier dans un petit cahier où il y a une jeune fille qui a écouté un trompeur... le voilà!... (*Elle le prend dans sa poche.*) La bergère trompée!... Il appelle ça un intermède... c'est bien amusant... « Philis, approchez !... » il paraît que c'est le père qui dit ça, et la jeune fille répond ce que j'ai appris... « Mon père, ne me re-
» gardez pas avec ces yeux terribles et me-
» naçans... je suis bien coupable!... »
Pauvre fille... ça m'attendrit rien que de dire ça... « Oui, vous l'êtes!. » C'est encore le père qui dit ça à la fille. (*Lisant.*) « Elle
» se jette à ses genoux. » (*Elle se met à genoux.*) Comme ça... et puis elle dit :

« J'embrasse vos genoux... grâce, grâce,
» mon père... ayez pitié de votre enfant,
» ne me maudissez pas! »

SCENE IX.

COLOMBE, FABIEN.

FABIEN. Très-bien, Colombe... c'est bien... c'est parfait de naturel... Continuez.

COLOMBE. Oh! non, vous savez que je n'ose pas devant vous... et puis c'est de la comédie ça... et si M. le curé le savait, je n'oserais plus chanter des cantiques à notre paroisse de Vélizi-les-Bois.

FABIEN, *à part, riant.* Pauvre petite!

COLOMBE. Vous venez prendre votre dernière leçon?

FABIEN. Oui... jusqu'à l'été prochain.

COLOMBE. D'ici là, je suis sûre que vous allez oublier le peu que vous savez... pour moi, je n'oublierai pas vos jolis airs d'opéra, comme vous les appelez... Ça doit être bien joli, l'Opéra... je voudrais bien voir ça... tant seulement une petite fois.

FABIEN. Si vous venez jamais à Paris, je me charge de vous y conduire avec votre oncle.

COLOMBE. Et Jean-Pierre aussi?

FABIEN. Cela va sans dire.

COLOMBE. Jean-Pierre doit être mon mari, vous le savez... et je ne veux pas avoir de plaisir sans lui... je suis déjà bien coupable envers cet excellent garçon de lui avoir fait un mystère des leçons de musique que je vous ai données chez le concierge de Vélizi.

FABIEN, *riant, à part.* Elle croit me donner des leçons. (*Haut.*) Vous êtes donc bien décidée à vous marier... à rester au village?

COLOMBE. Mais certainement... Comme vous me demandez cela?

FABIEN. C'est que la nature a mis en vous tous les dons qui mènent à la fortune, à la gloire!

COLOMBE. A la gloire... à la fortune... moi!

FABIEN. Vous n'avez donc jamais désiré habiter la ville... Paris?

COLOMBE. Paris!... le pays des trompeurs, à ce qu'on dit... mais ce n'est pas l'embarras.

AIR : *Le pardon.*

Là je verrais
Et j'apprendrais
Comme on séduit,
Et par quel art on éblouit
Un jeune cœur

Dont la candeur
Fait le malheur.
Quel grand dommage !
Pour être sage
Il faut connaître le danger ;
Car l'ignorance,
Sans qu'on y pense,
Dans l'erreur peut vous engager...
Et quand j'entendrai,
Quand je connaîtrai
D'un séducteur le langage,
Je n'aurai plus la peur
D'écouter un trompeur !
Oui, quand j'apprendrai,
Quand je connaîtrai
Tous les dangers de mon âge,
Je n'aurai plus la peur
D'être victime d'un trompeur.

FABIEN. Ah! Colombe! Colombe! si vous vouliez...

COLOMBE. Si je voulais... monsieur Fabien!

SCENE X.

LES MÊMES, LAMPARD.

LAMPARD, *paraissant sur l'escalier.* Colombe! Colombe!... viens, ma fille... viens me déchiffrer un motet que je viens de composer, et qui me paraît tout simplement sublime. (*A Fabien.*) Fabien, tu me dois cinq cachets, mon garçon.

FABIEN. Oui, maître.

LAMPARD. Viens, Colombe! viens, pendant que c'est tout chaud... Fabien vocalisera en nous attendant... File des sons, mon garçon... file... file.

Colombe rejoint Lampard sur l'escalier ; ils disparaissent.

SCENE XI.

FABIEN, *seul.*

Charmante fille... et quand je songe que tant de grâces... tant de talens vont être enfouis dans un obscur village, et près d'un rustre niais et jaloux... voilà bien la destinée... allons, n'y pensons plus.

SCENE XII.

FABIEN, LE RÉGISSEUR, *habillé de noir et l'épée au côté.*

LE RÉGISSEUR, *entrant.* On m'a dit au château que je le trouverais dans cette maison sous le nom de Fabien... Eh! justement le voilà!... Parbleu, monsieur Grétry...

GRÉTRY, *sous le nom de Fabien*. Oh! silence!... de grâce!

LE RÉGISSEUR. Ah! pardon... pardon... j'aurais dû dire M. Fabien... je le sais.

GRÉTRY. Et quel sujet important vous amène si loin du monde civilisé, monsieur le régisseur de l'Opéra-Comique?

LE RÉGISSEUR. Je viens vous chercher comme Ubalde et le chevalier danois allaient jadis chercher Renaud... Je ne vous dirai pas : Notre général vous appelle, mais M. le surintendant des menus plaisirs vous demande, car il est dans le plus grand embarras... il est capable d'en perdre l'esprit.

GRÉTRY. Flatteur!... Que lui arrive-t-il donc?

LE RÉGISSEUR. Vous savez qu'il a reçu l'ordre de faire jouer demain, au spectacle de la cour, votre intermède de *la Bergère trompée*, que nous répétons depuis six mois... et avec quelle activité... vous me connaissez... je suis l'homme des détails?

GRÉTRY. Je le sais... je viens de Versailles pour m'entendre avec les décorateurs et les costumiers... tout est prêt là-bas.

LE RÉGISSEUR. Et chez nous aussi... Jamais pièce n'aura été mieux sue et mieux répétée... vous me connaissez?... Un grand succès vous attendait et nous aussi... mais il ne faut plus y compter... la petite Breteuil qui jouait votre *Bergère trompée*...

GRÉTRY. Elle serait indisposée?

LE RÉGISSEUR. Au contraire! elle s'est fait enlever la nuit dernière par l'ambassadeur de Danemarck.

GRÉTRY. Quelle infamie!

LE RÉGISSEUR. N'est-ce pas? Il n'y a qu'un cri d'indignation à l'Opéra-Comique; moi-même j'en ai été révolté... je ne suis pourtant pas rigoriste... vous me connaissez...

GRÉTRY. Il fallait sur-le-champ donner le rôle à une autre.

LE RÉGISSEUR. Quand j'ai su que la Breteuil était partie, j'ai porté le rôle chez la Brillant.

GRÉTRY. C'est bien.

LE RÉGISSEUR. Oui; mais elle me l'a jeté au nez en disant : Ce rôle me revenait de droit... je ne le jouerai pas au refus d'une autre.

GRÉTRY. Il fallait aller chez Mme Philidor.

LE RÉGISSEUR. Elle va jouer les jeunes mères pour la première fois... demain, ce soir, peut-être.

GRÉTRY. Et la petite Lilly?

LE RÉGISSEUR. La petite Lilly joue le même emploi depuis hier.

GRÉTRY. Au diable! Mais savez-vous que la reine et toute la cour attendent demain *la Bergère trompée!* Si mon opéra manque, on jouera celui de Monsigny... mon avenir est compromis.

LE RÉGISSEUR. Je sens cela; mais il est impossible, dans tous les cas, que le rôle soit su pour demain. Il faudra bien changer le spectacle de la cour... cela me désole... vous me connaissez?

GRÉTRY. Non, non!... le spectacle ne sera pas changé.

LE RÉGISSEUR. Je ne comprends pas... et pourtant je ne manque pas d'une certaine intelligence... je m'en vante... vous me...

GRÉTRY. Monsieur le régisseur, retournez à Paris, et dites à M. le surintendant que l'Opéra-Comique peut se rendre demain soir à Versailles. Ils y trouveront, pour jouer le rôle de notre bergère, une actrice qui le sait, qui l'a répété et qui le jouera avec plus de grâce et de naturel que toutes les actrices ordinaires ou extraordinaires du roi.

LE RÉGISSEUR. Mais veuillez observer que je ne puis ainsi, sur une vague assurance...

GRÉTRY. Écoutez, monsieur le régisseur, il y a ici, dans ce village... dans cette maison même, une virtuose qui va nous tirer d'embarras.

LE RÉGISSEUR. Quelque actrice en retraite?

GRÉTRY. Non... l'espérance d'une actrice!

LE RÉGISSEUR. Une actrice en herbe.

GRÉTRY. Un jour, en chassant dans ces bois, avec le fermier général chez lequel je suis venu finir mon opéra du *Sylvain*, nous traversâmes ce village et nous entendîmes dans l'église une voix de femme qui me frappa. Je me mis en tête de la cultiver pour le théâtre; et depuis trois mois, au château de Malabris, je donne à cette jeune fille des leçons, dont elle a si bien profité, qu'elle pourrait ce soir paraître sur un théâtre, dans *la Bergère trompée*.

LE RÉGISSEUR. Quel prodige!

GRÉTRY. C'est justement ce petit intermède simple et naïf que je lui ai appris, et que nous lui avons fait répéter déjà plusieurs fois au château...

LE RÉGISSEUR. Eh bien!... mais alors...

GRÉTRY. Oui; mais voudra-t-elle consentir?... et son oncle, comment le décider?... Voilà la question... j'espère cependant la résoudre en notre faveur.

LE RÉGISSEUR. Vous espérez, vous espérez... Je ne mets pas en doute votre talent... vous me connaissez?... mais l'Opéra-Comique-Royal ne peut pas se déranger.

GRÉTRY. Ecoutez : dites à M. le surintendant que je réponds de tout. Si à midi, demain, vous n'avez pas reçu contre-ordre, l'Opéra-Comique-Royal peut se rendre à Versailles.

LE RÉGISSEUR. Demain à midi... c'est entendu !

Air :
Je retourne chez nous,
Mais demain à votre réplique
J'amène près de vous
Le royal Opéra-Comique.
GRÉTRY.
Oui, retournez chez vous,
Mais demain soir à la réplique, etc.

Le régisseur sort.

SCENE XIII.
GRÉTRY, *seul*.

Le coup est hardi ; mais en faisant circuler dans la salle l'histoire de mon actrice improvisée... Mais comment la décider?.. comment l'amener à Versailles?.. Voici le compositeur qui va chercher une intrigue à présent.

SCENE XIV.
GRÉTRY, LAMPARD, COLOMBE.

COLOMBE. Oh! que c'est beau, mon oncle !... que c'est beau, ce nouveau motet !...

LAMPARD. Petite...... tu as du goût, toi... tu en as beaucoup même.

GRÉTRY. Il paraît que mon illustre maître est content de lui.

LAMPARD. Oui, mon cher Fabien... oui, je suis content de moi... Je voudrais bien pouvoir en dire autant de toi, mon garçon ; mais nous ne faisons aucun progrès.

GRÉTRY. Dam! c'est si difficile la musique !

LAMPARD. Oui.... c'est le plus difficile des arts. C'est déjà quelque chose que d'en convenir. Colombe, tu vas achever de donner à monsieur sa leçon de vocalisation, pendant que je vais chez M. le curé, m'entendre avec lui pour les offices de demain. A propos de ça, Fabien, tu me dois cinq cachets... cinq petits écus, mon garçon....

GRÉTRY. Les voici, maître...

Il lui donne de l'argent.

LAMPARD. C'est très-bien ! très-bien !.. Travaille, mon garçon, travaille... mais en vérité, je te vole ton argent... J'ai trop de conscience pour ne pas t'en avertir.

Il met l'argent dans sa poche.

Air : *Au son du fifre et du tambour.*
C'est vainement que ton esprit s'applique
A ce bel art, objet de tous les vœux ;
Mon cher ami, je sens que c'est fâcheux :
Tu n'es pas né pour la musique...
Poursuis néanmoins ton projet,
Tu peux devenir un sujet
Toujours à trois livr's le cachet.

Il sort.

SCENE XV.
GRÉTRY, COLOMBE.

GRÉTRY, *à part*. Le moment est précieux !.. hâtons-nous d'en profiter.

COLOMBE. Qu'allons-nous chanter, monsieur Fabien? un motet de mon oncle?..

GRÉTRY. Non ; si vous le voulez bien, le duo que je vous ai appris dernièrement. Mais avant tout, Colombe, que diriez-vous si demain je tenais la parole que je vous ai donnée, de vous faire voir une salle de spectacle?

COLOMBE. Demain... dimanche...

GRÉTRY. Je veux vous mener au spectacle de la cour.

COLOMBE. Au spectacle de la cour ! oh ! que cela doit être beau !... Oui, mais comment aller à Versailles? mon oncle ne voudra pas m'y mener, et Jean-Pierre est trop jaloux pour y consentir.

GRÉTRY. Nous ne dirons rien à M. Jean-Pierre... et quant à votre oncle, je sais le moyen de le mener au bout du monde.

COLOMBE. Le spectacle de la cour?... ah ! je crois que j'en mourrais de plaisir... mais tromper ce pauvre Jean-Pierre !... je n'y consentirai jamais !... Dites donc... si nous l'amenions avec nous?... il n'a jamais vu ça non plus, lui !... il ouvrirait de grands yeux !...

GRÉTRY. Oui ; mais je ne puis faire entrer tout le monde... votre oncle, à cause de son génie et de sa position sociale... comme il dit... et vous, parce que vous chantez comme la fauvette des bois de Vélizi...

COLOMBE. Chanter ! moi... oh ! pour ce qui est de ça... je ne l'oserai jamais... et j'aime mieux renoncer à tout !... N'en parlons plus et répétons...

GRÉTRY. Oui, oui...voyons ce duo...et les paroles qui le précèdent, vous savez?... (*A part.*) Assurons-nous d'abord qu'elle pourra s'en tirer...

SCENE XVI.
Les Mêmes, JEAN-PIERRE.

JEAN-PIERRE, *à la lucarne du cellier.* Les v'là justement ensemble... et c'damné de général qui n' voulait pas m'lâcher... il dit qu'il tient à me faire présent d'un bâton d' maréchal de France... est-c' que je saurais manier ça, moi?...

COLOMBE, *répétant.* « Mon ami!... mon » ami!.. prenez bien garde qu'on ne vous » aperçoive. »

JEAN-PIERRE, *à part.* Qu'est-ce que j'entendons?...

GRÉTRY, *répétant.* « Rassurez-vous... » l'amour veille sur nous!... »

JEAN-PIERRE, *à part.* L'amour!... eh ben! ça va être drôle!...

COLOMBE.
Air de M. Hormille.

« Mais un rival, je le parie,
» Caché près de ces lieux, cherche à nous écouter !
GRÉTRY.
» Pour mieux tromper sa jalousie,
» Feignons ici de chanter !
» Oui, feignons de chanter ! »

JEAN-PIERRE, *à part.* Voyez-vous la malice !

ENSEMBLE, TRIO.
COLOMBE et GRÉTRY.

« Quel bonheur! quel charme extrême !
» J'éprouve quand je te vois...
» Ah ! tu sais combien je t'aime,
» Ne va pas trahir ta foi. »
JEAN-PIERRE, *à part.*
Ah ! j'étouffe de colère !
Me tromper ainsi, je crois,
Oui, je crois, foi de Jean-Pierre,
Que j'entends mal cette fois.
Ah ! jarnigoi! c'est lui qu'elle aime !
J' suis trahi ! sur ma foi.
GRÉTRY.
« O toi ! qui, dans le mystère,
» Rends mon sort doux et riant,
» Oh ! parle-moi, bonne mère !
» Parle-moi de notre enfant !... »

JEAN-PIERRE, *parlé.* Leur enfant !...
COLOMBE.
« Cet enfant qu'un sort prospère
» Sait cacher à tous les yeux ;
» Il est beau comme son père !...
GRÉTRY.
» Comme lui qu'il soit heureux ! »

JEAN-PIERRE, *à part.* Oh! j'étouffe! j'étouffe! quelle horreur!...

REPRISE DU TRIO.

« Quel bonheur! quel charme extrême, etc. »

JEAN-PIERRE, *parlé.* Ça suffit.

Il se retire de la lucarne.

GRÉTRY. Savez-vous, Colombe, que vous pourriez vous-même, si vous vouliez, figurer au spectacle de la cour?..

COLOMBE. Oh! vous vous moquez de moi, monsieur Fabien; une pauvre fille de village... c'est bien assez d'y assister.

GRÉTRY, *à part.* L'heure avance! le surintendant doit être arrivé à Versailles ; en un quart d'heure je puis tout arranger avec lui. (*Haut.*) Au revoir, Colombe, au revoir... bientôt vous entendrez parler de Fabien.

Il sort.

SCENE XVII.
COLOMBE, *seule.*

Il est bien temps que M. Fabien s'en aille pour mon repos et pour celui de ce pauvre Pierre; car la tête me tourne avec toutes ses idées de spectacle, de comédie... c'est que je crois me voir en belle princesse, en robe brodée, en riche manteau de velours et d'or... Ah! mon Dieu! j'oubliais que je n'ai pas rangé dans notre laiterie ; il faut que l'ouvrage se fasse avant tout.

Elle prend ses pots et sort.

SCENE XVIII.
L'ÉPERVIER, *puis* JEAN-PIERRE.

L'ÉPERVIER, *seul.* Bon! il y avait ici un ramier qui roucoulait près de la Colombe de ce jeune vilain... ça sent le raccolage d'une lieue... Attention !

JEAN-PIERRE. Ils sont partis... Oh! ta-tigué ! je les retrouverai... Colombe me trahir ainsi!..! mais ce n'est pas à elle que j'en veux, c'est à ce petit Fabien... ce doit être quelque seigneur déguisé; mais je le tuerai... je le tuerai.

Il fait un geste menaçant.

L'ÉPERVIER. Bravo! attitude martiale... Vous êtes un brave achevé... vous êtes promis à la gloire, à la victoire, à l'histoire et autres plaisirs contemporains... signez.

JEAN-PIERRE. Qu'est-ce que c'est que ça ?
L'ÉPERVIER. Votre passeport pour l'immortalité comme qui dirait...
JEAN-PIERRE. Un enrôlement...
L'ÉPERVIER. Du tout; un engagement pour les gardes françaises.
JEAN-PIERRE. Engagement... enrôlement.
L'ÉPERVIER. Ce n'est pas la même chose : Avec un enrôlement, c'est fini, vous êtes la propriété du roi... mais un engagement, ça n'engage à rien.
JEAN-PIERRE. Eh ben ! ça m'est égal... je m'donne à vous, je m'donne au roi, afin de faire croire à l'ingrate, à la perfide que je l'avais quittée avant de savoir sa trahison; oui, je veux ne faire semblant de rien... j'étoufferai, je tomberai mort... de jalousie, de rage... mais ça me va... (Il signe.) Tenez, général, v'là ma croix !
L'ÉPERVIER, à part. Bravo ! encore un de pincé ! (Haut.) Homme de la nature, je t'ai captivé... tu es à moi ! tu es au roi ! et tu ne t'en plaindrais pas... d'ailleurs tu t'en plaindrais que ce serait la même chose. Voilà les six louis d'or que la reconnaissance du roi vous octroye, futur caporal de France...
JEAN-PIERRE. Vous m'aviez dit futur maréchal, tantôt...
L'ÉPERVIER. Dam ! à présent, ça vous regarde, la loi ne s'y oppose nullement, et le roi vous aidera de tout son pouvoir.
JEAN-PIERRE. Ce bon roi !
L'ÉPERVIER. En vous offrant les occasions les plus fréquentes de vous faire casser la tête...
JEAN-PIERRE. Casser la tête !...
L'ÉPERVIER. C'est comme ça qu'on arrive.
JEAN-PIERRE. Ah ben ! ça me va... et nous boirons, et nous rirons... Vive le roi ! vive la guerre ! tra, la, la, la, la...

SCÈNE XIX.

LES MÊMES, COLOMBE.

COLOMBE. Quel bruit vous faites donc !..
JEAN-PIERRE. Ah ! la v'là, la trompeuse !
COLOMBE. Un soldat ici ?
L'ÉPERVIER. Pardon, excuse, sirène des champs; mais l'individu ici présent n'est plus à votre service... il est au service du roi !
COLOMBE. Que veut-il dire, Jean-Pierre ?..
L'ÉPERVIER. Ça veut dire qu'il est raccolé, nymphe des champs !

COLOMBE. Raccolé !... O mon Dieu !
JEAN-PIERRE. Oui, je suis raccolé, et je m'en fais gloire...
L'ÉPERVIER. Partons, futur César...
JEAN-PIERRE. Partons !

L'ÉPERVIER.
Air des Puritains.

Pour aller à la gloire,
Au temple de mémoire,
Courtisons la victoire
En vrai soldat français !
JEAN-PIERRE.
Plus de femme cruelle !
Est-il un plus beau sort ?
Pour la gloire, qui m'appelle,
J'viens d'signer mon passeport.

ENSEMBLE.

Pour la gloire ou la mort.
Pour aller, etc.

Ils sortent.

SCÈNE XX.

COLOMBE, seule, au fond.

Jean-Pierre !... il se serait engagé... oh ! non, non, ça ne se peut pas !... et pourtant le voilà qui prend la route de Versailles, il embrasse tout le monde sur son passage et ne tourne pas seulement les yeux de mon côté... Que lui est-il donc arrivé ? que lui a-t-on dit, mon Dieu ! mon Dieu ! que je suis malheureuse !

Elle pleure.

Air de M. Thys.

Jean-Pierre me délaisse
Et trompe tous mes vœux...
Et, malgré ma tendresse,
Il s'enfuit de ces lieux !
Je ne suis pas volage,
Oh ! reviens... car, sans toi,
Sans toi, dans le village,
Plus de bonheur pour moi.

SCÈNE XXI.

COLOMBE, LAMPARD.

LAMPARD. Grande nouvelle, mon enfant ! Enfin Vélizi-les-Bois vient de faire son apparition dans le monde... notre village est découvert... que dis-je ? il est déjà célèbre !... grâce à moi. Écoute cette lettre qu'un homme en livrée vient de me remettre à la porte même du presbytère, d'où je sortais : « A M. Lampard... serpent en chef du diocèse de Versailles, à Vélizi-les-Bois. Monsieur le serpent, votre brillante renommée est venue jusqu'à Versailles... et la cour désire vous entendre... demain dimanche, toute la

» journée... en conséquence... je vous in-
» vite, au nom du roi et de la reine, à
» vous rendre aujourd'hui même au châ-
» teau de Versailles... vous et votre serpent
» serez logés et nourris aux frais du gou-
» vernement, vous recevrez en outre une
» indemnité de déplacement proportion-
» née au plaisir que vous allez faire à la
» cour. »

COLOMBE. Pauvre Jean-Pierre !...

LAMPARD. Mais tu ne m'écoutes pas, Colombe... tu ne partages pas la joie où me plonge cette missive inattendue... C'est le surintendant des menus-plaisirs qui m'écrit, qui me réclame... il veut faire de moi un menu-plaisir du roi... quel honneur !...

COLOMBE. Oh ! vous pouvez bien aller à la cour sans moi...

LAMPARD. Tu refuserais d'y venir... quand M. le curé m'a donné congé pour trois jours, à condition que nous n'irions ni au spectacle, ni au cabaret, ni dans le parc et autres lieux profanes de la ville.... tu refuserais de me suivre et de venir partager la gloire qui m'attend... Tu sais bien que je ne peux pas te quitter... et que d'ailleurs j'ai besoin de toi pour me faire mon chocolat...

COLOMBE. Ah ! mon oncle, si vous saviez...

LAMPARD. Tout mon embarras est de savoir quel moyen de transport je vais adopter... quel est le plus décent... pour arriver à la cour... de la bourrique à Jean-Pierre... ou de l'âne à Thomas... Il y a du pour et du contre... cependant comme l'âne est le plus fort, il pourra nous porter tous les deux, ça me décide. (*En dehors.* Vive M. Lampard !) Pourquoi ces acclamations ?

SCÈNE XXII.
LES MÊMES, GRÉTRY, VILLAGEOIS ET VILLAGEOISES.

CHOEUR.
AIR :
  Quel bruit, quel tapage
  Et quel étalage !
  C'est un équipage
  Pour notre serpent.
  Que sur son passage,
  Comme heureux présage,
  Tout notre village
  Se rende à l'instant.

GRÉTRY. Monsieur Lampard, mon illustre maître, M. le surintendant des menus-plaisirs... vous envoie par ordre de Leurs Majestés la plus belle voiture de la cour.

LAMPARD. Une voiture !... comprends-tu bien tout l'honneur que ton oncle attire sur toi !.. Viens, ne faisons pas attendre ce magnifique attelage. (*A part.*) Et moi qui parlais de l'âne à Thomas. Viens, Colombe!

COLOMBE. Non ! non ! j'ai trop de chagrin pour ça...

TOUS. Du chagrin !...

COLOMBE. J'avais un amoureux... un fiancé... je n'en avions qu'un, je vous prie de le croire... eh bien ! voilà que le roi est venu me le prendre.

LAMPARD. Jean Pierre !... que veux-tu que le roi en fasse ?

COLOMBE. Ils en ont fait un garde français, mon oncle !

TOUS. Un garde français !...

COLOMBE. Ils me l'ont raccolé...

TOUS. Raccolé !...

GRÉTRY. Pauvre petite !

LAMPARD. Eh bien ! mon enfant, raison de plus pour venir à Versailles avec moi ! Saint Orphée, avec sa guitare, tira son épouse des enfers... Dieu sait ce que je ferai avec mon serpent !

Lampard salue tout le monde avec un air de satisfaction et d'importance.

REPRISE DU CHOEUR.

ACTE DEUXIEME.

Un riche salon servant de foyer au théâtre et y communiquant.

SCENE PREMIERE.

L'ÉPERVIER, Deux Gardes françaises.

L'ÉPERVIER. C'est bien ici le salon qui sert de foyer au théâtre de la cour. Enfans de Mars, vous connaissez les usages de la cour de France et de Navarre. Permis aux sentinelles favorisées du spectacle de la cour, de regarder par ce vestibule qui donne sur le théâtre même... permis d'ouvrir les yeux et les oreilles... mais défendu d'ouvrir la bouche sous peine d'une prison plus ou moins prolongée. Il est encore sensiblement défendu de laisser pénétrer ici aucun individu ou quadrupède de tout rang et de tout sexe, au moins tant que Leurs Majestés seront dans la salle.. Maintenant, enfans de Mars, allez vous promener, c'est-à-dire de long en large avec votre fusil, dans cette galerie... (*Les sentinelles se mettent aux portes du fond en se promenant; l'Épervier vient sur le devant de la scène.*) Quel séjour ravissant!.... et dire que je viens ici depuis dix ans... sans avoir pu rencontrer une Dubarry ou toute autre... Pompadour!... je l'aurais surement raccolée pour le sentiment, et je serais aujourd'hui dans les supérieurs, où j'étais appelé naturellement par un physique assez avantageux.

Air : *Il me faudra quitter l'empire.*

Ce n'est jamais, en France, le courage
Qui peut donner un prompt avancement...
Comm' tout le monde a l' courage en partage,
Chaque soldat, dans chaque régiment,
S'rait général au premier roulement.
De la beauté c'est donc le doux sourire
Qui doit chez nous avancer tel ou tel.
Les Pompadour ont fait maint immortel!...
Et sans Vénus, je me suis laissé dire
Que Mars jamais n'eût été colonel.

SCENE II.

Les Mêmes, LE RÉGISSEUR.

LE RÉGISSEUR. Déjà sept heures! tous ces messieurs de l'Opéra-Comique sont dans leur loge... et nous n'avons pas encore de *Bergère trompée*. Ah! monsieur Grétry!.. monsieur Grétry!.... dans quel embarras vous me mettez...

L'ÉPERVIER. M. le capitaine de l'Opéra-Comique ne paraît pas satisfait?

LE RÉGISSEUR. Mettez-vous à ma place, mon brave, vous me connaissez?... C'est comme si un jour de bataille... l'artillerie venait à vous manquer... Mais à propos, j'ai là une lettre pour un capitaine qui vous est peut-être connu... (*Il la montre.*) Le capitaine Vaudrecourt.

L'ÉPERVIER, *lisant*. C'est précisément mon capitaine.

LE RÉGISSEUR. Parbleu! cela se trouve bien.... vous m'épargnerez la peine de le chercher... car, en ce moment, je suis horriblement préoccupé...

L'ÉPERVIER. Je m'en charge; donnez... capitaine de la comédie... trop heureux de rendre service à un brave homme comme vous.

LE RÉGISSEUR. Vous me connaissez?... à charge de revanche.

L'ÉPERVIER, *revenant*. De quelle part le paquet parfumé?

LE RÉGISSEUR. De la part d'une grande dame de la cour....

L'ÉPERVIER, *à part*. C'est bien une lettre amoureuse... (*Il la sent.*) Mon capitaine n'est pourtant pas beau... enfin la beauté a ses heures de caprice.

Il sort.

SCENE III.

LE RÉGISSEUR, GRÉTRY.

LE RÉGISSEUR. Ah! voici enfin M. Grétry... Eh bien?

GRÉTRY. Ne m'en parlez pas... Colombe refuse obstinément.

LE RÉGISSEUR. Comment allons-nous faire?

GRÉTRY. A mon tour, comme M. le surintendant, j'en perdrai l'esprit.

LE RÉGISSEUR. Moi qui suis l'homme de l'exactitude, moi qui suis cité comme le modèle des régisseurs de Paris... me voilà perdu de réputation... Mais aussi pouvais-je croire que M. Grétry mettrait son espérance, pour faire jouer un opéra à la cour, dans une petite sotte de village qui ne veut pas comprendre à quel honneur elle est appelée..... Mais vous ne lui avez donc pas dit que nous étions les comédiens ordinaires du roi?

GRÉTRY. J'ai dit tout ce qu'il est possible de dire; mais elle craint son oncle !... M. le curé... son fiancé... que sais-je, moi?

LE RÉGISSEUR. Et la reine à qui l'on a promis! Il me faudra donc venir faire les trois saluts d'usage... et dire à un auguste public... comme devant un parterre bourgeois, le théâtre royal de l'Opéra-Comique ne peut pas jouer devant la cour... faute d'une actrice... Je serai ridicule... vous me connaissez?...

AIR :

Mais surtout, ce qui serait pire,
En me voyant si négligent,
Sa majesté pourrait me dire:
Que faites-vous, messieurs, de mon argent?
Aux comédiens si j'ouvre mes cassettes,
Je le sais, je n'ai pas l'espoir
D'avoir des actrices parfaites,
Mais encor faut-il en avoir.
Vous n'avez pas des actrices parfaites,
Au moins faudrait-il en avoir.

Mais ne pouvait-on pas dire à cette jeune fille que la reine le désire, le veut?

GRÉTRY. Voilà précisément ce que Sa Majesté a défendu....

LE RÉGISSEUR. Si j'étais reine ou roi, ce qui serait plus naturel, je me ferais mieux obéir que cela. Vous me connaissez?....

GRÉTRY. Sa Majesté s'est fait aussi raconter les amours de Mlle Colombe, et des ordres sont donnés pour que son fiancé...

COLOMBE, *au dehors.* Mon oncle! mon oncle!...

GRÉTRY. Tenez... voici Mlle Colombe! Une heure nous reste encore... Il faut tenter un dernier effort!

SCENE IV.
LES MÊMES, COLOMBE.

COLOMBE. Mon oncle! mon oncle!... Où donc est-il? il m'avait promis de me conduire au quartier des gardes françaises!

GRÉTRY. Ainsi, ma chère Colombe, rien ne peut vous fléchir.

COLOMBE. Ah! laissez-moi, monsieur Fabien, laissez-moi.... c'est à vous que je dois mon malheur!... Vous aviez bien à faire de venir dans notre village de Vélizi-les-Bois, pour m'apprendre toute votre musique païenne... J'étais si heureuse avant de vous connaître...

GRÉTRY. Ah! voilà le reproche que je craignais...

LE RÉGISSEUR. Mais, mon enfant, vous ne savez pas le bonheur que vous refusez? charmer la reine d'abord, et qui sait peut-être un jour... un engagement au théâtre royal de l'Opéra-Comique... c'est un sort!

COLOMBE. Je ne sais pas tout ce que cela veut dire... tout ce que je sais, c'est qu'il faut qu'on me rende mon oncle et qu'on me laisse retourner à mon village.

LE RÉGISSEUR. Nous sommes perdus!... et je vais de ce pas faire avertir le surintendant que le spectacle...

GRÉTRY. Un moment, monsieur le régisseur...

LE RÉGISSEUR. Eh! monsieur, pensez-y donc... quand même cette enfant y consentirait, croyez-vous qu'il lui serait possible de chanter convenablement devant Leurs Majestés?

COLOMBE. Convenablement!.... Oh! ce n'est pas encore là ce qui m'en empêcherait si je voulais... Chanter... chanter... et tenez... cet air que M. Fabien m'a appris, et qu'il me faisait répéter encore hier.

AIR *ad libitum.*

LE RÉGISSEUR. Pas mal! pas mal!... en vérité.

COLOMBE. Oh! mais c'est égal... je ne chanterai pas, je n'oserais...

LE RÉGISSEUR. Par exemple!.... quand vous avez mon propre suffrage!... et je ne suis pas flatteur... vous me connaissez?...

COLOMBE. Oh! vous êtes encore un enjôleur, vous!...

LE RÉGISSEUR. Je suis régisseur... Moi, qui vous avais fait préparer, là, dans cette chambre, un costume de bergère...

GRÉTRY. Un costume... et si joli!

LE RÉGISSEUR. Tout en satin... avec des paillettes et des dentelles...

COLOMBE. Des dentelles et du satin..... pour une pauvre bergère?

GRÉTRY. C'est une bergère de la cour.

LE RÉGISSEUR. Une bergère ordinaire de Leurs Majestés.

COLOMBE. Vous m'en direz tant!.. Mais je n'aurais jamais su m'attiffer de tout cela...

LE RÉGISSEUR. Et deux habilleuses qui sont là, à vos ordres.

COLOMBE. Est-ce que j'oserais jamais m'habiller devant ces dames...

GRÉTRY. Vous le pouvez sans crainte, Colombe.

Air *du Bouffe.*

Simple fille de la nature,
Vous pouvez, sans craindre une injure,
Laisser voir ces attraits charmans
Dont elle embellit vos quinze ans.
  LE RÉGISSEUR, *à part.*
Et, sans faire ici d'épigrammes,
Les habilleuses de ces dames
Ont rarement la faculté
De voir de près la vérité.

COLOMBE. Passe encore pour les costumes... et si y avait moyen, en attendant l'arrivée de mon oncle, je voudrais bien voir ces beaux habits de bergère... non pas que je veuille y toucher... Da! ce serait un péché... mais la vue n'en coûte rien!

GRÉTRY. Tenez! tenez! ils sont là... Que le ciel vous donne une bonne idée!

COLOMBE, *regardant dans la chambre.* Ah! comme c'est gentil là dedans!

LE RÉGISSEUR. Écoutez, ma belle enfant... si vous vous décidiez...

COLOMBE. N'y comptez pas...

LE RÉGISSEUR. Non, mais enfin... si vous vous décidiez, vous n'auriez qu'à tirer ce cordon de sonnette... cela voudrait dire que vous êtes prête.

COLOMBE. Oh! jamais!... jamais je n'y consentirai... Ah! que c'est donc joli!

LE RÉGISSEUR. Oh! vous pouvez entrer; allez, allez.

Elle entre.

SCÈNE V.
GRÉTRY, LE RÉGISSEUR.

GRÉTRY. Vous verrez que sa coquetterie va nous tirer d'embarras.

LE RÉGISSEUR. Oui, c'est quelque chose de gagné... Mais l'oncle! l'oncle!... comment le faire consentir?... (*tirant sa montre*) et l'heure s'avance... Clerval et les autres doivent être d'une impatience... et puis, que doivent-ils penser de moi... qui suis M. Ponctuel?... Ah! monsieur Grétry, monsieur Grétry, à quelle épreuve vous me mettez!

GRÉTRY. Si nous pouvions gagner l'oncle ou l'éloigner?

LAMPARD, *en dehors.* Colombe!... ma nièce!

GRÉTRY. Tenez, le voici!

LE RÉGISSEUR. Oui, c'est lui, avec son inséparable instrument... l'un portant l'autre.

SCÈNE VI.

LES MÊMES, LAMPARD, *avec son serpent.*

LAMPARD, *appelant.* Colombe! ma nièce! Colombe! Te voilà, mon petit Fabien. On m'avait dit que je trouverais ma nièce ici?

GRÉTRY. Elle est en ce moment avec les dames du château.

LAMPARD. Quel honneur je lui procure à ma nièce, et comme elle doit être fière d'avoir un oncle comme moi!...

LE RÉGISSEUR. Il est sûr que c'est une belle condition que la vôtre, monsieur Lampard.

LAMPARD. Mais je suis fort satisfait de ma position... il manquait à ma gloire de venir à la cour... m'y voilà... et dès que j'aurai, comme on a paru le désirer, joué devant la reine de France, je n'aurai plus rien à demander au ciel... qui tous les dimanches m'entend, j'ose le dire, avec un nouveau plaisir.

GRÉTRY, *qui a réfléchi.* Et vous êtes tout prêt, mon noble maître, à vous faire entendre de toute la cour?

LAMPARD. Ton noble maître est toujours prêt, et dans ce moment surtout, grâce à M. le surintendant des menus plaisirs, qui a quadruplé mes moyens... par l'excellente chère qu'il m'a fait faire aux dépens de Sa Majesté... et puis ce diable de vin de Champagne, que je ne connaissais pas... foi de Lampard... m'a frappé sur les nerfs, au point que j'en serai étourdissant.

LE RÉGISSEUR, *à part.* C'est le mot.

LAMPARD. Mais, où est Colombe?... dans l'enivrement de la gloire, j'ai oublié la nature... je ne le vois que trop... La cour est un séjour dangereux... Deux énormes péchés depuis ce matin... l'orgueil et la gourmandise... Lampard, mon ami, ne transigez-vous point avec votre conscience? lorsque vous parlez de deux péchés... n'y en a-t-il pas un troisième?... cette dame qui m'a dit avec un œil... quel œil!... Vous nous restez au spectacle?... au spectacle! moi au spectacle!... Et que dirait M. le curé?... Ah! cherchons ma nièce, et fuyons ce lieu de perdition !... car, je ne le sens que trop... un autre œil comme celui de tout-à-l'heure, et je n'aurais pas la force de feu saint Antoine.

LE RÉGISSEUR. Ainsi, nous nous flattons en vain que l'illustre M. Lampard voudra bien honorer notre spectacle de sa présence ?

LAMPARD. Le spectacle ! non pas, monsieur, non pas... Fabien sait que le curé de Vélizy ne plaisante pas sur ce chapitre, et il a raison... Quant à moi, je me croirais perdu si je mettais le pied dans un théâtre.

LE RÉGISSEUR, *à part*. Comment... il ne sait même pas qu'il en est si près ?

GRÉTRY. C'est que mon illustre maître n'a jamais vu de théâtre.

LE RÉGISSEUR. En vérité !

LAMPARD. Jamais, monsieur, jamais je n'ai mis le pied dans ce gouffre de Capharnaüm... le théâtre est une invention des philosophes... Et qui travaille pour le théâtre ?... des écrivains qui n'ont ni foi ni loi !... un Diderot... un Voltaire... un maître André, le perruquier... dont les impiétés, selon M. le curé, ont occasionné le tremblement de terre de Lisbonne.

LE RÉGISSEUR. Voyez-vous ça !

LAMPARD. Mais il leur en cuira... M. le curé m'a raconté que dans une ville de la Judée, les Sarrasins, les comédiens et les philosophes... (c'est la même secte) avaient préparé dérisoirement un enfer... en peinture... un enfer simulé... Qu'arriva-t-il ? c'est que, lorsque les comédiens et les philosophes y furent réunis... cet enfer simulé devint un enfer véritable, où les philosophes et les comédiens furent grillés et rôtis jusqu'au dernier, y compris le public, même celui du paradis.

LE RÉGISSEUR. Il paraît que M. Lampard n'aime pas les philosophes.

LAMPARD. M. le curé de Vélizy et moi, nous les exécrons... des impies qui voudraient renverser les autels et les lutrins... des ignares qui n'ont jamais touché un serpent de leur vie !

GRÉTRY. Ce n'est pas comme M. de Buffon.

LAMPARD. Quel est encore celui-là ?

LE RÉGISSEUR. Un homme qui a écrit l'histoire des serpens depuis la création du monde jusqu'à vous.

LAMPARD. M. Buffon est bien honnête... Mais ma nièce... messieurs, ma nièce !... la morale ne veut pas qu'elle soit plus long-temps séparée de moi.

Il remonte la scène.

GRÉTRY, *bas au régisseur*. Tâcher de le

fléchir serait peine perdue... il vaut mieux s'en débarrasser.

LE RÉGISSEUR. Oui, mais comment faire ?

Ici on entend sonner.

LAMPARD. Qu'est-ce donc ?... est-ce la cloche de quelque office ?

LE RÉGISSEUR, *à part*. Pauvre homme ! c'est la sonnette du théâtre.

LAMPARD. Est-ce que je serais près de la chapelle du château ?

GRÉTRY. Noble maître... cette cloche annonce que Sa Majesté est prête à vous entendre.

LAMPARD. Ah ! enfin... je vais donc voir cette reine si belle...

GRÉTRY. Non, l'étiquette le défend, mais vous serez près d'elle... On va vous conduire dans une salle du château, où Leurs Majestés vous écouteront d'une travée fermée par un rideau.

LAMPARD. Comment !... le roi aussi !

LE RÉGISSEUR, *à part*. Oh ! je devine !... (*Haut à Lampard*.) Le roi aussi... derrière le rideau !

GRÉTRY. Et là, vous jouerez vos meilleurs motets.

LAMPARD. Ils sont tous bons.

LE RÉGISSEUR. Eh bien ! vous les jouerez tous.

LAMPARD. Tous !... J'en ai cent vingt-sept...

LE RÉGISSEUR. Et vous ne cesserez que lorsqu'une voix douce et toute royale... vous aura dit : C'est assez !

GRÉTRY. Et tant que vous n'entendrez pas cette voix... vous jouerez toujours... toujours !

LAMPARD. Et comment saurai-je que Leurs Majestés sont contentes ?

GRÉTRY. Mais... au ton avec lequel on vous aura dit : C'est assez !

Son de cloche prolongé.

LAMPARD. Je comprends... Conduisez-moi vite... Leurs Majestés sonnent à tour de bras.

GRÉTRY. Il faut le placer dans la salle où l'on serre les objets qui servent aux représentations.

LE RÉGISSEUR. Bravo ! dans la salle des accessoires... excellente idée !

AIR :

Venez !... venez !... la gloire vous appelle,
Votre destin ici s'accomplira...
Et, pour distraire une reine aussi belle,
En ce séjour tout se réunira !...

LAMPARD.
Noble instrument, grâce à toi, je m'élève !
Ça se conçoit, car le serpent sournot
Qui fit jadis damner notre mère Ève,
Était bien sûr moins séduisant que toi.

ENSEMBLE.

Allons, allons où la gloire m'appelle,
Oui, mon destin ici s'accomplira ;
Et pour distraire une reine si belle,
En mon serpent tout se réunira.

GRÉTRY *et* LE RÉGISSEUR.
Venez, venez, la gloire vous appelle, etc.

Lampard sort avec le régisseur.

SCENE VII.
GRÉTRY, *seul.*

Colombe est encore là... et la porte est fermée... c'est bon signe... Allons faire prendre courage à MM. les acteurs ordinaires... Ah ! voici M. Jean-Pierre qu'on amène... La reine a voulu qu'avant tout les amans fussent réunis.

Il sort par le théâtre.

SCENE VIII.
L'ÉPERVIER, JEAN-PIERRE, *en garde française.*

JEAN-PIERRE. Jarni !... que de corridors et de recoins... c'est pire que les bois de Vélizy... Dites donc, sergent... maintenant que vous n'êtes plus général ?

L'ÉPERVIER. Silence sous les armes !... d'abord, et puis vous me direz quel service vous avez rendu au grand Jupiter, pour qu'il vous accorde, après un jour de caserne, l'honneur de faire une faction plus ou moins longue dans ce séjour, où les jeux, les ris et les amours se donnent rendez-vous, quand il y a fête au palais.

JEAN-PIERRE. Et je verrai tout ça ?

L'ÉPERVIER. En regardant par là, si c'est votre bon plaisir.

JEAN-PIERRE. Tiens ! toutes ces petites lucarnes !... ça ressemble aux lanternes magiques qui viennent à la foire du village.

L'ÉPERVIER. Tout ce que je puis vous dire, c'est que vous êtes un heureux fantassin.

JEAN-PIERRE. Vous croyez ? je me trouve pourtant bien malheureux... depuis la trahison de ma Colombe.

L'ÉPERVIER. Ta Colombe, imbécile !... une petite fille de village... Ne vois-tu pas, nigaud, que tu as donné dans l'œil de quelque grande dame de la cour qui aura été subjuguée par ton physique enchanteur.

JEAN-PIERRE. Pas possible !

L'ÉPERVIER. Puisqu'on t'envoie chercher à la caserne par ordre supérieur de la beauté... et que je suis chargé de te conduire mystérieusement dans ce salon, de t'y mettre en faction, et de te donner pour consigne de te promener dans cette galerie, en attendant que Cupidon, l'enfant ailé, te dise confidentiellement : Jean-Pierre, mon garçon, viens-t'en par ici.

JEAN-PIERRE. Et faudra-t-il que j'y aille ?

L'ÉPERVIER. Ah ! voilà l'embarrassant de la chose... Parce qu'il y a dans la loi militaire un diable d'article qui dit : « Tout » garde-française qui désertera son poste » du palais où le roi fera sa résidence, sera » fusillé dans les vingt-quatre heures. »

JEAN-PIERRE. Rien que ça...

L'ÉPERVIER. Pour la première fois. C'est à toi... ô heureux fantassin, de bien peser dans ta sagesse la réponse que tu dois faire à Cupidon.... Triomphe... sois heureux ; mais, souviens-t'en, les dragées de la gloire sont cruellement dures... je t'en avertis.

Il sort.

SCENE IX.
JEAN-PIERRE, *seul.*

En v'là une position !... mais ma réponse à Cupidon est toute prête !... je lui crierai, comme disait l'autre factionnaire à c' matin : « Passez au large. » D'ailleurs, est-ce que je peux en aimer une autre qu'la perfide ?... Mais elle ne le saura pas... j'ons trop de fiarté dans l'cœur pour ça... Mais où donc m'a-t-il mené, c'damné sergent... qu'j'avions pris pour un général ?... Sommes-nous-t'y bêtes au village... (*On entend le son du serpent.*) Qu'est-ce que j'entends là ? on dirait que c'est le serpent de M. Lampard ! Où est-il donc ? Oh ! une belle dame !

Il se promène au fond et disparaît un instant.

SCENE X.
JEAN-PIERRE, COLOMBE, *avec son costume.*

COLOMBE.
Air *nouveau.*

Ah ! que je suis gentille
Sous ce costume-là !
Pour une pauvre fille
Comme cela me va !
Voyez comme cela me va !
Si j'étais sûre qu'au village
Ça ne vînt pas à se savoir,
Je crois que j'aurais le courage
A la cour de me faire voir...
Ah ! que je suis gentille, etc.

JEAN-PIERRE, *reparaissan.* Elle est encore là... Que vois-je ? Colombe !

COLOMBE. Jean-Pierre!... c'est toi... c'est bien toi... oh! que je suis heureuse!... Je puis te voir... te parler... me justifier.

JEAN-PIERRE. Vous justifier! Oh! mamselle, votre voix est douce et juste, comme dit votre oncle... mais votre cœur est faux comme son serpent!

COLOMBE. Mais si tu savais...

JEAN-PIERRE. Je sais tout, mamselle... et quand je ne saurais rien... est-ce que votre présence à la cour sous ces beaux habits... ne m'apprendrait pas la vérité?

COLOMBE. Oh!... vois-tu, je suis franche... et j'aurais bien du plaisir à rendre service à la reine... mais... si ça te fâche que je sois à la cour... écoute, Jean-Pierre, je sais que cet escalier donne dans le parc... le parc est encore ouvert, retournons à Vélizy.

JEAN-PIERRE. Vous quitteriez pour moi tout ce qui peut vous retenir ici!...

DUO.

Air *nouveau* (de M. Thys).

Ah! qu'il est doux, ton langage,
Tiens! j'en pleurons à demi!
Tu reviendrais au village
Près de ton premier ami!
Ah! jarnigoi! tu vivrais pour moi!
Et! moi! pour toi!.. tu me rends ta foi!
Quoi, pour me prouver ton amour,
Tu renoncerais à la cour!...

COLOMBE.

Tu peux croire à mon langage;
Je n'aime pas à demi.
Oui, je reviens au village,
Auprès de mon seul ami!
Va, rassure-toi, je n'aime que toi!
Moi, pour toi, je te rends ma foi.
Oui, pour te prouver mon amour
Je veux soudain quitter la cour.

ENSEMBLE.

JEAN-PIERRE.

Ah! jarnigoi! quel moment pour moi!
Tu reviens à moi! j' sommes tout en émoi!
Jarnigoi! quel moment pour moi!

COLOMBE.

Oui, rassure-toi,
Je n'aime que toi,
Je ne veux que toi,
Non, non, non, non,
Jamais que toi.

COLOMBE. Viens!... viens!... suis-moi, partons!...

JEAN-PIERRE. Partir!... partir!... oh! la scélérate! elle voudrait me faire fusiller dans les vingt-quatre heures...

COLOMBE. Jean-Pierre.

JEAN-PIERRE. Assez causé, mamselle, fi! que c'est mal à vous de vouloir me faire fusiller... comme un innocent que j'suis... pour vous débarrasser de moi!...

COLOMBE. Il est fou... Jean-Pierre...

JEAN-PIERRE. Suffit! Avec de biaux habits trompeurs comme cela, on ne peut être qu'une trompeuse... moi... je suis un guerrier fini... et je ne pense plus tant seulement à vous... Portez, armes! (*il met son fusil à droite, et reprend sa faction.*) A ma faction!...

COLOMBE. Mon ami!... (*Jean-Pierre disparaît.*) Il ne m'écoute plus... Eh bien... va... ça me décide... je jouerai... je ferai plaisir à madame la reine... et après, je me jetterai à ses pieds et je lui demanderai le congé de Jean-Pierre; ils m'ont dit que quand je serais prête, je n'aurais qu'à tirer... ce cordon... Eh bien... je le suis... (*Elle tire le cordon de sonnette.*) Ah!... mon Dieu!... je tremble... j'ai consenti... il n'y a plus à reculer... mais comment vais-je faire? il me semble que je n'oserai pas entrer... et quand je serai entrée... je crois que je ne pourrai plus sortir!...

SCENE XI.

LE RÉGISSEUR, COLOMBE.

LE RÉGISSEUR. Ah! belle comme un ange! ah! je savais bien que vous vous décideriez!... je m'y connais... vous me connaissez... Mais... voyons, ma chère enfant, avant de descendre au théâtre, si vous avez bien saisi les diverses positions de votre rôle... D'abord, le savez-vous un peu?

COLOMBE. Oh! pour ça... je le sais, et sans manquer un mot.

LE RÉGISSEUR. Vous voilà déjà plus avancée que la plupart de ces dames... Tenez! voyons, vite avant qu'on commence... dites-moi quelque chose de votre grande scène... c'est la plus difficile... je vais vous donner les répliques... je la sais par cœur; je l'ai fait répéter tant de fois!

COLOMBE. Oh! bien volontiers!

LE RÉGISSEUR. D'abord... mon enfant, n'oubliez pas... que vous êtes une bergère trompée... marchez les pieds en dehors... et la tête haute, un peu penchée sur l'épaule... comme nos premiers sujets... cela fait bien... Vous allez jouer avec Clerval... Ne vous approchez pas trop de lui... car il fait toujours des gestes passionnés... et vous pourriez attraper... quelque... Ce qui ferait rire tout le monde... et nuirait au pathétique de la scène... quand vous serez embarrassée de vos bras...

prenez le coin de votre tablier... c'est une tradition de l'Opéra-Comique... surtout, quand vous chanterez, dites les paroles si vous voulez, mais que l'on entende la musique... c'est encore une tradition... chantez juste... ce n'est pas une tradition..... mais ça fait mieux...pardon, si je vous dis tout ça... Je suis l'homme des petits détails... vous me connaissez?...Voyons, mettez-vous à la troisième position et commencez...

Elle se place.

SCÈNE XII.

Les Mêmes, JEAN-PIERRE, *reparaissant au fond du théâtre et faisant sa faction.*)

JEAN-PIERRE, *à part.* Encore un?

LE RÉGISSEUR, *répétant.* « Eh! quoi... » c'est vous, ma belle enfant, que je re- » trouve à la cour, sous ces riches habits!.. »

COLOMBE, » Oui... oui, c'est moi que » vous avez délaissée, abandonnée sans » pitié!... Moi que vous avez déshono- » rée... »

JEAN-PIERRE, *à part.* Celui-là aussi...

LE RÉGISSEUR, *répétant.* « De grâce, » parlez plus bas... On peut nous enten- » dre... et si le roi savait... »

JEAN-PIERRE, *à part.* Il a peur, le capon...

COLOMBE, *répétant.* « Le roi le saura, » monseigneur... car si vous ne me faites » pas justice, si vous ne me rendez pas » l'honneur que vous m'avez ravi... j'irai » me jeter aux pieds de Sa Majesté et je lui » dirai : Sire, le comte de Lindor est un » infâme qui s'est introduit dans le mo- » deste asile d'un vieillard.... »

JEAN-PIERRE, *à part.* Pauvre serpent, va!...

LE RÉGISSEUR, *répétant.* « De grâce!... »

COLOMBE. » Pour séduire une jeune » fille, et a menacé ensuite de la faire je- » ter dans les fossés de son château... Oh! » c'est infâme! »

LE RÉGISSEUR. » Voyons... calmez- » vous, ma belle enfant... Si je vous ai fait » du chagrin, je puis tout réparer avec de » l'or... des bijoux... Vous n'aurez qu'à » désirer.

COLOMBE. « De l'or... de l'or à moi! ah! ce n'est pas là ce que je veux...

Air *nouveau.*

» A la pauvre bergère
» Qui vous donna son cœur,
» Ainsi qu'à son vieux père,
» Rendez enfin l'honneur.

» Vainement votre or brille,
» Vos bijoux sont sans prix :
» Je ne veux, pauvre fille,
» Qu'un père pour mon fils. »

JEAN-PIERRE, *à part.* Elle en a deux.

COLOMBE, *répétant.* « Pour mon fils, qui » est l'image vivante de son père... »

JEAN-PIERRE, *à part.* Il ne doit pas être beau...

LE RÉGISSEUR, *la relevant.* « Ma chère » enfant, ne comptez pas là-dessus; vous » êtes jolie, aimable, vertueuse... mais » mon rang me défend de vous épou- » ser... »

JEAN-PIERRE, *avançant.* Morgué! fatigué... vous l'épouserez... ou vous direz pourquoi.

LE RÉGISSEUR. Hein? qu'est-ce que c'est que ça!... Oh! il me prend pour le séducteur!...

Il rit.

GRÉTRY, *entrant.* Eh! vite, vite, venez, ma chère Colombe... on va lever le rideau.

Le régisseur et Grétry emmènent Colombe.

SCÈNE XIII.

JEAN-PIERRE, *seul.*

En v'là une effrontée!... mais j'aimons mieux ça... un, ça m' suffoquait; deux, ça m'amuse; c'est drôle! et moi qui allais l'épouser comme un benêt que j'étions... J' suis trahi! et pourtant elle était si douce, si bonne... et son serpent d'oncle, c'est lui qu'en est cause... Oh! si je l' tenions... mais où est-il?.. où se cache-t-il?

SCÈNE XIV.

JEAN-PIERRE, LAMPARD, *tout rouge.*

LAMPARD, *tout essoufflé.* (*Il vient tomber lourdement dans un fauteuil.*) Leurs Majestés sont insatiables de plaisir...

JEAN-PIERRE. Le v'là!...

LAMPARD. Mais je suis exténué... C'est qu'ils ne disaient jamais assez!... c'était flatteur, mais c'était bien essoufflant!

JEAN-PIERRE. Quoi qu'il a donc?

LAMPARD. Il est possible que Leurs Majestés n'en eussent pas assez; mais j'en avais trop... je commençais même à délibérer... en soufflant... si je demanderais grâce... quand enfin une voix, une voix forte... une voix royale... m'a crié... Voulez-vous bien vous taire... là-bas... Ça m'a étonné d'abord; mais en réfléchissant...il est impossible de témoigner sa satisfaction d'une manière plus délicate... Voulez-vous bien vous taire... ça veut presque dire...

ne vous fatiguez pas davantage...... le génie était toujours là...... mais le souffle allait manquer !... alors je n'ai plus rien entendu... la cour s'est retirée dans un religieux silence... je les avais extasiés... ça n'est pas surprenant... je m'extasie presque toujours moi-même... Et quel singulier ameublement dans le salon où ils m'ont fait jouer... des armes... des guirlandes... une grande lanterne, des jambes de chameau... et des fruits en carton... j'ai manqué me briser une dent... M. le curé m'avait bien dit que tout était faux à la cour. Mais ma nièce !... où est ma nièce ? il est temps de retourner à Vélizy...

JEAN-PIERRE. Morgué ! j' crois qu' vous pouvez ben y r' tourner sans elle.

LAMPARD. Jean-Pierre ! c'est toi, mon pauvre garçon... Tu as vu ta fiancée ?

JEAN-PIERRE. Mamsell' Colombe qu' vous voulez dire ?... oui, que j' l'ai vue...

LAMPARD. Pourquoi cette colère ? Colombe n'est venue à la cour que pour accompagner son oncle... que Leurs Majestés voulaient absolument entendre... et qu'ils ont pleinement entendu... je m'en flatte !

JEAN-PIERRE. Moi, j' crois plutôt qu'all' y est venue pour se faire épouser par son séducteur... ou plutôt par ses séducteurs... car ils sont bien deux... et les marmots aussi.

LAMPARD. Des marmots !... des séducteurs ! tu extravagues, tu me fais l'effet d'un serpent qui voudrait jouer la monaco.

JEAN-PIERRE. Qu'est-ce que j'entends là ?.

LAMPARD. C'est la voix de ma nièce !...

JEAN-PIERRE. La voix de Colombe !... (*Regardant du côté du théâtre.*) Encore un qui veut l'enlever... et un jeune encore...

LAMPARD. Enlever ma nièce !...

JEAN-PIERRE. Un instant, un instant... je ne le souffrirai pas !

Il s'élance en dehors.

LAMPARD. Oui ! oui ! défends-la !... sauve-la !...

JEAN-PIERRE, *en dehors.* Arrêtez ! arrêtez !

Murmures dans la coulisse.

LAMPARD. Ah ! mon Dieu ! qu'est-ce que c'est que ça ?.. des maisons... des arbres en peinture... je suis assassiné ! trahi !... c'est un théâtre.

Il se jette sur un fauteuil.

SCÈNE XV.

LAMPARD, ACTEURS, SEIGNEURS et DAMES, *entrant par toutes les portes*, JEAN-PIERRE, COLOMBE, LE RÉGISSEUR.

CHOEUR.

La plaisante surprise
Que cause son amour...
Ah ! long-temps sa méprise
Fera rire la cour.

JEAN-PIERRE, *entrant et portant Colombe.* La v'là... la v'là, morgué ! j' sommes arrivé à temps !

LE RÉGISSEUR. Le butor... l'imbécile ! venir ainsi interrompre notre opéra au plus beau moment...

JEAN-PIERRE. C'est qu'il allait bravement l'enlever !..

LE RÉGISSEUR. Comment, grosse bête ! ne vois-tu pas que c'est une comédie ?...

JEAN-PIERRE. Une comédie !

LE RÉGISSEUR. Un opéra ; comme qui dirait... une frime...

JEAN-PIERRE. Un' frime !... oh ! ma petite Colombe !...

LE RÉGISSEUR. Que va dire la reine de tout ceci ?... Je suis un régisseur déshonoré...

SCÈNE XVI.

LES MÊMES, GRÉTRY.

GRÉTRY, *entrant.* La reine, monsieur le régisseur, a ri aux larmes de l'aventure, et elle est enchantée...

LAMPARD. De moi ?..

GRÉTRY. Non ! du talent de mademoiselle Colombe.

COLOMBE. Mon oncle ! mon bon oncle !

LAMPARD, *avec dignité.* Laissez-moi, mademoiselle, vous avez compromis mon serpent !

GRÉTRY. Monsieur Lampard, pour le plaisir que vous avez fait à Leurs Majestés, (*à part*) qui ne l'ont pas entendu, (*haut*) la surintendance des menus plaisirs vous fait remettre une gratification de quinze cents livres...

LAMPARD. Quinze cents livres... c'est magnifique ! le roi fait bien les choses, mais je lui en ai donné pour son argent.

GRÉTRY. De plus, la reine accorde à votre charmante nièce une dot de mille écus pour épouser M. Jean-Pierre.

JEAN-PIERRE. Jarni ! est-ce que je le peux, à présent que j'appartiens au roi !... Oh ! queu guignon !

SCÈNE XVII.

Les Mêmes, L'ÉPERVIER.

L'ÉPERVIER. Rassure-toi, villageois pacifique; le roi t'admire, mais il te congédie... Voici ton enrôlement : tu vas rendre l'uniforme qui appartient à la compagnie, mais tu peux garder les cent quarante-quatre livres... avec lesquelles tu es libre de me payer à déjeuner si ça entre dans tes intentions...

JEAN PIERRE. C'est dit, morgué! et nous boirons à la santé du roi et de la reine...

LE RÉGISSEUR. Quel dommage! elle avait si bien commencé... c'est égal, monsieur Grétry, je crois que Mlle Colombe nous reviendra quelque jour et qu'elle fera la gloire de l'Opéra-Comique.

LAMPARD. Comment, M. Grétry!.. Fabien était M. Grétry?...

Chantant.
O Richard !.....
Une fièvre brûlante...

Monsieur Grétry, deux hommes comme nous sont faits pour s'entendre.

COLOMBE.

AIR : *Une fièvre brûlante.*

J'ai quitté mon village
Pour venir à la cour.
Dans ce brillant séjour
C'est un plus beau langage,
Messieurs, il me serait bien doux
De pouvoir l'apprendre de vous.

CHOEUR, *montrant Colombe.*

* De notre débutante,
Messieurs, comblez l'espoir,
Pour la rendre contente,
Venez souvent la voir.

* *Variante pour les départemens :*

Voyez, elle est tremblante,
En vous est son espoir,
Pour, etc.

FIN.

Imprimerie de Ve DONDEY-DUPRÉ, rue Saint-Louis, n° 46, au Marais.

ACTE II, SCÈNE XVI.

SUZANNE,

COMÉDIE-VAUDEVILLE EN DEUX ACTES,

Par MM. Mélesville et Eugène Guinot,

REPRÉSENTÉE POUR LA PREMIÈRE FOIS, A PARIS, SUR LE THÉATRE DU PALAIS-ROYAL, LE 28 NOVEMBRE 1837.

PERSONNAGES.	ACTEURS.	PERSONNAGES.	ACTEURS.
LE COLONEL GUÉRIN (45 ans).	M. LEMÉNIL.	MARTIAL, domestique du colonel.	M. A. TOUSEZ.
Mme PICHARD, sa cousine.	Mme THÉODORE.	GENEVIÈVE, sa femme.	Mme LEMÉNIL.
SUZANNE, orpheline.	Mlle DÉJAZET.	BAPTISTE, groom de Saint-Alphonse.	M. BACHELARD.
SAINT-ALPHONSE (Raphaël).	M. LEVASSOR.		

ACTE PREMIER.

Le théâtre représente un petit salon de campagne. A droite du spectateur, une fenêtre garnie de pots de fleurs; à gauche, la chambre de Suzanne. Porte de fond, ouvrant sur un vestibule. Meubles simples. A gauche, un piano; quelques gravures de batailles de l'empire. Un guéridon.

SCENE PREMIERE.

MARTIAL, puis GENEVIÈVE.

MARTIAL, *étendu dans un fauteuil, un morceau de pain à la main.* Dieu!... quel bon air que ce Saint-Mandé!... Il n'est que huit heures du matin, et v'là déjà mon troisième déjeuner!...

GENEVIÈVE, *lui frappant sur l'épaule.* Gourmand!...

MARTIAL, *faisant un soubresaut.* Oh!... mame Martial!... ma femme... que c'est bête de faire des peurs comme ça!...

GENEVIÈVE, *avec ironie.* Et poltron par-dessus le marché. A cette tournure héroïque, qui est-ce qui reconnaîtrait un débris de la grande armée?...

MARTIAL, *gravement.* Ne la calomniez pas, Geneviève... cette valeureuse grande armée!... Je n'en faisais point partie activement!... A la vérité... mon père, vénérable grognard de la dix-septième... voulait absolument me faire mordre à la poudre à canon,... mais quand on n'est point né pour une partie, c'est le diable pour s'y mettre; et à notre départ pour la Russie...

Air: *Elle a trahi ses sermens et sa foi.*

Le sac sur l' dos, et l' fusil sous le bras,
Nous traversions fièrement l'Allemagne;
A chaqu' coup d' feu j' ralentissais le pas,
Et j'regardais du côté d' la Champagne;
Soudain l'ardeur m'emport' je ne sais où,
Mais c' n'était pas sur l' chemin de Moscou.
Oui, mon ardeur m'emport', etc.

GENEVIÈVE. Je te conseille de t'en vanter...

MARTIAL. Je ne m'en vante pas. Mais on a du cœur ou on n'en a pas, comme on a le nez aquilin ou camard; c'est un don de la nature. Aussi le colonel Louis Guérin, qui m'avait pris en affection, rapport aux belles actions de l'auteur de mon être, me dit un jour: « Martial, mon garçon... je crois que tu ferais un mauvais soldat, je vas te prendre pour domestique. »

GENEVIÈVE. Et tu n'as pas même l'esprit de ton nouvel état... Tu te soignes d'abord, toi!... et puis tu songes à ton maître quand tu as le temps.

MARTIAL. Dam!... puisque je suis domestique!..

GENEVIÈVE, *haussant les épaules.* Tu devrais mourir de honte!... Un si brave homme!... qui se sert toujours lui-même...

MARTIAL. Pardi! je ne l'aurais pas pris sans ça.

GENEVIÈVE. Enfin, quand il a acheté cette maison, où mon père était concierge...

Air: *Un homme pour faire un tableau.*

Il n'a fait ici qu' des heureux;
Chacun l' bénit dans l' voisinage!
Et not' mariage, à tous deux,
D' sa bonté fut encor l'ouvrage!...
Il comptait qu' ton amour pour moi
T'épargnerait plus d'un' semonce,
Et que j' ferais quelqu' choc' de toi...
Le regardant en haussant les épaules.
Mais, mon pauvre ami, j'y renonce!... (bis.)

MARTIAL, *d'un air suffisant.* Ah!... mame Martial!... vous ne dites pas toujours ça... hum!... hum!...

GENEVIÈVE, *d'un air prude.* Taisez-vous, monsieur. L'appartement de Mme Pichard est-il prêt?

MARTIAL. La cousine du colonel?... cette grosse petite maman; qui se donne vingt-huit ans, et qui date de la prise de la Bastille?... j' peux pas la souffrir!...

GENEVIÈVE. Pourquoi?...

MARTIAL. Elle vous traite un domestique... comme un laquais!... elle qui était blanchisseuse quand le colonel est parti le sac sur le dos!... Mais parce que défunt son mari, le gros marchand de bois de Lieursaint, lui a laissé d' quoi... elle se donne des airs... (*Riant.*) Elle croit tout le monde amoureux d'elle!...

GENEVIÈVE. Jusqu'à ce pauvre colonel qu'elle cajole... parce qu'il est baron!... Elle veut être mame la baronne!

MARTIAL. Par exemple!... le colonel est brave... je le sais... mais s'il l'épousait, je ne le garderais pas une minute de plus.

GENEVIÈVE, *l'écoutant.* Attends donc... Quel bruit!...

Elle regarde.

Air: *Oui, sur notre passage.* (Mari charmant.)

C'est une citadine
Qui s'arrêt'... je devine!
C'est la chère cousine!
MARTIAL.
Madam' Pichard! tu crois?
GENEVIÈVE, *à la fenêtre.*
Eh oui, vraiment... c'est elle...
J'entends qu'elle querelle!
Sa douceur naturelle
Fait reconnaîtr' sa voix!...

ENSEMBLE

De la prudence,
Car sa présence
Me fait d'avance
Trembler de peur!...
Que tout s'apprête,
Ou sur not' tête,
J' crains la tempête
Et sa fureur!

GENEVIÈVE, *en sortant.* J' cours prendre ses paquets... (*Répondant.*) On y va! on y va!

SCÈNE II.
MARTIAL, *seul.*

C'est, ma foi, vrai!... un carlin et une perruche!... c'est bien elle!... J'ai envie d'aller prendre l'air à Vincennes... je n'aime pas à l'envisager, cette femme!... Ah! bah!... quand on a vu les Cosaques... on peut voir bien des choses!

SCÈNE III.
Mme PICHARD, MARTIAL.

Mme PICHARD, *au fond.* Prévenez mon cousin!... Ah! quelles voitures!... quelles routes!... les chemins de fer ne seraient pas plus durs... (*S'asseyant.*) Je suis moulue...

MARTIAL, *à part*. Le fait est qu'elle me paraît plus endommagée que la dernière fois!... (*La regardant.*) Absolument les ruines du Kremlin!...

Mme PICHARD. C'est toi, Martial?... Qu'est-ce que tu fais là?...

MARTIAL, *saluant*. Vous me faites honneur, mame Pichard... et vous, pareillement?

Mme PICHARD, *regardant au fond*. Merci!... Eh bien, Geneviève!... Où va-t-elle donc, avec Cocotte et mes cartons?...

MARTIAL. Dans le vieux bâtiment du jardin...

Mme PICHARD, *montrant la porte à gauche*. Pourquoi pas dans le pavillon que j'occupe ordinairement?

MARTIAL, *à part*. Bon!... ça va la vexer!.. (*Haut.*) Ah!... c'est que pendant votre voyage, madame Pichard, le colonel l'a fait remettre à neuf.

Mme PICHARD, *d'un air agréable*. Mon appartement?

MARTIAL. Il est joli!..... Ah! des esculptures... des papiers chinois... des petits meubles pareils!... C'est le colonel qui a tout choisi.

Mme PICHARD, *adoucie*. Ce pauvre cousin... une attention si délicate!...

MARTIAL. Oh!... Mlle Suzanne... y a été bien sensible...

Mme PICHARD, *étonnée*. Hein!... Mlle Suzanne?...

MARTIAL. C'était pour elle... c'est elle qui l'habite..... (*A part.*) La v'là déjà écarlate...

Mme PICHARD. Disposer de mon appartement!...

MARTIAL, *à part*. Bon! ça tourne au violet!...

Mme PICHARD, *piquée*. Me reléguer dans le vieux bâtiment!... Et qu'est-ce que c'est que Mlle Suzanne.... une ouvrière... une espèce de servante?...

MARTIAL. Du tout!... une charmante fille, bonne, espiègle... et jolie!... (*A part.*) Bien!... elle pâlit!... la v'là tricolore à présent!...

Mme PICHARD. J'entends!... une petite aventurière!...

AIR : *J'enguette un petit de mon âge.*

Au ton léger, aux manières frivoles,
 Au langage bien doucereux,
Et qui céans par de belles paroles
 Aura séduit et son cœur et ses yeux.

MARTIAL.
Bon Dieu! quelle erreur est la vôtre!..
De bell's parol's! pauvre enfant, j'vous promets,
Puisqu'elle est muett', qu'ell' n'a jamais
 Pu dire un mot plus haut que l'autre.
 Dit un seul mot plus haut que l'autre.

Mme PICHARD. Muette?... Ah!... je me rappelle confusément.... Oui, Suzanne... cette jeune orpheline... une catastrophe... à l'âge de six ans!... Mais mon cousin la faisait élever dans une petite ferme de Bretagne?...

MARTIAL. Oui... mais à votre départ, il l'a rappelée près de lui..... Ça le distrait.... ça l'amuse!... C'est qu'elle vous a une intelligence, un esprit... un cœur!... n'y a que la langue qui n' marche pas... mais on la comprend tout d' même... Ses yeux babillent avec une vivacité... elle a des petites grimaces si drôles!... des bras qui vont (*il l'imite*) d'ici... de là... en haut... en bas... comme le télégraphe... Le colonel en raffole, quoi!...

Mme PICHARD, *à part*. Je suis restée absente trop long-temps... (*Haut.*) Ce n'est pas une raison pour oublier les égards que l'on me doit... et je vais m'en expliquer...

MARTIAL. Justement, j'entends le colonel... (*A part.*) Elle étouffe!... l'affaire est en bon train.

SCÈNE IV.
LES MÊMES, LE COLONEL.

LE COLONEL. Eh! la voilà, cette chère cousine!... Depuis six mois je vous croyais enclouée dans votre Normandie!...

Mme PICHARD, *l'embrassant*. Ah! cousin!... vous ne savez pas ce que c'est que les procès!...

LE COLONEL. Non, Dieu me damne!... je n'ai jamais plaidé qu'à coups de canon!... et nous avions un gaillard qui était un rude avocat dans ce genre-là... (*La regardant.*) Mais vous paraissez fatiguée?...

Mme PICHARD, *d'un air pincé*. Oui, un peu indisposée...

LE COLONEL. Parce que vous êtes partie à jeun!... Si vous aviez pris, comme moi, deux petits verres en vous levant!

Mme PICHARD. Ah! l'horreur!...

LE COLONEL. Martial... fais servir le déjeuner...

MARTIAL. Dans la salle à manger, colonel?...

LE COLONEL. Non, ici!...

MARTIAL, *d'un air câlin*. Ah! la salle à manger... c'est plus frais... et puis Geneviève y a déjà mis le couvert...

LE COLONEL, *souriant*. Paresseux!... tout ce qui peut lui éviter de la peine...

Mme PICHARD. Vous êtes bien bon de le souffrir... (*D'un ton impérieux.*) Allons donc, Martial... dès que votre maître vous a donné un ordre!... Le déjeuner dans ce salon... sur-le-champ...

MARTIAL, *à part, avec humeur.* Oh!... madame j'ordonne... nous ne pourrons plus rien faire de monsieur, à présent!...

LE COLONEL. Et que l'on serve dès que Suzanne sera prête.

Martial sort.

SCENE V.
LE COLONEL, Mme PICHARD.

Mme PICHARD, *à part.* Encore Mlle Suzanne... (*Haut.*) Je suis charmée que nous nous trouvions seuls, cousin. Je ne suis point ombrageuse, encore moins mauvaise langue... Grâce au ciel, comme disait feu mon mari, M. Pichard..... je ne me chauffe pas de ce bois-là!... Mais lorsqu'on vous mit à la demi-solde... et que, par un hasard heureux, je me trouvai veuve...... presque en même temps nous nous promîmes de resserrer nos liens de parenté, aussitôt que la succession de mon mari serait liquidée.

LE COLONEL. Oui... c'était un projet...

Mme PICHARD. Tout-à-fait sortable... Vous avez.... quarante-six ans.., moi j'en ai vingt-huit...

LE COLONEL. Ça! je ne puis en douter... car voilà dix ans que vous me le dites.

Mme PICHARD. Et je me trouvais si bien engagée avec vous... que pendant ce voyage, entrepris pour mon procès, j'ai repoussé tous les adorateurs!.. Ah! je vous réponds qu'ils ne me regardaient pas deux fois!..

LE COLONEL. Je le crois!... vous êtes d'une fidélité!...

Mme PICHARD. Ah!... je n'en ai écouté qu'un seul!... encore, parce que mon avocat me conseillait de ne pas le brusquer... c'était M. de Saint-Alphonse, ma partie adverse!... Jeune homme charmant... mais le plus grand scélérat!... Il voulait m'épouser pour terminer nos différends; et moi, toujours par les conseils de mon avocat, je ne disais pas non... vous concevez?... pour arriver à une transaction!... car le monstre avait déjà gagné en première instance... Et pour me faire perdre de vue le soin de ma défense, il ne me quittait pas d'une minute, m'accablait de prévenances, de sermens passionnés... il me signa même une promesse de mariage... si bien qu'étourdie par ses protestations d'amour... je laissai passer sans y songer les délais de l'appel...

LE COLONEL. Ah! diable!..

Mme PICHARD.
AIR: *Léger comme le papillon.*
C'est le plus noir de tous les traits,
La veille, il m'adorait encore!...
Me faire payer tous les frais,
Et fuir comme un vrai météore!...
LE COLONEL, *riant.*
Par ses sermens vous désarmer!...
Oh! le compère, je le jure,
Doit avoir appris l'art d'aimer
Dans le code de procédure.

Mme PICHARD. Oh! je le retrouverai!... je me vengerai!... Mais revenons à vous, cousin... et c'est après des preuves d'un attachement aussi pur, aussi profond... que je vois établie près de vous une jeune fille... une rivale!...

LE COLONEL. Une rivale?...

Mme PICHARD. Ne vous en défendez pas... cette petite Suzanne!...

LE COLONEL. Eh bien?

Mme PICHARD. Vous l'aimez?...

LE COLONEL. Si je l'aime!... corbleu!... je le crois bien!... mais comme mon enfant...

Mme PICHARD, *secouant la tête.* Ta! ta! ta! ta!... je ne suis pas dupe de ces attachemens paternels... Vous en êtes amoureux!...

LE COLONEL. Moi?

Mme PICHARD. Votre trouble, lorsque vous prononcez son nom...

LE COLONEL, *un peu ému.* Je veux que cinq cent mille diables me servent de cravate... Amoureux!... Est-ce que je l'ai jamais été?... est-ce que je puis l'être?... vous savez bien que *non*... puisque je vous épouse!...

Mme PICHARD, *tendrement.* Alors, pourquoi me donner des inquiétudes?... Je ne blâme pas votre humanité envers une pauvre enfant... mais, dans ces cas-là, on lui fait un sort, on paie sa pension dans quelque hospice!...

LE COLONEL, *tremblant de colère.* Dans un hospice!... Suzanne!... mille tonnerres!...

Mme PICHARD, *effrayée.* Colonel!...

LE COLONEL. Pardon! j'allais vous traiter comme un caporal prussien!... dans un hospice!... Suzanne!... vous ignorez donc l'engagement sacré... Ecoutez-moi. (*A près une pause.*) Quand j'arrivai à l'armée, et que j'eus trouvé mes épaulettes de capitaine au bout de mes cartouches... j'avais un ami, madame... un brave camarade... paysan comme moi... mais qui, moins heureux, ne fut jamais que sergent! Dominique m'était dévoué comme un frère... et plus d'une fois il reçut le coup de baïonnette qui m'était destiné... Je crois, Dieu me pardonne! que le pauvre diable m'aimait autant que sa femme et sa fille, qu'il traînait toujours avec lui ; sa femme en vivandière, l'enfant en guise de havresac sur le baril de sa mère ! A Moscou, lorsque la flamme dévorait tout, et que chacun tremblait pour un ami, je cours au quartier de Dominique... la maison qu'il habitait n'était déjà qu'un monceau de feu et de décombres !...

Mme PICHARD. Ah! mon Dieu!..

LE COLONEL. Sa femme avait été étouffée par les flammes !... lui ! je le vois encore... seul, son enfant dans les bras ; sur une poutre suspendue en l'air, à demi consumée et prête à chaque instant à se briser sous ses pas ! Il marchait, il courait... furieux, désespéré... cherchant une issue, et ne rencontrant partout que la mort !... tous les regards le suivaient avec effroi ! tous les bras étaient tendus vers lui !... Je voulus m'élancer... je demandai des échelles... rien !.... impossible d'arriver jusqu'à lui ! il ne restait qu'une chance... aidé de quelques soldats, je liai à la hâte nos manteaux, sur lesquels nous reçûmes l'enfant suffoqué, évanoui..... mais respirant encore !... Un cri de joie s'échappait déjà de toutes les poitrines !... Dominique allait s'élancer à son tour... lorsqu'un craquement horrible... ah !... (*Se cachant la figure dans ses mains et avec larmes.*) Quand je rouvris les yeux, il était étendu à mes pieds... pâle, sanglant !... sans pouvoir prononcer un seul mot !... il me montrait sa fille, avec un regard suppliant... je lui serrai la main... il me comprit... et il retomba mort !...

Mme PICHARD, *émue.* Quel coup affreux !...

LE COLONEL, *s'essuyant les yeux.* Ce n'était pas le seul !... sa pauvre petite Suzanne !... cet événement terrible avait paralysé des organes trop faibles... sa voix ne proférait plus que des sons pénibles, inarticulés...

Air *de Colalto.*

Oui, le destin en comblant tous ses maux,
Ne lui laissa, pour parler de son père,
Que des larmes et des sanglots !
Qu'elle retrouve en moi son appui tutélaire...
C'est mon enfant, c'est mon enfant chéri !
Et j'entends bien le langage si tendre
De ses regards ! Car j'ai, pour le comprendre,
L'amour d'un père et le cœur d'un ami.

Mme PICHARD, *confuse.* Ah! pardon !... ces détails que j'ignorais...

LE COLONEL, *d'un ton ferme.* Retenez bien ceci, madame Pichard, je vous épousera ; je l'ai promis...... et après tout, autant vous qu'une autre ; je vous connais, et ça m'évitera l'ennui de faire ma cour.

Mais je ne me marierai qu'après avoir assuré l'avenir de Suzanne... un avenir brillant, heureux ; j'y sacrifierai ma fortune, ma croix, ma baronnie, dont je ne me soucie guère... tout ce que j'ai... Elle épousera qui elle voudra... entendez-vous?... et si celui qu'elle choisira n'avait pas d'amour pour elle, corbleu ! je me charge de lui en donner, moi.

Mme PICHARD. Eh! mon Dieu, cousin !. nous n'aurons pas de dispute là-dessus... elle m'intéresse autant que vous, maintenant, cette chère enfant !..... (*Secouant la tête.*) Mais la marier... vous aurez peut-être de la peine?...

LE COLONEL. Parce qu'elle ne parle pas? c'est un avantage de plus, je m'en accommoderais bien, moi !... Suzanne d'ailleurs rachète cela par tant de qualités... de talens !...

Mme PICHARD. Des talens?...

LE COLONEL. Parbleu !... depuis qu'elle est revenue de Bretagne, je lui ai donné tous les maîtres possibles, et elle en a profité !... elle peint comme Isabey, joue du piano... comme la musique de mon régiment ; et puis on parviendra peut-être à la guérir...

Mme PICHARD. C'est bien chimérique !...

LE COLONEL. Du tout !... j'ai consulté les plus fameux médecins...

Mme PICHARD. Eh bien?...

LE COLONEL. Eh bien !... ils m'ont tous répondu qu'il n'y avait pas de ressources !... ça m'a donné de l'espoir... et hier encore j'ai conduit Suzanne chez un célèbre docteur allemand qui vient d'arriver à Paris, et dont on raconte des cures étonnantes.

Mme PICHARD. Un charlatan !...

LE COLONEL. C'est possible !... mais un charlatan qui guérit vaut mieux qu'un médecin qui ne guérit pas. D'ailleurs celui-ci a un air de bonhomie, de simplicité qui inspire la confiance.

Mme PICHARD. Enfin, que vous a-t-il dit ?

LE COLONEL. Rien !... il a examiné les yeux, les gestes de Suzanne... lui a fait prononcer avec peine quelques sons... puis il a pris mon adresse, et nous a congédiés en promettant de m'envoyer sa consultation.

Mme PICHARD. Il vous enverra la note de ses honoraires... que vous paierez... et vous serez tout aussi avancé qu'auparavant...

LE COLONEL. Chut ! chut !... j'entends Suzanne... et je ne veux pas devant elle...

Il remonte la scène.

Mme PICHARD, à part. Rien n'est désespéré!... et avec un peu d'adresse...

SCENE VI.

Les Mêmes, SUZANNE, puis MARTIAL et GENEVIÈVE, qui apportent la table et le déjeuner servi.

Suzanne, avec un bouquet à la main, qu'elle cache, entre en courant et saute au cou du colonel.

LE COLONEL.
Air : *Voyez donc ses cheveux* (Cliffort).
Chère enfant! (*La regardant.*) Voyez donc,
La voilà toute en nage !
Elle vient, je le gage,
De courir le canton !
Quel démon !

Suzanne l'imite en souriant et comme si elle répétait : Quel démon !

LE COLONEL, *sévèrement.*
Risquer d'être malade !...
D'une telle escapade,
Ah ! je vous punirai....
L'essuyant avec son mouchoir.
Oui, je vous gronderai !
Suzanne le câline.
Mais... allons... calme toi...
A lui-même.
Pauvre enfant ! je le vois,
Par me fâcher j'ai beau commencer,
Il faut toujours finir par l'embrasser.

Mais d'où venez-vous, voyons?... (*Suzanne lui présente un bouquet et indique que c'est pour lui qu'elle a été le cueillir.*) Tiens! ma fête!...

Mme PICHARD, *à part.* Sa fête!...

LE COLONEL. Des roses de haies... au risque de se déchirer les mains!...

Mme PICHARD, *à part.* Et on ne me prévient pas...

LE COLONEL. Merci, ma bonne Suzanne !...

Mme PICHARD, *allant prendre une fleur dans un vase, et à part.* Petite sotte!... qui s'avise d'avoir de la mémoire... (*Haut.*) Permettez, cousin, que je vous la souhaite bonne et heureuse...

LE COLONEL. Merci, merci, cousine !... *Suzanne regarde Mme Pichard avec étonnement. Le colonel à Suzanne.*) C'est Mme Pichard, dont je t'ai parlé... (*Bas à Mme Pichard.*) Comment la trouvez-vous?

Mme PICHARD, *se contraignant.* Fort bien !...

Suzanne, à part, avec une petite grimace indique qu'elle n'est pas belle.

LE COLONEL, *à Suzanne.* Une bonne cousine, que j'aime de toute mon âme !...

Suzanne allant à Mme Pichard, fait signe qu'elle veut l'aimer aussi. Elle lui serre la main vivement.

Mme PICHARD. Bonne petite !... (*A part.*) Elle me disloque les doigts...

LE COLONEL, *avec bonhomie.* Les mœurs simples de la Bretagne !...

GENEVIÈVE. Le déjeuner, monsieur l' colonel.

LE COLONEL. Allons, à table !... (*A Suzanne.*) Ta promenade t'a donné de l'appétit?...

SUZANNE, *gaîment, fait signe que oui...*

MARTIAL. Je crois bien... moi qui ne sors jamais... je dévore !...

Il mange à la dérobée une pomme qu'il a prise sur une assiette.

Mme PICHARD, *faisant asseoir Suzanne auprès d'elle.* A côté de moi, chère enfant !... je veux que nous soyons bonnes amies; car ce sera bientôt à moi à veiller sur vous avec la tendresse d'une mère... et dès que le colonel sera mon mari...

SUZANNE, *étonnée et montrant le colonel**. Lui?...

MARTIAL, *à part.* Son mari !...

GENEVIÈVE, *à part.* Oh! là, là...

LE COLONEL, *bas.* Pourquoi diable lui parler de ça?...

Mme PICHARD. Il faut bien qu'elle le sache... (*Offrant à Suzanne.*) Un peu de crème, mon petit chat?...

SUZANNE, *sèchement et repoussant son assiette.* Je n'ai pas faim !...

LE COLONEL, *étonné.* Tu n'as pas faim !.. comment?... (*Suzanne porte la main à sa tête comme si elle souffrait. Le colonel inquiet.*) Allons !... elle va être malade, à présent !

Mme PICHARD, *servant le thé.* Un peu de migraine que le thé dissipera...

LE COLONEL, *appelant Martial qui mange de côté.* Une tasse, Martial?... vite donc !...

MARTIAL, *la bouche pleine.* Voilà !... (*Il veut se dépêcher, trébuche, la tasse tombe et se brise, la soucoupe lui reste à la main.*) Oh !...

LE COLONEL, *en colère.* Maladroit !...

MARTIAL, *immobile.* La soucoupe n'a rien, colonel !...

LE COLONEL, *furieux et se levant.* Juste, la tasse peinte par Suzanne !... Sapremann !...

SUZANNE, *courant à lui et le calmant.* C'est ma faute ! c'est moi qui l'ai poussé comme ça ! ne te fâche pas.

LE COLONEL, *s'apaisant.* Si c'est toi... c'est différent... tu as le droit de tout casser ici... mais ce butor...

GENEVIÈVE, *bas à Suzanne.* Bonne demoiselle...

MARTIAL, *de même.* Un vrai séraphin !...

* Tout ce qui, dans le rôle de Suzanne, est écrit comme dialogue, est exprimé en pantomime par l'actrice dans le premier acte.

LE COLONEL. Cet imbécile!... s'il l'avait bien tenue... il n'en fait jamais d'autres...

SUZANNE, *montrant à Martial les débris de la tasse.* Enlève tout cela, et va-t'en!... (*Câlinant le colonel.*) Pour te rendre ta bonne humeur je vais me mettre au piano.

LE COLONEL. Ah bien oui... ça me fera plaisir...

Elle court s'y placer et prélude. Martial est sorti.

Mme PICHARD, *prenant sa tasse de thé.* Excellente idée... j'adore la musique... toutes les âmes sensibles!... (*A Suzanne.*) Quelque chose de tendre!... de circonstance!...

Regardant le colonel.

Oui, c'en est fait, je me marie...

Un air charmant, qui m'a toujours fait venir les larmes aux yeux!...

GENEVIÈVE, *à part.* Et à son mari aussi!...

Suzanne commence avec humeur l'air : Oui, c'en est fait, je me marie, en faisant la moue en-dessous à Mme Pichard, qui bat la mesure à contre-temps. Puis elle indique qu'elle va lui jouer un tour et prend rapidement le duo de la Fausse magie : Quand on a la soixantaine, etc.

LE COLONEL, *frappant la mesure à son tour.* Ah! il est très-joli aussi celui-là...

Chantant.

Quand on a la soixantaine,
Entre nous c'est bien la peine...

Mme PICHARD, *interdite.* Qu'est-ce qu'elle fait donc?

GENEVIÈVE, *riant à part.* Elle demandait un air de circonstance...

Mme PICHARD, *piquée.* Assez!... assez!... petite!... (*Au colonel.*) Elle a le jeu très-inégal...

SCÈNE VII.
LES MÊMES, MARTIAL.

MARTIAL, *une lettre à la main.* Une lettre de Paris, colonel!...

LE COLONEL, *regardant l'adresse.* C'est bien!... Eh mais... cette écriture inconnue... est-ce que ce serait la consultation du docteur?...

SUZANNE, *se levant vivement et avec joie.* Pour moi?... (*Avec tristesse.*) Ah! c'est inutile!... jamais je ne guérirai, jamais je ne pourrai exprimer tout ce que je ressens.

Elle se dépite, frappe du pied et pleure.

Mme PICHARD. Qu'est-ce qu'elle dit donc? je ne peux pas me faire à cette manière de causer avec les mains... on perd une foule de mots!...

GENEVIÈVE. Elle dit qu'elle ne guérira jamais!... Elle s'afflige de ne pouvoir parler.

Mme PICHARD. Le fait est que c'est cruel pour une femme!... et quand il n'y a pas le moindre espoir...

LE COLONEL, *qui a lu quelques mots.* C'est ce qui vous trompe, cousine... il y en a... et beaucoup!...

Suzanne s'approche ravie de joie.

TOUS, *se rapprochant.* Est-il possible?

LE COLONEL. Écoutez... je n'ai lu que le commencement... (*Lisant.*) « Mein lieber herr... » (*A madame Pichard.*) C'est en allemand...

Mme PICHARD. La belle avance!...

LE COLONEL. Ah!... c'est juste!... vous ne le savez pas.... je vais vous traduire ça... (*Lisant lentement et comme traduisant à mesure.*) « Mon cher monsieur... j'ai beaucoup » pensé à la jeune malade que vous m'avez » amenée... et je crois que l'on peut arri- » ver à une guérison complète... »

SUZANNE, *avec joie.* Ah!...

LE COLONEL, *à Suzanne.* Tu l'entends?...

Mme PICHARD. Continuez!...

LE COLONEL, *lisant.* « C'est un principe » reconnu en médecine que ces sortes » d'affections... résultat d'une grande » frayeur, d'une émotion violente, cèdent » parfois à une autre émotion... à une ré- » volution subite de l'âme, de toute l'exis- » tence!... mille exemples... » (*Mouvement d'impatience de Suzanne.*) Attends donc, chère enfant... je ne peux pas aller bien vite!... je traduis... (*Il reprend.*) « Mille exemples l'attestent, et j'hésite » d'autant moins à vous indiquer le moyen » que je vais vous proposer... qu'il m'a » parfaitement réussi, l'année dernière, » avec la jeune princesse d'Arnheim, » que... dont... » (*Il s'arrête étonné en regardant Suzanne. A part.*) Parbleu!... voilà qui est singulier...

TOUS. Eh bien?...

LE COLONEL, *avec embarras et regardant Suzanne.* Il y a des mots baroques que je ne comprends pas... (*A Suzanne.*) Va, mon enfant... va me chercher mon dictionnaire allemand... sur mon bureau!...

Suzanne s'éloigne en faisant signe à Geneviève d'écouter ce que l'on va dire. Geneviève répond de loin à ses signes.

TOUS, *à part, pendant que Suzanne s'éloigne.*

AIR : *Après une douce attente.* (Page du régent.)

Oui, ceci cache un mystère
Qui trouble en secret mon cœur;
Devant elle { il faut / on veut } se taire
Pour son repos, son bonheur.

Suzanne sort.

MARTIAL, *à part, voyant Geneviève s'ap-*

procher à pas de loup du colonel et de Mme Pichard, qui sont sur le devant de la scène. Cette Geneviève est-elle curieuse... (Bas à sa femme.) Tu me diras ce que c'est ?

Mme PICHARD, au colonel. Comment, vous ne comprenez pas ?...

LE COLONEL, à mi-voix. Au contraire ; je comprends trop !.... mais je ne voulais pas, devant Suzanne... Le diable m'emporte si j'ai jamais entendu parler d'un pareil traitement !...

Mme PICHARD. C'est donc bien extraordinaire ?...

LE COLONEL. Vous allez en juger ! (Lisant à mi-voix.) « Ce moyen m'a parfaite-
» ment réussi avec la jeune princesse
» d'Arnheim qu'une inclination contra-
» riée avait réduite au désespoir... et que
» ses parens ont enfin consenti, sur mes
» instances, à donner à celui qu'elle ai-
» mait... vous devinez que ce moyen...
» c'est le mariage !... Mariez votre fille...
» et elle parlera... »

GENEVIÈVE, qui écoute. Par exemple !...

LE COLONEL, se retournant. Qu'est-ce que c'est ?...

GENEVIÈVE, se baissant. Rien, monsieur le colonel... vot' serviette que j'avais oubliée.

Elle la ramasse et s'éloigne.

MARTIAL, bas à Geneviève. Eh bien ?...
GENEVIÈVE, bas. Je n'ai pas entendu...
MARTIAL, bas. Maladroite ! à sa place j'aurais entendu le double de ce qu'on a dit...

Ils remontent la scène, et sortent en emportant des assiettes, etc.

LE COLONEL, relisant. « Mariez votre
» fille... et elle parlera !... »

Mme PICHARD, riant. Votre fille... il vous a pris pour le père !... c'est piquant !...

LE COLONEL. Oh ! parbleu... je ne m'en fâche pas !... je l'aime assez pour qu'on s'y trompe... mais une pareille consultation...

Mme PICHARD. Que risquez-vous ? (A part.) Au fait... ça me débarrasse de la petite... (Haut.) Il faut le tenter, mon cousin... il faut la marier !...

LE COLONEL, avec humeur. Oh ! rien ne presse !...

Mme PICHARD, vivement. Au contraire !... Pauvre enfant ! il y aurait de la barbarie !...

LE COLONEL, de même. A la bonne heure ! mais il faudrait d'abord...

Mme PICHARD. Savoir si elle a distingué quelqu'un ?... je m'en charge.

LE COLONEL. Eh ! non... comment voulez-vous que dans sa position...

Mme PICHARD. Pour être muette, on n'est pas aveugle, et parmi vos voisins, vos amis... il se peut qu'un jeune homme...

LE COLONEL, se récriant. Justement !... je ne veux pas de jeunes gens... je les ai en horreur !... un fou... un mauvais sujet, qui la rendrait malheureuse !...

Mme PICHARD. Eh bien !... dans les personnes âgées ?...

LE COLONEL, avec emportement. C'est ça.. la sacrifier à un vieillard !...

Mme PICHARD. Il faut bien que ce soit l'un ou l'autre !...

LE COLONEL, voyant Suzanne. Chut !... la voici !... ne parlez pas de la consultation au moins !

Mme PICHARD, bas. Ne craignez donc rien... je ne suis pas une enfant.

SCÈNE VIII.

LE COLONEL, Mme PICHARD, GENEVIÈVE, au fond ; SUZANNE, revenant un livre à la main.

Suzanne, en passant près de Geneviève, l'interroge du regard.

LE COLONEL, à Suzanne qui lui présente le livre. Merci, ma bonne... c'est inutile !.. nous avons fini par déchiffrer à peu près... mais il faut que je revoie le docteur... que je cause avec lui !... nous en parlerons plus tard...

Suzanne regarde Geneviève, qui fait signe que ce n'est pas cela.

GENEVIÈVE, bas. Je vous conterai ça...

Mme PICHARD, passant auprès d'elle. Oui, chère petite, et, en attendant, le colonel, qui ne songe qu'à votre bonheur, désirait savoir...

LE COLONEL, bas. Du tout... je ne veux rien savoir.

Mme PICHARD, bas. Une manière détournée... (Haut.) Il désirait savoir si vous seriez bien aise de vous marier ?

LE COLONEL, à part. Elle appelle ça une manière détournée !...

GENEVIÈVE, voyant Suzanne sourire et se rapprochant. Pardi !... c't'e question !... demandez à toutes les jeunes filles... n'y a qu'un' voix là-dessus...

LE COLONEL, à part. Et l'autre qui s'en mêle... c'est un vrai coupe-gorge !

Mme PICHARD, à Suzanne. Qu'en dites-vous ?... Eh bien ! le mariage...

SUZANNE, faisant signe en souriant que cela ne lui déplairait pas. On a une belle robe, des fleurs sur la tête, un bouquet au côté ; et puis le bal, la danse !

Elle fait quelques pas de walse, de galop, etc.

LE COLONEL, qu'elle a fait walser presque malgré lui, et avec humeur. Oh!... parbleu... quand ce ne serait que pour danser... Elle est folle de la danse!

Mme PICHARD. C'est quelque chose!... mais pour se marier... il faut un mari.

GENEVIÈVE. C'est indispensable!...

Mme PICHARD. Voyons... Préférez-vous quelqu'un?...

LE COLONEL, *bas*. Vous allez trop vite...

Mme PICHARD. Non!... elle baisse les yeux... c'est clair! Eh bien!... il faut nous le faire connaître... ma chère... ne craignez rien... parlez!...

GENEVIÈVE. Parlez!... parlez!... ça vous est bien aisé à dire... (*A Suzanne.*) Voyons, mamselle... j'vas vous aider... et peut-être qu'à nous deux...

LE COLONEL, *à part*. C'est une conspiration infernale!...

GENEVIÈVE, *à Suzanne*. Serait-ce ce jeune avoué qui vient chez monsieur?

SUZANNE, *par signes*. Qui?... ce gros garçon tout bouffi!..... (*elle le contrefait*) qui a des besicles sur le nez... des papiers sous le bras... et qui bavarde, bavarde... Ah!... il me fait bâiller!...

LE COLONEL, *respirant un peu*. Elle a raison!... un imbécile!... un bavard!...

GENEVIÈVE, *à Suzanne*. M. Ernest, notre voisin...

SUZANNE, *par signes*. Cet élégant!... tiré à quatre épingles? (*Elle le contrefait.*) Qui se tient droit comme un piquet... rajuste ses cheveux, sa cravate, tient son lorgnon dans l'œil, et vous regarde en clignotant... toujours un cigare à la bouche, dont il vous envoie des bouffées... fi!...

LE COLONEL, *plus à son aise, et riant*. Ah!... ah!... c'est bien lui... Est-ce qu'elle peut aimer une pareille poupée?... (*A part.*) Je suis tranquille!... Elle ne connaît plus personne...

GENEVIÈVE. Ah! j'y songe... peut-être ce jeune homme que vous avez vu à l'Opéra?

LE COLONEL, *inquiet*. Hein?... un jeune homme!...

Mme PICHARD. Vous l'avez menée à l'Opéra?...

LE COLONEL, *bas*. Une seule fois!... pour jouir de sa surprise... et je me rappelle, en effet, un petit monsieur qui la lorgnait avec une impertinence... (*A Suzanne.*) Comment, tu te souviens?...

SUZANNE, *avec malice, et voyant l'anxiété de son tuteur*. Hein?!... il est gentil!... de petites moustaches...

LE COLONEL, *à part*. Ah!.. mon Dieu!..

SUZANNE, *vivement, et voyant le trouble du colonel*. Mais je n'y pense pas...

Mme PICHARD, *la menaçant du doigt*. Vous n'êtes pas franche... ma chère!... vous l'aimez!...

SUZANNE. Non!...

Mme PICHARD. Si fait!...

SUZANNE, *frappant du pied*. Du tout!...

Mme PICHARD. Alors, si ce n'est pas lui... nommez-nous l'heureux mortel!...

LE COLONEL. Oui, je veux le savoir.... Quel est-il?

SUZANNE, *vivement*. Oh! c'est facile!...

Elle s'élance; puis elle s'arrête tout-à-coup d'un air confus, fait signe qu'elle n'osera jamais, porte la main à son cœur, regarde Mme Pichard qui la gêne, et se sauve brusquement dans sa chambre.

LE COLONEL. Suzanne!...

GENEVIÈVE, *à part*. Est-ce que j'aurais deviné?...

Mme PICHARD, *au colonel*. Elle n'ose s'expliquer devant vous!... mais je mettrais ma main au feu, que c'est le jeune homme de l'Opéra... Je vais tirer ça au clair...

LE COLONEL. C'est inutile!...

Mme PICHARD. Laissez donc... Je ne la quitte pas... entre femmes, on ne se cache rien... et je vous en rendrai bon compte!..

Elle entre dans la chambre de Suzanne. Pendant ce temps, Geneviève est sortie par le fond. Le colonel, resté seul, paraît préoccupé.

SCÈNE IX.

LE COLONEL, *seul, après un silence*.

Comme elle était émue!... il serait possible?..... J'avais bien remarqué hier, en revenant de chez le docteur, que ce mirliflor nous suivait à cheval; qu'il caracolait autour de notre voiture, et regardait souvent Suzanne avec une effronterie.... Il me prenait pour le mari!... Morbleu, si je l'étais!.... malgré mon coup de sabre au poignet, je lui ferais bien voir!... (*Se calmant.*) Malheureusement... je ne le suis pas... (*Reprenant sa colère.*) C'est vrai!... mais je suis son protecteur, et je ne dois pas souffrir qu'un fat la compromette! car c'est un fat!... ça doit être un fat, j'en suis sûr! Mais si elle l'aimait!... maintenant qu'il faut la marier... par ordonnance!... (*Avec dépit.*) Qu'est-ce que ça me fait, à moi, l'ordonnance! Son bonheur, d'abord..... c'est mon devoir. Elle n'épousera que quelqu'un qui me conviendra... et je n'en vois pas qui me convienne... (*S'échauffant.*) La donner à un libertin!... ils le sont tous!... pour qu'on me jette la pierre!..... Du tout je veux qu'elle soit heureuse... elle ne sortira plus!.. elle ne verra personne, que moi... et ce serait bien le diable...

SCENE X.
LE COLONEL, MARTIAL.

MARTIAL, *qui est entré tout doucement par le fond*. Colonel?...

LE COLONEL, *brusquement*. Que veux-tu?...

MARTIAL, *mystérieusement*. Vous êtes seul?

LE COLONEL. Eh! sans doute!... qu'est-ce qu'il y a?...

MARTIAL. Une drôle d'histoire, allez!... J'étais sur le pas de la porte... lorsque Zurich... vous savez, le cocher de Mᵐᵉ Chabouillant, notre voisine... me propose une bouteille aux petits barreaux verts de la grille des Princes!... J'accepte, vu qu'il y avait un quart d'heure que je n'avais rien pris... et que Zurich paie assez volontiers.

LE COLONEL. Fais-moi grâce des détails.

MARTIAL. Pendant que nous trinquions, entre un jeune muscadin... mais du grand numéro!... Beau linge... gants jaunes... petites moustaches...

LE COLONEL, *à part*. C'était lui!...

MARTIAL. Ce que nous appelons, nous autres gens de guerre, joliment ficelé...

LE COLONEL, *avec impatience*. Eh bien!..

MARTIAL. Il tournait... pirouettait... en s'informant d'une jeune personne.... et d'un vieux qui devaient habiter Saint-Mandé...

LE COLONEL, *attentif*. Ah!...

MARTIAL. Et au portrait qu'il faisait du vieux... qu'il appelait je crois Bar...baleau... je vous ai reconnu.

LE COLONEL. Bartholo?...

MARTIAL. C'est possible!... Comme il n'y a personne de ce nom à Saint-Mandé... j'ai bien vu qu'il se trompait... et j'allais lui répondre : Du tout, mon brave homme, c'est le colonel Louis Guérin, qu'il s'appelle...

LE COLONEL. Imbécile!...

MARTIAL. C'est l'observation que je me suis faite!... J'ai pensé qu'il valait mieux écouter; et pour ne pas donner de soupçons, j'ai demandé une seconde bouteille!... ça n'avait pas l'air...

LE COLONEL. Enfin?...

MARTIAL. Alors il s'est mis à babiller... comme un merle!.. Qu'il avait loué la petite maison du n° 3... pour y établir son quartier général!... qu'il découvrirait cette beauté inconnue!... qu'il se moquait des maris, des pères, des oncles..... et de toute la boutique... qu'il avait préparé une lettre incendiaire... pour tourner la tête à la petite... qu'il aurait un rendez-vous, et que le Barboteau n'y verrait que du feu...

LE COLONEL, *furieux*. Mille canons!...

MARTIAL. Oui, mille canons!... ça m'a fait monter la moutarde au nez... Je me suis levé... et je suis venu tout de suite vous conter ça...

LE COLONEL. Il fallait lui sauter à la figure!...

MARTIAL. Ah! dam! vous savez que je suis retiré du service.

LE COLONEL, *se promenant*. L'insolent!... Parce que ces petits messieurs ont fait leur rhétorique chez Grisier ou au tir de Lepage, ils s'imaginent... Ah!... je suis un Bartholo... et il croit qu'il obtiendra un rendez-vous!... Je lui en ménagerai un, moi, corbleu!..... et si je savais que Suzanne y pensât une minute...

SCENE XI.
Les Mêmes, Mᵐᵉ PICHARD.

Mᵐᵉ PICHARD. Victoire!... victoire!...

LE COLONEL. Comment?

Mᵐᵉ PICHARD, *à son oreille*. C'est le jeune homme de l'Opéra...

LE COLONEL, *tremblant*. C'est lui qu'elle aime?... vous croyez?... et sur quelles preuves?

Mᵐᵉ PICHARD. Quand je suis entrée, elle était assise près de la table, et contemplait un petit portrait...

LE COLONEL et MARTIAL. Un portrait?..

Mᵐᵉ PICHARD. Une miniature qu'elle a faite probablement...

LE COLONEL, *à part*. Quelle bêtise... de leur faire apprendre à peindre!...

Mᵐᵉ PICHARD. J'ai voulu regarder... mais au bruit de mes pas, elle l'a caché si vivement, que je n'ai pu distinguer que deux moustaches...

LE COLONEL, *avec colère*. Eh bien!... eh bien!... des moustaches... qu'est-ce que ça prouve?

MARTIAL. Que ce n'était pas un portrait de femme... voilà tout.

Mᵐᵉ PICHARD. Attendez donc!... comme j'insistais pour voir ce chef-d'œuvre... une pierre lancée du dehors... brise un carreau et manque de m'éborgner.

MARTIAL. Ça aurait fait du joli, par exemple!...

LE COLONEL. Une pierre...

MARTIAL. Des moutards qui s'amusaient !...

Mme PICHARD. Du tout !... elle était enveloppée dans un papier !...

LE COLONEL. Une lettre !... (à part) celle que le misérable avait préparée...

Mme PICHARD. Et j'ai aperçu un jeune homme qui disparaissait sous les arbres...

LE COLONEL, à part. C'était lui ! (Haut.) Et cette lettre ?..

Mme PICHARD. J'ai voulu la saisir ; mais Suzanne l'avait déjà parcourue et venait de la déchirer en mille morceaux... Vous voyez que les intelligences sont établies.

LE COLONEL, à part. Ah ! c'en est trop !.. oser lui écrire !... et Suzanne... Je cours le chercher... je trouverai bien un prétexte ! (Bas à Martial.) Martial, tu m'es dévoué ?

MARTIAL, bas. Oh ! oui...

LE COLONEL, de même. Tu as du courage ?

MARTIAL, de même. Oh ! non !..

LE COLONEL, de même. Si fait !

MARTIAL, de même. C'est vous-même qui me l'avez dit, colonel... je suis incapable de vous démentir.

LE COLONEL, lui serrant la main. C'est égal, viens avec moi..... et sur ta tête, pas un mot.

MARTIAL, tremblant. Ah ! mon Dieu ! qu'est-ce qu'il veut faire ?.. Je sens un frisson qui me casse bras et jambes.

ENSEMBLE.

AIR : *Vous voulez de son inconstance* (Page du Régent).

LE COLONEL, à part.

Oui, je veux d'une telle offense
A l'instant même avoir vengeance ;
Et je suis certain que mon bras
Ici ne me trahira pas !
Marchons, suis-moi... son insolence
A mes coups n'échappera pas !

MARTIAL, à part.

Veut-il donc d'une telle offense
A l'instant même avoir vengeance !
Mais je suis certain que mon bras
Ici ne le servira pas !
Tâchons du moins que ma prudence
En ces lieux enchaîne ses pas !

Mme PICHARD, à part.

Oui, malgré cet air d'innocence,
Son cœur avait parlé d'avance !...
Et le cousin n'y pensait pas...
Je vois qu'il enrage tout bas...
Mais je saurai par ma prudence
Fixer son amour et ses pas.

Le colonel entraîne Martial ; ils sortent par le fond. Suzanne entre sur la fin du morceau, et du regard demande à Mme Pichard ce que cela signifie.

SCENE XII.
Mme PICHARD, SUZANNE.

Mme PICHARD. Arrivez donc, ma chère ! J'ai fait des merveilles... j'ai dit au colonel que nous aimions ce beau jeune homme... que nous étions folle de lui.... et il n'est pas éloigné de vous marier. (Suzanne, surprise, s'avance vers Mme Pichard d'un air furieux.) Eh bien ! eh bien ! qu'est-ce qu'elle a donc, cette petite ? j'ai cru qu'elle allait m'arracher les yeux.

SUZANNE, avec colère. De quoi vous mêlez-vous ? vous y voyez tout de travers... vous devriez mettre des lunettes.

Mme PICHARD, se récriant. J'y vois de travers !... mettre des lunettes, moi !.. vous êtes une impertinente, ma chère !

SUZANNE, vivement. Et vous, une bavarde, une méchante, qui n'êtes venue que pour brouiller tout le monde.

Mme PICHARD. Brouiller tout le monde ! si on peut dire !.. moi, la douceur même... (Hors d'elle.) Ah ! c'en est trop, je quitte cette maison, et je n'y remettrai les pieds que quand vous serez repartie pour la Bretagne.

AIR : *Walse de la Petite babillarde* (de Montfort).

Dieu ! quel caractère !
Fantasque et colère !
Tout ici, ma chère,
Me doit le respect.

Gestes ironiques de Suzanne, que Mme Pichard continue à traduire.

Que voulez-vous dire
Avec ce sourire ?

Outrée.

Mon âge l'inspire...
Et me le promet.

Avec une fureur concentrée.

Ah ! c'est à merveille !
Je vous le conseille !...
Comment ! je suis vieille
Quand j'ai vingt-huit ans !...

Suzanne hausse les épaules.

Vous n'y croyez guère ?...

Signe moqueur de Suzanne, qui indique avec ses doigts qu'elle en a deux fois plus.

Voulez-vous vous taire !...

Autre geste : elle fait la vieille cassée.

Pour votre grand'mère
On me prend céans !

Avec explosion de fureur.

Qui ? moi, sa grand'mère !...
Vous allez, ma chère,
Sortir, je l'espère,
De cette maison !...
O ciel ! quelle audace !
M'oser dire en face..
Je quitte la place !...
J'en aurai raison !

Mme PICHARD *sort en criant.* Mon cousin!... sa grand'mère!... il y a de quoi en rester muette sur la place.

Elle sort.

SCENE XIII.
SUZANNE, puis GENEVIÈVE.
Musique.

SUZANNE *seule.* Elle s'en va, tant mieux! Méchante femme!.. aller dire que j'aime ce jeune homme... tandis que le seul pour qui je donnerais ma vie... (*elle regarde si personne ne la voit, et tire un petit portrait de son sein, qu'elle contemple en lui souriant*) le voilà... Tu es toute ma richesse, toi... tu m'entends, tu me réponds...
L'orchestre joue en sourdine l'air : *Le nom de celui que j'aime.* Elle va pour lui donner un baiser, et le cache brusquement en entendant venir Geneviève.

GENEVIÈVE, *accourant tout effrayée.* Ah! mamselle, je vous cherchais... je n'ai pas une goutte de sang dans les veines.. Pauvre colonel! pauvre brave homme!..

SUZANNE, *alarmée.* Mon tuteur?

GENEVIÈVE. Je viens de rencontrer Martial avec deux épées sous son bras... faut lui rendre justice... il était pâle comme un mort... j'ai cru qu'il allait se battre; mais ça ne pouvait pas être pour lui. (*D'une voix entrecoupée.*) C'est vot' tuteur, mamselle!... il a cherché dispute, je ne sais pourquoi, au jeune homme de l'Opéra; dans une heure ils doivent se battre, au bout de la grande avenue du bois... et comment voulez-vous qu'il en réchappe, lui qui est blessé à la main... et ces jeunes gens, qui sont tous d'une adresse!...

SUZANNE, *atterrée.* Se battre! je ne le souffrirai pas... je cours me jeter à ses pieds.

GENEVIÈVE. Vous ne le trouverez plus; il est allé chercher un camarade à Vincennes, et s'il n'en rencontre pas, c'est Martial qui sera obligé de lui servir de témoin... au bout de l'avenue. Le pauvre garçon ne pourra jamais aller jusque-là.

SUZANNE, *très-émue.* Se battre pour moi!... ah! mon Dieu!... mon bienfaiteur, mon seul ami... il faut empêcher...

GENEVIÈVE. Certainement, il faudrait empêcher... mais comment? Si on pouvait donner un faux avis à l'autre, l'enfermer quelque part ou le retenir adroitement...

SUZANNE, *frappée d'une idée.* Le retenir!

GENEVIÈVE, *près de la fenêtre.* Oh! il n'y a plus moyen! le v'là qui va passer sous cette fenêtre pour se rendre sur le terrain.

SUZANNE *s'élance à la fenêtre.* Lui!

GENEVIÈVE. Il ne vous voit pas. (*Suzanne fait un geste de coquetterie en souriant.*) Vous le forcerez bien de vous regarder... comment ça?...
Suzanne pousse un pot de fleurs qui tombe en dehors.

GENEVIÈVE. Eh bien! vous lui jetez un pot de fleurs sur la tête?... Oh! ça a-t-il passé près!... au fait, il lève le nez...

RAPHAEL, *en dehors.* Ah çà! que diable! on fait attention... Que vois-je?..

GENEVIÈVE, *à Suzanne.* Il se radoucit.
Suzanne, à la fenêtre, se confond en excuses par gestes.

RAPHAEL, *en dehors.* Non, non, madame, je ne suis pas blessé, et je bénis cet accident...
Il lui fait des révérences; Suzanne les lui rend d'un air gracieux.

GENEVIÈVE, *à part.* Que de révérences!

RAPHAEL, *en dehors.* Il y a si long-temps que je désirais me rapprocher de vous.... Si vous daigniez me permettre...

GENEVIÈVE, *à la fenêtre.* Hein? Dites donc, mamselle, il demande à vous saluer de plus près?

SUZANNE, *avec joie.* Va le chercher.

GENEVIÈVE. Que je l'amène ici!... Ah! je devine... c'est joliment adroit! (*A part.*) Mais ces jeunes filles, ça ne connaît pas le danger... nous autres femmes mariées, nous n'oserions jamais... (*A la fenêtre.*) V'là que j'y vas, monsieur... (*Elle sort en échangeant des signes avec Suzanne.*) Nous le tenons!

SCENE XIV.
SUZANNE, *seule.*

Elle regarde en tapinois par la fenêtre.
Il attend! bon!... (*Elle s'applaudit de sa ruse.*) Cette Geneviève n'en finira pas! Ah! la voilà!.. elle le fait entrer; ils montent l'escalier... ne nous montrons pas d'abord.

Elle se cache de côté.

SCENE XV.
GENEVIÈVE, RAPHAEL.

GENEVIÈVE. Donnez-vous la peine d'entrer,.. Voulez-vous un verre d'eau, monsieur?

RAPHAEL, *gaîment.* Pourquoi faire?

GENEVIÈVE. Dam! après un pareil accident...

RAPHAEL, *souriant.* Laisse-moi donc tranquille avec ton verre d'eau!

AIR : *Vaudeville du Piége.*

Ah ! si je sens battre mon cœur,
Ce ne peut être d'épouvante...
Et, quoique bizarre, en honneur.
L'aventure est vraiment charmante !
Plus d'un aveu tendre et courtois
Me fut fait par mainte conquête...
Mais c'est bien la première fois
Que l'on me le jette à la tête.

C'est très-original, et la présence de ta maîtresse est le meilleur spécifique... Mais je croyais la trouver ici.

GENEVIÈVE *regardant de côté.* Elle ne tardera pas.

RAPHAEL. A merveille ! (*Avec volubilité.*) Et quel est son nom ? celui de son tyran ? car il y a un tyran, c'est clair !... Est-elle fille, femme, veuve, esclave d'un tuteur ou victime d'un mari ?.... C'est un mari, n'est-ce pas ? tant mieux... c'est mon état à moi... de venger ces pauvres petites femmes. Et elle a donc reçu mon billet ? elle l'a lu, elle y a été sensible ?

GENEVIÈVE, *d'un air composé.* Monsieur, je n'ai rien à vous dire... Je suis discrète.

RAPHAEL. Pas possible !...

GENEVIÈVE. Comment ?

RAPHAEL, *lui prenant la taille.* Tu as des yeux qui parlent pour toi... et quand nous aurons fait plus ample connaissance...

Il veut l'embrasser.

GENEVIÈVE, *le repoussant.* Eh bien, monsieur ! vous oubliez que ce n'est pas pour moi...

RAPHAEL. C'est juste; j'ai le malheur d'être si distrait !... et puis ta maîtresse ne vient pas... moi qui aime à utiliser mon temps.

GENEVIÈVE, *lui présentant un siège, et avec mystère.* Donnez-vous la peine de vous asseoir, de vous calmer... j'vas la prévenir.

Elle lui fait signe de garder le silence, remonte vers le fond, et, à la fin du monologue suivant, reparaît avec Suzanne.

RAPHAEL, *seul sur le devant de la scène.* Charmant ! du mystère... une petite porte, une aventure moyen âge, à réjouir tous mes amis les désœuvrés de Tortoni ! Surtout, si avant de me battre, je puis mériter la vengeance du vieux brutal de Castillan qui est venu me défier ! J'ai du temps devant moi... le combat n'est que dans une heure... et à tout événement... (*Regardant par la fenêtre qui est restée ouverte.*) J'ai placé mon groom Baptiste en védette, pour m'avertir dès que mon adversaire paraîtrait !... s'il paraît... car je commence à croire que c'était une ruse pour m'intimider... Parbleu ! il a bien trouvé son homme... et je lui apprendrai... (*Se retournant.*) C'est elle !... c'est mon inconnue !

GENEVIÈVE, *bas à Suzanne.* Je me tiendrai là... (*Montrant le fond.*) Et il sera bien fin s'il peut nous échapper.

Elle sort.

SCENE XVI.
RAPHAEL, SUZANNE.

RAPHAEL, *à part.* Ravissante !... d'honneur ! mille fois plus jolie de près que de loin !... elle a renvoyé sa camériste... très-bien ! cela annonce un certain usage. Heureux Raphaël ! quel piquant tête-à-tête... quelle délicieuse conversation !... (*Il rajuste sa cravate, passe sa main dans ses cheveux et fait plusieurs saluts de la tête; Suzanne, pendant ce temps, s'est approchée lentement et avec embarras. Raphaël cherchant ses mots.*) Belle dame, je ne m'attendais pas... c'est-à-dire, je n'osais me flatter... que mon hommage... certainement mom hommage... (*A part voyant qu'on ne lui répond pas.*) Ah çà ! elle ne m'aide pas du tout, et me laisse m'embrouiller dans mon hommage... c'est juste ! elle a fait les premières avances avec le pot de fleurs... c'est à moi maintenant. (*Haut et d'un air fat.*) Il est donc vrai... charmante inconnue... que vous n'avez point été offensée de mon audace?... et... (*Suzanne baisse les yeux en riant sous cape.*) Pas de réponse... elle craint que sa voix ne trahisse son émotion. (*Reprenant avec plus de chaleur.*) Avec quelle impatience ! j'attendais l'occasion de vous peindre mon amour !.. cet amour que les obstacles n'ont fait qu'irriter... cet amour qui ne ressemble à aucun des amours... qui... à aucun des amours qui... (*A part en la regardant.*) Rien ! Je vois ce que c'est... elle est étrangère... ça doit être une Anglaise ! je lui parlerais bien anglais; mais je ne le sais pas. (*Haut.*) Que dois-je penser de ce silence opiniâtre, belle insulaire ? Ma présence vous déplairait-elle ?

SUZANNE, *vivement et par signes.* Oh ! non !

RAPHAEL, *à part.* Si, elle comprend; ces yeux expressifs ! C'est une Espagnole !... (*Haut.*) Vous voulez que je reste, céleste Andalouse ?

SUZANNE, *vivement et par signes.* Oui !

RAPHAEL, *étonné à part.* Elle comprend très-bien... C'est une Française ! (*Haut.*) Eh bien ! alors, charmante Parisienne !... qu'un mot de cette bouche divine...

SUZANNE, *par signes.* Non! vous avez beau faire! je ne parlerai pas.

RAPHAEL. Vous ne parlerez pas? (*A part.*) Il paraît qu'il y a des raisons majeures?.. Est-ce caprice, crainte, ou coquetterie pour me piquer au jeu? Après tout, je ne puis me plaindre... elle me permet de rester, elle m'écoute sans colère! (*En souriant.*) Je trouverai bien moyen de la forcer à parler, ou ma foi... qui ne dit mot, consent.

SUZANNE, *remarquant son air préoccupé et lui montrant un fauteuil près d'elle.* A quoi pensez-vous? Allons, venez là, près de moi... (*A part en regardant la pendule.*) Pourvu que je puisse gagner du temps... que je fasse manquer l'heure de ce duel!
Elle se tourne vers Raphaël en souriant, et l'invite encore à s'asseoir auprès d'elle.

RAPHAEL, *à part.* C'est une épreuve... quelque gageure... c'est très-original! Parbleu! nous allons voir. (*Il va s'asseoir et rapproche son fauteuil à mesure que Suzanne éloigne le sien.*) Si vous me privez du bonheur de vous entendre, que ces yeux si doux daignent au moins se tourner de mon côté! (*Suzanne hésite.*) Non?.. je croirai alors que je me suis flatté d'un faux espoir... et je continuerai mon chemin. (*Suzanne jette un coup d'œil à la dérobée sur la pendule, puis se tourne vivement vers Raphaël et le regarde tendrement.*) Non, non, non! on ne veut pas que je m'en aille. (*Haut.*) Et cette jolie main, ne puis-je la presser dans la mienne? vous la retirez!... alors, c'est que je vous suis odieux....et je vais... (*Il se lève. Même jeu. Elle le fait rasseoir et lui abandonne sa main.*) A merveille! c'est du velours... du velours satiné! Je commence à trouver la plaisanterie excellente! et puisqu'on ne me refuse rien... ma foi... (*Il veut l'embrasser. Suzanne, se levant tout émue, le repousse avec colère et lui ordonne de s'éloigner. Raphaël étonné.*) Comment... que signifie?.. ce regard impérieux!... (*D'un ton piqué.*) Ah! pardon, madame, je vois que je m'étais trompé; j'obéis... je m'éloigne!... (*Il fait un pas pour sortir. Suzanne s'élance avec effroi vers la porte, la ferme à double tour en le regardant d'un air de triomphe. Musique jusqu'à la fin de l'acte. Raphaël à part.*) Pour le coup... ceci est assez clair... et je serais un sot...
Il va à elle d'un air délibéré. En ce moment, on entend la voix de Baptiste.

BAPTISTE, *en dehors.* Monsieur, monsieur!...

RAPHAEL, *étonné.* C'est Baptiste!...

BAPTISTE, *en dehors.* Hé! vite! monsieur votre adversaire vous attend depuis une demi-heure!...

RAPHAEL. Il attend!... Je serais déshonoré!... (*Il veut courir à la porte. Suzanne plus effrayée, retire la clef, s'attache à lui, et fait des efforts surnaturels pour parler, pour le supplier.*) Eh bien, eh bien!... qu'est-ce que vous faites donc, ma petite?... Cette clef! Donnez-la-moi, je la veux!... Je serais perdu (*Geste de supplication.*) Vous avez peur pour moi, vous avez tort, j'ai une telle habitude... (*Suzanne frappée, jette la clef par la fenêtre à gauche*) oh!... diable de petite femme!.... quand la passion s'en mêle... puisque je vous dis que je reviendrai... Cinq minutes... je suis sûr de moi, c'est un homme mort.
Suzanne chancelle et s'appuie contre un fauteuil; Raphaël court à la porte.

BAPTISTE, *en dehors.* Vite donc, monsieur.

RAPHAEL, *à la porte du fond.* Fermée à double tour (*courant à la fenêtre*) ah!.. ma foi! Ce n'est qu'un entresol!
Il s'élance par la fenêtre.

SUZANNE, *effrayée et faisant des efforts pour crier, pour appeler, court à la fenêtre et au milieu de son effroi laisse échapper un cri, puis les mots:* Arrêtez! arrêtez!
Elle tombe agenouillée près de la fenêtre. — La toile baisse.

ACTE DEUXIEME.

Le théâtre représente l'intérieur d'un joli pavillon à la chinoise, ouvert sur le jardin. Au fond, une espèce de vestibule avec des caisses de fleurs étrangères. A gauche du spectateur, un cabinet dépendant du pavillon, avec une petite fenêtre en face du public. A droite, et en face du public, une porte vitrée faisant le pendant de la fenêtre du petit cabinet de gauche, et ouvrant sur une partie du jardin. Vases du Japon, table et siéges de même style.

SCENE PREMIERE.

SUZANNE, seule.

Elle accourt toute essoufflée, jette son chapeau sur une chaise et semble reprendre haleine.

Air du *Morceau d'ensemble*.

Quel plaisir !... quel bonheur !
Je parle, parle... oui c'est moi-même !
Ce prodige enchanteur,
Ce n'est point un rêve trompeur !
Quel heureux changement !
Pour moi, dans mon ivresse extrême,
Je parlerais vraiment
A chaque instant;
Même en dormant!

Souriant.

Mais ce n'est pas trop mal...
Surtout pour une commençante ;
De ce bien sans égal
Mon sexe est dit-on libéral..!
Aisément je le crois,
Car dans ma joie impatiente,
De ma bouche à la fois,
Au lieu d'un mot, il en part trois !

Quel plaisir, quel bonheur! etc.

Ah! me voilà donc enfin comme toutes les femmes !... je parle !... Et mon tuteur qui ne s'en doute pas !... depuis hier, depuis ce maudit duel, où il ne lui est rien arrivé, Geneviève me l'a bien assuré... impossible de le voir... de lui adresser mes premières paroles de bonheur !... heureusement que j'avais Geneviève... car ça m'étouffait!... et puis, j'avais besoin de m'exercer... quand on n'a pas encore l'habitude... (*D'un air satisfait.*) Elle dit que j'ai de grandes dispositions, et que j'irai très-bien... aussi, dès que je suis seule, je me parle... je m'écoute... je me réponds... j'essaie les mots les plus tendres! (*Avec impatience.*) Mais c'est ennuyeux de n'avoir personne à qui les adresser !... Ce vilain tuteur !... que fait-il donc ? au lieu de venir jaser... Mais réveillez-vous donc, monsieur !... si vous saviez que je parle... que je chante peut-être... (*Frappée d'une idée.*) Tiens! c'est possible !... je n'y songeais pas!

Air *nouveau*.

Essayant avec crainte.

Ah! ah! ah!...
Parlé. Dieu! que c'est mauvais!
Ah! ah! ah!
Parlé. Oh! mais, c'est détestable!
Ah! ah! ah!
Parlé. C'est déjà mieux!
Ah! ah! ah!
M'y voilà!

On entend l'écho.

CHANT.

Surprise nouvelle !
Cet écho fidèle
Répète mes chants...
C'est moi que j'entends !...

COUPLETS.

Air *Nouveau*.

PREMIER COUPLET.

Vertes montagnes,
Fraîches campagnes,
Qu'avec bonheur je vous revois !
L'onde murmure...
Dans la nature
Tout semble sourire à ma voix !
Et bien souvent, pour causer là,
Lorsque personne ne viendra
L'écho du moins me répondra...
Avec un petit soupir.
Faute de mieux, c'est toujours ça !
Chantant avec l'écho.
Ah !... ah !...
Le charmant duo que voilà !

DEUXIÈME COUPLET.

Plaisir suprême !
Dire je t'aime :
Ce mot charmant se dit parfois !...
Je veux l'apprendre,
Il est si tendre !
Je le crois très-bien dans ma voix !
Et quand ici nul ne sera
Pour me répéter ce mot-là...
L'écho du moins y répondra.
Avec un soupir plus marqué.
Faute de mieux, c'est toujours ça !
Chantant avec l'écho.
Ah !... ah !...
Le charmant duo que voilà !

SCENE II.

SUZANNE, GENEVIÈVE, *qui a paru au fond pendant la fin de l'air.*

GENEVIÈVE. Bravo, mams'elle !

SUZANNE, *courant à elle et avec volubilité.* Ah ! c'est toi, Geneviève !... viens donc vite... quand tu n'es pas là, j'ai toujours peur d'oublier. Eh bien ! personne ne sait la nouvelle ?... as-tu vu mon tuteur ?... il n'a pas été blessé, tu en es sûre ?... et Mme Pichard, est-t-elle toujours furieuse contre moi ?... A-t-elle reparu ?... fait-elle des histoires... jette-t-elle les hauts cris ?... réponds-moi donc.

GENEVIÈVE, *étourdie.* Ah ! mais, ah ! mais, ah ! mais... n'y en a plus que pour vous !... quelle débâcle !

SUZANNE. Il faut bien que je rattrape le temps perdu.

GENEVIÈVE. Si vous continuez, vous serez en avance. Pour aller [par ordre, Mme Pichard est toujours chez Mme Chabouillant... elle ne *décolère* pas... vot' tuteur est *saine* et *sauve*... mais je n'ai rien pu savoir du duel... vu qu'après le combat, le colonel a été à Paris, qu'il n'en est revenu qu'à la nuit, et ne s'est pas couché... car je l'ai entendu qui se promenait et parlait tout seul.

SUZANNE. Tiens ! c'est comme moi.

GENEVIÈVE. Vous n'avez pas dormi ?

SUZANNE. Ah bien oui !.. j'avais trop de choses à me dire !.. tant d'impressions nouvelles !... et dès le point du jour donc... je courais le jardin, je parlais à tout ce qui m'entourait... aux fleurs, aux arbres, aux nuages... aux oiseaux de ma volière, qui me battaient des ailes, comme pour se réjouir aussi de mon bonheur !... Ah ! que tout était beau !... j'étais heureuse ! j'étais folle ! je pleurais ! (*S'essuyant les yeux en riant.*) Je crois que je pleure encore.

GENEVIÈVE, *émue.* Pauvre chère demoiselle !

SUZANNE. Geneviève, si nous allions surprendre mon tuteur... je lui sauterais au cou... je lui dirais : Bonjour, monsieur... voulez-vous causer ?... je puis vous répondre maintenant.

GENEVIÈVE, *effrayée.* Oh ! gardez-vous en bien, mams'elle.

SUZANNE, *étonnée.* Pourquoi ?

GENEVIÈVE, *embarrassée.* Ah ! pourquoi ? (*A part.*) Diable de consultation !

SUZANNE, *la regardant.* Qu'as-tu donc ?... cet air d'embarras... qu'est-ce que cela signifie ?

GENEVIÈVE. Ça signifie, mams'elle, que vous v'là bien contente, bien heureuse ; que vous parlez comme si vous n'aviez fait que cela toute votre vie... et qu'il faut vous remettre... à vous taire.

SUZANNE, *se récriant.* Me taire !... moi ?

GENEVIÈVE. Jusqu'à nouvel ordre.

SUZANNE. Par exemple ! on n'en a pas le droit, ce serait une horreur, une injustice !... je puis parler, je veux parler... et je parlerai.

GENEVIÈVE. Avec moi, tant que vous voudrez... il n'y a pas de danger... aussi, nous nous enfermerons de temps en temps pour jacasser !.. Tenez, pendant que nous sommes seules, donnez-vous-en à cœur joie... faites des provisions !.. mais, dès que quelqu'un paraîtra, motus... ou c'est fait de vous !

SUZANNE, *plus étonnée.* Et à cause ?

GENEVIÈVE, *cherchant ses mots.* A cause de la consultation !... oui... la fin... qu' vous n'avez pas entendue... disait... de vous marier... et que... vous parleriez !

SUZANNE. Eh bien ?

GENEVIÈVE. Eh bien ?

SUZANNE. Je parle avant le mariage... tant mieux pour mon mari.

GENEVIÈVE, *se dépitant.* Mais du tout ! (*A part.*) Elle ne comprend pas !... (*Haut.*) Moi, voyez-vous, je sais que c'est la frayeur, votre tendresse pour le colonel qui ont amené chez vous une révolution... mais les autres ne sont pas obligés de deviner... et cette satanée consultation... a fait du bruit ; mame Pichard a bavardé... on en jasait à la cuisine... ces gens de campagne, c'est si bêtes ! si bavards... ils diraient ci, ils diraient ça !...

SUZANNE. Ils diraient ci, ils diraient ça ! si j'y comprends un mot !... Tiens, puisque tu ne peux pas t'expliquer plus clairement, je cours le demander à mon tuteur.

GENEVIÈVE, *la retenant.* Oh ! ne faites pas cela, mams'elle, je vous en prie, comme on prie le bon Dieu... vous savez si je vous aime, si je vous suis dévouée... mais si le colonel vous entend prononcer un seul mot !

AIR : *Amis, voici la riante semaine.*

Il vous fuira, soyez-en bien certaine.
Ça s'ra fini pour vous et plus d'espoir ;
Car sa tendress' va se changer en haine...
Il n'voudra plus vous aimer ni vous voir.

SUZANNE, *étonnée.*

Ne plus me voir ! je n'y puis rien comprendre ;
Avec dépit.
J'ai du malheur ! quand ma bouche au surplus
Ne parlait pas... je pouvais vous entendre,
Je parle enfin et ne vous entends plus. (*Bis.*)

(*Avec résolution.*) Mais je veux absolument savoir...

GENEVIÈVE. Eh bien ! puisqu'il le faut ! (*Écoutant au fond.*) On vient !... je vous le dirai plus tard, mams'elle... mais je vous en conjure, redevenez muette.

SUZANNE. Je ne peux plus.

GENEVIÈVE. Pour aujourd'hui seulement....

SUZANNE. J'en mourrais !...

GENEVIÈVE. Eh bien, pour une heure...

SUZANNE. Pour une heure...

GENEVIÈVE. Oui, oui, une heure, nous verrons après... Je vous le demande en grâce... ou c'est fait de vous, vous êtes perdue à jamais.

SUZANNE. Tu me fais peur..... Une heure !... soit !... C'est bien long !...

GENEVIÈVE. Vous ferez des gestes !...

SUZANNE, *avec humeur.* Oh ! je ne m'en souviens déjà plus !... ça m'embrouillerait !...

GENEVIÈVE. Eh bien !... vous n'avez qu'à parler en dedans....

SUZANNE. Beau plaisir !...

GENEVIÈVE, *bas.* Chut !... C'est Martial !...

SCENE III.
Les Mêmes, MARTIAL.

MARTIAL, *au fond.* Pardon, excuse... Le colonel fait demander comme ça si Mamselle est levée ?...

SUZANNE, *à mi-voix.* Il y a long-temps !...

MARTIAL, *s'approchant.* Hein ?...

GENEVIÈVE, *poussant Suzanne, qui se mord les lèvres.* Je dis qu'il y a long-temps !... Tu le vois bien, d'ailleurs...

MARTIAL. Je vas lui rendre réponse !...

Il se retourne pour sortir.

SUZANNE, *bas à Geneviève.* Questionne-le donc sur ce duel ?... puisque je suis muette, parle pour moi, au moins.

GENEVIÈVE, *bas.* Avec plaisir ?... (*Appelant.*) Martial !

MARTIAL, *s'arrêtant.* Plaît-il ?

GENEVIÈVE. Mamselle Suzanne, qui connaît ton talent pour les récits... désire que tu lui contes ce qui s'est passé hier, entre ton maître et ce jeune homme ?

MARTIAL. Oh ! justement !... le colonel qui ne veut pas que mamselle sache...

GENEVIÈVE. Oui... mamselle veut savoir... et moi, ta femme... je le veux aussi, je te l'ordonne... j'suis dans mon droit... ainsi, dépêche-toi.

MARTIAL, *à mi-voix.* Mais le colonel m'a promis une *rouffle*... si je parlais !...

GENEVIÈVE. Et moi... vingt soufflets... si tu ne parles pas... choisis...

MARTIAL, *à part.* Choisis !... N'y a pas à hésiter... J'peux éviter l'colonel... tandis que ma femme, qui m'a toujours sous la main...

SUZANNE, *à part.* Eh bien ?...

Elle va vivement à Martial, lui montre une pièce d'or et lui ordonne de parler.

MARTIAL, *prenant la pièce d'or.* Pour une muette, elle s'exprime avec un charme !... (*A Suzanne, qui s'impatiente.*) Voilà, mamselle... C'est pour vous, au moins ! (*Montrant Geneviève.*) Elle croirait que je la crains... (*A Suzanne.*) Figurez-vous... Ils sont arrivés sur le terrain... Ils étaient là tous deux... moi... un peu en arrière... pour ne pas gêner leurs mouvemens... parce qu'il faut avoir ses aises !... Pour lors, ils ont mis l'épée à la main... Ah ! mamselle !... quelle situation pour un témoin !.., C'est horrible !

Air *de Préville et Taconnet.*

Ça vous remue au fond de l'âme...
Je voyais tout confusément...
Puis le soleil sur chaque lame,
Ça m' donnait un éblouissement,
Et je sentais qu' j' m'en allais tout douc'ment !
J'entends un *oh !* qui me rassure,
C'était l' petit qui r'cevait presque rien.
Montrant le haut du poignet.
Un' véritable égratignure... Eh bien !
Ça m'a remis... et jamais, je vous jure,
Un coup d'épé' n' m'a fait autant de bien.

SUZANNE, *bas, à Geneviève.* Je respire !

MARTIAL. Alors, je me suis écrié : « En voilà assez ! celui qui veut recommencer n'est pas Français ! » Le petit était cramoisi !... vu que son épée lui était échappée. Le colonel lui a dit deux mots à l'oreille... Alors il l'a ramassée, et nous l'avons reconduit chez lui ! ici près, au numéro 3... Mais ils ne se sont pas serré la main... c'est mauvais signe... parce qu'à l'armée, quand on s'est donné un coup de sabre, on s' donne une poignée de main et on déjeune ensemble ! faut savoir vivre !... Moi, en attendant, j'ai bu deux verres de vin à leur intention ; ça vaudra ce que ça pourra !

GENEVIÈVE. Tais-toi ! c'est le colonel.

SUZANNE, *à part.* Mon tuteur !

MARTIAL, *bas.* Ne dites rien surtout.

SCENE IV.
Les Mêmes, LE COLONEL.

LE COLONEL, *regardant Martial.* Il paraît que mon éclaireur est tombé dans quelque embuscade ?...

MARTIAL. Non, non, colonel... J'allais vous chercher.

LE COLONEL, à Suzanne, qui court à lui. Bonjour, mon enfant... Eh! bon Dieu! quel redoublement de tendresse!... Je suis enchanté, au surplus... de te trouver dans de si bonnes dispositions; car j'ai à te parler de quelque chose...

SUZANNE, à part. Qu'est-ce que ça peut être?

LE COLONEL, voyant Martial qui l'écoute. Martial... va à ton ouvrage!

MARTIAL. Oui, colonel... d'autant que j'ai de la quatrième besogne en arrière... (A part.) Je vas achever mon déjeuner.

Il sort.

SCENE V.
LE COLONEL, SUZANNE, GENEVIÈVE.

LE COLONEL, à Geneviève, qui fait mine de s'éloigner. Toi, Geneviève, reste!... (A part.) Cette petite pourra m'aider... car j'ai grand besoin d'être aidé... (Toussant et s'encourageant.) Hum!... Suzanne... il y a une époque de la vie... où l'homme doit... (A part.) Le diable m'emporte si je sais par où commencer!

SUZANNE, bas à Geneviève. C'est drôle!... il n'a pas l'air très-rassuré... est-ce que je lui fais peur?... je vais lui dire qu'il a tort!...

GENEVIÈVE, l'arrêtant. Chut!... c'est le moment de s'observer plus que jamais.

LE COLONEL, à part. Allons, allons!... en avant la vieille garde!... (Haut.) Suzanne... parlez-moi... comme à votre meilleur ami... (D'une voix émue.) Aimez-vous ce jeune homme de l'Opéra?

SUZANNE, vivement, à part. Moi! (S'arrêtant, et par signes.) Oh non! je vous jure.

LE COLONEL, respirant, à part. Ah! voilà déjà une bonne avance!... (Haut.) Aimez-vous quelque autre jeune homme?

SUZANNE, à part. Un autre jeune homme... (Poussant Geneviève.) Mais parle donc, toi!

GENEVIÈVE, au colonel. Nous! aimer des jeunes gens! fi donc, colonel!

LE COLONEL, à lui-même. Ah!... voilà un boulet de trente-six de moins sur la poitrine!... (Haut.) C'est qu'alors je vous proposerais... c'est-à-dire!... non... voilà... Je connais quelqu'un... (A part.) C'est assez adroit, ça.

SUZANNE, à part. Allons! voilà qu'il s'embrouille encore...

LE COLONEL. Oui... quelqu'un qui a toujours eu pour vous... C'est d'hier seulement qu'il s'est aperçu... qu'il ne pourrait jamais vivre sans vous... Et ma foi, sans savoir si ça vous conviendrait... il a été à Paris, chez son notaire...

SUZANNE, à part. Il serait possible...

LE COLONEL. Il a fait préparer un contrat... ce qui est une bêtise!...

SUZANNE, à part. Mais du tout!..

LE COLONEL. Parce que s'il ne vous plaisait pas!... Mais d'une manière ou d'autre... Il avait besoin de vous assurer tout son bien.

SUZANNE, bas à Geneviève. Ah!... comment ne pas l'aimer!

LE COLONEL. Il a même acheté la corbeille, les bijoux... ça l'amusait; et puis, pour ne pas perdre de temps... car ce n'est plus un jeune homme... ce n'est pas un vieillard non plus...

SUZANNE, bas et contenue par Geneviève. Dites donc vite que c'est vous!.... lui qui peut parler... C'est impardonnable!

LE COLONEL. Enfin c'est un brave garçon, un honnête homme... qui n'a ni esprit, ni belles façons... mais qui se ferait hacher en mille pièces pour vous épargner un chagrin... et le brave garçon... c'est...

SUZANNE à part. et GENEVIÈVE. C'est?

LE COLONEL. Ah! Suzanne... vous me feriez bien plaisir de deviner qui?

SUZANNE, à part. Il n'en viendra jamais à bout!

GENEVIÈVE. Pardi! c'te malice!... c'est vous, colonel... et il y a long-temps que je m'en doutais.

LE COLONEL. Eh bien! oui!

SUZANNE, transportée de joie. Ah!

LE COLONEL, à Suzanne qui s'est élancée et qui couvre sa main de baisers. Comment? vrai, ça ne te déplaît pas trop? tu m'aimerais un peu?...

SUZANNE, bas à Geneviève. Un peu! oh! pour le coup, je vais lui dire...

GENEVIÈVE, bas et l'arrêtant. N'en faites rien...

SUZANNE, bas. Quel danger... avant le mariage?

GENEVIÈVE, bas. Ça lui fera plus de plaisir après!

SUZANNE, bas. Mais au moins, dis-lui donc, toi.

LE COLONEL, étonné de leurs gestes, à part. Eh bien! me serais-je trompé?

GENEVIÈVE, poussée par Suzanne. Non... non, monsieur... mamselle n'ose vous exprimer... mais du côté de ses sentimens... et de la réciproque...

SUZANNE, frappant du pied et bas. Ah! que tu parles mal!

GENEVIÈVE. Oui, colonel, certainement... du côté de la réciproque...
LE COLONEL, *regardant Suzanne*. Tais-toi, tais-toi, Geneviève... ses yeux m'en disent bien plus que tous tes discours..... et ma vie entière... (*Suivant les signes de Suzanne.*) Oui, oui, Suzanne... je te comprends.

AIR : *Faisons ici défense expresse.*

Plus éloquent que la parole,
Ton regard promet le bonheur,
Et maintenant je me console
Si, pour te guérir, le docteur
S'est bercé d'un espoir trompeur.
SUZANNE, *choquée et bas à Geneviève.*
Comment ! moi, qui parle à merveille !...
Laisse-moi lui dire à présent
Combien je l'aime...
GENEVIÈVE, *bas.*
Non, vraiment !
SUZANNE, *bas.*
Je ne lui dirai qu'à l'oreille. (*bis.*)

SCÈNE VI.

LES MÊMES, MARTIAL, puis Mme PICHARD.

MARTIAL, *annonçant.* Madame Pichard.
TOUS. Madame Pichard !
GENEVIÈVE, *bas à Suzanne.* Prenez bien garde.
SUZANNE, *bas.* Oh ! je ne la crains plus.
LE COLONEL, *gaîment.* Ah ! nous allons avoir des grincemens de dents !... Ma foi, tant pis !

Mme *Pichard entre, Martial sort.*

Mme PICHARD, *d'un air composé.* Pardon, cousin... je m'étais promis de ne plus reparaître chez vous... vous en savez les motifs ?
LE COLONEL. Oui, oui, cousine... j'ai reçu votre lettre ; mais vous avez eu tort de vous choquer d'une petite discussion.
Mme PICHARD. Oh ! sans doute, Mlle Suzanne est une personne si douce, si réservée...
SUZANNE, *bas à Geneviève.* Elle me regarde en louchant.
GENEVIÈVE, *bas.* Ça cache quelque trahison...
Mme PICHARD. Ce n'est même que pour elle que je me suis décidée à revenir sous ce toit ingrat et volage.
SUZANNE, *par signes.* Pour moi, madame ?
Mme PICHARD, *d'un air pincé,* Oui, ma chère.
GENEVIÈVE. Que de bonté !..
SUZANNE, *bas.* Ça n'est pas naturel.
LE COLONEL. Suzanne vous en remercie...

Suzanne lui fait une révérence.

Mme PICHARD, *la lui rendant sèchement.* Je l'en dispense !

Deux autres révérences de part et d'autre avec plus d'humeur et d'ironie.

LE COLONEL. Voyons, voyons... vous êtes là à vous piquer à coups d'épingles.... Qu'est-ce qu'il y a encore, cousine Pichard ?
Mme PICHARD. Il y a, colonel, que l'honneur de la famille m'est cher !... que je ne puis souffrir qu'on le prenne pour un zéro en chiffre... comme était feu monsieur.... (*se reprenant*) comme disait feu M. Pichard, et que dans ce moment Mlle Suzanne avec son air d'eau qui dort... aime quelqu'un en secret.
LE COLONEL, *ironiquement.* Quelqu'un ? vraiment ?
Mme PICHARD. On ne parle que de ça, chez Mme Chabouillant...
SUZANNE, *bas à Geneviève.* Je crois bien ! une collection de vieilles femmes !
LE COLONEL, *riant.* Parbleu ! voilà une nouvelle aussi fraîche que celle qui l'ont fabriquée !... Je le savais avant vous, cousine !... oui, oui, je sais qui Suzanne aime, qui elle préfère, et j'approuve son choix... (*prenant amicalement Suzanne sous son bras*) par la grande raison... que c'est moi.
Mme PICHARD. Vous ?
LE COLONEL. Moi-même, cousine... je l'épouse !
Mme PICHARD. Allons donc... pas possible !
LE COLONEL. A cause de vos droits !.. ah ! je ne suis pas comme votre M. de Saint-Alphonse !... je ne vous ai pas signé de promesse de mariage moi, et d'ailleurs je vous ai prévenue que Suzanne épouserait qui elle voudrait... ce n'est pas ma faute si c'est moi qu'elle veut... (*A Suzanne avec tendresse.*) N'est-ce pas, mon enfant, que c'est moi que tu veux ?
SUZANNE, *par signes.* Oui !.. oui !... vous seul !...
Mme PICHARD, *piquée.* Il ne s'agit pas de mes droits, cousin... Mais vous réfléchirez...
LE COLONEL, *s'échauffant.* Du tout !
Mme PICHARD, *de même.* Une pareille folie !...
LE COLONEL, *de même.* Tant mieux !
Mme PICHARD, *de même.* Ce mariage n'aura pas lieu !
LE COLONEL, *de même.* Si fait !
Mme PICHARD, *de même.* Jamais !
LE COLONEL, *hors de lui.* Tout de suite ! et pour vous en convaincre... (*à Geneviève.*) Geneviève, va chercher la corbeille, les cadeaux, que j'ai rapportés de Paris !... que l'on prévienne le notaire... qu'il vienne

sur-le-champ!.... Mme Pichard pourra signer au contrat...

ENSEMBLE.

Air *du Galop de la Chatte* (Montfort).

LE COLONEL, SUZANNE, *à part, et* GENEVIÈVE.

Oui
Quoi } vraiment?
Sur-le-champ,
De ce mariage
Le bonheur
Enchanteur
Fait battre { mon / son } cœur.

Regardant Mme Pichard.

Son dépit
Se trahit,
Oh! comme elle enrage!
Doux espoir!
Dès ce soir
Bravons son pouvoir.

Mme PICHARD, *à part.*

Quoi! vraiment
Sur-le-champ!
Ah! ce mariage
De douleur,
De fureur,
Fait battre mon cœur.
Mon dépit
Se trahit;
Mais calmons ma rage,
Dès ce soir
Mon pouvoir
Trompe leur espoir.

Geneviève en sortant fait signe à Suzanne d'être prudente.

SCENE VII.

LE COLONEL, Mme PICHARD, SUZANNE.

LE COLONEL, *d'un air triomphant.* Là!... maintenant le croirez-vous?

Mme PICHARD, *froidement.* Non, mon cousin.

LE COLONEL. Non?

SUZANNE, *à part.* Est-elle entêtée!

Mme PICHARD. Non, vous dis-je... car il me suffira d'un seul mot pour vous arrêter...

LE COLONEL. D'un seul mot?

SUZANNE, *à part, impatientée.* Eh bien!.. dites-le donc!...

LE COLONEL, *suivant les signes de Suzanne.* Elle a raison!.... parlez! Ce mot?

Mme PICHARD, *lentement.* C'est que ce n'est pas vous... que Mlle Suzanne aime.

SUZANNE, *jetant un cri d'indignation.* Ah!...

LE COLONEL, *la prenant dans ses bras.* Je n'en crois rien!... Ne pleure pas, Suzanne..... C'est un mensonge! une atroce calomnie, dont il faut qu'on me donne les preuves.

Mme PICHARD, *souriant.* Oh! les preuves sont faciles... et claires comme eau de roche. C'est du moins ce qu'on disait chez Mme Chabouillant.

LE COLONEL, *avec emportement.* Enfin! qu'est-ce qu'elle disait donc cette vieille folle?

Mme PICHARD, *avec calme.* Qu'hier, comme vous veniez de vous absenter... le jeune homme de l'Opéra était entré secrètement ici, par la petite porte du jardin...

SUZANNE, *à part.* Ah!...

LE COLONEL, *ému.* C'est faux!...

Mme PICHARD. Zurich, le cocher de Mme Chabouillant l'a vu. (*Reprenant avec calme.*) Qu'il s'est échappé par la fenêtre...

LE COLONEL. Par la fenêtre!...

Mme PICHARD. C'est un peu leste!

SUZANNE, *à part.* O la méchante femme!...

LE COLONEL, *regardant alternativement Suzanne et Mme Pichard.* Morbleu!... si je croyais...

Mme PICHARD. De là... les clabaudages... les jugemens tintamarres... il y en a qui prétendent que ce n'est pas sa première visite...

SUZANNE, *à part.* Oh! la langue me démange!...

Mme PICHARD. Qu'il a des intelligences dans la place, et que tous les jours, quand vous n'y êtes pas... il se glisse chez vous par le même chemin!...

SUZANNE, *hors d'elle-même et involontairement.* Quelle horreur!... ça n'est pas vrai, ça n'est pas vrai, madame!... c'est un mensonge! une imposture!...

LE COLONEL, *pétrifié.* Qu'entends-je?

Mme PICHARD, *reculant.* Sainte-Vierge!.. elle a parlé!...

SCENE VIII.

LES MÊMES, MARTIAL *et* GENEVIÈVE, *paraissant au fond, ils portent une corbeille élégante, des écrins, des schalls.*

MARTIAL *et* GENEVIÈVE. Elle a parlé!...

Ils restent immobiles.

SUZANNE, *avec impétuosité, à Mme Pichard.* Oui, oui... je parlerai pour vous confondre, pour dire que c'est une indigne fausseté... que vous êtes une mauvaise langue... une bavarde, qui avez inventé tout cela!...

Mme PICHARD *et* GENEVIÈVE. Miséricorde!...

MARTIAL, *stupéfait.* Miracle!... Quel chapelet!...

GENEVIÈVE, *désolée.* Voilà ce que je craignais!...

Mme PICHARD. Et la consultation!...

LE COLONEL, *repoussant Suzanne qui court à lui.* Ah! malheureux!

MORCEAU D'ENSEMBLE.

AIR : *Ah! que vient-on de nous apprendre* (César)?

Mme PICHARD *et* LE COLONEL.
Éloignez-vous de ma présence!
Ah! juste ciel! qu'ai-je entendu?

LE COLONEL.
Plus de repos, plus d'espérance,
Oui, chaque mot m'a confondu.

Mme PICHARD *à part.*
Je vais renaître à l'espérance,
Car ce prodige a tout perdu.

SUZANNE, *éperdue.*
Ai-je donc fait une imprudence?
Mon crime, hélas! m'est inconnu.
Je puis prouver mon innocence,
Et tout espoir n'est pas perdu.

MARTIAL *et* GENEVIÈVE.
Elle a parlé! quelle imprudence,
Ah! juste ciel! qu'ai-je entendu?
Pour elle, hélas! plus d'espérance,
Et ce prodige a tout perdu.

LE COLONEL, *remontant la scène.*
Ah! dans ma rage!

Il voit Martial et Geneviève.
Qu'est-ce donc?... et que voulez-vous?

MARTIAL, *tremblant.*
Du mariage
Ce sont les cadeaux... les bijoux.

GENEVIÈVE, *de même.*
Et bientôt j'gage
Le notair' va se rendre ici.

LE COLONEL, *furieux.*
Le mariage?
Non, plus d'hymen... tout est fini...

SUZANNE, *courant à lui.*
Écoutez!...

LE COLONEL, *la repoussant.*
Non, jamais!...

SUZANNE.
Un seul mot...

LE COLONEL.
Non, jamais!...

Repoussant la corbeille et les cadeaux qu'il jette à terre.
Maudits soient mes projets!...

ENSEMBLE.

Mme PICHARD *et* LE COLONEL.
Éloignez-vous de ma présence,
Ah! juste ciel!... qu'ai-je entendu? etc.

MARTIAL *et* GENEVIÈVE.
Elle a parlé... quelle imprudence, etc.

SUZANNE.
Ai-je donc fait une imprudence? etc.

Suzanne est aux pieds du colonel qui sort avec Mme Pichard; Martial les suit.

SCENE IX.

SUZANNE, GENEVIÈVE.

SUZANNE, *encore à genoux et soutenue par Geneviève.* Ah! Geneviève. (*Elle sanglote.*) Que vais-je devenir?...

GENEVIÈVE, *pleurant aussi.* Ah! ah!... Du courage, mamzelle!...

SUZANNE. Du courage!... à quoi bon?... maintenant qu'il me hait... qu'il me déteste...

GENEVIÈVE. Lui?... Non, mamselle. Ces hommes... ça ne veut pas avoir l'air... ça a une foule de préjugés... mais il vous aime toujours, allez.

SUZANNE. Tu crois, Geneviève?...

GENEVIÈVE. Pardi.... vous l'croyez bien aussi...

SUZANNE. C'est vrai!... car, au milieu de sa colère, il était tremblant... je voyais de grosses larmes... il me serrait la main, malgré lui!... mais alors pourquoi se faire du mal comme ça? Pourquoi s'emporter?

GENEVIÈVE. Je vous en avais prévenue... vous avez parlé.

SUZANNE. J'ai parlé.... j'ai parlé.... qu'est-ce que ça prouve?..... Mme Pichard parle aussi elle; beaucoup même!... et ça ne lui fait rien.

GENEVIÈVE. Ce n'est pas la même chose... Mme Pichard est venue au monde comme ça... tandis que vous, c'est bien pernicieux, allez!...

SUZANNE, *impatientée.* Je ne peux pas vivre ainsi... car enfin, je suis accusée, et comment me défendre, comment me justifier si je ne sais quel est mon crime. Geneviève, tu as promis de tout me dire... je l'exige, je le veux... à l'instant!...

GENEVIÈVE. Au fait... vous n'en mourrez pas...

SUZANNE. Qu'est-ce que l'on croit donc?

GENEVIÈVE. On croit... on croit... que ce jeune homme est votre amant!

SUZANNE. Mon amant?

GENEVIÈVE. Dam!... vous savez bien... comme Catherine Millochau... avec Jean Pillois!... qu'elle a été obligée de quitter l'pays, et que personne ne voulait plus la regarder.

SUZANNE, *frappée.* Comment?... Ah! mon Dieu!... (*Avec résolution.*) Je veux voir mon tuteur.... lui parler... (*Apercevant Martial.*) Ah! Martial!...

SCENE X.

Les Mêmes, MARTIAL, *avec une casquette de toile cirée, des bottes fortes, et une veste de voyage.*

GENEVIÈVE, *le voyant.* Dans quel équipage!...

MARTIAL, *tristement.* Tenue de campagne et de courrier... J'viens te faire mes adieux, mame Martial... Nous allons partir.

SUZANNE, *tremblante.* Partir?... pour où donc?

MARTIAL. Pour le bout du monde, à c' que dit le colonel!... Je n' sais pas s'il y a des étapes jusque là... et il faut que je coure devant la voiture... Quelle puérilité!... moi, à cheval, et en pantalon de nankin!... Je ne sais pas comment les choses vont se passer, par exemple!... Mais on a demandé les chevaux... parce que, chemin faisant, nous nous arrêterons en Bretagne pour nous marier à mame Pichard.

SUZANNE. Mme Pichard, il l'épouserait?

MARTIAL. Oui, oui...

SUZANNE, *avec douleur.* Il l'épouserait!...

MARTIAL. Ah! il est capable de tout, à présent!... il ne se connaît plus... il y va de désespoir... Ah! mamzelle!... mamzelle!... quel malheur que vous parliez si bien!...

SUZANNE. Lui aussi!... c'est une gageure!... Martial, va dire au colonel, que je ne veux pas qu'il parte... que je veux lui parler...

MARTIAL. Impossible, mamselle, c'est défendu!...

SUZANNE. J'y cours moi-même.

MARTIAL. Il ne vous recevra pas...

SUZANNE. Comment?

MARTIAL. Il n' veut pas vous envisager!... il y a une consigne générale!... D'ailleurs... c'est inutile... (*regardant par la fenêtre.*) v'là qu'on met les chevaux...

SUZANNE, *tremblante.* Déjà!...

MARTIAL. Ça m' fait penser, femme, que je venais te demander les clefs du linge pour achever les malles.

SUZANNE, *bas.* Ne les donne pas, Geneviève... tout ce qui peut retarder!...

GENEVIÈVE. Elles sont dans ma chambre...

On entend une voix au dehors appeler Martial.

MARTIAL. Bon!... voilà mame Pichard qui appelle... (*on entend une sonnette*) et la sonnette de monsieur... derlin... derlin...

Vite, Geneviève... (*à mi-voix*) tu viendras me dire adieu!... et en mon absence, ne parle pas trop, je t'en prie.

Il sort.

SCENE XI.
SUZANNE, GENEVIÈVE.

SUZANNE, *très-agitée.* Il va partir!... Et ne pouvoir le désabuser!... Ah! je n'ai plus qu'un moyen de me justifier... Oui!... un coup de tête... (*Courant à la table, et écrivant rapidement.*) Je le forcerai bien à m'entendre.

GENEVIÈVE. C'est ça... écrivez-lui, et de la bonne encre!... tâchez de l'amadouer... (*Regardant par-dessus son épaule.*) Eh! mais, mamselle! à qui écrivez-vous donc?...

SUZANNE, *écrivant toujours.* A ce jeune homme de l'Opéra!

GENEVIÈVE. Bonté divine!... est-ce que la tête vous tourne?

SUZANNE. Non... c'est à mon tuteur qu'elle tournera.

GENEVIÈVE. Lui qui a déjà des soupçons?...

SUZANNE, *fermant sa lettre.* C'est pour l'achever.

GENEVIÈVE. Si j'y comprends un mot!...

SUZANNE. Ça n'est pas nécessaire!... (*S'arrêtant au moment de cacheter sa lettre.*) Point de cachet... ça lui sera plus commode... (*Elle écrit l'adresse.*) Martial dit n° 3... (*Se levant.*) Maintenant, Geneviève, si tu veux me sauver la vie va porter cette lettre.

GENEVIÈVE, *la regardant.* C'est fini, la raison déménage!...

SUZANNE, *mystérieusement.* Mais, écoute-moi bien... tu feras en sorte, avant de sortir de la maison, de te faire surprendre par le colonel...

GENEVIÈVE, *étonnée.* Par le colonel?

SUZANNE, *regardant par la porte vitrée à droite qui donne sur le jardin.* Justement... le voilà qui se promène dans la petite allée... Cours vite... fais semblant de le heurter... aie l'air de cacher ce petit billet... mais de manière qu'il le voie cependant!

GENEVIÈVE. Que je le cache... pour qu'il le voie... C'est donc afin de... Ah!... (*à elle-même*) je n'y suis plus du tout... C'est égal... j'y vais!... faut qu' ça soit une fière finesse... car c'est bien embrouillé.

Elle sort en courant par la porte à droite.

SCENE XII.

SUZANNE, *seule.*

Ne perds pas une minute... (*la suivant des yeux*) pourvu qu'elle ne fasse pas de gaucherie... Bien!... voilà qu'elle se jette à sa tête... elle manque de le renverser!... et elle tient sa lettre en l'air, maladroite!.. elle a peur qu'il ne la voie pas!... il la saisit!... à merveille!... c'est tout ce que je voulais... (*revenant en scène*) maintenant, à nous deux, mon cher colonel!

AIR *de danse de Stradella.*

D'un arrêt sévère,
Malgré sa colère,
Mon tuteur, j'espère,
Bientôt rougira!...

Regardant de côté.

C'est lui qui s'avance...
Chut! de la prudence!
J'y comptais d'avance,
— Oui, vraiment! le voilà !..

Le suivant de l'œil.

Quel trouble l'agite...
Il tremble, il hésite...

Avec malice.

Venez donc plus vite,
Vilain jaloux,
Que craignez-vous?
Oui, pour mieux m'entendre,
Croyant me surprendre,
Vous allez vous prendre
Au trébuchet...

Entr'ouvrant la porte à gauche.

Il est tout prêt !...
D'un arrêt sévère,
Malgré sa colère,
Mon tuteur, j'espère,
Bientôt rougira!...

Le voyant venir et s'éloignant pas à pas.

C'est lui qui s'avance...
Chut! de la prudence!
J'y comptais d'avance...
— Oui, vraiment, le voilà !

Elle disparaît par la porte à droite au second plan.

SCENE XIII.

MARTIAL; *puis* LE COLONEL, *entrant par la porte à droite.*

MARTIAL, *paraissant d'abord.* Personne!..
LE COLONEL. Tu en es sûr?
MARTIAL, *s'avançant.* Mam'selle sera rentrée dans sa chambre...
LE COLONEL, *froissant le billet qu'il tient à la main.* Quelle audace!... quand je la croyais accablée de douleur, de remords! elle lui écrit... (*Relisant la lettre à bâtons rompus.*) « Mon Dieu!... que je maudis le » jour où je vous ai vu pour la première » fois... » (*A Martial avec fureur.*) Comprends-tu?
MARTIAL. Pardi!... ça veut dire qu'elle maudit le jour...
LE COLONEL. Au contraire, imbécile... ça veut dire que c'est le plus beau jour de sa vie... (*Continuant.*) « Vous m'aviez pro- » mis que je vous reverrais... mais ne » venez pas... je vous en conjure... » (*A Martial.*) Ne venez pas!... tu entends?...
MARTIAL. Pardi!... ça veut dire qu'elle lui défend...
LE COLONEL. Au contraire, butor!... ça veut dire qu'elle l'attend!... c'est un rendez-vous qu'elle lui donne!... (*Appuyant sur les derniers mots.*) « Et pour- » tant... jamais votre présence ne me fut » plus nécessaire... » (*A Martial.*) Quelle trahison!... mais, ça ne me suffit pas.
MARTIAL. Qu'est-ce que vous voulez donc de plus?
LE COLONEL. La confondre!... et peut-être... la sauver!... car, enfin... je ne l'aime plus... oh! ça, plutôt mourir... mais elle n'a que moi au monde, pour la défendre... je ne puis souffrir qu'elle soit victime d'un séducteur... il faut que ce petit monsieur l'épouse.
MARTIAL. Comment l'y forcer?
LE COLONEL. C'est facile!... Porte cette lettre au n° 3.
MARTIAL. Chez le jeune homme?
LE COLONEL. Oui.
MARTIAL. mais il viendra?
LE COLONEL. C'est ce que je veux...
MARTIAL, *à lui-même.* Je crois qu' tout le monde a la tête à l'envers!
LE COLONEL. Moi, je reste!
MARTIAL. Et les chevaux qui sont mis!.. mame Pichard qui est déjà installée dans la voiture?...
LE COLONEL. Tant mieux!... dis-lui d'aller m'attendre au relai de Vincennes; qu'une affaire imprévue... je la rejoins tout de suite... et surtout recommande au postillon de faire grand bruit en sortant... j'ai besoin qu'on me croie parti.
MARTIAL. Mais...
LE COLONEL. Pas un mot de plus ou je te chasse... toi, ta femme, et toute la maison.
MARTIAL, *en sortant, à part.* L'intellectuel est disloqué c'est sûr?.... C'est égal... la discipline!... je ne connais que ça... toutefois et quand il n'agit pas d'aller au feu.

Il sort.

SCENE XIV.
LE COLONEL, seul.

Ainsi, elle me trompait!... et quand elle consentait à me donner sa main... quand elle semblait si heureuse de ce mariage!... c'était un autre... (*Il essuie une larme.*) Au fait... elle ne pouvait pas m'aimer, moi!... une vieille moustache... qui n'aurais su que donner ma vie pour elle!... oh! les femmes! les femmes!... si on m'y rattrape!... (*Regardant autour de lui.*) Mais ce freluquet va venir... il faut cependant que je trouve quelque endroit... (*Apercevant le cabinet à gauche dont la porte est restée entr'ouverte.*) Ah! voilà mon affaire!...

Il y entre.

SCENE XV.
LE COLONEL, *dans le cabinet;* SUZANNE.

SUZANNE, *reparaissant à droite.* Très-bien! quand je l'aurais conduit moi-même par la main!...

LE COLONEL, *dans le cabinet et repoussant la porte.* La porte n'était pas fermée!...

SUZANNE, *à part.* Comme c'est heureux! je l'avais laissée ouverte.

LE COLONEL. D'ici je pourrai tout entendre!...

SUZANNE, *à part.* Je l'espère bien.

LE COLONEL. Et la perfide ne se doutera pas...

SUZANNE, *à part, souriant.* Elle en est à mille lieues!...

On entend le bruit d'une voiture qui s'éloigne et le fouet du postillon.

LE COLONEL, *écoutant.* Bon!... la voiture s'éloigne!... on me croit parti!... pour la première fois de ma vie au moins j'y ai mis toute l'adresse dont je suis susceptible.

SUZANNE, *à part.* Pauvre colonel!... quelle adresse!... (*Le menaçant du doigt.*) Patience, mon cher tuteur... je vous rendrai une partie du chagrin que vous m'avez causé.

Elle remonte la scène, et feint d'ouvrir la porte à droite, comme si elle arrivait.

LE COLONEL, *à part.* C'est elle... immobile! au port d'armes!...

SUZANNE, *haut et soupirant.* Ils sont donc partis!... me voilà seule, abandonnée!... oh! non!... celui que j'aime par-dessus tout.... (*jetant un regard sur le cabinet*) est encore près de moi.

LE COLONEL, *à part.* Je pourrais m'en aller à présent... Je sais parfaitement à quoi m'en tenir!.. mais non, je suis retenu là pieds et poings liés.

SUZANNE. Voudra-t-il me comprendre? ma voix pourra-t-elle arriver jusqu'à lui?

LE COLONEL, *ému.* Il faudrait qu'il fût bien Kalmouck!.... c'est qu'elle est très-agréable sa voix... je n'avais pas eu le temps de remarquer...(*Ecoutant.*) Ah!... on ouvre la petite porte du jardin!

SUZANNE, *à part.* C'est vrai!.. ces jaloux ont-ils l'oreille fine!

LE COLONEL. C'est lui sans doute.

SUZANNE, *à part.* Le cœur me bat!

LE COLONEL, *à part.* Je sens comme une glace!..

ENSEMBLE.

AIR: *Dévide ma blonde quenouille.* (Grisar.)

De fureur comment se défendre?
Chaque pas que je crois entendre,
  Me répond là!
Son cœur tout bas lui dit déjà
Qu'il va venir... oui, le voilà!
Il va venir! oui, le voilà!...

SUZANNE.

D'effroi, je ne puis me défendre.
Chaque pas, que je crois entendre,
  Me répond là!...
Mon cœur tout bas me dit déjà
Qu'il va venir... oui, le voilà!..
Il va venir!.. oui, le voilà!

SCENE XVI.
LES MÊMES, RAPHAEL, *à la porte vitrée du jardin.*

Il s'arrête en voyant Suzanne qui n'a pas l'air de l'apercevoir.

SUZANNE, *continuant l'air.*

Est-ce l'amour qui le fait naître...
Ce trouble qui poursuit mon cœur?
Mais non... je me trompe peut-être;
Et c'est, je crois, de la frayeur!
Mon Dieu! qui pourra m'en instruire?
Car celui que je crois aimer...
Jetant un regard en-dessous du côté du cabinet.
Mon cœur seul oserait le dire,
Ma bouche n'ose le nommer.

ENSEMBLE.

D'effroi, je ne puis me défendre.
Chaque pas que je crois entendre, etc.

RAPHAEL *à part.*

De bonheur comment me défendre,
Chaque mot qu'elle fait entendre
  Me répond là!...
Son cœur tout bas lui dit déjà:
Celui que j'aime... ah! le voilà!...
J'accours, ma belle... et me voilà!...

LE COLONEL *à part.*

De fureur comment se défendre?
Chaque pas que je crois entendre, etc., etc.

RAPHAEL, *s'approchant.* Je vous retrouve enfin, diva divinissima!

SUZANNE, *se retournant et feignant d'être surprise.* Comment! c'est vous, monsieur?.. malgré ma défense...

LE COLONEL, *à part et avec dépit.* Sa défense!..

RAPHAEL. Pour vous revoir, j'aurais tout bravé!.. je savais que vous étiez seule, et ce billet charmant, que j'ai cru comprendre.

LE COLONEL, *à part, et brusquement.* Il aurait fallu être idiot!..

SUZANNE. Du tout, monsieur, je n'avais pas l'intention... vous avez très-mal interprété...

RAPHAEL, *d'un air fat.* Allons, vous m'attendiez!.. Je n'ai qu'un regret... c'est de n'être pas venu plus tôt comme je vous l'avais promis; (*regardant son bras*) mais les choses n'ont pas tout-à-fait tourné comme je l'espérais.

SUZANNE, *avec intérêt.* O ciel! vous êtes blessé!

RAPHAEL. Rien! une misère... (*A part.*) J'ai toujours mis un mouchoir noir... ça rend intéressant. (*Fièrement et étendant le bras.*) Ça n'empêche pas ce bras de vous être dévoué et de défier... (*Faisant la grimace.*) Aïe!..

SUZANNE. Vous souffrez?.... Pauvre jeune homme!

RAPHAEL, *tendrement.* Au contraire, près de vous...

LE COLONEL, *à part.* Douillet!

SUZANNE, *approchant un grand fauteuil.* Asseyez-vous!...

LE COLONEL, *à part.* Comme elle le dorlotte! j'aurais dû le clouer contre un arbre.

RAPHAEL, *à part.* Oh! cette fois, je me vengerai du coup d'épée.

SUZANNE. Asseyez-vous là... je l'exige... je vous en prie... Voulez-vous un coussin? *Elle l'affuble de coussins autour de son fauteuil.*

RAPHAEL, *s'en défendant.* Non, merci!

SUZANNE. Si fait... vous êtes plus mal que vous ne croyez... (*Lui en mettant un sous sa tête.*) Là! pour soutenir votre tête!..

RAPHAEL, *voulant lui prendre la main.* Permettez...

SUZANNE. Et celui-ci sous votre bras.... Restez là, ne bougez pas au moins..... ce n'est qu'à cette condition que je consens à vous garder.

RAPHAEL, *voulant se lever.* Mais, souffrez que je vous exprime...

SUZANNE, *le faisant rasseoir.* Du tout... il vous faut du calme... Un pauvre chevalier blessé!... au moindre mouvement, je m'en vais, je me sauve... je vous en préviens.

RAPHAEL, *à part.* Diable!.. singulière position pour un cœur brûlant!.. j'ai l'air d'un malade de l'Hôtel-Dieu. Mais nous verrons tout-à-l'heure...

SUZANNE, *à part.* Comment l'amener à me justifier?..

RAPHAEL, *regardant autour de lui.* Délicieux!.. ce petit pavillon!... le temple des Grâces... à la chinoise... (*Souriant.*) Il n'y manque que quelque bonne figure de magot...

SUZANNE, *à part, le regardant dans son fauteuil.* Il me semble qu'il n'y manque rien.

RAPHAEL, *montrant le cabinet où est le colonel.* Vous en avez probablement dans ce cabinet?..

LE COLONEL, *à part.* Hein! qu'est-ce que c'est?

RAPHAEL, *à Suzanne.* Eh! mais... vous semblez rêveuse, inquiète?..

SUZANNE, *élevant la voix.* Non, je songeais à la bizarrerie de notre entrevue d'hier, si inattendue...

RAPHAEL, *avec feu.* Ah! ne craignez pas que j'oublie jamais ces instans délicieux!

LE COLONEL, *à part.* Nous y voilà!

SUZANNE, *à part et toussant.* Hum!... qu'est-ce qu'il dit donc?

RAPHAEL. Je serais le plus grand scélérat si je perdais le souvenir des bontés....

SUZANNE; *à part et toussant plus fort.* Bien!.. s'il continue ainsi, ça sera gentil!

LE COLONEL, *s'agitant et changeant de place à chaque instant.* Je n'ai jamais vu de bivouac plus incommode!... on ne peut pas se retourner.

SUZANNE, *d'un air piqué.* Oui, j'ai fait tant d'impression sur votre cœur que vous ne vous apercevez même pas du changement qui s'est opéré en moi.

RAPHAEL. Quoi donc?... vous êtes plus jolie que jamais!

SUZANNE. Eh! non, monsieur... ce n'est pas cela, mais un prodige, un miracle!... je parle!... il me semble que c'est assez remarquable pour qu'on y fasse attention.

RAPHAEL. Vous parlez!... oh! c'est juste!... je ne sais par quel caprice, hier, vous refusiez de me faire entendre ces accens enchanteurs?

SUZANNE. J'y étais bien forcée!... j'étais muette.

RAPHAEL. Muette!

SUZANNE. Oui, monsieur!

RAPHAEL, *étonné et se levant.* Sérieusement?... allons donc!... quelle folie!

SUZANNE. Rien n'est plus vrai, et depuis

bien des années!... et ce qui va vous surprendre encore plus... c'est que c'est vous qui m'avez rendu la parole.

RAPHAEL, *riant.* Moi? je n'ai jamais étudié la médecine... comment voulez-vous?...

SUZANNE. Je n'en sais rien... mais tout le monde l'assure, et il faut que vous me disiez votre secret.

RAPHAEL, *riant plus fort.* Il faut que je vous dise... le diable m'emporte si je m'en doute!

LE COLONEL, *à part, écoutant avec plus d'attention.* Ah! ah! c'est singulier...

SUZANNE. C'est égal!... je veux savoir... cherchez bien... si vous trouvez, je vous épouse.

RAPHAEL. Vous m'épousez!

SUZANNE, *regardant le cabinet.* Puisqu'on dit ici qu'il le faut absolument!

LE COLONEL, *à part.* Comment le sait-elle?

RAPHAEL, *toujours gaîment.* Vous m'épousez!... ah çà, et votre mari?

SUZANNE. Mon mari!... qu'est-ce que vous dites donc?... mais je ne suis pas mariée, monsieur.

RAPHAEL. Comment!... l'autre n'était donc pas?... (*A part.*) Ah! bon!... le vieux était le père; alors il n'avait pas tort!... mais ça change joliment la thèse... Fille unique... de la fortune... ça me va parfaitement.

SUZANNE. Avez-vous trouvé?

RAPHAEL. Attendez donc! ce n'est pas facile! c'est comme dans les contes orientaux, les énigmes qu'on propose aux jeunes princes, avant de leur trancher la tête, c'est très-gai!... (*Cherchant.*) Voyons, voyons un peu. Comment vous ai-je rendu la parole?... nous avons le fils de Crésus... au milieu d'une bataille... ça ne peut pas être cela! nous avons l'abbé de l'Epée!... non, non, il était pour les sourds, lui...

LE COLONEL, *à part.* Où va-t-il chercher!...

SUZANNE. Eh bien?

RAPHAEL, *souriant.* Attendez!... c'est quand je passais hier sous votre croisée... et que vous m'avez jeté une giroflée sur la tête... ça vous a fait peur, et...

SUZANNE, *froidement.* Non, ce n'est pas cela.

RAPHAEL. Ce n'est pas cela?... Quand je suis arrivé... vous m'avez trouvé bien... et l'émotion...

SUZANNE. Non... ce n'est pas encore cela.

RAPHAEL. Ah! ce n'est pas cela!... (*Se grattant le front.*) Alors, je ne vois pas trop quelle autre catastrophe...

LE COLONEL, *à part, avec joie.* Qu'entends-je?... il serait possible!...

RAPHAEL, *cherchant ses souvenirs.* J'ai voulu m'approcher... vous m'avez rudoyé... je vous ai pris la main, vous vous êtes fâchée...

SUZANNE. Allez toujours.

RAPHAEL. Ah! j'y suis... c'est quand j'ai voulu partir pour aller me battre, vous étiez tremblante...

SUZANNE, *vivement.* Oh! oui, c'est cela... je tremblais pour quelqu'un qui m'était plus cher que la vie...

RAPHAEL, *avec modestie.* Ah! vous êtes trop bonne!

SUZANNE, *à mi-voix en s'adressant au cabinet.* Un méchant, un ingrat!... qui ne devine pas que ce n'était que pour lui que je m'exposais à une pareille démarche...

RAPHAEL, *flatté.* Comment! il serait possible!

SUZANNE, *baissant encore la voix, et presque sous le nez du colonel.* Un sournois... qui m'accuse... qui se cache pour m'espionner... et qui, lorsqu'il est bien sûr de son injustice... (*à Raphaël*) de mon amour, ne viendrait pas me rassurer, me dire qu'il à tort et qu'il m'aime plus que jamais.

RAPHAEL. Oh! pardonnez-moi!

LE COLONEL, *ému, à part.* Petit serpent! elle m'a débusqué!... quelle honte pour la garde impériale!

SUZANNE, *le guettant de l'œil.* Oh! il ne viendra pas... il se croirait humilié.

LE COLONEL, *à part, et sortant du cabinet.* Non... mais c'est embarrassant!

RAPHAEL, *à Suzanne.* Comment... amour des amours!... c'était la crainte?

SUZANNE. Mais sans doute... quand j'ai vu que ces jours étaient menacés, je ne sais ce qui s'est passé en moi... j'ai voulu crier... vous arrêter... il m'a semblé que ma poitrine se brisait... et puis j'ai entendu une voix... une voix qui m'a fait peur... c'était la mienne!... c'était moi!

LE COLONEL, *s'approchant un peu.* Pauvre enfant!

RAPHAEL, *enchanté.* Voilà-t-il un miracle de tendresse!

SUZANNE, *tirant un petit portrait de son sein.* J'avais même fait son portrait en secret. *Elle le montre de côté au colonel.*

RAPHAEL, *ravi.* Vraiment! oh! laissez-moi voir...

LE COLONEL, *à part.* C'était moi!... misérable que je suis!

SUZANNE. Il ne me quittait jamais. (*Suivant de l'œil les mouvemens du colonel.*) Eh bien! monsieur, il ne m'en remerciera pas!

RAPHAEL, *s'approchant d'un côté.* Oh! que si!

LE COLONEL, *de même de l'autre côté.* Si fait.

SUZANNE. Ça mériterait bien qu'il se mît à mes genoux... mais il ne s'y mettra pas.

RAPHAEL, *se mettant à genoux d'un côté.* Pardonnez-moi.

LE COLONEL, *s'y mettant de l'autre.* M'y voilà!

RAPHAEL, *solennellement.* Et je jure...

LE COLONEL, *avec explosion.* Que tu seras heureuse... ou mille tonnerres m'écrasent!

Suzanne recule un peu, les deux hommes se trouvent à genoux en face l'un de l'autre.

SCENE XVII.

LE COLONEL, SUZANNE, RAPHAEL.

RAPHAEL, *au colonel.* Qu'est-ce que c'est que ça?... qu'est-ce que vous faisiez donc là, monsieur?...

LE COLONEL. Ce que vous y faisiez vous-même!...

RAPHAEL, *se levant.* Moi, je tâchais d'obtenir sa main...

LE COLONEL. Et moi, d'obtenir mon pardon... de ma femme...

SUZANNE, *avec un cri de joie.* Sa femme!... (*L'embrassant à plusieurs reprises.*) Ah!...

RAPHAEL. Sa femme!... alors vous n'êtes donc pas le père?...

LE COLONEL. Non, parbleu!... car je l'épouse aujourd'hui même...

Mme Pichard paraît au fond.

SCENE XVIII.

LES MÊMES, Mme PICHARD, GENEVIÈVE, MARTIAL.

Mme PICHARD. Vous l'épousez!... quelle infamie!... me faire attendre deux heures en plein soleil pour me dire cela!...

MARTIAL, *crotté et encapuchonné dans sa houppelande.* Et faire une poste et demie, bride abattue, pour nous retrouver au même point... je suis détérioré... détérioré... ah!...

LE COLONEL. Désolé, cousine!... mais, grâce au ciel, je dois une explication à cette pauvre Suzanne... et je m'offre à elle pour qu'elle me fasse enrager le plus long-temps possible.

SUZANNE, *lui prenant la main avec tendresse.* Et je m'en acquitterai du mieux que je pourrai... fiez-vous à moi.

GENEVIÈVE. Quel bonheur!

MARTIAL. Nous ne partons plus!... bravo! je rentre dans mes lares domestiques.

Mme PICHARD. Je suis foudroyée!

RAPHAEL, *se rajustant et s'avançant.* C'est une mystification... mais ça ne se passera pas ainsi.

SUZANNE, *avec crainte.* Comment?

Mme PICHARD, *jetant les yeux sur Raphael qu'elle n'avait pas aperçu.* Que vois-je?... M. de Saint-Alphonse!... mon perfide!

TOUS. Lui?

RAPHAEL, *la reconnaissant.* Oh! ma vieille plaideuse... encore une giroflée qui me tombe sur la tête... (*Haut et cherchant à s'esquiver.*) Pardon, j'ai quelques ordres à donner chez moi.

Mme PICHARD, *l'arrêtant.* Tu ne m'échapperas pas. (*Comme si elle s'évanouissait.*) Ah! je succombe!...

Elle se laisse aller dans les bras de Raphael.

RAPHAEL, *la soutenant avec peine.* Moi aussi... je ne peux pas supporter ces scènes-là... (*Il cherche à s'en débarrasser. A Martial.*) Prends-la donc un peu!...

MARTIAL. Merci, je suis retiré du service... (*Se ravisant.*) Ah! bah!... Au fait!...
Il la soutient.

SUZANNE, *allant à elle.* Pauvre femme!... (*A Saint-Alphonse.*) Quoi, monsieur, vous avez voulu la tromper?...

LE COLONEL. C'est d'une hardiesse!...

SUZANNE. C'est affreux!... et vous êtes trop galant homme pour ne pas réparer...

RAPHAEL. Permettez... permettez... il y a erreur...

Mme PICHARD, *revenant à elle.* Non, traître!... j'ai ta signature!... « Raphael » de Saint-Alphonse. » Et tu m'épouseras ou tu diras pourquoi!...

RAPHAEL. Parbleu!... s'il ne faut que lui dire pourquoi!...

SUZANNE, *à mi-voix.* Prenez garde! elle vous fera un procès...

RAPHAEL. Ça m'est égal!...

SUZANNE, *de même.* Et elle le gagnera, avec le bon droit et quarante mille livres de rentes!...

RAPHAEL. Hein! qu'est-ce que vous dites?... quarante mille... (*Se tournant tendrement vers M*^me *Pichard.*) C'est donc vous, belle dame, que j'ai tant cherchée?

Mme PICHARD, *langoureusement.* Vous m'avez cherchée, monstre!... en vous sauvant?

RAPHAEL. On vous expliquera cela, belle ingrate!...car d'un mot je puis me justifier.

Mme PICHARD, *tendrement.* Comment?

RAPHAEL, *de même.* Nous en causerons, et... (*A part.*) Ma foi, non, j'aime mieux partir dès demain pour la Russie!

TOUS.

AIR *du pas chinois de la Chatte* (Monfort).

Au bonheur enfin
Son } cœur se livre!
Mon }
Un plus doux destin
Brille soudain!...
Je me sens revivre!,..
Quel espoir m'enivre!...
Oui, par le plaisir
Son }
Mon } avenir
Notre }
Va s'embellir!

SUZANNE.

Une peur secrète
Pourtant m'inquiète!...
Ne puis-je donc pas
Reperdre la parole, hélas?
Dame! c'est possible!...
Ce serait terrible!
Quand on vient surtout
D'y prendre goût!...

Au public.

Mais vous savez
La seule recette?...
Ici, vous n'avez
Qu'à vous rassembler...
Pour qu'en sa retraite
La pauvre muette
Trouve chaque soir à qui parler!

TOUS.

Mais vous savez, etc.

FIN.

PARIS. — Imprimerie de V° DONDEY-DUPRÉ, rue Saint-Louis, 46, au Marais.

ACTE I, SCÈNE IV.

LE DOMINO NOIR,

OPÉRA-COMIQUE EN TROIS ACTES,

Par M. Scribe,

(de l'Académie française),

MUSIQUE DE M. AUBER,

REPRÉSENTÉ POUR LA PREMIÈRE FOIS, A PARIS, SUR LE THÉÂTRE ROYAL DE L'OPÉRA-COMIQUE, LE 2 DÉCEMBRE 1837.

PERSONNAGES.	ACTEURS.	PERSONNAGES.	ACTEURS.
LORD ELFORT	M. Grignon.	URSULE	Mlle Olivier.
JULIANO	M. Moreau-Sainti.	GERTRUDE	Mme Roy.
HORACE DE MASSARENA	M. Couderc.		M. Léon.
GIL PEREZ	M. Roy.		M. Deslandes.
ANGÈLE	Mme Damoreau-Cinti.	SEIGNEURS	M. Fleuri.
BRIGITTE	Mlle Berthaut.		M. Teissier.
JACINTHE, gouvernante de Juliano	Mme Boulanger.		M. Palianti.

La scène se passe à Madrid.

ACTE PREMIER.

Un bal masqué dans les appartemens de la reine. — Le théâtre représente un petit salon dont les portes sont fermées; deux portes latérales; deux au fond. A droite du spectateur, un canapé sur le premier plan. Au fond, adossée à un des panneaux, une riche pendule. Pour introduction, on entend dans le lointain un mouvement de boléro ou de fandango qui va toujours en augmentant. On ouvre les portes du salon à droite, et l'on entend tout le tumulte du bal.

SCÈNE PREMIÈRE.
LORD ELFORT, JULIANO.

JULIANO. Ah! le beau bal!... n'est-il pas vrai, mylord?

LORD ELFORT. Je le trouve ennuyeux à périr.

JULIANO. Vous avez perdu votre argent, je le vois... et combien?

LORD ELFORT, *avec humeur.* Je n'en savais rien.

JULIANO. Rassurez-vous! vous le saurez demain par la gazette de la cour : *Lord Elfort, attaché à l'ambassade d'Angleterre, a perdu cette nuit, au bal de la reine, cinq ou six cents guinées.*

LORD ELFORT. Ce étaient pas les guinées... je en avais beaucoup... mais c'était le réputation du whist où j'étais le plus fort joueur de Londres... Et ici, à Madrid, dans le salon de la reine, où tout le monde il se mettait à l'entour pour me admirer... j'ai été battu par une petite diplomate espagnol.

JULIANO. En vérité! mon ami Horace de Massarena, votre adversaire...

LORD ELFORT. Yes... ce petit Horace de Massarena que je rencontrais partout sur mon passage.

JULIANO. Un joli garçon!

LORD ELFORT. Je trouvai pas beau.

JULIANO. Un galant et aimable cavalier.

LORD ELFORT. Ce était pas mon avis.

JULIANO. C'est celui des dames; et loin d'en tirer avantage, il est modeste et timide comme une demoiselle...... je n'ai jamais pu en faire un mauvais sujet... moi qui vous parle, moi, son ami intime. Ah çà! mylord, je vous préviens que nous finissons la nuit chez moi... La nuit de Noël, on ne dort pas; et si votre seigneurie veut bien accepter un joyeux souper avec quelques jeunes seigneurs de la cour... à ma petite maison de la porte d'Alcala...

LORD ELFORT. Et mylady... mon femme, qui était dans mon hôtel à dormir en ce moment...

JULIANO. Raison de plus... et s'il vous reste encore quelques guinées à risquer contre nos quadruples d'Espagne, yous prendrez là votre revanche avec Horace de Massarena... Je veux vous faire boire ensemble et vous raccommoder.

LORD ELFORT. Je boirai; mais je ne me raccommoderai pas.

JULIANO. Eh! pourquoi donc?

LORD ELFORT. J'ai dans l'idée que lui il portera malheur à moi.... Depuis deux jours, mylady, mon femme, me parle toujours de lui.

JULIANO, *étourdiment.* Parce que c'était mon ami intime.

LORD ELFORT, *étonné.* Comment?..

JULIANO, *avec un peu d'embarras.* Sans doute... ne suis-je pas votre ami?.. l'ami de la maison, et comme j'ai l'honneur de vous voir tous les jours, ainsi que mylady, je lui ai souvent parlé d'Horace; mais depuis trois jours qu'il est arrivé de France, je ne l'ai pas même présenté à votre femme!..

LORD ELFORT. Raison de plus... elle voulait le connaître.

JULIANO. Si elle en avait eu bien envie, elle n'aurait eu qu'à venir ce soir au bal de la reine, et vous voyez qu'elle a préféré rester chez elle.

LORD ELFORT. Yes! elle a préféré d'être malade... et c'était une attention dont je lui savais gré... mais c'est égal... (*Apercevant Horace qui entre.*) Adieu! je vais dans le salon pour la danse.

JULIANO. Et pourquoi donc? (*Se retournant.*) Ah! c'est Horace que je ne voyais pas.

Lord Elfort est sorti par la porte à gauche.

SCENE II.
JULIANO, HORACE.

JULIANO, *à Horace qui vient de s'asseoir sur le canapé à droite.* Sais-tu qui tu viens de mettre en fuite?

HORACE. Non, vraiment!

JULIANO. Un de nos alliés... lord Elfort!

HORACE. L'attaché à l'ambassade d'Angleterre?

JULIANO. Et presque notre compatriote; car il a des parens en Espagne.... Il tient par les femmes au duc d'Olivarès dont il pourrait bien hériter... (*S'asseyant sur le canapé à côté de lui*) Et à propos de femme, il a idée que la sienne est très-bien disposée en ta faveur.

HORACE. Quelle indignité! quand je ne la connais même pas!.. quand c'est toi, au contraire, qui lui fais la cour... et à la femme d'un ami... c'est très-mal.

JULIANO, *riant.* Est-il étonnant?

HORACE. Eh bien! oui... moi, j'ai des scrupules, j'ai des principes.

JULIANO. Un apprenti diplomate!

HORACE. Que veux-tu?.. l'éducation première!..... j'ai été élevé par mon vieil oncle le chanoine dans des idées si bizarres...

JULIANO. Oui, quand on a été mal commencé... mais te voilà à la cour... tu répareras cela. D'abord, tu vas faire un beau mariage... à ce qu'on dit.

HORACE. Oui, vraiment... Le comte de San-Lucar, mon ambassadeur, m'a pris en affection... et à moi, pauvre gentilhomme qui n'ai rien, il veut me donner sa fille... une riche héritière... qui est encore au couvent, et je ne sais si je dois accepter.

JULIANO. Plutôt deux fois qu'une.

HORACE. Je m'en rapporte à toi qui es

mon ami d'enfance, et je te demande conseil... (*Se levant ainsi que Juliano.*) Crois-tu que l'honneur et la délicatesse permettent de se marier... quand on a au fond du cœur une passion ?

JULIANO. Très-bien... attendu que de sa nature le mariage éteint toutes les passions.

HORACE. Et si rien ne peut l'éteindre ?

JULIANO. On se raisonne, on s'éloigne, on cesse de voir la personne...

HORACE, *avec impatience.* Eh ! je ne la vois jamais !

JULIANO. Eh bien ! alors... de quoi te plains-tu ?

HORACE. De ne pas la voir, de passer ma vie à la chercher, à la poursuivre....sans pouvoir ni la rencontrer, ni l'atteindre.

JULIANO. Horace, mon ami, es-tu bien sûr d'avoir ton bon sens ? Tu reviens de France, et les romans nouveaux qu'on y publie...

HORACE. Laisse-moi donc !

JULIANO. Sont bien dangereux pour les esprits faibles, sans compter que souvent ils sont faibles d'esprit.

HORACE, *vivement.* Il ne s'agit pas de France !... mais d'Espagne, de Madrid... C'est ici, l'année dernière... à une fête de la cour, que je l'ai vue pour la première fois.

JULIANO. Ici ?

HORACE. Au même bal que cette année, ce bal masqué et déguisé, que notre reine donne tous les ans aux fêtes de Noël... Imagine-toi, mon ami...

JULIANO. Une physionomie délicieuse ! cela va sans dire.

HORACE. Elle était masquée.

JULIANO. C'est juste.

HORACE. Mais la tournure la plus élégante, la plus jolie main que jamais un cavalier ait serrée dans les siennes... en dansant... bien entendu... car je l'avais invitée, et sa danse...

JULIANO. Etait ravissante...

HORACE. Non ; elle ne connaissait aucune figure... elle ne connaissait rien .. Il semblait que c'était la première fois de sa vie qu'elle vint dans un bal... Il y avait dans ses questions une naïveté, et dans tous ses mouvemens une gaucherie et une grâce délicieuses... Elle avait accepté mon bras, nous nous promenions dans ces riches salons, où tout l'étonnait, tout lui semblait charmant.... mais à chaque mot qu'on lui adressait, elle balbutiait... elle semblait embarrassée... et moi qui le suis toujours... tu comprends, il y avait sympathie.... Je m'intéressais à elle, je la protégeais, elle n'avait plus peur... moi non plus, et si je te disais quel charme dans sa conversation, quel esprit fin et délicat !.. Je l'écoutais, je l'admirais, et le temps s'écoulait avec une rapidité.... lorsque tout-à-coup un petit masque passe auprès d'elle en lui disant : *Voici bientôt minuit. — Déjà !...* s'écria-t-elle... et elle se leva avec précipitation.

JULIANO, *souriant.* Eh ! mais comme Cendrillon.

HORACE. Je voulus en vain la retenir... Adieu, me disait-elle, adieu, seigneur Horace...

JULIANO. Elle te connaissait donc ?

HORACE. Je lui avais appris, sans le vouloir, mon nom, ma famille, mes espérances, toutes mes pensées enfin.... tandis qu'elle, j'ignorais qui elle était... et ne pouvant me décider à la perdre ainsi, je l'avais suivie de loin.

JULIANO. C'était bien...

HORACE. Je la vois ainsi que sa compagne s'élancer en voiture... avec une vivacité qui me laissa voir le plus joli pied du monde... un pied admirable.

JULIANO. Comme Cendrillon.

HORACE. Bien mieux encore... et dans ce moment, elle laissa tomber...

JULIANO. Sa pantoufle verte ?..

HORACE. Non, mon ami... son masque ! J'étais près de la voiture, à la portière.... et jamais, jamais je n'oublierai cette physionomie enchanteresse, ces beaux yeux noirs, ces traits si distingués, qui sont là, gravés dans mon cœur...

JULIANO. Et la voiture ne partait pas ? et ce char brillant et rapide ne l'avait pas soustraite à tes regards ?

HORACE. Ah ! c'est que... je ne sais comment te le dire... ce char brillant et rapide était une voiture de place.

JULIANO. Je devine... la personne si distinguée était peut-être une grisette !

HORACE. Quelle indigne calomnie ! il est vrai que ces deux dames paraissaient inquiètes... elles semblaient se consulter entre elles.

JULIANO. Que te disais-je ?

HORACE. Et je crus deviner... mais tu vas te moquer de moi... Je crus deviner à leur embarras qu'elles avaient tout uniment oublié...

JULIANO. Leur bourse ?

HORACE. Justement.

JULIANO. Tu offris la tienne ?

HORACE. En m'enfuyant, pour qu'il leur fût impossible de refuser.

JULIANO, *riant.* Ah ! ah ! ah ! mon ami, mon cher ami ! quel dénouement bourgeois pour une si brillante aventure !.. ça fait mal.

HORACE. Attends donc ! tu te hâtes de juger !.. Quelques jours après je reçus à mon adresse un petit paquet contenant la modique somme que je lui avais prêtée.

JULIANO. Cela t'étonne ?..

HORACE. Dans une bourse brodée par elle.

JULIANO. Qu'en sais-tu ?

HORACE. J'en suis sûr... une bourse brodée en perles fines !.. et dans cette bourse un petit papier et deux lignes... Tiens, vois, si toutefois tu le peux ; car je l'ai lu tant de fois...

JULIANO, *regardant la signature*. Signé le domino noir. « *Cette place de secrétaire* » *d'ambassade, qu'au bal vous désiriez tant,* » *vous l'aurez... ce soir vous serez nommé.*»

HORACE. Et ça n'a pas manqué ! le soir même ! moi qui n'avais aucun espoir, aucune chance.... c'est inconcevable.... c'est magique... oh ! elle reviendra.

JULIANO. Qui te l'a dit ?

HORACE. Un instinct secret... Oui, mon ami ; il me semble qu'elle est toujours là, auprès de moi... invisible à tous les yeux... et à chaque instant... je m'attends...

JULIANO, *riant*. A quelque apparition surnaturelle ?..

HORACE. Pourquoi pas ? maintenant que nous n'avons plus l'inquisition, on peut croire sans danger à la magie, à la sorcellerie.

JULIANO. Et tu y crois ?

HORACE. Un peu !... Mon oncle le chanoine croyait fermement aux bons et aux mauvais anges... et que veux-tu ? il m'a donné foi en sa doctrine que je trouve consolante.

JULIANO. Et qui, par malheur, n'est qu'absurde !

HORACE. C'est bien ce qui me désole.... aussi j'en veux à ma raison quand elle me prouve que mon cœur a tort.

On entend un prélude de contredanse.

JULIANO. Pardon, mon cher ami... j'ai une danseuse qui m'attend... Viens-tu dans la salle de bal ?

HORACE. Non, j'aime mieux rester ici.

JULIANO. Avec elle ?..

HORACE. Peut-être bien !

JULIANO, *qui sort en riant*. Bonne chance !

SCÈNE III.
HORACE, *seul*.

L'air de danse continue toujours.

Il se moque de moi et il a raison !...

(*S'asseyant sur le canapé à droite.*) Mais c'est qu'aujourd'hui plus que jamais, aujourd'hui tout me la rappelle... C'est ici... qu'il y a un an, à cette même fête, dans ce petit salon.... je l'ai vue apparaître..... (*Apercevant Angèle et Brigitte qui entrent par la porte du fond à gauche.*) Ah ! cette taille, cette tournure... surtout... ce joli pied !...

SCÈNE IV.
BRIGITTE et ANGÈLE, *au fond du théâtre ;* HORACE, *sur le canapé.*

TRIO.

ANGÈLE, *à Brigitte.*
Tout est-il disposé ?

BRIGITTE.
C'est convenu, c'est dit !

ANGÈLE.
La voiture à minuit nous attendra !...

HORACE, *sur le canapé, à part.*
C'est elle !

ANGÈLE, *à Brigitte.*
Et toi, songes-y bien !... au rendez-vous fidèle
Dans ce salon à minuit !

BRIGITTE *et* HORACE.
A minuit !

ANGÈLE.
Un instant de retard, et nous serions perdues.

BRIGITTE.
Je le sais bien !

ANGÈLE.
Et rien qu'y penser me fait peur !

BRIGITTE.
Allons, madame, allons, du cœur.
Et dans la foule confondues
En songeant au plaisir, oublions la frayeur !

ENSEMBLE.

BRIGITTE *et* ANGÈLE.
O belle soirée !
Moment enchanteur !
Mon âme enivrée
Rêve le bonheur !

HORACE.
O douce soirée !
Moment enchanteur !
Mon âme enivrée
Renaît au bonheur !

ANGÈLE, *remontant le théâtre.*
Nous sommes seules !

BRIGITTE, *redescendant et regardant du côté du canapé.*
Non ! un cavalier est là
Qui nous écoute !

ANGÈLE, *remettant vivement son masque.*
O ciel !

Horace s'est étendu sur le canapé, a fermé les yeux et feint de dormir au moment où Brigitte le regarde.

BRIGITTE.
Rassurez-vous, madame,
Il dort !

ANGÈLE.
Bien vrai !

BRIGITTE.
Sans doute.

HORACE, *à part, les yeux fermés.*
　　　　　　　　Et sur mon ame,
Profondément il dormira!
　　BRIGITTE, *le regardant sous le nez.*
Il n'est vraiment pas mal! regardez-le, de grâce!
　　　　ANGÈLE, *s'avançant.*
Ah! grand Dieu!... c'est lui!... c'est Horace!
　　　　　BRIGITTE, *étonnée.*
Horace!...
　　　　　　ANGÈLE.
　　　　Eh! oui, ce jeune cavalier
Qui nous protégea l'an dernier.
　　　　　　BRIGITTE.
C'est possible... et j'aime à vous croire.
　　　　　　ANGÈLE.
Quoi! tu ne l'aurais pas reconnu?
　　　　　　BRIGITTE.
　　　　　　　　Non vraiment.
Je n'ai pas autant de mémoire
Que madame.
　　　　　HORACE, *à part.*
　　　Ah! c'est charmant!
　　　　ENSEMBLE.
　　　ANGÈLE *et* BRIGITTE.
O belle soirée!
Moment enchanteur!
Mon ame enivrée
Rêve le bonheur!
　　　　　　HORACE.
O douce soirée!
Moment enchanteur!
Mon ame enivrée
Renaît au bonheur!
BRIGITTE, *regardant du côté du salon, à gauche.*
L'orchestre a donné le signal :
Voici qu'à danser l'on commence,
Entrons dans la salle du bal.
ANGÈLE, *avec embarras, et regardant Horace.*
Pas maintenant.
　　　　　BRIGITTE.
　　　Pourquoi?
　　　　　ANGÈLE.
　　　　　　Je pense
Qu'à la fin de la contredanse
On sera moins remarquée... attendons!
　　BRIGITTE, *avec un peu d'impatience.*
Comme vous le voudrez; mais ici nous perdons
Un temps précieux.
　　　　　ANGÈLE.
　　　　　　Non, ma chère.
　　Lui montrant la porte à gauche.
D'ici l'on voit très-bien.
BRIGITTE, *se plaçant près de la porte et regardant.*
　　　C'est juste.
　　　　HORACE, *à part.*
　　　　　O sort prospère!
ANGÈLE, *s'approchant d'Horace pendant que
Brigitte n'est occupée que de ce qui se passe
dans la salle de bal.*
　　Ah! si j'osais...
　　Non... non, jamais!
　　　　PREMIER COUPLET.
Le trouble et la frayeur dont mon ame est atteinte
Me disent que j'ai tort... hélas! je le crains bien.
Mais... mais... je puis du moins le regarder sans crainte.
　Il dort! il dort! et n'en saura rien,
　Non, non... jamais il n'en saura rien!
　　BRIGITTE, *quittant la porte à gauche.*
Entendez-vous ce joyeux boléro?
　　ANGÈLE, *à part et regardant Horace.*
Mon Dieu! mon Dieu!... ce bruit nouveau
Va l'éveiller... le maudit boléro!
　　　　　BRIGITTE.
　　Le joli boléro!

　　　　ENSEMBLE.
　　　　　ANGÈLE.
Je crains qu'il ne s'éveille
A ces accords joyeux!
Oui, tout me le conseille,
Fuyons loin de ses yeux!
　　　S'arrêtant.
Non... non... quelle merveille!
Il dort... il dort très-bien!
Mon Dieu! fais qu'il sommeille
Et qu'il n'entende rien.
　　　BRIGITTE, *riant.*
Bien loin qu'il ne s'éveille
A ces accords joyeux,
Ou dirait qu'il sommeille,
Et n'en rêve que mieux!
Ah! c'est une merveille,
Et je n'y conçois rien;
Vraiment, quand il sommeille,
Ce monsieur dort très-bien!
　　　HORACE, *sur le canapé.*
Ah! loin que je m'éveille,
Fermons, fermons les yeux!
L'amour me le conseille :
Dormons pour être heureux!
　Soulevant sa tête de temps en temps.
Pendant que je sommeille,
D'ici je vois très-bien.
O suave merveille!
Quel bonheur est le mien!
Brigitte *retourne à la porte du bal, regarde le
boléro et Angèle se rapproche du canapé.*
　　　　　ANGÈLE.
Ah! combien mon ame est émue!
HORACE, *à demi-voix sur le canapé et feignant de
rêver.*
　A toi!... toujours à toi,
　Ma charmante inconnue!
　　　　　ANGÈLE.
En dormant il pense à moi!

　　　　DEUXIÈME COUPLET.
Nul sentiment coupable en ces lieux ne m'anime,
Et pourtant y rester est mal... je le sens bien!
Mais ce bouquet... je puis le lui laisser sans crime
　Il dort!.. il dort!.. il n'en saura rien!
　Non! il n'en saura jamais rien!
*Elle place son bouquet sur le canapé à côté
d'Horace; en ce moment le bruit de l'orchestre
reprend une nouvelle force, elle s'éloigne
vivement.*

　　　　ENSEMBLE.
　　　　　ANGÈLE.
Je crains qu'il ne s'éveille
A ces accords joyeux!
Et tout me le conseille,
Fuyons loin de ces lieux!
Mais non, quelle merveille!
Il dort! il dort très-bien!
Mon Dieu! fais qu'il sommeille
Et qu'il n'entende rien!
　　　　　BRIGITTE.
Bien loin qu'il ne s'éveille
A ces accords joyeux,
On dirait qu'il sommeille
Et n'en rêve que mieux!
Ah! c'est une merveille,
Et je n'y conçois rien;
Vraiment, quand il sommeille,
Ce monsieur dort très-bien!

HORACE.
Ah ! loin que je m'éveille
Fermons, fermons les yeux !
L'amour me le conseille :
Dormons pour être heureux !
Pendant que je sommeille
D'ici je vois très-bien,
Prenant le bouquet qu'il cache dans son sein.
O suave merveille !
Quel bonheur est le mien !

SCENE V.
BRIGITTE, ANGÈLE, HORACE, *sur le canapé;* JULIANO, *sortant de la salle du bal au fond, à droite.*

JULIANO. Voici le plus joli boléro que j'aie jamais dansé !

HORACE, *se levant brusquement et courant à lui.* Mon ami... mon cher ami !
Il lui parle bas en l'entraînant au bord du théâtre, à droite.

ANGÈLE, *qui a remis son masque.* Ah ! mon Dieu ! il s'est réveillé en sursaut !

BRIGITTE, *de même.* N'allez-vous pas le plaindre ?... depuis le temps qu'il dort !... Conçoit-on cela ?... venir au bal pour dormir !...

ANGÈLE. Tais-toi donc !

HORACE, *bas à Juliano.* Oui, mon ami... elle !... c'est mon inconnue !

JULIANO. Tu crois ?

HORACE. Certainement ! mais je voudrais en être encore plus sûr.

JULIANO. C'est-à-dire que tu voudrais lui parler.

HORACE. J'en meurs d'envie... mais tant qu'elle sera avec sa compagne...

JULIANO. C'est-à-dire qu'il faudrait l'éloigner.

HORACE. Si tu pouvais.

JULIANO. Je vais l'inviter à danser.

HORACE. Quelle reconnaissance !

JULIANO. Laisse donc !... entre amis... et puis elle a l'air d'être gentille. (*On entend une ritournelle de contredanse, et Juliano s'approche de Brigitte.*) Je ne pense pas, beau masque, que vous soyez venue au bal pour rester éternellement dans ce petit salon... et si vous vouliez m'accepter pour cavalier ?

BRIGITTE, *regardant Angèle qui lui fait signe d'accepter.* Bien volontiers, monsieur.
On entend la ritournelle d'une contredanse.

JULIANO. Mais il n'y a pas de temps à perdre... vous avez entendu la ritournelle qui nous invite... et dans un bal j'ai pour principe de ne jamais manquer une contredanse... Venez, venez, signora.

BRIGITTE, *sortant avec Juliano qui l'entraîne.* A la bonne heure, au moins il ne dort pas, celui-là.
Il sortent par le salon du fond à droite.

SCENE VI.
ANGÈLE, HORACE.

HORACE, *arrêtant Angèle qui veut suivre Brigitte.* Ah ! de grâce, madame, un instant, un seul instant !

ANGÈLE, *déguisant sa voix.* Que voulez-vous de moi, seigneur cavalier ?

HORACE. Ah ! ne le devinez-vous pas !... et faut-il vous dire que je vous ai reconnue ?

ANGÈLE, *de même.* Vous pourriez vous tromper !

HORACE. Moi ! Demandez-le à ce bouquet !
Il le tire de son sein et le lui présente.

ANGÈLE. O ciel !

HORACE. Qui désormais ne me quittera plus !... car il me vient de vous ; c'est de vous que je le tiens.

ANGÈLE. Ah ! vous ne dormiez pas !

HORACE, *vivement.* Je le voulais, je vous le jure... j'y ai fait tous mes efforts, je n'ai pas pu.

ANGÈLE. Une ruse... une trahison... je ne vous reconnais pas là !

HORACE. Si je suis coupable... à qui la faute ?... à vous, qui depuis un an prenez à tâche de me fuir en me comblant de bienfaits... à vous, qui savez avec tant d'adresse vous soustraire à mes regards... à vous qui dans ce moment encore semblez vous défier de moi en me cachant vos traits... (*Angèle ôte son masque.*) Ah ! c'est elle... la voilà... présente à mes yeux... comme elle l'était à mon souvenir.

ANGÈLE. Ce souvenir-là... il faut le bannir.

HORACE. Et pourquoi ?

ANGÈLE. Vous allez vous marier... vous allez épouser la fille du comte de San-Lucar.

HORACE. Jamais ! jamais !...

ANGÈLE. C'est moi qui ai songé pour vous à ce mariage.

HORACE. Vous, madame ?

ANGÈLE. Oui, sans doute... car vous n'avez rien... et pour soutenir votre nom et votre naissance... il vous faut une belle fortune.

HORACE, *avec impatience.* Eh ! madame, songez moins à ma fortune... et plus à mon bonheur... il n'est qu'avec vous... auprès de vous... et je vous le déclare d'avance... je renonce à ce mariage et à tous ceux que

LE DOMINO NOIR.

l'on me proposerait... je ne me marierai jamais... ou je vous épouserai !

ANGÈLE. En vérité !

HORACE. Oui, madame... vous... vous seule au monde !

ANGÈLE. Eh ! qui vous dit que je puisse vous appartenir ?... qui vous dit que je sois libre ?

HORACE. Grand Dieu !... mariée !

ANGÈLE. Si cela était ?

HORACE. Ah ! j'en mourrais de douleur et de désespoir.

ANGÈLE. Horace !

HORACE. Pourquoi alors vous ai-je revue ?... pourquoi venir ainsi ?

ANGÈLE. Pour vous faire mes adieux... oui, Horace, mes derniers adieux.

HORACE. Eh ! qui donc êtes-vous ?

ANGÈLE. Qui je suis ?

ROMANCE.

PREMIER COUPLET.

Une fée, un bon ange
Qui partout suit vos pas,
Dont l'amitié jamais ne change,
Que l'on trahit sans qu'il se venge,
Et qui n'attend pas même, hélas !
Un amour qu'on ne lui doit pas !
Oui, je suis ton bon ange
Ton conseil, ton gardien,
Et mon cœur en échange
De toi n'exige rien,
Qu'un bonheur !... un seul !.. et c'est le tien !

DEUXIÈME COUPLET.

Vous servant avec zèle
Ici-bas comme aux cieux,
Sans intérêt je suis fidèle,
Et lorsqu'auprès d'une autre belle
L'hymen aura comblé vos vœux,
Là-haut je prierai pour vous deux !...
Car je suis ton bon ange,
Ton conseil, ton gardien,
Et mon cœur en échange
De toi n'exige rien,
Qu'un bonheur, un seul, c'est le tien !

SCÈNE VII.

ANGÈLE, HORACE, LORD ELFORT,
sortant de la porte à gauche.

ANGÈLE. Prenez garde ! on vient !

Elle remet précipitamment son masque.

HORACE. Qu'avez-vous donc, madame ?

ANGÈLE. Rien... mais taisez-vous tant que mylord sera là.

HORACE. Et pourquoi donc ?

ANGÈLE. Silence !

LORD ELFORT. Encore cette petite Horace de Massarena ; et toute seule dans le tête-à-tête.. dans ce salon écarté... il y avait quelque chose. (*Il salue Angèle qui se trouble et prend vivement le bras d'Horace.*) Pourquoi donc ce domino il était si troublé à mon aspect ?... (*Il regarde Angèle avec attention.*) Ah ! mon Dieu ! ce tournure et ce taille... qui était tout-à-fait le même ! Si je n'étais pas bien sûr que mylady... mon femme était heureusement malade chez elle.

HORACE, *bas à Angèle.* Qu'a-t-il donc à vous regarder ainsi ?

ANGÈLE. Je... l'ignore.

LORD ELFORT. Je n'y tenais plus... et dans le doute je voulais faire un coup hardi. (*Allant à Angèle.*) Madame voulait-elle accorder à moi le plaisir de danser ensemblement ?

HORACE, *vivement.* J'allais faire cette demande à madame.

ANGÈLE, *à part.* Maladroit !

LORD ELFORT, *vivement.* J'étais donc le premier en date.

HORACE. La date n'y fait rien.

LORD ELFORT. Elle faisait beaucoup quand on avait que cela.

HORACE. La volonté de madame peut seule donner des droits.

LORD ELFORT. Pour des droits... je en avais peut-être... beaucoup plus... (*à part*) que je voulais.

HORACE, *fièrement.* Que madame daigne seulement m'accepter pour cavalier... et nous verrons.

LORD ELFORT, *s'échauffant.* Yes, nous verrons.

ANGÈLE, *bas à Horace, et lui serrant la main.* Silence !

Elle se retourne du côté de mylord et lui présente la main.

LORD ELFORT, *étonné.* Elle accepte... ce était donc pas... mais patience... je avais un moyen de savoir...

HORACE, *s'approchant d'Angèle, et d'un ton respectueux.* J'obéis, madame.

ANGÈLE. C'est bien !

HORACE. Mais l'autre contredanse ?

ANGÈLE, *lui tendant la main.* Avec vous.

Elle s'éloigne avec mylord par le salon à gauche.

SCÈNE VIII.

HORACE, *puis* JULIANO.

HORACE, *avec joie.* Ah ! elle a raison !... qu'allais-je faire ?... du bruit, de l'éclat... la compromettre pour une contredanse qu'elle lui accorde par grâce... et qu'elle me donne à moi... qu'elle me donne d'elle-même !

JULIANO. Eh bien !... qu'y a-t-il ?... je te vois enchanté.

HORACE. Oui, mon ami... je danse avec elle.

JULIANO. Tant que cela!

HORACE. Ah! ce n'est rien encore... elle m'aime, j'en suis sûr.

JULIANO. Elle te l'a dit?

HORACE. Pas précisément!

JULIANO. Mais tu sais qui elle est?

HORACE. Non, mon ami.

JULIANO. Tu le sauras demain?

HORACE. Non, mon ami... je ne dois plus la voir... c'est la dernière fois.

JULIANO. Et tu es ravi?

HORACE. Au contraire... je suis désespéré... mais j'avais encore une heure à passer avec elle..., une heure de plaisir... et je ne pensais plus à l'heure d'après... qui doit faire mon malheur... car c'est tantôt à minuit qu'elle doit partir.

JULIANO. En es-tu bien sûr?

HORACE. Elle l'a dit devant moi... à sa compagne : toutes deux se sont donné rendez-vous ici... dans ce salon... et quand minuit sonnera à cette horloge, je la perds pour jamais.

JULIANO. Allons donc... nous ne pouvons pas le permettre.

HORACE. J'en mourrai de chagrin.

JULIANO. Et elle de dépit... elle veut qu'on la retienne.... c'est évident... et tu ne dois la laisser partir qu'après avoir obtenu son secret, son amour... elle ne demande pas mieux.

HORACE. Tu crois?

JULIANO. Mais malgré elle... et c'est une satisfaction que tu ne peux lui refuser.

HORACE. Certainement... mais comment faire?... comment la retenir quelques heures de plus!

JULIANO. Cela me regarde.

HORACE. Et sa compagne, qui sera toujours là avec elle....

JULIANO. Il faut les séparer... garder l'une... et renvoyer l'autre... quoiqu'elle soit gentille... car j'ai dansé avec elle... et vrai, elle est amusante... surtout par ses réflexions... nous étions déjà fort bien ensemble... et je vais y renoncer... pour toi... pour un ami... Voilà un sacrifice... que tu ne me ferais pas... Tiens, tiens, je la vois d'ici... cherchant des yeux sa compagne... qu'elle n'aperçoit pas.

HORACE. Je crois bien,... elle danse dans l'autre salon.

JULIANO, *avançant l'aiguille de l'horloge et la plaçant à minuit moins quelques minutes.* C'est ce qu'il nous faut... Sois tranquille alors.

HORACE. Que fais-tu donc?

JULIANO. J'avance pour elle l'heure de la retraite.

SCENE IX.

HORACE, JULIANO, BRIGITTE.

BRIGITTE, *sortant du salon à droite.* Je ne l'aperçois pas... est-ce qu'elle serait restée tout le temps dans le petit salon?... ce n'est pas possible... Ah! encore ces deux cavaliers, celui qui dort... et celui qui... enfin... (*montrant Juliano.*) le jour! (*montrant Horace.*) et la nuit!

JULIANO. Puis-je vous rendre service, ma belle signora?

BRIGITTE. Non, monsieur, ce n'est pas vous que je cherche.

JULIANO. Et qui donc?

BRIGITTE. Est-il possible d'être plus indiscret?... c'est déjà ce que je vous reprochais tout-à-l'heure.

JULIANO. Quand je vous ai dit que je vous aimais...

BRIGITTE. A la première contredanse, et sans m'avoir vue!

JULIANO. C'est ce qui vous trompe... votre masque était si mal attaché, qu'il m'avait été facile de voir...

BRIGITTE. Quoi donc?

JULIANO. Des joues fraîches et couleur de rose.

BRIGITTE, *à part.* C'est vrai!

JULIANO. Une physionomie charmante...

BRIGITTE. C'est vrai!

JULIANO. Les plus jolis yeux du monde...

BRIGITTE. C'est vrai!

HORACE, *bas à Juliano.* Quoi! réellement?

JULIANO, *de même.* Du tout!... c'est de confiance... ce doit être ainsi... (*Haut à Brigitte.*) Vous voyez donc bien, signora, que vous pourriez vous dispenser de garder votre masque... car je vous connais parfaitement.

BRIGITTE. C'est étonnant!

JULIANO. La preuve, c'est que tout-à-l'heure ici, j'ai donné votre signalement exact à un domino noir qui vous cherchait.

BRIGITTE. Qui me cherchait?

JULIANO. Oui, vraiment... elle disait : « Où donc est-elle?... où donc est-elle?... —Dans ce salon, ai-je répondu, au milieu de la foule... Ah! mon Dieu! comment la retrouver?... en aurai-je le temps?» Puis regardant cette horloge, elle s'est écriée...

BRIGITTE, *regardant l'horloge et poussant un cri.* Minuit! ce n'est pas possible... tout-à-l'heure, dans l'autre salon, il n'était que onze heures... Mon Dieu! mon Dieu! comme le temps passe dans celui-ci!... (*A Juliano.*) Et ce domino... cette dame... où est-elle?

JULIANO. Partie!

BRIGITTE. O Ciel!

JULIANO. Partie en courant.

BRIGITTE. Et sans m'attendre... il est vrai que cinq minutes de plus... impossible après cela... il est trop tard... mais m'abandonner... me laisser seule ainsi...

JULIANO. Ne suis-je pas là?

BRIGITTE. Eh! non, monsieur, laissez-moi!

JULIANO. Je serais si heureux de vous servir... de vous défendre!

BRIGITTE. Vous voyez bien que je n'ai pas le temps de vous écouter... Laissez-moi partir, je le veux!

JULIANO. Vous êtes fâchée?

BRIGITTE. Je le devrais... mais est-ce qu'on a le temps, quand on est pressée?...

JULIANO. Signora... (*Son masque à moitié se détache.*) Ah! qu'elle est jolie!

BRIGITTE. Vous ne le saviez donc pas?... Quelle trahison!... vous qui tout-à-l'heure... Ah! minuit vont sonner... je pars.

JULIANO. C'est qu'elle est vraiment charmante, et je suis désolé maintenant de mon dévouement... Elle s'éloigne... elle a disparu... et je suis victime de l'amitié... Ah! et cette aiguille qu'il faut ramener sur ses pas. (*Faisant retourner l'aiguille à onze heures.*) Ma foi, nous préparons de l'ouvrage à l'horloger de la cour. (*Se retournant.*) C'est vous, mylord, quelles nouvelles?

SCENE X.

LORD ELFORT, JULIANO, HORACE.

Lord Elfort, prenant Juliano à part pendant qu'Horace remonte le théâtre, regarde dans le salon à gauche et disparaît.

LORD ELFORT, *à Juliano.* Mon ami, mon ami... car vous étiez mon seul ami... je étais tremblant de colère... mon femme était ici!

JULIANO, *vivement.* Pas possible... sans nous en prévenir... dans quel dessein?

LORD ELFORT. Permettez...

JULIANO. Elle qui se disait malade... et qui avait voulu rester chez elle... Savez-vous que ce serait indigne!

LORD ELFORT. Modérez-vous!.... car vous voilà aussi en colère que moi... et c'était là ce que j'aimais dans un ami véritable.

JULIANO, *se modérant.* Certainement... Eh bien donc!... achevez...

LORD ELFORT. Je l'avais trouvée ici, causant en tête-à-tête avec le seigneur Horace de Massarena.

JULIANO. Horace..... vous vous êtes abusé.

LORD ELFORT. C'est ce que je me disais... en prenant son bras qui était toute tremblante.

JULIANO. Ce n'était pas une raison...

LORD ELFORT. Attendez donc!... Je parlai à elle... qui répondait jamais... pas un mot!.... mon conversation le gênait..... l'ennuyait...

JULIANO. Ce n'était pas encore là une raison...

LORD ELFORT. Attendez donc... Vous connaissez le taille élégante et le tournure de mylady... vous la connaissez comme moi...

JULIANO. Certainement...

LORD ELFORT. Eh bien! mon ami... ce était de même... tout-à-fait...

JULIANO, *s'animant.* En vérité!

LORD ELFORT, *de même.* Et je avais encore des preuves bien plus... bien plus... effrayantes... Vous savez que mylady, ma femme... était du sang espagnol... du sang des d'*Olivarès*... et comme toutes les dames de Madrid... elle portait souvent des mouchoirs où étaient brodées les armes de sa famille...

JULIANO. Eh bien!...

LORD ELFORT, *avec colère.* Eh bien!... l'inconnue... le masque... le domino... il avait brodé sur le coin du mouchoir à elle... les armes d'*Olivarès*.

JULIANO. O ciel!...

LORD ELFORT. Je avais vu... vu de mes yeux... que j'étais... que j'étais furieux... je méditais d'arracher le mouchoir... le mascarade...

JULIANO. Quelle folie!... quel éclat!

LORD ELFORT. Yes... ce était une bêtise... et je avais pas fait.

JULIANO. C'est bien.

LORD ELFORT. Je avais pas pu!... elle avait tout-à-coup quitté mon bras.... s'était glissée dans la foule et au milieu de deux cents dominos noirs... comme le sien... impossible de courir après... Mais ce était elle.

JULIANO. J'en ai peur.

LORD ELFORT. C'était bien elle qui se était dit malade.

JULIANO. Et pourquoi? Je me le demande encore!

LORD ELFORT, *avec chaleur*. Pourquoi?... pourquoi?... Mais vous ne voyez donc rien... vous?... ce était pour retrouver ici cette petite Horace de Massarena.

JULIANO. Malédiction!... et moi qui ai servi, protégé ses amours... nous étions deux... (*à part*) deux maris.

LORD ELFORT. Quand je disais qu'il porterait malheur à moi... mais bientôt, j'espère...

JULIANO. Allons, mylord.... allons, calmons-nous. Dans ces cas-là, il faut se modérer, et surtout se taire.

LORD ELFORT. Ce vous était bien facile à dire...

JULIANO. Du tout.... cela me fait certainement autant de peine qu'à vous..... mais il faut voir... il faut être bien sûr...

LORD ELFORT. Ce était mon idée....: et je priai vous, mon cher ami... de prêter à moi sur-le-champ votre voiture...

JULIANO. Pourquoi cela?

LORD ELFORT. Je avais demandé la mienne dans trois heures seulement, et je voulais à l'instant même retourner chez moi, à mon hôtel... pour bien me assurer que mylady n'y était pas.

JULIANO, *à part*. O ciel!... comment la sauver?

LORD ELFORT, *furieux*. Alors... je attendrai son retour... alors je attendrai elle ce soir... et demain, ce petite Horace que je détestai... que je... Adieu... je pars tout de suite.

JULIANO. Je ne vous quitterai pas... je vous accompagne... je descends avec vous... Demandez nos manteaux... moi, je fais appeler mon cocher. (*Voyant rentrer Horace*.) Il était temps... c'est Horace!

SCENE XI.
HORACE, JULIANO.

JULIANO. Arrive donc, malheureux... Quand je dis malheureux... ce n'est pas toi qui l'es le plus..... mais je ne te ferai pas de reproches.... tu n'en savais rien.... ce n'est pas ta faute!...

HORACE. A qui en as tu!... et que veux-tu dire?...

JULIANO. Que la fée invisible..... la beauté mystérieuse qui t'intrigue depuis un an... n'est autre que lady Elfort.

HORACE, *avec désespoir*. Non, non... cela n'est pas... cela ne peut pas être.

JULIANO. Ne vas-tu pas te plaindre... et être fâché?... Cela te va bien... moi qui suis trahi par vous et qui viens vous sauver...

HORACE. Comment cela?

JULIANO. Son mari... est furieux et compte la surprendre... Il n'en sera rien... cherche mylady... reconduis-la chez elle sur-le-champ... moi, pendant ce temps, j'emmène mylord dans ma voiture... mon cocher à qui je vais donner des ordres... nous égarera... nous perdra... nous versera, s'il le faut... c'est peut-être un bras cassé qui me revient... pour toi... pour une infidèle... on ne compte pas avec ses amis... Mais plus tard, sois tranquille... je prendrai ma revanche... Adieu... je vais prendre le mari.

Il sort par la porte du fond.

SCENE XII.
HORACE, *seul*.

Ah! je n'en puis revenir encore! C'est la femme de mylord... c'est la passion d'un ami... Adieu mes rêves et mes illusions... je ne dois plus la voir ni l'aimer... au contraire... je la maudis... je la déteste... Mais, comme dit Juliano, il faut avant tout la sauver!

SCENE XIII.
ANGÈLE, HORACE.

HORACE, *à demi-voix*. Fuyez, madame, fuyez... tout est découvert...

ANGÈLE, *effrayée*. O ciel!

HORACE. Partons à l'instant, ou vous êtes perdue.

ANGÈLE, *de même*. Qui vous l'a dit?

HORACE. Mais d'abord le trouble où je vous vois... et puis le comte Juliano que vous connaissez.

ANGÈLE, *naïvement*. Nullement.

HORACE, *à part*. Quelle fausseté? (*Haut et cherchant à se modérer.*) Le comte Juliano m'a appris que votre mari savait tout...

ANGÈLE. Mon mari!...

HORACE, *avec une colère concentrée*. Oui... lord Elfort... qui dans ce moment retourne à votre hôtel.

ANGÈLE. Lord Elfort... mon mari... Ah! c'est original... et surtout très-amusant.

HORACE. Vous riez... vous osez rire!...

ANGÈLE. Oui, vraiment, et ce n'est pas sans raison... car je vous jure, monsieur, je vous atteste... que je ne suis pas mariée!...

HORACE. Est-il possible?

ANGÈLE. Et que je ne l'ai jamais été.

HORACE. Ah!... ce serait trop de bonheur!... et je ne puis y croire! vous m'avez vu si malheureux... que vous avez eu pitié de moi, et vous voulez m'abuser encore.

ANGÈLE. Non, monsieur... et la preuve... c'est que malgré les dangers dont vous me supposez menacée... je reste!

HORACE. Dites-vous vrai?

ANGÈLE. Je reste encore... (*regardant l'horloge*) et pendant trois quarts d'heure je vous permets d'être mon cavalier...

HORACE. Trois quarts d'heure...

ANGÈLE. Pas une minute de plus.

HORACE. Et ce temps que vous me donnez... j'en suis le maître?

ANGÈLE. Mais oui!... puisqu'il est à vous!... Et d'abord, je vous rappellerai, puisque vous l'oubliez... que vous me devez une contredanse.

HORACE, *vivement*. On ne danse pas dans ce moment... et puisque vous me laissez l'emploi des instans... du moins vous me l'avez dit...

ANGÈLE. Je n'ai que ma parole.

HORACE. J'aime mieux vous demander... mais je n'ose pas.

ANGÈLE. Suis-je donc si effrayante!

HORACE. Dites-moi... qui vous êtes?

ANGÈLE. Tout... Excepté cela!

HORACE. Eh bien! senora.... puisque vous n'êtes pas mariée... puisque vous ne l'avez jamais été... vous me l'avez juré... il est une preuve... qui ne me laisserait aucun doute...

ANGÈLE. Et laquelle?

HORACE. Ce serait d'accepter ma main.

ANGÈLE. Ecoutez, Horace, ne vous fâchez pas... mais vrai... je le voudrais, que je ne le pourrais pas...

HORACE. Et comment cela?...

DUO.

HORACE.
Parlez, quel destin est le nôtre?
Qui nous sépare? Est-ce le rang
Ou la naissance...

ANGÈLE.
　　　Eh! non vraiment,
Ma naissance égale la vôtre.

HORACE.
Alors, c'est la fortune!... hélas!...
Je le vois, vous n'en avez pas.
Tant mieux! l'amour tient lieu de tout.

ANGÈLE.
Eh! non, monsieur, je suis riche et beaucoup!

HORACE.
Quoi! la naissance...

ANGÈLE.
　　　Eh! vraiment, oui.

HORACE.
Et la richesse...?

ANGÈLE.
　　Eh! vraiment, oui.

ENSEMBLE.

HORACE.
Chez elle tout est réuni!
Alors, quel obstacle peut naître!
Prenez pitié de ma douleur.
Faut-il donc mourir sans connaître
Ce secret qui fait mon malheur?

ANGÈLE.
Quel trouble en mon cœur vient de naître!
Ah! j'ai pitié de sa douleur.
Mais, hélas! il ne peut connaître
Le secret qui fait mon malheur.

HORACE.
De vous, hélas! que puis-je attendre?

ANGÈLE.
Mon amitié qui de loin vous suivra.

HORACE.
Et d'un ami, de l'ami le plus tendre
Rien désormais ne vous rapprochera.

ANGÈLE, *soupirant*.
Eh! mon Dieu, non.

HORACE.
　　Ah! je vous en supplie,
Qu'une fois encor dans ma vie
Je puisse contempler vos traits.
Oh! que cet espoir me console...
Une fois!... une seule!

ANGÈLE.
　　　Eh bien! je le promets.

HORACE.
Vous le jurez?

ANGÈLE.
　　A ma parole
Je ne manque jamais.

HORACE.
Vous le jurez?

ENSEMBLE.

ANGÈLE, *lui montrant la salle du bal*.
N'entendez-vous pas?
On danse là-bas.
L'orchestre du bal
Donne le signal:
Profitez du temps,
Dans quelques instans,
Rêves de plaisir
Vont s'évanouir.

HORACE.
Non, je n'entends pas,
Je préfère, hélas!
Aux plaisirs du bal
Ce secret fatal;
Et, pour mon tourment,
Voici le moment
Où bientôt va fuir
Rêve de plaisir.

Ainsi, de vous revoir
Vous me laissez l'espoir?

ANGÈLE.
Une fois... je l'ai dit.

HORACE.
Et comment le saurais-je?

ANGÈLE.
Le bon ange qui vous protège
Vous l'apprendra,
Mais d'ici là
Du secret..

HORACE.
Ah! jamais je ne parle à personne.

ANGÈLE.
Des faveurs qu'on vous donne...
HORACE.
Quand on m'en donne.
Mais jusques présent, et vous-même en effet
Devez le reconnaître,
Je ne peux pas être discret.
Tendrement et s'approchant d'elle.
Faites que j'aie au moins quelque mérite à l'être.

ENSEMBLE.

ANGÈLE, *sans lui répondre.*
N'entendez-vous pas?
On danse là-bas.
L'orchestre du bal
Donne le signal :
Profitez du temps,
Dans quelques instans,
Pour nous va s'enfuir
Rêve de plaisir.
HORACE, *avec impatience.*
Oui, j'entends, hélas !
Qu'on danse là-bas.
L'orchestre du bal
Donne le signal;
Et, pour mon tourment,
Voici le moment
Où bientôt va fuir
Rêve de plaisir.

Ils vont pour entrer dans la salle du bal à droite, et à la pendule de l'un des salons, on entend en dehors sonner minuit.
ANGÈLE, *s'arrêtant.*
O ciel! qu'entends-je?
Regardant l'horloge du fond.
Il me semble
Qu'il n'est pas encor l'heure... et pourtant c'est mi-
Qui dans ce salon retentit , [nuit
HORACE, *voulant l'empêcher d'entendre.*
C'est une erreur...
ANGÈLE, *entendant sonner dans le salon à gauche.*
Eh ! non !..
Entendant sonner dans un troisième salon.
Encore !.. ah ! tous ensemble !
C'est fait de moi !..
Je meurs d'effroi !..
Et ma compagne, hélas !.. ma compagne fidèle
Où la chercher ? où donc est elle?
Comment la trouver à présent ?
HORACE, *avec embarras.*
Elle est partie.
ANGÈLE.
O ciel! sans m'attendre... et comment?
HORACE, *de même.*
Par une ruse
Dont je m'accuse...
J'ai su, pour vous garder, l'éloigner en secret !
ANGÈLE, *poussant un cri de désespoir.*
Ah ! vous m'avez perdue !
HORACE.
O mon Dieu ! qu'ai-je fait ?

ENSEMBLE.
ANGÈLE, *elle se lève.*
O terreur qui m'accable!
Qu'ai-je fait, misérable !
A tous les yeux coupable ,
Que vais-je devenir ?
Que résoudre et que faire ?
Au châtiment sévère
Rien ne peut me soustraire ,
Je n'ai plus qu'à mourir !
HORACE.
O terreur qui m'accable !
Qu'ai-je fait, misérable !
C'est moi qui suis coupable.
Comment la retenir ?
Que résoudre et que faire ?
A sa juste colère
Rien ne peut me soustraire ,
Je n'ai plus qu'à mourir !
HORACE.
Qu'à moi du moins votre cœur se confie ;
Si je peux réparer mes torts...
ANGÈLE, *traversant le théâtre.*
Jamais !.. jamais !..
HORACE.
Ah ! je vous en supplie....
Ecoutez-moi, madame, et voyez mes regrets,
Laissez-moi vous défendre ou du moins vous conduire!
ANGÈLE.
Non, je dois partir seule !..
HORACE, *la retenant.*
Encor quelques instans !
ANGÈLE.
Laissez-moi m'éloigner, ou devant vous j'expire !
HORACE.
Eh bien !. je vous suivrai !
ANGÈLE.
Non... je vous le défends.

ENSEMBLE.
ANGÈLE.
O terreur qui m'accable ! etc.
HORACE.
O terreur qui m'accable ! etc.

Elle s'éloigne malgré les efforts d'Horace pour la retenir. Arrivée près de la porte, elle lui fait de la main la défense de la suivre. Horace s'arrête. Elle remet son masque et s'éloigne.

SCENE XIV.
HORACE, *seul.*

Vous le voulez... à cet arrêt terrible
Je me soumets... j'obéirai...
Après un instant de combat intérieur.
Non, non, c'est impossible...
Quoi qu'il arrive, hélas !... je la suivrai !
Il s'élance sur ses pas et disparaît.

ACTE DEUXIÈME.

Le théâtre représente la salle à manger de Juliano. Au milieu, un brazero allumé. Au fond, une porte, et dans un pan coupé à droite du spectateur une croisée donnant sur la rue. Deux portes à gauche, une droite. Entre les portes, des armoires, des buffets ; au fond, à gauche, une table sur laquelle le couvert est mis.

SCENE PREMIERE.

JACINTHE, *seule*.

Une heure du matin, et don Juliano, mon maître, n'est pas encore rentré. C'est son habitude. Il ne dort jamais que le jour... et je l'aime autant... le service est bien plus agréable et plus facile avec un maître qui ferme toujours les yeux !... Mais ce soir, avant de partir pour le bal de la cour, cette idée de donner à souper à ses amis la nuit de Noël... quelle conduite !... pour faire réveillon ! Moi qui justement ce matin avais eu la même idée avec Gil Perez, le concierge et l'économe du couvent des Annonciades, et impossible de le décommander à cette heure où tout le monde dort... Mais les maîtres ne s'inquiètent de rien, et n'ont aucun égard, le mien surtout... Jésus Maria, quelle tête !... et qu'une gouvernante est à plaindre chez un garçon, quand il est jeune !... Quand il est vieux, c'est autre chose ! témoin l'oncle de Juliano, le seigneur Apuntador, chez lequel j'étais avant lui... quelle différence !

COUPLETS.

S'il est sur terre
Un emploi,
Selon moi,
Qui doive plaire,
C'est de tenir la maison
D'un vieux garçon...
C'est là le vrai paradis.
Là nos avis
A l'instant sont suivis,
Par nos soins dorloté,
Il nous doit la santé.
Notre force est sa faiblesse,
Et l'on est dame et maîtresse...
Vieille duègne ou tendron,
Si nous voulons
Régner sans cesse,
Pour cent raison
Choisissons
La maison
D'un vieux garçon.

DEUXIÈME COUPLET.

Sa gouvernante
Est son bien,
Son soutien,
Et le régente.
Il est pour elle indulgent
Et complaisant.
Elle aura chez monseigneur
Les clefs de tout et même de son cœur.
Fidèle de son vivant,
Il l'est par son testament,
Où brille, c'est la coutume,
Une tendresse posthume.
Vieille duègne
Ou tendrons,
Si nous tenons
A notre règne,
Pour cent raisons
Choisissons
La maison
D'un vieux garçon.

Mais ici, par malheur, nous n'en sommes pas là, et demain, quand ma nièce Inésille sera avec moi dans cette maison, j'aurai soin de la surveiller, parce qu'une jeunesse qui arrive de sa province, avec des mauvais sujets comme mon maître et ses amis !... Mais voyez donc, ce Gil Perez s'il avait au moins l'esprit de venir avant tout ce monde, on pourrait s'entendre... (*Allant à la fenêtre du fond qu'elle ouvre.*) Je ne vois rien. Si vraiment... en face de ce balcon... au milieu de la rue, on s'est arrêté... Ah ! mon Dieu... une grande figure noire... qui lève le bras vers moi... Ah ! j'ai peur ! (*Elle referme vivement la croisée.*) C'est un avertissement du ciel... J'ai toujours eu idée qu'il m'arriverait malheur de souper tête à tête la nuit de Noël avec l'économe d'un couvent... avec tout autre, je ne dis pas... Ah !... l'on frappe !... Dieu soit loué... C'est Gil Perez... ou mon maître... peu m'importe, pourvu que je ne reste pas seule.

Elle va ouvrir la porte du fond et pousse un cri de terreur en voyant apparaître une figure noire.

SCENE II.

ANGÈLE, *en domino et en masque*, **JACINTHE**.

JACINTHE, *tremblant et marmottant des prières.* Ah! mon bon ange!... ma patronne.. saints et saintes du paradis, intercédez pour moi!.... *Vade retro, Satanas!*

ANGÈLE, *ôtant son masque.* Rassurez-vous, signora... c'est une pauvre femme qui a plus peur que vous!

JACINTHE. Une femme... en êtes-vous bien sûre, et d'où sortez-vous, s'il vous plaît?

ANGÈLE. Je sors du bal!... d'un bal masqué... vous le voyez... Mais par un événement... trop long à vous expliquer... il est trop tard maintenant pour que je puisse rentrer chez moi... où l'on ne m'attend pas... car on ignore que je suis au bal... et je me suis trouvée la nuit... seule au milieu de la rue... où j'avais grand' peur, et surtout grand froid... Il neige bien fort... toutes les portes sont fermées, tout le monde dort... il n'y avait de lumière qu'à cette fenêtre qui s'est ouverte... et quand j'ai aperçu une femme, quand je vous ai vue... j'ai repris courage; j'ai frappé, et maintenant, senora, mon sort est entre vos mains.

JACINTHE. C'est fort singulier... fort singulier... Mais enfin moi, je ne demande pas mieux que de rendre service quand ça ne m'expose pas, et que ça ne me coûte rien.

ANGÈLE, *vivement.* Au contraire... au contraire... tenez... prenez cette bourse.

JACINTHE. Cette bourse...

ANGÈLE. Il y a vingt pistoles... c'est de l'or.

JACINTHE. Je n'en doute pas... je ne puis pas révoquer en doute la franchise de vos manières... mais enfin que voulez-vous?

ANGÈLE. Que vous me donniez un asile... pour quelques heures... jusqu'au jour, après cela, je verrai, je tâcherai...

JACINTHE. Permettez... recevoir ainsi... une personne inconnue...

ANGÈLE. Mon Dieu!... mon Dieu!... que pourrais-je dire... pour vous persuader... ou vous convaincre... Ah! cette bague en diamans... acceptez-la... je vous prie, et gardez-la en mémoire du service que vous m'aurez rendu... car, je le vois... vous cédez à mes prières... vous n'avez plus de défiance... vous croyez en moi.

JACINTHE. Comment ne pas vous croire?... Voilà des façons d'agir... qui révèlent sur-le-champ une personne comme il faut... Aussi je ne doute pas que mon maître...

ANGÈLE. Vous avez un maître...

JACINTHE. Un jeune homme de vingt-cinq ans.

ANGÈLE. Ah! mon Dieu!... il ne faut pas qu'il me voie... cachez-moi chez vous, dans votre chambre...

JACINTHE, *montrant la porte à droite.* Elle est là.

ANGÈLE. Que personne ne puisse y pénétrer!

JACINTHE. C'est difficile... mon maître va rentrer souper avec une demi-douzaine de ses amis....

ANGÈLE. O ciel!

JACINTHE. Qui s'emparent de toute la maison... et qui découvriraient bien vite une jeune et jolie dame telle que vous...

ANGÈLE. Alors je ne reste pas... je m'en vais... (*Elle remonte le théâtre pour sortir, on entend au dehors un bruit de marche.*) Qu'est-ce donc?

JACINTHE. Une patrouille qui passe sous nos fenêtres...

ANGÈLE. Est-ce qu'il y en a beaucoup ainsi?

JACINTHE. Dans presque toutes les rues.... c'est pour la sûreté de la ville... ils arrêtent toutes les personnes suspectes qu'ils rencontrent...

ANGÈLE, *à part.* C'est fait de moi!... (*Haut à Jacinthe.*) Je reste... je reste.... Mais si je ne puis m'empêcher de paraître aux regards de ton maître ou de ses amis... n'y aurait-il pas moyen du moins de ne pas leur apprendre qui je suis?... Cedomino, ce costume va m'exposer à leur curiosité et à leurs questions.

JACINTHE. N'est-ce que cela?... il m'est bien facile de vous y soustraire... J'ai ma nièce Inésille, une Aragonaise, qui vient du pays pour être ici servante à Madrid. J'ai déjà reçu sa malle et ses effets qui sont là dans ma chambre... et si ça peut vous convenir...

ANGÈLE. Oh! tout ce que tu voudras.

JACINTHE. Habillée ainsi, mon maître et ses amis vous apercevront sans seulement faire attention à vous... (*la regardant*) si toutefois c'est possible.

On frappe à la porte du fond.

ANGÈLE. On vient... du silence... entends-tu?... silence avec tout le monde... et ma reconnaissance...

JACINTHE, *lui montrant la porte à droite.* Je suis muette... entrez vite et que Notre Dame de Lorette vous protège.

Angèle entre dans la chambre à droite.

SCÈNE III.

JACINTHE, GIL PEREZ.

JACINTHE. Le seigneur Gil Perez, c'est bien heureux !

GIL PEREZ. Oui, ma céleste amie, ma divine Jacinthe... j'arrive un peu tard... par excès d'amour et de prudence... il a fallu attendre que la messe de minuit fût terminée, et après cela, j'ai voulu être bien sûr que tout le monde dormait au couvent... et tout le monde dort...

JACINTHE. Tant mieux ! on ne vous entendra pas rentrer !... car il faut y rentrer à l'instant.

GIL PEREZ. Et pourquoi cela ?

JACINTHE. Parce que le comte Juliano, mon maître, va arriver d'un instant à l'autre avec ses amis qui soupent ici.

GIL PEREZ. Comme s'ils n'auraient pas pu rester toute la nuit au bal... c'est très-désagréable... et je n'ai pas du tout envie de m'en retourner.

JACINTHE. Y pensez-vous.... me compromettre !

GIL PEREZ. Écoutez donc, Jacinthe... il fait cette nuit un froid, et un appétit... qui redoublent en ce moment... et quand on avait l'espoir de souper en tête-à-tête au coin d'un bon feu, on ne renonce pas aisément à une pareille béatitude.

JACINTHE. Il le faut cependant... car le moyen de justifier votre présence... à une pareille heure...

GIL PEREZ. Le ciel nous inspirera quelque bon mensonge !... il en inspire toujours à ses élus !

JACINTHE. En vérité !

GIL PEREZ. Vous direz au seigneur Juliano, votre maître... que vous m'avez prié de venir vous aider pour le souper qu'il donne cette nuit à ses amis.

JACINTHE. C'est vrai, vous avez des talens...

GIL PEREZ. Avant d'être économe... j'ai été cuisinier chez deux archevêques.

JACINTHE. Deux archevêques !...

GIL PEREZ. Je n'ai jamais servi que dans de saintes maisons... c'est bien plus avantageux..... On y fait sa fortune dans ce monde, et son salut dans l'autre.

JACINTHE. Je le crois bien...... et le couvent des Annonciades, où vous êtes en ce moment ?...

GIL PEREZ. C'est le paradis terrestre... A la fois concierge et économe, je suis le seul homme de la maison, et chargé de l'administration temporelle.... Que Dieu me fasse encore la grâce de rester un an ou deux dans cette sainte demeure... je prendrai alors du repos... et me retirerai... dans le monde... avec une honnête fortune que je pourrai offrir à dame Jacinthe.

JACINTHE. Qui, de son côté, ne néglige pas les économies.

GIL PEREZ. Vous en avez fait de bonnes avec le seigneur Apuntador, notre premier maître...

JACINTHE. Qui était si avare...

GIL PEREZ. Excepté pour sa gouvernante.

JACINTHE. C'était sa seule dépense..

GIL PEREZ. Et cela doit aller bien mieux encore avec le seigneur Juliano, son neveu... un dissipateur.

JACINTHE. Du tout... ça n'est plus ça... il mange son bien avec tout le monde... et quand les maîtres n'ont pas d'ordre...

GIL PEREZ. C'est ce qu'il y a de pire... il finira mal...

JACINTHE. Je le crois aussi... mais en attendant, il y a quelquefois de bonnes aubaines à son service... (*regardant du côté de la porte à droite*) ce soir, par exemple...

GIL PEREZ. Qu'est-ce donc !

JACINTHE. Rien .. rien... j'ai promis le silence pour aujourd'hui du moins... mais demain, Gil Perez, je vous conterai cela.

GIL PEREZ. A la bonne heure... on n'a pas de secrets pour un fiancé, pour un époux... Je descends à la cuisine... m'installer au milieu des fourneaux et donner à ces messieurs un souper d'archevêque... dès qu'ils auront soupé... je porterai là, dans votre chambre... un ou deux plats... des meilleurs que j'aurai mis de côté... et que je tiendrai bien chaudement au coin du feu.

JACINTHE. A la bonne heure... mais si on entrait dans ma chambre...

GIL PEREZ. Dès qu'ils sortiront de table... ôtez la clef...

JACINTHE. Et vous, alors...

GIL PEREZ. N'en ai-je pas une autre,... dont je ne vous ai jamais parlé...

JACINTHE. Est-il possible !... Et comment cela se fait-il ? une seconde clef...

GIL PEREZ. C'est celle du seigneur Apuntador... notre ancien maître... je l'ai trouvée ici...

JACINTHE. Ah ! monsieur Gil Perez... une telle hardiesse...

GIL PEREZ. Je cours à la cuisine...

Il sort par la porte à gauche sur la ritournelle du chœur suivant et pendant que Jacinthe va ouvrir la porte du fond.

SCENE IV.

JACINTHE, JULIANO, plusieurs Seigneurs *de ses amis.*

CHOEUR.

Réveillons ! réveillons l'hymen et les belles !
Réveillons les maris prêts à s'endormir !
Réveillons ! réveillons les amans fidèles !
Réveillons tout jusqu'au désir !
La nuit est l'instant du plaisir !
Vivent la nuit et le plaisir !

JULIANO.

Qu'en son lit la raison sommeille,
Verre en main à table je veille
Et me console des amours !
Les belles nuits font les beaux jours !

CHOEUR.

Réveillons ! réveillons l'amour et les belles!
Réveillons les maris prompts à s'endormir!
Réveillons, réveillons les plaisirs fidèles!
La nuit est l'instant du plaisir!
Vivent la nuit et le plaisir !

JACINTHE.

Quel tapage ! c'est à frémir !
Le quartier ne peut plus dormir !

JULIANO, *à part.*

Tout s'arrange au mieux, sur mon âme,
Et lord Elfort en son logis,
En rentrant, a trouvé sa femme...
Il est un Dieu pour les maris ! !...
Du reste il va venir, (*haut*) et toi, belle Jacinthe,
Soigne les apprêts du festin !
Qui manque encore ?

TOUS.
Horace !

JULIANO.
Oui !.... mais soyez sans crainte.
A part.
Les amoureux n'ont jamais faim !

JACINTHE.

Quel tapage ! c'est à frémir !
Le quartier ne peut plus dormir !
Et l'alcade ici va venir !

Elle prend le manteau que son maître a jeté sur un fauteuil et le porte dans la chambre à droite.

CHOEUR.

Réveillons ! réveillons l'amour et les belles!
Réveillons les maris prompts à s'endormir !
Réveillons ! réveillons les plaisirs fidèles!
La nuit est l'instant du plaisir!
Vivent la nuit et le plaisir !

JULIANO, *se retournant et appelant.* Jacinthe !... Eh bien ! où est-elle donc ?

Il va ouvrir la porte à droite, fait un pas dans la chambre et en ressort tout étonné en voyant Angèle qui entre poussée par Jacinthe.

SCENE V.

LES MÊMES, JACINTHE, ANGÈLE, *sortant de la porte à droite, habillée en paysanne aragonaise.*

JULIANO.
Que vois-je ? quel minois charmant !
TOUS.
Quelle est donc cette belle enfant ?
JACINTHE *à Juliano.*
Aux autres.
C'est ma nièce ! Oui, je suis sa tante !
A Juliano.
Vous savez que nous l'attendions!
TOUS.
C'est une admirable servante
Pour un ménage de garçons !
INÉSILLE *faisant la révérence.*
Ah ! messeigneurs, c'est trop d'honneur
Bas à Jacinthe.
Ah ! j'ai bien peur ! ah ! j'ai grand peur !
JACINTHE *bas à Inésille.*
Allons ! courage !
JULIANO.
Et son nom ?
JACINTHE.
Inésille !

ENSEMBLE.

JULIANO, *et le choeur.*

La belle fille !
Qu'elle est gentille!
Et qu'Inésille
Offre d'attraits !
Quoiqu'ignorante,
Elle m'enchante,
Et pour servante
Je la prendrais !
JACINTHE, *à part.*
La belle fille !
Qu'elle est gentille !
Mon Inésille
Leur plaît déjà !
Jeune, innocente,
Elle est charmante !
Et moi sa tante
Surveillons-la !
INÉSILLE.
J' vois qu'Inésille,
La pauvre fille !
J' vois qu'Inésille
Leur conviendrait !
Quoiqu'ignorante,
Je les enchante,
Et pour servante
On me prendrait!

JULIANO.

Premier couplet.

D'où venez-vous, ma chère ?
INÉSILLE.
J'arrivons du pays!
JULIANO.
Et que savez-vous faire ?
INÉSILLE.
J' n'ons jamais rien appris !

JULIANO.
D'une ame généreuse
Nous vous formerons tous !
  INÉSILLE, *regardant Jacinthe.*
Ah ! je fus bien heureuse
D' pouvoir entrer chez vous !
Dans cette maison que j'honore
  Faisant la révérence.
Être admise est un grand plaisir...
  A part.
Mais j'en aurai bien plus encore
Sitôt que j'en pourrai sortir !

JULIANO.
Deuxième couplet.
Vous êtes douce et sage ?
  INÉSILLE.
Chacun vous le dira !
JULIANO, *lui prenant la main.*
Vous n'êtes point sauvage ?
  INÉSILLE.
Sauvag' qu'est-ce que c'est qu'ça ?
  JULIANO.
En fidèle servante,
Ici vous resterez.
  INÉSILLE.
Si je vous mécontente...
Dam ! vous me renverrez !...
Car dans c'te maison que j'honore,
  Faisant la révérence.
Demeurer est un grand plaisir !...
A part.
Mais j'en aurai bien plus encore,
Sitôt que j'en pourrai sortir !
JACINTHE, *se mettant entre eux et s'adressant à Inésille.*
Allons ! c'est trop jaser !... oui... finissons, de grâce !
Il faut qu'ici le service se fasse !
  JULIANO.
C'est juste !... apporte-nous Xérès et Malaga !
JACINTHE, *à Inésilles qu'elle prend par le bras.*
Allons ! descendons à la cave !
  INÉSILLE, *effrayée.*
A la cave !...
  JULIANO.
Je vois qu'elle n'est pas trop brave !
  TOUS.
Chacun de nous l'escortera !
  JACINTHE.
Non, messieurs, non ; je suis plus brave,
Sa tante l'accompagnera !
Allons !... venez chercher... Xérès et Malaga !

ENSEMBLE.
  JULIANO *et le* CHOEUR.
La belle fille !
Qu'elle est gentille !
  Qu'Inésille
Offre d'attraits !
Quoiqu'ignorante,
Elle m'enchante,
Et pour servante
Je la prendrais !
  JACINTHE.
La belle fille !
Qu'elle est gentille !
  Mon Inésille
Leur plaît déjà !
Elle est charmante
  Et ravissante,
Et moi sa tante,
Surveillons-la.
  INÉSILLE.
Mais Inésille,

La pauvre fille !
Mais Inésille
Les séduirait !
Quoiqu'ignorante,
Je les enchante ;
Et pour servante
On me prendrait !
Jacinthe sort en emmenant Inésille par la seconde porte à gauche qui mène dans l'intérieur de la maison.

SCÈNE VI.

LES MÊMES, JULIANO, *puis* HORACE.

JULIANO. Elle est vraiment très-bien, la petite Aragonaise, car elle vient d'Aragon... et il est heureux pour elle qu'elle soit tombée dans une maison comme la mienne... une maison tranquille... un homme seul... (*Les regardant.*) Pas aujourd'hui du moins. (*Se retournant et apercevant Horace.*) Eh ! arrive donc, mon cher ami, j'avais une impatience de te voir... !

HORACE. Et moi aussi.

JULIANO, *à ses compagnons.* Messieurs, voici des cigarettes, et si vous voulez, en attendant le souper...

Les jeunes gens se forment dans l'appartement en différens groupes, causent ou allument des cigares autour du brazero pendant que Juliano amène Horace sur le devant du théâtre.

JULIANO. Eh bien ! tout a été à merveille... et je ne sais pas comment tu t'y es pris... car j'ai eu peur un moment.... Ce lord Elfort voyant que notre conducteur se perdait et prenait le plus long, a voulu lui-même monter sur le siège... J'oubliais que les Anglais étaient les premiers cochers d'Europe... et en un instant, nous avons été à son hôtel... où je tremblais en montant l'escalier.

HORACE. Tu étais dans l'erreur.

JULIANO. Je l'ai bien vu... et j'ignore comment vous avez fait, toi et mylady, pour rentrer avant nous, mais elle était dans son appartement... elle dormait.

HORACE. Tu te trompes.

JULIANO. Je le crois bien... elle faisait semblant.

HORACE. Mais non, mon ami, ce n'était pas elle, et la preuve, c'est que je suis resté une demi-heure encore avec mon inconnue qui s'est enfuie au moment où minuit sonnait à toutes les pendules.

JULIANO. Laisse-moi donc tranquille...

HORACE. Et nous avons fait un joli coup, tu peux t'en vanter... Il paraît, mon ami, que nous l'avons perdue... déshonorée... et elle voulait s'aller jeter dans le Mançanarès.

JULIANO. Ah çà ! quand tu auras fini ton histoire...

HORACE. C'est la vérité même, je te l'atteste... je me suis précipité sur ses pas... je l'ai rejointe au bas du grand escalier, je la retenais par le bras, lorsque, dans ses efforts pour m'échapper, s'est détaché un riche bracelet que j'ai voulu ramasser, et pendant ce temps elle s'était élancée au dehors... et la disparue... évanouie comme une ombre... Vingt rues différentes... laquelle avait elle prise?

JULIANO. Ecoute, Horace, si tu me prends pour dupe, si tu veux t'amuser à mes dépens...

HORACE. Mais non, mon ami, voilà ce bracelet,.. regarde plutôt.

JULIANO. Il est de fait que je ne l'ai jamais vu à mylady... mais à son élégance, plus encore qu'à sa richesse, il doit appartenir à quelque grande dame... Nous avons ici le jeune Melchior qui doit se connaître en diamans; il ne sort pas de chez le joaillier de la cour à cause de sa femme qui est charmante. (*A Melchior.*) Mon cher Melchior, Horace voudrait vous parler.

HORACE, *le prenant à part*. Connaîtriez-vous par hasard ce joyau?

MELCHIOR. Certainement! on l'a vendu dernièrement devant moi.

HORACE. A qui donc?

MELCHIOR. A la reine.

HORACE, *à part*. O ciel!

JULIANO, *revenant près d'eux*. Eh bien! qu'est-ce?... qu'y a-t-il?

HORACE, *à Melchior*. Taisez-vous. (*Haut à Juliano.*) Rien, il ne sait rien... il ne connaît pas. (*A part.*) La reine! ce n'est pas possible... c'est absurde! (*Il se retourne et aperçoit Angèle qui sort de la porte à gauche au fond et s'avance au bord du théâtre tenant un panier de vin sous le bras et un bougeoir à la main ; il pousse un cri et reste immobile de surprise.*) Ah! voilà qui est encore pire!

INÉSILLE, *apercevant Horace*. C'est lui!

SCENE VII.

LES MÊMES, INÉSILLE et JACINTHE
qui rentre avec elle.

Jacinthe prend le panier de vin que portait Angèle ; toutes deux remontent le théâtre et s'occupent à ranger le couvert près de la table qui est au fond à gauche et toute dressée.

JULIANO, *à Horace*. Eh bien! qu'as-tu donc?... comme tu regardes notre jeune servante... Elle est jolie, n'est-ce pas?

HORACE. Ah! c'est là une servante?

JULIANO. Une Aragonaise... la nièce de Jacinthe, ma vieille gouvernante.

HORACE. Et... et tu la connais?

JULIANO. Certainement, et ces messieurs aussi... D'où vient ton air étonné?

HORACE. Ah! c'est que, c'est que... dis-moi, toi qui vois la reine... car moi je l'ai à peine aperçue... Mais toi, tu la vois souvent... ne trouves-tu pas que cette petite servante ressemble beaucoup à la reine?

JULIANO. Pas du tout... pas un seul trait.

HORACE. Tu en es bien sûr?

JULIANO. Certainement!... Pourquoi cette question?

HORACE, *avec embarras*. C'est que... (*A part.*) Allons, je deviens fou... je perds la tête!

Il regarde toujours sans oser l'approcher ni lui adresser la parole.

JULIANO. Il paraît que mylord ne vient pas... (*Bas à Horace.*) Il aura été obligé de faire sa paix avec mylady, à moins qu'il n'ait été soupirer sous le balcon de quelque belle Espagnole.

HORACE, *d'un air distrait et regardant toujours Inésille*. Lui!

JULIANO. C'est un amateur... l'Opéra de Madrid vous dira ses conquêtes... mais puisque le conquérant est en retard... A table, messieurs, à table. (*Pendant ce temps Jacinthe et Inésille ont apporté la table au milieu du théâtre. Tous s'asseyent; Inésille se tient debout, une serviette et une assiette à la main et elle sert tout le monde. Horace immobile ne boit ni ne mange et resté, la fourchette en l'air, toujours occupé à regarder Angèle qui n'a pas l'air de le connaître.*) A boire avant tout... (*Inésille sert à boire à Horace, dont la main tremble et qui choque son verre contre la bouteille*) et que d'abord je fasse réparation à mon ami Horace.... j'ai cru, messieurs, qu'il m'avait enlevé une maîtresse.

TOUS. Ah! c'est affreux!

JULIANO. Il paraît que j'avais tort, et qu'elle m'est fidèle... je dis il paraît, parce que, dans ces cas-là, le doute est déjà un bénéfice dont il faut se contenter. Je bois donc à mon ami Horace et à ses succès.

TOUS. A ses succès!

JULIANO. Cela ne fera pas mal... car, dans ce moment, c'est le héros de roman le plus malheureux... Il a entre autres, une belle inconnue, une nymphe fugitive, qui n'est pourtant qu'à moitié cruelle.

HORACE, *vivement*. Juliano!... je t'en conjure!

JULIANO. Tu lui as promis d'être discret, c'est de droit ; mais nous aussi, nous le sommes tous, et vous ne croiriez pas, messieurs, que pour elle il est prêt à refuser un mariage superbe... Inésille, une assiette... Une dot magnifique qui m'irait si bien!

HORACE. Je te l'abandonne!

JULIANO. J'accepte... vous en êtes témoins... à ce prix, je t'abandonne ta beauté anonyme... ta fille des airs, ta sylphide!

HORACE. Juliano, pas un mot de plus!

JULIANO. N'as-tu pas peur... elle ne peut pas nous entendre, elle n'est pas ici.

HORACE. Peut-être!... Ne t'ai-je pas dit qu'en tous lieux elle était près de moi... sur mes pas... à mes côtés... que je la regardais comme mon bon ange, mon ange tutélaire, et que, visible ou non, elle était toujours là présente à mes yeux et à mon cœur?

INÉSILLE, *qui l'écoute avec émotion, laisse tomber l'assiette qu'elle tenait qui roule et se casse.* Ah! mon Dieu!

JULIANO. A merveille! l'Aragonaise arrange bien mon mobilier de garçon.

JACINTHE, *allant à elle.* La maladroite!

JULIANO. Ne vas-tu pas la gronder?

INÉSILLE. N'vous fâchez pas, ma tante, je la paierons sur mes gages.

JACINTHE. Elle le mériterait.

JULIANO. Certainement; mais je lui fais grâce... je suis bon prince, et je lui demande, pour toute indemnité, une chanson du pays.

TOUS. C'est juste!... une chanson aragonaise!

JACINTHE, *bas à Inésille.* En savez-vous?

INÉSILLE, *de même.* Je crois que oui... à peu près.

TOUS.
Écoutons bien!

JULIANO.
Qu'ici son talent brille!

JACINTHE, *bas à Inésille.*
Du courage!

JULIANO.
C'est un concert.
Qu'Inésille...

HORACE, *stupéfait.*
Inésille!

JULIANO.
Nous réservait pour le dessert.

RONDE ARAGONAISE.

INÉSILLE

PREMIER COUPLET.

La belle Inès
Fait florès;
Elle a des attraits,
Des vertus;
Et, bien plus,
Elle a des écus,
Tous les garçons,
Bruns ou blonds,

Lui font les yeux doux;
Qui de nous
Voulez-vous
Prendre pour époux?
Est-ce un riche fermier?
Est-ce un galant muletier,
Ou bien un alguazil?
Celui-là vous convient-il?
Tra, la, la, tra, la, la.
— Non, mon cœur incivil,
Tra, la, la, tra, la, la,
Refuse l'alguazil,
Tra, la, la, tra, la, la.
— L'alcade vous plaît-il?
Tra, la, la, tra, la, la,
— Fût-ce un corrégidor,
Je le refuse encor.
— Que voulez-vous,
Belle aux yeux doux?
Répondez, nous vous aimons tous.
Qui de nous
Voulez-vous
Prendre pour époux?
— L'amoureux
Que je veux,
C'est celui qui danse le mieux.

ENSEMBLE.

JULIANO *et* LE CHŒUR.

Que de grâce! que de candeur!
C'est un morceau de grand seigneur,
Et déjà mon cœur amoureux
S'enflamme au feu de ses beaux yeux!

HORACE.

C'est bien son regard enchanteur;
Mais ce costume!.. est-ce une erreur?
Et que dois-je croire en ces lieux,
Ou de mon cœur, ou de mes yeux?

JACINTHE.

Ah! quel son de voix enchanteur!
Ma nièce me fait de l'honneur!
Et déjà leur cœur amoureux
S'enflamme au feu de ses beaux yeux!

DEUXIÈME COUPLET.

Dès ce moment,
Chaque amant
Se mit promptement
A danser,
Balancer,
Passer,
Repasser,
Et, castagnettes en avant,
Chaque prétendant
S'exerçait
Et donnait
Le signal
Du bal.
Le muletier Pedro
Possédait le boléro,
Et l'alcade déjà;
Brillait dans la cachucha;
Tra, la, la; tra, la, la,
— Messieurs, ce n'est pas ça;
Tra, la, la, tra, la, la,
Et, pendant ce temps-là,
Tra, la, la, tra, la, la,
Le jeune et beau Joset,
Tra, la, la, tra, la, la,
De loin la regardait;
Et, de travers dansait,
Car il l'aimait...
— Belle aux yeux doux,
Ce beau bal nous réunit tous;

Qui de nous
Voulez-vous
Prendre pour époux ?
— Le danseur que je veux :
C'est celui, c'est celui qui m'aime le mieux.
Oui, Joset, je te veux,
Car c'est toi qui m'aime le mieux.

ENSEMBLE.

JULIANO et LE CHOEUR.
Que de grâce ! que de candeur ! etc., etc.
HORACE.
C'est bien son regard enchanteur ; etc., etc.
JACINTHE.
Ah ! quel son de voix enchanteur ! etc., etc.

JULIANO. Allons, Jacinthe, le punch et le café dans le salon !

Jacinthe sort un instant. Ils se lèvent tous, et les domestiques des jeunes seigneurs enlèvent la table, qu'ils portent au fond du théâtre.

JULIANO et LE CHOEUR, *voyant sortir Jacinthe.*
Je n'y tiens plus !
INÉSILLE.
Ah ! finissez, de grâce !
TOUS, *entourant Inésille.*
Non, vraiment... mon cœur amoureux...
INÉSILLE, *se défendant.*
Ah ! je frémis de leur audace !
TOUS, *de même.*
S'enflamme au feu de tes beaux yeux !
HORACE, *seul, à gauche du théâtre et regardant Inésille.*
Comment, serait-ce elle en ces lieux ?
Non... ce n'est pas !... c'est impossible !
JULIANO ET LE CHOEUR, *entourant Inésille.*
Allons, ne sois pas inflexible !
INÉSILLE.
Laissez-moi ! laissez-moi !
JULIANO et LE CHOEUR.
De l'un de nous daigne accepter la foi !
INÉSILLE, *se défendant.*
Laissez-moi ! laissez-moi !
HORACE.
Ce n'est pas elle... non, non, non, c'est impossible !
JULIANO et LE CHOEUR.
Rien qu'un baiser, un seul...
INÉSILLE.
Laissez-moi ! laissez-moi !
JULIANO et LE CHOEUR.
Tu céderas !
INÉSILLE, *poussant un cri, s'échappe de leurs mains et se précipite dans les bras d'Horace en lui disant :*
Ah !.. défendez-moi !
HORACE, *à part, avec joie.*
C'est elle !
JACINTHE, *sort en ce moment de la première porte à gauche, qui est celle du salon, et dit d'un air sévère.*
Eh bien ! que vois-je ?
JULIANO et LE CHOEUR, *s'arrêtant et à demi-voix.*
C'est la tante !
De la duègne craignons la colère imposante.
JACINTHE.
Dans le salon le punch est là qui vous attend.
JULIANO.
Et les tables de jeu ?
JACINTHE.
Tout est prêt.
JULIANO.
C'est charmant !

Faisant signe aux convives de passer dans le salon.
Messieurs... messieurs, le punch est là qui vous attend.

ENSEMBLE.

JULIANO et LE CHOEUR.
Que de grâce ! que de candeur !
Mais pour toucher ce jeune cœur
De cet argus fuyons les yeux,
Plus tard nous serons plus heureux !
HORACE.
C'est elle ! ô moment enchanteur !
Combien je bénis sa frayeur ;
Oui, c'est elle que dans ces lieux
L'amour offre encore à mes yeux !
JACINTHE.
Mais voyez donc ces grands seigneurs...
Quelle indécence ! quelles mœurs !
A Inésille.
Mais ne craignez rien en ces lieux
Tant que vous serez sous mes yeux !

Ils entrent tous dans le salon à gauche.

JACINTHE, *à Inésille.* Les voilà partis, soyez sans crainte... je descends à la cuisine.

Elle sort par la seconde porte à gauche. Au moment où elle s'éloigne, Horace, qui était entré le dernier dans le salon, revient sur ses pas près d'Inésille, qui est seule et range le couvert.

SCENE VIII.
HORACE, INÉSILLE.

HORACE, *s'approchant d'elle timidement.* Madame...

INÉSILLE. Qu'est-ce que c'est, monsieur ? voulez-vous du Xérès ou du Malaga ?

Elle lui offre un verre.

HORACE, *étonné.* Non, non, ce n'est pas possible !

INÉSILLE, *imitant un léger patois de paysanne.* Dam ! si vous voulez autre chose, dites-le... me voilà... je suis à vos ordres...

HORACE. Quoi, vraiment !... vous seriez... ?

INÉSILLE. Inésille l'Aragonaise... la nièce à dame Jacinthe.

HORACE. Ah ! ne cherchez pas à m'abuser, je vous ai reconnue !

INÉSILLE. Moi ! mon beau monsieur ?

HORACE. Quand tout-à-l'heure, pour échapper à leurs poursuites, vous vous êtes jetée dans mes bras...

INÉSILLE. Dam ! vous me sembliez le plus sage et le plus raisonnable... excusez-moi... si je me suis trompée.

HORACE, *vivement.* Oh ! oui... oui... sans doute !... car dans ce moment surtout je ne suis pas bien sûr d'avoir toute ma raison.... Vois-tu, Inésille.... si c'est toi.... *(avec respect)* si c'est vous... c'est affreux de vous jouer ainsi de mes tourmens.

INÉSILLE. Moi, mon bon Dieu! tourmenter un cavalier si gentil et si bon!...

HORACE, *s'avançant sur elle*. Eh bien!... si tu n'es pas elle... c'est une ressemblance si grande... si exacte... que j'éprouve auprès de toi... ce que j'éprouvais auprès d'elle... le cœur me bat... ma vue se trouble... je t'aime...

INÉSILLE, *se reculant*. Ah ben! ah ben! ah ben! moi qui vous croyais si sage... prenez garde, je vais me dédire.

HORACE. Et tu as raison... je suis un fou... un insensé... dont il faut que tu aies pitié... viens avec moi... (*Il lui prend la main, qu'elle veut retirer.*) Ah! ne crains rien... je te respecterai... mais je te regarderai... je croirai que c'est elle... et je te dirai... car avec toi... j'ai moins peur... je te dirai ce que je n'oserais lui dire... que je l'aime... que je meurs d'amour... qu'elle est mon rêve... mon idole... (*Il la serre dans ses bras et elle se dégage.*) N'aie pas peur... ce n'est pas pour toi... c'est pour elle...

INÉSILLE. C'est égal, monsieur, comment voulez-vous que je distingue?

HORACE. C'est qu'aussi il n'y a jamais eu de situation pareille... moi qui croyais qu'elle seule au monde avait ses yeux... ce regard... que tu as, toi... (*Leurs yeux se rencontrent.*) Ah! c'est vous... c'est vous... madame... j'en suis sûr! vous aurez beau faire... vous ne me tromperez plus. Et la preuve, c'est que malgré moi j'ai retrouvé ma frayeur et mon respect... vous le voyez... je tremble... Pourquoi alors vous défier plus long-temps d'un cœur qui vous est aussi dévoué?... (*On frappe à la porte en dehors.*) Qui vient encore à une pareille heure?... quel est l'importun? (*On entend crier en dehors : N'ayez pas peur.. ouvrez.. c'est un ami... c'est lord Elfort!*)

INÉSILLE, *avec effroi*. O ciel! Lord Elfort!

HORACE. D'où vient ce trouble?

INÉSILLE. N'ouvrez pas! n'ouvrez pas!

HORACE. C'est donc vous, madame... c'est bien vous!

INÉSILLE. O mon Dieu! mon Dieu!.. comment faire?... que devenir?

HORACE. Ne suis-je pas là pour vous protéger?

INÉSILLE. Et s'il me voit seulement.... je suis perdue!

HORACE. Il ne vous verra pas... je vous le jure!... nous sortirons de ces lieux sans qu'il vous aperçoive... mais vous aurez confiance en moi...

INÉSILLE. Oui, monsieur...

HORACE. Je saurai qui vous êtes?...

INÉSILLE. Oui, monsieur...

HORACE. Vous me direz tout?

INÉSILLE. Oui, monsieur.

HORACE. Eh bien!.... là.... là.... dans cette chambre... (*montrant celle de Jacinthe*) dont je saurai bien défendre l'entrée... l'on me tuera avant d'y pénétrer... (*On frappe plus fort et Inésille veut entrer dans la chambre, Horace la retient par la main.*) Mais vous n'oublierez pas vos promesses?

INÉSILLE. Oh! non, monsieur!

HORACE. Attendez-moi! dès que mylord sera entré dans le salon, je viens vous prendre.... et, enveloppée dans mon manteau, vous sortirez sans danger.

INÉSILLE, *fermant vivement la porte*. On vient!

Lord Elfort continue à frapper plus fort à la porte du fond.

SCÈNE IX.

JULIANO, *sortant du salon à gauche*, HORACE.

JULIANO. Eh bien! quel tapage à la porte de la rue!... Jacinthe, Inésille... où sont donc toutes ces femmes?

HORACE. Je ne sais... Inésille était là... tout-à-l'heure... elle est descendue.

JULIANO. A la cuisine sans doute.... qui diable nous arrive?

Il va ouvrir la porte du fond. Pendant ce temps Horace s'approche de la porte à droite qu'il ferme à double tour, puis il retire la clef et la met dans sa poche.

HORACE. La voilà en sûreté!

JULIANO, *qui pendant ce temps a été ouvrir à lord Elfort*. C'est vous, mylord, vous êtes bien en retard!

LORD ELFORT. Ce était vrai! (*Apercevant Horace.*) Encore cette petite Horace!

JULIANO. Vous ne devez plus lui en vouloir... maintenant que vous êtes sûr de la vertu de mylady.

LORD ELFORT. Yes.... grâces à vous qui me avez fait avoir les preuves... mais c'est égal... cette nuit.... était toujours pour moi un jour malheureuse... et fâcheuse beaucoup.

JULIANO. Comment cela?

LORD ELFORT. En quittant mylady.... je voulais, avant le souper avec vous... porter le cadeau de Noël à la petite Estrella... vous connaissez...

JULIANO. Un premier sujet de l'Opéra de Madrid!

LORD ELFORT. Yes...

JULIANO. Celle qui danse si bien la cachucha!

LORD ELFORT. Yes...
JULIANO. Et pour laquelle, dit-on, vous faites des folies...
LORD ELFORT. Yes... je aimais beaucoup la cachucha... eh bien ! elle était pas chez elle... elle était sortie pour toute la nuit sans prévenir moi...
JULIANO. Parce que vous êtes jaloux et qu'elle a peur de vous !
HORACE, *à part et regardant du côté de la porte à droite.* O ciel !
LORD ELFORT. Et pourquoi, je demande à vous ? pourquoi sortir toute le nuit ?
JULIANO. Pour aller... pour aller... danser la cachucha.... pour aller au bal.... la nuit de Noël, tout le monde y va... à commencer par vous.
LORD ELFORT. C'est égal... je avais mis moi en colère.
JULIANO. Ça ne coûte rien.
LORD ELFORT. Je avais tout brisé...
JULIANO. C'est plus cher.... parce que demain il faudra réparer... à moins que cette nuit... vous ne soyez heureux au jeu où l'on vous attend...
LORD ELFORT. Yes ! je allais jouer.
Il entre dans le salon à gauche.
JULIANO, *se retournant vers Horace.* Ainsi que toi, mon cher Horace.... on demandait ce que tu étais devenu.
HORACE. J'allais vous rejoindre !
JULIANO. Ah ! mon Dieu !... comme tu es pâle et troublé... Est-ce qu'il y aurait une nouvelle apparition !
HORACE. Du tout... mon ami... (*A part.*) Ah ! si c'est elle, c'est indigne ! c'est infâme !... je les tuerai tous deux et moi-même après...
JULIANO, *à Horace.* Allons, viens.
HORACE, *le retenant par la main.* Un mot seulement !...
JULIANO. Qu'est-ce donc ?
HORACE. Cette belle danseuse.... dont vous parliez tout-à-l'heure... la signora Estrella... tu la connais ?
JULIANO. Certainement et beaucoup !... et toi ?
HORACE, *avec embarras.* Eh bien !... eh bien !... tu ne trouves pas qu'elle ressemble un peu à cette petite servante-Aragonaise...
JULIANO. Inésille !!
HORACE. Oui, il y a quelque chose...
JULIANO. Ah ça ! à qui diable en as-tu aujourd'hui avec tes ressemblances ? Tu me parlais tantôt de la reine et maintenant d'une danseuse... il n'y a pas le moindre rapport... pas même apparence...
HORACE. Tu as raison... cela ne ressemble à rien... et je l'aime mieux... je suis content... (*A part.*) Oser la soupçonner... quand tout-à-l'heure... elle va tout me dire et tout m'apprendre... (*Haut.*) Allons, viens, viens, mon ami.
JULIANO. Qu'est-ce qu'il te prend ! te voilà maintenant radieux et triomphant.
HORACE. C'est que je pense à elle !
JULIANO. A l'inconnue.... il en deviendra fou, ma parole d'honneur !
HORACE. C'est vrai ! j'en perds la tête !
JULIANO, *l'emmenant.* Viens perdre ton argent, cela vaudra mieux !

Il sort en emportant le dernier flambeau qui était resté sur la table du souper, laquelle table a été reportée près de la porte du salon. A la sortie d'Horace et de Juliano le théâtre se trouve dans l'obscurité.

SCENE X.
FINAL.

GIL PEREZ, *sortant de la porte du fond à gauche et portant un panier de provisions et un bougeoir, qu'il pose sur une petite table près de la porte à droite.*

PREMIER COUPLET.

Nous allons avoir, grâce à Dieu,
Bon souper ainsi que bon feu !
Prudemment j'ai mis en réserve
Les meilleurs vins, les meilleurs plats,
Pour ses élus le ciel conserve
Les morceaux les plus délicats !
Deo gratias !

DEUXIÈME COUPLET.

Nos maîtres ont soupé très-bien,
Chacun son tour, voici le mien !
Et puis de ma future femme
Contemplant les chastes appas,
Le pieux amour qui m'enflamme
En tiers sera dans le repas !
Deo gratias !

S'approchant de la porte à droite.
Voici sa chambre !... Ah ! la porte en est close...
Comme je l'avais dit !... mais sur moi prudemment
J'ai l'autre clef..
La cherchant dans ses poches et en prenant une.
C'est elle, je suppose !
Tirant de sa poche un trousseau de clefs qu'il examine.
Car, avec celles du couvent
N'allons pas la confondre !...
S'approchant.
O quel heureux instant !
Amour ! amour ! que ton flambeau m'éclaire !
Au moment d'entrer dans la chambre de Jacinthe, dont il vient d'ouvrir la porte, Inésille paraît devant lui, couverte de son domino et de son masque noir.

SCENE XI.
GIL PEREZ, INÉSILLE.

INÉSILLE, *étendant la main vers lui et grossissant sa voix.*
Téméraire !!!
Impie !!!... où vas-tu ?

GIL PEREZ, *tremblant et laissant tomber son bougeoir.*
Mon Dieu !.. mon bon Dieu ! qu'ai-je vu ?
Noir fantôme !... que me veux-tu ?

ENSEMBLE.
GIL PEREZ, *tombant à genoux.*
Tous mes membres frémissent
De surprise et d'effroi;
Et mes genoux fléchissent,
Mon Dieu, protégez-moi !
INÉSILLE, *à part, gaîment.*
L'espoir en moi se glisse
En voyant son effroi;
Il tremble!.. ô Dieu propice,
Ici protégez-moi !
INÉSILLE, *s'approchant de Perez qui est à genoux et n'ose lever la tête.*
Toi !... Gil Perez !
GIL PEREZ, *à part.*
Il sait mon nom !
INÉSILLE.
Portier du couvent !
GIL PEREZ.
C'est moi-même.
INÉSILLE.
Intendant, voleur et fripon.
GIL PEREZ.
C'est moi !
INÉSILLE.
Dépose à l'instant même
Ces saintes clefs que tu ne peux porter,
Ou je lance sur toi l'éternel anathème !
GIL PEREZ, *lui présentant le trousseau.*
Les voici... que Satan n'aille pas m'emporter !

ENSEMBLE.
GIL PEREZ, *se relevant peu à peu.*
Tous mes membres frémissent
De surprise et d'effroi;
Et mes genoux fléchissent ;
Mon Dieu, protégez-moi !
INÉSILLE.
L'espoir en moi se glisse
En voyant son effroi,
Il tremble... ô Dieu propice,
Ici protégez-moi !

Inésille lui ordonne sur un premier signe de se lever; sur un second, de se diriger vers la chambre de Jacinthe ; sur un troisième, d'y entrer ; Perez obéit en tremblant.

INÉSILLE, *entendant du bruit à gauche.*
Ah ! mon Dieu ! qui vient là ?

Elle se précipite vivement derrière la porte qui ouvre en dehors et dont le battant la cache un instant aux yeux du spectateur.

SCÈNE XII.

INÉSILLE, *cachée derrière la porte à droite;* JACINTHE, *sortant de la porte du fond à gauche.*

JACINTHE, *tenant sous le bras un panier de vin et voyant la porte à droite qui est restée ouverte.*
Eh, quoi ! Perez m'attend déjà !
Elle entre dans la chambre à droite, et Inésille, qui était derrière la porte, la referme et retire la clef.
INÉSILLE, *seule.*
L'heure, la nuit, tout m'est propice !
Du courage... ne tremblons pas !
Sainte Vierge, ma protectrice,
Inspire-moi, guide mes pas !
Elle sort par la porte du fond.

SCÈNE XIII.

HORACE *sort doucement de la porte à gauche, il marche sur la pointe du pied, et dans l'obscurité se dirige à tâtons vers la porte à droite ; un instant après,* JULIANO, LORD ELFORT *et* TOUS LES JEUNES GENS *sortent aussi de la porte du salon.*

CHŒUR, *gai et à demi-voix.*
La bonne affaire !
Silence, ami !
Avec mystère
Il est sorti.
Rendez-vous tendre
Ici l'attend,
Il faut surprendre
Le conquérant!

Horace, avec la clef qu'il a dans sa poche, a ouvert la porte à droite, est entré un instant dans la chambre et en ressort dans l'obscurité, tenant Jacinthe par la main.
HORACE.
Venez, venez, madame, et n'ayez plus de crainte !
JACINTHE, *à part, et se laissant entraîner.*
Qu'est-ce que ça veut dire ?
HORACE.
A votre chevalier,
A votre défenseur, il faut vous confier,
Et vous faire connaître !
Juliano est entré dans le salon à gauche, et en ressort, tenant un flambeau à plusieurs branches. Le théâtre redevient éclairé.
HORACE.
Ah ! grand Dieu !
TOUS.
C'est Jacinthe !

ENSEMBLE.
JULIANO, LORD ELFORT, LE CHŒUR.
La bonne affaire !
Vive à jamais
Et la douairière
Et ses attraits !
Qui pourrait croire
Tel dévoûment ?
Honneur et gloire
Au conquérant !
HORACE.
L'étrange affaire !
Que vois-je, hélas !
Et quel mystère
Suit donc mes pas ?
Dans ma mémoire
Tout se confond,
Je n'ose croire
Sa trahison !
JACINTHE.
L'étrange affaire !
Qu'ont-ils donc tous?
La chose est claire,
On rit de nous !
Faire à ma gloire
De tels affronts !
Je n'ose croire
A leurs soupçons !

HORACE, *montrant la chambre à droite.*
Elle était là pourtant... elle y doit encore être !
Il y entre et ressort en tenant Gil Perez par la main.
TOUS.
Un homme !
JACINTHE, *à Juliano.*
Gil Perez que vous devez connaître,
Un cuisinier de grand talent,
Qui venait m'aider pour le souper !
JULIANO, *souriant.*
Vraiment !
Ici, dans ton appartement !
HORACE, *à part.*
O funeste disgrâce !
JULIANO.
Et quel destin fatal
Poursuit ce pauvre Horace !
Même auprès de Jacinthe, il rencontre un rival !

ENSEMBLE.

JULIANO *et* LE CHOEUR.
La bonne affaire !
Vive à jamais
Et la douairière
Et ses attraits !
Qui pourrait croire
Tel dévoûment?
Honneur et gloire
Au conquérant !

HORACE.
L'étrange affaire !
Que vois-je, hélas !
Et quel mystère
Poursuit mes pas ?
Dans ma mémoire
Tout se confond;
Je n'ose croire
Un tel affront !

GIL PEREZ.
L'étrange affaire !
Je tremble, hélas !
La chose est claire,
C'est Satanas !
Figure noire
Et front cornu,
Je n'ose croire
Ce que j'ai vu !

JACINTHE.
L'étrange affaire
Qu'ont-ils donc tous ?
La chose est claire,
On rit de nous !
Faire à ma gloire
Pareils affronts,
Je n'ose croire
A leurs soupçons!

HORACE, *qui, pendant la fin de cet ensemble, est entré dans la chambre à droite, en ressort en ce moment.*
Partie!.. hélas! partie!.. elle n'est plus ici...
Et cette fois encor loin de nous elle a fui !
JULIANO.
Eh! qui donc?
HORACE.
Faut-il vous le dire?
L'esprit follet, le sylphe... ou plutôt le démon
Qui me trompe, m'abuse et rit de mon martyre !
JULIANO.
Ton inconnue...
HORACE.
Eh! oui ! je l'ai vue...
JULIANO.
Allons donc!

HORACE.
Ici même... à l'instant... c'est cette jeune fille
Qui nous servait à souper.
JULIANO.
Inésille !
La nièce de Jacinthe...
A Jacinthe.
Entends-tu !
JACINTHE, *secouant la tête.*
J'entends bien !
JULIANO.
Et que dis-tu ?
JACINTHE.
Je dis que le seigneur Horace
Pourrait avoir raison !
HORACE.
Parle ? achève, de grâce !
Quelle est-elle ?
JACINTHE.
Je n'en sais rien.
JULIANO.
Elle n'est pas ta nièce !
JACINTHE.
Eh! mon Dieu, non !
JULIANO.
Et ne vient pas du pays?
JACINTHE.
Mon Dieu, non !
JULIANO.
Tu ne l'as pas vue avant ?
JACINTHE.
Mon Dieu, non !
Non, cent fois, non !
Je ne connais ni son rang ni son nom !
HORACE, *à Juliano.*
Tu le vois bien, mon cher, c'est un démon !
TOUS.
Un démon !!!

ENSEMBLE.

JULIANO *et* LE CHOEUR, *gaîment.*
Grand Dieu ! quelle aventure !
C'est charmant, je le jure!
Quoi ! sous cette figure
Se cachait un démon!
Mais, lutine ou sylphide,
Que le dépit nous guide,
Pour trouver la perfide,
Parcourons la maison !
Réveillons ! réveillons ! parcourons la maison !

HORACE, JACINTHE *et* GIL PEREZ.
Ah ! pareille aventure
Me confond, je le jure!
Son ame et sa figure
Sont celles d'un démon!
Mais, lutine ou sylphide,
Que le dépit nous guide,
Pour trouver la perfide,
Parcourons la maison!
Réveillons ! réveillons ! parcourons la maison !

JACINTHE, *montrant sa bague.*
Sous l'aspect d'une riche dame,
L'esprit malin d'abord m'est apparu !
JULIANO.
Puis, sous les traits d'une gentille femme,
A table, ici, nous l'avons vu !
GIL PEREZ.
Et moi, j'en jure sur mon ame,
Sous les traits d'un fantôme au front noir et cornu,
Je l'ai vu, de mes deux yeux vu !
HORACE, *à Juliano.*
Eh bien, mon cher, qu'en dis-tu ?
JULIANO, *riant*
Je dis... je dis...

ENSEMBLE.

JULIANO et LE CHOEUR.

L'étonnante aventure !
C'est charmant, je le jure !
Quoi ! sous cette figure
Se cachait un démon !
Mais, lutine ou sylphide,
Que le dépit nous guide,
Pour trouver la perfide
Parcourons la maison !
Réveillons ! réveillons ! parcourons la maison !

HORACE, JACINTHE et GIL PEREZ.

Ah ! pareille aventure

Me confond, je le jure !
Son ame et sa figure
Sont celles d'un démon ;
Mais, lutine ou sylphide,
Que le dépit nous guide,
Pour trouver la perfide
Parcourons la maison !
Réveillons ! réveillons ! parcourons la maison !

Jacinthe et les valets des jeunes seigneurs ont apporté plusieurs flambeaux, chacun en prend un, et tous sortent en désordre et avec grand bruit par les différentes portes de l'appartement.

ACTE TROISIÈME.

Le parloir d'un couvent en Espagne. Au fond deux portes conduisant dans les cours du monastère. A gauche, et, sur le premier plan, la cellule de l'abbesse. A droite du spectateur, sur le premier plan, une petite porte qui conduit au jardin ; du même côté, sur le second plan, une large travée qui donne sur l'intérieur de la chapelle.

SCENE PREMIERE.

BRIGITTE, *seule.*
Elle est en habit de novice.

J'ai beau essayer de réciter mes prières, ou de dire mon chapelet, c'est impossible... je suis trop inquiète. (*Se levant.*) Voici le point du jour qui commence à paraître... sœur Angèle n'est pas encore de retour au couvent... et comment aurait-elle pu y rentrer ?... A minuit un quart, tout est fermé en dedans aux verroux, même la petite porte du jardin dont nous avions la clef... Et tout-à-l'heure vont sonner matines, et elle n'y sera pas... et qu'est-ce qu'on dira en ne la voyant pas ?... quel éclat !... quel scandale !... Je sais bien que nous n'avons pas encore prononcé de vœux... Et moi je quitterai bientôt le couvent pour me marier... à ce qu'on dit... mais elle, elle qui y a été élevée, et qui aujourd'hui va s'engager à n'en plus sortir... c'était bien le moins qu'elle voulût un instant entrevoir ce monde dont elle n'avait pas même idée et auquel elle allait renoncer à jamais !... Avant de renoncer, on aime à connaître, c'est tout naturel !... et pour la seconde et dernière fois que nous allons au bal, c'est bien du malheur !... La première fois, il y a un an, tout nous avait si bien réussi, que ça nous avait enhardies... mais hier, je ne sais pas qui s'est mêlé de nos affaires... impossible de nous retrouver et de nous rejoindre... Croyant qu'elle était partie sans moi, je suis arrivée ici toujours courant... et elle, pauvre Angèle, qu'est-elle devenue ?... qu'est-ce qui lui sera arrivé ?... La future abbesse des Annonciades obligée de découcher et perdue dans les rues de Madrid !... Si encore je pouvais ce matin cacher son absence... mais ici il n'y a que des femmes... pis encore, des nonnes... et toutes ces demoiselles sont si curieuses, si indiscrètes, si bavardes... On n'a pas d'idée de cela dans le monde !

COUPLETS.

Au réfectoire, à la prière,
Même en récitant son rosaire,
On jase, on jase tant, hélas !
Que la cloche ne s'entend pas.
Et, s'il faut parler sans rien dire,
Sur le prochain s'il faut médire,
Savez-vous où cela s'apprend ?
C'est au couvent.

Humble et les paupières baissées,
Jamais de mauvaises pensées...
Mais avant d'entrer au parloir,
On jette un coup d'œil au miroir.
Si vous voulez, jeune fillette,
Être à la fois prude et coquette,
Savez-vous où cela s'apprend ?
C'est au couvent.

Justement, voici déjà sœur Ursule, la plus méchante de toutes !

SCENE II.

BRIGITTE, URSULE *entrant par une des portes du fond.*

URSULE, *la saluant.* Ave, ma sœur !
BRIGITTE, *lui rendant son salut.* Ave, sœur Ursule ! vous voici levée de bon matin, et avant le son de cloche !
URSULE. J'avais à parler à sœur Angèle.
BRIGITTE. A notre jeune abbesse ?
URSULE. Ah ! abbesse... elle ne l'est pas encore.
BRIGITTE. Aujourd'hui même... dès qu'elle aura pris le voile.
URSULE. Si elle le prend !
BRIGITTE, *à part.* Ah ! mon Dieu !... (*Haut.*) Et qui s'y opposera ?

URSULE. Moi peut-être !... car on n'a pas idée d'une injustice pareille !... parce qu'Angèle d'Olivarès est cousine de la reine, on la nomme à la plus riche abbaye de Madrid... avant l'âge, et avant qu'elle n'ait prononcé ses vœux !

BRIGITTE. On a bien autrefois nommé colonel d'un régiment votre frère, don Antonio de Mellos, qui n'avait alors que douze ans !

URSULE. Un régiment, c'est différent... c'est plus aisé à conduire.

BRIGITTE. Que des nonnes ?

URSULE. Oui, mademoiselle.

BRIGITTE. Je crois bien, si elles sont comme vous, qui êtes toujours en rébellion !

URSULE. C'est que l'injustice me révolte, et je ne vois là-dedans que l'intérêt du ciel et du couvent.

BRIGITTE. Et le désir d'être abbesse.

URSULE. Quand ce serait... j'y ai des droits... ma famille est aussi noble que celle des d'Olivarès, et j'ai plus de religion, de tête et de fermeté que sœur Angèle, qui ne commande à personne, et laisse parler tout le monde.

BRIGITTE. On le voit bien.

URSULE. Mais patience, j'ai aussi des parens à la cour... des protecteurs qui saisiront toutes les occasions, et aujourd'hui même... il peut se présenter telles circonstances.

BRIGITTE, à part. Est-ce qu'elle saurait quelque chose ?

URSULE, *remontant le théâtre et se dirigeant vers l'appartement de l'abbesse.* Et je veux voir sœur Angèle.

BRIGITTE, *se mettant devant elle et l'arrêtant.* Pourquoi cela ?

URSULE. Eh ! mais... pour la féliciter de la riche succession qu'elle vient de faire ; le duc d'Olivarès, son grand oncle, vient de lui laisser, dit-on, la plus belle fortune d'Espagne.

BRIGITTE. La belle avance !... pour faire vœu de pauvreté.

URSULE. D'autres en profiteront... et dès qu'elle aura prononcé ses vœux, toutes ces richesses-là iront à son seul parent, lord Elfort, un Anglais, un hérétique... ça se trouve bien, et je lui en vais faire mon compliment.

BRIGITTE, *l'arrêtant.* Impossible !

URSULE. Est-ce qu'elle n'est pas dans son appartement ?

BRIGITTE. Si vraiment !

URSULE. Alors on peut entrer ?

BRIGITTE. Elle ne reçoit personne... elle est indisposée.

URSULE. Encore !... c'est déjà, à ce que vous nous avez dit, ce qui l'a empêchée d'aller hier à la messe de minuit.

BRIGITTE. Oui, vraiment, elle a la migraine.

URSULE. Comme les grandes dames !

BRIGITTE. Oui, mademoiselle.

URSULE. Ici, au couvent... c'est bien mondain... et sa migraine lui permettra-t-elle d'assister aux matines ?

BRIGITTE. Je le présume.

URSULE. En vérité !... elle daignera prier avec nous.

BRIGITTE. Et pour vous.

URSULE. A quoi bon ?

BRIGITTE. Pour que le ciel vous rende plus gracieuse et plus aimable.

URSULE. Les prières de l'abbesse n'y feront rien.

BRIGITTE. Pourquoi donc ?... il y a des abbesses qui ont fait des miracles.

URSULE. C'est trop fort !... vous me manquez de respect.

BRIGITTE. C'est vous plutôt.

URSULE. C'est impossible... une petite pensionnaire...

BRIGITTE. Qui du moins n'est ni envieuse ni ambitieuse...

URSULE. Mais qui est raisonneuse et impertinente.

BRIGITTE. Ma sœur...

URSULE. Ma chère sœur... (*On frappe à la porte à droite du spectateur.*) Qui vient là ?... et qui peut frapper de si bon matin à cette porte qui donne sur le jardin ?

BRIGITTE, *à part.* Si c'était elle !

URSULE. C'est d'autant plus singulier qu'hier je vous ai vue prendre la clef dans la paneterie.... ouvrez donc... ouvrez vite.

BRIGITTE. Et pourquoi ?

URSULE. Pour voir... pour savoir.

BRIGITTE, *à part.* Est-elle curieuse !... (*Haut.*) Moi, je n'ai rien... je n'ai pas de clef... je l'ai remise dans la paneterie avec les autres... elle doit y être encore.

URSULE. Je vais la prendre... et je reviens... car il y a quelque chose.

Elle sort en courant par la porte du fond.

SCÈNE III.

BRIGITTE, puis URSULE.

BRIGITTE, *tirant la clef de sa poche.* Oui, il y a quelque chose... mais tu ne le sauras pas ! (*Elle va ouvrir la porte à droite dont elle retire la clef.*) Entrez, madame... (*Repoussant vivement la porte.*) Non, non, ne vous montrez pas !... (*Se retournant vers Ursule qui rentre.*) Qu'est-ce donc ?.... qu'est-ce encore ?

URSULE, *qui vient de rentrer par la porte du fond.* Puisque c'est vous qui avez replacé cette clef... vous saurez mieux que moi où elle est... et je viens vous chercher...

BRIGITTE. Je ne demande pas mieux... (*A part.*) Ah! quel ennui!

URSULE. Comme ça, j'ai idée que nous la trouverons.

BRIGITTE, *à part.* Va... tu la chercheras long-temps... (*Haut.*) Je vous suis, ma sœur, ma chère sœur!...

Elles sortent toutes deux par la porte du fond qu'elles referment.

SCENE IV.

ANGÈLE, *entr'ouvrant la porte à droite.*
Elle est en domino noir, pâle et se soutenant à peine. Elle va fermer au verrou la porte du fond.

RÉCITATIF.
Je suis sauvée enfin!... le jour venait d'éclore!
Il était temps...
  Se jetant sur un fauteuil.
   Ah! respirons un peu.
J'ai cru que j'en mourrais...
  Se levant brusquement.
  Qu'ai-je entendu, mon Dieu!
Non, ce n'est rien... j'y croyais être encore.
Elle se lève et jette sur le fauteuil qu'elle vient de quitter le trousseau de clefs qu'elle tenait à la main.

AIR.
 Ah! quelle nuit!
 Au moindre bruit
 Mon cœur tremble et frémit!
 Et le son de mes pas
 M'effraye, hélas!
 Soudain j'entends
 Fusils pesans
  Au loin retentissans...
 Et puis qui vive? Holà!
  Qui marche là?
Ce sont des soldats un peu gris,
Par un sergent ivre conduits.
Sous un sombre portail soudain je me blottis,
Et grâce à mon domino noir
On passe sans m'apercevoir.
 Tandis que moi,
Droite, immobile et mourante d'effroi,
 En mon cœur je priais,
 Et je disais:
 O mon Dieu! Dieu puissant
 Sauve-moi de tout accident,
 Sauve l'honneur du couvent!
Ils sont partis.
Je me hasarde, et m'avance, et frémis.
 Mais voilà qu'au détour
  D'un carrefour
 S'offre à mes yeux
Un inconnu sombre et mystérieux.
 Ah! je me meurs de peur,
  C'est un voleur!
Il me demande, chapeau bas,
La faveur de quelques ducats;
Et moi d'un air poli je lui disais bien bas:
 Je n'ai rien, monsieur le voleur;
  Qu'une croix de peu de valeur!
   Elle était d'or;
  Croisant ses bras sur sa poitrine.
Et de mon mieux je la cachais encor...
 Le voleur, malgré ça,
  S'en empara,
  Et pendant
  Ce moment:
O mon Dieu, disais-je en tremblant,
Sauve l'honneur du couvent!
 En cet instant,
 Passe en chantant
 Un jeune étudiant!
 Le voleur à ce bruit
  Soudain s'enfuit.
 Mon défenseur
Court près de moi... Calmez votre frayeur,
Je ne vous quitte pas,
 Prenez mon bras.
— Non, non, monsieur, seule j'irai...
— Non, senora, bon gré malgré,
Jusqu'en votre logis je vous escorterai.
— Non, non, cessez de me presser.
— Il le faut... je dois vous laisser.
 Mais un baiser,
 Un seul baiser!
Comment le refuser?
Un baiser... je le veux...
Il en prit deux!
 Et pendant
 Ce moment,
O mon Dieu, disais-je en tremblant,
Sauve l'honneur du couvent!

Mais je suis, grâce au ciel, à l'abri de l'orage;
Je n'ai plus rien à craindre en ce pieux réduit,
Et je ne sais pourtant quelle fatale image
Jusqu'au pied des autels m'agite et me poursuit.

CAVATINE.
Amour, ô toi dont le nom même
Est ici frappé d'anathème,
Toi, dont souvent j'avais bravé les traits,
 Ma souffrance
  Qui commence
Doit suffire à ta vengeance!
 Pauvre abbesse,
  Ma faiblesse
Devant ton pouvoir s'abaisse.
De mon cœur en proie aux regrets,
Ah! va-t'en, va-t'en pour jamais!
Que mes erreurs soient effacées,
Quand Dieu va recevoir mes vœux.
A lui seul toutes mes pensées...
Oui, je le dois...
  Avec douleur.
   Je ne le peux!...
Amour, ô toi, dont le nom même
Est ici frappé d'anathème,
Toi, dont souvent j'avais bravé les traits, etc.
  On frappe à la porte du fond.
(*Parlé.*) Qui vient là?
BRIGITTE, *en dehors.* C'est moi, madame.
  Angèle va lui ouvrir.

SCENE V.

ANGÈLE, BRIGITTE, *rentrant par la porte du fond qu'elle referme.*

BRIGITTE. C'est vous!... c'est vous, madame!... enfin je vous revois... Mais qui donc vous a ouvert la porte du couvent?

ANGÈLE, *montrant le trousseau de clefs qu'elle a jeté sur le fauteuil.* Je te le dirai!

BRIGITTE. Le trousseau de clefs de Gil Perez, le concierge... Comment est-il entré vos mains?

ANGÈLE. Tais-toi! n'entends-tu pas?...

BRIGITTE, *montrant la porte à droite.* C'est le premier coup de matines... Ah! cette porte que j'oubliais.

Elle va la fermer.

ANGÈLE. Je rentre vite dans mon appartement.

BRIGITTE. D'autant que sœur Ursule est toujours là pour vous espionner.

ANGÈLE. A une pareille heure!

BRIGITTE. Elle est si méchante qu'elle ne dort pas.... et elle médite quelque trame contre vous, car elle meurt d'envie d'être abbesse.

ANGÈLE, *à part.* Plût au ciel!

BRIGITTE. Aujourd'hui même, où vous devez prendre le voile, elle ne perd pas l'espoir de vous supplanter... Elle a à la cour son oncle Gregorio de Mellos, un intrigant, qui saisira toutes les occasions... Elle m'assurait même qu'il s'en présentait une... j'ai cru que c'était votre absence, et je tremblais.

ANGÈLE. Non... non, par malheur, elle ne réussira pas.

BRIGITTE. Que dites-vous?

ANGÈLE. Que je suis bien à plaindre, Brigitte; et ces vœux que je vais prononcer feront maintenant le malheur de ma vie.

BRIGITTE. Refusez.

ANGÈLE. Est-ce que c'est possible, quand la reine l'ordonne, quand j'y ai consenti, quand lord Elfort et sa femme, mes seuls parens, ma seule famille, vont ce matin, ainsi que tout Madrid, arriver pour être témoins de quoi?... d'un pareil éclat... Non, non, il faut se soumettre à sa destinée, et aujourd'hui, Brigitte... aujourd'hui, tout sera fini pour moi!...

BRIGITTE, *avec compassion.* Pauvre abbesse!... on vient, partez vite.

Angèle rentre dans son appartement, et Brigitte va ouvrir la porte du fond à gauche.

SCÈNE VI.

BRIGITTE, CHŒUR DE NONNES.

MORCEAU D'ENSEMBLE.

CHŒUR *vif et babillard.*

Ah! quel malheur!
Ma chère sœur!
Quel accident!
Est-ce étonnant
Et désolant
Pour le couvent!
Quoi! la nouvelle est bien certaine,
Quoi! notre abbesse a la migraine?
Ah! quel malheur!
Ma chère sœur,
Quel accident!
Est-ce étonnant
Et désolant
Pour le couvent!

BRIGITTE.
Qui vous a dit cela?

CHŒUR. *Vivement.*
C'est notre chère sœur Ursule!

BRIGITTE, *à part.*
C'est par elle, dans le couvent,
Que chaque nouvelle circule.

Haut.
Mais calmez-vous, cela va mieux.

TROIS NONNES.
Cela va mieux!.. ah! quelle ivresse!

TROIS AUTRES.
Aujourd'hui madame l'abbesse
Pourra donc prononcer ses vœux?

TROIS AUTRES.
Ah! la belle cérémonie!
Quel beau spectacle, quel beau jour!

TROIS AUTRES.
Chez nous, où toujours on s'ennuie
Nous aurons la ville et la cour!

TROIS AUTRES.
Et puis ensuite, au réfectoire,
Un grand repas!

BRIGITTE.
C'est étonnant,
Et, d'honneur, on ne pourrait croire
Comme on est gourmande au couvent!

CHŒUR.
Ah! quel bonheur!
Ma chère sœur,
Que c'est touchant,
Intéressant!
Quel beau moment
Pour le couvent!
Quoi! la nouvelle est bien certaine,
L'abbesse n'a plus la migraine?
Ah! quel bonheur!
Ma chère sœur,
Que c'est touchant,
Intéressant!
Quel beau moment
Pour le couvent!

A la fin de l'ensemble on frappe à la porte à droite.

SCÈNE VII.

LES MÊMES, URSULE, *entrant par le fond.*

URSULE, *montrant la porte à droite.*
Quoi! vous n'entendez pas qu'ici
L'on frappe encore?

TOUTES.
Et la clef?

BRIGITTE, *la leur donnant.*
La voici.

URSULE, *bas à Brigitte.*
Vous qui ne l'aviez pas?..

BRIGITTE, *d'un air naïf.*
Tout-à-l'heure, ma chère,
Je l'ai retrouvée.

URSULE, *à part, d'un air de défiance.*
Ah!

TOUTES.
Comment, c'est la tourière?
Qui donc l'amène?

LA TOURIÈRE, *entrant par la porte à droite, que l'on vient d'ouvrir.*
On le saura.
Et sur un fait auquel notre honneur s'intéresse
Je viens pour consulter madame notre abbesse.
URSULE.
A part.
On ne peut la voir. Et cela
Cache encore un mystère.
BRIGITTE.
Et tenez, la voilà!

SCÈNE VIII.

LES MÊMES, ANGÈLE, *sortant de la porte à gauche, qui est celle de son appartement. Elle porte le costume d'abbesse.*

ANGÈLE.
Mes sœurs, mes sœurs, que l'allégresse
Et la paix règnent dans vos cœurs,
Que Dieu vous protège sans cesse
Et vous comble de ses faveurs!

CHŒUR.
Qu'elle est gentille, notre abbesse!
Qu'elle a de grâce et de douceur!
Avec elle règnent sans cesse
La douce paix et le bonheur.

[URSULE, *à part.*
Qu'elle est heureuse d'être abbesse!
Mais tout s'obtient par la faveur,
Et bientôt, grâce à mon adresse,
J'aurai peut-être ce bonheur.
Allant à Angèle.
Ah! madame, combien j'étais inquiétée...
Comment avez-vous donc passé la nuit?

ANGÈLE.
Fort bien.
Regardant Brigitte.
Une nuit assez agitée;
Mais ce matin ce n'est plus rien.
URSULE.
Quel bonheur!
ANGÈLE, *à la tourière qui s'avance.*
Eh bien! qu'est-ce?
LA TOURIÈRE.
Hélas! dans ces saints lieux
Je n'avais jamais vu scandale de la sorte...
Le portier du couvent qui se trouve à la porte.
URSULE.
Passer la nuit dehors, c'est un scandale affreux.
CHŒUR.
Ah! quelle horreur, etc.
ANGÈLE.
Un instant... un instant... ayons de l'indulgence,
Quelquefois, mes sœurs, on ne peut
Rentrer aussitôt qu'on le veut.
A part. *A la tourière.*
Je le sais!.. Que dit-il enfin pour sa défense?
LA TOURIÈRE.
Par des brigands, hier soir arrêté....
ANGÈLE, *à part.*
Ah! comme il ment!
LA TOURIÈRE.
Par eux enchaîné, garrotté...
ANGÈLE, *à part.*
Ah! comme il ment!
LA TOURIÈRE.
Et de tout son argent,
Et de ses clefs, dépouillé...
ANGÈLE, *à part.*
Comme il ment!

BRIGITTE, *regardant les clefs qu'elles a prises.*
Les voici!
ANGÈLE, *vivement et à voix basse.*
Cache-les!
Haut et les yeux fixés sur les clefs.
Je vois bien qu'au couvent
Il ne pouvait rentrer... et qu'il faut qu'on pardonne.
URSULE.
C'est scandaleux! Elle est trop bonne.
TOUTES.
Ah! qu'elle est indulgente et bonne!
ANGÈLE, *à part.*
Et comme à lui que le ciel me pardonne!
Ici on commence à entendre sonner matines, petite cloche de chapelle.
LA TOURIÈRE.
Ce n'est pas tout encore, et voilà qu'au parloir,
Un cavalier demande à voir
Madame notre abbesse.
ANGÈLE.
Impossible à cette heure.
Voici matines, et déjà
Nous sommes en retard... Son nom?
LA TOURIÈRE.
Massarena.
ANGÈLE, *à part.*
Haut.
Horace! ô ciel! Que dans cette demeure,
Il nous attende!...
URSULE.
Eh! mais, à ce nom-là,
Madame semble bien émue.
ANGÈLE.
A part.
Qui, moi? non pas... M'aurait-on reconnue?
Faisant un pas.
Et saurait-il?
URSULE, *l'arrêtant et avec intention, pendant que la cloche va toujours.*
Voici matines, et déjà
Nous sommes en retard.
BRIGITTE, *avec impatience.*
Eh! mon Dieu, l'on y va.

CHŒUR.
Les cloches argentines
Pour nous sonnent matines,
Allons d'un cœur fervent
Prier pour le couvent!
Elles défilent toutes par les portes du fond, que l'on referme, et la tourière, à qui Angèle a parlé bas, reste la dernière.

SCÈNE IX.

LA TOURIÈRE; *puis* HORACE.

LA TOURIÈRE, *allant ouvrir la porte à droite.* Entrez! entrez, seigneur cavalier.

HORACE. C'est bien heureux! depuis une heure que j'attends. J'ai une permission de M. le comte de San-Lucar, pour me présenter à sa fille, la señora Brigitte, ma fiancée.

LA TOURIÈRE. On ne parle pas ainsi à nos jeunes pensionnaires, sans l'autorisation et la présence de Mme l'abbesse.

HORACE, *avec impatience.* Eh! je le sais bien!... et voilà pourquoi je désire lui parler d'abord... (*à part*) à cette vieille abbesse.

LA TOURIÈRE. Elle est à la chapelle.

HORACE. Comme c'est agréable!... ça n'en finira pas.

LA TOURIÈRE. Voilà un beau cavalier qui est bien impatient... et l'impatience est un péché. (*Mouvement d'Horace.*) Mme la supérieure vous prie de l'attendre dans ce parloir, où vous serez plus commodément. (*Parlant avec volubilité.*) Nous avons aujourd'hui bien peu de temps à nous... Une cérémonie... une prise de voile où doit assister tout Madrid... Mais c'est égal, on vous accordera quelques minutes en sortant de matines... car dans ce moment nous sommes toutes à matines!

HORACE, *avec intention et la regardant.* Pas toutes, à ce que je vois!

LA TOURIÈRE. Aussi j'y vais... Dieu vous garde, mon frère.

Elle sort.

SCÈNE X.
HORACE, seul.

M'en voilà débarrassé... c'est bien heureux.... (*Se jetant sur le fauteuil à gauche.*) Respirons un instant... Depuis hier je me croyais sous l'influence de Satan lui-même... Heureusement, et depuis que je suis entré dans ce saint lieu... mes idées sont devenues plus saines... plus raisonnables.

On entend le son de l'orgue dans la chapelle à droite.

A ces accords religieux,
Le calme renaît dans mon âme.
Filles du ciel, vous qu'un saint zèle enflamme,
A vos pieux accens je veux mêler mes vœux.
Avec elle prions.

Il se lève et s'approche de la travée à droite qui donne sur la chapelle. Il s'agenouille sur une chaise qui est contre la travée.

ANGÈLE, *chantant en dehors.*

CANTIQUE.
PREMIER COUPLET.

Heureux qui ne respire
Que pour suivre ta loi,
Mon Dieu, sous ton empire
Ramène notre foi.
Que ton amour m'enflamme,
Et viens rendre, Seigneur,
Le bonheur à mon âme
Et le calme à mon cœur.

HORACE, *qui pendant ce cantique a montré la plus grande émotion.*

Ah! quel trouble de moi s'empare!
De surprise et d'effroi tout mon sang s'est glacé!
C'est elle encor! c'est elle! ah! ma raison s'égare.
Filles du ciel, priez pour un pauvre insensé.

ENSEMBLE.
HORACE.

C'est elle encor! c'est elle! ah! ma raison s'égare.
Filles du ciel, priez pour un pauvre insensé.

ANGÈLE *et* LE CHŒUR, *en dehors.*

Que ton amour l'enflamme.

Prends pitié du pécheur!
Rends la joie à son âme
Et le calme à son cœur.

ANGÈLE.
DEUXIÈME COUPLET.

Les amours de la terre
Ont bien vite passé;
Leur bonheur éphémère
S'est bientôt éclipsé;
Mais quand tu nous enflammes,
Toi seul donnes, Seigneur,
Le bonheur à nos âmes
Et la paix à nos cœurs.

ENSEMBLE.
HORACE.

C'est elle encor... c'est elle... ah! ma raison s'égare,
Filles du ciel, priez pour le pauvre insensé.

ANGÈLE *et* LE CHŒUR.

Que ton amour l'enflamme,
Prends pitié du pécheur!
Rends la joie à son âme
Et le calme à son cœur.

Les chants et les sons de l'orgue diminuent peu à peu et cessent de se faire entendre.

HORACE. Décidément... je suis frappé... je suis abandonné du ciel... puisque même dans ce lieu... je ne puis trouver asile... ni protection... Ah! sortons!...

SCÈNE XI.
BRIGITTE, HORACE, puis ANGÈLE.

BRIGITTE, *entrant par la porte du fond et annonçant.* Madame l'abbesse!...

ANGÈLE *paraît; elle est enveloppée dans son voile; elle fait signe à Brigitte de s'éloigner; Brigitte sort par la porte à gauche, et Angèle s'assied. A part.* Allons! du courage!... c'est pour la dernière fois! (*A Horace, contrefaisant sa voix, qu'elle vieillit un peu.*) Seigneur Horace de Massarena, on m'a dit que vous demandiez à me parler...

HORACE. Oui, ma sœur.... d'une affaire importante. Vous avez en ce couvent une jeune personne charmante, et très-riche, Mlle de San-Lucar.

ANGÈLE. Que vous devez, dit-on, épouser...

HORACE. Oui! M. le duc de San-Lucar, qui m'honore de son affection, me destinait sa fille en mariage... Mais ce mariage est impossible.

ANGÈLE. Que dites-vous?

HORACE. Il ne peut plus avoir lieu... mais je ne sais comment l'avouer... et c'est vous, madame, vous seule qui pouvez l'apprendre à M. de San-Lucar et à sa fille!...

ANGÈLE. Et pour quelle raison?

HORACE. Des raisons... que j'aimerais mieux ne pas dire.

ANGÈLE, *se levant.* Il le faut cependant,

si vous voulez que je me charge d'une semblable mission.

HORACE. Eh bien! senora, elle ne peut épouser un homme qui n'est pas dans son bon sens, et je n'ai pas le mien! Oui, contre ma raison, contre ma volonté, il en est une autre que j'aime et que j'aimerai toute ma vie. Vous souriez de pitié... ma révérende... parce qu'à votre âge on ne comprend plus ces choses-là... mais au mien... voyez-vous, l'on en meurt!

ANGÈLE, *à part.* Ah! mon Dieu! (*Haut.*) Et si vous essayiez d'oublier cette personne, de vous soustraire à ces tourmens.

HORACE, *avec amour.* Ah!... je ne le veux pas! et quand je le voudrais... à quoi bon?.. comment échapper à ce pouvoir surnaturel, à ce démon qui me poursuit sans cesse et que je ne puis atteindre... il est toujours avec moi, près de moi... je le vois partout et partout je l'entends!

ANGÈLE, *vivement et avec sa voix naturelle.* Vraiment.

HORACE. Tenez... vous avez dit *vraiment* comme elle!... j'ai cru entendre sa voix!

ANGÈLE, *reprenant avec émotion sa voix de vieille.* Par exemple!

HORACE. Pardon!... pardon, ma révérende!... est-ce ma faute, à moi... si mes idées se troublent, si ma raison s'égare, si je me fais honte à moi-même!... Je suis un insensé qui ne guérirai jamais! un malheureux qui souffre. Mais en attendant je suis encore un honnête homme qui ne veux tromper personne, et vous voyez bien que mon mariage est impossible. Adieu, madame, adieu!

ANGÈLE, *à part.* Et pour jamais.

SCÈNE XII.

LES MÊMES, URSULE, *entrant par la porte du fond.*

URSULE. Madame... madame, voici déjà le comte Juliano, lord et lady Elfort et puis M. de San-Lucar... et des seigneurs de la cour qui arrivent pour la cérémonie...

ANGÈLE. O ciel!...

URSULE. Entre autres, mon oncle don Gregorio, gentilhomme d'honneur de la Reine, qui a eu ce matin avec Sa Majesté une longue conversation.

ANGÈLE. Peu m'importe.

URSULE, *avec malice.* Peut-être plus que vous ne pensez... car avant que vous descendiez à l'église... il m'a dit de vous remettre cette ordonnance qui est scellée des armes de Sa Majesté.

ANGÈLE. Donnez!

URSULE, *à part.* Je veux être témoin de son dépit... pour aller le conter à tout le couvent.

ANGÈLE *écarte un instant son voile, pour lire la lettre, et la parcourt avec émotion.* Dieu! que vois-je!

URSULE, *sortant en courant.* Elle sait tout.

HORACE, *pendant ce temps, s'est rapproché de la travée à droite, et regarde avec soin dans la chapelle. Ne découvrant rien, et au moment où Ursule vient de sortir, il aperçoit Angèle, dont le voile est tombé, il pousse un cri et reste immobile.* Ah!...

A ce cri, Angèle, qui était près de sa cellule, s'enfuit par cette porte, qu'elle referme vivement.

HORACE, *se promenant avec agitation.* Disparue! disparue encore! quoi! rien ne lui est sacré, et sous l'habit même de l'abbesse... il faut que je la retrouve encore! c'est horrible!

SCÈNE XIII.

HORACE, LORD ELFORT et JULIANO *entrent en causant vivement, par les portes du fond.*

LORD ELFORT. C'est affreux!

JULIANO. Mais, mylord, écoutez-moi!

HORACE, *se promenant toujours de l'autre côté.* C'est indigne!

LORD ELFORT. Je suis dans la fureur.

JULIANO, *se retournant.* Ah ça! tout le monde ici est donc en colère? (*A Horace.*) Qu'est-ce qui te prend?

HORACE, *avec humeur.* Je ne veux pas le dire... je n'en sais rien.

Il se jette sur le fauteuil à gauche.

JULIANO. Au moins, mylord a des raisons! une succession superbe qui lui échappe.

LORD ELFORT. Yes, qui m'échappait... une parente à moi qui allait prendre le voile, et des intrigans avaient persuadé à la reine...

JULIANO, *à Horace et en riant.* Qu'on ne devait pas laisser passer une si belle fortune entre les mains...

LORD ELFORT. D'un Anglais... d'un hérétique... c'était absurde.

JULIANO. Et qu'il fallait que l'abbesse épousât un Espagnol, bon catholique.

HORACE, *se levant vivement.* L'abbesse, celle qui était tout-à-l'heure... vous croyez que c'est l'abbesse?

LORD ELFORT. Certainement.

HORACE. Laissez donc!

LORD ELFORT. Et qui donc elle était, s'il plaît à vous?

HORACE. Ce qu'elle est!!... c'est mon inconnue... c'est mon domino noir... c'est la servante aragonaise... c'est Inésille... c'est tout ce que vous voudrez... mais pour l'abbesse... non... elle a pris sa robe, elle a pris ses traits... mais ce n'est pas elle!...

LORD ELFORT. C'est elle!

HORACE, *s'échauffant.* Je dis que non!

LORD ELFORT, *de même.* Je disais que oui!

JULIANO. Silence, messieurs, c'est l'abbesse et tout le couvent.

LORD ELFORT. Eh bien!... vous allez bien voir.

HORACE, *ému.* Oui... nous allons voir... à moins qu'elle n'ait changé encore.

SCÈNE XIV.

ANGÈLE, *habillée en blanc et voilée;* BRIGITTE, URSULE, LA TOURIÈRE, TOUTES LES NONNES, LORD ELFORT, JULIANO, HORACE, SEIGNEURS ET DAMES DE LA COUR.

Les nonnes entrent par les portes du fond sur un air de marche, et se rangent en demi-cercle au fond du théâtre; derrière elles, les dames et seigneurs de la cour; Angèle sort de son appartement, et se place au milieu du théâtre; Ursule à côté d'elle.

FINAL.

ANGÈLE.
Mes sœurs, mes chères sœurs, notre auguste maîtresse
La reine ne veut pas que je sois votre abbesse.

URSULE, *à part.*
Ah! quel bonheur!

ANGÈLE.
Et par son ordre exprès,
A sœur Ursule je remets

Ce titre et le pouvoir suprême.

Pendant que parle l'abbesse, Horace témoigne la plus grande émotion. Il veut aller à elle, Juliano, qui est près de lui, le retient.

TOUTES.
Ah! quel malheur! ah! quels regrets!

ANGÈLE.
Il faut nous quitter à jamais,
Car on m'ordonne aujourd'hui même
D'avoir à choisir un époux.

LORD ELFORT, *s'approchant d'Angèle.*
Ah! quelle tyrannie extrême!
Mais je saurai parler pour vous,
Belle cousine!...

ANGÈLE, *s'avançant vers Horace.*
Et cet époux,
Voulez-vous l'être, Horace, voulez-vous?

Pendant cette phrase de chant, Brigitte, qui est derrière Angèle, a retiré peu à peu son voile. Horace lève les yeux, reconnaît les traits d'Angèle, pousse un cri et tombe à ses genoux.

HORACE.
Ah!

ENSEMBLE.

C'est elle, toujours elle!
O moment trop heureux!
Démon, ange ou mortelle
Ne fuyez plus mes yeux!

ANGÈLE.
Ce n'est qu'une mortelle
Qui veut vous rendre heureux,
Et d'un amant fidèle
Récompenser les feux!

TOUS.
O surprise nouvelle,
Qui vient charmer ses yeux,
C'est elle! c'est bien elle
Qui veut le rendre heureux!

HORACE.
De mon bonheur je doute encor moi-même!
Après les changemens qu'à chaque instant j'ai vus,
Changemens bizarres et confus.

ANGÈLE.
A demi-voix.
Qu'un mot peut expliquer. Horace, je vous aime!

HORACE, *vivement.*
Ah! maintenant, ne changez plus!

HORACE.
C'est toujours elle, etc., etc.

CHŒUR.
O surprise nouvelle, etc.

ANGÈLE.
Ce n'est qu'une mortelle, etc., etc.

FIN.

IMPRIMERIE DE Vᵉ DONDEY-DUPRÉ, RUE SAINT-LOUIS, 46, AU MARAIS.

ACTE II, SCÈNE X.

LONGUE-ÉPÉE LE NORMAND,

DRAME EN CINQ ACTES,

Par M. J. Bouchardy,

REPRÉSENTÉ POUR LA PREMIÈRE FOIS, SUR LE THÉATRE DE L'AMBIGU-COMIQUE, LE 1ᵉʳ DÉCEMBRE 1837.

PERSONNAGES.	ACTEURS.	PERSONNAGES.	ACTEURS.
LONGUE-ÉPÉE LE NORMAND.	M. Guyon.	DEUXIÈME SÉNATEUR.	M. Duvillard
EMMANUEL COMNÈNE.	M. Saint-Firmin.	LE CAPITAINE LASCARIS.	M. Barbier.
ANDRONIC COMNÈNE.	M. Saint-Ernest.	STYPIOTE.	M. Saillard.
LE MINISTRE NICETAS.	M. Cullier.	MICHEL, serviteur de la comtesse.	M. Danguin.
LE PATRICE PHOCIUS.	M. Armand.	LA COMTESSE DE MONTFORT.	Mᵐᵉ Danguin.
BARDAS.	M. Salvador.	AGNÈS DE MONTFORT.	Mˡˡᵉ Blès.
LE PATRICE NICÉPHORE.	M. Delaunay.	UN TRÉSORIER.	M. Prosper.
LE PATRICE AGATHES.	M. Paulin-Ménier.	UN GARDE.	M. Garcin.
UN PATRICE.	M. Gilbert.	SÉNATEURS, PATRICES, GARDES, PAGES, HÉRAUTS, etc.	
PREMIER SÉNATEUR.	M. Monet.		

ACTE PREMIER.

LA COMMUNION.

Le théâtre représente une salle du palais de Blaquernes, à Constantinople, en 1180; un escalier à gauche de l'acteur conduit aux appartemens. Porte au fond ; porte secrète à gauche ; une draperie à droite qui ferme une galerie. Une table, sur laquelle est une torche allumée; des sièges, etc.

SCÈNE PREMIÈRE.

BARDAS, puis ANDRONIC.

Au lever du rideau, Bardas regarde avec attention par une fenêtre.

BARDAS, *regardant par la fenêtre.* Sans cesse ils passent et repassent... que veulent-ils?.. Ma foi, je suis las d'espionner... c'est un pénible emploi. (*Il s'assied.*) Pour une galère à brûler... un parchemin à voler, le sébast Andronic promet des lettres de marque à Bardas le pirate. Je vole et brûle avec succès..... mais voici qu'en attendant la récompense promise, le sébast me fait gardien d'une maison déserte; quelques heures après mon installation, un vieillard et deux femmes voilées viennent mystérieusement l'habiter sans soupçonner qu'Andronic a mis ainsi près d'elle un homme qui les espionne fidèlement.

ANDRONIC, *entrant par la porte secrète, appelant.* Bardas!

BARDAS. C'est vous, monseigneur?

ANDRONIC. Quoi de nouveau?

BARDAS. Rien, monseigneur, les femmes dorment et le vieillard veille et prie.

ANDRONIC. Vieux pêcheur qui fait pénitence... Les femmes qu'ont-elles fait hier?

BARDAS. Elles sont allées remplir leurs devoirs de chrétiennes, voilà tout.

ANDRONIC. Que feront-elles aujourd'hui?

BARDAS. Aujourd'hui jour de Pâques, elles iront recevoir la communion sainte. La dona Lucretia à l'église de Saint-Jean-Baptiste, et sa nièce au monastère des Servantes de la Vierge.

ANDRONIC. Et le ministre Nicétas n'est point revenu?

BARDAS. Non, monseigneur...

ANDRONIC. Il reviendra... il a découvert en même temps que moi la présence de la comtesse de Montfort à Constantinople; malgré son incognito, il viendra ici pour l'y retenir, et moi pour l'en chasser. Cette maison est un champ de bataille où nous devons nous rencontrer... Le plus tard vaudra le mieux...

BARDAS. Depuis une heure environ, monseigneur, j'aperçois deux hommes qui passent et repassent en regardant les fenêtres de ce palais... et l'obscurité m'empêche de distinguer leurs traits.

ANDRONIC. Prends cette lumière et tiens-la devant la fenêtre (*Bardas prend la torche et se met devant la fenêtre.*) C'est bien... maintenant écoute à cette porte... (*Bardas va prêter l'oreille à la porte.* N'entends-tu rien?

BARDAS. J'entends des pas.

ANDRONIC. Ces deux hommes sont à moi... qu'ils entrent!

Bardas ouvre la porte.

SCÈNE II.

LES MÊMES, STYPIOTE *puis* PHOCIUS, *à mi-voix.*

STYPIOTE, *entrant.* Monseigneur, le cavalier latin que vous m'avez désigné et qui a mystérieusement suivi la comtesse a parcouru toute la nuit les rues de Constantinople. Enfin, accablé de fatigues, il vient de s'endormir sur un banc de pierre au forum du cheval d'airain.

ANDRONIC. Il faut l'épier sans cesse, Stypiote, et le retenir à tout prix dans cette ville, s'il se disposait à la quitter.

STYPIOTE. C'est bien, monseigneur...

ANDRONIC, *à part.* J'aurai peut-être avant peu besoin de le mettre sur la trace qu'il cherche.

PHOCIUS, *entrant précipitamment.* Monseigneur!...

Il doit jouer toute cette scène à mi-voix.

ANDRONIC. Quelle nouvelle?

PHOCIUS. Mauvaise...

ANDRONIC. Explique-toi donc?

PHOCIUS. Cette nuit, monseigneur, j'ai pu gagner un soldat de l'empereur, et vêtu de son costume, je me suis mis en sentinelle à la porte de la chambre d'Emmanuel Comnène malade... il causait avec son ministre Nicétas... et prêtant attentivement l'oreille... j'ai entendu leur conversation...

ANDRONIC. Que disaient-ils?

PHOCIUS. Le ministre disait à l'empereur... Oui, mon souverain... une femme, qui maintenant se cache à Constantinople sous le nom de dona Lucretia est la comtesse de Montfort, votre épouse autrefois répudiée... Je veux la voir, s'écriait l'empereur... C'est Dieu qui l'envoie, continuait le ministre, pour éloigner du pouvoir, de la tutelle de votre fils le cruel Andronic...

ANDRONIC. Ah! il disait cela!

PHOCIUS. Puis, après de longs discours, le ministre ajoutait qu'il fallait dès demain fiancer le prince Alexis à la jeune Agnès la nièce de la comtesse... et que ces fiançailles, faisant la comtesse tante d'une future impératrice, vous enlevait tout espoir de tutelle...

ANDRONIC. Et l'empereur?...

PHOCIUS. Il semblait consentir... monseigneur. Et bientôt, disait Nicétas, à l'église de Saint-Jean-Baptiste..... lorsque je me sentis violemment frapper sur l'épaule. C'était le soldat qui venait me réclamer ses habits, il était déjà l'heure de relever la sentinelle... Je lui rendis alors sa place, et depuis une heure j'attendais le signal pour venir vous raconter tout cela.

ANDRONIC. Ah! Nicétas, prêtre parvenu, malheur à toi... Lorsqu'après vingt années de lutte, d'exil et de patience, la mort de l'empereur va me donner enfin ce pouvoir, la comtesse surgit tout-à-coup, tu veux faire ressusciter en elle une impératrice oubliée... et l'empereur! mais ils n'ont donc pas songé que si le prince Alexis mourait le lendemain de son avénement, le trône m'appartiendrait par légitime héritage... Je crois, Phocius, qu'il faudrait que j'allasse révéler à l'empereur qu'il y a vingt ans j'ai fait noyer son premier né, pour qu'il se convainquît que les fils d'empereur sont mortels... Eh bien! non, ce n'est pas la tutelle que je veux.... c'est le trône... La tutelle me conduisait au meurtre, et le meurtre au trône. Eh bien! s'il le faut, j'irai droit au meurtre... cela m'épargnera bien des retards, des ennuis, et... ce sera le chemin le plus court... mais la comtesse n'est pas rentrée dans le palais des Césars... et le ministre n'est pas vainqueur encore!.. Ah! Nicétas, tu est fort par le sénat, je le serai par moi-même... Tu appelles le Saint-Père à ton aide... (*désignant un parchemin*) mais ce parchemin dont je suis possesseur.... m'assure que le Saint-Père n'entendra pas ta voix... et que ton empereur se meurt... Nicétas! prends garde à ta puissance!., Toi, comtesse de Montfort, on a vu le mystérieux cavalier qui t'a suivi dans ton voyage..... on connaît ton mystérieux amour!... Prends garde à ton honneur!... Et toi, Prince Alexis... pauvre et chétif enfant.... que l'on veut couronner... prends bien garde à ta vie!...

BARDAS. Monseigneur, je viens d'apercevoir au bout de la galerie Michel le serviteur de la dona Lucretia; sans doute il va passer par ici...

ANDRONIC. Michel!... sortez...

PHOCIUS. Mais vous, monseigneur?

ANDRONIC, *impatienté*. Laissez-moi.

Ils sortent tous trois.

ANDRONIC, *seul*. Michel... si je pouvais m'attacher cet homme... autrefois je l'ai pu... oui, la guerre se déclare, et je veux tout tenter!

Il se masque et se retire au fond.

SCÈNE III.
ANDRONIC, MICHEL.

MICHEL, *entre lentement*. Je ne puis oublier ces mots de Nicétas... Je ne trahirais l'incognito de ta maîtresse... que s'il le fallait pour le bien de l'empire... mais que peut-elle aujourd'hui pour l'empire. Rien sans doute... Dieu veuille qu'elle n'ait pas à se repentir d'avoir voulu revoir Constantinople.

ANDRONIC, *masqué, l'arrêtant*. Deux mots!

MICHEL. Qui êtes-vous?

ANDRONIC. Un homme qui vient, au nom d'Andronic Comnène, t'offrir bonheur et fortune, si tu veux le servir.

Il se dirige vers l'escalier.

MICHEL, *épouvanté*. Andronic!.. (*Se contenant*) Je ne le connais pas... moi... je suis serviteur de la dona Lucretia.

ANDRONIC, *l'interrompant*. Trêve de railleries... il n'y a point ici de dona Lucretia, mais la comtesse de Montfort mariée dans sa jeunesse à l'empereur Emmanuel et répudiée par lui... mais la comtesse de Montfort qui mit au monde, il y a vingt-deux ans, un enfant mâle qui fut secrètement noyé dans le Bosphore par des assassins auxquels l'avait livré pour de l'or... Michel... serviteur de l'impératrice...

MICHEL, *suppliant*. Oh! grâce!

ANDRONIC. Michel, qui ne veut pas se vendre aujourd'hui, et qui a vendu jadis l'héritier futur du trône des Césars... je t'ai dit ton histoire... maintenant voici la mienne... Je suis un des assassins qui reçut l'enfant que tu venais d'arracher des bras de sa mère endormie... Je suis resté fidèle au sébast Andronic, qui a généreusement pris soin de ma fortune... et maintenant, mon vieux complice, asseyons-nous et parle-moi sans détour...

MICHEL. Et Dieu ne vous a pas écrasé!

ANDRONIC. Dieu ne t'a-t-il pas épargné, toi?

MICHEL. Non! il a rejeté sur moi toute sa juste colère, sur moi le plus coupable... et, pour me punir, il a jeté sur mes pas le fantôme du remords... et l'image de l'enfant assassiné m'est apparue vivante, saisissable... et bien des fois, hélas! quand plusieurs années s'étaient écoulées sans que j'eusse été tourmenté de l'horrible vision... je me croyais pardonné.... Mais Dieu m'envoyait ce fantôme, qui avait grandi dans l'ombre.... et Dieu, me le montrant maintenant sous la face d'un homme, semble me dire: Regarde, criminel!... Voilà comme eût germé le sang que tu as refroidi dans les veines d'un enfant, et moi, tremblant sans cesse... je m'accuse, je souffre sans oser montrer au prêtre le mal qui me dévore.. Et tu viens, toi, au nom d'Andronic, de l'infâme qui m'a conduit au crime par les promesses, les philtres, la séduction des femmes... tu viens en son nom m'offrir de l'or... Oh!... mais Dieu vous a donc bien marqué du sceau de la damnation éternelle, qu'il ne prend pas le soin de vous punir en ce monde!

ANDRONIC, *avec calme*. A ton tour, écoute-moi, vieillard...

MICHEL. Pas un mot... va-t'en!...

ANDRONIC. Écoute-moi d'abord...

MICHEL. Tes paroles seraient perdues... laisse-moi...

ANDRONIC. Un seul mot...

MICHEL. Tais-toi! la voix du meurtrier vient de l'enfer...

ANDRONIC. Meurtrier?... nous le fûmes ensemble.

MICHEL. Moi! j'ai le châtiment.... toi! la malédiction.... Va-t'en dire à ton maître que Michel s'est enfui pour ne pas entendre la voix de son serviteur maudit....

ANDRONIC, *impatienté*. Tu m'écouteras.

MICHEL, *fuyant avec frayeur*. Va-t'en... laisse-moi... va-t'en!...

Il s'échappe.

SCENE IV.

ANDRONIC, *seul et le regardant fuir.*

Au diable les pauvres d'esprit!.... le royaume des cieux leur appartient, dit-on. Mensonge... le pauvre homme est la preuve que Dieu les abandonne au diable... (*Réfléchissant.*) Il fallait gémir et pleurer avec ce vieillard... et non pas menacer... n'importe! il aura manqué sa fortune, sans m'empêcher de marcher à la mienne... Déjà la comtesse!... Eloignons-nous... je veux moi-même épier son départ.

Il sort sans bruit par la petite porte.

SCENE V.
LA COMTESSE DE MONTFORT, AGNÈS.

Elles ont paru sur le balcon et descendent sur la scène.

LA COMTESSE. Viens t'asseoir près de moi, mon enfant... laisse-moi te regarder... une jeune fille est comme une fleur au printemps, chaque matin on la trouve embellie... Tu es pâle aujourd'hui... Qu'est-ce donc? sans doute la fatigue des longues heures passées au monastère.... pauvre enfant!... Pour nous, la dévotion, c'est la consolation, l'espoir!... mais pour vous, c'est un devoir... Aujourd'hui, jour de Pâques, tu recevras la communion sainte; et demain purifiée, libre, tu redeviendras folle, et la belle parure de seize ans te rapportera la gaîté.

AGNÈS. Jamais, tant que nous serons dans cette ville.

LA COMTESSE. Ne sommes-nous pas sous le beau ciel de Constantinople?...

AGNÈS. Beau ciel, sous lequel, depuis trois jours, je vous ai vue souvent pleurer...

LA COMTESSE. C'est que j'y retrouve, moi, de douloureux souvenirs..... mais être, comme toi, triste dans une cité que l'on voit pour la première fois,... c'est regretter celle que l'on a quittée... Dis-moi, mon enfant, que regrettes-tu?

AGNÈS. Oh! rien!...

LA COMTESSE. Rien! tu vas communier aujourd'hui, et mentir, c'est un péché.

AGNÈS. Que Dieu me pardonne le mensonge... mais mon regret est si étrange, que je n'ose l'avouer... Et pourtant il est bien profond... et je vais vous le dire; car pour une jeune fille qui n'a pas de mère... une tante, c'est une mère... et vous êtes plus encore pour moi.

LA COMTESSE. Hélas! mon enfant, la Providence a donné le même jour un enfant à la femme isolée, une mère à l'orpheline... Dis-moi donc ton secret.

AGNÈS. Vous souvenez-vous, ma mère, qu'il y a bientôt un an, un jeune soldat normand arrêta courageusement la mule qui m'emportait.

LA COMTESSE. Oui... ce fut un jour marqué par un danger.

AGNÈS. Depuis ce jour, ma mère, je ne suis jamais sortie, sans apercevoir ce jeune homme qui me suivait de loin... Chaque soir, je le voyais toujours triste, seul et semblant m'attendre. Nous partîmes pour la Palestine, et je le vis parmi les pèlerins. Oh! ma mère, je crois que si vous l'aviez vu comme moi, vous ne pourriez plus vivre sans le voir encore... Car il y a dans son maintien quelque chose...

LA COMTESSE. De noble et de majestueux, n'est-ce pas?

AGNÈS. Oui, ma mère!

LA COMTESSE. Dans son regard... quelque chose de fier... d'entraînant, d'incompréhensible, n'est-ce pas?

AGNÈS. Vous l'avez donc vu?

LA COMTESSE. Oui, quand j'avais ton âge... Et depuis que nous sommes à Constantinople...

AGNÈS. En vain je suis montée sur les balcons qui bordent ce palais... En vain je me suis efforcée pour voir aussi loin que la vue peut atteindre... Toujours en vain... et je ne sais quel sentiment inexplicable me l'a fait prendre en haine, cette cité que l'on admire.... (*La comtesse soupire avec tristesse.*) Pourquoi soupirez-vous ainsi, ma mère?

LA COMTESSE. Parce que je pense que l'innocence qui s'enfuit emporte toujours avec elle le bonheur de l'enfance... (*Entendant venir.*) Mais qui vient?

Elle ferme son voile.

AGNÈS. C'est Michel.

SCENE VI.

Les Mêmes, MICHEL.

LA COMTESSE, *rassurée*. Ah! c'est toi, Michel... Je puis rouvrir mon voile.

MICHEL. Ce voile, madame, ne suffirait plus pour vous dérober aux regards.

LA COMTESSE. Que veux-tu dire?

MICHEL. Que votre séjour à Constantinople n'est plus un secret, madame. Le ministre Nicétas l'a publié sans doute, car le cruel Andronic en est instruit.

LA COMTESSE. Grand Dieu!

MICHEL. Et maintenant, madame, Nicétas va s'efforcer de vous rappeler au pouvoir; Andronic luttera pour vous en faire tomber... et votre présence à Constantinople aura causé une guerre dont vous serez le flambeau, madame, et sans doute la victime.

LA COMTESSE. Avant demain nous aurons quitté Constantinople.

MICHEL. Il le faut, madame. Que le prêtre se hâte de vous donner le saint sacrement de la communion, et Dieu conduira ses fidèles.

AGNÈS, *avec joie*. Nous allons donc partir!

LA COMTESSE. Ce soir, mon enfant; hâte-toi de préparer ton ame au recueillement... va te couvrir de ton voile, et Michel te conduira bientôt au monastère de la Vierge.

AGNÈS. Oh! ma prière à la Vierge sera fervente et sincère... elle est si bonne, si si belle!

Elle s'approche de la comtesse qui l'embrasse au front, puis elle sort joyeuse.

LA COMTESSE, *la regardant*. Pauvre enfant! Moi, Michel, je vais me mêler à la foule qui se presse à l'église de Saint-Jean Baptiste. (*Elle se voile.*) Je te confie mon enfant, tu veilleras bien sur elle.

MICHEL. Doutez-vous, madame, de mes soins, de ma sollicitude pour elle?

LA COMTESSE. Oh! jamais... (*Revenant sur ses pas.*) Et partir sans avoir même entrevu... l'empereur... lui... malade... condamné!...

MICHEL. Dieu nous montre de loin la tempête... évitons-la.

LA COMTESSE. Nous partirons ce soir, il le faut. Garde bien mon Agnès.

MICHEL. Je me hâte près d'elle.

La comtesse sort.

SCENE VII.

MICHEL, *seul*.

Et c'est avec regret que la comtesse va s'éloigner de Constantinople... elle y braverait volontiers de nouveaux dangers... Heureux qui ne craint que les hommes!...

Il monte lentement l'escalier.

SCENE VIII.

ANDRONIC, *puis* BARDAS, PHOCIUS, STYPIOTE.

ANDRONIC. La comtesse vient de partir!... maintenant, à l'œuvre... (*Il fait signe devant une fenêtre.*) Voici ma première tentative; Dieu veuille qu'elle réussisse et pour eux et pour moi! car si j'échoue, au lieu de larmes répandues, il y aura du sang... (*Bardas, Phocius, Stypiote entrent.*) Stypiote, approche... où m'as-tu dit que le cavalier normand s'était endormi?

STYPIOTE. Au forum du cheval d'airain, monseigneur.

ANDRONIC. C'est bien... maintenant, écoute. Une jeune fille, la nièce de la comtesse, sortira bientôt d'ici pour se rendre au monastère des Servantes de la Vierge... Tu lui arracheras son voile... puis tu traverseras aussitôt les places et marchés de Constantinople, en te vantant adroitement de l'avoir reçu en gage d'amour de la jeune comtesse Agnès de Montfort... Et demain je t'échangerai ce voile contre une fortune... Va... tu m'as bien compris?

STYPIOTE. Parfaitement, monseigneur.

Il sort.

ANDRONIC, *à Bardas et Phocius*. Vous deux, attendez ici mes ordres... (*A part.*) Comtesse de Montfort!... et toi, jeune Agnès, les femmes déshonorées n'entrent pas au palais des Césars... Et maintenant, rum!...

Il sort.

SCENE IX.

BARDAS, PHOCIUS.

BARDAS. Vous paraissez pensif, patrice Phocius?... Croyez moi!... laissons tranquillement venir les événemens, et pour engloutir les heures de l'attente et de l'anxiété, tenez, voici des dés, jouons... Venez.

PHOCIUS. Je suis noble et patrice... je ne puis ni ne veux jouer avec toi.

BARDAS. Il est vrai que votre père était un sénateur; et que le mien n'était qu'un plébéien... Il est vrai que vous naquîtes au sommet de l'échelle sociale, et moi tout au bas... Mais quand celui du sommet descend et que celui d'en bas monte, ils se heurtent en route; et quand leurs pieds sont sur le même échelon, leurs têtes, croyez-moi, ne sont pas loin du même niveau. Nous avons perdu, moi mes épargnes, et vous votre grande fortune, dans la même maison de jeu. Le jour où je me suis élevé au rang des serviteurs du protosébaste, toi, tu t'y es abaissé. Depuis ce jour, nous servons même maître et suivons même étoile, et je crois, compagnon, que le valet peut toujours, sans se compromettre, jouer avec le valet.

PHOCIUS. Le hasard, à toi propice, à moi fatal, nous a maintenant confondus; mais quand notre maître aura la couronne...

BARDAS. Oh! alors, je me contenterai de lui demander une bonne galère, quelques païens déterminés, le droit d'attaquer les bâtimens européens et de les piller tout à mon aise... et pendant ce temps-là, toi, plus ambitieux, toi, devenu ministre ou questeur du palais, tu pilleras sans armes et sans dangers dans le trésor public. (*Phocius hausse dédaigneusement les épaules.*) Et si notre maître échoue, cela peut arriver. Dans ce cas, l'empereur me fera couper le nez et la langue, vous accordant à vous le privilége de la noblesse, il se contentera de vous faire crever les yeux... Et tous deux mutilés, dépouillés, nous serons peut-être heureux de nous rencontrer, seigneur, car le muet conduira l'aveugle, qui mendiera pour le muet, et si les deux mendians peuvent alors ramasser quelques oboles, le patrice Phocius ne fera pas tant de difficultés pour les jouer aux dés sous le porche de la basilique avec Bardas le plébéien.

PHOCIUS, *à part*. Ce misérable a raison... son éloquence m'a persuadé. (*Haut.*) Bardas, jouons!

BARDAS. Allons donc... allons donc!
PHOCIUS. Que jouons-nous?
BARDAS. L'honneur!
PHOCIUS. Voilà tout?
BARDAS. C'est tout ce que nous possédons.
PHOCIUS. Nous serons bientôt riches... jouons sur parole.
BARDAS. Combien?
PHOCIUS. Cent onces d'or.
BARDAS. Volontiers... commencez.....
(*Phocius jette les dés.*) As!... A mon tour.

Il agite le dé dans sa main. La petite porte s'ouvre, Andronic paraît avec Longue-Epée.

SCÈNE X.

LES MÊMES, ANDRONIC, LONGUE-ÉPÉE.

ANDRONIC. Entre!
LONGUE-ÉPÉE. Quelle est cette maison?
ANDRONIC. Tu l'apprendras.
LONGUE-ÉPÉE. Mais que veux-tu donc de moi?
ANDRONIC. D'abord savoir ton nom.
LONGUE-ÉPÉE. Je ne l'ai jamais caché... les soldats mes frères d'armes m'appellent Longue-Epée.
ANDRONIC. Où est ta patrie?
LONGUE-ÉPÉE. Partout où me conduit mon étoile.
ANDRONIC. Quel est ton dieu?
LONGUE-ÉPÉE. Le hasard.
ANDRONIC. Ta religion?
LONGUE-ÉPÉE. Je n'en ai pas.
ANDRONIC. Et pourtant, durant le voyage qui t'a conduit ici... tu es entré dans tous les mêmes temples, dans toutes les mêmes chapelles qu'une femme que tu suivais; et tu es maintenant à Constantinople, parce qu'elle est à Constantinople.
LONGUE-ÉPÉE. Qui t'a si bien informé?
ANDRONIC. Le dieu que tu vénères... le hasard... Mais tu l'as perdue dans la grande ville, cette femme : car depuis trois jours tu parcours inquiet les promenades et les églises; depuis trois nuits tu interroges toutes les fenêtres éclairées, tu y cherches un indice, une trace, une ombre... une ombre aimée, car tu l'aimes, cette femme?...
LONGUE-ÉPÉE. Comme vous, chrétiens, vous aimez votre vierge Marie...
ANDRONIC. Et si tu ne la retrouves pas?
LONGUE-ÉPÉE. J'en mourrai.
ANDRONIC. Tu la reverras.
LONGUE-ÉPÉE, *avec exclamation*. Comment!
ANDRONIC. Cette maison est celle qu'elle habite, et bientôt tu seras près d'elle, seul, avec ton amour.
LONGUE-ÉPÉE. Que dis-tu?
ANDRONIC. Silence!... (*Pause. Stupeur de Longue-Epée. Andronic s'approche de Phocius.*) Cours réunir les patrices et sénateurs du palais, et tu leur diras qu'avant une heure un homme masqué les attendra au pied de la colonne de Justinien pour leur révéler un grand secret. Toi, Bardas, tu distribueras cet argent aux soldats du palais qui consentiront à te suivre... Partez!... (*Ils partent : au cavalier.*) Maintenant, adieu!

LONGUE-ÉPÉE. Tu me laisses seul?
ANDRONIC. As-tu peur?
LONGUE-ÉPÉE. Peur... non... mais... écoute.
ANDRONIC. Je ne puis t'en dire davantage.
LONGUE-ÉPÉE. Au moins, ton nom?
ANDRONIC. Tu le sauras dans une heure.
LONGUE-ÉPÉE. Où donc?
ANDRONIC. Ici, je reviendrai.
LONGUE-ÉPÉE. Tu m'en fais le serment?
ANDRONIC. Je te le jure.

Il sort.

SCÈNE XI.

LONGUE-ÉPÉE, *seul*.

Quel est cet homme! Pourquoi m'a-t-il conduit ici? si c'était un piège! (*Il met la main à la garde de son épée.*) Insensé, à qui donc au monde pourrait importer ma vie ou ma mort?.. Cette maison, m'a-t-il dit, est celle qu'elle habite... quoi! si près d'elle... Pourquoi ce battement de cœur qui m'étouffe?... Oh! femme... loin de toi, l'on doit mourir... et près de toi, le bonheur fait parfois souffrir...

Agnès et Michel paraissent sur l'escalier, Agnès est couverte d'un voile blanc semé d'étoiles d'argent.

SCÈNE XII.

LE MÊME, AGNÈS, MICHEL.

AGNÈS. Non, Michel, je ne t'oublierai pas dans ma prière.
LONGUE-ÉPÉE, *à part*. C'est sa voix!
AGNÈS. Et Dieu te délivrera de cette pâleur qui fait deviner ta souffrance.
LONGUE-ÉPÉE. La voici!

Il se retire près d'un pilier et la contemple avec extase. Michel descendant lentement avec Agnès.

MICHEL. Oui, priez pour moi: les prières qui se disent au monastère des Servantes de la Vierge, toutes prières de jeunes filles qui n'ont pas encore péché, montent plus vite à Dieu... priez pour moi...
LONGUE-ÉPÉE. Qu'elle est belle! (*Agnès et Michel sortent lentement par la porte du fond.*) Elle vient de sortir... (*Courant à une fenêtre.*) Elle s'éloigne... ah! si j'allais la perdre encore!... je t'ai retrouvée, belle Agnès, et je puis te suivre et te contempler de loin... (*S'arrêtant près de la porte.*) Mais cet homme que je dois attendre ici... cet homme que je veux connaître... Dans une heure, m'a-t-il dit, dans une heure je reviendrai. (*Près de la porte.*) Cette porte est fermée... ah! cette galerie!... quelqu'un s'approche... la comtesse de Montfort!... par où sortir?... Ah! la porte par laquelle je suis entré...

Il sort.

SCÈNE XIII.

LA COMTESSE, UN CAVALIER, *la visière baissée*.

LE CAVALIER. En vain, madame, vous voudriez m'éloigner... j'ai bravé vos menaces, je serai sourd à vos prières.
LA COMTESSE. Et que veut donc l'empereur?
LE CAVALIER. Se justifier à vos yeux, madame, et vous rendre aujourd'hui votre part du trône.
LA COMTESSE. Son trône... l'empereur a-t-il donc oublié tout ce que j'ai souffert, pour n'avoir pas craint, moi, pauvre comtesse de Normandie, de m'asseoir autrefois sur le trône de l'empire! A-t-il donc oublié que la femme qui avait eu par lui trois années de bonheur... fut malheureuse et condamnée sitôt qu'il hérita de la couronne. Car alors... elle fut, avec son enfant, reléguée dans le palais de Blaquernes, tandis que l'orgie régnait avec l'empereur au palais de ses pères... L'empereur a-t-il donc oublié qu'elle perdit son enfant... qu'on le lui enleva, son fils, sa consolation, son pauvre enfant, et qu'enfin elle fut répudiée... et contrainte de s'éloigner seule et le cœur brisé... de cet empire qui avait ceint son front du diadème impérial, et qui l'avait appelée l'impératrice Hélène?
LE CAVALIER. Et vous avez condamné l'empereur, madame, sans accuser d'abord les jalousies, les ambitions, l'envie, la haine, le vol, toutes les passions enfin qui se groupaient autour du jeune empereur... sans accuser d'abord les courtisans aux perfides conseils, les ministres ambitieux qui le plongeaient dans l'ivresse des plaisirs... et les valets qui cachaient par l'éclat du dedans la misère du dehors. Pourtant le plaisir, la débauche le fatiguèrent avant de l'avoir tué, et l'empereur Emmanuel voulut un jour voir son empire, et que vit-il, hélas!... D'un côté, ceux de l'Occident prêts à envahir ses états, de l'autre les barbares saccageant ses frontières... son armée dispersée, son trésor épuisé, son enfant perdu... enlevé par le torrent qui devait l'engloutir aussi... puis

il vit enfin sa femme condamnée... car il se vit forcé de demander à son ennemi, Conrad III, sa fille pour l'associer à son empire. Avec la dot de sa nouvelle épouse, il racheta son armée et chassa les barbares jusqu'au fond de leur désert... puis, chassant de son cœur l'amour et la pitié, il se fit un règne de terreur et de conquête durant lequel il châtia les fourbes, raffermit la religion et gagna cent batailles. La fille de Conrad III mourut, il ne la pleura pas, car il ne l'avait point aimée. Elle lui laissa un fils, le prince Alexis, qui doit lui succéder, il n'eut jamais pour lui cette tendresse aveugle d'un père, et le tint toujours éloigné de lui ; mais aujourd'hui qu'il se repose de vingt ans de fatigue et de contrainte, aujourd'hui qu'il a tout réparé, tout conquis, et qu'il vient d'apprendre que vous êtes près de lui, à l'heure où il souffre d'une blessure qui peut le conduire à la tombe, il m'envoie vous dire : Venez, comtesse Hélène, venez maintenant, si Dieu me conserve, partager avec moi le trône solide et sûr... venez, si Dieu me rappelle, recueillir votre héritage...

LA COMTESSE. C'est l'empereur qui vous a chargé de me parler ainsi ?

LE CAVALIER. Je vous ai dit ses paroles.

LA COMTESSE, *avec amour et crainte.* Le revoir !

LE CAVALIER, *avec insinuation.* Vous vous souvenez, n'est-ce pas, que vous l'avez aimé ?

Bruit de voix au dehors.

LA COMTESSE. Quelles sont ces voix !... (*Elle court près d'une fenêtre.*) Une foule de sénateurs et d'hommes d'armes viennent de ce côté... ils franchissent le vestibule...

LE CAVALIER, *à part.* Que viennent-ils faire !

LA COMTESSE. Ils montent !

LE CAVALIER. Je ne veux pas qu'ils me rencontrent ici... je pars... Et que dirai-je à l'empereur ?

LA COMTESSE. Vous partez... je vais rester seule... et je tremble... je ne sais quel peut être leur dessein.

LE CAVALIER. Oh ! je reste, madame, pour vous protéger et vous défendre au besoin... mais comment éviter leurs regards ? Ah !... cette draperie. (*Entrant derrière la draperie.*) Je veille sur vous, comtesse.

Il laisse tomber la draperie. La porte du fond s'ouvre, Andronic masqué entre suivi d'une foule de sénateurs et de Phocius.

SCENE XIV.

LES MÊMES, ANDRONIC, PHOCIUS, SÉNATEURS, *puis* BARDAS, SOLDATS.

ANDRONIC. Suivez-moi, messeigneurs...
Il court ouvrir la seconde porte, des soldats entrent à la suite de Bardas.

LA COMTESSE. Que veut tout ce monde ?

ANDRONIC. Je vous ai promis, messeigneurs, de vous mener auprès de dona Lucretia, et de vous y révéler un secret... je tiendrai ma parole... Cette femme, que vous voyez ici, cache son véritable nom sous celui de dona Lucretia ! cette femme se nomme Hélène de Montfort, épouse répudiée de l'empereur Emmanuel... et le ministre Nicétas qui vient de confesser, d'éblouir et de tromper l'empereur, doit demain la conduire au palais ; mais il n'a pas dit à l'empereur que la comtesse Hélène traîne à sa suite un amant, un cavalier de vingt ans, qu'elle cache à cette heure dans cette maison.

LA COMTESSE. C'est faux, messeigneurs.

ANDRONIC. Et ce cavalier, dont elle veut agrandir la fortune, n'est qu'un misérable soldat normand, sans foi, sans religion, sans nom qu'il puisse avouer... son amant, messieurs, n'est qu'un impie, qu'un bâtard.

LA COMTESSE. Ne le croyez pas !...

ANDRONIC. Et si vous en voulez la preuve, messeigneurs... regardez ce rideau qui s'agite. Soldats !... qu'on arrache cette draperie.

LA COMTESSE. N'approchez pas.

LE CAVALIER, *ouvrant le rideau.* Celui qui s'est caché dans cette maison n'est ni impie, ni bâtard.

ANDRONIC, *déconcerté.* Quel est cet homme ?.. Ah !... mort et sang !... malheur à l'insensé qui a voulu briser le piège... il y tombera lui-même : car tout homme qui se cache la nuit chez une femme la déshonore, et l'empereur connaîtra son rival en retrouvant sa femme. Toi ! je t'arrête et te condamne.. Et maintenant ton épée !

LE CAVALIER. Je ne la rendrai qu'à un plus noble que moi... Qui es-tu, toi, misérable aventurier qui te caches sous le masque ?

ANDRONIC. Si je te disais mon nom, tu me demanderais grâce !...

LE CAVALIER. Peut-être, ose donc le dire ?

ANDRONIC. Tu me défies ! (*Otant son masque.*) Regarde... je suis Andronic Comnène, de la famille des Césars... ton épée!

LE CAVALIER, *levant sa visière.* Et moi, je suis Emmanuel Comnène, César!...

TOUT LE MONDE. L'empereur!

On se découvre.

L'EMPEREUR, *s'approchant d'Andronic, avec rage.* Vous avez voulu déshonorer la comtesse de Montfort, protosébaste Andronic!... (*Lui arrachant son bonnet et le jetant à terre.*) Saluez l'impératrice!

SCENE XV.

LES MÊMES, AGNÈS, *accourant par la galerie, sans voile et ses cheveux en désordre.*

AGNÈS. Ma mère! ma mère!

LA COMTESSE. Mon enfant!

Elle court à elle.

AGNÈS, *effrayée.* Quels sont ces hommes?

LA COMTESSE. Ne crains rien, mon enfant!... et dis quelle est la cause de ton effroi, de ta pâleur... Tu souffres... ah! parle! parle!

AGNÈS. Comme je sortais du monastère, ma mère, un homme se jetant sur moi m'arracha mon voile; puis il allait terrasser Michel qui luttait contre lui, quand un cavalier latin se précipita sur cet homme; Michel aussitôt s'enfuit à sa vue; et moi, restée seule... effrayée, je me mis à courir... oh! mais, je ne dois plus trembler... car je suis dans les bras de ma mère..

LA COMTESSE, *pleurant.* Pauvre enfant! (*A part.*) L'ont-ils donc déjà condamnée?

L'EMPEREUR. Ce n'était pas assez d'une victime, Andronic Comnène, il vous en fallait deux à vous, insensé qui croyez que le crime aura l'impunité, vous avez voulu perdre aussi la nièce de l'impératrice; et moi, je la déclare ici princesse de Constantinople, et ferai proclamer que je donnerai bonne récompense à celui qui l'a défendue. Merci à vous, mon cousin, qui avez conduit ici tout ce monde, car il faut à cette heure des sénateurs et patrices pour accompagner jusqu'au trône la femme de leur empereur... et des soldats pour conduire le traître et l'infâme dans les prisons du palais... et malheur à vos complices!.. Soldats! vous m'avez entendu... vous ferez votre devoir...(*Aux sénateurs :*) Vous, messieurs... suivez-moi...

AGNÈS, *à sa mère.* Vous pleurez, ma mère!...

HÉLÈNE, *avec amour.* Viens, mon enfant, que la comtesse Hélène t'embrasse encore une fois!

L'EMPEREUR. Donnez-moi votre bras, madame... ma blessure semble s'agrandir.

LA COMTESSE. Vous souffrez?...

L'EMPEREUR. Oui, je souffre... j'ai besoin d'un appui... soyez le mien. (*A Agnès.*) Vous, jeune fille, votre main!. (*Il lui prend la main.*) Celui qui promet de vous aimer ne tiendra peut-être pas bien long-temps sa parole; mais son affection sera sincère. (*Il se retourne vers Andronic, semble souffrir et se contraindre... Aux sénateurs :*) Venez, messieurs...

Il sort accompagné de la comtesse, Agnès et suivi des sénateurs.

SCENE XVI.

ANDRONIC, SOLDATS, PHOCIUS ET BARDAS.

UN DES GARDES, *brutalement.* Suivez-nous, c'est l'ordre de l'empereur... (*Andronic ne bouge pas.*) Suivez-nous...

ANDRONIC. Et si je refusais?

LE GARDE. Vous céderiez à la force.

ANDRONIC, *tirant un parchemin de sa poitrine.* Savez-vous quel est ce parchemin? c'est une missive du ministre Nicétas au pape..... Ecoutez tous : « Saint-Père, le » très-auguste empereur Emmanuel s'est » blessé lui-même à la chasse d'une flèche » empoisonnée; le savant Strozzas et moi, » nous avons jusqu'à ce jour pu cacher, au » peuple et aux grands de l'état, à l'em» pereur lui-même, l'arrêt que la Provi» dence a prononcé contre lui. A sa mort » prochaine, la tutelle du jeune Alexis » doit échoir par droit de parenté au sé» baste Andronic...aidez-nous, Saint-Père, » à chasser du pouvoir cet homme impie, » qui renverserait notre schisme et nos in» stitutions. » Or, moi, je me suis emparé de ce message, j'ai brûlé la galère qui le portait à Rome; le Saint-Père ne viendra pas à l'aide du ministre insolent!... et dans quelques jours, tandis que vous suivrez le convoi de l'empereur mort, je viendrai saisir la tutelle qui doit m'appartenir...... je serai le maître, et alors, je le jure, je ferai couper les mains qui auront rivé mes fers!... Allons, qu'on me lie les mains!... qu'on me traîne en prison!... venez, soldats fidèles, c'est l'ordre de l'empereur... Personne ne s'avance, vous n'osez pas... Oh! vous avez raison de redouter la haine et la vengeance du souverain à venir. (*A part, en s'avançant.*) Qui verra mauvaise herbe en son pré, aussitôt la fauchera; cette maxime est d'un pape, Emmanuel Comnène, empereur papiste et très-chrétien.... tu ne la connais pas. Soldats, voici de l'or pour fêter mon avénement... et maintenant place et passage... (*Il va pour sortir, la porte s'ouvre; reculant à la vue de Longue-Epée, qui paraît.*) Lui !

SCÈNE XVII.

Les Mêmes, LONGUE-ÉPÉE *portant en écharpe le voile blanc d'Agnès.*

LONGUE-ÉPÉE. Moi !... qui me hâte au rendez-vous, pour savoir à qui je dois payer une dette de reconnaissance... Ton nom?..

ANDRONIC. Dis-moi donc, toi, d'abord, quelle est la femme que tu aimes?

LONGUE-ÉPÉE. Et ne le sais-tu pas, toi qui m'as mis sur la trace de la belle Agnès, et qui as permis que je puisse la suivre au monastère?... la suivre et la défendre, car on l'outrageait et je viens de la venger... Et maintenant, où est-elle? où est-elle?.. dis, toi, mon guide, mon bienfaiteur !

ANDRONIC. Où elle est? au milieu d'un cortège qui la conduit au palais de l'empereur... de l'empereur qui vient de la déclarer princesse de Constantinople...

LONGUE-ÉPÉE. Que dis-tu?

ANDRONIC. Et tu oses l'aimer, toi, pauvre soldat de fortune?... et tu n'as pas craint de me dire : Je mourrai si je la perds ! eh bien ! elle est perdue pour toi... perdue !

LONGUE-ÉPÉE. Mais qui es-tu donc, toi qui sauves et qui tues... toi qui tour à tour ravis et tortures?... Qui es-tu?

ANDRONIC. Je suis Andronic Comnène, à qui il faut la couronne des Césars, comme il te faut cette femme !... Tous deux, aujourd'hui le destin nous repousse, luttons ensemble, et si je parviens à l'empire, je te donnerai des trésors... je te ferai patrice et ministre du palais... je te ferai si noble, si grand, que tu pourras prétendre à la main de la princesse de Constantinople.

LONGUE-ÉPÉE. En échange de tout cela, que vas-tu me demander ?

ANDRONIC. Seulement que tu me révèles les secrets... les pensées de la comtesse de Montfort, maintenant impératrice.

LONGUE-ÉPÉE. Comment les saurai-je ?

ANDRONIC. En te faisant son confident intime.

LONGUE-ÉPÉE. Et comment m'approcher d'elle, moi, pauvre soldat de fortune?

On entend deux sons de trompe.

ANDRONIC. Ecoute : cette trompette annonce une proclamation.

UNE VOIX, *en dehors*. « A celui qui a dé-
» fendu la comtesse Agnès de Montfort! le
« très-auguste empereur, Emmanuel César, promet récompense, s'il se présente au palais, apportant pour preuve le voile blanc de la jeune princesse.

ANDRONIC, *désignant le voile qu'il porte en écharpe*. Ce voile, le voici... Les portes du palais s'ouvriront devant toi, tu gagneras la confiance de l'impératrice... dont tu as défendu la nièce... tu me serviras, je t'anoblirai... consens-tu?... A moi, la couronne... à toi, la princesse !

LONGUE-ÉPÉE. A moi, la princesse !...

ANDRONIC. Jure qu'à toutes les questions qui te seront faites par celui qui te présentera cette bague... tu répondras sans détour.

LONGUE-ÉPÉE. Jureras-tu, toi, de me faire assez grand... pour devenir l'époux d'Agnès? car cette femme, vois-tu, je te l'ai dit... c'est ma vie !...

ANDRONIC. Par la croix, je le jure !...

LONGUE-ÉPÉE. Par les mânes des chevaliers, moi, je jure à mon tour...

ANDRONIC. Maintenant.... tous deux au palais... toi, par la porte d'or, moi par celle de fer... Soldats! qu'on me traîne en prison... venez, ce n'est plus l'empereur qui se meurt qui commande...... c'est l'empereur qui commence !.. malheur à qui n'obéira pas! (*On lui attache les mains.*) Phocius, à toi cette bague... Bardas, à toi ce parchemin... Suivez-nous... (*A part.*) Ma défaite aura conduit dans ton palais un rival à ton fils...... Emmanuel Comnène, le coup que tu crois m'avoir donné au cœur n'a percé que mon manteau !..... (*Haut.*) Longue-Épée, à demain.

LONGUE-ÉPÉE. A demain !

Andronic sort avec tous les gardes, Bardas et Phocius.

SCÈNE XVIII.

LONGUE-ÉPÉE, *seul.*

Elle est princesse de Constantinople ! le palais m'est ouvert... et quand Andronic aura la couronne, moi... Mais, cette couronne appartient maintenant... mais la comtesse est impératrice... Comment donc ? Oh ! tant de pensées se heurtent dans ma tête... que je crains de devenir insensé ! (*Avec invocation.*) Hasard qui m'as jeté dans ce monde, hasard qui m'as conduit au combat et qui m'as protégé dans les batailles..., toi, qui m'as poussé sur les pas de cette femme, et qui m'as mis tant d'amour au cœur... hasard qui m'as conduit dans ce grand empire... conduis-moi maintenant au palais des empereurs d'Orient !

Il monte lentement la scène.

Le rideau tombe.

ACTE DEUXIÈME.

L'EXTRÊME-ONCTION.

Une salle du palais Porphyrogénète.

SCENE PREMIÈRE.
BARDAS, PHOCIUS, *jouant aux dés.*

BARDAS, *jetant le dé.* Huit... gagné ! à moi les cent onces d'or !
PHOCIUS. Ma revanche !
BARDAS. Volontiers. (*Phocius jete le dé ; Bardas se précipite dessus.*) As !...
PHOCIUS. Encore !.. mais il n'y a que des as sur ton dé d'enfer !
BARDAS. Voyez vous-même.
PHOCIUS, *regardant le dé.* Maudite soit la chance !
BARDAS. A mon tour !
PHOCIUS. Voici du monde... cache ce dé.
BARDAS. Déjà !.. écartons-nous et continuons.
PHOCIUS. Écartons-nous, mais ne jouons plus... car nous sommes au palais de l'empereur, et d'autres soins doivent nous occuper.
BARDAS. Tu ne t'en souviens que quand tu perds, patrice Phocius.
PHOCIUS. Silence !
BARDAS. Tu es un mauvais joueur !
PHOCIUS. Silence !...
Ils se retirent au fond.

SCENE II.
LES MÊMES, DEUX SÉNATEURS, UN PATRICE, LE PATRICE AGATHÈS.

PREMIER PATRICE. Salut au sénateur !...
PREMIER SÉNATEUR. Salut à vous, patrice !
PREMIER PATRICE. Pourquoi sitôt au palais ?
DEUXIÈME SÉNATEUR. Nous nous rendons au sénat convoqué par Nicétas... Et vous ?
LE PATRICE. Moi, je vais à la chapelle entendre la messe ordonnée par Nicétas pour le salut de l'empereur.
PREMIER SÉNATEUR. Quelle nouvelle de l'empereur ?
LE PATRICE. J'allais vous en demander.
PREMIER SÉNATEUR. Que Dieu nous le conserve ! Après lui, qui gouvernera l'empire ?
DEUXIÈME SÉNATEUR. Le prince Alexis, son fils.
LE PATRICE. Le prince Alexis... ou le protosébaste Andronic.
PREMIER SÉNATEUR. Andronic est maintenant captif et sans pouvoir... Nicétas est puissant...
LE PATRICE. Déjà les matelots du port s'enivrent, les mendians ont de l'or, et ne voyez-vous pas ici le patrice Phocius, espion dévoué du protosébaste ?
Il désigne Phocius.
LE PATRICE AGATHÈS, *entrant.* Salut, messeigneurs !... quoi de nouveau ?
DEUXIÈME SÉNATEUR. Rien encore, patrice... le ministre Nicétas et l'impératrice n'ont point encore paru ce matin.
AGATHÈS. Voici, messeigneurs, le cavalier latin, le zélé défenseur de la nouvelle princesse, et qui seul peut approcher de l'impératrice... Sans doute, il sait des nouvelles !

SCENE III.
LES MÊMES, LONGUE-ÉPÉE.

PREMIER SÉNATEUR. Je vais l'interroger. (*A Longue-Epée.*) Salut au cavalier normand !
LONGUE-ÉPÉE. A vous, prospérité, messeigneurs !
PREMIER SÉNATEUR. Vous sortez de l'antichambre de l'empereur ?
LONGUE-ÉPÉE. J'en sors.
PREMIER SÉNATEUR. Sa santé ?
LONGUE-ÉPÉE. Semble se rétablir.

PREMIER SÉNATEUR. Le ministre et l'impératrice ?
LONGUE-ÉPÉE. Espèrent tous deux.
PREMIER SÉNATEUR. Espérons aussi, messeigneurs !
PREMIER PATRICE, *au deuxième*. Allons prier pour l'empereur !
PREMIER SÉNATEUR, *au deuxième*. Nous, au sénat !

Ils sortent.

PHOCIUS, *arrêtant Longue-Epée, qui va sortir*. Deux mots !
LONGUE-ÉPÉE. Qui es-tu ? que me veux-tu ?
PHOCIUS. Tu as juré par les lois de la chevalerie de répondre à toutes les questions de celui qui te présenterait cette bague et de ne dire que la vérité... L'empereur a-t-il souffert ?
LONGUE-ÉPÉE. Toute la nuit.
PHOCIUS. Et maintenant ?
LONGUE-ÉPÉE. La fatigue l'a assoupi.
PHOCIUS. A-t-il fait un testament ?
LONGUE-ÉPÉE. Pas encore.

Il sort lentement.

PHOCIUS. Bien ! je vais tout apprendre à mon maître... la bague qui fait ainsi parler fait aussi tomber les verrous de la prison d'état. (*A Bardas.*) Toi, Bardas, ne quitte pas cet homme... reste au palais, s'il y reste ; s'il en sort, suis-le.
BARDAS. C'est mon devoir.

Phocius sort.

SCENE IV.

BARDAS, *seul*.

Triste devoir !.. épier... toujours épier ! faire sans cesse agir les yeux, jamais le bras... j'aimerais pourtant mieux... (*Il met la main à la garde de son épée.*) Ça viendra peut-être...

Il sort par le même chemin que Longue-Epée.

SCENE V.

LA COMTESSE, LE CAPITAINE LASCARIS, *puis* NICETAS.

LE CAPITAINE. En vain, madame, nous avons cherché par toute la ville.
LA COMTESSE. Pauvre Michel, où peut-il être ?
LE CAPITAINE. Quant aux matelots, deux compagnies de Varangues, qui viennent de partir, les auront bientôt dissipés.
LA COMTESSE, *voyant entrer Nicétas*. Eh bien, Nicétas ?..

NICÉTAS. Il faut nous hâter, comtesse, de faire parvenir au palais le prince Alexis. Toutes les haines se tournent déjà vers l'héritier d'un empereur qui doit succomber... Ici seulement nous pourrons le mettre en sûreté.
LA COMTESSE. Il faut que plusieurs bataillons l'accompagnent et l'entourent...
NICÉTAS. Plus nous enverrons de monde auprès de lui, madame, plus nous devrons redouter de traîtres... Ah ! si je pouvais quitter l'empereur... mais c'est impossible ; il faudrait, croyez-moi, que le prince soit instruit secrètement... qu'il vienne secrètement...
LA COMTESSE. Si Michel était près de nous !
NICÉTAS. Il n'y est pas, madame.
LA COMTESSE. Écoutez : le cavalier latin qui a défendu ma fille ne voudrait pas la perdre avec moi... et d'ailleurs il est trop étranger dans ce palais pour être déjà l'ami de nos ennemis.
NICÉTAS. C'est vrai ; son ignorance peut nous servir.
LA COMTESSE, *au capitaine*. Capitaine Lascaris, hâtez-vous de prévenir Longue-Épée le Normand que je l'attends ici... puis vous irez vous-même vous assurer de l'ordre rétabli parmi les matelots révoltés.
LE CAPITAINE. Comptez sur moi.

Il sort.

SCENE VI.

LES MÊMES, *excepté* LE CAPITAINE.

LA COMTESSE. Partout la terreur... Ah ! Nicétas ! pourquoi donc avez-vous révélé ma présence ?.. pourquoi suis-je devenue l'instrument de votre ambition ?
NICÉTAS. Mon ambition ?
LA COMTESSE. Oui, cette ambition qui de simple prêtre vous a élevé à la dignité de premier ministre.
NICÉTAS. Le prêtre n'a pas abandonné l'église pour le palais, madame ; car le ministre est resté prêtre... Autrefois, madame, je portais mes secours et mes consolations à tout homme coupable ou souffrant, et toujours la misère et le vice renaissaient, et m'élevant un jour au-dessus de la foule, j'ai vu l'empire d'Orient s'étendre devant moi... J'ai vu ce grand colosse, dont une main touche à la Palestine et l'autre à l'Italie... je l'ai vu sombre, agité, souffrant. J'ai vu ce grand géant se débattre à l'agonie, et je me suis dit : Voici le grand coupable qu'il faut consoler, voici le souffrant qu'il faut guérir,

défendre; et comme les ennemis envahissaient les frontières, je me suis fait soldat, madame, et j'ai combattu pour mon pays. Plus tard, j'ai vu que le foyer de son mal était dans la cour de ses empereurs, et je n'ai pas craint de venir adresser publiquement mes reproches et mes conseils à l'empereur Emmanuel, dont la bonté m'a fait premier ministre ; c'est mon dévouement à mon pays qui m'a élevé, madame, et non mon ambition... Et maintenant que la mort de l'empereur viendra trop tôt pour qu'il puisse rétablir la légitime existence d'un mariage, qu'il a détruite autrefois, et que son testament seul peut nous sauver ensemble... il s'effraye à l'idée de le faire... sans cesse il me repousse, vous l'avez vu, madame.

LA COMTESSE. Hélas !

NICÉTAS. Eh bien! comtesse, s'il mourait sans l'avoir fait, ce testament... je cacherais sa mort jusqu'au lendemain... ce temps suffirait pour assurer votre fuite, votre salut... et je resterais seul, moi, seul à lutter contre Andronic Comnène, à lutter pour en délivrer l'empire... je lutterais jusqu'au dernier soupir, je succomberais, madame, et quand je monterais noblement sur l'échafaud, tout le monde pourrait dire : Autrefois son dévouement pour son pays a fait le prêtre premier ministre... et ce même dévouement le fait maintenant mourir.

LA COMTESSE, *lui tendant la main.* Pardonnez-moi, j'étais injuste.

NICÉTAS. Mais ce testament, je l'obtiendrai peut-être... à l'heure où je confesserai l'empereur... J'aperçois Longue-Épée, je vous laisse avec lui, et je cours épier le réveil de l'empereur Emmanuel... Soyez prudente, madame, et mettons notre confiance en Dieu.

Il s'incline et sort.

SCÈNE VII.
LA COMTESSE, LONGUE-ÉPÉE.

LONGUE-ÉPÉE *s'approchant.* Vous m'avez fait appeler, madame ?

LA COMTESSE. Oui, dis-moi... Depuis combien de jours es-tu à Constantinople ?

LONGUE-ÉPÉE. Depuis deux jours.

LA COMTESSE. As-tu des amis dans ce palais ?

LONGUE-ÉPÉE. Aucun.

LA COMTESSE. Tu es bon chrétien ?

LONGUE-ÉPÉE. Chrétien !... je ne le suis pas, madame. Je n'ai pas eu de père ou de mère pour me porter enfant au prêtre et me faire baptiser...

LA COMTESSE. Mais tes parents ?

LONGUE-ÉPÉE. Je n'ai point de parents.

LA COMTESSE. Qui donc prit soin de ton enfance ?

LONGUE-ÉPÉE. Je me souviens vaguement d'un coup de tonnerre qui frappa un vieux laboureur qui m'appelait le fils de la tempête, que seul alors je suivais des hordes de Patzinaces, pour ramasser à leur suite quelque reste de pain d'orge, et que, tout enfant, ils m'accueillirent dans leur tente... Voilà mes seuls souvenirs d'enfance.

LA COMTESSE. Sans mère pour t'aimer... sans parents pour te plaindre... sans espoir, car la religion, c'est l'espoir.

LONGUE-ÉPÉE. Oh ! je m'en suis fait une, madame ; j'ai aussi ma Vierge, j'ai aussi mes saints.

LA COMTESSE. Et quels sont tes saints ?

LONGUE-ÉPÉE. Mes saints sont les preux, les vaillans dont j'ai entendu raconter les exploits... les Robert, les Tancrède... Mes saints, madame, sont encore le comte de Montfort, votre père, qui portait une armure de géant, et le brave Hugues de Montfort votre frère, qui mourut le dernier dans une citadelle qu'il défendait avec cent hommes contre toute une armée... J'ai souvent évoqué leurs ombres au milieu du combat, et j'ai plus d'une fois, enivré de leur souvenir, décidé la victoire.

LA COMTESSE. Et pourquoi n'es-tu pas capitaine ?

LONGUE-ÉPÉE. Parce que je ne suis pas chrétien ; j'ai pu gagner l'estime des chefs, mais jamais leur confiance.

LA COMTESSE. Et si je t'accordais la mienne aujourd'hui ?

LONGUE-ÉPÉE. Elle ne serait pas trompée, madame.

LA COMTESSE. Si je te chargeais d'une mission importante ?

LONGUE-ÉPÉE. Je la remplirais fidèlement.

LA COMTESSE. Écoute : tu iras en grande hâte au monastère de Gallatta... C'est la résidence du prince Alexis... tu lui diras que l'empereur ordonne qu'il se revête de l'habit d'un de ses gardes, qu'il entre seul à Constantinople, à minuit, par la porte Orientale, et qu'il garde l'incognito jusqu'à ce qu'il soit dans l'intérieur de ce palais.

LONGUE-ÉPÉE. Je ne connais pas les chemins, madame : comment trouver ce monastère ?

LA COMTESSE. Dès que tu seras sur l'hippodrome, regarde à l'occident : tu l'apercevras devant toi, de l'autre côté du

Bosphore... Son dôme est de bronze et ses tours sont dorées..... Va par ce chemin, pour éviter les regards.

LONGUE-ÉPÉE. Merci à vous, madame, qui faites un homme d'un maudit !

LA COMTESSE. Tu seras muet pour tout le monde ?

LONGUE-ÉPÉE. Comme la tombe.

LA COMTESSE, *le suivant des yeux.* Pauvre jeune homme ! Ah ! je veux qu'il soit heureux !... j'ai du bonheur à le voir, à l'entendre... c'est qu'il a l'âge qu'aurait mon fils ! (*Apercevant Agnès qui entre.*) Ah ! te voilà, ma fille !

SCÈNE VIII.

LA COMTESSE, AGNÈS *puis* MICHEL.

AGNÈS. Oui, ma mère, et vous me voyez joyeuse en venant vous annoncer...

LA COMTESSE. L'arrivée de Michel... sans doute ?

AGNÈS. Le voici, ma mère...

LA COMTESSE. Michel !... Oh !... j'étais bien inquiète... mais je te vois... et je suis heureuse...

MICHEL. Heureuse, madame... Et savez-vous quelle nouvelle je vous apporte ?

LA COMTESSE. Laquelle ?

MICHEL. Les cris des matelots et mendians qui se révoltaient m'ont seuls appris votre nouvelle grandeur ; j'ai vu bientôt vos soldats leur livrer un sanglant combat et s'emparer d'un parchemin que les rebelles avaient attaché sur un drapeau en proclamant tuteur de l'empire le protosébaste Andronic. (*Présentant le parchemin.*) Et je me suis chargé de le remettre à l'impératrice.

LA COMTESSE. Quel est ce parchemin ?..

MICHEL. Lisez.

LA COMTESSE, *après avoir parcouru le parchemin.* Une lettre du ministre, où tout est dévoilé...

AGNÈS. Qu'avez-vous donc, ma mère ?

LA COMTESSE, *à Michel.* Et ce que contient cet écrit ?

MICHEL. Est maintenant connu de tout Constantinople...

LA COMTESSE, *dans une grande agitation.* Pour nous plus d'espoir de fuite.... plus d'espoir de cacher la mort d'un empereur à tout un empire qui la devine ou l'attend.

AGNÈS. Qu'y a-t-il donc d'horrible, ma mère ?

LA COMTESSE, *éloignant le parchemin.* Tu l'apprendras trop tôt, peut-être... (*A part.*) Oui... son testament seul peut nous sauver... sans lui perdue... condamnée... (*Regardant sa nièce.*) Elle aussi !..

Elle l'embrasse.

AGNÈS. Ma mère...

LA COMTESSE, *avec frayeur.* S'il ne se réveillait plus ! (*On entend des voix.*) La foule sort de la chapelle, on vient de ce côté !... Évitons, mon enfant, les questions, les regards... venez.

AGNÈS, *à part.* Oh ! je découvrirai bien ce qui la fait souffrir ainsi !

Ils sortent.

SCÈNE IX.

SÉNATEURS, LES PATRICES NICÉPHORE *et* AGATHÈS.

NICÉPHORE. Oui, messieurs, la blessure de l'empereur est mortelle, et bientôt l'empire aura changé de maître.

PREMIER SÉNATEUR. Selon vous, qui sera le nouveau ?

NICÉPHORE. Le protosébaste Andronic.

PREMIER SÉNATEUR. Dieu nous en garde !

AGATHÈS. Quant à moi, messieurs, peu m'importe, attendu que quel que soit le maître, il n'aura pas le pouvoir d'ôter à Constantinople son beau ciel, son bon vin, et ses jolies filles. Les vieux Romains sont morts, et nous sommes les jeunes... nos pères se battaient, nous chantons... ils avaient des épées, nous avons des guitares... ils se faisaient tuer, nous nous enivrons : chaque chose a son temps.

PREMIER SÉNATEUR. Je parierais moi, messieurs, qu'avant peu nous verrons l'empereur debout !

NICÉPHORE. Moi, j'offre de parier qu'à cette heure Nicétas cache son trépas, et qu'il est mort.

PREMIER SÉNATEUR. Parions donc mon château contre le vôtre.

NICÉPHORE. J'y consens.

PREMIER SÉNATEUR. Vous êtes témoins, messieurs !... Maintenant comment éclaircir ?...

UNE VOIX, *annonçant.* Le très-auguste empereur Emmanuel César...

TOUS. L'empereur !

PREMIER SÉNATEUR. A moi votre château, patrice !

NICÉPHORE. L'empereur ! c'est impossible !... (*L'apercevant.*) Comme il est pâle !

SCÈNE X.

Les Mêmes, L'EMPEREUR, *soutenu par* NICÉTAS, LA COMTESSE, AGNÈS.

L'EMPEREUR. Salut à vous, messieurs!... merci de vos prières et de votre sollicitude... (*Faisant un effort.*) Je suis mieux. (*Bas à Nicétas.*) Nicétas, fais sortir tout ce monde.

NICÉTAS. L'empereur veut être seul, messieurs.

Tout le monde sort.

L'EMPEREUR. Je craignais de m'évanouir devant eux.

Il tombe dans leurs bras, on l'assied.

LA COMTESSE. Vous souffrez donc beaucoup?

L'EMPEREUR. Si fort que mes mains se portent convulsivement à l'appareil qui couvre ma blessure pour arracher la douleur avec la vie.

LA COMTESSE *et* NICÉTAS, *se jetant sur lui.* Seigneur!

L'EMPEREUR. Oh! j'aurai du courage... je lutterai contre le mal jusqu'à ce qu'il m'abandonne... j'ai tant envie de vivre... maintenant que vous êtes près de moi... J'ai tant de choses encore à faire dans l'empire... Oh! je veux agrandir le temple de Sainte-Sophie... je veux en faire la huitième merveille du monde... (*Se tournant vers Agnès.*) Quand le printemps reviendra, jeune fille, je veux que nous allions habiter les jardins d'Alexandrie, et les faire plus splendides que ceux de Babylone.

NICÉTAS. Ne serait-il pas prudent, mon maître, d'assurer d'abord à ceux que vous aimez l'héritage d'un si bel empire par un testament?

L'EMPEREUR. Un testament!... tu m'en reparles sans cesse... un testament... ce mot est fatal... mon père venait à peine de dicter le sien, qu'il expira... mais je ne vais pas mourir, moi... je suis fort encore, regarde... (*Il se lève debout.*) Va me chercher la couronne des Césars, ma tête peut la porter... et je veux marcher jusqu'à mon trône... Va!

NICÉTAS. Songez au repos, seigneur.

L'EMPEREUR. Il faut être indulgent pour les malades, et faire leurs volontés.

NICÉTAS. J'obéis, mon maître... (*A demi-voix, en passant près de la comtesse.*) Plus d'espoir, comtesse.

LA COMTESSE, *à demi-voix.* Prions Dieu.

L'EMPEREUR, *les observant.* Ils semblent se concerter... il y a du mystère. (*Remarquant que la comtesse s'essuie les yeux.*) Et des larmes!

AGNÈS, *observant la comtesse.* Pauvre mère!

L'EMPEREUR, *à la comtesse.* Vous, comtesse Hélène, faites appeler les hommes d'armes qui doivent accompagner leur empereur à la salle du trône.

LA COMTESSE, *tristement.* J'obéis...

Elle sort.

L'EMPEREUR, *à Agnès.* Il y a, mon enfant, des pleurs dans les yeux de votre mère.

AGNÈS. Je les ai vus.

L'EMPEREUR. En connaissez-vous la cause?

AGNÈS. Je la connaîtrai bientôt.

L'EMPEREUR. Et comment?

AGNÈS, *montrant un parchemin.* En lisant ce parchemin qui contient la triste nouvelle qui la fait souffrir ainsi. Je m'en suis emparée malgré sa défense... mais il faut bien que je connaisse son mal, pour le calmer ou le partager.

L'EMPEREUR. Nous y trouverons à nous deux le remède... Lisez.

AGNÈS. Au moins je ne serai pas seule coupable.

L'EMPEREUR. Non, je prendrai la moitié de la faute... hâtez-vous!

AGNÈS, *lisant.* « Le très-auguste empereur Emmanuel Comnène s'est blessé lui-même, à la chasse, d'une flèche... »

Elle reste interdite.

L'EMPEREUR. Eh bien, ensuite? Vous tremblez... (*S'emparant du parchemin.*) Mais qu'y a-t-il donc d'horrible?

AGNÈS, *voulant s'opposer.* Ne lisez pas!

L'EMPEREUR, *la repoussant.* Laissez-moi. (*Il lit.*) « S'est blessé lui-même, à la chasse, d'une flèche empoisonnée!... J'ai pu jusqu'à ce jour cacher au peuple, à l'armée, à l'empereur lui-même, l'arrêt que... » Mais cela est faux... Et qui a osé... (*Lisant la signature.*) Stéphanius Nicétas!... Lui! lui, qui n'a jamais menti! c'est donc la vérité? Quoi! blessé à mort... blessé... oh! le sang m'étouffe... de l'air! de l'air!

Il tombe anéanti.

AGNÈS, *effrayée.* Au secours! au secours! sauvez l'empereur!

SCENE XI.

Les Mêmes, Patrices, Gardes, Sénateurs, *accourant précédés de* NICÉTAS, LA COMTESSE, PHOCIUS.

NICÉTAS, *courant vers l'empereur.* Mon maître!... mon empereur!

L'EMPEREUR, *revenant à lui.* Ah! c'est toi, Nicétas... et vous aussi comtesse? Le ciel m'a condamné.

NICÉTAS. Non, mon maître.

L'EMPEREUR, *lui présentant le parchemin.* Lis toi-même.

NICÉTAS. Ma lettre au Saint-Père... (*Tombant à genoux.*) Pardonnez-moi, César!

L'EMPEREUR. Te pardonner, à toi qui m'as laissé l'espoir jusqu'à ma dernière heure... à toi, qui sacrifiais ton salut... (*Lui tendant les bras.*) Viens m'embrasser. (*Le serrant contre lui.*) Adieu, mon vieux ministre... adieu, mon bel empire... je vous sauverai tous les deux. (*Élevant la voix.*) Que l'on annonce aux grands de l'empire que l'empereur se rend à la chapelle pour dicter son testament, et recevoir le Saint-Viatique... Encore une fois, ma couronne... (*Il la met; à la comtesse.*) Vous êtes revenue bien tard, comtesse. (*A Nicétas.*) Ton bras, mon vieil ami! (*Il monte la scène; s'arrêtant au fond.*) J'avais tant espéré, mon Dieu, mourir sur un champ de bataille! (*A tous ceux qui l'entourent.*) Venez, messieurs, suivez l'empereur.

Tout le monde sort à sa suite, excepté Phocius.

SCENE XII.

PHOCIUS, *seul.*

Un testament... Nicétas l'a obtenu... Nicétas est le maître... nous avons lutté, nous sommes vaincus... Ce testament va sans doute donner tout le pouvoir aux ennemis d'Andronic... peut-être le condamner à mort avec ses complices... Je crois qu'il est prudent de ne pas attendre, et d'abandonner la partie... chacun pour soi... Bardas ne revient pas, béni soit son retard... profitons de son absence et fuyons. Cette bague est d'une grande valeur, je la vendrai, et puis... Commençons d'abord par sortir de Constantinople... et nous verrons ensuite.

Il va pour sortir et heurte Bardas qui entre.

SCENE XIII.

PHOCIUS, BARDAS.

BARDAS. Où courez-vous donc?

PHOCIUS, *déconcerté.* Moi, je te cherchais, j'étais inquiet... je...

BARDAS. Me voici... j'ai suivi le cavalier normand, je l'ai vu entrer au monastère de Gallatta, la résidence du prince Alexis. Et que s'est-il passé dans ce palais pendant mon absence?

PHOCIUS. L'empereur dicte son testament.

BARDAS. Diable! et quelles en sont les clauses?

UNE VOIX. A tous salut et prospérité.

PHOCIUS. Ecoute, on en fait la lecture.

LA VOIX. « L'empereur Emmanuel Com-
» nène laisse à son fils son sceptre et
» sa couronne, à la condition par lui
» d'épouser la jeune comtesse Agnès de
» Montfort; concédant la tutelle de l'empire à la comtesse de Montfort, devenue
» par ce mariage mère d'adoption de l'impératrice... Puis il nomme Stéphanius
» Nicétas, patriarche de Constantinople.
» Que Dieu protége le trône et l'église! »

BARDAS. Décidément, ça se complique, je n'en suis pas fâché, je m'ennuyais dans l'inaction... Hâtons-nous de prévenir le protosébaste.

PHOCIUS. Ne vois-tu pas qu'il est perdu?

BARDAS. Pourquoi?

PHOCIUS. Ne sais-tu pas que sa perte entraînera la nôtre!

BARDAS. Je le sais.

PHOCIUS. Ecoute, le temps passe... dans une heure peut-être nous ne pourrons plus fuir, maintenant nous le pouvons, partons.

BARDAS. Moi, monseigneur, j'ai toujours, en guerre, égorgé les fuyards.

PHOCIUS. Que veux-tu dire.

BARDAS. Que qui combat près de moi, combattra jusqu'au bout... maintenant, marchez ou je vous tue.

PHOCIUS. Insensé!... je voulais éprouver ton courage.

BARDAS. Vraiment! eh bien, vous allez dire à Andronic que tandis que vous feigniez de trembler pour m'éprouver, moi, je vous appuyais la pointe de mon poignard sur la poitrine, pour vous guérir de la peur.

PHOCIUS, *à part.* Maudit sois-tu!

BARDAS. Maintenant, venez.

PHOCIUS. Marche, je te suis.

BARDAS. C'est à l'homme du peuple à suivre le seigneur, passez.

PHOCIUS, *à part.* Ces manans n'ont que du courage.

Il sort.

BARDAS. Mauvais patrice, mauvais joueur et lâche... je serai derrière toi, si tu recules!

Il sort derrière Phocius.

SCÈNE XIV.

LA COMTESSE, AGNÈS, *entrent du côté opposé; puis* MICHEL *et* LONGUE-ÉPÉE.

LA COMTESSE. Viens par ici, mon enfant, calme-toi.

AGNÈS. Oh! l'on n'exigera pas de moi, ma mère, un si grand sacrifice.

LA COMTESSE. Non, mais on te le demandera comme une grâce.

AGNÈS. Mais qui donc?

LA COMTESSE. Moi, mon enfant.

AGNÈS. Vous!.. c'est impossible!

LA COMTESSE. C'est seulement en devenant mère de l'impératrice que je puis devenir régente et éloigner à jamais de la tutelle le cruel Andronic.

AGNÈS. Oh! laissez-le gouverner, ma mère!

LA COMTESSE. Lui! lui, qui commencerait par faire mettre à mort celle qu'il accuserait d'avoir voulu lui ravir le pouvoir!

AGNÈS. Oh! je n'y avais pas songé. Oui, j'accepterai... il vous tuerait, ma mère, j'accepterai tout; j'épouserai le prince Alexis... que je n'ai jamais vu... je me marierai sans amour.

LA COMTESSE. Oh! tu l'aimeras, mon enfant!

AGNÈS. Oh! non, jamais... mon ame ne m'appartient plus... vous le savez, vous, je vous l'ai dit.

LA COMTESSE. Insensée! tu songes encore à ce cavalier normand, qui a déjà perdu ton souvenir?

AGNÈS. Oh! non, ma mère, je l'ai retrouvé, je l'ai revu.

LA COMTESSE. Où donc?

AGNÈS. Ici!

LA COMTESSE. Ici!

AGNÈS. Et quel autre que lui pouvait être sur mes pas, pour me protéger au sortir du monastère?

LA COMTESSE. Quoi! ce cavalier normand?

AGNÈS. C'est lui, ma mère.

LA COMTESSE. Lui! grand Dieu!

MICHEL, *entrant.* Madame, l'empereur vient d'arracher l'appareil qui couvrait sa blessure; il vient d'expirer sur les marches de l'autel.

LA COMTESSE. Mort!

MICHEL. Le ministre Nicétas vous cherche.

LA COMTESSE, *à Agnès.* L'instant est venu, mon enfant.

AGNÈS, *pleurant.* Qu'on me proclame impératrice, ma mère!

LA COMTESSE, *se détachant de ses bras.* Du courage, mon enfant... (*A part avec inquiétude.*) Mais Longue-Epée va revenir; comment éviter qu'il rencontre Agnès?... Il l'aime, sans doute, et la nouvelle de ce mariage...

Elle s'approche d'une table et écrit à la hâte.

AGNÈS, *à part.* Mariée, pas à lui... O mon Dieu!

Elle s'assied en pleurant.

LA COMTESSE, *lisant ce qu'elle vient d'écrire.* « L'impératrice ordonne que Longue-» Epée ne rentre au palais qu'à la nuit. » (*Parlant.*) Et alors je saurai le récompenser et l'éloigner à jamais. (*A Michel, à mi-voix.*) Ecoute, Michel, un cavalier normand doit bientôt arriver au palais; cours l'attendre au passage, et tu lui remettras cet écrit.

MICHEL, *effrayé.* Un cavalier normand, dites-vous?

LA COMTESSE. Oui, tu le reconnaîtras facilement... c'est celui qui t'a défendu dans cette lutte, au sortir du monastère. Il se nomme Longue-Epée... Hâte-toi; moi, je cours vers Nicétas.

Elle sort.

MICHEL, *épouvanté.* Que vient-elle de me dire?... Quoi! ce cavalier, ce fantôme... Mais non... Ma tête est si fatiguée que j'ai mal entendu ses paroles... Non, c'est impossible, (*Il remonte la scène, Longue-Epée paraît au fond; d'une voix étouffée.*) Encore lui!... Grâce, grâce, mon Dieu!

Il s'enfuit.

LONGUE-ÉPÉE, *dans le fond.* L'empereur vient de mourir, et dans ce palais tout est rumeur, tumulte, rien n'est tristesse... et c'est là ce grand peuple... peuple usé; peuple flétri, peuple d'ingrats. (*Il descend la scène; apercevant Agnès.*) Agnès!

AGNÈS, *se levant précipitamment.* Lui! lui, près de moi!

LONGUE-ÉPÉE. Moi, princesse.

AGNÈS. Oh! merci au hasard qui vous y a conduit; j'ai une grâce à vous demander.

LONGUE-ÉPÉE. J'allais moi-même vous en demander une.

AGNÈS. Parlez, que voulez-vous?

LONGUE-ÉPÉE. Ce voile que vous portez.

m'appartenait hier... il était mon bien, mon trésor à moi... ne me le rendrez-vous pas ?

AGNÈS. Ce voile... n'appartient pas à moi seule, maintenant qu'il est mon voile de fiancée.

LONGUE-ÉPÉE. De fiancée!

AGNÈS. Et bientôt il sera mon voile d'épouse.

LONGUE-ÉPÉE. Et qui sera votre époux?

AGNÈS. Le prince Alexis Comnène, qui doit arriver cette nuit même au palais.

LONGUE-ÉPÉE. Oui, cette nuit.

AGNÈS. Et je voulais vous supplier, vous qui avez toujours été pour moi comme un ami discret, comme un ange gardien; je voulais vous supplier de ne pas m'abandonner, quand les jalousies, les haines, vont de tous côtés se dresser contre moi... Oh! n'est-ce pas que je vous trouverai toujours pour me défendre?... Vous ne me répondez pas... votre regard m'effraie.

NICÉTAS, *accourant*. Venez, princesse... il faut que la fiancée de notre jeune empereur vienne saluer les sénateurs.

AGNÈS, *à part*. Mon règne commence déjà!

Elle sort tristement.

SCENE XV.

LONGUE-ÉPÉE, *seul*.

Mariée... elle... elle devenir l'épouse d'un homme qui vivra de son regard... Agnès mariée... Oh! non, c'est impossible, mort à lui! mort à tous... J'ai trouvé le trésor, et qui voudrait y toucher me tuera s'il veut vivre, ou mourra... Je sais, prince Alexis, la route que tu dois suivre... c'est moi qui te l'ai désignée... tu me rencontreras... et alors!... Mais ce prince de quinze ans n'est pas encore un homme; l'appeler au combat serait infâme et lâche; l'attendre secrètement au passage et le tuer serait un crime... Et que me fait le crime, à moi! Ai-je donc à craindre que mon déshonneur fasse pleurer ma mère? D'ailleurs je ne connais, moi, ni le bien ni le mal... je n'ai que l'instinct qui défend et qui garde ma vie. (*Tirant son épée.*) Quand l'instinct me pousse, je marche... Il faut qu'il meure!

SCENE XVI.

LE MÊME, PHOCIUS, BARDAS.

PHOCIUS. Reconnais-tu cette bague?

LONGUE-ÉPÉE. Quelle est cette bague?

PHOCIUS. Celle du protosébaste...

LONGUE-ÉPÉE. Oui, je me souviens... Que veux-tu?

PHOCIUS. Quand le prince Alexis doit-il venir au palais?

LONGUE-ÉPÉE. Cette nuit...

PHOCIUS. Cette nuit... Qui l'accompagnera?

LONGUE-ÉPÉE. Personne!

PHOCIUS. Il y viendra donc déguisé?

LONGUE-ÉPÉE. Oui.

PHOCIUS. Son costume?

LONGUE-ÉPÉE. Celui d'un des gardes.

PHOCIUS. Par quelle porte entrera-t-il dans la ville?

LONGUE-ÉPÉE. Par la porte Orientale.

PHOCIUS. A quelle heure?... à quelle heure? réponds!

LONGUE-ÉPÉE. A minuit.

BARDAS. Si tôt! Déjà la nuit s'avance... hâtons-nous, patrice.

PHOCIUS. Je n'ai pas mes armes.

BARDAS. Il y a deux lames dans ce fourreau, partageons!

PHOCIUS. Elles sont empoisonnées?

BARDAS. Fi donc! quand elles atteignent juste et fort, elles tuent. Cela doit nous suffire.

PHOCIUS. Partons!

Ils sortent.

SCENE XVII.

LONGUE-ÉPÉE, *seul*.

Ils vont l'assassiner!... Deux infâmes contre un enfant... Agnès restera l'ange au front pur... Merci à toi, destin qui les charges du meurtre.

SCENE XVIII.

LE MÊME, LA COMTESSE.

LA COMTESSE, *entrant, à un garde qui la suit*. Déposez cette épée sur cette table...

LONGUE-ÉPÉE. La comtesse... Oh! malheur!

Le garde dépose l'épée et sort.

LA COMTESSE. Mes ordres ont-ils été exécutés?

LONGUE-ÉPÉE. Oui, madame.

LA COMTESSE. Mes vœux seront-ils accomplis?

LONGUE-ÉPÉE. Oui, madame; le jeune empereur entrera cette nuit dans Constantinople.

LA COMTESSE. Merci... Dès qu'il sera venu, je lui rappellerai que son père te devait une récompense... et le jeune empereur te signera l'ordre de rejoindre les troupes d'Alexandrie avec le grade de capitaine...

LONGUE-ÉPÉE. M'éloigner de ce palais...

LA COMTESSE, *à part.* Il l'aime aussi ! (*Haut.*) Mon élévation à la souveraine tutelle excitera sans doute des troubles dans cette ville où le protosébaste Andronic a beaucoup d'amis. J'aurai besoin de soldats braves et fidèles pour défendre ma cause, et j'ai confiance en ton courage. A la pointe du jour, deux chevaux arabes et l'armure damasquinée seront prêts pour ton départ... cela sera le présent de l'empereur... voici le mien, regarde cette épée, c'est celle du brave Hugues de Montfort, mon frère.

LONGUE-ÉPÉE. Son épée !...

LA COMTESSE. Je te la donne.

LONGUE-ÉPÉE. A moi ?

LA COMTESSE. Long-temps j'ai conservé ce précieux héritage pour un fils que j'espérais retrouver un jour. Aujourd'hui de longues années ont tué tout mon espoir, et je ne puis remettre cette épée à un plus brave que toi.

LONGUE-ÉPÉE. L'épée du vaillant Montfort ! oh ! mais... j'en suis indigne, madame.

LA COMTESSE. Pourquoi ? n'es-tu pas homme loyal ?

LONGUE-ÉPÉE. Cette épée... madame... c'est l'héritage d'un héros... c'est le souvenir d'un grand homme... et qu'ai-je donc fait, moi, pour mériter tout cela ?

LA COMTESSE. Sais-tu que, si je ne t'avais pas rencontré dans ce palais, j'aurais été forcée de charger un autre de la mission que tu viens de remplir, et que cet autre m'aurait trahie peut-être, qu'il aurait pu livrer le secret de l'arrivée du jeune empereur et diriger contre lui les amis du protosébaste, des assassins ? (*Il fait un mouvement.*) Sais-tu qu'Andronic, empereur, ferait demain tomber ma tête ?

LONGUE-ÉPÉE, *effrayé.* Que dites-vous ?

LA COMTESSE. Oh ! n'est-ce pas que cette idée glace d'horreur... et je viens, moi, te payer la discrétion qui m'aura sauvée.

LONGUE-ÉPÉE, *se jetant sur l'épée.* J'accepte cette épée, madame.

LA COMTESSE. Qu'elle ne te serve que contre mes ennemis...

LONGUE-ÉPÉE. Oui, contre vos ennemis.

Il va pour sortir.

LA COMTESSE, *l'arrêtant.* Où veux-tu donc aller ? (*Minuit sonne.*) Minuit ! entends-tu... (*Avec joie.*) Le jeune empereur entre dans Constantinople.

LONGUE-ÉPÉE, *avec épouvante.* Minuit !

LA COMTESSE. Ne t'éloigne pas... je veux te présenter à lui sitôt son arrivée. (*Lui tendant la main.*) Viens avec moi l'attendre à la salle du trône.

Elle monte la scène.

LONGUE-ÉPÉE. Oh ! malheur ! je suis un traître !...

Dans la plus grande agitation, il la prend par la main et sort avec elle.

Le rideau tombe.

ACTE TROISIÈME.

LA CONFESSION.

Le théâtre représente une salle du palais Porphyrogénète.

SCÈNE PREMIÈRE.

BARDAS, UN SOLDAT.

Bardas est assis mollement sur un sopha, un jeune page l'évente pour chasser les insectes. Il est entouré des soldats du 1er acte.

BARDAS. Çà, vous autres, vous m'avez compris ?

LE SOLDAT. Parfaitement !

BARDAS. Pour se rendre sur la grande terrasse, l'empereur Andronic... va traverser cette salle... et sitôt qu'il y entrera, regardez-moi, tous, et chaque fois que je me découvrirai, vous crierez : Vive l'empereur !

LE SOLDAT. C'est entendu ; et je crois que nous n'attendrons pas long-temps ; voici déjà les hérauts qui précèdent l'empereur.

BARDAS. Eh bien donc, attention !

SCENE II.

Un cortége passe. ANDRONIC, BARDAS, PHOCIUS, Patrices, *puis* AGNÈS.

Andronic est vêtu de la pourpre, coiffé de la couronne et porte le sceptre. Costume éblouissant. Bardas se découvre.

LES SOLDATS. Vive l'empereur!...

ANDRONIC. Assez, assez, messieurs... plus bas, plus bas... merci, soldats, de vos marques d'attachement; mais mes oreilles ne sont pas accoutumées à ces cris.

BARDAS. Il faut, très-auguste César, qu'on les y habitue... car votre peuple et votre armée n'oublieront jamais de témoigner à votre grandeur leur attachement sincère.

En disant ces derniers mots, il salue.

LES SOLDATS. Vive l'empereur!

AGNÈS, *entrant effarée.* L'empereur?... (*L'apercevant après l'avoir cherché des yeux.*) Grâce! monseigneur... grâce!

Elle tombe à ses genoux.

ANDRONIC. Quelle est cette femme?

PHOCIUS. La princesse Agnès, monseigneur!...

ANDRONIC, *à part en la relevant.* Elle est bien belle...

AGNÈS. Grâce pour la comtesse de Montfort, pour ma mère adoptive... Oh! ce n'est pas son ambition, sa volonté qui l'a conduite ici, monseigneur, elle qui n'a jamais eu de mauvaises pensées...

ANDRONIC. En effet, princesse... je cherche en vain le crime de la comtesse... et, fût-elle coupable, jeune fille, je sais que la clémence est le premier devoir d'un nouvel empereur... rassurez-vous... et d'ailleurs... des yeux aussi beaux que les vôtres doivent tout obtenir...

AGNÈS. Monseigneur!...

ANDRONIC. Je n'avais rien entendu dire, princesse, de votre extrême beauté, et je remercie à cette heure ceux qui m'ont ménagé la surprise...

AGNÈS. Que dit-il?

ANDRONIC, *aux seigneurs.* Que tout le monde, messieurs, entoure de respect la princesse de Constantinople. Phocius, conduis-la toi-même à ses appartemens... et vous, jeune fille, ne pleurez plus.

AGNÈS. Je ne sais pourquoi je suis tremblante.

Elle sort avec Phocius.

ANDRONIC. On ne m'avait pas dit qu'elle fût si belle!

Il sort pensif.

BARDAS, *aux soldats, en ôtant sa toque.* Allons, mes enfans!...

LES SOLDATS. Vive l'empereur!

BARDAS. C'est bien; je suis content de vous. Maintenant, courez par cette galerie, au bout de laquelle vous crierez : Vive l'empereur!... et ne craignez pas de vous échauffer la gorge, voici de l'or que l'empereur vous donne pour vous rafraîchir... (*Il leur jette une bourse.*) Surtout n'allez pas le jouer aux dés, et désaltérez-vous sans vous enivrer.

UN SOLDAT. Comptez sur nous... Compagnons, c'est l'empereur qui triple la solde.

TOUS. Vive l'empereur!

Ils sortent en courant.

BARDAS, *seul.* Allons, les soldats de l'empereur Emmanuel... gagnent déjà consciencieusement l'argent de l'empereur Andronic...

Il voit entrer Phocius.

SCENE III.

BARDAS, PHOCIUS.

BARDAS. Eh bien! patrice, nous voilà donc sur la route de la fortune... (*s'asseyant*) nous pouvons donc nous reposer sur le duvet de nos fatigues d'hier... Mais qu'avez-vous? vous semblez soucieux...

PHOCIUS. J'ai lieu de l'être!...

BARDAS. Et pourquoi?

PHOCIUS. Je crains, Bardas, que nous ayons déjà perdu tout ce que nous croyions si bien tenir.

BARDAS. Pourquoi cela?

PHOCIUS. Ne vois-tu pas que l'empereur n'est plus cet Andronic ardent, vigilant, vindicatif et cruel?...

BARDAS. Oui, il me semble changé.

PHOCIUS. Ne vois-tu pas que Nicétas est encore ministre, que la comtesse de Montfort n'est pas emprisonnée... que la princesse de Constantinople est entourée d'hommages et que le capitaine des gardes est encore capitaine?...

BARDAS. Mais l'empereur n'a pas encore eu le temps...

PHOCIUS. Le temps!... il lui en a fallu bien peu pour condamner le prince Alexis...

BARDAS. Il est vrai qu'il a eu plus tôt fait de le condamner que nous de le tuer.

PHOCIUS. Pour faire parvenir les nouveaux, Bardas, il faut détruire les anciens.

BARDAS, *se levant.* Vous avez raison...

PHOCIUS. Tiens, regarde, voici la comtesse qui vient de ce côté sans chaînes aux mains, sans gardes qui l'accompagnent.

BARDAS. Quelquefois, Phocius, le tigre fait semblant de dormir.

PHOCIUS, *confidentiellement.* Ce matin j'ai vu l'empereur qui pleurait et se meurtrissait la poitrine en faisant sa prière.

BARDAS. Ah! s'il devient dévot, nous sommes perdus.

PHOCIUS. Rapprochons-nous de lui, Bardas, pour bien l'examiner.

BARDAS. Oui, venez!...

Ils sortent.

SCENE IV.
LA COMTESSE, MICHEL, *puis* NICÉTAS.

MICHEL. Partir, m'éloigner, dites-vous, madame, quand vous êtes toutes deux en butte à la haine, à la vengeance d'Andronic!

LA COMTESSE. Tes efforts seraient impuissans pour nous défendre... Va-t'en, pauvre Michel, tu le peux, toi, retourne en France.

MICHEL. Il y a quelques heures, madame, l'impératrice Hélène régnait encore et me faisait partager son triste triomphe; croyez-vous qu'elle puisse me refuser maintenant ma part de son malheur?

LA COMTESSE. Oh! si je t'avais rencontré plus tôt, durant mon règne d'un jour, Michel, il durerait encore... mais Dieu en avait autrement décidé!

MICHEL. Que voulez-vous dire?

LA COMTESSE. Que j'eusse chargé ta fidélité d'un devoir dont dépendait ma destinée, et que ta présence m'eût épargné la trahison qui m'a perdue.

MICHEL. Mais qui donc avez-vous choisi? qui donc vous a trahie?

LA COMTESSE. Un jeune homme au visage plein de franchise, au cœur dénaturé... mais tu l'as vu, Michel... et tu trouveras, toi, l'excuse à mon imprudence... c'est ce cavalier normand.

MICHEL, *effrayé.* Lui! Grand Dieu!

LA COMTESSE. A celui qui avait défendu son enfant... la femme a donné toute sa confiance. Imprudente... ou plutôt malheureuse... car chaque fois que je vois un jeune homme de vingt ans avec des yeux ardens et noirs, un air noble, je me dis : Voilà comme eût été mon fils... et celui-là, Michel, avait des yeux ardens et noirs, un front noble, et je me plaisais à le voir... enfin je ne sais quelle fatalité m'entraînait vers lui...

MICHEL, *tremblant.* Mais où est-il donc, madame?... qu'est-il devenu?

LA COMTESSE. Je ne sais... depuis sa trahison, je l'ai vainement cherché dans ce palais. Il y a passé comme l'ange du malheur... il y a jeté le désespoir... puis il a disparu.

MICHEL. Quoi! le fantôme du crime n'a donc pas assez de mes souffrances, il se venge donc aussi sur ceux que j'aime!...

LA COMTESSE. Que dis-tu? ta raison s'égare...

MICHEL. Non, je me souviens...

LA COMTESSE. C'est de la folie!

MICHEL. C'est de l'épouvante... Oh! je suis un grand criminel!...

LA COMTESSE. Quel est donc ton crime?

MICHEL. Ne le demandez pas... vous l'apprendrez au tribunal de Dieu!

LA COMTESSE. Mais il est donc bien grand?

MICHEL. Vingt ans de prières et de pleurs n'ont pu apaiser la colère divine...

Il tombe dans le délire.

LA COMTESSE, *l'arrêtant.* Michel! tout crime a son pardon.

MICHEL. Le pardon... non, Dieu punit et poursuit sans cesse...

LA COMTESSE. Notre Dieu, c'est un Dieu de clémence...

MICHEL. C'est un Dieu de vengeance!

LA COMTESSE. Malheureux, tu blasphèmes!... Dieu nous a dit : La confession accueille tout criminel, la pénitence absout et la communion purifie.

MICHEL. La confession, madame... vingt fois je me suis agenouillé et vingt fois l'horrible révélation s'est arrêtée sur mes lèvres...

LA COMTESSE. Qui a failli s'humiliera! Quoi, malheureux coupable, depuis vingt ans tu traînes une ame souillée?...

MICHEL. Grâce!

LA COMTESSE. Ne sais-tu pas qu'ici la mort peut venir et t'étreindre à chaque pas, et qu'à ton âge enfin...

MICHEL, *l'interrompant.* Je le sais.

LA COMTESSE. Et tu n'as pas racheté le salut de ton ame?...

NICÉTAS, *entrant.* Je vous cherchais, comtesse... Je sors du sénat, et je puis vous prédire que vous et votre nièce reverrez bientôt la France...

LA COMTESSE, *avec joie.* Je puis l'espérer?

NICÉTAS. Oui, madame.

LA COMTESSE. Mais vous, Nicétas... partirez-vous aussi?

NICÉTAS. Je n'ai songé qu'à vous, madame, à vous, la femme de mon empereur ; et si ma souveraine a besoin de ma vie, vous pouvez en disposer, madame...

LA COMTESSE. Je n'ai rien à demander à Nicétas le ministre, mais je veux adresser une dernière prière à Nicétas le prêtre.

NICÉTAS. Que voulez-vous?

LA COMTESSE, *interrogeant Michel du regard.* De l'indulgence et de la pitié pour un pauvre pécheur!

NICÉTAS. Dieu nous a commandé la charité, madame.

LA COMTESSE. Quand pourra-t-il s'approcher du tribunal de la pénitence?

NICÉTAS. A l'heure des funérailles impériales, je prierai dans cette salle; qui viendra, sera écouté... qui sera repentant, sera absous!

LA COMTESSE. Merci.

On entend des cris.

NICÉTAS, *montant la scène.* Quels sont ces cris?

MICHEL, *à la comtesse.* Je me confesserai, madame, et vous serez bénie...

NICÉTAS. L'empereur revient... éloignez-vous, comtesse... je vous reverrai bientôt... allez.

La comtesse et Michel sortent.

NICÉTAS, *relisant un parchemin.* Excepté deux sénateurs... tous ont signé... les ennemis sont trop nombreux pour que l'empereur ne cède pas.

SCÈNE V.

NICÉTAS, ANDRONIC, STROZZAS, PEUPLE, BARDAS, PHOCIUS.

ANDRONIC, *entrant suivi d'une foule et causant avec Strozzas.* Je veux que le corps de l'empereur Emmanuel soit déposé dans un cercueil d'or, et que son mausolée soit fait d'agathe et de porphyre.

LE TRÉSORIER. Les dernières guerres de l'empereur ont presque épuisé les trésors de l'état.

ANDRONIC. Trésorier Strozzas, vous ôterez à ce palais ses marbres et ses dorures, à Sainte-Sophie sa coupole de pierreries, et si cela ne suffit pas pour subvenir aux frais des funérailles, nous vendrons les diamans et les perles de la couronne... Les Romains nos ancêtres conservaient dans des châsses d'or les reliques des conquérans et des sages... L'empereur Emmanuel fut sage comme Titus, victorieux comme César... et l'empire lui doit une belle tombe... allez... Non; écoutez... Je veux encore que la statue de bronze du malheureux prince Alexis soit placée sur la porte orientale, afin que chaque passant puisse, au souvenir de l'infortuné jeune homme, si traîtreusement assassiné, le plaindre et prier pour son âme... J'ai dit.

Strozzas s'incline et sort.

SCÈNE VI.

LES MÊMES, *excepté* STROZZAS.

NICÉTAS, *à part.* Est-ce bien lui qui parle?

ANDRONIC, *l'apercevant.* Le ministre Nicétas!

NICÉTAS. Lui! monseigneur.

ANDRONIC. Approchez... Quel intérêt vous a guidé près de moi?

NICÉTAS. Je viens, au nom du sénat, vous adresser une demande.

ANDRONIC. Le sénat!... parlez.

NICÉTAS, *lui présentant le parchemin.* Lisez, seigneur...

ANDRONIC. « La sagesse et la justice du
» sénat demandent au très-auguste empe-
» reur Andronic Comnène que la com-
» tesse de Montfort et sa nièce la prin-
» cesse de Constantinople soient embar-
» quées demain sur un bâtiment de l'état,
» qui les conduira dignement en France,
» et que, jusqu'à l'heure de son départ, la
» comtesse Hélène ait le droit de se reti-
» rer au Palais de Blaquernes, sous la
» garde exclusive du premier ministre. »
Cette méfiance du sénat devrait me blesser, Nicétas; mais je la lui pardonne.

» Il demande aussi que les assassins du
» prince Alexis soient poursuivis sans re-
» lâche. »
Par l'ordre de l'empereur, j'ajoute ici, moi, qu'eux et tous leurs complices sont condamnés d'avance à mort, et que leurs restes inanimés seront jetés aux bêtes, fussent-ils des plus nobles familles, fussent-ils issus du sang même des Comnène.

NICÉTAS, *à part.* Il n'est donc pas complice...

ANDRONIC. Et de cette demande, Nicétas, je fais un ordre exécutoire, je signe, et le remets entre vos mains...

NICÉTAS. Seigneur! tant de justice et de bonté...

ANDRONIC. Vous étonnent, n'est-ce pas? soyez franc... (*Confidentiellement.*) Nicétas, quand un mortel a passé sa jeunesse dans l'insouciance et la débauche, quand, cédant à tous mauvais conseils, à toutes mauvaises pensées, il s'est fait une vie criminelle, il souffre quand vient l'âge. Et si alors Dieu lui donne un empire avec... une vie nouvelle... il veut racheter les crimes de sa vie passée... Il se fait l'esclave de la vertu, pour regagner sa place au ciel!... C'est ainsi, croyez-moi que souvent de mauvais princes sont devenus de bons empereurs...

NICÉTAS. O bienheureux le ministre

qui peut travailler à la gloire d'un si noble souverain !...

ANDRONIC. Ministre... Nicétas, vous ne l'êtes plus !...

NICÉTAS, *effrayé.* Quoi !... monseigneur !

ANDRONIC. Avez-vous donc oublié la dernière volonté de l'empereur ? Croyez-vous qu'elle n'est pas sainte et sacrée pour tous ? A Stéphanius Nicétas le patriarchat de Constantinople, a-t-il dit en mourant... C'est qu'il avait compris qu'après sa mort il faudrait à l'Eglise un guide sûr et fidèle... C'est vous qu'il a choisi, Nicétas, et nous recevrons ce dernier signe de sa sagesse comme un dernier bienfait.

NICÉTAS. Moi ! patriarche !

ANDRONIC. Oui, nous marcherons tous deux de front dans l'empire : moi, conduisant les affaires et l'armée, vous, conduisant l'Eglise... (*Aux assistans.*) Qu'on se prosterne, messieurs, devant le patriarche de Constantinople... que chacun de vous l'accompagne à la basilique de Sainte-Sophie, qu'on se hâte de le vêtir de la robe patriarchale; car le convoi de l'empereur s'apprête, et c'est au patriarche de Constantinople à bénir le premier sa cendre...

NICÉTAS, *s'agenouillant.* Je vous rends grâce, ô mon maître !

ANDRONIC, *le retenant.* A mes genoux !... c'est à moi, pauvre pécheur, à me courber aux vôtres... Hâtez-vous, Nicétas, Dieu vous attend.

NICÉTAS, *sortant.* Dieu ! Dieu protége l'empire !

Il sort accompagné de tous, excepté Bardas et Phocius.

SCENE VII.

ANDRONIC, PHOCIUS, BARDAS.

ANDRONIC, *à Phocius.* Les portes sont-elles fermées ?

PHOCIUS. Oui, monseigneur !

ANDRONIC, *jetant son écharpe de crêpe.* Enfin ! Satan cachant ses cornes fut un jour pris pour un saint; la prière fut trop longue; Satan se trahit... je suis plus habile que lui... moi, j'ai lutté jusqu'au bout, mais je suis fatigué, brisé... mes forces sont à bout... Ah ! je suis bien accablé !...

Il tombe dans un fauteuil.

BARDAS, *à part, à Phocius.* Je vous disais, patrice, qu'il aurait son réveil.

PHOCIUS, *à demi-voix.* Nous sommes sauvés.

ANDRONIC. Ah ! messieurs du sénat, vous me déclarez la guerre... je ne la soutiendrai pas... Tous les chefs de l'armée sont vos fils ou vos frères... vous seriez les plus forts... mais la seule vertu d'Andronic est la patience... et je vous jouerai tous... Bardas, tu trouveras Longue-Epée dans la galerie des statues, fais-le venir... Avant tout, je veux que tu m'apportes une toge de ministre... Je viens de défaire un ministre, il faut que j'en fasse un autre... va ! *Bardas sort.*

SCENE VIII.

LES MÊMES, *excepté* BARDAS.

ANDRONIC, *à Phocius.* Que disait-on, Phocius, de ma conduite avec Nicétas ?

PHOCIUS. Tout le monde en paraissait joyeux, mon maître... moi, j'en tremblais de tous mes membres... et votre extrême pâleur...

ANDRONIC. Ma pâleur, insensé, c'est de la peinture !

PHOCIUS. Dites-vous vrai ?

ANDRONIC. La fausse pâleur, Phocius, appelle l'intérêt et cache la pensée. J'ai ouï dire que Julius César avait toujours un visage empreint de force et d'espoir au milieu du danger, et qu'il était pâle comme un mort quand il passait triomphant devant le Capitole ! Peinture que tout cela, Phocius, peinture !

PHOCIUS. Votre grandeur ressemble en tout à Julius César.

ANDRONIC. Prends garde, Phocius, ce mot pourrait me porter malheur : César mourut assassiné.

SCENE IX.

LES MÊMES, BARDAS.

BARDAS, *rentrant.* Voici, seigneur, la toge que vous m'avez demandée... Déjà les torches sont allumées, et le convoi de l'empereur va sortir du palais.

ANDRONIC. Sitôt la nuit !... et Longue-Epée ? *La nuit commence.*

BARDAS. Il attend vos ordres.

ANDRONIC. Qu'il entre.

Bardas fait entrer Longue-Epée.

SCENE X.

LES MÊMES, LONGUE-ÉPÉE.

ANDRONIC, *absorbé.* Non, comtesse, tu ne m'échapperas pas !... Une impératrice exilée... serait un flambeau qui pourrait rallier les mécontens, éclairer les ennemis de l'empire... une impératrice exilée serait un flambeau qu'il faut éteindre. (*Apercevant Longue-Epée.*) Approche, mon noble ami... Et, dis-moi, pourquoi ne t'ai-je pas rencontré parmi mes courtisans ?

LONGUE-ÉPÉE. Le chagrin cherche la solitude.

ANDRONIC. Quel est la cause de ton chagrin ?

LONGUE-ÉPÉE. Vous le demandez !... vous... qui m'avez fait traître !

ANDRONIC. Tu prends la lutte pour la trahison.

LONGUE-ÉPÉE. Oui, quand la victoire s'achète au prix du crime.

ANDRONIC. Et quel est le crime ?

LONGUE-ÉPÉE. La mort du jeune empereur.

ANDRONIC. Tu n'aimes donc plus la belle Agnès ?

LONGUE-ÉPÉE. Si je ne l'aimais plus... je me serais tué...

ANDRONIC. Et tu appelles crime une mort qui la fera ton épouse ?

LONGUE-ÉPÉE. Mon épouse !... quand j'ai trahi sa mère...

ANDRONIC. Pour étouffer ton rival, Longue-Épée, ne fallait-il pas arrêter au passage celui qui venait pour épouser Agnès ? Crois-moi, l'amour a toujours pardonné les crimes de l'amour, et la princesse, qui n'aimait pas le jeune empereur, ne t'a pas condamné !

LONGUE-ÉPÉE. Agnès pourrait me pardonner... Oh! si je pouvais vous croire !

ANDRONIC. Mais à quoi bon te faire entrevoir son pardon ?.. Va, Longue-Épée, crois plutôt à sa haine, maintenant que tu n'as plus que quelques heures à jouir de sa présence.

LONGUE-ÉPÉE. Et pourquoi ?

ANDRONIC. Par ordre du sénat, demain la comtesse Hélène et sa nièce Agnès seront embarquées sur un bâtiment de l'état qui doit les conduire en France.

LONGUE-ÉPÉE. Demain ?

ANDRONIC. Sans retard.

LONGUE-ÉPÉE. Demain... moi, je veux partir aussi.

ANDRONIC. Tu veux donc assister un jour au mariage de la jeune comtesse avec un comte ou baron de France ?

LONGUE-ÉPÉE. Mais ces titres que vous m'avez promis ?..

ANDRONIC. Je ne puis te les donner que dans mon empire.

LONGUE-ÉPÉE. Mais vous pouvez, vous, l'empereur, empêcher leur départ.

ANDRONIC. Il faudrait pour cela que mes zélés serviteurs pussent s'approcher de la comtesse... mais enfermée déjà dans le palais de Blaquernes, elle est sous la garde du premier ministre, et moi-même, l'empereur, je n'ai pas le droit d'y pénétrer... il faut te résigner, Longue-Épée.

LONGUE-ÉPÉE. Me résigner ?

ANDRONIC. Nous trouverons bien dans mon empire une femme qui te consolera de la perte d'Agnès...

LONGUE-ÉPÉE. Le corps ne peut avoir qu'une ame... et quand l'ame s'en va... la tombe reçoit le corps.

ANDRONIC. Insensé ! tu veux mourir !... et ceux qui t'aiment ?

LONGUE-ÉPÉE. Où sont-ils donc ?

ANDRONIC. Moi, je te plains, je t'aime !

LONGUE-ÉPÉE. Vous êtes le seul au monde...

ANDRONIC. Et si je parvenais à t'ennoblir, à te donner le pouvoir de me guider auprès de la comtesse... si je pouvais alors prolonger son séjour, et faire renaître ton espoir... accepterais-tu la vie ?

LONGUE-ÉPÉE. Oh! alors, vous seriez la divinité !

ANDRONIC. Alors saurais-tu m'obéir aveuglément... et sans te laisser aller à mille conjectures vaines ou fausses... attendrais-tu en pleine confiance l'issue de mes actions, sans chercher à les deviner ou les prévoir ?

LONGUE-ÉPÉE. Alors, vous, le maître... moi, l'esclave... vous, la volonté, la pensée... moi, le dévouement, l'obéissance.

ANDRONIC. C'est bien... Holà! gardes... (*Le capitaine et des gardes paraissent.*) Écoutez : pour faire droit à la dernière volonté de l'empereur Emmanuel, nous avons fait le ministre Nicétas, patriarche de Constantinople... nous nommons en sa place, premier ministre, le libérateur de la jeune princesse ; mettant ainsi la comtesse de Montfort sous la garde du fiancé de sa nièce Agnès... Phocius, qu'on revête Longue-Épée de sa robe.

LONGUE-ÉPÉE. Premier ministre !

ANDRONIC, *à part.* Maintenant, je puis aller pleurer l'empereur. (*Il monte la scène; s'arrêtant.*) Faire un patriarche et faire un ministre furent choses difficiles... (*Il réfléchit; sortant rapidement de sa réflexion.*) Il me sera plus facile de les défaire.

Il sort.

LE CAPITAINE DES GARDES. Le premier ministre n'a pas d'ordres à nous donner ?

LONGUE-ÉPÉE. Aucun... laissez-moi.

Les gardes sortent.

SCÈNE XI.
LONGUE-ÉPÉE, *seul.*
La rampe baisse.

Premier ministre dans l'empire d'Orient !.. et pas d'ivresse dans le cœur; pas de joie... Pourtant j'ai quelquefois rêvé silencieusement la grandeur... Ah! je rêvais un pouvoir qui mettrait entre mes mains la destinée de plusieurs bataillons... mais non pas seulement celle d'une pauvre femme... N'importe! je suis assez grand pour avouer mon amour.... Je suis ministre et favori d'un empereur... Sans cet empereur... Agnès serait mariée... sans lui... demain, peut-être... et par lui, je pourrais l'aimer... ma vie tout entière; mais à quel prix?.. sans doute. Allons!.. j'ai promis de ne plus songer, de ne pas chercher à prévoir.. Agnès doit m'appartenir!... et que me fait l'orage qui peut gronder autour de moi, pourvu que j'arrive au port avec elle! Je fermerai les yeux pour ne pas voir agir la main qui me protége, et ne les rouvrirai que pour conduire Agnès à l'autel..... et alors je l'emmènerai bien loin de cette cour maudite, où les poignards ont des poisons... et les hommes et les femmes... des secrets... J'en tuerai le souvenir, j'oublierai le ciel et la terre pour ne voir qu'elle, n'adorer qu'elle... Laissons donc s'engloutir les heures... attendons... attendons...

Il s'assied, Michel entre par le fond.

SCENE XII.
LONGUE-ÉPÉE, MICHEL.
Nuit complète.

MICHEL. La nuit est venue..... la nuit si tardive et si prompte, c'est l'heure où le saint ministre va venir prier ici.... et pour moi, c'est l'heure terrible et suprême! (*Apercevant Longue-Epée.*) Le voici!..... déjà!... Seigneur, mon Dieu! Seigneur, maintenez l'obscurité qui cachera ma terreur... Seigneur, donnez au coupable la force de parler à son juge..... (*Il se traîne jusqu'auprès de Longue-Epée, qui est assis dans l'abattement, et s'agenouille auprès de lui.*) Pitié pour celui qui s'agenouille..... qui se repent et qui souffre.

LONGUE-ÉPÉE. Quel est cet homme?

MICHEL. Et qui vient vous demander pour un crime... la pénitence et l'absolution...

LONGUE-ÉPÉE, *à part.* Le crime peut donc s'absoudre?

MICHEL. Il y a vingt ans, mon père, je fus complice du meurtre d'un enfant!.... Oh! ne m'accablez pas!... j'ai déjà tant souffert... le ciel a dirigé contre moi l'image de ma victime pour me glacer d'horreur!... et m'ôter le repos.

LONGUE-ÉPÉE, *à part avec frayeur.* L'image d'une victime poursuit donc le coupable?

MICHEL. Quelques années après le crime, mon père, son image m'est apparue sous les vêtemens d'un enfant païen, endormi sur la poussière, dans les plaines de la Patzinacie. J'ai prié! j'ai fui vers la France, et là, la colère divine me l'a montré parmi les soldats normands qui marchaient au combat, triste et rêveur comme la vengeance!

LONGUE-ÉPÉE, *cache son visage dans ses mains. A demi-voix.* Et plus tard?

Il écoute avec stupeur.

MICHEL. J'ai voulu me rendre à Jérusalem... je l'ai trouvé muet et silencieux sur la route... Je suis venu à Constantinople, et je l'ai rencontré dans les rues, dans le palais, partout, sans cesse. Et maintenant je viens vous dire en tremblant, vous, mon père, vous, qui pouvez absoudre, exorciser, délivrez mon ame du démon... faites, mon père, qu'elle ne soit pas maudite... et que je puisse, en mourant, voir passer devant moi la bonté du Seigneur... Pitié pour moi.. pitié! Il tombe la face contre terre.

LONGUE-ÉPÉE, *se levant.* Destinée! viens encore à mon aide... comment faire?.. Ah! (*Prenant Michel par la main. A demi-voix.*) Suis-moi, pauvre coupable... viens...

MICHEL, *tremblant.* Où me conduisez-vous, mon père?

LONGUE-ÉPÉE, *l'entraînant par la main.* Viens!... (*Il ouvre une draperie qui cachait une fenêtre à droite. Le théâtre s'éclaire comme par la lune.*) Et maintenant à la lueur des étoiles, regarde mon visage!...

MICHEL, *épouvanté.* Malheur!.. grâce...

Il tombe à la renverse.

LONGUE-ÉPÉE. Merci, hasard, qui as fait vivre l'enfant immolé... et qui me met aujourd'hui face à face avec mon meurtrier... (*A Michel.*) Et toi, misérable... dis-moi, dans quel palais ou chaumière était né cet enfant... réponds!... Mais la frayeur l'a glacé... le frisson le saisit... et le secret de sa naissance est tout entier dans cette tête froide et sans voix... Oh! s'il allait mourir... Rappelle tes sens, vieillard... vois, je viens pour chasser ton erreur et briser ta chaîne... vois, je ne suis ni spectre, ni fantôme... tu trembles encore!. (*Saisissant le livre de prières de Michel.*) Tiens, regarde, j'ai ouï dire par ceux de ta religion que si le démon touchait un livre saint, il serait foudroyé: regarde... moi; j'embrasse celui-ci... ton Dieu ne me frappe pas, car je ne suis, tu le vois, ni spectre ni fantôme.

MICHEL, *se redressant.* Grand Dieu!...

LONGUE-ÉPÉE. Mon cœur bat... ma tête pense... et ma voix supplie... comme toi je suis mortel... ton crime n'a pas pu s'accomplir... Dieu ne t'accablait pas d'un horrible anathème... je n'étais pas l'image menaçante et terrible, mais un homme qui passait, mais un enfant cru mort, et que la mort avait épargné...

MICHEL. Serait-il vrai?

LONGUE-ÉPÉE. Et maintenant, toi qui as voulu me donner la mort, tu peux racheter ton crime en me donnant la vie... Dis-moi, dis-moi d'où je viens, qui je suis; dis-moi, mon père est-il vivant?

MICHEL. Il vient de mourir.

LONGUE-ÉPÉE. Quand donc?

MICHEL. Hier.

LONGUE-ÉPÉE. Où donc?

MICHEL. Dans ce palais.

LONGUE-ÉPÉE. Dans ce palais?... et il se nommait...

MICHEL. Emmanuel Comnène César!

LONGUE-ÉPÉE. L'empereur!

MICHEL. L'empereur.

LONGUE-ÉPÉE. Lui! mon père... moi... fils d'un empereur... et je l'ai vu froidement s'éteindre... et ma mère... ma mère morte aussi, sans doute... l'empereur... mon père... quel soupçon!... il y a vingt-deux ans... la comtesse de Montfort... le nom de ma mère... son nom?..

MICHEL. Vous venez de la nommer, monseigneur.

LONGUE-ÉPÉE. La comtesse de Montfort... ma mère... vivante encore... vivante!...

Il pleure de joie.

MICHEL. Oh! mon Dieu! que d'espoir dans mon cœur!

LONGUE-ÉPÉE. Quoi! le comte Gontran, le brave Hugues de Montfort sont mes aïeux... Agnès... Agnès est ma parente... je suis fils des Montfort... fils de guerriers normands qui ont dans de saintes chapelles leurs images de pierre couchées sur leurs tombeaux... Oh! je pressentais bien qu'il y avait dans mon sang quelque chose de vaillant et de noble...

MICHEL, *entendant les pas de Phocius et de Bardas.* On vient de ce côté.

LONGUE-ÉPÉE. Qui vient?.. Où suis-je donc?

PHOCIUS, *s'approchant.* L'empereur Andronic vous commande à vous, premier ministre, d'ordonner aux gardes qui ne doivent obéir qu'à votre voix, de nous conduire au palais de Blaquernes.

LONGUE-ÉPÉE. Qui es-tu, toi?

PHOCIUS. Le patrice Phocius.

LONGUE-ÉPÉE. Et toi?

BARDAS. Bardas...

LONGUE-ÉPÉE, *à part.* Deux assassins!... (*Réfléchissant.*) Elle... ma mère...

PHOCIUS. Nous attendons...

LONGUE-ÉPÉE. Holà, gardes!... (*Des gardes paraissent.*) Le premier ministre ordonne que deux de vous conduisent ces deux hommes au palais de Blaquernes... Partez!...

PHOCIUS. Allons, Bardas...

BARDAS. Je vous suis... Vilaine mission que la nôtre...

Il sort lentement avec les autres.

SCÈNE XIII.
LONGUE-ÉPÉE, MICHEL.

LONGUE-ÉPÉE, *appelant.* Capitaine Lascaris... (*Le capitaine paraît*) écoutez: Vous allez choisir trois hommes déterminés et courir à toute bride au palais de Blaquernes, et là, vous arrêterez sans bruit les deux hommes que j'y fais conduire... ce sont les assassins du prince Alexis.

LE CAPITAINE. Ses assassins!

LONGUE-ÉPÉE. Vous les enfermerez secrètement au palais de Blaquernes, secrètement, même pour l'empereur; vous attendrez mes ordres, et je vous prouverai demain ce que peuvent la justice et la munificence d'un premier ministre.

LE CAPITAINE. Comptez sur moi.

LONGUE-ÉPÉE. Si je ne vous croyais pas fidèle, capitaine... je ne vous eusse pas choisi.

LE CAPITAINE. Merci, monseigneur...

LONGUE-ÉPÉE. Allez!

SCÈNE XIV.
LONGUE-ÉPÉE, MICHEL.

LONGUE-ÉPÉE, *à Michel.* Toi, pauvre vieillard, en signe de pardon, voici ma main, tu as assez souffert.

MICHEL, *lui baisant la main.* O mon maître.

LONGUE-ÉPÉE. Encore une question: Quel est le nom de celui qui a dû payer ma mort?-son nom?

MICHEL. C'est un nom qu'il faut prononcer bien bas dans ce palais.

LONGUE-ÉPÉE. Quel est-il?

MICHEL. Andronic.

LONGUE-ÉPÉE. Andronic!...(*On annonce.*) Le très-auguste empereur Andronic Comnène.... (*Longue-Épée furieux.*) Le voici!..

MICHEL, *le retenant.* Soyez prudent; votre mère est captive...

LONGUE-ÉPÉE. Oui, j'ai ma mère à sauver...

SCÈNE XV.
LES MÊMES, ANDRONIC, LE PATRICE NICÉPHORE, puis AGNÈS.

LE PATRICE NICÉPHORE. A quelle heure, monseigneur, les combats dans le cirque?

ANDRONIC. Vers le milieu de la nuit.
LE PATRICE NICÉPHORE. Qui vous accompagnera ?
ANDRONIC. Tous ceux de ma cour et surtout la princesse de Constantinople, car c'est un ange de beauté que cette jeune fille. (S'approchant de Longue-Epée.) Ah ! te voici, mon fidèle !
LONGUE-ÉPÉE. Oui, votre fidèle...
ANDRONIC. Phocius et Bardas ?
LONGUE-ÉPÉE. Sont sur la route du palais de Blaquernes...
ANDRONIC. C'est bien. (A haute voix.) Qu'on ouvre les draperies, je veux de l'éclat, du bruit, de la musique...

Les draperies s'ouvrent, on voit une salle somptueuse. Musique dans le fond.

ANDRONIC, se rapprochant de Nicéphore, à demi-voix. Dès que je partirai cette nuit pour le cirque, vous répandrez la nouvelle de l'élévation de Longue-Epée. Je veux qu'alors Nicétas l'apprenne, vous m'entendez.

LE PATRICE NICÉPHORE. Oui, monseigneur.
ANDRONIC, à Longue-Epée. Il faut que cette nuit même tu ailles veiller au palais de Blaquernes, je le veux.
LONGUE-ÉPÉE. Moi !... (Se contenant.) Vous, seigneur, la volonté.... moi, l'obéissance...
ANDRONIC. Et maintenant mon premier ministre à table en face de moi !
LE PATRICE NICÉPHORE. Place au très-auguste empereur Andronic Comnène !
LONGUE-ÉPÉE, à part. Tu l'as dit, Andronic ; j'irai veiller moi-même au palais de Blaquernes. (A Michel.) Dans une heure, Michel, j'ai à te parler.

Il monte la scène.

UN HÉRAUT. Place au premier ministre ! (Michel regardant Longue-Epée qui entre dans la salle du festin.) Notre Dieu, c'est un Dieu de clémence !

Le rideau tombe.

ACTE QUATRIÈME.

LE BAPTÊME.

Le théâtre représente une salle du palais de Blaquernes.

SCÈNE PREMIÈRE.

PHOCIUS et BARDAS, les mains liées, sont de chaque côté de la scène.

PHOCIUS, appelant avec frayeur. Bardas !
BARDAS. Eh bien !
PHOCIUS. Que fais-tu ?
BARDAS. Je tâche de m'endormir.
PHOCIUS. Je t'en supplie... ne dors pas... parce qu'alors je me crois seul... et j'ai peur...
BARDAS. Mais il me semble que vous n'avez pas l'air trop rassuré quand je suis éveillé...
PHOCIUS. Non... je tremble... je l'avoue.
BARDAS. Vous auriez mauvaise grâce à le nier...
PHOCIUS. Comprends-tu, toi, Bardas, que le nouveau ministre nous ait fait arrêter ?
BARDAS. Plus j'y pense... et moins je le comprends.
PHOCIUS. Et tu ne penses pas qu'Andronic nous délivrera ?...
BARDAS. L'arrestation des assassins du prince Alexis doit être déjà connue de tout le monde, et nous délivrer serait s'avouer coupable.
PHOCIUS. Mais il doit craindre nos révélations ?
BARDAS. Sans doute.
PHOCIUS. Il ne peut pas nous faire juger ?
BARDAS. Non.
PHOCIUS. On ne pourra donc pas dresser un échafaud et nous faire décapiter ?
BARDAS. Assurément non ; mais l'empereur prendra le soin de nous faire étrangler entre quatre murs.
PHOCIUS. C'est consolant !
BARDAS. Il est bien douloureux, Phocius, de quitter une vie qui se préparait si belle, surtout quand on a commis de grandes fautes.
PHOCIUS. De bien grandes fautes !
BARDAS. Et pour lesquelles on sera damné.
PHOCIUS, tremblant. Damné !...
BARDAS, se levant. Moi, je connais, patrice, un moyen de sauver nos deux âmes et la vie d'un de nous...
PHOCIUS, se levant. Sauver nos deux âmes... et la vie d'un de nous ?... Dites... mais comment ?
BARDAS. Écoutez bien... Si l'un de nous écrit ou déclare au sénat qu'il est seul coupable, que seul il a frappé le prince,

son dévouement sauve son complice, et Dieu juste l'épargne en faveur de cette belle action.

PHOCIUS. Tu as raison.

BARDAS. L'autre, libre alors, se fait raser la tête, s'en va pieds nus à Jérusalem, vit de racines et d'eau claire, dit pieusement son chapelet depuis le lever jusqu'au coucher du soleil, et fait ainsi, s'il le peut, sa paix avec le Seigneur.

PHOCIUS. Merveilleusement pensé, Bardas, déclare ici que suis innocent, sauve ton ame, et moi je te ferai brûler des cierges.

BARDAS. Je ne vois pas de raison pour que ce ne soit pas moi qui vous en fasse brûler des cierges... J'ai trouvé le moyen... il est juste que j'en aie les avantages. Ecrivez donc, patrice, et vous éviterez l'enfer.

PHOCIUS. Evite-le, toi.

BARDAS. Non... je ne veux pas.

PHOCIUS. Ni moi non plus.

BARDAS. Alors, soyons damnés.

PHOCIUS. Soyons damnés.

Ils se rasseyent.

BARDAS. Je connais, patrice, un moyen de décider qui devra sauver l'autre.

PHOCIUS. Et comment?

BARDAS. Avec ce dé.

PHOCIUS. Quoi, impie, tu veux jouer!...

BARDAS. Le perdant sauvera le gagnant.

PHOCIUS. En combien de coups?

BARDAS. Un seul.

PHOCIUS. J'y consens.

BARDAS. Jurons d'abord que qui perdra...

PHOCIUS. Paiera... C'est entendu.

BARDAS. Commencez donc... et ne trichons pas.

PHOCIUS. Franc jeu... (*Agitant le dé.*) Voilà mon dernier coup de dé.

Il le jette.

BARDAS. As!

PHOCIUS. Tu mens.

BARDAS. Voyez!...

PHOCIUS, *croassant le dé.* Je ne joue plus.

BARDAS. Je m'en doutais... ce qui me console... misérable! c'est que je te verrai mourir...

PHOCIUS. Nous nous verrons l'un l'autre.

BARDAS. Non pas... Devant le bourreau comme partout ailleurs, patrice Phocius, l'homme du peuple suit le noble... vous passerez le premier.

PHOCIUS, *tremblant.* Merci de l'honneur.

BARDAS. Et ça ne tardera pas... J'entends venir.

PHOCIUS, *épouvanté.* On vient... ô mon Dieu!... mon Dieu!

SCENE II.

LONGUE-ÉPÉE, MICHEL, HOMMES D'ARMES, LE CAPITAINE.

UN DES HOMMES D'ARMES. Suivez-nous!

Bardas et Phocius sortent avec les gardes.

LONGUE-ÉPÉE, *au capitaine.* Capitaine, veillez à ce que ces deux hommes soient enfermés dans les salles souterraines du palais. Puis vous annoncerez à la comtesse de Montfort l'arrivée du premier ministre... (*Le capitaine se dispose à sortir.*) Et surtout que pas un de vos soldats ne puisse porter au dehors la nouvelle de l'arrestation de Phocius et de Bardas.

LE CAPITAINE. Aucun d'eux, monseigneur, ne peut sortir de ce palais sans la permission de leur capitaine, qui ne la leur donnera que quand le premier ministre l'aura ordonné...

Il sort.

SCENE III.

LES MÊMES, *excepté* LE CAPITAINE.

LONGUE-ÉPÉE, *à Michel.* Maintenant, Michel, toi qui as vécu dans ce palais, hâte-toi de m'en montrer les issues, les détours... il faut que je le connaisse en entier pour pouvoir y préparer la fuite de ma mère...

MICHEL, *avec inquiétude.* Par ici... monseigneur... par cette porte... suivez-moi.

LONGUE-ÉPÉE, *remarquant son inquiétude.* Mais que crains-tu donc encore?... tu sembles inquiet.

MICHEL. Je crains, monseigneur, l'arrivée d'Andronic.

LONGUE-ÉPÉE. Il vient, tu le sais, de partir avec toute sa cour pour voir combattre dans le cirque les lions et les tigres... et tandis qu'il s'enivre de cet horrible spectacle, il croit qu'un crime se commet au palais de Blaquernes... les tyrans, comme l'empereur, commandent le meurtre, mais ils n'y prennent point part. Andronic ne viendra pas, rassure-toi, Michel, et conduis-moi.

MICHEL. Par ici, monseigneur.

Ils sortent par la porte à gauche au fond.

SCENE IV.

LA COMTESSE, LE CAPITAINE.

Ils entrent par la droite.

LE CAPITAINE. Oui, madame, le premier ministre vient d'arriver.

LA COMTESSE. Vous l'avez vu?

LE CAPITAINE. Il n'y a qu'un instant, madame, je l'ai laissé dans cette salle.

LA COMTESSE. O mon Dieu! j'avais tort de désespérer!... De grâce, capitaine, courez vers Stéphanius Nicétas.... Dites-lui de se hâter près de moi... mon impatience est mortelle...

LE CAPITAINE. Stéphanius Nicétas, dites-vous, madame? mais il n'est plus ministre!

LA COMTESSE. Quoi!... ce n'est pas lui?

LE CAPITAINE. Non, madame, c'est le nouveau ministre...

LA COMTESSE. Et le nouveau ministre se nomme?

LE CAPITAINE. Longue-Épée le Normand.

LA COMTESSE. Longue-Épée! Et c'est lui qui vient d'arriver ici?

LE CAPITAINE. Lui-même, madame.

LA COMTESSE, *avec frayeur.* Quoi! mon seul défenseur est tombé... et sa chute est mon arrêt de mort...

LE CAPITAINE. Qu'avez-vous donc, madame?

LA COMTESSE. Capitaine, on veut m'assassiner! Vous le savez...

LE CAPITAINE, *avec indignation.* Madame!...

LA COMTESSE. Écoutez! dévorée d'inquiétude, j'étais cette nuit près d'une fenêtre... épiant tout, observant tout, et j'ai vu entrer dans ce palais, parmi vos soldats.... deux hommes, dont l'un est le patrice Phocius... un infâme qui porte un poignard que l'empereur dirige à son gré... Ces deux hommes, que venaient-ils faire ici?

LE CAPITAINE. Je l'ignore, madame.

LA COMTESSE. Ils n'en sont point sortis, ils y sont encore?

LE CAPITAINE. Madame...

LA COMTESSE. Vous ne répondez pas?

LE CAPITAINE. Je ne puis vous répondre. J'ai juré discrétion... madame... et je ne puis manquer à mon devoir.

LA COMTESSE. Laissez-moi.

Le capitaine sort.

SCENE V.
LA COMTESSE, *seule.*

Oh!... ma mort sera vengée... ma mort... ah! mon Agnès... morte déjà peut-être... et Michel... et Nicétas... personne auprès de moi... rien que des assassins... des poignards... du poison... rien que l'agonie de la mort... Oh! mon Dieu... encore un peu de force... essayons de lutter... si je pouvais écrire au sénat... si... je... On vient!... lui! lui! déjà... (*Avec désespoir.*) Oh! mais je suis perdue!

SCENE VI.
LA COMTESSE, LONGUE-ÉPÉE.

LONGUE-ÉPÉE. Vous serez sauvée, madame... Un de vos amis vous attend pour vous conduire... une barque est prête au rivage... partez.

LA COMTESSE. Vous voudriez pouvoir dire au sénat : La comtesse a trouvé la mort en cherchant à fuir... n'est-ce pas?

LONGUE-ÉPÉE. Andronic vous a condamnée, madame... ce palais est une prison mortelle... hâtez-vous d'en sortir.

LA COMTESSE. Andronic veut que ma mort passe pour une justice et non pour un assassinat... mais on m'assassinera!

LONGUE-ÉPÉE. La mort est dans ces murs!

LA COMTESSE. Qu'elle vienne donc!... je ne veux par marcher au-devant d'elle... Non, tu ne réussiras pas, toi, qu'un premier crime a fait ministre, et qui veut qu'un second t'élève encore... Hier, tu as livré un enfant à des meurtriers, et maintenant tu veux livrer une femme!

LONGUE-ÉPÉE, *cherchant à lui prendre les mains.* Oh!... ne m'accablez pas, madame... et venez...

LA COMTESSE, *le repoussant.* Jamais!

LONGUE-ÉPÉE, *avec précipitation.* Hier, le prince Alexis venait pour épouser votre nièce Agnès, que j'aime, moi, madame; c'est mon amour qui vous a perdue, et c'est un autre amour qui vient vous sauver à cette heure.

LA COMTESSE. Et quel amour?

LONGUE-ÉPÉE. Un amour aussi grand que le monde... Oh! venez... venez... Mais que dire!... que faire!... Oh!... je suis sincère, et je jure...

LA COMTESSE. Jurer!... et sur quoi? ta religion!... tu n'en as pas; ta loyauté!... tu as trahi.

LONGUE-ÉPÉE. Je vous jure sur la tête de ma mère!

LA COMTESSE. Ta mère!... tu n'en as pas non plus. (*Longue-Épée reste interdit.*) Si tu en avais une, malheureux, elle te maudirait!...

LONGUE-ÉPÉE, *pleurant.* J'ai retrouvé ma mère, madame, et ma mère m'a maudit!... Oui... je vous ai parlé d'un laboureur qui m'appelait l'enfant du rivage... ce pêcheur, madame, m'avait arraché des eaux du Bosphore, où m'avaient jeté des assassins, qui, pendant le sommeil de ma mère, m'avaient secrètement arraché de ses bras!... oui, madame, de ses bras, dans ce palais...

dans ce palais, madame, où ma mère avait été reléguée par son impérial époux.

LA COMTESSE. Grand Dieu !...

LONGUE-ÉPÉE. Mais regardez-moi, madame, ne retrouvez-vous pas dans mes traits ceux de votre époux ou de votre jeune enfant ?... Oh !... dites ! une mère doit reconnaître son enfant, car en vous regardant, moi, je reconnais ma mère.

LA COMTESSE. Toi ! mon fils ! toi !... Oui... ces traits... (*Avec précipitation.*) Ah !... mon enfant avait au bras un signe que l'âge ne peut avoir effacé.

LONGUE-ÉPÉE, *jetant sa toge et découvrant son bras.* Ce signe... je l'ai, ma mère, voyez... voyez donc !

LA COMTESSE. Ce signe... ces traits... ces larmes... Oh !... mon enfant... mon enfant !..

Elle se précipite dans ses bras.

LONGUE-ÉPÉE, *pleurant.* Ma mère, ma mère !.... (*Chancelant.*) Oh ! je ne savais pas que le baiser d'une mère puisse faire pleurer ainsi. (*Avec ravissement.*) J'ai retrouvé ma mère ! (*S'éloignant tristement.*) Et ma mère... m'a maudit !

LA COMTESSE. Non !... Je me disais tout-à-l'heure, en parlant de malédiction... mais c'est le tigre... c'est Andronic qui s'est emparé de sa jeune ame et qui l'a perdue..... ce n'est pas... le crime..... le crime.

LONGUE-ÉPÉE. Ma mère ! vous ne pouvez me trouver une excuse.

LA COMTESSE. Une excuse... si je puis... si... je... Ah !... tu n'étais pas chrétien, tu n'avais pas reçu le baptême, qui conduit dans la voie du Seigneur.... tu n'avais aucune lumière pour éclairer ta vie... tu marchais seul.... isolé... tu n'étais pas chrétien, mon enfant... mais tu le deviendras.

LONGUE-ÉPÉE. Oh !... oui !... Je veux adorer votre Dieu... ma mère...

LA COMTESSE. Oui !... le baptême effacera tes fautes passées... et quand Dieu t'aura reçu dans sa grande famille... alors seulement tes actions seront comptées, et ta mère aura le droit de te maudire... Mais à présent toute malédiction tombe, il ne peut y avoir dans le cœur que de l'espoir, que de l'amour... (*Après une pause.*) Vois... Andronic a juré ma mort... Eh bien ! je ne le crains plus... j'ai mon fils près de moi... et mon fils... défendra sa mère.

LONGUE-ÉPÉE. Qu'ils viennent donc vous arracher de mes bras, ces hommes qui versent tant de sang !.. (*Avec rage.*) Qu'ils viennent !... (*Avec amour.*) Oh ! je vous sauverai... ma mère... je vous sauverai ! (*Entendant des pas.*) Qui vient ?... Ah ! Michel...

SCÈNE VII.

LES MÊMES, MICHEL, *puis* LE CAPITAINE.

MICHEL. En vain je vous attendais. Dieu veuille que vous n'ayez pas laissé passer l'heure !.. Je viens d'apercevoir des hommes qui se dirigent vers ce palais...

LONGUE-ÉPÉE. Partez, ma mère, si c'était le tyran !...

MICHEL. Venez, comtesse.

LA COMTESSE. Et si les gardes nous voient ?

LONGUE-ÉPÉE. Tout est prévu... partez...

LA COMTESSE. Mais toi, viens aussi...

LONGUE-ÉPÉE. J'aime Agnès, ma mère, elle n'est pas libre encore...

LA COMTESSE. On t'accusera.

LONGUE-ÉPÉE. Vous me délivrerez, fuyez.

LA COMTESSE. Un dernier baiser !

MICHEL, *se mettant entre les deux.* Ce dernier baiser pourrait vous coûter la vie.

Il entraîne la comtesse.

LONGUE-ÉPÉE, *refermant la porte sur eux.* Dieu de ma mère.... conduis-la... Et moi... moi... je n'ai que mon poignard... Si c'était Andronic... (*Appelant.*) Capitaine !... (*Au capitaine qui paraît.*) Une épée !

LE CAPITAINE. Voici la mienne.

LONGUE-ÉPÉE. Merci !... Quels sont ces hommes qui viennent ici ?

LE CAPITAINE. Plusieurs sénateurs et le patriarche Nicétas demandent à voir la comtesse.

LONGUE-ÉPÉE. Nicétas !... Qu'ils s'adressent d'abord au premier ministre... Allez... je les attends. (*Le capitaine sort.*) Oui, je dois les tromper... et m'exposer à leur indignation... il faut que l'horrible nouvelle soit répandue par les défenseurs mêmes de ma mère... Nicétas seul doit avoir le secret... (*Il ramasse sa toge et se drape.*) A mon aide aussi la ruse et le mensonge, ce sont ici les armes qui blessent et qui tuent !

SCÈNE VIII.

LONGUE-ÉPÉE, NICÉTAS, QUATRE SÉNATEURS.

NICÉTAS, *à Longue-Épée.* Bientôt... monseigneur... la comtesse de Montfort doit monter sur le vaisseau qui l'emportera loin de l'empire, et quelques-uns de ses amis viennent pour lui adresser leur dernier hommage et leur dernier adieu.

LONGUE-ÉPÉE, *froidement*. La comtesse de Montfort n'existe plus.

TOUS. Que dit-il?

LONGUE-ÉPÉE. Aidée de son serviteur Michel, elle fuyait, quand mes soldats vigilans l'ont tuée.

NICÉTAS. Tuée!...

LONGUE-ÉPÉE. L'empereur et le sénat l'avaient confiée à la garde du premier ministre, et le premier ministre devait la garder morte ou vive...

PREMIER SÉNATEUR. Infâme!

LONGUE-ÉPÉE. Je rendrai compte au sénat de ma conduite, messeigneurs, et seulement alors vous aurez le droit de me juger.

PREMIER SÉNATEUR. Et de te condamner.

LONGUE-ÉPÉE. Peut-être!

PREMIER SÉNATEUR. Courons donc... messieurs... assembler le sénat... répandons l'horrible nouvelle... Et demain... Longue-Épée... nous vengerons la comtesse...

NICÉTAS, *à part*. Morte!...

PREMIER SÉNATEUR. Venez, sénateurs!

Ils sortent.

SCÈNE IX.
LONGUE-ÉPÉE, NICÉTAS.

NICÉTAS, *absorbé*. Oh! l'empereur!... l'empereur!...

LONGUE-ÉPÉE, *au patriarche*. Patriarche de Constantinople, la comtesse est en fuite...

NICÉTAS. Que dis-tu?

LONGUE-ÉPÉE. Plus bas... Les deux assassins Phocius et Bardas, envoyés par l'empereur, sont enfermés par mes ordres... La comtesse et son serviteur Michel aborderont dans une heure à Gallatta.

NICÉTAS. Elle, sauvée par toi!

LONGUE-ÉPÉE. Par moi.

NICÉTAS. Et pourquoi tant de dévouement... que t'importe son salut à toi, favori de l'empereur?...

LONGUE-ÉPÉE. Je l'ai sauvée, parce qu'elle est ma mère... parce que je suis fils de la comtesse de Montfort et de l'empereur Emmanuel.

NICÉTAS. Vous!

LONGUE-ÉPÉE. Et j'ai pu la sauver... parce que ceux qui m'ont arraché, il y a vingt ans, de ses bras, m'ont jeté dans le Bosphore, sans pressentir que le Bosphore me rejetterait au rivage; et ma mère vient de reconnaître son fils à ce signe que la nature m'a mis au bras... Voyez, voyez!... mon bras est encore tout humide de ses larmes.

NICÉTAS, *se courbant*. Je vous salue, mon souverain.

LONGUE-ÉPÉE. Et je n'ai confié cela qu'à vous seul, Nicétas, parce qu'il faut que l'empereur croie le crime accompli, et que nous puissions profiter de sa tranquille insouciance pour lui ravir aussi la princesse Agnès, ma parente, ma fiancée...

NICÉTAS. Votre fiancée!... Mais la passion de l'empereur pour elle...

LONGUE-ÉPÉE. La passion de l'empereur... dites-vous?

NICÉTAS. Vous ne savez pas?

LONGUE-ÉPÉE. Quoi donc?... Achevez... achevez...

NICÉTAS. On m'a dit qu'il ne faisait mystère ni de son amour pour la princesse, ni de ses projets de mariage avec elle.

LONGUE-ÉPÉE, *hors de lui*. Son amour!... ses projets!..

NICÉTAS, *effrayé*. Je n'ai rien vu par mes yeux... On m'a dit... mais peut-être m'a-t-on trompé.

LONGUE-ÉPÉE, *courant au fond*. Et maintenant, elle est en son pouvoir!

NICÉTAS, *l'arrêtant*. Où voulez-vous aller?

LONGUE-ÉPÉE. Au palais de l'empereur.

NICÉTAS. L'empereur n'est pas dans son palais...

LONGUE-ÉPÉE. Mais où donc... où donc est-il?

NICÉTAS. Dans les appartemens du Cirque.

LONGUE-ÉPÉE. Oui... sans doute avec elle... Eh bien donc, au Cirque!..

NICÉTAS, *s'opposant*. Attendez!

LONGUE-ÉPÉE. Laissez-moi...

NICÉTAS. Et votre mère?..

LONGUE-ÉPÉE. Ma mère!... Oh! oui... ma mère... faut-il donc que la vie de l'une coûte la vie ou l'honneur à l'autre?

NICÉTAS. Calmez-vous, monseigneur, réfléchissez... Il faut du sang-froid, de la réflexion pour les protéger toutes les deux.

LONGUE-ÉPÉE. Du sang-froid, de la réflexion... quand la fureur m'entraîne... Jusqu'à présent... j'ai pu dissimuler, maîtriser... mais maintenant mes forces sont à bout... il me faut la vengeance... Oh!... conseillez-moi... guidez-moi, vous, Nicétas, vous dont la tête est calme... vous qui n'aimez pas d'amour... conseillez-moi... Tenez (*lui donnant son poignard*), emparez-vous de ce poignard... car je le le sens... ma folie pourrait nous perdre tous...

NICÉTAS. Laissez-moi vous conduire... monseigneur, livrez-vous au vieillard...

LONGUE-ÉPÉE. Oui, je m'abandonne à vous... Mais avant tout, mon père... c'est la confession chrétienne qui m'a montré ma mère... et je me suis écrié : Gloire au Dieu des chrétiens!... Et pour qu'en ce moment suprême ce Dieu ne détourne pas de moi ce regard bienfaisant, pour qu'il me secoure et me protège... pour qu'il nous inspire tous les deux... faites-moi chrétien, mon père, (*se découvrant*) donnez-moi le baptême.

NICÉTAS. Fils d'un empereur chrétien, humiliez-vous...

Longue-Epée s'agenouille devant le patriarche, qui commence la prière à voix basse.

ACTE CINQUIÈME.

LE MARIAGE.

Le théâtre représente une salle des appartemens du Cirque.

SCÈNE PREMIÈRE.

ANDRONIC, *seul en costume impérial, assis devant une table, achève d'écrire. Lisant ce qu'il vient d'écrire.*
« Par testament de l'empereur Emma-
» nuel, la princesse de Constantinople de-
» vait être impératrice régnante; la com-
» tesse de Montfort, sa mère d'adoption,
» impératrice-mère... L'empereur Andro-
» nic, son successeur, promet aujourd'hui
» d'épouser la princesse, et de rappeler la
» comtesse de Montfort aux plus hautes
» dignités de son empire... » C'est cela... maintenant, la signature.

Il signe.

SCÈNE II.

LE MÊME, LE PATRICE NICÉPHORE.

LE PATRICE. Je viens du palais, monseigneur, et vos prévisions étaient justes. A peine ai-je eu proclamé l'élévation de Longue-Épée, que Nicétas et plusieurs sénateurs se sont rendus en grande hâte au palais de Blaquernes, où ils ont appris la mort de la comtesse... Furieux alors, ils se sont rassemblés pour traduire le nouveau ministre à leur tribunal, et leur exaspération, monseigneur, est maintenant au comble, car ils viennent d'apprendre de Nicétas, que Longue-Épée, Phocius et Bardas ont profité de la nuit pour s'échapper.

ANDRONIC. Ils sont en fuite?

LE PATRICE. Tous les trois.

ANDRONIC. Tant mieux... je redouterai moins leurs révélations... dont au reste cet acte eût annulé l'effet... Et quel parti paraissent prendre les sénateurs?

LE PATRICE. Aucun, monseigneur... ils s'agitent indécis, et semblent ne savoir que résoudre... Quand je les ai quittés, le plus grand nombre se dirigeait inquiet vers votre palais.

ANDRONIC. J'ai bien fait de rester cette nuit dans les appartemens, au Cirque, et d'y amener avec moi la princesse de Constantinople. Faites venir la princesse, patrice, hâtez-vous; puis, vous ordonnerez, pour demain, un nouveau combat dans le Cirque, une nouvelle fête au palais..

LE PATRICE. Occupez-vous d'abord, monseigneur, de tromper et d'apaiser le sénat; puis nous songerons à la fête.

ANDRONIC. Quand j'aurai vaincu les ennemis que j'ai dans ma cour, patrice, il me faudra combattre ceux que j'ai dans ma cité... Les descendans des Langes, des Ducas, n'ont pas oublié que leurs pères ont occupé le trône... et je veux prévenir leurs révoltes. Quand j'aurai vaincu les Langes, les Ducas... il me faudra sortir de mon empire pour attaquer et châtier quelques ennemis voisins qui m'ont repoussé, jadis dans mon exil, et dont je veux maintenant me venger... Ainsi, vous le voyez, partout la guerre, toujours la guerre. Et si l'empereur ne rencontrait souvent le repos, le plaisir, à travers inquiétudes et tourmens... s'il ne se jetait, s'il n'oubliait souvent le fardeau de l'empire, le fardeau l'écraserait à la longue... J'ai dit, patrice, demain, fête au palais, combat dans le Cirque, et j'attends la princesse de Constantinople. Exécutez mes ordres... (*Le patrice sort.*) Oui, demain, je veux revoir le tigre attaquer le lion, le lion sortir de sa majestueuse indolence, et, l'œil en feu, la crinière raidie, se précipiter sur le tigre, qui, plus souple et plus rusé, finit toujours par triompher de son superbe adversaire... Voici la princesse, pas un mot d'admiration ou d'amour... mais de l'effroi, de la peur.

SCENE III.
Le Même, AGNÈS.

ANDRONIC, *feignant l'agitation et la frayeur.* Arrivez donc, princesse, mon impatience vous supplie, vous appelle.

AGNÈS. Qu'avez-vous donc, monseigneur?

ANDRONIC. Vous ne savez donc pas?... Répondez-moi, princesse. Après la lecture du testament de l'empereur Emmanuel, l'idée de régner venait-elle satisfaire votre ambition?

AGNÈS. Elle m'effrayait, monseigneur.

ANDRONIC. Aimiez-vous d'amour le prince Alexis?

AGNÈS. Je ne l'avais jamais vu.

ANDRONIC. Et pourtant vous aviez tout accepté? d'où venait cette résignation? d'où venait-elle? répondez....

ANDRONIC. Je m'étais résignée, monseigneur, parce qu'on m'avait dit...
Elle reste interdite.

ANDRONIC. Achevez!... vous ne répondez pas... parce qu'on vous avait dit, princesse, que sans cela, mon injustice, ma tyrannie mettraient en danger les jours de votre mère adoptive, n'est-ce pas? on vous l'avait dit, je le sais... et je sais aussi tout le mal que m'ont fait mes ennemis. Eh bien! princesse, ces hommes qui me calomnient viennent de la condamner, votre mère.

AGNÈS. La condamner!

ANDRONIC. Ces mêmes hommes veulent flétrir le commencement de mon règne par une action épouvantable, inouïe.

AGNÈS, *effrayée*. Ils ont condamné ma mère!

ANDRONIC. Oui! sans penser que l'empereur pourrait donner à sa fille le pouvoir de la protéger.

AGNÈS, *vivement*. Moi! la protéger! ah! dites comment? que faut-il que je fasse?..

ANDRONIC. Que vous acheviez un sacrifice autrefois commencé... que vous promettiez d'épouser un empereur pour qui vous n'avez pas d'amour... de monter sur un trône qui vous effraie... et le sénat, qui a prononcé l'arrêt de la comtesse, n'osera le faire exécuter contre la mère de l'impératrice... (*Avec inquiétude.*) Pourvu qu'il soit temps encore, mon Dieu!

AGNÈS, *avec précipitation*. Oh! de grâce! qu'on me conduise au sénat... je veux promettre et jurer... mais qu'on me rende ma mère!

ANDRONIC. Écrivez donc ici, ne perdons pas un instant.

AGNÈS. Que faut-il que j'écrive?

ANDRONIC. « Et la princesse fait le vœu » solennel d'épouser l'empereur Andronic Comnène. » Maintenant, signez de votre nom. Cet écrit, jeune fille, nous le détruirons plus tard, si, à défaut d'amour, vous ne pouvez me donner de la reconnaissance. Mais ne songeons pas à demain, ne songeons qu'au présent. Les minutes sont des heures. (*Elle signe. Il frappe sur une cloche, le patrice paraît.*) Patrice, que le contenu de ce parchemin soit publié de suite au sénat.... (*A la princesse.*) Vous, princesse, allez prier le ciel ou plutôt le remercier, car le jour ne s'achèvera pas sans que vous ayez embrassé votre mère.

AGNÈS. Je me rappellerai en l'embrassant que je vous devrai sa vie.
Elle sort.

SCENE IV.
Les Mêmes, *excepté* AGNÈS.

ANDRONIC. Maintenant patrice, faites que ce parchemin tombe dans les mains de Nicétas, et tout soupçon, toute accusation contre moi, tombera comme par enchantement, quand il aura lu que, tandis qu'un meurtre se commettait sur la comtesse, moi, je m'occupais de la rappeler à ma cour et d'épouser sa nièce.

LE PATRICE. Soyez tranquille, monseigneur.

ANDRONIC. Avant votre départ, donnez ordre pour que personne ne puisse s'approcher de moi... Je suis souffrant, malade... et puis après trois jours de fatigue et deux nuits d'insomnie, le sommeil vient me rappeler sans cesse qu'il veut qu'un empereur soit son tributaire, comme les autres hommes; enfin j'ai besoin de calme, de repos; je suis accablé de lassitude.
Il s'assied sur un sopha et s'endort.

LE PATRICE. Je trouverai sans doute Nicétas au palais des Césars... donnons d'abord des ordres.... (*Il ouvre la porte du fond, revenant sur ses pas.*) Ah! pardon, monseigneur... mais la fatigue l'a déjà assoupi... Il dort profondément, ne le réveillons pas... Mais qui vient? le patriarche.. il arrive à propos.

SCENE V.

Les Mêmes, NICÉTAS, MICHEL.

NICÉTAS. Que l'on m'annonce à l'empereur...

LE PATRICE. L'empereur souffrant vient de s'endormir.

NICÉTAS. Ah! il dort.

LE PATRICE. Et son sommeil ne peut être interrompu.... mais le patriarche de Constantinople ne sera pas vainement venu jusqu'ici, car je suis chargé par l'empereur de lui annoncer la prochaine célébration d'un important mariage.

NICÉTAS. Lequel?

LE PATRICE. Celui de l'empereur.

NICÉTAS. Et qui sera notre impératrice?

LE PATRICE. Tenez... lisez...

NICÉTAS, *après avoir parcouru le parchemin, à part.* Agnès!.. je le redoutais... il a su l'effrayer... elle a consenti. (*A Michel.*) Tiens, vois, Michel, le nom de ta souveraine!

MICHEL. Grand Dieu!

NICÉTAS. Du calme.

LE PATRICE. Je m'attendais à leur émotion..

MICHEL. Nous avons donc eu tort de réprimer l'impatience de Longue-Épée?

NICÉTAS. Non... mais maintenant Dieu nous dit d'agir sans retard. (*Au Patrice, en lui rendant le parchemin.*) Cette journée serait mal choisie pour annoncer à l'empereur la triste nouvelle que j'apportais. Patrice, je n'attendrai pas son réveil.

LE PATRICE. Le patriarche de Constantinople se chargera-t-il d'apprendre au sénat le nom de la jeune impératrice?

NICÉTAS. Je m'en charge... Partons, Michel.

Ils sortent.

SCENE VI.

ANDRONIC, LE PATRICE.

LE PATRICE, *seul.* En effet, l'instant n'est pas favorable pour parler d'enterrement un jour d'hyménée.

ANDRONIC, *se réveillant épouvanté.* Patrice! patrice! ah! vous voilà...

LE PATRICE. Qu'avez-vous, monseigneur, quel effroi?

ANDRONIC. Nous avons des gardes autour de nous, n'est-ce pas?

LE PATRICE. Tous ceux qui vous ont accompagné cette nuit.

ANDRONIC. Et Longue-Épée n'a point paru?

LE PATRICE. Non, monseigneur, mais Nicétas est venu.

ANDRONIC. Plongé tout-à-l'heure dans l'assoupissement... je ne sais quelle fièvre ou cauchemar me montrait Longue-Épée, il allait me frapper,... et moi...

LE PATRICE. Les rêves sont mensonges, monseigneur...

ANDRONIC. N'est-ce pas?

LE PATRICE. Longue-Épée songe à son salut... Longue-Épée se cache et n'oserait s'approcher de vous.

ANDRONIC. S'il s'en approchait... vous voyez ce poignard, patrice, le poison de sa lame donne la mort... mais non pas une mort lente comme celle de l'empereur Emmanuel, une mort prompte, rapide... Ce poignard ne me quitte pas, et qui voudrait prendre ma vie y perdrait la sienne. Nicétas est venu, disiez-vous?

LE PATRICE. Oui, monseigneur; il était accompagné de Michel, le serviteur de la comtesse.... et quand ils ont lu ce parchemin... aucun d'eux n'a pu dissimuler son agitation, sa surprise... puis ils se sont hâtés de partir pour en porter la nouvelle au sénat.

ANDRONIC. C'est bien, je récompenserai votre zèle, patrice... Laissez-moi.

Le patrice sort.

SCENE VII.

ANDRONIC, *seul.*

Tout me réussit, tout.... et pourtant ce rêve!.. ce rêve me semble de mauvais augure... Oui, la nouvelle de mon prochain mariage va se répandre avec la rapidité de l'éclair.. et Longue-Épée, qui l'apprendra, bravera tout pour se venger... Je connais son audace!... et que peut-il craindre?... Agnès était tout pour lui... Qui peut-être plus audacieux que l'homme qui ne tient plus à la vie... Il est encore ministre; l'ordre de l'arrêter n'a pas encore été publié par le sénat. S'il allait venir... il faut que je jette des obstacles sur son chemin... et cet ordre, je vais le donner, moi.... (*Il va pour sortir à gauche, la porte du fond s'ouvre, Longue-Épée entre lentement. Andronic voulant ouvrir une porte qui lui résiste.*) Pourquoi cette porte est-elle fermée? (*Il se dirige vers la porte du fond et rencontre Longue-Épée. Reculant avec frayeur.*) Lui!

SCENE VIII.
ANDRONIC, LONGUE-ÉPÉE.

LONGUE-ÉPÉE. Tu ne m'attendais plus, n'est-ce pas ?

ANDRONIC. Non ! pas ici, où le sénat, qui veut ta mort, peut si facilement t'atteindre.

LONGUE-ÉPÉE. C'est ici qu'est ma fiancée ?

ANDRONIC. Malheureux !... ton amour t'aura perdu !

LONGUE-ÉPÉE. Avec mon amour, c'est ma haine qui m'a conduit ici.

ANDRONIC. Ta haine ?

LONGUE-ÉPÉE. Oui ! contre l'époux d'Agnès.

ANDRONIC. Tu sais donc...

LONGUE-ÉPÉE. Je sais qu'hier il me la fallait jeune fille... et maintenant qu'elle est ta femme, Andronic Comnène... (*tirant froidement son épée*) il me la faut veuve.

ANDRONIC. Imprudent ! qui ose menacer l'empereur... A moi, patrice Nicéphore, à moi !

LONGUE-ÉPÉE, *l'arrêtant*. Le patrice Nicéphore vient d'être arrêté par ordre du premier ministre, et tous tes gardes renvoyés au palais... et maintenant que cette robe m'a servi pour assurer ma vengeance... maintenant qu'elle me gênerait pour combattre... (*se débarrassant de sa toge et la jetant à terre*) je te la rends... Il n'y a plus ici d'empereur et de ministre, mais deux hommes, dont l'un va mourir.. Allons... prends ton épée.

ANDRONIC, *cherchant autour de lui*. Je n'ai point d'épée.

LONGUE-ÉPÉE, *jetant la sienne et prenant son poignard*. Eh bien donc ! au poignard.

ANDRONIC, *mettant la main sur la poignée de son poignard empoisonné*. Au poignard... nous péririons tous deux ou je te survivrais.

LONGUE-ÉPÉE. Viens donc me tuer !

Bruit au dehors.

ANDRONIC. Les sénateurs accourent... et je veux bien te laisser fuir... va-t'en.

LONGUE-ÉPÉE. Fuir ? et pourquoi ?

ANDRONIC. Sais-tu ce qu'ils veulent ?...

LONGUE-ÉPÉE. S'emparer du meurtrier de la comtesse...

ANDRONIC. Malheur à toi !...

LONGUE-ÉPÉE. Mort à l'empereur !

ANDRONIC. Mort à l'insensé ministre qui s'est jeté dans le piége et qui n'échappera pas... (*De toute la force de sa voix.*) Par ici... sénateurs... par ici...

Il ouvre violemment la porte du fond et recule épouvanté à la vue de la comtesse de Montfort.

SCENE IX.
Les Mêmes, LA COMTESSE, puis AGNÈS, NICÉTAS.

LA COMTESSE, *courant dans les bras de Longue-Epée*. Mon fils !... mon enfant !...

LONGUE-ÉPÉE. Ma mère !...

ANDRONIC, *épouvanté*. Sa mère !!...

LA COMTESSE. Et mon Agnès... où est-elle ?.. Oh ! dites...

Elle jette un cri en la voyant entrer, conduite par Nicétas.

AGNÈS. Ma mère !..

Elle se jette dans les bras de la comtesse. La scène se remplit de patrices et de sénateurs.

LONGUE-ÉPÉE, *soutenant Andronic qui chancelle*. Allons donc, Andronic, regardez donc votre belle-mère en face !

ANDRONIC. Sa mère !... *Jetant un regard farouche sur tous les assistans.* Trahi !... trahi !... par tous...

LONGUE-ÉPÉE. Trahi... dis-tu ? parce que l'enfant que tu as voulu faire mourir, il y a vingt ans, a survécu pour sauver aujourd'hui sa mère condamnée par toi deux fois, infâme... Trahi !... parce que je viens t'arracher ma fiancée... parce que j'ai combattu, parce que je suis vainqueur... A ton tour, Andronic Comnène, (*l'imitant*) tu prends la lutte pour la trahison...

ANDRONIC. Quoi ! le cœur saignant bat donc encore... La tempête n'engloutit donc plus ?.. La mer n'est donc plus discrète et profonde... Vivans tous deux !... (*Convulsivement.*) Et je n'ai rien à broyer dans mes mains... Longue-Épée, tout-à-l'heure tu m'offrais un combat... et moi, je te défie à mon tour.

LONGUE-ÉPÉE. Lâche, celui qui défie le fils devant sa mère !

ANDRONIC. Longue-Épée ! j'ai voulu tuer ta mère !... j'ai voulu, non pas épouser... mais déshonorer ta fiancée...

LONGUE-ÉPÉE. Infâme !

La comtesse se précipite entre eux deux.

ANDRONIC. Fils d'un empereur... j'outrage la mémoire de ton père... et toi, qui te caches derrière ta mère pour te mettre à l'abri de l'insulte... fils d'un Comnène, tu es un lâche !

LONGUE-ÉPÉE, *furieux*. Ah ! laissez-moi, ma mère, Dieu sera pour moi... (*A Andronic.*) Viens donc !

ANDRONIC, *tirant son poignard*. Enfin !

NICÉTAS, *arrêtant Longue-Epée*. Chrétien d'hier, ta religion défend le meurtre.

LONGUE-ÉPÉE. Mais la vengeance ?

NICÉTAS. Aussi !

LONGUE-ÉPÉE. Et la justice ?

NICÉTAS. Dieu n'attend pas que les hommes la fassent, et Dieu la fait toujours... Écoutez tous... (*Lisant un parchemin.*) « J'ajoute ici, moi, que les assassins du » prince Alexis et tous leurs complices sont » condamnés à mort, fussent-ils issus du » sang même des Comnène. Signé, Andronic Comnène. » Et le patrice Phocius vient de déclarer qu'il a frappé le prince par ordre d'Andronic... Que maintenant la sentence s'exécute ; que meurent l'assassin et le complice, car Dieu qui fait toujours justice a permis que l'empereur... signât lui-même son arrêt de mort.

TOUT LE MONDE. A mort ! à mort !

ANDRONIC, *riant convulsivement.* A mort! dites-vous ?... Et je vous défie tous... Vous voulez ma vie... vous ne la prendrez pas... (*il se frappe*) car le poison de ce poignard aura glacé mes sens avant que vous ayez posé la première planche de mon échafaud... Que vous faut-il encore ?... ma couronne... (*courant vers la fenêtre et la jetant*) je la jette dans la fosse aux lions... prenez-la donc !... Et maintenant le manteau des Césars... il est taché du sang de l'empereur maudit... nul de vous n'oserait y toucher... qu'il m'enveloppe donc dans le cercueil... Andronic s'était promis de monter sur le trône et d'avoir la pourpre impériale pour linceul.... Andronic s'est tenu parole... car la pourpre est sur mes épaules... et... déjà... la mort... le froid... Oh !... je ne savais pas que ce poison... Oh! grâce... sont-ce donc déjà les tourmens de l'enfer ?... (*Tombant à terre.*) Oh !... grâce... un prêtre... un... un prêtre !...

Il expire.

NICÉTAS. Mort !...

SCÈNE X.

LES MÊMES, MICHEL.

MICHEL, *accourant à Longue-Épée.* Seigneur, la galère vous attend au port... Déjà les esprits s'agitent, les rues se remplissent de gens armés... et des proclamations excitent d'horribles querelles...

LA COMTESSE. Partons... mon fils... hâtons-nous...

LONGUE-ÉPÉE. Oui, ma mère... en France !... en France !...

NICÉTAS. En France, dites-vous, quand la gloire est à Constantinople... Déjà les Langes, les Ducas se forment des partis... les ambitions se lèvent... mais à vous, dernier des Comnène, les varangues et le sénat, à vous la gloire et le trône de l'empire...

La comtesse, Agnès et Michel se pressent autour de Longue-Épée avec inquiétude.

LONGUE-ÉPÉE. Moi ! monter sur un trône où mon père n'a pu rester qu'en répudiant ma mère... Moi ! régner dans une cour où j'ai vu condamner ma mère et ma fiancée... Je ne m'appelle point Comnène, mais le comte de Montfort dit Longue-Épée... Je ne veux pas un trône que je ne pourrais défendre que par la trahison et d'où je tomberais par la trahison, mais un bon château fort que je pourrai défendre avec l'épée.. c'est Dieu qui me conseille... En France... ma mère... (*à Agnès.*) en France !...

NICÉTAS. Et qui donc, mon Dieu ! régnera demain sur l'empire d'Orient ?...

LONGUE-ÉPÉE. Qui donc ? Une reine qui toujours punit et décime les peuples insoucians et blasés... (*Cris et tocsin au dehors.*) Entendez-vous : ces cris de la foule sont ses concerts... Ce tocsin ! c'est la voix de cette reine impitoyable...

NICÉTAS. Grand Dieu !... la guerre civile...

LONGUE-ÉPÉE. La guerre civile !

Tumulte au dehors, tocsin, effroi des sénateurs.

FIN.

PARIS. — Imprimerie de Vᵉ DONDEY-DUPRÉ, rue Saint-Louis, nº 46.

ACTE III. SCÈNE XII.

MARIA PADILLA,

CHRONIQUE ESPAGNOLE, EN TROIS ACTES, UN PROLOGUE ET UN ÉPILOGUE,

Par M. Rosier,

MUSIQUE DE M. DOCHE, DÉCORS DE M. COUTANT,

REPRÉSENTÉE POUR LA PREMIÈRE FOIS, A PARIS, SUR LE THÉATRE NATIONAL DU VAUDEVILLE, LE 9 DÉCEMBRE, 1837.

PERSONNAGES.	ACTEURS.	PERSONNAGES.	ACTEURS.
LUCIO.	M. LAFONT.	MARIA PADILLA.	Mlle BROHAN.
PALMI.	M. BARDOU.	BLANCHE DE BOURBON, reine de Castille.	Mlle BALTHASAR.
DON FRÉDÉRIC D'ARAGON, grand-maître de Saint-Jacques.	M. HIPPOLYTE.	ANGELO, page de la reine.	Mlle MAYER.
DON PÈDRE, roi de Castille.	M. FONTENAY.	UN OFFICIER DES GARDES.	
NABAL, Juif.	M. BALLARD.	UN HOTELIER.	
DON TELLO D'ARAGON.	M. LOUIS.	PEUPLE, GARDES, MASQUES, GENTILS-HOMMES, DAMES D'HONNEUR, etc.	
DON HENRI DE TRANSTAMARE.	M. FÉLIX.		
UN HOMME DU PEUPLE.			

Vers 1360.

NOTA. L'aspect scénique et la place des personnages sont relatifs aux spectateurs.

PROLOGUE.

Place publique. A droite et à gauche, latéralement, sur le premier plan, une hôtellerie. Une table devant celle de droite.

SCÈNE PREMIÈRE.

FRÉDÉRIC, TELLO, HENRI.

Peuple allant de droite à gauche, s'arrêtant, et désignant la cantonnade à gauche.

Tous trois sont enveloppés dans de grands manteaux et portent de larges chapeaux rabattus sur les yeux. Ils s'avancent à travers la foule, sur le devant de la scène.

CHOEUR DU PEUPLE.

Air *du Duel sous Richelieu* (de Doche).

Voyez, là-bas, là-bas, c'est elle !
Elle triomphe dans ce jour.
Le prince, à son amour fidèle,
Enfin la rappelle à la cour.

FRÉDÉRIC, *regardant à gauche.* Le cortége n'est pas encore arrivé sur le pont.
HENRI. Quelle foule !
FRÉDÉRIC. C'est là que nous pourrons

---

* L'étendue de l'ouvrage et la longueur des entr'actes, nécessitée par les changemens de décors et de costumes, ont déterminé l'auteur à supprimer L'ÉPILOGUE à la première représentation. Toutefois, cet ÉPILOGUE n'étant pas seulement une action, mais une moralité, l'auteur engage les Directeurs de province à gagner assez de temps sur les entr'actes pour pouvoir le jouer. Il y aura avantage pour eux sous plusieurs rapports.

observer les dispositions du peuple... cela est nécessaire à mes projets.

LE PEUPLE, *sortant à gauche.* Vive le roi!

TELLO. Entendez-vous ces cris : Vive le roi?... c'est l'amour, l'enthousiasme!

FRÉDÉRIC. La peur ou l'intérêt plutôt.

HENRI. Mais si on allait nous reconnaître?

FRÉDÉRIC. Sous ces larges manteaux?... quelle apparence?... on nous prendra pour des Valenciens.

TELLO. Silence! voici quelqu'un.

SCENE II.
LES MÊMES, ANGELO.

Angelo porte un grand manteau et un large chapeau. Il cherche, n'aperçoit pas les trois frères et disparaît à gauche.

FRÉDÉRIC. C'est Angelo..... il nous cherche.

HENRI. Ce jeune page te suit partout comme ton ombre ; il a ta confiance, c'est dangereux!... un enfant étourdi, indiscret sans doute!...

FRÉDÉRIC. Étourdi, oui ; indiscret, non ; c'est l'enfant gâté de notre jeune reine ; elle l'aime comme si c'était son fils.

TELLO. La reine, soit ; mais toi?

FRÉDÉRIC. Lorsqu'il y a trois mois, j'allai par les ordres du roi, au-devant de la future reine, jusqu'à Narbonne, pour la recevoir, je trouvai près d'elle ce page, si empressé, si zélé, si dévoué... il me provoqua d'amitié d'une si touchante façon, que, malgré mon rang et la différence de nos âges, je ne pus me défendre de l'aimer, de lui permettre la familiarité qu'il se permet avec tout le monde... C'est une ame forte sous une enveloppe si frêle encore...

HENRI, *apercevant Angelo qui revient.* Il nous a vus[*].

ANGELO, *accourant.* Ah! je vous cherche. Eh bien, monseigneur! ce n'est pas une calomnie contre le roi?... il est bien vrai qu'elle arrive?

FRÉDÉRIC. Dans quelques minutes, elle sera sur cette place.

ANGELO. Quelle indignité! le bruit avait couru qu'elle avait été tuée cette nuit sur la route.

HENRI. Silence!

ANGELO. Vous avez raison, mais je n'aurai pas la patience d'attendre... On dit qu'elle est belle à me faire trembler pour la reine... Je cours jusqu'au pont, et je grimperai pour la voir sur les épaules de quelque manant.

[*] Angelo, Frédéric, Tello, Henri.

FRÉDÉRIC. Point d'imprudence!

ANGELO. Soyez tranquille. Je vous retrouverai là?

Il disparaît à gauche.

SCENE III.

PALMI, *il porte un costume de chanteur misérable, capuchon à ce costume,* FRÉDÉRIC, HENRI, TELLO.

PALMI, *sortant de l'hôtellerie à gauche, à part.* Des étrangers!...: bonne aubaine!

Il fait quelques arpéges sur sa mandoline.

FRÉDÉRIC. Dis-moi, Castillan?

PALMI. Vous êtes des seigneurs étrangers, je présume?... Désirez-vous voir les curiosités de Valladolid?... je me mets à vos ordres.

FRÉDÉRIC, *lui donnant une pièce d'argent.* C'est bien.

PALMI, *à part.* Je me trompais, ce sont des agens secrets qui me donnent de l'or pour que j'aille crier : Vive le roi! (*Haut.*) J'y cours... Vive le roi!

FRÉDÉRIC. Où vas-tu?

PALMI. Gagner l'argent que vous m'avez donné.

FRÉDÉRIC. Viens donc ici!

PALMI. C'est que, ce matin, j'en ai reçu autant pour le même objet, et je croyais...

FRÉDÉRIC. Nous sommes étrangers, arrivés depuis une heure à Valladolid, et nous voulons savoir la cause de ce mouvement extraordinaire dans la ville.

PALMI. Je m'en vais vous le dire.

FRÉDÉRIC, *lui donnant de l'argent après avoir fait signe à ses frères de se tenir au fond en cas de surprise.* Tu ne mentiras pas?

PALMI. Me payez-vous pour ça?

FRÉDÉRIC. Non.

PALMI, *mystérieusement.* Alors, voici le fait : Il y a trois mois, notre bien-aimé souverain...

FRÉDÉRIC, *froid, le regardant.* Bien-aimé!

PALMI, *regardant autour de lui.* Pardon, l'habitude... Notre redouté souverain épousa Blanche de Bourbon, arrivée de France, sa patrie... Ce furent des fêtes, des cavalcades, des réjouissances... Le peuple était enchanté de sa jeune reine, et moi qui vous parle, je criai, je m'égosillai, je m'enrouai gratis.

FRÉDÉRIC, *faisant l'étonné.* Ah!

PALMI, *toujours avec mystère.* Quinze jours après, de misérables juifs, ayant entendu dire que la jeune reine avait l'intention de purger la Castille de leur abominable secte, empoisonnèrent une écharpe que cette princesse devait offrir au roi... Le roi ne l'eut pas plutôt passée à son cou, qu'il crut sentir comme la morsure de mille couleuvres... Quelques courtisans, ennemis de la reine, ne manquèrent pas d'insinuer au roi qu'elle avait voulu attenter à ses jours... Depuis lors l'amour du roi s'est changé en haine ; et, comme si ce n'eût point été assez de cette calomnie pour irriter un prince aussi... aussi...

FRÉDÉRIC, *lui donnant de l'argent.* La vérité, va donc !

PALMI, *avec précaution.* Aussi farouche et cruel, on lui inspira des soupçons sur la fidélité de la reine.

FRÉDÉRIC. Ah !

PALMI. Oui, on a dit au roi qu'elle a un amant.

FRÉDÉRIC, *vivement.* Et qui désigne-t-on ?

PALMI. Personne... mais on prétend que la jeune reine, la nuit, fait des promenades mystérieuses dans le parc royal du Buen-Retiro.

FRÉDÉRIC, *à part.* Les infâmes !

PALMI. Aussi, le roi ne lui épargne aucun outrage ; mais c'est aujourd'hui qu'il lui fait le plus sanglant de tous.

FRÉDÉRIC. Voyons.

PALMI. Sa favorite, Maria Padilla, qu'il avait exilée quelques jours avant son mariage, il la rappelle aujourd'hui ; il lui rend toute la puissance dont elle jouissait avant sa disgrâce... il est allé au-devant d'elle avec toute sa cour... Voilà, monseigneur, la cause du mouvement que vous avez remarqué.

FRÉDÉRIC. Continue.

PALMI, *désignant la cantonnade à gauche.* Il a voulu que ce jour fut un jour de largesse, et il doit se montrer à ce balcon là-bas avec la favorite, pour jeter de l'argent au peuple et recevoir ses bénédictions.

FRÉDÉRIC, *le regardant avec expression.* Le peuple le bénit !

PALMI, *à mi-voix.* Des lèvres.

Henri et Tello redescendent la scène et se placent près de Frédéric.

FRÉDÉRIC. Et du cœur ?

PALMI. Il le maudit.

FRÉDÉRIC, *s'oubliant.* Ah !

PALMI, *à part.* Voilà un seigneur à qui la vérité fait bien plaisir.

FRÉDÉRIC. Ah ! le peuple le maudit !

PALMI. Oui, on ne l'empêche pas de crier : Vive le roi ! quand on le menace ou qu'on le paie.

FRÉDÉRIC. Poursuis.

PALMI, *en confidence.* Mais patience !... il y a, dit-on, trois hommes qui pourraient bien quelque jour délivrer la Castille de ce prince sanguinaire.

FRÉDÉRIC. Trois hommes !

PALMI, *de même.* Les trois frères bâtards du roi : don Frédéric d'Aragon, grand-maître de Saint-Jacques ; don Tello d'Aragon, et Henri de Transtamare.

Les trois frères serrent leurs manteaux à mesure que Palmi les nomme.

FRÉDÉRIC. Ah ! le peuple espère !

PALMI. Le roi fit couper la tête à leur mère, qui était la favorite d'Alphonse XI son père... (*Mouvement des trois frères.*) Ils s'étaient révoltés après ce meurtre. Le roi les a soumis, et il n'a pas encore osé les faire mourir, parce qu'ils sont aimés de toute la Castille... Le roi a voulu qu'ils vécussent à sa cour pour les mieux surveiller, et eux attendent ; ils dissimulent... mais ils ne sont pas contens... Ce sont des amis du peuple, ceux-là !... parce que voyez-vous, le peuple n'a pas de meilleurs amis que les gens de mauvaise humeur.

FRÉDÉRIC. C'est bien... il suffit... laisse-nous.

PALMI, *saluant.* Que Dieu vous soit en aide, messeigneurs !

Il disparait à gauche.

FRÉDÉRIC. Voici donc cette artificieuse Maria Padilla, cette femme qui depuis dix ans maîtrise les volontés du roi, qu'il a plusieurs fois outragée, renvoyée, mais qui revient toujours et toujours plus puissante après une disgrâce !

HENRI, *avec reproche.* Cette femme, tu l'as aimée pourtant.

FRÉDÉRIC, *souriant amèrement.* Je l'ai ménagée, il le fallait pour notre sûreté... j'ai dû répondre à son amour par des apparences, mais ma bouche n'a jamais été complice du mensonge de mes regards.

HENRI. Nous n'avons pas eu, nous, la force d'imiter ton exemple, d'être ses courtisans.

FRÉDÉRIC. Aussi avez-vous encouru sa haine.

TELLO. Qu'importe !

FRÉDÉRIC, *avec énergie.* Il importe de n'avoir pas pour ennemie la femme qui va faire encore les destinées de la Castille ; il importe plus que jamais de la ménager pour sauver la reine des fureurs de son époux... Pauvre reine, si jeune et si belle !... (*A part.*) Oh ! je la sauverai !

HENRI. Silence !

La place se remplit de peuple qui afflue de toutes parts. Des gardes paraissent.

FRÉDÉRIC, *regardant à gauche, à la cantonnade.* Le cortége s'approche... il fait une halte.

LE PEUPLE. Vive le roi !... vive Maria Padilla !

PALMI. Vive le roi !

ANGELO, *arrivant près de Frédéric*. Je n'ai pu voir la favorite... le peuple ne veut pas se laisser monter sur les épaules.

FRÉDÉRIC. Perdons-nous dans la foule et observons.

Ils disparaissent à travers la foule.

SCÈNE IV.

PALMI, *devant la porte de l'hôtellerie de gauche*, LUCIO, *devant la porte de l'hôtellerie de droite d'où il sort.*

Lucio a un vieux costume de pèlerin : long bâton avec gourde, rochet garni de coquilles, croix rouge sur la poitrine. Il tire d'un vieux sac de petits morceaux de vieille étoffe brune. Il a une longue barbe. Le peuple est entre Lucio et Palmi.

LUCIO, *à la foule*. Chrétiens, mes frères, j'arrive de la Palestine et ne resterai qu'un jour à Valladolid ; j'ai rapporté de Jérusalem une sainte relique : c'est un lambeau précieux du manteau du prophète Jonas. (*Il se découvre, on l'imite.*) Deux maravédis le morceau béni par le saint-père.

Le peuple achète.

PALMI, *à l'autre extrémité de la scène, chante et pince de la guitare.*

AIR *nouveau de Doche.*

Don Pèdre de Castille,
Prince brave et galant,
Voit-il une mantille,
Il s'élance à l'instant.
Voit-il un infidèle,
Il court à lui soudain.
Il attrape la belle
Et prend le Sarrasin.

CHOEUR DU PEUPLE.
Voit-il un infidèle, etc., etc.

PALMI.
D'une main il terrasse
L'Arabe qui rugit ;
Et de l'autre il enlace
La beauté qui rougit.
L'un et l'autre chancelle
Et lui résiste en vain.
Il subjugue la belle
Et bat le Sarrasin.

LE CHOEUR.
L'un et l'autre chancelle, etc., etc.

LUCIO, *avec colère.* Holà ! hé ! chanteur criard, un peu plus loin ou un peu plus bas !

PALMI, *de même.* Holà ! hé ! charlatan barbu, un peu plus bas ou un peu plus loin.

La foule s'agite, des gardes paraissent ; Lucio et Palmi échangent des gestes menaçans.

LUCIO, *à un homme du peuple.* Dis-moi, bon chrétien, qu'est ceci ?

L'HOMME. Les gardes font évacuer la place un moment avant que le roi paraisse là-bas à ce balcon. (*Cantonnade.*) Quand il y paraîtra, il sera permis au peuple de venir le saluer de ses acclamations.

LUCIO. Permis ?

L'HOMME. Oui, sous peine de mort.

Les gardes du bois de leurs piques repoussent la foule qui évacue la place par la droite.

UN GARDE, *à Palmi.* Arrière !

PALMI, *désignant la gauche.* Je loge en cette hôtellerie.

LE GARDE. C'est différent. (*A Lucio.*) Arrière !

LUCIO, *désignant la droite.* Je loge en cette hôtellerie.

LE GARDE. C'est différent.

Les gardes disparaissent à droite avec le peuple.

PALMI, *allant à Lucio.* Dites-moi, seigneur charlatan, tout-à-l'heure vous m'avez parlé d'un ton...

LUCIO, *s'avançant.* Et vous, seigneur chanteur, d'un air...

PALMI, *levant le poing.* Par ta barbe de bouc, je ne sais qui me tient...

LUCIO, *de même.* Par ta voix de chèvre, je vais t'apprendre...

Ils s'approchent.

PALMI, *étonné.* Lucio !

LUCIO, *de même.* Palmi !

PALMI. Charlatan !

LUCIO. Chanteur !

PALMI, *lui donnant la main.* Touche là !

LUCIO. Touche là !

PALMI. Je te croyais pendu.

LUCIO. Le sort m'a dépendu... Et toi, je te croyais pendable ?

PALMI. Eh bien, n'ai-je pas pour moi l'avenir ?

LUCIO. Tu n'es pas changé.

PALMI. Ni toi.

LUCIO. Parlons donc en toute assurance. Quel est ton présent ?

PALMI. La triste répétition de mon passé, l'image de mon avenir peut-être : une mandoline et des chansons, voilà mon industrie.

Il soupire.

LUCIO. Du chagrin, mon ami ? (*A l'hôtellerie de droite.*) Seigneur hôtelier, un broc de ton meilleur vin !

L'hôtelier l'apporte et le sert sur une table placée devant l'hôtellerie. Ils boivent.

PALMI. Et toi, que fais-tu ?

LUCIO.

AIR :

J'ai fait un peu de chaque état :
Marchand, baladin, pédagogue,

Écrivain, moine, Turc, soldat,
Chansonnier, corsaire, astrologue.
Enfin, après avoir couru
Mille chances sur mer, sur terre,
J'en demeure bien convaincu,
Mon état est de ne rien faire.

PALMI. Absolument comme moi.

LUCIO. En ce moment, je reviens de Jérusalem, d'où les pères gardiens m'ont chassé.

PALMI. J'entends... pour avoir dérobé ce précieux lambeau.

LUCIO, *souriant.* Ah! oui ; c'est un morceau de mes dernières chausses.

PALMI. Et que viens-tu faire ici?

LUCIO. Ce que j'irais faire ailleurs... chercher fortune... A vrai dire pourtant, Valladolid me plaît par-dessus les autres villes.

PALMI. Belle ville!

LUCIO. Oh! pas pour sa beauté.

PALMI. Pourquoi donc?

LUCIO. Pour une aventure de jeunesse... Il y a dix ans, six mois après avoir fait ta connaissance en prison... j'étais soldat... un jour, je me promenais aux environs de Valladolid, aux abords du château du comte d'Hinestrosa.

PALMI. L'oncle de Maria Padilla, aujourd'hui favorite du roi.

LUCIO. Beauté agaçante, dit-on, je ne l'ai jamais vue.

PALMI. Poursuis.

LUCIO. Je vis à une des fenêtres basses du château plusieurs dames, dont le voile de dentelle m'empêchait de distinguer les traits; je remarquai seulement qu'elles m'examinaient avec complaisance.

PALMI. Tu étais beau dans ce temps-là...

LUCIO. Oui, du teint, de la santé, et un peu de scélératesse dans la physionomie.

PALMI. Tu n'as conservé que ce dernier attrait.

LUCIO. Le lendemain, attiré au même endroit par je ne sais quelle folle espérance, je rencontrai sur la brune, à quelques pas du château, une jeune paysanne qui en était, piquante et jolie fille, déterminée comme une grande dame.

PALMI. Je comprends, tu fis son malheur.

LUCIO. Je lui offris ma main.

PALMI. Qu'est-ce que je disais?

LUCIO. Je voulus voir ses parents pour leur demander la sienne ; elle s'y refusa, disant qu'ils n'y consentiraient jamais... je lui proposai de fuir à la faveur des désordres de ce temps-là ; elle accepta... Nous nous mariâmes... et un mois après, dans la ville que nous habitions, je m'aperçus que j'étais suivi par deux gentilshommes... Un jour, en rentrant au logis je ne trouvai plus ma femme, je trouvai un billet sans signature... il était ainsi conçu : « Ton » mariage avec Frasquitta est nul, » l'acte » est anéanti... Renonce à Frasquitta, elle » n'est plus ta femme ; et, si le hasard te » la fait rencontrer jamais, ne la reconnais » pas... il y va de ta vie! »

PALMI. Cela s'explique ; ta femme était devenue amoureuse d'un de ces gentilshommes.

LUCIO. De tous les deux peut-être... Bientôt la guerre brouilla tout en Castille, choses et hommes, dans le feu et le sang. Je courus le monde, me souvenant de Frasquitta et de Valladolid.

PALMI, *se levant.* Ah! ah! les gardes laissent approcher le peuple... le roi et la favorite vont paraître à ce balcon.

Il montre la cantonnade à gauche; le peuple paraît de droite à gauche, contenu par des gardes.

LE PEUPLE. Vive le roi!

LUCIO. Voici des chalands qui m'arrivent et ma relique est épuisée... Ah!

Il arrache la doublure brune du capuchon de Palmi stupéfait; il la dépèce et la vend en guise de relique.

UN HOMME, *à Lucio.* Un morceau du manteau du prophète Jonas...

LUCIO. Voici.

L'HOMME. Ce drap est bien lustré pour être si vieux...

LUCIO. C'est sa vertu qui le conserve.

L'HOMME. Et cette relique garantit?..

LUCIO. D'une foule de choses, et particulièrement du froid. (*A part.*) Quand on en prend beaucoup.

PALMI, *désignant le balcon qu'on ne voit pas, à la cantonnade.* Ah! ah! regarde, Lucio.

LUCIO, *à gauche.* Voyons. Quelle mosaïque de grands personnages!

PALMI. Voici le roi.

LE PEUPLE. Vive le roi!

LUCIO. Quelle est cette femme à qui le roi sourit et dont je ne vois pas les traits?

PALMI. Sa favorite, Maria Padilla... Regarde maintenant.

LUCIO, *poussant un cri.* Ah!

PALMI. N'est-ce pas qu'elle est jolie?

LUCIO, *ébahi.* Maria Padilla, dis-tu?

PALMI. Sans doute.

LUCIO. La favorite du roi?

PALMI. La femme qui lui ferait renier Dieu.

LUCIO. Est-ce un rêve?

PALMI. Tiens! on dirait que la favorite te regarde et le roi aussi. Baisse les yeux ou tremble!

LUCIO, *regardant toujours.* Pourquoi ?
PALMI. C'est que tu la regardes d'une façon...
LUCIO, *à part, regardant toujours.* Éveille-toi, Lucio !
PEUPLE. Vive le roi !
LUCIO, *à part, regardant toujours.* Elle me regarde toujours, tandis que tous les yeux se dirigent d'un autre côté...

Palmi se perd dans la foule ébranlée.

UN HOMME. Le roi descend sur la place pour entendre de plus près les acclamations de son peuple.
LES GARDES. Place au roi ! — Place au roi !

Le peuple se sépare en deux haies.

PEUPLE. Vive le roi ! vive Maria Padilla !

Le roi s'avance, donnant la main à Maria; la cour suit.

UN GARDE, *à Lucio stupéfait.* Chapeau bas !
Lucio, irréfléchi, se précipitant au-devant de Maria, pour la voir de plus près.
MARIA, *reculant épouvantée.* Que me veut cet homme ?
Un garde repousse violemment Lucio, qui résiste.
LE ROI. Gardes et peuple, châtiez l'insolent ou le fou !

La cour se retire et disparaît à droite.

LE CHOEUR *des gardes et du peuple.*
AIR *de Casanova.*

Voici, voici sa dernière heure !
Bientôt il subira son sort ;
Le roi le veut, il faut qu'il meure !
S'avançant sur Lucio.
A mort ! à mort ! à mort !

LUCIO, *montrant le capuchon de Palmi.* Par la vertu de ma sainte relique, le premier qui approche et me touche, tombe mort à mes pieds !
PALMI, *se faisant jour à travers la foule, à part.* Il faut le sauver !
GARDES ET PEUPLE. A mort ! à mort !

Ils s'avancent.

PALMI, *s'avançant.* Éprouvons la vertu de ton bois. (*Il touche Lucio en criant.*) A mort !

Il se laisse tomber et demeure immobile.

LUCIO, *à part.* Il m'a sauvé !

Le peuple recule.

UN HOMME, *regardant Palmi.* Il est bien mort !
LUCIO, *allant au peuple.* Avancez, si vous l'osez !

Tout fuit, gardes et peuple.

SCENE V.
LUCIO, PALMI, *étendu et immobile.*

LUCIO, *revenant lentement.* Tu peux ressusciter.
PALMI, *se levant et riant.* C'est fait... Eh bien ! ah ! ah ! ah !
LUCIO, *sérieux.* Eh bien, ami, je suis à même de récompenser ce service...
PALMI. Que veux-tu dire ?
LUCIO, *exalté.* La fortune est changée !
PALMI. Le mot de cette énigme ?
LUCIO. Que t'importe de le savoir, s'il t'enrichit ?
PALMI, *voulant s'en aller.* Adieu, Lucio ; un fou et un sage ne vont pas bien ensemble.
LUCIO, *le retenant, lui dit avec exaltation.* Sans doute, Palmi ; mais deux hommes résolus vont bien ensemble ; deux hommes qui ont à se venger des hommes et du sort ; deux hommes foulés ensemble et qui foulent ensemble à leur tour. Sais-tu, Palmi, que c'est une poignante joie dans le cœur ulcéré des hommes que de salir le sommet des choses d'où l'oppression et le mépris sont long-temps descendus sur eux ?
PALMI. Comment pourrions-nous le salir ?
LUCIO, *terrible.* En y montant, Palmi !
PALMI, *le secouant.* Es-tu bien sûr de ne pas dormir ?
LUCIO. Veux-tu m'écouter ?
PALMI. La nature m'a fait patient ; j'écoute.
LUCIO. As-tu de l'argent ?
PALMI, *montrant sa bourse.* Assez pour séduire un juge ou une femme facile.
LUCIO. Ce n'est pas dire assez pour nous acheter un habit.
PALMI, *qui a compté.* Quinze réaux.
LUCIO. Qu'avais-je dit ?
PALMI. Tu n'as rien, toi ?
LUCIO. Je donnerais pour un réal ma bourse d'aujourd'hui ; mais celle de demain pas pour un million.
PALMI. Combien te faudrait-il ?
LUCIO, *désignant la bourse de Palmi.* Dix fois cette somme.
PALMI. Pour quel jour ?
LUCIO. Celui-ci.
PALMI. Notre honnête industrie ne pourrait y suffire... Dis-moi, si nous empruntions de quoi décupler ces réaux ?
LUCIO. Emprunter ?
PALMI, *à demi-voix, souriant.* Sans prévenir le prêteur ?

LUCIO. Et la justice?
PALMI. Tu la redoutes?
LUCIO. Je l'estime, la veille du jour où je ne dois plus la craindre. Ne compromettons pas l'avenir demain.
PALMI, *se touchant le front*. Comment donc faire?
LUCIO, *remarquant une bague au doigt de Palmi*. Cette bague!
PALMI, *vivement*. Oui, je n'y pensais pas. Elle est de prix.
LUCIO. De prix... tu l'as empruntée?
PALMI, *souriant et donnant la bague*. Voici.
LUCIO, *se posant devant Palmi*. Et maintenant, Palmi, dis-moi : saurais-tu t'incliner avec respect en ma présence?
PALMI. Avec respect?
LUCIO. Pour des poignées d'or.
PALMI, *s'inclinant*. Regarde un peu.
LUCIO. Fort bien. Et maintenant, écoute encore : te sens-tu bien lâche, Palmi?
PALMI, *blessé*. Lâche!
LUCIO, *souriant*. Non pas de cette lâcheté sans mérite et que le hasard donne de reculer devant un péril ; mais de cette lâcheté réfléchie qui, passant sur le ventre aux mots honneur et loyauté, atteint un ennemi et le terrasse.
PALMI. Quels ennemis?
LUCIO. Ceux de qui te récompenserait.
PALMI. Largement?
LUCIO. Royalement.
PALMI, *s'inclinant*. Je suis un lâche.
LUCIO. Tu parviendras... Tu auras de l'or, une dignité, des places...
PALMI. C'est convenu, quoique je n'y comprenne rien.
LUCIO. Si je te dis : Calomnie...
PALMI. Je calomnierai.
LUCIO. Trahis...
PALMI. Je trahirai.
LUCIO. Vante-moi...
PALMI. Je te vanterai!
LUCIO, *gagnant la droite*. Viens.
PALMI. Où allons-nous?
LUCIO. Chez moi.
PALMI. Où donc?
LUCIO, *très-haut*. A la cour!!!

Il sortent rapidement et triomphalement par la droite.

ACTE PREMIER.

Salle du palais du roi. Porte au fond. Deux portes latérales. Une fenêtre à droite. Une table à écrire, à droite et à gauche.

SCENE PREMIERE.

LE ROI, *assis; il écrit*; NABAL, *à distance*.

LE ROI. Tu dis, juif?
NABAL, *hypocrite*. Je dis, monseigneur, qu'on plaint la reine... on murmure.
LE ROI. Qui donc? les courtisans?
NABAL. Et le peuple.
LE ROI. Ils sont donc bien oublieux?.. Ne savent-ils pas que, dans mon royaume, le jour des murmures est la veille des cris de douleur?
NABAL. C'est le retour de Maria Padilla.
LE ROI. Le retour?.. Ils n'ont qu'un reproche raisonnable à me faire... c'est celui de l'avoir renvoyée trop souvent. C'est une femme de cœur et de tête, dont les conseils m'ont singulièrement aidé.
NABAL. Et c'est aussi la plus jolie Castillane...
LE ROI, *s'animant*. N'est-ce pas, Nabal? ne trouves-tu pas que l'or et les diamans mariés ensemble en forme de couronne... conviendraient à cette jolie tête?
NABAL, *donnant au roi une petite boîte*. Voici, monseigneur, le précieux bijou, pareil à celui que vous portez et que vous m'aviez dit de commander.
LE ROI, *prenant la bague*. Précieux, oui, précieux... moins encore par la matière que par la puissance qu'il donne à celui qui le porte... C'est pour Maria Padilla!
NABAL, *hypocrite*. Je le croyais destiné à la reine.
LE ROI, *amer, à part*. A la reine?
NABAL, *de même*. Peut-être les bruits que je recueille et que je transmets à votre grâce sont-ils calomnieux?
LE ROI. On ne nomme personne?
NABAL. Non, monseigneur ; mais on assure que, durant la nuit, dans le parc du château, on a vu passer des ombres, des revenans, peut-être.
LE ROI, *colère*. Ils ne reviendront plus; si je les prends une fois... Laissons cela... Je compte sur toi pour la fête que je donne ce soir à Maria Padilla.... La plus grande magnificence! que le jardin royal soit tout

retentissant de danses et de musique.... et tout resplendissant de lumières.

NABAL. Votre grâce sera obéie... la mascarade sera charmante.

LE ROI, *souriant*. Un nouvel impôt m'acquittera, juif.

NABAL. Si même un seul ne suffisait pas...

LE ROI. Celui-ci en vaudra deux.

NABAL. C'est différent.

LE ROI. Va, juif.

NABAL, *s'inclinant et à part*. Ah! la jeune reine voulait nous chasser de la Castille!

SCENE II.
LE ROI, *debout*.

Un amant!.. la reine... je pénétrerai ce mystère... Cette écharpe empoisonnée, ces ombres du parc... Elle a demandé à me parler... que me veut-elle?... me tromper par sa feinte douceur... oh!

SCENE III.
LA REINE, LE ROI, UN GENTILHOMME, DAMES D'HONNEUR.

LE GENTILHOMME, *annonçant*. La reine.

Il se retire avec les dames par le fond d'où il vient.

BLANCHE, *tremblante et les yeux baissés*. Monseigneur...

LE ROI, *froid et sec*. Que me veut la reine?

BLANCHE. Vous demander une grâce.

LE ROI. Pourquoi trembler ainsi en ma présence? me craindre, c'est m'accuser de dureté ou vous accuser vous-même de quelque faute?

BLANCHE. Je crains de ne pas obtenir ce que je viens solliciter.

LE ROI. Je suis donc injuste, ou bien vous ne méritez pas cette grâce?

BLANCHE. Monseigneur...

LE ROI, *qui a frémi, se contraint*. Que me demandez-vous?

BLANCHE. Le regret du pays natal me tourmente et me consume.

Air *du Porte-faix*.

Le souvenir de la patrie absente
  Me poursuit, hélas! chaque jour.
Dans mes regrets je me la représente
  Belle comme un premier amour.
Durant la nuit j'entends sa voix amie,
Et dans mon cœur je sens naître l'espoir.
Oh! laissez-moi partir, je vous en prie;
  Je voudrais la revoir. (*Bis*.)

LE ROI. Vous voulez aller vous plaindre à votre frère, Charles V, des rigueurs de votre époux?

BLANCHE. Oh! monseigneur...

LE ROI. Vous voulez quitter la Castille pour n'y plus revenir?

BLANCHE. Oh! je vous proteste...

LE ROI, *d'un ton étrange*. Je vous aime trop, madame, pour vous laisser partir... pour me passer du bonheur de vous savoir près de moi.

BLANCHE. Avant l'automne je serai de retour, je vous le promets.

LE ROI. N'aviez-vous pas promis de m'aimer toujours?

BLANCHE, *troublée*. Je vous aime encore.

LE ROI, *après un affreux regard*. D'être heureuse près de moi?

BLANCHE. Je le suis.

LE ROI. Surtout d'être soumise?

BLANCHE. Je le suis.

LE ROI. Plus donc de ces larmes qui m'offensent, de ces tristesses d'enfant qui m'accusent.

BLANCHE. Eh bien! je ne répandrai plus de larmes.... j'aurai l'air d'être heureuse; je le serai, oh! oui, si...

LE ROI. Plus cette retraite solitaire dans votre appartement qu'on dirait imposée par moi... Il est arrivé ce matin, à Valladolid, à ma cour, une femme de haute intelligence, et dont les conseils m'ont rendu quelquefois léger le sceptre si lourd à porter dans ce turbulent pays de Castille. Cette femme, qu'une aveugle concession aux vains scrupules de votre frère et de ma mère me fit éloigner d'ici, lorsque vous vîntes partager avec moi le trône... cette femme, injustement disgraciée, je l'ai rappelée aujourd'hui, que les affaires de mon royaume se trouvent en un fâcheux état... aujourd'hui, que la révolte dresse de nouveau la tête dans les provinces... elle est ici comme le plus habile de mes conseillers. Je lui donne cette nuit, au Buen-Retiro, une fête brillante... vous y assisterez, madame, vous prendrez part à tous les plaisirs, vous sourirez à Maria Padilla... vous serez heureuse, vous me l'avez promis.

BLANCHE. J'obéirai, monseigneur.... je paraîtrai à cette fête; mais, je vous en supplie, quelques jours passés en France, oh! quelques jours seulement?...

LE ROI. Renoncez à ce désir insensé!... vous êtes reine de Castille, vous devez rester en Castille; c'est en Castille qu'il vous faut vivre et mourir.

BLANCHE. J'y mourrai, monseigneur....

Elle sort par le fond.

SCENE IV.

LE ROI, *puis* MARIA, *venant de la porte latérale de droite.*

LE ROI, *seul, colère.* Les cortès l'avaient décidé... c'est la nation; et la couronne n'eût point tenu sur ma tête, si je n'eusse consenti à ce mariage. Je l'ai épousée, on l'a voulu... mais pour l'aimer!... l'aimer! (*Il regarde du côté d'où va venir Maria.*) Ah! tout mon cœur est là!... (*Maria paraît.*) Chère Maria, es-tu heureuse de ton retour, de mon repentir?

MARIA, *artificieuse toute la scène.* Vous me le demandez?... mais, je l'avoue, monseigneur, un poignant souvenir ne peut s'effacer de mon cœur.

LE ROI. Quel est-il?

MARIA, *exagérant.* Comme ils durent triompher, tous mes ennemis, lorsque, il y a trois mois, à l'arrivée de la reine, il me fallut quitter la cour... Elle part, ont-ils dû dire, l'astre de la favorite est éclipsé par celui de la reine; le fier don Pèdre est vaincu par la cour!

LE ROI, *ulcéré.* Ils n'ont pas dit cela, ils ne l'eussent point osé. Ils savaient bien que ton départ était volontaire.

MARIA. D'ailleurs pour vous, monseigneur, il n'est pas de sacrifice que je ne sois toujours disposée à faire.

LE ROI. Va, tu seras dédommagée. Je veux, Maria, je veux renouveler ces fameux tournois de Tolède, t'en souvient-il, dis-moi?

MARIA. S'il m'en souvient! Alors j'étais heureuse, votre cœur était à moi; votre main n'était à personne. Votre cour était ma cour; on s'inclinait devant moi comme devant une reine, et nul, pas même votre mère, n'eût osé offenser la favorite du roi.

LE ROI. Et qui l'ose aujourd'hui?

MARIA. Qui? tous ceux que je rencontre sur mes pas. Ce sont ou des respects ironiques ou des mépris à découvert. Ils semblent oublier que c'est vous, le roi, qui m'avez rappelée de ma disgrâce, et s'ils méprisent la protégée, ils ne redoutent guère le protecteur.

LE ROI. Malheur à eux!... Est-ce un reproche que tu m'adresses?

MARIA, *très-hypocrite.* A vous des reproches, monseigneur? à vous qui m'avez comblée de bienfaits! à vous, qui avez fait de moi une reine jusqu'au jour de votre mariage?... Oh! non, monseigneur, non, je n'ai point oublié tout cela; je m'en souviens si bien que je veux à mon tour être généreuse au moins une fois.

LE ROI. Que veux-tu dire?

MARIA. Il est temps d'imposer à jamais silence aux injurieux propos de vos courtisans; il est temps de satisfaire et votre mère et votre tante Eléonor, et tous mes ennemis; ce serait un tourment pour vous que d'avoir à me protéger sans cesse contre leurs perfides discours et contre leurs violences!

LE ROI. Leurs violences?

MARIA. Qui puis-je soupçonner de l'attaque nocturne où j'ai failli perdre la vie?

LE ROI. Une attaque?

MARIA. Cette nuit, sur la route, des assassins apostés ont dispersé mes gens, et le fer était déjà levé sur ma poitrine, lorsque deux étrangers sont accourus à mes cris et, sans me connaître, m'ont arrachée à une mort certaine.

LE ROI. Oh! que ces généreux défenseurs se présentent, et qu'ils attendent tout de moi. Leurs noms?

MARIA. Je les ignore. Ils se sont dérobés à ma reconnaissance.

LE ROI. Je les découvrirai, et c'est toi, Maria, qui me diras ce qu'ils ont mérité.

MARIA. Moi, monseigneur, je vais partir.

LE ROI. Partir!

MARIA. Vous m'avez rappelée, je suis venue... Je désirais ardemment vous revoir; je vous ai vu, je suis heureuse... Dès demain, je vous quitte, je quitte la cour, la Castille, pour n'y rentrer jamais.

LE ROI, *très-agité.* Maria! tu resteras à la cour!

MARIA, *à part.* Je le sais bien. (*Haut.*) Non, non, je dois m'en bannir dans l'intérêt de votre gloire; je ne veux pas que mon amour soit pour vous une source d'outrages; car on vous outrage en m'outrageant.

LE ROI. Qui donc? ma mère, ma tante Eléonor? je vais leur ordonner de partir aujourd'hui même pour le Portugal... mes frères Henri et Tello? eh bien, je les bannis à l'instant de la Castille. Quant à Frédéric...

MARIA, *à part.* Ciel!

LE ROI. Le plus dissimulé, le plus ambitieux des trois...

MARIA, *vivement.* Il ne m'aime pas plus que les autres; mais du moins ses respects apparens...

LE ROI. Je veux qu'il reste près de moi; je veux pouvoir surveiller ses démarches.

MARIA. Oui, oui, cela est prudent.

LE ROI. N'est-ce point assez? j'entends que ta famille prime à la cour. Tu disposeras de toutes les places. Celles de capitaine et de lieutenant des gardes étaient occupées par des créatures de la reine; elles sont vacantes. Voici deux blancs-seings que tu rempliras à ton gré. Et cette bague, dont moi seul ai la pareille dans toute la Castille, cette bague, qu'il suffit de montrer pour se faire obéir, je te la donne... Eh bien, Maria?

MARIA. Oh! je vois que tu m'aimes!... Mais tu es inconstant, et je crains que la reine... Je ne l'ai pas encore vue : elle est jeune, et on la dit si belle!... Sa haine contre moi peut beaucoup.

LE ROI. Rassure-toi... un jour peut-être... (*La regardant fixement.*) Les reines ne sont pas immortelles!

Il sort par le fond.

SCENE V.
MARIA, *seule.*

Enfin! j'ai reconquis la puissance! Malheur à toi, roi lâche et cruel!... M'outrager, réparer son outrage, me chasser, me rappeler au gré de son caprice..... cela vingt fois depuis dix ans! Ce sera la dernière... Oh! il y a ici un homme qui pourrait seconder mes projets, en partager la gloire... Il m'aime... il m'aimait, du moins, avant ma dernière disgrâce... Ses regards seuls, il est vrai, avaient parlé; mais que ne m'ont-ils pas dit!... Cependant, quand le bruit que la reine a un amant est venu jusqu'à moi, j'ai aussitôt pensé à Frédéric... S'il l'aimait!... C'est lui que le roi envoya au-devant de la reine, tandis que je partais pour l'exil... On m'a parlé d'un jeune page, d'un enfant étourdi, ingénu, que la jeune reine a amené de France... Par lui, je puis savoir adroitement ce qui s'est passé entre Frédéric et Blanche, lorsqu'il la rencontra à Narbonne et l'accompagna jusqu'ici.

SCENE VI.
MARIA, ANGELO, *venant du fond, et jouant avec des dés.*

Il n'aperçoit pas Maria.

ANGELO. Sont-ils lugubres, tous ces Espagnols! ma gaîté les étonne et les scandalise... (*Il cesse de jouer.*) Et monseigneur Frédéric, qui ose me soutenir que j'ai vu Maria Padilla ici!... Il y avait tant de dames! Il est arrivé tant de visages nouveaux pour la fête de ce soir... Oh! il faut que je la voie!

MARIA, *appelant.* Page?

ANGELO, *se retournant, à part.* Encore un visage inconnu!

MARIA. Viens... Le bel enfant!

ANGELO, *à part.* Elle a du goût.

MARIA. Ton nom?

ANGELO. Angelo, page de votre reine, si vous êtes Castillane, et je ne voudrais pas changer de condition, même pour être roi.

MARIA. Tu aimes donc bien la reine?

ANGELO, *exalté.* Oh!... imaginez un enfant qui n'a pas de mère, qui en rêve une, belle, belle, bonne, bonne, tout ce qu'il y a de plus beau et de meilleur, et qui, un jour, trouve mieux que cela; car la reine Blanche me tient lieu de mère, je suis comme son enfant; elle me sourit, elle me caresse, et moi, j'aime tant cela! je n'aime pas à être gêné, et lorsqu'on a été gâté par une princesse du sang royal de France... Je vous salue.

MARIA. Attends.

ANGELO. Vous ne me gênerez pas?

MARIA. Non, viens.

ANGELO. Ah! mon Dieu! pardon... Qui êtes-vous, madame, pour que je sache comment il faut vous saluer?

MARIA. Que t'importe?

ANGELO. Comment donc voulez-vous que je vous salue? il y a des degrés de salut selon les rangs, à ce que m'enseigne le maître des cérémonies... Au fait, je m'en vais vous faire une très-grande courbette; vous en prendrez ce qui vous revient...

MARIA. Je t'en dispense... Tu as de l'esprit.

ANGELO, *à part.* C'est une femme charmante.

MARIA. Elle est donc bien belle, la reine Blanche?

ANGELO. Belle? Oh! dites-moi, madame, quand l'astre du jour se montre, que deviennent les étoiles du ciel?

MARIA. Elles s'effacent.

ANGELO. Ainsi, madame, sont les autres femmes quand la reine Blanche paraît.

MARIA. Regarde-moi... Je ne suis rien auprès d'elle, n'est-ce pas?

ANGELO, *galant.* Vous êtes, madame, la plus brillante des étoiles.

MARIA. C'est bien quelque chose... mais ton dévouement à la reine t'exagère peut-être sa beauté.

ANGELO. Je n'exagère rien, madame, et sa beauté produit le même effet sur tout le monde. Depuis Paris jusqu'ici, les populations se portaient en foule sur son chemin, en s'écriant : Oh! qu'elle est belle! Oui, madame, les vieillards, les enfans... même les femmes.

MARIA, *souriant.* Même les femmes! petit espiègle. (*Le caressant.*) Il est gentil.

ANGELO.

AIR :

Sa voix légère est pleine de douceur;
La grâce brille en toute sa personne,
Elle a des yeux qui vous touchent le cœur.
A son aspect, de plaisir on frissonne.
Vous la verrez, et vous ferez l'aveu
Que, lorsqu'on voit un si charmant visage,
Dieu serait là que l'on oublierait Dieu,
Pour admirer son plus parfait ouvrage.

MARIA, *souriant.* Ce que tu dis là est un peu idolâtre!
ANGELO. Demandez au plus galant, au plus difficile seigneur de la cour... au modèle de tous, à don Frédéric, grand-maître de Saint-Jacques.
MARIA, *émue.* Ah! il trouve... Parle, j'aime à t'entendre.
ANGELO. Le beau cavalier que celui-là! et la belle ame que cet extérieur annonce!
MARIA. C'est lui, n'est-ce pas, qui alla, il y a trois mois, à la rencontre de cette belle reine?
ANGELO. Qu'il est brave et galant!
MARIA. Il fut galant près de la reine?
ANGELO. Quel homme que celui-là pour bien représenter un époux royal! On eût dit qu'il venait épouser lui-même. Ah! il s'acquitta bien des ordres du roi.
MARIA. Il fut modeste, silencieux, respectueux?
ANGELO. Assidu, zélé, empressé...
MARIA. Empressé?... C'était son devoir. Il représentait un époux au commencement du mariage, et même avant...
ANGELO. Toutefois il a représenté le roi mieux qu'il ne méritait.
MARIA. Comment cela?
ANGELO, *triste.* Hélas! madame, vous ne l'ignorez pas, le roi n'aime pas la reine, et je sais bien pourquoi.
MARIA. Pourquoi donc?
ANGELO. Aimez-vous Maria Padilla?
MARIA. Il ne m'appartient pas d'en dire du bien.
ANGELO. Alors je vous dirai que cette Maria Padilla a ensorcelé le roi. C'est une femme adroite, coquette, ambitieuse, qui a vendu son cœur pour recevoir le reflet d'une couronne.
MARIA. On l'a calomniée... elle aime le roi, voilà tout.
ANGELO. C'est-à-dire la royauté.
MARIA, *à part.* Petit fripon! (*Haut.*) Et qui a pu te dire ces choses?
ANGELO. Tout le monde (*En confidence.*) Maria Padilla aime bien les présens du roi et la bonne mine du grand-maître de Saint-Jacques.

MARIA, *lui saisissant le bras.* Impertinent! qu'oses-tu dire?...
ANGELO, *la regardant.* Oh! ces paroles, et ce regard plein de dépit, et votre main tremblante qui presse la mienne... oh! tout cela me dit que c'est vous qui êtes Maria Padilla... Oh! maintenant, je ne chercherai plus à vous voir.

Il sort effrayé par le fond.

SCÈNE VII.
MARIA, *seule.*

Ce que vient de me dire ce page... mes soupçons, qui étaient comme un pressentiment... Quelle horrible incertitude!... Heureusement la nuit approche... les fêtes du Buen-Retiro vont commencer... je ferai dire au grand-maître que j'ai à lui parler, je saurai enfin... Oh! oui, il m'aime... il m'avouera son amour... Il faut qu'il se prononce... Que je suis folle de m'alarmer ainsi! je suis injuste envers la fortune; elle m'a comblée aujourd'hui. (*Elle regarde les deux blancs-seings et la bague.*) Le beau diamant! quels feux il lance! Oh! ils verront ses éclairs se mêler à ceux de mes regards triomphans. Oh! je serai vengée... La vengeance est une chose si douce! (*Elle s'assied à droite.*) Un mot au grand-maître.

Elle écrit.

SCÈNE VIII.
PALMI, LUCIO, MARIA.

Palmi et Lucio sont en costume de gentilshommes. Le costume de Palmi est moins riche. Lucio n'a plus qu'une barbiche. Un officier arrête Palmi et Lucio à la porte du fond.

LUCIO, *insolemment.* Nous sommes de la suite de Maria Padilla.

L'officier se retire et ferme la porte du fond.

PALMI, *à demi-voix désignant Maria.* Et tu veux...
LUCIO, *de même.* Laisse-moi!
PALMI. Souviens-toi du billet : « Ne la » reconnais pas, il y va de ta vie. »
LUCIO, *de même, regardant Maria qui écrit toujours.* Il est des situations inflexibles où on n'a qu'un parti à prendre... je suis homme de résolutions.
PALMI. C'est vrai.
LUCIO. J'aurais peut-être mieux aimé la retrouver paysanne; mais c'est le sort qui fait les événemens, et c'est l'homme qui les exploite... l'homme habile est celui qui les exploite bien.

PALMI. Mais elle ne peut pas descendre jusqu'à toi.

LUCIO. Il faut donc qu'elle m'élève jusqu'à elle.

PALMI. Mais elle ne peut plus être ta femme.

LUCIO. Je le sais; le destin a prononcé notre divorce... je me résigne.

PALMI. Prends garde au moins!

LUCIO. Laisse-moi!

PALMI. Tu vas jouer, Lucio...

LUCIO. La plus belle partie!... si je la gagne, brillante fortune!

PALMI. Et si tu la perds?

LUCIO. Je ne mets au jeu qu'une vie misérable, c'est moins que rien.

PALMI. Il a raison.

LUCIO. Attends-moi là. (*Palmi sort à gauche.*) C'est elle, c'est bien elle!

Il s'avance.

MARIA, *se tournant*. Qui vient là?

LUCIO, *se découvrant*. Moi, madame.

MARIA. Qui êtes-vous?

LUCIO. L'homme à la longue barbe, que le roi a voulu faire tuer ce matin, sur la place publique.

MARIA, *dédaigneuse et nonchalante*. Eh bien! la mort que tu as évitée, la viens-tu chercher ici?

LUCIO. La mort! non pas... je viens chercher la vie avec tous les hochets de l'homme fait, à savoir : des dignités, des honneurs, des valets, des flatteurs, surtout beaucoup d'argent.

MARIA, *se tournant tout-à-fait sans se lever*. Es-tu le fou du roi? nous en attendons un.

LUCIO. Attendre un fou, à la cour?... c'est attendre mordieu ce qu'on a sous la main.

MARIA. Diras-tu enfin qui tu es?

LUCIO. Vous ne me reconnaissez pas?

MARIA, *souriant*. Toi, non.

LUCIO. Alors je vous ai fait injure, car j'ai cru que, par souvenir, vous aviez reculé à mon aspect.

MARIA. Souvenir de toi!... quelle folie!... Ah! je vois bien que tu es fou.

Elle se lève.

LUCIO, *insolent et dominateur*. Vous voyez mal... Ecoutez-moi : Trouver la vie dans l'ordre d'une mort, et cela fait, exploitant un accident, en tirer des métamorphoses étranges; changer ses haillons en riches habits, une maigre besace en bourse de velours; n'avoir pas de nom et s'en faire un; pas de puissance et s'en faire une; pas de rang, pas un pauvre échelon pour monter, et pourtant sur les épaules du hasard, d'un seul bond s'élancer, se trouver des ailes, dévorer l'espace et se placer près d'un soleil. (*Il se place à côté d'elle.*) Tout cela, dites-moi, madame, est-ce l'œuvre d'un fou?

MARIA, *lui jetant quelques pièces d'or*. Tiens, fou, voilà de l'or, car tu m'as amusée.

Elle se retire.

LUCIO, *la retenant*. De l'or jeté!... oh! non! offert à la bonne heure, avec supplication de le prendre... Toute la bourse, bien.

Il désigne la bourse dans laquelle, avec des pièces d'or, sont les deux blancs-seings.

MARIA. Si j'avais le temps de prêter l'oreille à tes folies, je te trouve plaisant, tu aurais toute la bourse, moins ces papiers.

LUCIO. Ils sont donc bien précieux?

MARIA, *souriant dédaigneusement*. Les brevets de capitaine et de lieutenant des gardes, il n'y manque plus que les noms.

LUCIO, *les prenant*. Merci.

MARIA. Eh bien!

LUCIO. Je les y mettrai.

MARIA, *en colère*. Fou, c'est trop de folie!... Rends-moi ces papiers et va-t'en, je l'ordonne.

LUCIO. Je reste, par ordre aussi.

MARIA. Par ordre de qui?

LUCIO. De moi.

MARIA. De toi! la belle autorité. (*Appelant.*) Gardes!... nous verrons.

LUCIO. Vous verrez.

Les gardes paraissent au fond.

MARIA, *bas*. Rends-tu ces papiers et me laisses?

LUCIO, *bas*. Dites à ces gardes de se retirer, ou je le leur dirai moi-même.

MARIA, *furieuse*. Gardes!...

LUCIO, *se couvrant*. Gardes, votre capitaine Lucio vous ordonne de vous retirer.

MARIA. Lucio!... Gardes, retirez-vous.

Les gardes disparaissent.

LUCIO, *regardant Maria*. Eh bien! que te disais-je?

MARIA, *le regardant*. Lucio! Lucio!... oui, c'est lui, c'est mon mari... Eh bien! que me veux-tu?... qu'espères-tu?... exploiter un scandale?... dénoncer au roi mon passé?

LUCIO, *railleur*. Moi, te faire du mal... quand c'est de toi que j'attends tout mon bien... oh! non, ma chère amie, non... que Dieu te conserve puissante, pour bien loger, vêtir et dorer ton mari.

MARIA. Combien de fois veux-tu cette bourse pleine d'or, dis?... Et puis pars et oublie mon nom.

LUCIO. Partir! je suis en trop bon gîte.

MARIA. Il le faut bien pourtant!

LUCIO, *s'asseyant*. Il le faut bien... Regarde un peu, Frasquitta.

MARIA. Je ne suis plus, Lucio, la paysanne Frasquitta.

LUCIO. Je dis mieux; je vois maintenant que tu ne l'as jamais été.

MARIA. Raison de plus.

LUCIO, *se levant*. Raison de moins. Oui, n'est-ce pas, noble signoretta, sous le déguisement d'une paysanne, un caprice vous aurait pris, quelques dix ans y a, de faire votre mari d'un homme de bonne mine, mais qui n'avait que cela; puis, comme fait un riche amant d'une pauvre maîtresse, le caprice satisfait et la fièvre passée, vous auriez dit à ce mari : Va-t'en, je ne veux plus de toi!

MARIA. Plus bas, Lucio, plus bas.

LUCIO, *triomphant, très-haut*. Bien tout cela, sans doute, s'il ne restait de cet hymen qu'un vague souvenir entre nous... mais ces deux lettres...

MARIA, *les saisissant*. Elles sont à moi!

LUCIO. Oui, les copies; mais les originaux sont en lieu de sûreté.

MARIA, *à demi-voix*. Des précautions contre ta femme...

LUCIO. N'en prenais-tu pas contre ton mari?

MARIA, *hypocrite, lui rendant les copies*. Tu ne m'avais pas comprise, Lucio... en m'emparant de ces lettres, je voulais te prouver que la crainte n'entre pour rien dans le bien que je veux te faire.

LUCIO, *railleur et bruyant*. Oh! pardon, je l'avais méconnue, cette chère femme!

MARIA. Oh! plus bas, plus bas!... c'est nous perdre tous deux... Écoute : j'ai de grands projets; il me faut un homme résolu, sur qui je puisse compter. (*Avec effort.*) Sois le bien venu, Lucio!

LUCIO. Ah! à la bonne heure!

MARIA. Es-tu à moi corps et âme?

LUCIO. Et à qui, diantre! un mari pourrait-il être plus inévitablement qu'à sa femme?... Mais dis-moi, ces deux gentilshommes inconnus qui te dérobèrent à mon amour...

MARIA. L'un était mon oncle, l'autre mon frère; ils me cherchaient pour me livrer à l'infamie que j'avais voulu fuir en te suivant; la fortune leur manquait pour rehausser la noblesse de leur race; ils voulaient vendre ma jeunesse au roi de Castille... C'est pour me soustraire à cet odieux marché que je te suivis... il me sembla que mes aïeux auraient moins à rougir, si j'aimais mieux être la femme d'un soldat que la maîtresse d'un prince... et si je te cachai ma naissance et mon nom, ce fut encore par respect pour ma famille vivante, car tu n'avais ni naissance ni nom.

LUCIO, *enchanté*. J'aurai tout cela maintenant!

MARIA. Mais la nuit s'avance... les jardins du Buen-Retiro sont déjà inondés de lumières... Je vais prendre mon costume de bal et mon masque... Dans les bosquets obscurs, à onze heures, tu sauras mes projets.

LUCIO, *qui a rempli les deux blancs-seings*. C'est ce que je demande.

MARIA. Quel nom as-tu mis là?

LUCIO. Le mien!

MARIA. Bien commun et bien court.

LUCIO. Donne-moi une terre pour l'anoblir et l'allonger... Ajoute le nom de ma seigneurie à mon nom. (*Il prend la plume.*) Cela fait?...

MARIA, *après avoir réfléchi*. Lucio d'Altariva.

LUCIO, *montrant le brevet après avoir écrit*. Vois donc comme le voisinage d'Altariva donne bel air à Lucio!

MARIA. Quant à la lieutenance...

LUCIO. J'en disposerai.

MARIA, *remontant la scène*. C'est bien; mais souviens-toi d'une chose : Je ne suis pas ta femme! je n'ai jamais été ta femme! il y a prescription.

LUCIO. C'est convenu.

MARIA. Et maintenant, je vais annoncer ta nomination au roi.

LUCIO. Va, mon amour.

MARIA, *revenant vivement*. Ah! souviens-toi aussi que tu m'as sauvé la vie, cette nuit, et ne sois pas étonné quand je te présenterai à don Pèdre comme un de mes deux libérateurs.

LUCIO, *froid*, Je veux bien.

MARIA. Ta main?

LUCIO. La voici.

MARIA. Et tu es à moi?

LUCIO. Et toi à moi?

MARIA. A toi.

LUCIO. A toi!

MARIA. Ce cher ami! (*A part.*) Impossible de faire autrement.

En passant au fond, elle désigne aux gardes Lucio comme leur capitaine.

SCÈNE IX.

LUCIO, *puis* PALMI.

LUCIO, *transporté*. Eh! qu'on vienne me

dire maintenant que le hasard est un mot! c'est une chose, pardieu!... qu'on me dise aussi que c'est un malheur de retrouver sa femme... ceci est un joli début... Quel va être l'étonnement de Palmi !...

Il remonte la scène et fait un signe. Palmi paraît à la porte latérale de gauche.

PALMI. Eh bien?
LUCIO. Incline-toi d'abord.
PALMI. Est-ce assez?
LUCIO. Encore.
PALMI, *s'inclinant davantage*. Tant mieux! car plus je serai bas, plus je te croirai haut.
LUCIO, *se pavanant*. Et maintenant regarde-moi; qu'en dis-tu?
PALMI. Je dis que tu as l'air trop insolent pour ne pas être un grand personnage.
LUCIO, *souriant*. C'est vrai; quand les petits s'élèvent, ils ont toujours peur de ne pas paraître assez grands.
PALMI. Le monde est une drôle de chose.
LUCIO, *se pavanant*. L'habit, comme il vous change! Ces gardes qui nous repoussaient hier du bois de leurs piques, s'inclinent devant nous et tremblent; c'est qu'hier, nous étions deux pauvres diables, gagnant misérablement la vie. A présent, nous sommes deux gentilshommes, deux hommes riches et nommés, deux brillans coquins, voleurs de haute volée, et les gardes nous respectent; c'est que les gardes sont du peuple, et le peuple est un sot.
PALMI. Nous en sommes aussi.
LUCIO. Nous en étions, Palmi!... Cette puissance que le peuple fait mine de haïr, il se courbe devant elle; cet éclat qu'il semble maudire, il s'en laisse éblouir; il est si bête, ce peuple, que si quelqu'un des siens s'élève, lui fangeux et misérable, il lui reproche la misère et la fange d'où il est sorti; il lui reproche l'arrogance, et il ne la permet, pour l'admirer, qu'à ceux que le hasard a fait naître dans les titres et l'or.
PALMI. C'est pourtant vrai... Fi! le peuple!
LUCIO. Oh ! ris donc, Palmi, ris donc, je t'en supplie... admire ta bonne mine dans la mienne; sois insolent, Palmi; tu es chez toi... regarde les femmes dans les yeux, elles sont à toi, même celles qui sont aux autres; ces lambris sont à toi, tout cela est à nous, Palmi; donne-toi la peine de t'asseoir dans ces riches fauteuils.

Grands airs. Ils sont assis.

PALMI. Mais enfin qui es-tu?
LUCIO. Lucio d'Altariva, capitaine des gardes.

PALMI. Impossible !
LUCIO. Ne suis-je pas un homme? N'y a-t-il pas des gardes?
PALMI. Sans doute.
LUCIO. Voilà les élémens du possible, Palmi.
PALMI, *s'inclinant*. Monseigneur...
LUCIO, *debout*. Écoute-moi, maintenant. Dans cette fête de ce soir, dans ce jardin royal, mille passions diverses vont s'agiter; tu plongeras, Palmi, au milieu de tous ces flots d'intrigue... il y a des secrets au fond ; tu en recueilleras, tu les apporteras; ils valent de l'or, et nous partagerons.
PALMI. Je suis bon plongeur.
LUCIO. Avant de nous rendre ici, je me suis informé de tout, je sais tout : Frédéric, le grand maître de Saint-Jacques, suivra la jeune reine; ma femme suivra Frédéric; Angelo sera là, là le roi et les agens subalternes de toutes ces intrigues. Jetons-nous dans les tourbillons de ces masques, exploitons-les. Ces gens royaux, Palmi, sont notre peuple à nous.
PALMI, *se rengorgeant*. Je veux bien.
LUCIO, *souriant*. Je suis roi de Castille et te fais vice-roi.

Il lui donne le brevet de lieutenant.

PALMI. Lieutenant des gardes!
LUCIO. Un titre seulement; tu n'exerceras pas, tu n'as jamais servi... je te le donne pour qu'il ne soit pas à un autre : rien à faire; beaucoup à recevoir.
PALMI. Tu as rencontré ma vocation.
LUCIO, *appelant*. Gardes du roi ! (*Les gardes paraissent; bas à Palmi.*) Je connais la consigne, j'ai servi dans leurs rangs. (*Aux gardes.*) Gardes, vous savez l'ordre : Tout le monde peut entrer en masque dans le jardin royal; tout le monde doit en sortir démasqué, demi-heure avant la fin de la fête. A minuit, le jardin est évacué, et nul n'a le droit, excepté le roi, de s'y trouver après cette heure.
PALMI, *à part*. Quel aplomb!
LUCIO, *aux gardes*. Allez. (*Les gardes défilent du fond à la porte de droite; bas à Palmi.*) Ils vont!... des machines! (*Aux gardes.*) Halte !

Les gardes s'arrêtent.

PALMI, *à demi-voix*. A ce soir, capitaine.
LUCIO, *à demi-voix*. A ce soir, lieutenant : Confiance, arrogance, impertinence, trois vertus que j'exige de nous, pour que nous fassions honneur au choix de ma femme.
PALMI, *à demi-voix*. Je t'imiterai.
LUCIO, *de même*. A ce soir, flatteur !... (*Aux gardes.*) Marche !

Les gardes marchent.

ACTE DEUXIÈME.

Partie du jardin du Buen-Retiro. Une torche à droite et à gauche éclaire la scène, sur le premier plan. Des masques se rendent dans les parties lointaines du jardin, d'où arrivent de temps en temps des bouffées de musique douce et expirante. Les masques vont de gauche à droite.

SCENE PREMIERE.
FRÉDÉRIC, TELLO, HENRI, puis ANGELO.
Ils sont masqués tous trois et en dominos.

FRÉDÉRIC, *quand les masques ont disparu, se démasquant.* Quelle imprudence! si le roi, qui vous croit partis pour l'exil, se doutait que vous êtes ici!

HENRI, *se démasquant ainsi que Tello.* Nous avons voulu te voir avant de partir.

FRÉDÉRIC. Sortez du jardin. Tenez-vous cachés à Valladolid. Si mes projets sont découverts, toi, Henri, tu passeras en France pour demander du secours à Charles V; toi, Tello, tu soulèveras les provinces de Castille les moins dévouées à don Pèdre... Allez, allez, prudence d'abord; résolution ensuite. (*Angelo paraît non déguisé. Tello et Henri se retirent. Angelo s'approche sans être aperçu de Frédéric.*) Angelo ne vient pas. Comment reconnaître la reine, si elle est déguisée et masquée... Pauvre reine! comme elle a été impitoyablement brisée par la colère du roi... Oh! si elle était là, peut-être j'oserais, sous ce déguisement et sous ce masque...

ANGELO, *qui s'est approché sans bruit.* Osez donc, monseigneur? pourquoi n'oseriez-vous pas?

FRÉDÉRIC, *contrarié.* Tu étais là?

ANGELO. Je suis partout et je sais tout; oui, tout, vous dis-je... Pourquoi dissimuler?

FRÉDÉRIC. Angelo!... c'est assez.

ANGELO. Ah! bah! que voulez-vous après tout? la défendre, la protéger, au péril de vos jours, contre ses ennemis?

FRÉDÉRIC. Oh! oui, ma vie est à elle.

ANGELO. C'est comme moi, je le lui dis; elle ne se fâche pas.

FRÉDÉRIC. C'est que tu es un enfant.

ANGELO. Raison de plus, vous pouvez mieux la défendre; vous êtes plus grand et plus fort; elle se fâchera bien moins.

FRÉDÉRIC. Tais-toi... Quel est le déguisement de la reine?

ANGELO. Un domino bleu.

FRÉDÉRIC, *se promenant et rêvant.* C'est bien; cela suffit.

ANGELO. Mon Dieu! comme vous êtes triste! Oh! moi, quand j'aimerai quelque femme, je serai gai; c'est plus amusant... Il faudra que je m'informe à quel âge on aime. J'ai treize ans... je crois que ça ne tardera pas.

Il sort en courant par la gauche.

SCENE II.
FRÉDÉRIC, BLANCHE, *venant de la droite.*

BLANCHE, *à ses femmes.* Allez, mesdames, allez; je ne veux pas vous attrister de ma douleur. Prenez part à la fête; ce lieu est solitaire, je vous y attendrai.

Les femmes se retirent.

FRÉDÉRIC, *à part, mettant son masque.* La reine!

BLANCHE, *sans voir Frédéric.* Ah! pourquoi n'ai-je point écouté ma secrète pensée? Pourquoi suis-je venue en Castille, malgré la terreur que m'inspirait le nom seul du roi? Toute la cour de France pleurait en me voyant partir. Il y avait dans ces larmes un pressentiment de ma destinée... On vient... mon masque...

Elle n'a pas le temps de le mettre.

FRÉDÉRIC, *masqué.* Oh! restez ainsi, madame, vos traits augustes vous protégeraient mieux qu'un masque contre un outrage, s'il était quelqu'un capable d'un outrage envers la reine.

BLANCHE. Qui que vous soyez, le ton de vos paroles me répond de votre obéissance. Retirez-vous.

FRÉDÉRIC. Oh! laissez-moi vous dire, à la faveur de ce déguisement qui cache la personne et ne laisse voir que le cœur, laissez-moi vous dire qu'il est un homme entre tous vos sujets dévoués qui souffre plus cruellement que les autres de l'insulte faite à la reine; laissez-moi vous dire que cet homme, à votre insu, attend une occasion favorable de vous venger des injures de ceux qui devraient vous adorer à genoux. Ne lui enlevez pas, madame, l'espérance qui soutient sa vie, celle de la sacrifier pour assurer la vôtre. Un mot, un seul mot de votre bouche royale qui approuve ma résolution, qui m'accepte pour défenseur, et mes amis sont prêts, et l'occasion venue, nous combattrons pour vous.

BLANCHE. Oh! je vous le défends. N'aggravez point mes peines des craintes que m'inspirerait pour mes rares amis l'exécution d'un projet insensé.

FRÉDÉRIC. Insensé? Non, madame, l'audace et l'activité peuvent en assurer la réussite.

BLANCHE. Non, non, je suis résignée à mon sort.

FRÉDÉRIC. Mais votre sort, le connaissez-vous bien? Connaissez-vous bien l'homme qui vous a marquée de sa haine?

BLANCHE. Laissez-moi.

FRÉDÉRIC. Une écharpe fatale et une calomnie vous ont à jamais perdue dans le cœur du roi; et vous savez comment la Castille l'appelle dans ses secrètes malédictions.

BLANCHE. Ne me le dites pas, car ce nom m'épouvante.

FRÉDÉRIC. Vous m'autorisez donc?

BLANCHE. Point de révolte, point de vengeance; mais s'il est un moyen de me dérober à sa haine, j'y souscris. Sauvez-moi, sauvez-moi; je veux revoir la France; je ne veux pas mourir ici.

FRÉDÉRIC. Oh! oui, vous sauver, madame, non pas pour fuir, mais pour vous laisser aux vœux de la Castille; sauver votre tête, madame, mais sans en faire tomber la couronne.

BLANCHE. La couronne? Oh! elle me pèse déjà, et je la porte depuis si peu de temps! Délivrez-moi de la couronne. Avant de la porter, ma vie était douce et heureuse. Rendez-moi au ciel de la France, à l'amour de ma famille, à la liberté de mes premiers ans. Mon frère, le roi Charles vous récompensera, et moi, oh! moi, si par vous j'ai le bonheur de n'être plus reine, oh! moi, je vous garderai une éternelle reconnaissance.

FRÉDÉRIC. Non, non, madame, ce serait une lâcheté à vos amis que de ne savoir pas d'autre réparation à vos injures qu'une fuite honteuse.

BLANCHE. Ah! votre obstination commence à m'alarmer... et je crains que vous ne vouliez me faire servir d'instrument à d'ambitieux desseins... Et qui me dit encore que vous n'êtes pas un agent du roi lui-même; que vous ne venez point sonder mes secrètes dispositions pour me dénoncer ensuite à sa haine?

FRÉDÉRIC. Vous pouvez penser?

BLANCHE. Oh! ce serait affreux de cacher une lâche trahison sous l'apparence du dévouement.

FRÉDÉRIC, *se démasquant*. Voyez qui vous soupçonnez!

BLANCHE. Le grand-maître! (*A part.*) mon cœur me l'avait presque dit.

FRÉDÉRIC, *s'inclinant avec respect*. Eh bien, madame, autorisez-vous un sujet dévoué?...

BLANCHE, *brusquement*. Silence! on vient!

Frédéric et Blanche remettent leurs masques; un masque rouge, venant de la gauche, suivi de quatre autres, s'arrête et examine Blanche et Frédéric.

FRÉDÉRIC, *à part*. Qu'ont-ils donc à nous examiner ainsi? (*Aux masques.*) Le reste du parc royal vous est-il interdit, que vous vous arrêtiez?...

BLANCHE, *bas à Frédéric*. Que faites-vous? une querelle! songez qui vous compromettez, si une indiscrétion violente m'arrachait ce masque.

FRÉDÉRIC, *bas*. J'ai mon épée.

BLANCHE, *bas*. Retirez-vous, je le veux. (*Frédéric s'incline.*) Point de respects! vous révélez la reine à ces indiscrets!

Frédéric se retire et toise les masques en passant; le masque rouge fait signe à ceux de sa suite de se retirer.

SCÈNE III.

BLANCHE, *masquée*; LE MASQUE ROUGE.

BLANCHE, *voulant se retirer à droite*. Quel dessein...

LE MASQUE ROUGE, *l'arrêtant*. Dis-moi, beau masque, quel est ce cavalier qui se retire? Il te parlait d'amour? il te donnait un rendez-vous?

BLANCHE, *fière, dégageant sa main*. Laissez-moi!

LE MASQUE ROUGE. Par saint Jacques de Compostelle, tu fais la fière, je crois. Tu ne l'étais pas tant avec ce cavalier. C'est que tu l'aimes, sans doute? Eh bien, tant mieux! je n'aurai que plus de mérite et de bonheur à rendre ton cœur infidèle.

BLANCHE. Je vous ordonne...

LE MASQUE ROUGE. Oh! tu m'ordonnes! je n'obéirai pas.

BLANCHE. Que prétendez-vous donc?

LE MASQUE ROUGE. Te prouver que ton amant, quel qu'il soit, peut accepter pour rival un homme de ma sorte.

Il se démasque.

BLANCHE. Ciel! le roi!

LE ROI. Tu trembles? rassure-toi; le roi

n'est à craindre que pour les rebelles. Ta main? La jolie main! elle me donne grande envie de voir ton visage.

BLANCHE, *portant la main à son masque.* Vous oseriez!

LE ROI. Un roi ose tout.

BLANCHE. J'appellerai.

LE ROI. Je renverrai.

BLANCHE. Oh! par pitié, monseigneur...

LE ROI. Par pitié, belle dame, découvre-moi des traits que je devine charmans.

BLANCHE, *vivement.* C'est une erreur.

LE ROI. Eh bien, montre-toi, je te laisse... Tu n'en fais rien? C'est que tu es jolie, et je vais...

BLANCHE. Qu'allez-vous faire?

LE ROI. Oter ou arracher ce masque.

BLANCHE. Jamais, plutôt mourir.

LE ROI. Ni l'un ni l'autre.

Il va porter la main au masque de Blanche ; un masque rose s'interpose entre Blanche et le roi, un poignard à la main ; le roi remet son masque.

LE MASQUE ROSE, *au roi qu'il n'a pas eu le temps de reconnaître.* Arrière! ou je te frappe!

LE ROI. Sais-tu qui tu veux frapper?

LE MASQUE ROSE. Sais-tu qui tu offenses?

LE ROI. Je verrai son visage!

LE MASQUE ROSE, *levant le poignard.* Tu ne le verras pas.

BLANCHE, *se démasquant, pour prévenir un régicide.* Angelo, c'est le roi!

LE ROI, *démasqué.* La reine!

ANGELO, *démasqué, au roi.* Pardonnez-moi, monseigneur; c'est un inconnu que j'allais frapper.

LE ROI. Retire-toi. (*Angelo se retire sur un signe de Blanche. Le roi furieux.*) Quel est le cavalier qui osait vous parler, madame?

BLANCHE, *tremblante.* Je l'ignore, il était masqué.

LE ROI. Oh! ce n'est pas l'amour, gardez-vous de le croire, ce n'est pas la jalousie qui s'irrite, vous le savez, madame; c'est la majesté royale qui s'indigne. Son nom?

BLANCHE. Je l'ignore.

LE ROI. Vous craignez, en me le révélant, de me révéler un outrage et un complice. C'est votre amant sans doute, c'est celui qui vous a secondée dans l'enchantement de l'écharpe envenimée...

BLANCHE. Je n'ai pas d'amant, je n'ai pas de complice; mon cœur ne me reproche rien.

LE ROI. Mensonge!

BLANCHE. Ah! monseigneur, si vous vouliez m'entendre; si de perfides insinuations...

LE ROI, *la prenant par le bras.* Son nom, son nom? je vous dis que je veux savoir son nom?

Il la jette sur le siège.

BLANCHE. Oh! ce malheur m'avait été prédit, et déjà pour moi il commence.

LE ROI, *terrible.* Ne vous a-t-on pas prédit...

BLANCHE, *épouvantée.* Oui... Eh bien, tuez-moi; je ne sais pas son nom!

Angelo paraît avec d'autres masques auxquels il montre le roi.

LES MASQUES, *excités par Angelo.* Vive le roi!

LE ROI, *mettant son masque.* Malédiction! mon incognito est trahi!

LES MASQUES. Vive le roi!

LE ROI, *à Blanche.* Quittez la fête, je vous l'ordonne, et demain...

Le roi s'échappe à gauche voyant les masques qui approchent. La foule le suit en criant : VIVE LE ROI!

ANGELO *à Blanche.* Je n'ai pas trouvé d'autre moyen... Ah! vous pleurez! c'est le roi qui cause ces larmes.

BLANCHE. Il a promis d'y mettre un terme.

ANGELO, *se méprenant.* Serait-il vrai?

BLANCHE. Oui, Angelo, ses regards m'ont promis la mort.

Blanche sort soutenue par ses femmes.

ANGELO, *seul.* Pauvre reine!... quelle affreuse destinée!... on vient! Oh! ne la quittons plus. Soyons toujours près d'elle, pour partager ses chagrins.

Il sort à droite, par où est sortie la reine.

SCÈNE IV.

LUCIO, *en capitaine des gardes*, PALMI.

PALMI, *un domino sur le bras et un masque à la main.* Eh bien, es-tu content de moi?

LUCIO. Tu as été sublime d'assurance et d'insolence; tu m'as fait honneur... Je t'aimais, je t'estime.

PALMI. Lorsque Maria Padilla nous a présentés au roi comme ses deux libérateurs, m'as-tu vu perdre contenance, m'as-tu vu clignoter devant la majesté royale?

LUCIO. Aussi le roi nous a-t-il pris pour de braves gentilshommes. Au fait, n'avons-nous pas ce qui les distingue? Le costume et l'effronterie, plus l'esprit et le cœur?

PALMI. Je croyais que c'était plus difficile.

LUCIO. Souviens-toi de notre plan. Il se trame ici quelque chose. Si nous pouvions nous emparer de quelque secret important... Rien ne se vend cher à la cou comme les secrets. Gravite sans cesse autour des grands de l'état et tu pourras trouver cette pierre précieuse.

PALMI. Et quand nous aurons fait fortune...

AIR :
Je veux acheter des châteaux
Hérissés de hautes tourelles,
Avec des droits seigneuriaux
Sur les manans et sur les belles;
Et puis, mourant en bon chrétien,
Sur un fastueux cénotaphe
On inscrira mon épitaphe :
Ici, gît un homme de bien !

LUCIO. Et la mort rira, sous cape; mais laisse-moi, j'attends Maria Padilla.

PALMI. Ta femme?

LUCIO. Elle n'est pas ma femme, ne l'oublie pas; fais comme moi. Elle est mieux que cela, elle est mon caissier.

Palmi disparaît parmi les arbres; Maria s'avance.

SCÈNE V.
MARIA, LUCIO.

MARIA, *désignant Palmi qui sort*. Es-tu bien sûr de cet homme?

LUCIO. Comme de Lucio.

MARIA, *souriant*. Es-tu bien sûr de Lucio?

LUCIO. Plus que de toi; car je suis toujours ton mari, et tu ne veux plus être ma femme.

MARIA. Laisse-là tes souvenirs : chronique ancienne que notre amour.

LUCIO. Et nous ne voulons pas la relire.

MARIA. Ce n'est pas un tête-à-tête amoureux, mais un entretien politique que nous allons avoir.

LUCIO. La politique et l'amour ne vont pas bien ensemble. Je renferme mes sentimens. De quoi s'agit-il?

MARIA. Tu es capitaine des gardes, n'est-ce pas?

LUCIO. Depuis quelques heures.

MARIA. A qui dois-tu compte de ce corps d'élite?

LUCIO. Je dois compte au roi des gardes du roi.

MARIA. Non, pas au roi, Lucio, mais à Maria Padilla.

LUCIO. A Maria, au roi, qu'importe? Leurs intérêts ne sont-ils pas les mêmes!

MARIA, *à demi-voix*. Et s'ils étaient différens, opposés? Si je te disais un jour, bientôt peut-être : c'est à moi que tu dois ta place, c'est à moi que tu dois ton dévouement? Si je te disais : Lucio, le roi ne doit plus être roi!... que répondrais-tu?

LUCIO. Que les maris ont bien tort de se plaindre de l'infidélité de leurs femmes.... Elles trahissent jusqu'à leurs amans !

MARIA. Mon amant?... lui ! il n'a jamais été que mon tyran ou mon esclave.

LUCIO. Tu l'as aimé pourtant.

MARIA. Jamais... il m'a achetée, je te l'ai dit. Mes indignes parens m'ont vendue à cet homme, vendue, livrée malgré moi. J'avais voulu descendre en t'épousant; il me fallut monter. Et une fois à ce sommet, j'ai dû m'y bien tenir; car la pitié n'était pas au bas de ma fortune pour me consoler d'une chute. J'étais attendue là par le mépris... Lucio, j'ai bien souffert ! et pas un seul ami, pas un qui me rendît justice; et j'ai passé dix ans comme cela, Lucio, dix ans dans les défiances, les perfidies et les mensonges... Va, va, tu dois en convenir, j'ai quelques droits à la puissance. Elle m'a coûté assez cher pour que je puisse dire : Elle est bien à moi !

LUCIO. Que veux-tu conclure de ceci?

MARIA. Que je n'en veux pas être dépossédée.

LUCIO. Le roi seul peut t'y maintenir !

MARIA, *mystérieuse*. C'est le roi que je crains; il m'a rappelée aujourd'hui, n'est-ce pas ! il peut me chasser demain. Plusieurs fois déjà il m'a donné des rivales... Ce soir même, à cette fête qu'il donne pour moi, pour moi seule, il cherche des aventures, il poursuit des femmes dont il ne voit pas les traits. Cette nature inquiète et sombre court sans cesse après un bonheur qui fuit toujours. Tout ce qui est mystère lui plaît; tout ce qui est ténèbres le tente. Il se plonge dans l'inconnu par l'espérance d'un plaisir, et cette nuit, il peut se rencontrer une femme qui me remplace demain. Demain, il me faudra peut-être repartir pour l'exil entre deux haies de sourires moqueurs ou d'insultans mépris... non, non, non, c'est assez d'outrages. Le jour de la vengeance est venu.

LUCIO, *froidement*. Dois-je gagner à ce changement?

MARIA. Sans doute.

LUCIO. Je l'approuve.

MARIA. Et puis, il est un motif plus honorable, plus glorieux... il me semble que si la Castille me devait, un jour, d'être délivrée du tyran qui l'opprime, loin de me mépriser, comme elle fait, elle me bénirait. Alors, Lucio, je ne serais plus Maria Padilla, la frivole, comme ils m'appellent, je serais une héroïne !

LUCIO. Alors, je me déclare ton mari, afin d'être un héros... Mais qui mettre à la place du tyran?

MARIA. J'y ai songé, il est un homme... je dois le voir, ici, cette nuit.

LUCIO. Ah! oui, je comprends : mon autre collègue.

MARIA. Lorsqu'une femme peut faire les destinées d'un empire, Lucio, elle ne doit pas être jugée sur les règles vulgaires. Elle n'est pas une femme.

LUCIO. Est-elle plus ou moins?

MARIA. Elle est... elle est autre chose. Le voici. Laisse-moi; je te dirai plus tard le reste de mes projets et ce que j'attends de toi.

LUCIO. Si je puis tout attendre de toi, chère femme, tu peux tout attendre de moi.

MARIA. Voilà de la politique.

Lucio disparaît à droite; Frédéric, un instant après, paraît à gauche.

SCÈNE VI.
FRÉDÉRIC, MARIA.

FRÉDÉRIC, *à part, bien articulé.* C'est elle... de l'adresse et un mensonge... il le faut pour sauver la reine.

MARIA. Vous êtes exact; c'est bien.

FRÉDÉRIC, *comédien.* Mieux inspiré, madame, je n'aurais pas dû peut-être me trouver à ce rendez-vous.

MARIA. Pourquoi cela?

FRÉDÉRIC. Pour éviter des reproches et garder une illusion.

MARIA. Des reproches?

FRÉDÉRIC. Je crains d'en avoir mérité par l'imprudence de mes regards; et vous ne m'avez appelé près de vous sans doute que pour m'ordonner la réserve et le repentir, ou pour me menacer de votre haine.

MARIA. Ma haine!

FRÉDÉRIC. Mais dussiez-vous m'en accabler, je ne suis plus maître d'un secret gardé si long-temps : je vous aime!

MARIA. Et vous craignez ma colère? Ah! Frédéric, espérez une couronne!

FRÉDÉRIC, *jouant la passion.* Il serait possible!... oh! ne m'abusez pas; ce serait une cruelle dérision que promettre l'amour à qui on ne réserverait que la haine.

MARIA. Grand-maître de Saint-Jacques, vous êtes le seul homme que je puisse associer à mon noble dessein. Écoutez : le roi est mon esclave, et je n'en suis pas fière; car c'est un tigre qui rampe à mes pieds; mais cet esclave, je le puis enchaîner, je puis le livrer à vos vengeances que j'irriterai de toutes les miennes. Cet esclave a une couronne, je vous la donnerai. Je vous donnerai ses courtisans, j'ai de quoi les acheter tous, plusieurs fois; je vous donnerai sa vie, si vous la voulez, et vous ne serez pas, vous, mon esclave, vous serez mon maître... Parle, réponds, je t'aime, veux-tu régner?

FRÉDÉRIC, *à part.* La reine est sauvée! (*Haut.*) O Maria, chère Maria, toute tristesse se dissipe aux paroles que tu fais entendre.

MARIA. La Castille qui tremble et saigne sous la main de don Pèdre saluera ton avénement de ses acclamations. La Castille t'espère, mais n'ose te demander : réalise les espérances de la Castille.

FRÉDÉRIC. A moi donc?

MARIA. Ta couronne.

FRÉDÉRIC. A don Pèdre?

MARIA. L'exil.

FRÉDÉRIC. A la reine Blanche?

MARIA. Le retour dans sa patrie.

FRÉDÉRIC. Et tu penses, Maria, que ce projet n'est pas un songe, et que demain pour moi sera différent d'aujourd'hui?

MARIA. Aujourd'hui sujet, demain sur la voie du trône.

FRÉDÉRIC. Et dans quelques jours?...

MARIA. La couronne sur cette tête, et le sceptre dans cette main.

FRÉDÉRIC. Ton motif?

MARIA. Mon amour.

FRÉDÉRIC. Tes moyens?

MARIA. Les voici : don Pèdre, endormi dans le silence de la révolte qui n'attend qu'une occasion pour éclater encore, est livré tout entier à son amour pour Maria Padilla. Cet anneau royal me fait partager avec le roi la suprême puissance ou plutôt me fait régner seule loin de lui. Cet anneau est comme une signature royale des ordres donnés par celui qui le porte; il élève et abat; il place et déplace; il donne et il retire... Cet anneau qui me fait reine te fera roi.

Ici Palmi paraît, caché derrière un arbre il écoute; il est en domino et masqué.

FRÉDÉRIC. C'est bien.

MARIA. Les places éminentes seront données à tes amis dévoués; et bientôt, à un signal, la Castille se lèvera tout entière pour proclamer roi don Frédéric d'Aragon!

FRÉDÉRIC. Il est ici deux postes qu'on ne saurait confier à des dévouemens trop éprouvés.

MARIA. Quels sont-ils?

FRÉDÉRIC. La capitainerie et la lieutenance des gardes.

MARIA. Ces postes sont occupés par **deux hommes à moi.**

FRÉDÉRIC, à part. Raison de plus pour les destituer. (Haut.) Je les demande pour deux hommes plus sûrs encore.

MARIA. On peut compter sur les miens; ils sont dévoués.

FRÉDÉRIC. Moins que ceux que j'ai en vue... c'est du reste une condition sans laquelle il m'est impossible de m'associer à vos projets.

MARIA. Mais...

FRÉDÉRIC. Voyez.

MARIA. Comment?

FRÉDÉRIC, caressant. Maria, vous me refusez?

MARIA. Ce sera faire deux mécontens, deux hommes dangereux.

FRÉDÉRIC. La prison me répondra d'eux; acceptez-vous?

Il va voir autour de lui en cas de surprise.

MARIA, à part. Refuser, c'est tout perdre... Au fait, dès qu'une indiscrétion de mon mari n'est plus à craindre... Pauvre mari! bah! en politique...

FRÉDÉRIC, revenant. Vous ne répondez pas?

MARIA. Une prison vaste et commode, mais surveillée par ces muets de l'Orient qui ne pourraient transmettre leurs paroles.

FRÉDÉRIC. J'y pensais.

MARIA, s'inclinant et souriant. Eh bien donc, que le roi dispose à son gré de toutes les places.

FRÉDÉRIC. C'est bien; mais silence; il me semblait...

Il va voir au fond.

MARIA, seule sur le devant. Son cœur est enchaîné... enchaînons sa volonté pour l'exécution de ce hardi dessein.

FRÉDÉRIC, revenant. On pourrait nous surprendre.

MARIA. Frédéric, un engagement réciproque, en fermant tout accès à de timides réflexions, nous ferait l'un et l'autre marcher avec plus d'énergie vers le but désiré... Echangeons un engagement écrit.

FRÉDÉRIC. J'allais vous le proposer.

MARIA, allant près de la torche de droite, à part. Il est à moi.

FRÉDÉRIC, allant près de la torche de gauche, à part. Elle est à moi.

PALMI, à part. Ils sont à moi.

Maria et Frédéric, chacun de son côté, écrivant sur un calepin ; Palmi tire le sien.

MARIA, écrivant. Je m'engage...

PALMI, à part. Écoutons.

FRÉDÉRIC, à part, tout en écrivant. Enfin, notre plus dangereux ennemi se livre et par lui nous renversons les autres. L'ambitieuse Maria espère sans doute partager le trône avec moi ; je n'en veux ni pour moi, ni pour elle.

MARIA, à part, tout en écrivant. Lucio est paresseux et gourmand ; il n'aura rien à faire et sera bien traité.

FRÉDÉRIC, à part. La reine, la reine seule! oh! sa vie est sauvée et sa couronne aussi ; que Maria me croie fidèle jusqu'au jour où les moyens d'exécution seront tous dans ma main...

Palmi trébuche et fait du bruit.

MARIA. Ciel! quelqu'un!

FRÉDÉRIC. Une surprise.

MARIA, éteignant la torche de son côté. Éteignez cette torche...

Frédéric éteint la sienne de son côté.

PALMI, à part. Heureux accident! quelle idée!

FRÉDÉRIC, bas à Maria. Je n'entends plus rien.

MARIA, dans l'ombre. Où êtes-vous?

Palmi détache deux feuillets de son calepin et les plie ; il s'avance entre Frédéric et Maria.

FRÉDÉRIC. Ici.

MARIA. Votre papier?

FRÉDÉRIC. Le voici.

PALMI, le prenant, à part. Merci.

Il donne un feuillet blanc à Maria.

FRÉDÉRIC. Et le vôtre?

MARIA. Le voici.

PALMI, même jeu, à part. Merci.

FRÉDÉRIC. C'est bien.

MARIA. Et maintenant, séparons-nous.

FRÉDÉRIC. Déjà... (A part.) Et cette puissante bague! il me la faut.

MARIA. Il serait imprudent de rester plus long-temps ensemble...

FRÉDÉRIC. Mais à minuit, quand tout le monde sera retiré, quand la fête sera finie, quand tout sera rentré dans l'ombre et le silence, seuls ici... pour nous entretenir de nos projets, pour te parler de mon amour.

MARIA. J'y serai.

FRÉDÉRIC. A minuit donc.

MARIA. A minuit.

Palmi prend la main que Maria donne à Frédéric et la baise, il donne la sienne à baiser à Frédéric ; Frédéric sort par la gauche, Maria par la droite.

PALMI, seul. Ah! madame Lucio, vous jouez de ces tours à votre mari et à son ami ; une séparation de dix ans ne vous suffit pas? peste!

SCENE VII.

LUCIO, deux Gardes, PALMI.

LUCIO, *aux gardes.* Rallumez. (*Les gardes rallument à droite et à gauche, au moyen de deux torches, les torches éteintes par Frédéric et Maria. Ils sortent à droite. A Palmi.*) Que faisais-tu là ?

PALMI. Je pêchais une perle.

LUCIO. Dans les ténèbres ?

PALMI. A la cour on ne pêche bien qu'en eau trouble.

LUCIO. Que veux-tu dire ?

PALMI. Voici deux papiers.

LUCIO. De qui et pour qui ?

PALMI. Ceci du grand-maître à la favorite, cela de la favorite au grand-maître.

LUCIO. Ah ! ah ! quelque mystère ! Un mari peut, je crois, lire les lettres de sa femme, et même celles de l'amant de sa femme ; voyons... (*Il lit et dit après.*) Ah ! le grand-maître s'engage à faire asseoir Maria sur les premières marches d'un trône usurpé... Je veux bien.

PALMI. Tu ne seras pas aussi content du style de ta femme.

LUCIO. Voyons... Ah ! Maria s'engage à fournir au grand-maître les moyens de monter sur le trône... Tant mieux, tout bien nous venant de Maria. (*Il lit.*) Je dis tout bien, voici qui n'en est pas... Maria promet ma destitution et la tienne au grand-maître.

PALMI. Il est vrai.

LUCIO. Vrai qu'elle promette, oui ; mais que cela doive être, non.

PALMI. Qui l'empêchera ?

LUCIO. Le plus intéressé.

PALMI. Qui donc ?

LUCIO. Moi donc, Palmi... ces papiers sont ma fortune et ma vengeance.

PALMI. J'ai autre chose à te dire.

LUCIO, *froissant les papiers.* J'écoute.

PALMI. Maria trahit le roi, le grand-maître trahit Maria, je trahis le grand-maître.

LUCIO. Hommes, femmes, trahisons, cela se tient. Rien d'extraordinaire.... Après ?

PALMI. Le grand-maître veut sauver la reine dont il est épris. La puissance que lui donne Maria, il la tourne contre elle-même. Il détrône, il renverse le roi, Maria, toi et cent autres.

LUCIO. Cent autres, soit ; mais moi !... Après ?

PALMI. Cette nuit, en secret, il va trouver la reine ; il lui fait part de ses projets, et si la reine approuve, au bout de quelques jours...

LUCIO. Qui t'a dit tout cela ?

PALMI. J'étais caché, j'écoutais ; le grand-maître se le disait à lui-même, c'est comme s'il me l'eût dit.

LUCIO. Palmi, vous irez loin.

PALMI. Quoi ! tu n'es pas alarmé ?..

LUCIO. Incline-toi, Palmi... plus bas, plus bas encore.

PALMI, *s'inclinant.* Tu me rassures.

LUCIO. Frasquitta, ma bien-aimée, ne plus aimer votre mari, passe, c'est l'ordinaire ; mais le destituer, cela ne passe pas... et vous aurez bientôt de mes nouvelles.

PALMI. Chut ! ta femme d'un côté et le grand-maître de l'autre !

LUCIO. Derrière ces arbres.

Ils se cachent à gauche.

SCENE VIII.

LUCIO, PALMI, *cachés* ; FRÉDÉRIC *de la gauche*, MARIA, *de la droite.*

FRÉDÉRIC. Maria !

MARIA, *montrant le feuillet blanc de Palmi.* Frédéric !... sur votre honneur de gentilhomme, grand-maître de Saint-Jacques, est-ce là le papier que vous m'avez remis ?

FRÉDÉRIC, *de même.* Sur votre amour, Maria, est-ce là le papier que j'ai dû recevoir de votre main ?

MARIA. Non, devant Dieu !

FRÉDÉRIC. Non, sur l'honneur !

MARIA. Ceci cache un horrible mystère !

FRÉDÉRIC. Je ne sais où arrêter ma pensée ; mais si le roi vient à savoir... si notre engagement écrit est tombé entre ses mains....

MARIA. Tout serait perdu.

FRÉDÉRIC. Maria, n'imaginez-vous aucun moyen de prévenir les malheurs qui suivraient une pareille révélation ?

MARIA, *le conduisant à l'extrémité à droite, bas.* Tiens, prends cette bague.

LUCIO, *bas à Palmi.* Je n'entends plus rien !

FRÉDÉDIC, *bas.* Et vous, Maria ?

MARIA, *bas.* J'ai mon projet. Adieu.

FRÉDÉRIC, *à part.* Oh ! la reine est sauvée.

Il sort par la droite.

LUCIO, *bas à Palmi.* Va dire à mes gardes de se tenir près d'ici.

Palmi sort à gauche.

SCÈNE IX.
LUCIO, MARIA.

Lucio sort de sa cachette, se croise les bras et regarde Maria, qui ne l'aperçoit pas.

MARIA. Ah! mon ame n'était point préparée à ce brusque passage de la joie la plus vive à la plus profonde terreur. D'où vient cette substitution?... quelque démon dans l'ombre...

LUCIO, *à part*. Comme on traite les gens d'esprit!

MARIA. Et Lucio à qui j'ai fait dire de venir me trouver ici, Lucio qui n'arrive pas! Lui seul peut me sauver; je me sens défaillir. Oh! si l'excès de mon trouble allait me rendre immobile et muette; si Lucio arrive et que je ne puisse ni le voir ni lui parler... Le roi bientôt...

LUCIO, *lui frappant l'épaule*. Chère amie...

MARIA. Lucio!... voici ma force.

LUCIO. Tu m'as fait appeler?

MARIA. Lucio, tu es ma providence.

LUCIO. Cela prouve que tu es abandonnée de celle de Dieu.

MARIA. Il faut me sauver.

LUCIO. Tu vas donc périr, ma bonne femme?

MARIA. Il faut me sauver, te dis-je.

LUCIO. Il faut! Comme tu parles à ta providence! Il faut d'abord que je le puisse, ensuite que je le veuille.

MARIA. Tu le peux, tu le veux.

LUCIO. Que tu saches mon pouvoir, puisque c'est de toi que je le tiens, à la bonne heure; mais ma volonté...

MARIA. N'as-tu pas fait serment d'être à moi?

LUCIO. Et toi à moi?

MARIA. J'ai tenu ma promesse.

LUCIO. Je tiendrai la mienne, comme tu as tenu la tienne, et s'il ne faut que cela pour te satisfaire...

MARIA. Voilà tout ce que je demande.

LUCIO. C'est tout ce que tu auras.

MARIA. Merci, Lucio.

LUCIO, De rien, Maria.

MARIA. Le temps est précieux.

LUCIO. Je n'ai pas perdu le mien cette nuit.

MARIA. Écoute. Une conspiration se tramait pour renverser don Pèdre du trône de Castille; les deux chefs du complot devaient l'occuper après lui.

LUCIO. Oui, c'est ainsi que cela se pratique.

MARIA. Des papiers ont été surpris. Ils sont en ce moment peut-être entre les mains du roi.

LUCIO. Ah! ah!

MARIA. Lucio, si je meurs, tu n'es plus rien.

LUCIO. Je suis veuf.

MARIA. N'as-tu que des railleries contre ce malheur?

LUCIO. Si tu n'as rien, j'ai plus que toi.

MARIA. Mais je te dis que tout espoir est perdu.

LUCIO. Au contraire, l'espérance n'est plus quand le bonheur est complet; elle revient quand le bonheur s'en va, c'est le bon côté du malheur.

MARIA Lucio, le roi va venir.

LUCIO, *froid*. Tu veux que j'assassine le roi?

MARIA. Je veux que tu me sauves.

LUCIO. Cela revient au même.

MARIA. Aurais-tu ce courage? Oh! tu serais mon ange protecteur, Lucio!

LUCIO. Ton ange? oui, c'est ainsi qu'on appelle le diable quand il nous rend service.

MARIA. Parle, réponds-moi, aurais-tu ce courage?

LUCIO. J'aurais eu cette lâcheté peut-être avant cette nuit.

MARIA. Pourquoi n'oserais-tu pas maintenant?

LUCIO. C'est que maintenant j'attends tout du roi.

MARIA. Et de moi, Lucio, si je montais sur le trône?

LUCIO. De toi, mon cœur, je n'attends que parjure et trahison.

MARIA. Quels titres as-tu à la munificence du roi.

LUCIO. Vois ces papiers.

MARIA. Ciel!

LUCIO. Le roi ne les connaît pas encore; il les lira avant la fin de la nuit.

MARIA, *les mains jointes*. Lucio!

LUCIO. Ah! oui, n'est-ce pas, tu destituais le capitaine des gardes, ton ancien amant, ton mari, et tu disais à un cachot ou à la tombe de te garder de son indiscrétion.

MARIA. Oh! non, Lucio, ces papiers entre tes mains n'auront pas fait naître l'espérance dans mon ame, pour que le désespoir y rentre plus déchirant et plus affreux.

LUCIO. Ah! c'est que je hais aussi cordialement que j'aime.

MARIA. C'est que, vois-tu, l'amour égarait ma raison; c'est que j'étais folle quand je signai cette promesse.

LUCIO. Tu étais? ne l'es-tu pas encore de prétendre...
MARIA. Tu me donneras ces papiers, Lucio, mon chéri!
LUCIO. Non pas, mon ange!
MARIA. Tu me les vendras : mets-y un prix, quel qu'il soit, je te le promets.
LUCIO. Et que peux-tu promettre, pauvre folle, toi qui n'as pas une heure à te donner?
MARIA, *à genoux*. Grâce, grâce, Lucio, c'est une lâcheté à un mari de laisser ainsi une femme suppliante à ses pieds!
LUCIO. Tu voulais me destituer, et tu demandes de la galanterie!
MARIA. Lucio, grâce pour le grand-maître! Tiens, abandonne-moi, si tu veux, et sauve Frédéric!
LUCIO. Oui, tu disais bien, tu es folle, car c'est folie d'aimer qui nous hait, d'estimer qui nous méprise, d'être fidèle à qui nous trahit.
MARIA, *debout*. Tu outrages le grand-maître, et je te dis que tu mens.
LUCIO. Et moi je te dis avec calme : Frédéric d'Aragon, le noble grand maître de Saint-Jacques est peut-être en ce moment chez la reine; il l'aime, il lui fait part de vos projets, il veut monter sur le trône avec elle, et le briser, toi, comme un vil instrument.
MARIA. Frédéric! il me trahirait! oh! alors, je ne crains plus rien, mais si tu refuses d'anéantir ces papiers, don Pèdre saura qui tu fus; je ne craindrai pas de me flétrir pour te nuire : je dirai que je suis ta femme; je mentirai : je dirai que je t'aime, que tu m'aimes, et le roi le croira, car c'est moi qui t'ai fait capitaine des gardes, et perdue que je suis, Lucio, j'aurai du moins la consolation de t'entraîner dans ma ruine, et tu mourras si je meurs.
LUCIO. Le roi ne te croira pas, moi seul j'ai les preuves que je suis ton mari, et je te renierai à mon tour!
MARIA. Eh bien! non, je ne dirai rien au roi... Le voici. (*Suppliante*.) Lucio, mon ami!

SCÈNE X.

LE ROI, LUCIO, MARIA.

LE ROI. Capitaine, demain, au point du jour, vous aurez soin de tenir prête l'escorte qui accompagnera la reine dans l'Alcazar de Medina-Sidonia.
LUCIO. Oui, monseigneur; mais voici des papiers...
LE ROI, *donnant un papier à Maria*. Maria, je laisse à votre choix le gouverneur de ce château-fort...
LUCIO, *donnant les papiers au roi*. Voici des papiers...
MARIA, *inspirée, passant entre le roi et Lucio*. Monseigneur, votre capitaine des gardes et moi venons, par notre adresse, de démasquer un traître qui aspirait au trône : se laissant prendre à un piège habilement tendu, voici ce qu'il écrit.
LE ROI, *parcourant les papiers*. Serait-il vrai?
LUCIO, *stupéfait*. Monseigneur...
MARIA, *l'interrompant*. Vous voyez, monseigneur, quels serviteurs je vous donne, et s'ils sont dignes de vos bienfaits.
LE ROI. Capitaine Lucio d'Altariva, je vous fais chevalier de la bande.
MARIA, *donnant secrètement la nomination du gouverneur de Medina-Sidonia à Lucio*. Il le mérite bien!
LUCIO, *stupéfait, à part*. Je ne m'attendais pas à celui-là!
LE ROI. Frédéric! malédiction!
MARIA. Il en voulait à votre couronne.
LUCIO, *regardant Maria et la tourmentant du regard*. Et Maria...
MARIA, *regardant Lucio avec expression*. Ce brave Lucio!
LUCIO, *après l'avoir tourmentée du regard*. Maria n'eût été qu'un instrument. Son but était de faire mourir le roi, d'épouser la reine, de partager le trône avec elle.
LE ROI. Oui, oui, ce masque qui, cette nuit, parlait à la reine...
LUCIO. C'était lui!
LE ROI. Capitaine, don Frédéric d'Aragon ne doit pas sortir de ce parc royal. Vous me répondez de son arrestation sur votre tête!

Il sort au fond à droite.

LUCIO. Monseigneur, je cours... (*A Maria, bas.*) Bien joué, j'ai perdu.
MARIA. Nous gagnons tous les deux, et c'est le roi qui perd.
LUCIO. Si tu m'en crois, ma femme, ne jouons plus l'un contre l'autre.
MARIA. Ah! je te le promets bien, Lucio!

Lucio sort un instant à gauche.

LUCIO, *en sortant*. Gardes!

SCÈNE XI.

MARIA, *seule*.

Pas d'autre moyen de me sauver et de conserver un appui à ce traître qui aime la reine. Mais s'il est arrêté, c'est fait de lui... Oh! je vais...

MARIA. Oh! je suis bien lâche de l'aimer encore! de trembler ainsi à la seule pensée qu'il arrivera peut-être trop tard, et que Lucio... (*Regardant à gauche.*) Non, Lucio, le voici de ce côté, et Frédéric... (*Regardant à droite.*) Il montre la bague... la grille s'ouvre! il est sauvé!... Oh! il était temps.

SCENE XII.
LUCIO, MARIA.

LUCIO, *à des gardes.* Cherchez partout, fouillez tout; il ne peut être qu'ici.

Les gardes sortent à droite.

MARIA, *comédienne.* Qui donc?

LUCIO. Le grand-maître, et personne mieux que toi ne peut me dire...

MARIA, *vivement.* Je n'ai rien vu.

LUCIO, *qui a jeté un coup d'œil sur la main de Maria.* Rien?... Dis-moi, Maria, cette bague...

MARIA. Cette... je l'ai perdue.

LUCIO. Perdue! tu la lui as donnée.

MARIA. Il me l'a arrachée; il en savait toute la puissance; il a meurtri ma main dans les violentes étreintes de la sienne.

LUCIO, *lui prenant la main.* Meurtrie?... Blanche et douce comme la main d'une femme qui sommeille... (*Très-haut.*) Maria, tu es une insensée.

MARIA. Je le sais bien. C'est une fatalité.

LUCIO. Une sottise; car c'est la volonté qui fait le destin; mais j'ai répondu au roi du grand-maître; il faut que je le trouve, et je le trouverai.

MARIA. Quoi!

LUCIO. Toi, Maria, pour détourner de moi la colère du roi, va lui faire le mensonge que tu viens de me faire; va lui dire que Frédéric t'a arraché cette bague; vas-y à l'instant, ou je lui dis la vérité!

MARIA. J'y cours.

LUCIO. Et maintenant que la reine est condamnée, Maria, oublie ton amour; songe à ta fortune; le roi t'aime; si tu as de l'esprit comme je t'en souhaite, bientôt tu peux être reine.

MARIA, *résolument.* Je le serai.

Elle sort par le fond à droite.

SCENE XIII.
LUCIO, *seul.*

Singulière situation que la mienne! Confident des amours de ma femme, et confident assez peu ému... Mais quand je ferais le jaloux, d'abord il faudrait que je fusse amoureux... Si j'enlevais ma femme, je perdrais ma place... Et puis, ce n'est pas sa faute à cette pauvre femme. Ce n'est pas la mienne non plus. Restons donc comme nous sommes, puisque nous sommes bien. (*Otant son chapeau.*) Providence! merci de ce que vous avez fait pour moi... Maintenant, il s'agit de prendre le grand-maître.... il aime la reine.... c'est dans l'Alcazar de Medina-Sidonia que je dois le trouver dans quelques jours; mais j'ai besoin pour cela de mon confrère Palmi... il se fait bien attendre...

SCENE XIV.
PALMI, LUCIO.

PALMI, *accourant.* Tu sais sans doute ce qui se passe? le malheur qui t'arrive? Le bruit court que le grand-maître s'est échappé.

LUCIO. Je le sais.

PALMI. Le roi est furieux contre toi et moi. Adieu nos places et notre fortune. Il te faudra revendre des manteaux de prophète.

LUCIO. Incline-toi.

PALMI, *il s'incline.* Je veux bien.

LUCIO. Et maintenant, Palmi, relève-toi de toute ta hauteur.

PALMI. M'y voilà.

LUCIO. Dis-moi, Palmi, le grand-maître te connaît-il?

PALMI. Il me croit honnête et sensible.

LUCIO. Il ne te connaît pas; c'est ce que je voulais.

PALMI. Que fait cela? il t'échappe.

LUCIO. Que ferais-tu, Palmi, si ta maîtresse était privée de sa liberté dans un château-fort dont tu croirais le gouverneur honnête et sensible?

PALMI. Je prierais le gouverneur d'ouvrir les portes à ma maîtresse, pour qu'elle en sortît.

LUCIO. Et s'il refusait?

PALMI. Je le prierais de me les ouvrir à moi, pour y entrer et voir ma maîtresse.

LUCIO. Et qu'arriverait-il, Palmi, si le gouverneur n'était qu'un faux bonnête homme, dévoué aux intérêts d'un roi ton persécuteur?

PALMI. Il arriverait qu'une fois fermées sur moi, les portes du château ne s'ouvriraient plus...

LUCIO. Bien répondu.... Et dis-moi, Palmi, quelles sont les qualités d'un bon gouverneur de prison?

PALMI. A quoi bon cette enquête?

LUCIO. Tu vas le savoir. Quelles sont, dis-je, les qualités d'un bon gouverneur?
PALMI. Fidélité inviolable à celui de qui il tient son gouvernement.
LUCIO. Très-bien! Quant à la compassion pour ce qu'on appelle de nobles infortunes...
PALMI. Fidélité inviolable à celui....
LUCIO. Parfaitement. Quant à la séduction de l'or...
PALMI. On prend l'or.
LUCIO. Palmi!
PALMI. Ce qui n'empêche pas : fidélité inviolable...
LUCIO. A la bonne heure!
PALMI. J'ai des principes.
LUCIO. Serais-tu bon gouverneur, Palmi?
PALMI. Oui.
LUCIO. Ton cœur?
PALMI. Dur comme un roc.
LUCIO. Sans vanité?
PALMI. Je suis modeste.
LUCIO. L'œil?
PALMI. Vigilant.
LUCIO. Et l'oreille?
PALMI. Attentive.
LUCIO. Le sommeil?
PALMI. Très-léger.
LUCIO. La confiance?
PALMI. Nulle.
LUCIO, *tirant de sa poitrine le papier que Maria lui a glissé*. Gouverneur de l'Alcazar de Medina-Sidonia, seigneur Palmi, voici votre brevet signé de la main du roi de Castille!
PALMI. Excellent prince! On l'appelle cruel, je ne sais pas pourquoi.
LUCIO. Parce qu'il n'a pas de gouvernemens à donner à tout le monde. Résumons-nous. Ma charge m'appelle auprès du roi. Tu vas partir pour la tienne. Palmi, m'as-tu compris?
PALMI. Il en doute!
LUCIO. La reine Blanche...
PALMI. Est un appât.
LUCIO. La prison...
PALMI. Un filet.
LUCIO. Frédéric...
PALMI. Un poisson.
LUCIO. Toi...
PALMI. Je suis le pêcheur.
LUCIO. Bravo! Palmi. Bon voyage et bonne chance!

ACTE TROISIEME.

Une salle dans l'Alcazar de Medina-Sidonia. Porte latérale à droite et à gauche au fond. Fenêtre de même sur le premier plan. Une lampe allumée.

SCENE PREMIÈRE.

ANGELO, *devant la fenêtre de gauche*.

Il n'est pas encore jour.... Que ce château de Medina-Sidonia est triste!.... Et cependant, je suis heureux qu'on ne m'ait point séparé de la reine, qu'on m'ait permis de partager sa disgrâce. (*Regardant du côté de l'appartement de la reine, à droite.*) Pauvre reine! je puis d'ici apercevoir sa chambre à l'extrémité de cette longue galerie, et je passe quelquefois des nuits entières.... La porte s'ouvre : c'est elle, appuyée sur l'épaule de Flora.... Oh! cachons mes larmes, essuyons mes yeux, jouons le calme et la sérénité. L'aspect de mon désespoir augmenterait le sien.

SCENE II.

ANGELO, LA REINE, FLORA.

ANGELO, *s'inclinant*. Madame...
LA REINE, *souriant tristement*. Angelo, je t'ai entendu et j'ai voulu recevoir tes hommages de meilleure heure qu'à l'ordinaire. Tu es mon seul courtisan.
ANGELO. Mais bien dévoué, madame.
LA REINE. Oui, je le sais. Aussi je compte que tu feras ce que je vais te demander.
ANGELO, *exalté*. Ah! que ne suis-je un homme pour protéger vos jours, un homme ayant d'autres hommes à ses ordres; mais que peut un enfant? je puis vous distraire, mais non pas vous défendre. Je

voudrais être une arme, et ne suis qu'un jouet !

LA REINE. Ecoute, je n'espère plus rien pour moi.

ANGELO. Oh ! non ; espérez, madame...

LA REINE. Regarde mes traits, Angelo ; entends ma voix : mon visage est pâle et ma voix s'éteint. Demande à Flora : toutes mes nuits sont privées de sommeil.

ANGELO. Quoi !

LA REINE. Depuis dix jours, à chaque heure, à chaque instant, je me meurs et je me sens mourir.

ANGELO. Oh ! il est sans doute quelque moyen...

LA REINE. Et voici ce que je désire que tu fasses pour moi.

ANGELO. J'écoute.

LA REINE. Ta captivité est volontaire, et tu n'auras qu'à réclamer la liberté pour l'obtenir.

ANGELO. Jamais, tant que...

LA REINE, *souriant tristement*. Je le veux ; obéis, ou tu me feras souvenir, toi aussi, que je ne suis plus reine.

ANGELO. Vous me chassez ?

LA REINE. Je t'envoie à mon frère, le roi de France. Tu lui remettras ce portrait et cette lettre, dans laquelle je lui fais mes derniers adieux.

ANGELO. Et vous voulez que je parte après m'avoir dit que vous allez mourir !

LA REINE. Oui, je le veux ; je t'en prie.

ANGELO. Je ne partirai pas.

LA REINE, *avec douceur*. Tu partiras, et voici, avec mon amitié, la seule récompense que je puisse offrir à ton dévouement. C'est tout ce qui me reste de ma grandeur passée.

ANGELO. Des diamans !

LA REINE. Tu es orphelin, sans famille, tu pourras avoir besoin de leur valeur.

ANGELO. Je les refuse.

AIR :

Des diamans ! et qu'en pourrai-je faire,
S'il me faut aller loin de vous ?
Mon dévouement veut un autre salaire,
Et je le demande à genoux.

Il se met à genoux.

Oui, près de vous, toute ma récompense
Est de vivre, si vous vivez.

LA REINE.

Je vais mourir.

ANGELO.

Toute mon espérance
Est de mourir, si vous mourez.

LA REINE. Angelo !

ANGELO, *animé*. Je ne partirai pas, c'est impossible !... Oh ! j'avais tout prévu ; j'a-vais bien pensé, vous êtes si bonne, que vous voudriez me rendre à la liberté ; mais j'ai pris mes mesures, et vous auriez beau dire je veux ! vous ne seriez pas obéie... J'ai insulté exprès le gouverneur, et il m'a juré que je ne sortirais pas d'ici ; je resterai près de vous... Je triomphe !

LA REINE, *faisant un signe à Flora qui se retire avec le portrait et l'écrin*. Noble et généreux enfant !

ANGELO. D'ailleurs pourquoi désespérer ?... Moi, j'ai le pressentiment que bientôt vous reverrez votre patrie, votre famille...

LA REINE. Tu espères ?... Et qui viendrait, qui oserait me prêter son appui ?... Depuis trois mois que nous sommes ici avons-nous reçu quelques nouvelles ? un seul de ces serviteurs qui me juraient fidélité à toute épreuve a-t-il fait quelque tentative ?

ANGELO. C'est que le gouverneur est impitoyable.

LA REINE. C'est que mon infortune a glacé leur courage... tout le monde m'abandonne ; et c'est de là, de cette affreuse pensée que me vient la douleur, le désespoir qui me tue.

Ici Frédéric paraît introduit par Palmi, il est en costume de guerre.

ANGELO. Oh ! non, il est encore, j'en suis sûr, des cœurs fidèles ; il est un homme surtout !

LA REINE. Aucun !

ANGELO. Frédéric d'Aragon !

SCENE III.

ANGELO, FRÉDÉRIC, LA REINE.

FRÉDÉRIC, *s'avançant*. Merci, Angelo, tu ne m'as pas méconnu, toi.

LA REINE. Frédéric !

FRÉDÉRIC. Cela vous étonne, madame ; j'aurais cru cependant que vous m'attendiez.

LA REINE. Mais comment avez-vous pu ?...

FRÉDÉRIC. Vous pensez donc que ce n'était pas là une chose bien aisée ?... j'aime mieux, madame, cet étonnement que l'autre ; il justifie mon retard.

ANGELO, *exalté*. Eh bien ! que disais-je ?

FRÉDÉRIC. Le gouverneur de ce château est un homme cupide, je le savais, mais la difficulté était de pouvoir lui parler sans être vu de personne, afin qu'il pût concilier les apparences de sa fidélité à son maître, avec les désirs secrets de son avarice.

ANGELO. Eh bien?

FRÉDÉRIC. Je suis parti seul; je n'ai pas voulu être accompagné, pour ne pas éveiller de soupçons, et j'ai pu parvenir jusqu'au gouverneur.

ANGELO. Ensuite?

FRÉDÉRIC. Il a pris mes armes, et le reste a été facile; de l'or et la certitude que nul autre que lui ne serait témoin de mon entrée ni de ma sortie, l'ont déterminé sur-le-champ.

LA REINE. Me pardonnez-vous d'avoir douté?

FRÉDÉRIC. Je vous apporte l'espérance!

ANGELO. Oh!

FRÉDÉRIC. Aussitôt que mon frère, Henri de Transtamare, eut appris votre captivité, il en instruisit le roi de France; et du Guesclin doit faire tous ses efforts pour arriver jusqu'à vous, à la tête de l'armée française.

ANGELO. L'armée française!

FRÉDÉRIC. Il y a quinze jours que je l'ai quittée.

LA REINE. Oh! que je revoie l'étendard de France, et je ne regrette plus de mourir!

FRÉDÉRIC. Mais les chances de la guerre sont incertaines, et voilà pourquoi je suis venu, voilà pourquoi, en attendant que nous puissions vous délivrer à force ouverte, j'ai dû songer à veiller sur vos jours.

LA REINE. Que voulez-vous dire?

FRÉDÉRIC, *exalté*. Il faut, madame, il faut que bientôt, lorsque nous pourrons pénétrer jusqu'à vous, les armes à la main, nous vous retrouvions vivante et heureuse! il faut que de Castille en France, comme de France en Castille, les populations puissent s'écrier encore sur votre passage: Qu'elle est belle!

ANGELO. Quel bonheur!

LA REINE. Tout espoir n'est donc pas perdu?

FRÉDÉRIC. Mais défiez-vous de tout ici.

LA REINE. Allez, allez, sortez de ce château... je crains... n'exposez pas vos jours.

FRÉDÉRIC. Tenez-vous continuellement sur vos gardes, (*fausse sortie*) et surtout, surtout si Bozon, le médecin du roi, vient ici, défiez-vous de lui!

La reine s'appuie pâle et tremblante sur le dos d'un fauteuil.

ANGELO. Il y a dix jours qu'il est venu.

LA REINE. Et depuis, je me sens mourir...

FRÉDÉRIC. Malédiction!

ANGELO. Que faire?

FRÉDÉRIC. Oh! il n'est peut-être pas trop tard... je vais...

Frédéric court à la porte d'entrée à gauche.

UN GARDE. Vous ne pouvez pas sortir.

FRÉDÉRIC. Faites-moi parler au gouverneur.

LE GARDE. C'est l'ordre du gouverneur.

ANGELO. Ah! monseigneur, la reine!

Frédéric court à la reine. Les femmes paraissent. On emmène la reine défaillante dans la galerie à droite.

○○○○○○○○○○○○○○○○○○○○○○○○○○○○○○

SCÈNE IV.

MARIA PADILLA, PALMI *par la gauche*.

PALMI, *s'inclinant vers la porte par où il est entré*. Madame... (*Maria paraît*) nous voici dans la salle retirée où vous m'avez dit que vous vouliez avoir avec moi un entretien particulier.

MARIA. C'est bien.

PALMI. Quel est le motif qui me procure l'honneur inespéré de vous recevoir dans ce château?

MARIA. Le roi, qui s'est mis en marche pour étouffer une révolte aux frontières de la Castille, ne pouvant encore venir me joindre à Valladolid, m'a donné rendez-vous dans ce château, où il n'arrivera que demain avec son escorte.

PALMI. Je le sais; le capitaine Lucio d'Altariva l'a devancé pour faire préparer les logemens.

MARIA. Le capitaine...

PALMI. Est arrivé une heure avant vous.

MARIA. Envoyez-le-moi.

PALMI. Il fait en ce moment l'inspection du château. Ah! c'est que nous avons de grandes précautions à prendre; je vous ai dit que le grand-maître est ici, mais j'ai eu le soin de le désarmer.

MARIA. Vous lui avez enlevé son épée?

PALMI. Je vous demande...

MARIA. Je vous demande la vôtre pour la remplacer.

PALMI. Mais j'ai promis à Lucio d'Altariva...

MARIA. Et à moi, n'avez-vous rien promis?

PALMI. Dévouement sans bornes, madame... ne vous dois-je pas tout ce que je suis?

MARIA. Donc, votre épée.

PALMI. Mais Lucio...

MARIA. Le capitaine et moi, nous n'avons qu'une volonté; d'ailleurs vous connaissez mon pouvoir... Si vous obéissez, magnifique récompense; si vous résistez... pendu!

PALMI, *déposant son épée sur un fauteuil à droite*. Voici.

MARIA. C'est bien. (*Palmi s'en va*.) Mais ce n'est pas tout.

PALMI. Quoi?

MARIA. Il y a, n'est-ce pas, à l'extrémité de cette galerie, *à droite*, une porte?

PALMI. Doublée en fer, madame.

MARIA. Cette porte ouverte, on trouve un escalier qui conduit à une poterne?

PALMI. Oui, madame, et en ouvrant une autre porte aussi solide que la première...

MARIA. On sort du château?

PALMI. Oui, madame.

MARIA. Et si on prend la barque royale amarrée au bord de la rivière...

PALMI. Madame...

MARIA. Répondez.

PALMI. Il n'y a que moi qui aie le droit et le moyen de démarrer cette barque.

MARIA. Et, une fois la rivière passée, on est hors de l'atteinte de ceux qui partiraient d'ici pour vous poursuivre.

PALMI. Oui, madame; la barque du roi est la seule...

MARIA. Monsieur le gouverneur, allez chercher les clefs de ces deux portes.

PALMI. Pourquoi?

MARIA. Vous le saurez.

PALMI. Mais...

MARIA. Allez, vous dis-je.

PALMI. Toutefois...

MARIA. Pendu!

PALMI, *à part*. Ce mot-là vous prend à la gorge. (*Haut*.) Je n'ai plus rien à dire.

MARIA. A la bonne heure!

PALMI, *à part*. Prévenons Lucio. Pendu!

SCÈNE V.

MARIA.

C'est près de la reine que je le trouve, près de la reine qu'il aime... (*Elle soupire*.) Oh! qu'importe! il est noble et grand, cet homme! son dévouement est sublime!... Eh bien! je veux être pour lui ce qu'il est pour la reine; je veux être généreuse jusqu'au bout... Et d'ailleurs, en les sauvant tous deux, je concilie les intérêts de mon ambition avec ceux d'un amour que je ne puis vaincre, quoiqu'il soit désormais sans espérance. Oui, oui, je les sauverai. Lucio me secondera, je l'espère.... Depuis quelque temps mon mari semble me faire la cour.... La lettre qu'il m'a écrite de l'armée est pleine de protestations de dévouement; (*elle tire la lettre de son sein*) il m'appelle sa chère femme, son trésor... Il est vrai que, dans cette lettre, il me demande de l'argent, beaucoup d'argent... c'est de là peut-être que lui vient ce retour de tendresse.

SCÈNE VI.

MARIA, FRÉDÉRIC, puis LUCIO.

FRÉDÉRIC, *à la cantonnade*. Il faut absolument que je parle au gouverneur.

MARIA. C'est lui.

FRÉDÉRIC, *étonné*. Maria!

MARIA. Mon aspect vous alarme?

FRÉDÉRIC. Vous venez vous venger, madame?

MARIA. J'en aurais le droit, peut-être; mais regardez-moi, Frédéric, ai-je l'air d'une femme qui vient se venger?

FRÉDÉRIC. Quoi! vous seriez assez généreuse?

MARIA. Je viens pour vous sauver!

FRÉDÉRIC. Moi seul?... Et la reine?

MARIA. Oh! que vous l'aimez!

FRÉDÉRIC. J'ai promis à son frère, le roi de France, de la ramener dans sa patrie.

MARIA. Vous tiendrez votre promesse.

FRÉDÉRIC, *tombant à ses pieds*. Oh! Maria! comment m'acquitter jamais?...

LUCIO *entre et dit à part*. J'arrive à temps, je me doutais du coup*.

MARIA. Relevez-vous, grand-maître de Saint-Jacques, et répondez avec franchise et loyauté aux questions que je vais vous faire.

FRÉDÉRIC. J'écoute.

LUCIO, *à part*. Moi aussi.

MARIA. Votre intention, m'avez-vous dit, est de délivrer la reine et de la conduire en France?

FRÉDÉRIC. Oui, madame.

MARIA. Et une fois là, de demander la rupture de son mariage?

FRÉDÉRIC. A l'instant.

MARIA. Eh bien! jurez-moi et je croirai à votre serment cette fois; car il ne sera pas fait contre elle; jurez-moi que vous et la reine, vous engagerez le roi de France à retirer les troupes qu'il dirige contre la Castille?

FRÉDÉRIC. Je le jure.

MARIA. A faire avec don Pèdre un traité de paix?

FRÉDÉRIC. Je le jure.

MARIA. Et vous espérez l'obtenir?

FRÉDÉRIC. J'y compte...

LUCIO, *à part*. Oui, comptez-y.

FRÉDÉRIC. Quand j'aurai dit à Charles V : C'est à ces conditions que votre sœur et moi, nous avons été sauvés par la plus magnanime des femmes...

MARIA. Encore une promesse.

FRÉDÉRIC. Laquelle?

* Lucio, Maria, Frédéric.

MARIA. Promettez-moi que vous et vos frères vous n'exciterez plus de révolte en Castille, et que vous ferez déposer les armes à tous vos partisans.

FRÉDÉRIC. Je le promets.

MARIA. Eh bien! allez rassurer la reine; revenez ici dans quelques minutes; bientôt vous serez libres tous deux.

LUCIO, *à part.* S'il me plaît.

FRÉDÉRIC. Il serait possible!

MARIA. Le gouverneur est ma créature.

LUCIO, *à part.* La mienne, je vous prie.

MARIA. Il favorisera votre évasion. Une porte vous sera ouverte à l'extrémité de cette galerie. Puis la porte extérieure qui n'est point gardée...

LUCIO, *à part.* Elle va l'être.

Faisant signe à un garde qui s'approche jusqu'au seuil de la porte de gauche.

MARIA. C'est par là que vous serez rendu à la liberté.

LUCIO, *bas au garde.* Le gouverneur.

Le garde disparaît.

FRÉDÉRIC. O Maria! Maria! je ne vous connaissais pas!

LUCIO, *à part.* Il me connaîtra, moi aussi.

MARIA. Adieu, soyez heureux.

LUCIO, *à part.* Et écrivez-moi.

Frédéric baise la main de Maria et se précipite dans la galerie de droite.

SCÈNE VII.
LUCIO, MARIA.

MARIA. Le roi n'arrive que demain, mon projet réussira.

LUCIO, *s'avançant.* Tu crois?

MARIA. Tu étais là?

LUCIO. Si je ne te surveillais pas!

MARIA. Et tu as entendu?

LUCIO. Tout.

MARIA. Eh bien! c'était pour te communiquer mon projet que j'avais dit au gouverneur de t'envoyer près de moi. Qu'en penses-tu?

LUCIO. Folie!

MARIA. Pauvre esprit!

LUCIO. Pauvre cœur!

MARIA. Tu n'as donc pas compris?

LUCIO. Parfaitement.

MARIA. Quel est mon but?

LUCIO. De te faire aimer de ce grand-maître que je déteste!

MARIA. Me faire aimer? Il aime la reine.

LUCIO. Et c'est après m'avoir promis, il y a trois mois, d'oublier ton amour pour ne songer qu'à ta fortune, que je te retrouve près de lui.

MARIA. Mais c'est à ma fortune que je songe en sauvant la reine et le grand-maître.

LUCIO. Penses-tu m'abuser encore?

MARIA. Tu seras donc toujours méfiant?

LUCIO. Tu seras donc toujours perfide? Maria, ton amour t'égare et te perdra. Tu ne seras jamais reine.

MARIA. Je le serai, le roi me l'a promis; mais il ne suffit pas de prendre cette haute position, il faut encore s'y maintenir.

LUCIO. Je ne vois pas que le salut du grand-maître...

MARIA. Si le roi fait mourir demain la reine et Frédéric, l'armée française passera la frontière, les partisans du grand-maître exciteront de nouvelles révoltes à l'intérieur. Attaqué par tant d'ennemis, penses-tu que le trône de don Pèdre puisse rester long-temps debout?

LUCIO. Nous combattrons; j'aime la guerre.

MARIA. Mais d'où te vient cette haine?

LUCIO. Contre Frédéric? Il est plaisant que tu me le demandes!

MARIA. Mais une fois en France, je ne le verrai plus; il ne reviendra pas en Castille.

LUCIO. Les amans reviennent de partout... excepté de la tombe.

MARIA. Quoi! tu voudrais...

LUCIO. J'ai promis au roi d'arrêter le grand-maître; il y va de ma place.

MARIA. Mais le roi ne pourra t'accuser de cette évasion. Une fois la reine et le grand-maître loin d'ici, nous irons à la rencontre du roi, et nous lui dirons que le gouverneur est un traître, et que...

LUCIO. Je ne veux pas que le gouverneur soit compromis. Il m'a sauvé la vie le jour où le roi ordonnait ma mort.

MARIA. Mais il fuira avec eux.

LUCIO. Je t'ai dit que je hais le grand-maître et que le roi le trouvera ici demain.

UN GARDE. Madame, un messager du roi attend votre grâce.

MARIA, *à part.* Du roi! (*Haut, au garde.*) Je vous suis. (*Le garde sort.*) Lucio!

LUCIO, *froid.* Chère amie.

MARIA. Eh bien?

LUCIO. Inébranlable.

MARIA. Mon ami, mon mari!...

LUCIO. Ton mari?... Oui, j'ai les titres

sans la possession; tu es ma propriété, et un autre en a l'usufruit.

MARIA. Je te laisse, je vais savoir ce que me veut ce messager du roi, et à mon retour, tu auras réfléchi, et je suis sûre que tu approuveras mon projet.

LUCIO. Je suis sûr du contraire.

MARIA. Tu as donc tout oublié? Il y a dix ans, Lucio, tu ne me refusais rien.

LUCIO. Et toi, tu m'accordais tout.

MARIA. Eh bien! à mon retour, demande à ta femme ce que tu désires : de l'or, de nouveaux honneurs, tu auras ce que tu voudras ; (*coquette*) songes-y, ce que tu voudras.

Elle sort à gauche, en lui souriant.

SCENE VIII.

LUCIO, *seul*.

Je ne veux rien... que puiser à souhait dans les coffres du roi. Oui, oui, compte que tes cajoleries auront quelque puissance sur moi! Elle est jolie pourtant, plus jolie que jamais.... Mais à quoi vais-je penser après dix ans d'interrègne?.. J'ai bien envie, pour répondre à ses hypocrites caresses, de la payer de la même monnaie et de faire le jaloux : c'est dans mon rôle de mari outragé.

SCENE IX.

PALMI, LUCIO.

PALMI, *accourant*. Lucio!

LUCIO. D'où te vient cet air effaré?

PALMI. Ta femme, que j'ai rencontrée, m'a renouvelé la menace de me faire pendre, si je ne consentais pas à favoriser l'évasion de la reine et du grand-maître.

LUCIO. Et je te fais pendre si tu la favorises... Choisis.

PALMI. Mais tu me donnes à choisir....

LUCIO. Rassure-toi ; ma femme ne fera que ce que je voudrai.

PALMI. Voilà un maître homme!

LUCIO, *désignant la droite*. Où sont les clefs de ces deux portes?

PALMI, *les donnant*. Les voici. Tu te défies de ton ami?

LUCIO. Non ; mais je compte beaucoup plus sur moi.

PALMI. Tu me blesses!

LUCIO, *à un garde à gauche*. Holà! quatre gardes à l'extérieur de la dernière porte, avec injonction de ne pas bouger sans un ordre du roi, du roi, entendez-vous? (*Le garde sort.*) Et maintenant, que ma femme les délivre si elle peut!

PALMI. Vous faites un singulier ménage ensemble!

LUCIO. Mais non, ménage ordinaire : deux volontés opposées.... Hâte-toi de placer ces gardes.

PALMI. Et tu me garantis que je ne serai pas...

LUCIO. Oui, si désormais tu exécutes sur-le-champ, sans examen, tout ce que je te dirai.

PALMI. Compte sur moi.

Il sort.

SCENE X.

LUCIO.

Enfin, je vous tiens et de manière à ce que vous ne puissiez plus m'échapper, grand-maître de Saint-Jacques. Ah! vous aviez cru pouvoir vous passer de moi si vous fussiez monté sur le trône. Vous me sacrifiiez froidement à votre politique ; vous me jetiez dans les ténèbres d'un cachot. Faute grave, monseigneur : en voyant ce que je puis contre vous, vous saurez ce que j'aurais pu pour vous.

SCENE XI.

LUCIO, FRÉDÉRIC.

FRÉDÉRIC, *à Angelo, qui le suit à droite*. Angelo, veille bien sur la reine. Je vais voir si Maria...

Angelo rentre.

LUCIO. Maria Padilla a promis au grand-maître par-delà ses pouvoirs.

FRÉDÉRIC. Que voulez-vous dire?

LUCIO. Elle vous a promis la liberté?

FRÉDÉRIC. Et vous vous opposez, capitaine, à ce qu'elle me soit rendue?

LUCIO. C'est mon devoir.

FRÉDÉRIC. Ne trouvez-vous pas du moins qu'il est bien pénible à remplir?

LUCIO. Non, monseigneur.

FRÉDÉRIC. Quoi! cette reine infortunée...

LUCIO. La reine est à plaindre, car elle n'a pas mérité son sort.

FRÉDÉRIC. Et moi, monsieur?

LUCIO. Ah! vous, c'est différent.

FRÉDÉRIC. Pourquoi?

LUCIO. Parce que vous avez conspiré, parce que vous avez voulu me faire destituer.

FRÉDÉRIC. C'était une nécessité de ma position.

LUCIO. C'est une nécessité de la mienne.

FRÉDÉRIC. Si je n'envisageais que moi seul, je subirais mon sort, et ne descendrais pas à des propositions ou à des prières; mais la reine, monsieur, n'aurez-vous point pitié de la reine ?

LUCIO. Il ne m'appartient pas d'agir contrairement aux ordres de mon maître.

FRÉDÉRIC. Et si le roi de France promettait à votre ambition beaucoup plus que ne vous a donné le roi de Castille ?

LUCIO. Je mets une grande différence entre tenir et attendre. Je garde ce que je tiens.

FRÉDÉRIC. Et si je vous jurais...

LUCIO. Vous aviez juré, monseigneur, d'être fidèle à Maria Padilla.

FRÉDÉRIC. Monsieur !

LUCIO. C'est un fait.

FRÉDÉRIC. Ainsi donc, vous voulez nous livrer à la vengeance du roi ?

LUCIO. Je lui dois obéissance.

FRÉDÉRIC. Mais c'est un crime qu'il vous ordonne.

LUCIO. Un acte de justice, relativement à vous.

FRÉDÉRIC. Capitaine, vous oubliez trop que vous parlez au grand-maître de Saint-Jacques.

LUCIO. Grand-maître de Saint-Jacques, vous oubliez que vous êtes mon prisonnier.

FRÉDÉRIC, *s'avançant*. Je désire revoir Maria Padilla.

LUCIO. Vous ne passerez pas le seuil de cette porte.

FRÉDÉRIC. Capitaine !

LUCIO, *portant la main à son épée*. Vous ne passerez pas. (*A part*) J'ai le droit d'empêcher un amant de parler à ma femme.

FRÉDÉRIC, *dédaigneux*. La belle prouesse pour un homme de guerre, que de barrer le passage avec une épée, à un homme sans armes !

LUCIO. Oh ! qu'à cela ne tienne, monseigneur ; le hasard nous sert bien tous deux. (*Désignant le siége sur lequel est l'épée de Palmi.*)Voyez, voilà de quoi vous ouvrir un passage !

FRÉDÉRIC, *saisissant l'épée*. Ah !..., maintenant, je reverrai Maria.

LUCIO. Vous ne la verrez pas !

FRÉDÉRIC. Eh bien ! sachez que je vous fais honneur, monsieur, en croisant le fer avec vous.

LUCIO. Honneur et plaisir, monseigneur.

FRÉDÉRIC, *dégaînant*. En garde donc, et pour la reine !

LUCIO, *dégaînant*. Pour le roi ! (*A part*.) Et pour moi.

SCENE XII.

LUCIO, MARIA, FRÉDÉRIC.

MARIA, *accourant*. Que faites-vous ?

FRÉDÉRIC. Maria !

LUCIO. Laissez-nous.

MARIA, *à Frédéric*. Au nom de la reine, retirez-vous !

FRÉDÉRIC. Il veut s'opposer à votre noble dessein.

MARIA. Il va s'y associer, je vous le jure.

LUCIO. Oui, vous m'avez trouvé dans de belles dispositions !

MARIA, *à Frédéric*. La reine est perdue, si vous restez...

FRÉDÉRIC. Perdue !... c'est à revoir, monsieur le capitaine.

LUCIO. Je l'entends bien ainsi, monseigneur.

Frédéric rentre à droite.

SCENE XIII.

LUCIO, MARIA.

MARIA. Tu es donc inexorable ?

LUCIO. Que t'avais-je dit ?

MARIA. Ecoute-moi, Lucio : le roi, dans son impatience de me revoir, a quitté un jour plus tôt le bourg de Santos Ladrones, et il me fait dire par son messager qu'il sera ici vers la fin du jour.

LUCIO, *froid*. Eh bien ?

MARIA. Il faut que dans une heure la reine et le grand-maître soient hors du château.

LUCIO. Ils n'y seront pas.

MARIA. Ils y seront.

LUCIO. Oh ! j'ai pris mes mesures. Quatre hommes gardent la porte de France à l'extérieur, et voici les clefs que je me suis fait remettre par Palmi.

MARIA. Ah !

LUCIO. Et je ne sors pas de cette salle.

MARIA. Ni moi non plus.

LUCIO. Nous voilà en tête à tête, comme il convient à une femme et à un mari.

MARIA, *s'asseyant à droite*. Viens donc t'asseoir près de ta femme.

LUCIO, *à part*. Elle veut me séduire.

MARIA. Regarde-moi.

LUCIO. Avec plaisir.

MARIA. Comment me trouves-tu ?

LUCIO. Charmante.
MARIA. Et tu ne feras rien pour moi?
LUCIO. C'est pour toi que je voulais tuer le grand-maître.
MARIA. Donne-moi ta main.
LUCIO. La tienne est brûlante!... Ah! si le grand-maître n'était pas là, et qu'il me fût permis d'attribuer à mon mérite l'agitation de cette jolie main...
MARIA. Eh bien?
LUCIO. Eh bien, ce serait flatteur pour moi.
MARIA. Pourquoi cette modestie, Lucio? tu es mieux que le grand-maître.
LUCIO. Mais je suis ton mari; voilà ce qui me nuit.
MARIA. Tu as été mon premier amour.
LUCIO. Il ne paraît pas que je doive être le dernier.
MARIA. Cela dépend de toi.
LUCIO. Une femme fait quelquefois un mari de son amant; mais un amant de son mari! cela ne s'est jamais vu.
MARIA. Cela sera pourtant, Lucio, si tu cèdes à ma prière, si tu consens à sauver le grand-maître.
LUCIO, *se levant après l'avoir regardée.* Parlons d'autre chose, ma chère amie.
MARIA, *se levant.* Mais, mon Dieu! tu crois peut-être que je l'aime encore!... L'aimer, lui! après ce qu'il a fait!... Non, non, son salut est un acte politique, voilà tout.
LUCIO. Tant que cet homme vivra, je ne serai sûr de rien.
MARIA. Mais une fois parti, une fois loin de moi... Oh! que tu connais mal les femmes!
LUCIO. Et qui a la prétention de les bien connaître?
MARIA. Auprès d'elles, Lucio, les absens ont toujours tort.
LUCIO. Les morts ont bien plus tort encore, et voilà pourquoi...
MARIA. Tu me refuses?
LUCIO, *s'éloignant.* Brisons là.
MARIA. Et tu dis que tu m'aimes? Et moi qui étais assez folle pour le croire! Oui, il m'avait semblé, depuis quelque temps, que tes regards s'arrêtaient sur moi avec bonheur...
LUCIO, *à part.* Quand je manque d'argent, c'est vrai.
MARIA, *montrant la lettre de Lucio.* Il me semblait, en lisant cette lettre, lire encore celles qu'il m'écrivait, il y a dix ans, lorsque la guerre le tenait séparé de moi.
LUCIO. C'est le même sentiment qui a dicté celle-ci.
MARIA. Eh bien! si cela est vrai, Lucio, ne l'est-il pas aussi qu'on accorde tout à la femme qu'on aime?
LUCIO. Oui, tout, excepté de donner beau jeu à un rival.
MARIA, *s'animant.* Mais ce rival, Lucio, il y a quelques mois, ne te portait point ombrage; tu me laissais seule avec lui dans les bosquets du Buen-Retiro; tu t'associais à mon projet de le faire monter sur le trône.
LUCIO, *jouant le jaloux.* C'est qu'il y a trois mois, je n'étais pas jaloux; c'est qu'il y a trois mois je sortais d'une longue misère, et le bien-être matériel suffisait seul à mon bonheur. Mais, depuis quelque temps, mon indifférence pour l'amour que cet homme t'inspire n'est que de l'hypocrisie; je cherche à faire bonne contenance: je suis un fanfaron, Maria. Je sens l'amertume de la honte; mais je veux avoir l'air de la boire sans grimacer.

Il sourit à part.
MARIA. Lucio!
LUCIO. Cet homme ne sortira pas vivant d'ici.
MARIA. Décidément, tu me refuses?
LUCIO. Décidément.
MARIA. Ton parti est bien pris?
LUCIO. Bien pris.
MARIA. Eh bien! Lucio, désespérée de la mort du grand-maître, car c'est moi qui l'ai jeté dans une conspiration, qui suis la cause de sa perte, je n'attendrai pas que le remords me tue.
LUCIO. Oh! non, tu l'oublieras, Maria, et alors, j'espère...
MARIA. Tu espères?... Ceci, Lucio, est entre toi et moi un sujet de rupture éternelle, et en pareil cas, deux personnes qui ont cessé de s'aimer, se rendent réciproquement les gages d'un amour qui n'est plus.
LUCIO. Que veux-tu dire?
MARIA. Il y a dix ans, je t'ai écrit deux lettres que tu as conservées.
LUCIO. Précieusement; bien m'en a pris, chaque caractère m'a rapporté une poignée d'or.
MARIA. Rends-les-moi et voici la tienne.
LUCIO. Te rendre tes lettres! Pour qui me prends-tu?... L'amour que j'ai pour toi, Maria, est sincère, mais il n'est pas fou.
MARIA. Quel prix peuvent-elles avoir pour toi?
LUCIO. C'est un talisman qui ne me quitte pas, et qui me garantit des mauvais desseins de ma femme.
MARIA. Quoi!
LUCIO. Tu sais bien que le jour même

où je m'apercevrais que ma présence t'importune, le roi lirait ces lettres, et nous serions perdus tous deux, n'est-ce pas, quand le roi saurait que les premiers battemens de ton cœur n'ont pas été pour lui ?

MARIA. Oh! oui, perdus !

LUCIO. Voilà pourquoi je les garde... Quant à toi, Maria, tu ne dois pas tenir à conserver la mienne.

MARIA. Pour qui me prends-tu donc, Lucio ?

LUCIO, *alarmé.* Eh !

MARIA, *animée.* Es-tu persuadé que j'aime le grand-maître ?

LUCIO. Il n'y a qu'à te regarder quand tu parles de lui.

MARIA. Eh bien ! cet homme que j'aurais fini par oublier, sans doute, s'il meurt, je le vengerai.

LUCIO. Comment ?

MARIA En donnant au roi cette lettre, et nous serons perdus tous deux, n'est-ce pas, quand le roi saura que les premiers battemens de mon cœur n'ont pas été pour lui, mais pour toi ?

LUCIO, *à part.* Le besoin d'argent m'a fait faire une sottise.

MARIA. Eh bien ?

SCENE XIV.
MARIA, PALMI, LUCIO.

PALMI, *accourant.* Le roi...

MARIA et LUCIO. Le roi !

PALMI. Est à quelques pas du château.

MARIA. Le grand-maître et la reine vont mourir ; le roi aura cette lettre.

LUCIO. Elle est capable de tout... elle a le diable au corps !

MARIA, *ouvrant la fenêtre de gauche.* Eh bien, Lucio ?...

LUCIO. Il est trop tard maintenant.

MARIA. Trop tard par ta faute. Trouve un moyen, Lucio... Le roi traverse la cour, il va passer sous cette fenêtre. (*Elle met en dehors de la fenêtre la main qui tient la lettre.*) Et puis... Eh bien ! Lucio, ton esprit si fertile en expédiens serait-il tout-à-coup devenu stérile ?... Le soin de conserver ta vie ne t'inspire donc rien ?... Regarde, Lucio, ma main tremble, et je n'ai qu'à l'ouvrir pour que cette lettre s'en échappe et que l'arrêt de notre mort tombe aux pieds du roi... Rien ! rien ! tu restes immobile ; tu ne réponds pas ?... Eh bien !

Mouvement pour jeter la lettre.

LUCIO, *vivement, après avoir rêvé.* Je les sauverai !

Maria retire la main.

PALMI. Que signifie ?...

LUCIO, *rapidement.* Palmi, tu dois exécuter sur-le-champ et sans examen tout ce que je te dirai.

PALMI. Mais je...

LUCIO. Ou pendu !

MARIA. Pendu !

LUCIO, *à Palmi.* Tu l'entends, nous sommes d'accord ; te voilà entre deux gibets.

PALMI. Sans compter le roi qui me fera mourir quand il saura...

LUCIO. Tu fuiras avec la reine et le grand-maître, et tu auras une bonne place à la cour de France.

PALMI. Mais je ne comprends pas ?

LUCIO. Eh ! qu'as-tu besoin de comprendre ? n'as-tu pas fait fortune jusqu'ici sans cela ? ne suis-je pas ton étoile ?... Palmi, le temps presse ! si ton hésitation fait avorter ce projet, je dis au roi que tu es un traître, et tu tombes mort à ses pieds.

PALMI. Que faut-il faire ?

LUCIO, *vivement.* Le roi sait-il que le grand-maître est ici ?

PALMI. Oui.

LUCIO. Eh bien ! écoute...

SCENE XV.
LE ROI, MARIA, LUCIO, PALMI.

MARIA, *avec effroi, à part.* Le roi ! (*Avec sourire au roi.*) Le roi !

LE ROI. Bien impatient de vous revoir.

Il lui baise la main.

MARIA. J'arrive à l'instant, monseigneur.

LUCIO. Et j'entre avec ma f..... avec madame.

LE ROI. Capitaine, je suis content de votre zèle ; vous m'aviez promis d'arrêter le grand-maître, et je sais qu'il est ici.

LUCIO, *troublé.* Il ne peut vous échapper, monseigneur.

Il fait un signe à Maria.

LE ROI. Je ne prendrai dans ce château qu'un repos de quelques heures... L'armée française menace la frontière.. nous marcherons à elle, et nous l'attendrons dans quelques jours.

MARIA, *à Lucio, bas.* Eh bien ?

LE ROI, *désignant la porte de droite.* Capitaine, veillez à cette porte. Et vous, gouverneur, allez ordonner les apprêts du supplice du grand-maître, je veux qu'il soit public, nous partirons après.

PALMI, *bas à Lucio.* Que faire?

LUCIO, *bas à Palmi.* Demande un ordre de sa main.

LE ROI. Eh bien?

PALMI. Monseigneur, dans une aussi grave circonstance, donne toujours un ordre signé de sa main.

LE ROI, *se dirigeant vers la table de gauche, il écrit.* C'est juste.

MARIA, *bas à Lucio.* Je vais...

LUCIO, *bas à Maria.* Attends. (*Bas à Palmi.*) Tu feras retirer les gardes en leur montrant cet ordre, et tu auras soin de fermer...

Il lui parle bas en lui montrant la galerie de droite et de gauche, puis il lui remet les clefs.

LE ROI, *écrivant.* Exécutez les ordres du gouverneur... moi, le roi.

PALMI, *prenant l'ordre, à part.* Je l'échapperai belle, si j'en réchappe.

Il sort par la gauche.

LUCIO, *bas vivement à Maria.* Gagne du temps.

MARIA, *allant au roi.* Enfin vous voici, monseigneur.

Elle va s'asseoir près de lui et déploie une grande hypocrisie de caresses.

LUCIO, *à part.* Comment faire? le roi m'a dit de ne pas quitter cette porte!

LE ROI. Eh bien! Maria, as-tu vu la reine?

MARIA. Non, monseigneur.

LUCIO, *à part.* Quel parti prendre?

LE ROI. Si tu l'avais vue, Maria, tu saurais que tu n'as pas long-temps à attendre.

MARIA. O monseigneur!...

LE ROI. Oui, Maria, avant la fin de ce jour, il n'y aura plus de reine en Castille; et alors...

MARIA. Et vous pensez, monseigneur, que c'est l'espérance d'une couronne qui m'éblouit; tout ce que je désire de vous, c'est votre amour, rien que cela.

LE ROI. Tu en auras bientôt une preuve éclatante.

MARIA. Moi, monseigneur, la femme de l'homme le plus vaillant de l'Europe?... mais c'est à en devenir folle!

LUCIO, *à la fenêtre de droite, à part.* Palmi fait retirer les gardes.

MARIA. Oh! je suis si émue!

Elle se tourne du côté de Lucio et le regarde avec expression.

LE ROI, *à part.* Comme elle m'aime!

Lucio fait à Maria un signe d'espérance.

MARIA, *épanouie; se tournant vers le roi.* Oh! si vous saviez ce que j'éprouve en ce moment?

LUCIO, *à part, à la fenêtre.* La reine et le grand-maître ne paraissent pas encore!

LE ROI. Et plus tard, Maria, après la guerre, quand tous les rebelles seront soumis...

MARIA. Que m'importe le reste!

LE ROI, *à part.* Elle n'est pas ambitieuse.

MARIA. Ne plus te quitter, t'environner de mon amour, voilà ce que je veux.

LE ROI. Tu seras reine.

MARIA. Eh bien! alors je prendrai pour moi les soucis de la suprême puissance, et ne t'en laisserai que les plaisirs; tu te reposeras sur mon amour et sur mon zèle du soin de nommer aux emplois tes amis les plus dévoués, qui me sont mieux connus qu'à toi-même.

LUCIO, *à part, à la fenêtre.* Les voilà!

MARIA. D'en éloigner ceux dont la fidélité est chancelante ou la félonie avérée.

LUCIO, *à part.* Si le roi se doutait...

MARIA. Ainsi jamais aucun soupçon n'arrivera jusqu'à toi; aucune crainte n'assiégera ta pensée; l'outrage et la rébellion commis et châtiés à ton insu seront pour toi ni rébellion ni outrage; et don Pèdre, du fond d'un sanctuaire impénétrable aux complots de ses ennemis, régnera sur la Castille, sans passion et sans colère, comme on voit Dieu régner sur l'univers!

LE ROI, *se levant.* Ton ame est noble et grande, Maria! et il me tarde de montrer à mes sujets que tu n'es pas seulement la plus jolie et la plus spirituelle femme de Castille.

LUCIO, *à part.* Oh! je tremble!

LE ROI. Mais le gouverneur se fait bien attendre.

LUCIO, *pour gagner du temps et prendre ses précautions.* Depuis quelque temps, le seigneur Palmi s'acquitte avec négligence de ses devoirs; en arrivant ici, j'ai trouvé un désordre...

LE ROI. Ah!

LUCIO. Oui, monseigneur, ma présence a paru le surprendre et le contrarier; il refusait même de me remettre le commandement du château, que je venais prendre de votre part.

LE ROI. Il sera remplacé demain ; et maintenant, je veux dégrader moi-même Frédéric de la grande-maîtrise de Saint-Jacques.
Il fait un pas vers Lucio.
MARIA, *bas à Lucio.* S'il les aperçoit...
LUCIO, *à part.* Prenons les devans. (*Haut à la fenêtre.*) Ciel !
LE ROI. Qu'y a-t-il ?
LUCIO. Le traître !
LE ROI. Qu'est-ce donc ?
LUCIO. Le gouverneur qui fuit avec la reine et le grand-maître !
LE ROI, *courant à la fenêtre.* Se pourrait-il ?... Capitaine, courez dans cette galerie, et moi je vais donner des ordres.
Il sort par la gauche.
MARIA. Tout est perdu !
LUCIO, *qui a fait quelques pas vers la galerie de droite revient vivement, et dit de même à Maria.* Ne crains rien ; j'ai dit à Palmi de fermer derrière lui toutes les portes ; c'est nous qui sommes prisonniers.
MARIA, *à la fenêtre.* Ils sont à l'autre bord.
LUCIO. Maintenant, impossible de les atteindre.
LE ROI, *revenant.* Tout est fermé de ce côté.
LUCIO, *désignant la galerie.* Ici de même.
LE ROI. Et ils m'échapperont ! (*Il court à la fenêtre de gauche.*) Au roi ! venez au roi !
LUCIO, *à Maria, bas.* Ils ont disparu !
MARIA, *heureuse.* Oh !
LE ROI. Brisez toutes les portes... et qu'à l'instant un ordre...
Il écrit.

LUCIO, *toujours près de la fenêtre de droite, bas à Maria.* Ils sont sauvés !
MARIA, *bas.* Par toi ?
LUCIO, *bas.* Par moi.
MARIA, *bas.* Je t'aime !
LUCIO, *démasquant et désignant la fenêtre, bas.* Je m'efface pour que ton mot aille à son adresse.
MARIA, *court à la fenêtre, bas.* Sauvés ! oui, sauvés. (*Se tournant vers Lucio.*) Lucio, que veux-tu être ?
LUCIO. Grand d'Espagne !
MARIA. Tu le seras.
LUCIO. Et grand-maître de Saint-Jacques !
MARIA. Tu le seras.
On entend à droite et à gauche un grand bruit de portes brisées.
LE ROI, *se levant.* Enfin ! (*Des gardes, des officiers en grand nombre se précipitent dans la salle ; la scène est hérissée de piques et d'épées.*) Messieurs, la reine et le grand-maître... (*Il jette un coup d'œil à la fenêtre de droite et s'écrie.*) Trop tard ! vous arrivez trop tard ; mais n'importe, leur triomphe n'est pas complet... la reine emporte la mort avec elle ; elle n'atteindra pas la frontière. Maria Padilla, votre main. Messieurs, inclinez-vous devant la reine de Castille.
Il la prend par la main. Tout le monde s'incline. Le roi et Maria s'avancent pour sortir au milieu des gardes.
LUCIO. Voici une bonne journée ! (*Désignant la fenêtre de droite.*) Je succède à un prince, (*désignant Maria et le roi*) et j'ai un roi pour successeur.

ÉPILOGUE.

Même décor qu'au Prologue.

SCENE PREMIERE.

Au lever du rideau, l'on voit des gens du peuple groupés autour de plusieurs tables, d'autres s'entretiennent avec action dans le fond.

CHOEUR.

AIR *du Prologue.*

Le ciel nous est propice
Car nous triomphons en ce jour,
Que Valladolid retentisse } *bis.*
De cris de notre amour ;
Le ciel nous est propice,
Ah ! pour nous quel beau jour !   *4 fois.*

SCENE II.

LES MÊMES, ANGELO, *sortant du palais à droite.*

ANGELO. Oui, mes bons amis, livrez-vous à la joie. La mort de votre jeune reine sera vengée. Vous vous souvenez combien elle était douce et bonne ! elle ne vous oublia jamais. J'ai recueilli ses dernières paroles : Angelo, me dit-elle, si, un jour, tu retournes en Espagne, dis à mes fidèles Castillans qu'une de mes dernières pensées a été pour eux.

LE PEUPLE, *attendri.* Oh !

ANGELO. Mais laissez-moi, mes amis, j'aperçois...

SCENE III.

LES MÊMES, FRÉDÉRIC, DEUX GENTILSHOMMES.

FRÉDÉRIC, *courant à Angelo.* Angelo !

ANGELO, *courant à lui.* Monseigneur !

REPRISE DU CHOEUR.

Pendant ce temps, Frédéric et Angelo se témoignent la plus vive amitié ; puis le peuple sort à gauche, et sur un signe de Frédéric, les deux gentilshommes entrent dans le palais.

FRÉDÉRIC. Angelo, c'est donc toi ? noble enfant, je n'espérais plus te revoir.

ANGELO. Ne vous avais-je pas dit, monseigneur, que si la reine succombait, je voulais suivre la fortune de ses vengeurs ? Me voici. Oh ! qu'il me tardait de me retrouver près de vous, pour vous parler d'elle ! J'arrive à l'instant à Valladolid avec quelques seigneurs français, et ne vous ayant pas trouvé au palais, j'allais à votre rencontre. Quelles nouvelles, monseigneur ?

FRÉDÉRIC. Tu sais que lorsque j'eus accompagné la reine jusqu'à la frontière de France, et que je l'eus laissée sous la protection de ses serviteurs, l'honneur me faisait un devoir de rentrer en Castille, de joindre mon frère Henri, pour combattre don Pèdre ?

ANGELO. Eh bien ?

FRÉDÉRIC. Le ciel a favorisé nos armes. Don Pèdre a été battu dans plusieurs rencontres, et tandis que mon frère le tient assiégé dans le château de Montiel, je suis venu, en son nom, il y a quelques jours, sommer Valladolid de m'ouvrir ses portes. J'ai été reçu au milieu des acclamations, et aujourd'hui, d'un moment à l'autre, j'attends des nouvelles de l'armée de Henri.

ANGELO. Oh ! que la reine n'a-t-elle vécu jusqu'à ce jour, pour jouir de vos triomphes !

La porte de l'hôtellerie de droite s'ouvre, et on voit l'hôtelier repoussant un homme dont on ne distingue pas les traits.

FRÉDÉRIC. Viens, Angelo, entrons au palais. Viens me parler de la reine.

SCENE IV.

LUCIO, *costume du prologue*, L'HOTELIER.

LUCIO, *à l'hôtelier.* J'arrive, je suis fatigué ; je te paierai plus tard, hôtelier du diable. (*On lui ferme la porte au nez.*) Il me refuse un gîte, à moi, à moi qui, il y a un an, n'aurais eu qu'à dire à mes gardes :

Démolissez cett emaison, pour qu'il ne restât pas pierre sur pierre... O fortune! tu n'as jeté qu'un rapide éclair dans les ténèbres de ma vie, et me voici replongé dans mon obscurité!... je ne puis pas cependant loger à la belle étoile... J'ai écrit à Palmi pour le prévenir de mon arrivée à Valladolid... Sachons s'il est rentré au logis. (*Il va pour frapper à la porte de l'hôtellerie de gauche, et aperçoit Palmi qui vient du fond.*) Ah!

SCÈNE V.

LUCIO, PALMI, *costume du prologue.*

PALMI, *stupéfait.* C'est toi, cher ami!
Ils s'embrassent.

LUCIO, *l'examinant du haut en bas.* Et moi qui croyais te retrouver riche et partager avec toi!

PALMI, *de même.* Et moi à qui la nouvelle de ton arrivée avait aiguisé l'appétit!

LUCIO. Je suis allé en France pour te rejoindre.

PALMI. Tandis que je revenais en Castille pour te revoir!

LUCIO. Qui te prendrait pour un ex-gouverneur?

PALMI. Croirait-on que voilà un roi de Castille, comme tu t'appelais?

LUCIO. Le sort est un railleur froid et cruel!... Mais enfin comment se fait-il?...

PALMI. Je t'adresserai la même question après avoir répondu à la tienne. Lorsque je fus arrivé en France, je demandai à don Frédéric d'Aragon la récompense de mon service; mais il ne s'abusait pas plus sur le mérite de mon dévouement à la reine que sur le mérite du tien, et il me renvoya en me disant que tout ce qu'il me devait, c'était l'absolution de mes erreurs et une forte somme; il me donna l'une et l'autre.

LUCIO. Qu'as-tu gardé?

PALMI. L'absolution.

LUCIO. Et l'argent?

PALMI. Englouti; le jeu, les femmes....

LUCIO. Habitudes contractées à la cour.

PALMI. Et toi, Lucio, qu'as-tu fait de la fortune?

LUCIO. Demande-moi plutôt ce que la fortune a fait de moi.

PALMI. Je sais que tu as perdu ta protectrice?

LUCIO. Oui, le roi qui avait promis de l'épouser, et qui l'avait conduite à Tolède pour cela, rencontra dans cette ville une beauté nouvelle dont il fut épris, Juana de Castro. Un profond chagrin s'empara de Maria Padilla et...

PALMI. Pauvre femme!
Ils s'attendrissent hypocritement.

LUCIO. Dès ce moment mon étoile a pâli; et soit qu'un ami de cour m'eût desservi auprès du roi, soit que le roi eût trouvé des preuves de mes anciennes relations avec Maria Padilla, un soir mon logement fut brusquement envahi et je n'eus que le temps de fuir pour mettre mes jours en sûreté!

PALMI. Mais tu emportais avec toi...

LUCIO. Assez de philosophie pour me consoler de ma chute, comme dans ma fortuite grandeur, j'avais conservé assez de raison pour ne pas m'en laisser éblouir.

PALMI. Moi aussi, après avoir gémi quelques jours, j'ai pris mon parti et j'ai considéré notre élévation comme un rêve.

LUCIO. Oui un rêve; car nous voici comme il y a un an, sous le même costume, sur la même place.

PALMI. A l'endroit même où tu me disais: la fortune est changée!

LUCIO. Je te le dis encore; mais ce n'est plus dans le même sens.

PALMI. Tu me disais aussi: Viens à la cour, chez moi!

LUCIO. Chez moi, veut dire aujourd'hui sur la place publique.

PALMI. Quoi! tu n'as pas de gîte?

LUCIO. Non.

PALMI. Alors nous logeons sous le même toit.

LUCIO. Ah!

PALMI. Mais l'amitié nous reste, nous partagerons la même fortune.

LUCIO. Rien dans ta bourse, rien dans la mienne; le partage est tout fait.

PALMI. Bah! dans quelques heures nous pourrons les remplir peut-être.

LUCIO. Tu cultives toujours les arts?

PALMI. Toujours. Et toi que vendras-tu aujourd'hui?

LUCIO. Je n'en sais rien encore; mais il faut que je vende quelque chose.
Il regarde autour de lui et ramasse des pierres qu'il met dans son sac.

PALMI. Que fais-tu donc?

LUCIO. Je cherche des reliques.

SCÈNE VI.

LES MÊMES, LE PEUPLE, UN MESSAGER.

LE MESSAGER, *une dépêche à la main.*

Bonnes nouvelles! bonnes nouvelles! Où est le grand-maître de St.-Jacques?

Des gardes paraissent dans le vestibule du palais, et laissent passer le messager. Des groupes de peuple se forment. Ils expriment la curiosité, l'agitation.

LUCIO, *bas à Palmi.* C'est sans doute le triomphe de Henri que ce messager vient annoncer à son frère.

PALMI. De Henri, tu crois?...

LUCIO. Oui.

PALMI.
AIR *du Prologue.*
Henri, roi de Castille,
Prince brave et galant, etc., etc.

LUCIO. Chrétiens, mes frères, j'arrive de France et suis de passage à Valladolid. J'ai rapporté de Notre-Dame de Paris quelques débris sacrés du tombeau de St.-Denis, un maravédis le paquet.

Le peuple se détourne d'eux sans donner un maravédis.

PALMI, *à Lucio.* Dis-donc : ils n'aiment plus la musique dans ce pays.

LUCIO. Et le commerce des reliques est usé.

SCÈNE VII.

LES MÊMES, ANGELO, FRÉDÉRIC, GARDES *et* GENTILSHOMMES.

ANGELO. Victoire! victoire!

FRÉDÉRIC. Oui, Castillans, celui qui vous opprimait n'est plus. Mon frère, Henri de Transtamare vient d'être proclamé roi de Castille.

Il se perd parmi la foule.

LE PEUPLE. Vive le roi!

PALMI. Vive le roi!

ANGELO. Les hôteliers doivent aujourd'hui donner gratis au peuple ce qu'il demandera.

Le peuple s'attable. Les hôteliers portent du vin.

LUCIO, *bas à Palmi.* Nous prendrons part au banquet.

Ils s'asseoient.

ANGELO, *à un officier.* Monsieur de Novera, le roi Henri devant faire son entrée, demain dans Valladolid, l'ordre du grand-maître de Saint-Jacques est d'en chasser à l'instant même tous les vagabonds et les gens sans aveu.

Il désigne Lucio et Palmi.

LUCIO, *bas à Palmi.* Dis-donc : mes gardes qui voudraient m'arrêter! (*Il se lève et Palmi aussi.*) Quittons la ville, Palmi, ne nous séparons plus et tâchons de devenir honnêtes, puisque nous ne pouvons plus devenir riches.

Les gardes s'avancent. Lucio et Palmi s'en vont lentement, tandis qu'Angelo et le peuple les regardent et les désignent du doigt, en chantant la reprise du chœur.

FIN.

PARIS. — Imprimerie de V.ᵉ DONDEY-DUPRÉ, rue Saint-Louis, n° 46, au Marais.

ACTE V, SCÈNE V.

ROMÉO ET JULIETTE,

TRAGÉDIE EN CINQ ACTES, EN VERS,

Par M. Frédéric Soulié,

REPRISE AU THÉATRE ROYAL DE L'ODÉON, LE 16 DÉCEMBRE 1837.

PERSONNAGES.	ACTEURS.	PERSONNAGES	ACTEURS.
CAPULET, riche seigneur de Vérone	M. AUGUSTE.	LOMENI, serviteur de Capulet.	M. VINCENT.
ROMÉO-MONTAIGU, idem.	M. LOCKROY.	JULIETTE CAPULET.	Mme ANAÏS.
TALERMI, savant, et premier magistrat de Vérone.	M. BEAUVALET.	BERTHA, sa nourrice.	Mme LAMBERT.
ALVAR, seigneur espagnol.	M. MICHELOT.	UNE JEUNE FILLE.	Mlle FERDINAND.
LOTHARIO, noble du parti de Capulet.	M. PAUL.	SERVITEURS DE CAPULET, HOMMES D'ARMES DE CAPULET, NOBLES, SEIGNEURS, DAMES ET JEUNES FILLES DU PARTI DE CAPULET.	

La scène est à Vérone, dans le palais de Capulet.

ACTE PREMIER.

Le théâtre représente une salle en marbre. A gauche du spectateur, est une porte très-visible qui conduit dans l'appartement de Juliette. A droite est une fenêtre qui ouvre sur la campagne, et qui paraît à une grande hauteur. Au fond est une porte qui donne dans l'intérieur du palais, et qui laisse découvrir une vaste salle qui précède le lieu de la scène.

SCÈNE PREMIÈRE.
CAPULET, ALVAR, BERTHA.

Au lever du rideau, Bertha est assise à droite sur le devant de la scène. Capulet entre par la porte de gauche, Alvar par celle du fond. Ils se serrent la main en entrant. Bertha se lève aussitôt que Capulet paraît.

CAPULET.
Bertha, chez Talermi rendez-vous à l'instant,
Dites-lui qu'en ces lieux Juliette l'attend;
Que moi-même, alarmé du tourment qui l'obsède,
J'espère un prompt secours des secrets qu'il possède.
Dites à Talermi quelle morne langueur
S'empare de ma fille et dévore son cœur.
Allez et hâtez-vous, déjà la nuit s'avance;
Vous qui de Juliette avez nourri l'enfance,
Sans doute, vous saurez mieux que nul serviteur
Prévenir le danger de la moindre lenteur.
Votre cœur, je le sais, partage mes alarmes.
Jusque chez Talermi des serviteurs en armes
Vous suivront; son palais est près de ce séjour,
Et je compte le voir avant la fin du jour.

SCÈNE II.

CAPULET, ALVAR.

ALVAR.

Eh quoi ! cher Capulet, votre ame s'inquiète
De la vaine tristesse où se plaît Juliette ?
Ce n'est point à seize ans qu'un ennui passager
Doit pour des jours si chers faire craindre un danger.

CAPULET.

Alvar, quand dix enfans composaient ma famille,
Peut-être, moins sensible aux douleurs de ma fille,
J'eusse été sur ses jours tranquille comme vous ;
Mais le malheur enseigne à redouter ses coups.
Trois filles promettaient leurs soins à ma vieillesse,
Juliette est déjà la seule qu'il me laisse,
Et pour porter mon nom, si long-temps respecté,
De mes sept fils, Alvar, un seul fils m'est resté.
Vous qu'il aime, et pourtant qui savez le connaître,
Vous qui l'excuseriez si Thibald pouvait l'être,
Sans doute, vous savez combien à mes tourmens
Ses torts ont ajouté de douloureux momens.
A mes malheurs du moins Juliette est fidèle ;
Mais si la mort encor doit me séparer d'elle,
Quels soins, dans mes vieux jours, viendront me
                                        soulager !

ALVAR.

Thibald est jeune encore, et son cœur peut changer.

CAPULET.

Non ; fier de la beauté qu'il reçut en partage,
Il a de nos vertus dédaigné l'héritage.
De ses nombreux amours publiant le bonheur,
Des belles de Vérone il immole l'honneur,
Et contre leurs vengeurs sa fougue irréfléchie,
Enflammant son courage aux excès d'une orgie,
Croit réparer l'injure en acceptant leur sang,
Et, comme il est vainqueur, il se dit innocent.

ALVAR.

Il est de ces erreurs que son âge tolère.

CAPULET.

Parlez-lui cependant, je sens que ma colère
Lui reprocherait trop ses écarts insensés ;
Pour m'emporter, Alvar, je l'aime encore assez.
Dites-lui qu'à son père, à ses fils, il doit compte
D'un nom qui jusqu'à lui fut accepté sans honte.
Un père avec aigreur donne de tels avis,
Les conseils d'un ami seront plutôt suivis.
Vous qu'un destin jaloux éloigne de l'Espagne,
Mais que l'estime encor dans l'exil accompagne,
Faites à sa jeunesse entendre votre voix,
De mon fils pour ami votre cœur a fait choix,
Il vous chérit aussi ; moi-même, en sa folie,
J'ai vu comme un bonheur l'amitié qui vous lie,
Qu'il apprenne de vous la dure vérité.

ALVAR.

Mais ces conseils auraient bien plus d'autorité
Si j'aidais l'amitié du nom sacré de frère,
Et si vous-même, enfin à mes vœux moins contraire...
L'hymen de Juliette...

CAPULET.

Il n'y faut point songer.

ALVAR.

Serait-elle en effet en un si grand danger ?....

CAPULET.

Trop de crainte serait d'un cœur pusillanime ;
Cependant....

ALVAR.

Vous savez quel intérêt m'anime ?
Tout prêt à partager la crainte où je vous vois,
Si l'espoir qui vous fuit parle encor par ma voix,
C'est que mon cœur aussi, tremblant pour ce qu'il
                                        aime,
Cherche, en vous consolant, à se flatter lui-même.
Des pleurs de Juliette obtenez le secret.

CAPULET.

Je la vois succomber sous le poids d'un regret.

ALVAR.

Du moins avec le temps est-ce un mal qui s'envole.
Quel sujet si puissant ?...

CAPULET.

Je crois qu'il est frivole.
Déjà deux ans passés, lorsque Vérone en deuil
A ses fils expirans ouvrait un grand cercueil,
Quand l'Adige effrayée eut vu sur ses rivages
Un poison dévorant étendre ses ravages,
Ma fille, par mon ordre, abandonna nos murs,
Et dans Gênes alla chercher des cieux plus purs ;
Près de ma sœur alors loin de nous appelée,
Juliette pleurait de se voir exilée.
Gênes la vit long-temps en proie à ses douleurs ;
Mais ma sœur, attentive à prévenir ses pleurs,
De fêtes et de jeux entourant sa jeunesse,
A la voix des plaisirs fit céder sa tristesse ;
Ma fille, trop facile à répondre à ce soin,
De ces amusemens s'est fait presque un besoin.
Rappelée à Vérone, en ma maison déserte,
De ces longs jours de fête elle pleure la perte.
Gênes, qui devait être un exil si fatal,
A ravi son amour à son pays natal,
Ses plus doux souvenirs habitent cet asile,
Et c'est dans sa patrie à présent qu'on l'exile :
Voilà le seul malheur qui cause tant d'ennui.

ALVAR.

Eh bien ! devant l'hymen qu'il s'efface aujourd'hui.
Nommez-moi son époux ; dès demain sa demeure
Retentit à ma voix de ces jeux qu'elle pleure.
Ma richesse est immense, et le pouvoir de l'or
Va bientôt, de plaisirs l'environnant encor,
Peupler la solitude où son ame s'irrite.
Parlez....

CAPULET.

Par d'autres droits je sais qu'Alvar mérite
La faveur d'un hymen partout sollicité ;
Mais Capulet avant doit à sa probité
De ne point à Vérone exposer votre vie
Aux maux dont cette chaîne ici serait suivie.
Étranger à nos lois et surtout à nos mœurs,
Vous vous prépareriez de trop cruels malheurs.
Ce peu de jours passés dans les murs de Vérone,
Que l'hospitalité de plaisirs environne,
De notre état, Alvar, ne vous ont pas instruit.
L'hymen partout ailleurs au repos nous conduit ;
Ici de ce lien la superbe exigence
A nos filles pour dot n'offre que la vengeance.
Deux siècles sont passés que d'un sanglant affront
Un riche Capulet a vu rougir son front ;
Un lâche séducteur lui ravit son épouse. [louse,
Vous saurez de nos mœurs quelle est l'ardeur ja-
Ce que c'est que l'honneur au cœur des Capulets ;
Et Montaigu l'apprit.... Au fond de son palais
Il cacha vainement son crime et sa victime ;
Il paya son forfait d'une mort légitime :
Cette mort fut vengée, et, depuis ce moment,
Cent combats ont scellé ce fier ressentiment.
Pour l'éteindre, le temps et les lois furent vaines ;
Cette haine à ce point bouillonne dans nos veines,
Que nous bravons des lois les atroces rigueurs.
C'est pour que de punir les vaincus, les vainqueurs,
Si l'un de nous succombe en ces combats funestes,
De la claie infamante il faut sauver ses restes ;
Et pour nous cependant la vengeance est l'honneur !
Et ce fils, dont les torts ont flétri mon bonheur,
De démentir son sang n'a pas été le maître :
Dédaigneux des vertus que j'ai dû lui transmettre,
Il garda le premier des dons que je lui fis,
Et sa haine, du moins, prouve qu'il est mon fils.

Alvar, cette union serait trop dangereuse ;
Je n'accepterai pas votre offre généreuse.
ALVAR.
Jamais jusqu'à ce jour je n'ai cru mériter
Que de pareils motifs dussent vous arrêter :
C'est m'estimer bien peu qu'opposer à ma flamme
Des dangers qu'à présent mon amitié réclame.
J'accepte vos périls, acceptez mon appui,
Et pour vous, Capulet, c'est peu faire aujourd'hui,
Puisque les Montaigus semblent calmer leur rage.
CAPULET.
C'est un jour de repos avant un long orage.
Roméo, fatigué des jeux de nos tournois,
A cherché les combats sur les vaisseaux génois,
Et son père, accablé d'une longue vieillesse,
Au fond de son palais a caché sa faiblesse ;
Mais le jour où ces murs reverront Roméo
De nos divisions nous rendra le fléau.
ALVAR.
Fût-il par sa valeur tel que je le suppose,
Ce n'est qu'un ennemi de plus qu'on nous oppose.
CAPULET.
Détrompez-vous, Alvar, un outrage si grand
Double les ennemis par l'empire qu'il prend ;
Mais on vient....
ALVAR.
C'est Bertha....

SCENE III.

CAPULET, ALVAR, BERTHA.

CAPULET.
     Dites, quelle réponse
Apportez-vous ?....
BERTHA.
    Seigneur, Talermi vous annonce
Qu'il va bientôt venir ; il marche sur mes pas ;
Son aspect de ces lieux chassera le trépas.
Il va rendre à nos vœux le ciel plus favorable :
Sa faveur suit partout cet homme vénérable.
ALVAR.
A peine dans Vérone admis depuis un mois,
Ce nom si respecté m'est parvenu cent fois.
Quel est ce Talermi si puissant dans Vérone,
Et que de vains récits le mystère environne ?
Il est l'ami du prince, il gouverne en ce lieu ;
Le peuple voit en lui le protégé de Dieu :
D'où vient-il ?
CAPULET.
   On l'ignore, et la reconnaissance
A seule dans Vérone assuré sa puissance.
Sans doute, des malheurs qui pesèrent sur nous
Le récit effrayant arriva jusqu'à vous ;
Dans ces jours où la mort, s'arrêtant sur nos têtes,
Dépeuplait nos maisons, assise sur leurs faîtes,
Le soleil éclairait de son brûlant flambeau
Des mourans sans prière et des morts sans tombeau.
Un désert s'étendait sur les bords de l'Adige,
Quand Talermi parut comme un divin prodige.
Il entra dans nos murs, et, bravant le poison,
Il alla sans effroi de maison en maison,
Des secrets de son art apporter la puissance,
Et Vérone à lui seul dut sa convalescence.
Il a vaincu la mort, comme nous un guerrier,
Et le plus beau triomphe eut le plus beau laurier.
L'exil, dit-on, pesait sur son âme flétrie ;
Nous avons à ses vœux offert une patrie.
Citoyen vertueux et bientôt magistrat,
Il est par notre amour le premier de l'état.
Vérone, de ses soins l'objet et le théâtre,
Entoure sa vertu d'un respect idolâtre.

On dit même, entre nous, qu'un art audacieux
Lui montre nos destins dans la marche des cieux,
Que pour lui leurs flambeaux ont un secret langage.
ALVAR.
De pareilles erreurs Capulet se dégage ?
CAPULET.
Si le ciel aux humains devait se révéler,
C'est à de tels mortels qu'il daignerait parler.
Respectons ses secrets... Sûre de sa science,
Ma fille a dans lui seul placé sa confiance ;
Et j'espère bientôt que ses tourmens vaincus....
ALVAR.
On m'a dit qu'il était l'ami des Montaigus.
CAPULET.
Je le sais : Roméo, qui combattait pour Gênes,
Sur les bords de l'Afrique a fait tomber ses chaînes ;
Mais connaissez-le mieux : sachez que Talermi,
Ami des Montaigus, n'est point mon ennemi,
Et que jamais ses soins, pour guérir la souffrance,
Entre les citoyens n'ont fait de différence.
Le voici....

SCENE IV.

CAPULET, TALERMI, ALVAR, BERTHA, *dans le fond.*

CAPULET.
Talermi, sans doute, vous savez
Que de nouveaux malheurs me semblent réservés.
J'ai perdu huit enfans, et ma fille mourante
Cache d'un mal affreux la fièvre dévorante.
TALERMI.
C'est elle, m'a-t-on dit, qui m'a fait appeler ?
CAPULET.
Juliette à vous seul a voulu révéler
La cause des chagrins dont elle est poursuivie.
Puissiez-vous la sauver !....
TALERMI.
     Je réponds de sa vie.
Appelez Juliette.
CAPULET, *à Bertha.*
   Allez la prévenir
Que Talermi l'attend et qu'elle peut venir.

SCENE V.

LES PRÉCÉDENS, *excepté* BERTHA.

TALERMI.
Ainsi, vous n'avez pu pénétrer le mystère
De ses chagrins secrets ?
CAPULET.
    Craintive et solitaire
Elle fuit nos regards ; à peine je la vois.
De nos antiques mœurs vous savez que les lois
Des vierges ont rendu la retraite sacrée ;
De leurs appartemens vous savez que l'entrée,
Excepté pour leur père, est interdite à tous,
Jusqu'au jour où leur cœur a fait choix d'un époux.
Juliette à présent s'arme de cet usage
Pour nous cacher les pleurs qui baignent son visage.
TALERMI, *à part.*
Le temps est arrivé d'accomplir mes projets ;
Je le dois au repos du prince et des sujets.
(*A Capulet.*)
Demain, après l'aurore, et dans votre demeure,
Capulet, pour vous voir, je vous demande une
[heure ;
Cet entretien pour vous est d'un haut intérêt.

CAPULET.
Pour moi ?....

TALERMI.
Pour vous surtout.

CAPULET.
Demain je serai prêt,
A toute heure du jour, seigneur, à vous entendre.

TALERMI.
Eh bien ! après l'aurore, ici daignez m'attendre.

SCÈNE VI.

JULIETTE, BERTHA, CAPULET,
TALERMI, ALVAR.

Juliette est entrée accompagnée de Bertha pendant les
deux derniers vers de la cinquième scène ; elles sortent
de l'appartement de Juliette.

CAPULET, à *Juliette.*
Ma fille, approchez-vous, et réprimez vos pleurs ;
Talermi, comme nous, prend part à vos douleurs :
Dites-lui le secret qu'ignore votre père ;
Parlez, et si, pour vous, l'avenir plus prospère
A votre désespoir donne des jours sereins,
Si Talermi lui seul doit calmer vos chagrins,
Je ne me plaindrai pas qu'un autre ait dû connaître
Le secret que mon cœur eût mérité peut-être.

Juliette va accompagner son père jusqu'au fond de la
scène ; elle lui baise les mains en pleurant. Capulet et
Alvar se retirent ; aussitôt Juliette fait signe à Bertha de
veiller à la porte.

SCÈNE VII.

TALERMI, JULIETTE.

Il dit ce premier couplet pendant le jeu de scène noté plus
haut.

TALERMI.
Il est temps, agissons, et puissé-je à la fois
Payer à Roméo tout ce que je lui dois
Et couronner l'amour d'une épouse adorée !
Sa douleur a rendu sa faiblesse sacrée ;
Tous deux de la patrie ils deviendront l'honneur ;
Rendons Vérone heureuse en faisant leur bonheur ;
Leur amour des partis doit étouffer le germe.

JULIETTE, *accourant du fond du théâtre.*
Eh bien ! à mes douleurs apportez-vous un terme ?
Roméo, mon époux ; dites, quel est son sort ?
Rendez-moi sa présence ou donnez-moi la mort.
Je ne saurais plus loin porter tant de souffrance.

TALERMI.
Pourquoi d'un sort plus doux refuser l'espérance ?
Enfant, à ta douleur pourquoi t'abandonner ?
Cache mieux cet amour qu'on pourrait soupçonner.

JULIETTE.
Quand d'un hymen secret j'osai former la chaîne,
Le courroux paternel me paraissait dans Gène
Des malheurs à venir le plus affreux malheur ;
Mais de l'absence alors j'ignorais la douleur.
D'un trop cher souvenir en tous lieux poursuivie,
Roméo seul, absent, a dépeuplé ma vie.
Les chants des troubadours me plaisaient autrefois,
Je n'aime plus les chants que ne dit point sa voix ;
De nos tournois jadis je courais voir la fête,
Leur pompe maintenant me paraît imparfaite,
Et lorsque le vainqueur accourt avec fierté
De celle qu'il chérit proclamer la beauté,
Mon cœur se dit alors, à sa douleur fidèle,

S'il avait combattu, je serais la plus belle.
Partout je le désire, il me manque partout ;
C'est souffrir trop long-temps, mon père saura tout,
Il me pardonnera....

TALERMI.
Tremble de sa colère,
Ta mort d'un tel aveu deviendrait le salaire.

JULIETTE.
Eh ! qu'importe ? un moment doit suffire au trépas,
L'absence est plus affreuse, elle ne finit pas.

TALERMI.
Juliette, est-ce là ce qu'on t'a fait promettre
Lorsque de ton secret tu m'as rendu le maître ?
Pour ton bonheur moi-même, oubliant mon devoir,
Aux soins de ton hymen j'ai promis mon pouvoir.
Des nobles de Vérone éteignant la querelle,
J'espérais te sauver en travaillant pour elle ;
Ton hymen nous servait ; le prince en est instruit.
Notre espoir par tes pleurs va-t-il être détruit ?
Fille d'un Capulet, pourquoi tant de faiblesse ?

JULIETTE.
Quelle force veut-on de celle qu'on délaisse ?

TALERMI.
Femme de Roméo, doutes-tu de sa foi ?

JULIETTE.
La foi de Roméo, la soupçonner ! qui ! moi ?
Moi ! jamais.... Si je meurs, c'est en croyant qu'il
m'aime.
Ah ! pour le soupçonner, je l'aime trop moi-même.
Non ! Dieu ne voudrait pas que ce cœur consumé
Pût souffrir à ce point pour n'être pas aimé.

TALERMI.
Le terme est arrivé d'une si longue absence.

JULIETTE.
Se peut-il, juste ciel !

TALERMI.
Aux lieux de sa naissance
Roméo par mes soins vient d'être rappelé.

JULIETTE, *avec transport.*
Ah ! d'un espoir si prompt tout mon être accablé
Refuse son bonheur... Pour calmer ma souffrance,
Peut-être vous m'offrez une vaine espérance.
J'ai bien souffert, hélas ! depuis que je l'attends,
Pour le voir un seul jour je puis souffrir long-temps.
Oui, cette horrible attente et ce mal qui dévore,
Mon cœur sans succomber peut les souffrir encore ;
Mais si d'un vain espoir je flattais mon amour
Je ne les reprendrais que pour perdre le jour.
Il revient.

TALERMI.
Abjurant une haine homicide,
A flatter Capulet Montaigu se décide.
J'ai vaincu son orgueil, et je dois dès demain
Voir ici Capulet et demander ta main.

JULIETTE.
Et Roméo revient ?

TALERMI.
J'ai dû le lui permettre.

JULIETTE.
Mais il revient bientôt ?

TALERMI.
Il est ici, peut-être.

JULIETTE.
Ici !....

TALERMI.
Sans doute...

JULIETTE.
Oh ! non, il serait dans mes bras.

TALERMI.
Son père l'a revu, demain tu le verras.

JULIETTE.
Demain ? Eh quoi ! si tard.

Ici Juliette tombe dans une rêverie distraite jusqu'à la
sortie de Talermi.

TALERMI.
Demain tu sauras l'heure
Où tous deux vous pourrez vous voir dans ma de-
[meure.
La prudence le veut. Quand vos maux vont finir,
Des transports d'un moment sauvez votre avenir.
Pour éteindre la haine où ta vie est en butte
Entre ton père et moi laisse engager la lutte.
Si pour quelques vertus Dieu remit en mes mains
Des secrets inconnus au reste des humains,
A faire leur bonheur du moins je les emploie.
Ainsi, quelque parti, désormais, quelque voie
Que je puisse choisir pour assurer le tien,
Sois prudente, et surtout ne t'étonne de rien.
Talermi sort, Bertha rentre aussitôt.

SCENE VIII.
JULIETTE, BERTHA.

JULIETTE, *seule un moment.*
Que la douleur est faible à côté de la joie !
Mais ce n'est pas demain qu'il faut que je le voie !
Bertha...

BERTHA.
Ma fille, eh bien !

JULIETTE.
Qu'il vienne après le jour
De sa vue adorée enivrer mon amour.

BERTHA.
Que dites-vous ?

JULIETTE.
Sitôt que la nuit sera sombre,
Pour gagner sa maison, profite de son ombre ;
Demande-le... Dis-lui que je sais son retour...
Tu connais du palais le plus secret détour...
La nuit doit te servir... Invente un stratagême.
N'est-ce pas, je verrai bientôt tout ce que j'aime ?

BERTHA.
Qui ? Roméo ?

JULIETTE.
Bertha, mon époux est ici ;
M'aimes-tu ?

BERTHA.
Moi ?

JULIETTE, *allant à la fenêtre.*
Tiens, vois... Le jour s'est obscurci,
Et bientôt... Mais tandis qu'encor sa clarté brille,
Pour revoir son époux, viens embellir ta fille.

BERTHA.
Je tremble des dangers où peut-être...

JULIETTE.
Oh ! tais-toi.
Quand je pleurais, Bertha, tu pleurais avec moi.
Il viendra... Pour mon front prépare une couronne ;
Des plus brillantes fleurs que l'éclat m'environne ;
Répands sur mes cheveux les parfums les plus doux.
Je veux, plus que jamais, plaire à mon jeune époux.
Juliette, à tes soins depuis long-temps rebelle,
Pour un si grand bonheur ne peut être assez belle.
Elles sortent par la porte de gauche. La nuit tombe tout-à-fait.

ACTE DEUXIEME.

Le jour commence à poindre.

SCENE PREMIÈRE.
ROMÉO, JULIETTE.

Ils sortent de l'appartement de Juliette.

JULIETTE.
Quoi ! tu fuis, mon époux, l'aube est-elle venue ?

ROMÉO.
Vois, déjà ses rayons ont éclairé la nue.
Le couvent retentit d'un son vague et lointain ;
Les sœurs chantent déjà les hymnes du matin.

JULIETTE.
Le jour est donc bien loin, puisque dans la chapelle
Pour la première fois la cloche les appelle.
Attends...

ROMÉO.
Penses-tu qu'à te fuir empressé,
Mon cœur de tes regrets ne soit pas oppressé.
Ne cache pas tes yeux sous ta paupière humide,
Ton amour m'est si cher qu'il m'a rendu timide,
Je pourrais sur mes pas trouver un serviteur.

JULIETTE.
Ma mère n'est plus là pour hâter leur lenteur ;
Quand le jour loin de toi m'éveillait la première,
J'ai vu souvent leurs yeux dormir sous sa lumière.

ROMÉO.
Juliette, il le faut.

JULIETTE.
Mes vœux sont superflus,
Eh bien ! pars, il le faut, je ne te retiens plus.

ROMÉO.
Pourquoi donc sur ton front cette sombre tristesse ?

JULIETTE.
Oh ! rien, c'est que le jour accourt avec vitesse.

ROMÉO.
Ah ! pour me dire adieu, détache de tes pieds
Tes regards loin des miens trop long-temps oubliés.

JULIETTE, *à part en pleurant.*
Ainsi de tant d'amour je suis récompensée ?

ROMÉO.
Quel sinistre soupçon occupe ta pensée ?
Tu ne me réponds pas, tu trembles de me voir !

JULIETTE, *à part avec amertume.*
On est toujours puni d'oublier son devoir.

ROMÉO, *vivement.*
L'excès de mon amour n'est-il plus ton excuse ?

JULIETTE.
Hier je le croyais... Aujourd'hui tout m'accuse.

ROMÉO.
Je ne te comprends pas et crains de deviner
A quel point ta douleur a pu me soupçonner.
Je t'aime, Juliette, et d'un amour si tendre [dre.
Que ton cœur noble et pur aurait mieux dû m'enten-
Je ne t'ai point liée à des sermens d'un jour ;
Tu le sais, j'ai donné ma vie à mon amour.

JULIETTE.
La haine de ton nom était mon héritage.
ROMÉO.
Mais j'en ai fait pour toi le plus noble partage.
JULIETTE.
Pour moi, tu le disais...
ROMÉO.
　　　　　　　　Si tu peux en douter,
Juliette, apprends-moi sur quoi l'on doit compter.
Te couvrant de l'éclat que la gloire me prête,
L'amour d'un peuple au mien a servi d'interprète,
Et si Gênes par moi sur ses nombreux vaisseaux
De cent glaives captifs a porté les faisceaux,
C'est que j'avais pensé que ses cris d'allégresse
A ton cœur attentif parlaient de ma tendresse.
Pour toi seule enviant le prix de mes travaux,
J'ai cru t'enorgueillir de ce peu que je vaux.
Cherchant dans les dangers la gloire pour te plaire,
Toi seule à mes efforts donnais tout leur salaire,
Lorsque sans me nommer tu parlais de combats,
J'ai désiré tes pleurs au prix de mon trépas.
J'attendais un regard après une victoire,
Ton amour me semblait le comble de la gloire ;
Et s'il est des guerriers plus illustrés que moi,
N'ai-je pas assez fait en faisant tout pour toi ?
Je rougis de parler du peu de renommée,
Dont en vain mon amour crut ton ame charmée ;
Mais je rougirais plus, en de pareils momens,
Si pour te rassurer il fallait des sermens.
Je te croyais, de moi sûre comme moi-même,
Et je ne devais pas te dire que je t'aime.
JULIETTE.
Pour quelques pleurs alors tu bravais le trépas,
Et mes pleurs aujourd'hui ne te retiennent pas.
ROMÉO.
Tu m'as fait, Juliette, une cruelle injure.
JULIETTE.
Moi !
ROMÉO.
　　Tu m'aimes bien peu si tu me crois parjure.
Trop heureux de te voir pour croire à ta douleur,
J'avais mal remarqué ta subite pâleur,
Tes soupirs étouffés, tes caresses craintives,
Dans tes regards troublés quelques larmes furtives,
Tout s'explique à présent, et tout me dit trop bien
Que déjà ton bonheur ne dépend plus du mien ;
Pour rassurer ton ame à tes soupçons soumise,
Je reste en ce palais, où la mort m'est promise.
JULIETTE, *avec effroi.*
O ciel ! fuis, Roméo...
ROMÉO.
　　　　　　　J'attache ici mes pas.
JULIETTE.
Je te crois.
ROMÉO.
　　Tes soupçons croiront mieux mon trépas.
JULIETTE, *rapidement.*
En voyant la terreur dont mon ame est saisie,
Pardonne à tant d'amour un peu de jalousie ;
J'ai cru...
ROMÉO.
　　Quoi ! tu pensais qu'en ces lieux accouru...
JULIETTE.
Non, j'en ai bien souffert ; mais je ne l'ai pas cru,
Je n'ai pas à ce point mérité ta colère ;
Hésitant.
Mais, prête à te revoir, soigneuse de te plaire,
J'avais paré ton doigt de notre anneau d'hymen.
ROMÉO.
Eh bien ?
JULIETTE, *lui prenant la main.*
　　　　Et cet anneau n'est plus seul à ta main ;
Avec rapidité.
Vois à quel souvenir un soupçon nous rappelle,
Une fois, une seule, on m'a dit qu'une belle,
Lorsqu'elle veut répondre aux vœux de son amant,
A ce don précieux attache un doux serment.
Et depuis tant de jours que le sort nous sépare,
Cet anneau...
ROMÉO, *souriant.*
　　　Cet anneau, vois quel soupçon t'égare !
Malheureux loin de toi, mais combattant toujours,
D'un chef des Africains j'avais sauvé les jours.
« Roméo, me dit-il, cet anneau qui s'entr'ouvre
» Porte un poison mortel sous l'or qui le recouvre ;
» Peut-être ignores-tu combien à ta valeur
» Les Africains vaincus ont juré de malheur ;
» Ton supplice est l'espoir qui fait vivre leur rage.
» Prends cet anneau, je dois la vie à ton courage ;
» Mais si jamais les miens sont maîtres de ton sort,
» J'aurai su m'acquitter en t'assurant la mort. »
J'ai gardé ce présent.
JULIETTE.
　　　　　　Pardonne à ton épouse ;
Non, non, je me trompais, je n'étais point jalouse.
ROMÉO.
Faut-il à tant de joie avoir mêlé des pleurs !
JULIETTE.
Mais ta joie est la mienne ; oublions mes douleurs ;
Adieu, songe aux périls auxquels le jour te livre.
ROMÉO.
Adieu, tu m'as appris qu'il est bien doux de vivre !
JULIETTE.
Va... pense que ce jour doit décider de nous ;
Qu'il me permette ou non d'avouer mon époux,
Il vivra dans mon cœur.
ROMÉO.
　　　　　　　Crois-tu que je l'oublie ?
Je reviendrai ce soir.
JULIETTE.
　　　　　　Oh ! pars, je t'en supplie,
Le jour brille déjà.
ROMÉO.
　　　　　Qu'il va durer long-temps !
A ce soir.
JULIETTE.
　　A ce soir ; adieu... va, je t'attends.
Il sort.

SCÈNE II.

JULIETTE, *seule.*
　　　Elle ouvre la fenêtre.
Fuis, ô mon jeune époux, et que l'ombre discrète
Ralentisse son vol pour cacher ta retraite.
Que le jour qui la suit, fuyant nos ennemis,
Laisse sur nos amours leurs regards endormis.
Les belles, écoutant leur vanité jalouse,
S'armeront assez tôt contre ta jeune épouse.
Oui, si le ciel ne t'eût confié mon bonheur,
Leur cœur de ton hymen m'eût disputé l'honneur.
Combien j'ai vainement combattu cette flamme !
Mais, sans doute, le ciel t'avait soumis mon ame :
Jamais un seul regard, un seul accent de toi,
Sans troubler tout mon cœur, n'est venu jusqu'à moi ;
Heureuse de t'aimer avant de te connaître,
A t'entendre, à te voir je consacrai mon être ;
Et, lorsque tu m'appris ta naissance et ton nom,
Quels malheurs séparaient mon sang de ta maison,
De la haine des miens refusant l'héritage,
Je pleurai de t'aimer, et t'aimai davantage.
Oh ! sans doute, le ciel dans ce cœur innocent
Mit pour de grands desseins un amour si puissant.
Oui, ton père et le mien béniront cette chaîne,
Tant d'amour doit suffire à calmer tant de haine.
　　　　　　　　　Elle va vers la fenêtre.

Mais qu'entends-je? Non, non, c'est le chant des oi-
Qui se mêle dans l'air au murmure des eaux. [seaux]
Quand pourrai-je goûter un bonheur sans mélange ?
Je ne me trompe pas... ô ciel !... quel bruit étrange !
Dieu ! défends Roméo... sauve-le du trépas !
Le bruit approche... on vient... qui porte ici ses pas?

SCENE III.

JULIETTE, ROMÉO, *dans un grand désordre.*

JULIETTE.
Roméo ! juste ciel ! parle ! qui te ramène ?
ROMÉO.
Juliette... ô vengeance !... ô fortune inhumaine !
JULIETTE.
Tes jours sont menacés?
ROMÉO.
   Mon honneur est vengé.
JULIETTE.
Sur qui donc ?
ROMÉO.
  Eh ! qu'importe? il m'avait outragé.
JULIETTE.
Roméo, parle enfin. Quel péril te menace ?
ROMÉO, *l'arrêtant un moment; après une pause.*
Écoute... De mes pas ils ont perdu la trace.
JULIETTE.
Qui te poursuit?
ROMÉO.
  Les tiens...
JULIETTE.
    Que veulent-ils ?
ROMÉO.
      Ma mort !
Ô funeste retard !
JULIETTE.
  Oh ! trop affreux remord !
C'est moi qui te la donne.
ROMÉO.
   Un des leurs l'a reçue.
JULIETTE.
En quel lieu ?
ROMÉO.
  Des jardins je franchissais l'issue,
Quand, surpris par les chants de jeunes débauchés,
Près d'un lilas touffu je tiens mes pas cachés ;
L'un d'eux, que mes regards ont méconnu dans l'ombre,
Les quitte... m'aperçoit... approche... et d'un air som-
« En ce lieu, me dit-il, que fais-tu si matin ? » [bre :]
Je veux fuir... Ivre encor des vapeurs du festin,
Il arrête mes pas en criant : « C'est un lâche,
» Ou bien un Montaigu qui devant moi se cache. »
Peut-être que pour toi, prompt à me maîtriser,
J'aurais poussé l'amour jusqu'à le mépriser.
Le crois-tu? l'insensé m'outrage en sa démence ;
Je m'arme, son fer brille, et le combat commence.
Ses amis qu'il quittait, accourus à sa voix,
Pour le voir succomber arrivent à la fois ;
Ils m'attaquent ensemble, et leur foule insensée
Par mon bras à l'instant eût été dispersée,
Si, dans un tronc noueux, qu'au hasard j'ai frappé,
Mon glaive retenu ne m'était échappé.
Je fuis alors, et dans le trouble qui m'emporte
De vos jardins déserts je regagne la porte,
Tandis qu'on me poursuit avec des cris aigus
De vive Capulet et mort aux Montaigus !
Je rentre en maudissant ma fortune et leur rage.
C'est peu que ce trépas venge un stérile outrage,
Peut-être il nous ravit tout espoir de bonheur;
Ton père à le venger mettra tout son honneur,
Et cet hymen...

JULIETTE.
  Écoute, en tumulte on s'éveille,
Des cris, des pas confus ont frappé mon oreille.
ROMÉO.
J'y cours, j'ai ton honneur du moins à conserver.
JULIETTE.
Mon honneur est en toi, c'est toi qu'il faut sauver.
ROMÉO.
Donne-moi donc un glaive.
JULIETTE.
   Inutile espérance !
Celle qui t'a perdu te doit ta délivrance,
Ce lieu que ton amour m'a su rendre si cher
Est armé d'un respect plus puissant que le fer.
ROMÉO.
Il n'arrêtera point leur rage meurtrière.
JULIETTE.
S'ils entrent, Roméo, j'entrerai la première.
ROMÉO.
Captif des Capulets, que puis-je attendre d'eux ?
JULIETTE.
Ce poison t'appartient et peut suffire à deux.
Va, Dieu qui nous unit peut nous être prospère.

SCENE IV.

JULIETTE, CAPULET, *l'épée à la main*, SERVI-
TEURS, AMIS et ALLIÉS DE THIBALD.

JULIETTE, *apercevant Capulet.*
Armons-nous de courage. O grand Dieu, vous, mon
CAPULET, *avec force.* [père !]
Ma fille, dans ce lieu que venez-vous chercher ?
JULIETTE, *hésitant.*
Des cris à mon sommeil sont venus m'arracher.
Qu'est-ce que vos regards m'annoncent de funeste ?
CAPULET, *avec désespoir.*
O ma fille ! ô mon sang ! seul espoir qui me reste !
Thibald, soutien d'un nom qui s'éteint pour jamais,
Ta mort vient de m'apprendre à quel point je t'ai-
JULIETTE. [mais !]
Eh quoi ! c'était mon frère !
CAPULET.
   Oui, ton frère lui-même.
JULIETTE.
Il n'est plus ?
CAPULET.
 C'en est fait !...
JULIETTE, *à part.*
   Malheureuse ! et je t'aime !
CAPULET.
Ah ! qu'il s'offre à mes coups, le plus affreux trépas
Attend son assassin.
JULIETTE, *égarée.*
  Je ne le connais pas.
CAPULET.
Un Montaigu lui seul de ce crime est capable.
JULIETTE, *égarée.*
Montaigu ! quelle voix a nommé le coupable ?
CAPULET.
Je trouve à l'accuser un espoir odieux ;
La vengeance avec lui me consolerait mieux.
Tu pleures, Juliette, et tu crains ses alarmes ;
Ta douleur, plus heureuse, a pu trouver des larmes :
La mienne veut du sang... Mon fils, tu l'obtiendras,
Ton ombre de ta force arme ce faible bras.
LOTHARIO.
Sa vengeance est à nous ; sa mort est notre injure.
CAPULET.
Vous serez ses vengeurs ?
TOUS.
   Chacun pour tous le jure.
CAPULET, *à Juliette.*
Écoute leurs sermens, ils sont dignes de nous.

JULIETTE.
Leurs sermens sont affreux !
CAPULET, *sévèrement.*
Ma fille...
JULIETTE, *à part.*
O mon époux !
Juliette tombe assise sur un fauteuil.
CAPULET, *à ses amis.*
Si le prince, jaloux d'étendre sa puissance,
Veut usurper sur nous le droit de la vengeance,
Que de son glaive en vain il ait armé la loi !
D'être nos seuls vengeurs sachons garder l'emploi !
Et, pour mieux nous remettre en nos droits légitimes,
Aux bourreaux aujourd'hui ravissons deux victimes !
L'infortuné Thibald, tombé sous un vainqueur,
Mort, peut encor des lois éprouver la rigueur :
Cachons-leur son trépas, hâtons sa sépulture ;
Les bourreaux, réclamant leur affreuse pâture,
Nous viendraient de son corps disputer les lambeaux ;
Mais ils respecteront l'asile des tombeaux.
Qu'à garder ce secret nul de vous ne balance ;
Je saurai m'imposer cet horrible silence :
Pour d'autres soins, amis, sachez en profiter.
Puisque le meurtrier a pu vous éviter,
Il est hors de ces lieux ; sous un air plus tranquille
Sortez de ce palais et parcourez la ville.
Allez, interrogez les regards, les discours ;
Du plus léger indice implorez le secours :
L'orgueil des Montaigus nommera leur complice ;
Que votre fer alors le sauve du supplice.
Allant vers la porte.
Mais je vois Talermi qui s'avance.
JULIETTE.
O malheur !
CAPULET.
Amis, vous connaissez son extrême rigueur ,
Ce respect pour nos lois que lui-même s'impose ;
Que de votre présence il ignore la cause.

SCENE V.

LES PRÉCÉDENS, TALERMI.

TALERMI, *entrant lentement et d'un air surpris.*
De cet étrange accueil que me faut-il penser?
Eh quoi ! nul serviteur ne s'offre à m'annoncer !
Seul, et jusqu'en ces lieux j'ai dû chercher leur maître !
CAPULET.
Pardonnez si des soins trop douloureux peut-être...
TALERMI.
Il suffit... J'aperçois vos parens, vos amis ;
Quoique cet entretien, que vous m'avez promis,
Touche votre maison, sans doute, la première,
Il intéresse encor Vérone tout entière.
Qu'ils demeurent... Du prince ils sauront les projets...
CAPULET.
Ils vous écouteront en fidèles sujets ;
Parlez...
TALERMI.
J'augure bien du sort qui les rassemble ;
De mon message ainsi vous jugerez ensemble :
Du destin de l'état vous allez décider.
CAPULET.
L'état pour son bonheur peut tout nous demander.
TALERMI.
Depuis assez long-temps, dans Vérone alarmée,
Pour dépeupler ses murs la vengeance est armée.
Le prince cependant, fidèle à son pouvoir,
Dans le bonheur public voit son premier devoir :
Il semble qu'en secret, secondant sa justice,
La fureur des partis déjà se ralentisse ;
Mais c'est peu du présent; jusque dans l'avenir
Dans leurs excès futurs il les veut prévenir.
Exempt des passions d'une longue vengeance,
Son cœur sur tous les torts étend son indulgence ;
D'un seul et même amour embrassant ses enfans,
Il les veut rendre heureux, vaincus ou triomphans ;
Moi-même à ses projets, en ma reconnaissance,
D'une vieille amitié j'ai prêté la puissance.
Dédaignant des combats qu'il pouvait rallumer,
Capulet, l'ennemi que tu dois estimer,
Aujourd'hui, par ma voix, au nom de sa famille,
Montaigu pour son fils te demande ta fille.
CAPULET.
Montaigu !... Talermi, tu connais mal son cœur.
TALERMI.
De ses ressentimens son pays est vainqueur.
CAPULET.
Mon pays veut de moi mon sang et mes services;
Mais l'honneur se refuse à de tels sacrifices.
Montaigu, s'il le veut, peut céder à ce prix ;
Mais en perdant ma haine, il aura mon mépris.
TALERMI.
Tant d'orgueil...
CAPULET.
Tant d'orgueil vaut mieux que sa faiblesse.
TALERMI.
Du malheur de ta fille affranchis ta vieillesse.
Je t'ai promis ses jours ; tremble que dans sa mort
Ta vengeance bientôt n'apprenne le remord.
CAPULET.
Sa mort !
TALERMI.
Sa mort bientôt deviendra ton ouvrage!
CAPULET.
Ma fille, eh bien ! pour moi réponds à cet outrage.
Pour vivre ou pour mourir, parle, pour ton bonheur,
De l'hymen que l'on t'offre attendais-tu l'honneur ?
JULIETTE, *à part.*
O Roméo!... Thibald !... O ma raison confuse !
TALERMI, *étonné.*
Juliette se tait ?...
CAPULET, *vivement.*
Juliette refuse,
Son silence répond...
JULIETTE, *se levant vivement.*
Qui, moi ? je n'ai rien dit.
C'est la mort que je veux...
TALERMI, *à part.*
Je demeure interdit.

SCENE VI.

LES MÊMES, ALVAR, *une épée nue et sanglante à la main.*

ALVAR, *à Capulet.*
Capulet... Ah ! j'en crois ces sinistres présages ,
Ce morne désespoir peint sur tous les visages ;
La mort...
CAPULET, *bas.*
Silence !
TALERMI.
Achève.
CAPULET.
Arrête.
TALERMI.
Parle.
JULIETTE.
O Dieu !
TALERMI.
Parle.
ALVAR, *à Capulet.*
Pour te revoir, je venais en ce lieu,
Lorsque de tes jardins je vois l'issue ouverte ;

Je vois le sol foulé, l'herbe de sang couverte,
Et non loin, par moi-même aussitôt arraché,
Dans un chêne noueux ce fer presque caché.

TALERMI, *avec surprise.*

Ce fer!

CAPULET.

Donne.

TALERMI, *prenant l'épée.*

Malheur!

CAPULET.

Quoi! tu le connais?

TALERMI.

Tremble!

Aux jeunes gens.

Et vous, pour ce forfait sans doute unis ensemble...
Tremblez.

CAPULET, *passant près de Talermi.*

Tu le connais?

TALERMI.

Ce don que je lui fis,
Était à Roméo.

CAPULET, *lui arrachant l'épée.*

Ce sang est à mon fils.

TALERMI.

O ciel!

JULIETTE, *à part.*

Grâce...

CAPULET.

Et voilà cet époux de ma fille,
Ce héros qui devait honorer ma famille!
Vengeance!

TALERMI.

Capulet, souviens-toi que la loi
Pour te venger ici le défend contre toi.

CAPULET.

La loi! Je respectais cette frivole entrave,
Mais, pour un Montaigu, c'en est fait, je la brave.

Montrant Juliette.

Montaigu n'a-t-il pas fait demander sa main?
Eh bien! que de ma fille il assure l'hymen.

Aux jeunes gens.

Amis, un noble prix attend votre vaillance:
Aujourd'hui Roméo cherchait mon alliance,
Moi je l'offre à celui qui percera son sein.

ALVAR.

Ah! je jure à ce prix la mort de l'assassin.

CAPULET.

Ma fille, à ce serment viens unir ta promesse.

TALERMI.

C'en est assez, barbare, épargne sa jeunesse.
J'excuse encor ton cœur par la douleur troublé;
Le tribunal bientôt, par mon ordre assemblé,
Jugera Roméo... Tu devras y paraître;
Mais quitte les projets que tu nourris peut-être,
Quels que soient les forfaits, je saurai les punir.

Il s'approche de Capulet, lui prend la main, et dit le reste bas.

Oui, crois-moi, Capulet, si, pour les prévenir,
La justice était faible et les lois sans puissance,
Je me chargerais seul du soin de leur vengeance.

CAPULET, *bas.*

Toi, contre Capulet!... Sais-tu bien qui je suis?

TALERMI, *bas.*

Qu'importe!... Tu sais mieux encor ce que je puis.
L'avenir, et souvent plutôt qu'on ne le pense,
De nos crimes en lui porte la récompense.
N'as-tu donc pas prévu qu'un jour peut se lever
Où le courroux du ciel saura tout t'enlever;
Où ta fille elle-même, à ton amour ravie,
Te fuira dans la tombe, et réduira ta vie
Au soin de te venger de l'indigne pitié
Qui parmi les vivans t'aura seul oublié?

CAPULET.

Tu connais mes sermens, je te les renouvelle;
Tu peux aux Montaigus en porter la nouvelle.

TALERMI, *qui a passé près de Juliette.*

Ma fille, soyez calme et confiante en Dieu;

Bas.

Roméo... parle... Eh bien?...

JULIETTE, *bas.*

Grâce, il est en ce lieu.

TALERMI.

A Capulet.
Imprudens! Capulet, évite ma colère;
Tout forfait aujourd'hui recevra son salaire.

CAPULET, *à Talermi qui sort.*

Il en est un du moins qui recevra le sien:

A ses amis.

Vous avez entendu... Ce soir...

TOUS, *à voix basse.*

Oui, tous.

CAPULET.

C'est bien.

Ils sortent. Juliette rentre dans son appartement.

ACTE TROISIÈME.

SCÈNE PREMIÈRE.

ALVAR, CAPULET, LOMÉNI, Serviteurs.

CAPULET.
Viens, Alvar... Cependant permets que je dispose
Les soins que désormais la prudence m'impose.
  Aux serviteurs.
Le cercueil de Thibald sera bientôt fermé ;
Qu'à mon appel après chacun réponde armé,
Serviteurs... Loméni, toi que ce soin regarde,
As-tu de ce palais bien assuré la garde ?
  LOMÉNI.
Oui, seigneur, les archers veillent sur les créneaux.
  CAPULET.
A-t-on aux jeunes gens ouvert mes arsenaux ?
  LOMÉNI.
Ils s'y sont élancés en demandant vengeance.
  CAPULET.
Bien ! Nos fossés taris montrent ta négligence.
  LOMÉNI.
Ils seront pleins ce soir.
  CAPULET, *allant à la fenêtre et regardant en bas.*
             Ces hommes sont perdus ;
Ces murs par leur hauteur sont assez défendus.
Il suffit qu'en ces lieux la herse soit levée.
  LOMÉNI.
Pour entrer en secret je l'avais réservée,
Et vers ce lieu désert cette porte conduit.
  CAPULET.
Que du moins elle soit fermée avant la nuit.
  Aux serviteurs.
Les Montaigus bientôt nous verront, je l'espère.
  Au premier serviteur.
Dans le dernier combat, ils ont tué ton père.
  A un second serviteur.
Ton fils y succomba.
  A Loméni.
       Ton frère y fut vaincu.
  LOMÉNI.
Il y resta vingt morts du pur sang Montaigu.
  CAPULET, *aux serviteurs.*
Eh quoi ! ses serviteurs, vous méprisant peut-être,
Promènent sans trembler les couleurs de leur maître.
  LOMÉNI.
Jadis sous leur manteau, même en toute saison,
Seigneur, de leur livrée ils cachaient le blason ;
Ce temps peut revenir.
  CAPULET.
           J'en garde l'espérance.
Allez ; j'aime à vous voir cette mâle assurance.

SCÈNE II.

CAPULET, ALVAR.

ALVAR.
Eh quoi ! le tribunal déjà s'est assemblé !
Vous-même, devant lui par le prince appelé ;
Avec empressement vous sembliez vous y rendre !
Où tendent donc les soins qu'ici je vous vois prendre?
  CAPULET.
Pour mieux agir, je feins d'obéir à la loi.
Je tente une vengeance inconnue avant moi :
Elle est terrible, ami, puisque dans cet outrage
J'invoque d'autres lois que celles du courage.
Talermi, tu le vois, dans cet événement,
Semble de Roméo hâter le jugement ;
Sans doute au tribunal l'appelant pour l'absoudre,
A quitter ma vengeance il compte me résoudre.
  ALVAR.
Roméo sur son sort doit être rassuré.
  CAPULET.
Au coup que je lui garde il n'est pas préparé.
  ALVAR.
Un outrage au combat pourra servir d'excuse.
  CAPULET.
Oui, mais c'est d'un forfait que ma douleur l'accuse.
Écoute ; du combat quels étaient les témoins ?
Nos parens, nos amis ; je me fie à leurs soins.
  ALVAR.
Mais d'un pareil moyen que pouvez-vous attendre ?
  CAPULET.
Alvar, le tribunal va bientôt les entendre.
Roméo, si matin, non loin de ma maison,
Seul, rencontrant mon fils, le frappant sans raison,
Sans doute l'attendant auprès de ma demeure,
Se cachant dans Vérone, en ces lieux, à cette heure,
N'est qu'un lâche assassin.
  ALVAR.
         Vous pourriez...
  CAPULET.
              Il le faut ;
Sa famille avec lui monte sur l'échafaud,
Et j'y mets d'un seul coup, vengeant notre querelle,
Le supplice pour lui, le déshonneur pour elle.
Du nom des citoyens son nom sera rayé.
Par la honte et le sang, le sang sera payé.
  ALVAR.
Pourtant, si prétendant qu'il vengeait une offense,
Au tribunal lui-même il porte sa défense ?
  CAPULET.
S'il ose le tenter, avant d'y parvenir,
Mille poignards amis auront su le punir.
Sous le vaste manteau qui cache leurs armures
Nos partisans, du peuple évitant les murmures,
Et de notre vengeance assurant le succès,
La mort, du tribunal ferme tous les accès.
  ALVAR.
Pourquoi donc en ce lieu ma valeur occupée...
  CAPULET.
L'avenir est douteux, gardons-lui ton épée.
Les plus sages desseins souvent manquent leur but ;
Au hasard Roméo peut devoir son salut.
Il est libre, il peut fuir, et, malgré son absence,
Au tribunal encor prouver son innocence ;
Et lorsque mon projet ne serait pas déçu,
Le prince ne peut-il, séduit à mon insu,
Opposer à l'arrêt sa facile indulgence ?
Qu'il serve ou que des lois il trompe la vengeance,
La mienne a des fureurs qu'il n'enchaînera pas ;
A tout événement soyons prêts aux combats.

ALVAR.
Quels que soient les dangers que Capulet affronte,
Ma fortune, mon bras, tout est à lui.
CAPULET.
J'y compte.
D'ailleurs d'autres projets attendent mon retour ;
Je n'ai point pour ma fille oublié ton amour,
Nous en reparlerons... Viens, et qu'il te souvienne
Que ma cause bientôt peut devenir la tienne.
Juliette m'attend ; car, avant de sortir,
De mes ordres nouveaux je la veux avertir.
Entrons, suis-moi...
ALVAR.
C'est elle.

SCENE III.

JULIETTE, CAPULET, ALVAR.
Juliette entre précipitamment.
CAPULET.
Approchez, Juliette,
Vous portez sur ces lieux une vue inquiète.
JULIETTE.
A part.
Sans doute... Je frémis.
CAPULET.
D'où vous vient cet effroi ?
JULIETTE, *embarrassée.*
En effet, j'écoutais... oui... les sons du beffroi.
CAPULET.
Ils vous ont annoncé qu'en la funèbre enceinte
Il est temps de porter une douleur plus sainte.
Priez Dieu de ne pas laisser à l'abandon
L'âme de votre frère expiré sans pardon.
Dans les noirs souterrains où vous allez descendre,
Alvar, son noble ami, déposera sa cendre,
Vous l'accompagnerez... Cet hôte généreux
Est digne d'accomplir ce devoir douloureux.
Adieu, hors du palais un autre soin m'appelle,
Pour vous guider bientôt vers la sainte chapelle
Alvar va revenir... Le tribunal m'attend,
Une heure suffira.

ALVAR.
Je reviens à l'instant.

SCENE IV.

ROMÉO, JULIETTE.

JULIETTE, *seule pendant les deux premiers vers et rentrant chez elle.*
Il sort ! Inspire-moi, grand Dieu ! que dois-je faire ?
Cherchons dans ces malheurs quel malheur je préfère.

Roméo paraît.

Décidons. Où vas-tu Roméo ? je frémis.
ROMÉO.
Le tribunal m'attend.
JULIETTE.
Mille bras ennemis
T'entourent... et partout ton trépas se prépare,
Le sais-tu ?
ROMÉO.
J'écoutais, j'admirais le barbare !
Ma mort, mon déshonneur, il peut tout calculer !
Mais, adieu.
JULIETTE.
Nos amis sont prêts à t'immoler,
Chaque pas te conduit vers leur troupe ennemie.
ROMÉO.
Chaque instant qui s'enfuit me mène à l'infamie.

JULIETTE.
Attends, attends la nuit pour fuir de ce séjour.
ROMÉO.
Pour mourir avec gloire accorde-moi ce jour.
JULIETTE.
Demeure...
ROMÉO.
Je ne puis.
JULIETTE.
Es-tu donc inflexible ?
ROMÉO.
A tes douleurs toujours tu m'as trouvé sensible ;
Mais ton époux, hélas ! promis au déshonneur,
Ne sait pas dans la honte espérer ton bonheur.
JULIETTE.
Sera-t-il dans ta mort ?
ROMÉO.
Puisque tu m'es ravie,
Que t'importe, rends-moi ton pouvoir sur ma vie ;
Roméo dans le sort trouve assez de rigueur.
JULIETTE.
Mon amour n'est-il plus le seul bien de ton cœur ?
ROMÉO.
Toujours ; mais si tu sais en garder la mémoire,
Souviens-toi que peut-être il naquit dans ma gloire,
Si la rage des tiens n'assurait mon trépas,
A mon honneur, crois-moi, je ne survivrais pas.
Le ciel peut nous unir... Mais enfin sur la terre
Du nom des Montaigus je suis dépositaire.
Ah ! si leur bras ne peut m'arracher au danger,
Apportons-leur du moins le droit de me venger.
Si devant mes bourreaux je tremblais de paraître,
Mon père en sa douleur m'accuserait peut-être ;
Il maudirait ma vie et non pas mon cercueil.
Et moi de ses vieux ans je tromperais l'orgueil !
Moi ! j'irais pour un jour que ta douleur espère
De l'honneur de son fils déshériter mon père !
Je cours au tribunal...
JULIETTE.
C'est la mort où tu cours.
ROMÉO.
Quand je perds mon honneur, tu penses à mes jours !...
De quel péril frivole es-tu donc occupée ?
Si tu m'aimas jamais, viens, rends-moi cette épée
Qu'en combattant ici je perdis ce matin.
JULIETTE.
Celle qui de mon frère a tranché le destin !
ROMÉO.
Elle saura bientôt dans la foule tremblante
M'ouvrir parmi les tiens une route sanglante.
JULIETTE.
Quoi ! le sang de Thibald ne te suffit-il pas ?
Et de mon père aussi te faut-il le trépas ?
ROMÉO.
Eh bien ! laisse-moi fuir, je garde une victoire
Au bras des Capulets, digne en tout de leur gloire ;
Sans arme au milieu d'eux je cours me présenter ;
Je connais le péril que je vais affronter ;
Ils frapperont celui qu'ils n'oseraient combattre :
Mais, si du premier choc ils ne peuvent m'abattre,
Je leur arrache un glaive, et sous le coup fatal
Je vais traîner ma mort au pied du tribunal.
JULIETTE.
Je te suis, Roméo.
ROMÉO.
Juliette, demeure !
Mon sort sera fixé peut-être dans une heure.
Surtout, de notre hymen conserve le secret,
Roméo t'en supplie.
JULIETTE.
O ciel ! Alvar paraît.

SCÈNE V.

JULIETTE, ALVAR, ROMÉO.

roméo, *bas à Juliette.*
Alvar!... cet Espagnol qui croit en sa démence
Que ta main de ma mort sera la récompense.
juliette, *de même.*
Jamais il ne te vit. Ah ! daigne te calmer !
Toi-même sur ton sort cesse de m'alarmer.
alvar, *à Juliette.*
Juliette, venez... Déjà l'heure est sonnée,
Des funèbres apprêts la chapelle est ornée,
Montrant Roméo.
On n'attend plus que vous. Ce noble cavalier
Que le sang à Thibald doit sans doute allier,
Tandis que Capulet est loin de sa famille,
Dans les tombeaux peut-être accompagne sa fille ;
Mêlera-t-il ses pleurs à nos regrets cuisans?
roméo.
Rien n'égale l'horreur de ceux que je ressens;
Mais je ne puis vous suivre.
alvar.
Ah ! plus heureux sans doute
Dans vos justes transports, Capulet vous écoute,
Et l'honneur de punir l'assassin...
roméo.
L'assassin!...
juliette.
Dieu !
roméo, *amèrement à Alvar.*
Que je serve ou non un si noble dessein,
Je veux bien vous donner un avis salutaire :
Sur mes concitoyens, Alvar, sachez vous taire ;
Jamais aux étrangers aucun d'eux n'a permis
De flétrir d'un tel nom même ses ennemis.
alvar, *surpris.*
Eh ! qui de Roméo voudrait venger l'injure?
roméo.
Lui...
alvar, *avec dédain.*
Je ne le crois pas.
roméo.
Mais, moi, je vous le jure.
alvar.
Thibald eût-il pensé qu'ici, devant sa sœur,
Roméo dût jamais trouver un défenseur !
juliette, *rapidement.*
Alvar, il faut partir... Le temps fuit, l'heure presse.
alvar, *lui donnant la main et s'éloignant.*
Puisqu'à ce Montaigu votre cœur s'intéresse,
Soyez moins alarmé, ne craignez rien pour lui,
Nous ignorons encore où son courage a fui.
Ce guerrier si vaillant, que Gêne entière vante,
Dont le nom seul partout répandait l'épouvante,
Qui devait tout soumettre à son courage ardent,
Devant les Capulets se montre plus prudent.
roméo.
Penses-tu qu'il les craigne?
alvar.
Assez pour qu'il se cache.
roméo.
Ils le verront.
alvar.
Long-temps on peut attendre un lâche !
Et ce guerrier si fier, que tu défends contre eux,
Personne ne l'a vu.
roméo.
Tu seras plus heureux.
alvar.
Qui donc vers Roméo me conduira?
roméo.
Moi-même.
alvar.
Je te suis.
juliette, *l'arrêtant.*
A part.
Ciel, Alvar! On le dit noble, il m'aime.
roméo.
Viens, Roméo t'attend.
juliette, *se plaçant entre eux.*
A part.
Arrêtez. Il se perd !
Dieu ! seconde l'espoir qui par toi m'est offert !
Haut.
Alvar, si devant vous un guerrier sans défense,
Dont votre cœur alors eût ignoré l'offense,
Désarmé, poursuivi, jusqu'en votre séjour,
Eût réclamé chez vous un asile d'un jour ;
Sans demander son nom, sans connaître sa faute,
Sa noble confiance en aurait fait votre hôte.
alvar.
Ce devoir par l'honneur ne peut être oublié.
juliette.
Ce qu'ordonne l'honneur on le fait par pitié :
Souvent sur la faiblesse elle prend un empire
Qui se fait des devoirs que l'honneur seul inspire ;
Mais, Alvar, si celui qu'il accueille et défend
Innocent du combat qui le vit triomphant,
De l'ami le plus cher avait tranché la vie ;
Tandis qu'à votre foi son malheur se confie,
Etouffant aussitôt tous sentimens humains,
Dans son sang, répondez, tremperiez-vous vos mains?
alvar.
Je n'ai point mérité que l'on m'en crût capable.
juliette.
Ah ! pour avoir moins fait serai-je plus coupable?
Si l'honneur nous défend, hélas ! de nous venger,
Faut-il contre son hôte exciter le danger,
Et, proscrivant des jours qu'il aurait pu défendre ;
Faire verser le sang qu'on n'oserait répandre?
Pour perdre un malheureux faut-il dans sa maison
D'un asile promis faire une trahison ?
De sa propre douleur vengeur illégitime,
Doit-on à ses bourreaux conduire la victime?
Et, contre elle s'armant de son propre bienfait,
L'enchaîner sous le glaive? Alvar, l'auriez-vous fait?
alvar.
Je vous comprends, madame, et mérite peut-être
Que d'un pareil secret vous m'ayez rendu maître.
Mais qu'avez-vous promis, enfin?...
juliette.
Que ce palais
Sauverait Roméo, même des Capulets ;
J'en ai fait le serment, je réponds de sa vie,
Faites-la respecter, car je vous la confie.
alvar.
Ce serment, quel qu'il soit, je le tiendrai pour vous.
De vous voir ainsi bravant seul le courroux,
Hors du palais bientôt je le conduis moi-même ;
Juliette, jugez à quel point je vous aime !
roméo.
Qui? toi?
alvar.
Viens, sur ma foi ne sois pas alarmé,
Je veux rendre ton glaive à ton bras désarmé,
Mais, hors de ce palais, je suis jaloux d'apprendre
Si tu méritais bien qu'on daignât te le rendre !
A Juliette.
Là de votre serment le terme est arrivé,
Et là nous combattrons.

ROMÉO, à *Alvar.*
Viens donc !
A Juliette avec dédain et regardant Alvar.
Je suis sauvé.

SCENE VI.
JULIETTE, *seule.*

Il est sauvé !... son bras ne peut trahir sa gloire,
Son regard en partant m'a juré la victoire.
Grand Dieu ! tu m'as réduite au misérable état
D'accepter comme un bien le danger d'un combat !
Laisse à chacun son glaive, à chacun son courage,
Un champ libre, et mon cœur bénira ton ouvrage.

Elle va pour sortir.

SCENE VII.
CAPULET, JULIETTE.
CAPULET.

Alvar n'est point ici ? je lui voulais parler.
JULIETTE, *surprise, à part.*
Ciel ! mon père !
CAPULET.
Aux amis que je vais assembler
Je le veux présenter ; faites qu'on l'avertisse.

*Juliette s'éloigne lentement en suivant son père des yeux ;
Capulet vient sur le devant de la scène.*

Ma vengeance à la fin arme donc leur justice.
JULIETTE, *s'arrêtant pour écouter.*
O ciel !...
CAPULET.
Rien maintenant ne peut te secourir,
Montaigu !
JULIETTE.
Quelle joie ! ah ! je me sens mourir.
CAPULET.
Apercevant sa fille.
Encore quelques jours... Eh bien ! qui vous arrête ?
Qu'on avertisse Alvar.
JULIETTE.
Je courais, j'étais prête.
Mais vous avez parlé de haine et de trépas,
Et mes pleurs.,. pardonnez.
CAPULET, *avec bonté.*
Ne me les cache pas.
JULIETTE.
Mon père !
CAPULET.
Viens, enfant, ne crains pas que je blâme
Ces terreurs dont ne peut se défendre une femme.
Je sais qu'il ne faut pas demander à son cœur
De nos ressentimens la farouche vigueur.
Je sais quelles vertus excusent sa faiblesse,
Et quels soins ton amour prodigue à ma vieillesse.
Ton ame, que Dieu fit pour aimer et souffrir,
Cependant à la crainte est trop prompte à s'ouvrir.
Au moindre bruit fâcheux tu pleures, tu t'alarmes,
Et même en ce moment tes yeux sont pleins de
[larmes.
Eh bien ! quoiqu'à tes vœux coûte un tel entretien,
Je veux t'ouvrir mon cœur pour rassurer le tien.
JULIETTE.
Je voudrais mériter un intérêt si tendre !
A part.
Accordez-moi, grand Dieu, la force de l'entendre.
CAPULET.
Contre les Montaigus, jusqu'ici nos débats
Nous laissaient courir seuls la chance des combats.
J'abandonne à regret l'honneur de cette lutte,
Mais, en le partageant, je m'assure leur chute.
JULIETTE.
Ainsi les Montaigus...
CAPULET.
Peut-être dans nos murs
Il peut m'en échapper quelques restes obscurs,
Mais leur espoir, leur chef, ce héros de leur race,
Assassin de mon fils, qui seul fait leur audace...
JULIETTE.
Roméo ! juste ciel ! lui !
CAPULET.
Son supplice est prêt.
JULIETTE *s'appuie sur le dos du fauteuil
et n'écoute plus.*
Je meurs.
CAPULET, *avec joie.*
Et malgré tous, seul, j'ai dicté l'arrêt ;
Jamais avec plus d'art je n'ai su pour moi-même
Tourner l'événement d'un péril plus extrême.
Les juges balançaient, et, trompant tous mes soins,
Semblaient de mon malheur récuser les témoins,
Quand je suis informé que, malgré sa faiblesse,
Montaigu devant eux vient traîner sa vieillesse.
Je fais grossir le bruit et dire avec effroi,
Qu'il vient suivi des siens pour combattre la loi.
Aussitôt je m'écrie : « Eh quoi ! je me résigne,
Et c'est le meurtrier qui nous brave ! » On s'indigne,
Et soudain du vieillard croyant punir l'effort,
Les juges de son fils ont prononcé la mort.
Certain que leur orgueil bravera sa puissance,
Je fais aux Montaigus apporter la sentence.
Le vieillard aussitôt surmontant sa douleur,
Court de ses partisans réveiller la valeur.
De son fils vainement refusant le supplice,
Montaigu des combats nous ouvre enfin la lice,
Et Roméo dût-il y porter ses exploits,
Il se perd... à ma cause intéressant les lois,
Déjà de ma fureur tout Vérone s'embrase,
Et Roméo captif, ma haine les écrase,
Déjà chacun contre eux s'arme de toute part,
Moi-même de leur sang je veux avoir ma part.

Juliette sort en pleurant.

Eh bien ! à mes discours pourquoi donc vous sous-
[traire ?
JULIETTE, *avec embarras.*
Nous n'avons pas encore enseveli mon frère,
Hélas ! et cet oubli d'un si récent malheur...
CAPULET, *vivement.*
Vos heures, que remplit une vaine douleur,
Peut-être à m'obéir seraient mieux occupées.
Je m'étonne qu'Alvar... D'où vient ce bruit d'épées ?
JULIETTE, *épouvantée.*
De quel côté ?
CAPULET, *montrant la fenêtre.*
C'est là.
JULIETTE.
Non, ce n'est rien.
CAPULET.
Tais-toi.
Après une pause.
On combat sous ces murs...
Il va à la fenêtre.
JULIETTE, *à part.*
Ah ! c'en est fait de moi.
CAPULET, *regardant.*
Oui, deux guerriers...C'est bien... Quelle ardeur !...
[quelle rage !
L'un d'eux fléchit...
JULIETTE, *courant à la fenêtre.*
Lequel ?

CAPULET.

Il reprend... bien... courage ! Courage ! quel combat !

JULIETTE.

O malheur !

CAPULET, *vivement*.

C'est Alvar !

Se penchant pour regarder.

L'autre...

JULIETTE.

Eh bien !

CAPULET.

L'autre...

Après une pause, avec force.

O rage ! une épée, un poignard, Des armes, serviteurs... *.

SCÈNE VIII.

JULIETTE.

Non, non, votre vengeance

Elle tombe sur un fauteuil. *Elle va à la fenêtre.*

Sur moi seule, sur moi... je meurs... O Providence ! Alvar est désarmé...

Elle se penche.

Roméo, va-t'en, fuis ! Imprudent ! Il s'arrête... Il parle.

Elle monte sur une chaise et agite un mouchoir, puis redescend.

Je ne puis !

Elle se penche et appelle.

Roméo ! Roméo !... ma voix s'entend à peine.

Elle rentre un moment dans la chambre et écoute.

Malheur ! Ils ont passé la porte souterraine !

Elle revient à la fenêtre.

Roméo ! Roméo ! fuis... c'est moi... fuis... entends !

* A la représentation, le troisième acte finit ici. L'acteur dit ainsi ce vers :

Aux armes, serviteurs, venez, courez, vengeance !
JULIETTE, *après avoir regardé avec joie*.
Je n'avais pas en vain compté sur sa vaillance.

Elle sort.

Avec joie.

O bonheur ! il s'éloigne !

Avec terreur:

O mort ! il n'est plus [temps.

Elle suit des yeux.

Ah ! sous ton bouclier vainement tu te caches ! Quoi ! contre un seul guerrier tous ces soldats ! Les [lâches !

VOIX, *dans le bas.*

Capulet ! Capulet !

JULIETTE.

Quoi ! tous ils vont marcher ! Que fait-il ? Immobile, il les laisse approcher !

VOIX, *dans le bas.*

Capulet ! Capulet !

JULIETTE.

Qu'est-ce donc qu'il espère ? Quoi ! toujours immobile ! ils marchent ; et mon [père...

VOIX, *dans le bas.*

Capulet ! Capulet !

ROMÉO, *dans le lointain.*

Montaigu ! Montaigu !

JULIETTE.

Il m'a vue ! il s'élance ! ah ! mon père !

Elle tombe appuyée sur la rampe du balcon, elle se lève lentement avec désespoir.

Vaincu !

Après quelque hésitation elle revient à la fenêtre.

Mort ! mon père ! ô forfait ! non ! c'est lui ! sur son [glaive, Tout couvert de poussière, il s'appuie, il se lève...

Elle regarde plus près du pied du mur.

Tout un rang de soldats sur la terre est tombé !... Maintenant Roméo... Ciel ! a-t-il succombé ? Nulle part, nulle part...

Elle regarde bien loin à l'horizon.

Me serais-je trompée ? Tout là-bas... Ce guerrier agitant son épée... C'est lui !... Mon Roméo ! va ! je te vois d'ici.

Elle agite son mouchoir.

Oui, c'est moi, Roméo ! je suis sauvée aussi ! Mais va-t-on du combat reprendre les alarmes ? Au loin des Montaigus je vois briller les armes ! Et mon père ! Ah ! montons au sommet du palais.

VOIX *lointaines.*

Vivent les Montaigus !

VOIX *plus près.*

Vivent les Capulets !

ACTE QUATRIÈME.

SCÈNE PREMIÈRE.
BERTHA, JULIETTE.

Juliette entre du fond de la scène. Bertha, à sa voix, sort de sa chambre.

JULIETTE.
Bertha!

BERTHA.
C'est vous!

JULIETTE.
J'ai vu, du sommet de la tour,
Mon père vers ces lieux diriger son retour.
Enfin le combat cesse et t'offre un sûr passage ;
A Roméo, Bertha, va... porte ce message.
Cette clef par tes soins remise entre ses mains
Lui doit de nos tombeaux ouvrir les noirs chemins.
A peine, maintenant, la guerre déclarée
Laisse à notre entretien leur retraite sacrée ;
Il y va de mes jours, des siens, de l'avenir...
Mais je quitte ces lieux; mon père y va venir...
Bertha, cours, hâte-toi : je suis bien malheureuse !

Elle sort pour entrer dans l'intérieur du palais.

SCENE II.
BERTHA, *seule un moment,* CAPULET, *quelques serviteurs armés.*

BERTHA.
Dieu ! protége cette ame ardente et généreuse !
Que de maux ! Pauvre enfant, tu pleures tout le
[jour,
Et la nuit, les tombeaux cachent seuls ton amour.

CAPULET, *entrant.*
C'est vous, Bertha, c'est vous ? où donc est Juliette ?

BERTHA.
Au sommet d'une tour d'où sa vue inquiète
A travers les dangers suivait les combattans.

CAPULET.
Ces lieux vont recevoir des amis que j'attends,
Dites-lui qu'avec eux je l'invite à s'y rendre.
J'ai de nouveaux projets que je lui veux apprendre.
Allez...

BERTHA, *à part.*
Quel front pensif! Juliette, ah ! je crains
Qu'elle n'ait pas encore épuisé ses chagrins !
Elle sort.

CAPULET, *aux serviteurs.*
Amis, de ce combat si la fatale issue
Laisse encor sans vengeance une injure reçue,
Au courage éclatant que vous avez montré
Je dois rendre justice... Alvar est-il rentré ?

LOMÉNI.
Encor loin du palais sa valeur retenue,
De vos nombreux cliens protége la venue.

CAPULET.
De quel côté ?

LOMÉNI, *à la fenêtre.*
Seigneur, voyez son casque d'or
Sur le chemin du Cirque étinceler encor.

CAPULET, *après avoir regardé à la fenêtre.*
C'est lui ! brave jeune homme ! il porte sous ses armes
Un cœur fait pour la guerre et les nobles alarmes.
L'œil ne suit point les coups que son bras peut
[frapper ;
Seul, dix fois au trépas il m'a fait échapper.
Etranger en ces lieux, que ma prompte alliance
Lui sauve les dangers qu'ignore sa vaillance.
Il le faut ; je le dois : son courage, son nom,
Rétabliront l'éclat mourant de ma maison ;
Et le peuple bientôt, séduit par mes largesses,
Suivra dans mon parti le parti des richesses ;
Mais on vient, calmons-nous.

SCENE III.
CAPULET, *nombreux amis et partisans nobles,* LOTHARIO.

Ils entourent Capulet. Les serviteurs se rangent au fond.

LOTHARIO.
Capulet, nous voici,
Nos cœurs plus que ta voix nous appelaient ici.
Que veux-tu ? Parle.

CAPULET.
L'homme à qui le sort ne laisse
Nul espoir de bonheur dont la perte le blesse,
Cet homme est bien puissant, car c'est alors qu'il perd
La crainte de souffrir quand il a tout souffert.
Si jamais de l'effroi j'avais senti l'atteinte,
Les malheurs de ce jour me laisseraient sans crainte.
Je n'avais plus qu'un fils pour servir mon courroux,
C'était mon seul vengeur, c'était un chef pour vous ;
Ce jour a vu tomber mon espoir et le vôtre,
Un malheur est toujours le précurseur d'un autre.
Le hasard à nos coups offre son assassin,
Alvar, trop généreux pour lui percer le sein,
L'arme pour le combattre et fléchit sous son glaive.
Pour me venger enfin la justice se lève ;
Un arrêt infamant punit son attentat;
L'échafaud le réclame, il est libre, il combat,
Il combat, et déjà la vieillesse inflexible
Laisse à ce bras glacé la vengeance impossible.
Ainsi j'emporterai dans la nuit du trépas
Tant d'affronts impunis ! Vous ne le pensez pas.
Dans la tombe où mon fils avant moi doit descendre
Ma haine n'ira point dormir avec ma cendre,
Et lorsque tout espoir pour moi devra finir,
J'aurai de ma vengeance assuré l'avenir.
Vous, qui, des Capulets adoptant les querelles,
Aviez reçu leur nom en combattant pour elles,
Vous ne le perdrez pas, je vous en avertis
Que je lègue aujourd'hui mon nom et mon parti.
Fiez-vous à mes soins d'un choix qui vous honore,
Je ne commettrai point un nom sans tache encore,
Et quand je le choisis, croyez qu'un tel guerrier
Peut être votre chef s'il est mon héritier.
S'il n'a pas à ce rang les droits de la naissance,

Il y portera ceux de ma reconnaissance, [fiers,
Ceux d'un nom dont l'éclat doit tous vous rendre
Et j'y joindrai tous ceux des liens les plus chers;
Avant que de ce jour la clarté soit passée
Ma fille au brave Alvar doit être fiancée;
Pour des jours plus heureux conservant son hymen,
Des sermens solennels enchaîneront sa main.
C'est sans doute subir un destin bien contraire
Que fiancer la sœur sur le cercueil du frère,
Mais rien à mon malheur ne saurait s'égaler
Si Montaigu restait un seul jour sans trembler.
Aussi ne pensez pas que d'une obscure enceinte
Je prête le mystère à cette union sainte;
Vérone la saura, Vérone, dès ce soir,
Verra briller l'autel et fumer l'encensoir.
Que de feux et de fleurs mon palais se couronne,
Je veux que notre joie épouvante Vérone,
Et que nos ennemis, en ces cruels momens,
Pleurent dans leur victoire au bruit de nos sermens.
Ma misère est cruelle et leur joie est au faîte,
Qu'ils tremblent! Capulet vous prépare une fête.

LOTHARIO.
Nous y viendrons.

CAPULET.
    Eh bien! là, sur les livres saints,
Jurez-moi que ce fer, promis à mes desseins,
Ne se reposera dans ce débat funeste
Qu'il n'ait des Montaigus anéanti le reste.

TOUS.
Oui, tous.

ALVAR, *entrant précipitamment.*
Silence.

TOUS.
Alvar.

SCENE IV.

LES MÊMES, ALVAR.

CAPULET.
    Qui te fait donc rentrer?

ALVAR.
Silence, mes amis, il faut nous séparer,
Nous reprendrons plus tard le soin de la vengeance.

CAPULET.
A quel nouveau malheur devons-nous ta présence?

ALVAR.
Dans ces lieux, sur mes pas, Talermi va venir,
Il connaît nos projets et veut les prévenir;
Qu'à ses regards encor notre courroux se cache.

CAPULET.
Qu'importe maintenant qu'il l'ignore ou le sache!

ALVAR.
Tu pourrais payer cher un effort impuissant!

CAPULET.
Un glaive et des amis me rendront innocent!

ALVAR.
Il vengera ces lois que vainement tu braves.

CAPULET.
De ces lois sans vigueur je brise les entraves.

ALVAR.
Songe qu'il vient armé des lois de ton pays,
De tes propres sermens.

CAPULET.
    Les ai-je seul trahis?
Montaigu criminel et bravant leur puissance
Nous apprend ce qu'aux lois on doit d'obéissance,
J'imite son exemple.

ALVAR.
    Apprends donc ses revers.

CAPULET.
Qu'ai-je à craindre? il combat.

ALVAR.
    Tremble! il est dans les fers.

CAPULET.
Achève.

ALVAR.
    Je rentrais, et, las de le poursuivre,
Dans le palais déjà j'étais prêt à le suivre,
Quand, sous les longs arceaux qui bordent l'Arena,
Soudain de Montaigus un corps m'environna,
Roméo les guidait : « C'est le ciel qui t'envoie,
» Thibald t'attend, lui dis-je.—Il aura plus de joie,
» Reprend-il d'un air sombre, à revoir un ami. »
Et nous allions frapper... Quand soudain Talermi
Se montre à nos regards; il traverse la place,
Le peuple ouvre ses rangs; les guerriers lui font
    [place,
Et jusqu'à Roméo sans efforts parvenu,
Il lui parle long-temps un langage inconnu;
Et long-temps du guerrier la fière impatience
Semble de ses conseils refuser la prudence.
Tout-à-coup Talermi, prêt à quitter ce lieu,
Avec un rire amer lui jette un sombre adieu.
Je ne sais par quel mot cette ame fut touchée,
A quel doux souvenir, quelle peine cachée,
Enfin à quel espoir Roméo s'éveilla;
Mais soudain dans ses yeux une larme brilla.
Alors avec fureur de son front il détache
Le casque où sur l'azur brille un noir panache,
Aux pieds de son coursier le foule en frémissant;
Jette de son haubert l'airain resplendissant,
Sur le marbre où le fer trace un long jet de flamme,
De son glaive en éclats il fait voler la lame;
Fuit pour cacher ses pleurs, et de son bouclier,
Comme un faible cristal, brise le triple acier,
Revient vers Talermi, l'implore, le menace,
Se tait, reçoit des fers, et garde son audace.

CAPULET.
O ciel!

ALVAR.
   Le peuple éclate en applaudissemens.
Pour fuir de Talermi les fiers ressentimens,
Déjà loin de ses yeux je ramenais ma suite,
Quand sa voix m'atteignant au milieu de ma fuite,
Avec son vif regard dont le feu me troublait :
« Étranger, me dit-il, je vais chez Capulet,
» De mes conseils, Alvar, dis-lui qu'il se souvienne. »
Capulet, sois prudent.

CAPULET.
    Je le serai, qu'il vienne.

SCENE V.

CAPULET, ALVAR, TALERMI, *amis de Capulet.*

TALERMI.
Si le prince, des lois écoutant la rigueur,
N'épargnait un vieillard long-temps cher à son cœur,
Trop faibles châtimens de vos combats barbares,
Des fers enchaîneraient les coups que tu prépares.

CAPULET, *amèrement.*
Quels desseins criminels avons-nous donc formés?

TALERMI.
Pourquoi tous ces guerriers, et pourquoi tous armés?
Vous méditez encor le meurtre et la vengeance;
Tant d'audace à la fin passe toute indulgence.

CAPULET, *avec ironie.*
Peut-être je pourrais, dans ma propre maison,
De leur présence ici refuser la raison;
Mais puisque dans ce jour j'ai pu trouver une heure
Pour donner à la joie accès en ma demeure,
Que du moins nul souci n'en altère le cours,

Laisse-moi tout entier à des momens si courts.
Ces guerriers, ces amis restés à l'infortune,
Ecartant du malheur la pensée importune,
Ils viennent avec moi voir sur le saint autel
Serrer le premier nœud d'un lien solennel.
Au lieu d'affreux complots ils cherchent une fête,
Tu vois, ils sont contens, et ma joie est parfaite.

TALERMI.
A de joyeux apprêts Capulet occupé

A part.
A droit de me surprendre... On ne m'a point trompé.

CAPULET.
Ma fille, tu le sais, ma jeune Juliette,
Laissait sur l'avenir ma vieillesse inquiète,
A mon âge la mort peut me frapper soudain ;
De ma fille après moi j'assure le destin,
Voilà son fiancé.

TALERMI.
Comment ; lui dont l'épée
Au sang des Montaigus aujourd'hui s'est trempée !

CAPULET.
C'est un brave de plus que nos rangs vont compter.

TALERMI.
L'honneur que tu lui fais suffit pour l'attester.
Mais l'homme à pas pressés fuit en vain sa disgrâce,
Quand le malheur le suit, il s'acharne à sa trace.
Pardonne, si je viens, troublant un tel moment,
Enlever à ta fête un si noble ornement.

A Alvar.
Alvar, toi dont l'Espagne avait proscrit la tête,
De son sein par ma voix Vérone te rejette,
Fuis ces murs où tu vis ton exil abrité,
Je te ferme à jamais leur hospitalité.

ALVAR.
Quel pouvoir de vos murs me refuse l'asile ?

TALERMI.
Le prince.

CAPULET.
De quel droit ?

TALERMI.
Sa volonté l'exile.

CAPULET.
Sa volonté !

TALERMI.
La loi, qui pourrait te juger,
Aux droits du citoyen n'admet pas l'étranger.

CAPULET, à Alvar avec feu.
Étranger, oui, tu l'es ; ta valeur, ta constance,
Aux malheurs d'un vieillard ta fidèle assistance,
Ce sont là des vertus qui font l'homme de bien ;
Mais il faut d'autres droits pour être citoyen.

A Talermi.
Quoi ! Talermi, du prince on ne peut rien attendre ?

TALERMI.
Il chasse un étranger.

CAPULET, avec emportement.
Qu'il respecte mon gendre !

TALERMI.
Ton gendre !

CAPULET.
Dans une heure... à l'instant... ce lien,
Pour le faire innocent, le rendra citoyen.
C'est la loi, Talermi, tu la connais, tu l'aimes :
Nos chefs respecteront ce qu'ils ont fait eux-mêmes.
Retourne vers le prince et dis-lui nos projets,
Dis-lui surtout qu'il a de fidèles sujets.
Viens, Alvar, suivez-moi.

SCÈNE VI.

TALERMI, seul.

Que ta haine t'égare !
Plus que toi, s'il se peut, je te serai barbare,
Nous verrons qui des deux saura mieux l'emporter,
Moi d'accroître tes maux, toi de les supporter ;
Nous verrons si ce cœur, qui prétend ne rien craindre,
N'a pas un côté faible où je pourrai l'atteindre.
Etrange orgueil de l'homme ; il voit à chaque pas
S'échapper les soutiens qu'il avait ici-bas,
Et seul méconnaissant l'enseignement céleste,
Il se fie en aveugle à l'appui qui lui reste !
Vieillard, qui de la vie achèves le chemin,
Allons, je briserai le roseau dans ta main,
Et quand, parmi ce monde où vivra ta misère,
Seul, après dix enfans qui te nommaient leur père,
Entre tous leurs tombeaux gémissant éperdu,
Et courant dans la nuit comme un homme perdu,
Tu crîras au Seigneur grâce et miséricorde !...
Tu priseras bien haut le peu que je t'accorde !...
Oh ! qu'il estimera pour pleurer avec lui
Le cœur qu'il aime tant et qu'il brise aujourd'hui,
Oh ! que sa Juliette à son amour ravie,
Lui paraîtra plus chère en reprenant la vie !
En ces lieux pour me voir elle va revenir,
C'est sa douleur surtout qu'il me faut prévenir.
De ce funeste hymen l'annonce inopinée
Peut aux plus noirs projets porter l'infortunée :
A l'espoir du bonheur qu'elle renaisse encor.
Ce breuvage, dont seul je connais le trésor,
Livre à tous mes projets Capulet sans défense ;
De le tromper alors si la raison s'offense,
Le bonheur de Vérone à ce prix acheté
Doit absoudre l'erreur où je l'aurai jeté,
Roméo, prisonnier de sa seule parole,
Peut m'échapper encor ; hâtons-nous, le temps vole.
Grand Dieu ! si pour punir des pères inhumains
Tu n'as pas aux enfans marqué d'affreux destins,
Protège mes efforts ! On approche, c'est elle !
Pauvre enfant ! sur ses traits quelle pâleur mortelle !

SCÈNE VII.

JULIETTE, TALERMI.

TALERMI.
Ma fille ! Juliette !

JULIETTE, avec désespoir.
On m'a tout annoncé !

TALERMI.
Ton père ?...

JULIETTE.
Je l'ai vu !

TALERMI.
Ton destin ?

JULIETTE.
Je le sai !
Dans une heure un hymen, et je suis mariée !
Du nombre des vivans ce seul mot m'a rayée ;
La mort est mon asile, et je vais y courir.

TALERMI.
Mais le ciel a maudit celui qui veut mourir ;
Sa loi ne permet pas, quelque sort qui nous frappe,
Qu'au joug de ses destins un malheureux échappe ;
Le courage lui plaît et nous sauve par fois.

JULIETTE.
Entre vivre et mourir puis-je donc faire un choix ?
Irai-je à cet autel, sacrilège et parjure,

Au ciel, à mon époux, faire une double injure?
Oserai-je à mon père avouer mon hymen?
Mais c'est mourir encore et mourir de sa main!
Je veux toute l'horreur du destin qui m'opprime:
Il ordonne ma mort, j'en commettrai le crime.

TALERMI.
Quoi! si jeune, si belle, en courant au trépas,
Nul effroi, nul regret n'arrêtera tes pas?

JULIETTE.
Qu'importe, quand la mort doit être sûre et prompte?
Que celui qui l'attend ou la craigne ou l'affronte?

TALERMI.
Comme dans un seul jour l'espoir naît et s'enfuit,
Pour nous rendre au bonheur, de même, avant la nuit,
Le destin peut garder une heure dédaignée!

JULIETTE.
Le mien est invincible, et j'y suis résignée.

TALERMI.
Une heure peut donner un avenir si beau!

JULIETTE.
L'avenir que j'espère habite le tombeau.

TALERMI.
Cet espoir peut charmer une ame solitaire;
Mais toi... celui qui t'aime habite sur la terre.

JULIETTE.
Vous ne voulez donc pas que je puisse mourir?
Eh bien! je crains la mort, j'aimerais mieux souffrir.
Ah! quelle étrange erreur abuse l'infortune,
Qui fait qu'on veut sortir d'une vie importune!
On appelle pourtant le trépas sans terreur:
Mais moi qui vais mourir, j'en vois toute l'horreur.
Maintenant, Talermi, si l'on me laissait vivre,
Mes yeux dans les tournois du moins pourraient le [suivre;
S'il subissait jamais l'exil ou la prison,
A mes côtés encor quelqu'un dirait son nom.
Et croyez-moi... l'amour ingénieux et tendre
Saurait trouver partout des mots pour nous entendre!
L'exil n'arrête pas les discrets messagers;
Les princes sont clémens, les fers sont passagers.
Et s'il fallait enfin ne plus le voir lui-même,
Il saurait mes douleurs; on me dirait qu'il m'aime,
Je pourrais être heureuse!

TALERMI.
Enfant, tu le seras.

JULIETTE.
Quel mot! qu'avez-vous dit?

TALERMI.
Calme-toi, tu vivras.

JULIETTE.
Arrêtez! pour l'espoir je n'ai plus de courage.

TALERMI.
Le tien doit cependant seconder mon ouvrage.

JULIETTE.
Le malheureux qui tombe avec un toit croulant,
Peut saisir dans sa chute un fer rouge et brûlant!
Encore quelques pas et ma chute est finie;
N'allongez pas d'un jour cette horrible agonie,
A de nouveaux poignards n'exposez pas mon sein.

TALERMI.
Eh bien! pour te calmer, apprends donc mon dessein:
Dès que les sons de l'orgue et les chants d'hyménée
T'annonceront la pompe où l'on t'a destinée,
Prends ce poison dont seul je connais les secrets.
Ton père hâte en vain ses funestes apprêts,
L'effet de ce breuvage est encor plus rapide.

JULIETTE.
Ainsi pour mon trépas mon malheur vous décide!

TALERMI.
Non! non! tu subiras un sommeil passager.

JULIETTE.
Qu'importe ce sommeil où je vais me plonger?

TALERMI.
Jamais on n'aura vu, sous la tombe enfermée,
De victime plus froide et plus inanimée
Que tu ne le seras, lorsque ces sucs puissans,
En suspendant ta vie, auront glacé tes sens.
Cette apparente mort dont tu seras la proie
Ira parmi les chants épouvanter leur joie!
Ils pleureront alors...

JULIETTE.
Ma raison se confond;
Et moi?

TALERMI.
Tu dormiras, mais d'un sommeil profond,
Plus froid que le sommeil où chaque nuit te plonge,
Sans souffle, sans chaleur, immobile et sans songe.

JULIETTE.
Je frémis d'y penser.

TALERMI.
Allons, ne tremble pas!
Tes yeux ne verront pas les pompes du trépas;
Par le soin de tes sœurs dans le cercueil couchée,
Ton ame de leurs pleurs ne sera point touchée!

JULIETTE.
C'est tromper leur tendresse, et laisser sans remord
Verser des pleurs réels sur une feinte mort.
Et mon père, s'il croit qu'à jamais je succombe,
Que va-t-il devenir?

TALERMI.
Je l'attends sur ta tombe;
Son aspect sur les cœurs garde un affreux pouvoir!
Là, je veux à ton père enseigner son devoir,
Là, sur sa fille morte et pour jamais perdue,
Je compterai les pleurs de son ame éperdue;
Je plirai son courage, et contre cet écueil
Ma main pour l'y briser jettera son orgueil!
Ton cœur semble hésiter; qu'est-ce donc qu'il redoute?

JULIETTE.
Non, non, j'obéirai, j'obéirai sans doute,
Je n'ai point à l'espoir dit un dernier adieu,
Car vous avez la force et les secrets de Dieu.

SCENE VIII.

JULIETTE, seule.

Qu'a-t-il dit? de la mort empruntant l'apparence,
Mon amour peut renaître encore à l'espérance,
Si j'ose aller dormir du sommeil d'un moment
Sur le lit éternel du dernier monument!
C'est un sort bien cruel que celui qui me frappe!
Dans la tombe à ses maux tout malheureux échappe;
Pour moi seule, changeant les lois de ce séjour,
Son asile éternel n'a qu'un abri d'un jour!
J'irai... mais, je ne sais, mon ame s'épouvante
A l'aspect d'une tombe où je serai vivante.
Quel cercueil que celui qui pourra se rouvrir!
J'ai senti moins d'effroi quand j'ai voulu mourir.
Oh! si, quand le sommeil quittera ma paupière,
La voix des trépassés gémissait sous la pierre;
De mon profane aspect, si, pour venger l'affront,
Ils venaient balancer leurs ombres sur mon front;
Ou bien, si pour punir mon affreux stratagème,
Car les morts savent tout, il sait celui que j'aime;
Si mon frère venait, en me montrant son sein,
Me dire à demi-voix le nom de l'assassin,
Avec un rire amer se penchant sur ma couche,
Glacer encor mon front d'un baiser de sa bouche!
O terreur! non, jamais... j'aime mieux le trépas!...
J'aime mieux cet hymen!... jamais! je n'irai pas!
Elle tombe dans un fauteuil.

SCENE IX.

JULIETTE, LOMÉNI, JEUNES FILLES.

Les portes du fond s'ouvrent. Tous les appartemens sont éclairés; des serviteurs arrangent les salles et font les apprêts de la fête.

LOMÉNI, *dans le fond de l'autre salle.*

Mettez là ces flambeaux. Là, ces fleurs, ces guirlandes;
Plus loin, du comte Alvar déposez les offrandes.

JULIETTE, *sans les voir.*

Qui jamais a subi de plus cruel destin !

LOMÉNI, *aux serviteurs.*

Vous, allez préparer la salle du festin.

JULIETTE, *se levant avec effroi.*

O ciel !

Ici entrent plusieurs jeunes filles vêtues de blanc, portant de magnifiques présens.

UNE JEUNE FILLE.

Le comte Alvar, madame, nous envoie.

JULIETTE.

Quoi! déjà ?

LA JEUNE FILLE.

Recevez ces longs tissus de soie,
Ces perles dont l'Indus possède le trésor,
Et ce voile où les fleurs brillent en gerbes d'or.

JULIETTE.

Il suffit... O malheur ! ô véritables peines !
Que devant ces présens mes craintes étaient vaines !

Les jeunes filles entrent dans l'appartement de Juliette, et ressortent aussitôt.

BERTHA, *accourant.*

Ma fille, de terreur vos regards sont troublés !

JULIETTE, *égarée.*

Te voilà, viens; dis-moi, dans les temps écoulés,
Quand on voulait fléchir les dieux pour de grands crimes,
N'avait-on pas le soin de parer les victimes ?

BERTHA.

Quel langage !

JULIETTE.

Des fleurs...

BERTHA.

Ciel ! revenez à vous,
Juliette...

JULIETTE.

Un hymen...

BERTHA.

J'ai revu votre époux.

JULIETTE, *avec terreur.*

Quel époux ?

BERTHA.

Roméo, votre époux.

JULIETTE, *se jetant dans les bras de Bertha.*

Ah ! pardonne.
Toi seule tu me plains lorsque tout m'abandonne.
Mais vois si mon destin doit te faire pitié.
Tu cherchais Roméo, je l'avais oublié !
Mais parle maintenant, que ta voix me console !

BERTHA.

Roméo n'a, ma fille, engagé sa parole
Qu'à laisser reposer le fer jusqu'à demain.
Sans armes, il est libre, et, par un sûr chemin,
Dans les tombeaux ce soir il ira vous attendre.

JULIETTE, *avec désespoir.*

Dans les tombeaux ! hélas ! je n'y puis plus descendre.

BERTHA.

Eh ! quel nouveau malheur ?

JULIETTE.

Tout malheur est le mien.
Tu cherches, tu ne sais; mais toi tu ne sais rien :
Ni leur joie en fureur, ni cet hymen barbare,
Ni leurs chants, ni mes pleurs, ni ma mort qu'on prépare.

BERTHA.

Calmez-vous, Juliette. A peine je conçoi...

JULIETTE.

Vois ces fleurs, ces présens ; tout cela c'est pour moi.

Capulet paraît dans le fond, donnant encore quelques ordres à Loméni.

BERTHA.

Votre père !

JULIETTE.

Je tremble !

CAPULET, *entrant.*

Eh quoi ! ma Juliette,
Encore dans ce lieu ! déjà la pompe est prête ;
Et toi seule, oubliant le soin de te parer,
Au bonheur qui t'attend crains de te préparer ?
Tu pleures, pauvre enfant ! allons, plus de courage,
Comme moi sache offrir un front calme à l'orage !
Je n'ai pas moins que toi de douleur à cacher.
Mais bientôt ton époux va te venir chercher;
Déjà tous mes amis remplissent ma demeure,
Ils viennent !

JULIETTE, *à part.*

Ils sont donc bien pressés que je meure !

CAPULET.

Entends les sons de l'orgue, il est temps...

JULIETTE.

Il est temps...

CAPULET.

Allez...

BERTHA, *à Juliette.*

Je suis vos pas.

JULIETTE.

Viens...

Au moment d'entrer dans son appartement, elle arrête Bertha qui la suit.

Tout-à-l'heure... attends.

SCENE X.

CAPULET, JEUNES FEMMES *richement parées*, JEUNES FILLES *vêtues de blanc*, VIEILLARDS, JEUNES GENS, SERVITEURS, *portant la bannière et l'écusson de Capulet.*

CAPULET.

Salut, chefs respectés de nos vieilles familles,
Nobles dames, salut ; approchez, jeunes filles ;
Venez tous, mes amis ; non, vos rangs généreux
Quand j'étais plus puissant n'étaient pas plus nombreux.

Aux vieillards.

Vieillards, nous avons vu bien des combats ensemble.

Aux jeunes gens.

Jeunes gens, j'aime à voir que ce jour vous rassemble ;
Mais de leur vieil appui j'ai droit d'être flatté,
C'est un si grand fardeau que la fidélité !

Aux jeunes filles.

Jeunes filles, vos rangs vont perdre la plus belle ;
Aux soins doux et légers que la jeunesse appelle,
De plus graves soucis vont bientôt s'allier.

Aux jeunes femmes.

C'est à vous maintenant que je vais confier
Juliette ; et vos soins feront passer son ame
Des vertus d'une fille aux vertus d'une femme !
Quelques heures encor, et Capulet ce soir
Au banquet de l'hymen vous verra vous asseoir.

LOMÉNI, *au fond du théâtre.*
Seigneur, du comte Alvar on aperçoit l'escorte,
Sa bannière est déjà prête à franchir la porte,
Lui-même il va paraître.
CAPULET.
Il suffit; apportez
Les ornemens d'hymen par mon ordre apprêtés.

Des serviteurs entrent avec des coussins de velours, un long voile de soie et un bassin d'argent.

Aux jeunes filles.
Mes enfans, près de nous amenez Juliette;
Ce soin vous appartient; vous parerez sa tête
Du voile virginal et du sacré bandeau.

A un serviteur qui porte un bassin d'or.
Allez au chapelain remettre cet anneau.

SCÈNE XI.
LES PRÉCÉDENS, JULIETTE.

Elle entre conduite par les jeunes filles toutes vêtues de blanc.

CAPULET.
La voici! que le ciel répande sur sa vie
Ma part des jours heureux que le sort m'a ravie.
JULIETTE.
Mes compagnes, mes sœurs, servez-moi de soutien!
A part.
Non, adieu pour jamais. Je ne sens encor rien!
CAPULET, *à Juliette.*
Pour toi de nouveaux jours, ma fille, vont éclore;
Honore ton époux pour que son nom t'honore.
Pour ton vieux père encor, par le sort abattu,
Prie, et crois au bonheur que donne la vertu.
JULIETTE.
Oui, ce bonheur est doux, et je vous remercie.
A part.
Il me semble déjà que ma vue obscurcie...

LOMÉNI, *dans le fond.*
Seigneur, le comte Alvar entre dans la maison.
CAPULET.
Viens, voici ton époux.
JULIETTE, *à part, avec joie.*
Ah! je sens le poison!

Alvar entre avec une suite de serviteurs. Ils plantent sa bannière et son écusson à côté de ceux de Capulet.

CAPULET.
Comte Alvar, en vos mains je remets Juliette;
Ne vous étonnez pas si sa joie est muette.
A Juliette.
Couvrez votre douleur d'un sourire plus doux.
JULIETTE, *avec effroi.*
Oui, sans doute...
CAPULET.
Approchez.
JULIETTE, *à Alvar.*
Seigneur, je suis à vous.
ALVAR.
Madame, partagez l'espoir qui me transporte.
JULIETTE, *prête à lui donner la main, s'arrête un moment, à part.*
Si j'atteignais l'autel avant que d'être morte!
ALVAR.
Hâtons nos pas, madame... O ciel! quelle pâleur!
JULIETTE, *avec joie.*
Je suis pâle...
ALVAR.
Grand Dieu! Juliette!...
BERTHA, *regardant Juliette.*
O malheur!
JULIETTE, *avec joie.*
Oui, ce froid est mortel...
CAPULET, *revenant du fond du théâtre.*
Eh bien! qui vous arrête?
Regardant Juliette.
Grand Dieu! ma fille!
JULIETTE.
Allons! maintenant je suis prête!

Juliette tombe dans les bras de son père. La toile baisse.

ACTE CINQUIÈME.

Le théâtre représente des souterrains dans lesquels sont de nombreux tombeaux; à gauche des spectateurs est celui de Juliette, élevé sur quelques marches de pierre; le nom de Juliette est très-visiblement écrit dessus du côté qui fait face au spectateur; au pied du tombeau est un rameau et un flambeau allumé.

SCÈNE PREMIÈRE.
ALVAR, CAPULET, FEMMES NOBLES, JEUNES FILLES, NOBLES, SERVITEURS, *portant des torches, etc.;* JULIETTE, *couchée dans le tombeau.*

CAPULET, *assis sur une pierre.*
C'en est assez, Alvar,.. ô terreur! ô remords!
ALVAR, *aux amis et aux serviteurs.*
Les prêtres ont fini la prière des morts;
Retirons-nous, amis; après un coup si rude
Capulet a besoin de quelque solitude.
Venez, ne troublons pas son morne désespoir,
Je remplirai pour lui son douloureux devoir.

Tout le monde sort avec recueillement.

SCÈNE II.
CAPULET, JULIETTE, *endormie.*
CAPULET, *se levant.*
Voilà donc où conduit une haine funeste!
Sur la terre à présent voilà ce qui me reste!
Si je pouvais pleurer! que je voudrais mourir!
Non, jamais je n'ai su ce que c'est que souffrir.
Combien me coûte cher l'épouvantable empire
Que sur lui garde un cœur que la vengeance inspire!
Barbare, et sous ma rage étouffant mes douleurs,
Long-temps à mes enfans j'ai refusé des pleurs.
Pour mes fils morts, mon âme écartant la souffrance,
De sa haine aux vivans rattachait l'espérance;

Mon sang s'est devant moi goutte à goutte épuisé,
A la dernière, enfin, le rêve s'est brisé
Maintenant le remords dans mon cœur les rassemble,
Maintenant d'un seul coup je les perds tous ensemble !
Juliette, et c'est toi, toi, mon bien le plus doux,
Toi, qu'en mes jours heureux je préférais à tous,
Qu'il semblait me laisser pour tromper ma misère,
Et que l'affreux destin m'arrache la dernière !
Toi dont la voix encor hier me consolait.

Il se penche sur le tombeau.

SCENE III.

JULIETTE, *dormant*, CAPULET, TALERMI, *entrant sans être aperçu.*

TALERMI.
Voici donc le séjour qu'habite Capulet !

CAPULET, *avec épouvante.*
Quoi ! c'est toi, Talermi ! toi, toujours ! quelle haine
Aujourd'hui sur mes pas comme un spectre t'enchaîne ?
Chaque heure de ce jour qui t'a conduit chez moi
A vu quelque malheur se dresser près de toi.
N'ai-je pas épuisé ta présence funeste ?
Que me veux-tu ? crains-tu que quelque espoir me
[reste ?
Est-ce donc que ce jour t'appartient tout entier ?
Vois ; je ne pleure pas ; que peux-tu m'envier ?

TALERMI.
Enfin te voilà seul, et voilà ta famille !
Là, dort ton dernier fils, là, ta dernière fille !

CAPULET.
Ta rage n'a donc pas épuisé tous ses traits ?

TALERMI.
Ne sens-tu rien ici de plus que des regrets ?

CAPULET.
Tais-toi.

TALERMI.
N'entends-tu pas comme une voix sacrée ?

CAPULET.
Va-t'en.

TALERMI.
Si de ta mort c'était l'heure assurée,
Voudrais-tu que le ciel te jugeât en ce lieu ?

CAPULET.
Tais-toi.

TALERMI.
Tu m'entendras.

CAPULET.
Reste donc seul, adieu...

Il va pour sortir.

TALERMI, *avec force.*
Capulet ! en fuyant, de peur que tu ne tombes,
De tes fils, si tu peux, ne heurte point les tombes.

CAPULET, *rentrant avec effroi.*
Malheureux ! es-tu donc envoyé de l'enfer
Pour lancer sur mon cœur tes paroles de fer ?

TALERMI.
C'est l'enfer ou le ciel, à ton choix, qui m'envoie ;
L'un m'a commis ta peine et le second ta joie.

CAPULET.
Va ! ma peine est au comble, et l'enfer t'a nommé.

TALERMI.
Au cœur des repentants le ciel n'est point fermé.

CAPULET.
Il jette sur nos jours le mal qui les dévore,
Et si nous les brisons il nous maudit encore !
Si je me repentais, me ferait-il mourir ?

TALERMI.
Sa grâce après la mort pourrait te secourir.

CAPULET.
Du tourment de la vie alors qu'il me délivre.

TALERMI.
Ses arrêts t'ont gardé beaucoup de jours à vivre.

CAPULET.
Ils sont donc le supplice où Dieu m'a destiné ?

TALERMI.
Dieu les rendrait heureux s'il t'avait pardonné.

CAPULET.
Et que demande-t-il ?

TALERMI.
Un vaste sacrifice.

CAPULET.
Faut-il à ses autels vouer un édifice ?

TALERMI.
Il en veut un plus grand.

CAPULET.
Lequel ?

TALERMI.
Il le dira.

CAPULET.
Je l'interrogerai.

TALERMI.
Ce tombeau répondra.

CAPULET.
Ce tombeau ?

TALERMI.
Capulet, si l'heure était passée
Des farouches transports d'une haine insensée,
De ce tombeau muet un accent triste et doux
S'élèverait, disant : « Mon père, venez-vous,
» Venez-vous de ma vie apprendre le mystère ?
» Car la mort seule dit les secrets de la terre.
» Dieu ne m'avait point mise au monde des mortels
» Pour y passer des jours si courts et si cruels,
» Pour une grande tâche il m'avait envoyée :
» Sur l'amour d'un époux et d'un père appuyée,
» Je devais de la vie essayer les chemins,
» En voyant sur mon cœur se presser leurs deux mains.
» Ce n'est point vainement que votre âme inspirée
» Entre tous vos enfans m'avait tant préférée :
» Ce fut pour que la haine apaisât son flambeau,
» Et ce fut pour cela que j'aimai Roméo. »

CAPULET.
Roméo, se peut-il !

TALERMI.
Viens, demande à l'asile
Où pour garder sa foi sa jeunesse s'exile ;
Oh ! mais si cet hymen eût fermé ce tombeau,
Jamais un cœur mortel n'eût vu de jour si beau ;
Car Dieu, du vrai bonheur dotant leur alliance,
Fit pour lui ses vertus, pour elle sa vaillance.
Oui, Capulet, alors nul ne fût arrivé
A l'immense destin qu'il t'avait réservé.
Le sang des Capulets, épuisé goutte à goutte,
De même que ton nom devait finir sans doute ;
Mais ce nom après toi dans la vie arrêté,
Après toi commençait pour l'immortalité !
On eût dit : « Capulet, plus grand que tous ses frères,
» Comme un brave a vaincu tous les destins contraires.
» Son grand cœur pour Vérone ouvrant des jours
[meilleurs,
» Il garda pour lui seul la gloire et les douleurs,
» Et des plus vrais héros suivant la noble voie,
» Sur ses ennemis même il a versé la joie.
» Victoire à Capulet, défaite aux Montaigus,
» Il leur a pardonné comme il les a vaincus.
» Dieu prépare déjà la couronne immortelle,
» Victoire à Capulet ! »

CAPULET.
Ah ! juste Dieu !

TALERMI.
C'est elle ;
C'est la voix de ta fille ; entends-tu, Capulet ?

CAPULET.
Laisse-moi, Talermi, ton triomphe est complet.
TALERMI.
Il conduit Capulet vers le tombeau.
Le remords est venu, le bonheur va le suivre.
CAPULET, *s'élançant vers le tombeau.*
Ma fille!
TALERMI, *debout sur les marches.*
Par ma voix elle demande à vivre.
CAPULET.
Insensé! laisse-moi, regarde ce cercueil.
TALERMI.
Insensé! devant Dieu fais taire ton orgueil ;
Il découvre Juliette et écarte le linceul.
Regarde... vois son front, sa paupière baissée,
Et ce cœur qui t'aimait, froid sous sa main glacée.
CAPULET, *s'éloignant.*
Cache-moi cet objet de tendresse et d'horreur !
TALERMI, *l'arrêtant.*
Regarde, Capulet, regarde sans terreur ;
Tout cela c'est la mort, ou bien ce n'est qu'un songe.
CAPULET.
Tais-toi, qu'espères-tu de cet affreux mensonge ?
TALERMI.
Ce matin, Talermi t'a parlé de trépas,
Et ce matin aussi tu ne le croyais pas !
Il prend le linceul et le lève sur la tête de Juliette.
Vois ce linceul, des morts la parure éternelle,
Au nom du Dieu vivant je le suspends sur elle :
Au nom du Dieu vivant je te commets son sort,
Prononce ! ta parole est la vie ou la mort.
L'hymen de Roméo sauvera-t-il ta fille ?
CAPULET.
Tu me trompes.
TALERMI.
Réponds.
CAPULET.
Misérable famille !
L'hymen de Roméo ! jamais !
TALERMI.
De tes refus
Reçois donc le salaire.
CAPULET.
O ciel! quel bruit confus !

ooooooooooooooooooooooooooooooooo

SCÈNE IV.

Les Mêmes, ALVAR, *l'épée à la main*, quelques
Serviteurs, *avec des torches.*
CAPULET.
Où vas-tu ?
ALVAR.
Te venger ; par de secrètes routes
On a vu Roméo pénétrer sous ces voûtes.
CAPULET.
Roméo ! juste ciel ! vengeance !
TALERMI, *se penchant sur le tombeau.*
C'en est fait,
Juliette, ton père a comblé le forfait.
Ton père te condamne... adieu... ferme ta tombe...
Et qu'avec ce linceul le trépas y retombe.
Il rejette le linceul sur Juliette.
CAPULET, *s'élançant vers Talermi.*
Arrête !
TALERMI.
Que veux-tu ?
CAPULET, *aux genoux de Talermi.*
Ma fille...

TALERMI.
Montaigu
Vient te la demander, la lui donneras-tu ?
ALVAR.
Mon père, son aspect profane ta demeure.
CAPULET.
Ma fille !
TALERMI.
Roméo !
CAPULET.
Qu'il s'éloigne !
ALVAR.
Qu'il meure !
Sur ton cercueil, Thibald, il viendrait nous braver !
CAPULET, *se levant et arrêtant Alvar.*
Où cours-tu ?
ALVAR.
Le punir.
TALERMI, *à Capulet et l'arrêtant.*
Où vas-tu ?
CAPULET.
Le sauver.
Ils sortent.

TALERMI, *seul un moment.*
C'en est fait ! je l'emporte ! ô Dieu, je te rends grâce !
Je verrai leur bonheur, mais courons sur leur trace.
Hâtons-nous, prévenons en ce premier moment,
Un funeste retour de son ressentiment.

ooooooooooooooooooooooooooooooooo

SCÈNE V.

ROMÉO, JULIETTE.

ROMÉO *entre et parcourt la scène en regardant
autour de lui.*
Non, je suis seul encore... une voix bien connue
Jusqu'à moi de ces lieux est pourtant parvenue.
Je ne sais des tombeaux si la funèbre horreur
Égare mes esprits d'une vaine terreur ;
Mais sous les longs arceaux de cet asile sombre,
Mes yeux sont poursuivis par des spectres sans nombre;
J'ai cru voir des lueurs qui soudain s'effaçaient,
Sous des voiles de deuil des femmes qui passaient,
Et le bruit de mes pas dans l'écho que j'éveille,
Comme un long chant de mort revient à mon oreille.
Arrêtons-nous ; calmons ce délire insensé !
Posons mon front brûlant sur ce marbre glacé.
Il va vers le tombeau de Juliette.
Quoi ! toujours des tombeaux ! quel affreux mausolée !
Ce cadavre étendu sur sa couche voilée,
Ces pieds qui d'un linceul semblent lever les plis...
Jamais par le ciseau les marbres assouplis
N'ont offert de la mort une image plus vraie.
Cet aspect est affreux !... Qu'est-ce donc qui m'effraie ?
Ici tout est muet, tout dort, et je suis seul !
Ce tombeau, c'est du marbre.
Il touche le linceul et fuit à l'autre bout du théâtre.
Ah ! Dieu ! c'est un linceul !...
Non... de rester ici je n'ai pas le courage,
Mânes des Capulets que mon aspect outrage,
Pour rendre la vengeance à vos bras irrités,
Vos sépulcres ouverts vous ont-ils rejetés ?
Que dis-je, malheureux ! ces ornemens funèbres,
Et ce flambeau qui seul veille dans les ténèbres,
Ne m'ont-ils pas assez dit quel est ce tombeau ?
Il s'approche du tombeau par degrés.
Infortuné Thibald, jeune homme brave et beau,
Ce jour s'est fini qui, marquant ta défaite,
T'a vu tomber en brave au sortir d'une fête.
Et moi, ton meurtrier, je cherche, en mon orgueil,

Le bonheur de la vie au pied de ton cercueil !
Ah ! pardonne, Thibald, que ton ame inquiète
Accueille mes remords et mes pleurs...

Il se penche sur les marches du tombeau et lit le nom de Juliette.

Juliette !...

Il s'enfuit épouvanté, et avec des cris d'effroi il dit :

Viens !... Juliette !... viens, je t'attends !... je suis là !
Ne me laisse pas seul !... C'est moi, Juliette !...

Il heurte le tombeau de Juliette, arrache le linceul, pousse un cri et tombe.

Ah !

Il se relève.

C'est elle ! je l'ai vue... Il faut que je la voie !

Il monte sur le tombeau, reste immobile pendant longtemps, puis tout-à-coup descend violemment, cherche sur lui un poignard, se trouve sans armes, parcourt le théâtre avec anxiété et revient tout-à-coup à lui.

Cet anneau, ce poison ! c'est la mort ! quelle joie !

Il prend son anneau, le presse sur ses lèvres, et va tomber la tête appuyée sur le tombeau de Juliette ; il se penche, prend Juliette dans ses bras et les laisse retomber sur le tombeau. Avec fureur.

Toi ! mourir ! Juliette ! Ils t'ont laissé mourir !
Et moi je n'ai pas su même te secourir ! [nage !...
Quoi ! ce fer !... ces combats, tout ce sang... ce car-
Pour arracher ma gloire et ma vie à leur rage !
Ah ! ton père ! les tiens, ces murs, tout, jusqu'à moi,
Devait s'anéantir et mourir avant toi !

Plus calme et s'approchant par degrés du tombeau.

Sans doute pour ton cœur où Dieu mit son image,
Mon amour n'était pas un assez pur hommage ;
Un mortel n'a pas dû posséder tant de biens !
Oh ! mais j'aurais voulu qu'en brisant nos liens
Le ciel m'eût réservé de te voir, de t'entendre !
Avant la mort encor pour un amour si tendre,
Un regard, un sourire, un accent de ta voix,
Et que je souffre après mille morts à la fois !
Et je bénis le ciel, sa bonté tutélaire,
Et je crois au bonheur qu'il promit à la terre...

Il prend la main de Juliette, puis avec effroi s'éloigne du tombeau.

Ah ! ciel ! est-ce déjà la mort ou le poison ?
Ou bien est-ce l'enfer qui trouble ma raison ?
J'ai senti tressaillir cette main dans la mienne !

A genoux.

Sur le bord du cercueil que ta foi me soutienne,
O mon Dieu !

JULIETTE, *cherchant à s'éveiller.*
Roméo !

ROMÉO, *à genoux, sans oser regarder.*
Quelle voix ? quels accens ?

JULIETTE, *se levant sur son séant.*
Roméo !

ROMÉO, *épouvanté et d'une voix basse et tremblante.*

Reste encor, douce erreur de mes sens !
Ah ! ne t'éloigne pas, ombre chère et sacrée !

JULIETTE *descend du tombeau.*

Que ce sommeil est lourd ! ma vue est égarée !
Roméo, viens !

ROMÉO, *se levant à demi.*
Attends, Juliette, attends-moi !
La mort, bientôt la mort.

JULIETTE, *avec joie, courant à lui, mais s'arrêtant tout-à-coup encore mal éveillée.*
Mon Roméo, c'est toi !

De te voir le premier combien je suis heureuse !
Talermi montre en tout son ame généreuse !

ROMÉO, *sans la toucher et passant du côté du tombeau.*

Dieu ! ne m'éveille pas de ce rêve enchanté !

JULIETTE.

Ainsi donc, Roméo, Talermi t'a conté
Cet hymen odieux, mon désespoir, sa ruse,
Et cette feinte mort dont l'aspect les abuse.

ROMÉO, *avec surprise et transport.*

Qu'as-tu dit, Juliette ?

JULIETTE.
Hélas ! si dans ces lieux
Seule et sur ces tombeaux j'avais ouvert les yeux,
Combien j'aurais eu peur en cette triste enceinte !
Je frémis seulement de penser à ma crainte !

Pendant ces vers, Roméo s'approche du tombeau, presque à reculons, sans quitter Juliette des yeux. Arrivé au tombeau, il arrache le linceul, trouve le tombeau vide, revient vers Juliette et la porte dans ses bras jusqu'au bord de la scène.

ROMÉO, *dans un trouble inexprimable.*
Juliette !

JULIETTE, *se dégageant de ses bras.*
Quel trouble !

ROMÉO, *sanglotant.*
Ah ! tu ne comprends pas !

JULIETTE.
Tu pleures ?

ROMÉO.
Cet hymen, ce tombeau, ce trépas,
J'ignorais tout.

JULIETTE, *avec un cri.*
O Dieu ! malheureux !

ROMÉO, *l'entourant de ses bras.*
Je t'en prie,
Regarde ! parle-moi, que je croie à ta vie !

JULIETTE.
Quoi ! tu m'as cru perdue ? ah ! comme je te plains !
Mais viens... viens sur mon cœur, rassure-toi ; viens...
[viens !

Elle lui essuie les yeux avec ses mains.

Mais calme ces transports où ton ame est en proie,
Ne pleure pas ainsi.

ROMÉO, *avec du rire et des pleurs.*
Pour concevoir ma joie
Il faudrait concevoir à quel point j'ai souffert
Quand ce tombeau fatal à mes yeux s'est offert !
A peine mes regards ont pu te reconnaître,
Qu'un coup terrible et sourd a brisé tout mon être.
Je voulais t'appeler et pleurer à la fois ;
Mais je perdais ensemble et les pleurs et la voix.
C'était une douleur froide, atroce, confuse,
Qu'à te bien exprimer ma langue se refuse,
Que l'on ne conçoit pas que l'ame ait pu souffrir.
Puis j'ai repris mes sens et j'ai voulu mourir.

Il s'arrête épouvanté de sa pensée.

Et dans mon désespoir... ô souvenir ! ô rage !
C'est l'enfer.... c'est la mort.

JULIETTE.
Quel horrible langage !
Mon Roméo !

ROMÉO, *avec fureur et la repoussant.*
Va-t'en, je te hais.

JULIETTE.
Qu'as-tu dit ?

ROMÉO, *pleurant et la repoussant.*
Non, je t'aime, va-t'en.

JULIETTE.
O ciel !

ROMÉO,
Je suis maudit !

JULIETTE.
Oh! parle, ou dans tes bras je meurs de ton délire.
ROMÉO, *après une assez longue pause.*
Tu veux donc le savoir? je m'en vais te le dire.
Qu'aurais-tu fait, dis-moi, si tu m'avais cru mort?
JULIETTE.
J'aurais voulu te suivre et partager ton sort.
ROMÉO, *avec amertume.*
C'est cela, tu le sais.
JULIETTE.
Eh! quoi!
ROMÉO.
Je t'ai cru morte.
JULIETTE.
Malheureux!
ROMÉO.
Malheureux! quoi! la douleur t'emporte!
Tu croyais au bonheur!
JULIETTE.
Mon Dieu! c'est trop souffrir.
ROMÉO.
Tais-toi, ne parle pas d'un Dieu qui fait mourir.
JULIETTE.
Par pitié, Roméo, c'est notre heure suprême!
ROMÉO, *avec des mouvemens de rage.*
Ah! déjà le poison me dévore... Anathème!
JULIETTE.
Dieu! silence.
ROMÉO, *avec rage.*
Anathème!
JULIETTE.
Ah! ne le maudis pas,
Roméo, le malheur peut survivre au trépas;
Demandons-lui le ciel.
ROMÉO, *tristement et abattu.*
Eh quoi! le ciel ensemble!
Ensemble! oui, prions..
Il veut se mettre à genoux et tombe sans force, entraînant Juliette avec lui... Il se relève peu à peu.

Je ne puis, ma voix tremble.
Sur la terre, du moins, reste pour me pleurer.
JULIETTE.
Je suis sûre à présent de n'y pas demeurer.
ROMÉO, *avec des sanglots convulsifs.*
Je voudrais te revoir... Mets-moi sur cette pierre...
Juliette le traîne sur les marches du tombeau.
Juliette, plus près... plus près de la lumière.
La regardant avec joie. Lui montrant le tombeau.
Oh! c'est toi!... Tiens, c'est là que je veux reposer.
JULIETTE, *avec désespoir.*
Ensemble, Roméo.
ROMÉO, *avec un cri.*
Juliette!
Il se lève par un mouvement convulsif, cherche Juliette, et tombe en prononçant le dernier mot.
Un baiser!...
JULIETTE.
Ah! je meurs! attends-moi.
Elle tombe et prend Roméo dans ses bras.

SCÈNE VI.

ROMÉO *et* JULIETTE, *embrassés*, CAPULET, ALVAR, TALERMI, SUITE.

ALVAR.
Les voici, quel spectacle!
TALERMI, *avant d'entrer.*
Dieu m'a-t-il accordé le sublime miracle?
CAPULET, *entrant.*
Ma fille, de ses bras entourant Montaigu!
O vengeance!
Il les touche.
Ils sont morts!...
TALERMI.
Et moi, j'ai trop vécu!

FIN.

PARIS.—IMPRIMERIE DE Ve DONDEY-DUPRÉ, RUE SAINT-LOUIS, 46, AU MARAIS.

SCÈNE XVI.

LA FOLIE BEAUJON,
ou
L'ENFANT DU MYSTÈRE,

VAUDEVILLE EN UN ACTE,

Par MM. Dupeuty et Rochefort,

REPRÉSENTÉ POUR LA PREMIÈRE FOIS A PARIS, SUR LE THÉATRE DU VAUDEVILLE, LE 27 DÉCEMBRE 1837.

PERSONNAGES.	ACTEURS.	PERSONNAGES.	ACTEURS.
BEAUJON, banquier de la cour.	M. LEPEINTRE jeune.	Mlle DUTHÉ	Mlle H. BALTHAZARD.
ALTAMORE PATIRAT, son frère de lait.	M. BARDOU.	Mlle LAGUERRE } de l'Opéra.	Mlle FORTUNÉE.
PARIS MILLER, luthier de Munich.	M. ARNAL.	Mlle PRAIRIE	Mlle ADÈLE.
LE MARQUIS DE BIÈVRE.	M. FONTENAY.	CHARLOTTE BRUNER, filleule de Beaujon.	Mlle JOSÉPHINE.
		DAMES, SEIGNEURS DE LA SOCIÉTÉ.	

La scène est à Paris, en 1778, à la Folie Beaujon.

Le théâtre représente un riche salon. Porte au fond donnant sur un jardin. Cabinet à droite et à gauche. A droite, une table de jeu. Au fond, à gauche, une autre table. Tableaux, chaises, etc.

SCÈNE PREMIÈRE.
CHARLOTTE, ALTAMORE, *l'entraînant par la main et cherchant à l'embrasser.*

ALTAMORE. Je l'aurai !
CHARLOTTE. Vous ne l'aurez pas !
ALTAMORE. J'ai le droit de vous emprunter un baiser, puisque nous sommes fiancés !
CHARLOTTE. Oui ; mais notre mariage n'est pas encore fait !
ALTAMORE. Il n'y a pas, que je sache, une autorité terrestre ou céleste qui puisse empêcher nos nœuds... Vous me plaisez, parce que, Charlotte, vous êtes d'une sagesse évangélique !... Je vous plais, parce je suis d'une beauté supérieure !... ce qui dénote que nous sommes faits l'un pour l'autre.

CHARLOTTE. Ce n'est pas encore bien sûr! il faut attendre...

ALTAMORE. Attendre... quoi? des cheveux gris et des lunettes pour voyager ensemble à Cythère?

CHARLOTTE. C'est que je me trouve très-contente, moi, dans mon état de demoiselle; fille d'un petit receveur des tailles de la Bavière, j'ai eu le bonheur d'avoir pour parrain M. Beaujon, lorsqu'il fit, il y vingt ans, un voyage en Allemagne.

ALTAMORE. Je suis bien plus heureux que vous, puisque j'ai l'avantage d'être son frère de lait, à ce même Beaujon!

CHARLOTTE. Je me trouvai orpheline à neuf ans; mon parrain me prit avec lui, et depuis il m'a confié la surveillance de toute sa maison.

ALTAMORE. Et moi donc! étant né d'un père et d'une mère de Gascons... Frérot, autrement de Beaujon, mon frère de lait, me fit extraire de Bordeaux pour m'incorporer dans les gabelous.

Air: *C'est le soldat du régiment.*

A présent j' brille par ma tenue,
Dans les palais je suis admis,
Ma langue m'est bien plus connue,
J' perds mes *Sandis*, mes *Cadédis*.
A Bacchus ainsi qu'aux d'moiselles,
Je plais indubitablement;
Car je sais enivrer les belles
Par un dialogue charmant!...
Et le gabelon d'vient à son tour
Le contrebandier de l'amour.

CHARLOTTE. Votre place de gabelou, vous ne l'avez pas gardée long-temps, puisque six mois après l'on vous a renvoyé!...

ALTAMORE. Pourquoi renvoyé?... parce que j'étais plus crâne, plus brettailleur que non pas les autres!... Alors, Beaujon, il me dit: Te voilà, mon cher, sur le pavé du roi... viens un peu chez moi, Léonard Patirat; mais tu quitteras ton nom de village, je te débaptise et te rebaptise Altamore! parce que ce petit nom il faisait beaucoup rire Mlle Duthé, voyez-vous?

CHARLOTTE. Mlle Duthé a tant de pouvoir sur mon parrain?

ALTAMORE. Trop! beaucoup trop, mademoiselle Charlotte!... ça finira par changer tous les palais Beaujon en chaumières.

CHARLOTTE. Témoin cette propriété où nous sommes, qui s'appelle la *Folie Beaujon*, et qu'il donnera quelque beau jour à Mlle Duthé, puisqu'elle l'habite déjà.

ALTAMORE. J'avais conseillé à Frérot de se remarier, afin de se procurer des enfans qu'il aime beaucoup!... Mais il m'a répondu qu'il était trop vieux et trop riche pour une seule femme... c'est drôle!

CHARLOTTE. Eh bien! et vous qui êtes du même âge que lui, vous voulez bien m'épouser?

ALTAMORE. Oui, je veux que vous prononciez avec moi le juron fortuné.

CHARLOTTE. Je ne sais pas jurer!

ALTAMORE. Mais songez donc, ma fauvette, que Frérot vous donnera une dot de trente mille livres tournois!

CHARLOTTE. Oh! ce n'est pas ça qui me séduirait, monsieur Altamore!... et si je n'avais pas gardé un souvenir d'enfance...

ALTAMORE. Quel souvenir... de quelle enfance?

CHARLOTTE. Un cousin avec lequel j'ai été élevée en Allemagne, et que j'aimais comme un frère!

ALTAMORE, *avec énergie*. Laissez donc tranquille, mademoiselle Charlotte!... il faudrait pas que ce petit cousin paraîtrait jamais devant mes yeux, car je suis jaloux comme le panthère de M. Buffon, voyez-vous!... Je lui mettrais dans son corps quinze pouces d'acier... qui l'enverrait en voiture sur l'amphithéâtre du frère Côme!

CHARLOTTE. C'est affreux, ce que vous dites là!...

ALTAMORE. Je sais bien que c'est affreux; mais c'est tout de même!...

CHARLOTTE. Heureusement que mon cousin est loin d'ici et qu'il ne vous craint pas.

ALTAMORE. Ne parlons plus de ce bijou d'Allemagne... j'aperçois là-bas, dans le jardin, Mlle Duthé avec Mlle Laguerre, Mlle Prairie et M. le marquis de Bièvre, ils se promènent en bateau sur le canal... Tenez, regardez donc... on dirait qu'ils vont chavirer.

CHARLOTTE. Ah! je cours au jardin pour les secourir!...

ALTAMORE. Oh! les voilà... M. de Bièvre aussi, bon!... nous allons entendre des calembourgs... j'en prendrai note pour mon instruction.

SCÈNE II.

ALTAMORE, Mlles DUTHÉ, PRAIRIE, LAGUERRE *et* DE BIÈVRE, *arrivant toutes par le fond, avec colère.*

CHOEUR.

Air: *On se livre au plaisir.*

Ah! pour nous quel émoi!
Mais c'est presque un naufrage!
Quoique sur le rivage,
J'en tremble encor d'effroi..

DE BIÈVRE, *riant*. Mesdames, mesdames, calmez-vous, ce n'était qu'une plaisanterie!

Mlle DUTHÉ. Elle est d'aussi mauvais goût que vos calembourgs.

DE BIÈVRE. Allons, ne me grondez pas, mes belles divinités!... j'ai voulu vous donner une petite émotion.

Mlle DUTHÉ. Voilà qui est fort joli!... pour nous amuser... vous avez pensé nous faire noyer.

DE BIÈVRE. C'était impossible!... les *charmes* ne peuvent pas être *noyers*!

ALTAMORE. Des *charmes*!... *noyés*!... c'est un joli mot!

Mlle DUTHÉ. Ah! c'est vous, Altamore... savez-vous pourquoi Beaujon n'est pas encore venu?

ALTAMORE. Je n'ai pas vu Frérot depuis hier, et il m'a dit de venir ici avec Mlle Charlotte, pour la grande partie de jeu que vous devez donner ce soir.

Mlle PRAIRIE. Qu'est-ce que nous allons faire pour passer le temps jusque là?

DE BIÈVRE. Voulez-vous essayer l'escarpolette?

Mlle LAGUERRE. Par exemple! pour nous faire perdre la tête!...

DE BIÈVRE. Oh! mademoiselle Laguerre, on sait qu'il n'y a que le duc de Bouillon qui ait ce privilége-là!...

Mlle LAGUERRE. Je ne m'en défends pas... le duc est si galant... si passionné!...

DE BIÈVRE. Oui, c'est un bouillon brûlant qu'on aura bien de la peine à vous souffler.

ALTAMORE. Un bouillon! il est bon celui-là...

Mlle LAGUERRE. Encore!... en vérité, marquis, vous abusez du droit de dire des sottises!... vos calembourgs vous perdront dans l'opinion publique.

DE BIÈVRE. Pourquoi donc ça?... on les cite partout! (*Il remet à Duthé une brochure qu'il tire de sa poche.*) Tenez, lisez le Mercure de France.

Mlle DUTHÉ, *lisant*. Et vous avez l'audace de laisser imprimer cela!

DE BIÈVRE. C'est un vol qu'on m'a fait... d'ailleurs on met tant de choses sur moi, que la moitié de Paris est l'auteur de mes mots.

Mlle DUTHÉ, *qui a parcouru le journal tout bas*. Ah! mesdames, voici une nouvelle assez piquante. On a chanté hier chez le duc de la Vrillière, un pont-neuf sur Mlles Duthé, Laguerre et Prairie.

TOUTES. Un pont-neuf sur nous?

DE BIÈVRE. J'en ai entendu parler! il court depuis un mois; mais je n'ai pas encore pu l'attraper tout entier, je n'en ai retenu que ce couplet.

Air : *La bonne aventure.*

A Beaujon il faut Duthé,
  C'est sa fantaisie,
Soubise avec volupté,
  Aime la Prairie;
Mais Bouillon, qui pour son roi,
Mettrait tout en désarroi,
  Préfère Laguerre,
    O gué!
  Il aime Laguerre.

Mlle LAGUERRE. N'est-ce pas vous, marquis, qui avez fait cet impromptu?

DE BIÈVRE. Moi!... vous savez bien que je ne fais et ne dis que des sottises.

Mlle LAGUERRE. C'est précisément pour cela que je vous l'attribuais.

DE BIÈVRE. Bien reconnaissant de ce que vous me déclarez, Laguerre...

ALTAMORE. Celui-là, je le tiens!... non, je ne le tiens pas.

Il cherche.

SCENE III.

LES MÊMES, CHARLOTTE.

CHARLOTTE, *tenant une lettre*. Mademoiselle Duthé, voilà un billet qui vous est adressé par M. Beaujon.

Mlle DUTHÉ, *la prenant*. Donnez. (*Elle ouvre la lettre et lit.*) « Ma toute bonne, je » suis accablé d'affaires, je ne pourrai me » rendre chez vous que dans la soirée; en » attendant, je vous adresse un provincial » que je n'ai pas eu le temps de recevoir » et qui s'est présenté chez moi avec une » lettre de recommandation. Mon secré- » taire m'a dit qu'il a la mine d'un sot; » je vous le livre pour vous en amuser » tout à votre aise. » (*S'interrompant.*) Nous qui étions embarrassés pour passer le temps! voilà justement ce qu'il nous faut... (*Reprenant sa lecture.*) « Il se nomme » Paris Miller... »

CHARLOTTE. Paris Miller?...

ALTAMORE. Eh bien! quel intérêt prenez-vous?...

CHARLOTTE. Oh! rien, c'est que je pensais à ce pauvre jeune homme.

ALTAMORE. Je lui veux jouer des tours à me rouler de rire tout seul!...

Mlle DUTHÉ. Il n'y a pas de mal à cela ; Beaujon est accablé de ces solliciteurs de province qui le persècutent pour avoir des places ; il faut nous venger sur celui-ci pour décourager les autres.

ALTAMORE. C'est ça !... vengeons Beaujon !

Mlles LAGUERRE et PRAIRIE. Mais cependant...

DE BIÈVRE. Mlle Duthé a raison ; vous ne savez pas, mesdames, qu'il y a des indiscrets qui ont été jusqu'à lui demander satisfaction de ce qu'il refusait de leur donner des places ; mais il a imaginé un moyen très-neuf de s'en débarrasser.

ALTAMORE. Je le connais le moyen !

DE BIÈVRE. J'ai déjà une mystification toute prête pour le nouveau venu.

ALTAMORE. Moi, je n'ai rien du tout ; mais je trouverai.

CHARLOTTE, *à part.* Moi, je veillerai sur lui.

Mlle DUTHÉ. Surtout, mademoiselle Charlotte, pas un mot de nos projets.

Mlle PRAIRIE. N'avez-vous pas dit qu'il se nommait Pâris ?

Mlle DUTHÉ. Oui...

Mlle PRAIRIE. Eh bien ! il faut d'abord savoir laquelle de nous trois lui plaira le plus.

Mlle DUTHÉ. J'y consens ; et celle-là sera condamnée à s'en faire aimer en employant tous ses moyens de séduction, jusqu'à la fin de la journée.

CHARLOTTE, *à part.* Quelle horrible trahison !

DE BIÈVRE. Allons, mesdames, voilà la guerre de *trois* rallumée !

Mlle DUTHÉ. Altamore, écoutez !

Elle lui parle bas.

ALTAMORE. C'est convenu.

On entend le son d'une grosse cloche.

Mlle LAGUERRE. On sonne à la grille (*Toutes s'approchent de la fenêtre.*) C'est lui !...

Mlle DUTHÉ. Altamore, allez vite...

ALTAMORE. J'y cours... venez avec moi, mademoiselle Charlotte.

Il sort avec elle.

Mlle DUTHÉ. Vous, mademoiselle Laguerre, qui êtes une des gloires de l'Opéra, placez-nous en groupe comme dans nos ballets.

Elles se posent à gauche comme le groupe des trois grâces ; de Bièvre se cache derrière le rideau de la fenêtre.

SCÈNE IV.

LES MÊMES, PARIS MILLER, *entrant par le fond ; il a un bandeau sur les yeux, et deux domestiques le tiennent par les bras, ils le laissent à l'entrée et disparaissent*

PARIS. Alors, exécrables scélérats, lâchez-moi...

DE BIÈVRE. On ne vous tient plus.

PARIS, *se tâtant les mains.* C'est par Dieu vrai... je retrouve mes deux mains ! (*Il arrache son bandeau ; il voit les trois femmes.*) Ciel !... un groupe des trois plus belles moitiés du genre humain !

AIR : *L'amour.*

O prestiges trompeurs !...
Quoi, trois enchanteresses !
Suis-je chez des princesses,
Ou bien chez des voleurs !
Avouez sans détour
Si de moi l'on abuse,
Qui donc ici s'amuse ?

TOUTES TROIS.

L'amour !...

PARIS. Ah ! mesdames, vous me plongez dans un état de surprise fort neuf !... Jouons-nous ici une scène de l'Olympe... ou à Colin-maillard ? Vous avez bien un faux air de Junon, Pallas et Vénus, mais moi, chétif, que suis-je ?

Mlle DUTHÉ. Pâris !

PARIS, *vivement.* Pâris ! oh ! par là, ventrebleu, je comprends !... Une pomme !... qui est-ce qui aurait une pomme à me prêter ?... je me rappelle qu'en partant j'avais des oranges (*il se fouille ; et s'adressant à Mlle Duthé.*) C'est à vous, belle inconnue, que je la donne.

Mlle DUTHÉ, *tendant la main et riant.* C'est un citron !...

PARIS. Un citron ! c'est un voyageur qui aura commis cette substitution dans la voiture publique... mais n'importe, je vous en fais hommage.

Mlle DUTHÉ. Je l'accepte avec plaisir de votre galanterie.

PARIS. A présent, mesdames, expliquez-moi dans quelles localités je me trouve inclus ; mon cœur a palpité d'effroi comme un pigeon quand vos valets se sont emparés de moi en entrant pour me métamorphoser en amour... et, je vous avoue, au nom de ce qu'il y a de plus sacré, que je me suis cru dans une caverne de brigands.

DE BIÈVRE, *s'approchant de lui et lui frappant sur l'épaule.* Vous ne vous êtes pas trompé tout-à-fait, jeune homme.

PARIS. Comment ?

DE BIÈVRE. On vole ici les cœurs à main armée!

PARIS. Les cœurs! ce n'est pas de l'argent monnayé.

Mlle DUTHÉ. Rassurez-vous, monsieur, on nous avait annoncé votre arrivée, et nous avons voulu...

PARIS. Faire une espièglerie? Comment donc, mais je suis très-fier d'y avoir prêté le flanc!... je sais qu'on passe tout aux dames, seulement, au bout de tout ça, je voudrais savoir où est M. Beaujon, mon protecteur.

Mlle DUTHÉ. Avant tout, dites-nous qui vous êtes.

DE BIÈVRE. Venez-vous du Poitou ou de la Saintonge?

PARIS. Non, inconnu, je viens de la Bavière.

Mlle DUTHÉ. Vous n'êtes donc pas Français?

PARIS. Je suis de Munich; le mystère le plus compliqué s'est étendu sur ma barcelonnette : ma mère m'a toujours été inconnue; elle disparut de la Bavière à l'époque de ma première dent.

DE BIÈVRE. Et votre père?

PARIS. Lui! c'est bien différent, on n'en a jamais, au grand jamais entendu souffler ce qui s'appelle le mot... j'ai été laissé à mon oncle Miller, ancien maître d'armes, et pour le moment marchand d'instrumens de musique.

AIR : *Vaudeville du printemps.*

Dès ma plus tendre adolescence,
Sans savoir d'où je suis venu,
J'ai grandi dans mon ignorance,
Je me suis encore inconnu...
Ne pouvant m'expliquer ma naissance,
Sur ma famille, hélas ! je gémissais !
Je pleure toujours quand j'y pense ;
Mais par bonheur je n'y pense jamais.

DE BIÈVRE. C'est une consolation !

PARIS. Parvenu au milieu de ma croissance, mon oncle m'envoya à Nancy pendant six ans, pour apprendre à faire des guitares, des lyres et autres luths !...

DE BIÈVRE. Alors, vous devez être très-fort sur la corde?

PARIS. Comment? Ah ! la corde instrumentale!... Ceci est un jeu de mots, autant que je puis m'y connaître..., ah! ah! Mon séjour en France avait produit un événement on ne peut plus curieux.

DE BIÈVRE. O mon Dieu!... un malheur ?

PARIS. Mon intelligence s'étant développée d'une manière impromptue, mon oncle me trouva trop d'esprit pour croupir dans les guitares... mes yeux s'étaient affaiblis, j'avais besoin de consulter un chirurgien.

DE BIÈVRE. Bien vu !

PARIS. Bien vu !... ah ! ah !... Mon oncle Miller me dit que l'explication d'un grand secret m'attendait à Paris... Il me rappela que j'y avais une jeune parente que M. Beaujon devait connaître, et me remit une lettre pour ce célèbre banquier, afin qu'il me trouve une bonne place très-promptement, qu'il me procure ma cousine immédiatement et qu'il m'indique un oculiste subitement.

DE BIÈVRE. Je comprends parfaitement.

Mlle PRAIRIE, *passe à la gauche de Paris et lui fait une très-grande révérence.* Si la protection du prince de Soubise vous est nécessaire?

PARIS, *saluant.* Ce n'est pas méprisable!

Mlle LAGUERRE, *à droite de Paris ; elle lui frappe sur l'épaule, il se retourne ; Laguerre lui fait une révérence.* M. le duc de Bouillon est très-bien en cour, et je me charge de vous présenter chez lui.

Elle le salue encore et remonte la scène.

PARIS. J'irai m'y faire voir !

Mlle DUTHÉ, *bas à Paris.* J'ai quelque chose de bien plus intéressant à vous annoncer, moi.

PARIS. A moi?

Mlle DUTHÉ, *à de Bièvre.* Emmenez ces dames.

TOUTES TROIS.
AIR *d'Elle est folle.*
A l'ombre du feuillage épais,
Allons dans les bosquets;
Je vous dirai tous mes secrets
Et mes nouveaux projets.
De Bièvre sort avec Mlles Laguerre et Prairie.

SCENE V.
Mlle DUTHÉ, PARIS.

Mlle DUTHÉ, *à part.* Essayons si ce cœur ingénu comprendra quelque chose à l'amour.

PARIS, *à part.* Ce qui me tourmente le plus, c'est de savoir quel est le fourbe qui a mis dans ma poche un citron pour une orange.

Mlle DUTHÉ. Je suis bien aise, monsieur Paris, que nous nous trouvions seuls.

PARIS. Moi de même, charmante femme que vous êtes!

Mlle DUTHÉ. Vous avez parlé, en arrivant, d'une cousine...

PARIS. Oui!... Elle avait neuf ans, quand nos yeux se croisèrent pour la dernière fois. Je ne la reconnaîtrais pas, ni elle aussi; mais on m'a dit à Munich qu'elle était placée dans une bonne maison de Paris, et je vas me mettre à la chercher dans toute la ville comme une épingle.

Mlle DUTHÉ. Vous aurez bien de la peine à la découvrir?

PARIS. Oh! que si, en la demandant à tous les passans...

Mlle DUTHÉ. Et quel intérêt si grave avez-vous donc à la trouver?

PARIS. C'est que nous avons été promis en mariage, quand nous étions tous les deux dans le berceau.

Mlle DUTHÉ. Voilà un singulier arrangement!

PARIS. Ça se fait presque toujours comme ça en Bavière; vous prenez deux petits individus de sexe différent; ceci est de rigueur, et, le lendemain du baptême, les papas et les mamans les marient sans leur demander leur consentement. Du reste, ils ne le refusent jamais, les pauvres innocens, et ils sont condamnés à se rester fidèles jusqu'à leur décès.

Mlle DUTHÉ. Mais si vous rencontriez dans le monde une dame qui eût le pouvoir de vous faire tourner la tête?....

PARIS. Je la laisserais tourner tant qu'elle voudrait, et j'attendrais tranquillement que ça fût passé.

Mlle DUTHÉ. Ah! ah! vous êtes bien original!...

PARIS. Vous croyez? moi, pas... Nous autres Allemands, voyez-vous, nous naissons et nous mourons avec le même amour, c'est suffisant pour notre existence d'hommes, nous ne pourrions pas supporter deux inclinations, ça ferait un embrouillamini déplorable, on ne s'y retrouverait plus.

Mlle DUTHÉ. Tout cela est bien nouveau pour moi! vous ne ressemblez guère à nos galans papillons de Paris qui passent leur vie à voltiger.

PARIS. Le papillon est un être que je méprise!

Mlle DUTHÉ. Après cela, votre fidélité nationale, votre constance à toute épreuve sont des vertus qui séduiraient beaucoup de Parisiennes, et si vous voulez réussir, il faudra bien faire votre cour aux dames.

PARIS. Juste ciel! Et comment donc m'y prendrai-je?

Mlle DUTHÉ. Cela ne vous sera pas difficile! d'abord vous avez des avantages que tous les regards sauront remarquer.

PARIS. Vous voulez parler du physique? j'en suis fort satisfait, quoique j'aie un peu mal aux yeux; du côté de l'esprit, je ne suis pas trop bête non plus.

Mlle DUTHÉ. Vous avez déjà fait des conquêtes?

PARIS. Jamais!... sur cet article-là, je suis ignorant comme un abbé... et je serais bien curieux de me voir en tête-à-tête avec une demoiselle qui aurait le malheur de me plaire... je veux être étranglé si je sais quel dialogue il faudrait employer...

Mlle DUTHÉ. Mais d'abord vous lui feriez l'aveu de votre passion avec modestie.

PARIS. Ça ne me mènerait pas loin!

Mlle DUTHÉ. Si la belle souriait, vous lui prendriez la main...

PARIS. Si elle ne souriait pas?

Mlle DUTHÉ. Vous la prendriez tout de même...

PARIS. Tiens, c'est gracieux de s'instruire comme ça, et puis en outre...

Mlle DUTHÉ. Vous lui demanderiez la permission de lui voler un baiser.

PARIS. Et si elle ne le permettait pas?

Mlle DUTHÉ. Vous le voleriez tout de même!

PARIS. Alors, ce n'est pas la peine de le demander!...

Mlle DUTHÉ. Ensuite vous tomberiez à ses pieds... (*Elle lui fait signe de se mettre à genoux.*) Et vous lui diriez d'un air extrêmement timide......

PARIS, *avec une chaleur emportée.*

AIR : *Vite, Marie, à ma toilette.*

Pour calmer mon ardeur brûlante,
De cent baisers j'aurais besoin...

Mlle DUTHÉ, *riant.*

Ah! c'est une flamme effrayante,
Il ne faut pas aller si loin.

PARIS.

Eh! pourquoi?
Sur ma foi,
En pareil cas, je crois,
L'ame est brûlante.

Mlle DUTHÉ.

Trop d'ardeur
Nous fait peur
Quand on assiége un cœur.

ENSEMBLE.

PARIS.

J'ai l'air d'un amant en délire
Qui s'arrête au plus beau moment!
Si tout ça n'était pas pour rire,
Ah! vraiment, ce serait charmant!

Mlle DUTHÉ.

Déjà l'Allemand en délire,
Malgré lui cède au sentiment;
A ses dépens nous allons rire,
Ah! vraiment, ça sera charmant!

PARIS, *avec exultation.* Je n'étais point préparé à cette émotion subite... Je ne sais que vous dire... mais si j'avais une guitare ou un cistre, je vous pincerais une romance pour expliquer mon ravissement !

Mlle DUTHÉ. Prenez garde !... Et votre cousine ?

PARIS. Ah! miséricorde, c'est vrai !... Vous alliez me plonger dans le crime, ange de beauté !... Je voudrais avoir à moi la Bavière, le Palatinat, la Carinthie et la Carniole ! je donnerais tout ça pour que vous fussiez cette même cousine !

Mlle DUTHÉ. Eh bien, calmez-vous !... peut-être se trouvera-t-elle.

PARIS. Vous la connaissez ?

Mlle DUTHÉ. Oui.

PARIS. Et vous pourrez me la faire envisager ?

Mlle DUTHÉ. Sans doute.

PARIS, *la regardant*. Oh! une idée, une ravissante idée ! Si par hasard, c'était... à Paris les demoiselles font si vite leur chemin !

Mlle DUTHÉ. Qui donc ?

PARIS. Je n'ose pas vous la spécifier... vous détruiriez peut-être mon illusion ; j'aime mieux savourer ma chimère !... Laissez-moi dans ma chimère, et contentez-vous de savoir qu'entre nous, de mon côté, c'est à la vie, à la mort !... A présent, si je vous demandais votre nom ?

Mlle DUTHÉ. Je ne vous le dirais pas.

PARIS, *à part*. Alors, c'est un sobriquet !

AIR: *Je pars rempli d'espoir.*

Oui, je dois à présent
Vous deviner et vous entendre,
Je vous serai constant,
Car je sais très-bien vous comprendre ;
Vous chérir est mon devoir
Et vous plaire est mon espoir.

Mlle DUTHÉ.

Mais point d'infidélité !

PARIS.

Ah! Dieu, quelle atrocité !..
Devenir coureur...
Mais je serais forcé, madame,
De me faire horreur,
Si j'allais tromper une femme.

ENSEMBLE.

Mais je dois, à présent, etc.

Mlle DUTHÉ.

Vous devez à présent
Et me deviner et m'entendre,
Si vous êtes constant,
Vous pouvez très-bien me comprendre.

Elle sort par le fond.

SCÈNE VI.

PARIS, puis CHARLOTTE.

PARIS, *la regardant sortir*. C'est ma cousine Carlette ! Saprejeu, c'est qu'elle est très-jolie ! M. Beaujon m'a envoyé dans ces parages pour lui procurer la joie de m'embrasser... Et ce bandeau qu'on m'a mis sur les yeux, cette délicieuse farce du jugement de Pâris, c'était une façon amusante de me dérouter, pour savoir si mon cœur allemand s'y tromperait !... Pardieu, il y aurait là deux cents personnes que je ne craindrais pas de leur dire que je suis horriblement bête de n'avoir pas deviné cet aimable logogriphe ! (*Il regarde l'appartement.*) Me voilà lancé dans le monde, et avec mes lettres de recommandation... (*Il se fouille.*) Oh! fichtre, j'ai perdu mon portefeuille et mes lettres qui étaient dans.... ah! je l'aurai oublié à mon hôtel de la rue du Champ-Fleuri... Dans cette autre poche... (*Il en tire un papier.*) Qu'est-ce que c'est que ça ? Ah! ce sont les instructions indiquées par mon oncle avant de partir, et que j'avais mises à part... Je ne ferai pas mal de les relire. (*Il lit.*) « A » ton arrivée, tu iras faire voir tes yeux à » un oculiste... » ce n'est pas cela... j'y suis... « Manière de te conduire en so- » ciété : 1° On passe tout aux dames si on » veut, principalement à celle de dix-sept » à quarante ans inclusivement ; 2° quant » aux hommes, il est interdit de se laisser » marcher sur le pied ; 3° ceci est le tarif : » Pour un démenti, un camouflet... pour » le mot imbécile et consorts, un coup » d'épée... pour une pichenette, un *idem*... » pour un coup de pied dans n'importe » où, deux *idem*. » Il y a encore plus de trente *idem*... Ainsi je suis ferré à glace... Il paraît que ma cousine a amassé bien du bien !... Il est à croire qu'elle a obtenu à Paris un emploi fort lucratif !... tant mieux !... il n'y a jamais trop de bonheur pour les honnêtes femmes !... Raison de plus pour l'idolâtrer.

AIR *des Fileuses.*

Oui, compte sur moi, ma belle,
Et souviens-toi fermement
Qu'en jurant d'être fidèle
Je jure comme un Allemand.
Femmes à grands privilèges
De la ville ou de la cour,
Je me ris de tous vos piéges,
Je ne veux qu'un seul amour.

Oui, compte sur moi, etc.

SCÈNE VII.

PARIS, CHARLOTTE, *puis* ALTAMORE.

CHARLOTTE, *posant deux flambeaux sur la table.* Le voilà !... il faut absolument que je lui parle... Monsieur ?

ALTAMORE, *entrant du fond*. Mademoiselle, on vous demande.

CHARLOTTE, *à part*. Altamore!... si je dis un mot, il le tuerait... (*A Altamore*.) Il suffit, je sors...

En sortant, elle cherche à faire quelques signes à Paris.

SCENE VIII.
ALTAMORE, PARIS.

ALTAMORE, *à part*. Tâchons de nous souvenir de tout ce que M. de Bièvre m'a indiqué. (*Haut*.) Monsieur, je m'empresse de voler à votre rencontre pour m'informer si vous n'êtes pas le jeune homme dont... auquel?

PARIS. J'ai cet amour-propre-là... mais vous-même?

ALTAMORE. Je me transporte céans afin de gazouiller de notre affaire?

PARIS. Et de quelle?

ALTAMORE. De la place dont Beaujon doit vous en donner une.

PARIS. Oh! parfait!... vous êtes son ami, monsieur?

ALTAMORE. Je suis Altamore, son associé et son faible émule!

PARIS. Matamore! c'est un nom superbe!... Monsieur, couvrez-vous donc.

ALTAMORE. Merci, je le suis... Monsieur, après les renseignemens qui ont été pris sur vos moyens moraux, je m'honore de vous déclarer que vous êtes capable de *toute!*

PARIS. De *toute*, c'est *beaucoupe*... c'est peut-être *trope!*

ALTAMORE. Ce n'est pas même assez!... aussi Beaujon vous fait dire de vous ouvrir à moi...

PARIS. Monsieur, pour m'ouvrir, il faudrait savoir d'abord les places qui sont disponibles?

ALTAMORE. Choisissez...

PARIS. Par exemple, receveur des tailles?

ALTAMORE, *avec mépris*. Oh! non!...

PARIS. Eh bien! les gabelles? je ne serais pas fâché de me blottir dans le sel.

ALTAMORE. Nous avons des visées plus hautes!

PARIS. Ah! des visées... je ne comprends pas cette expression.

ALTAMORE. Ni moi non plus... mais ça ne fait rien. (*A part*.) Étourdissons-le par des billevesées pour l'amener à mes fins. (*Haut*.) Dites-moi, une supposition, voudriez-vous être inspecteur des pommes de terre du gouvernement?

PARIS. Comment, les pommes de terre?

ALTAMORE. Oui, c'est un nouveau légume qu'un philosophe, connu sous le nom de Parmentier, vient de découvrir, et que l'Académie des Sciences a baptisé du nom de tubercule, sans qu'on sache pourquoi.

PARIS. Ni moi non plus.

ALTAMORE. Les ministres ont jugé à propos d'ensemencer toutes les landes de Bordeaux de ce même tubercule, pour faire du pain de gruau.

PARIS. J'approuve beaucoup cette idée ingénieuse; mais expliquez-moi, monsieur Matamore, quelles seraient mes fonctions relativement auxdites pommes de terre.

ALTAMORE. Vos fonctions consisteraient à les regarder pousser tranquillement, en vous tenant exposé en plein vent.

PARIS. Pluie ou non?

ALTAMORE. A chasser certains animaux bien connus, s'ils venaient les déterrer.

PARIS. Je devine parfaitement le nom de ces animaux!... j'en ai mangé, du saucisson!

ALTAMORE. Ensuite, après être resté pendant six mois environ, vous écrivez au gouvernement qu'il vienne faire sa récolte lui-même; et voilà l'objet...

PARIS. Passons, passons, ça ne me va pas du tout, je craindrais les coups de soleil.

SCENE IX.

LES MÊMES, CHARLOTTE, BEAUJON, INVITÉS.

CHARLOTTE. Voilà mon parrain avec ses amis.

PARIS, *voyant entrer tout le monde*. Ah! mais dites donc, monsieur Sycomore, savez-vous que voilà du beau monde... Je suis enchanté de lorgner les nombreux appas de ces dames.

Il salue et fait le beau.

CHOEUR.

AIR: *A ton bonheur, à ta santé* (des Deux Reines).

Tous rassemblés par la gaîté,
Fêtons le roi de la finance,
Citons sa générosité
Comme un modèle à l'opulence.
Ce sybarite sait unir
Les bienfaits avec le plaisir.

BEAUJON, *entrant*. Bonjour, mes reines, bonjour.

PARIS, *à Altamore*. Quel est donc ce monsieur-là... ce monsieur dont l'abdomen est recouvert d'une belle veste d'or? ventrebleu!

ALTAMORE. Ça, eh bien! c'est Frérot.

PARIS, *à part*. M. Frérot... sans doute quelque gros bonnet. (*A Beaujon*.) Monsieur Frérot... permettez... Certainement, monsieur Frérot.

BEAUJON, *bas*. Qu'est-ce que c'est que ça?

Mlle DUTHÉ. Le jeune homme que vous nous avez envoyé.

BEAUJON. Ah! bon! ne me faites pas connaître... il m'ennuierait à mourir...

PARIS, *à part*. J'ai l'air de lui revenir beaucoup.

Il le salue encore.

BEAUJON, *dans un coin du théâtre*. Il m'a été impossible de vous rejoindre plus tôt, mes charmantes... M. Necker m'avait fait appeler... pour un nouvel emprunt, car nous allons avoir la guerre avec l'Angleterre...

PARIS, *qui s'est approché*. Ah! vous croyez que le léopard britannique....

BEAUJON. Parbleu, j'en suis sûr... tout cela va me coûter beaucoup d'argent.... mais ces détails vous ennuient... vous fatiguent... ne songez qu'au plaisir... Allons, messieurs, le jeu, la danse, sont ici à votre discrétion ; faites honneur à la Folie Beaujon...

La musique du chœur reprend; les dames et les invités sortent en partie; d'autres se mettent aux tables de jeu.

PARIS, *à part*. Je ne sais pas sauter le moins du monde; mais c'est égal, il faut que je l'invite... (*Il montre Mlle Duthé et va à elle. Haut et avec force.*) Mademoiselle, voulez-vous danser ?

Mlle DUTHÉ, *riant*. Mais oui, monsieur.

PARIS. Eh bien! dansons ensemble... dansons une sarabande... Bah!

Mlle DUTHÉ. Volontiers.

Elle lui donne la main.

PARIS, *à part en l'entraînant*. Sac à papier! je vais avoir de l'agrément... Tant pis si ce n'est pas ma cousine.

Il sort avec elle sur les dernières mesures.

SCENE X.

BEAUJON, ALTAMORE, JOUEURS *occupés aux tables*.

BEAUJON. Altamore?

ALTAMORE. Présent, Frérot.

Il salue militairement.

BEAUJON. Dis-moi, on n'a pas trop tourmenté ce pauvre jeune homme, n'est-ce pas ?

ALTAMORE. Non, non... il est très-content, il va très-bien : il est taillé en niais de première force.

BEAUJON. Et les musiciens... le souper, tout cela est-il disposé ?

ALTAMORE. Soyez tranquille, Frérot, nous avons arrangé nos flûtes...

BEAUJON. Ah! c'est que dans cette demeure, que j'ai fait élever à grands frais, je veux que rien ne manque à mes plaisirs ni à ceux de mes amis... Ici seulement le banquier de la cour respire en liberté !

AIR : *Ah! voilà la vie.*

Palais de féerie,
Amis du grand ton,
Jeux, danse, folie,
Brillant tourbillon ;
Voilà la folie,
La riche folie,
Voilà la folie
Du financier Beaujon.

REPRISE AVEC ALTAMORE.

Voilà la folie, etc.

ALTAMORE.

Beautés qu'on envie,
Amours sans façon,
Table bien servie,
Couplet de Piron ;
Voilà la folie,
L'aimable folie,
Voilà la folie
Qui sait plaire à Beaujon.

SCENE XI.

LES MÊMES, PARIS, DE BIÈVRE.

PARIS, *rentrant avec de Bièvre*. J'ai produit beaucoup d'effet, et si je n'avais pas déchiré les robes de trois danseuses, je serais fort content de moi.

DE BIÈVRE, *assis*. Une partie, jeune Bavarrois.

PARIS, *il se place devant de Bièvre à la table de droite*. Parbleu, j'y tope... marquis de... de... Enfin c'est égal... c'est drôle... j'ai beaucoup de mémoire, mais je ne peux jamais me rappeler un nom.

BEAUJON, *à Altamore*. Ainsi c'est convenu... le jeu, la danse jusqu'au jour, et le souper à minuit... veille bien à tout cela, et si je ne danse pas, je joue, et surtout je soupe.

Altamore disparaît.

PARIS, *à la table*. Palsembleu, monsieur, voilà un coup bien désastreux que j'éprouve là ! aussi vous avez tous les cœurs, et moi tous les piques !

DE BIÈVRE. Hélas !

PARIS. Comment! et l'as ? Ah ! ah !

BEAUJON, *qui a été à plusieurs tables*. Quoi donc, jeune homme, est-ce que vous faites déjà de mauvaises affaires ?

PARIS. Mais oui ; vous êtes bien bon, monsieur Frérot, je me ruine à faire dresser les cheveux.

BEAUJON, *il s'approche de lui et regarde son jeu.* Mais avec un jeu pareil il est impossible de ne pas gagner. (*A de Bièvre.*) Marquis, je parie deux cents louis contre vous.

DE BIÈVRE. C'est beaucoup! mais je les tiens!...

PARIS. Il les tient! il les tient! pas encore.

BEAUJON, *frappant sur la table.* Perdu! Eh! monsieur, vous jouez comme un imbécile!

PARIS, *avec calme.* Oui. (*Avec colère.*) Imbécile!... imbécile... attendez donc.

Il tire un papier de sa poche et l'examine.

BEAUJON. Eh! oui, monsieur, imbécile!.. j'ai payé deux cents louis le droit de vous le dire.

PARIS, *montrant le papier.* Imbécile! ce mot là n'est pas permis par mon oncle.

BEAUJON. Eh! je me moque bien de votre oncle!

Il frappe du pied et marche sur celui de Paris.

PARIS. O ciel! on m'écrase; monsieur Frérot, vous m'avez marché sur le pied! ce procédé est intolérable avec les tubercules que je possède dans ma chaussure! et les instructions de mon cher oncle... « Ne te laisse jamais marcher sur le pied.» Il y a ça, il y a ça... ça y est, ça y est.

Il montre le papier.

BEAUJON. C'est un idiot!

PARIS. Un idiot qui vous demande positivement raison...

BEAUJON. A moi! vous me demandez raison!

PARIS. A vous... à la seconde personne du singulier... monsieur Frérot!

FINAL.

AIR *nouveau* (de J. Doche).

CHŒUR.

Ah! quelle extravagance!
A cet aimable amphitryon
Comment, dans sa démence,
Ose-t-il demander raison?

PARIS, *à Beaujon.*

Allons, le gros! qu'on se prononce...

BEAUJON.

Allez donc vous promener.

PARIS.

Non, j'exige une réponse.

TOUS, *avec Beaujon.*

Une réponse?

BEAUJON.

Eh bien! je vais la lui donner.
Appelant.
Altamore!

ALTAMORE.

Me voici!

BEAUJON, *montrant Paris.*

Qu'à la porte on jette... ceci....

PARIS. Comment! ceci! ceci!... ne suis-je plus un homme! Ceci! me prend-on pour une chose !!!

TOUS.

Suite de l'air.

A la porte qu'on le jette,
A la porte le trouble-fête.

Altamore veut se précipiter sur lui.

BEAUJON.

A Paris.

Arrêtez! mon petit monsieur.

ALTAMORE, *vivement.*

Et respectez cette demeure.

PARIS, *regardant Beaujon.*

Monsieur, vos armes et votre heure.
Ils tremblent tous, je ris de leur frayeur,
Je ris de leur frayeur,
Je leur fais peur,
Ah! quel bonheur!
Je triomphe, je suis vainqueur.

REPRISE DU CHŒUR.

A la porte! à la porte!

Altamore a pris Paris au collet pour le faire sortir, Paris lui donne des coups de pied; tout le monde le suit et sort; Beaujon reste seul en scène.

SCENE XII.

BEAUJON, *puis* PARIS.

BEAUJON. Enfin m'en voilà débarrassé.

PARIS, *rentrant par la droite.* Pas encore, monsieur Frérot! j'ai échappé à tous vos sicaires.

BEAUJON. Mais je n'ai pas le temps de vous écouter.

PARIS. Je suis désolé que ça vous dérange; mais je tiens à mon coup d'épée: je n'ai que ça pour me faire connaître dans le monde, et vous ne voudriez pas m'en priver!...

BEAUJON. Ainsi, monsieur, vous êtes bien décidé?

PARIS. Résolu comme un lion d'Afrique.

BEAUJON. Alors on va vous satisfaire!

PARIS. Allons donc, allons donc.

Beaujon s'approche de la cloison et cherche le cordon de sonnette; il sonne.

SCENE XIII.

LES MÊMES, ALTAMORE, *sortant vivement d'un cabinet à droite.*

ALTAMORE, *salut militaire.* Présent!

BEAUJON. Voici monsieur qui désire te parler, Altamore!

PARIS. A lui... mais pas du tout, je

trouve, au contraire, sa conversation fort insipide...
BEAUJON. Ne voulez-vous pas vous battre?
PARIS. Je l'exige...
BEAUJON, *même jeu.* Eh bien! voilà votre homme.
ALTAMORE. Voilà votre homme... une, deux... Ah! ah!
PARIS. Votre homme!... une, deux... Que signifie cette nouvelle charade?
BEAUJON, *même jeu.* Cela signifie que je lui donne quatre mille francs par an pour se battre à ma place.
ALTAMORE. Voilà, mon poulet, l'état que j'exerce ici!
PARIS. Ah bien! c'est du nouveau, par exemple! je suis comblé d'étonnement!...
ALTAMORE. Ne craignez rien, jeune homme; j'ai contracté pour vous des façons amicales qui ne se démentiront point; vous en serez quitte pour deux jolies petites blessures dont vous indiquerez vous-même la place. Vous serez servi au choix.
PARIS, *le toisant.* Cette ironie me fait mousser d'indignation... (*A Beaujon.*) Monsieur le financier, puisqu'il en est ainsi, je change d'idée, j'aime mieux des excuses!...
BEAUJON. Eh bien! soit. (*Bas à Altamore.*) Dis à monsieur qu'il est un imprudent.
ALTAMORE, *à Paris.* Monsieur, vous êtes un impudent.
PARIS, *tirant son papier.* Un impudent... ça y est... un coup d'épée.
BEAUJON. Qui méconnaît son rôle.
ALTAMORE, *à Paris.* Un drôle!
PARIS. Ca y est encore, deux coups.
BEAUJON. Un freluquet!
ALTAMORE. Un paltoquet!...
PARIS. Idem, trois coups! Ah çà! Auvergnat, vous voulez donc que je vous réduise à l'état d'écumoire?
ALTAMORE. Assez causé...
PARIS, *prenant la main d'Altamore avec colère.* Oui, assez causé, monsieur Sycomore. (*A part.*) Je sais très-bien son nom à celui-là... (*Haut.*) Maintenant l'affaire ne peut plus finir que sur la verte pelouse.
ALTAMORE. Celle du jardin en bas...
PARIS. J'y serai dans dix minutes... je vais chercher des armes de toute espèce.
BEAUJON, *à part.* Il est brave!

Il entre dans son cabinet et fait signe à Altamore de le ménager.

PARIS et ALTAMORE, *avec gaîté.*
ENSEMBLE.
Air : *Sur la prairie* (du Pré-aux-Clercs).
Sur la prairie,
Fraîche et fleurie,
Mort de ma vie,
Il faut nous découper.
Bonheur suprême,
Plaisir extrême,
Je veux moi-même
Ici vous écharper.

ALTAMORE. Vous êtes un drôle!
PARIS. Drôle... pas si drôle que vous.
ALTAMORE. Si fait, plus drôle que moi.
PARIS. Plus drôle que vous? quelle insolence!

ENSEMBLE.
Sur la prairie,
Fraîche et fleurie, etc.

Paris sort avec Altamore.

SCENE XIV.
CHARLOTTE, et Mlle DUTHÉ.

Elles sont entrées par la droite, sur la fin de l'ensemble.

CHARLOTTE. Je vous l'avais bien dit, mademoiselle, ils vont se battre.
Mlle DUTHÉ. Mais je ne souffrirai pas que les choses aillent si loin.
CHARLOTTE. Comment l'empêcher?... A moins de recevoir des excuses, jamais Paris ne cédera; il est très-brave, mon cousin; car maintenant vous savez que c'est mon cousin, je vous ai tout avoué, et je ne compte que sur vous pour le sauver.
Mlle DUTHÉ, *réfléchissant.* Il faudrait trouver le moyen de faire faire à Beaujon le premier pas.
CHARLOTTE. Oh! il n'y consentira jamais, jamais; il est si entêté, mon parrain!
Mlle DUTHÉ. Mais qui donc viendra à notre secours?

SCENE XV.
LES MÊMES, DE BIÈVRE.

DE BIÈVRE, *entrant du fond.* Moi, j'ai un moyen sûr, et c'est le hasard qui me l'a fourni.
CHARLOTTE. Comment?
DE BIÈVRE. Laissez-nous, Charlotte.
Elle sort.
DE BIÈVRE, *à Mlle Duthé.* Beaujon vous trahit...
Mlle DUTHÉ. La preuve?...
DE BIÈVRE. Je vous l'apporte.
Mlle DUTHÉ. Vous m'effrayez!...
DE BIÈVRE. Elle est dans ce portefeuille que j'ai trouvé dans le jardin. Le voilà!... il renferme une lettre dont la suscription est accablante pour vous!
Mlle DUTHÉ, *vivement.* Voyons-la donc...

(*Elle prend dans le portefeuille une lettre cachetée et lit dessus* :) « A Beaujon, sa » meilleure amie... » Sa meilleure amie !.. Vous aviez raison, marquis... mon règne est passé !... Au moins, en perdant ma place, je veux connaître celle qui me destitue... (*Elle brise le cachet*) Que vois-je?.. une dame allemande... des amours secrets !... (*Elle lit*) : « Vous êtes devenu » banquier de la cour, et Emmeline est au- » jourd'hui une grande dame... mais elle » vous a oublié... vingt ans se sont écou- » lés depuis notre séparation. »

DE BIÈVRE. Alors, c'est de l'histoire ancienne ; il y a prescription !

Mlle DUTHÉ, *continuant*. « Rappelez-vous » Munich !... les promenades mystérieuses » du Prater et vos sermens trahis !... le » jeune homme qui vous remettra cette » lettre a été élevé dans l'ignorance de sa » naissance, mais vous ne remplirez qu'un » devoir en ayant pour lui l'amour d'un » père... Signé EMMELINE. » Voyons dans ce portefeuille ; (*elle l'examine*) oui, son nom, ses papiers... c'est bien lui !...

DE BIÈVRE. M. Pâris Miller ?...

Mlle DUTHÉ. Ah ! Beaujon ! voilà votre voyage de Bavière expliqué. Vous avez raison, marquis... il ne peut maintenant.

DE BIÈVRE. Silence ! voilà M. Pâris.

SCENE XVI.
Les Mêmes, PARIS.

PARIS, *portant deux lourdes épées et des pistolets à sa ceinture*. Me voilà suffisamment armé !... Qu'on m'exhibe M. Frérot !

DE BIÈVRE. Arrêtez !... malheureux...

PARIS. Pourquoi malheureux ?

Mlle DUTHÉ. Celui que vous appelez Frérot se nomme... Beaujon.

PARIS. Mon protecteur !... Ah ! quelle horreur !

Il pose les armes sur la table.

Mlle DUTHÉ, *à Pâris, à mi-voix*. Nous avons le moyen de désarmer votre ennemi !

DE BIÈVRE. Et de vous procurer un sort magnifique.

PARIS. Plus de vingt-cinq louis ?...

DE BIÈVRE. Beaucoup plus.

PARIS. Je suis votre homme ; dites-moi le secret...

Mlle DUTHÉ. Impossible ! il ne nous appartient pas : Beaujon seul a le droit de le divulguer.

PARIS. Eh bien ! alors ?

DE BIÈVRE. Nous allons dire à Beaujon que vous voulez lui parler...

PARIS. Et qu'est-ce que je lui dirai ?

Mlle DUTHÉ. Un seul mot !

PARIS. Lequel ?

Mlle DUTHÉ. Un nom de femme... Emmeline... et ce mot suffira pour qu'il vous comble d'amitiés.

DE BIÈVRE. Vous entendez... Emmeline.

PARIS. J'entends, mais je comprends moins...

DE BIÈVRE. C'est inutile pour le moment.

Mlle DUTHÉ. Nous allons vous envoyer Beaujon.

Elle sort avec de Bièvre.

SCENE XVII.
PARIS, *seul*.

Je l'attends de pied ferme. Depuis que je suis ici, je ne devine rien, et je marche avec une lanterne où il n'y a pas de chandelle... Le mystère le plus compliqué continue à régner plus que jamais... enfin, c'est égal. Voilà M. Frérot ; rappelons-nous bien le nom de baptême qu'on m'a dit de lui énoncer, pour qu'il me dévore d'amitiés ! Oh ! je le tiens bien ce nom-là, par exemple... Répétons-le, pour ne pas l'oublier.

Il marmotte tout bas.

SCENE XVIII.
PARIS, BEAUJON.

BEAUJON. Eh bien ! voyons, qu'avez-vous à me dire, monsieur ?

PARIS. Avant de massacrer votre associé j'ai des révélations à faire...

BEAUJON. Parlez.

ALTAMORE. Nous écoutons.

PARIS. Vous y êtes ?

ALTAMORE. Depuis long-temps.

PARIS, *avec explosion*. Joséphine !...

BEAUJON. Eh bien ?

PARIS. Ça ne vous fait rien ?

BEAUJON. Pas la moindre chose !...

PARIS. Ah ! c'est que je me suis trompé. Caroline ! Clémentine ! Ernestine ! Robertine ! Alphonsine !... Eh bien ! vous restez là comme une tête de bois, vous ne dites rien...

BEAUJON. Je dis, monsieur, qu'au lieu de vous envoyer en prison, je vais vous faire conduire à l'hôpital des fous.

PARIS. Allons, bon... me voilà aliéné, maintenant !...

BEAUJON. Altamore... fais avancer une voiture, et délivre-moi enfin de ce monsieur.

ALTAMORE. C'est ça,... à Charenton.

PARIS, *le toisant*. Mon protecteur, c'est bien petit de votre part... Mais!... qu'est-ce que ça me fait à moi, Charenton!... C'est un monument à voir, et je veux y aller au nom de votre ingratitude, pour prouver que vous y avez mis le dernier sceau. Partons!...

Il fait un pas pour sortir avec Altamore.

SCENE XIX.

LES MÊMES, Mlle DUTHÉ, DE BIÈVRE, CHARLOTTE, INVITÉS.

Mlle DUTHÉ. Arrêtez... il n'y a personne de fou ici... il n'y a qu'un coupable, (*désignant Beaujon*) et c'est vous!

BEAUJON. Moi?

Mlle DUTHÉ. Oui, monsieur, lisez.

Elle lui donne la lettre.

BEAUJON, *qui l'a parcourue*, *bas*. Emmeline?... Et ce serait lui!...

PARIS. Emmeline!... voilà le nom que j'avais tronqué.

BEAUJON, *se jetant dans les bras de Paris*. Ah! mon ami...

PARIS, *surpris*. Votre ami, à présent?... je reviens donc encore sur l'eau?

BEAUJON. Tu ne me quitteras plus.

PARIS. Il me tutoie...

BEAUJON. Je veux expier tous mes torts en t'accablant de bonheur et de richesses!..

PARIS, *avec explosion*. Juste ciel! est-ce définitif?... Tout-à-l'heure je n'étais pas fou; mais vous allez me le rendre, si vous ne me dites pas pourquoi tout cela...

BEAUJON. A quoi bon?

PARIS. Le mystère le plus compliqué...

BEAUJON. J'ai commis jadis une faute que j'avais besoin de réparer... la fortune ne suffisait pas pour me la faire oublier. Aujourd'hui tous mes vœux sont accomplis, tous mes désirs sont satisfaits.

Il lui offre la main.

PARIS, *la prenant*. Vous me pardonnerez les mots drôles que je vous ai dits?

BEAUJON. De grand cœur!... seulement nous referons ton éducation... et plus tard nous trouverons peut-être dans ce luron-là de quoi faire un fermier général...

PARIS. Il y en a qui ont la bêtise de n'avoir pas plus d'esprit que moi!...

Mlle DUTHÉ. Très-bien, Beaujon!..... Je vous aimais, à présent, je vous adore!... mais je veux aussi faire quelque chose pour votre protégé, et je le marie avec sa cousine...

PARIS. Ma cousine? vous l'avez donc déterrée quelque part?

CHARLOTTE. Elle n'était pas loin de vous!...

Mlle DUTHÉ. C'est Charlotte.

BEAUJON. Ma filleule!...

PARIS, *avec chaleur*. Elle!... Carlett Brunner?... ma petite cousine de neuf ans... et j'ai eu la bassesse de ne pas la reconnaître!..

CHARLOTTE. Pourtant je ne demandais pas mieux.

PARIS. Je vous dois cent baisers pour la peine! et je paye les coupons de l'emprunt.

Il lui saute au cou.

ALTAMORE. Un instant, beau Pâris... cette jeunesse m'est dévolue... et c'est en mariant nos deux épées qu'on saura qui l'épousera!... une... deux.

BEAUJON. Silence!... Je t'ordonne de respecter monsieur comme moi-même.

PARIS. Comme lui-même!... drôle!... impudent! paltoquet!

ALTAMORE, *le menaçant*. Monsieur...

PARIS. Ah! ah!

DE BIÈVRE. Allons, mon cher, ne vous emportez pas, vous vous en porterez mieux.

PARIS. Ah! ah!

BEAUJON. Mes amis, c'est à la Folie-Beaujon que nous ferons la noce!... Je veux que cette fête soit éclatante; j'y dépenserai cinquante mille livres.

PARIS. Homme généreux! je vous bénis, et je vous ferai élever une statue à mes frais, quand vous m'aurez donné de quoi l'acheter...

CHOEUR.

AIR: *Mire dans mes yeux les yeux*.

Plus de fâcheux souvenirs,
Et que la journée
Que l'amour vient de finir
Soit toute au plaisir;
Pour embellir
Son heureux hyménée,
Sachons unir
L'amour et le plaisir.

PARIS, *au public*.

AIR: *En amour comme en amitié*.

Le mystère le plus compliqué
Règne toujours sur ma barcelonnette;
Si par quelqu'un il m'était expliqué,
D'un objet idéal pour lui je f'rais emplette.
J'offre un phénix à qui peut l' révéler,
Et j' donne en sus, afin de le connaître,
Trent' merles blancs, si l'on veut me promettre
De ne jamais leur apprendre à siffler.

REPRISE DU CHOEUR.

FIN.

PARIS. — Imprimerie de Ve DONDEY-DUPRÉ, rue Saint-Louis, n° 46, au Marais.

TABLE DES MATIÈRES.

LE TOURLOUROU, vaudeville en cinq actes, par MM. Paul de Kock, Varin et Desverger.

LE BON GARÇON, opéra-comique en un acte, par MM. Lockroy et Anicet.

DGEN-GUIZ-KAN, pièce en six tableaux, par M. Anicet.

L'OFFICIER BLEU, drame en trois actes, par MM. Alboize et Paul Foucher.

PORTIER, JE VEUX DE TES CHEVEUX, anecdote en un acte, par MM. Cogniard, Deslandes et Didier.

RITA L'ESPAGNOLE, drame en quatre actes, par MM. Desnoyers, Boulé et Chabot.

PIQUILLO, opéra-comique en trois actes, par M. Alexandre Dumas.

LE CAFÉ DES COMÉDIENS, vaudeville en un acte, par MM. Cogniard frères.

THOMAS MAUREVERT, drame en cinq actes, par MM. Mallian et Legoy.

PAUVRE MÈRE, drame en cinq actes, par MM. Francis Cornu et H. Auger.

SPECTACLE A LA COUR, com.-vaud. en deux actes, par MM. Théaulon, Lubize et Albitte.

SUZANNE, comédie-vaudeville en deux actes, par MM. Melesville et Quinot.

- LE DOMINO NOIR, opéra-comique en trois actes, par M. Scribe.
- LONGUE ÉPÉE, drame en cinq actes, par M. Bouchardy.
- MARIA PADILLA, comédie en trois actes, un prologue et un épilogue, par M. Rosier.
- ROMÉO ET JULIETTE, tragédie en cinq actes, par M. Frédéric Soulié.
- LA FOLIE BEAUJON, vaudeville en un acte, par MM. Dupeuty et Rochefort.

www.ingramcontent.com/pod-product-compliance
Lightning Source LLC
Chambersburg PA
CBHW070529230426
43665CB00014B/1618